国际工商管理精选教材

Management
Leading & Collaborating in a Competitive World
(10th edition)

管理学
竞争世界中的领导与合作（第10版）

〔美〕托马斯·S.贝特曼（Thomas S. Bateman） 著
     斯科特·A.斯奈尔（Scott A. Snell）

张捷 译

著作权合同登记号　图字：01-2012-6863

图书在版编目(CIP)数据

管理学：竞争世界中的领导与合作：第10版/(美)托马斯·S.贝特曼(Thomas S. Bateman)，(美)斯科特·A.斯奈尔(Scott A. Snell) 著；张捷译．—北京：北京大学出版社，2016.11

(国际工商管理精选教材)

ISBN 978-7-301-27659-4

Ⅰ．①管… Ⅱ．①托…②斯…③张… Ⅲ．①管理学 Ⅳ．①C93

中国版本图书馆CIP数据核字(2016)第246939号

Thomas S. Bateman Scott A. Snell
Management: Leading & Collaborating in a Competitive World
ISBN 0-07-802933-3
Copyright © 2013 by McGraw-Hill Education.
All Rights reserved. No part of this publication may be reproduced or transmitted in any form or by any means, electronic or mechanical, including without limitation photocopying, recording, taping, or any database, information or retrieval system, without the prior written permission of the publisher.
This authorized Chinese translation edition is jointly published by McGraw-Hill Education and Peking University Press. This edition is authorized for sale in the People's Republic of China only, excluding Hong Kong, Macao SAR and Taiwan.
Copyright © 2016 by McGraw-Hill Education and Peking University Press.

版权所有。未经出版人事先书面许可，对本出版物的任何部分不得以任何方式或途径复制或传播，包括但不限于复印、录制、录音，或通过任何数据库、信息或可检索的系统。

本授权中文简体字翻译版由北京大学出版社和麦格劳-希尔(亚洲)教育出版公司合作出版。此版本经授权仅限在中华人民共和国境内(不包括香港特别行政区、澳门特别行政区和台湾)销售。

版权© 2016 由北京大学出版社与麦格劳-希尔(亚洲)教育出版公司所有。

本书封面贴有McGraw-Hill Education公司防伪标签，无标签者不得销售。

书　　　名	管理学：竞争世界中的领导与合作（第10版） GUANLIXUE: JINGZHENG SHIJIE ZHONG DE LINGDAO YU HEZUO
著作责任者	〔美〕托马斯 S. 贝特曼（Thomas S. Bateman）　〔美〕斯科特 A. 斯奈尔（Scott A. Snell）　著　张　捷译
策划编辑	张　燕
责任编辑	李笑男　张　燕
标准书号	ISBN 978-7-301-27659-4
出版发行	北京大学出版社
地　　　址	北京市海淀区成府路205号　100871
网　　　址	http://www.pup.cn
电子信箱	em@pup.cn　QQ：552063295
新浪微博	@北京大学出版社　@北京大学出版社经管图书
电　　　话	邮购部62752015　发行部62750672　编辑部62752926
印　刷　者	北京大学印刷厂
经　销　者	新华书店
	787毫米×1092毫米　16开本　41.75印张　1153千字 2016年11月第1版　2016年11月第1次印刷
定　　　价	88.00元

未经许可，不得以任何方式复制或抄袭本书之部分或全部内容。

版权所有，侵权必究

举报电话：010-62752024　电子信箱：fd@pup.pku.edu.cn
图书如有印装质量问题，请与出版部联系，电话：010-62756370

出版者序

作为一家致力于出版和传承经典、与国际接轨的大学出版社，北京大学出版社历来重视国际经典教材，尤其是经管类经典教材的引进和出版。自2003年起，我们与圣智、培生、麦格劳希尔、约翰威利等国际著名教育出版机构合作，精选并引进了一大批经济管理类的国际优秀教材。其中，很多图书已经改版多次，得到了广大读者的认可和好评，成为国内市面上的经典。例如，我们引进的世界上最流行的经济学教科书——曼昆的《经济学原理》，已经成为国内最受欢迎、使用面最广的经济学经典教材。

呈现在您面前的这套"国际工商管理精选教材"，是主要面向工商管理专业师生，尤其是MBA与EMBA的系列教材。经过多年的沉淀和累积、吐故和纳新，本丛书在延续之前优秀教材版本的基础上，根据工商管理专业与实践结合紧密的特点，增加了能够反映商业前沿知识的更加细化的创新型教材，希望让学生了解最新的商业实践，增强创新意识，改善沟通技能，提高在复杂环境下分析与解决问题的能力，进而使商业更加造福社会、造福人类。

同时，我们在出版形式上也进行了一些探索和创新。例如，为了满足国内双语教学的需要，我们的部分产品改变了影印版图书之前的单纯影印形式，而是在此基础上，由资深授课教师根据该课程的重点，添加重要术语和重要结论的中文注释，使之成为双语注释版。此次，我们更新了丛书的封面和开本，将其以全新的面貌呈现给广大读者。希望这些内容和形式上的改进，能够为教师授课和学生学习提供便利。

在本丛书的出版过程中，我们得到了国际教育出版机构同行们在版权方面的协助和教辅材料方面的支持。国内诸多著名高校的专家学者、一线教师，更是在繁重的教学和科研任务之余，为我们承担了图书的推荐、评审和翻译工作；正是每一位推荐者和评审者的国际化视野和专业眼光，帮助我们书海拾慧，汇集了各学科的前沿和经典；正是每一位译者的全心投入和细致校译，保证了经典内容的准确传达和最佳呈现。此外，来自广大读者的反馈既是对我们莫大的肯定和鼓舞，也总能让我们找到提升的空间。本丛书凝聚了上述各方的心血和智慧，在此，谨对他们的热忱帮助和卓越贡献深表谢意！

"千淘万漉虽辛苦，吹尽狂沙始到金"。在图书市场竞争日趋激烈的今天，北京大学出版社始终秉承"教材优先，学术为本"的宗旨，把精品教材的建设作为一项长期的事业。尽管其中会有探索，有坚持，有舍弃，但我们深信，经典必将长远传承，并历久弥新。我们的事业也需要您的热情参与！在此，诚邀各位专家学者和一线教师为我们推荐优秀的经济管理图书（请发送至 em@pup.cn），并期待来自广大读者的批评和建议。您的需要始终是我们为之努力的目标方向，您的支持是激励我们不断前行的动力源泉！让我们共同引进经典，传播智慧，为提升中国经济管理教育的国际化水平做出贡献！

北京大学出版社
经济与管理图书事业部

译者序

本书是贝特曼和斯奈尔两位教授所著英文教材《管理学》（第10版）的中译本，此前最新的中译本是清华大学王雪莉教授翻译的第6版，由北京大学出版社2007年出版。七年的时间过去，其间两位教授又先后推出四个英文修订版本，原著第10版与第6版相比，有近4/5的内容进行了更新。新版本中结合当前全球商业环境的最新变化，增加了大量新概念、理论、方法和工具，同时也收录了管理实践中的新变革、新观念和新案例，从而保证了本书与这个不断变化着的商业时代的趋势和前沿接轨。

多年来，这本教材深受管理学教师和学生的欢迎。第10版更是以其鲜明的主题、完整的体系、经典与时代感并具的内容，以及丰富、实用的课程资源，给我们带来了极大的惊喜。总体来说，本书的特点表现在以下三个方面：

（1）鲜明的主题和完整的体系：两位作者在全书通篇围绕组织在当前竞争日益激烈的时代构建竞争优势的六个方面——成本、质量、速度、创新、服务和可持续发展展开论述，并且在每一章中不同的地方都以"提示"的方式提醒读者围绕这六个方面进行思考，这种结果导向的方式是本书的独特标志；与此同时，本书的编排也遵循管理学的经典理论框架，将不同管理职能安排在各个章节进行介绍，从而使得本书能够紧扣"竞争世界中的领导与合作"这一主题，同时也确保了教材内容的体系性和完整性。

（2）经典与时代感并具的内容：本书的两位作者多年来在著名的高校从事工商管理方面的教学，同时还担任了许多管理领域学术期刊的编委，此外，他们还与业界保持着紧密的联系——多年来从事企业咨询和高层管理者的培训工作。由此，本书在延续商学院管理学教科书经典编排的同时，紧跟时代变化的趋势，增加了许多管理理论和实践中的新观点、新概念和新做法，并引入了大量业界最近发生的极富代表性的案例，从而使得本书具有很强的可读性。

（3）丰富、实用的课程资源：每一章在案例安排上，通过"开篇案例""案例进展"和"案例展望"，针对同一家公司的经营过程中与本章主题相关的实践分阶段进行讨论；同时，每章还灵活有机地穿插着与本章内容密切相关的"管理实践"等案例小品，以说明或强调相关概念；每一篇的最后还有一个涉及多方面问题的综合案例和补充案例，从而能够更好地激发学生学习和讨论的兴趣和热情，同时也提高了教学过程中的灵活性和方便性。

本书的英文原版教材有七百多页，翻译的过程非常艰苦。本书的翻译得到了许多人的支持和帮助：我的学生耿欣协助我翻译了第6章到第9章，周曾海协助我翻译了第10章到第14章，李大壮协助我翻译了第15章到第18章，特别感谢周曾海、李大壮、朱丽、周育红、毕砚昭和王海谊在后期校对中所做的大量烦琐而细致的工作；感谢北京大学出版社的张燕和李笑男两位编辑在本书翻译和出版过程中的帮助和支持。虽然非常希望本书在翻译上能够做到"信、达、雅"，但是由于水平有限，书中难免存在错误或不当之处，恳请读者批评指正，并予以谅解。

张　捷
2016年1月于南京航空航天大学

前言

欢迎来到本书的第 10 版！感谢大家对于以前版本的使用和学习，你们的支持使得本书获得了巨大的成功。现在，我们非常自豪地向您呈现《管理学：新竞争格局下的领导与合作》的最新版本。

对于企业来说，这是一个令人兴奋的时代，当然，在这样的时代，我们也必须面对许多挑战。技术、创新和全球化的商务模式正在改变着业界。像 Facebook、Whole Foods、NetFlix 以及其他类似的公司，不仅对它们所在的行业带来了革命，而且也在同时改变着我们生活的方式。它们击败了更为传统的竞争对手，这一事实表明那些具备企业家精神、充满勇气的领导者将会为企业及整个世界带来深远的影响。无论是依靠创新驱动（例如谷歌）、持续提升质量（例如梅奥诊所），还是坚持不懈地追求生产率和低成本（例如西南航空公司），管理者们都在不断尝试通过带领团队成员共同努力来获取企业独特的竞争优势，进而改变这个世界。

但是，在一个充满挑战的世界里获得成功的关键，不仅仅在于竞争，与他人的合作比以往任何时候都显得更重要。合资企业和战略联盟的兴起，例如苹果与 Rovio 公司（"愤怒的小鸟"游戏开发商）的合作伙伴关系，显示了不同的组织（甚至包括竞争对手在内）能够有效地合作是多么重要。与以往相比，这种合作更加全球化。而像印度和中国这样的国家之所以能够成为舞台的中心，不仅是因为其经济或者消费市场规模的快速增长，更是因为其劳动力的生产能力及公司能力的日益提高。

全球经济的变化及随之而来的商业模式改变，带来的影响是好坏参半的。世界范围内的不幸事件、令人不安的发展趋势、无效甚至不道德的管理实践仍有可能继续发生，但是那些优秀的人才仍将会进一步得到提升并承担起重要的领导角色，一如既往地实行有效的管理并带来企业的长足发展。在这本书中，你会读到许多管理者的故事：有些干得很出色，有些在工作中存在着失误（可以从他们的错误中得到启示与借鉴）；有些企业浴火重生，或者看起来微不足道却是下一轮投资的热点；有些企业曾经极为成功，但却轰然倒塌；还有一些企业取得伟大的成就，尽管偶有下滑，但仍然保持良好的业绩。

企业绩效表现的变化在很大程度上取决于其管理模式，当然商业环境的变化也会带来一定程度的影响。商业环境就好像钟摆一样，从一端摇摆到另一端，而不断变化的环境会使原本成功的企业跌落低谷，也会使原本挣扎着的或者正在尝试新商业概念的企业成功崛起。

对于商业人士来说，不确定将会成为一种持续存在的状态。也就是说，没有人会确切地知道会发生什么，也没有人会确切地知道应该做什么来确保未来的成功。运气或者适宜的外部环境或许可以帮助企业（和个人）在短期内取得成功，但是若要实现长期的成功，良好的管理将是必不可少的。

幸运的是，现在你可以通过学习来掌握有关如何有效管理的知识。无论是那些成功的企业还是失败的企业，我们都能够从中汲取经验和教训。现实商业领域中众多的管理实践提供着源源不断的参考，加之针对这些案例卓有成效的研究，我们能够梳理出有效或者无效的管理实践，并且总结出管理者在工作中可以借鉴的最重要的经验和有益的实践。我们希望你不仅可以学到尽可能多的管理经验，而且能够在实际工作中不断地加以运用——通过阅读和学习领悟管理经验，并将其运用于最适合的情境。

你正在学习的这本书及这门课程将会帮助你更好地面对这个持续变化着的世界中不断出现的管理挑战，让你能够分辨出什么是重要的，什么不是，进而做出正确的决策，并且能够代表你自己、你的同事及你所在的组织采取有效的行动。

我们的目标

与之前的版本相同，本书的使命在于告知、指导和启发。我们希望通过提供对现代管理学的重要概念和实践的描述来实现告知；我们希望通过分析如何基于讨论的观点采取行动来实现指导；我们希望不仅通过积极、有趣、乐观的写作方式，而且还通过提供一种对于未来机遇的真实感来实现启发。无论你的目标是创建自己的公司、领导团队走向成功、建设强大的组织、取悦你的客户，还是只是简单地打造一个美好的未来，我们都要鼓励你采取积极的行动。

我们希望能够激励你同时成为一个思考者和实干者。我们希望你在行动之前先思考，分析事态的状况，思考行动可能带来的影响。但是，仅仅成为一名优秀的思考者是不够的，你还必须是一个实干者。管理是一个行动的世界，管理的世界需要及时和准确的行动。这是一个鼓励积极行动者而不是被动者的世界。

请坚持运用你在本课程所学习到的理念，进一步阅读本课程之外有关管理的学习资源，并在离开校园开始你的职业生涯之后仍能继续学习管理。记住：对于管理的学习将是一个持续的、贯穿于整个职业生涯甚至是一生的修行。

竞争优势

当今世界充满着竞争，职场从未如此富有挑战性。你的职业也从未如此迫切地需要你学习管理技能。在此之前，人们从未有过这么多的机会和挑战，也从未有过这么多的潜在风险及可能的回报。

你将与其他人竞争就业岗位、资源和升职的机会。你所在的企业将与其他公司争夺合同、客户和消费者。为了在竞争中生存和发展，你必须表现得比竞争对手更具优势，从而使其他企业想要雇用你，从你这儿采购，与你持续地合作。你会希望它们选择你，而不是你的竞争对手。

为了生存和发展，管理者们必须战略性地思考和行动。如今的客户都受过良好的教育，清楚自己的选择，并要求卓越的表现。因此，管理者们必须不断地思考如何打造一支富有战斗力的员工队伍，并且通过卓有成效的管理在向顾客提供商品和服务时传递出最好的价值。

管理者和企业必须以此作为执行的标准。对于企业来说，竞争中成败与否的关键在于六个方面：成本、质量、速度、创新、服务和可持续发展。如果这六个方面管理得当，就能够为客户提供价值，并形成自身和企业的竞争优势。对此，我们将在书中详细阐述。

我们希望你能够做到任何时候都不会偏离这一初衷——始终思考着如何让你和你的企业保持竞争优势并获得成功的价值传递方式。本书所坚持的结果导向方式在众多的管理学教科书中也是独树一帜的。

领导和合作

诚然，商业世界充满竞争，但绝不仅此而已。事实上，完全以竞争的视角去看待问题会过于片面和极端，而这种片面和极端将可能妨碍你的表现。在成功的等式中，还存在其他的基本要素，那就是：合作和领导。与其相互对立，人们更应该相互合作，这对于构建竞争优势来说至关重要。换句话说，你无法单枪匹马地战斗——因为这个世界太复杂，而商业世界又是如此具有挑战性。

因此，你需要与团队成员合作。领导者和追随者都更需要以合作者而非对立者的姿态进行工作。组织内部的各工作团队也需要互相合作。企业和政府在过去往往被认为是相互对抗的两股力量，如今也能高效地协同并进。此外，与以往不同的是，今天的公司可以与曾经的竞争对手成立合资企业，企业可以在某些领域与一家公司合作而在另一领域又与这家公司竞争。在推动这些合作实现的过程中，领导力是必不可少的。

企业如何通过合作创造竞争优势？这完全在于企业中的人，并源于优秀的领导者。关于领导者的概念，有三种约定俗成的理解：公司的高层、直接上司和指令的发出者。这三种理解也许存在着一定的合理性，但是现实要更为复杂。首先，公司高层并不一定能够实现有效的领导——事实上，许多观察家认为，好的领导者实在是太过难得。其次，企业中的每个团队或工作单元，都需要各个层级的领导者。甚至于你，从职业生涯伊始也同样如此，这就是为什么本书将领导力作为一个重要的主题。最后，领导者应该能够果断地发出指令，但是过于依赖这种传统的方式是远远不够的，卓越的领导者更能启发心智，帮助人们根据其特长开展与众不同的思考与工作——包括以结果为导向的协同工作。

领导力——无论是来自你的上司还是来自你自己——将会带来合作，进而给企业及为之工作的所有人带来益处。

和以往一样，第 10 版保持着时代性和多样性

毋庸多言，本书第 10 版通过更新最近的商业实践和管理研究，从而继续保持着与时代前沿的接轨。新版本对各个章节的内容进行了全面更新，使读者能够接触到众多当前重要的管理学话题。

我们通过尽力收集、整理和总结各类主题事件、资料来源和个人经验来丰富本书的内容。全书继续强调结果、道德、文化考量以及领导与合作等主题。以下简单列出一小部分第 10 版中的更新——它们足以体现出全书涉及的人、组织、问题和背景的广泛性。

第 1 章
- 本章新标题："管理与执行"
- 开篇案例：管理者们如何实现特斯拉汽车公司的快速发展
- 新增案例：ReCellular、唐恩烹饪创新团队、新加坡航空、安泰保险以及印度纺织工厂
- 新增了关于可持续发展的部分

第 2 章
- 本章新标题："外部环境和内部环境"
- 开篇案例：什么使得苹果公司在快速变化的环境中成为赢家？
- 基于《2010 年平价医疗法案》说明针对医疗保健的法律规定
- 新增了关于自然环境的部分
- 新增案例：由于外部环境导致的塔塔汽车公司供应链断裂等
- 新增图 2.1

第 3 章
- 开篇案例：潘多拉音乐网站的创始人教你如何使音乐个性化
- 新增案例：Capterra、Chargify 和集成医疗解决方案公司等
- 关于组织战略决策的新图示
- 新增管理决策讨论案例：英国石油公司的深水灾难事故

第 4 章
- 管理链接：通用电气公司
- 新增案例：通用汽车公司、Price Chopper 超市、伊拉克商业标识商店、加拿大安盛公司和思科系统公司等
- 新增关于企业发展新趋势的讨论

第 5 章
- 开篇案例：伊冯·乔伊纳德的价值观决定了巴塔哥尼亚公司的价值观
- 新增案例：超额预订酒店的做法、希尔顿全球呼叫中心、全国金融公司和 3M 公司等
- 新增有关伦理的新图表

第 6 章

- 开篇案例：宜家是如何使得瑞典设计迈向全球化的
- 满足来自美国以外其他国家的员工和销售目标的需要
- 新增表 6.1：全球环境的关键问题
- 印度在全球市场日益重要的作用
- 新增案例：尼日利亚 Stanbic IBTC 银行、Master Lock 和 Ignighter.com 等
- 新增图 6.3：全球前 10 强公司

第 7 章

- 开篇案例：奇普多餐厅：史蒂夫·埃尔斯将快餐事业带到了一个新高度
- 新增案例：inDinero、企业家研究、Toepener、CopyShark.net 和非理性研究机构等
- 新增介绍社会企业家精神的部分
- 对于货币管理的图表进行了更新

第 8 章

- 开篇案例：思科系统公司是如何清理组织结构的
- 新增案例：Harmonix 音乐系统、Valve 软件公司，以及沃尔特·迪士尼公司等
- 对于领导责任的授权部分进行了更新
- 新增表 8.1 和表 8.2

第 9 章

- 开篇案例：皮克斯公司如何在一个不断变化的行业中兴旺发展
- 新增关于有关灵活组织的讨论
- 新增案例：辉瑞公司、Salesforce.com 以及 Miles Chemical 等
- 新增关键术语：六西格玛质量

第 10 章

- 管理链接：谷歌雇用卓越员工的能力
- 新增案例：通用汽车的雪佛兰伏特汽车、沃尔玛和 Sprint 公司等
- 对于药品测试的介绍进行了更新
- 新增图 10.4

第 11 章

- 管理链接：百事公司
- 新增案例：西图公司（CH2M Hill）、宝洁公司和安永会计师事务所等
- 新增表 11.1、表 11.2、表 11.4 和表 11.5
- 对于员工资源群的图表进行了更新
- 新增关于利用差异的讨论

第 12 章

- 管理链接：霍华德·舒尔茨（Howard Schultz）和星巴克

- 新增案例：3M 公司的乔治·巴克利（George Buckley）、通用动力公司的琳达·帕克·赫德森（Linda Parker Hudson）和 Lockerz 公司的凯西·萨维特（Kathy Savitt）等

第 13 章
- 管理链接：Intuit 公司——一个理想的工作场所
- 对于员工参与度的图表进行了更新
- 新增案例：快速车道轮胎及汽车中心、雷柏机器（Rable Machine）和 K 酒店销售与营销等

第 14 章
- 管理链接：丰田的团队精神
- 新增案例：韦尔斯乳业（Wells's Dairy）和 IBM 等
- 新增高级管理人员如何利用时间的图表

第 15 章
- 管理链接：金爵曼的熟食店（Zingerman's Delicatessen）
- 新增多种沟通方式的图表
- 新增案例：SlideShare 公司、Hilcorp 能源公司、应用材料公司和皇家加勒比游轮等

第 16 章
- 管理链接：西南航空公司的控制
- 新增案例：赫兹租车公司、家庭医学协会和 Netflix 等
- 新增有关质量控制的图表

第 17 章
- 管理链接：BP 公司替代能源的未来
- 新增有关创新及其三个基本类型的讨论
- 新增案例：普惠公司（Pratt & Whitney）、脸谱（Facebook）以及太阳能科技的军事应用等
- 政府对于各类组织在工作场所运用信息技术置的限制
- 新增图 17.5

第 18 章
- 管理链接：Peter Pronovost 博士
- 新增案例：古德里奇航空结构服务公司（Goodrich Aerostructures）和杰奎琳·伍兹（Jacqueline Woods）等
- 新增有关人们为同一雇主服务时间长短的图表

团队努力

本书是来自麦格劳-希尔/欧文（McGraw-Hill/Irwin）团队的精彩之作。此外，作为本书的作

者，我们同时也是这门课程所有教师和学生所组成的团队中的一部分。整个团队对于学习的过程都负有责任。

我们的目标与本课程其他的教师一样，就是要创造一个积极的学习环境，让你可以在其中脱颖而出。当然，这门课程的内容只能是以言语的方式进行表达，在此基础上，你还要活学活用，通过进一步地思考和深入地学习，进而采取建设性的行动。

更为重要的是，你将如何通过运用课程中所学到的知识，在未来的机遇面前采取积极有效的行动。作为一名管理者，你可以为自己和其他人带来超越想象的改变。因此，管理者的行为将是非常重要的。

托马斯·S. 贝特曼（Thomas S. Bateman）
弗吉尼亚大学

斯科特·A. 斯奈尔（Scott A. Snell）
弗吉尼亚大学

目 录
Contents

第一部分　管理学基础

第1章　管理与执行 ………………… 3
　1.1　新竞争形势下的管理 …………… 5
　1.2　竞争优势管理 …………………… 8
　1.3　管理的职能 ……………………… 13
　1.4　管理的层级与技能 ……………… 16
　1.5　你和你的职业生涯 ……………… 20

第2章　外部环境和内部环境 ……… 46
　2.1　宏观环境 ………………………… 49
　2.2　竞争环境 ………………………… 54
　2.3　环境分析 ………………………… 63
　2.4　响应环境 ………………………… 65
　2.5　组织的内部环境：文化和
　　　　氛围 …………………………… 70

第3章　管理决策制定 ……………… 82
　3.1　管理决策的特点 ………………… 84
　3.2　决策阶段 ………………………… 87
　3.3　最优决策 ………………………… 94
　3.4　有效决策的障碍 ………………… 94
　3.5　群体决策 ………………………… 97
　3.6　管理群体决策 …………………… 99
　3.7　组织管理决策 …………………… 102

第二部分　规划：实现战略价值

第4章　规划与战略管理 …………… 127
　4.1　规划的基本原则 ………………… 128
　4.2　规划的层次 ……………………… 133

　4.3　战略规划 ………………………… 137

第5章　伦理和企业责任 …………… 159
　5.1　问题的提出 ……………………… 161
　5.2　伦理 ……………………………… 163
　5.3　公司社会责任 …………………… 173
　5.4　自然环境与可持续性 …………… 177

第6章　国际化管理 ………………… 198
　6.1　在一个(有时)扁平的
　　　　世界中管理 …………………… 200
　6.2　全球环境 ………………………… 206
　6.3　全球战略 ………………………… 212
　6.4　进入模式 ………………………… 218
　6.5　跨国管理 ………………………… 221

第7章　企业家精神 ………………… 235
　7.1　企业家精神 ……………………… 240
　7.2　公司创业精神 …………………… 258

第三部分　组织：构建动态化组织

第8章　组织结构 …………………… 277
　8.1　组织的基础 ……………………… 279
　8.2　纵向结构 ………………………… 281
　8.3　横向结构 ………………………… 287
　8.4　组织一体化 ……………………… 297
　8.5　前瞻 ……………………………… 300

第9章　组织灵活性 ………………… 307
　9.1　积极响应的组织 ………………… 309
　9.2　战略和组织的敏捷性 …………… 311
　9.3　组织规模和灵活性 ……………… 314
　9.4　客户和响应组织 ………………… 319
　9.5　技术和组织的敏捷性 …………… 325

9.6 关于组织灵活性的结语 …………… 331
第10章 人力资源管理 ……………… 338
　10.1 人力资源管理战略 …………… 340
　10.2 建立组织 …………………… 345
　10.3 员工发展 …………………… 356
　10.4 绩效评估 …………………… 358
　10.5 设计奖酬体系 ……………… 362
　10.6 劳资关系 …………………… 368
第11章 管理多样化的员工 ………… 378
　11.1 多样化：简要的历史回顾 …… 380
　11.2 现今的多样化 ……………… 381
　11.3 管理多样化与平权行动 …… 393
　11.4 多元文化组织 ……………… 399
　11.5 组织培养多样化劳动力的
　　　 途径 ………………………… 401

第四部分　领导：激励员工

第12章 领导力 ……………………… 417
　12.1 我们想要从领导者那里得到
　　　 什么？……………………… 419
　12.2 愿景 ……………………… 420
　12.3 领导与管理 ……………… 422
　12.4 权力与领导力 …………… 423
　12.5 理解领导力的传统方式 … 425
　12.6 当代领导观 ……………… 436
　12.7 开发领导者技能 ………… 441
第13章 绩效激励 …………………… 452
　13.1 绩效激励 ………………… 454
　13.2 设定目标 ………………… 455
　13.3 强化绩效 ………………… 457
　13.4 与绩效有关的概念 ……… 460
　13.5 理解人的需求 …………… 463

　13.6 设计激励性的工作 ……… 466
　13.7 实现公平 ………………… 470
　13.8 工作满意度 ……………… 473
第14章 团队合作 …………………… 484
　14.1 团队的贡献 ……………… 486
　14.2 新型团队环境 …………… 487
　14.3 群体如何转变为真正的
　　　 团队 ……………………… 489
　14.4 建设高效团队 …………… 492
　14.5 管理横向关系 …………… 498
第15章 沟通 ………………………… 510
　15.1 人际沟通 ………………… 512
　15.2 提高沟通技巧 …………… 520
　15.3 组织沟通 ………………… 526

第五部分　控制：学习与变革

第16章 管理控制 …………………… 545
　16.1 官僚控制体系 …………… 548
　16.2 其他控制：市场和派系 … 568
第17章 技术与创新管理 …………… 578
　17.1 技术与创新 ……………… 580
　17.2 竞争环境中的技术创新 … 583
　17.3 评估技术需求 …………… 587
　17.4 技术决策过程中需要考虑的关键
　　　 因素 ……………………… 588
　17.5 寻求与获取新技术 ……… 594
　17.6 技术与管理角色 ………… 596
　17.7 组织创新 ………………… 598
第18章 创造并引导变革 …………… 618
　18.1 跻身世界级 ……………… 620
　18.2 管理变革 ………………… 623
　18.3 塑造未来 ………………… 633

第一部分
管理学基础

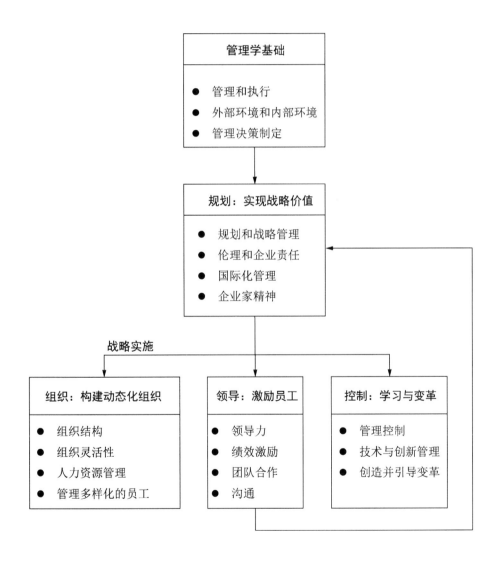

第 1 章
管理与执行

"管理,从本质上讲,意味着用脑力替代体力,用知识替代习惯和传统,用合作替代强制。"

——彼得·德鲁克

学习目标

通过学习第 1 章,你应该达到以下要求:

1. 总结在新的竞争形势下管理所面临的主要挑战。
2. 描述公司竞争优势的来源。
3. 理解管理的职能及其在当今商业环境中的演变。
4. 掌握不同组织层次下管理的本质。
5. 描述成为卓有成效的管理者需要掌握的技能。
6. 了解你的事业发展应遵循的原则。

本章概要

新竞争形势下的管理
    全球化
    技术变革
    知识管理
    跨越边界的合作
竞争优势管理
    创新
    质量
    服务
    速度
    成本竞争力
    可持续发展
    拥有全部六项优势
管理的职能
    计划:实现战略价值
    组织:构建动态化组织

领导:激励员工
控制:学习与变革
执行全部四项管理职能
管理的层级与技能
    高层管理者
    中层管理者
    基层管理者
    承担更多责任的管理者
    管理技能
你和你的职业生涯
    既做专才,又做通才
    自立
    人脉
    积极管理与你所在组织的关系
    生存并发展

开篇案例

管理者如何实现特斯拉汽车公司的快速发展

如何才能把一个愿景转变成为一个持续并富有成效的现实？如果你的愿景是销售乘坐舒适、驾驶方便，并能减少对石油燃料依赖的纯电动汽车，进而领导一场汽车革命，那么你需要工程技术方面的天才、质量驱动型的工人、丰富的市场经验，以及大量的现金。然后，还需要有人能够有效利用这些资源，找出最好的资源整合方式，并让整个组织在竞争中胜出。换句话说，达成愿景需要有能力的管理者。

为此，我们来看看美国特斯拉汽车公司（Tesla Motor）的管理者们是如何把不同的资源整合到一起，以实现公司宏伟的目标：销售世界上第一辆符合市场需要的纯电动汽车。正如预测的那样，特斯拉的纯电动汽车的价格与中型轿车相比将非常具有竞争力。电池一次充电的续航里程达到300英里。目前，该公司已经开始销售价值10.9万美元的电动跑车，这是一种高性能车，但是不满足特斯拉总体战略方案中对于购买能力部分的要求。因此，公司计划开始制造Model S型号（S款）汽车，2012年开始销售，目标售价为5.47万美元。

这样的项目需要筹集上千万美元的巨额资金。事实上，特斯拉的首席执行官（Chief Executive Officer，CEO）埃隆·马斯克（Elon Musk）已经想出一些富有创意的融资办法，并说服了财力雄厚的投资者入股。马斯克曾与丰田（Toyota）汽车公司的总裁丰田章男磋商成立一个合资公司，以使特斯拉帮助丰田开发丰田RAV4型号运动型汽车的电动版。这项合作要求丰田投资5000万美元入股特斯拉。这种与潜在的竞争对手分享技术的做法看似令人困惑，但是这笔交易给特斯拉提供了急需的资金，并且使得其他潜在投资者更加希望建立与特斯拉之间的合作。例如，松下公司（Panasonic）目前已经成为锂电池开发领域的业界领袖，也希望能够成为电动汽车的供应商，它向特斯拉投资3000万美元以获得其股权。通过这项合作，特斯拉不仅获得了资金，而且还有机会能够掌握电动汽车设计过程中最复杂的一部分专业技术。

制造一辆创新的汽车同时还需要一个伟大的设计以及一个工厂，这个工厂应该靠近那些能够将一项新的设计转化为市场需求的人才。电池设计中的一系列责任，包括安全性、续航能力、不得高于1万美元的成本要求，都落在了特斯拉电池安全与技术实验室经理韦斯·赫尔曼（Wes Hermann）的身上。赫尔曼在大学里学的是工程，毕业后在一个基金会工作，从事关于能源利用对于环境影响的研究。对于赫尔曼来说，为特斯拉工作是一个把理论付诸实践的机会。当然，他无法仅仅靠自己来实现这些目标，所以他雇用并管理着一个工程师团队。

最近的金融危机对于汽车行业的打击给特斯拉新建工厂带来了机会。通用汽车（General Motors）关闭了它与丰田公司合资经营的位于加州弗里蒙特（Fremont）的一个工厂，这个工厂离位于硅谷中心地带的帕洛·阿尔托（Palo Alto）的特斯拉总部不远。于是特斯拉买下了这个工厂，并在停车场建立了一个临时办公室。公司分管生产制造的副总裁吉尔伯特·帕辛（Gilbert Passin）负责筹建工厂及生产S款汽车。帕辛踌躇满志，计划两年内实现装配S款汽车的目标。他的手下们正在忙着准备各种关于建立这个高科技汽车工作站的图表和日程安排。同时，特斯拉分管人力资源的副总裁阿蒙·格什瑞（Arnnon Geshuri）负责新雇用成百上千名工人的任务，格什瑞具有承担这种富有挑战性任务的经历，在为特斯拉工作之前，他在谷歌公司员工人数迅猛增长时期负责其人力资源管理工作。

- 当你阅读本案例时，请注意特斯拉汽车公司的管理者们所具备的广泛的管理技能，同时请思考公司管理人员、资金和其他资源的管理运作过程,这些资源使得特斯拉和其他组织能够共同达成远远超过个体单独行动时所能实现的目标。

特斯拉汽车公司的首席执行官埃隆·马斯克,大概是当今商业时代中最有意思的一位企业领袖。他具备强大的创意能力和把握全局的敏锐洞察力,在组织构建方面取得了令人瞩目的成就。当然,这并不是说他挑选的每个经理或组建的每一个机构都是成功的。曾经有一个管理失败的案例震惊了许多美国人,这个案例涉及位于华盛顿地区的沃尔特·里德军队医疗中心(Walter Reed Army Medical Center)对于受伤士兵的医疗服务和照顾问题。沃尔特·里德军队医疗中心是美国最顶尖的军队医院之一,记者在调查中发现其中一些门诊医疗条件存在严重的问题,患者们每天面对的是充满霉味的空气、蟑螂、老鼠和损坏的墙壁及门。许多患者,其中不乏一些受伤严重或遭遇重大精神创伤的病人,抱怨繁琐冗长的就诊程序使得他们难以得到及时的诊疗服务。在国会作证词时,美国陆军副总参谋承认沃尔特·里德在管理方面存在重大的疏漏:

"我们的医生和案件中的管理者工作超负荷并过度劳累,他们没有接受到足够的培训。我们对一些必要的信息没有能够充分地沟通。我们的行政管理过程的确存在不必要的繁琐冗长……花的时间太长了。我们的医疗机构配置没有达到正常应该具备的水平,我们没有为这些单位指定一个负责人,确保承担应尽的责任,维持正常的秩序以及良好的状态……我们的设施条件也没有能够得到维护,并达到我们其实也知道要达到的标准。"

沃尔特·里德医院的指挥官乔治·W. 惠特曼(George W. Weightman)少将因这一丑闻引咎辞职,他承认对于里德医院的"领导是失败的"。

值得注意的是,后来沃尔特·里德引进了精干的管理者们,他们对于医院的管理做出了极大的改进。《哈佛商业评论》(Harvard Business Review)在评选全球最佳CEO时,考量的不是地位、名气、个人魅力或短期昙花一现的成功,而是长期以来这些CEO们能否带领他们的企业持续地实现高绩效。2011年全球CEO排行榜中,史蒂夫·乔布斯(Steve Jobs)毫无悬念地名列第一,1997年他接手苹果公司时,公司的状况非常糟糕。后来,在他的带领下公司年复一年地实现了丰厚的回报和市场价值。当年全球最佳CEO排行榜名列第二的是韩国三星电子(Samsung Electronics)的前CEO尹钟龙(Yun Jong-Yong)。

就像每一个个体那样,公司的成功或者失败会有许多种原因。其中一些原因来自外在客观环境或形势的变化,但绝大多数来自个体的、人为的因素,包括管理者们所做出的决定或采取的行动。

在商业领域,高效的管理是无可替代的。公司可能会一时发展得很快,但是如果没有良好的管理,这种繁荣的景象不会维持太久,对于管理者个体来说也是如此。《彭博商业周刊》(Bloomberg Businessweek)的经理们就是通过始终关注根本要素而获得成功的,他们知道什么是重要的,并且把它们管理好。本书的目的就是帮助你在追求事业的过程中获得成功。

1.1　新竞争形势下的管理

当经济繁荣时,生意似乎会变得顺风顺水。20世纪90年代,创办一个互联网公司看起来就很容易,而在几年前,房地产企业的蓬勃发展之势也是毋庸置疑的。但是,2008年下半年爆发的经济危机,使得投资者们对于新兴互联网企业变得日益警惕,同时人们对于新置房产的需求大幅滑落。在这种时候，显而易见，管理的挑战在于如何不断适应新环境和新形势的要求。

如何定义当今商业领域的竞争格局？你将在接下来的章节中读到许多相关的问题，但是在这里，我们首先从导致当前的商业格局不同于以往的四个关键要素开始说起，这四个关键要素是：全球化、技术变革、知识和理念的重要性，以及跨越组织边界的合作。

1.1.1 全球化

很早以前，企业就开始变得全球化，办公室和生产设施遍布世界各地。公司业务超越国界，在全球范围内运营。那些追求不断成长的公司往往需要开拓国际市场，因为只有放眼国际市场，才能寻求到不断上涨的收入和日益增长的需求。从本土市场向全球市场的转变正在成为不可逆转的势头。

《财富》（Fortune）杂志每年发布的全球最受赞赏的公司（World's Most Admired Companies）名单中，美国公司常常会占绝对优势。但在 2011 年，位于马德里的西班牙电话公司（Telefónica，是 Telefónica of Spain 的西班牙文缩写）成为最受推崇的电信公司，韩国的浦项制铁公司（POSCO）是最受尊敬的金属公司，并且挪威国家石油公司（Norway's Statoil）在石油加工领域位居第一，巴西国家石油公司（Petrobras）实力不断增强，而麦当劳在全球业务的拓展能力方面名列榜首。近来，一定还会有其他更多的商界领袖不断涌现出来。

全球化也意味着公司的人才可以来自任何地方。随着公司销售市场的变化，通用电气公司半数以上的员工在美国国土以外工作。思科公司（Cisco）是计算机网络设备领域的领导者，它把维护其在印度分支机构的运营视为保持公司竞争优势的基本策略。思科在一个至关重要的时期为快速成长的印度互联网市场提供服务，同时需求的增长也正在吸引来自中国企业的低成本竞争。

百事公司（PepsiCo）的 CEO 卢英德（Indra Nooyi）为公司带来了当前最需要的全球化视角，百事公司目前的国际业务量是在美国本土业务规模的三倍。卢英德出生于印度，先后在印度和美国接受教育。她带领公司向市场提供更多的"有益类系列"（"good for you"）和"健康类系列"（"better for you"）的小吃食品，近来收购了位于保加利亚的一个坚果包装商和一家位于以色列的鹰嘴豆食品加工商。

与此同时，可口可乐（Coca-Cola）公司在墨西哥的销售量远远高于其他国家，年销售额达到人均 665 杯，而在肯尼亚则是 39 杯。目前，可口可乐已经成为非洲最大的雇主，非洲大陆也成为可口可乐公司未来业绩增长的关键所在。可口可乐公司的首席执行官穆康泰（Muhtar Kent）说，"非洲是未被充分关注的市场，而未来十年有可能成为创造奇迹的市场，就像过去的十年里中国和印度那样。"

全球化对小公司也会产生极大的影响。一些小公司出口货物，国内的公司在其他国家装配它们的产品，还有一些公司面临着来自外国制造商严峻的竞争压力，从而不得不提升产品品质。今天的公司需要常常自省：我们如何才能成为全球最优秀的公司？

对于学生来说，现在就开始考虑全球化对于个人未来发展的影响并不算早。赛仕软件公司（SAS）是世界最大的软件公司之一，用它的 CEO 吉姆·古德奈特（Jim Goodnight）的话来说，"商学院在培养学生时所能做的最好的事情就是鼓励他们放宽眼界。全球化打开了世界的大门并提供了很多的机会，商学院应该鼓励他们的学生学会把握机会"。

1.1.2 技术变革

技术在商业世界已经变得至关重要，而互联网对于全球化的影响只是其中的一个表现方式。技术在令事物变得复杂的同时，也创造着新的机会。通信、交通、信息和其他技术领域的快速变化不断带来新的挑战。例如，在台式计算机历经几十年的广泛运用后，消费者开始转向便携式电脑，从而需要完全不同的配件。任何一个服务于台式电脑用户的公司不得不重新思考消费者的需求，更不用说，这些消费者现在常常是在机场或者当地的星巴克咖啡店而不是办公室里工作。

> 谷歌搜索网站以 50 多种语言编辑网页。

后面的章节会进一步探讨技术变革问题，在这里我们重点关注的是互联网及其带来的影响。为什么互联网对于今天的公司来说如此重要？因为它本身就代表着一种集产品和服务的提供、分销渠道、咨询服务还有其他很多功能于一体的市场。互联网降低了成本，提高了决策的效率，并加速了全球化。无论是制药领域，还是金融服务领域，互联网都能使得新产品的设计与开发变得更加方便。管理者们通过互联网可以看到并学习其他公司正在做什么，哪怕其他公司位于地球的另一半。技术变革的这些优势在创造着商业机会的同时，也带来了威胁，例如竞争者有时能够从新的技术发展中比你获益更多。

几年前，我们可能很难想象可以在线订机票、读新闻、分享照片。最近，一些在线服务提供商，例如亚马逊（Amazon）、美国网络招聘商（Monster）、谷歌（Google）大获成功，它们的业务完全都是基于互联网。还有一些其他公司，包括巴诺书店（Barnes & Noble）、百思买（Best Buy）以及欧迪办公（Office Depot）也将在线渠道纳入原有的商业战略体系中。

> 在对那些需要长时间工作并且工作压力很大的员工进行调查时，59% 均表示技术的变革是延长而不是缩短了他们的工作时间。

一切还在以惊人的速度持续地变化着。2003 年，业界技术领袖奥莱利公司（O'Reilly）的创始人兼 CEO 蒂姆·奥莱利（Tim O'Reilly）创造了"Web 2.0"一词，用以描述不断涌现的为用户提供在线出版及分享信息等服务的社交网络公司的浪潮。但是其中大多数公司都遭遇了失败或者惨淡经营，还有很多公司解雇了它们的 CEO 并遣散了员工。除了脸谱公司（Facebook），几乎没有公司获得盈利。

1.1.3 知识管理

公司和管理者们常常需要良好的新思路。因为发达经济体中的公司在生产实物商品方面的效率已经很高，所以大多数的劳动力都已被释放到提供服务或"抽象商品"（诸如软件、娱乐、数据和广告）的领域。高效的工厂用更少的工人来生产市场所需要的粮食和手机；与此同时，越来越多的劳动者开始从事创造软件以及开发新产品或服务等方面的工作。这些劳动者的主要贡献在于他们的想法和解决问题的专门技能，因而通常被称为"知识工作者"。管理这些知识工作者带来了一些特殊的挑战，我们会在全书中对其加以阐述。例如，管理者可能会难以确定这些知识工作者们在工作中做得好或者不好，因为对他们的产出评估无法通过简单的计算或衡量而得到。而且，这些知识工作者因工作非常有趣而积极性很高，而不是因为管理者的"胡萝卜加大棒"的策略。

由于现代企业的成功往往取决于知识以创新或提供服务，因此组织需要管理知识。**知识管理**旨在发现并充分利用企业的智力资源——组织当中的人员才智——的一系列做法。

> 知识管理是发现、揭示、分享并充分利用组织中最宝贵的资源：人们的专门技术、能力、智慧和关系。

知识管理者的任务就是发现这些人力资产，帮助人们相互合作与学习进而产生新的思想，然后把这些思想变成成功的创新。

在医院里，重要的知识包括病人的病史、医嘱、计费信息、食谱要求、处方以及其他相关信息。由于工作的性质关系生命，所以很多医院已经欣然接受了知识管理。例如，在弗吉尼亚联邦大学（Virginia Commonwealth University，VCU）的医疗系统中，医生可以通过一个信息系统开具处方、查看病人信息和化验报告，还可以向别的医生进行咨询。自动开具账单也是VCU的知识管理系统的一部分，这样使得诊疗的过程效率更高，同时与病人的数据实时链接，也能够提醒医生了解病人所接受的所有治疗方案以及支付的账单。医院也可以面向患者开放知识管理系统，使他们能够预约就诊时间、补开药品，并向他们的医生咨询问题。

1.1.4　跨越边界的合作

知识管理中最重要的一个过程，就是确保来自组织不同部门的员工能够有效地与其他人展开合作，这就要求不同的部门、机构和其他分支之间进行建设性的沟通。例如，"T型"管理者打破传统的组织层级，在组织内部自由地分享知识（"T"中的水平部分），与此同时又保证严格达到其业务单位的基本绩效（"T"中的垂直部分）。制药巨头葛兰素史克公司（GlaxoSmithKline）、德国大型工业公司、西门子公司（Siemens）和总部位于伦敦的钢铁制造商伊斯帕特国际公司（Ispat International），都在组织内部始终强调绩效和知识分享的双重责任。

例如，丰田公司（Toyota）从一开始就将设计工程师和生产线上的员工聚集在一起，从而保持产品开发过程的高效率。生产一线的工人常常能够看到简化设计的方法，因此能够更容易地适应制造过程的要求，并且避免缺陷或不必要的成本。丰田期待它的员工关注来自组织所有领域的信息，从而使得这种合作自然而然成为组织文化的一部分。员工使用软件来分享他们的知识，这也是他们在设计与生产实践中寻找到的最佳做法。因此，在丰田公司，知识管理成为内部合作的支撑，反之亦然。

合作不仅仅出现在组织内部跨部门之间，有时甚至超越组织本身的界限。今天的公司必须充分调动和利用组织外部的知识。公司应该如何发挥其顾问、代理商和供应商的作用？丰田公司就与软件开发商PTC共同开发支持生产和设计之间合作的产品开发软件。两家公司一起确定软件如何能支持公司的"精益产品开发"策略，它们一直定期召开会议，不断地完善软件。这种合作不仅帮助丰田获得了一款优秀的产品，而且还有助于PTC提升其服务于其他客户的软件的价值。

客户之间也可以合作。企业必须认识到要想驱动一切积极因素，就必须服务于客户的需求。公司甚至可以在制定决策的最初阶段就让客户参与进来，以此为客户提供最好的服务。例如，宝洁公司（Procter & Gamble）就常让客户参与创意思考或者加入在线交流，从而开发出新的产品和提出新的服务理念。随着诸如脸谱网这样的社交网站的普及，宝洁公司在其中建立了自己的社交网络页面来聚集它的客户，其中包括一个妇女讨论小组，在那里人们可以讨论健康问题和其他关心的问题。虽然这样的网站提供了广告的机会，但是宝洁公司主要是通过其来更多地了解消费者的态度。

1.2　竞争优势管理

互联网的兴起给人们的工作和生活带来了翻天覆地的变化：有些学生辍学加入互联网新兴企业或自己创业；有些大公司的管理者辞去工作去做同样的事情；投资者们对于这一领域垂涎欲滴，蜂拥而至并大量投资。而风险常常被忽视或淡化，这也导致了繁荣景象的不幸破灭。或者我们可以反思一下早期也曾经历类似转变的汽车行业，美国曾经至少有2000家汽车制造商，而现在只剩下3家，其他的公司不是很早以前就退出了这个行业就是遇到了严重的麻烦。

这些重要行业历经转变而遭遇失败，我们能够从中得到什么教训呢？无论是传统公司，还是互联网公司或者两者兼有的公司，我们都要明白其成功的关键不在于所在的行业增长有多快或者对社会有多大影响，而是在于每个公司是否具有竞争优势以及如何能保持这一优势。优秀的管理者知道他们必须在激烈的竞争中生存并取得胜利。

> **提示**
>
> 由于管理者们很容易因事务缠身而忙碌不堪、心烦意乱，进而忽视了真正带来高绩效的根本所在。因此，你可以定期地看看，提醒自己必须不断创新、提高质量、提升服务、提高速度、保持成本竞争力以及可持续发展。你认为这些竞争优势中哪些是难以同时实现的？

要生存并获胜，你必须获得超越竞争对手的优势，并能以此盈利。通过向客户提供比竞争对手更具价值的产品或服务，你就能获得竞争优势。但这具体意味着什么？那就是要获得成功，管理者们必须表现卓越，而卓越表现的根本来源则在于创新、质量、服务、速度、成本竞争力和可持续发展。

1.2.1 创新

虽然一些手机用户一直在寻找最新的无线技术和最优雅的设计，但是更多的用户只是想要一个能够买得起的手机。针对后者，一些富有创意的公司就在考虑如何能够将多余的旧手机与这些价格敏感型的买家建立联系。其中最成功的是 ReCellular 公司（美国最大的手机回收公司），这家公司从慈善机构和零售商那里获得二手手机或顾客退回的处理手机，然后翻新这些手机，再以适中的价格出售，ReCellular 的销售额五年内翻了一倍多。然而，ReCellular 及其他经营同类业务的公司必须做好准备，以应对下一轮的竞争：中国制造的低价手机。ReCellular 的经验说明了企业必须不断地创新。所谓**创新**，就是提供新的产品和服务。你的公司必须适应消费者需求的变化，并能迎接新的竞争对手的挑战。产品并不是永远都能卖得出去，事实上，现在产品的市场生命周期不像过去那么长，因此你的竞争对手总是在不断地推陈出新。因此，你的公司必须创新，否则就会被淘汰。你也必须不断地推陈出新，与客户沟通并把产品卖给他们。当网络使得商人们能够绕过传统的分销渠道而直接与消费者接触时，传统的渠道商同样也必须学习如何创新以保持竞争力。

创新并不都意味着高科技。唐恩都乐品牌烹饪创新团队（Dunkin' Brands Culinary Innovation Team）是一个由行政主厨 Stan Frankenthaler 领导的 18 名厨师组成的团队，他们每年为唐恩都乐（Dunkin' Donuts，Dunkin' Brands 的子品牌，快餐连锁店）和巴斯金-罗宾斯（Baskin-Robbins，Dunkin' Brands 的子品牌，冰激凌连锁店）推出大约 20 个新产品，不断地实现收入增长。最近推出的百吉饼大获成功，而全麦面包圈却反响一般。这个团队正长期致力于开发一个零反式脂肪的菜单。

对于创新的需要，一部分来自于全球化。一个显而易见的原因是，当其他国家的企业能够比美国的企业以更低的成本生产电器或编写软件代码时，美国的企业就将处于劣势地位。它们必须提供那些外国对手们所不能提供的新产品或服务。飞利浦公司（Philips）在 19 世纪 90 年代就开始在荷兰生产灯泡，目前它已经在中国设立了研发机构和生产基地，因为中国不仅是廉价劳动力市场，同时也是技术工艺的重要来源地。发展中国家正在成为企业创新的温床，因为它们能够以比西方同行低得多的成本提供新的产品和服务。它们也在重新设计生产和分销系统，尝试全新的商业模式。发达国家的企业也应该向这些新的来自于发展中国家的竞争对手们学习。

创新可取得巨大成就（2011 年最受尊敬的公司排行榜中，苹果公司在创新类别中名列榜首）。和其他企业竞争优势的来源一样，创新来源于人，它必须是一个战略目标并得到恰当的处理。在后面的章节中，你将读到伟大的企业是如何创新的。

1.2.2 质量

频谱健康（Spectrum Health）医院是一家总部位于密歇根州大溪城（Grand Rapids）的医院连锁机构，曾经向患者了解其服务质量。病人们对于医院工作人员在乐于助人和对于访客的态度上评价不高，患者们表示医院方面没有清楚地告知他们医院的工作程序，也没有充分地提供出院后如何加强自我保健的信息。因此，频谱医院成立了一个患者及其家庭成员的咨询委员会，并让探视患者的时间变得更加灵活，病人能够了解到相关的医疗信息并参与治疗方案的决策，医院还会致电出院的患者以确保他们能够按照医嘱照顾自己。在频谱健康医院后来的调查中，患者满意度获得了显著提高。

频谱健康医院的做法反映了组织对质量的承诺。一般来说，**质量**是产品的卓越性。近年来质量的重要性和质量合格的标准大幅提高。现在的消费者们要求高质量的产品和服务，质量稍有折扣就可能无人问津。在医疗产业，政府更是大力倡导这一趋势。所有的医院都必须参与一个全国性的病人满意度调查，只有这样才能从医疗保险中获得全额医疗费用的返还。这些调查结果将会发布在美国卫生部（Department of Health and Human Service）医疗保险信息网站上（hospitalcompare.hhs.gov），这样患者在选择医疗服务时就可以对他们所在地区的医院的排名情况进行比较。

质量过去主要是针对顾客购买的有形产品而言，具体指的是产品的吸引力、没有瑕疵、性能的可靠性和长期的耐用性。传统确保质量的方法是在工作完成后进行检查并消除缺陷，通过检验和统计数据来确定产品是否达到标准。但后来 W. 爱德华·戴明（W. Edwards Deming）、J. M. 朱兰（J. M. Juran）和其他质量管理大师让管理者们接受了一套更加完整的方法来实现全面质量管理。这套方法包括缺陷发生之前的预防、实现零缺陷制造、设计高质量的产品，其目标是从一开始就解决和消除所有与质量相关的问题，并且让公司在经营中形成持续改进的理念。

质量更深一层的含义在于，公司能够根据顾客的意愿提供个性化的产品和服务。在选购饮品时，星巴克给顾客提供了丰富多样的选择，半咖啡因还是全咖啡因的，加脱脂牛奶还是豆奶，浓缩咖啡还是加不同口味的糖浆。购买者可以上网打造自己专属的迷你库柏汽车（Mini Cooper），从车身的颜色到速度仪表盘的灯光都由顾客自己决定。顾客只要支付一些额外的费用，就可以在M&M's糖果上印上任何自己创作的信息。同样，琼斯饮料公司（Jones Soda）通过网站给顾客提供可以订购瓶身印有自己照片的汽水，顾客只要登录"我的琼斯"这个网站（www.myjones.com），然后上传照片并选择一种汽水的口味即可。

提供世界一流的质量需要全面地了解质量的真正内涵。我们可以通过产品性能、客户服务、可靠性（失灵或故障）、达标程度、耐久性和美观等方面对质量进行衡量。我们在这部分内容的开头就提到医院是如何通过患者调查来评估质量，并达到国家医疗保险要求的。然而，美国宾夕法尼亚大学医学院（University of Pennsylvania School of Medicine）最近的一项研究发现，那些在国家医疗保险质量评估调查中得分很高的医院，其病人死亡的风险并没有明显减少。但是，优质的医护并不仅仅是指活着。只有超越对于质量的一般了解，理解质量的特定内涵，你才能发现问题、明确目标、更精确地确定性能标准，然后才能提供世界级的质量。

顺便说一句，《财富》杂志2011年的榜单中，亚马逊公司在产品和服务质量类别中排名第一，接下来又会是谁呢？

1.2.3 服务

如前所述，质量评价的重要标准常常涉及客户服务的水平。服务行业已经逐渐主导了美国的经济，因此这一维度现在显得尤为重要。根据联邦政府的统计，目前美国服务类商品的产值是其他有形商品产值的三倍。近年来，增长最快的就业机会几乎全在服务和零售行业，而制造业的就业机会下滑最大。服务包括无形产品，例如保险、酒店住宿、医疗保健和理发等。

在竞争激烈的环境中，**服务**意味着在顾客有所需求时能够及时地响应。因此，做好服务的重点就是不断满足顾客的需求进而建立长期互惠的关系。例如，软件公司除了编写程序之外，还可以帮助顾客确定需求，建立计算机系统并做好维护。

评价服务质量的一个重要标准在于能够让顾客体验服务或者购买及使用产品时感到方便和愉快。底特律美术馆（Detroit Institute of Arts）最近聘请了负责美术馆运营的副总裁，他曾在以优质服务著称的丽思·卡尔顿连锁酒店（Ritz-Carlton hotel chain）工作。在这个艺术馆经过翻修准备重新开放时，这位副总裁分析了顾客在美术馆里互动的类型，然后设计出更加愉快的体验方式。他还曾与工作人员共同商定如何向参观者提供个性化的服务，例如针对特定人群的不同兴趣提供不同的讲解。

1.2.4 速度

谷歌在不断地改善其搜索产品的速度。事实上，它的整个文化是基于快速创新。谷歌的副总裁谢丽尔·桑德伯格（Sheryl Sandberg）就曾经由于行动太快以致难以周详计划而犯错。尽管这一错误导致公司损失了几百万美元，但是在她解释和道歉时，谷歌创始人之一拉里·佩奇（Larry Page）却表示实际上他很高兴她犯了这样一个错误，因为这表明她对于公司价值观的领会。佩奇对桑德伯格说："我想要经营的公司宁可行动过快，做得过多，也不要过于谨慎，做得太少。如果没有这些错误，那只能说明我们没有承担足够的风险。"

当然，这不是说谷歌支持错误的想法胜于支持赚钱的想法，但是佩奇的话表达了对于这样一种观点的欣赏，那就是在现代商业环境中，**速度**——快速地执行、响应和交付结果——常常能够分出输赢。你能以多快的速度开发出新产品并推向市场？你能以多快的速度响应顾客的要求？如果你能在竞争中拥有更快的速度，如果你对竞争对手的行动做出快速回应，那么你就能远远胜出。

速度并不是全部，但在其他条件相当的情况下，行动迅速的公司更有可能成为赢家，而行动迟缓的公司将会成为输家。甚至在前互联网时代，企业已经让产品到市场进而到顾客手中的过程比以往更快。而现在对于速度的要求则是呈指数倍地增长，一切看上去都在快速地前进。

有些公司不仅仅将速度视为一个目标，而且视为一个必然的战略选择。在汽车行业，必须不断地提高速度以应对竞争。最近的一项研究发现，在美国福特公司（Ford）位于亚特兰大的汽车装配工厂里，工人们装配一辆汽车只需要15.4个小时，而在20世纪80年代，通用汽车的工人装配一辆汽车需要40个小时。汽车行业里衡量速度的另一个重要的标准就是从概念中的产品到展厅里汽车实物这一过程的快慢。20世纪80年代，这个标准是30—40月，而现在丰田公司已经将这一过程缩短到平均24个月，在推出坦途系列（Tundra）皮卡时它只用了22个月。

1.2.5 成本竞争力

沃尔玛（Walmart）一直在艰难地找寻新的途径，在其已经非常低的配送成本上继续缩减数十亿美元。沃尔玛通过有效配送一直领先于业界，但是竞争者正在复制沃尔玛的配送模式，因此配送的效率难以继续成为优势。沃尔玛已经开始试图通过更有效的人员配置来降低成本，它引进了一个软件系统，可以根据每个商店的销售额、交易数、销量和客户流量来做出人员的安排。这个系统旨在制订出刚好够用的员工安排计划，只有在一天中最繁忙的时间以及一周中最忙的几天才安排全员在岗，所以它需要沃尔玛的员工在工作中能够有更多的灵活性。

沃尔玛的这些做法是为了获得**成本竞争力**，这意味着保持足够低的成本，以使公司在实现利润的同时使其产品或服务的价格对顾客具有吸引力。毋庸置疑，如果你能以更低的价格提供理想的产品，销售将会变得更加容易。

新加坡航空公司（Singapore Airlines，简称新航）是全球最受尊敬的公司之一，它在经济衰退以及全球航空业亏损的情况下一直保持着盈利，它是通过削减成本的策略来做到这一点的。竞争对手们降低了机票价格，但是飞机仍然没能满仓（况且机票价格可能还会反弹甚至涨价），新航的做法是减少航班、停运飞机以及减薪，包括首席执行官的薪水。

新航提供的是高品质甚至是奢华的飞行体验，与之相反，瑞安航空（Ryanair）则是一家来自欧洲的廉价航空公司。根据《彭博商业周刊》的报道，瑞安航空的首席执行官迈克尔·奥利里（Michael O'Leary）正在"重塑商务空中旅行的形象：破旧、令人郁闷，但是便宜、便宜、再便宜"。奥利里认为短途航班只需要一个卫生间，每次飞行只需配备一名飞行员，因为自动驾驶系统或乘务人员中训练有素的成员都能在必要的情况驾驶飞机。他认为商务旅行乘客并不需要免费的枕头、毛毯和小吃，他们只需要能够带着行李便宜地抵达目的地。他设想公司的盈利模式应来自机上销售、较高的超重行李费、二线机场的低成本以及通过公司网站销售旅游产品而获得的佣金。

管理成本并将其保持在较低水平需要保持高效的状态：通过明智地使用资源并尽可能地减少浪费来完成你的目标。许多高管乘坐私人飞机，这当然比在航空公司订购机票要昂贵得多。但是如果企业可以加入例如利捷航空（NetJets）等公司的服务项目，购买某一架飞机的股份并有权使用这架飞机，那么私人飞机的价格就能降低并更加物有所值。

每个公司必须关注其成本的其中一个原因是，顾客可以轻易地在网上从成千上万个竞争对手那里比较价格。当顾客想要热门商品，例如照相机、打印机及订飞机票时，可以上网调查然后做出具有最佳性价比的选择。如果你不能降低成本并提供有吸引力的价格，那么就会很难胜出。

1.2.6 可持续发展

避免能源使用的浪费并善待环境可以提升公司的财务绩效。例如，一家名为功能纤维（Performance Fibers）的公司通过修理好蒸汽泄漏的问题减少了超过20万美元的成本支出。努力减少能源的浪费仅仅是实现广受欢迎的一种竞争优势——可持续发展——的途径之一。**可持续发展**就是努力最低限度地使用资源，特别是那些带来污染或不可再生的资源。

可持续性可能还会有其他的内涵，但在本书中我们关注的是环境的可持续发展。在美国，公司对于可持续发展所投入的成本会随着环境管制政策的严格或宽松而有所波动。总体来看，对可持续发展投入更多的关注是一种全球性趋势。市场对资源的需求不断加大，而供应却是有限的。与此同时，社会对于环境保护的态度发生了转变。这些因素之间存在的冲突意味着未来十年企业对于资源的生产效率、环保技术产业的出现以及环境监管政策可能会有更多的关注。

许多公司已经发现，对于可持续发展这一问题的关注常常会带来利润方面的收益。可持续发展不仅仅可以降低成本。除了减少运行中需要消耗的资源之外，公司还可以出售符合可持续发展要求的产品。例如，特斯拉汽车的目标就是销售使用电力的汽车，而不是燃烧汽油的汽车。

巴塔哥尼亚苏尔（Patagonia Sur）是一家营利性公司，它在巴塔哥尼亚创建了首个私人土地信托基金来永久性地保护公司的土地。它计划在那块土地上建立多达10个既盈利又环保的企业。公司旨在通过运用自由市场的力量来开发土地，并且在获利的同时保证对环境没有任何破坏，此外公司还将进一步推广这种与发展中国家土地开发截然不同的管理模式。

可持续发展是对我们自身权利的保护。如果做得好，人们将能够长期（甚至世代）以一种可持续的方式生活和工作，这种方式既不耗尽能源，也不破坏环境、社会或经济资源。在2011年企业社区及环境责任类别排名中，排名第一的是挪威国家石油公司（Norway's Statoil）。那么你认为在致力于可持续发展的实践中，哪些公司表现出色？还有哪些公司表现得不是那么出色呢？

1.2.7 拥有全部六项优势

不要认为只要拥有上述六项优势中的一项，例如低成本或者质量，就可以高枕无忧了。最优秀的管理者和公司拥有全部六项优势。

像许多医院一样，弗吉尼亚·梅森医疗中心（Virginia Mason Medical Center）在保持低成本的同时，在高品质的服务方面感受到了挑战。弗吉尼亚·梅森医疗中心素以高品质的医护服务而著称，但在治疗某些病人时却入不敷出。所以，该中心与安泰（Aetna）保险开展合作，安泰保险为医疗中心 10%的业务买单，弗吉尼亚·梅森医疗中心找到了治疗某些需要花费最多的病例的方案，对于这些病例，投保显然是更为合算的选择。尽管保费费率较高但足以确保医疗中心的盈利。此外，医疗中心还通过改进速度的方式来提升服务品质——例如，减少等待时间，原来等待化疗需要 4 个小时，而现在只需要 90 分钟。

> 竞争优势的这六个来源之间可能会出现此消彼长的情况，但是这并不一定是一个零和博弈，即实现其中一个的代价是牺牲另一个。

雅芳公司（Avon）与 IBM 全球服务公司（IBM Global Services）签约由后者来处理诸如工资和福利管理等人力资源管理事务，旨在节约成本。因为将这些工作交由专业的公司来做，不仅完成的效率会很高，而且可以将雅芳从中解放出来以便专注于其最擅长的化妆品直销领域的不断创新。雅芳的 CEO 钟彬娴（Andrea Jung）女士计划让得到政府许可的成千上万个销售代表将化妆品卖给中国的顾客。此外，雅芳还利用市场中定制化的趋势，采用一种连接器可以将顾客挑选的心仪商品（例如唇膏或者睫毛膏）组合包装在一起。

> **提示**
> 不要仅仅关注上述六项竞争优势中的某一项而忽视其他方面。你可以在其中的某项上做得更好或者更感兴趣，但是你应该尽力为实现六种优势而努力。

1.3 管理的职能

管理就是通过对人和资源的有效配置来完成组织目标的过程。优秀的管理者能够既有效果又有效率地完成这一过程。有效果，就是达成组织的目标；有效率，就是在达成目标时投入最少的资源，也就是说，尽可能地优化利用金钱、时间、材料和人。有些管理者在两个标准上都乏善可陈，或者仅仅为了做到其中一个而牺牲了另一个。好的管理者通过对于效果和效率的同时关注来实现高绩效。这些定义历史悠久。但是如你所知，企业正在发生着根本的改变，真正的问题是应该怎么来做。

尽管企业的环境和商业规则正在不断地变化，但是要打造伟大的管理者和卓越的公司，仍然存在许多永恒的原则可以适用。尽管现在比以往要求更多的新思想和新方法，但是许多成功管理的做法和经验依然是相关的、有用的和可行的，不过在运用时需要对 21 世纪的商业环境进行重新的思考。

> 在今天的商业时代，卓越的管理者不仅适应不断变化的环境，同时也富有激情地、严格地、一以贯之地遵守着这些最基本的管理原则。

这些基本原则包括四个传统的管理职能：计划、组织、领导和控制。它们和过去一样适用，仍然能为新创企业或成熟企业提供同样的基础，但是形式会发生变化。

1.3.1 规划：实现战略价值

规划是明确要实现的目标，并事先确定实现目标所需的正确行为。规划活动包括分析现状、预测未来、明确目标、确定公司的行动方案、选择公司和业务战略、确定实现组织目标所需的资源。规划为行动和主要的绩效定下基调。

本书第二部分主要讲的是新商业环境中的规划职能，被更加动态地描述为实现战略价值。价值是一个复杂的概念。从本质上讲，它表示与工作、任务、益处或者满足用户需要的服务等表现如何所对应的货币数量。这些用户可能是业主、顾客、员工、社会甚至国家。你在满足这些需求（例如，在质量、速度、效率等方面）时做得越好，你就将实现越多的价值。如果这个价值有助于实现组织的目标，那么它就是"战略的"。从个人来讲，如果你能不时问问自己或者你的老板"我能如何增加价值？"，那么你的工作将会非常出色。对于这个问题的回答将会提升你的贡献、工作表现及个人事业的发展。

> 如果你能定期问问自己或者你的老板"我能如何增加价值？"，那么你的工作将会非常出色。

传统的计划是一种自上而下的执行过程，公司的高层管理者制订了企业计划，并要求其他人予以实施。无论是现在还是未来，实现战略价值都是一个动态的过程。其中，组织所有成员通过自己及客户、供应商和其他利益相关者的智慧来识别各种机会以创造、把握、强化和保持竞争优势。这个动态的过程以为顾客创造更多的价值为目的。有效地创造价值需要充分地考虑到一系列新的和不断变化的利益相关者及问题，包括政府、自然环境、全球化，以及在创意制胜的动态经济中，企业家既是强大的竞争对手，又是潜在的合作者。你将在本书的第 4 章（规划和战略管理）、第 5 章（伦理和企业责任）、第 6 章（国际化管理）和第 7 章（企业家精神）中学习这些相关内容。

1.3.2 组织：构建动态化组织

组织就是对人力、财力、物质、信息和其他实现组织目标所需资源的配置和协调。组织活动包括吸引人员加入组织、明确其工作职责、划分工作单位、配置资源并创造条件使人事和谐以获得最大的成功。

本书的第三部分讲的是构建动态化组织的过程。过去，组织工作通常被认为是通过确定企业职能、确立汇报关系、成立管理计划、项目和文书工作的人事部门来创建组织结构图。而在现在和未来，有效的管理者会使用组织的新形式，并将组织成员视为最宝贵的资源。

他们将建立具有柔性和适应性的组织，来应对竞争威胁和客户需求。先进的人力资源实践，例如能够吸引和留住高层次、多样化的人才，对于公司的成功来说至关重要。你将在本书的第 8 章（组织结构）、第 9 章（组织灵活性）、第 10 章（人力资源管理）和第 11 章（管理多元化的员工）中学习相关问题。

1.3.3 领导：激励员工

领导是激发人们要成为高绩效工作者，包括激励员工、进行个人的或群体性的沟通。领导涉及日常与员工的近距离接触，引导和激励他们实现团队和组织的目标。领导工作存在于团队、部门、事业部以及组织的高层之中。

在早期的教科书中，领导功能主要说的是管理者如何激励工人来工作或者通过工作来执行高管制订的计划。而在今天及未来，管理者必须善于调动人们贡献自己的创意，以过去从未发生或者不可想象的方式来利用他们的智慧。

> 最近一项对基层管理者（一线管理者）的全国性调查发现，绝大多数的管理者对于他们的领导能力有很高的评价。然而，研究者们在一项领导者评估项目中发现，有一些管理者常常会高估他们在获得认同及指导员工等方面的技能。

本书的第四部分主要讲的是，管理者必须依靠不同的领导方式（第 12 章）来授权和激励人们（第 13 章）。与过去完全不同的是，现在，伟大的工作必须通过伟大的团队合作来实现（第 14 章），包括工作群体内部和工作群体的合作。理论上来说，这些过程意味着有效的人际沟通和组织沟通（第 15 章）。

1.3.4　控制：学习与变革

计划、组织和领导并不能确保成功。第四项职能是**控制**，即监督进展并进行必要的改进。通过控制，管理者确保组织的资源根据计划得到合理配置，同时组织能够实现其诸如质量和安全等方面的目标。

当管理者执行计划时，他们经常发现事情并没有按计划那样进展。控制的功能就是确保目标得以实现。它会审视"实际结果是否符合我们的目标"并做出判断，然后进行必要的调整。

成功的组织，无论规模大小，都密切关注控制功能。但是在这本书的第五部分中我们指出，显而易见，在当前及未来，管理的关键挑战比过去更加动态，因此组织需要持续地学习和变革。正如第 16 章所述，控制仍然必须到位。但新技术和其他创新（第 17 章）有助于更有效地实现控制，帮助公司上下和跨越公司边界的所有成员（包括顾客和供应商），能够通过集体的智慧学习，做出各种各样的新贡献，以此帮助组织变革进而打造成功的未来（第 18 章）。

这四项管理职能同样也适用于个人。你必须找到创造价值的方法，为提高自身的效率组织各种所需资源，调动自己及他人的天赋和技能，监督自己的表现，不断地学习、发展并改变。当你开始学习本书和这门课程时，我们希望你不仅仅根据每个客观的课程主题进行"教科书式的学习"，而且能够从个人角度思考这些问题，并将这些理念用于个人的发展。

1.3.5　执行全部四项管理职能

作为一名管理者，你的工作每天不会被整齐地划分为四个职能。你或多或少会同时从事所有这些职能活动。你每天都很忙，时间被分成一块一块的，你还要花费时间来处理各种干扰、会议或突发事件等工作。有很多你希望可以做的事情，但似乎却无法做到，这些活动涉及所有四项管理功能。

有些管理者对四项管理职能中的部分职能特别感兴趣、特别投入，而且也很擅长，而对其他的职能却不然。然而，你在所有四项职能上都应该投入足够的注意力和资源。因为，即使你是一名高超的计划者或控制者，但是如果你不能恰当组织人员或无法激励他们高效地工作，那么你就没有发挥出管理者应有的潜力。同样，对于那些热爱组织和领导，却不能真正理解方向所在或者不能确定自己是否在正确的轨道上的管理者，也无法称其为有效的管理者。优秀的管理者不会忽视四项管理职能中的任何一个。当你学习了这四项职能后，你就可以定期提醒自己对于全部职能是否都给予了足够关注。

特斯拉汽车公司的管理减速

特斯拉汽车公司要在竞争激烈的行业成为一名改革创新者,就必须在所有管理职能方面表现卓越以应对非常现实的挑战。

电池安全与技术实验室经理韦斯·赫尔曼所面对的一个主要挑战是,他的团队目标非常艰巨:只有潜在顾客能够支付得起,并且只有汽车在一次充电后能够行驶足够的里程,电动汽车才会得到发展。而一直以来都遇到的发展阻碍,就是电池技术问题。到目前为止,赫尔曼的实验室已经想出使得电池更安全、更小和更轻便的方法。然而,就在特斯拉准备开始销售S款汽车的前两年,生产这样的电池仍然过于昂贵,所以当时的赫尔曼团队必须在成本竞争力方面攻坚克难。

吉尔伯特·帕辛是分管制造的副总裁,当他的团队准备在加利福尼亚的弗里蒙特开办新工厂时,他必须同时满足速度、质量和成本的竞争力等方面的要求。他们采购了210英亩的土地,土地上几幢建筑的总建筑面积约为550万平方英尺。帕辛的团队计划先使用约20%的楼层空间,然后根据S款汽车的市场需求情况再逐渐扩大。帕辛在这方面有经验。在到特斯拉工作之前,他是丰田汽车公司在加拿大安大略省(Ontario)的雷克萨斯工厂的制造副总裁,同时也是特拉斯所收购的那家丰田-通用合资工厂的总经理,丰田以创造高效和高品质的精确流程而著称。

管理层面临的另一个挑战是当公司从产品开发转向生产时需要为各种职位招募到足够且合格的人才。最近一项统计显示,特斯拉有800名员工,如果要实现2012年开始生产S款电动汽车的目标,那么预期员工人数将达到2000人。成千上万份简历似洪水般涌向公司,阿蒙·格什瑞是分管人力资源的副总裁,他要求下属要物色到那些胸有抱负的人,这些人要擅长团队合作、协同工作,并能够同时处理多个任务。格什瑞表示特斯拉招聘时并不会对汽车行业的工作经验进行特别限制,人力资源部门则提出特斯拉欢迎那些"能够解决具有挑战性的问题"的电气和机电类工程师加盟并帮助公司迎接挑战。要找到这些人才需要公司开展大量工作,包括在公司的网站发布职位需求,以及与大学合作。

当然,特斯拉管理层面临的挑战还包括汽车销售。一个初创的公司有一个显而易见的劣势——对于市场来说,这是一个陌生的品牌,甚至是一个陌生的产品。许多顾客并不知道驾驶电动汽车的益处——不只是低污染,还极其安静且加速很快。到目前为止,特斯拉已经以每辆超过10万美元的价格卖出了1500辆跑车,它的目标是每年能够售出约2万辆的S款汽车。管理层需要想办法实现销售目标以使公司盈利。虽然特斯拉已经筹集到足够的资金来支持其继续发展并满足快速上升的研发投入需要,但是到目前为止公司还没有盈利。

- 课文中描述的四项管理职能(计划、组织、领导和控制)中,你认为对于韦斯·赫尔曼在实现成本竞争力时哪一项是最重要的?为什么?
- 当特斯拉的管理者吉尔伯特·帕辛和阿蒙·格什瑞准备在弗雷斯诺(Fresno)开办新的生产厂时,他们如何通过打造竞争优势来实现高绩效?

1.4 管理的层级与技能

组织(特别是大型组织)有很多的层级。在本节中,您将学习在所有大型组织中都存在的三个不同层次的管理者：高层、中层和基层。

1.4.1 高层管理者

高层管理者是组织中的高级主管并负责组织的全面管理。高层管理者通常被称为战略管理者，他们应该关注长期发展的问题，并强调生存、成长和组织的总体有效性。

高层管理者不仅要把组织视为一个整体，而且还要关注组织与其外部环境的互动。这种互动常常需要管理者广泛地与组织外部的个人或组织加以合作。

首席执行官是大公司高层管理者的一种类型。他是企业的首席战略管理者并有权力支配其他人。其他高层管理者还包括首席运营官（Chief Operating Officer，COO）、公司总裁、副总裁和高管团队的其他成员。随着企业借助并受益于现代科技和知识管理的发展而实现和维持竞争优势，越来越多的企业设立了一个新的职位——首席信息官（Chief Information Officer，CIO）。在国防承包商诺斯罗普·格鲁曼公司（Northrop Grumman）中，CIO 汤姆·谢尔曼（Tom Shelman）过去主要关注的是公司的计算机系统管理，但在最近几年里，他开始直接参与制定战略。谢尔曼的工作包括与客户见面来确定公司可以如何利用技术更好地为他们服务，并帮助公司自身成长。

> 在最近一项关于 CIO 的民意调查中，有一半人数表示他们的责任已经不仅仅是信息技术方面的工作，还包括高层所关注的例如制定公司战略等内容。

传统意义上高层管理者的角色是通过战略制定和资源控制来掌控公司的总体方向。但是现在，高层管理者不仅要成为战略设计者，还要成为组织的领导者。作为领导者，他们必须创造和阐述一个人们能够明确并热情拥护的企业目的。

1.4.2 中层管理者

顾名思义，中层管理者在组织中的层级位于高层管理者与基层管理者之间，他们有时被称为战术管理者，负责将总体目标或战略管理者制订的计划转化为更加具体的目标和活动。

中层管理者传统意义上是扮演高层管理者和基层管理者之间桥梁的管理控制者。中层管理者接受企业的目标，并将它们分解为业务单元的工作目标，同时将其下属业务单元的计划集中起来供高层参考，此外作为内部沟通的关键所在，中层管理者还要向下解释和传达高层的意图，同时向上沟通和反映基层的信息。

中层管理者这个词似乎意味着这样一种平庸无趣的人物原型形象：一群缺乏想象力的人，表现得如同官僚一般，并极力维护着这种状态。但是，中层管理者比高层管理者更接近日常的业务、客户、基层管理者和员工，所以他们会知道问题和机会所在。他们也有许多创意——常常比他们老板的还要好。优秀的中层管理者能够提供维持公司持续运转所需要的运营技能和解决实际问题的能力。

1.4.3 基层管理者

基层管理者，或者说是运营管理者，是组织内监督运营活动的较低级别的管理人员。这些管理者通常有着诸如主管或销售经理之类的头衔。他们的工作是直接与非管理岗位的一线员工打交道，执行由中层管理者制订的具体计划。这个角色在组织中是至关重要的，因为运营管理者是连接管理层和非管理层之间的纽带。你的第一个管理职位可能就属于这一类。

传统意义上，基层管理者接受上层的指导和控制，以确保成功地实施支持公司战略的运营活动。但是，在那些领先于业界的公司中，其作用扩大了。尽管其运作执行方面的作用仍然至关重要,但是为了实现成长和新业务开发,对于其创新和企业家精神的要求在不断地提高。

基层管理者在创造并保持高质量、创新和其他影响财务绩效的动因方面有着极其重要的作用。在杰出的组织中,中、高层管理者不仅允许,而且期待那些富有才干的基层管理者发起创新,并给予他们自由、激励和支持来做到这一点。

表1.1详细阐述了不同管理层级在不同管理方面的变化。你也将在整个课程中学习其中每个方面的管理。

表 1.1 管理角色和活动的转变

	基层管理者	中层管理者	高层管理者
变化的角色	·从运营实施者向积极的企业家转变	·从行政控制者向支持性的教练转变	·从资源配置者向机构领导转变
关键活动	·创造并追求企业新的成长机会 ·吸引并开发资源 ·在业务单元内实现持续的改进	·发展个体并支持他们的活动 ·将不同业务单元之间分散的知识和技能连接起来 ·管理短期目标和长期目标之间的平衡	·建立高绩效的标准 ·构建一套支持合作与信任的准则和价值观,并将其制度化 ·创造公司的整体目标和使命

资料来源:转引自 C. Bartlett and S. Goshal, "The Myth of the Generic Manager: New Personal Competencies for New Management Roles," *California Management Review* 40, no. 1, Fall 1977, pp. 92–116。

 管理实践

最近一项关于工厂管理的研究中,我们可以看到一些"能干的"中层管理者对于组织效益贡献的非常戏剧性的一幕:他们不去实施任何管理者应该开展的最基本的管理活动,例如记录产品质量缺陷,明确工作要求或者跟踪库存。一群来自斯坦福大学的研究人员随机选择了印度的纺织工厂进行访问,以评估他们对于良好管理行为的实践情况。然而,在许多工厂里,经理对于控制功能根本就不熟悉,而这早已广泛地被运用于发达经济体。结果,工厂里一片混乱,浪费成为理所应当的。未分类的纱线腐烂在仓库里,肮脏的机器堵在过道中,工具散落得到处都是。

随后研究人员派遣一个当地管理顾问团队,花了几个月教那些他们参观的大部分工厂里的管理者学习管理基础知识(其余的工厂只接受了一个月的咨询服务,以作为控制组)。新培训过的经理开始要求员工对纱线进行分类然后再摆放,清洁工作区,张贴出工作进度的日程安排。次品率大幅降低,同样,仓库中原材料和成品占用的空间也大为减少。由于信息流的增加,这些工厂开始建立电脑系统,以使管理者更好地跟踪每天所发生的一切,并允许管理者可以授权安排更多的工作。据研究人员估计,这些改进为每个工厂增加了超过20万美元的利润,平均增长约11%。

● 纺织工厂的管理者最初怀疑这些改变是否能够带来实际的好处。为什么会这样?你认为这种态度是普遍存在的还是不同寻常的?为什么?

1.4.4 承担更多责任的管理者

在小公司以及已经顺应时代发展要求的大公司里,管理者都负有战略的、战术的和运营的责任。他们是完全的生意人,他们具备所有企业职能对应的知识,他们对结果负责,他们专注于服务公司内外部的顾客。所有这些都需要管理者有能力进行战略思考,将战略转化为具体目标,协调资源以及与基层员工一起工作。

简而言之,在今天最好的管理者可以做到这一切,他们是"工作中的领导";他们关注和他人的关系并从中获得结果;他们不仅仅是制定决策,而且下派订单,等待其他人来生产,然后对结果进行评估。他们有时会弄得脏兮兮的,会亲自做一些艰苦的工作,解决问题并产生价值。

这一切在实践中意味着什么?管理者如何安排他们的时间——他们实际上在做些什么?一项关于高管的经典研究发现,他们的时间主要用来从事 10 项关键的活动或者角色,具体可以分为三类:人际关系方面的角色、信息方面的角色和决策方面的角色。表 1.2 总结了这些活动。尽管这是几十年前的研究,但是它仍然与今天高管的角色高度相关。同时,尽管这项研究关注的是高管,但是各个层级的管理者都参与所有这些活动。当你研究表 1.2 时,你可能会问自己:这些活动中我最喜欢(最不喜欢)哪些?哪些是我最擅长的(最不擅长的)?哪些是我想要改进的?无论你的回答是怎样的,在整个课程中你都会学习到更多关于这些活动的知识。

表 1.2 管理的角色:管理者都做些什么

人际关系方面的角色	领导:人员招聘、培训和激励 联络人:维护同外部各种提供信息和支持的联系网络 作为组织象征的首脑:行使象征性的职责(仪式及其他社会和法律要求的服务)
信息方面的角色	监控者:寻找和接受对于组织及其环境形成全面了解的信息,起到沟通的"神经中枢"作用 传播者:将信息在不同来源之间进行传输,有时解释和整合不同的观点 代言人:代表组织发布关于计划、政策、行动和结果等方面的信息
决策方面的角色	企业家:寻找新的商业机会,启动新的项目来创造变革 干扰处理者:在遇到危机或其他冲突时采取纠正措施 资源分配者:向各单位或人提供资金和其他资源;制定或批准重大的组织决策 谈判者:参加与组织内外部不同方面的谈判(例如,资源的交换)

资料来源:改编自 H. Mintzberg, *The Nature of Managerial Work*(New York:Harper & Row,1973),pp. 92-93。

1.4.5 管理技能

执行管理的职能和角色,并实现竞争优势,是管理者最基础的工作。然而,理解这个事实并不能确保成功。管理者需要学习各种把这些工作做好的技能。技能是从知识、信息、实践和天资中获得的特定能力。尽管管理者需要许多个人技能,其中很多你将在本书中学到,但这些技能可以被分为三个基本类别:技术技能、概念和决策技能、人际关系和沟通技能。

新手可能低估许多有关技术的、人际和概念等方面能力要求的挑战。但当具备这些重要管理技能的管理者执行关键的管理职能时,结果往往都是高绩效的。

技术技能是执行专门任务时所涉及的特定方法或流程的能力。大多数人通过完成日常工作的部分活动而发展出一套技术技能。你在学校学习到的技术技能将给你提供一个获得入门职位的机会,也能帮助你成为一名管理者。例如,你的会计和财务课程将使你逐渐形成理解和管理组织的财务资源所需要的技术技能。

概念和决策技能涉及为组织及其成员的利益而识别问题并解决问题的能力。在考虑公司的总体目标和战略、组织内不同部分之间的相互作用以及企业在其外部环境中的角色时，管理者会用到这些技能。当你承担了更重要的责任时，你将会更频繁地用到概念和决策技能。你将面对的问题涉及组织的各个方面，因此必须考虑到一系列更大和更加相互关联的决定因素。这本书中大部分的内容将提高你的概念和决策技能，但在发展这一技能的过程中经验也起着重要作用。

人际关系和沟通技能将影响管理者们与人友好共事的能力。这些技能通常被称为人际交往能力。管理者们常常花费绝大部分的时间与人们互动，他们必须培养领导、激励以及与周围的人有效沟通的能力。你的人际交往能力通常会决定着你走多远。管理学教授迈克尔·莫里斯（Michael Morris）强调未来的管理者应该认识到人际交往能力对于他们能否找到工作、保住工作并在工作中表现出众来说至关重要，特别是在21世纪，在管理那些思考独立的知识工作者时尤为如此。他解释道："要想让那些你对他们并没有任何权威性的组织成员产生高绩效，你需要读懂他们，弄清楚能够激励他们的因素，知道该如何去影响他们。"

在不同的管理层级，这些技能的重要性也不一样。在你职业生涯的早期，技术技能最重要；当你在公司的地位逐步上升时，概念和决策技能变得比技术技能更为重要；而在整个职业生涯过程以及每一个管理层级，人际技能都很重要。几家位于加利福尼亚州奥兰治县（California's Orange County）的生物医学公司一起合作来给他们的管理者提供培训，因为他们发现最初因为技术技能而被雇用的管理者们需要发展他们的人际交往能力以成功地完成更高层次的任务。

安泰（Aetna）是一家提供健康保险和相关服务的保险公司，其CEO马克·贝尔托里尼（Mark Bertolini）就是一个拥有这些技能的管理者。他年轻的时候在福特汽车公司（Ford Motor Company）当装配工。因当时对工会管理很感兴趣，他就决定学习商科，并获得了会计学学士学位，后来又获得金融学硕士学位。这两个专业涉及非常有价值的技术技能，但是贝尔托里尼之所以能够在一系列的保险公司获得不断的升迁，还因为他在人际交往中是个有激情的人。最近他告诉一位采访者，他总是在不断地了解人们并建立起网络。他认为，深入挖掘这些网络并弄明白如何引导人们，是能让管理者有所收获的重要技能。在安泰，贝尔托里尼不仅是保险事务方面的专家，而且也是员工多样化的倡导者。此外，他在个人生活中的挑战——在一次脊髓受伤后活了下来，并给他的儿子捐献了一个肾脏——让人觉得他对别人的遭遇能够感同身受，包括对购买公司保险的客户。

1.5 你和你的职业生涯

在你职业生涯的开端，你对于雇主的贡献取决于个人的业绩，这是你所需要全部负责的内容。但是当你成为一名管理者时，你要对整个团队负责。用交响乐团来打个比方，你不再是乐器演奏者，而是一个指挥，要来协调其他人的工作。这个挑战要比大多数初任管理者所预想的要大得多。

在职业生涯中，你需要有效地带领团队，以及对那些你并没有管理权限的人产生影响，因此人际技巧尤为重要。人们经常谈论**情绪智力**或"情商"（EQ）——自我了解（包括优点和缺点）、自我管理（处理情绪、做出正确决策、寻求和使用反馈并锻炼自我控制）以及有效地与他人相处（倾听、同理心、激励、领导等）的技能。

对于领导，特别是那些个人表现突出而新获提拔的领导，最常见的抱怨就是他们缺乏最基本的情商技能。这个问题不在于缺乏（你能）改变的能力，而在于缺乏改变的动力。美敦力公司（Medtronic）的前任董事长和CEO威廉·乔治（William George）说，有些人依靠不折不扣的决心和进取精神可以在自己职业生涯中走得很远，但是个人的发展——包括情商——最终会变得至关重要。那些低情商的管理者在绩效考核时不太可能被评为优秀，他们的部门往往也不会表现得很好。一家航空公司的副总裁由于她的同事不断抱怨她过于苛刻和贬低他人，而接受了一个旨在提高情商的培训项目。项目中的评估发现，她缺乏社会意识。这位副总裁最终学会了在平静自己的情绪后再做反应，以及要弄明白同事的想法，而不是贬低他们。不久，她的同事们开始欣赏她的改变，由此她的事业也迈向更加成功的道路。

你应该做些什么来塑造成功的、令人满意的职业生涯呢？你需要既是专才又是通才，既自立又拥有人脉关系，积极地管理与你所在组织之间的关系，并知道在当今世界中生存并获得成功需要的是什么。

1.5.1 既做专才，又做通才

如果你认为你的职业将是一个技术专家，那么请再好好想想。你有可能并不希望永远停留在没有任何管理责任的纯技术岗位上。会计人员会晋升为会计部门主管和团队领导，销售代表会成为销售经理，作家会成为编辑，护士会成为护理长。随着你的责任增加，你必须与更多的人打交道，对于组织其他方面需要了解更多，要制定更大和更复杂的决策。现在就开始学习关于如何应对这些管理挑战，会比你想象中更快地带来收益。

所以，如果你能既做专才，又做通才，那将是非常有益的。要努力成为一名专才：你应该是一方面的专家。这些专业技能将有助于你为公司和客户提供具体的、可见的价值。随着时间的推移，你应该学会成为通才，对于各种管理领域都能充分了解，这样就可以从战略上以及不同的视角思考和工作。

 管理实践

帕特里夏·卡尔金斯（Patricia Calkins）渐渐有意识地将她的关注点从科学研究领域扩大，先是延伸至工程领域，然后又是管理。她的职业生涯始于美国电话电报公司（AT&T）的西方电气（Western Electric）下属子公司的一名化学研究人员，考虑到自己获得的是化学硕士学位，为了拓展事业机会，她听从了建议学习工程学。在卡尔金斯获得土木与环境工程硕士学位后，公司看中她的管理才能并要提拔她，所以她又回到学校来攻读另一个硕士学位，而这一次是商业管理。她通过咨询工作培养出通才技能，并从过去那份工作转至她当前同时也是她喜爱的工作——施乐公司（Xerox）环境、健康和安全方面的副总裁。

- 当卡尔金斯在西方电气公司开始她的职业生涯时，她的专业是什么？她又学会了什么，才能成为一名顾问以及后来的管理者？

1.5.2 自立

自立意味着对自己、自己的行动和职业生涯完全负责任，就像帕特里夏·卡尔金斯那样，继续深造并处理咨询业务，将她的技术知识用于商业世界。你不能指望你的老板或者公司来照顾你。一个不错的比喻是，把你自己想象成为一个公司，你是总裁，也是唯一的员工。

要自立，就要寻找新的方式来让你的整体表现更好。承担起改变的责任，成为一个创新者。不是仅完成你的工作或者等待指令就足够，要寻找机会以新的方式做出贡献、开发新产品和流程，发起建设性变革以使公司更强大，并为客户以及同事带来利益。成功不仅仅需要天赋，还要你愿意努力工作。精英们——许多领域的世界一流的实践者们都是在经过10年或更长时间的辛勤工作才达到顶层。其秘诀就在于从不间断地实践，检查结果并明确需要改进之处。

在小提琴或篮球运动员身上，你可以容易地理解这一点。但是对于企业的管理者们，情况又会如何呢？在你从事任何一项商业任务时，不管是写报告、主持会议或是解读财务报表，都应该专注于获得更好的结果。听听客户、同事和老板的反馈意见，你就能知道自己是否变得越来越好。

要开发潜能，你需要评估自己，发现你的兴趣、天赋和性格优势所在。自己先想一想，再问问了解你的人，完成一份关于别人是如何理解你的"最佳自我"的正式练习，然后再利用心理学的最新资源来确定你的独特优势。考虑一下你想打造怎样的职业形象和声誉，然后再继续提升你的能力。当你追求这些目标时，想想本书及这门课程中提出的建议。

管理实践

阿图尔·伊夫赞（Atour Eyvazian）就是自立的典型代表。他从玩偶匣（Jack in the Box）餐厅的清洁工做起，做到这个快餐连锁集团总部的管理职位后，又拥有了59家玩偶匣连锁店。伊夫赞在玩偶匣的事业始于他19岁那年，当时他离开了伊朗来到洛杉矶生活。最初，他和叔叔在一起生活。他报名参加了一个英语补习夜校，而白天就在附近的玩偶匣餐厅打扫卫生并完成餐厅需要的其他任务。开始时，他做了一名炸薯条的厨师，后来当他的英语水平提高后，就开始给顾客点单。当他的主管看到他如何地努力工作时，将他提拔为组长，然后是经理助理，再然后是餐厅经理。

他对工作非常投入，为此公司又进一步提升他到总部工作。他在总部的第一个职位，是负责审察各个餐厅以确保符合质量、卫生和食品安全等方面的标准。后来，他被提升为客户服务系统经理，负责677家玩偶匣店面。公司向员工提供学费报销的福利，伊夫赞就在晚上去读夜校，并获得了学士和硕士学位。工作、大学课程似乎还不够，他还存下钱用来投资房地产，后来他用赚得的钱再联合一个合伙人购买了10家萨克拉门托市（Sacramento）的玩偶匣店面和49家休斯敦市（Houston）的玩偶匣店面的专营权。

- 请思考一下你的学业、工作及职业目标，哪些方面是你想改善的？你可以采取哪些行动来改善呢？

1.5.3 人脉

人脉意味着有许多良好的工作关系和人际交往，并通过较强的人际技能成为团队成员。例如，那些想在会计、广告和咨询公司等专业服务组织成为合伙人的人，一直在不断努力地建立关系网络。他们的目标不仅是与众多的客户合作，而且还要与更多公司以外甚至国外的更高层的合伙人合作。有半数高级合作伙伴来自本国以外的办公室。一项关于新审计员的研究表明，社会关系改进了这些新入职者对于组织及他们工作的认识，加快了他们融入公司的程度，并提高了他们对组织的承诺。

社会资本是源于你的社会关系并且你能调动的友好力量。它将有助于你的事业成功、收入、就业、团队有效性、成功创业，以及与供应商和其他外部人士的关系。今天大部分的社会资本可以利用在线社交网站，除了 MySpace 和 Facebook 等纯社交网站之外，还有些网站专门旨在帮助人们构建并使用商业网络，例如 LinkedIn 拥有超过1亿名的注册用户，其会员也在快速增长。

《财富》杂志上写道，"Facebook 仅是好玩……如果你要认真地规划自己的职业发展，真正起到作用的唯一一个社交网站是 LinkedIn。"

从另外一个角度来看，所有的企业都是人际关系的函数。构建竞争优势不仅取决于你自己，而且还取决于其他人。管理要与人打交道，商业交易要与人打交道，购买决策以及合同的签订都与人际关系有关。即使是最大的商业活动——收购——也是与人密切相关的。没有良好的工作关系，你只能是一个局外人，而不是一个优秀的管理者和领导者。

> **提示**
>
> 如果你想那些浏览你 Facebook 页面的人视你为未来的管理者，什么信息不应该出现在个人情况介绍中？

1.5.4 积极管理与你所在组织的关系

前面已经说过对自己的行动及职业生涯负责的重要性。除非你是自由职业者或者自己就是老板，否则你就要考虑你和你的雇主之间的关系。图 1.1 显示了两种可能的关系——而究竟处于哪一种关系，你具有一定的控制权。

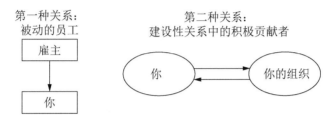

图 1.1　两种关系：你选择哪一种？

第一种关系，就是把自己视为员工，被动地期望你的老板告诉你要做什么，然后获得工资和福利。你的雇主控制着一切，你只是一个被动的接受者。你的贡献可能是有限的，你也不会付出额外的努力以让你的组织更强大。如果组织中所有成员都是这样，那么长此以往，组织就不可能强大。就个人而言，你可能会失去工作，或者在一个衰退的组织中继续工作，或在工作中几乎接收不到正能量，要么辞职，要么在工作中变得愤世嫉俗、很不开心。

与之相反，第二种关系是一种双向关系，你和你的组织能够彼此受益。其思维方式是不同的，你在思考如何做出贡献并采取相应的行动，而不是别人告诉你要做什么。根据对你贡献的评价，你从组织那里可能会相应地得到丰厚且公平的奖励、对个人发展的进一步支持，以及更令人满意的工作环境。如果你从更广泛的角度来思考如何帮助公司，如果其他人也都这么想，那么公司在创新能力、降低成本、将高质量的产品迅速送到更多客户的手中等方面就有可能得到持续改进。公司的实力增强了，股东以及你和其他员工自然就能受益。

你能做出哪些贡献？你可以做好最基本的工作，但是你可以而且应该做得更多。你可以想出新方法来增加价值——想出并实施新创意来改进过程和结果。你可以通过技术知识和技能，如在开发更好的信息系统、会计技术或销售策略的过程中做到这一点。

你可以通过你的概念技能、人际技能以及你的管理行为（参见图 1.2）来做出贡献；你可以执行必要的管理职能并实现竞争优势，从而提供战略价值（本书的第二部分）；你可以采取行动以构建更加动态的组织（本书的第三部分）；你可以动员人们贡献出最大的价值（本书的第四部分）；你还可以学习和变革——并帮助你的同事及公司学习和变革——以适应不断变化的现实，打造成功的未来（本书的第五部分）。

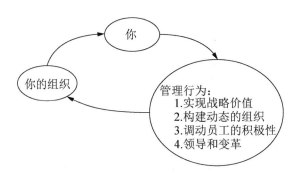

图 1.2　两种关系：你选择哪一种？

1.5.5　生存并发展

现在你需要对你的行动和结果所负的责任，将会远远超过以往。过去，在许多公司里人们做着一份还不错的工作，得到相当好的评价，得到一份不低于生活费或更高的收入。而今天的管理者必须做得更多、更好。著名的管理学学者彼得·德鲁克在思考是什么让管理者变得优秀时指出，有些人很有魅力而有些人则没有，有些人富有远见其他人则是数字导向的。但是，成功的管理者的确有着一些共同的做法：

- 他们会问"需要做什么"而不是"我要做什么"。
- 他们撰写行动计划。他们不只是思考，而且去实施合理的、符合道德标准的计划。
- 他们负责决策。这需要检查、重温以及在必要时改变。
- 他们更加关注机会而不是问题。问题必须解决，解决问题可以避免更大的损失。但是能够创造伟大成就的则是机会。

这些富有创意的方法能使每个员工以独特的方式表现得出类拔萃。职业顾问蕾切尔·肯特（Rachelle Canter）建议，要确定你在哪个方面能够表现出众，然后将其打造成你的"品牌"。例如，一个高管可能创造出一系列在不同的组织提高生产率的纪录，一个新手客服人员可能会成为公司处理棘手客户问题的主力员工。

如果你处事灵活、富有创意和进取心，那么你的事业将极有可能获得成功。你需要学习如何从战略上思考，辨别和传达你的企业愿景，做出决策，并在团队中工作。你还需要实现竞争优势并应对变革，就像在管理案例中所讨论的特斯拉汽车公司的管理者们一样。这些相关问题对于你的事业成功至关重要。本书接下来的章节也将关注这些问题。

　案例展望

特斯拉汽车公司面向未来的管理

鉴于快速变化的环境对汽车行业带来巨大的影响力，特斯拉汽车公司的管理者们将适时推出新产品来应对挑战。他们不仅要为消费者提供另一种保护环境的选择，而且他们提供的产品还必须有着可靠的质量保证，以及顾客愿意支付的价格。最基本的问题是：顾客是否要买特斯拉的产品？销售像电动汽车这样的创新产品对于管理者们来说的确具有相当的挑战。

特斯拉的管理者们，从 CEO 埃隆·马斯克直到基层，在计划生产和推广 S 款汽车时，必须密切关注能推动顾客对电动车需求的进展动态。一个好消息是美国政府最近给买家提供了 7500 美元的税收抵免，还有一些州也在推出购买环保汽车的刺激政策。而不利的一面则是电动汽车的高价

格。行业分析师预测电动汽车需求将会增长，但主要还是作为利基市场的产品。例如，关于行业专家已经看到这种汽车在大城市的潜力，因为在大城市司机常常是短途驾驶，并且深受空气污染的困扰。

管理决策也包括特斯拉应对竞争者的行动计划。例如，电动汽车的设计是打造一种全新的产品，还是在燃油汽车或混合动力汽车基础上进行改进，需要做出至关重要的决策。福特汽车公司选择为其广受欢迎的福克斯（Ford Focus）车型开发电动版；通用汽车公司（General Motors）以雪佛兰（Chevrolet）旗下前轮驱动的科鲁兹（Cruze）作为基础来开发 Chevy Volt 电动汽车。与之相反，特斯拉的管理层认为，S 款电动车是公司从图纸设计开始，面向市场打造出的性能优越的全新产品（其先前的 Roadster 跑车的设计是基于英国的莲花跑车的底盘）。完全原创的 S 款汽车的设计理念是，改进汽油驱动汽车在创新性方面不够，无法实现设计精良的电动汽车的性能承诺。例如，在 S 款汽车中，电池组将装在汽车底部一个相对平坦的装置中，而改进型的汽车则是将体积较大的电池挤到现有的汽车设计中的某个地方。特斯拉的副总裁和首席工程师彼得·罗林森（Peter Rawlinson）说，这样的设计能提供由于重量均衡分布而带来的显著的驾驶操纵优势。

在撰写本案例时，是该为埃隆·马斯克和特斯拉的其他管理者们作为创新的英雄而喝彩，还是将其视为过于乐观的梦想家而绝口不提，我们还不能下定论。特斯拉汽车公司的回答是这样的，公司已将超过 1500 辆跑车销售给 30 多个国家的客户，这表明"特斯拉（电动汽车）正在迈向新的台阶"。虽然有一些持怀疑态度的人担心 2012 年推出 S 款汽车只是一个幻想，会因为时间太短而难以实现，但是目前公司已经比计划提前开始进行道路测试。看着管理者们带着特斯拉一路走到今天，《汽车新闻》（Automotive News）杂志的一位作家将特斯拉比作"暴发户"，并且取得了"长足的进步"——这是对公司的肯定性评价，预示着未来几年公司将能获得盈利。特斯拉仍将认真仔细地做好应对工作，争取能够在未来发展中领先。

- 举例说明特斯拉的管理者们在为未来而准备时所需要的概念和技术技能。管理者们是如何使用高超的人际沟通技巧来获得最好的结果的？
- 这一章提到优秀的管理者倾向于关注机会而不是问题并以此获得发展。用一两句话总结一下，未来特斯拉汽车面临的是机会而不是问题。这是一种现实主义的观点吗？为什么？

关键术语

概念和决策技能（conceptual and decision skills）
控制（controlling）
成本竞争力（cost competitiveness）
情绪智力（emotional intelligence）
基层管理者（frontline managers）
创新（innovation）
人际关系和沟通技巧（interpersonal and communication skills）
知识管理（knowledge management）
领导（leading）
管理（management）

中层管理者（middle-level managers）
组织（organizing）
计划（planning）
质量（quality）
服务（service）
社会资本（social capital）
速度（speed）
可持续发展（sustainability）
技术技能（technical skill）
高层管理者（top-level managers）
价值（value）

学习目标小结

现在你已经学完第 1 章，你应该能够掌握：

1. 新的竞争形势下管理所面临的主要挑战

今天的管理者必须学会应对更多变化的动态力量。这些力量促使管理者们反思自身的管理方式。近来，四个主要的变化趋势是：全球化、技术变革（包括互联网的发展和应用）、知识管理，以及跨越组织边界的合作。

2. 公司竞争优势的来源

由于企业是一个竞争范畴，你需要以比竞争对手更好的方式为客户创造价值。竞争优势源于创新、质量、服务、速度、成本和可持续性。

3. 管理的职能及其在当今商业环境中的演变

尽管变革很剧烈，但是管理的基础不会改变。管理的主要职能是：计划、组织、领导和控制。计划就是分析形势，确定追求的目标，并事先明确追求这些目标所采取的必要行动。组织就是整合所需的资源来完成工作，同时协调员工和任务以获得最大的成功。领导就是激励并调动人们产生高绩效。控制是监控组织或者工作单元的进程，然后在必要时采取纠正措施。在今天的商业环境中，这些职能更加广泛地需要创造战略价值、构建一个动态的组织、调动人们的积极性，并且学习和改变。

4. 不同的组织层次中管理本质的差异

高层管理者，也称为战略管理者，对组织的全面管理负责。中层管理者，也称为战术管理者，则是解释总体目标并将其细化为更具体的目标和活动。基层管理者，也称为运营管理者，是负责监督操作的较低级别的管理人员。今天的各级管理者必须扮演各种人际关系、信息、决策等方面的角色。即使是在基层级别上，最好的管理者仍会进行战略思考，并像一个纯粹的商人那样运营。

5. 成为卓有成效的管理者需要掌握的技能

管理人员需要技术技能、概念和决策技能、人际关系和沟通技巧来成功地执行管理职能。技术技能是执行专门任务时所涉及的特定方法或流程的能力。概念和决策技能是帮助管理者识别复杂和动态的问题、分析其影响因素，并做出恰当决策的能力。人际关系和沟通技巧是使管理者与同事友好共事的能力。当你在组织内的管理层级提升时，技术技能往往不再那么重要，概念技能却变得日益重要，而人际关系和沟通技能在每一个管理层级都至关重要。

6. 你的事业发展应遵循的原则

如果你既是专才又是通才，那么就极有可能获得成功。你应该既自立又拥有人脉关系，积极地处理与你所在组织之间的关系，持续地提高技能，只有这样才能适应变化的工作环境的要求。

问题讨论

1. 确定并描述一位伟大的管理者，是什么使他或她脱颖而出？
2. 你是否曾经见过或者效力于一名无效的管理者？描述其无效的原因和结果。
3. 尽可能具体地描述互联网和全球化如何影响你的日常生活。
4. 举出不同的组织跨边界合作的例子。
5. 说出一个伟大的组织，你认为管理在成就其伟大中所起的作用是什么？
6. 说出一个无效的组织，你认为管理可以如何改善它？

7. 举出你所见过的在竞争优势的六个支柱方面表现杰出和糟糕的公司。你为什么选择了你目前工作的公司？

8. 描述你的日常生活管理是如何使用管理的四个职能的。

9. 讨论技术、概念以及人际技能在学校和工作中的重要性。

10. 在规划你的职业生涯时，你的优势和劣势分别是什么？这些优势和劣势与本章提到的技能和行为有何联系？

11. 制订一个发展自我并能吸引潜在雇主的计划。你将如何去提高你的管理技能？

12. 回顾本章所讨论的管理者和公司，他们的近况如何？如果他们的形象、绩效或财富提升或下滑，那么导致这种变化发生的因素是什么？

13.《彭博商业周刊》最新评出的"最佳和最差管理者"是哪些人？他们为什么会被选中？

实践练习

1.1 个人管理技能测试（PAMS）

为了对你的管理能力水平有一个总体的认识，根据以下评分等级量表对下面的描述进行评分。评分应以你的行为而不是你所认为的做法为根据。如果描述中有些具体的活动你没有经历过，那么应根据你认为以你的经验在类似活动中会如何表现而评分。这个量表是为了帮助你根据自身实际需求量身订制学习计划而设计的，因此请如实填写。

评分等级
1 非常不赞同
2 不赞同
3 有点不赞同
4 有点赞同
5 赞同
6 非常赞同

关于自我认识的水平：

_____ 1. 我会从别人那里寻求关于自己优缺点的信息，并将其作为自我完善的基础。

_____ 2. 为了完善自我，我愿意向别人进行自我暴露（例如，分享我的信仰和情感）。

_____ 3. 在收集信息和进行决策时我清楚自己偏好的类型。

_____ 4. 对于模棱两可和不确定的情况，我清楚自己会怎样应对。

_____ 5. 我有一套完整的、指导个人行为的标准和原则。

在面对压力或时间压力的情况下：

_____ 6. 我使用有效的时间管理方法，例如跟踪我的时间，明确任务列表并确定任务的优先级。

_____ 7. 我会重新确认任务的优先级，以免不重要的事情影响了更重要的事情。

_____ 8. 我保持定期锻炼健身的计划。

_____ 9. 我与那些我能与之分享挫折的人保持一个开放的、信任的关系。

_____ 10. 我知道并实践着能让自己得到暂时放松的技巧，如深呼吸和放松肌肉。

_____ 11. 我在工作以外有很多兴趣，我在生活中保持着平衡。

在遇到典型的常规问题时：

_____ 12. 我要清晰明确地陈述问题是什么。只有界定清楚问题，我才会试图解决它。

_____ 13. 我会提出多个可供选择的解决问题，而不是只确定一个显而易见的解决方案。

_____ 14. 我一直尝试用不同的方法解决问题，也就是说，在提出可供选择的解决方案之前我会先明确问题，而在做出方案选择之前我会提出多个方案。

在面对没有简单解决方案的复杂或困难的问题时：
_____ 15. 我会用多种方式来界定问题。我并不将思考局限在一种定义中。
_____ 16. 在思考如何解决这个问题之前，我会问很多关于这个问题本质的问题。
_____ 17. 我会同时用左脑（逻辑的）和右脑（直觉的）来思考这个问题。
_____ 18. 在我形成许多可能的选择之前，我会避免选择一个解决方案。
_____ 19. 我有能够为问题提供富有创意和创新性解决方案的特别技巧。

当我尝试在与我共事的那些人中推动更多的创意和创新时：
_____ 20. 我会确保在每一种复杂的问题解决过程中，都有不同角度的观点被提出。
_____ 21. 我会试图在问题解决小组以外从那些会受到决策影响的人们那里获取信息，主要是确定他们的偏好和期望。
_____ 22. 我不仅会肯定那些提供创造性主意的人（创意冠军），而且也会肯定那些支持他人想法的人（支持者），以及那些提供资源来实施创意的人（协调人）。
_____ 23. 我鼓励在寻求创造性的解决方案时打破规则。

在这些情况下，我不得不提供负面反馈或纠正建议：
_____ 24. 当我劝告他人时，我会帮助他人认识和明确他们自己的问题。
_____ 25. 我很清楚何时我该指导别人，以及何时我该提出忠告。
_____ 26. 当我给其他人反馈时，我会避免提到其个人的性格特点，相反我会关注问题或解决方案本身。
_____ 27. 当我试图纠正某人的行为时，我们的关系会得到加强。
_____ 28. 当我向他人提出负面反馈时，我会尽可能具体地描述。也就是说，我会客观地描述事件、它们的结果以及我的感受。
_____ 29. 我为我的言辞和观点负责——例如，我会说"我决定"，而不是"他们决定"。
_____ 30. 我能明确讨论所达成的协议中有些地方别人是持有不同观点的。
_____ 31. 我不用高人一等的语气与那些掌握的权力或信息不如我的人说话。
_____ 32. 当讨论别人的问题时，我会用表示理解而不是建议的回复进行回应。

在这种情况下获得更多的权力是重要的：
_____ 33. 我比工作所要求的付出更多的努力和采取更多的行动。
_____ 34. 我不断地提升我的技能和知识。
_____ 35. 我积极参与组织各种礼仪性的事件和活动。
_____ 36. 我在组织的各个层级的成员中构建了一个广泛的关系网络。
_____ 37. 在工作中，我努力提出新的想法，发起新活动，并将常规任务最少化。
_____ 38. 当别人完成重要的事情或当我向他们传递重要信息时，我会特别给他们留言。
_____ 39. 我拒绝使用高压谈判策略与人讨价还价。
_____ 40. 我避免使用威胁或命令把自己的意志强加于别人。

当别人需要激励时：
_____ 41. 我会明确这个人是否有完成任务所需的资源或者支持。
_____ 42. 我会用各种各样的奖励来加强突出的绩效表现。
_____ 43. 我会将任务分配设计得有趣且具有挑战性。
_____ 44. 我会确保这个人能够从受到任务完成情况影响的人们那里得到及时的反馈。
_____ 45. 我帮助他们建立具有挑战性的、具体的和有时间约束的绩效目标。

_____ 46. 不到迫不得已，我不会试图重新委派任务或开除表现不佳的个人。
_____ 47. 当人们的努力达不到要求的水平时我会进行惩戒。
_____ 48. 我确保人们感到被公平公正地对待。
_____ 49. 我会对有意义的成就进行直接的表扬或者其他形式的认可。

当我看到人们做的事情需要改正时：
_____ 50. 我会避免对其个人进行指责或者将问题归因于自私自利的动机。
_____ 51. 我鼓励双向互动，会邀请受访者表达他或她的观点或者提出问题。
_____ 52. 我会明确要求，详细说明更可接受的选择方案。

当有人抱怨我做的事情时：
_____ 53. 我会表现出非常关心和有兴趣，即使我并不赞同。
_____ 54. 我会通过详细、具体的询问来寻求额外的信息。
_____ 55. 我会请对方就如何改进提出建议。

当两人发生冲突，我从中调解时：
_____ 56. 我不偏袒任何一方并保持中立。
_____ 57. 我帮助当事人提出多个解决问题的方案。
_____ 58. 我帮助当事人找到他们一致的地方。

当我有机会授权别人时：
_____ 59. 我通过认可并庆祝他们每个小小的成功来让他们感觉到能够胜任工作。
_____ 60. 我会提供定期的反馈和需要的支持。
_____ 61. 我会提供人们完成任务所需要的全部信息。
_____ 62. 我会强调某人工作的重要影响。

当我将工作委派给他人时：
_____ 63. 我会明确说出我想要的结果。
_____ 64. 我会明确指出我希望别人主动推进的程度（例如等待指令，完成部分任务后汇报，完成整个任务后汇报）。
_____ 65. 我允许那些接受任务委派的人参与确定工作完成的时间和方式。
_____ 66. 我会要求下属提供建议和解决方案，而不是在遇到问题时只会询问上级建议或者答案。
_____ 67. 我会定期跟进和保持委派的工作能够正常进行。

当我在团队中担任领导角色时：
_____ 68. 我知道如何在团队成员中树立威信和影响。
_____ 69. 我对于想要完成的目标非常明确，并一以贯之。
_____ 70. 我会在推进任务完成之前在团队内部达成共识。
_____ 71. 我会向团队成员清楚地说明一个清晰的、令人鼓舞的愿景，这个愿景是团队通过明确的短期目标能够实现的。

当我在团队担任成员时：
_____ 72. 我知道能够促进团队完成任务的各种方法。
_____ 73. 我知道帮助团队成员之间建立良好的人际关系和凝聚力的各种方法。

无论我是团队领导者或成员，当我想让团队表现良好时：
_____ 74. 我非常了解大多数团队在发展过程中所经历的不同阶段。
_____ 75. 我会通过确保团队中各种不同的意见得到充分的表达，来避免团队的群体性思维。
_____ 76. 我能够发现并利用团队的核心竞争力和独特优势。
_____ 77. 我会特别鼓励那些远远超过预期的高绩效表现和成果。

当我领导变革时:

_____ 78. 我通常会强调当前工作的深层次的内涵和目的。

_____ 79. 我会跟踪做得对的事情,而不只是出错的事情。

_____ 80. 我经常给别人积极的反馈。

_____ 81. 我会努力减小绩效差距——优秀绩效和卓越绩效之间的差别。

_____ 82. 我经常有意识地表达谢意,即便是为很小的举动。

_____ 83. 我知道如何让人们认同我对于积极变革愿景的认识。

_____ 84. 我知道如何发挥他人的正能量。

_____ 85. 我会向面临痛苦或困难的人表达同情。

资料来源:David A. Whetten and Kim S. Cameron, *Developing Management Skills*, 6th ed. pp. 23-27. Copyright 2005. Reproduced by permission of Pearson Education, Inc., Upper Saddle River, New Jersey.

1.2 你的个人网络

1. 请看下面的图。独立思考,写下你所有首要的人脉关系——你所认识的能够支持你实现职业目标的人;接下来写下你的次要人脉,假设次要的人脉关系可以通过联系你的首要人脉而获得。例如,通过你的一个老师(首要人脉),你可能获得一些潜在雇主的名单(次要人脉)。(10—15 分钟)

2. 然后与你的搭档或小组交换彼此首要和次要人脉关系网的信息,并就如何更好地使用这些关系或者如何帮助关系网中的成员交换彼此的建议和心得。(每人陈述约 5 分钟;根据小组的规模,讨论时间为 10—30 分钟)

3. 根据与其他组员讨论得到的想法,在原有名单中补充姓名或者增加人脉关系的分类。(2—5 分钟)

4. 与大组或者全班讨论以下问题。(10 分钟)

问题:

(1)你们组所确定的首要人脉关系的来源都有哪些?

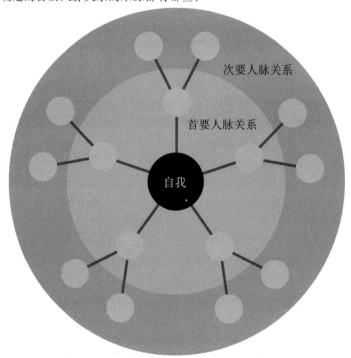

（2）你们组所确定的次要人脉关系的来源都有哪些？
（3）你们对于接近首要人脉关系联系人都有什么建议？
（4）你们对于接近次要人脉关系联系人都有什么建议？这与接近首要人脉关系联系人的方式有什么不同？
（5）通过这个练习你对于自己以及其他人有了什么认识？

资料来源：Suzanne C. de Janasz, Karen O'. Dowd, and Beth Z. Schneider, *Interpersonal Skills in Organizations* (New York：McGraw-Hill, 2002), p. 211. ⓒ 2002 The McGraw-Hill Companies, Inc. Reprinted with permission.

1.3 有效的管理者

目的

1. 更好地理解什么样的行为会带来有效的管理。
2. 对你个人认为成功的管理者的关键行为的重要性进行排序。

说明

1. 以下是管理者可能会采取的一些行为。根据这些行为对于管理者实现有效绩效的重要性进行排序。将"1"标在最重要的行为前面，将"2"标在次重要的行为前面，以此类推，"10"为最不重要的行为。
2. 把你的排序带到课堂上，做好准备以阐明你的结果和排序原因。如果你在列表的基础上补充可能带来更多管理有效性的行为，请写进来。

有效管理者工作表

_____沟通和解释政策使得组织成员能够理解
_____做出及时和清晰的决策
_____给下属分配最适合他们的工作
_____鼓励同伴们提供创意和计划
_____通过员工间的竞争来激励下属
_____寻求提高管理能力的方法
_____全力支持并执行公司的政策
_____在有机会时参加社会活动
_____外表整洁
_____对涉及公司财产和资金的所有事务的诚实

资料来源：Lawrence R. Jauch, Arthur G. Bedeian, Sally A. Coltrin, and William F. Glueck, *The Managerial Experience：Cases, Exercises, and Readings*, 5th edition. Copyright ⓒ 1989 South-Western, a part of Cengage Learning, Inc. Reproduced with permission.

1.4 职业规划

目的

1. 探索你对职业的思考。
2. 尽可能具体地描述你理想的工作。
3. 总结你的职业规划情况，对于你当前的主要问题保持清醒。

说明

阅读每项活动的说明，仔细思考后写下你的想法，多少均可。

职业规划工作表

1. 通过责任、技能等方面描述你理想的职业，以及你将如何判断自己成功与否。
___
___
___

2. 写出有关你当前职业规划的 10 句陈述，再写出为了职业规划你需要回答的 10 个问题。

10 句陈述	10 个问题
1.	1.
2.	2.
3.	3.
4.	4.
5.	5.
6.	6.
7.	7.
8.	8.
9.	9.
10.	10.

资料来源：Judith R. Gordon, Diagnostic Approach to Organizational Behavior. Copyright © 1983 Pearson Education, Inc. Reprinted by permission of Pearson Education, Inc. Upper Saddle River, NJ.

 综合案例

美国医院供应公司的一位新任管理者

查利·格里尔（Charlie Greer）在开车上班的途中，面带微笑地回忆着前一天下班前的会议。伊内兹·罗德里格斯（Inez Rodriguez）是他所任职的美国医院供应公司的老板，召唤他去她的办公室，她热情地握着他的手说："祝贺你！"当他们坐下后，伊内兹提起上午她与公司董事会的谈话：尽管经济形势有所波动，但是美国医院在过去 10 年中一直稳步增长。作为公司的创始人，伊内兹富有远见、非常热情，并且一直是一个由五个人组成的销售团队的领导。但是现在琐碎繁杂的活动太多。从公司长远发展考虑，伊内兹需要一个能够专注于销售的负责人。她面试了公司以外的几个候选人，以及查利和其他两个销售代表。最后，伊内兹告诉查利，选择是显而易见的，查利无疑是团队中最好的销售代表，他对于公司的产品组合有着广泛的知识，只有查利能够帮助销售团队实现其目标。她给他这份工作时，查利作为该公司的第一个销售经理，欣喜地接受了这份工作。当他晚上离开公司时，头脑中充满了各种想法，心里鼓足了信心。

现在查利驶入了美国医院供应公司所在的工业园中，很容易地在单层办公室和仓库外找到一个停车位。像往常一样，他是第一个到达的员工。他习惯性地大步走向他的办公隔间，但过了几秒，他想起来伊内兹已经安排公司的会计和电脑系统经理共用一个办公室，这样他就能有一个他自己的办公室。查利走进他的新地盘，在桌后的转椅上坐下。

那一刻，他对于新职位的责任渴望和享受开始迅速被紧张占据。查利意识到尽管他知道很多关于将医疗供应品销售给医院和医生的知识，但是他从来未对管理加以考虑过。显然，他的工作就是要让他的部门达到或超过制定的销售目标。但如何才能做到呢？

查利启动电脑，然后打开他的电子邮件和 Word 程序，打算写下一些想法。他写下其他四个销售代表的列表：辛迪、宝拉、约翰和朵琳。辛迪管理大企业客户，宝拉负责东海岸的销售，约翰管理南部的客户，朵琳管理中西部的客户。而查利到目前为止已经在密西西比河以西建立了一个快速增长的市场。现在应该由谁去做呢？查理很想坚持自己做下去，他知道他可以比别人更好地赢得忠诚的客户。不过，他不确定自己能否同时担当优秀的销售经理和销售代表。

正当他思考这一问题时，辛迪经过他的办公室，一边走一边礼貌地在门口打了个招呼："祝贺你！"查利的心沉了一下，他知道辛迪也想得到这份工作。他们都是出色的销售员，过去总是非常享受友好竞争的状态，但是现在同为团队成员的和谐关系又会发生什么变化呢？现在还是想想其他的销售代表会更容易一些。查利扫视了一下他的电子邮件收件箱，看到约翰和朵琳的状态报告，两人都不在办公室去拜访客户了。宝拉呢？查利不是很确定他记得宝拉本周的计划。显然，他需要了解大家都在做什么，这给了他一个新的想法。他可以找机会和每个销售代表一起出来，然后用自己的经验来指导他们。这样就能向他们展示他所有行之有效地达成交易的方法，他们也会从中学习到他销售的经验。查利心想，"这是一个好的管理者应该要做的：告诉员工如何做把工作做得正确"。他开始给宝拉写电子邮件，这时他开始感到没那么紧张了。

问题

1. 查利对于质量和服务的态度将如何影响公司的业绩？
2. 查利在考虑基本管理职能中的哪些内容？他准备如何实现这些功能呢？
3. 查利具备哪些方面的管理技能？你认为他最需要发展哪些方面的技能？他该如何积极管理自己作为管理者的发展？

附录 A　管理的演进

几千年来，管理者们一直在试图解决与今天高管们遇到的同样的问题。大约公元前 1100 年，中国人就在实践管理的四个职能——计划、组织、领导和控制——在第 1 章中已经讨论过。从公元前 400 年到公元前 350 年，希腊人认为管理是一门独立的艺术，并倡导用科学的态度来工作。而在公元前，罗马人就已在他们庞大的帝国中实施分权管理。在中世纪时期，威尼斯人通过使用装配线进行标准化生产，建立仓库并使用库存系统监控存货。

但纵观历史，大多数的管理者都完全是在不断的试验和摸索中实践着管理，工业革命带来的挑战改变了这一局面。在 19 世纪迈向 20 世纪之际，管理成为一门正式的学科。第一个开设管理和商业教育课程的是 19 世纪末成立的宾夕法尼亚大学的沃顿商学院（Wharton School at the University of Pennsylvania）和达特茅斯大学的阿莫斯·塔克商学院（Amos Tuck School at Dartmouth）。到 1914 年，就已经有了 25 所商学院。

因此，我们今天所知道的管理专业是相对较新的。本附录将追溯现代管理理论的起源。理解管理思想的起源将有助于你掌握前面章节提出的各种思想和概念的深层次含义。

虽然本附录的标题是"管理的演进"，但是称其为"管理的革命"似乎更恰当，因为它记录了在过去 100 年里管理流派的重大变化。在这些关于如何提高管理的各种思想中，每个流派都有一部分思想流传下来，并融为现代管理思想的一部分。因此，过往的努力，无论成功和失败都会成为未来管理实践的指南。

早期的管理概念和影响

通信和交通运输限制并阻碍了早期的企业增长。因此，管理技术的改善并没有显著地提高绩效。然而，工业革命改变了这一切。随着公司变得日益复杂，管理策略上的微小改进带来了生产数量和质量的显著提高。

规模经济——总产量提高带来的单个产品成本的降低——的出现，使得管理者能够追求更大的增长。工业革命带来大规模生产，进而带来对于管理问题，特别是效率、生产、流程和成本节约方面深入、系统的思考。

图 A.1 通过时间线描绘了几十年来管理思想的演变。这条线按照历史变迁可以分为两个主要部分：古典学派和现代学派。这些学派中的许多思想在发展的过程中相互重叠，且彼此之间有着重要的影响。一些学派是对以往学派缺陷的直接弥补，其他学派则是随着管理者们所面临的需要和问题的变化发展而来的。所有学派都试图解释管理者所面临的真正问题，并为解决未来的问题提供工具。

图 A.1 将加强你对不同管理学派之间主要关系的理解，并将每种观点置身于它所处的历史背景中。

> 在世界《财富》500 强企业排行榜中，历史最悠久的公司是 1784 年由亚历山大·汉密尔顿（Alexander Hamilton）创建的纽约银行，最古老的工业公司是杜邦公司（DuPont），于 1802 年由 E. I. 杜邦（E. I. du Pont）在逃离法国大革命的迫害之后创建。

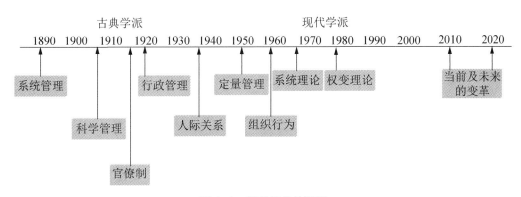

图 A.1 管理思想的演进

古典学派

古典时期是从 19 世纪中期到 20 世纪 50 年代早期,这一期间出现的主要学派是:系统管理、科学管理、行政管理、人际关系和官僚制。

系统管理

在 19 世纪,美国企业的成长主要集中在制造业。早期的学者,如亚当·斯密(Adam Smith)认为这些公司的管理非常混乱。他们的想法有助于管理系统化。大多数组织的任务被进一步细分,并由专人来执行,然而由于协调不当造成的制造过程的问题和故障频繁出现。

系统管理学派试图在运作中构建特定的程序和流程以确保工作的协调。系统管理强调经济的运作、适当的人员安排,为满足顾客需要而保留存货和组织控制。这些目标通过以下途径实现:

- 认真界定职责内容。
- 对履行职责的技术实行标准化。
- 运用特定的方法收集、处理、传递和分析信息。
- 通过成本会计、工资和生产控制系统来支持内部的协调和沟通。

系统管理强调内部运作,因为管理者们首要关心的是由工业革命带来的爆炸式增长的需求。此外,管理者们能够自由地关注内部效率问题,部分是因为政府并不特别限制企业的行为。最后,由于劳动力缺乏组织,许多管理者更多的是"事情导向"而非"员工导向"(见表 A.1)。

表 A.1 一份早期的合同

以下来自 Cocheco 公司记录的规定,是 19 世纪 50 年代典型的劳动合同条款。
1. 工作时间规定为:每年的 3 月 21 日到 9 月 20 日(含)每天的日出至日落,其余日子则是从日出到晚上 8 点。前面提到的六个月中,每天允许有一个小时的晚餐时间和半个小时的早餐时间;另外半年中,每天有一个小时的晚餐时间;在周六,工厂将在日落前一个小时停工以清洗机器。
2. 工厂开工一刻钟后上班的工人,将扣去当天工资的 1/4 的;除非特别必要的情况,缺勤的人将被扣除他或她请假期间相应两倍的工资。每次任何一个房间不能离开超过一人——违反规定的人将被扣除每天工资的 1/4。
3. 不得以任何借口在工厂内吸烟或饮酒;同时禁止在工作时间携带坚果、水果、书籍或报纸进入工厂。

资料来源:W. Sullivan, "The Industrial Revolution and the Factory Operative in Pennsylvania," *The Pennsylvania Magazine of History and Biography* 78 (1954), pp. 478−479.

科学管理

系统管理未能带来广泛的生产效率。这个缺点被年轻的工程师弗雷德里克·泰勒（Frederick Taylor）看在眼里，他在1878年受雇于米德维尔（Midvale Steel Company）钢铁公司。泰勒发现生产率和工资都不高，而效率低下和浪费则普遍存在，大多数公司都有着巨大的未开发的潜力。他总结道，这些公司的管理决策不够系统，没有研究现有生产的最佳方式。

因此，泰勒提出第二种管理学派，被称为**科学管理**。这个学派提倡运用科学方法分析工作，确定如何有效地完成生产任务。例如，美国钢铁公司（U. S. Steel）与美国钢铁工人联盟（the United Steel Workers of America）签订合同，规定铲沙工应该每分钟铲12.5锹沙子，每锹平均含15磅的河沙（含5.5%的水分）。

泰勒确定科学管理的四个原则：
1. 管理层应该为每个工人工作中的每个要素都确定精确、科学的方法，而不是笼统的指导。
2. 管理应该科学地选择、培训、教育和开发每个工人，使得合适的人在合适的岗位上工作。
3. 管理层应该配合工人，以确保工作符合计划和原则的要求。
4. 管理层应该确保在管理者和员工之间恰当地分配工作和责任。

为了实施科学管理，泰勒运用了时间—动作研究等技术。这种技术将一项任务分解为若干基本的动作，然后对每个动作计时，以此确定完成任务最有效的方式。在确定完成工作的"最佳方式"之后，泰勒强调了招聘和培训合适的工人从事工作的重要性。泰勒倡导工具的标准化，使用说明卡片帮助工人，以及中途休息以消除疲劳。

泰勒管理思想中另一个关键要素是运用差别计件工资制度。泰勒认为工人们会受到金钱激励。因此，他实施了一套能让工人们在完成超出标准水平的工作后获得额外报酬的工资制度。泰勒的结论是，无论是工人还是管理者，都将从中受益。

科学管理的原则受到广泛欢迎，其倡导者还包括亨利·甘特（Henry Gantt）以及弗兰克·吉尔布雷斯和莉莲·吉尔布雷斯（Frank and Lillian Gilbreth）夫妇。他们提出了很多在工厂运用科学管理的改进方案。最著名的例子就是亨利·福特（Henry Ford）的工厂在制造T型车时对科学管理的运用（见表A.2）。

表A.2 科学管理与福特的T型车

在19世纪与20世纪之交，汽车是一种只有富人才能买得起的奢侈品。它们是由工匠们在工厂里把整车组装起来的。这些工人并不专业化，亨利·福特认为他们在装配汽车时浪费了时间和精力。福特后来采用科学管理原理，并给汽车制造业带来了一场革命。
经过大量的研究，在福特的新工厂中，机器和工人按照顺序进行安置，这样汽车组装过程会沿着流动的生产线而不间断。机器和传送带把工作直接送到工人身边。
零部件的生产同样受到革命性的影响。例如，以前一个工人要花费20分钟来组装一个飞轮磁发电机。通过将工作分解为29个不同的操作步骤，将产品放在机械传送带上，改变传送带的高度，福特把生产时间降低到5分钟。
到1914年，底盘装配时间已经从13个小时缩短到1.5个小时。新生产方法要求完全的标准化、新机器和与之适应的劳动力。由于成本的显著下降，T型车成为大多数美国人买得起的第一种车，由此福特在行业内占据了多年的主导地位。

资料来源：H. Kroos and C. Gilbert, *The Principles of Scientific Management* (New York: Harper & Row, 1911).

泰勒的科学管理学派的影响是广泛而深入的。最重要的是，制造业生产率因此得到显著提高。科学方法的概念和研究被引入到制造业。计件工资制由于其将付出与回报紧密相联而被广泛地接受。泰勒还强调管理层和工人之间的合作。由此管理专家的概念深入人心。

> 《财富》500 强企业名单中第一位女性领导是《华盛顿邮报》(*The Washington Post*) 的凯瑟琳·格雷厄姆（Katharine Graham）（1972 年首次上榜）。

尽管有这些进展，但不是每个人都认为科学管理是解决所有企业问题最好的方法。第一，批评人士认为泰勒忽略了许多相关的社会和心理因素，而只是强调用金钱激励工人。第二，将生产任务简化为一套机械的步骤，会导致枯燥、冷漠和质量控制问题。第三，工会强烈反对科学管理技术，因为他们认为管理层可能会滥用其设定工作标准和计件工资制度的权力，造成对工人的剥削并降低他们的重要性。第四，尽管科学管理带来了组织内部效率方面严格的量化，但是它并未能帮管理者，特别是高层管理者，处理更广泛的外部问题，如竞争对手和政府管制。

行政管理

行政管理学派强调组织内高级管理者的视角，认为管理是一种职业且可以教会。

对于行政管理比较全面和清晰的框架出现在 1916 年，当时法国的一位矿业工程师和高层管理者亨利·法约尔（Henri Fayol）出版了一本书，总结了他的管理经验。法约尔明确了管理的 5 项职能和 14 项原则。这 5 项职能包括计划、组织、指挥、协调和控制，与在第一章中讨论的 4 项职能非常类似。表 A.3 列出了 14 项原则。尽管有批评称法约尔把这些原则视为管理的普遍真理，但实际上他是希望它们能够得到灵活运用。

表 A.3　法约尔的 14 项管理原则

1. 劳动分工原则——把工作分解为具体的任务，并将责任分配给特定的个人
2. 授权原则——权力与责任相符
3. 纪律原则——明确期望，并惩罚违反者
4. 统一指挥原则——一个下级人员只能接受一个上级的命令
5. 统一领导原则——员工的努力应该集中在实现组织的目标上
6. 个人利益服从整体利益的原则——整体利益必须优先
7. 报酬原则——系统地为支持组织目标的努力提供奖励
8. 集权的原则——明确上级和下级角色的相对重要性
9. 等级制度原则（也称为跳板原则）——在组织指挥链中保持沟通
10. 秩序原则——使工作和材料保持有秩序，以支持组织目标
11. 公平原则——平等的纪律和秩序安排将提高员工的承诺
12. 人员稳定的原则——提高员工的忠诚，促进长期工作
13. 首创精神——鼓励员工在采取行动支持组织目标时自主决策
14. 团队精神——建立员工和管理层之间的利益共同体

还有许多其他管理者对于行政管理的研究做出了贡献。它们讨论了非常广泛的管理问题，包括管理的社会责任、管理的哲学、企业术语和概念的明晰，以及组织原则等。切斯特·巴纳德

（Chester Barnard）和玛丽·帕克·福列特（Mary Parker Follet）都在这一领域有经典著作。

1938 年，新泽西贝尔电话公司（New Jersey Bell Telephone Company）的前总裁巴纳德发表了他的代表作《经理人员的职能》（The Functions of the Executive）。他概述了高层管理者的角色：制定组织的目的，招募关键员工和维护组织沟通。1942 年，玛丽·帕克·福列特出版的《动态组织》（Dynamic Organization）一书，发展了巴纳德的观点，她强调了管理者面临不断变化的情况。她的两个重要的贡献——管理者渴望灵活性和激励个体与群体之间的区别，为本章后面讨论的现代权变学派奠定了基础。

行政管理领域所有的著作都强调，管理是一门职业，就像法律和医学领域一样。此外，这些作者们根据个人经验，通常包括管理大型企业的经验，提出了许多建议。尽管这些观点和建议被认为很好，但有批评指出它们可能无法适用于所有情况。不同的人事安排、行业状况以及技术都可能会影响这些原则的合理性。

> 1955 年雷·克洛克（Ray Kroc）的第一家麦当劳店开业。同年，比尔·盖茨和斯蒂夫·乔布斯出生。

人际关系

管理的第四个学派是**人际关系学派**，产生于 20 世纪 30 年代。该学派旨在理解影响绩效的心理和社会因素与工作情况之间的关系。人际关系是第一个以强调非正式的工作关系和员工满意度的主流学派。

这种学派在很大程度上受到其他主流学派思想的影响，例如，吉尔布雷斯夫妇（科学管理学派）、巴纳德和福列特（行政管理学派）的许多想法影响人际关系学派自 1930 年到 1955 年间的发展。事实上，人际关系是最开始产生于一项科学管理的研究项目。

通信设备制造商西方电气公司（Western Electric Company）雇用了一群来自哈佛大学由埃尔顿·梅奥（Elton Mayo）和弗里茨·罗特利斯伯格（Fritz Roethlisberger）带领的研究人员。他们的公司在芝加哥城外的一家工厂中研究物理工作环境对工人的生产率和效率的影响。这项被称为霍桑实验的项目，在管理的历史上带来了一些很有趣并很有争议的结果。

霍桑实验是从 1924 年到 1932 年进行的一系列实验的总称。在项目的第一个阶段（照明实验），不同的工作条件，特别是工厂的照明被改变，以确定这些生产率变化的影响。研究人员发现工厂的照明与生产率之间没有系统的关联。在某些情况下，当照明减少到甚至低于月光的水平时，生产率仍然继续提高。研究人员最后得出的结论是，工人们由于研究人员在观察他们而表现和反应得有所不同。这种反应被称为**霍桑效应**（Hawthorne effect）。

这个结论使得研究者相信生产率会更多地受到心理和社会因素，而不是物理或客观因素的影响。在这个观点的引导下，他们启动了项目的另外四个阶段。在这些阶段，研究者们开展了各种工作群体实验，并广泛地对员工进行访谈。梅奥和他的团队最终得出结论，生产率和员工行为受到非正式工作群体的影响。

人际关系的支持者认为，管理者应该首要强调员工福利、动机和沟通。他们认为社会需求应该优先于经济需求。因此，管理层必须获得群体的合作、提高工作满意度，并促进群体规范符合组织的目标。

人际管理领域还有一位著名的贡献者是亚伯拉罕·马斯洛（Abraham Maslow）。1943 年，马斯洛提出人类有五个层次的需要。最基本的需要是对于食物、水和住所等方面的生理需要，最高层次的需要是自我实现需要。马斯洛认为，人们会试图在满足低层次的需要后，进一步去满足高层次的需要。管理者可以通过鼓励既满足个人需要又满足组织目标的行为，并为之消除阻碍，来支持这一过程并实现组织目标。

虽然人际关系学派后来又发展了对领导、工作态度和群体动力学等方面的研究，但是还是受到了许多批评。有批评认为，人际管理的一个研究结果——认为满意的员工是具有生产率的工人——过于简单了。科学管理学派过于强调了工作场所那些经济的和正式的方面，而人际关系则忽略了工人更为理性的一面和正式组织的重要特点。然而，人际关系是管理思想发展中重要的一步，因为它推动了管理者和研究者们考虑影响绩效的心理和社会因素（见表 A.4）。

表 A.4　一个人际关系先锋

1837 年，一位破落的英国零售商威廉·波克特（William Procter）和一位卫理公会牧师的儿子詹姆斯·甘保（James Gamble）在辛辛那提共同创建了生产肥皂和蜡烛的公司。两位创始人都很诚信正直，很快他们的生意蒸蒸日上。
1883 年，公司业务发展迅猛。当创始人的孙子威廉·库珀·波克特（William Cooper Procter）从普林斯顿大学毕业后到公司工作时，他想从最基本的业务学起。他一开始就到工厂的车间工作。"他做着每一份卑微的工作，从铲松香和肥皂到把油脂混合物倒进搅拌机。他把他的午餐放在一个纸袋里……然后与其他工人一起坐在地上吃午餐，了解他们对于工作的感受。"
1884 年，库珀·波克特认为，从他亲身的经验来看，提高工人对于公司的心理认同会带来更高的生产率。他对提高员工对公司认同充满热情，并提出一个令人震惊的计划：与员工分享利润以增加他们的责任感和工作满意度。当工人在第一个"股息日"拿到相当于他们七周工资的支票时惊喜不已。
不过这个计划并不完整。工人将利润分享视为额外的工资，而不是对于改进的激励。此外，库珀认识到工人们（其中有些工人仍然还是他的好朋友）最关注的根本问题是，对于老年生活的不安全感。1890 年，宝洁公司的上市给库珀带来了新的想法。几经尝试之后，他在 1903 年发现了一种能实现他对员工管理所有目标的方法：股票购买计划。工人每花费 1 美元购买宝洁的股票，公司给他价值 4 美元的股票。
库珀·波克特终于解决了员工管理中的关键问题。作为回报，公司获得了员工的忠诚、生产率的提高以及诚信和关爱员工的声誉。后来，他成为公司的 CEO。宝洁公司今天仍然是美国最受人尊敬的公司之一。

资料来源：O. Schisgall, *Eyes on Tomorrow* (Chicago: J. G. Ferguson, 1981); T. Welsh, "Best and Worst Corporate Reputations," *Fortune*, February 7, 1994, pp. 58-66.

官僚制

德国的社会学家、律师和社会历史学家马克斯·韦伯（Max Weber）在他的著作《社会和经济组织理论》（*The Theory of Social and Economic Organizations*）中指出了管理本身能够更加有效和一致。根据韦伯的观点，理想的管理模式是**官僚制**。

韦伯认为官僚制结构可以消除同一组织不同层级的管理者由于各自不同的技能、经验和目标而对管理结构带来的变动性。韦伯主张工作本身应该标准化，这样人事变动不会干扰组织的正常运行。他强调在组织不同专业职位之间构建一个正式的结构化关系网络。通过规章制度来规范行为，权力更多地来自于职位而非个人。因此，组织不需要依赖某个特定的个体，而是通过不偏不倚和按章办事来实现效率和成功。

根据韦伯的观点，官僚制对于大型组织来说尤其重要，因为他们能够执行许多对生存来说必需的常规工作。同时，官僚岗位强调专业化技能，消除管理者的主观判断。此外，如果建立起适合的规则和控制程序，那么官僚制则不会对人存在偏见，无论是对顾客还是员工。

今天的许多组织都是官僚制的。官僚制是高效的，并能提高生产率。然而，官僚制并不是对每个组织都适用的模式。那些需要快速决策和高灵活性的组织或部门可能就会受到官僚制的制约。有些人可能会因为过多的官僚规则和程序而不能表现出最佳状态。

官僚制的其他缺点则来源于错误的执行而非方法本身。大多数的权力可能集中于少数人身上，程序可能成为目的而非手段，管理者也有可能忽视恰当的规章制度。最后，官僚机构的优点——它的永久性也是一个问题，因为一旦建立起官僚制，再去取消它则是困难的。

> **1962** 年第一个沃尔玛商店在阿肯色州（**Arkansas**）的罗杰斯（**Rogers**）开业。
> **1964** 蓝丝带运动用品公司发售其生产的第一双鞋，该公司现在叫耐克。
> **1969** 唐和多丽丝·费舍尔在旧金山的第一个 **Gap** 门店开业。

现代学派

现代管理学派包括定量管理、组织行为、系统理论、权变理论等。现代学派发展于自第二次世界大战以来的不同时期，他们相继代表了现代管理思想的里程碑。

定量管理

尽管泰勒早在 20 世纪就提出了将科学作为管理的工具，但是大多数组织直到 20 世纪 40 年代和 50 年代才开始采取定量技术来解决管理问题。第二次世界大战期间，军事规划者开始在防卫和物流问题中应用数学技术。战后，一些私人企业开始组织定量专家团队来解决大型组织遇到的许多复杂问题。这一学派，称为**定量管理**学派，强调管理决策和管理问题中对于定量分析的应用。

定量管理通过构建正式的数学模型来帮助管理者进行决策。电脑促进了具体定量方法的发展，包括统计决策理论、线性规划、排队理论、仿真、预测、库存建模、网络建模和盈亏平衡分析等技术。组织将这些技术应用在许多领域，包括生产、质量控制、市场营销、人力资源、财务、分销、计划与研发。

尽管定量管理确保决策正确，但是管理者并不依靠其作为决策的首要方法，他们通常的做法是在决策过程中将这些技术作为补充或工具。许多管理者会采用符合他们经验、直觉和判断的结果，并往往会拒绝与他们的想法相矛盾的结果。同时，管理者也会使用这些方法进行方案比较，并剔除较差的选择。

对于定量管理的有限应用有这样几种解释：首先，很多管理者没有接受过如何使用这些技术的培训；其次，管理决策的许多方面无法通过数学符号和公式来表达；最后，管理者面临的许多决策是非常规性并且难以预测的。

> **1971** 年英特尔（**Intel**）推出第一台微处理器，**IBM** 公司推出软盘。
> **1976** 年史蒂夫·乔布斯（**Steve Jobs**）和史蒂夫·沃兹尼亚克（**Steve Wozniak**）在车库里创建苹果电脑公司。

组织行为学

在 20 世纪 50 年代，人际关系学派开始发生转变。学者们开始认识到，工人的生产率和组织的成功更多是来自于其经济或社会的需要的满足。这一新的观点被称为**组织行为学**，是通过理解个人、团体和组织过程的复杂特性来研究和识别能够提高员工效率的管理活动。组织行为学吸收了包括心理学和社会学在内的许多学科的思想来解释人们在工作中的行为。

在 20 世纪 60 年代,组织行为学理论对于管理领域具有重要影响。道格拉斯·麦格雷戈(Douglas McGregor)的 X 理论和 Y 理论标志着人际关系学派的转变。根据麦格雷戈的理论,X 理论管理者认为工人是懒惰和不负责任的,需要不断监督和外在激励来实现组织目标,而 Y 理论管理者则假设员工想要工作,并且能够自我指导和控制。麦格雷戈主张 Y 理论的观点,并认为鼓励员工参与并且给其自我挑战和创新机会的管理者将会实现更好的绩效。

其他主要的组织行为学家包括克里斯·阿吉里斯(Chris Argyris),他建议给员工更多的自主权和更好的工作机会,还有伦西斯·利克特(Rensis Likert),他强调了参与管理的价值。这些年来,组织行为学一直强调开发组织的人力资源来实现个人和组织的目标。像其他学派一样,尽管近年来组织行为学的研究已经更加广泛和情境化,但是它还是因为视角的有限而受到批评。过去的几年里,组织行为学中诸如领导、员工参与和自我管理等许多重要问题重新引起了更多的关注和兴趣。

> **1980** 年微软许可将其操作系统用于 **IBM** 的个人电脑。
> **1981** 年美国音乐电视网(**Music Television,MTV**)进军有线电视。
> **1995** 年网景公司(**Netscape**)上市并开户互联网的繁荣景象。

系统理论

古典学派的各种思想由于以下两点而受到批评:一是忽略了组织与外部环境之间的关系;二是通常强调组织的某个方面或者组织的员工而忽视了对其他方面的考虑。为了回应这些批评,20 世纪 50 年代管理学者们试图从组织的细节转向将组织作为一个整体系统来理解。这些努力基于通用的科学方法,称为**系统理论**。组织是一个开放的系统,依赖于外界的输入,如原材料、人力资源和资本,然后将这些输入转变为输出来(完美地)满足市场对于产品和服务的需求。外部环境会对输出做出反应,并通过反馈机制影响下一轮系统循环的输入,这就是系统活动不断循环往复的过程,如图 A.2 所示。

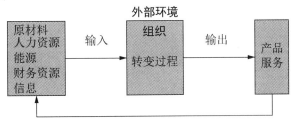

图 A.2　开放系统视角下的组织

系统理论还强调组织是一个由一系列子系统构成的系统。例如,美国西南航空公司(Southwest Airlines)是航空业的一个子系统,飞行机组人员是西南航空公司的一个子系统。系统理论指出每个子系统都是整体的一部分,并与其他子系统相互依存。

权变理论

建立在系统理论观点的基础上,**权变理论**通过说明内外部影响组织绩效的不同因素,反驳了管理中的普遍原则。由于情况千差万别,因此没有管理和组织的"最佳法则"。

情境特征被称为权变因素。理解权变因素将有助于管理者在特定的情况下了解应采取怎样的管理行为。你将在本书中学到应对主要权变因素的一些建议。权变因素包括：

1. 组织外部环境的情况。
2. 组织内部的优势和劣势。
3. 管理者和员工所在组织的价值观、目标、技能和态度。
4. 任务的类型、资源和组织使用的技术。

根据这些权变因素，管理者可以将情况分类，然后根据具体的情况选择适当的竞争战略、组织结构或管理流程。

研究人员仍在继续研究主要的权变因素变量及其对管理问题的影响。当你阅读每章的内容时，你会发现管理情境的异同点以及恰当的反应。权变理论也应该成为你的管理方法中的一个基础。在这门课中你将学到的很多内容都应用了权变理论的观点。

> 1998 年谷歌公司注册了 google.com 的域名。
> 2000 年美国在线（Amerian Online，AOL）成为第一个进入《财富》500 强名单的纯互联网公司，同年与时代华纳合并。
> 2001 年安然公司（Enron）申请破产。
> 2003 年美国在线-时代华纳（AOL Time Warner）公布了一项创纪录的 987 亿美元的损失。
> 2007 年房地产泡沫破裂。
> 2008 年市场崩溃。
> 2008 年华尔街得到美国政府紧急援助。
> 2008—2009 年汽车行业崩溃。

展望未来

历史上有关管理的所有这些观点都给现代的管理思想和实践留下了宝贵的财富，它们仍在发挥着作用，即使是环境和具体的细节发生了变化。随着时间的推移，事物都会发生变化。这听起来可能是显而易见的，但对于那些在公司不能适应时代变化要求时，仍然坐视不理的管理者们来说却不是这样。企业正变得全球化，新技术改变着我们工作、生产和服务的方式。持续的变化创造了新的机遇，并提出新的要求，要求降低成本，实现更多的创新、更高的质量和更快的速度。由此，管理知识和实践也相应地演进。

关于变化的基本事实如下：首先，当前发生的变化比历史上任何其他时期所发生的都要更迅速和更显著；其次，如果你不能预期和适应变化，那么你和你的公司将无法在竞争激烈的商业世界中获得成功。变化的主题——当前及未来可能发生的变化将如何影响管理，以及你应如何应对——将贯穿本书。

关键术语

行政管理（administrative management）：一种古典管理流派，试图确定管理者可以用来实现组织更高绩效的主要原则和职能。

官僚制（bureaucracy）：一种古典管理流派，强调组织中各专业化岗位之间结构化的、正式的关系网络。

权变（contingencies）：决定管理行为恰当性的因素。

权变观点（contingency perspective）：管理研究的一个流派，认为导致高绩效的管理策略、结构和流程取决于它们所身处的情境及其特点和重点的权变因素。

规模经济（economies of scale）：由于整体产量的上升而导致单个产品平均成本的减少。

霍桑效应（Hawthorne effect）：人们对于被观察或研究的反应仅仅是行为上的表面性而非实质性改变。

人际关系（human relations）：一种古典管理流派，试图理解和解释人类的心理和社会活动与工作环境之间的作用，及其如何影响绩效。

组织行为学（organizational behavior）：一种现代管理流派，通过研究个人、团体和组织过程的复杂和动态本质来识别能够提高员工效率的管理活动。

量化管理（quantitative management）：一种现代管理流派，强调定量分析对管理决策和问题方面的应用。

科学管理（scientific management）：一种古典管理流派，应用科学的方法来分析和确定完成生产任务的"最佳法则"。

系统管理（systematic management）：一种古典管理流派，试图在组织运营中构建具体的步骤和流程，确保各方面的努力能够协调进而完成既定的目标和计划。

系统理论（systems theory）：一种理论，认为组织是一个将输入转变为输出的管理系统。

问题讨论

1. 与40年前相比，今天的商业世界如何？它们有什么不同？又有哪些相同之处？
2. 什么是科学管理？今天的组织可以如何运用它？
3. 表A.3列出了法约尔首次发表于1916年的14项管理原则。这些原则在今天是否能像以往一样有用？为什么？什么时候最有用？什么时候最没用？
4. 官僚制的组织有哪些优缺点？
5. 在什么情况下量化管理的概念和工具能够适用？
6. 选择一个组织，描述其从输入到输出的系统。
7. 为什么权变理论观点会成为一种重要的管理流派？写出可能影响你生活中或者作为管理者进行决策时的权变因素。
8. 针对附录中讨论的每种管理流派，举出你见过的例子。它们如何有效或者无效？
9. 附录中特别列出了一些近代商业历史中具有里程碑意义的事件。在这几十年中，你认为还有其他哪些具有里程碑意义的事件？
10. 附录中最后一个具有里程碑意义的事件发生在2008年到2009年间。从那以后，最具有里程碑意义的事件是什么？为什么？

实践练习

A.1 管理流派

目的

1. 帮助你认识不同的管理流派。

2. 明白不同的管理流派在不同情况下的适用性。

说明

教师将班级随机分为由 4—6 个人组成的小组。在小组讨论中，每个人提出自己的观点，并由一个人担任记录，每组必须向全班提交一页纸的备忘录，备忘录的主题是"我对当今管理者的建议"。这个练习有趣的部分（有创意部分）在于，要从教师分派给每组的角色的视角来写备忘录。

教师可能分配的备忘录视角包括：
- 一个古埃及的奴隶主（在建大金字塔）
- 亨利·法约尔
- 弗雷德里克·泰勒
- 玛丽·帕克·福列特
- 道格拉斯·麦格雷戈
- 一位持权变管理观点的理论家
- 一位日本汽车企业的管理者
- 2030 年 IBM 公司的 CEO
- 3001 年星际飞船企业的指挥官
- 教师分配的其他角色

运用你的想象力，确保每个人都参与进来，并尽量尊重你所了解的历史事实，尽可能做到具体和现实。记住，你是在就管理另一个时代的人（或者尽管是管理现代人，但是从一个特殊的视角进行管理）提出建议。

确保你们开展 20 分钟认真的讨论，建议的安排包括：花 2—3 分钟正确地理解这一练习并进入状态，然后用大约 10—12 分钟进行头脑风暴，小组记录员记下其中主要的思想和词句。小组记录员用剩下的时间完成小组备忘录，其他人可以提供有建设性的意见和帮助。选择一个发言人向班级宣读小组的备忘录。

资料来源：R. Krietner and A. Kinicki, *Organization Behavior*, 3rd ed.（New York：Richard D. Irwin, 1994），pp. 30-31.

A.2 大学评分系统分析

目的

1. 学会识别一个复杂系统的组成部分。
2. 更好地理解作为系统的组织。
3. 设想一下政策改变会如何影响组织系统的功能。

说明

1. 假设你的大学已决定建立一个通过—不通过的评分制度，用以取代现行的 A-F 的字母评分制。请用本章学到的系统理论观点来理解这个决策。
2. 自己回答评分系统分析工作表上的问题，或者根据教师的安排在小组内讨论。

讨论问题

和全班分享自己或者小组的想法。然后回答下列问题：
1. 你们是否使用了同样的方法来图解这个系统？
2. 你们是否确定了同样的系统组成部分？
3. 哪些子系统会受到这个变化的影响？
4. 如何解释大家的答案之间的差异？

大学评分系统工作单

描述

1. 哪些子系统组成了（大学）这个系统？画出这个系统。

2. 确定系统中的以下部分：输入、输出和转换。

诊断

3. 哪些子系统会受到变化的影响？也就是说，由于政策的变化，整个系统内将可能发生哪些变化？

资料来源：J. Gordon, *A Diagnostic Approach to Organizational Behavior* (Englewood Cliffs, NJ: Prentice Hall, 1983), p. 38. Reprinted with permission of Prentice Hall, Inc., Englewood Cliffs, NJ.

第 2 章
外部环境和内部环境

"企业的要义在其自身之外。"

——彼得·德鲁克

学习目标

通过学习第 2 章,你应该能够达到以下要求:

1. 理解环境如何影响组织以及组织如何影响它们所处的环境。
2. 可以描述宏观环境和竞争环境的区别。
3. 解释为什么管理者和组织应该参加经济和社会发展。
4. 掌握竞争环境的要素。
5. 阐述组织如何应对环境的不确定性。
6. 理解组织文化的元素。
7. 理解组织的文化和氛围如何影响其对外部环境的响应。

本章概要

前瞻	环境分析
宏观环境	环境扫描
经济	情景设定
技术	预测
法律法规	标杆管理
人口统计	响应环境
社会	改变身处的环境
自然	影响环境
竞争环境	适应环境:改变自身
竞争者	选择应对方式
新进入者	组织的内部环境:文化和氛围
替代品和互补品	组织文化
供应商	组织氛围
顾客	

开篇案例

什么使得苹果公司在快速变化的环境中成为赢家？

20 世纪 70 年代，消费者们非常喜欢安装在苹果第二代个人电脑上的电子制表软件和桌面出版软件。但是，在接下来的 20 年里，苹果电脑公司的市场份额日渐衰退，越来越多的企业和消费者开始选择基于微软操作系统的电脑和软件。在 1995 年微软发布 Windows 95 操作系统之后，苹果电脑看似注定要成为一个主要面向一个很小但却非常忠诚的顾客群的利基产品。

然而，今天的苹果公司——将"电脑"两字从公司名称中去除了——广受赞赏。投资者们不断推高苹果的股价，以至于使其超过微软公司市值约 50%。

对于苹果回归的一种戏剧性解释是：当电脑操作不再只意味着作为处理数字或者创建文档的机器时，苹果公司也开始变得远远不只是作为一家个人电脑公司而存在。技术进步重新定义了电脑，将其重心从机器转向互联网，苹果公司已经做好了充分的准备来挖掘和享受这种潜在的商机：iPod 音乐播放器（及其后代产品 iTouch）、iTunes 音乐商店、iPhone 手机及其在线应用商店 App Store、iPad 平板电脑，不断刺激大量消费者的兴奋神经，使他们热切地期望能够拥有这些产品。

苹果公司的管理层有时似乎能预见到这种由技术和社会所驱动的新方向。他开发了与 iTunes 匹配的 iPod，尽管许多公司已经在销售各具特色的 MP3 播放器，但是创建与其音乐播放器相关联的、操作容易并且合法的购买和下载音乐的方式，使得 iPod 在这一类新兴产品中获得巨大成功。

在其他情况下，苹果公司似乎惊讶于外在的变化但是总能够迅速响应。在 2007 年推出 iPhone 时，CEO 史蒂夫·乔布斯（Steve Jobs）将其描述为一种集手机、iPod、能够浏览互联网等功能于一体的移动设备，这些功能特点的结合使它成为一款精美的智能手机。诸如黑莓这样的智能手机早已面市，但是 iPhone 让人惊叹的是苹果公司能够提供的新东西。而在过去，公司一直严格控制技术的每一个方面，这使得它在推出 iPhone 一年之后迅速进行软件工具包的开发。通过开发软件工具包，任何一个程序员都能够编写、提供其他应用软件的代码，并在苹果应用商店将其出售。

这一基于 Web 2.0 的框架，强调信息共享和在线协作，为创造力的爆发打开了一扇门。应用程序使得 iPhone 的使用充满乐趣。在 iPhone 发售后的前两个月中，应用程序已被下载超过 1 亿次。几年之内，苹果应用程序商店已经售出了超过 18 亿美元的应用软件，其中很多都是游戏，这是乔布斯和他的开发团队先前并没有意识到的 iPhone 功能。事实上，苹果只开发过一款 iPhone 游戏，而在这一领域真正的创造性工作来自于公司的外部。例如斯坦福的王戈，他设计的一个程序让 iPhone 播放的音乐听起来像陶笛演奏，还有 FireMint 游戏公司编写了热门游戏"飞行控制"。这不仅使 iPhone 在应用中增加了"游戏设备"列表，而且也使得 iPhone 成为世界上销售收益最高的手机。

苹果公司的经营方式聚焦于消费者使用互联网的方式，而不是特定机器的功能，即使是令它成名的机器，如 iMac 电脑。所以，公司的研发支出从个人电脑的操作系统转向移动设备的操作系统。这一策略使苹果公司获得了巨大的成功。

现在的问题在于苹果公司的管理层是否能够持续预测社会和技术的发展方向。其中一个挑战就是如何负责任地加入通过网络紧密联系的社会，而其中信息分享的行为标准仍在发展过程中。例如，诸如 iPhone 这样的手机可以跟踪用户的位置，这些信息可以产生一些有价值的应用，如快速找到最近的咖啡店的方向。然而，现在人们已经提高了对于隐私的关注，所以公司可能会建立关于手机用户方位信息的加密数据库。测试显示，即使用户关掉手机的定位功能，公司的数据库仍在更新。苹果公司最初承诺这些数据会以匿名的方式存在，但是投诉者声称，公司承诺所发布的更新软件将限制信息的收集和存储。苹果公司还承诺将升级操作系统以对方位信息加密，这一动作似乎平息了消费者的担忧，持续热销的 iPhone 和 iPad 继续为公司带来源源不断的收益。

- 技术与社会是构成苹果公司经营所在环境的两种力量。当你学习这一章时，请思考苹果公司的管理者们还应该监控和面对哪些其他的力量。

作为技术的领导者，苹果公司正在影响着当今人们工作、娱乐、购物和沟通的方式，同时公司也在为未来继续施加这样的影响而准备着。因此，其管理层必须对于各种有可能会影响其经营的事件保持敏锐的关注。在本章中，我们将详细讨论组织外部的各种压力是如何构成管理者及其所在公司经营的环境。

正如我们在第一章提到的，组织是**开放的系统**——它们受到外部环境影响，反过来又影响着外部环境。例如，它们从环境中接收到诸如商品或服务等**输入**，然后通过这些输入创造产品和服务，并将其**输出**到环境中，如图 2.1 所示。但是，当我们在这里使用"外部环境"这一术语时，不仅仅意味着组织的客户或消费者，外部环境包括组织边界之外的所有相关力量。

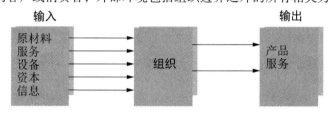

图 2.1　组织的输入与输出

在这些因素中，许多因素是无法控制的。如今，公司无论规模大小都会受到经济衰退、政府管制、竞争对手行动及其他因素的冲击。尽管管理者无法控制这些因素，但并不意味着他们可以忽略这些力量，并以此作为表现不佳的借口而不了了之。管理者必须保持与外部发展同步并有效应对。此外，本章后面将会讨论到，有时管理者也可以影响外部环境的部分因素，我们将探讨组织是如何做到这一点的。

图 2.2 展示了一个商业组织的**外部环境**。组织存在于一个竞争环境中，这个环境由公司本身、竞争对手、供应商、客户（购买者）、新进入者、替代品或互补品所构成。比竞争环境更具广泛性的是**宏观环境**，它包括法律、政治、经济、科技、人口、社会和自然等广泛影响所有组织的各种因素。

前瞻

本章将讨论组织环境的基本特征以及环境对于战略管理的重要性。我们还将探讨组织的内部环境和文化，以及文化会如何影响组织响应其环境的方式。后面的章节还将详细描述这里介绍的许多基本的环境因素。例如，第 17 章将继续讨论技术，第 6 章将详细讨论全球环境，它与国际管理密切相关。其他一些章节会着重讨论道德、社会责任和自然环境。第 18 章重申贯穿于本书的主题：由于环境持续变化，因此组织也必须持续变革。

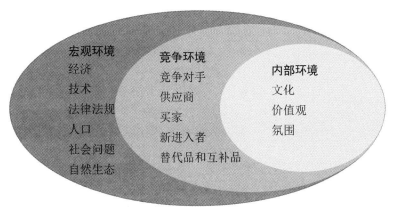

图 2.2 外部环境图

2.1 宏观环境

所有组织都运行于一个宏观环境中，所谓宏观环境指的是外部环境中最普遍的、能够潜在影响战略决策的部分。虽然高层管理者可能具有独特的内在优势和目标理念，但是他们必须在采取行动之前考虑外部因素。

2.1.1 经济

尽管大多数美国人习惯于美国式的经济思维，但是组织的经济环境实际上要大得多——是由不同国家经济间复杂的相互关系组成的。华尔街的投资分析家们在工作时，不仅要考虑昨天纽约证券交易所的情况如何，还要考虑晚上伦敦和东京交易市场的情况。增长和衰退不仅出现在国内，同时在世界范围内也在发生。

经济环境深刻地影响着公司有效运转的能力以及战略选择。利率和通货膨胀率会影响资本的可获得性和成本、经济扩张的机会、价格、成本以及消费者对产品的需求。失业率会影响劳动力的可获得性、公司支付的工资以及产品需求。急剧上升的能源成本和医疗保健费用对于公司的雇佣能力及运营成本已经带来了很大的影响。美元汇率的变化可能会造成美国的产品比国外竞争对手的产品要更加便宜或更加昂贵。

> **提示**
> 随着国内外竞争的加剧，管理者必须特别关注成本问题。
> 低成本意味着低质量吗？为什么是？或为什么不是？

 管理实践

经济力量使得以玉米为原料的乙醇生产商的财富发生了剧烈波动。有一段时间，汽油价格的飙升，使得对汽车替代燃料能源的需求猛增。这一现实，再加上人们认为乙醇燃料会减少温室气体的排放，促使美国政府颁发指令要求使用乙醇燃料。因此，农民们积极响应并种植了更多的玉米，能源公司也纷纷建起乙醇提炼厂。

但是，其他方面的因素很快便对于乙醇生产商带来接二连三的影响。首先，中西部的洪水导致了玉米价格上升的预期，于是许多乙醇生产商试图通过签订每蒲式耳 7 美元甚至更高价格的合同以保护自身利益。后来，洪水退去，人们又预期玉米将会丰收，从而导致玉米价格开始下跌，而乙醇生产商则必须履行定价过高的合约。

最近，经济持续下行，房地产价格不断膨胀的"泡沫"破灭，导致抵押贷款机构问题丛生，并迅速蔓延至整个金融行业。随着信贷枯竭，企业整体步伐大幅放缓，油价下跌，抵消了乙醇在市场上作为燃料供应的竞争优势。但是，玉米价格也有所下降，从而使得生产成本也随之下降。从长远来看，乙醇生产还是具有商机的，因为未来还是会越来越多地依赖于替代燃料。但与此同时，乙醇公司需要稳定和富有远见的管理，带领它们应对大宗商品价格和需求的起起落落。除了玉米，还有哪些其他商品的价格也是这样大幅波动的呢？

重要的经济影响集中体现在股票市场。当投资者们抬高股价时，他们要支付更多以获得公司的股票，这意味着公司将获得更多的资本来实现其战略。股票市场的观察家们关注着主要指数的变化趋势，例如道琼斯工业平均指数、标准普尔500指数和纳斯达克综合指数。因为这些指数将许多公司的绩效表现综合为一个单一的测量指标。图2.3显示了某股票指数的年度交易情况。在这一阶段初期，将其根据价格水平设定指数值为100，然后你会发现在初期指数值上升到峰值，然后在秋季迅速下跌。价格下跌反映了经济中对住房和汽车的需求萎缩，贷款难以获得，出口下跌以及失业率飙升。股价下跌加上信贷紧缩，对于大多数企业来说将意味着难以寻找到用来扩张和创新的资本。随后，政府启动了一系列刺激措施，以帮助企业获得融资并鼓励消费者再次开始消费。因此，虽然发生了如前所述的股指急跌，但是股票市场还是出现了回调，因为投资者看到了新的业务增长的希望。

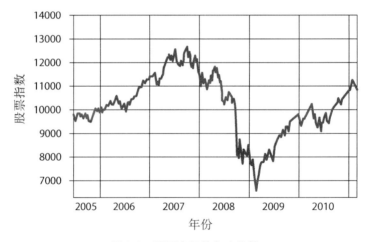

图 2.3　股票市场的年度比较

资料来源：www.nasdaq.com.

股票市场对于管理者个体的行为也可能产生深远影响。在上市公司中，组织中所有的管理者都能够感受到要满足华尔街收益预期的压力。在你的职业生涯中的某一时期，你很有可能会被要求改进预算或者盈利预测，因为公司不愿意让华尔街失望。这种外部压力通常会有积极的效果——它们能够帮助许多公司更高效地运转并且盈利。但是，如果未能满足这些预期，那么将导致公司股票价格下跌，使得公司更难筹集投资所需的额外资本。管理者的薪酬也可能会受到影响，尤其是那些获得股票期权的管理者更是如此。综合来看，这些压力的净效应有时会造成管理者更加关注短期结果，甚至以牺牲组织的长远利益为代价。更为糟糕的是，有些管理者可能尝试通过不道德的甚至非法的行为来误导投资者。我们将分别在第5章和第10章中讨论管理伦理和股票期权问题。

经济环境随时间而变化,并且难以预测。牛市和熊市交替往复。在强劲的经济增长之后,随之而来的可能是经济衰退。每一轮趋势无疑都会结束——但是,是在什么时候呢?即使在经济形势看似景气的时代,预算赤字或者其他问题也许正在未来等着你。

2.1.2 技术

如今,一家公司如果不能在其战略中融入日新月异的技术,就不能获得成功。技术进步创造出新的产品、先进的生产技术以及更好的管理和沟通方式。此外,随着技术的进步,新的产业及细分竞争市场也得到了发展。例如,生物技术行业的早期进入者正试图建立起主导的地位,而后来者则通过技术领先使其能够处于充满竞争的细分市场中。技术进步使得公司能够进入过去所不能企及的市场,例如一些有线电视公司通过改进其技术以进入互联网服务市场。

新的技术还能提供新的生产技术。在制造领域,精密的机器人能够不知疲倦地工作,不需要休假和加薪。新的方法,例如高压蒸汽注入油田的方式,使得壳牌(Shell)、埃克森美孚(Exxon-Mobil)和其他石油公司能够从曾被认为是枯竭的位置重新提取出宝贵的资源。在这种情况下,技术和经济的影响重叠:持续上升的油价使得企业对于新技术的开发和尝试更加物有所值。

除此之外,新的技术还能提供新的管理和通信方式。计算机化的管理信息系统(Management Information Systems,MISs)能够及时提供所需的信息,只要处于互联网的网络中,在世界任何地方都能获得所需要的信息;计算机能够监控生产效率并对生产缺陷做出记录;电信技术使人们不在同一地点就能参加同一个会议,诸如此类的技术进步带来了企业创新。围绕这些划时代的技

> **提示**
>
> 具备相关信息渠道的管理者能够获得显著的竞争优势。哪些技术能够让管理者快速获得信息?

术进步而制定的战略能够带来竞争优势,而那些忽视或者落后于竞争对手技术的战略则将导致落后甚至灭亡。这一问题非常重要,我们在第17章中将会用整章的篇幅进行讨论。

2.1.3 法律法规

美国政府的政策对于组织起着宏观的战略约束,但同时也可能会提供机会。例如,美国2010年颁布的《平价医疗法案》(the Affordable Care Act of 2010)就是一系列旨在让健康医疗服务能够更广泛地惠及国民的法律规定。其中许多规定都给企业带来了影响。例如,有些条款依据企业的规模大小而加以区分应用,对于规模超过25名员工的公司,如果面向全体员工提供医疗保险,那么就可以享受相应的税收抵扣政策。2014年,联邦政府计划建成覆盖到个人和小型企业的保险交易市场,这样员工规模不足100人的公司将能够在其中购买比目前所提供的更好的保险。法律对于大公司的主要影响取决于它们是否给员工提供了政府认为充足的保险。如果员工人数超过50人的公司没有达到上述要求的话,那么其员工就可以获得税收减免来抵扣保险成本,而公司将不得不按照相应员工每人2000美元的估值向政府支付费用。法律中还包括针对保险公司的各种条款规定,对于其成本控制和基础医疗范围的扩大制定了激励政策,同时也要求其就保险成本和患者治疗效果报告更多的数据。总而言之,这项法律规定带来的更多的是约束(例如高成本的员工福利)还是机会(通过能够负担得起的保险费用更好地吸引人才),将取决于公司的具体情况。

政府可以通过税收法律、经济政策和国际贸易规则来影响商业机会。限制商业行为的一个例子就是美国政府制定的有关行贿、受贿的标准。在一些国家中,贿赂和回扣是非常普遍的,并且被认为是商业行为惯例。但对于美国公司来说,这些则是非法行为。事实上,一些美国公司在国际竞争时因为贿赂而被罚过款。但是法律对于组织来说可能也会提供帮助。例如在美国,联邦政

府和州政府保护各种产权，包括版权、商标和专利，因此与那些在法律法规和执法中对这一方面提供较少保护的国家相比，美国对于创业者来说更具有经济上的吸引力。

监管机构是企业更直接的经营环境中的特定政府组织。诸如职业安全与健康管理局（Occupational Safety and Health Administration，OSHA）、州际商务委员会（Interstate Commerce Commission，ICC）、联邦航空管理局（Federal Aviation Administration，FAA）、均等就业机会委员会（Equal Employment Opportunity Commission，EEOC）、国家劳资关系委员会（National Labor Relations Board，NLRB）、联邦合约计划办事处（Office of Federal Contract Compliance Programs，OFCCP）和美国环境保护署（Environment Protection Agency，EPA）等监管机构均有权调查公司行为并采取法律措施以确保其符合法律规范。

美国证券交易委员会（Securities and Exchange Commission，SEC）管理着美国的金融市场，其制定的管制政策和规定旨在保护投资者。例如，美国证券交易委员会已提议制定法规要求企业披露更多关于高管薪酬总额的细节，包括延期薪酬（如养老金、遣散费）和福利（如免费的住房和公司飞机的私人使用），这一规定的目的是帮助公司的投资者评估高管的薪酬水平是否恰当。

另一个监管机构是美国食品药物监督管理局（Food and Drug Administration，FDA），旨在防止公司向公众销售不安全或无效的产品。最近一些因为吃了变质的花生、生菜、菠菜和葱等食物而致病的事件广受人们关注，在此压力下 FDA 开始加强其对食品安全的管制。

企业界通常将政府视为对手。然而，许多组织也认识到，政府也可以成为公司个体或整个行业竞争优势的来源。公共政策可以阻止或限制国外或国内竞争对手新进入行业；政府也可能会资助濒临倒闭的公司或提供优惠的税收政策；联邦专利法规保护创新产品或生产过程中的技术；支持行业价格的立法可能会得到通过从而保证企业的盈利或生存；政府甚至可能采取干预措施以帮助某些重要的行业或公司生存下去，正如其曾经帮助过那些汽车公司、航空公司和农业公司。

> 美国商务部贸易促进中心（网址：www.export.gov/advocacy/）成立的目的就是帮助美国企业克服在出口和与国外公司竞争中的障碍和困难。

2.1.4 人口统计

人口统计衡量构成群体或其他社会单位中的人的各种特征。工作群体、组织、国家、市场和社会都可以根据其成员的年龄、性别、家庭规模、收入、教育、职业及其他人口特征加以划分。

> 下一代工作者将会改变我们工作的方式吗？研究人员发现，青少年在电脑上学习时，有 65% 的时间还在做些其他事情，有 26% 的青少年一次使用几个媒体。一项关于多任务和大脑活动的研究发现，在学习中要处理多项任务时，我们会使用大脑中的不同区域。多任务处理者会使用大脑中涉及重复技能的那部分，而那些专心学习的人使用的则是与记忆有关的区域。这会影响未来管理者深入思考问题的能力吗？

管理者在制定公司的人力资源战略时必须要考虑劳动力的人口统计因素。人口增长会影响劳动力的规模和组成。在 2008—2018 年的十年间，美国劳动力预计平均增长速度为 8.2%，并达到 1.669 亿人。与上个十年相比，这一增长速度较慢，部分原因是那些年龄在 16-24 岁之间的年轻劳动者人数在下降。而增长最快的劳动力群体是年龄在 55 岁以上的劳动者，2018 年这一群体的规模将达到劳动力整体的近 1/4。对于雇主来说，这意味着什么呢？他们需要找到办法来保留并充分用好经验丰富的劳动者，同时在相对稀缺的入门级劳动者市场上与对手展开人才争夺战。他们可能会发现，许多上年纪的员工在过去传统的退休年龄 65 岁之后仍愿意工作。研究表明，其中一个原因是养老金和储蓄的不足使得退休生活对于婴儿潮时期出生的人们来说难以承担。然而，随着老龄劳动者工作参与率的逐渐下降，管理者们最终还是要寻找合适的劳动力来替代这些经验丰富的劳动者。

劳动力的教育和技能水平是管理者必须考虑的另一个人口因素。在过去的几十年里，美国的劳动力中具有大学以上学历的人员比例一直在稳步增长，1970 年这一群体还不到劳动力的 1/4，而今天却已经超过了 3/4。即便如此，许多公司发现它们仍然必须投入重金以培训新入职的员工，因为这些员工可能还没有充分具备现代工作场所中完成更复杂的任务所需要的知识和能力（我们将在第 10 章详细讨论有关培训的问题）。同时，上大学已经成为一个非常普遍的选择，由此雇主们发现技能型行业中的工作岗位很难招募到员工，例如机械师和技工，特别是在生活成本高昂的地区，大多数的居民都是专业人士，这种情况尤为突出。然而，随着全球范围内教育水平的提高，更多的管理者发现他们可以将技术任务分配给来自国外的低价但训练有素的工人来完成，第 6 章会进一步讨论这一问题。

移民也是一个显著影响美国人口和劳动力的因素。美国劳动力中移民人口超过 15%，其中西海岸的移民数量（几乎占到劳动力的 24%）要高于中西部地区的移民数量（少于 8%）。移民大多处于工作年龄，但与本土劳动力相比常常有着不同的教育水平和职业背景。移民是造成未来劳动力更加多元化的一个原因。就业比例增加最多的是拉美裔和亚裔美国人，其次是非裔美国人。此外，移民还涉及规定谁能被允许在美国工作的法律问题。例如，最近联邦政府不仅对无证劳动者而且对雇用他们的管理者采取了严厉的措施。有些公司已经要求政府允许那些具有技术专长并且国内稀缺的外国劳动者在美国工作。

> 移民是造成未来劳动力更加多元化的一个原因。

自 20 世纪 70 年代中期以来，美国劳动力中女性的数量不断创下新高。在整个 20 世纪 70 年代和 80 年代，她们开始更多地从事有报酬的工作。在 70 年代，只有 1/3 的美国妇女参加工作，但是到了 1999 年，这一数字达到 60%。此后，美国妇女的劳动参与率一直基本维持这个水平，略微有点下降。与男性 72% 的劳动参与率相比，妇女的参与率也将由于劳动力年龄和更多的年长者退休的原因而逐渐下降。

更加多元化的员工队伍有很多优势，但是管理者必须确保对女性和少数群体提供平等的就业机会、晋升机会和薪酬待遇。他们必须制订战略计划以招募、保留、培训、激励和有效利用来自各种多样化背景的人们并实现公司的使命。我们将在第 11 章中详细讨论管理多样化的劳动力这一问题。

2.1.5 社会

人们思维和行动的社会化趋势对于劳动力管理、企业的社会行为以及产品和市场的战略决策具有重要意义。例如，在 20 世纪 80 年代和 90 年代，职业女性通常专注于工作，并选择推迟要孩子的时间；但是，如今更多的职业女性选择生完孩子之后重返职场。因此，公司增加了更多的支持性政策，包括家庭假期、灵活的工作时间以及子女照顾等。许多公司也将这些福利扩展到所有员工，或者允许他们设计自己的福利组合计划，即从可供选择的福利菜单中寻找到最适合其个人情况的方案。他们国内的伴侣，无论结婚与否，也可以享受许多员工福利计划。公司通过这种方式获得提升竞争力的源泉：富有经验的员工。

企业如何应对这些社会问题有可能影响它们在市场上的声誉，这一影响反过来可能会增加或阻碍其竞争力。儿童肥胖这一公众健康问题使得视频游戏在那些提倡孩子远离沙发并且更多锻炼身体的群体中声名狼藉。但是，有两款游戏扭转了这一局面，并产生了良好的公众评价：一款是来自科乐美（Konami）的热舞革命（Konami's Dance Dance Revolution，DDR），简称为DDR，这款游戏让玩家可以与游戏中的舞蹈动作竞技；另一款是来自任天堂（Nintendo）的Wii体育游戏合集（Wii Sports），这款游戏可以让游戏者通过摆动一个装有动作传感器的遥控装置来移动虚拟网球拍、保龄球、棒球棒或拳击手套，这款游戏也被誉为暴力主题游戏的最佳替代品。DDR的公共关系事务代理迪恩·本德（Dean Bender）谈到客户时提到："公众对于暴力题材游戏的反感，使得我们成为白衣骑士。"而Wii体育游戏合集的玩家Wii运动员则反映，玩这款游戏时常大汗淋漓，甚至把肌肉拉伤。然而，剧烈地玩Wii游戏会存在一定的安全隐患。公司的第一代远程控制腕带有时会破损。在之后的几周内，任天堂开始用一个更强大的版本来取代旧版本，并且无须支付额外费用，这种快速反应对于客户满意度的巩固远远超过了产品本身的缺陷对其声誉的负面影响。

> 企业如何应对这些及其他社会问题也有可能会影响它们在市场上的声誉。

2.1.6 自然

任何组织都依靠自然环境直接或间接地为它们提供资源。根据工作的内容安排，它们可能需要树木以造纸，需要钢铁以制造产品，需要石油以运输或生产塑料，需要充足的空气和水质来保持劳动力的健康。此外，组织的经营方式对于可用自然资源的数量和质量会有一定影响。当自然资源数量减少或者质量受损时，资源的成本就会飙升。与此同时，对于自然资源的影响——无论是污染水源的负面影响还是植树造林的积极影响——都会影响公司经营所在地居民的生活质量。因此，影响自然环境的决策会进而影响社会趋势和组织所面临的政治和法律环境。

一个备受关注的例子是英国石油公司在墨西哥湾发生的深水地平线钻井平台爆炸事故，该事故造成11名工人死亡以及数百万桶原油流入墨西哥湾并蔓延至密西西比州和路易斯安那州的海岛。事故发生后的几个星期中，受影响地区的渔业关闭、旅游业受挫。英国石油公司不得不拨出数百亿美元来处理泄漏问题并清理污染。此外，美国政府将对该公司罚以重金。为了防止未来发生类似事故，政府对于任何想在海湾钻井的石油公司都加以额外的规定。

保护自然环境的问题对于管理决策来说已经变得非常重要，因此我们将在第5章之后的附录B中继续探讨这一话题。

2.2 竞争环境

所有的管理者都会受到我们刚刚讨论的各种宏观环境的影响。但是，每个组织又都运行在一个更直接、更为接近的竞争环境中。竞争环境包括与组织直接相互作用的各种其他组织。如图2.4所示，竞争环境包括现有竞争者之间的竞争、新进入者的影响、替代品和互补品、供应商和顾客。这个模型最初是由哈佛大学的教授、著名的战略管理领域权威迈克尔·波特（Michael Porter）提出的。根据波特的理论，成功的管理者不仅仅应对环境进行反应，他们还应该塑造或改变组织的环境。在制定战略决策时，波特的模型是一个很好的方法，它可以帮助管理者分析竞争环境，从而适应或影响其竞争的本质。

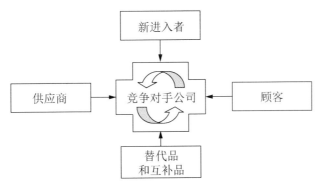

图 2.4 竞争环境

2.2.1 竞争者

在竞争环境的各种组成要素中，竞争者首先必须面对行业中一个又一个的其他竞争者。当各家公司为了相同的顾客而相互竞争并试图占有其他公司已占有的市场时，它们必须能够预测其竞争对手的行动并做出反应。

第一个需要考虑的问题是：谁是竞争者？答案有时是显而易见的。视频游戏机市场上主要的竞争者是索尼公司（其品牌是 PlayStation）、微软（其品牌是 Xbox 360）和任天堂（Wii 的制造商）。然而，如果组织过于关注传统的竞争对手，那么就会错过新兴的市场。今天的视频游戏可以在手机和平板电脑上玩，而不仅仅是在控制台上。同样，可口可乐和百事可乐是明显的竞争对手，但是消费者的口味已经从碳酸饮料转向瓶装水和其他饮料。因此，这两家公司不得不在引入新产品方面展开竞争，而不只是在原有的可乐品牌中争取消费者。

> **提示**
> 公司常常通过创新、质量、服务和成本来参与竞争。我们将在第 4 章进一步详细讨论竞争者及其竞争策略的问题。
> 任天堂是在上述哪个方面为其 Wii 游戏机创建竞争优势的？（如果你不确定，在学完本节之后再来思考这个问题。）

企业必须确定它们的竞争对手，这是理解竞争环境的第一步。竞争对手可能包括：（1）国内的小公司，尤其是在规模较小的溢价市场上更是如此；（2）强大的地区竞争对手；（3）致力于开拓新市场的国内大型新兴企业；（4）海外公司，特别是当它们试图巩固其细分市场地位（一种传统的日本策略）或能够大规模利用廉价劳动力（如中国）的时候；（5）新进入者，如在网络上提供产品的公司。随着近年来世界范围内国际贸易壁垒的减少，来自其他国家的竞争呈现日益增长的势头。例如，北美自由贸易协定（NAFTA）大幅降低了美国、加拿大和墨西哥之间的贸易关税。因此，今天的管理者还特别面临着来自国外低成本制造商的挑战（见第 6 章）。

一旦明确了竞争对手，下一步就是分析它们是如何竞争的。竞争对手常常会使用降价、推出新产品或广告活动等竞争策略来获得竞争优势。在视频游戏机市场中，索尼一直以来都是业界领袖，当其通过技术领先策略推出强大的 PS3 时，这一优势地位得以延续。PS3 是一个技术奇迹，它通过一个账户把"低端超级计算机的（处理）速度与网络服务器（用于处理个人电脑网络需求的高端计算机）的（部件）冷却技术"结合在了一起。索尼并没有使用现成的处理器，而是通过不同专业供应商开发出新的处理器和界面。该系统产生如此之多的能量，以至于它的工程团队不得不引入一支特殊的设计师团队来模拟各种冷却方案设计中的空气流动，并找出如何在机盒内安装微芯片以此避免其整个系统的熔化。此外，索尼的工程师们开发出一种能够显示出非常精细图形的高清显示器，因此其软件工程师必须非常精确计算游戏活动的动作。如果在游戏中有什么东西弹跳或破裂，那么软件必须根据现实世界中的物理定律来显示出其移动轨迹。这些技术上的进步激发了玩家极大的兴趣——当然也带来高昂的成本。据估计，生产一个顶级的索尼 PS3 需要花费的成本约为 840 美元。

当你在琢磨自己的策略时，你必须要了解竞争对手正在做什么。当索尼推出 PS3 时，所设定的价格还不足以弥补其成本，尽管其 599 美元的定价已远高于竞争对手的价格。那时的 Xbox 360 已经面市一年，虽然不如 PS3 先进，但在性能上仍然是可以比拟的，其售价为 399 美元。任天堂在最初的竞争中作为一匹黑马出现时，其产品 Wii 所选择的是与 PS3 完全不同的策略。它并没有选择以先进的绘图或强大的数据处理与对手竞争，而是提供了一种全新、易操作的遥控运动传感器，并且定价仅为 249 美元。尽管在产品发布之后的最初几周内，PS3 和 Wii 在各商店都热销一空，但是在接下来的几年里，PS3 的销量持续下滑并低于预期，而 Wii 却成为美国最热销的游戏机。几年之后，任天堂的竞争对手才推出自己的动作感应技术：索尼的动作控制器和微软的 Kinect 摄像头。

> 当你在琢磨自己的策略时，你必须要了解竞争对手正在做什么。

当存在许多直接竞争对手（包括外国竞争者）时，当行业增长缓慢时，当产品或服务不能以某种方式区分时，竞争将是非常激烈的。新兴的、快速增长的行业带来了获得巨额利润的机会。当一个行业逐渐成熟时，会增长放缓，利润降低，然后激烈的竞争将重塑行业格局，弱者将被淘汰，强者将得以继续生存。我们将在第 4 章中进一步讨论竞争者及其策略的问题。

2.2.2 新进入者

行业的新进入者要同已有的公司展开竞争。随着宽带速度的不断提高，以及微处理器的功能更加强大，人们可以通过多种方式来享受视频和在线游戏。因此娱乐市场的新进入者可能会来自意想不到的地方：有线电视和卫星电视正目睹观众涌向葫芦网络视频网站（Hulu）；百视达公司（Blockbuster）也因奈飞公司（Netflix）这一美国最大的在线 DVD 租赁商而失去电影票房；随着消费者转向脸谱网玩"开心农场"的游戏，以及用他们的智能手机下载"愤怒的小鸟"应用软件，游戏机制造商也眼睁睁地看着他们的销售量日渐萎缩。如果有许多因素阻碍新企业进入，那么现有企业所面临的威胁就会小一些。如果没有这样的进入壁垒，那么现有企业所面临的新进入者的威胁就会更加严重。一些主要的进入壁垒包括政府政策、资金需求、品牌认同、成本劣势和分销渠道。政府可以限制或阻止对于某行业的进入，就像 FDA 限制某种新药的进入。一些受到监管的行业，例如白酒零售、采矿和滑雪区开发等，则面临更加微妙的政府管制。专利也是一种进入壁垒，只有当专利到期后，其他公司才可以进入市场。例如，辉瑞公司（Pfizer）研发的几种药物的专利最近已经到期，其中包括抗抑郁药左洛复（Zoloft）、过敏药仙特明（Zyrtec）、抗高血压药活络喜（Norvasc）。与此同时，辉瑞的几个开发新型专利药物的研究项目也部分地以失败告终，以至于公司不得不解雇部分员工，关闭一些机构以削减成本。

其他的进入壁垒虽然不那么正式，但却有着同样的效果。例如，进入某个行业可能对资本的要求很高，以至于公司不太会冒险进行大量资金募集；品牌的认同将可能使新进入者不得不斥巨资以改变顾客对已有品牌的忠诚度。试想一下，如果要试图建立一个与可口可乐或百事可乐匹敌的新可乐品牌，将需要花费多少成本。已建立的公司所拥有的成本优势——规模效应、有利的位置、现有的资产，都可能成为强大的进入壁垒。

最后，现有竞争者可能与分销渠道商之间建有紧密的合作同盟关系，以至于新进入者很难将其商品或服务推销给客户。例如，现有竞争者的食品已经占据超市的货架空间，新进入者必须通过促销活动、优惠价格、密集的销售或其他手段来取代现有产品。

管理实践

汽车行业的进入门槛很高，因此新进入者少之又少。但是，一个例外情况非常值得关注，那就是印度的塔塔汽车（Tata Motors）——印度最大的商用车制造商。几年前，塔塔汽车宣布要成为一个在发展中国家、经济快速增长背景下的领先汽车制造商。塔塔表示，它正在开发一种"人民的汽车"，售价为2000—2500美元（10万卢比），纳诺（Nano）将成为逐渐步入中产阶级的印度家庭标准的代步工具。

然而，塔塔是否能克服行业进入壁垒并走向成功？目前还不清楚。当初的誓言是如此雄心勃勃，但是塔塔却无法实现这一预期。其投产被推迟了大约一年半，而该公司又因无法弥补成本而决定不按当初承诺的价格销售纳诺。第一批制造出来的纳诺的售价仅比与之相竞争的铃木奥拓（Suzuki Alto）便宜800美元，但是奥拓提供了更多的储存空间和更为强大的发动机。此外，纳诺在安全性能上也遇到了令人担忧的问题。曾有关于纳诺汽车着火的报道。

塔塔对此采取的应对策略是：价格调整、签订维护合同、驾驶测试以及安全方面的改进。它通过商务车和捷豹路虎（Jaguar Land Rover）的销售业务获得收益，并维持运转。纳诺也许仍然会成为"人民的汽车"，因为即使初创的企业常常会犯错误，但也有一些会辉煌地东山再起。尽管塔塔的企业规模如此之大，也无法避免跌倒，这使其尤为引人关注。

- 像塔塔的纳诺汽车那样，企业在进入低端汽车市场时，将会遇到什么样的壁垒呢？

2.2.3 替代品和互补品

除了来自产品的直接竞争，还有一些其他产品可以通过成为替代品（substitute）或互补品（complement）的方式来影响公司的业绩。**替代品**是一个潜在的威胁，客户可以用它来替代对某一商品的需求，对于替代品的需求越多，则对某一商品的需求越少。**互补品**则可能是一个潜在的机会，因为当顾客增加对某一商品的互补品的需求时，就会消费更多的该商品。表2.1列出了十几种产品及其潜在的替代品和互补品。

表2.1 潜在的替代品和互补品

如果产品是……	替代品可能是……
星巴克咖啡	红牛能量型饮料
百事达公司的DVD出租	奈飞公司的流媒体
尼桑森特拉系列汽车（购买）	尼桑森特拉系列汽车和本田CR-V（通过美国网上租车公司Zipcar租用）
闪迪公司（Sandisk）U盘	CrashPlan在线备份服务
星巴克咖啡	星巴克蛋糕
奈飞公司的流媒体	奥维尔·雷登巴赫尔（Orville Redenbacher）爆米花
iTouch音乐播放器	苹果商店的音乐下载库
公寓出租	宜家家具

管理实践

除了目前的替代品，公司需要考虑在不久的将来可能出现的潜在替代品。例如，专家们建议用核能、太阳能和风能作为化石燃料的替代品。这些新技术有许多优点：可再生、价格低、零排放、公众接受度高，等等。然而，尽管它们看起来很好，也让我们在选择它们时感觉良好，但是在实际运用中却经常出现经济可行性和技术可行性的问题。

> **提示**
>
> 成本通常会成为主要的进入壁垒。
>
> 对于一个游戏机制造商或一个视频游戏开发商来说，成本会成为一个较大的进入壁垒吗？为什么？

企业可以通过技术进步和经济效益的提高等方式来实现对现有产品的替代品的开发。视频游戏吸引了很大一部分年轻人并让其远离了电视，从而成为电视的替代品。最近，视频游戏的制造商表示，互联网产品如 YouTube 和 MySpace 正吸引着原有电视游戏玩家进入互联网游戏时代。这个例子表明，替代产品或替代性服务有可能限制另一个行业的收入潜力。如果这些公司不提高产品质量或者不举行有创意的营销活动，那么它们将很可能面临增加收益方面的问题。任天堂的 Wii 游戏机的成功部分归功于其提供了新的游戏体验，例如，Wii 运动游戏吸引着那些想与游戏进行互动的人群，同时他们可以在游戏中创建自己的化身来参与各种游戏。最近，微软的 Kinect 摄像头给用户带来了一种全新的游戏体验，玩家可以不需要复杂的控制器，仅仅通过自己身体的动作来控制游戏角色。几个月内，Kinect 已经成为最畅销的消费类电子设备，并且使得原来风光一时的 Xbox360 黯然失色。与此同时，任天堂承认公司已经感受到来自替代品的威胁，并且正在开发新一代游戏机来取代 Wii。任天堂暗示下一个产品将旨在为消费者提供全新的游戏体验，让玩家在家就能自由自在地享受游戏，而不是在咖啡店里拿着手持设备玩游戏。

除了识别和规划好替代品，公司还必须考虑对其产品进行补充。当人们购买新房时，他们还会购买电器和装饰类产品。当人们购买汽车时，他们还需要买保险。正如我们前面所指出的，游戏机和游戏产品是互补的。出于这个原因，游戏机制造商与游戏开发人员紧密合作，给他们提供需要的信息以开发出能让顾客青睐其游戏机的产品。在这个方面，索尼 PS3 游戏机的复杂性却成为一个障碍。因为其系统的复杂性，PS3 游戏机的游戏编程成本大约比微软 Xbox 游戏机开发类似游戏的成本高出 30%。因此，游戏开发商开发基于 PS3 系统的游戏时会非常谨慎，而游戏玩家们在购买新的 PS3 游戏机时也会考虑再三。在 PS3 发布之后的第一个 1 月份中，销售排名前 20 的游戏中只有 2 款 PS3 的游戏（"人类灭绝"和"疯狂美式橄榄球 07"）。为了与游戏产业参与者们更好地合作，索尼向游戏开发者们发布了编程工具。这些努力是十分有必要的，因为像美国艺电（Electronic Arts）这样的开发商就会在 PS3 销售低于预期，而 Wii 销售高于预期的情形下迅速调整自己的产品计划。

与替代品一样，公司还需要关注新的补充品，并以此来改变竞争格局。当微软推出用于 Xbox 360 游戏机的 Kinect 设备时，黑客们很快编写出了代码以使 Kinect 能通过电脑控制各种应用。起初，微软认为这是一个问题：黑客滥用专有信息，并且不像其他传统的游戏开发商那样向微软支付版税。然而，几个月后，微软表示这些应用程序是 Kinect 设备潜在并有价值的互补产品。微软公司宣布，将会发布软件工具包，这样程序员就可以合法地编写应用程序了。

2.2.4 供应商

回忆一下我们之前提到的开放系统，组织必须从外界环境获取资源（输入），然后将这些资源转化为产品或服务（输出）并加以出售。供应商提供生产所需的资源，这些资源可能的形式包括人力资源（来自各类职业学校和大学）、原材料（来自生产商、批发商和分销商）、信息（来自研究人员和咨询公司）、金融资本（来自银行和其他渠道）。对组织来说，供应商的重要性远远不止他们所能提供的资源。供应商能够提高商品或服务的价格，也能够降低产品或服务的质量；工会可以罢工或要求更高的工资；工人可能会生产出有缺陷的产品；强大的供应商可能会减少企业的利润，特别是当组织不能把涨价影响转嫁给客户时更是如此。

如果组织过于依赖任何一个强大的供应商，那么它将处于劣势地位，供应商的强大与否，取决于它是否拥有许多其他买家，或它的买家是否拥有其他供应商。在推出 PS3 游戏机时遇到的一个困扰就是零部件的短缺。这导致在其推出后，第一个圣诞节的前几周，美国很多商店都经常缺货。索尼依赖于松下提供的磁盘驱动器，以及 IBM 和 ATI 技术的中央处理器和显卡。对于这样一个复杂的产品，索尼公司无法通过其他渠道获得这些零部件。此外，对供应商的依赖还来源于高转换成本——即顾客在变换供应商时所面临的固定成本。例如，当顾客已经学会如何操作一个供应商提供的设备（例如计算机软件）时，如果变换供应商，那么他将面临经济上和心理上两方面的成本。

> 过分依赖强大的供应商将使组织处于劣势。

近年来，供应链管理在提高公司竞争力和盈利能力方面已经变得日益重要。所谓**供应链管理**，是指通过从组织以外各类机构网络以及人员处获取材料并进行管理，使其转变为产品并供应给顾客的过程。在过去，管理者们从未像今天这样重视供应链管理，因为当时，产品标准化的趋势以及海外竞争还有待时日，变革的步伐也不像今天这么迅速。如今，日益加剧的竞争要求管理者们密切关注公司成本。例如，他们再也不可能像过去那样持有大量成本高昂的库存以等待订单，而且，即使有了新的订单，有些库存商品也很可能已经过时。

> **提示**
>
> 具备快速生产出定制化产品的能力已经成为来自竞争的要求。为了满足这一要求，公司需要员工具备怎样的素质？

互联网的出现使得顾客可以根据他们特定的需求和偏好寻找产品，并以最低的价格迅速交付。这需要供应链不仅高效而且灵活，只有这样组织的产出才能快速响应需求的变化。

如今，供应链管理的有效性在于在适合的地点、以适合的成本生产恰当数量的产品。波音（Boeing）作为飞机和防御系统制造商，为我们提供了一个有效供应链管理的示例。波音公司构建了与供应商之间的伙伴关系，并与他们共享信息以帮助其实现更为高效的运行。例如，在波音的综合国防系统集团（Integrated Defense Systems，IDS）里，里克·贝伦斯（Rick Behrens）是负责供应商开发的高级经理，他的主要职责包括与供应商建立密切的联系，并帮其了解波音公司"精益"（lean）运营并消除浪费的理念。贝伦斯会根据不同供应商对精益流程的熟悉程度来决定波音与供应商之间的关系。对于某些供应商，他会告知并教授其如何实现精益运营的基本内容；而对另一些供应商，他可能会派出一个供应商开发团队进驻以帮助其优化某些运营活动和环节。此外，他在波音公司内部建立了一支可以帮助供应商解决特别具有挑战性问题的专家团队。一路走来，贝伦斯帮助供应商们培养出从简单地销售零件向能够提供完整组件转变的能力。用贝伦斯的话说就是："我们需要那些能够和我们一起成长的供应商。"

总之，选择合适的供应商是一个重要的战略决策。供应商可以影响制造时间、产品质量和库存水平。许多公司的供应商和组织之间的关系正在发生变化。对于许多采用准时生产方式（just-in-time manufacturing）的组织来说（将在第 16 章和第 17 章做进一步讨论），与供应商之间的密切关系已经成为一个新的模式。还有一些极具创新意识的公司管理者们，正在和其主要的供应商建立战略伙伴关系，共同开发新产品或新的生产技术，我们将在第 9 章详细阐述这种战略伙伴关系。

管理实践

高效的供应链依赖可靠的供应商。然而，最近的一些事件表明，外部环境有可能会破坏这些供应链。2011 年，日本遭遇地震和海啸袭击，这对于美国汽车制造商的供应链造成了极大困扰，因为它们在很大程度上依赖于日本供应商提供的主要零部件，例如芯片、液晶屏和光学传感器等。

对此，一种应对方式是，减少那些依赖日本零部件的生产环节。例如，日立汽车系统公司（Hitachi Automotive Systems）设立在东京北部的工厂主要制造一种空气流量计的电子部件，其在空气流量计市场的份额约为 60%。所以，当这家工厂遭受地震和海啸灾害时，汽车制造商们开始担心它无法获得足够的空气流量计去完成既定的生产目标。于是，通用汽车停止了位于路易斯安那州、德国、西班牙的工厂的生产。标志雪铁龙削减了几个车型的产量。福特一开始宣布不会减产，但表示每小时都会监控空气流量计的供应。

还有一些公司则抓住这个机会来解决产业链的供应问题。位于底特律附近的盖奇公司（Gage Products Company）的主营业务是为汽车制造商清洗和维护喷漆系统。所以，当日本的喷漆生产厂由于地震而关闭时，许多汽车制造商的喷漆供应受到限制，从而需要使用其他喷漆来代替日本的产品，这时就需要对设备进行清洗。于是，盖奇公司迅速跟进，抓住了清洗这些喷漆机器的订单。

- 根据以上资料，请思考为什么汽车制造商希望和一些供应商建立紧密的合作关系。

2.2.5 顾客

顾客购买组织提供的商品或服务。没有客户，公司将无法生存。客户可以处于价值链的中间（批发商、零售商）或终端（最终用户）。当你购买一个麦当劳的汉堡或一条 Aéropostale 的牛仔裤时，你就是一个**最终消费者**。**中间消费者**购买原材料或批发产品，然后出售给最终消费者，例如，索尼公司从 IBM 和 ATI 技术公司那里购买配件，并用于 PS3 游戏机的生产。中间消费者实际上比最终的个人消费者的购买量更大。中间消费者的类型包括零售商和产业用户。零售商从批发商或制造商代理那里购买产品（如衣服）并出售给其顾客；产业用户则购买原材料（如化学品），然后将它们转换成最终产品。对于中间消费者的销售通常被称为 B2B 销售（business-to-business selling）。请注意，在这些 B2B 的过程中，中间消费者最终将变成卖方。

> **提示**
>
> 在所有企业——包括服务业和制造业——对于优质客户服务策略的强调将为公司提供关键的竞争优势。
>
> 请你举出一个曾为你提供优质服务的公司。

和供应商一样，顾客对于组织也非常重要，不仅是因为他们付钱购买产品和服务。顾客还会要求更低的价格、更高的质量、独特的产品规格或更好的服务。他们也会让组织之间彼此竞争，例如，一个汽车消费者（或采购代理）收集了众多报价以期达成最好的价格。许多公司发现，当今的顾客想要积极参与产品的生产过程，例如任天堂的 Wii 用户创建了 Mii 虚拟形象化身，使得玩家可以用卡通版的自身形象参与游戏。戴尔公司则通过询问公司未来应如何发展来了解顾客的想法，在戴尔的"集思广益"网站（www.dellideastorm.com），网友们可以就下一代电脑的设想各抒己见，并投票选择他们最喜欢的理念。互联网让顾客拥有了更多的权利，它提供了更为便捷的信息来源，包括关于产品特性或定价等很多方面。此外，当今的互联网用户非正式地创建和分享关于某产品的消息，其中，最好的情况是将为该产品提供了免费的宣传"广告"，差的情况则有可能对某些产品进行了糟糕甚至是错误的宣传。例如，钟情于不同游戏机的游戏发烧友们就在 YouTube 网站上发布了他们自制的带有音乐背景以及游戏画面场景的"广告"，广告中他们对竞争品牌之间产品功能和特性进行逐点对比。任天堂 Wii 游戏机的粉丝通过访问不同的商店，以及拍摄货架上的库存显示来嘲笑索尼所宣称的 PS3 备受追捧。为微软 Kinect 开发计算机应用程序的黑客中，有一半的乐趣是在 YouTube 上上传视频，展示他们如何用 Kinect 来做一些有趣的事情，无论是用一根棍子作为"星球大战"中的光剑，还是通过手偶的动作来控制屏幕上动物的动作。如今，对于这些非正式的信息，公司可能会发现很难去辨识，更不用说是回应了。

正如我们在第 1 章所讨论的，客户服务意味着第一时间以顾客想要或者需要的方式给予他们想要或需要的东西。这通常取决于组织提供其产品的速度和可信性。提供卓越的客户服务包括以下行动和态度：
- 完成并交付订单的速度；
- 满足紧急需求的意愿；
- 完好无损地交付商品；
- 退还不合格商品和迅速补充的意愿；
- 提供安装和维修服务及配件的可行性；
- 服务费用（是免费服务，还是额外计价）。

如果一个组织过于依赖强势的顾客，那么该组织将处于不利地位。如果顾客进行大宗购买或者可以轻易找到其他购买途径，那么这个顾客将会变得强势。如果你是某家公司最大的顾客，并且还有其他公司作为购买选择，那么你就能够对该公司施压，并且很可能成功地与其谈判。公司最大的顾客——特别是如果他们还可以从其他地方购买所需商品时，他们将具有很强的议价能力。客户关系管理的内容将在第 9 章进行充分的讨论。当你阅读以下的管理案例时，请思考苹果公司是如何在竞争环境中的其他各方关系中寻求优势，并使自己独树一帜的。

 案例进展

苹果公司复杂的关系网络

随着苹果公司在创新之路上逐渐崭露头角，它发现自己和竞争者的关系一直很不稳定。处理这些复杂关系和力争保持处于技术最前沿一样复杂艰难。

苹果公司从个人电脑向移动设备转变，iPod 和 iPad 的出现向复杂的竞争环境注入了新的竞争类型，这些设备的应用软件需要从网上获取，这就创造了新的"供应商"。与以往只需要订购硬件设备不同，现在苹果公司需要和提供这些网上虚拟应用的供应商保持紧密联系。

当苹果公司推出 iTunes 音乐商店时，它需要与唱片公司紧密合作。苹果公司需要说服唱片公司接受一种新的合同，苹果公司会把每首歌以 99 美分的价格卖给消费者，消费者也不需要为了一首歌而购买整张专辑。iPod 的火热销售很快就改变了音乐的销售形式。由于消费者疯狂下载音乐，CD 的销售量直线下降。总的来说，唱片公司的收入如房屋一样倒塌，但是它们无法改变音乐最终会以 iTunes 平台发布的命运。

当苹果公司开始销售 iPad 时，它就预测到未来这个设备最重要的用途是从网上供应商那里下载应用。基于自己品牌的受欢迎程度高，在和应用供应商签订合同时，苹果公司能够大胆地坚持对自己有利的条款。由于大量兼容 iPhone 和 iPad 的应用程序出现，苹果公司能够从应用订阅的业务中获利 30%。因此，如果一个读者以每月 2.99 美元的价格订阅《彭博商业周刊》，出版商将只获得 2.09 美元的收入。和音乐行业一样，杂志和报纸出版商正试图寻找度过这段艰难过渡期的改革方式。由于消费者更倾向于在网络上获取免费消息，这些传媒出版商的收入正不断萎缩。许多出版商抱怨苹果公司提供的条款不公平，但是它们又处于尴尬的境地，因为它们无法改变这个传媒消费趋势。消费者可能不愿意为一个 iPad 应用程序支付过多，但至少他们支付了他们应交的费用。其他厂商的电子书阅读器，如亚马逊的 Kindle，甚至和出版商签订了使出版商获利更少的合同。

最初，出版商拒绝在苹果应用商城里低价推出自己的订阅应用，因为这些订阅只能在苹果公司的应用商城进行，而苹果公司拒绝和出版商共享用户的信息，即使一些杂志早就开始收集用户数据，但也无济于事。即便如此，世界还是继续向前发展。除了《彭博商业周刊》，像《科普》《ELLE》以及同时出版《时代周刊》《财富》和《体育画报》三种顶级杂志的时代集团这些著名的传媒大鳄，最近都同意为用户提供 iPad 版免费应用，但是仍然抵制在线订阅业务，因为苹果公司会锁定用户数据。

苹果公司也会与为其提供配套设备的公司签订合作合同。例如，苹果公司生产手机时，就需要其他公司为其提供无线服务的基础组件。刚开始苹果公司只与 AT&T 公司合作，但是苹果公司对 iPhone 规格拥有绝对的控制权。最近，这家公司开始为 iPhone 提供 Verizon 通信服务，在与 Verizon 合作的第一季度里，iPhone 销售量翻了一番。AT&T 通过降低上一代 iPhone 的价格，成功地维持了自己用户数量的稳步增长。

苹果公司的竞争领域非常大，而且很复杂。当苹果公司仅仅是个人电脑公司时，竞争基本上是针对基于 Windows 系统的计算机。现在，苹果公司的竞争对手分布在音乐播放器、电子阅读器、平板电脑、游戏系统等领域。甚至只要是与人们获取消息有关的领域，苹果公司都有涉足。苹果公司还会与其他提供应用软件和在线服务的企业竞争，最为直接的就是谷歌的 Android 系统。信息时代发展太快，随时都会出现意想不到的竞争，甚至会突然出现新的竞争对手。独立软件开发人员最近开发了一款能够让 Barnes & Noble 的 Nook Color 阅读器应用谷歌 Android 系统运行各种各样在线应用程序的软件。这样，Nook Color 阅读器本质上变成了一个平板电脑，而价格只是 iPad 的一半。Barnes & Noble 没有发布这个软件，并称使用该软件会使 Nook Color 阅读器的保修无效。然而，如果未来 Barnes & Noble 决定将这些特性添加到 Nook Color 阅读器中，这个公司会给平板电脑施加价格下降的压力，当然 iPad 也会面临降价的压力。

此外，在某个市场上与苹果竞争的公司，在另一个市场上则可能会将零部件和互补品销售给苹果公司。这些复杂的关系有时会变成暴风雨。例如，苹果公司从三星公司购买计算机芯片、屏幕和其他零部件。但是三星公司和苹果公司也会在手机和平板电脑领域激烈竞争。这两家公司曾互相起诉并指控对方侵犯自己的专利。这样就会导致一个奇怪的现象，尽管它们在法庭上相互指控，但不得不尽量维持友好的合作关系。

- 关于 iPhone 和 iPad，你能想到哪些替代品和互补品？
- 在苹果公司的供应链中，哪个公司最为强势？为什么？

2.3 环境分析

如果管理者不了解环境是如何影响他们的组织的，或不能识别潜在的重要机会和威胁，他们制定决策和执行计划的能力将是极其有限的。例如，如果对顾客的喜好了解很少，组织将很难设计新产品，安排生产，制订市场营销计划。总之，及时和准确的环境信息对运营一项业务是至关重要的。

但是关于环境的信息并不总是容易获得。例如，即使是经济学家也很难预测经济是否好转或低迷。此外，管理者很难预测其产品的销售状况，更不用说预测竞争对手可能采取的反应。换句话说，经济经常在不确定的条件下运营。**环境的不确定性**意味着，管理者没有足够的关于环境的信息来支撑或预测未来。不确定性来自两个相关因素：复杂性和动态性。**环境的复杂性**指的是管理者必须处理的问题的数量，以及它们相互之间的关联性。例如，在工厂数量众多的行业中，企业之间以不同方式竞争，这会使行业环境的复杂性和不确定性变大。只有几个主要竞争对手的行业环境的复杂性和不确定性则相对较小。同样，**环境的动态性**是指发生在该行业内部的非连续变化的程度。比起变化不是太大、可预测的行业，产品和技术迅速变化的高成长性行业往往更不稳定。

随着环境不确定性的增加，管理者必须开发、收集、整理和解释关于环境信息的技术和方法。在这一节我们将讨论这些方法。（在第 3 章中，我们还将讨论不确定性条件下管理者是如何做决策的。）通过分析宏观环境和竞争环境，管理者可以识别可能影响组织的机会和威胁。

> 如果管理者不了解环境如何影响他们的组织，他们制定决策和执行计划的能力将是极其有限的。

2.3.1 环境扫描

应对环境不确定性的第一步也许是盯住重要的部分。通常，组织和个人只有在未来会表现出对这些无知行为的后悔。例如，IBM 有机会购买静电复印技术但却放弃了。施乐公司看见了该技术的潜力，这让施乐成就了一段传奇。后来，施乐的研发人员开发原创电脑鼠标，但没有看到其潜力，使得公司错过了一个重要的市场机会。

为了理解和预测变化、机会、威胁，一些公司如孟山都（Monsanto）、惠好（Weyerhaeuser）、联合碳化物公司（Union Carbide）都花大量的时间和资金监测环境。**环境扫描**意味着寻找大多数人无法得到的信息，并整理这些信息来解释什么是重要的，什么不是。管理者可以问以下问题：

- 谁是我们当前的竞争对手？
- 我们所在的行业是否存在进入壁垒？
- 我们的产品或服务是否存在替代品？
- 公司是否过于依赖强大的供应商？
- 公司是否过于依赖强大的客户？

对这些问题的回答能够帮助管理者提高竞争意识，这是决定如何在竞争环境中进行管理工作所需要的信息。前面所讨论的波特的竞争分析理论，可以指导环境扫描和帮助管理者评估不同环境的竞争潜力。表 2.2 描述了两种极端的环境：一个是给公司带来竞争优势、有吸引力的环境，另一个是让公司处于竞争劣势且没有吸引力的环境。

表 2.2　具有吸引力的环境和不具有吸引力的环境

环境因素	不具吸引力的环境	具有吸引力的环境
竞争者	众多；行业低速增长；相同的规模和产品	稀少；行业高速增长；规模不等；产品差异化
进入的威胁	高威胁；进入壁垒少	低威胁；进入壁垒多
替代品	众多	稀少
供应商	很少；议价能力强	众多；议价能力弱
顾客	极少；议价能力强	众多；议价能力弱

2.3.2　情景设定

那些试图确定环境力量对组织影响的管理者，需要经常设定假定情景。情景的创建使得不同的因素组合被加入环境和企业的全景中。例如，当国会和总统必须预计联邦预算赤字的规模时，他们会对未来十年左右的经济设定几种假设。通常情况下，组织会制订一个最好方案（即有利于对公司有利的事件发生）、一个最坏方案（不良事件发生）和几个一般方案。情景设定的价值在于，它可以帮助管理者在面临不同的环境时，制订不同的应对计划（见图 2.5）。例如，作为一个管理者，你很有可能参与你所从事领域的预算编制。你肯定会被要求列出一些措施，包括在发生经济衰退时你将放弃的计划，以及公司表现好时你将做出的新的投资。

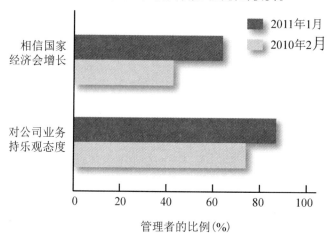

图 2.5　美国公司高管对环境的预测

有效的管理者把他们设定的情景看作动态的文档，而非编写一次后就搁置。他们不断更新场景，考虑不断出现的新相关因素，如经济的显著改变或者竞争对手的行动。

> 在经济持续高涨时，美国高管们对于在未来六个月内国家的经济和自己的公司的前景的预测变得乐观。注意，这些商业领袖往往是更积极地关注他们自己的公司而不是整体经济（见图 2.5）。

2.3.3　预测

环境扫描可以用来识别重要因素，情景设定可以用来制定未来发展的可能图景，预测则是用来精确预示某个变量或某些变量在未来如何变化的方法。例如，公司在进行资本投资时，会竭力预测利率的变化。公司在扩大或缩减业务的决策时，会竭力预测商品及服务的需求量，或是预测它们可能会用到的劳动力的供求量。诸如《彭博商业周刊》之类的出版物会为从大型到小型企业提供预测。

尽管预测旨在帮助执行者预测未来，但它们的精确度却因实际应用而异。由于它们是从过去经验中得出用来展示未来的结论，当未来与过去相似时，预测通常会是最精准的。当然，在这些情况下，我们也不需要高度精确的预测。当未来与过去截然不同时，预测是最有利用价值的。然而，此时预测的准确度通常也较低。形势变化越大，我们就会越发对预测失去信心。使用预测的最佳建议包括以下几点：

- 使用多种预测，或许还可以应用它们的平均预测值；
- 记住预测得越长远，精确度就会越低；
- 预测并不比得出预测的数据有用；
- 尽可能使用简单的（而不是复杂的）预测；
- 谨记重要事件经常会发生在意料之外，并体现为对预测的一种偏离。

2.3.4 标杆管理

除了尽力预测环境中的变化外，企业可以对众多公司的最佳实践进行深入学习，从而了解其竞争优势的来源。**标杆管理**即发现某一行业中一流公司的最佳实践，例如产品开发或客户服务，并将本公司的实践与它们的实践相比较。为实现此目标，标杆管理团队需要收集本公司及其他公司的运作信息来确定差距。这些差距可作为研究导致实践差别原因的切入点。最终，团队会发现一整套达到世界级水准的最佳实践。第 4 章将进一步讨论标杆管理。

2.4 响应环境

对于管理者和企业而言，有效应对环境总是极其重要的。不关注大众风格喜好的服装零售商，以及无法保证拥有稳定货源的制造商很快就会破产。在应对环境时，管理者和企业拥有大量的选择，它们主要分为三类：（1）选择新环境；（2）影响环境；（3）适应环境。

2.4.1 改变身处的环境

企业不必受限于某个环境，它们可以选择自己运作的环境。我们将这一应对类型定义为**战略调配**（strategic maneuvering）。当企业有意识地去改变其生存环境的界限时，它可以操纵潜在的威胁和利用随之而来的机遇。管理者可运用几种战略调配，包括领域选择、多元化、并购和剥离股权。

> 企业不必受限于某个环境；它们可以选择自己运作的环境。

领域选择是公司进入其他适宜的市场或行业的入口。例如，市场可提供有限的竞争或约束、充足的供应商和客户，或者快速增长。任天堂公司决定开发诸如 Wii（新一代家用游戏主机）这类的产品便是一个实例。这种游戏产品吸引了原本不热衷于购买游戏机的客户群，比如，恐惧复杂的游戏遥控器的人和担心暴力内容与久坐习惯的家长。通过回避最佳图像和最先进产品的正面竞争，任天堂很快就从它的新操作平台中获利。这种运用领域选择的方法建立在任天堂公司的早期成功之上，它凭借触摸屏和如"脑年龄""任天狗"类的游戏，不仅吸引了年轻的游戏玩家，还吸引了女性和年龄偏大的玩家。任天堂运用现有的专业知识扩大了其所提供的商品和服务。

多元化形成于公司投资多种业务或产品，或者为减少对单一市场或技术的依赖性而扩大经营地域的阶段。苹果公司通过在个人电脑的基础上增加 iPod、iPad 和 iPhone 系列，成功打造了多元化的生产线。产品广为流传的同时，苹果同样抓住了赢取多元化客户的机会。如今苹果与优利系统公司（Unisys）达成合作关系，优利为其提供技术支持，从而使苹果可以为不同领域的客户提供更好的服务。除了系统维护，优利也为 iPhone 的一个手机应用提供边境巡逻队，以便用户查询外网的数据。

合并或收购产生于两家或多家企业合并，或者一家企业购买另一家企业来组成一个公司时。并购通过整合的运行模式，可以提高公司效率，或提供相对快捷的进入新市场或新产业的机会。收购先灵药厂（Schering）之后，拜耳公司（Bayer）宣布了裁员 6000 多名的计划。按其董事长沃纳·温宁（Werner Wenning）的话来说，即旨在打造国际驰名的具有成本结构竞争优势的制药公司。游戏开发商艺电有限公司（Electronic Arts）收购了盐湖城游戏公司（Headgate Studios）。这是业内一家小公司，旗下开发的游戏有"泰格伍兹高尔夫球巡回赛"和"疯狂橄榄球"。此次收购在其游戏和遥控器销售量超过预期时进行，帮助艺电迅速将游戏机游戏列入其开发项目中。

剥离股权产生于企业出售一项或多项业务之时。近日，营业损失和重组劳动力的费用引起了福特汽车公司的资金短缺。为了集资，福特卖掉了旗下的阿斯顿马丁跑车品牌和赫兹汽车租赁业务。

企业进入不同的环境后，就会展开策略调整。相比其他公司，有一些公司更有可能会展开策略调整，它们被称为"勘探者"。进取心强的公司会通过寻找新产品和新市场、多元化、合并或收购新公司来不断改变其竞争环境的范围。通过种种途径，企业将它们的竞争者置于防御者的位置上，并迫使它们反击。而防御者则停留在更加局限和稳定的产品领域里。

2.4.2 影响环境

在重新定义企业环境范围的基础上，管理者和企业还可以拟定旨在改变环境的积极应对措施。积极应对措施一般分为独立行动和合作行动两类。

独立行动 公司运用独立策略来改变其现行环境中的某些方面。表 2.3 展示了这些策略的定义和用处。例如，西南航空公司在进入新市场之后降低机票价格，这表明了它的竞争野心。索尼也是运用竞争野心开发了第三代游戏主机 PS3，从而树立了争做游戏行业技术领先者的目标。然而凯洛格公司在推动整个谷物工业时，展示的却是竞争绥靖；惠好公司运用公关手段宣传其植树造林的举动；惠普、摩托罗拉、耐克、美国运通、匡威等公司都已签约加入红色产品（Product Red）项目、在此项目中，它们销售特别的红色主题产品，并且将部分收益捐给环球基金（Global Fund），一个帮助非洲摆脱艾滋病的志愿者机构。

表 2.3 独立行为

策略	定义	举例
竞争野心	发掘独特竞争力或通过提高内部效率来获取竞争优势	价格低廉，更重视广告（例如，沃尔玛）
竞争绥靖	改善与竞争者之间的关系的独立行动	帮助竞争者寻找原材料

(续表)

策略	定 义	举 例
公共关系	建立维持企业在环境构造者心中的有利形象	赞助体育比赛
志愿行为	志愿投身于各利益集团、事业和社会问题	强生给飓风受害者捐赠物资
法律行为	将公司卷入私人官司	华纳音乐控告非法音乐复制的案件
政治行为	以影响当选代表来创造更有利的商业环境或限制竞争的行为	发布广告；在州或国家层面的游说

资料来源：改编自 *Journal of Marketing*, published by the American Marketing Association. C. Zeithaml and V. Zeithaml, "Environmental Management: Revising the Marketing Perspective," Spring 1984。

谷歌公司允许用户在其旗下 YouTube 网站上发布版权由维亚康姆公司（Viacom）所有的视频节选片段。为此，维亚康姆对谷歌发起控告（法律行为）。最近一年，制药公司花费了 11 亿美元来游说国会议员（政治行为）；第二大游说者是保险公司，它们花了 9 亿美元。这些例子都说明了企业如何独立对环境产生影响。

合作行为 在一些情况下，两家或多家企业运用合作策略共事来影响环境。表 2.4 展示了合作策略的多个实例。合约关系产生于供应商与客户，或者管理者与工会签订正式合约之时。这些合约涉及它们未来关系的相关条款与条件，是为预测未来关系做出的明显尝试。大学邀请有钱的校友加入理事会就是一种合作行为。

表 2.4 合作行为

策略	定 义	举 例
合约	本企业与其他集团就交换货物、服务、信息、专利等方面达成的协议	合约市场机制
增选	企业领导层吸收新成员以避免稳定和生存危机	董事会中的消费者代表、劳动者代表以及银行家
联合	两个或多个集团联合行动应对某一时期的某些问题	行业协会；商业圆桌会议以及美国商会的政治倡议

资料来源：引自 *Journal of Marketing*, published by the American Marketing Association. C. Zeithaml and V. Zeithaml, "Environmental Management: Revising the Marketing Perspective," Spring 1984。

最后，联合形式会出现在本地商业集团，它们联合在一起共同遏制员工医疗成本的增长，以及同行业形成行业协会或是特别利益集团。你可能见过合作广告策略，例如奶制品生产商、牛肉生产商、橘子种植商等共同支付它们的电视广告费。美好人生（Life Is Good）是一家总部位于新英格兰的 T 恤生产公司，它以最近的经济衰退为契机，增强了与储存其产品的零售商的合作。据共同创始人伯特·雅各布称，美好人生的员工开始打电话给零售商问他们该怎样帮助他们渡过低迷期。基于这一反馈，雅各布发现了建立网络关系网的必要性，以供零售商及其客户共享观点。

在组织层面，企业建立战略联盟、伙伴关系、合资企业或与竞争者合并来应对环境的不确定性。合作行为具有以下作用：（1）联合行动可以降低企业成本和风险；（2）合作可以增强它们的力量，使它们有能力成功实现所期望的转变。

2.4.3 适应环境：改变自己

为应对环境的不确定性，企业会不时调整其结构和运行程序。当环境的复杂性引起不确定性时，企业通常会通过分散决策权来调整。例如，当公司面对来自多个市场逐渐增长的竞争者时，不同客户需要不同商品，不同商品的相似性不断增强，生产设施建在全球不同地区时，首席执行官（或一个顶级执行官小团体）可能无法跟进所有活动或掌握一项业务的所有运作细节。在这类情况下，顶级管理团队会赋权于低一层级的管理者，让他们做出对公司有利的决策。如今，多用"授权"这个术语来指代此类分散的权威。第3章和第9章将详细讨论分权和决策问题。

 管理实践

若员工拥有较高的专业知识和技术水平，企业在多变环境的竞争中就更具优势。资助培训项目是获取这些员工的途径之一。员工中的联盟、社区学校、大学和非营利的培训项目为企业培养具备紧缺技能的员工，这些员工可以获得更高的收入。Per Scholas 是在美国最贫困的一个地区布朗克斯培训电脑维修技师的一个纽约项目。借助私人基金和纽约市议会的赞助，该项目通过与企业合作获得发展动力。例如，Per Scholas 与时代华纳有限公司合作，提供它们所需要的高级技工。

Per Scholas 的学员就业率高达 80%，他们第一年的时薪为 12 美元，第二年可达到 15 美元，这几乎是他们不接受培训情况下的工资的两倍。学员克里斯蒂娜·罗德里格斯，现在在时代华纳有限公司担任宽带专家，享有同水平的薪水加上免费的保险费用。新技术将她打造成高水平员工。"为别人解决问题时的感觉很棒"，她说。凭借英语和西班牙语都应用自如的优势，罗德里格斯可以用双语解决客户的问题。

借助与雇用其学员的公司间的紧密联系，诸如 Per Scholas 这类的培训项目在过去几年中得到了更完善的发展。这些关系帮助"项目深入了解其学员就业行业的产业运作"，麻省理工学院教授保罗·奥斯特曼解释道。时代华纳有限公司人事部副经理康妮·西里伯蒂肯定了合作的重要性，她说："Per Scholas 花时间学习我们的业务，理解我们成功的方法。"

- 公司如何从赞助社区培训项目中获利？

在应对环境变化（动态）带来的不确定性时，企业通常会建立更加灵活的结构。在今日的商界，"官僚"这个词一般具有负面含义。大多数人认识到官僚式组织往往都比较正式稳定；通常它们无法对"不合规则"的变化或者特殊情况做出调整。尽管官僚式机构在稳定的环境中可以进行有效运行，但当产品、技术、客户和竞争者不断改变时，它们的运行通常过于低效缓慢。在这些情况中，有机式结构赋予组织灵活变动的能力。第9章将详细讨论有机式结构，但在此可以简单提一下。不像官僚式结构那么正式，它们通过互动与个体间的相互调节，而不是依据已设定的规则来做决策。表2.5展示了组织应对环境不确定性的四种不同方法。

表 2.5　应对不确定性的四种方法

	静　态	动　态
复杂	分权制 官僚式（标准技术）	分权制 有机式（相互调节）
单一	集权制 官僚式（标准工作流程）	集权制 有机式（直接监督）

界限调整　作为开放系统，公司面对着来自投入和产出的种种不确定性。公司可根据环境来制造投入产出范围内的缓冲区，以帮助自己竞争。缓冲行动即利用额外资源生产物资以备不时之需。投入方面，公司可与人才中介建立关系，在劳动力需求量不易预测的紧张时期雇用兼职和临时员工。在美国，共有 250 万名即刻上岗的员工和 1290 万名临时帮工，以及合约企业提供的 80 万员工。这表明这个缓冲劳动力不确定性的方法在美国得到了广泛的应用。产出方面，多数企业都会使用某种期末存货，这种存货允许企业储存手头货物，以防止客户群决定买它们的产品时缺货。

汽车经销商也是运用缓冲机制的一个实例，并且我们还可以在快餐行业、书店、服装店，甚至房地产中介中看到对于缓冲库存的相似运用。缓冲之外，企业也可以尝试平稳机制，即拉平环境边界的正常波动幅度。例如，北方冬季期间汽车销售量会减少，经销商通过降低库存汽车的价格来提高需求量是司空见惯的做法。每个服装季结束时，零售商都会通过给商品打折来清空库存，以此为新存货提供空间。这些都是通过缓和环境周期来减少需求量的波动。

核心调整　除了利用缓冲和平缓机制处理边界的不确定性问题，企业也可以通过建立灵活的程序，以促进技术核心的调整。例如，企业大力进行商品定制和服务定制以满足客户多变的需求。即便在难以改变主要核心程序的制造业，企业也在采用大规模定制技术来帮助它们建立弹性工厂。企业不再大量生产百搭的商品，而是运用大规模定制的技术来生产成本相对较低的私人定制产品。不再像亨利·福特曾说的，"你可以将 T 型车漆成任何你想要的颜色，只要它是黑色的"，汽车公司现在提供丰富的颜色和装饰线，配有不同的选择和饰品。大规模的定制程序中包括独立运行单位的网络，它们在其中各自完成指定程序和作业，例如组装汽车仪表板。接完一个订单后，各单元通力合作完成客户指定的产品或服务。第 9 章将深入讨论大规模定制和弹性工厂。

> **提示**
> 网络让客户快速找到符合他们想要的价格和特点的产品。"弹性程序"对于快餐餐厅可能意味着什么？对于汽车公司又意味着什么？

2.4.4　选择应对方式

有三个一般性的思考可以帮助指导管理层对环境做出的反应。首先，企业应该尝试改变适当的环境因素。当认准了环境中导致公司出现问题、为公司提供机会、允许公司成功地改变的因素时，环境应对就会变得非常有效。任天堂认识到它的 Wii 游戏机将难以在卓越的图形上竞争，所以它认准了市场中未被满足的细分。在细分市场，客户和有利的宣传使 Wii 成功进入市场。

其次，企业应该选择对环境的相关因素做出反应。如果一个公司想更好地管理其竞争环境，有竞争性的攻击或绥靖都是可行的选择。政治行动影响法律环境，签订合同有助于管理客户和供应商。

最后，企业应该选择低成本、高收益的响应方式。投资回报率的计算应考虑短期和长期的财务影响。仔细考虑这些因素的战略管理者将会更有效地指导自己的组织参与竞争。

2.5 组织的内部环境：文化和氛围

当然，组织不仅仅是一个对外部环境进行响应的集体。人们在组织中的行为方式，包括目标的设定和对待客户的方式，也会受到组织内部力量的影响。这些力量包括组织的文化及其氛围，即组织各个层级中影响员工决策和行为的所有条件组合。在日常工作中，雇员对于组织文化和氛围的体验可能很难说明，正如你对于炎热夏季的体验可能源于你所在地区的气候和当天天气的结合，或者你对于幸福的感受取决于你的性格特点和对最近事件情绪的结合。

2.5.1 组织文化

影响组织响应其外部环境最重要的因素之一是组织文化。**组织文化**是公司成员所共享的关于组织及其目标和实践的一系列重要假设。它是一个共同的价值观体系，其中包括关于什么是重要的，以及世界是如何运转的信仰。通过这种方式，企业文化提供了一个组织和指导人们工作行为的框架。观察者可能很难就组织文化做出定义，然而就像是人的个性一样，它通常能让人几乎立即感觉得到。例如，人们的穿着打扮和行为方式、彼此之间及与客户的交流方式，以及管理者可能会注重的品质，在不同的组织之间差别都会很大，银行的文化完全不同于摇滚音乐公司的，而法律事务所的文化又会与广告公司的迥异。

> 影响组织响应其外部环境最重要的因素之一是组织文化。

文化或强或弱。强大的文化对于人们如何思考和行动有很大的影响。强大的企业文化就是每个人都能理解并信任公司的目标、重点和实践。如果其所鼓励和促进的行为是合适的话，那么强大的企业文化就可以成为组织真正的优势。例如，迪士尼公司的文化鼓励对顾客服务超乎寻常的投入；苹果公司的文化鼓励创新。这些公司的员工不需要依靠制度手册来决定其行为，因为"我们这里做事的方式"已经传达出这些行为，它们根植于公司的文化。

管理实践

作为一个公司而言，谷歌成立的时间相对较短。但由于其创新文化，谷歌已经很快成为业界领袖。软件程序员和工程师们慕名而来，不仅是因为谷歌令人羡慕的福利，如免费的餐点和洗衣设施等，更因为其组织氛围能够鼓励他们的想象力自由地翱翔，即使一个疯狂的想法，也很可能就是互联网历史上下一个重大事件。

在长期的繁荣中，良好的组织文化持续地为谷歌公司服务着。最好的工程师为能在这样一个公司工作而兴奋，因为这里能让他们将1/5的时间放在他们自己选择的新项目上。但当经济放缓、股票市场大跌时，谷歌的管理者不得不面对一个新的现实，即资金紧张。谷歌不再负担得起它挥霍无度的文化。管理者们不得不思考如何在以一个更稳健的步伐创新的同时保持文化的最佳内含。

谷歌改良后的文化重视设定优先顺序。新的想法如果是专注于核心业务，例如搜索、广告和基于网络的应用软件的话，那么它仍然会受到欢迎。经理们重新分配员工，使其远离业务不相关的项目团队，并进入围绕营利想法开展工作的核心领域团队。员工提出一个可以提高计算机用户体验的想法的同时，也会被要求考虑这一想法对谷歌在收益方面的影响。同样，公司招聘已经放缓，因为管理者不仅要证明候选人的才能，还有要照顾到业务的独特需求。谷歌所面临的挑战将是，让员工如同面对随心所欲的创新一样，保持对有针对性的创新的兴奋性。

- 你认为什么能使员工对有针对性的创新保持兴奋？

相反，一个鼓励不恰当行为的强势企业文化会严重限制一个组织有效地应对外部环境的能力——尤其是当环境在变化时。一种文化在之前的时代中是合适的甚至是有利的，可能在新环境中却恰恰相反。例如，一个小型初创企业可能有一个非正式的文化。在公司发展面临更多的挑战和需要来自各个岗位的大量专业员工做出决策时，该文化就变得不再适宜了。

同样地，当合并或收购使得两个拥有强势文化的组织联系到一起时，文化差异会导致对合并组织有害的行为。Sprint 收购 Nextel 后，冲突出现了，因为这两个无线运营商有不同的文化。Sprint 谨小慎微，而 Nextel 的文化更进取。这些风格上的差异使员工在两种文化中摇摆不定。这可能有助于解释为什么研究发现在被并购的公司中，管理人员之间的流动率要高得多。

与强势文化相比，弱势文化具有以下特征：不同的人有不同的价值观，对企业目标感到疑惑，日常行为中，对于用什么原则指导决策并不清晰。一些管理者可能会口头上承认某些方面的文化（"我们永远不会欺骗客户"）但表现却迥然不同（"不要告诉他有关缺陷"）。正如您可以猜到的那样，这样的文化导致混乱、冲突和糟糕的表现。大多数管理者认为他们想要创建一个强势企业文化，以鼓励和支持让公司更加有效的目标和行为。换句话说，他们想要创建一种文化，使其与整个组织的竞争环境相适应（见图2.6）。

愿景	我们将为了确保美利坚合众国的国家安全、保护美国人民的生活和理想而提供信息及采取行动。
使命	我们是国家的眼睛和耳朵，有时也是其看不见的手。我们从以下方面完成使命： • 收集重要的情报。 • 提供相关的、及时的、客观的、各种来源的分析。 • 根据总统的指令采取秘密行动应对潜在威胁以实现美国的政策目标。
价值观	在追求国家利益时，我们将国家置于中情局之前，将中情局置于各单位之前，将所有一切置于个人之前。我们所做所为至关重要。 • 我们的成功在于我们一以贯之谨慎行事的能力，同时还在于我们保护各种信息来源和手段的能力。 • 我们提供客观的、没有偏见的信息和分析。 • 我们的使命需要每个人具备绝对的正直、勇气、体力和智慧。 • 我们实现别人无法完成的任务，通常冒着极大的风险。当事关紧要、危险剧增之时，我们将会第一时间出现。 • 我们随时待命、相互支持。服务、奉献、灵活性、团队合作以及安静的爱国主义是我们的品质。

图2.6 CIA 的愿景、使命和价值观

资料来源：CIA website at www.cia.gov/information/mission.html.

诊断文化 假设你想要了解一个公司的文化，也许你正在考虑去那里工作并使自己能好好地适应它。或者你现在正在那里工作，想加深你对该组织的理解并确定其文化是否适应其面对的挑战。你会怎样去诊断？有很多的事情将会给你有用的文化线索：

企业使命宣言和官方目标是一个起点，因为它们会告诉你公司期望的公众形象。大多数公司都有一个使命宣言。

你的学校也有一个，你或许可以在网上找到。但这些陈述是对文化真正的表述吗？一项对医院员工和他们的管理人员的研究发现，管理人员比非管理人员更积极地评价其使命宣言（即使员工参与了该使命宣言的完善工作），每10个员工中就有3个员工甚至没有意识到医院有一个使命宣言（即使医院有流程来传达它）。因此，即使在看完使命宣言和目标以后，你仍然需要弄清楚该陈述是否真正反映了公司的经营方式。

商业实践是可被观察到的。公司如何应对问题，如何做战略决策，如何对待员工和顾客反映了最高管理层真正看重什么。论坛报业公司不断努力来降低《洛杉矶时报》的成本并巩固其华盛顿分社与其他报纸的联系，透露出母公司员工对收购公司员工的优先级。

符号、仪式和典礼提供了关于文化的进一步的线索。例如，身份象征可以让你感觉到层级制度的死板和下级与上级之间的关系的本质。谁被雇用，谁被解雇，为什么以及什么样的活动受到奖励显示了该公司的真正的价值标准。

人们讲述的故事透露出很多有关该公司的文化的信息。每家公司都有其神话、传奇和传达该公司主要价值观的有关重要的决定和行为的故事。故事的主角常常是公司的英雄：曾经或仍然活跃的人物，他们拥有公司文化特别看重的品质和特征并且在如何行动方面成为别人的楷模。

一个强势企业文化以一种和谐的方式将这些措施结合到一起。丽思卡尔顿连锁酒店给每位员工发一张卡片，上面写着其12个服务价值观。每天该酒店都会进行一种仪式：一个15分钟的会议，期间每个部门的员工都来解决问题并讨论可以改进的地方。这些会议的重点是每天赢得好评的故事，它们以特别的方式详细说明了丽思卡尔顿员工如何实现其服务价值观。例如，一个家庭带着特殊的鸡蛋和牛奶抵达巴厘岛丽思卡尔顿酒店，因为他们的儿子食物过敏，但是食物已经变质了。经理和餐饮员工在城里找不到其替代品，因此行政总厨打电话给他在新加坡的岳母，让她购买这些必要的食品，并且坐飞机将它们带到巴厘岛。

一般来说，文化可以根据它们是强调弹性还是约束以及它们的重点是在组织内部还是外部来分类。将这两个维度放在一起，我们可以描述出四种类型的组织文化，如图2.7所示。

群体文化。群体文化是内部导向型的和柔性的。它往往基于并归属于相关的价值观和常规。一个组织成员的组织指令依从性由信任、传统和长期的承诺产生。它往往强调成员的发展并且重视成员参与决策。与这种文化类型相关的战略方向之一是建立共识。领导人往往充当指导者和促进者。

层级文化。层级文化是内部导向型的，它更注重约束和稳定性。它有与官僚制相联系的价值观和规范。它重视稳定性，并且假设，当通过规则和程序强制对个人角色进行正式性表达时，个人将遵守组织的命令。

理性文化。理性文化是外部导向型的，它专注于约束。它的首要目标是生产力、规划和效率。组织成员被这样的信念所激励，即导致实现所需的组织目标的行为会得到回报。

活泼文化。活泼文化是外部导向型的和灵活的。这种文化类型强调改变，重视经济增长、资源获取和创新。组织成员被任务的重要性和思想性所激励。领导者往往是创业风险的承担者。其他成员往往同样有这些特点。

当两家公司正在考虑合并、收购或合资时，这种类型的诊断是重要的。因为正如我们提到的

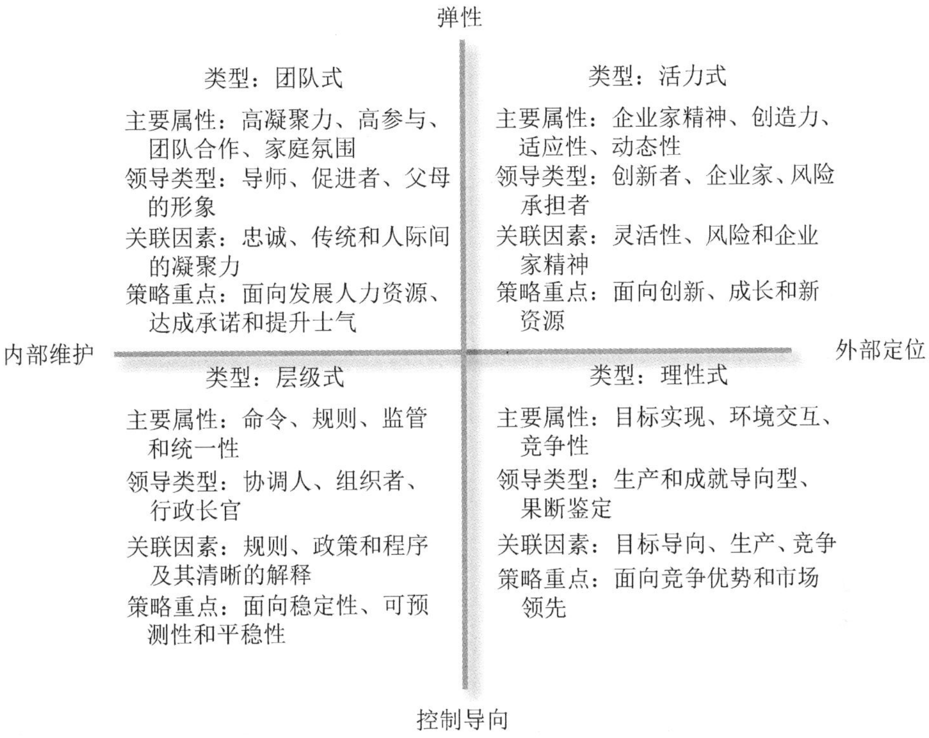

```
                              弹性
         类型：团队式                    类型：活力式
         主要属性：高凝聚力、高参与、      主要属性：企业家精神、创造力、
               团队合作、家庭氛围               适应性、动态性
         领导类型：导师、促进者、父母      领导类型：创新者、企业家、风险
               的形象                         承担者
         关联因素：忠诚、传统和人际间      关联因素：灵活性、风险和企业
               的凝聚力                       家精神
         策略重点：面向发展人力资源、      策略重点：面向创新、成长和新
               达成承诺和提升士气             资源
内部维护 ─────────────────────────────────────────── 外部定位
         类型：层级式                    类型：理性式
         主要属性：命令、规则、监管        主要属性：目标实现、环境交互、
               和统一性                       竞争性
         领导类型：协调人、组织者、        领导类型：生产和成就导向型、
               行政长官                       果断鉴定
         关联因素：规则、政策和程序        关联因素：目标导向、生产、竞争
               及其清晰的解释              策略重点：面向竞争优势和市场
         策略重点：面向稳定性、可预              领先
               测性和平稳性
                              控制导向
```

图 2.7　文化的竞争价值观模型

资料来源：Kim S. Cameron and Robert E. Quinn, *Diagnosing and Changing Organizational Culture*, 3rd Edition (San Francisco: Jossey Bass, 2011). Used by permission of the authors.

那样，文化差异可以打乱这些安排。在某些情况下，组织研究这种类型的改变时，可以受益于建立一个第三方"清洁团队"，该团队由研究每个公司的文化细节的专家组成。例如，他们可能会引导员工成立焦点小组来学习领导风格、政策制定的方式和受到奖励的行为。他们可以寻找一些机制，以指明员工们是被授权独立做出决定，还是自上而下进行指示。他们可以注意管理层怎样看待公司的创始人、客户和员工。通过这种方式，清洁团队可以找出组织的领导者将要解决的问题的类型，以及他们必须选择的价值观，因为他们在试图创建一种组合文化。

管理文化　我们在本章中提到过，组织回应环境的一个重要方式是通过改变组织本身以适应环境。管理者实现这一改变最重要的工具之一就存在于其组织的管理文化之中。这种文化是内在的，而不是以顾客为焦点，例如，当新的竞争环境要求卓越的客户服务时，就可以延缓甚至破坏管理者实施改变的努力。只有简单的指令经常是不起作用的；组织的潜在价值观必须向着所期待的方向转变。大多数公司现在已经知道，采用顾客导向、提高服务质量并采取其他必要的保持竞争力的行动是如此重要，以至于它们需要深刻的文化变革。当这种变化出现时，组织成员可能才开始内化这种新的价值观，并做出适当的反应。

高层管理者可以采取很多的方法来管理文化。首先，他们应该信奉能激励组织成员的崇高的理想和愿景（我们将在第 4 章和第 12 章全面地讨论愿景）。这种愿景——不管是涉及质量、诚信、创新或是其他的任何东西——应该一遍又一遍地被明确地表达出来，直到它成为组织中的一种切

> **提示**
> 与环境相适应的文化能帮助组织获得成功。
> 为了与环境相适应，一家石油公司应该有怎样的价值标准呢？

实的存在。

其次，高管们必须对日常事务给予持续的关注，比如定期的交流，在公司中保持可见性和活跃性并且成为员工的榜样。CEO 不仅要谈论公司的愿景，他们也应在每天的工作中将其具体化。这使得 CEO 的言论具有可靠性，创建了其他人可以效仿的个人榜样，也建立了长远上组织实现其愿景所需的信任。

问题的关键在于一些必须做出艰难选择的关键时刻。想象一下，最高管理层鼓吹强调质量的文化，然后发现一批组装产品是有缺陷的。此时，是为了保证质量而以巨大的代价替换掉有缺陷的部分，还是将有缺陷的部分装货运输以节约时间和金钱，将是一个对加强还是破坏质量导向型文化有重大影响的决定。

为了加强组织的文化，CEO 和其他高管应该经常赞扬和奖励那些实践了新的价值观的典范。管理文化的另外一个关键点涉及招聘、使新来者融入集体以及基于新的企业价值观晋升员工。通过这种方式，新的文化将开始渗透到组织中。虽然对建立一种新的文化而言，这似乎是一种耗时的方法。有效的管理者认识到，用体现竞争价值观的文化来替代具有传统价值观的文化需要花费数年的时间。但是正如在苹果公司的案例中所体现的那样，这种努力的回报将是使得组织能够更加有效地面对环境变化和机遇。

2.5.2　组织氛围

相比组织文化中根深蒂固的信念、价值观等东西，组织氛围更容易被测量。**组织氛围**包括塑造组织成员体验的看法和行为模式。例如，组织氛围可能包括明确的业绩标准、频繁的冲突、对领导者的绝对信任和管理层与员工的开放式交流。研究人员已经在士气、员工与上级及同事之间的关系、冲突处理、交流的开放性与有效性、衡量和奖励优秀员工的方法，以及员工在组织中所扮演的明确的角色等方面的因素开展组织氛围衡量方面的研究。

一个组织的组织氛围和文化都能塑造员工在那里的工作体验和组织的效率。然而，由于组织氛围更容易被衡量，管理者经常发现组织氛围维度的东西更容易管理。后面的章节将探索各种各样的塑造组织氛围的管理职责，包括伦理行为（第 5 章）、创建结构组织（第 8 章）、评估和奖励（第 10 章）、重视多元化（第 11 章）、领导（第 12 章）、激励员工（第 13 章）、促进团队合作（第 14 章）、沟通（第 15 章）、领导变革（第 18 章）。当一个组织的组织氛围能够激励员工实现组织的战略时，该组织是最有效的。

 案例展望

苹果公司文化的力量

苹果公司一直在为未来做准备。公司未来面对的环境肯定仍将是快速变化和没有规律的。很多人相信苹果公司的文化，相信以其公司的能力，能够在这种环境下继续繁荣。

苹果公司的前任 CEO 史蒂夫·乔布斯将苹果公司的文化描述为"创新文化"。一个新公司通常是由创始人运营的，他热衷于一些新的想法或者渴望（为该组织）创造新东西，从而创造出比别人更好的产品和服务。新公司倾向于快速行动。成功的新公司发展迅速。苹果公司用精心设计的产品将创意、人和科技联系起来，所以乔布斯可能将他的公司看成崇尚速度、创新和激情的地方。

正如在本章开始提到的那样，在 20 世纪结束时，苹果公司的未来尚不明朗。苹果电脑的客户只占据了个人电脑市场的一小部分，他们对苹果公司的产品保持忠诚。投资者是如此地怀疑苹果的前景以至于该公司股票的交易价仅为每股几美元。这时史蒂夫·乔布斯已经离开了苹果公司去运行皮克斯公司，苹果公司剩下的管理者似乎是在垂死挣扎。

乔布斯后来回到了苹果公司并且做出了一些改变，重新聚焦于公司的创新文化。他停止了与其计划无关的项目，鼓励积极讨论新的创意，并迫使不同岗位的员工在战略层面上共同工作，例如，把零售活动看成是与产品设计活动相联系的。这些努力合起来，使得公司能够推动创新，正如公司是创新文化时候那样。乔布斯能够引导这个工作，因为他作为创始人受到人们的尊重，同时他拥有富于远见的想法并且有能力将它们推销出去。

这段历史引出了一个重要问题：在没有精力充沛的创始人史蒂夫·乔布斯的情况下，苹果公司的文化可以在多大程度上保持这种强有力的影响？这是一个棘手的问题，因为乔布斯已经去世了，这给人们敲响了警钟：没有管理者可以永远掌舵。2011年年初他休了病假，原因并没有被详细说明，但在此之前，乔布斯的身体状况已经每况愈下，患有胰腺癌，并需要进行肝移植。

同之前两次乔布斯离开时的做法一样，他任命苹果公司的首席运营官蒂姆·库克来领导公司。库克广受尊重，但并不是因为他是乔布斯的翻版。恰恰相反，他以沉稳、安静和认真著称，更注重管理流程而不是推出新产品。然而，库克凭借过去的成就而受到尊重。乔布斯常常因为通过产品和设计创新满足顾客，之前没有被意识到的需求而受到赞誉。而库克则以精简苹果的工作方法著称。在库克的领导下，苹果公司的生产活动和供应链的效率达到了新的高度。此外，库克认同乔布斯对苹果公司的定位，即它可以让世界变得更美好。

库克能够保持苹果公司的魔力吗？一些人担心：在过去，制定决策和产品创意往往是出于乔布斯的直觉，而不是一些流程，如消费者研究，该流程是可以被别人复制的。其他像苹果公司这样的大公司，其CEO很少像苹果公司的CEO一样参与如此细致的产品决策。不过，问题可能在于库克是否真的想独自工作。除了在业务运作方面具有专长的库克，苹果公司还有其他的强大的领导人，包括营销方面的保罗·席勒和产品设计方面的乔纳森·埃维，他们都在各自领域受到尊重。有些员工甚至暗示记者说，通过在乔布斯身边工作，而不是盲目跟随他，他们已经实现了自己的一些伟大的创意。

- 根据图2.6所示的文化类型模式，你认为苹果公司属于哪种类型的文化？为什么？
- 自乔布斯去世之后，苹果公司的管理者应该如何加强苹果公司的文化？

关键术语

收购（acquisition）
进入壁垒（barriers to entry）
标杆（benchmarking）
缓冲（buffering）
竞争环境（competitive environment）
竞争情报（competitive intelligence）
合作策略（cooperative strategies）
防御者（defenders）
人口统计（demographics）

多元化（diversification）
剥离（divestiture）
领域选择（domain selection）
环境扫描（environmental scanning）
授权（empowerment）
环境不确定性（environmental uncertainty）
外部环境（external environment）
最终消费者（final consumer）
柔性流程（flexible processes）

预测（forecasting）
独立策略（independent strategies）
输入（inputs）
中间消费者（intermediate consumer）
宏观环境（macroenvironment）
合并（merger）
开放系统（open systems）
组织氛围（organizational climate）
组织文化（organization culture）
输出（outputs）
勘探者（prospectors）
场景（scenario）
缓和（smoothing）
策略调整（strategic maneuvering）
供应链管理（supply chain management）
转换成本（switching costs）

学习目标小结

学习完第 2 章，你应该已经知道：

1. 环境因素如何影响组织，组织又如何影响环境。

组织是一个开放的系统，受到外部环境的影响，反过来也影响外部环境。组织从环境中接受到财务、人力、材料和信息等资源，并将其转化为最终产品或服务，然后再将它们输出到环境中。

2. 如何区分宏观环境和竞争环境。

宏观环境是由影响战略决策的经济、法律、政治、技术、人口、社会和自然等方面的力量组成。竞争是由更加接近组织的力量组成，例如现有竞争者、新进入者、替代品与互补品、供应商和客户等。宏观环境和竞争环境最简单的区别就在于公司对于外部力量能够施加控制的程度。诸如经济和社会趋势等宏观力量比起供应商和消费者这些竞争环境中的力量更加难以控制。

3. 为什么管理者和组织应该要参与到经济和社会发展之中。

组织外部的发展对于管理者及其公司运营方式会产生深远影响。例如，提高能源成本和保险花费将使得管理者难以将其产品或服务的价格保持在较低水平。不断增加的劳动力多样性能让管理者使用人才的范围更加广阔，但是也要求他们能够平等地对待不同类型的员工。有效的管理者对于这些趋势会保持清醒并有效地响应。

4. 如何分析竞争环境。

环境中的要素包括有利因素和不利因素。为了确定竞争环境的有利程度，管理者应该考虑竞争对手、潜在新进入者、来自替代品的威胁、来自互补品的机会、与供应商和客户的关系等方面的本质。通过分析这些力量如何影响组织，就能明确潜在的威胁和机会。对于公司供应链的有效管理是实现竞争优势的一种方法。有吸引力的环境往往具有高行业增长、竞争对手较少、产品差异化、潜在进入者很少、进入壁垒很多、替代品很少、供应商很多（没有多少讨价还价能力），同时消费者也很多。在明确和分析竞争力量之后，管理者必须制定战略，使得外部环境对于组织的作用力量最小化。

5. 组织如何应对环境中的不确定性。

有效地对环境进行响应通常需要制定积极的策略来改变环境。战略调整包括通过领域的选择、多元化和合并等改变竞争环境的边界。独立策略并不需要进入一个新的环境，而是通过竞争攻击、公共关系和法律行动等改变当前环境的某些方面。而像契约、联合和构建联盟等合作策略则涉及两个或两个以上组织之间的合作。组织也可以通过权力下放、缓冲或缓和，以及建立柔性流程的方式更好地应对环境变化。

6. 如何定义组织文化。

组织的文化是一套有关什么是重要的以及世界如何运转的共同的价值观和实践。文化提供了组织和指导人们工作行为的框架。文化的要素可以用企业使命陈述和企业目标来表达，这些陈述将反映组织如何实际运作。企业行为是文化的基本衡量方式。符号、仪式，以及企业内流传的故事会表达并强化其文化价值观。

7. 组织文化和组织氛围如何影响组织对于外部环境的响应。

一种文化或强或弱，并且可能是下列四种类型之一：群体型、层级型、理性型和活泼型。这些文化在是否灵活、是关注外部环境还是内部环境等方面存在差异。管理和改变企业文化，以使其与组织环境保持一致，这需要公司 CEO 和其他管理者长期并强有力的努力。管理者应该信奉崇高的理想，将这些价值观通过交流与模式化等方式传递出去，做出符合文化价值观的决策，并奖励那些体现组织价值观的行为。此外，组织氛围塑造了人们的态度和行为。当氛围是积极的时候，员工就会希望并且能够实现组织响应外部环境的策略。

问题讨论

1. 本章开篇引用了彼得·德鲁克的话"企业的要义在其自身之外"，你认为是什么意思？你同意这一说法吗？
2. 如今公司面临的最重要的宏观环境力量是什么？
3. 宏观环境和竞争环境的主要区别是什么？
4. 公司需要做出什么变化以应对环境不确定性？
5. 我们概述了几种组织积极应对环境的方式。你最近看过什么例子是组织有效应对其环境的？其应对的效果是取决于组织应对了威胁还是把握了机会？
6. 选择两个你感兴趣的公司。研究这些公司的信息，如果可能的话，与一位员工交谈。该公司有着什么类型的文化？撰写一个短文以描述其各自的文化。
7. 在你参观并选择就读于哪所大学时，这些校园的文化差异会给你的选择产生影响吗？是这些差异让你做出最终就读于哪所大学的决定吗？

实践练习

2.1 外部环境分析

目标
对于如何做公司外部环境分析进行实训。

说明
在音乐行业中选择一家你喜欢的公司。通过在线和/或图书馆资料，包括音乐行业的相关网站、该公司的网站和年报，为该公司填写下列外部环境工作单：

外部环境工作单

法律法规
该公司和音乐行业经营必须遵循的关键的法律法规有哪些？

经济
经济形势是如何影响本公司产品的销售的?

_____
_____

技术
有哪些新技术对于你所选择的公司带来了强烈影响?

_____
_____

人口
人口因素方面的哪些变化可能会影响公司的客户群?

_____
_____

社会问题
社会环境中的哪些变化会影响公司音乐产品的市场?

_____
_____

供应商
公司与供应商的关系会如何影响其盈利能力?

_____
_____

竞争者
哪些公司与你所选择的公司存在竞争关系?它们是在价格上、质量上,还是在其他方面竞争?

_____
_____

新进入者
公司可能会有新的竞争者吗?

_____
_____

替代品和互补品
音乐行业的现有产品是否会面临替代品的威胁?是否存在有合作机会的互补品?

_____
_____

顾客
公司顾客群的哪些特征会影响公司的竞争力?

_____
_____

讨论问题
1. 这家公司应该采取什么行动以适应环境?

_____

2. 这家公司是如何尝试去影响其环境的?

2.2 企业文化偏好量表

目的
这项自我评估是用来帮助你识别最符合你的个人价值观和假设的企业文化。

说明
阅读每一对关于企业文化偏好量表中的表述,并在描述出你更喜欢在其中工作的组织所对应的表述前画圈。这个练习应独自完成,因此学生们应真实地评估自己,而不必担心可能存在社会比较。然而,课堂讨论应更加关注应聘者与组织主流价值观匹配的重要性。

企业文化偏好量表
我更喜欢在这样一个组织中工作:

1a. 员工在团队中一起工作得很好。	或者	1b. 生产或提供非常受人尊敬的产品或服务。
2a. 高层管理者能够维持工作场所合理的秩序。	或者	2b. 组织积极听取并迅速响应客户的需求。
3a. 员工得到公平对待。	或者	3b. 员工不断寻找方法来更有效地工作。
4a. 员工快速适应新的工作要求。	或者	4b. 公司领导层努力让员工快乐。
5a. 高管能够得到其他员工所不能获得的特殊利益。	或者	5b. 当组织实现其绩效目标时,员工感到自豪。
6a. 表现最好的员工得到最多的报酬。	或者	6b. 高管深受尊重。
7a. 每个人都像上足发条似的完成工作。	或者	7b. 组织在行业内是创新的引领者。
8a. 在处理任何个人问题时,员工都能接受到帮助。	或者	8b. 员工遵守公司的规定。
9a. 总是在市场上尝试新的想法。	或者	9b. 期待每个人都能投入110%以实现最佳绩效。
10a. 能从市场机会中迅速受益。	或者	10b. 能够让员工始终了解组织中发生的事情。
11a. 能够快速应对竞争威胁。	或者	11b. 大多数决定都由公司高管做出。
12a. 管理层保持一切都在掌控中。	或者	12b. 员工互相关心。

资料来源:Steven L. McShane and Mary Ann Von Glinow, *Organizational Behavior*, 3rd Ed., McGraw-Hill, 2005, p. 499. Copyright© 2005 The McGraw-Hill Companies, Inc. Reprinted with permission.

企业文化偏好量表答案评分
评分说明:在画上圈的表述序号空白处写上"1",在没有画圈的表述序号空白处写上"0",然后计算每种分量表的得分。

控制型文化　　　＿＿＿ + ＿＿＿ + ＿＿＿ + ＿＿＿ + ＿＿＿ + ＿＿＿ = ＿＿＿
　　　　　　　　　(2a)　　(5a)　　(6b)　　(8b)　　(11b)　(12a)

绩效型文化　　　＿＿＿ + ＿＿＿ + ＿＿＿ + ＿＿＿ + ＿＿＿ + ＿＿＿ = ＿＿＿
　　　　　　　　　(1b)　　(3b)　　(5b)　　(6a)　　(7a)　　(9a)

关系型文化　　　＿＿＿ + ＿＿＿ + ＿＿＿ + ＿＿＿ + ＿＿＿ + ＿＿＿ = ＿＿＿
　　　　　　　　　(1a)　　(3a)　　(4b)　　(8a)　　(10b)　(12b)

响应型文化　　　＿＿＿ + ＿＿＿ + ＿＿＿ + ＿＿＿ + ＿＿＿ + ＿＿＿ = ＿＿＿
　　　　　　　　　(2b)　　(4a)　　(7b)　　(9b)　　(10a)　(11a)

分数解释： 在许多组织中都可能发现这些企业文化的存在，但是它们只代表许多可能存在的组织文化中的四种。此外，请记住所有这些分量表所对应的企业文化本身无所谓好坏。每一种在不同的情况下都可能是有效的。这里定义了四种企业文化，并基于MBA学员的样本调查的情况为每个维度确定了高、中、低水平的分数范围：

企业文化维度和定义	分数解释
控制型文化：这种文化注重领导组织的高层管理者的作用，其目标是让每个人都各尽其职并处于掌控当中。	高：3—6 中：1—2 低：0
绩效型文化：这种文化注重个人和组织绩效，并着力追求效果和效率。	高：5—6 中：3—4 低：0—2
关系型文化：这种文化注重幸福感的培育。它将开放式的沟通、公平、团队合作和分享视为组织生活中的重要组成部分。	高：6 中：4—5 低：0—3
响应型文化：这种文化注重与外部环境保持一致的能力，包括具有竞争性并实现新的机遇。	高：6 中：4—5 低：0—3

 综合案例

野水公园的困境

杰森·萨勒诺和玛丽·萨勒诺兄妹俩大学毕业后一直在他们的家族企业——一个叫作野水的水上公园工作。萨勒诺兄妹在他们父母的帮助下经营这个位于新泽西海岸附近的公园。玛丽的丈夫和杰森的妻子也参与企业经营。如今，野水公园已经经营了四十多年，对于当地人和夏季观光客来说是必去之处。野水公园的特色景点包括冲浪泳池、嬉水滑梯、激流勇进、儿童泳池和游戏滑道。此外，野水还提供野营公园、宠物动物园、水族馆、小吃店以及一个叫作海鲜棚屋的餐厅。

公园每年在阵亡将士纪念日（五月的最后一个星期一）开始开放，劳动节后就只在周末开放，通常秋天闭园。每年短短几个月的经营时间中，萨勒诺家族和员工都非常努力地工作。玛丽负责公园运营中财务方面的工作，而杰森则负责管理员工。公园的工作人员——包括设备操作员、售票员、救生员以及其他员工都非常忠诚。其中有些人的父母也曾供职于野水公园，还有很多人的兄弟姐妹也在那里工作。从本质上来看，野水公园的组织文化是层级式的，但是在那里工作的大多数人，包括杰森和玛丽，都将员工视为家庭的一部分。杰森每周都会召开员工会议，会上员工可以就公园运营的任何问题畅所欲言。在杰森和玛丽并不算大的办公室里，墙上挂满了公园员工和游客的照片，这些照片无声地讲述着公园和这里人们的故事，包括曾经来访的知名游客和周边经历的灾难，例如近期造访的飓风。

在过去的四十年里，公园的组织文化一直保持着平稳且没有太大的改变，然而，公园所处的经营环境却是一直在变化着。新泽西州新出台的安全法对于公园设施的更新提出了新要求，而这些更新耗资不菲。野水公园最近了解到周边一些海滩度假小屋将面临拆迁以兴建昂贵的公寓。那些租用公寓的度假者们更喜欢高尔夫、深海钓鱼和高档餐厅等娱乐消费活动。一家以经营高端娱乐、表演和餐饮项目而著称的大型娱乐公园连锁集团正在附近寻找一块合适的地产进行开发。萨勒诺家族强调，任何一个家庭只要以该连锁集团旗下一张公园门票的花费，就足以让全家到野水公园来玩。

萨勒诺兄妹承认野水公园正面临着严峻的挑战，尽管如此，他们仍保持乐观。在过去两代人的岁月中，野水公园一直是许多家庭喜爱的娱乐项目。他们期望公园未来能继续成为当地居民以及度假者们的目的地之选。但是他们需要做出一些改变，来让那些游客和新公寓的业主们愿意到公园来玩。

问题

1. 假如你是一个受雇于野水公园的管理顾问，要帮助他们渡过眼前的难关。首先请描述现在影响野水公园的宏观环境和竞争环境的因素。然后描述你认为其中哪些因素将会在未来几年影响野水公园的经营。

2. 接下来请描述野水公园的组织文化。讨论当前的文化是如何影响组织对外部环境的响应的。

3. 现在为野水公园制订一个计划，分析组织需要在文化上做出怎样的改变，才能满足即将到来的外部挑战。然后请提出野水公园需要采取的应对措施，从而能够与新的游乐园展开竞争。如何能够在让自己的忠实客户游玩时感到一如既往地开心的同时，能够吸引新的顾客？

第 3 章
管理决策制定

"企业总裁是一名职业的决策者。不确定性是他的敌人,而克服不确定性,就是他的使命。"

——约翰·麦克唐纳

学习目标

通过学习第 3 章,你应该能够达到以下要求:

1. 能够描述出一名管理者所要面临的决策类型。
2. 能够总结制定"合理"决策的步骤。
3. 可以识别决策时应该避免的陷阱。
4. 能够评估群体决策的利与弊。
5. 可以识别领导决策团队的程序。
6. 能够解释如何激发富有创造力的决策。
7. 能够讨论组织决策的过程。
8. 可以描述危机中如何做决策。

本章概要

管理决策的特点	群体决策
结构缺失	群体决策的潜在优势
不确定性和风险	群体决策的潜在问题
冲突	管理群体决策
决策阶段	领导风格
识别和诊断问题	建设性冲突
生成备选方案	鼓励创新
评估备选方案	头脑风暴
做出选择	组织管理决策
实施决策	决策者约束
决策评价	组织决策过程
最优决策	危机决策
有效决策的障碍	
心理偏差	
时间压力	
社会现实性	

开篇案例

潘多拉音乐网站的创始人教你如何使音乐个人化

有 8000 万名音乐爱好者会通过智能手机、电脑或其他连接设备从潘多拉的网络广播服务器传输音乐。位于加利福尼亚州奥克兰市的潘多拉媒体公司（Pandora Media），是目前广受欢迎的一家互联网公司。正是由于音乐家蒂姆·韦斯特格伦（Tim Westergren）的一系列正确决策，潘多拉媒体公司才逐步发展起来。

回溯到 2000 年，韦斯特格伦在思考如何能够吸引更多的人到他的乐队里来时，发现有很多能够创作好音乐的人在苦苦寻找观众。他意识到这是一个机会——开发一个可以基于听众的喜好来推荐音乐的软件。韦斯特格伦开发了一个系统，并将其命名为音乐基因组计划（Music Genome Project），该系统能够基于成百上千个可能的属性对任何一段音乐进行归类。他决定该计划将基于人工输入，由技艺精湛的音乐家以及音乐学者们对输入系统的每一段音乐进行分析，确定它们的特点，并将这些特点录入系统。当用户输入他们喜欢的歌名或者音乐作品名称时，系统会查阅音乐的特点并推荐具备相似特点的音乐给用户。该系统的推荐是基于音乐本身，而不是一个乐队或者歌曲的知名度。因此，一个不知名艺术家的音乐作品也能够和 Lady Gaga 或者坎耶·韦斯特（Kanye West）一起推荐给用户。

韦斯特格伦花了很多年的时间开发这款软件。之后，韦斯特格伦的名为野兽技术（Savage Beast Technologies）的公司试图说服音乐销售商，如亚马逊（Amazon）使用这个软件，但是它们并不感兴趣。然而，韦斯特格伦的公司在音品商店以及书店的音品区设立了音乐推荐亭。音乐推荐亭的使用为韦斯特格伦积累了客户基础，这使得他在寻找投资者时能够被识别。即使在韦斯特格伦刷爆了很多张信用卡，且公司无法获利的时候，这也能帮助公司继续经营下去。（事实上，在公司成立后将近两年的时间里，为了能够赢得一个更好的未来，他要求他的员工无偿地为公司服务。）

2004 年，韦斯特格伦做了另外一个重大的决定：潘多拉公司将从起初的软件公司转变成在线广播服务公司，同时使用之前研发的软件推荐音乐。该服务在一年后推出。潘多拉的用户在注册后即可享受他们所喜欢的音乐，还能通过在站点上输入一个"种子"——他们想要的歌名、音乐家或者是流派的名称，来建立自己的站点。之后，音乐基因组计划软件就会播放这些音乐，还会添加类似品质的音乐，有时候会是完全不同的流派，有时候会是完全不知名的艺术家。这一切都多亏了公司的音乐专家所做出的直觉决策。用户通过对个别的音乐投票点赞或反对来提供反馈，这些数据将使软件能够为每位听众提供更符合其口味的音乐。

这种从销售软件到销售一种倾听音乐方式的转变促使公司要做出一些决定——其中最关键的，是与赚钱有关的决定。公司需要支出购买音乐（包括购买 CD 唱片和下载音乐）的费用，雇用技艺精湛的音乐学者来分析音乐的费用，以及将它们投放于网上传输的版税。韦斯特格伦决定使用广告模式，这样听众可以免费传输音乐，广告商可以在网页上投放广告以增加公司的收入。他相信这个网站会变成一个理想的广告载体，因为广告商不仅可以基于用户的听歌习惯，还可以基于潘多拉网站的用户注册信息来针对目标用户投放广告。事实上，耐克公司（Nike）、宝洁公司（Procter & Gamble）以及很多其他公司已经与之签约，这些广告投放的利润使得潘多拉互联网广播服务能够持续运行下去。

潘多拉公司始于创始人及首席战略官蒂姆·韦斯特格伦的一个创意。正如你在这个案例中看到的，这家公司在发展和推广上不断遇到新的挑战，而这些挑战都需要其管理层做出一系列持续不断的艰难且富有创造性的决定。

对于蒂姆·韦斯特格伦来说，创办潘多拉媒体公司充满着各种可能性，因为他可以将挑战诠释成机会，并构想出富有创造力的办法来应对这些挑战。

● 读完这则案例，思考是什么使得管理层决策变得困难，哪些技巧和资源可以帮助管理层克服这些困难，以做出正确的选择。

最好的管理者会不断地做出决策，有些决策是重大的、困难的，以及有战略性的，比如在蒂姆·韦斯特格伦创办新公司时所面临的那些决策。但是，管理者同时还需要做无数的小决策，这些决策会影响到日常运营和工作流程。卡伦·兰开斯特（Karen Lancaster）是西方海上保险公司（Western Marine Insurance）的首席信息官，她为公司的计算机设备投资做出了许多决策。例如，她必须确定一个计划来备份和存储公司的数据。如果西方海上保险公司的电脑断电或遭到损坏，公司需要进行离线数据存储。因此，兰开斯特对比了三家供应商的提议，最终选择了盛福电脑（Courtesy Computers），它能在每天结束的时候通过互联网对公司数据进行自动备份。

兰开斯特深知，备份数据不是一件简单的事，但是危机能够体现这些决策的重要性。有一天，电话公司在位于加利福尼亚州斯托克顿市的西方海上保险公司的大楼外进行挖掘作业时剪断了一根线路，使得西方海上保险公司的互联网防火墙失效，这将导致黑客能够轻松入侵公司的服务器，用垃圾邮件阻塞服务器致使其崩溃。还有一次，电源的电涌导致了计算机数据的丢失。在这两次危机中，在线备份计划解决了这些问题。兰开斯特说，"当你在制订灾难恢复计划时，你需要考虑到所有情况"。

良好的组织机构能够使决策（在对财务业绩的影响方面）的有效性提升两倍多。如果你不能做出决策，你就无法成为一个有效的管理者。本章将要讨论管理者会面临哪些类型的决策，决策是如何形成的，以及应该如何去制定这些决策。

3.1 管理决策的特点

管理者经常会面临问题和机会。在有些情况下，组织需要一个相对简单的决策，而在其他情况下则需要能够压倒一切的决策。有些决策需要立即行动，而其他决策则需要数月甚至几年去实践。

事实上，管理者经常会忽略一些挑战。由于一些原因，他们不能采取行动。首先，管理者无法确定一旦他们开始克服一个挑战，需要投入多少时间、精力，会面临多少即将来临的麻烦。其次，参与存在风险。处理问题却无法成功解决它，这会影响到管理者的业绩记录。最后，由于有些问题非常复杂，推迟或者着手于没那么棘手的行动可能会更容易。因此，管理者可能会缺少长远的眼光、勇气或者是意愿去制定决策。

理解为什么做决策会如此富有挑战性是非常重要的。图3.1阐述了管理决策的一些特点，正是这些特点使管理决策变得困难且富有挑战。大部分的管理决策存在结构缺失，而且蕴含着风险、不确定性以及冲突。

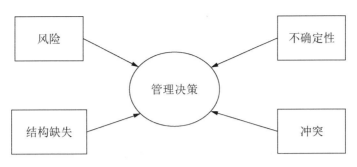

图 3.1 管理决策的特点

3.1.1 结构缺失

在制定管理决策时，结构缺失是一种常见的状态。尽管有些决策只是例行公事，而且条理清晰，但大多数的决策没有自动的程序可循。问题通常是不寻常且紊乱的，这使得决策者无法确定处理流程。

程序化决策和非程序化决策之间的一个重要区别恰巧说明了这点。**程序化决策**（programmed decision）是以往制定过的决策。它们拥有客观正确的答案，可以使用简单的规则、策略或者是数值计算来解决。如果你面临一个程序化决策，那么你可以遵循一个清晰的处理流程或是结构来制定正确的决策。假如你是一家小企业的业主，在确定员工的薪水时，你可以使用公式。这样如果数额有误，员工就能通过公式来求证。表 3.1 列出了几个例子。如果多数重要的决策都是程序化的，那么管理活动就会变得容易得多。但是管理者通常面临的是**非程序化决策**（nonprogrammed decision）：非程序化决策是一种新的、不寻常的、复杂的且没有可靠答案的决策。非程序化决策包含多样化的可能解决方案，这些方案都各有优缺点。决策者需要创建或采用一个方法来制定决策，没有已定义的结构可以依赖。如表 3.1 所示，重要的、困难的决策倾向于非程序化，它们需要创新的解决方法。

表 3.1 决策类型的比较

	程序化决策	非程序化决策
问题	频繁的、重复性的、日常的 大多数具有因果关系的确定性	不寻常的、无结构化的 大多数具有因果关系的不确定性
程序	依靠策略、规则以及定义的程序	需要创造力、直觉、对不确定性的承受力以及创新性地解决问题
示 例		
企业	周期性的备货	新产品和市场的多样化
大学	为获得良好的学术地位而需要的排名成绩	新教室的建设
医疗保健	确诊病人的流程	实验设备的采购
政府	国家机关工作人员的晋升考核系统	国家政府机构重组

资料来源：J. Gibson, J. Ivancevich, and J. Donnelly Jr., *Organizations: Behavior, Structure, Processes*, 10th ed. 2000. Copyright © 2000 by The McGraw-Hill Companies, Inc. Reprinted with permission.

3.1.2 不确定性和风险

如果你已经拥有所需要的信息，而且能够准确地预估到你行动的结果，那么你就处在**确定性**（certainty）的条件之下。管理者倾向于得到确定性的信息，他们不高兴听到过去可能发生什么，未来可能要发生什么，而是坚持要听到过去已经发生了什么，或未来即将要发生什么。但是完全确定的情况是少有的。对于重要的、非程序化的管理决策来说，不确定性才是原则。

不确定性（uncertainty）意味着管理者没有充分的信息来预计不同行动的结果。决策者可能会固执己见，他们很有自信，但是如果他们缺少相关信息，而且无法准确地预测不同行动产生不同结果的可能性，他们就仍然处于一种不确定的条件之中。商业人士不喜欢不确定性，它会阻碍他们采取行动。例如，在2010年和2011年，经济复苏的强度和时机的不确定性减慢了商业市场招聘的脚步。但是只有就业率上升了，消费需求才会上升，经济才会回暖。

当你能够预测到多种结果的可能性，却不确定会发生什么时，你就面临着风险。当一个行动成功的可能性小于100%，同时可能伴有损失时，风险就会存在。如果决策是错误的，你可能会损失金钱、时间、名誉或其他重要的资产。

风险（risk）是管理决策中一个无法改变的事实，就像不确定性一样，但风险不同于冒险。尽管有时候好像风险承担者受人钦佩，而且企业家和投资家总是伴随着冒险，但是事实上，好的决策者更倾向于管理风险。他们接受了决策的结果必然伴随着风险这个事实，但是他们尽其所能地预测风险、降低风险并控制风险。

思考制定一份餐厅菜单时存在的各种选择。公共利益科学中心（The Center for Science in the Public Interest）近期就前菜、头盘和甜点中含有1400卡路里甚至更多（一个普通的美国人一天可能摄入2000卡路里）这一问题对餐厅连锁店提出批评。无所作为将使得这些餐厅被冠以导致肥胖的名号，但如果餐厅提供了更多健康的菜品，食客会愿意吃吗？最冒险的做法就是修改整个菜单。相反，包括"星期五餐厅"（T. G. I. Friday's）在内的餐厅更倾向于通过保留受欢迎的菜品并添加新菜品的方式来降低不确定性。一些前菜被修改成之前菜品的缩小版，而其他新菜品虽然是新的，但与以往受欢迎的菜肴相似。

美国在线T恤公司（Threadless）为了减少不确定性和管理风险，将其整个营销模式建立在与客户合作的基础上。专业及业余的平面设计师将他们的T恤设计提交到在线T恤公司的网站，并让客户为他们喜欢的设计方案投票。公司每周会从成百上千个提交的作品中，挑选出投票的前4—6名，并支付给设计师每人1000美金。但是只有当订单达到生产下限时，他们才会生产并销售这些T恤。

3.1.3 冲突

管理者面临的冲突使得重要的决策变得更艰难。**冲突**（conflict）存在于当管理者需要考虑如何处理来源不同且相互对抗的压力的时候。冲突发生在两种层面。

第一种层面，当有些观点引人注目，或当没有一个观点值得关注时，个人决策者就会经历心理冲突。例如，一名管理者可能不想解雇任何一名员工，而她又不得不决定解雇谁。或者一个职位有三个合适的候选人时，选择其中一个就意味着她要拒绝其他两个。

第二种层面，人与人之间的冲突。例如，首席财务官认为可以通过增加长期负债来融资收购。然而，首席执行官倾向于降低负债而从其他地方筹集资金。市场部想要更多的生产线来促进销售，但工程师想要更高品质的产品。而生产人员想要在不做任何变动的情况下，通过较长的生产周期生产较少的产品来降低成本。由此可见，几乎不存在无冲突的决策。

3.2 决策阶段

当面对挑战时,你如何能够做出好的决策?理想的决策过程包括6个阶段。如图3.2所示,决策者应当:(1)识别和诊断问题;(2)生成备选方案;(3)评估备选方案;(4)做出选择;(5)实施决策;(6)决策评价。

3.2.1 识别和诊断问题

决策的第一个阶段就是认识到问题是存在的,而且必须解决它,尤其是管理者认识到当前状态(实际是怎样的)和期望状态(应该是怎样的)之间存在矛盾。以组织或单位绩效为例,这些矛盾可能会在当前绩效与下述这些绩效的比较之中发现:(1)以往绩效;(2)其他组织或单位的当前绩效;(3)计划和预测中未来期望的绩效。迈克尔·奥特纳(Michael Ortner)和拉克什·奇拉卡帕蒂(Rakesh Chilakapati)合开了名为捕捉者(Capterra)的公司,该公司创建了一个收录销售商务软件公司的在线目录。他们的问题在于想为网站带来更多的访问量。更多的列表能使网站对买家更有价值,买家越多,就会吸引越多的供应商。本节我们将会参考这个案例。

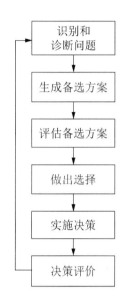

图3.2 制定决策的阶段

组织机构目前正在做的事情与为了创造一个更积极的未来它能够做的事情之间存在着分歧,这样的"问题"也可能是个可以利用的机会。在这种情况下,决策涉及如何抓住机遇。作为一个管理者,为了识别重要的机遇,你需要熟悉公司所处的宏观及竞争环境(如第2章所述)。

认识到存在的问题或机遇仅仅是这个阶段的开始,决策者必须深入挖掘并尝试诊断形势。例如,当一名销售经理知道销售业绩已经大幅度下滑时,如果他很快要离开公司,或者相信销售量的下降是由于经济形势造成的(对于经济形势他无能为力),他就不会采取任何行动。但是,如果他决定尝试解决问题,他就不应该不假思索地谴责他的销售人员、招聘新员工,或者增加广告预算。他必须分析销售下滑的原因,然后提出一个适当的解决方案。向自己和他人问"为什么",是认清问题症结的基本要素。在捕捉者公司的这个案例中,公司通过对用户进行问卷调查,已经找出了造成访问量低的原因。调查结果显示,买家想看到供应商的评价,而这一点是目录所没有提供的。对于捕捉者公司的创始人来说,根本的问题在于他们的网站缺少一个关键功能,这个理由看起来似乎很合理。

在这个阶段里,提出和解答下述问题将会为决策者带来帮助:
- 实际发生的事情和应该发生的事情之间是否存有差别?
- 你如何尽可能明确地描述误差?
- 产生误差的原因是什么?
- 应该实现哪些目标?
- 对于决策的成功,哪些目标是至关重要的?

3.2.2 生成备选方案

决策的第二个阶段是将问题诊断与不同解决方案的研究联系起来。管理者要基于以往的经验生成至少几套备选方案。解决方案按现成到订制来排序。寻求现成方案的决策者使用他们以前试过的想法，或者听从遭遇过类似问题的人的意见。相比之下，订制方案必须根据具体问题而设计，这种方法经常会将创意转化为富有创造力的新方案。比如，雅马哈企业（Yamaha Corporation）从他们的客户群中借鉴创意，后者提出吉他爱好者对无须太多练习就能够弹奏的吉他感兴趣。雅马哈的设计师们提出了一个想法，让吉他能够读取电子输入的歌曲，并在键盘上以灯光的形式引导用户摆放手指，然后根据用户反馈的意见进行修改。如此反复，最终为公司创造了远高于最低数量的订单来生产这款创新产品。订制方案可以潜在地适用于任何一种挑战。在本章后面，我们将讨论如何产生创造性的想法。

通常，可供选择的备选方案要比管理者意识到的多。例如，如果你的一个竞争者降价了，你将会怎么做？有时候管理者认为降价是应对竞争者降价的唯一方法，但事实上并不是这样。备选方案包括强化消费者购买低价商品的风险，构建产品特点和整体质量的知名度，以及向你的竞争者展示你的成本优势，以此让他们意识到他们无法赢得价格战。如果你决定把降价作为最后的手段，那么要快！如果你晚了，你的竞争者就会在同一时刻增加销售收入，这可能会促使他们未来更大胆地再次使用相同的策略。

> 通常，可供选择的备选方案要比管理者意识到的更多。

回头来看捕捉者公司的案例，迈克尔·奥特纳站在销售的立场，迫切希望尽快启用产品评论功能。但是他的搭档拉克什·奇拉卡帕蒂是公司的技术经理，他想小心翼翼地发展这项功能，因为添加该功能需要耗费不少的时间和开销，而且他还担心该功能会让部分供应商看到不好的评价而弃用他们的目录网站。因此，为了设计备选方案，他们俩对现有的拥有产品评论的网站（例如，亚马逊（Amazon）、易趣网（eBay）以及埃德蒙兹（Edmunds）网站等）进行研究。这些网站能够提供识别不同评论类型功能的方式，可以只发布感到满意的用户的评价，可以允许或禁止匿名评论，可以要求评论者同时提供正反两方面的观点。但是，最大的遗留问题就是那些本该吸引买家的特点是否会吓退卖家。

管理实践

Chargify 是一家为小型企业提供在线支付服务的公司，探索更多的备选方案本可以为 Chargify 的管理层避免许多问题。为了从竞争者中脱颖而出，Chargify 利用价格与其他公司区别开来：向每月用户数量少于 59 个的企业客户免费开放其软件，其他大客户可以选择每月 49 美元到每月 2500 美元的各种服务组合。Chargify 的创始人，夏玛卡·泰格哈德斯（Siamak Taghaddos）和大卫·豪泽（David Hauser）认为，那些享受免费服务的小客户，在使用 3—6 个月的服务之后，会创建他们自己的企业，并转移为使用付费服务。可惜他们错了，事实上这种定价模式吸引的是那些满足于小规模的企业客户，而且只有不到 1% 的客户转为使用付费服务。问题就在于如何吸引更多的付费客户。

Chargify 的执行主管们快速达成了共识，认为解决该问题的办法就是改变定价结构。免费服务似乎就是个明显的错误，因此他们对客户宣布说免费服务只剩最后 45 天。那些用户数量少于 500 个的企业客户将要选择每月 49—99 美元的服务，而且为了使其物有所值，付费服务将会增加一些附加功能。但是客户对这一意想不到的变动非常不满。当其负面影响在互联网上迅速蔓延，以及豪泽开始躲避愤怒用户的投诉时，执行团队才开始思考备选方案：对现有客户提供价格折扣的方案，为最小规模的客户降低价格，以及为所有客户提供 12 个月的最低折扣的方案。终于，Chargify 在损失 35 个客户的同时赢得了 225 个客户，并从中学到了宝贵的一课：在做任何重要决定之前，一定要认真思考并研究更多备选方案。

- 问题：执行管理层最初的解决方案有什么问题？除了在提供免费服务和终止免费服务之间做出选择之外，还有什么备选方案可用？

3.2.3 评估备选方案

决策的第三个阶段即确定备选方案的价值或合理性。换句话说，就是确定哪个解决方案最好。

尤其当决策非常重要的时候，需要用清晰的思维和逻辑来评估备选方案。评估备选方案的基本原则是能预测到各个备选方案生效后的结果。管理者要能够考虑到各种各样的结果，包括对成功的量化测量，比如更低的成本、更高的销售额、更低的员工流动率，以及更高的利润。捕捉者公司在进行备选方案的评估时，权衡了评论对买家的预期影响和对供应商的预期影响。发布好评而不邀请买家来评价，似乎可能是在保护供应商的商誉，但这种片面的方法似乎无法让买家满意。因此，创始人就会怀疑这种做法可能会影响网站的访问量。匿名评论的方案似乎也存在着风险，因为供应商的竞争者可能会滥用该功能，因此这个备选方案很容易就被淘汰。此时就需要提倡在评论中既要有好评也要有差评等关于供应商的相对均衡的评论，这也会成为一个明显的加分。还有一个问题就是任何一种评论功能都有可能使得供应商因负面评论而生气。奥特纳通过向网站的供应商发放调查问卷做进一步的研究发现，实际上许多供应商确实很担心这个风险。

环境的变化要求公司考虑新的备选方案并预期可能产生的结果。当近期美国经济的衰退要求企业裁员时，形形色色的机构组织如加利福尼亚州政府、湾流航空公司（Gulfstream Aerospace）以及甘尼特公司（Gannett）都对裁员（永久失业）和停职（要求员工不带薪地休假，直到需求回暖）进行了评估。虽然在裁员的情况下，公司能从每位员工身上省下更多的钱，因为公司不需要再为每位员工支付福利费用，但是在停职的情况下，公司可以试图跟出色的员工保持关系，这样相比被解雇的员工，在需要的时候公司就更容易召回他们。看起来停职对那些最终希望还能够回到公司的员工来说会更好，但是他们在停职期间就不能获得失业补偿金。根据你在第一阶段确定的最初目标来评估备选方案。各个备选方案分别达到了哪些目标？达不到哪些目标？哪些备选方案最能被你和其他重要的股东所接受？如果一些备选方案能够解决问题，哪个方案的实施成本最低？或者哪个方案实施后产生的利润最大？如果没有一个备选方案能实现你所有的目标，或许你可以合并两个或大部分的最优方案。再补充几个对你会有所助益的问题：

- 我们备选方案的信息是完整且实时的吗？如果不是，我们能获得更多更好的信息吗？
- 备选方案能满足我们的基本目标吗？
- 如果我们实施了备选方案，可能会遇到什么样的问题？

> 根据你的原始目标来评估备选方案。

阅读"潘多拉找到了收入流"这篇案例，思考下潘多拉的管理者对他们所面临的备选方案的评估做得怎么样。

当然，我们无法做到准确无误地预测结果。但是有时候考虑到不同方案的潜在后果，决策者会为不确定的未来建立保障。这样，他们就产生了**应急计划**——根据未来的发展而实施的备选行动方案。

> 方案中可能会使用一些听起来合理的数据，但是你应该从不同的角度看待这些数据，并检验你的假设。在迪安·卡门（Dean Kamen）公司研发自平衡的两轮赛格威自行车（Segway scooter）期间，卡门判断说每年能让世界 0.1% 的人拥有赛格威。这个百分比听起来似乎有点保守，但是细想一下，60 亿人口的 0.1% 就是 600 万！卡门还决定建造一个能每月生产 4 万台赛格威的工厂。5 年以后，公司的销售量还不到 2.5 万台。

例如，在一次金融危机中，当经济复苏的起始时间、强度及规模都不清楚的时候，潜在后果的影响范围是非常大的，而且许多公司将无法生存下去。企业厂商要考虑至少四个情境：

1. 一个最乐观的情境。贸易和资本流动开始复苏，进一步的衰退是可避免的，全球化依旧沿着正确的方向前进，同时发达国家和新兴经济体继续随着信心回升迅速整合。
2. 一个被击垮但可能回弹的情境。经济的衰退还将持续一段很长的时间，复苏缓慢，信心在动摇但确实有所回升，而且全球化在非常缓慢地回归正轨。
3. 一个停滞的全球化情境。全球经济衰退非常严重，并且各国衰退的程度差异很大（例如，中国和美国出现了复苏），但是全球经济整体上停滞了，且发展缓慢。
4. 一个长期冻结的情境。经济衰退持续了 5 年以上，世界各地的经济都停滞不前，全球化向着反方向发展。

案例展望

潘多拉找到了收入流

随着潘多拉音乐服务网站的注册用户量已上升至 8000 万，同时还拥有一个超过 80 万个音乐作品的数据库，如何产生足够的收入来获利已经是一个永恒的挑战。因为在该服务发布时，互联网广播还是一个全新的概念，所以公司的管理层还没有一个清晰的模式可效仿。因而，创收的决策就成了一个带有巨大不确定性和风险的非程序化决策。

潘多拉的管理者使用过并非常坚持蒂姆·韦斯特格伦最初的决策——依靠广告支持的免费媒体模式。他们大部分创收的决策都在关注识别和寻找广告商以及赞助商。

在早期，一个明显的替代方案是在电脑屏幕上出售广告。潘多拉和谷歌的双击公司（DoubleClick）合作为广告商提供针对用户年龄、性别、邮编以及音乐爱好来发布广告信息的机会。公司拥有媒体广告销售背景的首席营收官约翰·特林布尔（John Trimble）开发了一个能够将潜在的广告商品牌和对该品牌的目标市场有吸引力的艺术家相匹配的程序。由于潘多拉网站上的广告非常有针对性，因此公司能够获得溢价。

但是智能手机，尤其是 2008 年 iPhone 的风靡，使这种推销模式突然就改变了。智能手机的用户不仅可以在手机上启用潘多拉的服务，还可以将手机作为一个输入设备接到家庭或者汽车的立体音响上。随着会员数量的飙升，以及潘多拉成为 iPhone 手机上最受欢迎的应用程序之一，潘多拉从一个电脑程序转变成一个可适用于手机的个性化的新广播程序。管理者迅速发现他们正在面临一个全新的环境，该环境下拥有许多获得更多听众的机会以及新的赞助方式，他们要做的就是去判断这些机会是什么。

潘多拉的管理者们开始全力以赴地去寻找任何一个能够提供简单愉快的音乐收听方式的合作者。潘多拉和汽车制造商以及汽车立体音响制造商签订合约，将潘多拉授权的立体音响装入用户的车内，使他们能够通过仪表盘控制潘多拉，而不是在驾驶过程中摆弄手机。韦斯特格伦解释说，有一半的广播收听发生在车内，因此他认为这种功能使得潘多拉像传统电台出售个性化广告一样赚钱。但是由于潘多拉适用于更多的媒体，包括电脑和电视的蓝光播放机，公司能够出售和音频广告一样的视频广告。首席营收官特林布尔正研究应对这种扩张带来的新挑战的方案：解决如何让广告个性化地播放在汽车或者电视上，而不是电脑上的问题。

潘多拉依然秉持成为一个音乐家友好服务网站的初衷。艺术家发展部的高级经理马特·奥斯特罗尔（Matt Ostrower）和艺术家进行交易，让艺术家们提供独家赞助的内容来与他们的粉丝群建立关系（并且出售音乐）。例如，在戴夫·马修斯乐队（Dave Matthews Band）发布他们新专辑"Big Whiskey and the Groogrux King"之前的那周，潘多拉创建了一个特别网页来传输这张专辑（由一个广告商赞助），以此来提醒所有已经关注或者对乐队的歌曲给过好评的用户这张专辑是可以获得的。这种双赢的合约不仅为潘多拉增加了广告收入，也为乐队提高了销量和知名度。此外，音乐家本身也能在潘多拉网站上发布广告，只针对那些已表示喜欢这个乐队的人群。艾美·曼（Aimee Mann）仅仅通过潘多拉发了一封邮件给喜欢她歌的人，就使得她在洛杉矶的演唱会爆满。

最后，潘多拉甚至改变了它最初的承诺，即潘多拉网站提供免费广播的模式，从而为用户提供了一个选择的余地。想跳过广告的听众可以选择支付每年 36 美金的费用来收听无广告的音乐。然而迄今为止，大多数人还是选择了免费版本。

- 潘多拉管理者意识到了什么问题？他们如何诊断这个问题？
- 他们确定了什么备选方案？你认为他们遗漏了别的备选方案吗？

有些方案看起来似乎比其他更可行，有些似乎极不可行。最终，会有一个方案被证明是比其他的方案更合适的。

在思考多种方案的过程中，决策者会提出许多"如果……将会怎么样？"的重要问题，并且可以突出制订防备和应急计划的需要。

当你阅读到本书时，当前的经济形势如何？重大的时事和趋势是什么？从现在开始，哪些情境能发展到 6—8 年呢？你将会做哪些准备？

3.2.4 做出选择

一旦你想到你的选择可能会产生的各种后果，你就应该做出决策。一些管理者更能适应分析阶段。尤其是有定量倾向的人使用所有可用的先进技术，很容易在每种情境下采用无数种方法来推动他们的假设。但是这种诱惑会导致"分析瘫痪"——也就是，过多的分析所导致的犹豫不决，而不是采取能帮助组织机构抓住新机遇或战胜挑战的果断决策。这种犹豫不决在捕捉者公司的案例中就变成了风险，因为奥特纳和奇拉卡帕蒂的顾虑是互相矛盾的。奥特纳坚持认为，缺少评论是个流失的机会，而奇拉卡帕蒂依旧在关注添加该功能的风险。奥特纳通过与担心添加评论功能的供应商通话来对形势做进一步的研究，他深信他们只是没看到添加该功能的机遇，当事实告诉他们评论的价值时他们就会回头。最终，在争论了三个月后，在奥特纳享受他的定期 5 英里跑步时，他认为分析必须终止，而且必须做出决策。作为总裁，奥特纳尊重奇拉卡帕蒂的担忧，但还是做了最后的决定，他宣布是时候尝试添加评论功能了。当你做决策的时候，与决策相关的重要概念包括最大化决策、满意决策以及最优决策。

最大化决策就是获得最好的可能结果。最大化决策实现最大的正面结果和最小的负面结果。换句话说，最大化决策会在最少的成本下产生最大预期总收益。最大化决策要求对完整的备选方案进行彻底的研究，对每个备选方案进行认真的评估，两两比较，然后选择或创造最好的决策。**满意决策**就是选择第一个至少能够接受或满足目标的选项。当你感到满意的时候，你要将你的选择与你的目标进行比较，而不是与其他选项进行比较。满意决策意味着在你对备选方案进行研究时，只要找到第一个可用的决策即可。通常来说，人们不会再投入时间或精力去搜集更多的信息。相反，他们会基于随手可得的信息做出有利的决策。

假如你正在采购一台新设备，你的目标是尽量减少采购成本。如果你查看了所有的选择和价格，然后买了符合你性能要求且价格最低的设备，那么你就在做最大化决策。但是如果你买了你遇到的第一个在你预算内的选择，而且未能去寻找更便宜的选择时，那么你做的就是满意决策。

> **提示**
>
> 决策者很容易过分关注于将目标最大化，以致忽略了其他重要的目标。如果你确定重要结果不会遭受到太多的不必要的影响，那么你就在做最优决策。如果只做出对创新最大化的决策，那么会带来什么样的负面影响？

有时满意决策是由于懒惰，而有时是由于时间太短、信息不能获得，或其他限制条件使最大化决策变得不可能，导致没有其他已知的选择。当后果不是很严重的时候，满意决策甚至可以成为理想的方法。但是在某些情况下，当管理者感到满意时，他们就不会考虑一些重要的选择。

最优决策指的是你在几个目标之间达到了最好的平衡。也许，在采购设备时，你对质量、耐久性、价格同样有兴趣。这样，即使存在价格更优的设备，或者质量和耐久性标准更好的设备，你也会购买拥有最好的属性组合的设备，而不是最便宜的可运行的设备。同样的概念也适用于实现业务目标：一种营销策略可以实现销量最大化，但是另一种策略可实现利润最大化。最优策略就是那个在多种目标中实现最好平衡的选择。

3.2.5 实施决策

一旦做出选择，决策制定的过程才算结束。被选中的备选方案必须是可实施的。有时候，参与决策的人要使选中的方案付诸执行；在其他时候，他们会委托他人来负责实施，例如当一个高层管理团队变更了一个政策或运营程序，会有业务经理来执行这个变更。在捕捉者公司案例中，增加客户评论功能的决策实施包括10个月时间的软件开发，以及接下来请供应商鼓励他们的客户来提交评论。请注意在实施过程中要考虑到供应商对负面评价的担忧，应给供应商一定的对最初评论者的控制权。

可惜，有时候人们做出决策，但却并不采取行动。当说的太多被误认为是做了很多时，当人们仅仅假定决策被制定就会实现时，当人们忘记了仅制定决策是不会产生任何改变时，当把会议、机会以及报告看成"行动"时，虽然这些不会影响到人们实际所做的事情，但如果管理者并没有确认决策是否被落实执行，那么在这些情况下，决策的实施都可能会失败。

管理者应该认真计划决策的实施。充分的计划需要以下步骤：

1. 确定当决策完全实施后，事情会变成什么样。
2. 按时间顺序排列（也许可以结合一个流程图）实现一个完整的运营决策所需的全部步骤。
3. 列出每个实施步骤所需要的资源和行动。
4. 评估每个步骤所需要的时间。
5. 将每个步骤的责任分配给具体的人。

决策者应该预想到，在实施过程中有些事情不会太顺利地进行。因此，用一点额外的时间来识别实施过程中潜在的问题和机会是很有用的。然后，你就能采取措施来预防问题的发生，也能做好准备去抓住意想不到的机会。以下是一些非常有用的问题：

- 这个行动会产生什么问题？
- 我们能做什么来预防这些问题？

- 会产生哪些非计划中的利益或机会？
- 我们如何确定它们会发生呢？
- 我们该如何做好准备应对机会的到来？

> 决策者应该要预想到在实施过程中事情不会顺利地进行。

本书中的许多章节都会考虑实施问题：如何实施策略、分配资源、组织、领导和激励员工及管理变革等。从这个角度来阅读这些章节，尽可能地学习如何正确实施决策。

3.2.6 决策评价

> 在一项全球高管调查中，多数人认为他们组织机构的战略决策结果在最好的情况下也是不一致的。他们中的许多人都将其归咎于决策过程，认为假设通常都未经过检验，决策在公司内部陷入困境，专注于决策的时间太少，还有对于备选方案的调查研究太狭窄。

决策过程的最后一个阶段是决策评价，这意味着要收集决策运行方面的信息（见图3.3）。可计量的目标，如销售量提升20%、意外事故发生率降低95%、准时交货率达到100%，都能在问题解决方案实施前被设定好。之后，可以收集客观数据来准确地判断其成功或失败。

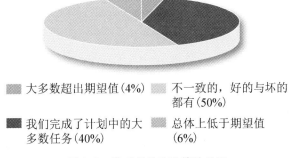

■ 大多数超出期望值(4%)   不一致的，好的与坏的都有(50%)
■ 我们完成了计划中的大多数任务(40%)   总体上低于期望值(6%)

图 3.3　管理者战略决策的结果

不论是正反馈，还是负反馈，决策评价都是有用的。反馈可提供关于决策是否可行、是否继续，或在组织其他部分加以应用的建议。负面的反馈意味着：（1）实施过程将需要更多的时间、资源、努力以及想法；（2）这是一个糟糕的决策。对于捕捉者公司的决策的反馈是正面的。在提供用户评价功能的第1年，网站吸引了大约500位访问者。之后的第2年，网站拥有2000位访问者，其中40%是主动访问。大多数的评论是正面的。即使有时候不太明显，但是网站的访问量还是上升得如此之多，以致供应商都认为该功能对他们有好处，因为他们获得了更多的业务。捕捉者公司的收入跳升近30%，而且最后奥特纳和奇拉卡帕蒂也达成了共识：用户评价是一个不错的想法。

如果决策看起来不合适，那么它就要返回重新制定。然后整个过程又回归到第一个阶段：（重新）定义问题。决策制定过程重新开始，公司需要收集更多的信息、新的建议以及新的方法，以避免产生在第一次决策过程中出现的错误。

3.3 最优决策

管理者如何确定他们是否做出了最好的决策呢?目前,我们没有任何事物可以保证这是一个最好的决策,管理者至少应该要自信,他们依照恰当的程序在这种情况下产生最好的决策。这意味着决策者要在制定决策过程中保持警惕性。**警惕性**(vigilance)指的是决策者认真切实地执行完整决策的六个阶段,包括为实施和评价预先做好准备。

作家及首席执行官卢达·科佩金娜(Luda Kopeikina)认为,管理者通过改进他们所用的流程来制定更好的决策。首先,当你需要制定重要的决策时,如果你学会管理压力、充分休息以及排除干扰,那么你就可以做出更好的决策。其次,你应该明确你努力要达到的效果,确认你收集的数据能够匹配你的决策目标。随之而来的就是,当你执行时你希望你的决策如何实现。最后,你需要培养坚强的意志来对你决策的后果负责。另外要鼓励讨论,这样你才能看到所有的备选方案。但是如果你是决策者,你最终必须结束这场讨论,锻炼你的勇气,并承担起作为一名决策者的责任。

即使管理者回想他们制定决策的活动,总结认为他们切切实实地执行了每一个步骤,他们仍然无法知道这项决策是否能发生作用。毕竟,没有任何人可以保证会有一个好的结果,但是他们知道他们已经尽力做出最好的决策。

3.4 有效决策的障碍

谨慎且完整地执行完决策的六大阶段是一种例外而非惯常情形。但是当管理者按照这些理性的程序来做决策时,就会做出更好的决策。管理者应确信采用这样的过程更为有效。

为什么人们会不习惯使用这些理性的程序呢?因为备选方案很容易会被忽略或错误执行,问题或目标可能会被错误定义或识别,可能无法生成足够多的解决方案,或者可能这些备选方案没有被充分评估。这些都可能会做出满意的而非最大化的选择。可能实施方案过程中存在计划不周或执行较差,又或者监督不当,甚至根本没有监督。同时,决策还会受到主观心理偏见、时间压力以及社会现实的影响。

> 这些决策流程很容易被忽略或错误执行。

3.4.1 心理偏差

决策者在制定决策时,在收集、评价以及使用信息的方式上会偏离目标。人们会有干扰客观理性的偏见。下面的案例仅仅代表了众多记录在案的主观偏见中的一小部分。

控制错觉(illusion of control)是一种信念,即使当一个人无法控制将要发生的事情时,他仍然认为自己能够影响事件。赌博就是一个例子:有些人坚信他们有技巧能够获得出乎意料的成功,即使大多数时候他们无法做到。在商界,这样过分自信的人会导致决策的失败,因为作为决策者,他们忽略了风险,而且无法客观地评估成功的概率。

> 有些人坚信他们有技巧能够获得出乎意料的成功,即使大多数时候他们无法做到。

另外,管理者可能相信自己不会出错,或者对未来都抱有一个普遍的乐观主义,这使得他们相信自己能够避开风险和失败。此外,管理者也可能高估了自己经验的价值。他们可能相信之前项目能够达到目标是得益于自己的决策，所以在下一个项目上，他们只要按照相同的方式做每一件事就一样能成功。罗希特·歌德哈尔（Rohit Girdhar）承认说他以前也一直有这样的偏见，直到他尝试进行了一项他认为能证明他是一个经验丰富的软件程序员经理的模拟项目。在这个模拟项目中，就像他之前工作中一样，工作量增多时，他就雇佣更多的员工。但是这些新增的员工并没有如经验告诉他的那样富有成效。他的项目延期了。最后，歌德哈尔学会了在决策前质疑自己的假设。

框架效应（framing effects）指的是关于问题或决策方案的选择是如何被理解和看待的，以及这些主观影响是如何超越客观事实的。举个例子，相比于一个有30%的概率会亏损的方案，管理者会愿意为一个有70%的概率盈利的方案投资更多的钱。从成功的概率来看，上述两个选项是相同的；正是选项被制定的方式决定了管理者的选择。

管理者可能会迅速找到与他们处理过的问题相似的问题，因此他们不会研究新的备选方案。例如，随着抵押信贷市场的暴跌，当首席执行官理查德·富尔德（Richard Fuld）处理雷曼兄弟投资银行（Lehman Brothers）的财务问题时，他认为当时的情况跟先前处理20世纪90年代后期的金融危机时的情况一样。可惜

> **提示**
> 在这个案例中，当你想追求可持续性时，你要站在决策的长期影响的角度去思考问题。

对于雷曼兄弟而言，最近一次的危机更糟糕。在2008年后期，公司宣告破产，这是美国历史上最大的一次破产事件，同时也使全球金融市场陷入混乱。同样，当美国国土安全局的操作中心负责人已经做好迎接卡特里娜飓风（Hurricane Katrina）的准备时，他认为这次风暴会和过去他备战过的佛罗里达飓风（Florida Hurricanes）一样。随着信息的录入，他专注于那些符合他预期的数据，但是结果证明卡特里娜的毁灭性远大得多。

决策者经常会**轻视未来**（discount the future）。也就是说，在他们的备选方案评估中，比起长期的成本和利益，他们会更看重短期的成本和利益。试想，你正在决定是否去进行一次牙科检查，如果去，就会产生短期的经济成本、焦虑，或许还有生理上的疼痛。如果不去，若牙齿问题恶化，这将造成更高的成本和更剧烈的疼痛。你会如何选择呢？很多人为了避免短期成本而不参加定期检查，但从长远来看最终还是要面临更大的痛苦。

这种偏见同样适用于那些不学习的学生、喜欢甜点或者不做日常锻炼的减肥者，以及那些在确实需要工作的下午去打高尔夫球的人们。这种偏见也会影响某些管理者，他们会犹豫要不要投资于那些要较长时间才会取得成功的研发项目。在所有这些例子中，逃避短期成本或寻求短期收获的决定会导致负面的长期影响。

比起美国管理者，亚洲的管理者更倾向于思考长期的前景，而且很多人相信这会为长期成功提供竞争优势。目光短浅的人仅关注华尔街每季度的收益，这导致管理者会基于短期的考虑而做出决定，以致疏忽了长期的问题和机会。

与此相反，有的美国公司牺牲眼前利益而进行长期投资，比如惠好公司（Weyerhaeuser）为重新造林付出了巨大的成本，而这项付出要到60年后才能取得收益。这个案例似乎是个非常规的个案。轻视未来也部分地解释了政府预算赤字、环境破坏以及逐渐衰败的城市建设。

3.4.2 时间压力

在当今快速变化的商业环境中，最宝贵的就是行动迅速并保持步伐。如果管理者花很长时间来决策的话，这种小心谨慎制定出来的决策可能是不相关的，甚至是一种灾难。

管理者如何能够快速地制定决策？至少对北美洲的人来说，会存在一些自然倾向，比如对分析不够用心（不太谨慎）、压制冲突，还有不咨询其他管理者意见而独立决策。这些方式可能会加

快决策的制定速度，但是它们会降低决策的质量。在凯利服务公司（Kelly Services）的首席执行官卡尔·卡姆登（Carl Camden）亲眼目睹这种方法是多么有损决策质量之前，他一直认为快速决策是动态执行力的标志。鉴于早期的错误，卡姆登现在相信快速决策的习惯就是个"无所不知的陷阱"。

实际上，"速度陷阱"会和行动迟缓一样危险。在一个最终破产的互联网创业企业里，起初，快速决策帮助公司实现了发展目标。早期，创始人竭尽所能地创造一种紧迫感：他们筹划一个会议"为公司点了把火"，称其为一种"紧急状态的演讲"，目的是为了创造一种"截止时间马上就要到了的恐慌感"。当速度变得比内容还要重要，他们就无法思考多种备选方案，只能使用少量的信息，没有充分吸收不同观点，也没有咨询外部的建议。他们从未想过放慢速度。这种"速度陷阱"综合征对一个顶着压力制定快速决策的组织机构来说，是一种潜在的病症。

> "速度陷阱"会和行动迟缓一样危险。

提示

你会觉得制定快速的决策很有压力，而且制定的决策更容易犯错误。幸运的是，当你快速行动的时候，你可以保持警惕，并避免"速度陷阱"。当你处于时间压力下时，你能做什么来避免犯错误呢？

时间是最基本的要素，企业必须要能够在尽可能早的时机识别出关键问题。在时间压力下的管理者是否能够做出及时又高质量的决策呢？一项关于微型计算机公司（高科技、快节奏的行业）的有效决策流程的调查研究，揭露了他们所用的策略。首先，他们关注实时信息，而不是依赖于旧数据、长期规划以及未来预测。所谓的实时信息就是指几乎不需要或没有延时就能获得的当前信息。例如，公司会持续监控日常运行措施，如工作流程，而不是定期检查传统的会计基础指标，比如利润率。

其次，他们让更高效和有效的人加入决策的过程。他们在很大程度上依赖于可依赖的专家，这样同时获得了好建议和自信，这份自信促使他们即使在面对不确定性时也可以快速行动。他们还对冲突持有现实的看法：他们重视不同的观点，但是他们知道如果分歧没有得到解决，那么最高执行者必须在最后关头做出最终的选择。相比之下，行动迟缓的公司则会被冲突所困住。像行动快速的公司，它们追求一致，但是当分歧一直存在时，他们就不能得到最终的决策。

管理实践

2010年4月，英国石油公司（BP）的深水地平线石油钻井平台石油泄漏引发的爆炸导致了11人死亡，也导致了有史以来美国海岸最严重的石油漏油事件。甚至在石油泄漏被堵住之前，关于什么决策和行动导致了这场灾难的问题蜂拥而至。答案非常复杂，而且无法达成一致。然而，它们显示了有效决策制定所面临的重要障碍。

BP的初步调查以及后期的报告显示，这场灾难源于一系列独特而糟糕的决策。在钻井作业的最后一天，员工都感到时间的紧迫和成本压力。油井已经产生了一系列的问题，正是这些问题致使钻井工程延期并超出预算。但是，油井最终还是钻好了，并砌上水泥以防止油气外泄和爆炸，因此可以准备进行测试。测试的那天，BP公司的工程师决定修改标准的测试程序。执行这个程序的全组人员对新程序的原理都不是很明白，但是他们依然继续执行下去。测试的结果喜忧参半，因此工作人员咨询了钻井的管理者。这些管理者将他们的时间拆分成两部分：一部分用于确定测试结果，另一部分用于带领钻井承包商越洋公司（Transocean）的管理者们参观油井。他们确定了油井没有问题。越洋公司监控油井的员工忽略了问题的更多迹象。油气从油井中泄漏出来，而且没能成功触发防喷器。

负责调查漏油事件的总统委员会的报告发现,所有参与该项目的公司都没有充分地评估风险和沟通问题。报告还指出,是一个有缺陷的系统导致了这场灾难,而不仅仅是一系列独特的决策。事实上,开发越来越多的深海钻井项目使钻井作业变得更加复杂,而且近几年钻井泄漏率也一直在上升。

- 你能识别出在上例中是什么阻碍了有效决策的制定吗?

3.4.3 社会现实性

很多决策是由一个团队,而不是单独的一个管理者来制定的。在行动迟缓的企业中,人际关系因素降低了决策的效率。即使是单独行动的管理者,也要对老板和他人负责,而且还必须要考虑许多人的偏好和反应。重要的管理决策产生于利益相关团体的冲突中。因此,许多决策是社会相互作用、讨价还价和政治交易的结果。

> 许多决策是社会相互作用、讨价还价和政治交易的结果。

本章接下来将关注决策的社会环境,包括群体决策和组织决策的现状。

3.5 群体决策

有时候管理者发现有必要召集一组人来做出一项重要的决策。有些建议认为在当今复杂的商业环境中,重大问题应该总是由群体来解决。因此,管理者必须懂得群体是如何运行的,以及如何使用群体来改善决策。在本书的后面部分,你将学到更多有关群体如何工作的内容。

通过群体来做决策的基本原理正如格言"三个臭皮匠,胜过诸葛亮"所言。但是这种说法真的有效吗?是的,它们潜在上的确有效。

如果时间充分,群体决策的质量通常能比许多个体单独行动做出的决策更高。但是,群体决策通常不如最优的个体决策。

一个群体的表现取决于它如何有效地利用群体的潜在优势,并将潜在问题最小化。表 3.2 对这些问题做出了总结。

表 3.2 群体决策的利与弊

潜在优势	潜在劣势
1. 信息量更大	1. 个人主导
2. 更多的观点和方法	2. 满意决策
3. 智力激发	3. 群体思维
4. 组员理解这个决策	4. 目标错置
5. 组员会全力以赴来做出决策	

3.5.1 群体决策的潜在优势

如果其他人有所贡献,那么群体决策通常会至少拥有五个潜在优势:

1. 当几个人一起做决策的时候，就会有更多的可用信息。即使其中一个人没有掌握所有的信息或没有专业知识，其他人也可能拥有所需要的信息和知识。

2. 对于问题会产生更多可用的观点或者不同的解决方法。这个问题对于群体中的一些人而言很陌生，但对群体内的其他人而言可能十分熟悉。或者，这个群体可能还需要考虑其他观点（如财务、法律、营销和人力资源等方面）来获得一个最佳的解决方案。

3. 群体讨论还能激发智力。这比起个人决策，能让人们在更大程度上思考并释放自己的创造力。

> **提示**
>
> 群体决策可能会延迟决策的速度。如果有一个人主导了讨论，那么可能会让人感觉决策的进度加快了。但是主导的人会降低决策的质量，而且大多数人会浪费你的时间。

这三种群体决策的优势提高了做出更全面、更高质量决策的概率。因此，管理者需要召集拥有不同背景、不同看法和不同的获取信息路径的人。他们不应该只召集跟他们思维方式相似的人。

4. 参与群体讨论的人更能理解为什么会做出这样的决策。他们会同时听到那些支持被选择的方案的观点和那些反对被拒绝的方案的观点。

5. 群体决策尤其能够使人们对决策产生更高水平的投入。他们会竭尽全力地将所提出的解决方案转化为高动机性方案以确保其被很好地执行。

最后这两点优势提高了成功执行决策的概率。因此，管理者应当尽可能早地在审议阶段就召集对决策执行负有责任感的人。

> 当你在和一群人开会的时候，你该如何协助确保每个人都参与其中？

3.5.2　群体决策的潜在问题

群体决策也可能出故障。大部分的潜在问题都跟群体成员的互动过程有关：

1. 有时候会有一个组员主导了群体讨论。比如一个强有力的领导者非常强调他或她的喜好，当这种情况出现时，结果就会跟主导人单独决策一样。个人主导有两个劣势：第一，主导人不一定拥有最有效的意见，甚至可能拥有最不妥当的想法；第二，即使这个人的偏好会引领大家产生一个好的决策，群体会议也会因此浪费其他所有人的时间。

2. 群体更容易得到满意决策。大多数人不喜欢会议，而且会尽他们所能来结束会议，可能包括批评那些想继续探索更好的新备选方案的人。这样的结果就是会得到一个满意决策而不是最优或者最大化的决策。

3. 回避争议的压力可能会导致一种所谓**群体思维**（groupthink）的现象。群体思维通常发生在人们由于不想破坏积极的团队合作，而选择不发表异议的时候。有些群体希望思想能够一致，希望没有纠纷，力求保持亲切和谐的气氛。这样的群体过分自信和自满，也可能是不愿意承担风险。与群体的首选方案保持一致的压力不仅扼杀了创造力，也扼杀了其他谨慎决策的行为。

4. 目标错置通常发生在群体当中。群体的目标就是提出解决问题的最好方法。但是当**目标错置**（goal displacement）发生的时候，新目标就会迅速替换原始目标。这通常发生在两个或多个组员持有不同意见，并能阐述冲突案例的时候，尝试理性说服会演变成激烈的争执，获得争执的胜利变成了新的目标。这时比起解决问题，挽回面子和打击对方的观点变得更重要了。

高效的管理者会密切关注群体决策的过程，他们会小心翼翼地管理这个过程。你已经阅读过群体决策的利与弊，接下来你将学习如何管理群体决策的过程。第12章关于领导才能的讨论将帮助你决定什么时候使用群体决策。

3.6 管理群体决策

如图3.4所示，有效地管理群体决策有三个要求：（1）一个恰当的领导风格；（2）建设性地利用分歧和冲突；（3）增强创造力。

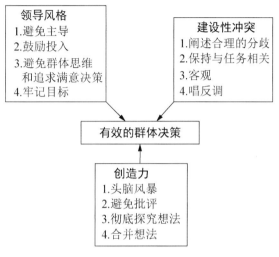

图 3.4 管理群体决策

3.6.1 领导风格

一个决策机构的领导者必须致力于减少与决策过程相关的问题。领导者应该避免主导讨论或让其他某个人主导。应该鼓励那些不善言谈的人阐述他们的意见和建议，应该询问所有成员的不同观点。

同时，领导者不能为了达成统一意见而让群体向个人施加压力。领导者应该警惕出现群体盲思和追求满意决策的现象。领导者还应该对某些现象保持敏感，包括群体成员正逐渐忽视最初目标，即想出最好的可能解决方法。

这些建议包含两层意思。第一，不要忽视问题和你的目标。第二，做出决策！在那些行动迟缓的企业中，决策团队成员无法达成一致，这就使得企业原地不动，而它们的竞争对手已经远远领先。

> 第一，不要忽视问题和你的目标。第二，做出决策！

3.6.2 建设性冲突

群体成员意见的完全一致可能会导致消极的结果。这会导致群体思维、毫无创新的解决方案，以及不同成员知识和多样性观点的浪费。因此，一定量的建设性冲突是有必要的。包括联合包裹服务公司（United Parcel Service Inc.）在内的部分公司会采取措施以确保管理团队中会产生冲突和质疑。最有建设性的冲突就是**认知冲突**，或者是对问题的观点或判断的差异冲突。相反地，**情感冲突**指的是针对他人的情绪化的冲突。情感冲突对群体来说可能是具有破坏性的，因为它可能会导致愤怒、怨恨、目标错置和低质量的决策。与此相反，认知冲突可能会扩散出合理的意见分歧，并产生更好的想法和解决方法。冲突应该要与任务相关，而不是针对个人。但是，即使与任务相关的冲突也可能会影响决策过程。只有当管理得当时，分歧才是好的。冲突可以通过结构化的流程而产生。有两种故意在决策过程中安排认知冲突的方法，那就是唱反调法和辩证法。

唱反调者的职责是批判各种想法。领导者可以正式地任命某个人担任此角色。该角色要求人们能够指出问题，这样可以减轻对分歧的压制，使得冲突少一些个人和感情色彩。

唱反调法的一种替代方案是**辩证法**。辩证法比唱反调法多了一个步骤，就是要求对两个冲突的行动进行一次结构化的辩论。辩证法的哲学基础来源于柏拉图（Plato）和亚里士多德（Aristotle），他们倡导将一个学说和一个对立面的冲突性观点加以综合。在制定战略决策之前，计划和预备方案之间的结构化争辩是很有用的。比如，一个团队表示要收购一家公司，而另一个团队则不同意。建设性冲突不需要在如此正式的基础上产生，也不仅仅是领导者的责任。任何一个群体成员都可以通过以下方式参与到建设性冲突中来：开诚布公地发表观点，不必担心与别人的意见不一致；如果已花费太多的时间就推动群体采取行动；如果需要就使群体放慢速度；如果群体过于关心短期结果，就要提倡注意考虑长期收益。在改进群体决策有效性上，所有群体成员都有责任和义务来介入建设性冲突。

3.6.3 鼓励创新

正如你之前所学的，现成方案可能是不恰当的或是不可用的。在这样的情况下，订制方案就很有必要，因此团队在提出想法方面必须要创新。

有些人曾说过我们正处在下一个伟大的商业革命——"创意革命"——之中。它超越了农业革命、工业革命和信息革命。在创意革命中，价值的最基本单元是想法。创新不仅仅是一个选择，更是事关生存的必不可少的元素。鼓励人们要富有创造力可能是管理者最重要和最有挑战性的责任之一。

> 在创意革命中，价值的最基本单元是想法。

你可能会对自己说"我的创新力还不够"。但是即使你不是艺术家或者是音乐家，你也一定有潜力通过其他无数种方法来让自己变得富有创造力。如果你能（1）带来一个新事物（创造）；（2）将两个以往没有关联的事物联系起来（综合）；（3）改善事物，或发现新的用途（改进），那么你就充满创新的力量。你没有必要成为学校里的天才，托马斯·爱迪生（Thomas Edison）和阿尔伯特·爱因斯坦（Albert Einstein）都不是特别优秀的学生，也没必要做改变世界的事来使得自己拥有创新能力。很多"小事"都可以用创新的方式来做，而这些方式可以为产品和顾客增加价值。

> "我并没有发明任何新事物。我仅仅是将人们几个世纪以来工作所发现的事物组合成一辆汽车。"
> ——亨利·福特（Henry Ford）

> **提示**
> 许多创新想法不是来自那些长期在地下实验室里的天才，而是来自那些善于与他人一起讨论和工作的人。
> 为什么倾听是激发创造力的一部分？

你如何获得创造力？要抓住每一个创新的机会，即使这个机会无限小。只要敢尝试，你就可能变得富有创造力。偶尔抛开工作一段时间，广泛地阅读并尝试新的体验。学一门关于创造性思维过程的课程，或读一本相关的好书。很多事情都很有价值。同时还要注意创造力是社会化的，你的创造力将会受到工作中的社交关系影响，包括在你直接亲密的社交网络之外与他人的联系。多和那些跟你有思维碰撞的人讨论问题和想法。

你如何从他人身上获得创造力？给予为创新付出努力而应得的奖励，不要惩罚那些为尝试创新而导致的失败；如果可以的话，要避免极端的时间压力；理智地激励和挑战员工；倾听员工的想法，并给予充分的时间来探索不同的想法；将拥有不同思考和行为风格的人聚集到团队中；让你的员工与顾客接触，让他们相互沟通彼此的想法。让你的员工避开需要立即获得回报的管理者，他们或者不懂创新产生的贡献的重要性，或者试图将他人的成功占为己有。努力让自己变成一个富有创造力的人——你将会树立一个好榜样。

如果人们相信自己有能力，如果人们知道他们的同事期待创造力，如果人们相信他们的雇主看中创造力，他们就有可能变得更富有创造力。作为一名管理者，你可以做很多工作来帮助员工培养他们的信仰，比如你如何倾听，你允许什么，你奖惩什么。在一家大型消费品公司，管理层通过邀请管理者在公司内网上发布有关他们的员工曾经提过的想法及实施结果的故事，以表示公司对创造力的重视。公司也可以建立"创新基金"，来展现创新的想法是如何帮助组织机构获利的。

管理实践

在米隆建筑公司（Miron Construction Company），特里萨·莱曼（Theresa Lehman）注重培养创新的可持续性。在帮助客户设计更具有可持续性的建筑之外，威斯康星州尼纳区（Neenah Wisconsin）建筑承包商的可持续服务主管莱曼帮助米隆更具有可持续性地运营。

莱曼将运行一家可持续发展建筑公司的问题或机遇定义为一种超越建筑特点的问题或机遇。相反，所有的努力都投入到减少致力于可持续发展的浪费。莱曼说，"每个人都必须通过减少资源消耗和浪费来更有效且高效地工作"。她从所有员工当中寻求创意，并确保每个想法都是经过深思熟虑的。例如，有个员工建议将所有员工纸质的薪水支票转变成直接的存款。这种改变除了能够节约用纸，还能够减少印刷和邮费的开销。通过认真地采纳意见，然后和员工沟通实际的利益，莱曼强化了可持续发展的价值观。

莱曼准备了许多关于财务稳健的可持续性案例。例如，当米隆整修总部时，安装了地热供暖和制冷系统，这在5年内可以收回成本；同时公司还将内部照明灯换成了LED灯泡，这预期将在能源成本方面节约大概12 000美金。有这么多的利益，难怪莱曼能够让可持续发展在米隆成为被广泛认同的价值观。

- 莱曼是否还能使用其他方法从员工中获得创新想法，以促进米隆的可持续发展？

3.6.4 头脑风暴

一个常用的引出创新想法的方法就是**头脑风暴**。在头脑风暴中，群体成员针对一个问题尽其所能地提出尽可能多的想法。当有想法产生的时候，就将其表达出来从而让每个人都知道这个想法，然后人们就可以像积木一样使用这些想法。每个人都被鼓励说出任何想法，但有一个例外，就是不允许评论任何人及其想法。在恰当的头脑风暴环境中，这个环境没有任何批评，人们不会受到抑制，更希望能听到他们不寻常的、创新的甚至是奇怪的想法。当人们想尽了所有的想法时，一份很长的备选方案列表就诞生了。直到那时，群体决策才进入评估阶段。在那个阶段中，许多不同想法可以被深思、修改，或者合并成一个创新的定制解决方案。

头脑风暴并不一定如人们所想的那么有效。有时候在头脑风暴中，人们会感到压抑和焦虑，会顺从其他人的想法，会设置较低的标准，参与没有创新性的行为，包括酒会式的对话，如称赞对方、重复讨论想法、讲故事等，这些是不错，但并不能促进创新。幸运的是，有方法可以帮助头脑风暴，包括脑力书写法（brainwriting）（花时间安静地写下想法），使用训练有素的主持人，设定高绩效的目标，电子化地头脑风暴，这样人们就不会争抢说话，并最终建立一个拥有众多有趣元素的游乐场来培养创造力。

3.7 组织管理决策

个人和群体的决策总是发生在每个组织机构中。为了理解组织机构中的决策，管理者必须思考以下问题：（1）决策者面临的约束条件；（2）组织决策过程；（3）危机决策。

3.7.1 决策者约束

组织机构，或者更准确地说是做重要决策的人，不能随心所欲地做任何决策。他们面临许多的约束条件，包括财务、法律、市场、人力以及组织自身，这些条件限制了他们的某些行为。资本或商品市场可能使一个投资巨大的新企业变得不可能；法律规定可能限制了某个公司参与国际商务活动；工会可能拒绝一份由管理层提出的合同；管理者和投资者可能会阻止一个收购计划。即使卓越的想法也要考虑实现想法时会遇到的实际问题。

> **提示**
> 如果你想到了一个创新的点子，那么你可能是个创新者。但你只有实现了你的想法，你才真正成为一个创新者。
>
> 假如你是个管理者，你设计了一个很棒的压缩成本流程。你还需要哪些因素的加入来实现你的创新？

假设你有了一个很棒的想法，能够为你银行的顾客提供一个全新的服务。你无法立即将想法落实成行动。你将不得不将想法卖给那些能够让你启动实践的人，以及你需要的那些能够帮助你实现这个项目的人。第一步，你可能会向你的老板介绍你想法的优势以说服他。然后，你和老板可能要将这些优点罗列出来给副总裁看。之后，也许总裁会资助你的想法。在每个阶段中，你必须要倾听这些人的观点和建议，并将这些融入你最初的想法中。最后，你将生成一个能被他人所接受的提案。

此外，还必须认真思考伦理和法律上的注意事项。决策者必须注重伦理标准，和许多被选举出来的团队的偏好，这就是组织机构中的实际生活。在第5章，你将有许多机会来思考伦理问题。

3.7.2 组织决策过程

正如个人决策和群体决策，组织决策一直以来也都被描述成是理性的，类似之前图 3.2 所示。但是诺贝尔经济学得奖者赫伯特·西蒙（Herbert Simon）质疑这个理性模式，并提出了一个重要的可选模式，叫做**有限理性**。根据西蒙的有限理性理论，决策者不能做到完全理性，这是因为：（1）他们对备选方案和结果拥有不完备的信息；（2）他们所面临的问题太复杂；（3）人类没有办法轻易地处理所有展现出来的信息；（4）没有足够的时间完全处理所有的相关信息；（5）在同一家公司里，包括管理者在内的人有着相互冲突的目标。

当这些条件一直存在时（在制定最重要的管理决策时常常如此），完美的理性就会被更多的偏见、主观和较散乱的决策过程所取代。比如，当决策者在做小决策时，采取少量步骤，谨慎地推进决策，然后逐步形成一个较大的解决方案，这就是决策的**增量模型**。一个经典的案例就是预算流程，传统的方法始于前期的预算并以此为起始点开始做增量决策。

当群体成员对目标提出异议，或者互相争抢资源时，就出现了决策的联合模型。当群体中部分成员团结在一起尝试影响决策时，决策流程就会带有政治色彩。这时会出现两个或两个以上的联盟，每一个都代表着不同的倾向，而且每一个都尝试利用权力和谈判来影响决策。

人们尝试影响组织决策来获得个人利益，这种组织中的政治会降低决策的有效性。消除这种政治现象，并确保建设性的认知冲突不会恶化成情感冲突的最好方法之一，是为团队的所有成员设立共同目标。也就是说，使决策成员之间成为合作关系而不是竞争关系，就可以创建一个能使群体团结的目标。在一项研究当中，拥有既定目标如为即将到来的竞争"建立最大的财务战争基金"，或"创立一家十年来最好的电脑公司"，或"打造一台市场上无与伦比的机器"等的最高管理团队，他们不愿意团队成员之间出现恶性冲突和政治化的行为。就个人层面来说，如果你发现你处于冲突中，你和你的对手可能都关注了错误的目标，应努力去寻找你们双方都希望达到的一个共同的重要目标。

当人们对目标不确定，或对目标有异议，也可以说是不知道或不同意自己要做的事情时，决策的**垃圾桶模式**就产生了。这种情况发生是因为某些问题太复杂而不容易被人理解，还因为有些决策者忙于其他事物而无法全身心投入决策过程。这种模式意味着某些决策太混乱，而且几乎是随机的。你会发现在决策过程中，垃圾桶模式会戏剧性地偏离理性。

3.7.3 危机决策

在危机中，管理者必须要在巨大的压力下做出决策。你可能知道一些近期最出名的危机事件：发生在墨西哥海湾的英国石油公司钻井平台爆炸、墨西哥沿岸地带的飓风破坏、给房地产业带来动荡的金融危机，以及动摇了中东的许多政府的政治危机。

过去两个著名的案例，一个是发生在印度博帕尔市的联合碳化物公司（Union Carbide）毒气泄漏导致成千上万人死亡事件，另一个是多人使用了强生公司（Johnson & Johnsons）的泰诺（Tylenol）产品后发生的氰化物中毒死亡事件。如表 3.3 所示，联合碳化物公司和强生公司在处理危机事件时使用了不同的方法。直到今天，强生公司仍因其对该危机的有效处理而闻名。

表 3.3　两个危机对比

联合碳化物公司	强生公司
公众认为联合碳化物公司是粗心大意、冷漠的杀手，而公司没有将这种公众认知视为危机。	公众认为泰诺产品不安全，而且强生没有参与控制。强生立即将这种公众认知视为危机。
行动前无计划性： • 首席执行官直接前往印度视察损失情况。 • 所有高层也都参与其中。	行动前有计划性： • 首席执行官挑选一位高层带领团队处理该事件。 • 除了参与其中的人，公司的其他人只需要知道此事。
没有设置目标	设置目标： • 阻止死亡继续发生。 • 查询死亡原因。 • 为受害者提供帮助。 • 重建泰诺的信誉。

(续表)

联合碳化物公司	强生公司
行动： ● 控制损失/阻碍。 ● 淡然处之。 ● 不如实说明安全条件。 ● 没有通知发言人。 ● 采用背水一战的心理。	行动： ● 提供完整的信息。 ● 与官方合作。 ● 将泰诺产品下架（第一年的损失达到1.5亿美元）。 ● 使用强大的营销计划。 ● 重新发行防干扰包装的泰诺产品。
延续的慢性问题： ● 公众信心低。 ● 昂贵的诉讼。 ● 没有总结官方的危机计划。	危机解决： ● 公众信心高。 ● 销量回升。 ● 形成完备的危机管理计划。

信息技术为危机处理提供了新的平台。企业、家庭、政府机关、医院以及其他的组织机构都昼夜不停地通过互联网和私人网络发布危机信息，任何一个无论是偶然还是恶意的技术故障都会因信息技术的传播速度和广泛使用而被夸大。最易受攻击的就是输电网络，它将各种公共设备联系在一起，并将电力传输到每个用户。信息技术系统使得公共事业的员工可以远程操控电网。近来，已经有美国电网被黑客闯入的消息曝光，并留下了一些理论上允许黑客干扰电网系统的计算机程序。这样的程序可以被清除，但是最大的挑战是要防止或抓住任何一个未经授权而试图侵入该系统的人。

> 信息技术为危机处理提供了新的平台。

应对信息技术相关危机事件必须将高管的在线交流考虑在内，不仅为了保护公司的声誉，也为了与外界的专家、新资源，以及关键的内外部利益相关者进行沟通。管理者可以使用信息技术来及时地监控和回应各种问题，包括丑闻、联合抵制、谣言、网络攻击以及其他的危机。

尽管许多公司并不关心自身的危机管理问题，但将危机管理加入日常管理日程中却是非常有必要的。一个有效的危机管理应该要包括如下基本要素：

（1）战略举措，如将危机管理融入到战略管理和正式政策中。
（2）技术和结构行为，如建立危机管理团队，并给予预算支持。
（3）评价和诊断，如审计风险和负债，并建立能够追踪早期预警信号的系统。
（4）交际行为，如为媒体、当地社区、警方以及政府机关等机构提供培训。
（5）心理和文化行为，如给予危机管理强烈的高层管理团队以承诺，并对受危机影响的人和他们的情绪问题提供培训和心理支持服务。

最后，管理层应该要能够回答如下问题：
● 你的公司能够面临什么类型的危机？
● 你的公司能否在其早期阶段就发现危机？
● 当危机发生时，你的公司该如何管理危机？
● 危机化解之后，你的公司如何才能从中获益？

最后一个问题提出了一个重要观点：有效管理的危机能够带来利益。例如，一场监狱暴动帮助杰里·赫夫特勒（Jerry Heftler）创办了自己的公司，并带来了第一批客户。赫夫特勒为那些需要去监狱外的医院或康复中心就诊的因犯，建立综合医疗解决方案（Integrated Medical Solutions，IMS）来管理他们的医疗保健问题。首先，公司联系监狱附近的医院或康复中心来确认谁愿意提供服务；公司为那些签过合同的因犯处理预约和保险文书工作。在同第二批顾客签约后的几天，距离合同生效还有一周的时候，赫夫特勒得知他的新顾客囚犯们发生了暴动。赫夫特勒立即给监狱卫生服务主管打电话，并立即为其提供帮助。借鉴前人在人质谈判方面的经验，赫夫特勒冷静地将那些没有经过身份识别就送上直升机的受伤囚犯，送往任何一家可以接收他们的医院。他建立了一套通过文身来追踪囚犯的系统，直到他们的身份能够被正确识别为止，而且他一直跟卫生服务主管保持联络。自那以后的许多年里，监狱管理层对这套综合医疗解决方案的能力都坚信不疑。

有了有效的危机管理，新老问题都能够得到解决，新的策略和有竞争力的优势可能就会出现，从而可能迅速发生积极性的改变。如果有人参与并成功化解了危机，英雄就应运而生。在潘多拉公司早期那段糟糕的时期，公司被要求支付专利费，而这笔专利费可能要花光他们所有的收入。潘多拉管理层带领公司渡过这个危机的能力让很多观察者看到了希望，即公司能够继续蓬勃发展并改变音乐产业。你可以阅读案例"为潘多拉的未来定位"来了解和评估潘多拉公司的决策。

> 如果有人参与并成功化解危机，英雄就应运而生。

作为一名危机处理的领导，不要假装什么都没发生，而应沟通并加强公司的价值观，试图找到让大家相互支持的办法，并记住他们会从你的行为中获得启发。你应该要保持乐观但要极其诚实，要表达你的情感但不要害怕。阿波罗13号的地面控制者吉恩·克兰茨（Gene Krantz）说，"你必须冷静，再冷静"。但是不能忽视或低估了问题，不要给予太多保证，不要给予错误的希望。直截了当地给人们坏消息，你会获得更多的信任；当好消息来临的时候，它就真的意味着好消息。

案例展望

为潘多拉的未来定位

尽管蒂姆·韦斯特格伦和潘多拉媒体公司的其他管理者为了扩大用户基础和签约广告商付出了巨大的努力，但公司仍然遭遇了一场几乎能摧毁潘多拉的财务危机。导致危机的问题并非来自竞争对手，而是来自版权委员会，它是一个音乐产业的非营利组织，专门为唱片设置版税率。几年前，该委员会就声称要增加互联网广播服务提供商的版税。不同于调幅/调频收音机的广播员，互联网广播服务提供商会被要求向音乐家支付作品版税，唱片公司也被要求为他们传输的每一首歌支付版税。

潘多拉的创始人韦斯特格伦、首席执行官乔·肯尼迪（Joe Kennedy）以及其他的管理者考虑应该如何选择。最终，韦斯特格伦回想说当时唯一比较现实的选择就是"终止潘多拉的业务"。但是他们决定再试一下一个令人绝望的想法：请求潘多拉最忠实的用户向国会代表施加压力，要求他们介入处理此事。对于这个办法，公司拥有一些资源支持，尤其是用户注册的数据库。潘多拉向所有用户发送了一封邮件，并根据用户的邮政编码附上相关议员代表的联系方式。这个绝望的办法起效了！超过150万名用户联系了国会，并要求宽松税率调整计划。肯尼迪认为，新税率调整计划将是拯救潘多拉的唯一办法。从宣布提高税率到谈判降低税率的提高幅度，这场生存之战持续了两年之久。

尽管调低了税率，盈利仍然很困难，但是管理层接受了这个挑战。在最近的一年里，版权税相当于潘多拉收益的60%（卫星广播是15%，而调幅/调频广播为零）。特别是最近，公司已经逐步降低了成本，包括音乐的授权费用。管理层还决定调整价格，让最忠实的用户为公司分担些压力。

度过了这场风暴后，潘多拉的管理层觉得他们要开始享受盈利了。这家公司，曾经投入了巨大财力和精力来创建他们的音乐基因组计划，现在已经开始减小损失，并收获他们的第一份营业利润。管理层筹划让公司上市，并在首次公开发行股票时出售股份。

显然，风险和不确定性从来不会停止。苹果公司的应用商城现在成为潘多拉的一个重要收入来源，iPhone和iPad用户会进入应用商城订阅潘多拉的付费服务。最近，苹果公司宣布将从这些订阅费中收取30%的费用。到目前为止，潘多拉的大部分收益都来自广告，但是订阅费用的收益正在逐步上升。此外，假设潘多拉开始持续盈利，其他公司也会发现类似的商机。例如，假如苹果公司要提供音乐传输服务，那么根据合同它有权不提供如潘多拉这样类似且存在竞争的服务。这样的话，潘多拉就会损失一部分用户基础，除非富有创造力的管理层能够想到一个办法，让潘多拉比iPhone更吸引音乐爱好者。鉴于潘多拉此前在创新方面的表现（*Fast Company* 杂志最近将其称为世界50大创意公司之一），那将会是下一个大惊喜。

- 对互联网广播服务公司提高版税的公告对于潘多拉来说是否是一种危机？为什么？潘多拉的管理层能够做好准备吗？
- 还有哪些其他条件限制了潘多拉的决策？

关键术语

情感冲突（affective conflict）
有限理性（bounded rationality）
头脑风暴（brainstorming）
必然性（certainty）
联合模型（coalitional model）
认知冲突（cognitive conflict）
冲突（conflict）
应急计划（contingency plans）
定订解决方案（custom-made solutions）
唱反调法（devil's advocate）
辩证法（dialectic）
轻视未来（discounting the future）
框架效应（framing effects）
垃圾桶模式（garbage can model）

目标错置（goal displacement）
群体思维（groupthink）
控制错觉（illusion of control）
增量模式（incremental model）
最大化决策（maximizing）
非程序化决策（nonprogrammed decisions）
最优决策（optimizing）
程序化决策（programmed decisions）
现成的解决方案（ready-made solutions）
风险（risk）
满意决策（satisficing）
不确定性（uncertainty）
警惕性（vigilance）

学习目标小结

现在你已学习完第 3 章，应该能够掌握：

1. 能够描述出作为一名管理者，所要面临的决策类型。

大多数重要的管理决策都能被结构化并拥有不确定性、风险以及冲突这三个特点。然而，管理者仍然需要在面临挑战时，做出合理的决策。

2. 能够总结制定"合理"决策的步骤。

理想的决策过程包含 6 个阶段。第一个阶段，识别和诊断问题（或机会），要求在现状和期望状态之间发现不同之处，然后研究表象之下的根本原因。第二个阶段，生成备选方案，要求采用现成的解决方案或设计定制的解决方案。第三个阶段，评估备选方案，即预测不同备选方案的后果，有时候需要通过建立未来场景来做预测。第四个阶段，选择方案，解决方案可能是最大化方案、满意方案或者是最优方案。第五个阶段，实施决策，该阶段要求有比通常方案更细致的规划。最后一个阶段，管理者需要评估决策实施结果，也就是收集目标，以及决策影响的有效信息。如果这些信息显示问题并没有被一步一步地解决，那么就需要研究一个更好的决策或实施方案。

3. 可以识别决策时应该避免的陷阱。

环境因素和人力局限使得大多数决策者倾向满意决策而不是最大化决策。心理偏差、时间压力，以及组织机构生活的社会现实都可能阻碍决策的 6 个阶段的合理执行。但是警惕性以及对如何管理决策团队和组织约束这一问题的理解都有利于完善这一过程，并最终生成更好的决策。

4. 能够评估群体决策的利与弊。

群体决策的优点包括能够获得更多的信息、更多的观点、更多处理问题的方法，能够激发群体智力，能够对所有的最终决策有更好的理解，以及更强的使命感。而群体决策潜在的危险或者说是缺点，包括个体主导讨论、追求满意决策、群体思维以及目标错置的情况。

5. 可以识别领导决策团队的程序。

决策团队的有效领导者要避免主导讨论，要鼓励成员的参与，避免群体思维现象以及追求满意决策，要时刻关注团队目标。领导者通过任命唱反调者和使用辩证法来激发建设性冲突，以此发现一个问题或解决方案的对立面。他们还通过许多技巧来激发创造性思维。

6. 能够解释如何激发富有创造力的决策。

当需要创新想法时，领导者需要让自己变得富有创造力以树立好榜样。他们应当能够识别出无限小的创新机会，并对团队的创新能力有信心。他们要能够通过推动创意自由、奖励创意，以及不惩罚创意失败来使创意竞相迸发。他们应当鼓励团队成员多与顾客沟通、促进讨论，并保护他们免受来自管理者压制创新过程的压力。头脑风暴是产生创意的最受欢迎的方法之一。

7. 能够讨论组织决策的过程。

组织决策通常是一个高度复杂的过程，组织中的个人和群体会受限于各种各样的因素和条件。实际上，决策者通常是有限理性的，而不是纯粹的理性。有些决策是在增量的基础上制定出来的。联盟形式是为了表达不同的偏好。正如垃圾桶模式所述的那样，组织决策过程通常是混乱的。该过程也会出现政治现象及决策被妥协现象，以及此起彼伏的危机。

8. 可以描述危机中如何做决策。

危机使得完整有效的决策变得更加困难，但是很好地管理危机还是有可能实现的。可以提早研究危机管理的策略和机制，这样如果发生了危机事件，决策者就有充足的准备。

问题讨论

1. 从风险、不确定性，以及管理者如何处理公司面临的挑战这三个方面来讨论潘多拉媒体公司。这家公司现在发展得怎么样？
2. 想想你做过的一些冒险的决策。你为什么要冒险？这些冒险的决策是如何被实施的？回头想想，你学到了什么？
3. 想想你曾经做过的一个产生了重大意外结果的决策，结果是好的、坏的、还是好坏参半呢？是否本应该或本可以在决策时做些改变？
4. 时间压力对你制定决策产生了什么效果？你采取什么方法处理好时间压力？又是什么方法让你没有处理好时间压力？
5. 回想近期一个你很难做的决定。从管理决策的特征方面来描述它。
6. 你认为使用计算机科学来做决策有什么优点和缺点？
7. 你是否认为管理者应该按照本章所述的决策步骤来制定决策？哪些步骤可以被忽视或轻视？人们应该怎么做从而确保他们彻底完整地按照步骤行事？
8. 讨论群体决策的潜在优点和缺点。从你的经验中举几个例子。
9. 假设你是一家大型企业的首席执行官，你们公司的一个储油罐破裂了，导致成千上万加仑的油流入河中，最终汇入大海。你该如何来处理这个危机？
10. 想想你想解决的问题。和人们一起头脑风暴来思考一些富有创造力的解决方案。

实践练习

3.1 竞争升级：美元拍卖

目标

探索决策中竞争的作用。

说明

步骤 1（5 分钟）：教师来扮演拍卖师。在这场拍卖中，拍卖师将要拍卖几张 1 美元的钞票（老师将会提醒你钱是真的还是虚构的）。同时，所有同学都可以参与到拍卖中。

这场拍卖中的规则和常规拍卖稍有不同。在这场拍卖中，最高投标人和下一个最高投标人都要支付他们的最后竞标价，即使美元只会给最高的投标者。比如说，假如投标者 A 为这 1 美元投标 15 美分，投标者 B 投标 10 美分，而且不再有人竞标，那么 A 要支付 15 美分，并能得到这 1 美元，而 B 也要支付 10 美分，但得不到任何东西，这时候拍卖者将会为他刚刚卖出的 1 美元损失 75 美分。

竞标必须是 5 美分的倍数。只有当不再有人竞标的时候，美元才被卖出。如果有两个人同时竞标相同价格，拍卖师会选择位置离他最近的竞标者。在每一轮拍卖中，除了竞标不许有别的交谈。

步骤 2（15 分钟）：老师（拍卖师）将会向全班同学拍卖 5 张 1 美元的钞票。任何一名学生都能参与竞标。所有的出价和赢家都会记录在如下所示的一张表格里。

美元拍卖表

	胜出竞拍者支付的金额	第二胜出竞拍者支付的金额	为这 1 美元支付的金额
第一个 1 美元			
第二个 1 美元			
第三个 1 美元			
第四个 1 美元			
第五个 1 美元			

资料来源：摘自 R. Lewicki, *Experiences in Management and Organizational Behavior*, 3rd ed. 1991。Reprinted with permission of John Wiley and Sons, Inc。

讨论题
1. 在这次实践中，竞标者和拍卖师中谁赚了最多？为什么？
2. 随着拍卖的进行，竞标者会变得越来越倾向于竞争，还是越来越合作？为什么？
3. 胜出的两个竞标者是否真的会付出比拍卖的美元自身价值更多的金额？请解释这种情况如何发生，为什么？
4. 你是否会参与到竞价中？为什么？
   a. 如果你参与了，你的动机是什么？你是否实现了你的目标？
   b. 如果你没有参与，为什么？你认为参与竞拍的人的目标是什么？
5. 在竞拍过程中，是否会有人说些什么来影响他人的行为？如果有，他们说了什么，以及如何产生影响？

3.2 社区机构的团队对策讨论会

目标
通过角色扮演会议中的一名主席及其下属来理解群体决策的互动交流。

说明
1. 收集每个人物的角色表和观察员的指导书。
2. 在房间的最前面放一张桌子，桌子旁边围绕 5 张椅子，使参与者能够较舒适地进行谈话，并能使观察员看到他们的脸。
3. 阅读简介和角色表。
4. 从班上选出 5 名同学扮演 5 个角色，其他所有人都作为观察员。参与者要认真研究角色，所有人都不要看角色表来表演自己的角色。
5. 观察员阅读指导书。
6. 当每个人都就位时，约翰·卡波特（John Cabot）进入房间加入讨论，场景开始。大家拥有 20 分钟来完成这个会议。如果 10 分钟或 15 分钟后讨论达成一项决议或仍没有进展，会议结束。

讨论题
1. 描述团队的行为。每个人都说了什么，做了什么？
2. 评估这个团队决策的效果。
3. 在领导力、权力、积极性、沟通以及观点看法方面，是否存在问题？
4. 如何加强团队的有效性？

简介

社区机构是一个会议的角色扮演练习,角色包括社会服务机构的董事长和他的 4 个下属。每个人物角色都要重现商务会议的现实情况。当机构面临大问题时,每个参与会议的人物都带有一个独到看法,同时通过多年从事商务和社会工作经验,对其他人物角色都有一定的个人看法。

角色表

约翰·卡波特,主席,社区机构形成背后的主要力量。该机构是一家多项目的服务机构,拥有 50 名员工。在其 19 年的经营时间里,比起其他当地的社区机构,该机构享有更好的客户管理、更好的服务记录和更好的声誉,因为它为资助机构提供了价格适中的优质服务。然而,最近竞争者开始赶超这家社区机构,导致了合同数量的减少。约翰·卡波特正千方百计地想让他的机构继续保持领先。

罗恩·史密斯(Ron Smith),机构主管,向卡波特直接汇报。19 年前从他帮助卡波特创办机构以来,就一直工作在这个岗位上。

琼·斯威特(Joan Sweet),客户服务主管,向史密斯汇报。她在该机构工作了 12 年,在那之前她在政府任职签约官员。

汤姆·林奇(Tom Lynch),负责社区联络,向琼·斯威特汇报。他是在斯威特的请求下加入社区机构的,在那之前和斯威特一起工作过。

简·考克斯(Jane Cox),负责个案工作,同样向琼·斯威特汇报。考克斯两年前晋升到这个职位。在那之前,简在获得了一所大型城市大学的专业硕士学位后又参加了一年的培训课程。

今天的会议

今天的会议主要讨论确定会议服务安排表和合同要求。一个半小时后,卡波特要搭乘飞机去华盛顿。在那里他已约好谈判一个重要的合同,这份合同对社区机构的未来意义重大。在赶上飞机前他只有 20 分钟的时间来同下属会面。卡波特认为获得华盛顿的这份合同对机构的未来无疑是至关重要的。

资料来源:Judith R. Gordon, *A Diagnostic Approach to Organizational Behavior*. Copyright © 1983 Pearson Education, Inc. Reprinted by permission of Pearson Education, Inc., Upper Saddle River, NJ.

综合案例

沃灵福德(Wallingford)保龄球中心

12 个死党把筹集到的约 120 万美金的启动资金汇到一起,在弗吉尼亚州的诺福克市创办了一家价值 600 万美元且拥有 48 条球道的保龄球馆。其中两名投资者成为保龄球馆的员工:内德·弗兰德斯(Ned Flanders)全职担任总经理,詹姆斯·阿曼德(James Ahmad)是一名注册会计师,兼职担任管理员。

这家漂亮的现代化球馆的特色在于其多层次、宽敞的室内设计。它拥有两层共三组球道,其中每组各 16 条球道,还有一个全方位服务的酒吧、一家小型参观室、一个游戏室(水池、电子游戏和弹球),以及两间更衣室。该球馆选址在一个十分宽敞的场地,拥有许多停车位和扩张空间。

该保龄球馆坐落在沃灵福德的一个蓝领小镇上,小镇里没有直接的竞争者。周围社区的居民肤色各异、职业不同,中产阶层的私人住宅、公寓林立。生活在其中的人从单身到年轻夫妇再到退休人员。距沃灵福德 15 英里内的土地上住着将近 20 万人口。

保龄球馆每天 24 小时营业,拥有 27 名全职和兼职员工。营业了四年之后,合伙人沮丧地发现保龄球馆的利润很低。虽然营业额能够抵补支出,但是合伙人还是对年终分红不满意。最近的利

润表如下:

	(单位: 美元)
销售额	1 844 000
销货成本	315 000
毛利润	1 529 000
营业费用	1 466 000
抵押	460 000
折旧费	95 000
公共设备	188 000
维护费	70 000
工资单	490 000
供应品	27 000
保险费	136 000
应税所得	63 000
税收	19 000
净收益	44 000

周日到周四的晚间，从晚6点到午夜，保龄球中心会投入100%的运营能力。每天晚上都有两支男子球队光顾，而且他们五人一组占据了每条球道。赛后，球员们一如既往地在酒吧和餐厅消费。实际上，当前总销售额中的60%是来自这两支球队。

在周五晚上、周六上午和晚上这段时间，保龄球中心会投入50%的运营能力。这两个通宵夜晚的顾客主要是青少年、年轻情侣以及保龄球联盟队员，这些人会自行组成两个或三个队伍。周六上午的顾客主要是一支少年球队，年龄为10—14岁。

除此之外，还有四支女子保龄球队会在周一和周三的下午到中心练球。

周一到周五以及周日的上午，周二、周四、周五、周六和周日的下午，这几个时间段里的营业额都非常低。在这些时段里，只有三个或四个球道正常经营的情况并不少见。

保龄球中心的业主们密切观察了运营成本，以期提高利润率。他们总结道，虽然总的营业费用达到146.6万美元之高，但是事实上也没有任何削减成本的空间。

在最近的一次合伙人会议上，詹姆斯·阿曼德汇报了他历时三个月对其他保龄球馆运营成本的调查结果，发现沃灵福德保龄球馆的经营状况与该行业的状况非常一致。詹姆斯继续汇报说经营保龄球馆被认为是"高固定运营成本"的生意，成功和获利的关键就在于将运营能力和销售额最大化。

问题

1. 将本章描述的决策过程应用到该案例。沃灵福德保龄馆面临的最大问题是什么？请列举出解决该主要问题的五个具体的、可实施的可选方案。

2. 假设你是这家公司的总经理，你该如何利用和管理群体决策过程及技巧来提高公司利润？你会让哪些员工加入决策队伍？

第一部分　支持案例

SSS软件公司的公文篮实践

测试你在管理技巧方面的优势和劣势的一种方法就是参与一项实际的管理工作。下面这个练习将让你体验管理者通常要处理的任务。完成练习，然后将你的决策和行动与其他同学进行比较。

SSS软件公司为企业设计和开发商务定制软件，同时将该软件集成到用户现有的系统中，并提供系统维护服务。SSS软件公司的客户主要分布在如下行业：航空业、汽车业、金融/银行业、保健/医疗业、消费品业、电子工业以及政府机关。公司也开始吸引重要的国际客户，包括欧洲空客联盟（European Airbus Consortium）以及一个总部位于肯尼亚的一家由多家银行和金融公司组成的财团。

SSS软件公司自几年前创建以来就迅速地成长。它过去几年的收益、净收益及每股收益都在行业平均水平之上。然而，该高技术领域的竞争者也在迅速地发展。最近，大型项目的竞争已经变得越来越激烈了。此外，尽管SSS软件公司的收益和净收益都在持续增长，但是上一财年的增长率却下降了。

SSS软件公司的250名员工根据四个层次被划分到不同的事业部门，这个级别包括非管理层、技术/专业层、管理层和主管层。非管理层的员工主要负责文书和设施支持工作。技术/专业层的员工负责公司的核心技术工作。大多数管理层员工都是团队管理者，负责管理某个技术/专业员工团队并致力于一个具体客户的某个项目。在专业领域，如金融、会计、人力资源、护理以及法律领域工作的员工也被视为管理层员工。执行层由12个SSS软件公司最高级别的员工组成。图A是SSS公司的组织架构图，这也是一份员工分类报告，罗列了各个层次的员工数量。

在这个练习当中，你将会扮演克里斯·佩里罗（Chris Perillo），保健和金融服务部门的副总裁。上周三，即10月13日，你的前任迈克尔·格兰特（Michael Grant）刚辞职，加入了环球商业解决方案公司（Universal Business Solution, Inc.），之后你就接受了这份工作的任命。此前你是一名团队管理者，带领一支由15名软件开发人员组成的团队，负责航空服务部门的空客联盟项目。你投入了所有的周四和周五，以及大多数的周末时间来完成项目的子任务和向你的继任者做简报，并在为10月21日在巴黎的一个项目中期报告做准备。

现在是周一上午7点，你在你的新办公室里。你提早上班，为了能够在接下来的两小时里看完公文篮里的材料（包括一些给迈克尔·格兰特的备忘录和通知），以及你的语音留言和电子邮件。你的日常计划本显示，今天和明天你都没有约会，但必须赶周三早上的飞机去巴黎。而在这周剩下的时间和下一个星期里，你的日程表都被安排得非常满。

任务

在接下来的两个小时内，浏览你公文篮中的所有材料，以及你的语音留言和电子邮件。记住，只能花两个小时。以下面的回答方式作为模版，阐明对于每个项目你想如何应对（即书信/便笺、电子邮件、电话/语音邮件，或者私人会议的形式）。写下你所有具体的反应（不要仅仅写下一些点子）。比如，你可能要起草一个备忘录或写下你想通过电话/语音邮件传递的信息，可能还要在你今天或明天日程表的有限可用时间里会晤他人。如果是这样，罗列出个人会议的议程和目标。当你阅读这些项目时，你可能会偶然发现一些你觉得与你有关并想记住（或者将来想参加）的信息，但是你决定不在其中包含你对员工的任何反应。请将这些信息记录在"自我备忘"栏中。

第 3 章 管理决策制定 113

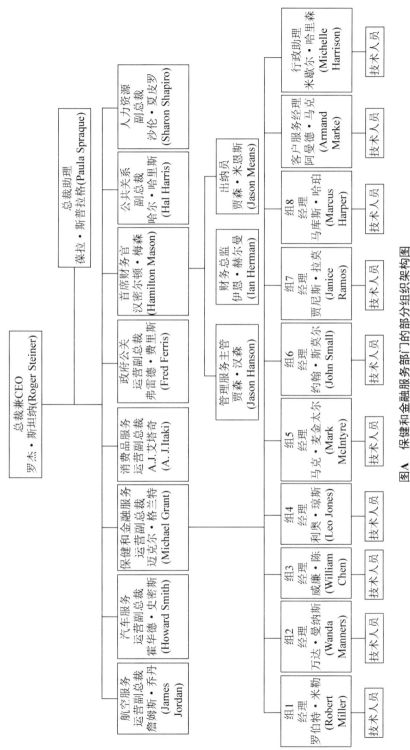

图A 保健和金融服务部门的部分组织架构图

资料来源：D. Whetten and K. Cameron, *Developing Management Skills*, 6th ed. Copyright 2005. Reproduced by permission of Pearson Education, Inc., Upper Saddle River, New Jersey.

反应表样例

内容：
便笺编号_____   电子邮件编号_____   语音邮件编号_____
反应表：
_____书信/便笺   _____会议（时间、地点）
_____电子邮件   _____自我备忘
_____电话/语音邮件   _____无反应

项目1　备忘

收件人：所有员工
发件人：罗杰·斯坦纳，首席执行官
日期：10月15日

我很高兴地宣布克里斯·佩里罗已经被任命为保健和金融服务部门的运营副总裁。克里斯将直接负责之前迈克尔·格兰特所负责的全部业务。克里斯将全权负责保健和金融/银行业的客户软件的设计、开发、集成和维护，责任包括所有技术、金融以及人事问题。克里斯也将接手负责为三大健康维护组织（HMOs）最近宣布的合并项目提供软件支持及集成的工作。克里斯还将负责最近宣布的一项有关一个总部设于肯尼亚、由多家银行和金融公司组成的财团的项目。该项目对于我们公司来说是一项令人振奋的机会，克里斯的工作学习背景让他成为该任务的最佳人选。

克里斯拥有加州理工学院（California Institute of Technology）计算机科学本科学位，以及弗吉尼亚大学（University of Virginia）的工商管理硕士学位。六年前，克里斯是我们技术/专业人员之一。近三年来，他作为项目经理负责我们航空业务组任职国内外项目的经理，其中包括他最近带领过的欧洲空客联盟项目。

我相信你会和我一起祝贺克里斯的升职。

项目2　备忘

收件人：所有经理
发件人：哈尔·哈里斯，社区和公共关系的副总裁
日期：10月15日

仅供参考，下面这篇文章摘自星期四《洛杉矶时报》商业板块的头条。

迈克尔·格兰特和贾尼斯·拉莫双双离开SSS软件公司加入了环球商业解决方案公司，这一举动可能会给SSS软件公司带来麻烦。行业分析师将这一举动视为环球商业解决方案公司在与SSS软件公司争夺日益增长的软件开发与集成业务市场份额斗争中的一次胜利。格兰特和拉莫在SSS软件公司已经工作七年多。格兰特近期还被任命为SSS软件公司在保健医疗和金融银行两个行业中所有业务的运营副总裁。拉莫为环球商业解决方案公司带来她在日益增长的国际软件开发与集成领域的特殊专长。

希拉里·科林斯（Hillary Collins）是美林证券公司（Merrill Lynch）的一名行业分析师，她说："对于像SSS软件公司这样的企业来说，核心员工跳槽到竞争对手公司通常会带来许多严重的问题。格兰特和拉莫对SSS软件公司的策略和技术局限性有深层次的理解。看看他们是否会利用他们的知识来增强环球商业解决方案公司的优势，这将是一件非常有趣的事。"

项目 3　备忘

收件人：克里斯·佩里罗
发件人：葆拉·斯普拉格，罗杰·斯坦纳的执行助理
日期：10 月 15 日

　　克里斯，我知道你的上一个岗位是航空服务部门的管理者，你可能已经见过保健和金融服务部门的大多数管理者，但是我想你可能想知道更多他们的个人信息。以下这些管理团队成员将直接向你汇报。

　　组 1：罗伯特·米勒，55 岁，白人，男性，已婚，妻子名叫安妮，共育有两个孩子和三个孙子，是当地共和党派的活跃分子。他被冠以"放开手"管理者的称号，带领着一只高绩效团队。他定期会同马克·麦金太尔、约翰·斯莫尔，以及其他部门的几个副总裁们一起打高尔夫球。

　　组 2：万达·曼纳斯，38 岁，白人，女性，单身，育有一个学龄儿童。她酷爱运动健身，曾参加过许多次马拉松。拥有德国和日本的工作生活经历。她时刻关注手头的任务，并被认为是一名精力充沛的管理者。每天早上，她总会是第一个出现在办公室的人。

　　组 3：威廉·陈，31 岁，中国人，男性，已婚，妻子名为哈里雅特，育有两个他与前妻的小孩。爱好网球而且打得很不错。他是公司的新起之星，他的同事都非常尊敬他，视他为"实干家"和好朋友。

　　组 4：利奥·琼斯，36 岁，白人，男性，已婚，妻子名为珍妮特，育有一个出生不久的女儿。最近刚休完陪产假回来。由于他能说三种语言，所以他经手了非常多的项目。自从他在蒙特利尔生活过之后，他就爱上了曲棍球。他被认为是一名能力很强的管理者。

　　组 5：马克·麦金太尔，45 岁，白人，男性，已婚，妻子名为玛丽·特瑞萨，妻子是银行业的一名主管，没有孩子。他拥有许多德国和东欧的工作与生活经验，写过一部推理小说，有很好的团队合作精神，但是他的技术人员中有些人不太受人尊重，而他还没有解决这个问题。

　　组 6：约翰·斯莫尔，38 岁，白人，男性，近期刚离婚，有三个孩子，他们与他的前妻一起生活。他是一个喜欢体育且爱好社交的人。在加入 SSS 软件公司之前，他在墨西哥和中美洲生活了很长一段时间。最近主要从事与联邦政府的合作事宜。他是一名普通的管理者，在使员工守时方面表现不佳。

　　组 7：自从贾尼斯·拉莫离开后，这个岗位就一直空缺。罗杰希望我们尽快找到合适人选。如果你想要任何职位的内部候选人信息，请联系我。

　　组 8：马库斯·哈珀，42 岁，黑人，男性，已婚，妻子名为塔玛拉，育有两个少年孩子。他最近在当地的一个摄影比赛中获奖。他被认为是一个很有能力的管理者，经常和他的同伴在一起，而且总是工作很长时间。

　　客户服务部门：阿曼德·马克，38 岁，亚美尼亚人，男性，离异。他是一个篮球迷，来自亚美尼亚。他以前是一名部门管理者，曾经为技术服务电话线路的建立付出很多的心血，但现在几乎已经不参与其中了。

　　行政助理：米歇尔·哈里森，41 岁，白人，女性，单身。她在一个牧场长大，从能骑马的那天起她就一直坚持骑马，是一名严格的管理者。

　　这里有很多优秀的员工，但是作为一个管理团队他们并没有被很好地规划。在我看来，迈克尔尤其比较倾向于和贾尼斯及利奥合作。在这个团队中也有一些小团体，我不确定迈克尔是如何有效地解决这个问题的。我希望你能迎接这个挑战，构建一支充满凝聚力的团队。

项目 4　备忘

收件人：克里斯·佩里罗
发件人：万达·曼纳斯，组 2 经理
日期：10 月 15 日

保密和限制

尽管我知道你对你的工作感到陌生，但是我想让你知道一些关于近期我们刚完成的第一政府投资项目（First National Investment）开发工作的重要信息。我们的项目包括资产管理软件的开发工作，该软件用于管理他们的国际基金。由于汇率的波动，以及我们需要开发相应的预测工具，该项目变得非常复杂。

作为项目的一部分，我们需要将这款软件和报告与他们现有的软件和汇报机制结合起来。为此，我们获得了他们现有的所有软件的访问权限（其中很多是环球商业解决方案公司开发的软件）。当然，我们签署了一份协议，承诺我们拥有访问权限的软件是归开发商专有，以及我们的访问权限只能用于项目有关的系统集成工作。

可惜的是，我得知我们开发的软件中的某些部分实际上很大程度地"借鉴"了对方为该项目开发的复杂应用程序。很显然，组 5（即马克·麦金太尔组）中的一个或多个软件开发者不恰当地"借鉴"了对方开发的算法。我知道这么做确实能从某些方面为我们的项目节约许多开发时间，但第一政府投资项目或环球商业解决方案公司很可能会发现这个问题。

最后，第一政府投资项目成功地使用了我们开发的软件，而且对我们的工作很满意。我们按时交付了项目，而且开支在预算范围之内。你可能知道他们已经邀请我们投标其他子项目。

我很抱歉要让你注意这些微小的问题，但是我想你应该要知道这些问题。

项目 5A　备忘

收件人：克里斯·佩里罗
发件人：葆拉·斯普拉格，罗杰·斯坦纳的执行助理
日期：10 月 15 日
回复：一封自 C.A.R.E. 服务组织的信（有附件）

罗杰让我负责这个 C.A.R.E. 项目，很显然他希望我快速开始行动。许多员工在接下来的几周里，日程都被安排满了。我知道埃莉斯·索图和吴楚红在这方面有专业知识，而且当我跟他们确认时间时，他们相对来说还比较空闲。我跟他们约定了接下来的两周时间，并希望你能知道。但愿你能处理好这个棘手的问题。

项目 5B　传真扫描件

C. A. R. E.（Child and Adolescent Rehabilitative and Educational Services）

青少年康复和教育服务组织

团结·一心

缅因街 200 号

加利福尼亚州，洛杉矶市，邮编：90230

日期：10 月 11 日
CEO 罗杰·斯坦纳先生
SSS 软件公司
米勒路 13 号
加利福尼亚州，洛杉矶市，邮编：90224

亲爱的罗杰：
　　这封信是昨晚董事会会议上我们谈话的后续。我很欣赏你在会议上提出的非营利组织对复杂计算机系统的需求问题，我特别感谢你的慷慨相助，让 SSS 软件公司帮我们解决了会计系统的紧急问题。由于董事会投票解雇了计算机顾问，我非常担心能否及时准备好我们的报告，以便与州的资助周期相对应。
　　再次感谢你在这次危机中所提供的帮助。

贾尼斯·保罗西茨维奇谨上
执行董事

项目 5C　书信复印件

SSS 软件公司

米勒路 13 号

加利福尼亚州，洛杉矶市，邮编：90224

电话：213-635-2000

日期：10 月 12 日
贾尼斯·保罗西茨维奇
C. A. R. E. 服务组织的执行董事
缅因街 200 号
加利福尼亚州，洛杉矶市，邮编：90230

亲爱的贾尼斯：
　　我收到了你于 10 月 11 日发的传真。我已让我们的执行助理葆拉·斯普拉格安排人员尽快解决你们会计系统的问题。你很快就能收到她的来信。

罗杰·斯坦纳谨上
　　抄送：葆拉·斯普拉格，执行助理

项目6 备忘

收件人：迈克尔·格兰特
发件人：哈里·威瑟斯，组6技术人员
日期：10月12日

个人和保密

我们团队无法在截止日期11月5日前完成"霍尔斯道姆"项目。金、弗雷德、皮特、琨托、苏珊、马拉和我已经为这个项目奋战了几个星期，但是还有一些问题没有解决，可能还需要更多的时间。我不知道是否该写这封信，但是最主要的问题是我们的分组管理者，约翰·斯莫尔和马拉恋爱了。马拉的想法得到了约翰的支持，并把该想法作为项目必须完成的任务。不用多说，这给团队带来了一些问题。马拉的工作背景对这个项目非常重要，但是金和弗雷德一直非常努力地工作，他们现在都不愿意和马拉一起工作。此外，团队里的一个成员由于要照顾孩子，最近无法继续工作。项目的投入和团队的士气都一落千丈。但是，我们还是会努力尽快完成项目。接下来的两周马拉将要去旅行，因此我想在她不在的时候我们能够完成这个项目。

项目7 语音信箱

你好，迈克尔。我是吉姆·毕晓普，来自联合医院（United Hospitals）。我想跟你谈谈你为我们做的质量保证项目。当乔斯·马丁内斯第一次跟我们讨论的时候，我对他友好的态度和专业的知识背景印象深刻。但是最近，他似乎工作成效不高，而且不愿意与我们多交流。今天我咨询他项目进度，他表现得很警惕而且情绪几乎要失控。我很担心我们的项目。请你给我回个电话，电话号码是213-951-1234。

项目8 语音信箱

你好，迈克尔。我是阿曼德。我想跟你讨论技术电话服务的一些问题。我最近收到一些客户的投诉信，他们有的投诉说总是要等很长时间技术人员才来解决问题或接听电话，有的抱怨说技术人员没有充分的专业知识来解决问题，还有的抱怨说技术人员的服务态度有时非常粗鲁。毋庸置疑，我对此很担心。

我相信全体电话服务员工的质量都很好，但是我们依然人手不足，即使最近新招了许多。新来的技术人员看起来很厉害，但是在未完全接受培训之前还无法很好地提供电话服务。我们最优秀的技术人员安东里娜也经常带她的孩子来上班，这使得工作氛围更加嘈杂。

我想你应该知道我们面临着很大的压力。我很快会找你谈一下。

项目9 语音信箱

你好，克里斯，我是帕特。恭喜你升职了，他们总算选对了人。这对我来说也是特别好的消息。你一直以来都是一个了不起的导师，所以我很期待会从你和你的新岗位上学到很多东西。下周相约吃午餐如何？

项目 10　语音信箱

克里斯，我是鲍勃·米勒。我只是想到你可能想知道在我们团队的策划会议上，约翰的笑话让在场的几个女士很不舒服。坦白说，这个事情已经被越传越夸张了，特别是我们知道这里是个适合男性和女性一起工作的好地方。如果你想谈谈这件事情，给我打电话。

项目 11　语音信箱

你好，我是洛兰·亚当斯，来自西区医院（Westside Hospital）。我在今天的《洛杉矶时报》上看到你将接任迈克尔·格兰特的职位。我们素未谋面，但是你的部门最近刚完成了两个西区医院上百万美元的项目。迈克尔·格兰特和我讨论过一个小转变，就是修改现有软件的一部分，让其与新软件兼容。原来的供应商说过他们能负责这项工作，但是已经停滞一段时间了，我需要让项目尽快运作起来。你看看是否能让哈里斯·威尔森、吴楚红以及埃莉斯·索图尽快负责这项工作？他们曾经负责过原来的项目，而且和大家合作很愉快。你可以打这个电话 213-555-3456 联系我。

嗯……我想我应该告诉你，我刚接到迈克尔的电话，他愿意做这份工作。但是我想我应该继续让 SSS 软件公司跟进这个项目。等你电话。

项目 12　语音信箱

你好，克里斯，我是罗斯福·穆尔。我是公司的技术/专业工作人员。我以前向贾尼斯·拉莫汇报，但是自从她离开了这家公司，我想我应该将我关注的问题直接汇报给你。我想找一个时间跟你谈谈，主要是关于我休完 6 周陪产假回来的工作经历。我大部分的工作责任已经转移给他人。我有点搞不清楚状况，是不是我要保不住我的工作了。我还担心我是否有资格争取贾尼斯的空缺。坦白地说，休假回来后，我感觉身边的事物完全不一样了。我希望这周能与你谈谈。

项目 13　电子邮件

收件人：迈克尔·格兰特
发件人：乔斯·马丁内斯，组 1 技术人员
日期：10 月 12 日

我想尽快跟你安排一个会议。我猜想你会接到来自联合医院吉姆·毕晓普的电话，我想你能先听听我的立场。我一直在为他们做他们定义的质量保证系统的设计工作，用的是我们很多年前研发的 J-3 产品的另一个版本。他们有很多特殊的要求，而且他们的会计系统也有些奇怪的问题。因此，我不得不投入更多的时间。我已经很努力地满足他们的要求，但是他们总是不停地更改基本规则。我一直认为，我正在做另一个 J-3 软件，但是他们一直在干扰我所开发的很好的设计。我在这个项目中左右为难。然后，毕晓普先生问我系统是否在运行。我已经不想再跟他们的主管交涉，于是给了他一个尖酸刻薄的答复。他很奇怪地看了我一眼，就走出了房间。

我想尽早跟你谈谈这个情况。

> **项目 14　电子邮件**
>
> 收件人：克里斯·佩里罗
> 发件人：约翰·斯莫尔，组 6 经理
> 日期：10 月 15 日
>
> 　　欢迎加入我们公司，克里斯，很期待能见到你。我写这封邮件只是想给你推荐一个贾尼斯·拉莫的代替者。我的一名技术人员马拉·阿本德诺拥有成为一名优秀团队管理者的能力。我已经鼓励她竞选这个岗位。当你方便的时候，我很愿意跟你进一步谈谈这件事。

> **项目 15　电子邮件**
>
> 收件人：克里斯·佩里罗
> 发件人：葆拉·斯普拉格，罗杰·斯坦纳的行政助理
> 日期：10 月 15 日
>
> 　　罗杰让我告诉你我们已经得到在肯尼亚的那笔大合同，这意味着要有四名经理一起出差到肯尼亚，去确定当前的需求。他们会安排他们的技术人员在接下来的 6 个月里负责系统和软件的开发，之后经理们和一些团队成员可能要花大约 10 个月的时间在肯尼亚现场处理系统的实施工作。希望你能将你对即将在这次会议上讨论的问题的想法、对派人员去肯尼亚的其他考虑，以及你将如何组织团队有效地完成这个项目的想法通过电子邮件发给罗杰。10 月 15 日我发给你的备忘将会提供一些有助于开始做这些决策的信息。

> **项目 16　电子邮件**
>
> 收件人：克里斯·佩里罗
> 发件人：沙伦·夏皮罗，人力资源副总裁
> 日期：10 月 15 日
> 回复：即将到来的会议
>
> 　　我想告诉你上周策划会议上，约翰·斯莫尔关于性的笑话引起的连锁反应。相当多的女性同事感觉很不好，而且私下讨论过这个问题。她们决定召开全公司会议，以防止这种行为会扩展到整个公司。我打算参与，所以我会同你保持联系。

> **项目 17　电子邮件**
>
> 收件人：全体 SSS 软件公司管理者
> 发件人：沙伦·夏皮罗，人力资源副总裁
> 日期：10 月 14 日
> 回复：晋升和外部招聘

年初至今（1月到9月）晋升和外部招聘信息如下：

级别	种族					性别		总计
	白人	黑人	亚裔人	西班牙裔人	印第安人	男性	女性	
雇用至主管层	0 (0%)	0 (0%)	0 (0%)	0 (0%)	0 (0%)	0 (0%)	0 (0%)	0
晋升至主管层	0 (0%)	0 (0%)	0 (0%)	0 (0%)	0 (0%)	0 (0%)	0 (0%)	0
雇用至管理层	2 (67%)	1 (33%)	0 (0%)	0 (0%)	0 (0%)	2 (67%)	1 (33%)	3
晋升至管理层	7 (88%)	0 (0%)	1 (12%)	0 (0%)	0 (0%)	7 (88%)	1 (12%)	8
雇用至技术/专业层	10 (36%)	6 (21%)	10 (36%)	2 (7%)	0 (0%)	14 (50%)	14 (50%)	28
晋升至技术/专业层	0 (0%)	0 (0%)	0 (0%)	0 (0%)	0 (0%)	0 (0%)	0 (0%)	0
雇用至非管理层	4 (20%)	10 (50%)	2 (10%)	4 (20%)	0 (0%)	6 (30%)	14 (70%)	20
晋升至非管理层	NA	NA	NA	NA	NA	NA	NA	NA

自6月30日起SSS软件公司员工（EEO）分级报告如下：

级别	种族					性别		总计
	白人	黑人	亚裔人	西班牙裔人	印第安人	男性	女性	
主管层	11 (92%)	0 (0%)	1 (8%)	0 (0%)	0 (0%)	11 (92%)	1 (8%)	12
管理层	43 (90%)	2 (4%)	2 (4%)	1 (2%)	0 (0%)	38 (79%)	10 (21%)	48
技术/专业层	58 (45%)	20 (15%)	37 (28%)	14 (11%)	1 (1%)	80 (62%)	50 (38%)	130
非管理层	29 (48%)	22 (37%)	4 (7%)	4 (7%)	1 (2%)	12 (20%)	48 (80%)	60
合计	141 (56%)	44 (18%)	44 (18%)	19 (8%)	2 (1%)	141 (56%)	109 (44%)	250

关键事件

雇员的突然袭击

位于美国新泽西州默里市（Murray，New Jersey）的利特森棉纱制造公司（Litson Cotton Yarn Manufacturing Company），由于劳动力成本的上升，决定将厂址迁至佛蒙特州的法尔里（Fairlee，Vermont），一个能容纳4200人的南部乡镇。厂房建设已经开始，而且将人力资源办公室设立在了法尔里的州劳工委员会。

由于位于法尔里方圆50英里内的其他三个纺织厂的人力效率低下，利特森一直收到许多来自当地技能很熟练且训练有素的纺织技工的求职申请。在收到将近500份求职申请后，利特森向260个求职者发放了录取通知书。这些员工将会被直接聘用，并被立即安置下来等待最终机器安装完成的指令，而新工厂预期将在接下来的6周内完工。

其他三家纺织厂的管理层面临着许多高技能和训练有素的员工的辞职，他们向利特森的管理层抱怨说他们的技工被"挖走"了。他们组织了一个强烈的抗议行动来阻止这样的做法，并要求利特森立即取消雇用这260名员工。

利特森的管理层讨论了雇用这260名员工会产生的伦理道德顾虑。利特森无疑面临着紧张的法尔里劳动力市场，管理层考虑如果将这260名员工解雇，公司就将面临计划取消和巨大的工厂建设的损失。同时，利特森也对这260名员工负有义务，因为他们已经从之前的公司辞职加入了利特森。

当某家工厂的管理人员告诉利特森，他的工厂是由利特森供应棉纱的全国连锁店之一时，利特森陷入更加两难的境地。他暗示说如果利特森继续这样下去的话，可能会导致订单的流失，而且可能会损失将近18%的市场份额。同时，其他纺织公司也向利特森的管理层反映过相同意见。利特森的总裁召集所有高层开了一次紧急会议，目的是：(1)确定该怎么应对法尔里的情况；(2)企划一份书面政策声明，表明利特森对于挖走员工问题的立场；(3)研究一份针对该政策的实施计划。

- 你将如何准备这个会议？你在会上会做什么样的发言？

资料来源：J. Champion and J. James, *Critical Incidents in Management: Decision and Policy Issues*, 6th ed. McGraw-Hill/Irwin, 1989. Copyright © 1989 The McGraw-Hill Companies.

有效管理

萨姆·珀金斯（Sam Perkins）是毕业于哈佛大学医学院（Harvard University College of Medicine）的博士，他经营一家内科私人诊所12年。14个月之前，他被马萨诸塞州的州长劝说放弃私人诊所，并来担任政府的公共事业部门主管。

担任主管1年后，珀金斯意识到在提高部门效率方面没什么进展，员工的士气和效率反而比他刚来时更低。他意识到自己过去的培训和经验都只有关临床医学方面，而很少接触到高效的管理技能。珀金斯决定到当地的大学研究有关管理学的文献资料。

珀金斯很快发现管理学界对什么才是有效管理持有不同的观点。有的观点相信人天生具有某些可识别的人格特质，这使得他们能够成为有效的管理者。有的观点认为，管理者可以通过友善地对待下属，通过特别关注下属对有利的工作环境的需求，来学习如何成为有效的管理者。而还有一部分人强调形成一种管理风格的重要性，管理风格包括独裁主义、民主主义，以及放任自由的管理。当珀金斯发现，越来越多的学者主张有效管理是视情况而定时，他感到更加不解。

由于一所州立大学离珀金斯不远，他联系了学校工商管理学院的院长，院长将他引见给大学管理中心的主管乔尔·麦肯（Joel McCann）教授。他们通过讨论达成了一个暂定协议，就是管理中心为政府公共事业部门组织一系列的管理培训会议。在确定管理培训会议的价格之前，珀金斯让麦肯准备一个关于下列几个问题的想法提案：

- 在会议中，关于什么才是有效管理的问题，该如何回答？
- 会议的具体内容是什么？
- 讲师都有谁？
- 会议时长是多久？
- 如何评价会议的有效性？
- 政府公共事业部门该采用什么政策来决定谁来参加会议，以及如何选拔与会者？这些措施最好该如何实施？

资料来源：J. Champion and J. James, *Critical Incidents in Management: Decision and Policy Issues*, 6th ed. McGraw-Hill/Irwin, 1989. Copyright © 1989 The McGraw-Hill Companies.

第二部分
规划：实现战略价值

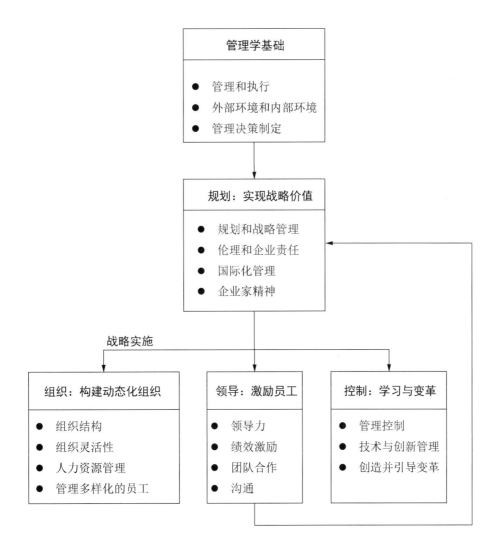

第 4 章
规划与战略管理

"把握自己的命运,否则将被其他人主宰。"

——杰克·韦尔奇,美国通用电气公司前 CEO

学习目标

通过学习第 4 章,你应该能够达到以下要求:

1. 总结出规划过程的基本步骤。
2. 描述如何统筹战略、战术和运作规划。
3. 在制定战略前确定要加以分析的企业内部资源和外部环境要素。
4. 明确企业的核心竞争力并说明它们是如何为企业的战略提供基础的。
5. 在制定企业战略时,提供多种类型的可行性选择。
6. 讨论公司是如何通过业务战略来获取竞争优势的。
7. 描述使企业战略有效实施的关键点。

本章概要

规划的基本原则	战略规划
基本的规划过程	步骤 1:确立使命、愿景和目标
规划的层次	步骤 2:外部机会与威胁分析
战略规划	步骤 3:内部优势与劣势分析
战术和运营规划	步骤 4:SWOT 分析和战略制定
统筹战术、实施和战略规划	步骤 5:战略实施
	步骤 6:战略控制

开篇案例

即使是享誉全球的通用电气公司也要不时地反省企业规划

通用电气公司是一家以出色的管理而闻名全球的大企业。例如,作为衡量其对经济影响的一项指标,其股票早于其他任何一家公司被纳入道琼斯工业指数。遍布全球 160 个国家的 30 万名公司员工每年能为通用电气公司带来 1500 亿美元的总收入。同时公司产品种类繁多,诸如喷气发动机、医疗设备、电力设备、商业贷款和家用电器等。但是,在杰夫·伊梅尔特出任通用电气公司总裁后的几年里,公司的经营状况每况愈下。

2001 年 9 月 7 日,伊梅尔特正式出任总裁。几天后,"9·11"恐怖袭击就让整个世界陷入了恐慌,金融市场也未能幸免。然后,2008 年银行体系几乎崩溃,这沉重地打击了通用电气公司。在伊梅尔特的前任总裁——杰克·韦尔奇在位的十年里,通用电气公司积累了巨额资本,积极建立起了自己的资本集团。金融领域扩张的关键优势在于:无须研发方面的长期投资或诸如厂房等的固定资产的添置,金融的新产品就能够不断地投入市场。在伊梅尔特上任后,通用电气公司继续在不动产和其他类型的贷款领域进行扩张,并最终发展成为美国最大的非银行金融公司。通用电气公司资本的盈利能力(在次贷危机出现之前,它所带来的盈利占公司总盈利的一半)让投资者非常满意。可是,接下来爆发了金融危机,借贷者无法偿还贷款,导致资本集团由盈利突然变为亏损。次贷危机导致了自经济大萧条以来最严重的经济衰退,也加剧了通用电气公司的困境——设备的订单量暴跌。

惊恐的投资者抛售他们手中的通用电气公司股票,这使得该股票的价格由金融危机前的每股 29 美元跌到每股不足 6 美元。而要让股价重回 20 美元左右,却需要数月的时间。

伊梅尔特是一位广受尊敬和经验丰富的管理者,他制订了公司的复兴计划,并决心带领公司回到以前的巅峰时期。他把重心重新放到实体产品的创新上,而不是依靠金融产业驱动盈利。这个战略决策正是发明白炽灯的托马斯·爱迪生留给通用电气公司的宝贵财富。

伊梅尔特认为公司正在通往复兴与成功的道路上。而且公司规模巨大所带来的一个优势是:它的盈利也很可观。近期,通用电气公司宣告盈利 100 亿美元。但这只是几年前的盈利的一半。

现在,伊梅尔特面临的挑战就是:该如何制订计划来使公司回到往日投资者信赖的成功之路上。伊梅尔特迎接挑战的方法是重点发挥通用电气公司作为一个创新者的优势,并在销售和缩减发展潜力较小的业务单位的同时,将创新应用于成长潜力大的商业领域。一个更小且更聚焦的公司可能难以找到足够的资源用于不同方面的扩张。而通用电气公司的诀窍就是在纷繁的可能中找出最值得公司去实施的规划。在伊梅尔特的管理下,公司正在寻找机会,期望创新能让通用电气公司在基础设施(例如运输、污水处理和发电)、金融和传媒(该公司拥有美国全国广播公司)方面具有优势。尽管这个战略思想指出了基本方向,但仍很宽泛。在这样一个复杂的环境中,要想成功就需要组织各级精心策划和认真实施这些计划。

- 在你阅读本章的时候,思考一下制定这些目标和战略的挑战。这些能为一个涉及多个产业的大型企业指定一个明确的方向。什么样的规划方法能帮助新手管理者最快地入门?
- 在这些方法中,哪些对小型企业同样有用?

想象一下全球性的通用电气公司或者任何公司在面对重大挑战的时候,却没有提前制定策略来应对,这几乎是不可能的。其实制订规划是管理目标的正式表现。它描述了经理们决定要做什么和如何去做。它提供了框架、中心和方法,这些都需要付出一定的有意义的努力。如果没有规划,一个组织在创新、速度、质量、服务和成本方面即使有提高,也是偶然的。这个章节将会详述有关制订规划和战略管理的最重要的概念和步骤,你们将会掌握今天的企业组织如何进行战略管理。

4.1 规划的基本原则

在企业中,制订正式的企业规划已变得特别重要。直到 20 世纪中叶,大多数规划的制订还没有形成固定的构架,而只是零碎的。正式的企业规划制订只局限于少数的大企业中。尽管诸如通用汽车公司的阿尔法特·斯隆等管理先驱很早就创立了制订企业规划的正式过程，但是这种规划过程仅是在过去的几十年才开始得到广泛应用。开始，只有大型的企业采用正式的规划，而如今有抱负和投机的小企业家也开始采用它了。

规划是个人、团体、工作单位或组织追求未来的某个目标或是开展某个活动而做出决定的一种有意识的、系统的过程。规划不是一种应对危机的非正式的、任意的反应。它是一种由管理人员控制和指导的有意识的活动。在制订计划的过程中，需要应用到管理人员的知识与经验。计划为个体和工作单位开展活动提供了一个蓝本。同时，这个蓝本能随着个体状况的改变和不确定的环境而随时进行调整。

基本的规划过程

制订规划是一种决策过程，即你将决定做什么及怎么做。在正式制订规划的过程中，一些重要的步骤类似于我们在第 3 章中所讨论的决策制定的过程。图 4.1 总结了进行决策和制订规划两者间的相似点——不仅在单个步骤，而且在**整个过程**中的相似之处。这里，我们对决策和规划的结果进行评估，并且在必要时对两者进行修订。

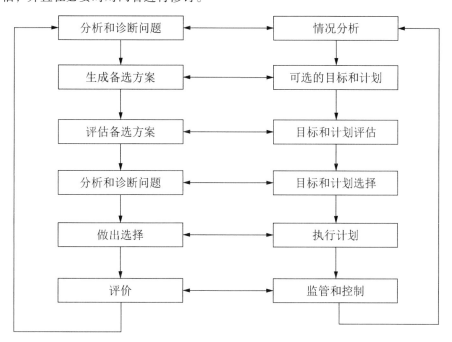

图 4.1　决策阶段（第 3 章）和正式的规划步骤（第 4 章）

我们现在更细致地描述基本的计划步骤。在本章的后面，我们将讨论如何将管理决策和规划与企业的最终目标相匹配——而后者又被称为企业的终极战略、使命、愿景和目标。

第一步：情况分析。正像权变方法所提倡的那样，规划始于**情况分析**。在有限的时间和资源的条件下，规划者应该收集、解释并总结与规划问题相关的所有信息。完整的情况包括案例分析、现状研究和趋势预测。它注重所在企业或单位在工作中的内部因素的分析，与开放系统方法相一致（见第 2 章），并检验来自外界的影响，从而确定并分析规划前提和本身所存在的问题。

全面的情况分析将提供规划中所需的决策信息。例如，如果你是一家杂志社的老板，决定是否针对青少年市场发行体育刊物。你的分析将包括以下因素：青少年订阅杂志的数量、该杂志对广告商的吸引力、你的公司能否很好地适应该市场、目前的经济环境、青少年对体育有多高的热情，以及其他体育刊物商家和其当前销售水平等。详细的情境分析将有助于你做出是否在杂志发行计划中继续进行下一步的决策。

第二步：可选的目标和计划。基于情况分析，规划过程中会产生对应不同未来的选择目标和实现这些目标的备选方案。这一步骤中，应该强调创意并鼓励管理者和员工尽量全面地考虑他们的工作。每设计一定数量的备选方案，你都要对效率和成果进行评估。继续我们杂志出版的例子，你考虑的备选方案可能包括：该杂志是应针对男孩或女孩，还是两者兼顾，以及销售方式主要是在线订阅，还是直接在报亭零售等。

目标就是管理者要达到的预期或结果。为保证质量，设立的目标应具备五个品质——它们的英文首字母组合起来就是"SMART"。

Specific——具体：目标应明确地描述出具体的行为和结果，使员工很容易就能判断自己的工作是否合乎目标。

Measurable——可衡量：为了能明确衡量目标完成与否，应尽量使每个目标都能量化成想要达到的效果。

Attainable——可实现（但也要有挑战性）：目标应是员工能力范围之内的，否则他们会缺乏动力。但也要有适当的压力鞭策员工，并保持创造力。

Relevant——相关：每个小目标都应指向组织的总体目标，并时刻保持与组织的价值观和行为准则相关（将在本章的后面讨论）。如果各工作组的小目标保持一致，这些目标就最有可能符合组织的总体目标。

Time-bound——时限：有时限的目标才是高效的目标。除了知道要做什么，员工也要知道获得结果的时限。

通用电气在印度的销售目标是从 2006 年的 19 亿美元增长到 2010 年的 80 亿美元。这个目标至少达到了上述五个品质中的数个。它有明确的可衡量性和时限，并且也和公司的总体目标相关。因为理论上讲，快速增长的印度经济是很大的销售来源，不仅在于它的规模，而且作为一个发展中国家，印度也需要大量通用电气的各类产品。同时，目标的销售量具有"具体"性，通用电气会继续细化以完成这个目标：80 亿美元的销售计划中，销售产品是什么？销售对象又是哪些？此外，翻两番的销售任务是一个挑战以致会有人怀疑它能否实现。事实上，通用电气也并未达到这一目标，但也许如果有更清晰的实施计划，这个目标是可以实现的。理想情况下，SMART 目标不仅要被每个员工作为工作的导向，而且也要被执行计划的管理者和员工所认同。因此 SMART 目标对员工要同时具备导向和激励作用（更多有关激励的重要性，见第 13 章）。

计划是管理者实现目标的做法和方法。至少，计划应概述出指向各个目标的备选方案，以及通过计划中的方法实现目标这一过程中所需的资源和可能遇到的各种不利情况。2009 年，通用汽车公司宣布破产并向美国政府借款数百万美金后，管理者制订了恢复盈利的计划。该计划包括通过生产少量卡车来减少成本，消除某些品牌，引入小型汽车，保持较少库存，并关闭了数百家经销商。通用汽车曾依靠卡车产生获得不菲的利润，但由于糟糕的经济背景和高油价造成的能源导向需求让以前的计划不再有效。因此除了削减成本，通用汽车也通过引入预期将会流行的汽车，包括雪佛兰科鲁兹（Cruze）的小型汽车和雪佛兰爱唯欧（Sonic）的超小型汽车。尽管为了迎合市场需求，公司将要面临减产和小型汽车微薄利润的困难，但公司在破产一年后重新开始盈利，两年后公司所公布的财务状况是十年中最佳的。

在这一章，我们将讨论不同类型的计划。一些计划被称为应急计划，描述出现意外情况的应对措施。比如当一个公司最初的计划没有成功，或者外部环境突然变化时，公司应采取的各种应急措施。近年来的意外灾害，包括2001年的恐怖袭击和卡特丽娜和丽塔飓风，给很多企业敲响了重视应急计划的警钟。

现在大多数大公司都有应对重大灾害的应急计划，例如，确保紧急情况下重要数据能够备份和恢复，或者让员工知道灾害发生的应急措施。但在更常见的情况下应急计划也很重要，比如，许多企业都会受到诸如雪灾、油价上涨、计算机故障或消费者需求的改变等的影响。美国捷蓝航空公司当年凭借"让人性回归航空之旅"的口号和对客户与员工的重视而成功起步。但一场2月份的暴风雪导致至少有一架飞机占着跑道10个小时不动，公司为此取消了1000次航班，并花了数天时间才得以恢复。

> **提示**
> 应急计划可以让公司在危机中依然提供高质量的服务，从而维系公司以客户为重的口碑。但这种承诺需要高度敬业和具有创造力的员工，必要资源的获取也不便宜。管理人员必须决定服务在他们策略中的关键程度——以及客户会在多大程度上原谅他们在压力下出现的服务失误。

第三步：目标和计划评估。接下来，管理者将就每个备选目标和计划的优点、缺点及潜在影响进行评估。他们必须按优劣将这些目标排序，甚至删掉其中一些价值不高的目标。同时，管理者要深入考虑满足优先目标的备选方案。他们将尤其关注每一个目标的计划成本及其对应的投资回报。在我们的杂志出版的例子中，你的评估结果可能是单靠报亭零售赚的钱并不足以支持杂志的发行。或许你可以用播客通过在线版杂志来增加利润。评估每个备选方案的成本和预期收益后，你可以尝试采取第3章介绍的决策步骤来做出决策。

> 在一场大风暴中，你希望不要中断什么服务？你会增加支出以使这些服务得到保证吗？

第四步：目标和计划选择。一旦管理者评估了不同的目标和计划，他们会选出其中一个最合适和可行的。评价过程就是对目标和计划之间的优先次序做出判断和取舍。例如，如果你正在计划推出的多个新刊物中做出权衡，你可能考虑它们不同的前期投资对应的市场规模以及哪一个和现有的产品线或公司形象最匹配等。通常，在这个过程中经验判断是非常重要的。然而，在本章后面你会发现仅仅依靠判断可能并不是最好的办法。

> "在大多数的决策讨论中，假如只由高层管理人员做出决定，或只有高级管理人员的决定是重要的，那么这将是一个危险的错误。"
> ——彼得·德鲁克

正式的规划过程一般会针对特定的情况制定出一个最为恰当和可行的书面目标计划。如第2章所述，一些企业通过提出、评估和选择的步骤拟订出计划**方案**。不同应急计划对应不同的场景。管理者根据最可能出现的场景制造对应目标和执行对应计划。然而，当情况发生变化，并使得另一种方案变得更为适用时，管理者应该做好转向与新方案对应的计划的准备。这种方法有助于企业预测和管理危机，从而使公司更具灵活性和响应能力。

 管理实践

当未考虑到相关的情况，并且突发事件给公司带来不尽如人意的后果时，管理者不得不重新启动规划程序。这种灵活规划方法可以帮助一个公司在动荡的环境中生存及至实现繁荣。例如，科尔公司是一家管理培训企业，帮助其他企业培训管理者。近期经济开始衰退，重要客户不再向科尔公司寻求咨询。杰夫瑞·赫尔和科尔企业的其他合伙人意识到维系企业需要增加业务的新计划。

这些合伙人通过"头脑风暴"法设计出了一份新的商业计划。回顾上一年的经营业绩，他们发现虽然把主要精力放在指导像万事达和AT&T这样的大企业上，但企业的成长主要源自小型企业。事实上，随着经济增长的放慢，越来越多不知所措的小企业主一直在寻求科尔公司的帮助。

赫尔和其他合伙人制订了一项新计划，他们将专注服务于小客户，帮助他们跳出对变化的恐惧，在充满挑战的时代中寻找新的商机——这也正是科尔公司经理人正在做的事情。赫尔建议房地产投资公司的老板放下对房价低迷的恐惧，重新考虑把仓库作为餐馆是否更好，并放手执行那些经过详细研究的、切实可行的计划。

- 现在科尔企业的管理者已经有了如何克服当前困境的计划，他们还需要考虑其他情景吗？为什么？

第五步：执行计划。 一旦管理者选定了目标和计划，他们就必须执行计划，以达到目标。如果不恰当地执行，即使是最好的计划也是徒劳。管理者和员工必须了解计划，有执行的资源和动力。让员工参与计划的前期工作为将来计划的实施铺平道路。正如我们前面所提到的，员工参与制订计划往往更容易让员工了解、接受并积极执行。

> 如果不恰当地执行，即使是最好的计划也是徒劳。

最后，计划的成功执行需要将计划与组织的其他系统相关联，尤其是预算和奖励体系。如果经理执行计划时没有财政预算，计划可能难以实施。同样地，目标的执行必须与组织的奖励制度挂钩。许多组织采取激励手段鼓励员工实现目标，以顺利地实施计划。根据员工的优秀表现，企业有佣金、工资、升职、奖金和其他奖励形式。

> **提示**
> 将公司的财务与计划绑定是成功的关键因素。
> 如何能将公司的财务措施与提高员工工作满意度的计划绑定？

作为美国最大的银行之一的富国银行的董事长，迪克·科瓦切维奇认为可以通过擅长的"交叉销售"来保持竞争力，即鼓励银行现有客户使用更多的金融服务。银行客户通常会去不同的金融机构购买不同的服务。但富国银行通过让各级员工把关注从产品线转移到客户需求上，从而打破这一格局。针对这一目标，出纳员和分行管理人员接受培训，并对员工的交叉销售进行了支付系统奖励。结果，富国银行平均每个客户使用银行的5.2个金融产品，大约是行业平均水平的两倍。向现有客户销售比争取新客户更有利可图，所以这种策略似乎很明显。或许确实如此，但富国银行的董事会成员罗伯特·乔斯说，"这个策略看着简单，但执行不易"，他补充说，该计划被成功地执行反映出了科瓦切维奇"不凡的动员力"。

第六步：监管和控制。 监管和控制作为正式规划过程的第六步，尽管有时会被忽视，但它却是必要的。没有它，你永远不知道你的计划是否在沿着正确的方向前进。正如我们前面所提到的，计划在一个周期中运作，它是一个持续的、重复的过程。管理人员必须不断地监控工作单位的实际行为是否符合工作目标和计划。他们也需要开发出能衡量他们行为的控制系统，以便计划实施不当或形势发生变化时纠正他们的行为。在我们杂志出版的例中子，报亭销售和订阅销售报告是必要的，它能让你知道你的新杂志发行是否顺利。如果订阅销售量达不到预期，你也许要修改你的营销计划。在本章后面的小节和第 16 章，我们将更详细地讨论这个关于控制系统的重要问题。

4.2 规划的层次

在第 1 章，你学到了关于管理者的三种主要类型：高层（战略管理者）、中层（战术管理者）和基层（第 1 章里用的词是"基层"）（运营管理者）。因为规划是一个重要的管理工具，所有三个层次的管理者都要使用它。然而，规划过程的范围和活动因所在层次不同往往有所差别。

4.2.1 战略规划

战略规划是制定组织的长期目标和战略。战略规划具有很强的外部导向性，而且覆盖了组织的主要部分。高级管理人员负责战略规划的开发和执行，虽然他们通常不亲自制订或执行整个计划。

战略目标是与组织长期生存价值、增长相关的主要目标或最终的结果。战略管理者——高层管理者——通常制定反映效果（有合适的产出）和效率（高的产出投入比）的目标。典型的战略目标包括企业成长、增加市场份额、提高盈利能力、提高投资回报率、提高产出的数量和质量、提高生产率、改善客户服务及奉献社会等。

组织通常有许多彼此相互加强的战略目标。例如，计算机制造商可能有这些战略目标：在一个特定的时间框架内推出指定数量的新产品、品质更高和有针对性地增加市场份额。这些目标都是彼此支持和相互促进的。

> **战略**是为实现组织目标所采取的一系列行动方式和资源配置。

战略是为了实现企业的目标所采取的一系列行动方式和资源配置。一个有效的战略是实现目标的基础，它回答了企业实现其目标的五个大问题：（1）目标是什么？（2）我们将如何实现目标（例如，通过增加销售或收购另一家公司）？（3）我们将如何赢得市场（例如，通过保持低价或提供最好的服务）？（4）我们要以什么样的速度前进，以及我们以什么样的顺序进行改变？（5）我们将如何获得财务收益（低成本或溢价）？在制定策略时，管理人员试图将企业的优势和资源与外在的机遇相匹配。每个企业都有一定的优势和劣势，所以实施的行动或战略应该有助于增强企业满足消费者和其他外界环境中的重要角色的需求和愿望的优势。同时，如第 2 章所述，一些组织也可以实施旨在改变或影响外部环境的战略。

4.2.2 战术和运营规划

组织的战略目标和计划一旦确定，就成为中层和基层管理者制订计划的基础。正如你在图 4.2 中看到的，从战略层面到战术层面，再到运营层面，目标和计划变得越来越具体，涉及的时间也更短。一项战略计划通常会有长达 3—7 年甚至几十年的时间跨度，就如同向土星发射探测器的成功计划一样。战术规划可能有 1—2 年的时间跨度，运营规划可能只有几个月的时间跨度。

> 在制定策略时，管理人员试图将企业的优势和资源与外在的机遇相匹配。

战术规划在概括的战略计划的基础上，往往针对一个职能部门，制定与组织的特定部门（如第 10 章所讨论的市场或人力资源部）相关的特定目标和计划。战术计划的重点在于工作单位为履行其战略计划所必须采取的行动。例如，如果该战略要求推出一个新的产品线，那么制造单位的战术计划可能涉及设计、测试和安装新生产线所需的设备。

运营规划旨在确定组织内较低层次的具体步骤和流程。基层管理者通常专注于日常工作，如生产流水线、交货日程表和人力资源需求，这些内容我们将在第16章和第17章中讨论。目标和规划的层级如图 4.2 所示。

管理层级	细节要求	时间周期
高	低	长期 (3–7年)
中	中	中期 (1–2年)
一线	高	短期 (<1年)

图 4.2　目标和规划的层级

我们所描述的规划模型是有层次的，沿着公司层次自上而下，由最上面的战略规划到更具体的目标和计划和更详尽的时间表。但在今天的复杂企业组织中，规划顺序通常不像这个传统的观点那么严格。正如我们将在本章后面看到的，整个组织中所有管理者都可以参与战略计划的制订并起到关键作用。同时在实践中，不管高层管理者是否意识到，低层的管理者同样可能做出影响战略的决策。当英特尔资深顾问安迪·格鲁夫建议公司取消电脑内存业务时，英特尔正将1/3的研究经费用到与内存相关的项目上。然而，在实际中，该公司已经在退出该业务了——计算机内存产品的销售额仅占销售总额的4%。如果它不是一个明确的战略，为什么会发生这种情况？财务管理者指导生产部门管理者建立工厂，以使得公司在每平方英寸微芯片上获得最大的利润（＝收入－成本）。随着计算机内存利润的降低，这些产品的生产也随之减少。所以，当英特尔宣布将离开内存业务时，其实是受战术计划驾驭的运营规划改变了战略规划。高层管理者得到的教训是确保他们与企业的每个层级进行战略交流，并关注企业各个层面正在发生的事情。在下面的案例中，思考通用电气的高层管理者是否采用了这一原则。

 管理实践

通用电气的战略和规划调整

正如我们在本章开头所见，通用电气正在寻找机会，通过创新获得基础设施、金融和媒体上的优势。这是一个非常广泛的战略。管理者如何将它转化为他们可以控制的活动？

对于通用电气的人力资源管理而言，支持通用电气的战略是培养管理人才，使他们能经营大型的跨国公司。多年来，集中的培训和培养活动是通用电气区别于其他公司的一大特色。公司的巨大规模和资源使其能够设立自己的强化训练项目并每年支付 10 亿美元的培训费用。公司把自己定位在未知的将来——过去的成绩并不能保证现在的成功。因此，通用电气公司正在扩大管理培训范围，希望能给公司带来更多的新鲜点子。在公司首席执行官杰弗里·伊梅尔特的带领下，30名高层管理者已经开始参观调研其他公司以学习对方的长处，例如谷歌的创新和在美国军事学院百折不挠的韧劲。其目的是使公司找出培训各层领导并评估的方法。伊梅尔特还引入私人教练，看管理者们能否有效地与公司潜力派管理者共事。

伊梅尔特让他的首席学习官——苏珊·彼得斯评估21世纪领导人最需要的特点，以便使公司挑选和培养这些品质。公司的测评经理的根据是逻辑清晰、想象力强、知识面广和具有专业能力——这些品质比较宽泛，可以针对不同情况进行调整，并需要定期重新定义，以确保它们与时俱进。例如，在前任首席执行官韦尔奇的带领下，公司更强调效率。近些年，在伊梅尔特的带领下，公司的重点转向关注顾客和创新。为了实现这个目标，公司将决策权更多地下放给经常与顾客接触的部门。通用电气提高了对其建立在纽约的尼什卡纳（Niskayuna）的全球研究中心的资金支持。伊梅尔特在工厂周围建造了宾馆，鼓励商界领袖和顾客留宿，以便通用电气的研究人员可以与他们直接交流。有迹象表明，这为新观点的产生提供了良好的环境，而正是新观点使通用电气的专利获奖数量从2001年的1991个增长到2010年的2945个。

通用电气是一家技术创新公司，这在其生产设施上体现得淋漓尽致。例如，通用电气在密西西比州的贝茨维尔（Batesville）有一家为喷气发动机制造零件的工厂，公司正在扩大它的生产规模。其产品使用轻质、牢固的复合材料，生产过程使用计算机控制的机床来进行精确切割。执行这项工作的人被分成6—12个人一组。每组都不断尝试并确认提高效率的方法。到目前为止，从切割织物到零件的海运，这个团队已经将时耗减少了80%。通用电气为扩大这类工厂的规模，在美国雇用了超过6300名的制造工人。

通用电气有许多像使用高科技的材料生产节能型喷气发动机的项目。这些创新项目都致力于降低客户对环境的影响。从2005年开始，通用电气创立了一个名为"绿色创想"的工程，将伊梅尔特的观点分为两个正在成长的市场：能源效率市场和替代能源市场。为实现可持续发展，伊梅尔特将大量的时间用于与客户、分析家、政府官员和其他人的交流。这一点为通用电气高级副总裁兼首席营销官贝思·康斯托克所支持。最初，伊梅尔特和康斯托克发现通用电气内很少有人对"绿色创想"感兴趣；但由于客户关注节能，于是通用电气让他们意识到，这个项目会很快在公司得到开展。符合"绿色创想"理念的产品除了喷气引擎外，还包括混合动力汽车电池、混合动力机车、太阳能和风能设备、核能电厂部件及电动汽车充电站。"绿色创想"活动还包括使通用电气更有效地运行的方案。该公司最近宣布一项计划，即截止到2015年，公司要为其企业团队和团队管理业务购买2500辆电动汽车。这不仅节省了燃气费用，也有助于刺激电动汽车市场，并且间接地扶持了通用电气正在出售的充电站。

- 确定一个通用电气管理者为实现这里所描述的战略可能设定的目标。将其写成SMART目标。如果某些信息在上述材料中未给出，你可以虚构一些细节。
- 根据给出的示例，你认为通用电气的战术和运营计划是否符合其整体战略？为什么？

4.2.3 统筹战术、实施和战略规划

公司的战略、实施和经营的目标与计划必须进行统筹才能完全有效——即它们必须一致、相互支撑，并集中于实现共同的目标和方向。例如，全食超市（Whole Foods Market）的战术和经营规划直接和它的战略规划相连接。该公司在其公司网站上将自身描述为一个肩负使命的公司，旨在为卓越的食品零售商设立标准。该公司通过是否实现"客户满意度、优秀和快乐的团队成员、资本回报率、环境状态的改善、当地及更大规模社区的支持"等标准来衡量自身的成功。

> **提示**
>
> 理想情况下，战略计划融合了公司所有重要的实践。

> 如果一个公司的创新实践与它的战略不一致，可能会出现什么后果？

全食超市的战略目标是"为客户提供最优质且高价值的产品"。它的运营目标集中在食品成分、新鲜度、口味、营养价值、安全和外观等方面要达到或超过顾客的期望，确保产品令人满意。战术目标包括店铺环境要"热情、有趣、独特、非正式、舒适、有吸引力、营养和富有教育意义"，对员工而言，则是安全和吸引人的。

统筹该组织的战略和运营目标的一种方法就是战略蓝图。战略蓝图为管理者提供了可供他们交流战略目标的工具，使组织所有成员深刻理解他们在实现目标上所扮演的角色。蓝图显示了一个实现长期成功所需的四个关键因素（或"平衡计分卡"）：员工的技能以及他们成长和学习的能力；内部系统的有效性；给客户提供价值的能力；金融资产的增值能力。蓝图展现了每个区域里的具体计划和目标是如何与他人连接的，并真正改善公司的绩效。

提示
战略蓝图显示了公司的实践和长期成功之间的关系。
一个公司的品质实践是怎样体现在战略蓝图上的？

图4.3展示了如何绘制蓝图及使不同的组织目标彼此相关联从而创造企业的长期价值。举个例子，假设一个公司的基本财务目标是"通过提高我们给现有客户的价值来增加收入，方法是最大限度地压低价格。"塔吉特（Target）和沃尔玛（Walmart）可能就是采用这种策略的典型的企业。然后该公司在蓝图的其他部分将有相应的目标和计划来支持这个策略。它的学习和成长目标可能包括引进最有效的生产技术或工作流程并培训员工对其进行使用。这反过来会导致内部目标中生产效率的改进和成本的降低，从而实现获得有竞争力的价格的客户目标，这样就使得原有

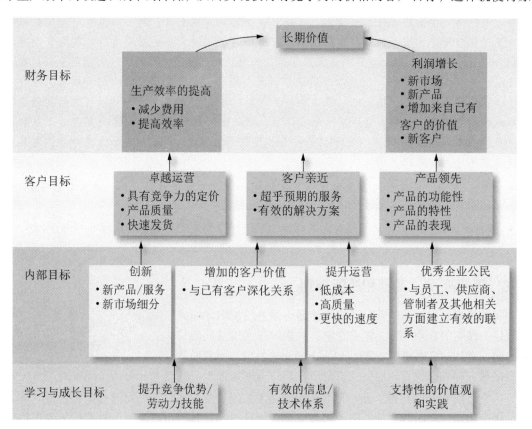

图4.3 战略蓝图：通过目标统筹创造价值

的财务目标更可行。此外，新产品财务战略的收入增长可能有助于实现加速产品设计的人员和技术目标、引发创新的内部目标、预计产品领先的顾客目标。无论战略是什么，战略蓝图可以在每个经营区域为那个战略设计适当的措施和标准，并向公众展示它们是如何联系的。

 管理实践

通用电气的战略和规划调整

许多超市通过采用战术来解决消费者获得并保持健康的担忧，如销售有机农产品和在药物旁边放一本信息手册。但 Price Chopper 超市将这一方法提高到了一个新的水平：将其对大众健康的承诺置于一个战略高度。整个公司的努力将有助于提升其消费者和全社会人民的健康水平。

美国东北部有 128 家 Price Chopper 的店铺，该公司的网站采用一项名为"只为你的健康"的交流项目。其口号是"合理饮食、行动起来、健康生活"，"只为你的健康"项目向消费者普及心脏和糖尿病的健康教育并提供相关购物建议，比如一系列的无麸质产品。此外，该公司使用了 NuVal 营养测评系统为消费者提供货架上产品的相关信息。等级幅度从 1 到 100，NuVal 可以使消费者轻松地确定产品的营养价值。这种评级也包括 Price Chopper 的私有品牌，当这些产品得分较低时，该商店会要求供应商做出相应调整。

公司对健康的承诺不仅仅包括客户。所有部门的员工都会派代表到健康委员会，通过信息和事件寻找方法来鼓励健康的行为。参与诸如挑战减肥等项目能够获奖。出于环境方面的考虑，公司在店铺中减少能耗、浪费，并研究其他方法使业务更具环保性和可持续性。

- Price Chopper 的财务目标是怎样支持这一战略的呢？

4.3 战略规划

在今天的管理中，战略决策是其中最令人兴奋和颇具争议的一个话题。事实上，许多公司目前正在改变它们设计和执行战略计划的方法。

传统意义上，战略规划强调自上而下的方式——高级主管和专业规划部门设计整个公司的目标和计划。战术和运营管理者接收这些目标和计划，他们自身的规划活动仅限于特定的程序和部门预算。

多年来，经理和咨询公司创立了各种分析技巧和规划方法，其中很多技巧和方法对分析复杂的业务状况和竞争问题来说十分重要。然而，在许多情形下，高管们花费大量的时间在规划专家身上，却排斥公司其他部门管理者的意见。因此，公司内部的战略管理者和战术、经营管理者之间，以及管理者与员工之间就会产生隔膜，并不再为企业的成功做贡献。

> **提示**
> 公司各个层级的管理者都来贡献新想法，这可以使计划更有效。
> 什么经历可能会让一线经理提出最高层主管没有想到的主意？

然而，今天的高层管理者在战略制定过程中，越来越多地将到整个公司的管理者包含在内。上述问题和过去 25 年快速变化的环境已迫使高管审视公司的各个层面以寻求创意和创新，从而使公司更具竞争力。尽管首席执行官和其他高级管理人员继续提供公司的战略方向或"愿景"，但战术管理者，甚至运营管理者也可以经常对公司的战略计划经常提供有价值的东西。在某些情况下，这些经理也有实质性的自主权来制订或变更自己的计划。在今天的公司中，这种权威增加了成功所需的关键因素：灵活性和响应能力。

由于这种趋势，战略规划过程出现了一个新术语：**战略管理**。战略管理是指来自公司不同部分的管理者制定和实施战略目标和战略的一个过程。它将战略规划和管理整合成一个单独的过程。战略规划成为一个持续的活动，所有的管理者都被鼓励进行战略思考和专注于长期、外部导向型的问题及短期战术和运营问题。

图4.4表明，战略管理过程有六个主要的组成部分：
1. 确立企业的使命、愿景和目标。
2. 对企业外部的机会和威胁进行分析。
3. 对企业内部的优点和缺点进行分析。
4. SWOT（优势、劣势、机会和威胁）分析和战略制定。
5. 战略实施。
6. 战略控制。

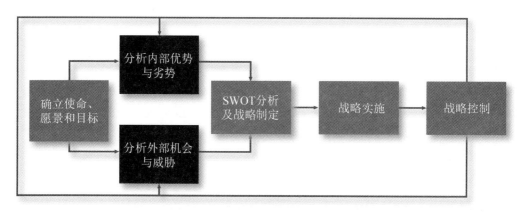

图4.4　战略管理的过程

因为这个过程是一个规划和决策的过程，它类似于前面讨论的规划框架。虽然组织可能使用不同的术语或强调过程的不同部分，但这一节中描述的部分和概念在每个公司中都会或隐或现地发现。甚至一个小企业都可以受益于我们这里描述的规划框架。

4.3.1　步骤1：确立使命、愿景和目标

战略计划的第一步是确立组织的使命、愿景和目标。**使命**是一个企业基本目标简洁而清晰的表达。它描述了企业的经营范围、为谁提供服务、基本的商品或服务，以及它的价值观。这里是一些耳熟能详的企业的使命描述：

麦当劳："致力于成为顾客最喜爱的用餐场所及用餐方式。"

微软："让全世界的人和企业都充分认识到自己的潜力。"

好事达："成为最好……，以平和的心态服务客户，通过合作管理客户所面临的风险，从而丰富他们的品质生活。"

当然，小型公司可能并没有像这些大企业一样宏大的使命。例如，大多数校园旁边的酒吧肯定会有这样的一份使命："在一个喧闹而愉悦的环境中，向大学生出售大量的廉价啤酒。"

使命反映了组织目前生产经营的特征。**战略愿景**指引企业的未来：它描述了企业未来的发展

方向和最终目标。企业愿景更为理想地阐明了企业未来的长期发展方向和战略意图。以下是一些真实的愿景宣言：

杜邦公司："成为世界上最具活力的科学公司，致力于创造可持续的解决方案，让全球各地的人们生活得更美好、更安全和更健康。"

美国华盛顿州雷德蒙德市："我们一起创建好邻居社区。"

大湖区海军博物馆："增强并成为大湖区海军训练司令部不可或缺的训练任务的一部分，给新的海军灌输一种强烈的美国海军服务的传统和传承感。"

> 战略愿景指引企业的未来：它描述了企业未来的发展方向和最终目标。

最有效的愿景宣言激励着所有公司成员，为整个公司提供有价值的目标，并通过共同努力来实现它。通常这些陈述并不完全是财务性的，因为仅仅是财务目标并不能激励所有公司成员。例如，杜邦公司的愿景是成为一家"最具活力的科学公司"，并致力于为所有人创造"更美好、更安全和更健康的生活"。这一愿景旨在让世界更美好，通过这种创新型工作，很可能会激励着科学家和其他工作者努力工作，最终提升杜邦公司的竞争地位。同样，"灌输一种很强的传统和传承感"为运作大湖区海军博物馆提供了一个鼓舞人心的基础，这与仅仅基于预算和历史文物的战略规划截然相反。

战略目标来自公司的使命和愿景。公司的首席执行官，经过董事会的批准，建立起组织的愿景和使命及主要的战略目标。在使命、愿景和战略目标陈述中使用的概念和信息，可能并不是那么清楚，但应当传达给与组织有联系的所有人。例如，大企业通常都会提供公开的、正式的有关其使命、愿景和目标乃至价值观的陈述。例如，在实现其他的愿景时，"创建一个好邻居的社区"是与社区内各个部门"共同"来完成的，雷德蒙德市设定的目标如下：

提高公民在城市问题方面的参与度。

维持自然生态系统和保持社区的美丽。

用和谐、全面及具有凝聚力的安全措施维护社会安定。

保持经济活力。

不同的城市部门按照它们执行计划的方式，并强调与当地企业和居民进行合作，从而对这一愿景的不同方面做出相应的贡献。

如果没有强有力的领导支持，愿景和使命宣言的高谈阔论是不会有意义的。对于麦当劳，在公司成功实施战略的过程中，前任和现任的首席执行官们的承诺发挥了巨大的作用。几年前，该公司正在苦苦挣扎，因为它忽略了其承诺的质量、价值、速度和便利。在詹姆斯·坎塔卢波（James Cantalupo）的领导下，公司创立了上述的使命宣言，将重点放在客户的体验上来。在"制胜计划"（Plan to Win）中，如将餐厅改造成为一个更好的免下车服务体验的快餐店和扩大菜单可选范围等战略目标都对使命起到了积极的支持作用。当吉姆·斯金纳（Jim Skinner）担任首席执行官时，他满腔热情地支持使命宣言及其支持的"制胜计划"，毫不犹豫地共享公司不断成功的美名。

> "没有什么比一个有吸引力的、有价值的和可实现的未来愿景更能推动一个组织迈向卓越和长期的成功。"
>
> ——伯特·纳纽斯
>
> 资料来源：*Visionary Leadership*（San Francisco：Jossey-Bass，1992）.

在领导力强的组织中，愿景和目标宣言对组织外的关键支持者阐述了组织的目标。它们也帮助员工集中他们的才能、精力和投入努力实现组织的目标。当你在公司谋职时，最好首先看一下这家公司的使命、愿景和目标宣言，这决定着这家公司的宗旨和价值观是否与你自身的价值观等相契合。

4.3.2 步骤2：分析外部机会和威胁

使命和愿景推动战略管理过程进入第二个步骤：外部环境的分析。成功的战略管理是以准确、全面的环境评价为基础的。环境的各个组成部分已在第2章中讨论过。

表4.1列举了一些环境分析中的主要活动，从行业分析入手，然后分析组织利益相关者的情况。**利益相关者**是那些对组织的使命、愿景和目标施加影响并受其影响的个人或团体，包括购买者、供应商、竞争者、政府和管理机构、工会和员工群体、金融机构、所有者和股东及贸易协作者。环境分析显示了这些利益相关者及其对组织施加影响的途径。

表4.1 环境分析

行业和市场分析
• 行业构成：主要产品线和行业的显著市场划分。
• 行业增长：整个行业的增长率、主要市场的增长率、增长方式变化的预测、增长的决定因素。
• 行业力量：新进入者的威胁、替代品的威胁、消费者的讨价还价能力、供应商的讨价还价能力、行业的内部竞争（回忆一下第2章）。
竞争者分析
• 竞争者组成：主要竞争对手及其市场份额。
• 竞争者分析：各主要竞争对手的目标、战略、优势和劣势。
• 竞争者优势：竞争者提供差异产品或服务的能力或成本优势。
政治和监管分析
• 法律和监管活动及其对行业的影响。
• 政治活动：行业内组织和协会参与政治活动的程度（见第5章）。
社会分析
• 社会问题：现有和潜在的社会问题及其对行业的影响。
• 社会利益团体：客户、环保和类似的对行业产生影响的社会团体（见第5章和第6章）。
人力资源分析
• 劳动力问题：行业面临的主要劳动力需求、短缺、问题与机遇（见第10章和11章）。
宏观经济分析
• 宏观经济状况：影响行业供给、需求、竞争和利润的经济因素。
技术分析
• 技术因素：影响行业的科学或技术方法，尤其是最近的和潜在的创新（见第17章）。

 管理实践

与关键的利益相关者进行合作有助于企业成功制订和实施其战略计划。在软件公司Intuit中，首席执行官布拉德·史密斯（Brad Smith）通过了解一些关键的利益相关者所关心的内容来启动战略制定过程。他拜访了董事会的董事和投资者并和那些直接与Intuit客户工作的员工群体开会。

史密斯向每一组利益相关者询问了与战略分析相关的一些关键问题："什么是Intuit最大的尚

未开发的机会？什么是 Intuit 所面临的且让你夜不能寐的企业最大的风险？在我担任首席执行官的第一年内，什么是我会犯的最大的错误？"从这些答案中，史密斯有了一个清晰的认识，从而帮助他建立了 Intuit 的战略优先级。

史密斯了解到，相当数量的 Intuit 的企业客户有国际活动，因而他下定决心使 Intuit 成为一个更全球化的公司。它的 QuickBooks 财务软件目前可以处理多种货币的国际交易。为应对来自微软新版本财务软件的威胁，史密斯召集了一些管理者制定了一个营销策略，去说服客户等待两个多月后发布的下一个版本的 QuickBooks 软件。尽管微软做了很多努力，但这次活动仍使得 QuickBooks 软件的销量猛增。

- 既然史密斯已经启动了他的战略制定过程，他可以做什么来使他可以继续从环境分析中学到一些东西？

> 利益相关者是那些对组织的使命、愿景和目标施加影响并受其影响的个人或团体。
> 总之，机会与威胁之间的区分就看公司在战略中所处的位置。

总之，机会与威胁之间的区分就看公司在战略中所处的位置。

环境分析还应该检查其他环境因素，如宏观经济形态和技术因素。环境分析的一个重要任务是预测未来的发展趋势。正如第 2 章所提到的，预测技术包括从简单的判断到分析变量关系的复杂的数学模型等一系列手段。即使是最简单的数量分析也能比专家依靠直觉的评估来得准确。主观判断易受偏见的影响，而且管理者处理信息的能力有限。管理者应该将主观判断作为数学模型的一个变量或在面临新问题时才使用主观判断。

总之，机会和威胁之间的区分就看公司在战略中所处的位置。例如，有些州要求电力公共事业中可再生能源（例如风能和太阳能）占有一定比重，而非化石燃料（例如煤、石油和天然气等）。此要求对公用事业构成明显的威胁，因为化石燃料能源成本更少，而且顾客需要低价的电力。然而，一些企业看到了可再生能源的战略机遇。例如，德国肖特公司（Schott）开发了太阳能热利用技术，利用太阳能来加热封闭镀金玻璃管内的油，油经过加热产生蒸汽，从而推动涡轮并发电。虽然太阳能光热能源目前的成本比化石燃料更高，但它比安装在建筑物上的太阳能电池板更具效率，它可以储存多余的电力以在阴天使用。同样地，泛滥的垃圾填埋场对于很多城市而言是一个十分昂贵的挑战，但越来越多的人在能源制造形式上看到了一个机会。垃圾分解可以产生甲烷气体，而这些气体可以用作发电的燃料。例如，在美国新泽西州的东部不伦瑞克，埃奇布劳（Edgeboro）垃圾填埋场所产生的电力可以供应城市的污水处理工厂。

一些环境的变化可以把一个公司的威胁和机会结合起来。其中的一个例子就是：当美国和欧盟放松空中管制，允许欧盟的任何一架飞机飞到美国的任何一个城市，而美国的飞机也获准进入欧盟国家所有机场。在此前的协议中，航空公司需要与每个它们想要使用机场的所在国家进行谈判才能获得许可。例如，放松管制对于美国航空公司而言，可以拓展多个飞机编队，它提供了一个与英国航空公司进行一个世界联盟的机会。但是，这也意味着新的竞争威胁，如在伦敦的希思罗机场，大陆航空和达美航空的飞机在过去不可以降落。

> "我们希望耐克公司是世界上最好的体育和健身公司。一旦你这么说，你就有了一个焦点。你就不会止于翼形装饰鞋或赞助下一个滚石乐队世界巡回演唱会。"
> ——耐克公司创始人菲利普·奈特

在某些环境中，尤其需要创造性思维在众多威胁中找到机会。阿布德在他的家乡伊拉克的纳杰夫经营了一家制造商业标志的店铺，他面临的困难包括间断的电力供应、借贷资金不足，甚至偶尔在该地区出现的突然袭击。尽管存在这些挑战，阿布德依然保持着业务的运营，当发生停电时，他就会用发电机供电。随着城市状况的逐渐稳定，业务的扩大使阿布德能聘请一些全职员工并赚取微薄的利润。

在地球另一边的海地，潜在的灾难性威胁是2010年的大地震。皮埃尔·马蒂亚斯曾创立一家信息技术公司来为学校和政府提供服务。当地震摧毁了他的客户群或至少使其陷入瘫痪状态时，皮埃尔设法找到他的关键管理人员，和他们一起不知疲倦地工作以确保所有参与救援工作的组织通信正常。最终，这些机构成为皮埃尔生意上的新客户。像皮埃尔和阿布德这样勇敢的少数人，在如此艰巨的挑战中依然可以满足需求，并与当地顾客一起受益于他们所创造的业务关系。

4.3.3 步骤3：分析内部优势与劣势

管理者在进行外部分析的同时，还要对公司内部主要职能部门的优势和劣势进行评价。表4.2中列举了内部资源分析的主要项目。例如，你的企业需要足够强大的财力应对冗长而昂贵的投资新项目吗？现有的员工能实施计划，还是需要额外的培训甚至招聘？公司的形象与战略相符，还是有必要说服关键利益相关者改变未来发展方向有道理吗？内部分析能使战略决策者对公司现有的技术储备、资源储备及职能部门的运营水平有一个全面的了解。许多其他商务课程也要求进行内部分析。

表 4.2 内部资源分析

财务分析
通过财务报表，如资产负债表、利润表对财务状况进行分析，通过历史和行业数据对比发展趋势（见第18章）。
营销审计
检查主要营销活动的优点和缺点并识别市场、关键市场细分及公司在关键市场的竞争地位（市场份额）。
运营分析
分析组织在制造、生产或服务交付活动的优势和劣势（见第9、16和17章）。
其他内部资源分析
当必要和适当的时候，检查公司其他活动的优势和劣势，如研究和开发（产品和过程）、管理信息系统、工程和采购等。
人力资源评估
检查各层次的管理人员和员工的优势和劣势，关注关键人力资源活动，包括招聘、选拔、安置、培训、劳资（工会）关系、薪酬、晋升、考核、工作生活质量和人力资源规划（见第10和11章）。

资源与核心竞争力　毫无疑问，最近几年，对内部资源的关注强烈地影响了战略规划。**资源**是对产品的投入，而这种投入随着时间的积累能够提高公司的绩效。资源有许多表现形式，大体分为两类：(1) 有形资产，比如不动产、生产设备和原材料等；(2) 无形资产，如公司声誉、文化、专有技术和专利及学习和经验的积累。以迪士尼公司为例，该公司在有形资产（例如，酒店和主题公园）和无形资产（例如，品牌认知度、有天赋的手工艺者及注重客户服务的企业文化）

结合的基础上设计了它的战略规划。

> 资源只有在特定条件下才能成为竞争优势的一种来源。

> **提示**
> 亚马逊公司关键的客户收益在于速度与卓越的服务。
> 为了传递这种收益,亚马逊公司需要哪些资源呢?

有效的内部分析能够使人清楚地了解一家公司是如何通过其资源进行竞争的。资源只有在特定条件下才能成为竞争优势的一种来源。首先,如果该资源有助于建立客户价值,即相对成本来说,如果该资源能增加客户从一个商品或者服务上获得的利益,那么该资源就能够产生一种竞争优势。例如,亚马逊强大的搜索技术、追踪客户偏好的能力和顾客每次访问其网站时提供的个性化推荐服务,以及快速的产品交付系统,显然都是有价值的资源,能够提高亚马逊的竞争力。

其次,如果该资源是稀缺资源并且对于所有竞争者来说不都是可用的,那么该资源就能够成为一种优势的源头。甚至对于极端宝贵的资源来说,如果所有的竞争者都能够平等地得到该资源,那么该资源也不能成为竞争优势的一种来源。对于一些如默克(Merck)、杜邦(Dupont)、陶氏化学(Dow Chemical)等公司来说,专利配方就意味着稀缺的和有价值的资源。亚马逊也同样为其一键购物技术申请了专利。

再次,如果该资源难以被模仿,那么它同样能够成为竞争优势的一种来源。在前文中,我们已经了解到富国银行通过开发交叉销售的相关专业技术来同规模更大的一些银行竞争。与免费支票账户不同的是,这种无形资源是很难模仿的,因为它需要培训和激励各级员工适应以顾客为中心的思想和进行跨部门的合作。在迪克·科瓦塞维奇(Dick Kovacevich)的强力领导下,富国银行成功地激励了其员工学习与使用这一必需的技能。产业分析师理查德·巴夫(Richard Bove)认为,这一策略成功的要诀就在于这种资源的难以模仿性。他提道:"这种难以模仿的资源正是科瓦塞维奇坚强而乐观的人格魅力。"在这一事例中,成功依赖于领导和协作实践,如果资源是复杂的,那么它们往往是难以模仿的,这是由于其中有很多相互依赖的变量,并且一些容易解释的行为和期望的结果之间没有明显的联系。

最后,如果资源能很好地被组织利用,那么该资源就可以增强企业的竞争优势。例如,可口可乐公司组织良好且遍布全球的灌装企业网络体系使其能够快速地在全球推出一种新型软饮料,并且能够比竞争对手更有效地推广它。IBM 公司最早凭借电脑硬件闻名,直到电脑硬件变得更像一种商品而不是一种竞争优势的来源。现在,IBM 公司已经组织其员工及系统以更高效地为企业客户生产集硬件、软件和服务于一体的整合产品。这种形式节约了 IBM 客户在自我管理技术上的成本。

正如图 4.5 所显示的那样,当资源变得贵重、稀缺、难以模仿及规划的时候,它们就能够被看作公司的核心竞争力。简单来说,**核心竞争力**就是一个公司相对它的竞争对手而言表现得尤为突出的领域。例如,本田公司在小型引擎的设计与制造方面拥有核心竞争力;索尼公司在微型化方面拥有核心竞争力;联邦快递在后勤与客户服务方面有核心竞争力。从这些例子中可以看出,一种核心竞争力通常是指

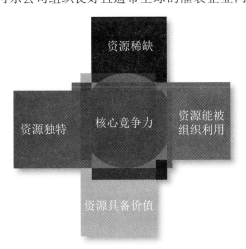

图 4.5 资源与核心竞争力

一系列技能或某些领域的专业技术而非有形资产或金融资产。

标杆管理 为了评估并提高绩效，一些公司会采用标杆管理，其评估流程是将一个公司与另一个公司或另一组公司的基本职能与技能来进行比较。标杆管理的目标是要彻底地弄清其他公司的"最佳实践"并付诸行动，从而获得更好的绩效和更低的成本。标杆管理体系已经帮助无数的公司，如福特、康宁、惠普、施乐、安海斯-布希，大幅度地消除低效率并提高竞争力。

> **提示**
>
> 结合最佳实践来调整公司的基本实践可以提高其竞争力。

根据实施的方式，标杆管理有可能存在局限性，即它只能使公司表现得如竞争对手一样好；而战略管理的最终目标却是超越这些竞争对手。另外，标杆管理常针对其他行业内的领军企业，公司可能会将这一问题定位于内部标杆管理。这种方法涉及将不同的内部业务和部门进行比较，从而在整个组织内传播公司的最佳实践，以此获得竞争优势。

> 在一些有名的标杆管理案例中，很多企业会向赛车团队的后勤维修人员学习。这样的企业会呈现出什么形式的基本实践？

加拿大的一家保险公司安盛就体验了标杆管理的利与弊。加拿大安盛公司通过标杆管理来确定它应该如何改进工序并降低成本。加拿大安盛公司使用内部标杆管理来比较公司不同区域内的结果。然而，该公司的雇员们提出了反对意见，即对于幅员辽阔的加拿大而言，不同区域之间差距过大导致绩效失去了可比性。更多的精力用于争论数字而不是寻找缩小绩效差距的方法。安盛也将在加拿大的绩效同其他国家的保险公司进行了比较，但它在比较过程中遇到了更大的困难。最成功的是同沃得集团合作收集的几家保险公司的绩效数据，分析这些数据并报告相关领域的优势与劣势。通过来自标杆管理的信息，加拿大安盛公司发现在某些区域，应用其他公司的实践方式会更有效。该公司应用标杆管理主要是为了降低成本和挖掘潜在的新市场。

4.3.4 步骤4：SWOT分析与战略制定

一旦管理者分析了企业的外部环境与内部资源后，它们就拥有了评估企业的优势、劣势、机会与威胁所需的信息。这种评估方法通常被称作**SWOT分析法**。优势与劣势针对的是企业内部资源。例如，一个组织的优势可能包括技术管理、正现金流，以及知名且备受推崇的品牌。劣势可能包括缺乏闲置产能和缺乏可靠的供应商。机会与威胁产生于宏观环境和竞争环境中。关于机会，它可以是使供应链更具效率的新技术，或一个目前尚未开发的利基市场。威胁可能包括，一个未开发的利基市场一旦被证明是有利可图的，那么竞争对手将有可能进入该市场。

SWOT分析法帮助管理者们从他们的外部与内部分析中总结出了相关的重要事实。根据这一总结，他们能够确定企业所面临的主要与次要战略问题。然后管理者们在SWOT分析的基础上制定战略，利用企业的优势来在可用的机会上占有先机，化解劣势并反击潜在的威胁。

举个例子，思考微软公司是如何进行SWOT分析的。微软的规模及其所主导的操作系统和办公软件方面的收入是它明显的一个优势。微软同样也有劣势。电子商务中增长最迅猛的方面就是互联网应用，特别是在线广告销售所带来的利润方面。微软在这个领域举步维艰，随着它的搜索引擎市场占有率逐年下降，在线广告的销售虽然在增长，但是却只占有一小部分的市场份额。谷歌被普遍认为是微软在该领域最主要的威胁，它不仅主导了搜索市场及相关的广告业务，甚至在免费商业应用上也威胁着微软。这种分析法能够解释微软在最近收购双击公司（DoubleClick）上所付出的努力。双击公司的主要业务是在广告商与在线出版商之间安排交易。双击公司是在线广告商务领域的巨头，并且微软所欠缺的正是它所擅长的。通过收购双击公司，微软能够利用其长处（资本）来弥补自身不足（在线广告领域的经验不足和微小的市场占有率），并反击威胁（谷歌)。具有讽刺意味的是,在收购即将结束时,谷歌以另一名投标人的身份出现。在现实世界中,当一个公司在制定战略时,它的竞争对手也会如此。其结果是,这一进程会通过应急计划不断地开展。外部环境存在越多的不确定性,战略就越需要聚焦通过实践建立的内部能力,比如知识共享和持续的流程改进实践。然而,在基础层面上,战略的制定是从分析到产生一系列行动的过程,比如微软收购(并最终经营)双击公司的计划。通过这样的方式,企业的公司层、经营层和职能层战略才逐渐开始成形。

在继续关于战略的讨论之前,我们注意到很多人在找工作或更换职业的时候会发现"自我SWOT分析"很有用。你在哪方面特别擅长?你要克服哪些缺点来增加你的就业机会?什么样的公司可以提供最好的机会来使你的技能得到充分发挥?你会面临来自其他应聘者的激烈竞争吗?正如公司一样,这种分析方法能够成为一个行动计划的开端,并且能够增强计划的有效性。

公司战略 一个公司战略确定了公司竞争的一系列业务、市场或行业,以及在这些商务领域的资源分配。图 4.6 提供了从非常专业化到高度多样化的四种基本公司战略选择。集中化战略集中在某一个行业开展一种单一的战略经营竞争活动。

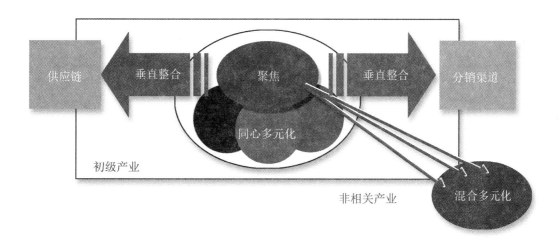

图 4.6 公司战略

在食品零售业,克罗格(Kroger)、西夫韦(Safeway)和 A&P 公司都奉行集中化战略。通常情况下,公司奉行集中化战略是为了进入一个蓬勃发展的行业,或是因为公司有着很专业化的能力。C. F. 马丁公司(C. F. Martin & Company)就是一个很好的例子,该公司奉行集中化战略,即专注于制造最优秀的吉他和吉他弦,这一战略保证了这个家族式企业成功地运营了 150 多年。

纵向一体化战略指将公司的经营活动领域扩展到上游的原材料供应渠道或下游的销售终端。亨利·福特曾经充分地整合了他的公司,从生产所需的铁矿石到展厅里所销售的汽车。纵向一体化战略通常被用来消除不确定性并降低与供应商和经销商有关的成本。

同心多元化战略包含了与公司原有核心业务相关的新业务。万豪集团(William Marriott)拓展了它原有的在华盛顿特区外的饭店业务,并进入飞机餐饮、酒店以及快餐行业。这些酒店业内的业务在提供的服务、成功所需的技能,以吸引客户方面都具有很强的关联性。通常像万豪集团这样的公司奉行同心多元化战略,利用自己在某一领域的优势,进而在其他领域获得优势。由于业务是相关的,因此应用在某一领域的产品、市场、技术和能力可以传递到另一领域。同心多元化战略的成功需要充分的管理及其他资源来经营多个业务。吉他制造商 C. F. 马丁公司(C. F.

Martin）曾经尝试通过收购其他乐器制造商来进行扩张。但是同时运营让其管理捉襟见肘，因此该公司逐渐放弃了兼并，并且回归到了集中化战略。

管理实践

同心多元化战略可以跨越国界。互联网搜索巨头谷歌最近购买了快速成长的中国网站——迅雷的一部分股权，这使得迅雷用户可以从互联网上下载音乐与视频片段。谷歌对迅雷的投资与合作使得迅雷可以使用谷歌的搜索能力，同时也使谷歌可以直接接触到中国1.3亿网民。谷歌还同中国移动（中国最大的移动运营商）结盟，为中国用户提供移动互联网搜索服务。

尽管谷歌拥有世界上最大的搜索引擎，但在中国，与占有中国63%市场份额的百度比起来（谷歌声称其只占有19%左右的市场份额），谷歌是小巫见大巫。另外，到目前为止，中国仍有大量小型新兴公司被排除在美国互联网公司之外。因此，谷歌的战略是在中国实现多样化从而占有更多的市场。由于中国政府和文化的限制，谷歌独自进入中国市场困难重重。通过与中国公司建立合作关系，谷歌有更好的机会吸引那些需要下载影音、游戏、软件和手机铃声的中国用户的注意。

相比同心多元化战略，**混合多元化**是一种扩张到不相关业务领域的公司战略。例如，通用电气公司从它原有的电气和家电业务领域扩展到更广阔的业务领域，比如医疗、金融、保险、卡车及航空运输，甚至拥有了美国全国广播公司的所有权（现在为康卡斯特公司（Comcast）所有）。这就是一家典型的奉行混合多元化战略的公司，以此实现当某一行业市场产生波动时，使风险最小化的目的。

> **提示**
>
> 实施纵向一体化战略的公司经常这样做以降低成本。
>
> 为什么从公司的某个部门购买要比在公开市场上购买便宜？

企业的多元化业务有时会被称为业务组合。用来分析一个公司管理其业务组合最广泛的应用工具就是由波士顿咨询公司开发的波士顿矩阵。波士顿矩阵如图4.7所示。公司的每项业务都基于其市场增长率和在市场竞争中的比较优势（市场份额）标绘在矩阵中。用一个圆来代表公司的某项业务，而圆的大小则取决于该业务对公司收入的贡献。

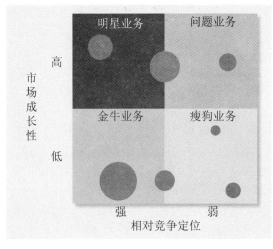

图4.7　波士顿矩阵

高增长且拥有弱势竞争地位的业务被称为问题业务。它们需要大量的投资来改善其地位，否则将撤销其投资。高增长且拥有强势竞争地位的业务被称为明星业务。这些业务需要大规模的投资，但是它们强势的地位使其能够产生满足自身所需的收入。低增长且拥有强势竞争地位的业务被称为现金牛业务。这些业务创造的收入超过了其本身投资的需求，因而还可以用于投资其他业务。最后，低增长且拥有弱势竞争地位的业务被称为瘦狗业务。当企业实现来自这些业务的剩余收入时，就会撤销对其的投资。

波士顿矩阵不能用来代替管理判断力、创造力、洞察力以及领导力。但是它是一个工具，能够和其他技术一起作为一个整体来协助公司的管理者和独立业务的管理者评估他们的战略选择。这种方法能够帮助需要对现有或者可能的生产线进行相对优势权衡的公司，如百事公司。如果这个公司只售食品和饮料，那么在全球范围内，仅这两个大类里关于产品的选择就有很多。由于公众开始更加关注软饮料和零食的过度消费，该公司便以一个旗舰品牌作为现金牛业务，积极寻求机会来宣称其产品拥有丰富营养，如燕麦片和橙汁。非碳酸型饮料的销售增长也推动了百事饮料近期的成功，并且百事已经设定了一个销售目标，要让具备全谷类、水果、蔬菜、坚果和种子等功能的"健康"产品销售额增长三倍。另一个观察百事公司业务组合的途径就是通过它的地区服务。百事在北美的现状显示出较小的增长潜力，但是管理层在新兴市场看到了巨大的扩张机会。在这些市场上，消费者才刚开始能够负担得起请客的支出，诸如百事和立体脆的现金牛业务可能会成为追寻"娱乐性"产品的消费者中的明星业务。

公司战略的趋势 美国企业会定期面临一波又一波的兼并和收购（并购）（如图 4.8 所示）。并购目标的选择主要取决于组织的公司战略，或是在某行业实行集中化或是实行多元化的业务组合。最近的很多交易，包括 AT&T 计划收购德国电信公司（T-Mobile），旨在巩固公司已取得的市场、客户服务及其他经营活动等的成本优势。相反，在 20 世纪 90 年代，很多交易——包括美国在线和时代华纳的合并——都旨在帮助传统企业进入热门的互联网市场。

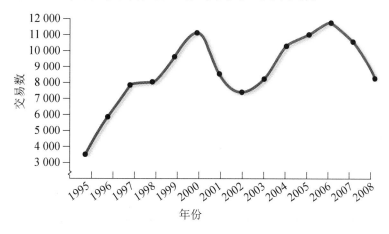

图 4.8　过去 20 年的合并和兼并浪潮

实施多元化公司战略的价值取决于具体情况。许多评论家认为不相关多元化对企业的弊大于利。近些年，许多多元化公司出售了它们的外围业务，这样它们就可以专注于集中化的投资组合。相比之下，在缓慢增长、成熟或受威胁的行业参与竞争的组织的多元化努力常常会受到褒扬。虽然，多元化的优点是一个需要持续研究的议题，但是更多的观察家认为，如果实施更为集中的多元化战略，组织的绩效将会更好，在这种战略下，业务之间或多或少存在关联或具有相似特点。

除了各种各样的公司战略的实施，很多其他趋势也在塑造着当今企业寻求增长的方式。一个巨大的趋势影响了几乎所有的公司战略，那就是今天跨国贸易发展的程度。如今，很少有企业能够不从其他国家的个体或组织购买某些原材料和设备，或者是不将其某些产品销往其他国家的个体或组织。从战略角度来看，企业持续不断地从经济扩张最快的地方（例如从巴西、印度和中国）寻找最好的发展机会。第6章探索了这种趋势，并将其称之为全球化。

有还些趋势与企业用于实现战略的商业计划相关。企业不再通过有机增长（也就是增加员工、设备和办公室等）来进行扩张，而是可以寻找一个已经在特定的市场、技术或产品领域上有其所需专长的合作伙伴。选择这样的合作伙伴来支持战略并合作经营某项业务被称为合资企业、战略伙伴关系或战略联盟，这主要取决于合作的细节。第9章主要描述了企业如何通过使用战略联盟来获得迅猛发展，第17章讲述了合资企业如何能够让企业更快地接触到新技术。

管理实践

思科系统公司正在研究关于如何进行扩张的决策。众所周知，思科公司是全球最大的电脑网络设备生产商之一。因为当其建立起电脑网络时客户对其支付了额外的费用，因而其专业化经营为公司赢得了尊重及可观的收入。但是，越来越多的客户转向了无线设备的网络连接，思科的管理层已经预见到未来其硬件设备的需求量将会下降，并且不得不对公司将在何处寻求成功进行艰难的决策。

思科公司试图涉足视频技术。它收购了制作翻转摄像机的纯数字公司（Pure Digital），并且它正在尝试这样的想法：对于视频和其他类型的信息在电脑网络中使用独立的网络来进行传输。同时，在视频领域，思科公司开始提供一种叫作远程监控的技术，该技术能够通过网络向他人传递高质量的视频信息。例如，不同城市的员工能够通过在屏幕上见到彼此来参与到同一个会议中。然而，当消费者发现用智能手机来记录视频更为方便时，翻转摄像机的设想也就宣告失败了。在特殊的地点建立思科远程监控系统的花费远不如在笔记本电脑上使用一个服务（例如Skype）能够打动消费者。

鉴于这些失误，思科公司重新审视了公司对电脑网络和商业顾客有深入认识的五个优先级：路由器和交换机、用户协议、云计算、网络架构和视频。公司也决定从获利较低的业务转移到服务于消费者的领域，例如机顶盒和数码相机。

- 在此案例中，思科公司接下来会采用哪种公司战略？

商业战略　在高层管理团队和董事会制定公司战略决策后，管理人员必须决定他们在每个业务领域将如何进行竞争。**商业战略**被定义为在市场环境中建立和巩固其竞争地位所要采取的主要行动。竞争优势通常来自这里所介绍的两个常见的商业战略之一，或者来自于在第7章所阐述的商业战略。

> **提示**
> 低价战略通常需要较低的生产成本。
> 你认为沃尔玛如何保持低成本战略？

第一，像沃尔玛和西南航空公司这类企业主要通过**低成本战略**获得竞争优势。某项业务采用低成本战略主要是试图追求高效或提供标准无虚饰的产品。沃尔玛超市用"让您更省，生活更好"的口号来展示它的低成本战略。该公司利用企业巨大的规模实力和供应商谈判，以达成更为有利的价格，从而使它能够以低于竞争对手的价格来出售产品。近年来，随着汽油价格的飙升，沃尔玛通过使消费者在一趟出行中以低价买到其所需的所有商品来节省在交通方面的支出的方式，来推广其零售店。低成本战略运用成功的公司通常规模很大，并且能够利用生产或分销上的规模经济优势。在很多情形下，它们巨大的规模使它们能够以一个较低的价格来买进或销售它们的产品和服务，从而促成更多的市场份额、销量和最终利润。想成功运用这种战略的组织，通常必须是其所在行业或者细分市场的成本领先者。但是，即便是成本领先者，仍然要提供与竞争对手产品相比让消费者更乐于接受的产品。

第二，一个组织可能会采用**差异化战略**。差异化战略就是企业沿消费者所重视的维度在其所在行业或者细分市场中变得与众不同。这种行业内独特的或差异化的地位通常是以较高的产品质量、出色的营销和分销，或卓越的服务为基础的。

诺德斯特姆公司（Nordstrom）在服装零售行业中致力于质量和客户服务就是差异化战略的一个极好的例子。例如，诺德斯特姆公司在网络上、电话中或实体店内都有私人导购员，他们会免费帮助顾客挑选商品。创新也是差异化战略的一个重要组成部分。在卫生纸市场上，斯科特纸业公司（Slott Paper Company）曾确定公司无法获得支持其进行机构式销售的采购价格。于是

> **提示**
>
> 高质量常常更难以让竞争者模仿。
>
> 模仿诺德斯特姆公司高质量服务战略的困难之处在哪里？

公司开始提供适用于大卷纸的免费纸座，节省了消费者频繁更换空卷的人力成本。斯科特纸业最早成为了唯一一家销售大卷纸的公司，因此获得了巨大的市场份额。同时，竞争者也开始奋起直追。

无论管理者采用什么样的战略，最有效的战略永远是竞争对手不愿意也没有办法模仿的。如果一个组织的战略计划能够轻易地被行业竞争者所采用，则不能使企业有效地实现差异化，或从长期来看，不能为组织竞争力做出重要贡献。例如，通过成为"先驱者"来提供创新产品以获得市场份额和利润的战略可能成功也可能失败，因为其部分取决于竞争对手的反应。在某些行业，如电脑行业，技术发展如此迅速以致第一家公司提供的新产品很快就会面临由新进入者所提供的功能更优越的产品所引起的挑战。

职能战略　战略制定的最后一步就是制定主要的职能战略。职能战略是由组织的职能部门实施的用以支持组织商业战略的一种战略。典型的职能部门包括：生产、人力资源、营销、研究与开发、财务和配送部门。例如，IBM 公司通过收购软件公司来进行扩张的计划需要相关的职能战略：对销售人员进行培训，使其了解新产品，同时要对新员工进行培训，让其了解 IBM 的企业文化和工作流程。职能战略中包括给每位 IBM 公司的新员工分配一名工作经验丰富的 IBM 导师。在富国银行，通过交叉销售来获得成长的战略所需的职能战略包括：广告宣传、培训员工交叉销售，以及发展跨部门共享信息的系统。波音公司采用稳步增长而不是提升产量直至高成本迫使削减开支的战略，这需要与招聘和培训员工、安排生产和协商销售相关的职能战略。

职能战略通常是由职能部门的高管与负责商业战略的高管在进行上传下达的沟通中执行的。高级战略决策者需要复查职能战略，从而确保每个职能部门的操作与公司商业战略相一致。例如，自动化生产技术（虽然可以节省成本）但并不适用于如施坦威（Steinway）这样的钢琴公司，因为施坦威的产品战略定位是高品质（高价格）和手工打造。通过产品创新进行竞争的公司，研发的职能战略至关重要。但在 21 世纪伊始的经济衰退期，通用电气削减了在照明技术研发方面的投入，而与此同时，其他公司积极探索 LED 照明技术。当经济逐渐复苏，消费者开始寻求创新的照明方式时，通用电气已经落后很远了。基于以上经验教训，通用电气即使在销售下滑时，仍需要

维持其对研发的投入。在最近的经济衰退中，该公司仍持续对一个与本田汽车公司合作研发新的飞机引擎的项目进行资金投入。

4.3.5 步骤5：战略实施

与任何计划一样，仅仅制定一个好的战略是不够的。战略管理者也必须要确保新战略能够被有效且高效地实施。一次最近的调查中发现，关于战略实施环节，大多数公司仍有很大的提升和在竞争中脱颖而出的空间（如图4.9所示）。近年来，公司和战略顾问也开始关注战略实施环节。他们意识到出色的技术和好的计划并不能保证成功。这主要反映在两个趋势上。

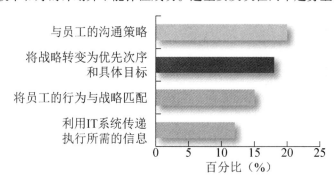

图4.9　经理人对于特定战略执行状况的描述统计

首先，组织正对实施环节进行一个更为全面的认识。组织结构、技术、人力资源、员工奖励制度、信息系统、组织文化和领导风格都必须能够支持战略，就像一个组织的战略也必须与外部环境相匹配。所以，战略需要通过符合多种因素来最终实施。本节下面将主要讨论能够在实施战略中用到的这些因素和方法。

其次，许多组织正在通过提升战略管理过程的参与度来达到实施的效果。全体管理者都参与到战略的制定并探寻战略实施的方法过程中来。高管们也要全面观察实施过程，但他们将更多的责任和权力放到了别人的手中。从总体来看，战略实施主要有以下四个相关步骤：

步骤1：定义战略任务。用简单的语言来表述某项特定的业务必须做什么才能够创造或者维持竞争优势。定义战略任务可以帮助员工理解他们如何为组织做贡献，其中包括重新定义组织不同部分之间的关系。

步骤2：评估组织能力。评估组织实施战略任务的能力。工作组通过对员工和经理人进行访谈，来确定帮助或阻碍战略有效实施的具体问题。结果将被汇总给高层领导。在你的职业生涯中，你将有可能被要求参与到一个工作组的工作中。我们将在第14章中讨论在团队中的有效工作问题。

步骤3：设计一个实施纲领。管理层将决定如何改变自身的活动和程序；如何管理重要的相互依赖的关系；需要哪些起关键作用的技能和个人；哪些结构、措施、信息和奖励能够最终支持所需行为。一位哲学家说过，从价值角度而言，沟通是过程的结果。

步骤4：创建一个实施计划。高层领导、员工工作组以及其他人共同设计实施计划。其中，高层领导监控过程。员工工作小组通过反馈组织中的其他人如何应对变化来进行工作。

这个过程虽然简单，但是往往并不会一帆风顺。表4.3展示了战略实施的六个不同的障碍，并提供了攻克这些"沉默杀手"的关键原则的描述。通过更关注战略实施的过程，高层管理者、经理人以及员工能够确保战略计划真正施行。

表 4.3　战略实施要攻克的六个障碍

障碍	应对措施
森严或自由放任的高层管理模式	在高层领导小组和基层之间，总裁/总经理围绕企业发展方向创建一个合作伙伴关系，创建授权的组织环境，明确个人和团体的责任授权。
战略的不明确和相互冲突的优先级安排	高层领导小组作为一个团队，要提出战略说明并要制定让成员乐于接受的优先级安排。
低效的高层管理团队	高层领导小组作为一个团队，要参与变革的每个步骤以保证测试和开发的高效性。
垂直沟通不力	要与基层就新战略的问题进行诚实的、基于事实的沟通交流，才能攻破这个障碍来实施新战略。
不同职能、业务或边界协调不力	商业行为以及新组织角色和责任的定义如下，需要"合适的人用正确的方法来做正确的事情"才能实现战略。
基层管理者缺乏领导才能和没有机会接受能力提升	基层领导者通过创造机会来领导变革，并抓住关键业务活动来提升技能。他们应该获得及时的指导、培训，以及有针对性的招聘。那些达不到标准的基层领导者必须被替代掉。

资料来源：M. Beer and R. A Eisenstat, "The Silent Killers of Strategy Implementation and Learning," MIT Sloan Manament Review, Summer 2000. Copyright ⓒ 2000 by Massachusetts Institute of Technology. All rights reserved. Distributed by Tribune Media Services.

4.3.6　步骤6：战略控制

战略管理过程的最后一个部分是战略控制。**战略控制系统**就是管理者用于评估关于战略的组织进程，并且当出现偏差的时候能够采取正确行动的系统。该系统必须要在适应环境不断变化的同时鼓励符合计划的高效运作。如同所有的控制系统，组织必须构建绩效指标、信息系统和特定的机制来监控进展。对于波音公司，考察与供应商的合作的一个明显的举措就是，看供应商能否持续不断地向波音公司提供其所需的符合质量标准的零部件。事实上，在波音787梦幻客机订单下达的过程中，好几个供应商都错过了最后期限。波音公司派出来自不同领域的专家团队去访问供应商，诊断困难产生的原因，并帮助它们赶上进度。它也通过让更多的员工来从事最后的安装工作的方式来避免产生更大的进度落后。

大多数战略控制系统通过一个预算来监控主要财务支出。事实上，你的第一份管理性工作很有可能是控制你所在工作单位的预算——这是组织战略计划的一个关键方面。你的执行团队可能为你提供一份所在领域的预算假设和预期目标，它可以反映全盘计划中所负责部分的位置，一旦你的预算超过你在组织中已经统计和审核过的预算，你将很有可能被要求修改预算。

控制系统的双重责任（效率和灵活性）通常会与预算相矛盾。预算通常会设定成本限制，但是变化条件和创新需求则需要在进程中获得不同程度的经济支持。为了解决这个矛盾，许多公司设立了两个预算：战略性预算和操作性预算。例如，德州仪器的管理者根据OST（目标战略战术）系统控制这两个预算。战略性预算用来创造和维持长期的效率，而操作性预算则通过严格监控来实现短期效益。在阅读下面的案例时，思考通用电气高层管理者在将通用电气定位在未来背景的情况下,是如何试图平衡效率和灵活性的。关于控制(尤其是预算)的话题将在第16章进行更为详细的讨论。

 管理实践

通用电气改善对未来的投资

在审视通用金融(GE Capital)在2008年金融风暴影响下整个公司资产缩水后,首席执行官杰弗里·伊梅尔特(Jeffrey Immelt)以及他的管理团队迅速开始改进通用电气的业务组合。一些企业和业务将被剥离,其他的则将有机会抓住成长机遇。

通用金融已经熟于应对变化。其新战略将更关注工程创新,同样也不会放弃金融部。公司仍然会在某些领域产生丰厚的利润,但却会扮演更小、更有针对性的角色。过去,通用金融的增长主要发生在具有潜在巨大回报的市场。而现在,通用金融选择市场则基于公司对其市场的认知。因此,通用金融将主要在发电或航空业,以及面向中型企业进行借贷。此外,该公司已停止其次级贷款,以减少接触或摆脱其他金融风险。

通用电气在其他行业没有看到潜力。公司将其旗下的塑料业务与保险业务进行出售。它将美国全国广播公司(MBC Universal)的多数股权出售给了康卡斯特公司(Comcast)。美国全球广播公司的出售为通用电气在其自身有优势领域的投资活动中带来了重要的资金。通用电气在考虑出售其家庭和商业部门(包括电器),但是缺乏一个来购买它的买家。自房地产市场下滑以来,其销售业绩增长缓慢,但产品仍具有稳定的利润空间,而且家电也是企业在节能方面可以进行创新的一个领域。

通用电气也一直在对它所期望能够获得高速发展的制造业进行并购,包括医疗健康和发电行业,以期获得战略革新。公司在超过6个月的时间里花费了110亿美元来提升其在能源设备市场的参与度,同时还花费了70亿美元来扩展其石油服务部门。在制造大型复杂的基础设施和交通运输装备上,通用电气具有一个明显优势:它的规模。很少有公司拥有能够制造喷气式发动机、动力涡轮机和机车的能力。甚至一台制造太阳能电池板的设备也要耗费数千万美元。核电站的产品则更为特殊和复杂,以致很少有公司能够在人才和专业技能上与通用电气相竞争。但不利的一面是:这样巨大的投资规模意味着即使没有增长潜力也很难迅速退出投资行业。

核能就是一个明显的例子。最近,日本的地震和海啸及其伴随的一些核反应堆的一系列故障引发了人们对该产业前景的质疑。这时通用电气就可以依靠其多元化战略:如果核能产业(通用电气在该行业的收入小于20亿美元)持续下滑,或许更多的国家会转向其他能源领域,而通用电气通过多元化战略就可以销售燃气涡轮机和风力涡轮机(已创造310亿美元的收入)。

为了发展这个战略,通用电气的领导层进行了全球范围的统筹考虑。在伊梅尔特的领导下,通用电气扩大了其在美国以外的销量,从2001年的510亿美元增长到2009年的810亿美元。2010年,通用电气1/4的收入是来自诸如中国和印度等发展中国家;在美国以外的所有国家获得的收入超过其总收入的一半。通用电气制定了一个要将销售量提升60%的目标。在过去的十年内,单单是在中国的销售量就已经翻了三倍,而在非洲及中东国家则增长了四倍。这种跨国性的增长虽然令人钦佩,但还是没有达到公司目标的要求。为了更大程度地专注于其他国家的增长,伊梅尔特任用约翰·G. 赖斯(John G. Rile)作为通用电气的总经理并让其负责通用电气国际业务的相关工作。

通用电气根据特定市场的机遇来制订全球发展计划。例如，在中国，公司不仅要关注行业竞争对手，同时也要面对政府带来的挑战与机遇。因此，当中国在其五年经济计划中提出要增加对太阳能和风能的使用时，通用电气将探讨商业企业是否会被允许涉足该市场（对通用电气而言，这是一个机遇），或者政府是否会垄断能源经济领域。由中国政府投资的对可替代能源的研究和开发，可能会让通用电气在与前景良好的中国竞争者的竞争中处于劣势地位。

由于积极地应对这些挑战，通用电气似乎已经脱离困境。利润再次进入增长期，伊梅尔特向投资者保证通用电气的未来前景会更好。这种愿景通过通用电气的口号"梦想启动未来"进一步被强化，这也就是伊梅尔特所说的公司"存在的理由"。在通用电气全球研究中心，有一张具有象征意义的公司创始人托马斯·爱迪生用过的书桌。伊梅尔特一直致力于使伟大的发明家精神在通用电气焕发生机。

- 对于上述的通用电气的各项业务，你将如何利用波士顿矩阵对其进行归类？
- 通用电气的集团多元化战略是如何让公司抓住机遇和应对挑战的？为什么？

关键术语

商业战略（business strategy）
集中化（concentration）
同心多元化（concentric diversification）
混合多元化（conglomerate diversification）
核心竞争力（core competence）
公司战略（corporate strategy）
差异化战略（differentiation strategy）
职能战略（functional strategy）
目标（goal）
低成本战略（low-cost strategy）
任务（mission）
运营规划（operational planning）
规划（plans）

资源（resources）
方案（scenario）
情况分析（situational analysis）
利益相关者（stakeholders）
战略控制系统（strategic control system）
战略目标（strategic goals）
战略管理（strategic management）
战略规划（strategic planning）
战略愿景（strategic vision）
战略（strategy）
SWOT分析（SWOT analysis）
战术规划（tactical planning）
纵向一体化（vertical integration）

学习目标小结

现在你已经学完第4章，你应该能够做到：

1. 总结出规划过程的基本步骤。

计划过程始于对影响组织的内外部力量的形势分析。这个分析将有助于识别和诊断问题，以及浅层面了解可替代目标和企业的计划。接着，这些目标和计划的优势及劣势将与另一套方案进行评估比较。一旦一系列的目标和一项计划被选中，实施过程就需要包括以下环节：将计划与雇员进行沟通、资源分配、确定其他系统（例如，奖惩和预算）能够支持这项计划。最后，计划实施需要创建一个监控系统来对实施过程进行控制，保证向目标顺利进行。

2. 可以描述如何统筹战略、战术和运作规划。

战略规划有别于运营规划，因为它主要是针对整个组织来制定长远性的决策。战术规划则是将宽泛的目标以及战略翻译成为具体的行动，具体到组织的各个部门中去。运营规划则是识别短期的进程和过程，通常适用于组织的底层。

3. 能够在制定战略前确定要加以分析的企业内部资源和外部环境要素。

战略规划是被设计来强化企业的优势，并同时最小化企业劣势的不良影响。外部分析做得不好就很难了解企业所拥有的潜在优势。例如，一个公司可能有出色的市场部门或者是一个高效的生产系统。然而，组织难以确定是否这些内部特征是企业竞争优势的来源，除非了解竞争者在这些领域的表现如何。

4. 可以明确企业的核心竞争力，并说明它们是如何为企业的战略提供基础的。

核心竞争力是一个公司在应对其竞争者时做得最出色的方面。当这种能力（例如，设计或者营销）在某些领域中对于市场成功极为重要时，它就是发展竞争优势的基石。如果它是有价值的、稀缺的、难以模仿并且组织有序的，那么它就可以提供可持续性的竞争优势。

5. 能够在制定企业战略时，提供多种类型的可选择方案。

公司战略确定了公司竞争产业的广度。公司战略可以是指定的狭义的，例如集中化战略，或者可以通过纵向一体化战略向供应商和销售环节拓展。公司战略也可以通过同心（相关）多元化或集团（不相关）多元化拓展公司的产业。

6. 讨论公司是如何通过业务战略来获取竞争优势的。

公司获得竞争优势主要通过两种方式。它们可以采用差异化战略使得自己在某些领域脱颖而出，也可以采用低成本战略并致力于关注生产效率和价格。

7. 可以描述使企业战略有效实施的关键点。

许多好的规划最终失败是因为它们没有被正确地实施。战略必须由结构、技术、人力资源、奖励、信息系统、文化和领导力等来支持。最后，一个规划的成功主要取决于低层级的员工如何有能力并且有意愿去实施它。参与度管理是实施者所采用的一个比较流行的获得员工加入并确保其参与战略实施的方式。

问题讨论

1. 本章以引用通用电气首席执行官杰克·韦尔奇的话作为开始："把握自己的命运，否则将被其他人主宰。"这对于战略管理而言是什么意思？韦尔奇所说的"否则将被其他人主宰"是什么意思？

2. 罗列出完整的计划进程的六个步骤。假设你是一家家装连锁店的高层主管，并且你想要发布一个新的公司网站。请举例说明在实现这个网站的各个步骤中你将采取的行动。

3. 你的朋友很沮丧，因为他在选择职业方面有困难。他说："未来太复杂，我难以制订计划。任何事情都有可能发生，而且有太多的选择。"你将对他说什么从而改变他的想法？

4. 请说出战略、运营规划和战术规划的不同之处。这三者在同一个组织中是如何互补的？

5. 诸如 Urban Outfitters 等组织是如何使用战略地图的？请与同学合作参照图 4.3 来为这个公司设计一个可行的战略地图。

6. 是什么原因促成战略计划向战略管理转移的？在哪些行业最可能看到这种变化趋势？为什么？

7. 查阅表 4.1 中的环境分析部分。为什么这项分析对一个公司的战略规划进程非常重要？

8. 你认为什么是 Harley Davidson 摩托车公司的核心竞争力？这些核心竞争力是如何帮助 Harley Davidson 公司战胜诸如 Yamaha 和 Suzukl 这类外国竞争对手的？

9. SWOT 分析是如何帮助报纸公司在新媒体环境下保持原有竞争力的？

10. 战略实施中最大的挑战是什么？什么会阻碍战略的实施？

实践练习

4.1 战略规划

目标

通过新闻来调研近期某公司的战略规划。

说明

《彭博商业周刊》经常刊登关于各个公司战略的文章。请找出一篇关于你感兴趣行业的某家公司的文章。阅读这篇文章并且回答以下问题。

战略计划工作表

1. 该公司能够清晰地认知自身所处的产业，以及它是如何有别于其竞争者的吗？请解释。

2. 对未来的何种预测塑造了该公司的新战略？

3. 公司的哪些优势和劣势影响其对新战略的选择？

4. 公司设定了哪些与新战略结合的具体目标？

资料来源：R. R. McGrath Jr.，*Exercises in Management Fundamentals*，1st edition, p. 15. Copyright © 1985. Reprinted by permission of Pearson Education, Inc., Upper Saddle River, New Jersy.

4.2 规划商业战略

目标

1. 说明在企业战略构想中存在的各种复杂关系。
2. 在一定商业背景下演示 SWOT（优势、劣势、机会和挑战）分析的具体使用。

说明

1. 将班级分成小组，并为每组分配一个知名的组织来进行分析。

2. 每个小组将：
   a. 学习 SWOT 说明和 SWOT 工作表，来了解完成这项作业所需的工作。
   b. 课后通过图书馆调查和采访等来获得关于该组织的所需信息。
   c. 完成 SWOT 工作表。
   d. 为问题讨论做准备。
3. 在课堂讨论中，小组发言人将展示小组的发现。

讨论问题

1. 为什么大部分组织不提出机会与优势的组合战略？
2. 为什么大部分组织不提出机会与劣势的组合战略？
3. 为什么大部分组织更乐意从优势出发进行考虑？

SWOT 说明

最常用的战略分析工具之一就是 SWOT（优势、劣势、机会和挑战）分析，它分为四个步骤：

步骤 1：分析组织的内部环境，识别其优势和劣势。

步骤 2：分析组织的外部环境，识别其机会与挑战。

步骤 3：进行如下组合：（a）优势与机会；（b）劣势与挑战；（c）机会与挑战；（d）劣势和机会。

步骤 4：分别对这四种组合设计最适合组织的战略。大部分组织将优势和机会的组合战略放在最优先位置，其次是劣势和挑战的组合战略。最关键的是要在组织有优势的领域中挖掘机会，在组织有劣势的领域来应对挑战。

SWOT 工作表

受分析的组织：_____

内部分析	外部分析
优势	机会
劣势	挑战
优势和机会的组合战略	劣势和挑战的组合战略

(续表)

内部分析	外部分析
优势和挑战的组合战略	劣势和机会的组合战略

 综合案例

定制咖啡和巧克力店

邦尼·布鲁尔（Bonnie Brewer）和斯泰西·金（Stacy Kim）是大学同学。在学校的时候，她们都有自己创业的梦想。为此，他们选修了商业和营销课程以及管理课程。毕业时，他们在靠近学校的西雅图找到了工作。

几年后，通过在其他公司工作获得了一定经验，她们俩决定一起创业，她们制订了一个开一家小咖啡店的计划，在这家咖啡店里，她们和顾客都能够尽情地享用她们喜爱的上好咖啡和巧克力。她们为咖啡店选址，并看好了两个地方：一个靠近派克市场，能够获得包括购物者和商人两方面的顾客流量；另一个靠近大学，在那里，商店和饭馆光顾的客人主要是学生、教职工及当地居民。她们选址在了大学附近，因为她们认为自己更为了解这类客户。几个月后，定制咖啡和巧克力店开张了。布鲁尔和金努力提供独特的调配咖啡和特色巧克力，经营店铺，以及处理财务问题。

定制咖啡和巧克力店的商业计划包括只购买平价咖啡（定价只够支付咖啡种植者的生活费）及本地供应商的巧克力。她们的咖啡店很小，但有很舒服的椅子、沙发和咖啡桌供顾客使用，在课间学生们可以聊天或读报纸。但她们大多数的业务是外卖。

一开始，生意很低迷。布鲁尔和金努力来为她们的咖啡和巧克力进行合理的定价，她们担心定价过高。但是每个来过这家咖啡店的人都喜欢他们所购买的东西并且会再来光顾——并开始带着他们的朋友来到店内。在大约5个月后，生意开始有了起色，那时，布鲁尔和金开始将她们的注意力投放到长远的计划上。她们花尽了所有的积蓄以及她们最初的小企业贷款，而6个月的房租也即将到期。她们需要决定是否要继续经营下去。

她俩会面，并一起考虑她们所面临的选择。很快，她们就决定要延长营业时间并雇用两名兼职工。她们将开通无线网来供客人使用。她们都同意让咖啡店继续经营下去，金将更专注于财务，而布鲁尔则主要负责经营。她们对是否要将菜单进行扩展使其包含烤巧克力甜点、茶和其他饮料进行了评估。她们考虑了一些校园内的送货地点，例如宿舍和学生学习的休息室。她们也讨论了在咖啡店举办诗歌朗诵和讨论组等活动。她们讨论建立一个带有菜单和电话号码的网站，对当前的咖啡和巧克力口味进行更新，布鲁尔来撰写博客，顾客也有机会进行回复。她们也认同暂时没有准备好开启在线订单服务，但是最终会的。

金和布鲁尔完成了她们的计划，她们同意自主创业对于她们而言是一个挑战，但是她们永远不会后悔。

问题

1. 你认为定制咖啡和巧克力店的主要使命是什么?
2. 为定制咖啡和巧克力店做一份SWOT分析。
3. 结合店主对咖啡店未来的构想以及你自身的想法,为定制咖啡和巧克力店列出一份战术规划的大纲。

第5章
伦理和企业责任

"公司本身是没有良心的,但是由有良心的人们组成的公司就有了良心。"

——亨利·大卫·梭罗

学习目标

通过学习第5章,你应该能够达到以下要求:

1. 描述不同的伦理视角如何指导决策制定。
2. 解释企业如何改变它们的伦理环境。
3. 概述企业伦理决策的过程。
4. 总结企业社会责任方面的重要问题。
5. 讨论企业对自然环境的兴趣日益增长的原因。
6. 识别管理者处理环境问题采取的措施。

本章概要

这是一个大问题	公司社会责任
这是一个个人问题	反对的观点
伦理	综合
伦理体系	自然环境与可持续性
商业伦理	风险社会
伦理环境	以生态为中心的管理
伦理决策	未来的环境议程
勇气	

开篇案例

伊冯·乔伊纳德的价值观决定了巴塔哥尼亚公司的价值观

巴塔哥尼亚公司(Patagonia)位于加利福尼亚的文图拉县(Ventura),是一家市值为3.15亿美元的户外用品生产公司。该公司的成立源于伊冯·乔伊纳德对攀岩的热爱。由于不满意美国的攀岩装备,乔伊纳德开始自己设计,并在他的车外出售自己设计的装备用以支持他的攀岩爱好。随着装备需求的增长,乔伊纳德找了个搭档,开了一间工厂,创建了一个产品目录,同时在产品组合里增加了适合户外爱好者的服装。和装备一样,服装也是为了满足绩效目标,基于第一手经验来进行设计改造的。现在,巴塔哥尼亚在自己的几十个专卖店里销售产品目录里的装备和服装,而其他零售商则销售其体育用品。

乔伊纳德承认他"从来没有想成为一个商人"。但是由于有很多其他户外运动爱好者，比如攀岩、冲浪、越野跑爱好者想要他精心设计的产品，他才很快变成了商人。他意识到自己想塑造巴塔哥尼亚的经营模式，而不只是售卖产品。

早期，乔伊纳德制定了自身工作的价值观念：员工，包括作为创始人的他，应该抽出时间去享受活动，比如巴塔哥尼亚最吸引人的登山探险；员工之间也应该像朋友一样，并把家人带在身边一起活动。公司倡导的价值观是雇用爱好户外活动的员工，和向所有人发放员工福利，而不是建立一个高管餐厅。在美国，巴塔哥尼亚也是最先对员工子女提供现场日托服务的公司之一。

此外，巴塔哥尼亚的核心价值观是热爱自然环境。无论是冲浪、滑雪、登山或划独木舟，巴塔哥尼亚的员工和客户都在享受世界原生态的美丽风光。乔伊纳德也承认，这带来了一个两难选择。他注重保护他热爱的美丽地球，但与此同时，他的企业生产的服装消耗了资源，也对环境造成了污染。例如，生产棕褐色皮革会产生有毒化学物质，生产聚酯需要提炼大量原油。在乔伊纳德的价值追求和巴塔哥尼亚企业的商业成功之间，该如何进行平衡呢？

对于乔伊纳德来说，解决两难困境的方法在本质上要双管齐下：一方面将公司运营所带来的破坏降至最低，另一方面将部分收入用于环境保护。巴塔哥尼亚公司的经营目标可以从其使命陈述中总结出，即"生产最好的产品，但要避免不必要的破坏，利用商业手段来探索并实施应对环境危机的解决方案。"

为了完成上述使命，巴塔哥尼亚公司实施的措施包括：原材料使用的选择、提供给员工的福利，以及供应商标准的重新建立。同时在设计服装时强调使用伤害最小的材料，例如有机棉和有机羊毛提炼自回收的苏打水瓶。巴塔哥尼亚还被《公司》(*Inc.*) 杂志评为"顶级（小公司）工作场所"，其员工福利包括两周的带薪假期——让员工自己去选择从事一些环境保护方面的工作。对于提供材料的制造商，公司也已建立了环境绩效测量标准，并用这些标准来选择承包商。并且，自1985年起，公司就将收入（不只是利润）的1%捐赠给环保组织。最后，乔伊纳德强调，关注环境对一个企业来说，有着非比寻常的意义："我们生产户外用品，而能保护美好的自然环境，让购买巴塔哥尼亚户外用品的消费者去享受，这对我们来说有百利而无一害。"

- 制造业在人们的观念中基本等同于资源耗费、环境污染。如果一位管理者既致力于保护环境，却又同时经营一家制造业企业，那么，他该如何证明自己能够在生产经营的同时，也做到了保护环境？对于巴塔哥尼亚公司的乔伊纳德来说，答案包括确定重要的价值观并指明企业该如何遵守。当你阅读这一章时，请思考乔伊纳德的价值驱动法是如何使得公司在收获成功的同时，还拥有了道德。

大部分公司并不是由"在商业上不想有所成就的人"所建立的，重视户外探险活动本身甚于销售和管理的人能够带领公司取得成功，这让人难以置信。尽管如此，在乔伊纳德的多年领导下，巴塔哥尼亚公司正蓬勃发展并广受尊敬。然而，这个案例可能也显现出了一些问题，具体包括：管理者通常是否能够将个人价值观置于首位？什么样的价值观能够同公司的长久成功相匹配？

这一章强调了管理者在经营公司和制定策略时，所应遵守的价值观和经营方式。特别地，我们将探索如何在商业中应用**伦理**。伦理，即指导价值观念的规则体系。我们之所以能够这么做，基于的前提就是：

> 当管理者身体力行诚信正直的伦理标准时，管理者和他们的组织、社区能够实现基业长青。

此外，我们认为在法律和道德的约束下，组织履行社会义务的责任可能比赚取利润更重要。在学习这一章时，请考虑一下你想成为什么样的管理者？你希望拥有什么样的名声？作为一名管理者，你想别人怎样描述你的行为？

5.1 问题的提出

5.1.1 这是一个大问题

从公司高管、独立审计师，到政界人士、监管机构，乃至股东和员工，无一例外，都被卷进了近年来的丑闻。例如上市公司的高管故意制造误导性陈述，导致股价上涨，这削弱了公众对金融市场的信任。通常这些丑闻都是很多人互相勾结实施的，并且许多犯罪的当事人曾经都在其他方面颇为正直。游说商人为影响政客，给政客购买奢华礼物，因而被控告，有些还被判刑。一些高管承认，他们曾收到巨额奖金或股票期权，以确保对方在他们公司的投资可以获利，从而对其操纵股价上涨或下跌的行为毫不在意。还有什么有关管理者的新闻困扰你了？供应被污染的食物？破坏环境的行为？网络诈骗？员工在销售指标或生产指标的压力下不择手段？……这样的例子不胜枚举，公众变得愤世嫉俗。根据公关公司爱德曼（Edelman）的调查，员工经常质疑其所在公司的管理；只有31%的员工表示，他们相信自己的首席执行官。试想下，你领导员工，但他们却不相信你，这将是一种怎样的挑战！

不幸的是，当公司经营业绩不好时，往往遭受损失最多的也是普通员工，而不是公司高管。当诸如能源交易商——安然（Enron）、保险经纪公司——威达信（Marsh & McLennan）等因丑闻曝光而股价发生暴跌时，高管们已从慷慨的薪酬奖金方案中获得数百万美金的投资回报。而相比之下，被鼓励购买大量该公司股票并将其作为退休金的员工们，只能看着自己的积蓄随着公司声誉一起灰飞烟灭。

> 诱惑存在于每个组织。

不过，仅仅谈论安然和其他著名的道德败坏公司的案例，并不能触及这个问题的核心。显然，这些案例涉及"坏人"，其道德问题是显而易见的。但是说"我绝不会那样做"，就太简单了。事实上，诱惑存在于每个组织。作为管理者，许多你将面对的决定都会造成伦理困境，正确的事情并不总是显而易见的。

5.1.2 这是一个个人问题

"请回答对还是错：'我是一个有道德的管理者。'如果你的答案是对，那么这可能是一个不安的事实：你可能不是。"这些句子第一次出现在《哈佛商业评论》的一篇名为"你是有道德的吗？"的文章中。问题是，大多数人认为自己是好的决策者，是有道德的，是公正的。但事实是，大多数人会无意识地偏向自己和自己的组织。例如，管理者经常雇用那些和他们相似的人，管理者认为同他们不会存有利益冲突；给予其超越他们应有范围的信任；当他们应受责备时，管理者反而责怪他人。

意识到自己有偏见可能会帮助你去克服它们，但这通常是不够的。还得考虑到一个基本的伦理问题：说谎。许多人撒谎，通常认定他们将受益于谎言。只是一部分人的撒谎相对多些，而一部分人迫于当时的实际情况而撒谎。基本上，我们都能站在道德角度反对说谎并赞成诚实。但是，考虑说谎的真实后果也是有必要的。表5.1总结了在不同的情况下说真话或说谎造成的结果。人们通常在不考虑消极后果的情况下，说谎或是盲目地做出其他违反道德的行为。

> 意识到自己有偏见可能会帮助你去克服它们，但通常是不够的。

表 5.1　真话与谎言：可能的结果

原因和说谎背景	说谎的结果	讲真话的结果
可能有冲突	<ul><li>说谎比解决潜在的冲突更容易</li><li>快速缓解了问题</li><li>根本问题未得到解决</li><li>可能没有任何有意义的后果</li><li>说谎者必须使自己的行为合理化来保持良好的自我形象</li></ul>	<ul><li>和说谎比起来，在情绪上更困难</li><li>可能解决根本问题</li><li>可能引发进一步的冲突</li><li>有时候难以对消息密不透风的组织产生影响</li><li>建立了"诚实"的声誉</li></ul>
谈判	<ul><li>短期收益</li><li>经济上有利</li><li>危害长期关系</li><li>必须为自己找借口</li></ul>	<ul><li>支持高质量的长期关系</li><li>建立了诚信的声誉</li><li>给别人做出了榜样</li></ul>
保持信任（这可能需要忽略至少一个谎言）	<ul><li>出于好的原因维持了信任</li><li>和被信任的合作者保持长期关系</li><li>可能有欺诈行为</li></ul>	<ul><li>辜负了来自组织的信任</li><li>从长远看会失去所有人的信任</li><li>给别人留下你是诚实的而不是功利的印象</li></ul>
汇报自己在组织里的表现	<ul><li>可能推动个人发展</li><li>一段时间后建立了不诚实的声誉</li><li>必须不断圆谎</li></ul>	<ul><li>建立了诚信的声誉。</li><li>可能并不总是积极的</li></ul>

资料来源：*Academy of Management Executive*：*The Thinking Manager's Source* by S.L. Gover, "The Truth, the Whole Truth, and Nothing but the Truth: The Causes and Management of Workplace Lying." Copyright © 2005. Reproduced with permission of Academy of Management via Copyright Clearance Center.

伦理问题并不简单，它们不只会考验到有新闻价值的公司老总。例如，人们在工作时上外网。如果雇主购买电脑并为你在电脑前工作支付了报酬，你使用计算机做与工作无关的事情是道德的吗？

> 也许你认为在午休时间网上购物，或在世界大赛或 NCAA 疯狂三月时看一下比赛成绩是没关系的。

但是假如你浏览比赛视频，而你的同事花两个小时的午休时间在平板电视上找到最好的交易，那将会怎么样？

除了损失生产力，用人单位最担心电脑用户引入病毒而泄露机密信息，以及通过下载不适当的网页内容使工作环境充满敌意氛围。

> 这里有一个小小的但有潜在意义的建议：改变一下你的用词，"伦理"这个词太大甚至有点陈腐，可以用"责任"或"礼貌"代替，并采取相应的行动。

有时候，员工会就公司及其产品在网上写博客或发表评论。公司显然不希望自己员工说它们的坏话，但是一些企业会关心过于积极宣传的员工。当员工将他们公司和产品写在评论页面时，如果员工不透露他们与公司之间的关系，这种做法会被认为是滥发和具有欺骗性的。公司私下创造虚构的博客来作为一种营销策略，是另一种被视为欺骗性的做法。还有一种被称为"草根营销"的做法，里面"草根"的兴趣是伪造的，企业付钱给"草根水军"让其在博客里写关于企业的正面评价。佛罗里达州的 PayPerPost 公司以前将广告商与博主相匹配，但现在要求博主们将这种关系公开。可口可乐、UPS 和 IBM 等公司已建立相关措施来确保员工在线交流时使用被确认的身份。这样员工既可以在线参与对他们公司的讨论，也不会被指控欺骗。

这些例子是否太小而不值得考虑？本章将帮助你在考虑道德影响后做决定。

5.2 伦理

伦理的目的在于既确定控制人们行为的规则也确定值得追求的物质。伦理决策由人的潜在价值观决定。有爱心、诚实、遵守诺言、追求卓越、忠诚、公正、诚信、尊重别人、做一个负责任的公民等这些行为的准则就是价值观。

> 女性比男性更道德、更高尚吗？在某种程度上，研究证明是这样的。调查显示，商科大学生研究伦理学的兴趣在不断提高，其中在女性大学生中提高得更快。与女性相比，商学和心理学的男本科生表现出更不道德的态度，并且更容易做出不道德的行为。在修了伦理课程后，商学学生在改善他们的道德意识和决策过程方面，女学生相比男同学有更大的进步。

大多数人认同上述这些价值观是令人钦佩的行为准则。但是当价值观中出现相互矛盾的情况时，伦理问题会是一个非常复杂的问题。**伦理问题**是人必须从几种被认为在道德上是对的或是错的行为中做出选择的一种处境、难题或是时机。

> 当价值观相互矛盾时，伦理会是一个非常复杂的问题。

伦理问题出现在生活的方方面面，在这里我们特别关注商业道德。**商业道德**包括指导商业行为的道德原则和标准。

5.2.1 伦理体系

道德哲学指人们用来决定什么对或什么错的原则、规则和价值观。这是一个简单而抽象的定义，但在面临真正的选择时，它往往十分复杂和困难。你怎么判断什么是对的，而什么是错的？你知道你该应用什么标准以及怎么应用吗？

伦理学者将各种主要的伦理体系作为指南。第一个伦理体系——**普世主义**指出，所有人都应该维护某些为社会正常运行所需的价值观，比如诚实。普世主义的原则是人类生存的基础，以至于其在所有社会中都是重要的，比如反对谋杀、欺骗、酷刑和压迫等的规则。

人们已经在建立全球性的普遍商业道德准则方面做出了一些努力。在康克斯圆桌会议（Caux Roundtable）上，总部位于瑞士康克斯的一些国际知名高管与来自日本、欧洲和美国的商界领袖共同创建了康克斯原则（Caux Principles）。两个基本的伦理理想支撑着康克斯原则：秉性共生和人类尊严。共生意味着为了共同的利益一起生活和工作，允许合作和共同繁荣与健康而公平的竞争共存。人类尊严从终极意义上关注每个人的价值，而非实现某他人的目的的手段。

普世主义强大而有用，但在面对现实矛盾时，人们说的、希望或认为他们会做的往往不同于他们的实际行为。在我们描述其他伦理体系之前，思考一下下文"管理实践"中的案例，想想该如何解决它。

不同人在这个场景中的表现是不同的。不同的个体将应用不同的道德哲学。考虑下面的每一个道德哲学和在下面关于桥的例子中可能会导致的行动。

> 不同的人在这个场景中的表现并不相同。

利己主义和功利主义　根据利己主义（egoism），可接受的行为是使自己利益最大化的行为。伦理学的焦点"做正确的事情"被利己主义者定义为"做使自己利益最大化的事情"。根据该观点支持者的看法，如果每个人都遵循这一标准，整个社会福利能够增加。这个概念类似于亚当·斯密"看不见的手"的概念。亚当·斯密认为，如果每个组织都追求其自身的经济利益最大化，那么社会财富总额将达到最大化。

管理实践

假设萨姆·考特是一名销售代表，正准备代表他的公司——中西五金公司筹备一个展销会，该公司主要生产螺母和螺栓。考特希望从一家建筑公司获得一笔大订单。该公司正修建一座位于圣路易斯附近横跨密苏里河的桥梁。中西五金公司制造的螺栓有3%的缺陷率，虽然在行业里这个数字是可以接受的，但它们不适用于某些类型的项目，比如那些可能会受到突然的重大压力的项目。新桥梁将位于1811大地震震源新马德里断层线附近。地震的震中被严重破坏，改变了密苏里河的线路，新的桥址距离震中约190英里。

在该地区建设大桥不受地震法规的管制。如果考特获得订单，除了正常工资外，他将赚取25000美元佣金。但是，如果他告诉承办商其公司的螺栓的缺陷率，那么订单可能被螺栓缺陷率更低的竞争对手拿走。因此，考特的道德问题是，是否要向桥梁承包商指出螺栓的缺陷率，以防在发生地震时，中西五金公司制造的螺栓失效。

- 考特应该怎么做？在这种情况下你会怎么做？

资料来源：O. C. Ferrell and J. Fraedrich, *Business Ethics：Ethical Decision Making and Cases*, 3rd ed. p. 53. Copyright 1997 South Western, a part of Cengage Learning, Inc. Reproduced with permission. www.cengage.com/permission.

与利己主义不同，**功利主义者**（utilitarianism）直接为最大数量的人寻求最多的利益。以功利主义是否将有助于学生贷款伦理决策制定为例，纽约总检察长调查了100所学院，以及付款并提供股票奖励和福利给学校的6家银行。学校把这些银行列为"首选银行"，然后把名单提供给想要从私人渠道筹借学费的学生。检察长称这种安排为"回扣"；有的学校回应说，这些贷款并没有被滥用，而是被增加到它们授予学生的助学金中。

然而基于利己主义的伦理学将会允许那些行为，即贷款人最大限度地提高其收入，而负责助学金的人员追求尽可能有利于他们自己和学校的安排。反之，功利主义需要一个更广阔的视野。最明显的是，在"首选"贷款银行提供最佳优惠贷款的前提下，那些已经自行做出贷款决策的学生将遭受损失。但是如果贷款人支付的钱被用来增加学生的助学金，其他学生就会获利。功利主义的做法，可能会考虑多少学生受益多少，而且有多少学生支付了多少贷款的额外费用。一个公司针对指控做出回应，同意禁止买礼物换取"优先"地位的这个行为守则。

相对主义 看起来人们似乎往往基于自己的角度和观点做出道德决策。但实际情况未必如此。相对主义（relativism）强调，道德行为是基于相关人的观点和行为的。在前面关于学生贷款的例子中，美国商界、政府和社会公众非常同意贿赂、回扣、利益冲突等行为在贷款行业中均不可取，甚至受到惠顾的学生也指责这些行为。这有助于对政府发现类似情况立即采取措施的行为进行解释。

> 最近有一项调查对180个国家居民的诚实度由最诚实到最不诚实进行了排名，美国排在第18位（与日本和比利时并列）。10分制下，美国评级为7.3分，且只有22个国家得分在7.0分以上。得分最高的国家是丹麦、瑞典和新西兰，都是9.3分。排名靠后的国家往往是最贫穷的国家，包括索马里、缅甸、伊拉克。

相对主义承认存在不同的伦理观点。例如，规范或者预期和可接受的行为标准，会根据文化的不同而不同。俄罗斯人通过对美国管理者进行研究发现，他们都遵循的准则是告知下属工作中的化学危害，并按时发放工资。但在俄罗斯的美国商人，相对于在美国本土的管理者可能更多地考虑更广泛的利益相关者的利益（在该研究中，工厂的开立是为了当地就业），做两套账来向税务稽查人员和刑事机构隐藏一些信息，还会额外给政府官员钱财来获取合同。相对主义根据别人如何表现来定义道德行为。

美德伦理 前面阐述的道德哲学应用于不同类型的规则和推理。美德伦理（virtue ethics）是一种超越了传统社会规则的观念，它认为成熟且有良好"道德品行"的人所认为正确的才是合乎道德的。社会的规则提供了一个道德底线，然后有道德的人可以通过使用他们的个人美德如信仰、诚实、正直来超越规则。

就这一点来说，个体间存在着差异。科尔伯格（kohlberg）的**认知道德发展模型**根据人们的道德判断水平对人进行了归类。处于道德成规前期的人们基于具体的奖惩和直接利益做出决定。人们在传统常规阶段会遵循社会、家庭或同行等团体或机构对道德行为的期望。人们在原则阶段会超越权威、法律和规范，遵循他们自己的伦理原则。有人永远停在道德成规前期阶段，一些人处于传统常规阶段，还有一些人进一步发展到原则阶段。随着时间的推移，受过教育和取得经验后，人们可能会改变他们的价值观和道德行为。

回到上面螺栓和桥梁的例子，利己主义者不会说出螺栓的缺陷率。功利主义者将做如下陈述：相对于公共设施的实用性、经济增长和公司的增长，桥梁坍塌的可能性非常低，甚至不良率也不值得一提。相对主义者可能帮助销售人员去了解承包公司的相关政策和案例，并从同事、行业刊物和伦理规范处获取意见，任何被认为是达成共识或正常的实践将决定其行动。最后，美德伦理者认为，道德发展到原则阶段的人们会选择完全披露产品和风险，并建议选择低风险的替代产品。

这些主要的伦理体系构成个人在商海中做出道德选择和伦理决策的基础。

 管理实践

华尔道夫-阿斯多利亚（Waldorf-Astoria）饭店是纽约豪华住宿的典范，所以琳达·摩根和迈克尔·摩根愉快地做出去那里庆祝感恩节的计划。夏天来临之际，他们预定了四个房间，其中包括三个套房。但是在感恩节前不久，琳达·摩根的母亲决定不去旅行，所以迈克尔打电话要取消其中的一个房间，那时他们才知道提前预订的房间没有了。华尔道夫提议他们换到纽约希尔顿酒店，还可以免费住一晚。摩根一家继续他们的旅行，但他们并不开心；相对于他们的期望，希尔顿酒店令人失望。

作为辩护律师，艾伦·斯图尔特手里有很多这样的例子。他回忆说，他遇到很多已经提前预订但之后因房间满了被酒店拒绝的情况。他怀疑这是不是常见现象，他通过调查得知酒店经常超额预订，因为按照它们的经验，一定比例的人们会在最后时刻取消预定。一个好的酒店，如华尔道夫可能会因此遇到特别棘手的情况。就在摩根一家人想入住华尔道夫酒店的同时，沙特阿拉伯王国的国王阿人杜拉和随从最后一刻决定入住该酒店，因为他的手术定于11月下旬。在这种情况下，酒店将不得不在支付额外费用的住房贵宾和喜欢折扣的已预订房间的旅客之间做出选择。

- 想象如果你是华尔道夫酒店的经理，当超额预定时你会做出什么选择？你会尊重摩根的预订吗？什么伦理观念会影响你的决定？

5.2.2 商业伦理

内幕交易、非法的竞选捐款、贿赂和回扣、著名诉讼案件以及其他丑闻已经让人们形成一种观念，认为商业领导者会使用非法手段去获得竞争优势，提高利润或是获得升职。无论是中层管理者还是消费者，都不认为高管们在做建立崇高道德标准的工作。有些甚至开玩笑说，商业伦理已经自相矛盾。

大多数商业领导者相信，他们在商业活动中是维护道德标准的。但许多经理以及他们的组织必须不断地处理伦理困境，而且问题正变得越来越复杂。例如，很多人在工作中追求精神复兴，在美国这在某种程度上反映为更广泛的宗教觉醒，但另外一些人认为，这一趋势违背宗教自由以及教会和董事会的分离状态。

表5.2展示了在商业伦理困境方面的一些其他重要案例。

表 5.2 商业中的伦理问题有哪些正在发生？

艺术控制	摇滚音乐家、独立制片人和其他艺术家正在抵抗来自大型媒体和零售公司的控制。
品牌	过分的营销活动导致学生抵制品牌。
高管薪酬	近3/4的美国人认为高管薪酬过高。
学校商业化	家长组织在成百上千个社区里"发动战争"，反对在公立学校里打广告。
消费	油价和药价过高使人愤怒和沮丧，航空服务差，健康维护组织践踏医生的决定。
转基因食品	欧洲人质疑美国的转基因食品，目标公司有孟山都公司等。
全球化	环保人士、学生和工会会员指责全球贸易和跨国企业的经济运作。
政治	公众对企业给政客提供资金支持其竞选表示不满。
血汗工厂	大学里活跃着一些反对血汗工厂的组织，他们通常在服装制造工厂玩具制造工厂和零售工厂外抗议。
城市扩张	已经有100多个城市阻止沃尔玛等连锁店进驻。
薪酬	约有56%的人认为他们的收入过低，特别地，从1992年至今生产率上升了17.9%，但工资最高只增长了7.6%。

资料来源：A. Bernstein, "Too Much Corporate Power?" *Bloomberg Businessweek*, September 11, 2000, pp. 146-47. Used with permission of Bloomberg L. P. Copyright 2011. All rights reserved.

5.2.3 伦理环境

为应对一系列的公司丑闻，特别是备受瞩目的安然事件和世通公司事件等，2002 年美国国会通过了《萨班斯-奥克斯利法案》(Sarbanes-Oxley Act)，以提高和维护投资者信心。该法律要求企业有更多的独立董事（不只是公司内部人士），严格遵守会计准则，并且高级经理要亲自签署财务报告。违反上述规定会导致高额罚款和刑事起诉。这个法律的最大影响是要求公司和他们的审计师向财务报表使用者在财务报告中披露公司内部控制的有效性。

公司为了满足或超越此法律的要求所做出的努力，可以降低企业风险，因为这些努力可以降低违法的可能性和减少员工违法产生的影响。但一些高管表示，《萨班斯-奥克斯利法案》使他们在实际工作中分心，让他们更厌恶风险。一些公司抱怨完成内部控制报告需要耗费时间和金钱——大型业务需要耗费数百万美元。但随着公司实施更严格的控制，许多人发现这项努力帮助他们避免了错误并提高了效率。无论管理者对《萨班斯-奥克斯利法案》持什么态度，它作为法律要件旨在改善道德行为。

道德的形成不仅仅来自法律和个人美德，也可能会受到公司工作环境的影响。

> 根据一项对近 500000 名员工的全球调查，道德水平的努力提升和企业绩效的提高是有联系的。在高度完整的公司文化中，在员工看到商业不正当行为的可能性非常小。在员工被鼓励对不当行为畅所欲言的公司，股东的财务回报更高。
>
> 不道德的企业行为可能是一个不道德者的个人责任，但它往往也体现了一种伦理上有所松懈的企业文化。

保持一个积极的伦理氛围总是非常困难的，而且对于涉及国际活动的组织而言会更加复杂。不同文化和国家的行为会有不同的标准，管理者必须决定什么时候采用相对主义是适当的，而不是完全遵守公司标准。表 5.3 给出了国际环境下伦理相关的决策产生的情况。

表 5.3　国际背景下的伦理决策

在下面这些现实情况下，你会怎么做？为什么？

- 你是中东一家建筑公司的销售代表，你的公司非常希望得到一个特定的项目。有权授予合同的部长的表弟告诉你，该部长除了正常费用以外还想要 20000 美元。如果你不支付，你的竞争对手肯定会得到这份合同。

- 你是跨国化学公司的国际副总裁。你的公司是唯一一家生产能够有效打击最近侵害西非农作物的害虫的杀虫剂厂商。一个小的非洲发展中国家的农业部长已大量订购你公司的产品。但是你的公司生产的杀虫剂含有剧毒，在美国是被禁止使用的。你告诉那位部长产品的风险，但是他坚持并说会"聪明"地使用。公司的总裁认为你应该完成订单，但最终的决定权在你。

- 你是一个大型汽车轮胎制造商新上任的营销经理。公司的广告代理计划将一种新的轮胎引入东南亚市场。你的公司生产的轮胎是一个真正的好产品，但其拟发布的广告具有欺骗性。例如，价格是在一个假定的价格基础上降低的，所以被称为"降价"。而且广告声称轮胎已通过"最不利"条件下的测试，但却忽视了一个事实，那就是没有在持续的热带条件的热量和湿度下测试。你的上司不关心广告的欺骗性，他们都希望你能确保轮胎在新的市场上有非常好的销量。你能批准这个广告计划吗？

资料来源：N. Adler, *International Dimensions of Organizational Behavior*, 2nd ed. (Boston：Kent, 1997).

一个组织的**伦理氛围**（ethical climate）针对非标准的决策评估和制定过程。例如，通用电气的高管恪守高水平诚信承诺的同时，也没有牺牲显著的经营成果。为了保持一个积极的伦理氛围，通用电气建立了全球性的行为准则来防止利益冲突和洗钱等问题的出现。管理者监控外部环境时，也关注法律和道德的发展情况，从而为出现的其他新问题做准备。当既做到诚信又遵循了商业标准时，各级管理者的行为将会被奖赏。当违规行为出现时，即使管理者在其他方面成功遵守了纪律，也会被惩罚。这传递了一个有力信息，即道德行为在通用电气是被高度重视的。

危险信号　让所有员工维持一贯的道德行为将是一个持续的挑战。有哪些危险信号表明组织可能允许甚至鼓励不道德的行为呢？许多因素营造了导致不道德行为的氛围：

1. 过分强调短期收入，而不是长远发展。
2. 未能建立书面的伦理准则。
3. 只追求解决伦理问题的权宜之计。
4. 不愿意实施会增加财务费用的道德标准。
5. 把伦理只作为法律问题或处理公众关系的工具。
6. 缺乏清晰的处理伦理问题的程序。
7. 牺牲其他利益相关者来满足股东利益。

你看到过来自 AutoAdmit 公司的危险信号吗？这家小公司经营一个由大学生或法学院学生发表言论的讨论网站。一些学生指责讨论上贴出的错误和具有侮辱性质的言论使他们名声受损，并且妨碍他们获得暑假实习的机会。许多雇主使用互联网搜索的内容作为背景调查，AutoAdmit 这样的网站就被搜索到。AutoAdmit 的创始人杰瑞特·科恩告诉《华盛顿邮报》他不愿意干涉检索，"我希望留言板是一个大家可以自由发表言论的地方"。他和他的合伙人安东尼·乔菲认为这是自由言论带来的麻烦事，坚称"在一个人性深处最丑陋的言论被正视而不是忽视的社区中，人们可以发现全部的更深层、更成熟的认知洞见"。乔菲称，只有科恩有权力删掉冒犯他人的帖子，但科恩拒绝做出有选择性地删除。该网站也不保存可以辨别参与者身份的信息，只使用网名。如果能被雇主认出，那么人们不会有这么多的乐趣。乔菲和科恩至今反驳任何关于他们的论坛违背法律的指控；AutoAdmit 对访问者发表的内容不负责任。

AutoAdmit 自称是供世界上最有声望的法学院学生讨论的网站。你如何看待这个组织的道德伦理氛围？应该支持价值观还是言论自由？

据说声誉是你最宝贵的资产。这里有一个建议：为自己设定一个成为一个别人认为既是"道德人"也是"道德经理人"的成为一个能影响他人并使其行为符合道德规范的人。当你既是"道德人"也是"道德经理人"时，你将真正成为一个**道德领袖**（ethical leader）。你可以有很强的个性，但如果你更加关注其他事情，而道德却被"善意地忽视"，你将不会有一个道德领袖的声望。图 5.1 展示了员工辞职的原因分析。

企业的道德标准　为了创建鼓励道德行为的文化，管理者必须不仅自己是道德人，还应该引导他人去遵从道德行为规范。在通用电气，首席执行官杰弗里·伊梅尔特在每一年年会的开始和最后都会发布公司诚信原则的声明，表现出他对公司内部道德领导能力的重视。他强调"通用电气业务的成功是建立在我们的声誉上的，所有利益相关者认为我们采取了合法和道德的行为"。这些话被写入经理们被评估的奖励系统，来评估他们满足道德相关标准的程度，包括审计结果、最低的客户投诉和诉讼、没有来自政府监管机构的合规行为调查，以及高等级的员工测评。

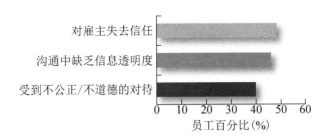

图 5.1　员工打算另谋工作的原因分析

> 信任和道德问题对员工很重要。高管们担心，随着经济的好转、员工流动率将增长，65%的人认为，信任缺失导了这个问题。打算找一份新工作的员工几乎有一半把他们离开的决定归责于信任缺失。

IBM 的行为指南中，有一条要求员工判断在同事、朋友和家人的关注下，你是否仍然满意你所做的决定？一个建议是，试想一下假如你的决定和其后果刊登在报纸头版，你会有什么感受。这种"曝光"或"见光"的伦理框架是极有威力的。

> 有些文化里对曝光的害怕相对更强烈些。在亚洲，如果高管违反了道德或是所在公司被媒体曝光，担心脸面丢失常使高管立即辞职。相反，在美国，被曝光的高管的回应是绝不妥协和愤怒不平的。他们或者拒不解释、拖延，做出每个人都会做的防卫性行为，或者不承认他们做错事，并且不会想到辞职。部分地受到法律传统的影响，他们的态度往往是从不解释、从不道歉、不承认错误、不辞职，即使全世界都已经确切知道发生了什么。

> 在些文化里，人们对曝光的害怕相对更强烈些。

道德准则　《萨班斯–奥克斯利法案》要求上市公司定期披露它们是否对财务高级管理人员制定道德准则——如果没有，为什么没有。通常声明只是写写而已，但如果实施良好，它们可以改变一个公司的伦理氛围，真正地鼓励道德行为。高管们说，当他们觉得利益相关者（客户、投资者、债权人、供应商）要求他们这么做时，他们最重视公司的道德准则。他们重视公司的道德准则的理由在于，这样做有利于创建一个强大的伦理文化和建立一个积极正面的企业形象。

道德准则必须根据公司的价值观认真撰写。保险公司认为，满足更广泛的社会需求对经济角色的履行至关重要。强生公司有一个最著名的道德准则，详见表5.4。强生公司一直因履行社区和社会责任，而在《财富》杂志对企业声誉的年度调查中名列前茅。

大多数道德准则阐述的主题包括员工行为、社区和环境、股东、客户、供应商、承包商、政治活动和技术。通常这些准则是在研究其他公司的准则后，由组织内部法律部门组织起草的。作为非营利性组织，道德伦理资源中心（Ethics Resource Center）会为那些对建立企业道德准则感兴趣的公司提供帮助。

制定有效的道德准则，需要做到以下几点：（1）写书面声明时要写清楚谁要遵守该准则；（2）把注意力集中在和员工有关系的实际情况上；（3）使其简洁、容易理解和被记住；（4）写下人们可以真正信仰的价值观和共同的信念；（5）从高层做起，要求高管们谈论和遵守准则。当准则声明脱离实际，例如当座右铭称员工是我们最宝贵的资产或我们的产品是世界上最出色的产品，但事实上对员工并不好或产品质量很糟糕时，该声明对于员工来说是一个笑话而不是一盏指明灯。

表 5.4　强生公司的道德准则

我们相信，我们首先要对医生、护士和病人负责，对母亲们和一切使用我们的产品及服务的人负责。为了满足他们的需要，我们做的每件事都必须是高质量的。我们必须为降低成本坚持不懈地奋斗，因为只有这样才能使我们的价格保持合理。顾客的订货必须被迅速、准确地交付。我们的供应商和销售代理商应当有机会赚取相当的利润。

我们必须对自己的雇员负责，对在世界各地为我们工作的男人和女人负责。他们当中的每一个人都应当被视为独立的个体。我们必须尊重他们的人格，认识到他们的长处和价值。他们理当有职业保障和安全感。工资和福利必须公允、充分，工作场所必须清洁、整齐和安全。全体雇员都能自由地提出建议和批评。凡是合格的人选，在就业、个人发展和提高及升迁方面都应享有完全平等的机会。我们必须有称职的管理人员，他们的行为必须公正和富有道德。

我们要对我们生活和工作的社区负责，保护环境和自然。

我们必须成为守法的好公民——支持善行和承担我们应尽的纳税义务。我们应当为改进国民健康、教育和文化水平而努力。

我们必须把我们有权使用的公私财产管理得井井有条，并且注意保护环境和自然资源。

最后，我们还必须对我们的股东负责。我们的经营业务必须有合理、可观的利润。我们必须试验新的想法。必须进行科学研究，开展创新活动，从错误中吸取教训以便更好地前进。必须不断更新设备，改造和新建厂房设施，向市场提供更新的产品。必须留有一定资金储备供可能出现的困难时期使用。

当我们按照上述各项原则经营本公司时，股东们能意识到他们将得到公正的回报。

资料来源：Reprinted with permission of Johnson & Johnson.

> 当准则声明脱离实际时，该声明对于员工来说，就是一个笑话，而不是盏指明灯。

伦理计划　公司伦理计划通常包括：正式明确公司道德期望的道德准则；制定政策、评估行为、调查违规行为的道德委员会；作为员工汇报情况或获得指导的媒介的道德信息系统；调查指控和提供教育的伦理负责人和监察员；伦理培训方案；处理违法伦理行为的规范程序。

伦理计划可以分为合规性伦理计划和全面性伦理计划。**合规性伦理计划**被企业顾问设计用来防止、发现和惩罚违法行为。合规性计划增加对员工的监督和对违法者的惩罚。计划要素包括建立和宣传法律标准和程序，分配高层管理者进行监察、审计和监督，通告并惩罚违法行为，采取措施防止将来可能出现的违法行为。

这些程序应该能够减少非法行为并帮助公司不犯法。但是它们不能创建对道德行为的承诺，而只能确保一般的道德。美国证监会前主席理查德·布里登（Richard Breeden）说："希望不被起诉不是足够充分的道德标准。"

全面性伦理计划超越了避免违法的标准，它们关心的不仅仅是法律，还要在组织内部灌输行为道德是个人责任的观点。通过这样一个计划，企业和员工通过一系列的指导原则管理自己。

例如，《美国残疾人法案》要求公司改变工作环境使残疾人也能工作。纯粹的合法将涉及做必要的改变来避免法律问题。而全面性计划将更进一步，包括训练员工听懂残疾人讲话和端正对残疾人的态度，宣传残疾人工作也能带来价值等。这种努力远远超出了采取行动避免法律问题所付出的努力。

当高级管理层做出对道德行为负责任的承诺时，项目往往能更好地被运作、交流和实施。例如，在一个大型金融服务公司的会议上，有25个中层管理者出席，其中的每一位都对公司的法律总顾问表示他们从未见过或听说过公司的伦理政策文件。政策存在但不是管理者日常思考内容的一部分。相比之下，一个卫生保健产品公司会根据中层管理者对公司伦理政策贯彻的程度，给其中1/3的中层管理者加薪。他们的伦理行为会被上司、同事、下属评价。这最终使该伦理政策成为公司和公司成员经营方式的一部分。

5.2.4 伦理决策

我们已经谈到过，伦理决策相当复杂，绝非易事。对于决策者而言，可能会面对难以想象的压力。此外，一个问题是否具有道德维度并不是明晰的，它们不会手持标语冲着你说："嗨，我是一个伦理问题，所以请从伦理层面上来考虑我！"

做伦理决策需要有道德意识（能够意识到问题的道德内涵）、道德判断（明白哪些行为在道德上是站得住脚的）和道德品质（即使面临挑战，仍能坚定地按照自身的道德标准行事）。

首先，道德意识要考虑一项决策是否会对员工、公司环境，以及股东造成不利影响。之后，如何应用道德判断对决策者是一个挑战。

哲学家约翰·罗尔斯（John Rawls）基于"无知之幕"创立了思想实验。试想，你正在考虑一项决策，这项决策可能对一部分群体更有利或者更不利。例如，允诺给所有员工更多的假期但同时取消弹性工作制（弹性工作制使年轻父母得以平衡家庭和工作）；或者你是一名大学校长，正在考虑是提高海外留学学费还是削减奖学金数额。

现在，假设你是受政策影响群体中的一员，但你不知道自己属于哪个群体——不知道自己是否能够承担海外留学费用，不知道自己是否是一个年轻父母，直到决策者做出决定，你才能知道自己的身份。你将如何抉择？你愿意承担成为政策牺牲品的风险吗？如果你身处另一个群体，你的抉择又会有什么不同？罗尔斯认为，只有在无视自身身份的前提下，一个人才能做出真正的道德决策。决策者可以运用"无知之幕"的思想来尽量避免人为偏误。

图 5.2 中，道德决策的流程可以用来解决道德难题。首先，我们应理解各种不同的道德标准（如普世主义、相对主义等），然后运用第 3 章提出的问题解决模型识别政策影响：哪些人会因此获益，哪些人会因此遭受损失？哪些人的权利能够得到保障，哪些人的权利会遭到侵犯？这样就能全方位地了解所面临的伦理难题了。

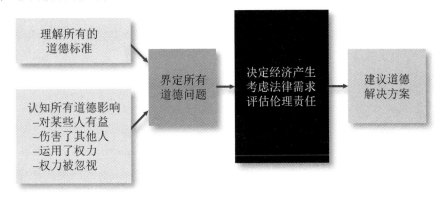

图 5.2 伦理决策制定的过程

给不道德行为找借口是很容易的。仅仅在美国政府向濒临破产的保险业巨头美国国际集团（American International Group，AIG）提供 850 亿美元紧急贷款几天后，AIG 就向高管们支付了巨额的离职补偿金。面对质疑，一开始高管们给出了这样的理由：44 万美元的补偿金支出相对于政府紧急贷款来说微不足道，而且获得补偿金的高管们都不在引发财务危机的部门工作。不过，他们最终不得不承认，以上理由不足以证明这笔离职补偿金是符合道德的对公司资金的使用，尤其是在公司面临财务危机而众多纳税人的钱被用来援助 AIG 的情况下。

借口常常是虚假的。"我被要求做这个"说明这个人没有思想，一味盲从。"每个人都这么做"通常只意味着是一些人，很少可能是所有人。不管怎样，循规蹈矩不等于正确，而"权利平等"只是一个合理化的命题。如果你注定失败的话，"这不是我的错"有时是一个聪明的办法，但通常只是一种逃避。"我不是故意这么做的，而且在当时我觉得这是对的"可以通过深思熟虑来避免。

借口常常是虚假的。

当然，你还必须考虑法律的规定和决策的经济结果（成本和收益）。图 5.3 列举了一些不道德行为导致的成本。其中一些成本显而易见，如罚款；另外一些成本就不那么明显了，比如，管理和校核工作的成本。决策最终可能会对顾客、员工和政府带来很大影响，而充分了解潜在的成本能够帮助人们免于陷入不道德的境地。

> **提示**
>
> "成本"不是"道德"的同义词。不过，在考虑清楚对于各方的所有成本后，就可以做出高质量的道德决策并能更轻松地将其"推销"给那些可能反对的人。
>
> 如果不道德地对待员工可能会导致哪些成本？

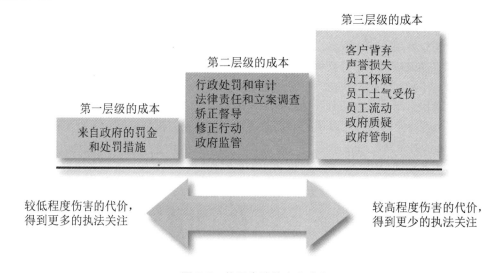

图 5.3　伦理失败的商业成本

5.2.5　勇气

遵守道德不仅需要道德意识和道德判断，还需要道德品质，包括采取符合道德决策措施的勇气。试想，做一件正确的事到底有多难？在工作中，宁愿"坚持你的道德标准"而放弃一大笔钱到底有多难？告诉你的上司或同事，他们已经越过了道德底线？不服从顶头上司的命令？直接越过顶头上司而向更高层领导提出对会计程序的质疑？公开提醒正在遭受公司侵害，但公司管理层拒不对其纠正错误的人们？

勇气在辨别一种行为是否符合道德的道德意识、全盘考虑决策对各方影响的道德判断和行动遵守道德的道德品质中发挥着重要作用。想象一下，向别人传达一个坏消息有多么艰难，即使你认为诚实正直是优秀的道德品质。希尔顿酒店集团（Hilton Worldwide）的经理人对安置客户服务中心的员工感到很为难。希尔顿在全球设有 5 个客户服务中心，其中，菲律宾是联络中枢。据报道，希尔顿将从位于加利福尼亚州赫米特（Hemet, California）的客户服务中心派员前往菲律宾马尼拉，对新员工进行有关处理预定变更及其他客户服务事项的培训工作。但后来加州的员工们被告知，公司将关闭赫米特的客户服务中心并遣散工作人员，如果不愿意被遣散，只能选择到得克萨斯或佛罗里达工作。管理层担心，通知员工这一消息会影响他们的工作。诚实需要勇气，并且其风险是实实在在的。

在道德氛围（ethical climate）中遵从道德已然足够，不过，当你要告密时就需要更大的勇气。不管是内部告密还是公开告密，告密者的道路都是崎岖的。当告密者公开告密时，就会被视为损害了公司的整体利益。许多（也许是大多数）告密者最后面临的是被辞退、被粗鲁对待或者在工作中被排挤的窘境，甚至公司高层管理者也难以幸免，例如，揭露了全国金融公司（Countrywide Financial Corporation）鲁莽发放贷款的迈克尔·G. 温斯顿（Michael G. Winston）。全国金融公司聘请温斯顿领导公司的管理团队，但不久之后温斯顿就了解到公司的信贷策略是，无论借款者是否有偿债能力，都会向其发放贷款。温斯顿敦促公司领导重新制定公司战略，但一直被领导搁置。之后，温斯顿开始怀疑自己成为被报复的对象：预算被冻结，手下团队缩水，不被邀请参加会议，被要求频繁更换办公室，甚至有人在他的办公室放置了有毒物质。在温斯顿拒绝向投资者出示虚假报告后的几个月，全国金融公司的CEO以态度消极、负面为由解雇了温斯顿。在这个解雇决定做出1年后，全国金融公司随着美国房市崩溃而破产，并被美国银行（Bank of America）接管。温斯顿向法院起诉针对他的错误解雇并最终胜诉，但这也是在事发3年之后了。

> 告密者的道路是崎岖的。

因此，依照修订后的《萨班斯-奥克斯利法案》，许多组织开通了员工向上投诉道德问题的渠道，从而避免了丑闻发生。理想的情况下，这一渠道要能够保护告密者的隐私，经理人应迅速调查并回应，并且不对通过正常渠道的告密者进行任何打击报复。除了邮件和网页等报告系统，公司还可以使用投诉箱和热线电话。

> 根据注册舞弊审查师协会（Association of Certified Fraud Examiners）的研究，公司常常通过员工举报而非正常的审计程序发现舞弊。

5.3 公司社会责任

- 福特汽车公司在南非抗击艾滋病。
- 列维·斯特劳斯（Levi Strauss）与种族主义进行斗争。
- 绿山咖啡在全世界推广咖啡公平贸易。
- 波士顿银行（Bank Boston）积极推动中产阶级和内陆城市的发展。
- 联合包裹服务公司（United Parcel Service，UPS）帮助领取救济金的人们寻找工作。
- 麦当劳和美国银行以多种战略方式支持可持续发展。

公司应优先考虑其社会责任而非经济利益吗？承担社会责任会影响公司的财务表现吗？公司应当在多大程度上承担社会责任一直以来备受争论。在20世纪60年代与70年代，政治、社会环境对美国的公司变得愈加重要，社会开始关注机会平等、污染控制、能源和资源节约、消费者和劳动者保护等议题。公众普遍讨论这些议题和公司应该承担的相应责任，争议点主要集中在公司社会责任上。

公司社会责任的程度和范围因时间、公司和国家的不同而不同。举例来说，作为一个全球性反腐败组织，透明国际（Transparency International）认为希腊是欧洲国家中问题尤为严重的国家，同样严重的还有中东、撒哈拉以南非洲和前苏联加盟共和国。

公司社会责任是公司应对社会承担的义务。公司社会责任反映了社会对公司的要求和公司对社会的影响，广义上，还反映了公司提供社会公共品的行动和实践。如何承担社会责任由公司依照自身情况而定。

如图5.4所示，社会责任可分为以下几种。**经济责任**指公司为社会提供所需商品和服务来维持公司运营，以履行对投资者的义务。对于美国最大的猪肉生产商史密斯菲尔德食品公司（Smithfield Foods）而言，经济责任是指以一定价格将培根、火腿及其他产品出售给消费者以最大化公司收益并保证公司的长期发展。同时，经济责任还可以扩展到以优惠的价格向急需的消费者提供商品。

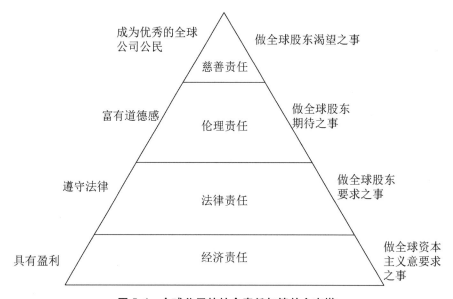

图5.4　全球公司的社会责任与绩效金字塔

资料来源：*Academy of Management Executive*：*The Thinking Manager's Source* by A. Carroll, "Management Ethically with Global Stakeholders: A Present and Future Challenge." Copyright© 2004. Reproduced with permission of Academy of Management via Copyright Clearance Center.

法律责任指公司应遵守的国家和地区的法律法规以及相关国际法律。例如，法律对史密斯菲尔德公司从纳税到员工安全标准等诸多方面提出了要求。

伦理责任指公司还应符合未包含在法律条文中的社会期望。史密斯菲尔德公司停止对饲养的母猪使用妊娠定位栏，以回应其主要客户——麦当劳和沃尔玛的诉求，在这一点上，史密斯菲尔德公司承担了伦理责任。麦当劳和沃尔玛等客户受到了来自动物保护组织的压力，动物保护者们认为母猪在整个妊娠期间只能待在0.61米×2.13米（约1.30平方米）的板条箱内不能走动、转身以及伸展身体是非常残忍的。法律并未要求斯密斯菲尔德公司做出上述改变（有2个州除外），而且这一改变是有成本的，但这改善了公司形象。直到后来，史密斯菲尔德宣称因经济危机的缘故取消了这项措施。

慈善责任指符合社会和公司价值观的附加行为和活动，例如支持社区项目、组织慈善捐款。慈善活动不仅仅是利他主义，管理良好的"有策略的慈善"与股东利益并不矛盾，反而能够增加股东的财富。

在天普大学（Temple University）教授商业伦理学课程的罗伯特·贾卡罗龙（Robert Giacalon）

认为，21 世纪的教育应该帮助学生站在超越个人利益的角度思考问题。他认为，真正的教育是一种卓越教育。**卓越教育**对于平衡自身利益和对他人的责任有着 5 项更高的要求：有同理心（设身处地为他人着想，并从中获取智慧）；有传承力（学会如何向别人以及后代给予和索取）；有共同意识（不仅将成功视为个人收获，更视为大家共同的胜利）；有公民意识（除了牢记不能做什么、（不要说谎、不要欺诈、不要偷窃、不要杀戮）之外，还要积极为社会做出贡献）；不容忍人性之恶（大声地反对不道德的行径）。对上述要求的详细阐述，请见下文伊冯·乔伊纳德（Yvon Chouinard）和巴塔哥尼亚公司的"管理实践：巴塔哥尼亚明确规定对纺织工人的责任"。

> 真正的教育能给学生留下一种超越道德底线的传统——一种卓越教育。

 管理实践

巴塔哥尼亚明确规定对纺织工人的责任

巴塔哥尼亚设计和出售了一大批产品，这些产品以外包的形式生产。"设计+外包"的商业模式有助于公司专注自身优势、保障营运效率。伊冯·乔伊纳德发现，当巴塔哥尼亚还是个小公司时，它很容易能够找到有共同价值的供应商，并与这些为数不多的供应商一起关注劳动者权益保障和环境保护。但当公司逐渐发展壮大之后，就需要一套完善的监控机制来遴选供应商，以保证供应商达到巴塔哥尼亚的安全工作环境和劳动公平的标准。

巴塔哥尼亚针对本公司的员工和外包合作的员工实行了一套工作场所的行为准则，准则指出对员工负责是公司的重要使命。巴塔哥尼亚出售登山、冲浪、假蝇钓鱼等户外运动服饰，"只有当我们社区及其中居民充分享受到自由和幸福的权利时，才能保证这些户外运动所需的健康自然环境"。巴塔哥尼亚希望通过正直行为和尊重员工来实现这一目标，具体要求包括：提供安全的工作场所，工资不低于最低工资标准，建立和推行质量标准，遵守当地法律、工作时间不超过每周 60 小时，禁止骚扰员工和强迫劳动及雇用童工。在选择外包商时，公司首先要考察外包商的经营资质和环保表现，如果外包商的纺织工厂不能满足巴塔哥尼亚的社会和环境责任标准，就会被否决。

巴塔哥尼亚的外包商分布在中国、泰国、越南、日本、土耳其、葡萄牙、墨西哥、哥斯达黎加、哥伦比亚、萨尔瓦多、以色列、菲律宾、美国等多个国家。大部分纺织厂位于低收入国家或地区。这些国家的许多纺织工人生活贫困、受教育程度低。他们甚至有时被虐待、领取的工资低于最低工作标准，并在不安全的工作环境中工作。为了避免与这样的外包商合作，巴塔哥尼亚开发了名为"合作商关系评估"的评分系统。巴塔哥尼亚的员工（接受过社会责任的培训）和工厂的管理人员使用这套评分系统判断被评估工厂是否满足巴塔哥尼亚的标准并相互交换意见，共同努力挑选出符合标准的纺织工厂。巴塔哥尼亚还与专门评估工厂劳动公平和安全工作条件的第三方机构合作，当外包商不符合巴塔哥尼亚的要求时，巴塔哥尼亚的管理人员就会和外包商共同改正这些问题。

过长的工作时间和不安全的工作条件有时是因为工厂主过于贪婪，但糟糕的劳动待遇也可能是由客户的行为导致的。那些常常更改产品要求、提交加急订单、尽力压低价格的客户给供应商带来了巨大的压力。供应商只能苛求员工以达到客户的要求。因此，巴塔哥尼亚通过有道德的订货行为避免外包商虐待员工的事情发生。

在巴塔哥尼亚希望长期发展的地区，外包商必须支付"基本生活工资"，即支付给员工足以满足自己和家庭生活需要的工资。当巴塔哥尼亚要求所有的供货商都应至少向员工支付当地最低保障工资，并最好支付基本生活工资时，其实是承认在纺织这个完全竞争的行业里，缝纫工作的报酬是偏低的。因为纺织厂不止为巴塔哥尼亚一家供货，其他客户一般不可能像巴塔哥尼亚这样支付较高的产品价格。巴塔哥尼亚也承认，即使是位于加利福尼亚州文图拉县（Ventura, California）的公司总部要满足这一标准也很困难。在公司总部，抚养一个孩子的单亲父亲或母亲领取的时薪高达22.49美元，明显高于美国许多其他工作。针对公司的价值观与实践的明显脱节，巴塔哥尼亚加入了公平劳动协会（Fair Labor Association）。公平劳动协会的目标正是推广基本生活工资。

- 以上案例描述了巴塔哥尼亚公司在履行社会责任方面做出的努力，根据这个案例，谈谈巴塔哥尼亚是如何阐释社会责任的四种分类的？（复习社会责任的分类，见图5.3。）
- 你觉得巴塔哥尼亚履行社会责任的行为会如何影响公司收益？

5.3.1 反对的观点

两种主要的反对观点表示，职业经理人应遵循管理责任原则。第一种反对观点认为，经理人作为股东的代理，负有使公司现值最大化的责任，这一资本主义信条最早可见于亚当·斯密的《国富论》(The Wealth of Nations) 和诺贝尔经济学奖得主、芝加哥大学教授米尔顿·弗里德曼（Milton Friedman）的著名格言"企业的社会责任就是追求盈利"。弗里德曼坚称，只要企业建立在追求利润的基础上，就能够帮助改善人类的生活质量。

有人认为弗里德曼是"商业道德的敌人"，但弗里德曼的立场是符合道德的：他认为让未经公众选举的商业领袖们来决定什么对社会是最好的并不符合道德，让他们将股东的钱花在与公司核心商业利益无关的项目上亦不符合道德。弗里德曼还为其格言加上了限定词，即企业在追求利润时必须遵守社会法律的伦理道德。

与利润最大化的观点不同，第二种反对观点认为，经理人应当秉持道德理性。亚当·斯密生活的时代是由自利的小农场和勉强温饱的手工作坊驱动的18世纪，与当今世界非常不同。斯密所谓的"自利"与现代企业高管们的"自利"也应是不同的。值得注意的是，亚当·斯密还著有《道德情操论》(A Theory of Moral Sentiments)，在这本书中他探讨了"同情"并将"同情"定义为文明社会的基石。斯密更进一步地认为，"睿智和善良的人是那些（在情况需要时）始终愿意将大众利益置于个人利益之上的人"。

公司社会责任的倡导者们认为，公司除了提供产品和服务外还承担着一系列责任，作为社会的一员，公司应当积极负责地参与到社区和环境事务当中。在卡特里娜飓风席卷墨西哥湾沿岸，摧毁了无数房屋和商业设施之后，很多人批评保险公司不作为。从社会责任的角度看，保险公司坚持不将受灾地区纳入赔偿范围是错误的，保险公司应设身处地去更加关心它们遭遇灭顶之灾的顾客。

5.3.2 综合

利润最大化原则和企业社会责任原则曾被认为是相互矛盾的，并且它们会导致截然不同的决策。不过这两种原则正趋于相互融合。可口可乐公司在40个国家开展了70项洁净水慈善项目，这些项目正在为一些无法获得安全饮用水的人们带来帮助（全世界有12亿人无法获得安全饮用水）。可口可乐公司在印度建立了雨水回收设施，在马里帮助延长城市供水管道，为肯尼亚提供饮用水净化和储存系统，这些项目旨在改善公司形象和回应对公司消耗大量饮用水生产饮料的批评。从实践角度来看，可口可乐的决策者已将水源短缺视为公司的一大战略风险；从价值角度来看，可口可乐公司高管内维尔·艾斯戴尔（Neville Isdell）认为，"水是我们的生命线"，所以应"负责地使用这一项对我们来说至关重要的资源"。

起初企业社会责任只注重企业的不道德行为及如何对其进行管控，而最近则开始关注公司承担社会责任可能带来的竞争优势。杜邦公司从两方面入手，将环保理念纳入企业经营，希望以此领先于竞争对手。一方面，杜邦公司推行污染减排，预期在未来政府会采取更严厉的环境管制措施的情况下获得竞争优势。此外，减少污染物和废弃物排放与能源节约息息相关，这将有利于公司节约成本。另一方面，杜邦推出了可持续性的绿色产品，例如，玉米面料和新的特卫强（Tyvek）材料能够提高建筑物的能源效率。杜邦希望这些创新能够为公司在环保产品市场上创造新的利润增长点。

> 近年来，公司管理者们开始关注公司承担社会责任可能带来的竞争优势。

公司承担社会责任与其财务表现之间的关系相当复杂。积极承担社会责任的公司不一定在财务方面是成功的。不过，越来越多的事实表明，更好的财务表现与承担社会责任密切相关。承担社会责任会带来长期收益，如果公司有社会责任感，就能规避不必要的、可产生成本的管制。诚实和公正可以帮助公司树立形象和赢得良好的市场表现。此外，社会问题还可以带来商业机会，如果解决了这些问题就可能获得一大笔利润。公司可以应用成本–收益分析来辨别某项行动是否能够在承担社会责任的同时最大化公司利润。换言之，经理人可以像对待投资决策那样对待社会责任，而且已经有公司尝试将商业实践和环境保护结合在一起。

> 经理人可以像对待投资决策那样对待社会责任。

如此一来，公司就能将社会议题纳入环境调查和SWOT分析中，并做出最优的战略决策。为了承担社会责任，经理人不仅要认真考虑每项行动，还要考察这些行动对公司其他行动的影响。例如，微软公司与美国社区大学协会（American Association of Community Colleges，AACC）展开合作，AACC的成员涵盖了美国45%的大学生。微软为AACC所属的大学提供资金、设备和志愿者，帮助它们开设IT课程和培训教职人员。借此，微软得以利用自身优势（专业的志愿者）来应对所面临的环境威胁（IT员工短缺）。具体成果可以用符合微软标准的培训项目和已完成培训的新IT员工的数目来衡量，这样微软在服务社区的同时，还提升了公司的形象，从而扩大了产品市场。

> "判断公司是否应承担社会责任的最本质标准不是这件事是否值得，而是这件事是否能够提供创造社会和公司共同价值的机会。"
>
> 迈克尔·E. 波特和马克·R. 克雷默

5.4 自然环境与可持续性

可持续性并不是一个可有可无的选项，而是公司保持长期竞争力的关键因素。最近两年，新推出的环保产品比过去增长超过500%。许多公司将"战略赌注"押在能源效率、污染控制和可再生能源上面。一些公司认为，可持续性是创新的核心驱动力。

许多大公司开创了一个原材料丰富、能源价格低廉、垃圾随意处理的时代。但这个时代的许多技术破坏了生态系统。工业系统是一个开采、生产、出售、使用和丢弃的线性系统——一些人称之为"拿来—做成—丢弃"（take-make-waste）模式。但是，21世纪是有史以来蕴含着最多变革和商业机遇的时代。

企业过去通常把环境议题视为"毫无胜算"的：要么保护环境损害生意，要么扩大生意破坏环境。不过现在，在企业环境管理层面出现了新的范式：将环保理念纳入公司竞争战略和产品设计研发中。之所以这么做，除了思想上的原因，还因为公司需要"变绿"来回应消费者的要求，跟上竞争者的脚步，符合法律要求，赢得竞争优势。

> 企业过去通常把环境议题视为"毫无胜算"的。不过现在，新的范式正在替代过往的看法。

通用电气的CEO杰夫·伊梅尔特过去常常将环境问题视为企业的负担和成本，但如今他却认为，环保科技是全球经济中最重要的商业机遇。通用电气启动了一项名为"绿色创想"（Ecomagination）的商业计划，寻找解决环境难题的商业机会，包括风力发电机、太阳能电池材料和节能家电。"绿色创想"在2011年为通用电气创造了250亿美元的收入，还营造了通用电气在环保领域的良好形象，并使通用电气成为许多新兴领域的领导者，如高效喷气发动机和机车市场。

5.4.1 风险社会

我们居住在一个处处存在风险的社会，财富的创造和分配可能会对人和环境带来伤害、损失和危险。现代社会的主要风险来自于对自然资源过度的、不可持续的消耗。人口爆炸、工业污染和环境退化加重了这一风险。

工业污染包括空气污染、光化学烟雾、全球变暖、臭氧层空洞、酸雨、有毒废弃物堆、核威胁、废弃军火库、工业事故和危险产品等。仅在美国就有超过30000个记录在案的、不受控制的有毒废弃物堆放地，这些地点面临着极为严重的安全威胁。这些有毒废弃物堆点和许多其他风险，是不断累加的危险和不足的补救措施的一个体现。

产生环境和技术风险的机构（企业和政府部门）有责任和义务控制并管理这些风险。例如，3M公司作为一家制造企业，在认识到其生产活动会造成污染时，开始致力于降低生产对环境的影响。自1990年以来，包括节约能源、优化生产流程、重新设计产品、安装污染减排装置等在内的诸多措施使3M公司的全球温室气体排放量减少了77%。此外，基于公司的创新文化，3M最近在其位于明尼苏达州圣保罗市（St. Paul, Minnesota）的总部新建了一个电动汽车充电站。

> 尽管2010年发生的深海钻井平台爆炸造成墨西哥湾石油泄漏和11名工人死亡，越洋公司（Transocean）的管理层仍然获得了2/3的安全生产奖金，公司还称2010年是史上最安全的一年。你对此作何反应？为什么？

由于快速工业化和庞大的人口规模，中国面临着一些世界上最严重的环境问题。大约有1/3的中国农村人口——数亿人——使用不健康、不洁净的饮用水，不过中国已经认识到这项问题：地方政府迫于中央政府的压力已经开始关停并转移重污染企业。不过，这些关停和转移的努力仅限于一些大城市，农村地区反而变得更加糟糕。

5.4.2 以生态为中心的管理

以生态为中心的管理是所有公司所有者希望实现的目标，这一目标有助于经济的可持续增长和人类生活水平的改善。**可持续增长**是指既满足当代人的需要，又不对后代人满足其自身需求的能力构成危害的增长。经济增长的可持续性与自然生态系统密切相关。

可持续增长理念提供了：（1）供全体股东相互交流的框架；（2）公司规划和战略的指导；

(3)衡量和提高公司竞争力的工具。公司最高层管理者可以利用可持续增长原则来明确绩效考核和奖励机制。

越来越多的公司注意到产品在整个生命周期里对环境造成的影响。**生命周期分析**（life-cycle analysis，LCA）是对产品"一辈子"的所有投入和产出进行分析以判断产品在生产和使用环节对环境造成的全部影响，LCA 量化了产品消耗的全部能源和所有排到空气、水和土壤中的排放物。2009 年，苹果公司应用 LCA 计算并报告了公司在全球的碳足迹——在所属行业环境报告领域迈出了一大步。

LCA 将原材料开采、产品包装、运输和处理全部包括在内。假如仅考虑包装这一环节。产品从制造商到批发商再到零售商，然后到消费者手中，最后又回到制造商。从批量运输到板条箱再到纸壳箱，最后到最终产品包装的过程中，产品会被包装或重新包装许多次。重新包装不仅会产生垃圾，还浪费时间，如果最初包装的规格和尺寸能够适应终端消费者需要的话，就可以尽可能地避免重新包装、减少垃圾，并实现经济利益。

与之前介绍的"拿来-做成-丢弃"的生产模型不同，一个完全可持续的生产模型采用一种循环的"借来-使用-归还"的生产方式。前者是破坏性的资源开采，产生了大量垃圾和污染，最终会耗竭自然资源（资源"从摇篮到坟墓"的过程）；而后者的"从摇篮到摇篮"则是一种生态文明。在这一理念下，能源和原材料被无害化地使用，不可再生资源被逐步淘汰，可循环的产品和服务不会损害环境和社会经济发展，有毒物质被封闭在闭合回路中，生物原料无害化地回到自然界。

以生态为中心的管理实践不仅不会影响反而会提升公司的盈利能力。一些研究发现，公司的盈利能力与环境绩效存在着正向相关关系。当然，两者之间的关系是正向还是负向，抑或是毫无关联，最终取决于公司的战略选择和执行效率。

公司可以通过多种方式将环保理念整合到公司战略之中。开发和推广绿色产品是基本途径。丰田推出普锐斯（Prius）的大胆举措给它带来了可观的市场回报。公司也可以在营销活动中强调绿色概念，但应避免误导性的宣传和引起公众的反感。举例来说，艾禾美公司（Arm & Hammer）将它生产的小苏打定位为"洗涤和除臭的第一环保品牌"，并声称"自 1846 年以来一直致力于环保工作"，但这家公司忽视了一个重要问题：它使用动物试验。与此同时，网上博客圈开始推荐同样绿色但不进行动物试验的鲍勃红磨坊小苏打（Bob's Red Mill baking soda）。

一家公司还可以从其他公司那里借鉴可持续发展的理念，如欧莱雅（L'Oreal）收购了美体小铺（The Body Shop），高露洁（Colgate-Palmolive）收购了 Tom's of Maine，联合利华（Unilever）收购了 Ben & Jerry's，达能（Group Danone）则收购了 Stonyfield's。当高乐氏（Clorox）买下了拥有几十年可持续发展领导经验的 Burt's Bees 时，希望以此推动公司发展并让注重环保的股东们相信，公司对发展绿色产品的战略是极为诚恳的。

对于有兴趣了解更多这一主题的读者，本章的附录 B 详细探讨了为什么要将环保理念纳入管理中，并介绍了一些环保运动和经济议题的历史，以及一系列涉及战略、公共事务、法律、运营、营销、会计和金融的环保案例。

你还可以查看全球报告倡议委员会（Global Reporting Initiatives）提出的关于可持续性发展的 70 余项指标，资源下载请登录网站 www.gri.com，这个网站致力于帮助公司提升可持续发展实践能力，其中包括提升报告透明度等。

5.4.3 未来的环境议程

在过去，大多数公司对于破坏环境并不在意，而最近，许多公司开始努力降低对环境的不利影响。一些致力于环境保护的公司期望卖出环保解决方案。IBM 在环境保护领域有 30 年的经验，例如减少包装垃圾和测算碳排放。现在，它开始将这些经验作为自身优势，将这些专业知识与其强大的计算能力和咨询服务一起打包出售给有需要的公司。IBM 可以帮助客户测算和预测整个供应链的碳排放。借助超级计算机，IBM 的咨询专家还能为客户提供减少碳排放的方法。

试想全世界遭遇气候变化和水资源短缺的场景。当陶氏化学公司（Dow Chemical）位于得克萨斯的自由港因缺水而无法继续运营时，陶氏安装了全天候的水资源系统监视设备，实现每年节约 10 亿加仑的用水。可口可乐公司推出了一项水中和计划，目的是把使用过的水还原到初始状态。而对于雀巢来说，一个重大的战略挑战是保证供货农民的用水安全。当雀巢改进了它收集和运输牛奶的方式之后，每年可节约用水 1375 立方米。

为了赶上环保的浪潮，你并不需要成为一家制造商或公共事业单位。网络搜索巨头谷歌正实行一项三管齐下的策略以减少其碳足迹，即减少二氧化碳及其他温室气体的排放。在谷歌，大部分的温室气体排放与建筑和电脑用电有关，因此，谷歌正在寻找促进建筑和电脑用能更高效的办法，例如使用节能灯、在电脑中安装电力管理软件等。同时，谷歌还在努力探索可再生能源发电，例如谷歌在加利福尼亚州芒廷维尤市（Mountain View, California）安装了一套太阳能发电系统。谷歌还意识到自己无法完全消除温室气体排放，因此购买了"核证碳减排量"——一种在其他地方减少温室气体排放的基金项目。

和谷歌一样拥有共同生态理念的网络公司可以将它们的力量整合为更具影响力的行动。在类似美国得克萨斯州圣安东尼奥市（San Antonio, Texas）和俄亥俄州哥伦布市（Columbus, Ohio）等城市，联邦机构和市政部门、公用事业部门、公司紧密合作减少污染物排放和能源消耗、推动能源节约。在丹麦的凯隆堡（Kalundborg, Denmark），这样的合作关系存在于发电厂、炼油厂、生物技术公司、石膏厂、水泥生产商、

> **提示**
>
> 包装并不是一个重要的商业话题，但它在节省成本和提高速度方面的巨大潜力有助于环境保护。你总能在之前被忽视的地方发现改进的机会，而其他人可能对此不屑一顾。想一想你最近购买的一件商品，它在包装在环保方面还有什么值得改进之处？

热力生产部门、硫酸生产商以及当地的农业和园林业之间；化工产品、能源（用于加热和冷却）、水、有机材料在公司间流动；资源得到节约，废弃材料得到利用，水、空气和土壤污染得到缓解。

公司不仅仅需要有解决环境问题的能力，而且还需要有解决问题的动力，就像巴塔哥尼亚一直以来所做的那样（见"管理实践：巴塔哥尼亚以生态为中心的管理"）。可持续发展除了对全世界有益之外，还被认为是有史以来最大的商机之一。

 管理实践

巴塔哥尼亚以生态为中心的管理

巴塔哥尼亚公司对保护环境与承担社会责任一样地重视。不过在某些方面，这家公司对环保的重视使得它显得与众不同。巴塔哥尼亚所有的慈善捐款都与环保有关，捐款来自两个部分：公司每年营业收入的 1% 和员工、志愿者的捐献。到目前为止合计 4000 万美元，捐款的数目还会随着公司营业额的增长及其创造性的资金募集方式（例如，在巴塔哥尼亚网站上出售的所有音乐收入都将被捐出）而不断增长。

巴塔哥尼亚对环境保护的承诺包括参与帮助消费者做出更加环境友好的选择。那些关心所购

买的产品对环境产生的影响的消费者，可以登录巴塔哥尼亚网站中的产品足迹网页，用户可以通过这一功能了解商品从设计到配送各个流程对环境的影响。

巴塔哥尼亚加入了可持续服装联盟（Sustainable Apparel Coalition），这是一个由服装制造、零售的公司和组织组成的联盟。它开发了一款名为生态指数（Eco Index）的软件，这个指数是通过询问公司一系列有关环境和劳动者的相关问题然后使用电脑针对回答进行打分得出的。生态指数可以被做成标签，为消费者比较不同产品时提供参考。因此，能够刺激服装厂商提升环保水平。

在自己品牌的专卖店里，巴塔哥尼亚甚至主动监督消费者的消费行为。在一个名为"生命共同体"的计划中，巴塔哥尼亚挂出公告牌提醒消费者理性购买，不要购买实际上并不需要的商品。为什么一个公司会劝说消费者不要购买商品？巴塔哥尼亚希望消费者能够做出环保的购买决定，即使这需要公司放弃一些商业利益。

正如案例开头所提到的，巴塔哥尼亚的创始人和CEO伊冯·乔伊纳德相信，以生态为中心的管理符合公司自身利益。例如，他提到平均每个岗位有900名应聘者，但他认为招聘其实非常简单，因为在他的公司工作所做的都是一些重要的事。"人们知道我们是一家致力于拯救这个星球的公司，并将绿色商业是好商业的理念传播到其他公司。"认同公司理念的员工愿意全身心投入工作之中，工作表现常常高于本职要求。乔伊纳德还相信公司确立较高的目标能够增强员工的忠诚度，他提到在最近的经济衰退之中，巴塔哥尼亚的业绩仍然保持增长。

- 对于巴塔哥尼亚而言，环保是一个需要抓住的机会还是一个需要解决的难题？为什么？
- 设想乔伊纳德如果创立一家室内体育用品公司，提供如篮球、冰球和手球运动用品，他还会专注于环保问题并认为其有益于公司吗？为什么？

关键术语

商业伦理（business ethics）
康克斯原则（Caux principles）
合规性伦理计划（compliance-based ethics programs）
企业社会责任（corporate social responsibility，CSR）
以生态为中心的管理（ecocentric management）
经济责任（economic responsibilities）
利己主义（egoism）
道德氛围（ethical climate）
道德问题（ethical issue）
道德领袖（ethical leader）
道德责任（ethical responsibilities）
伦理（ethics）

全面性伦理计划（integrity-based ethics programs）
科尔伯格的认知道德发展模型（Kohlberg's model of cognitive moral development）
法律责任（legal responsibilities）
生命周期分析（life-cycle analysis，LCA）
道德哲学（moral philosophy）
慈善责任（philanthropic responsibilities）
相对主义（relativism）
《萨班斯-奥克斯利法案》（Sarbanes-Oxley Act）
可持续增长（sustainable growth）
卓越教育（transcendent education）
普世主义（universalism）
功利主义（utilitarianism）
美德伦理（virtue ethics）

学习目标小结

现在你已经学完第 5 章，你应该能够：

1. 能够描述不同的道德视角是如何引导决策的。

道德标准旨在明确人类行为规范和值得弘扬的"好人好事"。道德决策受个人价值观影响，如诚实、公正、正直、尊重他人、负责等。不同的道德系统包括普世主义、利己主义、功利主义、相对主义和美德伦理。在实践中，这些受个人认知道德发展因素影响的哲学理论成为个人和组织的道德基础。

2. 可以解释公司如何影响自身的道德氛围。

不同组织采用不同的道德视角和道德标准。道德规范有时是有效的，但必须被正确地推行，道德计划则可以按照从以服从为基础到以诚信正直为基础进行分类。越来越多的组织采用道德规范，涉及员工行为、社区和环境、股东、消费者、供应商和承包商、政治和技术活动等方面。

3. 能够概括道德决策的过程。

做道德决策需要有道德意识、道德判断和道德品质。当面临道德困境时，"无知之幕"是一个有效的办法，更明确地说，你需要了解各种各样的道德标准（普世主义、相对主义等），运用第 3 章介绍的问题解决模型，辨别你的对策对不同群体的正向和负向影响，考虑法律要求和不道德行为的成本，然后运用本章介绍的道德标准来衡量自己的行为。

4. 可以总结有关公司社会责任的重要问题。

公司社会责任是超越经济利益追求的公司角色的延伸，它不仅包括经济责任，还包括法律、道德和慈善责任。公司社会责任的倡导者们相信经理人应当在商业决策中考虑社会与人的需求，因为公司也是社会中的一员，承担着一系列的责任和义务。而公司社会责任的批评者们则认为经理人的第一要务是增加股东的经济利益。这两种观点在根本上其实是不矛盾的，尤其是当经理选择承担社会责任而对公司战略有所贡献的时候。

5. 能够讨论在自然环境中增加商业利益的原因。

在过去，大多数公司将大自然视为原材料和利润的来源，但消费者、政府及其他社会群体要求公司注意保护环境，公司高管通常将此视为负担、限制和不得不承担的成本。不过现在，越来越多的公司希望在商业和自然环境间取得双赢。许多公司认识到，将环境保护理念纳入管理中还会产生潜在的收益，并因此将环保议题纳入公司战略中。一些人将环保产业视为有史以来最大的商业机会。

6. 可以辨别经理人将环保理念纳入管理中的举措。

公司给社会带来过危害，因此也负有保护环境的责任，而且他们也有能力做到。以生态为中心的管理试图最小化公司对环境的负面影响，推动经济可持续发展，并提高人类的生活质量。本章概括了相关举措，包括战略行动方案、生命周期分析和组织间协调。本章附录部分提供了许多具体的战略、运营、财务、法律和公共事务、营销和会计实践的环保案例。

问题讨论

1. 根据本章所描述的各种伦理体系，辨别你之前做过的决定，或听说和了解别人所做的决定属于哪种伦理体系。

2. 从表 5.2 中选取一个或多个主题，然后讨论它们的当前状态和所面临的伦理问题。

3. 在表 5.3 描述的各种情景中，你会怎么做？
4. 辨别现实新闻中，公司非法、不道德的和承担社会责任的行为。
5. 你的学校有行为规范吗？如果有，是怎么规定的？规范有效果吗？为什么？
6. 如果你有一份每周工作 40—45 个小时的工作，你愿意做多少工作之外的义务劳动？如果你的老板明确要求你减少外面的活动并将更多的时间投入你的工作中，你会如何反应？
7. 对于公司社会责任，支持和反对的言论有哪些？你持哪种立场？为什么？针对书中的例子给出你的观点。
8. 你是如何理解卓越教育的？要实现这种教育观有哪些需要做的？
9. 《萨班斯-奥克斯利法案》的当前状态如何？有没有出现什么变化？公司高管们现在如何看待这个法案？这个法案产生了哪些影响？
10. 一家英国公司每年屠宰 70000 只小鸵鸟，它告知一家青少年杂志，如果它收到足够多的投诉就将停止屠宰。运用本章中的概念讨论和分析这个声明。
11. 耐克在美国青少年杂志《十七岁》(*Seventeen*) 上的一则广告上出现了一个八九岁女孩的图片。广告写道：

如果你让我运动……

我会更加爱惜自己。

我会更加自信。

我不会沮丧。

我会减少 60% 患乳腺癌的风险。

我会更有能力避免受虐待。

我会降低意外怀孕的可能。

我会明白什么是真正的强大。

如果你让我运动。

根据本章有关道德和社会责任的内容，评价这则广告，你会提出什么问题？

12. 类似 GE 和孟山都这样的公司，它们在几十年前的一些行为当时是合法的，但自其危害性后果显现之后，这些行为被认为是非法的，那么这些公司应该就其几十年前的行为负责吗？为什么？
13. 就勇气作为道德行为的必要因素之一进行讨论。有什么你个人亲历或听说过的例子吗？新闻中有什么例子吗？

实践练习

5.1 评估你的道德工作行为

目标

1. 设计一系列复杂的道德情形。
2. 理解自身的道德态度。

说明

在道德行为工作表描述的情形中做决定。你不会清楚各个情形的所有背景信息，相反你需要做出，当你真的面临描述中的情形时的真实反应。在选项中选出最符合你个人情况的决定，即使你能够想到更好的、但不在选项之内的解决方案，你仍然需要在选项中做出选择。

道德行为工作表

情形 1：你正在上的化学课程非常难，你必须通过这门课以保住奖学金，并避免给你的研究生申请带来污点。但化学不是你的强项,而且由于平时分过低,你必须在期终考试中考到至少 90 分,而距离考试只有 2 天了。这时一个了解你困境的清洁工告诉你,他在垃圾桶里发现了化学期末考试的试题,并能以一个很高但尚可接受的价格转让给你,你会怎么做?

　　_____（a）我会跟清洁工说,不用了,谢谢。
　　_____（b）我会向相关官员举报这个清洁工。
　　_____（c）我会买下试卷,并留给自己独自使用。
　　_____（d）我不会自己买下它,但是我会让我的一个同样纠结于这门课的朋友知道有这个东西在出售。

情形 2:你现在已经手工做了 2 天的财务预测,每次当你觉得已经完成的时候,你的老板总是提出一个新的假设或者"如果这样会怎样"的问题。如果你的个人电脑里能有一个工作表软件,就可以轻松地插入新的假设并修正预测值,然后你的同事说可以去他的电脑上拷贝一个受版权保护的工作表软件,你会怎么做?

　　_____（a）我会接受朋友的慷慨并拷贝一份软件。
　　_____（b）我会拒绝拷贝,然后手工插入数值。
　　_____（c）我会花 300 美元自己买个正版软件,并希望在一两个月内由公司报销。
　　_____（d）我会要求项目延期。

情形 3:你的小制造公司遭遇了严重的财务危机。当一大笔订单的产品准备好被运往一个主要客户时,你发现产品出现了问题。产品不符合技术规范,并将会为客户带来问题,因此需要重新检修。但你知道,在用户收到货并付款之前并不会发现问题,如果你不发货、不收取货款的话,你的公司可能会被迫破产。而如果你推迟交货并告知客户这一问题,你可能会失去这一订单,然后公司还是会破产。你会怎么做?

　　_____（a）我不会运送这批货物,并让我的公司主动破产。
　　_____（b）我会通知客户并宣布公司主动破产。
　　_____（c）我会运送这批货物并在我收到货款后通知客户。
　　_____（d）我会运送这批货物,而且不通知客户。

情形 4:你是一家新创公司的联合创始人和总裁,公司主要生产娱乐产品。在公司创办 5 个月后,你的一个供货商告知你,由于你的使用量小,它将不会继续为你供应一种至关重要的原材料。没有这种原材料,你的公司就无法继续经营,你会怎么做?

　　_____（a）我会向另一个供货商夸大我的需求量,让供货商认为我是一个潜在的大客户而保证我的原材料供应,即使这个供货商会因此无力供应其他客户而导致一些竞争力不佳的小公司被迫退出市场。
　　_____（b）我会从其他有一批可观的库存的非竞争性公司盗取一些原材料。
　　_____（c）我会贿赂这个供货商,因为我有理由相信他会被"说服"来满足我的要求,而这笔不菲的"不上台面"的贿赂是公司可以以承受的。
　　_____（d）我将宣布自愿破产。

情形 5:你正在为你的新公司能够拉到潜在大客户的订单而奔波,你希望你的客户能够买下公司生产的电子系统。在和客户对话中,你注意到在客户杂乱的办公桌上有几张直接竞争对手的电子系统报价复印件。这个客户曾经遗失过几张你公司的报价单并重新索要了几份复印件,现在他正在出门给你冲咖啡,你单独待在房间里,而竞争对手的报价单离你只有咫尺之遥,你会怎么做?

　　_____（a）我会安静地等待对方冲咖啡回来。
　　_____（b）我会偷偷瞟一眼对手的报价单,记下他的底价。
　　_____（c）我会把对手的报价单放到我的公文包里。

_____（d）我会等客户回来然后经他的允许去看这个报价单。

资料来源：Jeffry A. Timmons, *New Venture Creation*, 3rd ed. 1994, pp. 160-161. Copyright 1994 The McGraw-Hill Companies, Inc. Reprinted with permission.

5.2 伦理立场

你认为以下行为是道德的还是不道德的？为什么？单独考虑这些行为，并进行小组讨论。
- 你没有生病却请病假。
- 把办公用品带回家自己使用。
- 考试作弊。
- 抄袭别人的试卷或文章。
- 你的公司费用报告中收费过高。
- 试图逃避你的超速罚单。
- 从邻居家连接电缆。
- 上班时间上网。
- 偷税。
- 伪造（夸大）自身情况来影响异性。
- 通过公司网络浏览色情网站。
- 应聘工作时伪造学历。
- 在工作面试中，谎报工作经验。
- 在归还之前，复制租赁的 DVD。

资料来源：Suzanne C. de Janasz, Karen O'. Dowd, and Beth Z. Schneider, *Interpersonal Skills in Organizations*, McGraw-Hill, 2002, p. 211. Copyright 2002 The McGraw-Hill Companies, Inc. Reprinted with permission.

 综合案例

Ma Earth 护肤品牌试图保持自然

希瑟·富兰克林是 Ma Earth 护肤品牌的一个营销经理。四年前，她被雇用来处理促销活动的文件，她非常高兴能成为这个公司的一部分，因为她很喜欢 Ma Earth 的乳液、肥皂和化妆品。除了好闻的味道，Ma Earth 的眼影和口红还提供精致多样的颜色，并且符合希瑟的价值观：Ma Earth 承诺使用全天然的原料，可持续生长或开采，并努力将对这个星球的影响降到最低。所以对于希瑟，上班几乎就像是一种责任，促进美容和关心这个地球的福祉。毫无疑问，她的承诺和热情为成为营销经理铺平了道路。

目前，希瑟和她的团队正在准备一个有关新的产品线的促销活动——矿石精华，其中包括为口红、粉底、植物提取物着色的眼影，被称为奥雷利亚纳。矿石精华的特点是，奥雷利亚纳生长在亚马逊森林的深处，因为对其可持续发展的实践，Ma Earth 将以一种对地球负责的方式来获得这种特殊的原料。公司与生活在偏僻的小山村的一个部落取得联系。这个部落的人种植和收获奥雷利亚纳，这是这个地区生态系统的自然组成部分，Ma Earth 承诺支付给整个部落一个公平的价格，所以他们可以利用这些钱来维持整个村落和他们的生活方式。消费者可以享受到漂亮的产品和愉悦，并且他们知道自己帮助保护了濒危的生态系统———一种濒危的热带雨林中的人类生活方式。

但是，当希瑟与去过村庄的摄影船员坐下来开会时，一些问题开始浮现出来。她一直看着这些令人惊叹的照片。照片中，部落成员穿着草裙站在一堆从奥雷利亚纳树上摘下的水果后面。当她在挑选她最喜爱的相片时，其中一位摄影师说，翻译者在回程中从村里已经听到了一些令人惊讶的言论。显然，从刚刚拍摄的照片中可以看出已经收获了一堆奥雷利亚纳果实。部落并不真正种植和收获奥雷利亚纳，这个区域的大多数人并非农民，其实在这个村庄内的一天行程范围内没有很多的奥雷利亚纳树。在他们曾试图出售奥雷利亚纳给 Ma Earth 的第一年，他们种植的奥雷利亚纳只够赚几百美元，这并不值得去努力。希瑟被这些陈述所迷惑，并计划在当天晚些时候采取计划来进一步观察她的产品。

几个小时后，当其他员工都回家了，希瑟终于有了一个机会在公司的员工网站上花一些时间来研究她的产品。她发现采购交易为"奥雷利亚纳/胭脂树红"。在经过一个小小的研究后，她了解到，在其另一个名字下，这些果实是一种廉价的染料。它被用来作为一种常见的食品色素。原来，Ma Earth 的大部分原材料是从主流供应商处采购的，这比说服偏僻的村民提供奥雷利亚纳更便宜。

那天晚上，希瑟怀着被背叛和不安的心情回家了。第二天，她问她的老板，部门副总裁，如果这只是为了品牌效应，该公司为何假装关心一个偏远村庄。希瑟的老板，梅根·麦克唐纳说，"我们是做护理品牌！我们每年送给他们几十万美元。当然，他们并没有为我们种植原材料，尽管实际上他们是可以做到的。如果他们这样做了，我们就购买。无论如何，我们的援助已经使其建起了一所学校和健康诊所，更不用说食品和衣物了。我们已经帮助部落成员保持健康，维护他们的语言和文化。"

希瑟思考梅根所说的内容。"所以，"她问，"这是否意味着我们正使用他们的文化来建立一个我们的品牌形象，作为交换，他们从我们这得到钱来保持这种文化的活力？"她想到了具有传统色彩的产品包装设计，市场营销部门已从部落复制了矿石精华的包装装饰。

梅根令人鼓舞地点了点头。"事实上，这正是我想说的。这是一个双赢的局面。"希瑟松了一口气，但不是很确定，她初始的理想是否经得住她对 Ma Earth 如何定义其使命的深入了解。

问题

1. 希瑟在这种情况下面对的伦理问题是什么？关于公司与亚马逊部落的关系，何种营销声明会越过道德底线？什么样的主张可能是道德的？

2. Ma Earth 如何建立一个道德氛围来帮助如希瑟那样的经理们的行为道德化？

3. 在这种情况下，你认为 Ma Earth 在践行企业社会责任方面的有效性如何？解释你的分析背后的原因。

附录 B　自然环境中的管理

企业与环境：冲突的观点

有些人认为，当企业解决环境问题时，每个人都可以成功。其他人则不这样认为。

双赢的心态

企业过去常将环境问题视作一个零和局面：你或者有利于环境，损害你的业务，或者以破坏环境为代价拓展业务。幸运的是，事情发生了变化。"在20世纪70年代初，当美国人首先要求净化环境时，企业发怒了。它们的反应表现在从拒绝到敌视、蔑视、固执和恐惧。但是今天，在环保问题上，许多美国企业纷纷从叛逆的后进生转为积极解决问题的能手。"本附录提供一些美国公司帮助解决环境问题的一些事例。

1992年里约地球首脑会议增进了对环境问题的认识。这导致了《京都议定书》的签订，以及控制全球气候变暖的国际努力，包括随后2000年在海牙和2009年在哥本哈根的会议。"这些努力取得了一定的进展，大部分群体——不管是行业、政府，还是非政府组织——都达成了一种共识，即在达成一项解决方案中，每个人都应承担责任。

"绿色"是一个潜在的创新，是新的市场机会和创造财富的催化剂。支持者认为，这确实是一个双赢的局面；可以采取同时使企业和环境受益的行动。例如，宝洁公司（Procter & Gamble）在短短五年中减少了50%以上的可随意处理的废物，同时增加了25%的销售。双赢公司会走在那些有"我们与他们"之分、无法走在那些承担保护环境的公司的前面。

容易的部分结束了吗？公司已经发现了很多容易摘到的"低垂的果实"——过于昂贵的实践使得环境更加友好，并同时可以省钱。许多大公司已经做了这些简单的改变，并从其中获得好处。许多小公司，仍然有许多低处的果实去采摘，并有大量事情有待完成。

反对意见

对环保业务的批评也很激烈。一些经济学家认为，没有一个单一的实证分析支持"免费午餐的观点"。这个观点指在环境问题的支出可以给公司提供足够的回馈。他们认为应对此继续持怀疑态度：每个人都将变成胜利者是幼稚的想法。

真正使许多商人不安的是遵守环保法规的财务成本。考虑几个例子：

- 通用汽车公司（GM）斥资13亿美元，以使其在美国加利福尼亚州销售的10%的汽车达到排放要求。在5年间，欧洲汽车制造商斥资70亿美元，给所有新车安装了污染控制设备。
- 在拜耳公司，20%的制造成本花费在环境上。这与在人力成本上的花费大约相同。
- 《清洁空气法案》（Clean Air Act）预计将花费美国石油炼油厂37亿美元，超过整个行业的账面价值。
- 美国加利福尼亚州严厉的法律是很多厂家搬到阿肯色州或内华达州的一个重要原因。

在化学品和石油等行业，环保法规曾一度被认为威胁到企业的生存。

平衡

更平衡的观点是，企业必须权衡经营行为的环境效益与价值破坏。这里的建议是：不阻碍进步，但仔细挑选你的环保措施。法规和补救工作可以保护环境，但不会增加股东价值。股东价值（而不是合规性、排放量或成本）应该成为客观的成本-效益分析的重点。这种方法对环境是无害的，但也是朴实的商务理念，而且是真正可持续的长期方法之一。

约翰·皮特（Johan Piet）说："只有双赢公司将存活下来，但这并不意味着所有的双赢理念一定会成功。"换句话说，严谨的分析是必不可少的。因此，一些公司持续改善环保成效，但只资助满足财务目标的项目。

大多数人都明白，企业拥有的资源和能力能带来结构性的变化，并认为很好的管理能够为公司和环境创造巨大的机会。

为什么管理要考虑环境因素？

企业充分重视环境问题的原因有很多，包括法律合规、成本效益、竞争优势、舆论和长期思考。

法律合规

表 B.1 显示的只是一些美国最重要的环保法律。政府法规和损害赔偿责任为符合环保相关规定的企业提供了强有力的经济诱因。大多数行业已经取得了环保监管和法律责任，并将其作为它们业务规划的一个组成部分。美国司法部已经对一些违反危险废物要求的公司高管递出强制监狱服刑的判决。

表 B.1　美国的一些环保法律

《超级基金法》（Superfund）(《综合环境反应、赔偿和责任法》（CERCLA））：使任何个人或组织为危害环境和健康的行为负责。个人可能被起诉、罚款或征税。
《清洁水法案》（Clean Water Act）(联邦水污染控制法)：管理所有排入地表水、影响污水下水道系统的结构和性能的排放物。《安全饮用水法》(Safe Drinkig Water Act)，同样保护地下水。
《清洁空气法案》(Clean Air Act)：调节排放到空气中的任何影响空气质量的物质，包括氮氧化物、二氧化硫和二氧化碳的排放量。
《社区响应和知情权法案》(Community Response and Right-to-Know Act)：命令所有生产、运输、储存、使用或释放有害物质的组织，提供全面的信息给地方和国家当局，并维护紧急行动计划。
《联邦有害物质法案》(Federal Hazardous Sustances Act)：调节影响健康和安全相关的消费产品的危害。消费者产品安全委员会有权召回危险产品。
《有害物品运输法案》(Hazardous Materials Transportation Act)：控制易燃、有毒和放射性材料用于包装、市场营销和标签的出货量。
《资源保护和回收法案》(Resource Conservation and Recovery Act)：延伸到小污染源发电机的法律，调节固体废物和危险废物的产生。
《露天采矿控制和复垦法案》(Surface Mining Control and Reclamation Act)：为所有表面采矿作业建立环保标准。

(续表)

《有毒物质控制法案》(Toxic Substances Control Act):对危险化学物质和混合物的制造、加工、销售、使用和处置进行管理。

资料来源:Dennis C. Kinlaw, *Competitive and Green: Sustainable Performance in the Environmental Age* (Amsterdam: Pfeiffer & Co., 1993). Reprinted by permission of the author.

一些商人认为规定太死板,不灵活且不公平。积极回应这一关注,监管改革可能会变得更有创造性。在21世纪,针对环境,爱斯本研究所(Aspen Institute)试图通过提高在遵从标准方面的灵活性和依靠以市场为基础的激励制度,来提高合规措施的成本效益。这样的机制,包括流通许可证、排污收费、存款退还系统,为良好的环保性能提供了积极的财务奖励。

成本效益

环保意识的策略可以是符合成本效益的。在短期内,一个接一个的公司正在通过重新包装、回收和其他方法来实现成本节省。联合碳化物公司面临每吨30美元的固体废物处理费和每吨2000美元危险废物处置成本费。通过回收、再生或出售其废弃物,避免了850万美元的成本,并在6个月内产生了350万美元的收入。陶氏化学公司推出了一个10年计划,以改善其环保、健康和全球安全的性能。陶氏因此在10年期间预计节省了1.8亿美元的成本。

具有环保意识的战略同时也给公司提供了长期的成本优势。当今,仅仅在法律限制底线内运作的公司将付出惨痛的代价——当法律有所改变时被迫为破坏环境支付罚金或升级技术。

其他的成本节约措施还包括:罚金、降低原材料成本;降低能源消耗;减少昂贵的废弃物处理和处置费用;降低保险费率;提高利率。

竞争优势

企业通过将环境问题纳入它们的创业机会以及生产更高质量的产品来满足消费者需求并获得竞争优势。污染防护设备和工艺、废弃物清理、低耗水的管道、新的灯泡技术、推广环保安全的产品(如可生物降解的塑料)都将带来无限的商机。随着新的风险资本、政府资金、专门的投资基金进入,环保技术已成为风险投资业的主要部分。

此外,在该领域革新失败的企业将处于竞争劣势。环保不仅是一种普遍的需要,也是一个主要的出口产业。当其他国家(特别是德国)率先获取了反空气污染和其他环境技术的专利和出口权利,美国的贸易将受损。如果美国不产生具有创新性,以及有竞争力的新技术,它将失去一个快速发展的行业,眼睁睁地看着大部分关于环保的国内消费只能依靠进口。

总之,竞争优势可以通过维持老客户的市场份额,并通过创造新的产品、新的市场机遇来获得。如果你是一个环境保护方面的领导者,你可以设置未来法规——你能够很好地满足这些法规的要求,而你的竞争对手不行。

舆论

多数美国人认为商业垃圾必须清理,很少有人会认为清理工作做得足够好。盖洛普公司(Gallup)的调查显示,超过80%的美国消费者在消费时会考虑环保因素。覆盖22个国家的一项国际性调查发现,有20个国家不惜放缓经济增长的风险而优先考虑环境保护。消费者似乎已经自觉地期待公司能拿出替代目前产品和做法的环保替代品。

公司也面临来自当地社区和内部员工的压力。有时这种压力是非正式的、不重要的。但环保组织呼吁社会各界的公民团体、社团和协会、国际行为准则机构,以及具有环保意识的投资者来施加更大的压力。

引起人们对环境影响的关注提升的另外一个重要原因，就是有毒物质排放清单的出炉。从1986年起，美国环保局要求将近10000家的美国制造商报告每年排放进入空中、地面和水中的317种有毒化学物质。这些物质包括氟利昂、多氯联苯、石棉，以及铅化合物。目前，数百种新的有毒物质已被添加到列表中。排放有害物质不一定是非法的，但它们为市民提供年度环境基准。有毒物质排放清单为减少排放提供了强大的动力。

最后，要记住公司因环境问题的影响而要恢复公众形象是非常缓慢的。不良的公众形象可能会影响销售，以及该公司的吸引力及挽留人才的能力。你可以看到为什么像宝洁公司如此关心消费者的环境，并认为它是一个基本和关键的业务问题。

长期思考

关于资源问题的长期思考帮助企业领导者理解其对于环境保护的责任本质，正如你在本章读到的关于可持续增长的内容。经济参数和公地悲剧也强调长期思考的必要性。

经济参数

在第3章中，我们讨论了长期与短期决策。我们说，管理者屈服于短期压力来获取利益以及避免现在投资但是几年以后才会有潜在效益，这些都很正常。此外，一些经济学家坚持认为最大限度地回报股东是管理层的责任，这意味着管理层需要获得突出的短期利润目标。

但其他经济学家认为，这样的战略迎合股票投机者即时利润最大化的诉求，而忽略了那些长期跟随公司的投资者。关注环境问题能提高组织的长期生存能力，因为我们的目标是为该公司的那些耐心认真的投资者在长期创造财富，更不必说是为了我们星球的未来和人类子孙后代或栖息在地球上的其他物种。

公地悲剧

加勒特·哈丁在《科学》期刊的一篇经典文章里，描述了适用于所有业务决策和关于干净的水资源、空气和土地等稀缺资源的社会关注。纵观人类历史，公地就是人类放牧的一大片共同的土地。公地的**承载能力**有限，或承载人口的能力有限，因为它是一种有限的资源。对于个别牧民，短期的利益在于尽可能多地在公地上放牧。但问题是，随着越来越多的牧民在公地增加放牧，每个牧民根据他的短期利益来行事，长远的影响就是对公地的破坏。解决的办法是根据长期运行而不是短期的影响来做出选择。

在许多方面，我们正在目睹**公地悲剧**。宝贵资源的承载能力正日益萎缩，其中最重要的水资源已然稀缺。这产生了不可避免的冲突，而解决方案也变得迫切。

环保运动

20世纪90年代被称为"新环保主义"新功能展现的"地球的10年"。例如，新环保的支持者要求公司减少废物，审慎使用资源，销售安全的产品，为已发生的损害承担责任。这些请求正在进行更新，并正式发布在21世纪的CERES路线图中。

新的环保主义结合了许多不同的观点，但刚开始与传统的商业价值很难融为一体。这一理念的关键环节将在下面关于环保运动的历史讨论中被提到。

节约和环保主义论

一种与企业管理意见一致的环境哲学观点就是节约（conservation）。节约运动是人类中心主义（以人为本），以技术为主体，并以资源的有效利用为核心。该运动旨在避免浪费，旨在合理有效地利用自然资源，最大限度地满足长期收益，尤其是保护可再生资源。

相比之下，环保运动已经给企业管理带来了困境。乔治·珀金斯·马什（George Perkins Mash，1801—1882）等早期思想家认为，人类经济活动对环境意想不到的负面影响往往大于收益。例如，森林采伐和土壤侵蚀之间、沼泽和湖泊的枯竭与动物寿命的下降之间都有着联系。

其他早期的环保主义者，如约翰·缪尔（John Muir，1838-1914）和奥尔多·利奥波德（Aldo Leopold，1886-1948）认为，人类不在自然之上，而是它的一部分。人类不应该征服自然，而应该神圣地去对待它，并且应当为了自然本身去保护它而不仅仅为了经济利益。人人都可以从中吸取教训。

科学与环境

雷切尔·卡森掀（Rachel Carson）1962年的畅销书《寂静的春天》通过提醒公众注意无限制地使用农药的危险，掀起了现代环保运动的热潮。卡森汇聚毒理学、生态学、流行病学的发现并以易于接受的形式展示于众。她融合了科学、道德和政治的论据，将环境政治、价值观和科学知识联系在一起。

巴里·康芒纳（Barry Commoner）的《科学和生存》(1963) 继承了这一脉。康芒纳将生态学的范围扩大到包括物理、化学、生物、社会、政治、经济和哲学世界的一切。他认为，所有这些元素是互相交错结合在一起的，且必须被理解为一个整体。根据康芒纳的理论，环境问题的症状是在生物世界，但它们的源头是经济和政治组织。

经济与环境　经济学家促进经济增长的原因是多方面的：恢复收支平衡、使国家更具有竞争力、创造就业机会、减少赤字、为老人和病人提供照顾、减少贫困。环保人士批评经济学的效率观念和总是强调经济增长的观点。例如，环保主义者认为，经济学家没有充分考虑到效率带来的意想不到的副作用。他们认为经济学家需要补充历史上没有被测量的经济学的其他因素，而不仅仅是对经济成本和效益增长的评估。

经济学家和公共政策分析师认为，必须在消除风险给环境和人带来的好处和成本之间进行权衡。应当确定提出的方法在降低风险方面的有效性如何，以及将花费多少成本。有很多方法来考虑成本因素。分析师可以进行成本效益分析，来试图找出用有限的资源达到给定目标的方法，或者他们可以进行更多正式的风险收益分析和成本效益分析，从而量化风险降低的成本和收益。

成本效益分析中的定性判断

用正式的定量的方法来平衡成本和收益的同时，不排除进行定性判断的需要。例如，一个人如何评估一个被空气污染所掩盖的宏伟远景的价值？如果一个特定基因的草或动物物种灭绝，那么社会会损失什么？在空气污染治理上，人们花费了大量金钱，这些钱本应该被用于提高生产率和全球竞争力，如何评估这些机会成本？

做成本效益分析时，不能忽视公平性。例如，减少空气污染的代价可能是由穷人承担不成比例的更高的汽油和汽车价格。代际公平也很重要。在当前的市场和政治进程中，没有人代表后代人的利益。当代人应该在多大程度上为了后代人为了后代而节制消耗？这个问题特别令人担忧，因为当今世界很少有人是富足的。让穷人为了下一代来减少自身的生活机遇要求其做出很大的牺牲。

国际视角

在世界各个国家和地区，环境问题呈现出不同的面貌。美国和英国在规定的排放标准上落后于德国和日本。在欧洲，荷兰、德国、丹麦人是最具环保意识的。意大利、爱尔兰、西班牙、葡萄牙和希腊处在制定环境政策的早期阶段。波兰、匈牙利、捷克、民主德国是世界工业化污染最严重的国家。

美国公司需要认识到，环境"友好"的产品在西欧有相当大的市场。美国经理还必须要充分了解在西欧的环保运动。欧洲的环保主义者已经成功停止了许多项目，消费者对转基因食品的抵制比在美国更强烈。为了实现快速的经济增长，中国已经付出了高昂的生态代价。但是政府已经开始认识到这个问题，并制定一些反污染法律。

工业污染或产生污染的产品将不得不调整，以适应新的现实，在世界上某些地方销售产品的公司必须考虑到越来越多的消费者的环保意识。制造商甚至可能需要依法在客户使用后，取回产品及包装来进行回收或处置。为了满足德国消费者的要求，惠普重新设计了它的全球商用计算机包装，并准备推广到其他国家以满足类似要求。

管理者可以做什么

要成为真正的"绿色"，即要成为一个关注环境的新锐公司，仅仅遵守法律是不够的。进取的公司通过超越合规边际和预见未来的要求和需要，来远远领先于法律要求。但企业仍可通过不断尝试利于环境的创新从而走得更远。例如，麦当劳为此进行了食物残渣堆肥及提供可二次填充的咖啡杯和淀粉基生物降解餐具的测试和试点项目。

系统思考

为了更好地理解公司的环境问题，一个管理者可以做的首要事情就是进行系统思考。环保事项与一个组织的采购、加工、产出有关。采购包括原材料和能源。环境压力造成了一些原料（如金属）的价格上涨，这极大地增加了生产成本，能源成本上升导致公司转而寻找更高效的资源。

公司正在考虑减少水体污染、空气污染、噪音、振动和废物的新工艺或生产方法。它们将业务流程中的副产品采样和监测（控）的技术进行合并。化工厂配置了当污染水平即将达到最大允许时进行警告的电脑预警系统。许多公司只保留最小储量的有害物质，尽可能降低发生严重事故的可能性。

产出品对环境有影响，无论是产品本身、废弃物，还是过程副产物。为了降低其生产的影响，赫尔曼·米勒公司几乎回收或重复使用所有制造过程中的废弃物。赫尔曼·米勒将碎布卖给汽车制造商，将皮革卖给行李箱制造商，将塑料卖给汽车制造商。该公司回购它们的旧家具，整修并转售。整个公司的目标是建立零废物堆填区。公司环保经理保罗·默里（Paul Murray）说："在米勒，任何程度的浪费都不可接受。总是有新的东西值得我们学习。"

战略整合

战略整合系统思维认为环境问题需要渗透到整个公司，因此应进入一个全面的、将综合性的潮流。也许第一步是创建正确的思维定式。贵公司将环境问题仅仅视为一个商业与环境之间的权衡，还是视为竞争优势的一个潜在来源和长期生存性、有效性战略的重要组成部分？拥有后一项态度，当然更容易开展以下战略行动。

以下这些想法有助于战略性地将环境因素整合到公司正在进行的活动之中：

1. 提出支持环保宣传的公司使命及强烈的价值观。参见宝洁、通用、拜耳或者其他在线案例。
2. 建立环境管理举措的框架。一些行业已经建立了环保实践的自律守则，如化工行业的"责任关怀"倡议。但是并非所有的标准惯例都会被所有公司采纳。在强生，环境监管事务通过使用外部审计小组来进行环境审核。"社区环境责任计划"包括战略与规划，以及环境中立的产品和工艺的发展。
3. 从事"绿色"工艺和产品设计。德国家具制造商 Wilkhahn 采用一体化的战略方针，在环保设计工厂最大限度地减少原生资源的利用，并加大再生材料的使用力度。
4. 建立聚焦环保的利益关联关系。E3 倡议是一个协调联邦和地方技术援助的倡议，用以帮助制造商适应新时代并持续繁荣。它于 2010 年 9 月正式发布。在支付成本以及开发新的想法方面，像 WHYCO 这样的小公司可以与 IBM 和通用汽车公司建立环境管理伙伴关系。
5. 提供全面教育。组织员工参与环保活动。通过采纳雇员建议，陶氏化学公司的"WRAP 计划"已经削减了数百万吨固体废物的排放，每年节约超过 1000 万美元。同时，该计划还将公司的环保措施告知公众。例如，环境标志能促使消费者回收和传达产品的环保性。但不要"漂绿"，也就是说，不准确地反映公司行为的具有欺骗性的传播行为不值得提倡。

执行

企业如何才能实现"绿色"战略？生命周期分析是你在本章中读到的一种策略。公司最高层的承诺引发了一系列的方法。具体的做法可以是委任环保审计，让外部公司来检查环境公害，起草（或者修订）机构的环境方针，传播政策并使得其在整个机构中深入人心。同时，设置环保专业人员直接向总裁或 CEO 汇报，分配足够的资源来支持环保工作，建立组织和其他公司、政府、环保主义者，以及当地社区之间的桥梁。

归根结底，让雇员们对具有环保影响的行为负责是必不可少的。乐购、杜邦和其他公司对管理者关于尽量减少污染和开发新的环境友好型产品的想法进行评估。柯达公司将防止化学泄漏与一些经理的薪酬挂钩；这一政策使得公司的事故明显减少。

公司可以聘请各个领域的组织以应对污染和环境所带来的挑战。许多公司创造性地应对了这些挑战，这或许也能为其他机构提供借鉴。以下各项描述了公司可以用来解决环境问题的具体措施。

战略

公司可以在战略方面采取的措施包括：

1. 削减对环境有害的项目。氯氟烃的主要生产商杜邦，自愿取消这个耗资 7.5 亿美元的业务。
2. 开展环保安全的研发项目。通用汽车公司花费数百万美元开发不排放二氧化碳的氢动力车。通用电气公司正在研究对地球友好的氢和低排放的车辆和喷气发动机。
3. 发展和扩大环境清理服务。杜邦公司在清理自己工厂的过程中获得专业知识并成立了安全和环境资源部门，用以帮助行业客户清理有毒废物。全球研究技术公司正在尝试使用溶剂将空气中的二氧化碳隔离处置。
4. 补偿环境风险的项目。AES 公司有一个种植树木以减少其发电厂碳排放量的长期政策。
5. 使公司对外负责。皇家荷兰壳牌公司和施贵宝是绿化工作的引领者。丹麦从事医疗保健和生产酶的诺和诺德公司特意收集来自欧洲各地的环保主义者、监管机构和其他有关机构的反馈。

公司声誉因此得到增强，公司员工学到了很多东西，并且已经确定了新的市场机遇。

6. 使每一个新产品的环保性比过去更好。英特尔正在开发超高效节能的芯片。IBM 使用可回收材料减少了有害物质，降低了排放量，并在包装中使用自然能源和资源。

7. 投资绿色企业。美国电力公司在智利投资可再生能源研究，并改造保加利亚的学校以获得更高的效率。

公共事务

针对公共事务，公司可以采取以下措施：

1. 尝试获得环保的合法性和信誉。"世界地球日"的发起机构包括苹果电脑、惠普和化学品制造商协会。麦当劳一直试图成为企业环保的"教育家"。Ethel 巧克力公司在其拉斯维加斯工厂的公众参观中展示其对工业废物的有效处理。商界将贡献1%的地球税（1% for the Planet）来支持世界各地的环保组织。

2. 尽量避免由于对环境问题的不敏感所造成的损失。瓦尔迪漏油事件后，埃克森公司对此事件的缺乏关注，导致41%接受调查的美国人说，他们将考虑抵制该公司。当麦克米兰·布勒德尔公司公开伐木及使用氯时，几乎在一夜之间，失去了一大块销售份额。2010 年，英国石油在墨西哥湾的漏油事件是一场灾难，该公司的环保意识不足，与公众的沟通匮乏的行事风格对此责任重大。

3. 与环保人士合作。太平洋天然气和电力公司的高管与环保团体讨论并共同开展项目。

法律领域

公司在法律领域可以采取的措施包括：

1. 尽量避免对抗州或联邦污染控制机构的命令。格雷斯公司就曾由于毒性转储面临昂贵和费时的诉讼。Browning-Fenri、Waste Management Inc 和 Louisian-Paitfic 也曾被指控违反污染控制，这极大地损害了这几家公司的声誉。

2. 尽早遵守。随着时间的推移，合规成本只会增加，采取行动的第一家公司将拥有更低的成本。这将使它们增加市场份额和利润，并赢得竞争优势。3M 公司的目标是在法律规定的年限前，提前 5 年按照政府的要求更换或改善地下储油罐。

3. 利用创新的合规计划。2005 年，欧盟启动了一项碳排放的削减和交易系统。EPA 的泡沫政策允许工厂在不削减源头的情况下从不同来源上减少不同数额的污染，只要整体结果等效即可。因此，3M 公司安装的设备只限定于某些宾夕法尼亚州的磁带制造工厂生产线，从而降低其合规成本。今天有更多的经济手段可以利用，如可交易的污染许可证、收费和税收，以鼓励改进。联合执行包括高度工业化国家的企业为了帮助发展中国家减少温室气体排放，而与其开展合作。这些公司伸出援手，从而收获履行环保责任的信用。发展中国家接收投资、技术和就业机会；公司伸出援手的同时收获信用；最终世界会变得更清洁。

4. 不要与不可靠的分包商合作废物处置的事宜。它们可能偷工减料，违反法律，处置不当。此外，更糟糕的是可能引来坏的公众影响和法律问题。

运营

公司在运营领域可以采取的措施包括：

1. 促进新的制造技术。路易斯维尔天然气和电力公司在安装烟囱洗涤器方面保持领先优势，联合天然气公司在清洁燃烧联合技术方面保持领先，纽柯公司开发了美国最先进的钢厂。

2. 实践逆向物流。企业将包装和其他二手货通过分销渠道从消费者回收到企业。让它们不只是成本，而是一种收入来源。澳大利亚富士公司认为，再制造已经带来了数百万美元的回报。

3. 鼓励技术进步，从产品和制造工艺过程减少污染。Cinergy 公司和 AEP 公司正在研究将煤燃烧后的碳进行收集后抽入地下存储数千年的技术。3M 的污染防治费用为公司节省了超过十亿美元。污染防治（而不仅仅是污染控制），带来了更好的环保绩效和生产绩效，其中包括成本和速度。

4. 开发新产品配方。芝加哥运输管理局和联合太平洋公司用塑料取代传统的木质枕木。其他公司也尝试建立旧轮胎、塑料袋、牛奶壶、泡沫塑料杯的交叉可回收关系。惠好公司认识到木材供应减少和需求不断增长，正致力于在更少且连续再生的土地上生产高品质的木材。伊莱克斯已经开发出阳光动力割草机和蔬菜油动力电锯。许多公司都在开发绿色农药。

5. 消除制造废物。3M 公司用水溶剂替代了挥发性溶剂，从而不再需要昂贵的空气污染控制设备。杜邦为了与它的"零浪费"承诺相一致而推出了地毯和尼龙业务，部分是因为它们的大生态足迹。沃尔玛设立硬指标，以减少供应商的包装废弃物，预计将节省 120 亿美元。更全面的是，沃尔玛可持续发展的目标促使它购买 100% 的可再生能源，创造零浪费，削减温室气体排放。

6. 寻找废物的其他用途。当杜邦公司停止向海洋倾倒酸铁盐后，发现盐可以出售给污水处理厂并获得利润。昆士兰甘蔗设施公司通过回收甘蔗废物来扩大生产。

7. 坚持要求你的供应商进行环保。环境保护协会要求麦当劳去影响鸡肉供应商的做法；泰森食品公司紧接着削减了抗生素的使用。斯科特纸业发现，许多环保问题在供应过程中产生。针对纸浆供应商，该公司发出问卷，要求对空气、水、土地排放，能源消耗，以及能源消费做出数字统计。斯科特公司对数据的差别感到很惊讶。例如，二氧化碳的排放量在不同供应商间相差 17%。斯科特放弃了表现最差的供应商，并宣布表现最好的供应商在未来将获得斯科特公司优先采购的机会。

8. 推出的产品时有环保理念。这样可以使它们很容易分开、分类和回收，避免使用胶水和螺丝。

营销

公司在营销方面可以采取的措施包括：

1. 打造环境友好型产品。大多数美国人认为，公司的环保声誉会影响到产品。第七代认证产品要求其没有进行过动物测试，并使用过氧化氢而不是氯漂白剂和植物衍生或石油为基础的清洁剂。沃尔玛已经做出了努力，为客户提供可再生或可回收的产品。一家中国企业正在制作黄豆副产品。其他环保纤维是用麻和竹子制作的，只需要很少的农药。

2. 避免因未经证实或不恰当的索赔而被环保主义者攻击。赫夫蒂销售"生物降解"垃圾袋，这种说法在技术上是可行的，但事实证明，垃圾填埋场的条件并不能够使分解发生。广泛的民意倒戈不仅影响到了赫夫蒂的垃圾袋，还波及其他产品。赫夫蒂没有说谎，但它确实夸大了其效果。其营销策略使得出发点良好的绿化行动黯然失色。

3. 通过环境服务让您的产品脱颖而出。苹果公司折价回购旧的 iPod。教客户如何使用和处置产品，例如避免农民无意中滥用农药。对公司的售后服务部门进行教育。

4. 利用网络。EcoMall 网站（www.ecomall.com/biz/）宣传了 68 类产品方面的环保型企业。公司使用该网络可以有效且有效率地锁定全球的绿色环保消费者。

财务

公司在财务领域可以采取的措施包括：

1. 收集有用的数据。对环境信息最好的反馈者包括陶氏欧洲、丹麦钢铁、BSO/Origin、3M、孟山都。
2. 让污染者付出代价。汽巴-嘉基公司（CIBA-GEIGY）有一个"污染者付费"原则贯穿整个公司，因此经理人被激励在他们可以影响的资源上对抗污染来源。
3. 证明防污染计划将有所回报。3M 公司的污染防治支付方案是基于有所回报的前提的，这样公司才会有动机进行污染防治。每个公司都需要努力在减少污染的时候保持成本效益。
4. 使用先进的废物会计制度。在标准的管理会计基础上，使用废物会计制度，因为标准管理会计制度会阻碍新技术的投资。废物会计确保所有费用的统计，并可以做出更好的决策。
5. 采用全成本核算。这种方法确保了产品价格，反映了全部环境成本。
6. 显示污染减排计划的整体影响。公司有责任交代其污染减排计划的成本和收益。3M 声称将使用 10 亿美元用于污染防治。

金融

公司在金融领域可以采取的措施包括：

1. 获得社会责任投资组织的尊重。德意志资产管理公司、美国加州公务员退休基金、日兴资产管理公司正在将可持续发展理念融入所有资产类别的投资决策中。许多投资基金在美国和欧洲将环境标准纳入投资决策考虑。一项研究得出的结论是，环境的改善可能导致一个企业感知风险的能力显著降低，并有可能使股票价格上升 5%。对社会负责的评级服务及投资尝试为投资人带来"干净的良心"。
2. 认识真正的责任。投资公司往往雇用环保分析师评估其潜在绩效。银行家们在评估公司信用评级时要看环境风险和环境的市场机遇。纽约证券交易委员会规定一些企业出具一定的环境成本报告。
3. 资助和协助绿色企业。悍马温布莱德风投伙伴公司的安·温布莱德（Ann Winblad）是最先进行绿色投资的资本家之一，他教导绿色企业如何提高它们的业务技能和成功机会。
4. 辨别金融机会。在世界范围内的重大机会之一是水。水必须被净化并可靠地传递给全世界的每个人。几十亿人缺乏卫生排污设施，难以获得饮用水。许多大城市（包括美国的大城市）的基础设施都在严重恶化。为个人和公司提供清洁水是一个每年 400 亿美元的行业。很多公司正在积极追求这个市场。它们把 21 世纪投注在水上，就像把 20 世纪投注在石油上一样。

关键术语

承载能力（carrying capacity）以有限的资源维持人口繁衍的能力。

节约（conservation）一种环保理念，旨在避免浪费，促进对自然资源（尤其是可再生资源）进行合理有效的利用，最大化长期收益。

环保运动（environmental movement）环境哲学的假设，认为人类经济活动对环境的负面影响往往大于收益，应该保护自然。

公地悲剧（tragedy of the commons）个人和企业对环境的破坏，消耗有限的资源（"公地"），以满足它们的短期利益，而不考虑长期的后果。

问题讨论

1. 我们可以和应该在多大程度上依靠政府去解决环境问题？政府的局限有哪些？以政府的立场讨论其在经营活动中的角色和有用性。
2. 今天的管理者们应该在多大程度上对过去几年破坏环境的错误负责？
3. 你会如何描述西欧的环保运动？与美国有何不同？这样会对一家在许多国家进行生产和营销商品的跨国公司带来什么影响？
4. 迎接环境挑战时，你能看到什么样的商业机会？请具体描述。
5. 您被任命为 XYZ 公司的环保经理。描述一些你应对环境挑战将要采取的行动。讨论你很可能会在公司遇到的障碍，以及你将如何管理它们。
6. 针对环保法规采访一个商人，报告你的发现。你会如何描述他或她的态度？他或她的态度在哪些方面具有建设性？
7. 针对他或她已采取的有助于保护环境的行动，对一个商人进行采访。报告你的发现并讨论。
8. 找出并讨论一些公地悲剧的例子。如何才能避免这些悲剧？
9. 在你的社区或学校讨论回收工作的状态，说出你作为一个消费者的观点，以及什么样的商业机会可以利用。
10. 目前，浮现在你脑海中的在尊重环境方面拥有最好和最坏声誉的公司有哪些？为什么它们会有这些声誉？
11. 选择一个产品，并讨论其在整个生命周期中对环境的影响。
12. 你的学院或大学、你的社区对环境做了什么？你会推荐哪些做法？

第 6 章
国际化管理

> 曾经的大英帝国有着日不落的辉煌。今天,当日不落再次开始在英联邦出现的时候,却已不是因为大英帝国的功勋们,而是因为 IBM、联合利华、大众汽车以及日立的努力。
> ——莱斯特·布朗(Lester Brown)

学习目标

通过学习第 6 章,你应该能够达到以下要求:

1. 讨论全球经济一体化对每个公司及其管理者意味着什么。
2. 表述出当今世界经济一体化程度远胜于从前的原因。
3. 对不同组织在全球市场竞争中所运用的战略进行定义。
4. 比较不同组织在进军海外市场时所采取模式的差异。
5. 就公司如何为海外经营配备人员进行阐述说明。
6. 总结出管理者在全球化管理过程中所需掌握的技能与知识。
7. 区分不同国家间文化差异对管理的影响方式。

本章概要

在一个(有时)扁平的世界中管理
  扁平化世界的含义
  外包的角色
全球环境
  欧洲一体化
  亚洲:中国和印度的崛起
  美洲
  世界其他地区
全球战略
  全球一体化的压力
  本地响应的压力
  全球战略选择

进入模式
  出口
  许可经营
  连锁经营
  合资
  全资子公司
跨国管理
  全球管理者的技能
  理解文化问题
  国际化管理中的道德问题

开篇案例

宜家是如何使得瑞典设计迈向全球化的

在美国，从宜家（IKEA）或其零售商网站购买时尚的书架、椅子、桌子以及其他家具，自己组装、装饰宿舍和公寓，是再平常不过的现象。宜家的创立源自一个瑞典少年在20世纪40年代的梦想，如今它已成为一家大型跨国公司。宜家目前已在38个国家开立了数百家分店，专门销售其独具一格的家具和家居用品系列，年销售收入超过320亿美元。在上一次的经济衰退过程中，其他大多数品牌的零售商都遭遇了客户流失，而宜家的销售却持续增长。

宜家到底采用了何种管理理念和方法使其产品在世界范围内如此畅销？一个首要因素就是创始人英瓦尔·坎普拉德（Ingvar Kamprad）的实用理念。宜家创立之初，坎普拉德年仅17岁时就致力于寻找有用的产品并将其以低价卖给他所在的一个瑞典小村庄——阿根纳瑞德（Agunnaryd）的居民，那里的人们已经习惯了仅从当地有限的资源中获取发展。宜家（IKEA）这个名字就是取自创始人名字的首字母（IK）、他所在的农场名（Elmtaryd），以及村庄名（Agunnaryd）的首字母。宜家起初销售钢笔、钱包、长袜等小商品。由于广告的传播为其带来了更为广阔的市场，坎普拉德开创了邮购业的雏形——利用村子里运牛奶的卡车，将产品拉到最近的火车站。随着业务的增长，宜家在当地新增了一条家具生产线，并发布了它的第一个产品目录。

实用的解决方案持续驱动着创新，也成就了宜家与众不同的今天。20世纪50年代，由于供应商想方设法地降低成本，竞争对手们开始采取价格压力策略，旨在威胁宜家也将产品质量降下来。宜家却因此开设了自己的首间样品间，以此证明自己所生产的家具的质量。随后，竞争对手们迫使家具制造商中断了与宜家的业务往来，宜家却又因此开始着手设计自己的家具。然而有一天，当员工们试图将一张桌子放进汽车后部时，他们事先移掉了桌腿，以免造成损坏。这次的经验成为后来家具行业包装扁平化概念的萌芽，他们将家具装在扁平的箱子里，让购买者自己在家中进行组装。如今，扁平化包装仍然是在保证质量的同时，实现成本最小化的一种方式。

这些基础帮助塑造了宜家今日所描述的愿景。宜家所阐述的愿景是："为大众创造更美好的日常生活。"保持低成本意味着更多的人能够用宜家的产品装饰他们的家。对设计的严格控制使人们能够享受到美观实用的家具，即使他们并不富裕，也依然能够让日常生活变得更加美好。打造有吸引力、价格合理、普通家庭买得起的家具产品——这一战略在瑞典乃至全球许多地方都得到了共鸣。

创新思维帮助宜家践行低成本战略。宜家采用高效、可再生能源以降低其商场能耗，这一策略使得它走在了行业的前列。例如，在美国丹佛市外，宜家与美国国家可再生能源实验室（National Renewable Energy Laboratory）合作建造了一座配备地热供热系统的商场。埋在商场停车库下方的管道，在冬季和夏季分别将暖气和冷气带到建筑表层，用以保证室内处在适宜的温度（在夏季，另外配备的冰蓄冷系统还会提供额外的冷气）。在加利福尼亚州，宜家为它的7家门店及配送中心安装了太阳能面板。它们计划通过这20000块太阳能面板，每年为其各类设备提供大约670万千瓦时的电力。

然而，可持续并不仅仅是控制成本那么简单，宜家还向公众传达了致力于环保的信息。例如，公司通过不断提高包装效率，在降低商品价格的同时，还减少了商品运送至仓库过程中的能源消耗。与此同时，宜家还试图使自己的产品更具环境亲和力。公司设立了一项名为绿色科技基金的风险投资基金，专门用来投资诸如高科技电池制造等新兴公司，以便将来能够为宜家的环保型产品产生贡献。宜家还创造性地将可持续的价值观传播给员工，最近一年，美国的12400名宜家员工都收到了一份感恩礼物：一辆印有蓝色和黄色宜家标志（和瑞典国旗）的山地车——用附有安装说明书的盒子包装着。选择这份礼物既是为了表达公司对员工辛勤工作的感激之情，同时也向员工传达了一个信息——公司支持健康、可持续的生活方式。

在瑞典及邻近的欧洲国家（宜家的初始市场），可持续对于许多顾客而言，都是一个熟悉并被珍视的价值观。可持续是极具价值的，因为宜家80%的销售额依然来源于欧洲市场。随着宜家在东欧和亚洲市场持续扩张，时间将会证明可持续是否会在全球范围内产生共鸣。

- 宜家怎样才能凭借可承受、可持续的承诺，在世界各地更好地吸引消费者呢？读完这章，思考一下，在国际经营环境中，什么样的品质会给这家公司带来机遇与挑战呢？

宜家的发展方向同近几十年来的许多成功公司类似。从满足本地消费者需求出发，随着销售业绩的增长，公司雇用员工并开始服务更大的区域。最终，开始将产品销往海外，并且直接在海外运营。现今，宜家正在全球范围展开销售并着手培养管理者。

今天的企业巨人——同许多具有野心的、创造性的小公司一样——需要优秀的雇员，并在其他国家展开销售，以完成目标。美国跨国公司现在所雇用的雇员几乎有1/3来自美国以外的国家，并且海外市场份额正在不断上升。在美国之外，某些产品类别的销售额同样正在快速增长。例如，通用电气60%的收入来自美国以外的全球市场（2000年为30%），超过一半（54%）的员工来自国外（2000年为46%）。就沃尔特·迪士尼而言，经过数年的谈判，这一标志性的美国公司开始在上海建造主题公园和度假村。由于中国政府坚持它们的所有权归中国所有，这使得这项交易变得相当复杂。但是对迪士尼而言这是值得的，因为它想将其娱乐品牌融入中国庞大的消费者群体以及快速发展的经济进程中去。

因为这些趋势，今天的管理者们必须就如何让公司进入世界各地的市场做好计划。这种计划来源于对全球经济一体化的重要性以及对由瞬息万变的全球经济环境所带来的机遇与挑战的理解。

6.1 在一个（有时）扁平的世界中管理

全球经济的重要性恰恰在于其全球化——因为你的客户、雇员以及供应商可能来自世界各个地方。几年前，《纽约时报》专栏作家托马斯·弗里德曼（Thomas Friedman）曾就这个现象写了一本畅销书——《世界是平的》(The World Is Flat)。他在书中描述了互联网和越来越多的国家间的贸易协定使得今天的国际商务日趋规范的趋势。无论是一家大公司还是一家小公司，当你在寻找金融资源、供应商、员工、机器设备、自然资源或者运输服务时，你总能通过互联网很容易地找到就价格和质量综合而言，符合你要求的资源。因此，依照弗里德曼所言，经营环境已经变成了一个公平的竞争环境，换言之，已经"扁平化"。

但是，如果"扁平化"只是指每个人都占据同样的优势或者购买同样的商品，那么这个词就难以描述真实的世界。互联网连接并不一定会使得我们更多地关注在全球趋势中的每一个创意，或者对每一个全球趋势都感兴趣。有时，人们上网只是为了和熟知的人联系并根据自身的独特品味购买产品。并且有时，当地政府仍然会使企业发展变得很难，或者一个团体缺少鼓励其发展的资源。从这种意义上说，世界并不总是平的，它也经常跌宕起伏。对管理者而言，这也让经营环境比以往任何时候都更复杂，也更令人兴奋：机遇与挑战并存的全球化经济充斥着世界的每一个角落，企业需要了解到客户的具体需求，甚至客户的价值观，而不同地域间可能存在着巨大差异。

> 世界并不总是平的，它经常跌宕起伏。

在本章的后续部分，我们将描述管理者如何选择战略以应对世界的"跌宕起伏"。但是首先，让我们看看世界经济中越来越大的互联与整合将如何重塑今日的商业模式。

6.1.1 扁平化世界的含义

在本章的后续部分，你将会看到经济的繁荣和贸易壁垒的下降已经大大提升了不同国家经济融为一个全球性经济体的程度。日益一体化的全球经济已经产生了许多影响。第一，尽管世界经济的产出在过去十年的中期经历了较大波动，但国际贸易却依然呈现出日益加快的扩张速度。当金融危机引发经济衰退时，欧洲和北美的进口下降，而世界其他地区的贸易却在缓慢增长。但是，这些趋势预计只是暂时的，经济终将复苏。国际商务多年来一直为主要工业国所强调。最近，因自由贸易协定所带来的贸易自由化，以及中国的市场化改革，商品、服务以及资本在国家间自由流动的壁垒开始持续下降。这些趋势的影响是令人惊叹的。以美元计价的国际贸易额（商品出口和商业服务）已经超过 16 万亿美元——而 20 世纪 60 年代到 70 年代仅仅为数千亿美元。图 6.1 展示了美国国际贸易（主要是商品）自 20 世纪 90 年代以来相对于总产出的增长。尽管以美元计价商品的总产出在不断增长，但其商品贸易占全国商品总产出的比率仍然从 12% 上涨到接近 18% 的水平。许多专家预期在自由贸易的情势下竞争会加剧，而通常，只有更高效的参与者能从这场竞争中生存下来。要想在这种工业环境下胜出，管理者们需要研究现有市场里的机会，以及如何提升公司的竞争力。

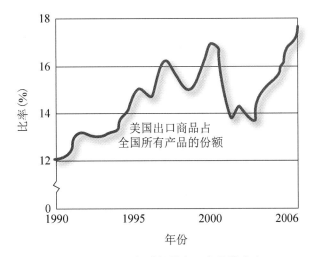

图 6.1 不断增长的出口商品的比率

资料来源：U. S. Bureau of Economic Analysis, as cited in James C. Cooper, "Exports Are Giving the Economy a Surprise Lift," *Bloombery Businessweek*, November 27, 2006.

全球经济的日益一体化产生了第二个结果——作为公司进行各种规模海外投资的主要方式，外商直接投资（foreign direct investment，FDI）在全球经济中扮演着越发重要的角色。特别是，从发达国家的企业流向发展中国家的外商直接投资增长显著。在美国公司中，来自于外国公司或个人的投资也非常多，约有 2.3 万亿美元，几乎两倍于 2000 年的水平。其中，大部分投资来自欧洲投资者。最近几年，美国获得了比其他国家更多的外商直接投资。有两个例子，德国证交所（Deutsche Boerse）——一个德国证券交易提供商——安排购买了纽约股票交易所（New York Stock Exchange）的母公司；一个名叫吉利（Geely）的中国公司则从福特汽车公司（Ford Motor）购买了其旗下的沃尔沃（Volvo）业务单元。近几年来，作为出口大国，中国政府积聚了将近 1 万亿美元的外汇储备，因此，中国被预测未来将会对外投资数百亿美元。

全球经济一体化程度提高带来的第三个结果——进口对世界最大经济体的渗透、深入越来越深。例如，在美国，人们所消费的大部分服装、纺织品、纸、切割钻石以及电子产品都来自进口。直到不久前，大多数在美国销售的桃子罐头都是用来加利福尼亚州的边桃制作的，但中国产的桃子罐头在这一市场上的份额一直在飞涨，目前已经超过了10%。在汽车产业，2010年，在美国市场上销售的新车超过一半是由来自其他国家的汽车制造商生产的，来自亚洲的尤其多。图6.2展示了较之于其他产品，制造业商品在世界贸易中是如何实现增长的。进口的增长源自原材料交易的增加和零部件海外制造趋势的增加（将其从海外装船运回国内，进行最终销售）。

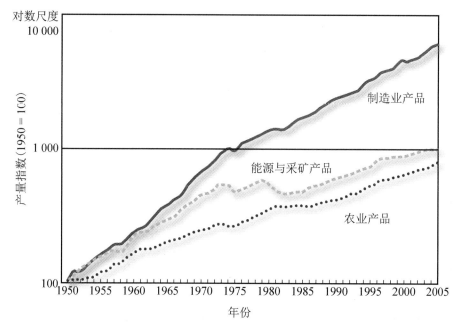

图6.2　主要产品种类在世界商品贸易中的增长

最后，随着世界贸易的增长、外商直接投资的增加，以及进口的不断扩大，世界各地的公司都将发现自己在国内市场正受到海外竞争者的攻击。这是在美国发生的真实场景，日本汽车制造商从通用汽车、福特和克莱斯勒手中抢占了市场份额。而在西欧，曾经一度主宰市场的荷兰公司飞利浦的市场份额也被来自日本的胜利公司（JVC）、松下电器（Matsushita）和索尼公司（Sony）所挤占。

这些对今天的管理者而言意味着什么？仅仅和几年前相比，现在的机会已经更大，因为自由贸易运动使得许多原先被保护的国内市场对外开放。出口和海外直接投资的潜力在今天比以往任何时期都要大。环境也变得更加复杂，因为今天的管理者需要经常面临挑战——在文化完全不同的国家间开展业务，以及协调分散在全球各地的经营活动。竞争环境更加激烈，因为除了国内竞争者，管理者还得考虑对付更具成本优势的海外竞争者。

无论大公司还是小公司，目前都将全世界而非单个国家视为它们的市场。图6.3展示了没有被美国垄断的国际业务。世界排名前25位的公司中，有16家公司的总部位于美国之外的其他地方。这些公司将其产品制造、市场营销以及研发设施散布于全球范围内成本和技术状态最有利的地方。现今，这种趋势在汽车制造业、航空工业以及电子制造业等领域已十分普遍，以至于再谈"美国产品""日本产品"或者"德国产品"已经变得越来越无意义。

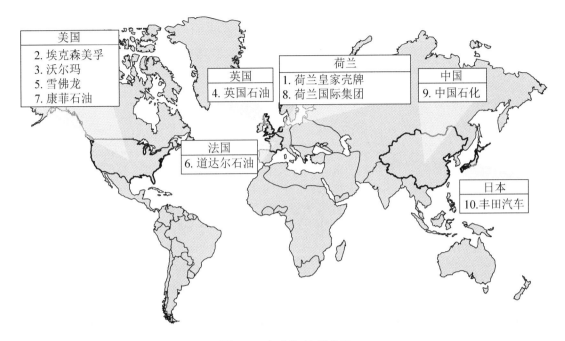

图 6.3　全球前 10 强公司

　　例如，汽车制造商总部不再说某款车是在哪里制造出来的。据美国公路交通安全管理局透露，除了吉普爱国者汽车（Jeep Patriot）的红白蓝的名字外，其零部件只有 66% 是在美国制造的。相反，虽然丰田是一家总部设立在日本的公司，但是丰田红杉（Toyota Sequoia）这款车 80% 的零部件都是在美国制造的。即使总部设在美国，公司也不会对旗下的汽车企业进行限制。通用汽车就报告说明，它在美国之外雇用了更多员工，所获销量更大，增长前景也最为看好。

　　这种国际化并不仅在产业巨头们的身上发生。越来越多的中小型公司也热衷于国际贸易。其中一些公司仅停留在出口业务，而其他公司则已经将生产设备安置在海外了。Jade 公司是以制造模具起家的，拥有三台设备和几百名员工。这家公司发现随着美国制造业移往海外，要想获得竞争成功已经非常艰难，但创造性管理却依旧可以为公司带来机会。随着公司转做更加专业的产品，其工程能力得到了发展，并且在与一家新加坡制造商合作的过程中增加了自己的相关经验。最终，Jade 公司开始和客户一道在亚洲建立自己的生产设施。Jade 公司的员工首先对客户的产品及其制造方式进行研究，随后通过其海外联络处使得客户的海外工厂能够开始运转。作为对英语在互联网上占主导地位的响应，以色列一家软件公司准备开发一个名叫"白烟"（Whitesmoke）的项目，利用人工智能来分析书面英语。它不仅仅是检查拼写和发现语法错误那么简单，同时还能通过建议使得写作变得更清晰、更自然。这家公司起初将以色列的律师和工人作为自己的客户群体。随后，由于在线下载非常方便，它们的市场扩大至美国的计算机使用者。这家公司下一阶段将和经销商谈判，以在中国和印度销售"白烟"。全球因特网的特性不仅为"白烟"提供了需求，同时还为其提供了主要的分销方式。

　　管理者们之所以同海外同行开展贸易合作，其中有些原因是显而易见的。其他国家为他们的产品提供了扩张市场。反过来，那些国家也可能拥有管理者们需要但却无法在其母国得到的自然资源、产品或者成本结构。当然，还存在着开展贸易合作的其他利益，只是可能不太明显。因为相比于仅使用自己的资源，贸易使得每个国家获得了更高的效率，它还降低了产品的价格，使得更多的产品可以在更多的地方被买到。这也提高了人们的生活水平——并且可能扩大了其自产产品在本土和海外的市场。贸易还使得一些新技术和新方法被更广泛地采用，从而又更进一步提高了人们的生活水平和生产效率。最后，和别人在贸易方面展开合作也创造了人与人之间以及文化间的连接，特别是从长远来看，这又将促进更加广泛的合作。

6.1.2 外包的角色

近年来，离岸外包（offshoring）和外包（outsourcing）的问题已成为争议的源头。**外包**即一个组织与一个外部供货商签订为其制造商品、提供服务的合同。**离岸外包**即公司将部分职位转移到工资成本更低的其他国家。这种情况下就没有必要寻求外部供应商。拥有大规模劳动力的公司可以采取全球布局资源的方式。然而，大多数对外包的关注都集中于离岸外包，因为人们认为高薪的美国职位正流向海外的低成本国家。随着大型公司将自己的装配线、计算机项目、客服中心及其业务的其他部分迁往印度或者中国的报道被广泛传播，各界对离岸外包的关注也已提升。一项研究预计截至 2015 年，将会有超过 300 万个工作岗位从美国流向海外。经济学家艾伦·布林德（Alan Blinder）调高了通信技术将在未来更长时期内通过离岸外包使 3000 万个工作岗位被转移的可能性。例如，簿记员、记账员、程序设计员、数据录入员和金融分析师可以在任何地方工作，并通过电子通信将其工作成果提交给客户或者雇主。

美国制造业就业数据的下滑是显而易见的。在过去十年，美国丢掉了 200 万个制造业岗位和 160 万个行政支持类岗位。在 2009 年的衰退中，相较于其他国家，美国失业的工人更多。一些经济学家指责道，某些条件使得美国商业环境变得相对不利：税收、落后的基础设施、教育资源不足以及雇用高技术移民工人的壁垒。然而，相当多的证据表明造成工作岗位减少的原因并非离岸外包，而是创新。因为新技术和工艺的使用，管理者只需要更少的工人来制造同等数量的商品。虽然制造业岗位数量减少了，但美国制造业的产值却增长了。此外，技术和贸易使得新岗位的创造成为可能。即使失去了制造业的岗位，美国仍然增加了数百万个新的岗位，包括 320 万个服务岗位、250 万个专业岗位和 130 万个管理岗位。因此问题的关键可能并不在于阻止离岸外包"带走"岗位，而是如何为美国未来需要的岗位类型准备相应的劳动力——需要人际交流的岗位（如医生或者顾问的工作）、从事实践活动的岗位（水管工、保安）和为特定情况量身定制的岗位（识别客户的需求而非通过惯例）。

> 虽然制造业的就业下降了，但是美国制造业的产出却在增加。
> 在许多大型美国公司中，在美国以外就职的员工正成为一股重要并且日益增长的力量（如图 6.4 所示）。

有关离岸外包的统计数据往往忽视了一个事实，即因离岸外包所引发的工作岗位转移只占美国 1.35 亿个工作岗位中的一小部分。多数岗位要求从业者紧挨市场——人们依旧在他们当地的超市和电器经销商那里购物、拜访医生、上社区学校。也许更为重要的是，由于离岸外包提高了效率，它可以释放资金以支持扩张和增加额外就业岗位。其挑战主要表现在单个劳动者会因为失业而深受影响。一些组织决定参与一些再培训项目，因为它们觉得自身肩负着社会责任，需要帮助这些失业工人认识到：那些不太可能转移到海外的工作岗位仍然存在，请为之做好准备。关于离岸外包的争论也忽视了外国公司在美国雇用工人所达到的程度——例如，德国宝马汽车公司（BMW）在美国南卡罗来纳州拥有一个 X5 越野车的装配车间。

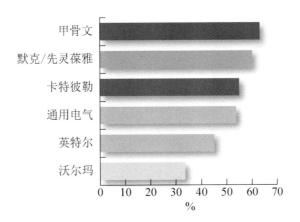

图 6.4 美国本土以外雇员的百分比

离岸外包也有一个不太积极的影响，就是导致那些经常离岸外包的行业工资停滞，因为这些领域的工人在和海外领着更低薪水的对手们竞争。此外，其他国家的工资成本、能源成本以及其余开支都已开始上涨，这也降低了离岸外包的收益。一些公司已经开始寻找除印度和中国之外的低成本国家，包括孟加拉国（Bangladesh）、越南（Vietnam）和印度尼西亚（Indonesia）在内的一些国家开始进入它们的视野，还有些公司则在考察非洲国家从事生产运营的发展潜力。

> "竞争并不是零和游戏，其他经济体的成功并不代表美国竞争力的失败。随着所有国家都在提高它们的生产率，工资上涨，市场扩张，进而为所有国家的繁荣与增长创造了潜力。"
> ——米歇尔·波特

近年来，自动化设备的使用大大降低了产品成本中劳动力成本所占的比例，这使得考虑将工作岗位移往海外显得不太必要。同时，管理者为节省工资而进行的离岸外包往往也会产生一些不在预期之内的额外成本，如旅游、培训、质量控制、语言障碍以及受到来自一些更愿意和本地人做生意的客户的阻力等。然而，离岸外包的趋势仍然在持续，因为在某些情况下，它为管理者带来的是利益而非成本。针对某些类型的工作，公司往往可以通过离岸外包发现一些在本地供不应求的人才。一项软件公司的调查显示，它们采取离岸外包主要是为了公司能够成长并更快速地将产品推向市场。公司要么很难在美国找到足够多的项目，要么就决定通过美国团队和海外团队轮流工作来保持项目夜以继日地向前推进。类似地，将项目外包给一家专业公司，企业将可快速获得数百人并投入项目，从而大大降低了周转时间。

简而言之，在决定是否采用离岸外包时，管理者不应该一开始就假定这样做将会更便宜。相反，这里有一些他们应该予以考虑的因素：

- 他们提供的产品的竞争优势是什么？如果说快速交货、可靠性以及客户联系是至关重要的，那么离岸外包可能会是一个不那么吸引人的选择。但是如果是广泛普及并且标准化的产品，如计算器，它们唯一的竞争优势就是价格，那么寻求可能的最低生产成本将很有必要，离岸外包也将成为管理者们需要考虑的事情。
- 业务是否还处在初级阶段？如果是，那么离岸外包可能就不太合适，因为管理者需要跟紧这项业务及其客户，以保证随时能够解决问题，并确保每件事情都是按计划进行的。当业务趋于成熟，并且管理者能够承担时，便可考虑将一些业务操作移往海外。

- 成本节省能否在本土实现？自动化通常能够节省巨大的劳动力成本并且消除将生产移往海外的优势。但当自动化节省无法实现时（比如建立计算机呼叫中心），离岸外包就将成为一个更具吸引力的选择。
- 能否提升整条供应链？正如我们在第 2 章所讨论的，当管理者开发出一条从供应商到生产商最后到消费者的高效供应链时，大量成本将会被节省出来。这些改进可同时实现更低的成本和较高的客户响应。如果供应链不是一个主要考虑因素，或者已经拥有很高的效率，抑或已成例行程序，但还需节省更多成本时，离岸外包便可成为管理者进一步提升效率的选择之一。

这些考虑因素将引发有关在哪里从事经营活动的一系列决定。重型设备的运输成本过高，是通用公司决定将其部分设备制造业迁回美国的一个原因。总部位于美国威斯康星州（Wisconsin）密尔沃基市（Milwaukee）的玛斯特锁业公司（Master Lock）也发现，将生产线从中国迁回美国可以实现更高的成本效益。幸运的是，该公司在美国仍有部分生产设备和员工；那些之前将所有产品生产业务外包出去的公司，已经发现它们将生产转回母国的选择更加受限了。

6.2 全球环境

正如我们在第 2 章所看到的，一个组织的外部环境包括经济、技术、法律法规、人口结构、社会和自然环境。例如，当今天的管理者进行考虑时，一个市场的经济潜力、既保护他们财产又限制他们行为的法律，以及他们用以制造产品的资源，这些方面都应被综合考虑进去，进而在全球范围内寻找存在最佳机遇的地方。一个简单的事实业已存在，就是技术和经济一体化正使得国际商务不可避免。表 6.1 提供了我们在此国际环境下进行思考时，每个领域会遇到的问题。

表 6.1　全球环境的关键问题

经济环境	外商投资；发展中国家的增长；发展中国家的工资上涨
技术环境	互联网及无线技术
法律/规制环境	自由贸易协定；反垄断法规
人口结构	发达国家人口老龄化；世界范围内尤其是发展中国家的人口增长
社会问题	文化差异；对贿赂的关注
自然环境	资源需求的加剧，包括石油、水以及食物等；日益热衷于可持续产品和可持续经营；日益增长的濒临灭绝的物种；气候变化

资料来源：*The Washington Post*, January 19, 1986. Copyright 1986 The Washington Post. All rights reserved. Used by permission and protected by the Copyright Laws of the United States. The printing, copying, redistribution, or retransmission of the Material without express written permission is prohibited.

全球经济正变得比以前更加一体化。例如，世界贸易组织（World Trade Organization，WTO）涉及超过 95% 的世界贸易。

世界贸易组织为各成员国提供了一个进行贸易协定谈判的论坛，并制定了管理协议与解决争端的程序。一些问题现今仍在谈判中，因为它们很难被有关各方所解决，其中就包括发达国家农民对环境法规和农业补贴在内的各种政策存在异议，理由就是它们同自由贸易存在冲突。这些问题最终将何去何从，你可以从世界贸易组织官网（http://www.wto.org）中的"贸易专题"部分进行了解。

全球经济目前主要被三个地区的国家所掌控：北美、西欧和亚洲。然而，其他发展中国家和地区也是经济增长的重要区域。

6.2.1 欧洲一体化

欧洲正在持续施行经济一体化战略，并且已然形成全球最大的市场。根据欧盟正式成立时签订的《马斯特里赫特条约》(Maastricht Treaty)，欧元已被13个成员国定为流通货币。像法郎和马克之类有很长历史的货币，现今已成为过去的遗迹。绝大多数的商品、服务、资本以及人力资源都可以在欧盟国家间自由流动。欧盟最初形成于第二次世界大战后，旨在促使曾经的战地国进行贸易合作，但同时，这些努力也造就了一个超大经济体。它的27个成员国现在称其总人口超过了49200万人，国内生产总值(GDP)也已超越美国。

欧洲正在加速统一的步伐，包括波兰和匈牙利在内的前东方集团(Eastern-bloc)国家在2004年加入欧盟，保加利亚、罗马尼亚则在2007年加入。这些新加入的国家给完全一体化带来了特别的挑战，因为这些国家缺乏作为现代市场经济国家的广泛经验。其他一些较不富裕的国家，如克罗地亚、马其顿和土耳其，也已申请加入欧盟。

除了不同经济体间存有较大差异，存在整合困难外，欧洲内部的若干结构问题也需要欧盟通过有效运作加以纠正。特别地，同在北美和亚洲从事相似业务的公司相比较，西欧国家平均工作时间更短、报酬更高、假期更长，并且可以享受更多的社会福利。为了提高在全球经济中的竞争力，欧洲人必须提高其生产率水平。并且其他问题也将呈现出更大的挑战，例如欧洲的人口老龄化、低出生率、低移民率等问题，所有这些威胁都将导致欧洲人口的下降，而与此同时美国的人口数量却在上升。最近，欧盟国家间的关系正经受金融危机和经济衰退的考验，一些成员国受到了比其他国家更严重的打击。例如，在爱尔兰，银行和保险部门的增长速度曾令世人瞩目，但在这场金融危机中，这些产业却几近破产。税收不断下降的同时，市民却需要更多的服务；葡萄牙、爱尔兰和希腊政府只能祈求欧盟其他成员国给予金融援助。那些经济强大的国家勉强要求自己的国民支持对其他国家的紧急救助，并最终同意通过欧盟和国际货币基金组织提供贷款。但这些援助是有伴随条件的，那些不太稳定的政府需对其消费习惯进行规范、改进。最终，在这些危机过后，欧盟或将因此变得比以往都更加有力。

尽管如此，联合仍造就了一个更富竞争力的欧洲，一个让美国管理者不得不越来越重视的欧洲。一个原因就是，尽管西欧发达国家经济增长缓慢，但是它在大陆东部却依然强大。许多公司在波兰、捷克共和国、罗马尼亚以及邻近国家投资，因为它们拥有相对较低的工资、熟练的工人和容易进入的市场。诺基亚是一家总部设在芬兰的电子通信设备制造商，正在罗马尼亚修建一座工厂。在那里它不仅可以向欧洲消费者提供产品，还能面向非洲和中东国家出口。再看另一个方向，中国公司将中欧视为一个便利且有支付能力的市场，在那里修建生产设施，以助其在欧洲发展。例如四川长虹作为一家中国电子公司，正在捷克共和国中部城市宁布尔科(Numburk)建厂；富士康作为一家来自专门从事品牌电脑组装的中国公司，在捷克东北部城市运营有一家工厂。

欧盟也对美国及其他国家提出了监管挑战。例如，欧盟不顾世贸组织的反对，将美国公司生产的转基因食品排除在外。它还曾对微软进行处罚，因其要求同业竞争的软件公司必须支付不合理价格后，才能获取开发与Windows操作系统兼容产品所必需的信息和文件。欧盟要求微软提供这些文件作为补救，进而再撤销对其的反垄断指控。

欧盟更规范、更具竞争力的环境，明显给全球管理者及其雇员带来了新挑战。美国公司中那些想将自己的产品出口到欧盟市场的管理者，必须对欧盟所创建的商业环境有更深入的了解。管理人员和劳工必须展开协作,以提高产品质量水平,从而使美国货能够吸引来自欧洲,以及世界其他地区市场的消费者。美国需要能够把握世界发展趋势的管理者对高质高效的组织进行管理,同时也对受到良好教育、良好培训并且持续接受再培训的劳动力进行管理,以便在来自欧洲的以及其他地区的强大竞争对手面前保持竞争力。

6.2.2 亚洲:中国和印度的崛起

在环太平洋国家,尤其在美国,日本一直聚集着世界的目光,直至20世纪末。如图6.5所示,日本如今是美国的第四大出口市场,仅次于加拿大、中国和墨西哥;同时也是美国的第四大资源进口国。像丰田这样的日本公司,既是美国的商品的主要来源,同时作为竞争对手,在寻求提升质量和效率的问题上,也对美国管理者产生了越来越大的影响。

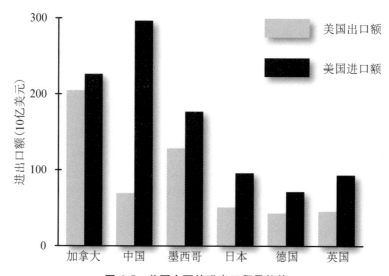

图6.5 美国主要的进出口贸易伙伴

资料来源:U. S. Census Bureau, Statistical Abstract of the United States:2011, Table 1306, http://www.census.gov.

和日本一样成功的,是另一个正在亚洲崛起的强大力量——中国。它拥有全世界最多的人口和快速的工业化进程,正成为世界上许多商品的最大生产国和消费国。它对石油的大量且持续增长的需求,是任何地方的管理者在长期规划过程中必须要考虑的成本因素。中国已经成为世界上最大的基础原材料消费国,它消耗掉了大量钢铁和水泥,与此同时,中国还是世界上最大的手机市场。中国不仅是美国最大的资源进口国(见图6.5),还超过美国,成为全球第二大出口国,仅次于排名第一的德国。

> 中国正成为许多世界商品的最大生产国和消费国。

作为一个消费大国,中国对管理者的吸引力在于其拥有13亿人口,以及极快的经济增长速度。尽管全球经济在最近的这场金融危机中失速,中国经济却依旧在持续扩张。在过去十年中,中国进口额增长了3倍,出口额增长了4倍。最近,中国已成为全球第二大出口国和第三大进口国,其中主要出口工业制成品,但同时也进口大量材料用于制造业和建筑行业。目前,已有数家美国公司在中国市场布局了大量投资,其中不乏成功的案例。英特尔最近宣布计划在中国大连建造一座硅片制造工厂。建造这座工厂是英特尔经营战略的一部分,目的就是更加接近中国的信息技术市场,而中国的信息技术市场很有可能在未来成为全球最大的市场。并且,公司也已经开始在中国运营配套实验室,相关设施也已经开始测试并进行包装。微软也已同中国的计算机制造商联想公司结为合作伙伴,旨在共同开拓中国市场。

管理实践

约有3亿中国人正在学习英语,一些美国公司和欧洲公司已经从中嗅到了商机——并且据测算,还有大约数百万人希望学习英语,这直接给这些公司提供了机会。英国出版商培生公司(Pearson PLC)和总部设在瑞典的教育运营商——英孚教育(English First SV)已在重视成人教育领域,但迪士尼公司却依旧将儿童教育视为有利可图的小众市场。

迪士尼公司在上海已经开办了一家迪士尼英语连锁学校,并且计划将其连锁店开到北京去。管理者坚持学校的使命仅仅是负责教中国小朋友学习英语,但是这项使命的完成需要教科书和工作表,而巴斯光年(Buzz Lightyear)、美人鱼爱丽儿(Ariel)以及其他一些在迪士尼电影中非常流行的卡通人物恰好可以"担此重任"。年轻的学生们可以赚取迪士尼人物公仔、CD以及迪士尼的相关产品作为奖励。中国家长们从中看到了一个让他们的孩子在一家他们熟悉,并且是真正国际化的公司进行学习的机会,而非站在市场的角度去排斥它。

对迪士尼而言,学校的开办给了它一个和家庭建立联系的环境,否则在政治上将会很棘手。当中国政府限制迪士尼的电影、电视等产品在中国分销时,迪士尼英语却能够通过给学生提供所有迪士尼主题的工作手册、背包以及他们所需要的玩具,继而培养学生对米老鼠永恒的爱。

- 迪士尼在中国面临哪些机遇和挑战?

即使撇开持续增长的消费能力,凭借着出口国地位,中国对世界的影响也与日俱增。庞大的劳动力市场,加上极为低廉的劳动力成本,已然让中国在制造业上拥有了巨大的竞争优势。据估计,中国的劳动力成本每小时不超过1美元,而墨西哥和美国的制造业工人的工资分别为每小时2.92美元和24.59美元。超低的工资比率使得许多管理者选择将生产经营活动放在中国,或者从中国进口大量的各类商品,以取代同本土制造商的合作。这个趋势就是同样价格下,美国从中国进口商品的价值超过美国出口中国商品的价值5倍的原因之一。

这种类型的贸易失衡很可能会导致美国和欧洲失去更多的制造业岗位。但它同时也使得相对低价位的商品能够持续供应,这不仅使世界各地的消费者受益,还促进了国家经济和就业的增长。然而,例如纺织业等某些行业的工作岗位,可能已经永久地转向了位于中国和印度的低成本制造商。那些受影响的工人和团体将会面临真正的艰辛。我们将会在本章的后续部分,对外包或离岸外包的影响进行更详尽的讨论。

日益繁荣的城市与因工业飞地所造成的数百万贫困农民之间的巨大反差可能会影响到政治的稳定,进而对中国的发展进程产生威胁。同时,那些经历工作岗位流失的国家可能会因经济增长的压力,限制进口中国商品,拥有强大工会的欧盟尤为如此。但是,在可预见的未来,无论是作为出口国还是进口国,中国在世界经济中所呈现出的经济增长,都将是作为管理者的你所应该予以考虑的。

除了中国,印度也已成为全球市场中的重要参与者。这个国家仍处在发展之中,贫困问题依旧严重,但是其12亿人口中(印度是世界上人口第二多的国家)的许多人,已经进入工人和专家阶层。对于越来越多的公司而言,印度已成为一个重要市场。对许多美国公司而言,印度被视为计算机软件、软件开发及其他服务的在线支持提供者。事实上，许多公司已经在那里开设商店，对拥有强大技术和熟练掌握英语的印度工人的需求远大于供给。像威普罗（Wipro）和塔塔（Tata）这样的公司正在扩大其培训计划，以缓解和应对该问题。得益于印度快速增长的经济和巨大的人口总量，越来越多的美国企业将这个国家视为客户和员工的来源国。例如，花旗集团已经计划在印度开设更多的分行，并扩张小微金融（小额贷款）服务，同时将在那里增加数千名员工。

其他诸如韩国、新加坡等快速增长的国家和地区，都同美国保持着较强的贸易联系。这些国家和地区都是美国重要的贸易伙伴，不仅仅因为这些地方的工资水平，更是因为它们的许多公司已经在工程技术领域发展得极具竞争优势。韩国三星公司所生产的平板电视和闪存卡，占据了全球最大的市场份额。中国台湾的鸿海则是电子行业合同制造商的领军者。你可能没有听说过鸿海，原因就在于它专注于加工组装其他公司的名牌产品，其中就包括索尼（游戏机）、苹果（iPods）和戴尔（计算机）。

这些亚洲国家和地区会同美国、澳大利亚、俄罗斯，共同组建了拥有21个成员国的亚太经济合作组织（Asia-Pacific Economic Cooperation，APEC）。亚太经合组织成员国的经济总量超过世界总产出的一半，贸易总量则将近一半。近年来，亚太经合组织成员已着手建立旨在鼓励国际贸易、降低贸易壁垒的经济政策。这些成员国通过对话和达成不具约束力的承诺（并非条约）来实现这些目标。

其他国际组织中，东南亚国家联盟（Association of Southeast Asian Nations，ASEAN）汇聚了10个发展中国家，包括印度尼西亚、马来西亚和菲律宾等。东南亚国家联盟除了着眼于经济发展之外，还旨在促进文化发展和政治安全。

6.2.3 美洲

北美洲和南美洲形成了一个混合的工业化国家群，如位于北美的加拿大和美国，以及阿根廷、巴西、智利、墨西哥等新兴经济体。你冬天吃的水果可能来自智利，喝的咖啡来自牙买加，穿的衣服则来自洪都拉斯。已有越来越多的企业希望在西半球和世界其他地区间开展更为自由的贸易往来。

北美自由贸易协定（North American Free Trade Agncement，NAFTA）是由美国、加拿大和墨西哥联合建立的世界上最大的贸易集团，其拥有45000万名消费者和17万亿美元的总产出。2008年，几乎所有美国对墨西哥和加拿大的工业出口品都是免税的。尽管美国同加拿大之间有一份长期的固定协议，但是通过北美自由贸易协定，墨西哥已经迅速成长为美国的第三大贸易伙伴。在美国，因此而在短期受益的行业包括资本商品供应商、耐用消费品制造商、粮食生产和分销商、建筑设备制造商，以及汽车产业和金融产业等。因为原先它们都是受保护的市场，但现今获准进入了。除了进口、出口享受优惠政策，北美自由贸易协定成员国的公司在成员国间跨国投资设厂也可享受优惠待遇。世界排名第三的水泥公司墨西哥水泥集团（CEMEX）实际是美国最大的水泥供应商。墨西哥水泥集团22%的雇员和27%的销售额都在美国，其管理层会议都使用英语，因为其绝大部分雇员都不会讲西班牙语。

即使世界上绝大多数国家都在努力摆脱2010年那场严重的经济衰退，巴西却声称其当年第一季度实现了令人惊叹的9%的经济增长率，并预期在第二和第三季度将会继续保持这个增长节奏。巴西的经济活力主要集中于农业部门，包括黄豆和咖啡的出口。其他增长则主要来源于能源部门，包括乙醇的生产和潜在领先的风力发电能力，他们在被政府拍卖的土地上建立风电厂，以开发利用稳定的信风资源。如同在亚洲一样，更多的美国公司依靠创新和技术，而非简单的成本优势在全球市场展开竞争。例如，阿根廷的泰纳瑞斯集团（Tenaris）之所以能够成为全球石油管道市场的领导者,其中一个原因就源自前辈公司——西德尔卡(Siderca),正因为其决定集中精力建立一个全球化的网络设施,才使得公司可以对消费者需求进行研究,开发产品,并依照客户需要提供管道。西德尔卡目前是泰纳瑞斯的一部分,而这个管理战略也使其取得了一项竞争优势。

其他协定也被提出以促进美洲中部和南部的贸易。美国前总统乔治·布什于2005年将美国参与的多米尼加共和国—中美洲自由贸易协定(Central America-Dominican Republic-United States Free Trade Agreemont,CAFTA-DR)签署为法律。同意加入这项协定的其他国家还包括哥斯达黎加、多米尼加共和国、萨尔瓦多、危地马拉、洪都拉斯和尼加拉瓜。随着美国的加入,多米尼加共和国—中美洲自由贸易协定区成为世界第二大自由贸易区(北美自由贸易区是最大的)。作为多米尼加共和国—中美洲自由贸易协定谈判内容的一部分,中美洲国家承诺将保护国内工人的权利。某些国家因未履行这项承诺,使得美国政府要求同危地马拉就其"明显违反义务"进行磋商。其他例如智利同秘鲁间的单边贸易协定也正在展开谈判。奥巴马政府也正试图解决劳工问题,以使国会批准同哥伦比亚和巴拿马的贸易协定。此外,南美洲国家间也已建立了它们自己的贸易集团——南方共同市场(Mercosur),旨在促进该地区国家间的贸易。

6.2.4 世界其他地区

我们还无法对形成全球环境的所有重要发展、市场以及竞争者进行全面讨论。这些全球化趋势遗漏了世界上巨大而又极具发展潜力的地区——中东、南洲美部分国家和非洲大部分地区——它们并没有很好地参与到全球化进程中。但这些地区的自然资源在世界总量中所占比重又极大,管理者们正在密切关注全球环境,并积极寻找存有潜力的地区。

当然,中东地区的经济以石油出口而闻名。虽然世界上许多地方都在进行石油钻探和开采,但石油资源丰富的中东国家供应着全球大多数买家,其中亚洲买家占了绝大多数。然而,美国最大的石油供应商却并非来自中东,它的石油进口主要来自更近的资源:加拿大、墨西哥和委内瑞拉。美国在中东的主要石油供应商来自沙特阿拉伯。不过,美国企业也时刻关注着中东地区,因为任何行动都会影响到石油价格,这不仅仅对于交通运输业是极为重要的,也将影响到化肥、塑料等许多产品的生产和制造。例如,最近,腐败和受限的经济、政治机遇引发了大规模的民众抗议,这使得许多中东和北非国家政府受到冲击,而这种不稳定也被归咎为造成石油价格飙升的原因之一。

非洲在很长时间内被视为极端贫困的地区。的确,这片大陆仍然饱受着艾滋病和包括全面战争在内的动荡政治环境的折磨。然而,非洲大陆经济的整体增长速度却仍远超拉丁美洲、中欧和东欧。这些增长都是源自经济实力较强的经济体,如阿尔及利亚、博茨瓦纳、埃及、利比亚(直至最近的内战)、毛里求斯、摩洛哥、南非和突尼斯。尽管一部分增长源自商品价值的增加,但其他证据则表明,企业家精神是经济增长的首要因素。

 管理实践

想在尼日利亚经商的管理者们将会感受到一种强烈的创业精神,即使当地政府存在各种各样的繁文缛节,但这种精神依然存在。这种力量的结合,有时能够产生一种反常的激励以寻找规避这些规则的方法。管理者们必须为此建立具体合理的行为指南。

一位名叫克里斯·纽森的管理者发现了一项极具价值的挑战。他离开南非的家乡,前往尼日利亚首都拉各斯(Lagos)工作,在那里他是尼日利亚斯坦比克 ITBC 银行的首席执行官。这家银行拥有 2100 名雇员,有一个包括尼日利亚人、南非人、津巴布韦人和刚果人在内的管理者团队,并针对他们的实用技能和人际关系技巧进行了合理搭配。尼日利亚管理者帮助其他人学习一些在尼日利亚经商所需的日常知识。他们的真知灼见帮助银行确定了实用且符合当地文化的经营指南。

纽森挖掘尼日利亚人身上企业家精神的方式就是鼓励管理者及其员工参与创新。这家银行对新的创意给予奖励,同时对无法避免的错误持宽容态度。与此同时,纽森期望管理者密切监视每个人的行为,以确保没有人会偏离道德规范,拿组织的声誉或资产去冒险。

6.3 全球战略

国际管理者面临的一个至关重要的任务就是在全球市场上明确展开竞争的最佳策略。为了解决这个问题,管理者将公司位置标明在整合—响应网格上,如图 6.6 所示。纵轴用于衡量全球整合的压力,而横轴则用以衡量本地响应的压力。借用本章前面的内容,我们可以说:全球整合的大部分压力来自今天世界的扁平化,而本地响应的压力则反映了世界的跌宕起伏。

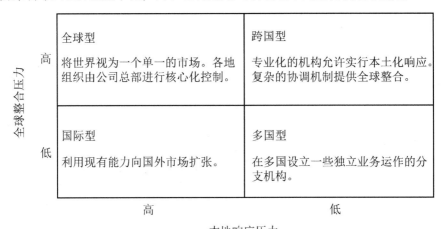

图 6.6 组织模型

6.3.1 全球一体化的压力

管理者想要或者说需要一个共同的全球战略,而非若干针对单独市场的特定战略。其中的原因很多,具体包括普适需求的存在、降低成本的压力或者竞争对手的全球战略等。

普适需求给全球战略造成了巨大压力。当不同国家的消费者对同一产品的口味与偏好相似时,普适需求便存在了。那些普适性产品几乎无须做出什么改变,即可适应不同国家的市场,这也推动了全球一体化进程。这种情形在许多工业市场出现。例如电子产品、半导体芯片即可满足市场的普遍需求。某些基本食品(如可乐)和一些工具(如开罐器)在全球市场上也越来越多地利用相似方式。

> 普适性需求给全球战略制造了强大压力。

降低成本的竞争压力可能导致管理者在全球范围内寻求生产整合。对竞争激烈且以价格作为主要竞争武器的工业品行业(例如,智能手机行业)而言,成本的降低是极其重要的。如果关键的国际竞争者将生产基地设在劳动力和其他要素成本很低的国家,降低成本就将显得尤为重要。在此情况下,产品更可能被标准化,并在小范围内生产,以形成规模经济。

当前竞争者们所致力的全球战略协同是给全球整合带来压力的另一个因素。例如，一个竞争者如果集中协调世界范围内的原材料采购，那么相比于那些允许子公司进行本地化采购的企业而言，前者将有可能显著降低采购价格。全球竞争通常会制造压力，使得母公司将位于不同国家子公司的某些决策集中于总部层面进行决策。并且一个跨国公司一旦决定全球战略协同，其竞争者也有可能迫于压力而采取同样的战略。

> **提示**
> 降低成本的需要是推动全球化的关键。
> 全球化战略能够通过哪种方式降低成本？

6.3.2 本地响应的压力

在某些情形下，管理者需要确定他们的公司是否能够适应不同地区的不同需求。当不同国家间消费者品味和偏好迥异时，就产生了很大的本地响应压力。在这种情况下，产品及/或市场信息就需要被定制。例如，在汽车产业，美国南部和西部的消费者对皮卡就有很强的消费需求，在那里许多家庭都将皮卡视为第二或第三交通工具。相反，在欧洲，皮卡则被视为多用途运输工具，购买者主要为公司而非个人。因此，汽车生产商就必须根据消费者的不同需求，制定其营销策略。

当不同国家的传统文化存在差异时，也会产生本地响应的压力。例如，在英国，车辆在道路的左侧行驶，这就创造了对右舵汽车的需求；而在其邻国法国，车辆则在道路的右侧行驶。很明显，汽车必须选用定制的方法，以适应这种因传统行为方式不同所产生的差异。

> "当你旅行时，记住，其他国家之所以这么设计，并不是为了让你舒服，而是为了让自己的人民过得舒服。"
> ——克里夫顿·费迪曼（Clifton Fadnman）

管理实践

Ignighter.com是一家刚起步的互联网公司，因在远离其纽约总部的地方契合了当地传统惯例，而使得它的创始人大吃一惊。丹·欧斯特、凯文·奥沃琪和亚当·萨克斯之所以创办Ignighter.com这家约会网站，目的在于希望能够让约会"更安全，更少尴尬，更有趣"。它的独特之处在于创始人的假设——和相亲对象在一群人中会面将会更舒服，因而它通过邀请一批人加入他或她的出游，进而安排出拥有共同时间的会员。

在美国上线1年之后，有5万人注册了这项服务——这并非是一个困窘的开端，但是这也并不足以成为一项可行的商业计划。目标群体中的许多人——20多岁的单身人士——对其概念感到疑惑。但是欧斯特在对用户数据完成研究后，注意到了一个意料之外的趋势：这个网站有一大批来自新加坡、马来西亚、印度和韩国的用户。创始人起初将这些信息当作一种怪癖屏蔽掉了。

然而，这种趋势在持续，尤其是在印度，那里每天有数百名用户登录Ignighter。又过了1年，创始人承认：他们碰巧创办了一个符合印度约会风格的网站。在印度的很多地方，年轻人都不被允许私自同异性出去约会；但是通过接触到的西方媒体，这个约会创意吸引了他们。团体出游的方式能够让他们以被社会所接受的方式实现自己的愿望。怀着这种认识，Ignighter的创始人们制定了在印度招聘员工的计划，并决定让这家美国网站"出海"。

- Ignighter的创始人怎样才能更好地为本地的响应做好准备呢？

国家间的分销渠道和销售手法的不同也会带来本地响应的压力。印度人习惯于在小的本地商店购买杂货，这给沃尔玛带来了不小的挑战，因为它计划在印度开办超市或者更大型的商场。而销售文化的差异则使得苹果公司在多个国家调整它的"平板电脑和计算机"的广告活动。在日本，人们认为直接进行比较会显得很粗鲁，因此，日本广告中就有意聘请一些喜剧演员来淡化它们在产品功能上的差异，而没有将适合用于工作的个人电脑和主要用于休闲活动的平板电脑放在一起进行区分。在英国，苹果的广告部门雇用了两名英国演员通过出演情景喜剧的方式来演绎产品的特性；用明智的性格来代表计算机，而用爱好娱乐的性格代表平板电脑。即使做出了这些调整，这些广告仍然引来不少指责。一项民意调查显示，这则广告在英国放映之后，对苹果公司持欣赏态度的人数下降了，而在日本，人们则对平板电脑的随意性充满疑惑。人们没有将这种随意的风格视为非常时尚的先锋，而仅仅将其视为便宜或者不成功、廉价的代名词。

最后，东道国政府的经济和政治需求可能需要一定程度的本土化响应。保护主义的威胁、经济民族主义和本土化程度的规则（要求本土化生产率达到一定程度的规则）是跨国公司生产本土化的主要原因。例如，某些国家可能会征收关税（对进口产品的征税）或者采取限额（对允许进入一国的进口品的数量的限制）来保护国内工业免受外国的不公平竞争或者以免国家利益受损。最近，美国开始对从中国进口的纸张征收关税。美国政府声称针对中国公司以低于原材料成本的价格售卖纸张而征收关税是合理的，据推测这是因为中国政府正在补贴该产业。有人认为此种或者其他保护行动是受政治目的驱动的。无论这些保护行动出于何种原因，关税和出口限额都影响着管理者关于是否存在经济优势，或者是否可能在当地运营或完全依赖出口的判断。

6.3.3 全球战略选择

如图6.6所示，管理者可以根据其公司在整体—响应网格中所处的位置，选择以下四种方式参与国际竞争：国际模式、多国模式、全球模式和跨国模式。处在不同模式下的组织均参与全球竞争，但它们采取不同的战略、组织结构和运营系统。

国际模式 在**国际模式**中，管理者们利用其组织的核心能力在国外市场上进行扩张。如图6.6所示，国际模式最适合于那些对规模经济要求不高或面临较小本土化响应压力的公司。辉瑞（Pfizer）就是一个采用国际模式进行运营的公司。它处在一个不靠成本竞争的行业，而且很明显，它的药品也不用迎合当地消费者的喜好。国际模式在每个国家设立子公司开展业务，并且它们均由母公司实行最终控制。尤其是，虽然子公司存在一定的自主权，可以对产品做一定调整以使之适应当地状况，但诸如研发之类的核心功能仍被集中在母公司手中。因此，子公司在新产品、工艺以及理念上对母公司的依赖就要求母公司做大量的协调工作并进行相应控制。

> **提示**
> 国际化模式能够帮助企业提高产品质量和服务的全球标准化。
>
> 举一个应用全球统一质量标准的产品的例子。

这种模式的优点在于它有利于将企业的技艺和诀窍由母公司向其全球子公司进行转移。例如，IBM和施乐就受益于其技术和核心研发技术的海外转移。相比于利用技术专长取胜，凯洛格、可口可乐、亨氏食品以及宝洁公司等在海外经营取得成功的企业更多地是基于营销手段取胜。丰田和本田利用其在制造领域领先于美国本土竞争者的核心竞争力，成功打入美国市场。当然，也有其他公司是基于其在综合管理方面的竞争优势取得成功的。这些因素解释了诸如希尔顿国际集团、洲际酒店以及喜来登之类的国际连锁酒店快速增长的原因。

国际模式的一个不足之处就在于它不提供最大程度的本地化响应自主权。此外，它通常并不考虑通过规模经济实现低成本优势的机会。

多国模式 多国模式适合于不追求全球效率,而主要考虑如何适应本土条件以保证其优势的情况。多国模式,有时也被称作多国化策略。公司利用其位于各个国家的子公司开展业务,并给予其子公司很大程度的本土化响应的自主权。每个当地子公司都是一个自治单元,拥有在东道国市场运营的全部功能。这样,每一个子公司都拥有自己制造、营销、研究和人事的职能。由于存在这种自主权,每一个跨国子公司都可以根据当地消费者的品味和喜好、竞争条件,以及政治、法律、社会结构等因素制定其产品策略和市场战略。

> **提示**
> 多国模式有助于加速本土化响应。
> 什么类型的产品可能因本地需求而快速改变?

总部位于荷兰的酿酒公司——喜力(Heineken)就是采用多国模式的典范。喜力有三大全球品牌——喜力、阿姆斯特尔(Amstel)和墨菲(Murphy's)——但它同时也提供一些区域性品牌。公司认为每个国家的文化及商业惯例都是与众不同的,因此它尝试将产品与当地人的口味和态度相结合来维持自己产品的高质量。结果,喜力公司在世界范围内生产出包括国际品牌到区域性品牌在内的170种不同品牌的啤酒。其本土化产品组合包括位于非洲的普赖默斯(Primus)和星牌(Star)、加勒比的维他命麦汁(Vitamalt)和皮东(Piton)、亚洲的虎牌(Tiger)。从事本地酿制啤酒的单个子公司都拥有足够的自主权。

多国模式的一个主要缺点就是其较高的制造成本和大量的重复工作。尽管多国模式下企业能够将其核心技术在国际经营中进行转移,但它无法通过将生产设备集中,并向全球市场提供标准化的产品来实现规模经济。此外,由于多国模式的方法倾向于制定分散的战略决策(将于第8章和第9章进一步讨论),因而很难开展整体作战的全球策略以打击竞争对手。当竞争对手拥有这些能力时,这将成为一个致命的缺点。

全球模式 全球模式是为了使公司在全球市场进行标准化产品营销而设计的一种模式,这些企业往往选择在成本和技术最合适的少数地区进行集中生产。采用全球模式的公司将全球视为一个单一的市场,认为各国消费者的品味和偏好没有实质性的差异。例如,由于将整片大陆视为一个单一的市场,宝洁在欧洲市场成功击败了联合利华(Unilever)。为了提升效率并扩大吸引力,福特最近启用了一条用于生产小型汽车福特福克斯的生产线,这一品牌是其第一款真正意义上的全球产品。福克斯车型包括混合动力、插电式混合动力和电动汽车。福特公司采用统一的广告宣传活动,以突出其技术特色来进行宣传推广。

那些采用全球模式的公司倾向于在选定的少数地区建立覆盖全球规模的生产设施以实现规模经济。这些规模经济来源于世界范围销售所带来的对新产品研发、厂房和生产设备投资等固定成本的分摊。通过将生产设施集中以及着眼全球的市场战略,索尼才能够降低单位成本并一举成为全球电视市场成本最低的企业。此时,飞利浦、美国无线电公司和珍妮斯这些公司仍在继续运营其传统生产基地(多国模式的一个特征),而索尼则通过上述优势从这些公司的主要市场上抢到一定的市场份额。由于集中运营,子公司常常只具备营销和服务的职能。

> **提示**
> 全球标准化模式能够降低成本。
> 这种模式能否应用于一家珠宝公司?如果可以,如何运用?如果不可以,为什么?

不利的一面在于,一个公司如果追求纯粹的全球化,并试图使其产品和服务标准化,那么它可能很难对不同国家不同消费者的品味和需求予以及时响应。试图通过全球产品标准化来降低成本可能会导致其产品无法让每个人都满意。例如,当宝洁通过全球模式大举成功时,其旗下奇尔洗衣粉在日本的推广就遇到了问题。不幸的是,宝洁的这款产品在日本推广时并没有"起泡",因为日本人在洗衣时使用大量的衣物软化剂,而这会抑制起泡。此外,奇尔能够在各种水温下使用的断言在日本也不能奏效，因为在那里人们大都用冷水洗衣服。全球模式依然需要做大量的协调工作，同时也伴随着大量的额外管理和文书工作成本。

跨国模式　在今天的全球经济形势下，要实现竞争优势通常要求管理者同时考虑本地化响应、技术转让和降低成本。**跨国模式**专门为解决这些问题而设计。它是帮助管理者"放眼全球但行动本土化"的一种方式。

在那些采取跨国模式的公司中，将各种职能集中有一定道理，但是大部分决定都是在本土层面做出。此外，本土子公司的一些经验会在世界范围内进行分享以提高公司的整体知识和能力。例如，研发、培训以及组织综合发展战略和全球品牌形象会集中于全球总部。其他职能也可能会被集中，但是它对总部而言并非必要。

> 跨国模式使管理者在进行本地行动时能够放眼全球。

> **提示**
> 跨国模式试图提供所有操作概要。
> 这是否表示跨国模式总是最佳选择？为什么？

为了实现成本经济，公司往往选择将用于生产劳动密集型产品、覆盖全球的生产厂房建在墨西哥、波兰和中国等低工资水平的国家，而将需要精工的生产厂房建在德国、日本等高技术水平的国家。越来越多的公司掌握了如何在劳动力成本和技术之间达到最优平衡的能力。因此，尽管印度的工资水平开始上涨，其工人的技术水平却使该国成为一个吸引各种知识型业务的地方，例如贷款审批、法律研究和生物技术的研发。这些技能型工作比在印度客户服务中心的工作发展得更快，而客户服务中心的工作曾让印度成为一个有名的离岸外包地。

营销、服务和最终装配功能将会被设置在不同国家的子公司中以提高本土化响应能力。因此，大量零部件将在集中的生产厂房进行装配以实现规模经济，半成品随后将被运往各个地方工厂，并在那里进行最终装配与服务以迎合当地需求。

卡特彼勒（Caterpillar）是一家制造建筑及采矿设备的跨国公司。和低成本竞争对手日本小松公司（Komatsu）的竞争使得卡特彼勒不得不通过将全球生产集中在一个成本和技术最适宜的地方以更好地实现成本经济。与此同时，各国不同的建设惯例和政府法规意味着卡特彼勒必须做出反应以响应当地需求。因此，卡特彼勒在图6.6的整合-响应网格图中应处在右上方的位置。

为了同时应对这些需求，卡特彼勒通过更改产品设计使其不同产品的大部分零部件能够通用，同时还投资了几个大规模零件制造设施，以满足全球需求并实现规模经济。当公司将零部件制造集中后，卡特彼勒在每一个主要市场国家建立了组装工厂。在这些工厂卡特彼勒增加了本土生产模块，专为本土需求定制最终产品。此外，它分布在200多个国家的大多数代理商都是当地人。因此，当面临本土化响应的管理压力时，卡特彼勒可以通过在不同国家市场上产品的差异化而在全球生产中获益。

也许跨国组织最重要、最显著的特征是对子公司之间交流的推动，以及将各子公司的努力进行整合的能力。例如，当卡特彼勒开发某种中型引擎时，它争取到了位于英国、墨西哥、比利时和几个美国驻地的卡特彼勒设备部门的支持。

想要在子公司之间实现这样的沟通水平，需要有精心设计的正式机制。如从各子公司中抽调专门人选组成跨国委员会，专门负责监控子公司之间的协调和沟通。同样，子公司经理之间的定期轮岗也十分重要。这会帮助国际经理们建立起全球性的人际关系网，并可以根据需要在不同子公司中分享信息。最后，要想实现子公司之间充分协调的目标，总公司需要发挥协调各方活动的积极作用。

既然你已经看到许多对全球一体化和本土化响应进行平衡的案例,那么阅读下面的案例,看看宜家是如何对此进行应对的。

 管理实践

宜家的良好环境

宜家"为大众创造更美好的日常生活"的企业愿景在38个国家深受好评,它们还为未来制订了更多的计划。并非每家公司都能够在外国市场上如此受欢迎,但是宜家满足了最广泛的需求,代表了最广泛的共同价值观。

许多优势都是由宜家的发源地——一个瑞典小镇创造的。宜家的创始人英瓦尔·坎普拉德居住在瑞典南部。在那里,贫瘠的土地上孕育了人们辛苦劳作以应对资源紧缺的文化。节俭和创造性地使用有限的资源成为英瓦尔·坎普拉德和他的公司所保有的珍贵品质。这种节俭之风和瑞典人特有风格的结合对设计产生了多重影响,诸如活泼的民间设计、功能主义以及天然纺织品、轻质木材的全新视角。混合的风格很容易让人感到愉快并且吸引了许多人。此外,坎普拉德那个时代的瑞典是一个平等的社会,而在宜家的支付能力保证和与顾客的"伙伴关系"中也体现了平等这一理念。通过自己组装家具的方式,顾客在制造家具中扮演了重要角色。宜家传承的瑞典总部的影响一直延续到今天,这不仅仅体现在商品的标识(使用了瑞典国旗的颜色),同时也体现在它的领导层,董事会中的六个成员都是瑞典人。

持续降低成本的动力影响了宜家关于产品推出、定价、原材料及包装的选用,以及将商品运至仓库、商场和客户家中的决定。设计和产品包装一样重要。例如,在沙发模型的实例中,宜家设计师解决了如何将各部件包装得更加紧密,以便装在一个更小的盒子里的问题。在运输和包装材料上的节约,使得公司能够将沙发的价格降低至135美元。尽管食品和能源的价格一直都在上涨,宜家却能在过去10年里每年将产品价格降低2—3个百分点。

在近年来全球衰退的经济形势下,低价战略成为关键。即使是在欧洲遭受最严重打击的国家,宜家过去几年的销售额仍在持续增长。宜家的首席执行官迈克尔·欧胜说:"人们依然需要在家中摆放家具,而我们所提供的产品总能在经济艰难的时期取胜。"拥有成本意识的购物者比比皆是:德国承受了较少的经济衰退,它为宜家提供了最大市场份额的客户群体(占其销售额的15%)。在美国,经济低迷为宜家带来了更多的消费者,例如,由大学生和新晋的毕业生群体组建的家庭会寻找低价但造型优的家具。

美国已经成为宜家的第二大市场(在德国之后)。因此,宜家公司开始在美国制造家具,以降低运输成本。公司于2008年在美国弗吉尼亚州丹维尔市开办了它的第一家美国工厂。在美国南部开办工厂的一部分吸引力在于,同瑞典或德国相比,这个地区的工资较低且劳动法规的限制较少。

中国和印度之类的发展中国家拥有更多的机会。事实上,过去10年中,宜家的管理层已预期这些地区将成为业务增长的关键区域。由于欧洲消费者面临的经济压力,法国和西班牙等国能够同步增长的销售额让宜家公司感到惊讶。但是发展中国家的市场潜力依然重要,宜家的管理者似乎像是新市场中特别留意消费者需求的学习者。公司正在等待印度对外国零售商的法律限制的消除,以便自己能够在此开店。在中国,宜家正在努力占领市场,即使看家得宝公司(Home Depot)在中国的发展最初非常坎坷。因为自置居所在中国是一个普遍而又全新的现象,中国的房主们在装饰和维护住宅方面毫无经验。他们并不在意家得宝自己动手做的理念,因为雇用工人来维修或者翻修住宅相对比较便宜。但与此同时,中国消费者渴望学习装修理念,因此他们聚集到宜家商场,在那里有样板间展示如何使房子变得既实用又时尚。事实上,一些中国消费者去逛宜家,仅仅将此作为一种娱乐消遣的方式,在那里他们可以看到西方人是怎么居住的。

- 这个例子中哪些地方体现了全球整合的压力?哪些地方体现了本土化响应的压力?
- 你认为哪种全球战略(国际模式、多国模式、全球模式或者跨国模式)最适合宜家?为什么?

6.4 进入模式

当经理们开始考虑全球扩张时,他们必须选择进入海外市场的最佳途径。其中,有五种常见的基本途径:出口、发放许可证许可经营、特许经营(连锁)、与东道国公司合作成立合资公司(合资)、在东道国设立一家全资子公司。表6.2对每种进入模式都进行了阐述和比对。

表6.2 进入模式的比较

出口	许可经营	连锁经营	合资	全资子公司
优点				
规模经济	较低的开发成本	较低的开发成本	本地知识的运用	对技术的掌控
与全球战略一致	较低的政治风险	较低的政治风险	分担成本与风险可能是唯一的选择	有力掌控运营
缺点				
没有低成本的场地 高运输成本 关税壁垒	失去对技术的控制	失去对质量的控制	失去对技术的控制 与合作伙伴之间的冲突	高成本 高风险

6.4.1 出口

大部分制造型企业先以出口商的形式开始全球扩张,随后转变为其他形式来服务海外市场。出口方式的优点有:(1)通过规模经济规避了在其他国家生产发生的多余制造成本;(2)符合纯粹的全球战略。通过集中生产产品,然后出口到其他国家,企业从巨大的全球销量中实现可持续的规模经济。

> **提示**
>
> 通过出口可实现规模经济。服务能出口吗?为什么?

 管理实践

网络电视长期以来将流行的美国电视节目,如《家族风云》(*Dallas*)和《老友记》(*Friends*)等出口欧洲,并且在那里赢得了超高的点击量。在过去,欧洲人为了这些自己喜爱的节目要等待数月之久。而如今,博伟国际(Buena Vista International,迪士尼ABC网络电视的销售部门)和英国天空广播集团(British Sky Broadcast Group)已经展开合作,只需数天就能在大洋另一边进行观看。发行速度是网络公司争相抓住海外电视市场1100亿美元市场份额的重要一步,这个市场如今正被网络盗版快速侵蚀。电影产业在全球发行新影片时也遇到类似的挑战。例如,迪士尼的电影作品《加勒比海盗》系列的第四部在全球70个国家上映。虽然在美国市场上的表现令人失望,但全球首发后第一周获得3.464亿美元的票房让其排名跻身全球前五。

尽管如此,出口并不是一项简单的任务。虽然外国电视公司已经为全国广播公司(NBC)的连续剧《法律与秩序》(带字幕)的重拍支付了超过5亿美元,网络公司试图通过符合目标观众群体自身文化来接近外国观众的喜好。因此作家并不仅限于翻译剧本,他们正在改编某些场景以突出法国的《拿破仑法典》,并且将其场景进行一定改编,使其看上去像是一个以埃菲尔铁塔为背景的巴黎警察局。这部连续剧甚至还有一个新的法语名字:《巴黎刑事调查》(Paris Enquêtes Criminelles)。这种类型的改编及出口也向其他方向流动,如美国网络电视就播出了美国版的《办公室》(The Office)和《美国偶像》(American Idol),它们均是从英国引进的(其中后一部剧改编自《流行偶像》(Pop Idol))。

- 当全国广播公司为了法国观众而改编《法律与秩序》时,它们因出口而失去了哪个首要的优势?

然而,出口方式也有许多缺点。第一个缺点是如果其他国家能够为制造商提供低成本区域进行生产,那么从公司所在国出口产品就显得不划算。一个替代办法就是在成本和技术综合条件都最优越的地方进行生产,然后再将商品从那个地方向其他市场出口以实现规模经济。有几家美国电子公司已经将一些制造运营环节转移到成本低廉、拥有高技术劳动力的部分亚洲国家,然后将商品从那里出口到包括美国在内的其他国家。

出口方式的第二个缺点是高昂的运输成本,特别是大宗商品的运输,让出口方式显得更加不经济。化工类公司通常避开纯粹的出口方式,选择在特定地区生产产品,然后通过小范围出口为该地区附近的国家服务。

出口方式的第三个缺点是东道国可以施加(或威胁施加)关税壁垒。包括世界贸易组织(WTO)、北美自由贸易协定(NAFTA)以及亚太经合组织(APEC)等早期贸易组织就致力于最小化这类风险。然而,关税正持续影响着特定国家间各行业内的贸易。包括美国对从墨西哥进口的糖,以及早先提到的对从中国进口的纸征收关税。戴尔公司曾游说印度政府降低电脑出口到印度的关税(在印度,电脑的价格因为关税上涨了1/3)。与此同时,公司决定直接在印度进行电脑的制造而不再采用出口方式。

6.4.2 许可经营

国际许可是另一国家的被许可人按商议的价格(通常按照销售额支付专利费)购买在该国授权生产该公司产品权利的一种方式,然后投入该项目所需的绝大部分经费,使其在海外运营。许可经营的优点在于授权公司不必承担打开海外市场的成本及风险。

> **提示**
> 特许经营是保持全球统一标准的一种方式。
> 为什么质量控制能够对许可经营构成威胁?

然而,当一个公司将其专业技术授权海外公司时,它将面临丧失竞争优势的风险,因为技术知识是许多跨国公司保持竞争优势的基础。例如,美国无线电公司(RCA)就曾因为向几家日本公司授权,而失去对彩色电视机技术的控制。日本公司迅速吸收了美国无线电公司的技术,并用以进军美国市场,最终获得了比美国无线电公司更大的市场份额。

6.4.3 连锁经营

连锁经营在许多方面类似于许可经营。然而，许可经营是制造型企业所主要采取的战略，而连锁经营则主要运用于服务型企业。例如麦当劳、希尔顿国际酒店以及其他许多公司就曾采取连锁经营方式扩张海外市场。如意卷的制造者安缇安（Auntie Anne's）通过连锁经营在亚太地区实现扩张。在这些地区，安缇安的销售额每年增长30%，远快于其在美国的增长。

在连锁经营方式中，公司向连锁管理者出售有限的品牌使用权，并收取一次性支付费用以及将来一定比例的利润分成。然而，和许可协议不同，连锁管理者必须遵守严格的经营规则。因此，当麦当劳与一家海外公司签订连锁经营协议时，它期望与世界上其他分店采取同样的经营方式。

连锁经营的优点和许可经营类似，加盟商提供业务经费并承担绝大部分风险。但是，当地法规可能会限制这一优点。直到最近，中国要求授权人首先必须运营至少两个持续盈利一年以上的所属网点，然后才被允许向中国商家提供特许权。红宝石星期二餐厅（Ruby Tuesday）旗下所有的餐厅都是由加盟商依照当地市场情况进行差异化经营。对于从事类似业务的企业而言，在高速增长的中国市场上，连锁经营条件的放松使这种经营方式更具吸引力。

连锁经营最大的劣势集中在对质量的控制上，公司品牌要对产品的一致性做出保证。一个在香港希尔顿国际酒店住宿的商务旅行者有理由期望得到与在纽约时相同质量的客房、食品和服务。但是，如果海外连锁管理者缺乏对质量应有的关注，其影响就远不止失去当地市场份额，甚至会影响到公司在全球的声誉。如果商务旅行者在香港希尔顿有一次不愉快的经历，她或他可能会决定再也不去其他的希尔顿酒店，而且还会劝说同事也不要去。更糟糕的是，公司由于与其海外特许管理者存在地理位置上的距离，很难对低劣的质量进行监测。

6.4.4 合资

长期以来，通过与另一个国家的公司建立合资企业（第17章将更加详细地介绍这种正式的商务协议）是进入一个新市场的比较普遍的方式。合资经营通过两个方面使公司受益：（1）当地合伙人对东道国商业竞争环境、文化、语言、政策以及商业生态的了解；（2）和当地合伙人共同分担发展成本和风险。好时公司（Hershey）最近宣布与印度戈德瑞饮料与食品公司（Godrej Beverage and Foods）合资，将其作为实现业务增长的一种方式，因为在美国，好时所处的行业已经非常成熟。好时在这笔合资业务中将占据51%的股权，这将使好时的商标与戈德瑞的制造设备和分销网络联合。这次行动将开启好时果酱在印度的销售，并且随后还将陆续引进好时的其他产品。此外，出于对许多国家政策的考虑，合资经营是唯一可行的进入模式。在中国开放跨国贸易前，包括伊士曼柯达（Eastman Kodak）、美国电话电报公司（AT&T）、福特（Ford）以及通用公司（GM）在内的多家美国公司纷纷通过合资经营模式在中国开展业务。

尽管听上去很有吸引力，合资经营也存在一些问题。第一，在获得许可的情况下，公司存在专利技术被合伙人控制的风险。第二，公司可能发现合资双方的想法很不一样。例如，合资一方可能要求将生产转移到需求正在持续上涨的国家，而另一方却宁愿将厂房保留在原地进行满负荷生产。在合资企业中这种"谁控制什么"的冲突是许多合资企业经营失败的首要原因。事实上，许多早期进入中国的美国和欧洲公司之所以会亏损和失败，恰恰就在于对控制权的纷争。为了抵消这些不利因素，有经验的管理者往往在首次就合资协议进行谈判的时候，就努力预先消除技术、控制等其他潜在方面的冲突。

6.4.5 全资子公司

建立全资子公司，即一个由母公司拥有的独立子公司，是进入海外市场成本最高的一种方式。采用这种方式的公司必须要承担海外经营的全部成本和风险（与之相反，合资方式下部分成本和风险是由合资方承担，而许可经营方式下，绝大部分成本和风险则是由被许可人承担）。

不过，经营全资子公司也有两个明显的优点。第一，当一个公司的竞争优势主要集中在技术方面时，全资子公司通常是最好的进入方式，因为这种方式大大降低了失去技术控制的风险。因此，在半导体、电子以及制药行业，全资子公司是最好的进入方式。然而，这种优势受限于当地政府对诸如商标、专利等知识产权的保护程度。圣莱科特国际集团（SI Group）是美国的一家化工企业，几年前进入中国市场，为轮胎行业提供橡胶黏合树脂。而如今，一个竞争者挖走了圣莱科特国际集团的工厂经理并开始生产几乎同质的产品。在随后的官司中，双方都积极为自己的行为争辩。在过去，美国企业大都会在类似的官司中败诉，而时任美国商务部长的骆家辉则表示现在情况已经有所改善。

第二，全资子公司能够牢牢掌控在其他国家的经营活动，这对于追求全球战略的公司而言是十分必要的。建立全球生产体系需要公司全球总部对跨国子公司进行高度的控制。和许可经营以及合资经营不同的是，全资子公司在经营过程中通常需要接受总部关于如何生产、生产多少以及如何定价的指令。

6.5 跨国管理

当建立一个海外企业时，总部执行者可以从安排**外派雇员**（来自母国的员工）、使用**东道国公民**（子公司所在国的居民）和部署第三国公民（既非母国又非东道国的其他国家居民）中进行选择。然而许多公司都采用三种类型雇员相结合的方式来部署员工，因为每一种方式都优缺点共存。例如，高露洁（Colgate-Palmolive）和宝洁（Procter & Gamble）公司采用外派雇员的方式以将其产品更快速地打入国外市场。美国电话电报公司和丰田公司则通过外派雇员来向其他国家传播其公司文化和标准做法——在丰田的案例中，丰田的外派雇员将上述二者传播给其美国工厂。

> **提示**
>
> 外派雇员增加成本；培训能够提高其质量。
>
> 培训一个外派雇员和培训一个本地雇员可能会有哪些不同？

因为外派雇员的成本能够达到东道国雇员成本的 3—4 倍，包括德州仪器（Texas Instruments）在内的其他公司都更为有限地使用外派雇员。此外，在许多国家——特别是在发展中国家的公司正试图获取经济的立足点——外派雇员的人身安全是一个问题。结果，更多的公司将他们的外派雇员的任命时间缩短，并通过电子办公、电话会议和其他电子手段促进他们和其国际分支机构之间的交流。事实上，即使是经验丰富的"全球人"，对国际性的工作都可能感到非常有压力。表6.3 展示了外派雇员在他们任命期间不同阶段面临的主要压力。它还展示了高管应对压力的方式，同时也包括一些旨在帮助雇员调整的企业所能做的事项。

> IBM 员工数量的增长主要发生在印度，那里的员工把持着软件开发、服务及客户支持等工作。除美国以外，IBM 在印度的员工数量多过其他任何国家。

表 6.3 外派管理者在不同阶段的压力和对策

阶段	主要压力	管理者的对策	雇主辅助对策
外派选择	对跨文化准备不足	进行自我评估	鼓励外派人员进行自我及家庭的评估，并借此机会评估其潜力和个人兴趣
接受任命	不切实际的压力预期及紧张的适应时间	将任命视为成长机会而非晋升工具	明确期望，不要做出难以实现的许诺
到任前	忽视文化差异	不要对文化优劣性和文化规则做无根据的假设	提供任命前、中、后期的培训，鼓励其寻求帮助的行为
到任	文化冲击、对压力的重新评价，以及缺乏配合和被差别对待的感觉	不要做出东道国文化与母国文化是相互排斥的鉴定，积极寻求社交支持	提供新到任培训，促进其融入外派人员网络
见习	对文化的误解和不恰当的应对。由于对所处环境的不了解而造成对文化的模糊定位	观察和研究当地人的应对反应的价值判断，而非简单地重复在国内适用的做法	提供跟进培训，帮助其从当地人和外派人员网络获得建议
过渡期	对所在地文化或母国文化的排斥	建立并保持文化之间的融合	在母国提供积极的人文政策；提供网络接入使其与家人和朋友取得联系；与母公司保持沟通并进行定期回访
掌握期	苦于不能扮演跨域角色；苦恼于文化悖论的影响	内化并享受两种文化系统，并在其中自由转化	通过确定共同目标推崇而非惩罚双重身份
结束任期	对未实现期望的失落感、孤立感，以及失去自主权	为员工个人和职业发展机会重新做一个客观评价	安排结束任期归国前的简报与采访；安排归国前的支持会议

资料来源：*Academy of Management Executive*, J. Sanchez, P. Spector, and C. Cooper, May 2000, pp. 96–106. Copyright © 2000. Reproduced with permission of Academy of Management via Copyright Clearance Center.

尽管开发一个有价值的外派雇员储备库是重要的，但往往本地员工更加实用。他们熟悉当地文化和语言，而且因为不需要重新安置，通常花费也更少。此外，地方政府还会经常对在本地创造就业机会的企业提供激励措施，对于外籍人士的使用他们往往也会进行限制。这些优势同发展中国家不健全的教育体系相结合，给本土管理人才市场带来了激烈的竞争。结果使得包括中国、印度和拉丁美洲在内的诸多发展中国家和地区，都没有足够的合格人才去满足企业对本土高管的需求。例如，在中国，招聘公司罗素·雷诺兹（Russell Reynolds）发现，中国本土高管尽管可以提供技术技能，但却往往缺乏概念性技能和战略思维。摩托罗拉移动（Motorola Mobility）为了应对在中国大陆地区的挑战，就实行了一种混合制管理结构——大约 1/3 的高管来自中国大陆，1/3 来自亚洲其他国家，剩下的 1/3 则来自西方国家。

6.5.1 全球管理者的技能

据估计，将近15%的雇员调动是派往国外的。然而，根据任命国家的不同，据估计外派人员的**失败率**（指那些提前回国的人）为20%—70%。平均每个失败任命的成本从数万美元到数十万美元不等。海外派遣失败的原因除了技术能力之外，还包括个人及社会方面的问题。根据最近对全球范围内人力资源管理者的调查，2/3的管理者表示，失败的主要原因是家庭问题，特别是雇员配偶或其合伙人的不满。在这个年代，双职夫妇的问题可能更为复杂，他们其中一人可能不得不放弃自己的工作陪同外派管理者去一个新的地方。为确保海外派驻取得成功，管理者可鼓励其雇员和其配偶谈论他们在国外的工作。对外派雇员及配偶双方而言，调整都需要灵活性、稳定的情绪、换位思考的文化、娴熟的沟通技巧、随机应变的能力、主动性和一定的外交技巧。当肯特·米林顿接手一家互联网托管公司亚洲运营副总裁的职位后，他的妻子琳达辞掉了自己的工作，并跟随他一同前往日本。对琳达·米林顿而言，最初的三个月非常难熬，因为她还不会讲日语，而交通系统也让人很困惑，她甚至总是因买食物而感到挣扎，因为她不会翻译那些标签。但是她一直坚持，并积极参加培训班和志愿者活动。最终她和她的丈夫学会了享受这些经验，并尤为感激因为工作变动带来的机会，让他们看到自己在挑战面前能够做得多好。

如李维斯、孟山都和陶氏化学等公司都致力于找出员工身上那些能够预示他们将在国外工作取得成功的特性。表6.4展示了用以区分那些可能在全球环境下取得成功的候选人的方法。有趣的是，除了文化敏感性、技术知识和业务知识等特征外，个人在海外取得成功很大程度上还依赖于他或她从经验中学习的能力。

表6.4 发掘国际化管理者

目标维度	简例
1. 对文化差异的敏感性	与不同文化背景的人工作时，努力理解他们的观点
2. 业务知识	对公司的产品和服务有一个全面的了解
3. 勇于表明自己的主张	愿意就不同问题表明自己的立场
4. 发掘同事的最大潜能	具有与人交往的特殊天赋
5. 为人正直	可信赖——无论情形如何，敢于讲真话
6. 富有洞察力	善于在复杂的问题中鉴别最重要的部分
7. 致力于取得成功	为了公司的成功表现出鲜明的献身精神
8. 勇于承担风险	承担个人及业务风险
学习维度	**简例**
1. 善用反馈	根据反馈结果做出改变
2. 热衷于体验不同文化	喜爱在国外工作带来的挑战
3. 寻找机会学习	抓住有利机会做新的事情
4. 接受批评	乐于接受他人的批评意见，而不会表现得容易生气
5. 寻求反馈意见	即使别人不情愿提供，仍渴望得到反馈意见
6. 善于变通	对于自己无力改变的事情不去执拗地投入太多

资料来源：Copyright ©1997 by the American Psychological Association G. M. Sprietzer, M. W. McCall, and J. D. Mahoney, "Early Identification of International Executive Potential," *Journal of Applied Psychology* 82, no. 1 (1997), pp. 6–29.

> 如果有什么关于成功的秘诀，那就是换位思考的能力。
>
> ——亨利·福特

如 BPAmocos、全球凯越（Global Hyatt）及其他一些拥有大批国际雇员的公司已经开展了大量的培训项目，来为员工的国际任命做准备。表 6.5 给出了如何提升他们成功可能性的建议。其他组织，如可口可乐（Coca-Cola）、摩托罗拉（Motorola）、雪佛龙（Chevron）和美泰（Mattel）等公司已经扩展了这种培训的范围，把那些虽然在美国工作但也处理一些国际市场事务的员工包括进来。这些项目主要集中在语言、文化和职业发展等领域。

表 6.5 如何防止失败的全球配置

- 明确配置结构：制定明确的汇报关系和岗位职责
- 建立明确的工作目标
- 建立基于工作目标的绩效测评系统
- 使用有效合理的人员甄选标准（基于个人和技术方面）
- 为外派人员及其家属做好赴任准备（指示、培训和支持）
- 为外派人员建立实时沟通的媒介
- 提前为外派人员制订归国计划以利于他们归国
- 制订导师计划，以便在出现问题时帮助监管并进行适当的干预

那些被送往海外工作的管理者通常想知道类似任命将对其职业生涯产生哪些影响。当然，他们去海外工作的选择，通常表明他们正被培养为全球化时代更高效的管理者。此外，相比于在国内，他们通常会肩负更多的责任，面临更多的挑战，拥有更多的经营空间。但是，他们可能会担心自己在回国后的关键发展阶段中成为"圈外人"。好的公司和管理者会通过子公司和总部之间的有效沟通，以及一个和总部之间互访的项目来解决这些问题。通信技术现在使外派雇员和总部员工之间能够通过电子邮件和电话保持日常的或者更加频繁的接触。一个在中国工作的美国记者艾伦·保罗（Alan Paul）说互联网电话服务、摄像头以及他喜爱的无线电广播节目，能够让他和家人及朋友保持联系。甚至在某种程度上，他必须努力工作来"全身心投入以确定自己在中国"。

6.5.2 理解文化问题

在许多情况下，文化问题是全球经营过程中最难以捉摸的一个方面。当现代交通和通信技术把世界变为一个"地球村"时，人们很容易忘记国家间的差异会有多大、多持久。事实上，每个地方的人都喝着可乐、穿着牛仔裤、开着丰田车并不意味着我们正在趋同。每个国家都因其历史、文化、语言、地理、社会环境、种族和宗教等深层原因而与众不同。这些差异使任何国际活动变得复杂化，并且也是指导公司进行跨国管理面临的基本问题。例如，当乔弗利·费洛尔在香港工作时，他发现他的同事往往谈论一些比较私人的话题——体重、薪水以及他们公寓的尺寸——而那会使美国人感到恐惧。与此同时，中国员工也比较反感美国人将午餐和商务会议相结合的习惯，当公司的上级在交谈的时候，初级员工往往还在咀嚼他们的食物。

讽刺的是，我们绝大多数人猜测在国外更好地工作的诀窍是学习外国的文化，而事实上我们的问题往往起源于对我们自己的文化状况的忽视。我们中的大多数人并不在意文化是如何影响我们每天的行为的，正因为如此，我们不能很好地适应那些对我们而言比较独特或者陌生的环境。

由于没有意识到这一点，一些管理者可能会表现出民族优越感——一种用自己的文化或组织标准来评判外国人或外国组织的倾向，并且将自己的标准视为优等标准。这种倾向可能是完全无意识的——例如，做出"在英国人们都在错误的一边行驶"的设想，而非客观地说在左边。或者他们可能对当地文化的潜在价值缺乏注意——例如，因当地没有播放美国或者欧洲的电视节目，而对其做出文化落后的结论，但实际上这是为了保持其自己的传统价值和标准。

为什么人们在国外旅游时会频频体验到文化冲击——与处在外国环境中相联系的迷失感与重重压力。如果对他们所处的包括社会规范和风俗在内的环境保持敏感，并且能够根据环境变化随时调整自己的行为，那么管理者将能更好地渡过转变期。雇主能够通过确定一些文化规范的预期和为那些有助于在东道国取得成功的行为建立绩效评测机制（例如，雇员所期望的和经理沟通的类型和方向）来对雇员提供帮助。

一项丰富的跨文化研究已经对不同国家间的不同和相似之处进行探究。例如，吉尔特·霍夫斯塔德（Geert Hofstede）指明了跨国公司管理者对文化差异进行观察时往往会沿用的四个维度：

- 权力距离：一个社会接受组织中权力分配不均的程度。
- 个人主义/集体主义：人们独立或作为群体的一部分去行动的程度。
- 不确定性回避：社会中人们对不确定或模糊的情形感到受威胁的程度。
- 男性化/女性化：一个社会更看重生活的数量（如成就、金钱）而非生活的质量（如同情心、美好的东西）的程度。

图 6.7 为 40 个不同国家（地区）在个人主义/集体主义和权力距离上的不同提供了一个描绘图形。当然，这种描述在一定程度上夸大了不同国家（地区）人们特质之间的差异。许多美国人更喜欢扮演团队的一员，就像许多中国人更喜欢演绎个人主义一样。全球化可能已经开始使这些差别变得模糊。但是，认为不存在任何文化差异同样将问题过分简单化了。显然，类似强调"顽强的个人主义"的美国文化，与巴基斯坦和哥伦比亚等推崇的集体主义文化存在显著差异。要想在存在较大权力距离的文化中变得有效，管理者往往必须表现得更加独裁，或许是因为参与决策人数较少的原因。相反，例如瑞典人的斯堪的纳维亚（Scandinavian）文化中，其权力距离很低，管理者以其自己的方式做出决定的想法可能会被质疑。管理者往往会将其工作更多地侧重于反映"工业化民主"的进程。

管理实践

在阿联酋（United Arab Emirates，UAE）开办保险公司的过程中，得克萨斯人迈克尔·温伯格从中学到了许多有关于这个国家的商业文化。一个让人诧异的地方是当地极为随意的时间观。在早期拜访过程中，温伯格对其合伙人——更熟悉阿联酋文化的黎巴嫩裔美国人——向其保证迟几个小时赴约在当地是没有问题的观点表示怀疑。结果证明，受访者对其迟到的反应异常平静。

就传统而言，在阿拉伯人的文化中，人们的活动往往迁就于祷告者的指定时间（和太阳的位置相关）以及气候的冷热交替。此外，和参加日程表上下一个会议相比，参会者往往更加关注人际关系的建立，因此约定的进行时间常常超出预期。这种文化习俗造成了人们对时间不固定的理解。

尽管如此，访问者仍然必须谨慎。他们必须将主办人的地位身份考虑在内；一个较高地位的人往往希望访客能够早到，即使那意味着长时间的等待。温伯格学会了利用等待时间处理他的电子邮件。他也经常事先打电话确认会面时间，并提前通知主办者他可能会迟到。此外，公司设在其他地方的办公室也通常遵循公司总部的习俗。例如，一个位于阿联酋的德国公司将会和位于其他地方的德国公司一样保持较高的工作精度。

认识到学习其他文化带来挑战的同时，温伯格也从中体验到了愉悦，从他所遇到的阿拉伯人身上感受到了"好客、热情、友爱、有教养和慈爱"的价值观。

- 如果温伯格期望他的阿拉伯客户适应美国的商业文化，他的体验将会如何变化，并和现在有何不同？

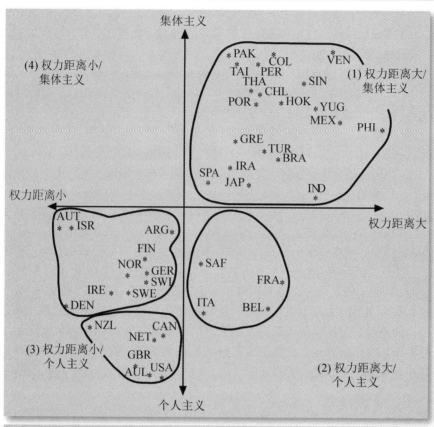

图 6.7　基于权力距离与个人主义程度的矩阵

跨文化管理不仅仅包括对在国外工作的雇员的管理，还包括对内派雇员（inpatriates）——被调到母公司工作的外国人——的有效管理。这些雇员为全球化公司提供了有价值的服务，因为他们带来了关于如何在他们的祖国从事生产经营的大量知识。当他们回国时，他们也将为他们组织产品和价值沟通做出更好的准备。但是，他们通常会遇到和外派雇员同样类型的问题，并且可能更多地被忽视，因为母公司的管理者要么更注重于外派员工项目，要么无意识地将母国的情况视为正常——不需要花时间进行调整。然而，对内派员工而言，语言、风俗、消费，以及缺少在本地团体的支持，至少和在国外工作的人的经历一样，是令人畏缩的。文化冲击是双方面的。

有效的管理者对这些问题比较敏感，并且能够将这些因素考虑在内，以处理外国雇员的问题。与本国雇员形成鲜明对照，来自不同国家的同事或者客户可能倾向于更少地直接交流，更多地强调层级和职权，或者更慢地做决策。例如，一个在日本工作的美国管理者将一封电子邮件发给她的美国主管和日本同事，在电子邮件中她指出了他们工作过程中的缺陷。这个主管很感激她的提醒，而她的日本同事则会因为她的无礼行为而感到尴尬；她本应该间接地询问——例如，想要知道如果类似问题存在将会发生什么。在另一种情况下，一个来自墨西哥的管理者会表现得敬重权威，当他和主管一起开会时他会注意自己的措辞而把想法都婉转地讲成问题。但他的美国同事并不会认为那是他适度的谦逊，而将其视为优柔寡断。一般情况下，国际团队的管理者可以通过真诚地承认文化差异，对团队进行调整来寻找和他们一起工作的方式（例如，给予团队分配任务），设定纠正那些令团队成员心烦意乱的问题的规则，或者通过移除一些被证明无法在特定环境中高效工作的团队成员等方法，处理好这些问题。

此外，当外国人在美国工作时，他们将会遇到许多和工作相关的差异。这使得管理者意识到要帮助他们的雇员适应这种差异。下面列出了一些基本的差异：

- 会议：本国人往往对会议的目的和可能花费的时间有具体的看法。国际工作者可能对会议的时长和本质有不同的先入之见，管理者应该确保本国方式让外国雇员感到满意。
- 工作（沉迷）日程表：来自其他国家的雇员能够长时间工作，但在那些有强大劳动者组织的国家，往往得到比本国雇员更多的假期。特别是欧洲人可能会抗议在周末工作。对于这些情形，最好在安排工作之初就将问题解决。
- 电子邮件：世界上部分地区还没有接受使用电子邮件或语音邮件的方式。通常其他人更喜欢面对面交流。特别是当存在潜在的语言困难时，管理者在开始之初将会尽可能地避免使用电子邮件交流一些重要的事项。
- 快速晋升者：虽然美国公司可能会选择一名年轻的MBA毕业生，并将他或她放在快速升迁通道上进行管理，但大多数其他文化国家仍然认为没有东西可以替代通过经验获取的知识（这是美国管理者在国外工作时也要记住的）。经验更丰富的管理者通常是指导内派员工的更好人选。
- 反馈：每个人都喜欢被赞美，但是和在美国相比，使用大量的正面反馈在其他文化中往往不那么流行——管理者在给外国人做绩效点评时证明了这一点。

6.5.3 国际化管理中的道德问题

如果管理者想在一家外资机构中有效地展开工作，那么就必须对当地文化的影响有清晰认识，包括他们是如何感知的、别人是如何表现的。其中最敏感的话题，就是文化是如何通过道德行为展现出来的。当我们从一个文化转移到另一个文化时，正确和错误的界限往往会变得模糊。一个正常、习惯性的动作，换在其他地方，可能就会变得不道德，甚至违法。例如，贿赂在亚洲、非洲、拉丁美洲和中东的许多文化中就被认为是商业行为的一部分，是可以接受的。但在一些文化中，贿赂就被认定是腐败行为。当某些公司认为贿赂是公司文化的一部分时，提供贿赂也就理所当然了。

在美国，这种行为当然是违法的，但在海外，美国商人们又该如何处理呢？如果未能适当处理好贿赂问题，就可能失去业务。尽管在1977年颁布的《国外腐败行为法案》禁止美国雇员贿赂国外官员，但一项公开研究表明，在美国，只有不到一半的美国经理认为贿赂是不可接受的，并有20%的人在工作中对贿赂持实际接受态度。（只要支付金额不影响最终谈判结果，不触犯法律，对低级别官员赠送商务礼品或"回扣"往往都是被允许的。）从全球来看，包括美国在内，经合组织（OECD）成员国自1977年开始就明确禁止贿赂行为。在英国从事商业经营的公司同样也得遵守英国的《贿赂法案》，该法案不仅禁止对外国官员进行贿赂，商人之间的贿赂行为也是不被容许的。这一影响深远的法案已于2011年生效，在本书撰写时，尚不清楚英国政府在处理小额贿赂案件以及英国公司在海外的贿赂行为时会有多么严厉。

英国相关法案颁布的时候，正值其他国家政府严厉打击贿赂行为和其他形式的腐败行为。欧洲其他国家最近也对涉及反贿赂的相关法律进行了强化和完善；中国也开始对公司贿赂行为展开调查和起诉。在美国，司法部也开始控告越来越多的公司违反《国外腐败行为法案》。例如，IBM公司就不得不支付1000万美元用以解决证券交易委员会的指控，原因就在于IBM员工被举报一直通过贿赂赢得合同。（实际上该案例金额很小。违反《反海外腐败法》的处罚金额可以超过1亿美金。）IBM公司在此过程中，对指控行为既不承认也不否认，只是表示公司已经采取补救措施，并确保未来不会再发生该类违规行为。

若不了解当地风俗习惯、道德标准和适用法律，外籍员工往往就会对海外工作产生各种不适应。为了防止和减轻处罚，即避免组织因受贿被判处罚甚至量刑，就应让美国量刑委员会认定公司已经建立了有效的基本道德程序并正在执行。诸如卡特彼勒、通用动力和联合技术等公司，都已在许多年前建立了正式的员工行为准则。此外，其他许多公司还聘请了道德官员，希望通过他们的努力确保公司员工的所有行为都是符合伦理道德规范的。联邦快递通过一条国际行为守则（有12种语言版本）和相关工具来确保公司员工遵守道德规范：由高级副总裁负责领导一个公司规范部门；对所有管理人员和雇员进行伦理道德培训；设立一条专门用于请求指导和报告问题的免费热线；定期检查员工遵守的情况。在制定国际道德准则的过程中，相关部门向不同岗位和不同国家的员工都征求了反馈，以争取政策能够覆盖到公司全体员工。其中，只要对公司现有政策和准则的改善有益，员工的任何想法都可以向公司提出。

为了能够将公司道德计划全面落实和渗透，从事全球业务的大公司至少应该能够参与建立和执行国内企业的道德行为标准。在第5章中，我们对组织应采取的大量步骤进行了分析、说明。其中就包含建立并传递公司价值观，对是否满足道德标准进行测试审核，对满足标准的各级员工实行奖励，以及在违规行为发生后采取迅速且公平的补救措施等。不同于国内，从事国际业务的公司在操作经营时，一定会涉及国外商业伙伴、子公司员工、特许经营或其他操作行为。

有趣的是，尽管存在着明显的文化差异，但研究表明，无论在什么国家或信奉哪种宗教，大多人都会接受五个核心价值观：慈悲、公平、诚实、责任、尊重他人。这些价值观基于人权的核心问题而存在，并似乎超越了美国人、欧洲人、亚洲人的表面差异。寻找到共同的价值观理念可以帮助公司建立更有效的伙伴关系和公司联盟，在跨文化经营时尤其如此。或许，只要人们能够明白共同的核心价值观，在战略和战术上的各种差异往往也就能够被接受和允许了。

跨国管理的困难在很大程度上可以归结为哲学问题，以及如何通过系统管理人的问题。从国内管理到国际管理，管理者需要开发一个广泛的行为组合，并随着形势和能力的不断变化来相应调整自己的行为。然而，这种调整不能因为自己的价值观、正直和母国的优势而有所妥协。当管理者可以超越国界，在不同文化中进行工作时，他们便可以利用组织的战略能力，去抓住经济全球化所提供的机会。这就是下文的案例中，宜家的管理者所试图去做的事情。

能够超越国界来运用管理原理，无论对于今天还是未来的领导者，都是一个令人兴奋且难以抗拒的挑战。正如我们在本章前面部分所看到的，商业环境正日益整体化。世界各地的人们都在努力抓住机会，想方设法地去获得教育、开办企业，以及享受更高标准的生活品质。在满足需求的过程中，存在着无数的商业机会。因为现代技术的不断发展，我们可以及时了解到人们的需求，并能在全球范围内寻求解决方案，即便你是一家小型的地区性企业，也同样可以参与其中。无论你是在一个"跌宕起伏"的世界里去解决个性化需求，还是在一个"平坦"的地球中为各大洲的人们去提供产品，你都必须时刻关注外面正在发生的事情。

> 也许只要人们理解存在一系列不同的核心价值观，他们就能够包容各种各样的战略和策略差异。

管理实践

宜家：为未来的增长而管理

宜家的领导者在对公司未来发展进行定位时，有两个内部因素息息相关。宜家的进入模式使其对那些私人拥有的公司拥有强大的控制力，以保证其维持宜家的价值观。发展未来管理者的努力遭遇了一定的坎坷，但同时也展示了公司对于维持一大批专注于公司使命的人才的关注。

按照美国公司在股票市场交易的标准，宜家的所有权结构是复杂的、不透明的。其大股东是英卡基金会（StichtingIngka Foundation），它是一家在荷兰注册的免税的非营利性组织。英卡基金会由5名成员组成的执行委员会控制，主席是创始人英瓦尔·坎普拉德，现年80多岁。这个组织持有英卡控股公司，一家同样在荷兰注册的私营企业。而英卡控股公司的子公司即宜家集团，它控制着全世界284家宜家商场。这种安排限制了公司必须向公众披露的信息总量，同时也限制了必须支付的税收。284家由宜家集团所有的商店和35家由其他各方（大多位于中东和亚洲）所有的商店都是在按销售额的3%支付特许使用费的特许协议之下运营的。

宜家如此不透明的政策让许多公众不满。其管理理念可能会导致其将与经营绩效有关的细节作为隐私予以保护，同时还包括为最小化税负而采取的组织结构，实际履行的社会责任和其承诺的社会责任似乎不太一致。宜家通过公布其诸如年销售额和扩展计划之类的经营绩效数据作为对以上关注的回应。

其他公众可能会喜欢更多的关于宜家的可持续性声明的信息。他们指出便宜的家具往往只有较短的寿命，没有必要用那些在最环保方式下生长的木材来制造。宜家对此通过一项努力予以回应，它从客户手中购买一些已经使用过的宜家产品然后将其以一定的折扣重售；这个项目已经开始在瑞典展开试验，并希望能够在国际上进行推广。宜家还开发了一份可持续产品记分卡作为对可持续产品生产过程的内部控制手段，目标是提高其90%的产品的分数。

如我们在前面的宜家案例所见，这家公司通过公司的瑞典创始人及其文化背景衍生出来的价值观念而走向强大。这些传统也在公司的实践中被承载下来，例如这种价值观驱动着公司在质量不缩水的前提下持续降低成本。所有瑞典董事会成员也都保持了这些传统。然而，多样性也发挥了一定的作用。在宜家的前200名管理者中，有40%是女性。此外，宜家在本地化经营中也大多倾向于选用本地管理者。

虽然宜家位于美国弗吉尼亚州丹维尔市的第一家美国工厂管理者中有少量的瑞典裔外派雇员，但大多数管理者是美国人。此举将公司的控制权转给了那些了解美国经营规则的人，但是它也意味着价值观和实践会同欧洲总部产生偏离。丹维尔工厂的工人联名表达了它们建立工会的意愿。他们对管理的不满包括对公司削减薪酬、不履行工资增长计划和关于经常安排他们加班到最后一分钟的投诉。他们还抱怨公司的管理阻挠他们成立工会。当制做类似家具的宜家旗下 Swedwood 公司瑞典工会负责人 Per-Olaf Sjoo 听到这些抱怨时，他大为惊诧。据 Sjoo 称，宜家有自愿加班和保证工人组建工会权利的惯例。此外，按照法律规定，在瑞典，工人工资是每小时 19 美元，并且有 5 周的假期。而在丹维尔，起薪是每小时 8 美元，只有 12 天的假期，而且超过 1/3 的工人来自享受较低报酬和福利的临时机构。这些差异和公司的政策是一致的，因为它们涉及两国在生活标准规定上的法律差异。

零售业是激烈竞争的行业，绝大多数零售商都试图最小化劳动力成本。管理的提升常常被视为一种奢侈。然而，在宜家，未来领导力的发展被当作一项重要的行动。例如，为使其成长为一个强大的国际品牌，公司启动了一项名叫背包客（Backpacker）的发展项目，旨在使员工更好地体验其他文化。针对刚刚开始职业生涯并且具有较大潜力的员工，背包客项目将他们派往其他国家从事零售经营活动，以使他们能够掌握第一手的国外零售经验。例如，一个来自贝尔法斯特（Belfast）的部门经理最近就去了上海。在那里，他告诉记者这个项目是"一个极好的机会……体验不同的文化和工作伙伴并且开发……领导技能"。当然，这些技能将是公司持续宣扬其追求更美好的大众生活的承诺的重要保障。

- 宜家如何利用子公司和特许经营权以支持其使命？
- 这里描述了宜家管理者面临的哪些跨文化问题？公司是如何处理这些问题的？

关键术语

文化冲击（culture shock）
民族优越感（ethnocentrism）
外派雇员（expatriates）
失败率（failure rate）
全球模式（global model）
内派雇员（inpatriate）
国际模式（international model）

多国模式（multinational model）
北美自由贸易协定（North American Free Trade Agreement，NAFTA）
离岸外包（offshoring）
外包（outsourcing）
第三国雇员（third-country nationals）
跨国模式（transnational model）

学习目标小结

现在你已经学完第 6 章，你应该能够做到：

1. 能够讨论全球经济一体化对每个公司及其管理者意味着什么。

最近几年，世界贸易、外商直接投资和进口均快速增长。全球各地的公司如今都发现它们位于母国的市场正受到国际竞争者的挑战和攻击。全球竞争格局使得经营变得日益艰难。然而，许多公司现在可以进入那些从前拒绝过它们的市场从事经营活动。

2. 能够表述出当今世界经济一体化程度远胜于从前的原因。

自由贸易壁垒日渐降低使得全球经济日趋一体化。这意味着现代管理者将在一个和上一代管理者相比充满更多机会同时也更为复杂并充满竞争的市场环境下经营自己的企业。

3. 可以对各组织在全球市场竞争中所运用的战略进行定义。

国际化企业通过研发、市场营销以及加工制造等环节，构建自己的核心竞争力，并以此在海外市场进行渗透。跨国公司是一个更为复杂的形式，它们通常拥有位于多个国家的独立运营单元。下属子公司被给予一定的自主权以处理一些本地问题，诸如世界上不同地域的消费者偏好、政治压力及经济趋势等。全球性组织将海外运营的控制权牢牢掌握在集团总部手中，旨在通过结合每个国家的行动，以在全球范围内最大化其生产运营效率，从而将全球市场视为一个统一的整体。通过协调专业设施全球布局的网格结构，来进行一个跨国界经营的尝试，以实现本地化响应和全球整合。

4. 能够比较不同组织在进军海外市场时所采取模式的差异。

存在五种进入海外市场的方式：出口、许可经营、连锁经营、合资和建立全资子公司的模式。每种模式都优缺点并存。

5. 能够就公司如何为海外经营配备人员进行阐述说明。

许多高级管理者都使用外派雇员、东道国雇员和第三国雇员相结合的人员配置模式。外派雇员有时旨在在新的国家快速建立完备的运营体系，传播企业文化，导入特定技术或工艺。使用东道国雇员则具有以下优点：他们熟悉当地的文化习俗、成本更低、更受当地政府欢迎。至于部署第三国雇员模式则通常作为政治敏感情形之下的折中考虑或者用以补充数量有限的母国外派雇员。

6. 可以总结出管理者在全球化管理过程中所需掌握的技能与知识。

海外扩张失败的原因除了超出技术能力外，也包括个人问题和社会问题。是否成功取决于管理者的核心竞争力，例如：拥有多维度的视角；精通于垂直管理和决策制定；足智多谋、心智成熟、具有较强的文化适应能力和敏感度、掌握团队建设技巧。此外，还包括有帮助的额外技能，如计算机知识、谈判技巧、战略视角和接受委派的能力。

7. 能够区分不同国家间文化差异对管理的影响方式。

文化影响着我们的行动，同样也影响着他人的行动和观点。不幸的是，我们往往没有注意到文化是如何影响我们的，这将导致许多问题。今天的管理者必须能够改变他们的行为，以同当地的需求和习俗相匹配。例如，在不同种类的文化中，雇员期望管理者保持适当的独裁还是容许下属有一定参与度的情况是不同的。通过承认文化差异，不同文化背景的人之间将更容易在工作中展开合作，这种转变使双方均从中收益。

问题讨论

1. 为什么世界经济日趋一体化？对国际管理者而言，一体化的内涵是什么？

2. 想象你是一家大型公司的CEO，你将选择哪种方式参与国际竞争：国际模式、多国模式、全球模式式还是跨国模式？为什么？

3. 为什么在快速食品行业采取连锁经营模式进行国际扩张很流行，而在高技术制造行业则更流行采用合资经营和合伙经营模式？是什么原因导致了这种不同行业的海外经营差异？

4. 采用外派雇员、东道国雇员和部署第三国雇员进行海外经营的优缺点分别是什么？如果你打算扩张你的业务，你会选择哪种方式？

5. 如果你和一家外国公司合资，但你发现在它们国家的文化传统中妇女往往受到不公平待遇，你会选择派一名女性雇员去处理启动事宜吗？为什么？

6. 如果我们要在墨西哥高效工作，什么将是我们必须克服的最大的文化障碍？在法国、日本和中国将分别遇到哪些不同的文化障碍？

实践练习

6.1 了解跨国公司

目标
更透彻地了解跨国公司是如何经营的。

说明
研究一个特定组织及其如何进行全球运作是了解跨国公司的最佳途径。选择一家跨国公司，找几篇关于这家公司的文章，回答下列关于跨国公司工作表的问题。

跨国工作表

1. 这个组织的核心业务是什么？
_____
_____

2. 公司跨国经营投入达到何种程度？例如，它仅仅将自己的产品或者服务投向国际市场，还是同时在海外拥有自己的加工设备？公司的运营收入有多大比例来自海外市场？
_____
_____

3. 公司从事国际化经营活动的管理人员中，美国人（或者来自公司总部所在国的人）所占比例是多少？这些管理者在跨国赴任前是否受到了专门的培训？
_____
_____

4. 公司在国际市场上取得成功或者说不那么成功是由组织的哪些特性导致的？
_____
_____

资料来源：R. R. McGrath Jr., *Exercises in Management Fundamentals*, 1st, p.177. Copyright 1985. Reproduced by permission of Pearson Education, Inc., Upper Saddle River, New Jersey.

6.2 模拟跨文化交流

在该模拟中，你将扮演受聘于三家公司——一家商业银行、一家建筑公司和一家酒店开发公司——之一的管理者，并打算以合资经营方式在澳大利亚珀斯建造一家新的酒店和零售购物中心。这三家公司分别来自不同的文化背景：以蓝色、绿色和红色来表示。每家公司都有其特定的文化价值观、特性、习俗和惯例。

你已经被指派为其中一家公司的经理。你将参加一个为期三天的见面会，在此期间你们将协商三家公司合伙的具体事宜。你的管理团队由一名副总裁和多名相关管理人员组成。考虑在启动会议中几家公司将会选择哪些类型的主题进行讨论。

说明
你们的指导者将为你们提供文化方面的相关信息。你们将有 15 分钟时间和你们的公司同行进行讨

论,在此期间你们应该:

1. 选出一个领导者。
2. 讨论你们的目标和开办见面会的方式。
3. 根据为你们指定的文化背景的描述,练习你们的谈话方式和行为举止直到对你们的文化定位相当熟悉。确保谈话距离、问候礼仪以及非语言行为方面的训练。

然后你们将和其他公司人员一同回到启动会议上。在见面会进行的时候和来自其他公司的管理者进行沟通交流。扮演你所被指派的角色,但不必对其进行明确的讨论。注意你们和其他人是如何相互回应的,并在会后进行总结。

做完这些活动之后,回答下列问题:

1. 你对他人的看法以及他们之间的差异怎样影响着你与他们互动的方式以及你完成目标的能力?

2. 通过这次活动,你对自己和他人有何了解? 讨论你在跨文化互动中表现出的优势与劣势。

3. 讨论你或者别人做的或说的哪些事情会帮助你或者阻碍你适应他人及他们的文化:(a) 在这次活动中;(b) 在类似的真实生活中。

4. 你从这次活动中学到了什么? 你能通过哪些途径提升你理解并欣赏差异的能力?

资料来源:D. A. Jameson,"Using a Simulation to Teach Intercultural Communication in Business Communication Courses," *Business Communication Quarterly*, Vol. 55, No. 4, March 1993, pp. 1–10. Copyright 1993. Reprinted by permission of Sage Publications.

 综合案例

跨越全球的智慧旅行

智慧旅行(Travel Wise)是位于科罗拉多(Colorado)市丹佛城外一家只有25名雇员的小公司。"我们将旅游业推向新的高度"是公司的口号,丹佛的高海拔就是他们的参照高度。智慧旅行从事旅行配件的制造和销售长达10年之久,主要产品有钱包、护照夹、旅行手包、贴身腰包及类似产品。大多数商品外包给一些劳动力成本和原材料成本都低于美国的海外制造商。然而,智慧旅行的创始人辛迪·柯什(Cindy Kirsch)和她位于印度和中国的供应商有着密切的工作联系。她时常拜访他们以保证在那里工作的员工享受到优厚的薪酬和公平的待遇,所赚得的收入能够使其享受舒适的生活。

柯什想要扩张智慧旅行的规模,她已经和她的设计经理、产品经理、市场经理和财务经理一起讨论了她的计划。虽然每个人都是各自领域的专家,但规模的扩张要求每个人都对公司的内部运作有所了解。柯什对任何人提出的意见都表示欢迎。首先,柯什想要提升产品数量,增加了一条旅行服饰生产线。其次,她试图研究出版国外旅游目的地指南的可能性。最后,她希望将公司的网站内容拓宽,以涵盖包括博客、旅游信息服务及其相关内容。每一个举措都要求综合考虑全球经营环境后,制定一个专门战略。增加一条生产线可能意味着在美国或者全球范围内对设计服务及生产服务的选择。制作一系列旅行指南可能意味着雇用一些旅游作家;和各地的旅游局、旅行社和地方政府建立关系;并且要了解相关出版业务。拓宽网页内容可能意味着要确定其主要客户来自哪些区域，以及他们想要去哪些地方旅行，并调查消费者希望从自己的网站得到哪些类型的服务。

柯什和她的管理团队在提出智慧旅行的发展计划前进行了几次生动的讨论。然后，她聚集所有员工来讨论这些新目标和新计划。她向团队征求意见并将那些可行的方案整合进自己的发展计划当中。智慧旅行最终制定出针对下阶段发展目标的公司战略。柯什在得知员工都期待着公司能够取得成功后显得既兴奋又紧张。但是她知道，为了使智慧旅行成为一个不仅限于旅游配件，现在还包括旅行服饰、旅行指南、在线服务的知名品牌，她的员工在必要时将夜以继日地工作。在未来几年，智慧旅行会将旅行提升到一个更高的高度。

问题
- 针对智慧旅行试图进入的旅行服饰领域，你将建议它使用哪种进入模式进军本国市场？其他国外市场呢？应该将其生产外包给海外供应商还是在本国建立自己的生产设备？
- 为了吸引来自欧洲、亚洲和世界其他地方的旅行者，智慧旅行应该在它们的网站上提供哪些特色和服务？
- 为制作出精准的、最新的和富有洞察力的旅行指南，智慧旅行应该建立哪些类型的关系？

第 7 章
企业家精神

"企业家因其带领的公司而闻名于世。"

——安布罗斯·贝尔士（Ambrose Bierce）

学习目标

通过第 7 章的学习，你应该能够达到以下要求：

1. 能够阐述人们想成为企业家的原因，以及需要具备什么样的素质。
2. 能够就如何评估创业机会进行总结。
3. 能够确定导致成功与失败的常见原因。
4. 可以参与讨论在管理上所遇到的常见挑战。
5. 能够就如何增加成功的概率进行阐述和说明，包括如何写出一份出色的商业计划书。
6. 可以就大公司的管理者是如何培养企业家精神的进行描述。

本章概要

企业家精神	公司创业精神
为什么要成为企业家？	为你的想法寻求支持
成功需要具备什么？	建立内部企业家精神
从何开始？	管理上的挑战
对个人而言，成为企业家需要具备什么？	企业家导向
成功与失败	
增加成功的概率	

 开篇案例

奇普多餐厅：史蒂夫·埃尔斯将快餐事业带到了一个新高度

当还在著名的美国烹饪学院求学时，史蒂夫·埃尔斯就已经开始着手准备他的事业了。在那里他学会了传统的烹饪技巧，掌握了对最优质、最新鲜食材的鉴别方法，并曾在旧金山的一家餐厅工作过一段时间。随后在 1993 年，也就是史蒂夫·埃尔斯毕业后的第三年，他在美国丹佛市开设了自己的第一家餐厅——奇普多墨西哥烤肉快餐店（Chipotle Mexican Grill）。他希望可以让客人在定价合理、服务周到的环境中，享用源自新鲜食材的传统美味。他还希望可以借此获得足够收益，存钱来开一家更高档的餐厅。

当埃尔斯创办奇普多时,快餐在当时仅仅意味着以最低价销售的加工食品。埃尔斯渴望提供好的食物,而不是去随大流,因此,他帮助创立了时下正流行的、被称为"快速休闲"类的餐厅。(帕纳拉面包(Panera)和科纳面包(Corner Baker)是这类餐厅的其他代表。)

由于埃尔斯的新想法无法归入任何一个已有类别中,他很难说服他的朋友们来相信他的新生意是一个绝佳的主意。有些人觉得菜单太过简单;一些人则认为流线型的装饰看起来光秃秃的;甚至还有些人反对说,客人连餐厅的名字——奇普多该怎么读都不知道。

丹佛周围的客人很快喜欢上了奇普多。他们来这里排队购买刚做好的沙拉、米饭、豆类、奶酪和其他好吃的食物,将其塞进墨西哥卷饼里一起吃掉。随后埃尔斯开始扩大生意规模。在1995年他开设了两家分店,随后在1996年又增加了另外五家分店。作为餐厅老板和管理者,埃尔斯在获得经验的同时,也证明了自己的成功。许多投资者被吸引过来,借此,在1999年埃尔斯开始进军美国中西部,在那里开设了两家分店。

同许多企业家一样,埃尔斯并不仅仅满足于驻足在一个伟大的想法上。随着分店数量的不断增多,他所需要的原材料也更多。因此,他开始更多地了解农业和食品加工业信息,而其中一些使他不安。例如,他发现按照惯例,猪肉一般来自于圈养的猪,于是他便开始寻找天然猪肉的来源。自2000年起,他的餐厅开始供应天然猪肉。埃尔斯发现天然猪肉的味道要更好一些,而客人也愿意为此多花一些钱。

这一令人大开眼界的成功经验促使埃尔斯做出了一个决定:奇普多不能再仅仅关注新鲜食物了。从这一刻起,餐厅的使命将转变为:了解所有使用食材的来源,并保证这些食材来源都实现了对人、动物和环境的尊重。奇普多自2002年开始供应天然饲养的鸡肉,从2007年开始供应天然饲养的牛肉。到2008年,奇普多40%的黑豆都通过了有机认证。奇普多提供的奶制品都来自未被注射生长激素的奶牛。随着其食物需求的不断增长,奇普多开始寻找本地食材来源。上述这些及一些其他努力,都是为了实现"为客人供应良心食品"的承诺。

你可能会觉得,一个致力于天然食品的专业厨师不应该被归类于快餐行业。但是埃尔斯并没有将自己限制在通常的划分之内。实际上,对于埃尔斯来说,开高档餐厅似乎已不再重要。在他看来,"(在美国)绝大多数人都在吃快餐"。因此通过在这种人们经常吃饭的地方提供优质食品,埃尔斯正让更多的人更方便地享受到美味、新鲜且天然的食物。

- 史蒂夫·埃尔斯用他的爱心做出了新鲜食物,并创造了一个全国流行的连锁餐厅。想一想从史蒂夫·埃尔斯和奇普多的成功经验中,你发现了成功企业家所应具备的哪些品质以及他们必须克服哪些挑战。

史蒂夫·埃尔斯和其他无数成功创业者的事迹都证明了,机遇是为那些有才能并愿为实现梦想而辛勤工作的企业家们所准备的。企业家精神是指有事业心的个人对获利机会的追取。要想成为一名企业家,就得发起并创立一个组织,而不仅仅是成为某一组织中被动的一部分。这涉及创造新的体系、资源、生产新产品或服务的过程,以及服务新市场。

企业家精神不同于一般意义上的管理,特别是同小型企业管理存在区别。一名企业家首先是一位管理者,但还要从事一些管理者并不一定参与的活动。管理者总是处于一种更加正式的管理等级系统中,有更为明确的权力和责任;而企业家则更多地依赖于交际网而不是正式的权力。此外,管理者往往更愿意使用拥有所有权的资产,而企业家则通常选择租用或使用临时资产。还有一些人认为,管理者反应较慢且倾向于规避风险,而企业家总是反应迅速并积极地应对风险。

企业家精神和小型企业的管理有什么不同呢?小型企业通常是指雇员少于100名、独立出资与经营、在其领域内不占主导地位、没有多少创新实践的企业。小企业主倾向于较保守的管理方式，他们只追求正常的、中等的销售额、利润和发展。相反，企业家型企业则将较大程度的发展和高利润作为主要目标。企业家们相对激进，致力于有创新意义的战略、实践以及产品。他们及其资金支持者们通常追求高速的发展、及时高额的利润，有时甚至希望产品立即脱销以获得巨额的资本收益。

> **提示**
>
> 企业家精神从本质上来说就是创新——创造一个之前不存在的新企业。
>
> 企业家精神和发明新产品的区别在哪里？

正如你在第 5 章中所学到的，同其他企业的管理者一样，企业家们也追求可持续发展。我们知道这些企业家型企业可以是国内企业也可以是跨国企业。对于进行跨国或全球性经营的小型企业家们而言，他们所面临的挑战主要为我们在第 6 章中所学到的一些问题，例如心理和文化障碍，以及背景差异（比如政治、监管、司法、税务和劳工环境），还要在可用资源较少的情况下同更大规模的或更成熟的企业进行竞争。

企业家精神的振奋感 作为研究企业家精神的学术"泰斗"和作家，杰弗里·蒂蒙斯（Jeffry Timmons）说过这样一句话："在过去的三十年里，美国释放了自 1776 年独立以来，最具革命性的一代人。新一代的企业家已经永久地改变了这个国家，乃至整个世界的经济与社会结构……较之其他任何力量，它将更能决定这个国家和世界的生存、工作和学习方式，并且将引领本世纪及以后的发展趋势。"而在更早之前，蒂蒙斯就已经预言到："我们正处在一场悄无声息的革命中——这是全世界人类的创新和企业家精神的胜利。我相信它对 21 世纪的影响将相当于，甚至超越工业革命对 19 世纪和 20 世纪的影响。"

这太夸张了吧？听起来可能如此，但实际上这并没有夸大。企业家精神正使世界各地的经济发生改变，全球经济也是如此。在美国，自 1980 年起，95% 的财富由企业家创造。据估计，第二次世界大战之后美国 95% 的重大创新都来自于小型创业公司。美国中小企业管理局（Small Business Administration）发现，较之缺乏企业家精神的州，拥有小型创业公司越多的州，其经济发展速度越快，就业水平也越高。据测算，约有两千万美国人正在经营新公司或正积极筹备创业中。

自主创业者热衷于创业的过程，他们在这个过程中可以得到最高层次的自豪感、满足感和收入。重要的是，企业家精神并不是洛克菲勒家族和范德比尔特家族的专属，它为表现出色的人提供了机遇和向上进取的可能性。

企业家精神的迷思 简单地说，企业家产生新想法，并将其付诸实践、创办企业。但是企业家精神并没有那么简单。阅读表 7.1，并思考以下这些重要的职业生涯上的迷思及其真实情况。

表 7.1 有关企业家的几大迷思

迷思 1：企业家是天生的，而不是后天培养的。
事实：虽然企业家生来具有较高智力、创造的天赋以及精力，但他们这些与生俱来的天赋就好像未塑形的泥土或未上色的画布。要想成为真正的企业家，必须长年累月地积累相关技能、专业知识、经验和人际关系，以及大量的自我发展。拥有创造愿景的能力并能抓住机遇，是 10 年甚至 10 年以上的奋斗经验才能带来的结果，而这种结果将决定你属于哪种人。

（续表）

迷思2：每个人都可以创业。	
事实：能够识别出想法和机遇之间的差别，同时志存高远，这样的企业家在创立企业时，成功的概率就会较大。这涉及一定的运气，但也需要充分的准备。创立公司是最容易的部分，难的是持续生存并建立创业者可以获得收获的企业。在每10个或20个持续了五年或者更久的新企业中，只有1个会给创业者带来资本回报。	
迷思3：企业家是投机者。	
事实：成功的企业家十分谨慎，并会预先计算风险程度。他们会试图影响概率，经常通过与他人合作来分担风险，并只要有机会，他们就会避免或最小化风险。他们常常将风险分解为易于消化的小块，直到那时，他们才投入时间和资源来确定这一小块是否会起作用。他们不会刻意地去寻求更大的风险，也不会承担不必要的风险。当然，在面对无法回避的风险时，他们也不会选择逃避。	
迷思4：企业家希望自己能掌控全部。	
事实：拥有并高效地运行全局往往就意味着发展的极限。独干的企业家常常仅能维持生活。要想通过独干来发展高潜力企业是十分困难的。高潜力的企业家会组建一个团队、一个组织或者一家公司。此外，拥有100%的一无所有还是一无所有。与其每个人都试图分得蛋糕中大的一份，不如大家一起把蛋糕做大。	
迷思5：企业家是自身的老板，完全独立。	
事实：企业家绝非独立的，而是要周旋于许多的人际关系中，包括合伙人、投资人、顾客、供应商、债权人、雇员、家庭及社会和社区责任。然而，企业家可以自由选择是否回应、何时回应以及回应什么。此外，独自创立一个拥有一两百万以上销售额的企业是非常艰难的，也是很少见的。	
迷思6：企业家比大公司管理者工作时间更长，更努力。	
事实：没有明显的证据表明所有的企业家工作的时间都比公司的管理者长。一些人可能是这样，一些人可能不是。有些企业家明确地说自己工作得更少。	
迷思7：企业家承受巨大的压力并付出很高的代价。	
事实：毫无疑问，企业家要承受一定的压力并且要求很高，但是没有任何证据显示企业家面临的压力比其他无数高要求的职业角色更大，企业家也常常能从他们的工作中得到满足。他们有更高的成就感，更健康，并且较之为他人打工的人，他们更不愿意退休。声称计划不退休的企业家数量是具有同样想法的公司管理者的3倍。	
迷思8：创业一旦失败，你将再也筹集不到资金。	
事实：才华横溢、经验丰富的企业家往往更接近成功投资——因为他们不断追求具有吸引力的机遇，并且有能力获得所需的人才、资金和其他资源去开创事业。此外，事业失败了并不代表着企业家也失败了。失败就好像炼钢的淬火一般，常常可以帮助企业家锻炼、提升自己的能力和实践智慧。	
迷思9：资金是最重要的创业因素。	
事实：如果有其他的资源和人才，资金将随之而来。但是如果企业家有足够的资金，成功并不一定会"按时到达"。资金是创业成功中最不重要的因素。资金对企业家而言就如同颜料和画笔对于艺术家——一个无生命力的工具，一旦用在正确的人手中便可以创造奇迹。	
迷思10：企业家应该是年轻的，精力充沛的。	
事实：虽然这些特质会有所帮助，但是年龄不是障碍。创立高潜力企业的企业家平均年龄在35岁上下。并且大量实例也证明，60多岁创业的企业家也大有人在。真正重要的是企业家所掌握的相关专业知识、经验以及能大大促进识别和追求机遇的人脉关系。	

（续表）

迷思11：企业家的动力仅仅来自于对金钱的追求。	
事实：企业家开始创业的时候，更多地致力于建立企业，并实现长期的资本回报，而不是追求高工资或外快带来的即时满足感。个人的成就感、把握自己命运的感觉以及实现自我的愿景和梦想，也是强大的驱动因素。钱对他们来说不过是工具和成绩记录的方式，绝非目标。企业家在追求带来的激动中不断成长；一次又一次，即使他们已经创造了几百万美元甚至更多的利润，他还要创立新的愿景，创建另一家公司。	
迷思12：企业家追求权力并且喜欢控制别人。	
事实：成功的企业家受到责任感、成就和目标的驱动，而不是因为个人的权力欲。他们通过成就感和竞争中的不断胜利来获得成长，而不是依靠以支配和控制别人为形式的权力欲。凭借个人成就，他们常常是有权力和有影响的，但这绝不表明这是他们想要的，这些不过是创业过程中的副产品罢了。	
迷思13：一个有才能的企业家一两年内即可成功。	
事实：在风险投资家中间流传着一句古训：柠檬的成熟只要两年半，但珍珠的形成却要七八年。极少有新企业能在三四年内站稳脚跟。	
迷思14：企业家只要有好想法就能获得创业资金。	
事实：在那些有好想法并且寻求创业资金的企业家中，每100个企业家，只有1—3个能得到资助。	
迷思15：企业家只要有足够的创业资本，就一定会成功。	
事实：恰恰相反，一开始拥有太多的资金会让人得意忘形，像被宠坏的孩子一样。接下来便会缺乏节制，冲动性花钱，这通常会导致严重的问题甚至失败。	
迷思16：企业家独来独往，不能与人合作。	
事实：那些最成功的企业家都善于组建伟大的团队，并且与同事、董事、投资者、关键客户、重要供应商等保持着良好关系。	
迷思17：除非你的SAT或者GMAT成绩在600分以上，否则你不可能成为一个成功的企业家。	
事实：企业家的智商是由创造能力、激励能力、正直品格、领导能力、团队建设能力、分析能力以及处理不确定情况的能力和面对逆境的能力所组成的一种独一无二的组合。	

资料来源：J. A. Timmons and S. Spinelli, Jr., *New Venture Creation*: *Entrepreneurship for the 21st Century*, 7th ed, 2007, pp. 19-20. Copyright 2007 The McGraw Hill Companies, Inc. Reprinted with permission.

除表7.1中所列的，还有另外一个迷思：做一个企业家是很惬意的，因为你不但可以"暴富"，还能把公司交给你的雇员去打理，自己则可以去享受闲暇。但是现实要比这残酷得多。在起步阶段，你很可能要经历一段艰难岁月，它会弄得你筋疲力尽。即使你没有雇用其他人，你也难免会遇到"沟通障碍"，以及其他来自各种机构、卖主、分销商、家庭、转包商、债主等的"人际问题"。VisiCalc的创始人丹·布鲁克林（Dan Bricklin）建议最重要的、必须要记住的是："你与你的事业不是一回事，当事情不顺利的时候，相信我，一定会有这样的时候，此时，一定要记住公司的失败并不代表你不行。同样的，公司的成功也并不意味着你是个天才或超人。"

通过对这一章的学习，你将了解到两种新企业建立的主要渠道：独立企业家和内部企业家。**独立企业家**是指在没有任何公司支持的情况下创立新组织的个人。**内部企业家**是在大公司中工作的创业者；他们是公司企业家，利用公司的资源将自己的新想法打造成一个盈利业务。

7.1 企业家精神

表 7.2 列出了一些出色的企业家。他们建立的公司极其成功，并且这些企业家都是在二十几岁时便已开始创业。谢家华（Tony Hsieh）和尼克·斯威姆（Nick Swinmurn）就是这样两位非常成功的年轻创业者。1999 年，斯威姆萌生了一个在当时十分新颖的想法——在网上卖鞋，但是他需要启动资金。当时 24 岁的谢家华刚刚卖掉了自己创办的第一个企业（LinkExchange，以 2.65 亿美元的价格卖给了微软）。他同意冒险投资这个新企业。当斯威姆已经另寻高就时，谢家华却仍坚持任职 CEO，掌舵 Zappos.com。近几年，Zappos.com 的销售额已经达到了 10 亿美元。

> **提示**
>
> 如今社会对可持续发展的关注为关心环境的企业家们提供了大量的机遇。
>
> 你听说过哪些环境友好型的新兴企业？你认为它们有获得较大利润的潜力吗？

表 7.2　在二十几岁就开始创业的企业家们

创业公司	创始人
微软（Microsoft）	比尔·盖茨（Bill Gates） 保罗·艾伦（Paul Allen）
网景（Netscape）	马克·安德森（Marc Andressen）
戴尔电脑（Dell Computers）	迈克尔·戴尔（Michael Dell）
捷威 2000（Gateway 2000）	泰德·维特（Ted Waitt）
麦考移动通讯（McCaw Cellular）	克雷格·麦考（Craig McCaw）
苹果电脑（Apple Computers）	史蒂夫·乔布斯（Steve Jobs） 史蒂夫·沃兹尼克（Steve Wozniak）
数字设备公司（Digital Equipment Corporation）	肯·奥尔森和斯坦·奥尔森（Ken and Stan Olsen）
联邦快递（Federal Express）	弗雷德·史密斯（Fred Smith）
谷歌（Google）	拉里·佩奇（Larry Page） 谢尔盖·布林（Sergey Brin）
基因泰克（Genentech）	罗伯特·斯旺森（Robert Swanson）
宝丽来（Polaroid）	爱德华·兰德（Edward Land）
耐克（Nike）	菲尔·奈特（Phil Knight）
莲花公司（Lotus Development Corporation）	米切尔·卡普尔（Mitch Kapor）
IPIX（Ipix.com）	凯文·麦科迪（Kevin McCurdy）
雅虎（Yahoo!）	大卫·菲洛（David Filo） 杨致远（Jerry Yang）

资料来源：J. A. Timmons and S. Spinelli, Jr., *New Venture Creation：Entrepreneurship for the 21st Century*, 7th ed, 2007, p. 53. Copyright 2007 The McGraw-Hill Companies, Inc. Reprinted with permission.

> 更真实完整的创业故事并不是那些在表 7.2 中的著名人物的故事，更多的可能是那些你从未听说过的人物的创业故事。

这些人已经创立了自己的公司，事业繁荣，创造了就业机会，并通过自己的事业为所在社区做出了积极的贡献。也许，他们才刚刚开始。

7.1.1 为什么要成为企业家？

杰西卡·马（Jessica Mah）在完成学业前就已成为一名企业家。在她 13 岁时，她在 eBay 上出售计算机部件及网站模板。当她在加州大学伯克利分校上学时，她和另外一位同学安迪·苏（Andy Su）创立了 InternshipIN 公司。该公司主要提供有关实习机会的信息。当杰西卡毕业时，她已经准备好创立另一家企业。在 Y Combinator 的支持下（Y Combinator 提供资金和业务选择建议），马再一次与苏合作。这一次她们共同创立了 inDinero，这个公司主要帮助小型企业主管理资金。客户将他们的银行和信用卡账户交给 inDinero，inDinero 跟踪账户的交易记录并分析交易去向。这个想法来源于马自己的经验，对热衷于创业的人来说，学习如何同顾客和产品打交道，比学习如何管理资金更容易、更令人兴奋。截至目前，inDinero 已经签约了约 6000 名客户，并且拥有 7 名员工。

为什么杰西卡·马和其他的企业家会从事他们今天所从事的事业呢？那是因为前方有挑战、有潜在的利润，还有他们所希望得到的巨大满足感。较之在大公司里工作的人，开创自己事业的人会追求更高质量的生活。他们渴望独立，寻求参与行动的感觉。从白手起家，到见证其成功，再到看着自己的想法和产品被市场所接受，他们能够从中感受到巨大的满足感。

此外，当人们在大公司的发展受阻，或想法得不到重视时，也会想到开一家自己的公司。当他们失业时，常常也会去尝试这条路。当他们觉得升职无望或是对官僚主义及公司中的类似问题感到失望时，也有可能辞职并成为一名企业家。很多年前，菲利普·卡特伦（Philip Catron）开始厌烦他在 ChemLawn 公司的管理者工作，因为他发现这家草坪护理公司对杀虫剂的依赖，导致他的员工、顾客的宠物以及草坪都患上了疾病。卡特伦离开了公司，并创立了美国天然草坪公司（NaturaLawn of America），在综合防治害虫的基础上，尽可能地使用天然产品和无毒产品，从而减少了杀虫剂在草坪上 85% 的使用量。卡特伦在 23 个州中创办了 66 家特许经营店，并帮助使综合防治害虫成为主流。就连他的前单位（目前为 TruGreen ChemLawn 公司的一部分）也改变了许多公司行为。

移民们也可能会发现，自己要想依循常规道路并在经济上取得成功，往往是行不通的，于是当一名企业家就成为选择。例如，在迈阿密的古巴社区里就出现了很多成功的企业家，遍布整个美国的越南社区也是如此。有时，移民的经历会为他们提供一些有关国外供应商和市场的有用知识，这些都呈现出了一个吸引人的商机。拉克什·卡姆达（Rakesh Kamdar）为学习计算机科学从印度移民到美国，但是他发现了一种可以满足美国对护理人才大量需求的方法。他创立了 DB 医疗保健公司（DB Healthcare），从印度招募护士到美国工作。不同于其他失败的美国竞争者，卡姆达在 DB 的印度办公处安排会议，并邀请护士们以及她们的丈夫、父母，甚至公公婆婆参加会议，让员工就在美国工作时所遇到的家庭问题和个人问题进行讨论。通过这种策略，DB 医疗保健公司在几年内就盈利了几百万美金。

7.1.2 成功需要具备什么？

我们可以从成功企业家的身上学到些什么呢？是怎样的天赋让企业家们获得成功？我们用图

7.1中的通用术语来对这些特征进行描述。成功的企业家都是创新者,无论是从理论还是技能的角度去说,他们对管理、商业和交流的掌握都可谓精通。相比之下,发明家可能富有创造力,但大多缺乏将想法变成成功事业的技能。管理者和主管们可能擅长确保高效工作,但却不一定是创新者。销售者都拥有一套特别的营销和销售技巧,对于企业家来说这些技巧非常有用。但是企业家可以雇用出色的销售者,而创新和商业管理技巧对于成功企业家而言却是必不可少的。

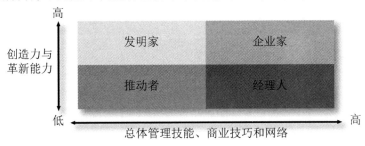

图7.1 谁能做企业家?

资料来源: J.A.Timmons and S.Spinelli, Jr., *New Venture Creation*: *Entrepreneurship for the 21st Century*, 7th ed, 2007, pp.67-68.Copyright 2007 The Mcgraw-Hill Companies, Inc. Reprinted with permission.

7.1.3　从何开始?

你需要有好的创意,但还需要发现或创造绝佳的机遇。以下将主要讨论选择企业类型时一般需要考虑的一些方面。

创意　许多企业家和观察者都认为创办企业的计划,必须源自一项伟大的创意。一种出色的产品、一个可行的市场以及良好的时机,是通向成功的必要因素。

管理实践

如今,许多令人兴奋的创意都涉及那些满足最基本需求却又成本很低的产品。具有社会责任感的企业家利用技术开发高科技项目,用以帮助提升那些生活在贫困地区、喝不上干净水、用不上电的人们的生活水平。例如,奈德吉普·托遵(Nedjip Tozun)和山姆·戈德曼(Sam Goldman)成立了D.light Design公司,从事太阳能灯的开发和销售。这种太阳能灯的太阳能电板成本较低,采用高效的LED灯以及高效精细的电源管理软件。

托遵和戈德曼把目标市场定位在发展中国家。这些地方有许多人还在使用煤油或柴油灯,这样的灯不但照明效果差,还会造成空气污染,并且存在火灾和爆炸的安全隐患。尽管对于贫困地区那些每天赚不到1美元的人们来说,一个售价25美元的D.light灯有点贵。但如果家庭成员共同出资购买的话,就会发现这样的灯可以让他们有更长的工作时间,也节省了燃油的费用,还不需要花时间去"长途跋涉"地买燃油。所以买这样的灯可被视为对更清洁、更安全生活的很好的投资。

D.light Design是一家企业,而不是慈善机构。托遵和戈德曼把太阳能灯的购买者看作"伟大的客户",这些客户在他们的产品中看到了"明确的价值定位"。托遵和戈德曼也意识到了其他太阳能产品的市场潜力,正在开发相关产品,用以满足人们的基本需求。

- D.light Design是如何满足一个绝佳想法(出色的产品、可行的市场、正确的时机)的要求的?

> **提示**
>
> 有盈利地满足基本需求也有益于我们的星球。
>
> 太阳能产品是如何做到环保与社会利益并重的?

也有许多大型机构的创建因循了另外一条完全不同的思路：要创建伟大的组织，而不是提供某一款产品。这样的例子随处可见。比尔·休伊特（Bill Hewlett）和大卫·帕卡德（David Packard）先是决定开办一家公司，之后才思考要做怎样的公司。J. 威拉德·马里奥特（J. Willard Marriott）只知道自己要做生意，但头脑中对产品的定位还是一片空白，直到他开设了 A&W 沙士摊。在 1945 年井深大刚建立索尼公司的时候，他也没有关于产品的具体构想。索尼的第一个产品尝试——电饭煲没有成功；首批产品（磁带录音机）没有销路。通过生产并销售粗加工的加热垫，索尼才得以生存下来。

> 如果你能够找到一种直接利用现有创意并超越竞争对手的方法，那你就不需要第一个想出产品创意。美国联邦快递通过借用 **DHL** 的方法，将飞机运用到美国的隔夜交货服务上，并因此成功打败了竞争对手 **UPS**。**IBM** 将现有组件和微软的操作系统结合到一起，推出了一款个人计算机，并最终击败了苹果和雅达利的早期产品。百思买在股票市场筹集资金，用以扩大经营，进而与电路城（**Circuit City**）展开竞争。如今，电路城已经破产。

很多眼下成功的公司在早期都曾经历过失败，但是创业者们坚信自己、坚信创建伟大企业的梦想，最终坚持了下来。时刻准备好去否定、修改你的创意，但千万不要放弃你的公司——这是许多伟大的企业家以及商业领袖对如何获得成功的忠告。想想索尼、迪士尼、惠普、宝洁、IBM 以及沃尔玛：这些公司的创始人们所取得的最大成就——也是他们最伟大的想法，就是他们所建立的组织。

机遇　企业家们以各种不同的方式发现、创造、利用机遇。企业家型公司会去探索一些大型企业所回避的领域，会引进单靠简单、便宜、易得到和便捷就能占领市场的商品和服务。当管理顾问谢恩·麦奎德（Shayne McQuade）到西班牙休假时，他发现自己没办法给手机充电。回去后，他就开发了一种内置太阳能电池板的背包和斜挎包。

认真思考逐渐显现的事件和趋势，从中发现机遇。例如，思考以下的可能事件：

- 科技新发现。科技发展带动了生物技术、微机和纳米科技方面新兴公司的发展。曾两次获得诺贝尔奖的霍华德·伯克（Howard Berke）创立了科纳卡技术公司（Konarka Technologies），提供基于太阳能电池技术开发出来的产品。相较太阳能电池板的旧技术，太阳能电池以有机化学为基础，拥有更好的灵活性，并且可以应用在各种项目中。
- 人口结构的变化。为老龄化人口服务的医疗和护理组织大量涌现，从 Fit After Fifty 锻炼室，到辅助老年人生活的各种设施。Errands Done Right 就是一家将美国老龄化人口和不断增长的单亲家庭和双职家庭作为目标客户的公司。它所提供的服务主要是帮助那些时间紧迫或出行有困难的人们。
- 生活方式和品味的变化。许多新创公司充分利用了新兴的服装和音乐流行趋势、快餐需求和日益增长的运动兴趣。近年来，越来越多的消费者希望能够在爱护环境方面有所贡献，因而越来越多的企业关注于向消费者展示他们也对保护环境非常重视。
- 经济混乱，如经济的上升期和衰落期。油价上涨刺激了替代能源或能源效率相关各方的发展。生产太阳能电池的企业家——科纳卡技术公司的霍华德·伯克说：“我并不是作为一名环保人士去推出这一产品，而是出于良好的商业理念。相比于化石燃料，可再生能源的成本会更有竞争力。"

- 灾难，例如战争、自然灾害。2001年9月发生的恐怖袭击引发了人们对安全的担忧，今天的企业家们还一直都在寻找帮助政府机构预防未来攻击的办法。墨西哥湾沿岸的飓风让人们意识到防范突发事件的重要性。
- 政府法案法规的变化。撤销管制促进了新航线和货车运输公司的发展。政府的节能要求为致力于低能消耗的企业创造了发展机会。

特许经营 有一种重要的发展机遇就是特许经营。或许你根据直觉就可以知道什么是特许经营。或许你至少知道一些知名的特许经营店：麦当劳（McDonald's）、捷飞络（Jiff Lube）、美体小铺（The Body Shop）、唐恩都乐（Dunkin's Donuts）——你也可以在这里添加你所喜欢的特许经营店。特许经营是授予特权者与特许经营人之间的一种创业联盟。

近3年来，在美国大约新开了900家特许经营店。最新的特许经营类别是食品零售、服务行业以及运动与休闲。添加了最新特许经营元素的类别有服务行业、建筑业以及与儿童相关的服务。

授予特权者是指至少创立了一家成功商店、并在其他地方市场寻找合伙人去经营这一理念的创新者。对于特许经营人来说，这是一个创造财富的好机会，既可以获权使用一个已被证实成功（而不是失败）的经营理念，还可以运用授予特权者的专门知识。对于授予特权者来说，这是一个可以通过扩大经营来创造财富的机会。这种伙伴关系体现在共用商标或品牌上，同时合作伙伴间的共同使命是维护和建立品牌。Noodles & Company 快速休闲连锁餐厅的首次发展，是在开辟了79家公司自有分店后。管理学结论表明，通过特许经营，公司的发展速度会更快。虽然餐厅要用1年的时间来制定标准的菜单和价格，但特许经营可以帮助公司在仅仅两年内就获得双倍的收益。

人们常常这样认为，购买特许经营所担的风险会低于白手起家创业，但事实上这是很复杂的。一项针对企业为期6年的研究发现了与大众设想相反的结论：在被调查的具有特许经营权的专营店中，有65%已经到了发展的末期；然而72%的独立经营公司仍然处于良好运作中。一种原因可能是特许经营主要涉及一些风险性较大的行业。一项为期3年的对餐厅进行比较的研究发现，只有43%的特许经营店和39%的独立餐厅仍在营业。

如果你正在考虑购买特许经营店，首先要充分考虑其市场范围（本地市场、地区市场、全国市场）、市场份额、利润率、国家营销与采购项目、该商业的本质（包括必要的培训和技术支持程度）、许可协议条款（比如，是20年自动更新还是不到10年就更新，或不进行更新）、必要的资金、特许经营费和使用费。

虽然有些人认为特许经营的成功是明摆着的事儿，但是想要成为特许经营者还要考虑很多方面。幸运的是，有很多有用的资源可供学习，包括国际特许经营协会(http://www.franchise.org)、美国中小企业管理局(http://www.sba.gov)以及商业特许经营目录（http://www.business-franchisedirectory.com）。此外，美国联邦贸易委员会对授权特许者欺诈性声明的投诉进行调查，并公布相关信息。你需要花时间慢慢研究一下商业机遇，咨询一下有经验的会计师或律师。

下一个前沿 创业的下一个前沿将会在哪里？从古至今，有抱负的企业家都在问这个问题。当商业杂志邀请新兴企业的知名投资者为新兴企业提供一些最佳创意时，他们的回答各式各样，包括在充电几秒钟后就可以为汽车提供足够能源的下一代电池、能够延长手机和相机待机时间的小型持久电池、用来监控心跳或血糖水平的植入式无线设备、专门让艺术家和音乐家分享和宣传他们作品的社交网站。

太空对企业家来说是一个极具吸引力的机遇。以往，太空市场都是由政府推动，并被波音和洛克希德·马丁这样的大型国防承包商所占领。但现在，随着卫星发射需求和潜在利润的不断飞涨，一些小型企业也进入了这一领域。最引人注目的新闻头条中就包括了太空旅游。零重力实验利用改装的波音 727 飞机，使其像过山车一样飞至离地 10000 英尺处再迅速落下，如此反复来模拟失重效果。一些著名旅客已经预定了此次价值 3500 美元的飞行，其中包括企业家玛莎·斯图尔特（Martha Stewart）和物理学家史蒂芬·霍金（Stephen Hawking）。其他与太空有关的新晋业务还包括利用卫星进行汽车导航、跟踪运输车队、监控管道流速与渗漏，无重力条件下的药物测试，利用遥感来监控全球变暖、定点鱼类集中处、探测精细农作中的作物压迫等。

国土安全是另一个迅速崛起的新兴产业。各行各业的大量公司都试图从行李检查、天花疫苗、获得旅客行程信息、易爆物品探测系统、空气病原体传感器等方面获利。政府对安全相关技术的投资带来了部分经济增长。例如，伊利诺伊州政府拨款资助 SSS 和 RiverGlass 研究，前者主要开发有助于分析恐怖主义的数据库软件，而后者则开发通过连接数据库描述高危人群模式的软件。在密歇根州，政府资助的密歇根创业一号基金就为当地安全行业和其他发展中行业的新兴企业提供融资。

互联网 互联网是一个不断拓展的商业前沿。对于互联网商务，任何新兴企业的企业家都需要合理的商业模式和实践。在互联网如日中天发展的当下，许多企业家和投资者都认为收入和利润已不再重要，重要的是要吸引网民到他们的网站（"捕捉眼球"）。但是你要关注成本，毕竟你想要保本并尽快实现盈利。

至少有 5 个成功的商业模式在电子商务市场中也被证实是成功的：交易费用、广告支持、中介、会员和订阅模式。在**交易费用模式**中，公司向购买商品或服务的客户收取费用。典型的例子有亚马逊和网上旅行代理商。在**广告支持模式**中，广告商向网站运营商支付广告费以获得访问运营商网站的潜在客户人群。

中介模式最主要的例子就是 eBay，它将买家和卖家联合在一起，每出售成功一次就收取一定费用。运用**会员模式**，企业网站向其他网站支付费用，将其链接到自己网站来驱动自己的发展。彩滋网、Spreadshirt 和 CafePress 就是由该模式演变而来的。它们出售各种定制的礼品，如杯子和 T 恤衫。设计师就是会员，他们选择简单的没有装饰的产品（比如一件纯色的衬衣），在上面加上自己的设计，制作成定制的产品提供给消费者。最后，**订阅模式**是指网站每月或每年向访问者收取访问网站或网站内容的费用。报纸和杂志都是很好的例子。

对于那些重点不在于电子商务的企业又是怎么样呢？新兴企业和成熟的小型公司可以创建既有吸引力又具专业性的网站，从而获得更多的顾客，拉近与供应商、投资者和服务提供商之间的距离。公司可以比以往更快地采取行动，并节省活动开支，包括售后服务、技术支持、数据检索、公共关系、股东关系、销售、产品资料请求以及采购等方面。网上开店可以前所未有地降低成本。

社会企业家精神（social entrepreneurship）已经存在了几十年，但在近几年才广泛流行起来并产生影响，甚至成为学术研究的焦点。社会企业家精神已被用很多方式进行了定义，但根本上来讲，是指利用所持资源来解决社会问题。本书前面描述的 D. light Design 公司就是这样一个例子。

社会企业家精神通过促进社会变革或满足社会需求来创造社会价值。同常见的企业家精神一样，社会企业家可以出现在一个新兴的或是成熟的组织中。社会企业家从事营利性或非营利性的活动，包括追求创造社会价值的商业企业以及按商业原则运行的政府或非营利性组织。

社会企业家精神最著名的例子之一就是诺贝尔奖获得者穆罕默德·尤纳斯博士（Dr. Muhammad Yunus）创建的孟加拉乡村银行（Grameen Bank），它致力于帮助南亚妇女获得小额贷款。另外一个有名的例子是法比奥·罗莎（Fabio Rosa）的农电实用技术系统（System of Appropriall Technology，STA），在巴西农村地区建立起了低成本的电气和灌溉系统。这样的例子还有很多：在卢旺达利用当地企业家销售高效 LED 灯的 Nuru Energy 公司；在博茨瓦纳开发了电子病历记录系统来改善病人护理的电子病历（EMR）项目；培训南非贫困地区的妇女用天然原料制作优质饼干的 Cookie 项目；以及在赞比亚为小规模养鸡户生产低成本、高质量的动物饲料，进而缓解失业和饥饿问题的 Feeds 项目。你还能想到其他什么例子吗？它们产生了怎样的影响？

7.1.4　对个人而言，成为企业家需要具备什么？

许多人相信"企业家性格"的存在。然而，没有哪一种性格类型可以确定带来创业成功。但如果你具备某些特征的话，你将很有可能成为一名成功的企业家：

1. **投入和果断**：成功的企业家果断、顽强、严于律己、有献身精神并且能够全身心地投入自己的事业中。企业家热情在这些品性中，发挥着重要作用。
2. **领导才能**：他们做事主动，是团队的建立者、资历高的学习者，也是老师。对公司未来愿景的传达，直接影响到公司的发展，这也是领导力中不可或缺的一部分，我们将在第 12 章中学习到更多的相关内容。
3. **热衷于机遇**：他们对顾客的需求了然于胸，以市场为导向，并时刻不忘创造价值和提高价值。
4. **对风险、不明确性以及不确定性的承受力**：他们是谨慎的冒险家和风险管理者，勇于承受压力，并有能力解决问题。
5. **创造力、自立以及适应能力**：他们思想开放，不满足于现状，学习能力强，有高度的适应能力，富有创造力，善于总结并且注重细节。
6. **追求卓越**：他们有明确的追求，追求较高且切合实际的目标，拥有实现目标的强烈驱动力。他们清楚自己的优势和劣势，将精力放在切合实际的事情上，而不是好高骛远。

> "即使你认为你知道一切，但在学校中还是有很多你要学习的生活经验。在校期间，与你的同学和教授建立人际网络。"
>
> ——山姆·尤丝帕布拉森，Solar Pacific Energy 公司事业拓展部总监

商业学教授萨拉斯·萨拉斯沃蒂（Saras Sarasvathy）曾做过一个有趣的实验，用来观察成功的企业家获取商业机遇的途径是否有特殊之处。萨拉斯沃蒂招募了 45 位已经创立了企业，且目前年收入至少 2 亿美元的企业家们，同他们就如何处理一个虚构企业中的一系列商务决策展开讨论。她还从大公司招募了一批成功的企业管理者做同样的事情。萨拉斯沃蒂发现，相比于企业管理者，企业家们更倾向于设置广泛的目标，并且在遇到障碍或发现新机遇时，他们会频繁改变他们的计划。甚至根据她提供的公司描述，他们很容易想出方法来重新定义公司并扩大了公司的发展可能。如果你曾经看过一档名为《铁人料理》（*Iron Chef*）的电视节目，就可以想象他们是如何工作的——利用提供的独特配料，即兴制作一顿美味的饭菜。而企业管理者则采用不同的方式，就好像是在有效并完美地遵循菜谱；他们倾向于为一个既定目标去努力，并根据实现目标的要求来确定所需的资源。

做出明智的选择　成功不仅取决于个人的性格特点，还取决于你所选择的行业。图 7.2 展示了一个概念化创业型企业做出最明智选择的模型。它从两个维度来描述企业：创新性和风险性。新兴企业都包含或多或少的创新因素，或是创造出了新颖而不同的东西。这也可以被描述成新兴企业都包含或高或低的风险。这里的风险主要指重大财务损失的可能性。但是它又不仅仅指这些，其中还包括一些企业家所感知到的心理风险，例如名誉与自尊心受损的风险。

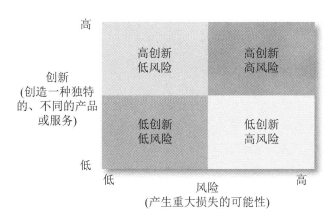

图 7.2 企业家的策略矩阵

资料来源：Reprinted from *Busniness Horizons*, May-June 1997, Sonfield and Lussier, "Entrepreneurial Strategy Matrix: A Model of New and Ongoing Ventures," Copyright © 1997, with permission fom Elsevier.

矩阵左上角的象限，代表高创新/高风险，描述了那些想法新、风险低的企业。例如，乐高建筑方块以及维可牢纽扣的发明者都是从低成本的手工制作开始起家的。如果不考虑目前的竞争者的话，宝洁公司的首创产品理念也应属于这一类型。因为对于如此规模的公司而言，投资新产品的财务风险可以被看作是相对较小的。

矩阵右上角的象限代表着高创新/高风险。此类新颖的产品创意往往都伴随着高风险，因为这需要巨额投资，并面临激烈的竞争。新种药物或者新型汽车都很可能属于这一类型。

大多数小规模的企业属于低创新/高风险类（右下角），这是进入成熟领域的传统途径。新饭店、零售商店和商业机构对小型企业的企业家来说，就意味着高投入和来自同行业的直接竞争力。

最后，低创新/低风险型是指那些只需小额投资而且/或是没有什么竞争压力，且市场需求较大的行业。这一类的例子包括，一些只需小额启动资金的服务行业和那些向没有竞争对手并且需求充足的小城镇扩张的行业。

这个模型有什么用处呢？它能帮助企业家审视自己的企业，考察它们是否适合自己的特定目标。它还有助于鉴别战略的有效性。企业家们可能会发现某一类别相对来说更具吸引力。左下角可能意味着相对较低的回报，但其安全性高。要寻求高风险、高回报，就要考虑其他类别，尤其是右上角的那一类。所以一个企业家可以先判断自己的创业想法属于哪一类别，再看看这是不是自己所倾向的。如果是，那么这项计划就值得继续和深入分析；如果不是，那就应该放弃这一计划或采取措施使其转为其他类别。

这个模型还提醒企业家们注意有用的一点：公司的成功并不一定要依赖于前沿科技或者激动人心的新产品。即使是提供最普通产品的公司——应该属于左下角的类别——也可以通过一些简单的、不同于并优于其对手的行为而获得竞争优势。

管理实践

对马克斯·阿恩特（Max Arndt）来说，选择一个商业想法是他在明尼苏达大学所修创业学课程的一个要求。在考虑现代社会还有哪些问题未被解决时，阿恩特想到很多人在离开公共厕所时都不喜欢用手去触碰门把手。怎样才能提供一种让人们放心离开的卫生途径呢？阿恩特设想，或许可以将某些金属部件用螺丝栓到门内侧的底部，这样只需要用脚尖就可以开门了。

这个想法带来了脚动式门把手 Toepener 的诞生。该产品主要是一块金属片，辅以一个用来拉开门的 L 形挂钩。阿恩特的同学很喜欢他的这个想法，并投票决定要支持他实现这一想法。学校为此提供了 15000 美元的贷款，而阿恩特带领他的团队开始了创业，目标是还清学校贷款并在学期末实现盈利。他们建立了一个网站，把 Toepener 定价为 49.95 美元，并与一家制造商签订了合同。很快他们就接到了很多订单，并且步入正轨，逐渐接近目标。《公司》杂志的编辑也很喜欢这个想法，并且称 Toepener 是最酷的大学生创业项目之一。

- 你觉得 Toepener 这个项目的创新性是高还是低？风险性是高还是低？

7.1.5 成功与失败

无论是独立创业的企业家还是内部企业家，他们都要面对成功或失败。企业家的成功与失败可能是在私有的、公共的或是非营利部门；可能是在国家发展的各个阶段；也可能是在各个国家，无论该国政治情况如何。

新兴企业的预估失败率因企业不同而不同。大多数数据表明，与其说失败是意外情况，不如说是一种规律。对于像餐饮这样的行业，失败率较高；而对于成功的特许经营来说，失败率则较低。新兴企业至少有两个不利条件：不为大众熟知和规模小。新兴公司知名度相对较低，因此需要学习如何比成熟企业在客户所关注的方面做得更好。而至于规模小，当企业到达一个至少拥有 10—20 人的临界规模，获得了 200 万—300 万美元的收益，且不断追求发展潜力的机遇时，这个企业的存活率会显著增加。

> 你可以在 MIT 企业论坛（http://enterpriseforum.mit.edu/）上找到很多有用的链接。

获得足够的创业投资，对于多数新兴企业的成功并不是必要的；实际上，这也是很少见的。美国人口普查局的最新数据表明，超过 3/4 的拥有雇员的新兴公司的资本来自企业家自己的财产或家庭财产。大约 1/10 的企业，由企业主的信用卡供资。即便如此，在最近一个季度里，风险投资公司在近 800 次交易中共投资了 60 多亿美元。这是一个相当庞大的金额，即使这些新兴企业中的一部分企业规模很小。风险投资公司也会提供一些专业建议，来帮助企业家增加成功的概率。

为了进一步了解影响成功与失败的因素，我们可以考虑风险、经济环境、各种管理相关的危机以及首次公开募股（initial public stock offerings，IPO）。

专家编制了各种各样导致新企业夭折的失误列表。最常出现的失误是资金不足和营销不力（如图 7.3 所示）。最近一项针对拥有不到 100 名员工的企业业主的调查发现，最常见的两大失误都与资金管理有关。

风险

我们在第 3 章中已学习了风险的相关知识。这是一个定律：创业是有风险的。经验丰富的企业家尤为清楚这一点。当克里斯·麦克吉尔（Chris McGill）评估他的 Mixx.com 创意（Mixx.com 是一个基于用户推荐的个性化新闻网站）时，他是《今日美国》的战略副总。为了 Mixx 的成功，麦克吉尔很清楚他将要为一个不确定的未来而放弃一份薪酬不错的工作。未来他将在一个动荡的经济背景下，全力以赴去融资、去雇用有才能的员工。但是麦克吉尔也断定，他在《今日美国》的工作经验和先前在雅虎新闻的管理经验给他提供了创立成功互联网企业所需的知识和人脉。

成功的企业家以现实的态度对待风险。他们会事先预计可能遇到的困难，缓和企业所受到的冲击，以帮助企业经受住挫折。在西雅图市中心，一个重大建设项目在健康体育用品店（Sound

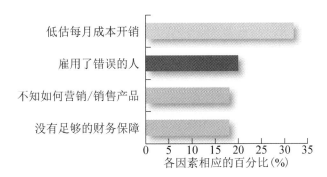

图 7.3 创业过程中出现的主要失误

Sports)周围造成了交通阻塞,商店老板本·雷科维奇和辛迪·雷科维奇(Ben and Cindi Raykovich)及时发现了这一危机。雷科维奇兄弟将商店定位于为市中心工作的运动爱好者服务,他们会在午餐时间或下班后顺便来到商店。由于担心建设项目会影响商店正常经营,他们又在波尔斯波社区附近开了第二家店。他们打算利用第二家店来弥补损失,即使他们不得不关闭第一家店,他们也可以继续经营在波尔斯波的第二家店。本·雷科维奇说他很难不忧心现在的状况,"我将整个人生投资在这个事业上,我们需要分散风险"。

经济环境的作用

企业活动源自经济环境和个人行为。例如,货币是所有新兴企业的关键资源。货币供给和银行贷款的增加、实体经济的增长和股票市场绩效的改进带来了更好的前景和更多的资本来源。反过来,前景改善和资本增加又加快了新兴企业的形成。在良好的条件下,许多有抱负的企业家获得了早期成功。但是经济循环周期会迅速将有利环境变为不利的环境。当周边环境陷入不利时,企业家必须依靠深谋远虑和聪明才干来生存,并进而获得成功。

> 经济循环周期会迅速将有利环境变为不利的环境。

尽管经济繁荣时期创业可能会更容易,企业也更容易生存,但是经济低落时期可以为企业提供扩大发展的机会。ABC 供应公司(ABC supply)的肯·亨德里克斯(Ken Hendricks)便是在严峻的经济形势中发现了一个商业机遇:美国中西部地区制造业经济的严重衰退导致镇上最大的雇佣单位——贝洛伊特公司(Beloit Corporation)倒闭了。尽管经济形式堪忧,肯·亨德里克斯收购了这家公司的大楼,并引进了一批多样化的新员工。实际上,肯·亨德里克斯接手了 ABC 公司的那群苦苦挣扎的供应商。经济衰退所带来的另一线希望是,招募人才会更加容易。

企业孵化器 为雏形企业创造一个培育环境的需求带来了"企业孵化器"的出现。企业孵化器经常位于工业园区或废弃工厂中,是为新成立的小型企业所设的一种保护环境。企业孵化器提供低租金、成本分担等优惠政策。人力成本分担,例如提供接待员、秘书,这为公司省去了雇用全职人员的开支,但仍能保证方便的服务。通常人事经理都是经验丰富的商人或顾问,为新兴企业业主提供建议。孵化器也常和一些大学建立联系,来为新公司提供技术和商务服务。

企业孵化器的鼎盛时期是在 20 世纪 90 年代,当时有大约 700 家企业孵化器主要为新兴企业提供资助(主要为技术型企业)。80%的企业孵化器在互联网泡沫破灭后倒闭,但培育新企业的想法仍在继续。例如,纳瓦尔·拉维康特(Naval Ravikant)正在发展一个暂定名为 Hit Forge 的企业,它类似于互联网孵化器。Hit Forge 聘请了四位富有推出成功互联网概念相关经验的工程师。工程师们广泛地尝试各种想法,但是他们都有严格的工作期限。他们必须在 90 天内把概念变为产品,并且任何在 1 年后没有实现盈利的企业都将会被终止。与旧式孵化器不同,Hit Forge 让工程师选择他们的工作地点，工程师也持有他们所开发企业的一半所有权。并且，90年代的孵化器可能要花费200万美元去开发一个想法，如今的孵化器却可能仅仅花费5万美元。

当你阅读下面的管理实践案例时，思考前面所提的哪一种因素对于奇普多来说是重要的成败因素。

 管理实践

史蒂夫·埃尔斯针对奇普多餐厅的"良心食品"策略

当史蒂夫·埃尔斯在丹佛开办他的第一家奇普多墨西哥烤肉快餐店时，墨西哥主题饭店已经比比皆是了，而快餐饭店也是随处可见。埃尔斯的联合CEO蒙蒂·莫兰（Monty Moran）说："当创办奇普多的时候，史蒂夫就是在努力让快餐界变得更好，即便从未有人这么想过。"事实上，莫兰认为埃尔斯"创造了没人想要的东西"。埃尔斯是如何克服竞争中的这些风险，并让人们相信他们确实需要更好的快餐的呢？

由于埃尔斯一心追求高质量的新鲜食材，并且坚信消费者愿意多花一些钱来买这种食物（奇普多甚至在近期经济不景气的时候提高了价格，但是销量几乎未受影响），他的公司显得特别与众不同。最终，他在这一理念基础上拓展推出了"良心食品"的主题。

2000年，埃尔斯发现了一个叫尼曼牧场（Niman Ranch）的家庭牧场。那里的猪可以自由自在地走动，并产出了"（他吃过的）最好吃的猪肉"。从那以后，奇普多餐厅开始逐渐采用天然饲养的畜禽。到2008年，奇普多的所有分店都做到了，至少部分食材从当地农场获取，这些农场通常在公司分配中心的400公里之内。（据公司反映，相比之下，美国目前的大部分农产品种植在平均2400公里之外。）考虑到寻找当地优良食材的来源会花费一定时间，公司在2008年设定了目标：在时令季节，每一款产品中，至少25%的食材来自当地；到2009年该比率上升35%；到2010年该比率上升为50%。

埃尔斯承认寻找到当地可靠的生菜和番茄来源，比采用已建立的销售渠道要更难。但是他坚信这样的努力是值得的，只有这样才能让他的公司成为优质饮食的领导者。"消费者越了解食用可持续食材的好处，"他说，"他们就越会想要从各处都能吃到这种食物。"埃尔斯把他的餐厅看作是一种教育，同时也是一种用餐体验：消费者体验到天然饲养的食物究竟有多么美味。他希望消费者对这种体验的需求越来越多，而被确认为可提供天然食材和有机食材的餐厅，也将最能满足他们的这种需求。

或许更大的挑战在于埃尔斯要恪守承诺，将诚信拓展到公司的建筑设计中去。奇普多在建的最新分店正是根据LEED认证的严格国际标准来构建的，坚持做到高效节能与环境友好。奇普多已经有超过1000家分店，均配有太阳能板、节能烤肉架以及节能灯，而这类分店的数目还在不断增加。这些努力能够实际上降低奇普多的水电费用。然而，一些观察者质疑这种商业行为，认为其与餐厅为人们提供食物这一基本任务无关：消费者确实愿意多花一些钱来获得高品质的食物，但是他们会愿意多花一些钱来在一家环境友好型的餐厅用餐吗？

为了实现提供"良心食品"的目标，埃尔斯已经取得了多项成就，但他有没有停止梦想呢？同大多数企业家一样，他继续致力于寻找新的机遇。他告诉记者："我们为我们的成就而骄傲，但是我们还有很长的路要走。"

- 你会把奇普多放在图7.2的企业家战略矩阵的哪个部分？为什么？
- 哪些证据可以说明埃尔斯在策略方面做出了成功的决策？
- 埃尔斯创立奇普多时面临着哪些风险？而经济环境对他的成功有什么样的影响？

常见的管理挑战

作为一个创业者,你很可能会面临一些常见挑战。你应该在遇到挑战前先充分了解这些挑战,以便在正面接触时可以进行有效管理。我们下面将讨论一些这样的挑战。

你可能并不喜欢它 一些管理者和员工会专门从事他们所喜爱的工作,不管是销售还是会计。但是企业家至少在起步阶段,必须做所有的事情。如果你喜欢产品设计,你必须同时能够销售你的产品。如果你喜欢市场营销,你也要做好管理资金的准备。当伊丽莎白·布施(Elizabeth Busch)、安妮·弗雷-莫特(Anne Frey-Mott)以及贝琪·珍奇维克兹(Beckie Jankiewicz)联手推出伊凡特工作室(Event Studio)时,最后一个挑战对于她们而言,实乃一个绊脚石。伊凡特工作室主要负责为客户安排商务会议,而这三位女士都有安排会议方面的经验。但是当她们创立自己的公司时,完全没有考虑到计算收入与现金流所需的一系列财务决策。在一些实用性建议下,她们学习了一些基本的会计课程,以帮助她们避免日后遇到的税务问题。如果她们不愿意学习新技能,创业对她们而言,可能并不是适合的职业生涯道路。

难以维持生存 Zappos的创始人谢家华说:"我们每天都想着可能要倒闭了,直到我们得到了富国银行600万美元的信贷额度,这一担忧才算停止。"没有足够良好记录的公司会很难找到贷款、投资者,甚至是客户。当经济衰退或竞争越来越激烈时,处于缝隙市场的小型新兴企业在生存机会方面可能会受到限制。当辛辛那提市的塞万提糕点熟食店(Servatii Pastry Shop and Deli)订单量减少时,商店主人加里·高腾布施(Gary Gottenbusch)开始担心了。随着俄亥俄州经济显著衰退,顾客认为花式面包和蛋糕都是他们不必要的奢侈品。塞万提糕点熟食店可能要面临倒闭,但高腾布施乐于接受改变。他维持商店的经营,通过建立新的分销渠道(在医院销售)、开发新产品(独特的椒盐卷饼),以及采取新措施以降低成本(与该地区其他面包房联合采购),增加销售。

失败可能是毁灭性的。当玛丽·格里森(Mary Garrison)想要创业时,她选择女性健身行业,并决定购买美国女性特许经营公司的特许经营权。但是当她隆重开业后,商店根本无人问津。3个月后,她关闭了商店。格里森指责特许公司没有提供必要的促销支持,但美国女性公司驳回了她的投诉。

发展带来新挑战 500家股份有限公司中,仅有1/3的公司可以保持快速增长,并连续2年在快速发展公司榜上持续出现。这是因为:它们面临更大的挑战,竞争公司规模更大,创始人能力有限,也可能是烧钱般的资金消耗。顾问道格·塔特姆(Doug Tatum)将公司在这个阶段的增长称为"无人区"。这是一个艰难的转变。

一开始,企业家维持业务运转,有坚定的决心要赢得顾客并让他们满意。他们工作时间长且酬劳低,提供出色的服务,从而获得良好的口碑,并且业务得到了发展。当身体条件不允许完成所有工作时,企业家们感到他们需要助手。CopyShark.net的创始人朱莉·莱德(Julie Ladd)在独自工作6个月后决定要聘请助手:"我每周工作70多个小时,甚至还不能空出顾客所需的周转时间。"当然,这个挑战在于,你不仅需要长期拥有资金来付薪资给助手,还要能找到具有必要技能和一定积极性的助手,这样的助手能如企业主一般融入公司中。

> **提示**
> 企业家能够稳定公司的规模,但是他们始终要维持一个高价值的商业模式并提供出色的客户服务。
> 一个小型公司增长过快的迹象可能有哪些?

发展似乎对于多数企业家来说都是一个强烈的目标。但是一些企业创始人在达到他们所希望的规模后就不想再继续发展了。达到中庸之道也是可行的。同时,有时有必要在公司做好万全准备前抑制其发展。在格雷戈里·永利(Gregory Wynn)、可米切尔·约翰逊(Komichel Johnson)和罗伯特·A. 琼斯三世(Robert A. Jones III)的住宅建筑公司——JLW家庭与社区公司(JLW

Homes and Communities）仅仅成立 1 年后，他们获得了一个名为 Heritage Pointe 的 70 单元公寓建筑项目。他们确定完成这项工作需要 1 名监工、2 名助手和至少 100 名工人。JLW 公司有 2 名监工，但是他们都已经被分配到其他项目中，并且公司工人太少，因此公司合伙人很不情愿地拒绝了这个项目。琼斯回忆起来说："对于我们来说做这种类型的交易为时过早……我很高兴我们当时拒绝了，因为如果我们不拒绝，我们现在可能已经丧失了全部财产。"通过按可持续速度来仔细规划公司的发展，JLW 公司在亚特兰大已经成为一家成功企业。

> 达到中庸之道也是可行的。

难以进行委任 随着企业的不断发展，企业家经常会犹豫要不要将自己曾做的工作委任给其他人。领导退化为微观管理，这时管理者会进行严密监控，直至细枝末节。例如，在互联网热盛行时，许多公司的创始人有技术专长，却少有在企业运行各方面迅速成为专家的经验，其中包括品牌和广告方面。事实上，他们并不像自己想的那样无所不知，他们的公司随之破产。幸运的是，许多企业家观察到他们行为的后果，然后找出了更有效的管理方法。DealPerk 优惠券网站的创始人高永贤（Albert Ko）曾经通过大骂员工来处理员工的错误；但是当他意识到自己在营造一个恐慌的工作氛围后，他开始私下与员工讨论问题并注重改进。在因一个员工没有理解指示而导致 500 美元的损失后，凉鞋制造商 Paper-Feet 的创始人吉米·汤扎克（Jimmy Tomczak）学会了在开始工作前先确定员工已经理解了各项指示。

资金滥用 很多不成功的企业家都将其失败归因于资金来源不足。但是因资金来源不足而导致的失败并不意味着真的缺钱花，这也只能说明企业没有合理地利用现有的资金来源。许多启动资金被浪费在了昂贵的地理位置、极好的店内家具和花哨的文具上。不能明智地利用资金的企业家们常常犯以下两种错误：资金投向错误和资金把控力度不足。

当某个幸运的企业家从风险投资公司或者首次公开募股中获得大量资金时，这种问题就更有可能发生。对于多数新兴企业而言，若风险资金来自企业家自己的财产，他便会更小心谨慎地使用资金。实践电脑应用公司（Practical Computer Applications）的创始人特里普·米库（Tripp Micou）说："如果你全部资金的使用，是基于你的收入（销售收入），你会很快集中于你应该花费的事情上。"米库是一位经验丰富的企业家，他认为这个财务限制实为一个管理优势。

缺乏控制 或许是因为企业家们过于繁忙，他们往往不能建立起一个正式的控制体系。企业家的一个通病是大都厌恶记账。常常是花销上涨了，但是记录没有跟上。定价决策更多地出于直觉，而没有经过对成本的充分考虑。最终，这使得公司的利润不足以支撑发展。

有时经济衰退会提供一个必要的警报，警告企业主要注意控制。正当原材料价格上涨时，塞万提糕点熟食店的销售量也在不断减少。此时店主加里·高腾布施鞭策自己"稍微走出他的舒适区"，并咨询了生产扩展合作机构（Manufacturing Extension Partnership）的顾问。除了鼓励他去创新以外，顾问们还帮助他设定目标并且监督实施过程。高腾布施需要处理的问题之一是烘焙商品，例如起酥油和面粉的价格。他与当地的其他面包房组成了一个采购协会来进行大批量采购，从而节省开支。降低成本使得塞万提在顾客减少购买烘焙食品时，却仍旧保持盈利。

> **提示**
>
> 你很可能一开始会密切关注成本，但成功有时会让你对现实有所忽视。不要落入这个圈套。
>
> 一个喜欢销售的企业家将记账工作委任给了一名会计师，这样做会给企业带来怎样的危险？

> 受持续增长的销售额蒙蔽，很多企业家会对企业的其他方面失去了警觉。

即便是在高速发展的公司，巨额的数字也往往会掩盖住酝酿中的问题。若是缺乏有效的控制，企业就会转向失控。所以，千万不要过于自信；应该时常反思，提醒自己以下的重要问题：我们的成功是否仅仅依赖于唯一的那个大客户？我们的产品是否是昙花一现的时髦玩意儿？其他公司是否很容易就能冲击我们的主导地位，给我们带来损失？我们是否正在失去技术领先地位？我们是否真正了解这些统计数字，知道它们从何而来，是否掩盖了急须关注的问题？

死亡　一个衡量企业家成功与否的长期标准，就是看创始人死亡之后企业的命运如何。创始企业家常常无法安排好继任事宜。他们一旦去世，遗产税以及找不到合适的接班人等问题都能导致企业的垮台。

管理学大师彼得·德鲁克（Peter Drucker）为家族企业的生存和昌盛提出了如下建议：企业内部的家庭成员至少要做到和其他雇员一样能干并且敬业；至少要有一个重要的职位由家族以外的人员担任；要有家庭和企业之外的人来帮助制定继任事宜。家庭成员中的庸碌之辈会引起其他人的憎恨；外人相对更加客观，而且还能提供家庭成员所不具有的专业知识。管理继任事宜往往是所有问题中最棘手的，时常引起冲突，并且可能导致企业破产。

上市

当公司发展到一定程度时，企业主会想要公司"上市"。首次公开募股（IPOs）通过出售政府注册和认购的股票份额来筹集资本。你需要咨询了解当前上市法规的律师和会计师。上市的好处包括可以筹集更多资本，减少债务或改善资产负债表和提高资本净值，寻求原先无法承担的机遇，提高在客户和其他利益相关者中的可信度——"你现在是本行业中的佼佼者了"。上市也有一些坏处：大量投入资金、时间和精力；更倾向于关注股票价格和资本收益，而不是维持公司的正常运转；与投资银行建立的长期伙伴关系也不总是良性的关系。

许多企业家情愿避免上市，他们担心会失去对公司的控制。这便是半价书店（Half Price Books）第二代店主所坚持的观点。半价书店是40年前由派特·安德森（Pat Anderson）和肯·杰米若（Ken Gjemre）创办的一家零售连锁书店，现在由安德森的女儿莎伦·安德森·莱特（Sharon Anderson Wright）管理着这个家族企业。莱特认为要遵循公司对员工的承诺，就有必要保留私人所有制。她指出，当公司被卖掉时"并不是所有人都会有好结果"。半价书店现已在美国16个州中拥有100多家分店，以招聘聪明的员工为荣，并且将培训、好的福利和晋升机会作为给他们的奖励。对员工的关心很符合半价书店对可持续发展的追求：店中70%的商品是用过的书籍、杂志和音乐制品，这是一种提倡再次利用而不是直接扔掉的商业模式。当莱特成为半价书店的所有者和首席执行官时，她所坚持的另一个价值观就是要经营一家环保型的企业。

实行首次公开募股或者其他获得资本的方法比较复杂，受到法律约束，而且超出了本章的学习范围。更多信息可以参考：美国风险投资协会（www.nvca.org）、*VentureOne*（http://www.ventureone.com）以及 *VentureWire*（http://www.ventureca-pital.dow-jones.com/）。

7.1.6　增加成功的概率

除了财务资源，企业家还需要仔细考虑他们的想法以确保成功。我们这里将会讨论良好计划和非财务资源的重要性。

计划

你认为你已经发现了商业机遇，也有获得成功的个人潜力。那接下来呢？你该从何入手呢？

商业计划　或许你的激情和直觉已经说服自己必须要做点什么了，但是这也许并不能说服别人。你还需要更详尽的计划和分析。这一努力将帮助你说服其他人与你合作，并且帮你避免重大失误。

正式计划的第一步是**机会分析**（opportunity analysis），这包括对产品或服务的描述、对机会的评估、对企业家（你自己）的评价、将想法转为可行企业的具体行动和所需资源，以及资本来源。表7.3列出了机会分析中需要回答的一些问题。

表7.3 机会分析

我的创意满足了哪些市场需求？
对于这些市场需求我做了哪些观察或记录？
哪些社会条件构成了这些市场需求的基础？
有哪些市场调查数据可用来描述这些市场需求？
有哪些专利可用来满足这些需求？
这一市场存在哪种竞争？我如何看待这些竞争行为？
国际市场情况如何？
国际竞争情况如何？
这项活动的赢利点在哪里？

资料来源：R. Hisrich and M. Peters, *Entrepreneurship: Starting, Developing, and Managing a New Enterprise*, table, p. 41. Copyright © 1998 by The McGraw-Hill Companies, Inc. Reprinted with permission.

机会分析或机会评估计划的重心在于对机会的评估，而不是整个风险投资上，它的主要作用是帮你决策该项行动是否有价值。接下来的商业计划就要列出正式创业所要做的所有工作了。商业计划描述整项风险投资及其所处的市场环境、战略和未来导向。它通常包括市场营销、财务安排、产品制造以及人力资源等方面的可行计划。

表7.4列出了一份典型商业计划书的大纲。它可以：(1) 帮你判断企业的可行性；(2) 指导你的计划和组织工作；(3) 帮助你筹集资金。那些潜在的投资人、供应商、顾客等都会关注商业计划。快寻求帮助，着手编写一份健全合理的计划书吧！

表7.4 商业计划书大纲

I. 行动纲要	III. 市场调研和分析
商业概念和企业的描述	顾客
机遇与战略	市场规模和趋势
目标市场和预测	竞争和竞争优势
竞争优势	预估市场份额和销售额
成本	市场进展评估
可持续性	IV. 企业的经济性
团队	毛利率和运营利润率
上市股票	盈利的潜力和持续性
II. 行业和公司以及其产品或服务	固定成本、可变成本和半变动成本
行业	实现盈亏平衡的时间（月）
公司及其理念	实现正向现金流的时间（月）
产品或服务	V. 营销计划
入市和发展战略	总体营销战略

（续表）

定价	董事会
销售战术	其他股东、权利和限制
服务和保修政策	支持性的专业顾问和服务 IX. 总体日程
广告和促销	X. 主要风险、问题和假设
分销	XI. 财务计划
VI. 设计和开发计划	实际的利润表和资产负债表
开发阶段和任务	预测的利润表
困难和风险	预测的资产负债表
产品改进和新产品	预测的现金流分析
成本	盈亏平衡分析图和计算
产权问题	成本控制
VII. 制造和运营计划	重点
运营周期	XII. 建议的公司投资
厂址	需要的资金
设备和改进	上市股票
战略和计划	资本化
法律法规问题	资金使用
VIII. 管理团队	投资者回报
组织	XIII. 附录
主要管理者	
管理者报酬和所有权	
其他投资者	
雇佣关系和其他协议以及期权和奖金计划	

资料来源：J. A. Timmons and S. Spinelli, Jr., *New Venture Creation: Entrepreneurship for the 21st Century* 7E, 2007, p. 229. Copyright 2007 The McGraw-Hill Companies, Inc. Reprinted with permission.

计划书要点 大多数的商业计划过于关注财务预测，从而忽视了其他一些重要的信息——这些信息对于精明的投资者来说至关重要。事实上，财务预测往往都过于乐观了。投资者很清楚这一点，也会因此对数字打个折扣。除了数字之外，一份优秀的计划书还必须传达以下五个关键问题：人才、机遇、竞争、环境、风险及其回报。要确保企业家认真、全面地考虑了这五大方面。

我们所需要的人才必须精力充沛，并且掌握相关的技能和专业知识。很多精明的投资人最看重的是人才，甚至超出对创业想法的重视。风险投资公司每年大约能收到2000份商业计划。这其中大部分创意平平，真正有决定意义的是其执行的能力。亚瑟·罗克（Arthur Rock）是一位传奇的风险资本家，他曾参与创建英特尔、特利丹（Teledyne）和苹果公司。他说："我投资于人才而不是创意。如果你能找到出色的人才，哪怕他们在产品上失误了，他们也能自己纠正过来。"

所谓的机遇应该能为企业树立牢固的竞争优势。顾客应为重点考虑项：谁是顾客？顾客怎样决策？产品应该如何定价？公司怎样才能触及所有的顾客群体？争取到一个顾客，然后生产并销售产品的成本是多少？留住顾客是否容易？

> 机遇应该能为企业树立牢固的竞争优势。

考虑竞争也是至关重要的。计划书中必须识别竞争对手以及他们的优势和劣势,预测他们对新对手的反应,表明自己将如何应对,识别未来的潜在竞争者,考虑如何同现存的或潜在的竞争对手合作或者与之对抗。Zappos 的原计划是通过在网站上提供更广泛的商品选择来与其他网上鞋店进行竞争。但是,大多数人是在实体店买鞋,因而 Zappos 的创始人尼克·斯威默和谢家华很快意识到他们需要从更全面的角度来看待竞争。他们开始更多地关注服务和计划配送方法,从而使他们的网上商店和实体店一样成功。

从管制和经济前景来看,环境应该是有利于企业家投资的。税收政策、有关筹资的规定、利率、通货膨胀以及汇率等因素都有可能影响新兴企业的可行性。环境决定了你的成功之路是更顺畅还是更坎坷。重要的是,在计划书中要显示出对环境变化必然性的了解,并要预测这些变化对你的公司将有何种影响,还要写明你的应对策略。

你必须尽可能地了解并处理风险。未来总是不确定的,所以计划书中所描述的情况会随时间的推移而变化。虽然你不可能预测未来,但你必须直面关键人员随时离职、利率变化、失去重要客户或者有力竞争对手猛烈回击等情况的可能。你还需要说明你将如何阻止、避免或应对这些不利的可能。最后,计划书中还应涉及最终从公司中获利的方式。是否准备上市?要出售或进行清算吗?投资者实现最终回报的各种可能性是什么?

推销计划 你的最终目标是要说服投资者支持你的计划,因此一项出色计划的各个要素都像之前所说的那样,是至关重要的。决定要说服谁来支持你的计划也十分重要。

> 根据美国新经济指数,最适合创办创新型新经济企业的州分别是马萨诸塞州、华盛顿州、马里兰州、新泽西州和康涅狄格州。

许多企业家都想要消极的投资者,这种投资者会出资让你做你想做的事情。医生和牙医大都属于这一类型。而职业的风险投资家却不是,他们要求较多的控制权和较高的回报。但是一旦企业运作出现问题——这是很有可能的——非职业的投资人是指望不上的,他们也不会为你追加急需的资金。而老练的投资人饱经风雨,他们往往能帮得上忙。他们更可能去解决问题、追加投资,并且会给予金融或法律指引,帮助寻找出路,如上市等。

将这份计划书看作帮助你降低风险和实现利益最大化的工具,也是向他人证明你对该项风险投资了如指掌的证据。切不可把它做得太天真或过于自信,也不要自作聪明地掩饰主要缺陷。你很可能愚弄不了别人,反倒是更可能搬起石头砸自己的脚。

非财务资源

非财务资源同样是新兴事业成功的关键,它包括在公众心中的合法性以及他人可以提供帮助的多种途径。

合法性 新兴企业的一项重要资源就是合法性——也就是人们对公司的被认可程度、恰当性和有利条件的判断。当企业获得市场合法性后,它就克服了"不为人熟知"这一劣势,正是这种劣势导致了新兴企业较高的失败率。合法性有助于企业获得其他资源,比如高层管理者、优秀员工、财务资源和政府支持。一项为期 3 年的创业公司跟踪调查研究表明,一个公司成功销售产品、雇用员工、吸引投资者的可能性,很大程度上取决于创业者如何巧妙地展示公司的合法性。

如果一个企业的目标和方法符合社会价值观,那么这个企业就具有合法性。你可以通过以下方法来提高企业的合法性:明确遵循政府、认证协会和专业组织制定的规则和期望;明确认可广泛拥护的价值观;明确实践广泛拥护的信念。

人际网络 强有力的人际网络使企业家们受益良多。**社会资本**——作为社交网络中的一部分并具有良好的声誉——帮助企业家获取有益的信息,获得他人的信任与合作,招募员工,形成成功的商业联盟,从风险资本家处获得资金,从而变得越来越成功。社会资本提供了一个持久的竞争优势来源。

蒂姆·利特尔(Tim Litle)凭借他和商学院同学以及客户的关系,成功地开创了一些创新业务。在他事业的早期,一位政界的朋友想要发信给不同的公民群体,利特尔便和他合作,共同找出了如何用电脑常用程序来实现的方法。最终,利特尔、这个政治家朋友和其他两位合伙人创办了一家企业,为市场营销人员提供相同的服务。

管理实践

社会企业家为构建社会资本而创建的一个组织,名为"不合理协会"(Unreasonable Institute)。(这个名字源自萧伯纳(George Bernard Shaw)的一句名言:"通情达理的人调整自己来适应这个世界;不可理喻的人则试图调整世界来适应自己。所以,社会的所有进步都是依赖于这些不可理喻的人。")该协会的目标是使新兴企业具有创新性和经济可行性,能够为世界上至少100万的贫困人口服务。随后再把其中的25个公司聚集到一起,进行一个为期6周的见面会,与经验丰富的导师进行交流。该见面会的预期效果在于,通过专家指导和与会企业者的想法交流,使这些新兴企业有一个良好的开端,从而在盈利的条件下解决当今世界一些最复杂的问题。

"不合理协会"启动项目后,45名参赛者会从数百名申请者中脱颖而出。协会把这些入围选手的信息公布在网站上,给他们每人50天的时间来筹集捐款,以此来支付参与这个项目的6500美元费用。这一做法的初衷在于企业需要吸引资本家的投资才能获得成功,所以融资是他们第一个需要克服的障碍。资金赞助商包括如下几个组织:KITO国际组织,主要向各个国家中流浪街头的年轻人宣扬企业家精神;Who Gives a Crap组织,主要进行环保型厕纸的制造,并把所得利润捐给涉水卫生项目;全球自行车解决方案组织,该组织计划用摩托车和自行车运转手机充电器和农村地区的玉米脱粒机。

- "不合理协会"是如何帮助新兴企业建立公司的合法性并构建社会资本的?

高层管理团队 高层管理团队是企业的另一项重要资源。例如,苏丁·沙哈尼(Sudhin Shahani)所创立的新兴公司之一——MyMPO公司专门提供包括音乐藤(Musicane)在内的数字媒体服务。音乐藤可以让音乐家们在他们自己开的网店上,在线出售音频、视频和铃声。而公司的市场主管是歌手Will.i.am。拥有一位音乐家高管可以帮助音乐藤构建与其他艺术家之间的客户关系。同时,对于被合并的公司来说,董事会可以提高公司形象,施行长期的扩展计划,支持日常活动并开发信息资源网。

咨询委员会 无论公司是否有正式的董事会,企业家都可以召集一群乐意效劳的人组成一个咨询委员会。具有商业经验的委员会成员可以帮助企业家学习一些基本技能,比如如何做现金流分析,如何识别必要的战略变化,如何与银行家、会计师、律师建立合作关系。

合伙人 常常会有两个人作为合伙人共同创业的情况。合伙人之间能共同出资、分工合作、分担风险并分享专业知识。前面所提到的亚特兰大建筑公司JLW家庭与社区公司的优势之一就是公司有三位创始人,他们将各自的专长应用到了公司业务中。格雷戈里·永利精通住宅设计,可米切尔·约翰逊是一位金融专家,而罗伯特·A.琼斯三世是一位成功的销售人员。约翰逊这样解释他们的优势:"我们并不是在所有的问题上都能达成一致,我们也会有一些激烈的争论……但是我们认识到通过沟通和陈述事实,我们可以克服组织内出现的任何问题。"

虽然能找到一个志同道合的合伙人是一种潜在的优势,但合伙人并不都是"天赐良缘"。马克说服了他的三个朋友一起加入他的电信公司,因为他不想一个人单干。但很快他就发现:当他想要继续投资扩展业务的时候,那三个人却合计着拿公司的钱去买车、去巴哈马群岛度假,公司也就这样解散了。"我从来没想到在商业关系面前,友谊会显得那么一文不值。一涉及钱,人就变了。"

> 合伙人并不都是"天赐良缘"。

要想成功,合伙人之间必须了解对方的才能,让双方都能各尽所能,真诚地进行沟通并虚心听取对方的意见。当JLW家庭与社区公司的合伙人因公司人手不够而推掉一个建筑项目时,这就是他们所采取的措施。金融专家约翰逊相信在这个项目中公司会获得不错的回报,而销售人员琼斯渴望向前发展,但是建筑家永利却说公司还没有做好接这种规模项目的准备。最后约翰逊和琼斯顺从了永利的经验之谈,后来他们也很高兴做了这样的决定。合伙人必须通过信守承诺来建立对彼此的信任。如果不得不毁约,也一定要提前通知对方并尽量在事后做出补救。

7.2 公司创业精神

现在的大型企业已不只是创业热潮中的消极旁观者了。就拿微软来说。每年春天微软会举办为期三天的Techfest科技展,重点展示公司将要大力发展的高新科技。展会第一天对公众开放,剩下两天只对微软员工开放。大约有一半的微软研究员从世界各地赶来参加这个展会,通过观看同事们的创新项目来激发他们的灵感与能力。

即使是成熟的公司也仍在寻找和追逐新颖的、有利可图的创意——他们需要其内部企业家(intrapreneurs)来完成这项工作。

> **提示**
>
> 回顾第3章,我们曾学过产生好想法的创造力,但是创新还需要真正实施这些想法使它们变为现实。如果你在你的组织中工作,并且拥有好的创意,那你一定要说服他人入伙。
>
> 你需要具备什么技能使人们支持你的新创意?

7.2.1 为你的想法寻求支持

管理者如果有了利用某一市场机遇的新想法,就应该设法得到公司中其他人的赞同或支持。换句话说,你需要建立起一个能支持你并帮助你将想法付诸实践的联盟阵线。

如果你要为自己的项目创意寻求支持,第一步就是要让你的最直接上司明白这项投资。在这一阶段,你要阐明你的想法,以得到赞同,并寻求更广泛的支持。

高层主管人员常常要求你能提供项目在提交之前已得到同事支持的证据。这需要组建起啦啦队——由愿意在正式向上级提交前就支持你的人组成。一些管理者将这种战略称为"子弹上膛"——集中火药来支持你的创意。

接下来,讨价还价便开始了。你可以承诺用项目的盈利给同事和其他人贡献的支持、时间、资金和其他资源进行回报。

最后,你要得到相关高层管理人士的祝福。这往往需要一次正式的报告展示。你要能保证该项目在技术及政治上的可行性。高层管理人士的认可和对资源支持的承诺能将潜在的支持者转变成一个充满热情的团队。这时,你便可以回过来同你的上司商讨有关项目推进的详细计划。

在此过程之中，要做好迎接重重障碍和阻扰的准备——用你的热情、毅力和商业逻辑来说服他人，拉他们同行。

7.2.2 建立内部企业家精神

建立企业家文化是 Acordia 公司战略的核心，这是一家成功的保险公司，并在最近更名为富国银行 TPA（Wells Fargo TPA）。它之所以能够成功建立使内部企业蓬勃发展的企业环境，主要是因为公司在以下方面做出的决策：培养企业家思维和行动，创立新创业团队，改变薪酬制度来鼓励、支持和奖励创新与创造行为。也就是说，建立内部企业家精神需要有认真、深思熟虑的战略计划。

专门工作组（Skunkworks）和地下工作组（bootlegging）是两条最常用的激发内部创业活动的途径。**专门工作组**是专为生产新产品而组建的项目组。它为特定的目标而设立，有特定的时间安排。通常会由一个众望所归的人来担任负责人。在这种公司创新的方法中，冒险者不会因为冒险和失败而受到惩罚——原来的工作仍然为他们保留着，同时冒险者还有机会获得丰厚回报。

地下工作组是指员工为开发他们自主选择的新产品和新工艺的非正式尝试，不同于正式的工作任务。所谓"非正式"指的是"秘密地"，比如当一个"地下工作者"知道公司或老板不会赞成这项活动时，他的工作就只能是秘密的。但是企业应该能容忍甚至鼓励这种地下工作。在一定程度上，企业应该允许员工自由地从事他们偏好的项目，而不去问他们这些项目是什么或者监控项目进展，明白地下工作组会导致时间的浪费，但同时又会促进员工去学习并且带来有利可图的创新。

默克公司（Merck）非常渴望研发中的企业家思想和行为，于是明确地否决了计划和控制上的预算。新产品工作组没有任何预算，他们必须说服别人加入他们的队伍并投入资源。这造就了优胜劣汰的机制，就像真实世界中的竞争一样。在默克公司，就像在富国银行 TPA 一样，内部企业家精神来源于深思熟虑的战略思维和执行。

7.2.3 管理上的挑战

鼓励内部企业家精神的组织面临着一个显而易见的风险：他们的努力可能会化为泡影。一位作家曾指出："大公司内部企业家精神的发展有着显著的历史，但其前景不容乐观。"然而，这种风险是能够控制的。事实上，没有内部企业家精神比鼓励内部企业家精神意味着更微妙但却更大的风险。对内部企业家精神的抑制可能使公司在环境变化时丧失反应变能力。

内部企业家精神最大的风险在于对单一项目的过分依赖。很多公司在等待一项大型创新项目被完成的过程中就已经失败了。一个成功的企业体制会尽量避免对某一项目的过多投入，它所依赖的是内部企业家精神，以确保在几个项目之中至少有一个能够成功。

当内部企业家的努力分散于过多的项目时，组织同样也将走向失败。如果项目过多，每一项投入的规模就会过小。管理者可能会因为项目规模太小而感到项目没有吸引力。或者那些被招来管理这些项目的人将很难在整个组织中获得权力和地位。

因此内部企业家精神的风险是与规模相关的。一个大规模的项目会构成威胁，太多资金不足的项目同样也会构成威胁。但若能审慎管理这一具有战略意义的重要过程，公司长期生存和成功的机会将会显著提高。

7.2.4 企业家导向

在本章前半部分,我们已经讨论过个人企业家的特征。作为本章总结,现在再把主角换成公司:我们将讨论具有高度企业家素质的公司与其他公司有何不同。CEO们在大型企业中对推动企业家精神发挥着至关重要的作用。

企业家导向 指的是组织致力于成功识别并利用新机遇的倾向,这种倾向使之能抓住机遇进行新的风险投资,将新出的或现有的产品或服务打入新兴的或成熟的市场。企业家导向由五种趋势决定:允许独立行动、创新、冒险、先发制人以及争强好胜。企业家导向应该提高成功的可能性,并且对于在国际上开展业务格外重要。

允许独立行动指的是赋予个人以及团队充分的自由,使他们能够实践自己的创造力和大有前景的想法,并将其进行到底。创新要求公司去大力支持能产生新产品或新工艺的想法、试验和创造性工艺,它需要有同现有实践决裂并超越现状承担风险的意愿。冒险来自投入大量资源、或许还要大笔举债去探索未知世界的意愿。对于冒险的倾向能从以下几方面进行评估:人们是大胆还是谨慎,在采取行动或准许某一行动前是否要求有较高的确定性,是否倾向于遵循被实践证明可取的道路。

先发制人是指依据对未来可能出现的问题及机遇的预测而提前采取行动。一家先发制人的企业能改变竞争格局,而其他企业只能见机行事。先发制人的企业具有超前的思维能力并能迅速行动,他们是市场的领导者而不是追随者。类似的,有些个人也更可能先发制人,他们更喜欢塑造和创建自己的环境,而不是被动地适应自己所处的环境。先发制人的企业鼓励和允许个人与团队也能先发制人。

> 先发制人的企业具有超前思维能力并能迅速行动,是领导者而不是追随者。

最后,争强好胜是指企业直接、猛烈地挑战竞争对手以进入市场或提升地位的倾向。换句话说,它是一种想在市场中超越对手的竞争趋势。可以表现为先发制人攻击对手、正面与对手较量,以及分析并攻击对手的弱点等。

只有将以上五方面——允许独立行动、创新、冒险、先发制人和争强好胜有效地结合起来,企业才可以称得上是具有"企业家素质"的企业。这些因素和企业绩效之间的关系是相当复杂的,取决于很多方面。即使如此,你完全可以想象出相反的情境——对行动的各种过分约束、循规蹈矩、过度谨慎、消极被动以及缺乏竞争动力。所有的这些都会压制企业家精神,而一旦没有了企业家精神,企业如何能在日新月异、充满竞争的环境中生存和发展呢?

因而,管理可以创造出能培养更多企业家精神的环境。如果你的上司没有这样做,那你可以自己尝试做一些企业家性试验。找出其他一些具有企业家素质的人。你能从他们那里学到些什么,你又能教给他们些什么?有时实验个人和团队还要向上级证明设想的可能性。问问你自己,也问问其他人:在政府官员和企业家之间,谁更有正面影响?谁享有更多的乐趣?

 管理实践

奇普多的发展壮大

成功的企业家会卖掉自己的公司然后开创另一家公司,重复他们知道自己可以做得到的事或者可以学着如何成为一家较大企业的管理者。史蒂夫·埃尔斯选择了后者。他如今经营着1000多家连锁餐厅,拥有25000名员工,每年获利将近20亿美元。

埃尔斯的父亲是一位制药行业的主管，他出资帮助埃尔斯开办了第一家餐厅——奇普多。随着顾客蜂拥而至，埃尔斯在经营了两年后存下了另开两家新店的资金。在接下来的一年内，他又新开了5家分店，且都分布在美国丹佛地区。这样埃尔斯就可以自己留心照看餐厅，同时发挥他在烹饪上的专长。

当埃尔斯拥有了8家分店时，他依然想着要继续发展壮大。他可以通过接受投资人出资来扩大经营，这些投资人非常有兴趣投资已经获得一定成功的公司。但他仍然坚持私人经营，直到1989年他才引入了投资，这使他将业务扩展到了美国中西部。有趣的是，其中的一个投资者就是麦当劳。麦当劳虽广为大众喜爱，但其受欢迎的原因并不在于新鲜的食材。到2001年，麦当劳已成为奇普多最大的投资者。

在首次接受外来投资的八年之后，奇普多终于公开上市了，将股票卖给了那些想要投资的人。不久之后，麦当劳售出了其所买下的奇普多股份。作为一家上市公司，奇普多不仅仅对埃尔斯负责，还要对所有的投资团体负责。埃尔斯如今只拥有不到2%的公司股份。只要"良心食品"的策略能够盈利，投资者就会感到满意；如果奇普多失去了对消费者的吸引力，投资者就可以要求更换领导人，并改变公司的发展方向。到目前为止，所有迹象都还是令人鼓舞的：每股股票的收益一直在迅速增长。

领导一家上市公司也会带来一种自由：既然麦当劳已经不再为奇普多的扩展提供资金，埃尔斯可能会更自由地将公司定位为标准快餐的替代品。这种转变的一个可能信号就是奇普多在10月份举办的服装促销。在过去几年中，只要顾客穿着印有奇普多菜品的服装，都将免费获得一份墨西哥卷饼。在2010年，奇普多对这种促销进行了修改：只要顾客装扮成加工食品的样子，就可以花2美元买到一份墨西哥卷饼。为了进行公开宣传，名厨杰米·奥利弗（Jamie Oliver）装扮成了一份炸鸡块，而史蒂夫·埃尔斯则装扮成了一包蘸酱。所得收益全部捐给了由奥利弗发起的一项营养计划。

公司扩大后，埃尔斯面临的另一项挑战就是，他不能再沿用管理一个城市中几家餐厅的亲身管理方法。相反，他必须培养人才来为他工作。埃尔斯为培养人才做出了很多努力，包括开发了一个人才培养项目，在这个项目中高级管理人员依据成就而获得奖励，例如为管理职位发展小组成员。

同时，埃尔斯继续寻求提供美味食物的新方法。奇普多共设有三个试验厨房，其中之一位于纽约，由备受尊敬的厨师纳特·阿普尔曼（Nate Appleman）掌管。阿普尔曼梦想着能够开发出新菜式，例如炖肩胛肥牛和西班牙鸡肉辣香肠，这很可能构成奇普多未来的菜单。此外，奇普多并不满足于仅仅供应墨西哥食物，它目前正在试验一种全新的餐厅理念，即供应亚洲休闲快餐——当然也是制作"良心食品"。

- 在奇普多发展过程中，史蒂夫·埃尔斯面临了哪些挑战？他是如何解决的？
- 埃尔斯可以怎样鼓励公司内部的企业家导向？

关键术语

广告支持模式（advertising support model）
会员模式（affiliate model）
地下工作组（bootlegging）
企业孵化器（business incubators）

商业计划书（business plan）
独立企业家（entrepreneur）
企业家导向（entrepreneurial orientation）
企业家型企业（entrepreneurial venture）

企业家精神（entrepreneurship）
特许经营（franchising）
首次公开募股（initial public offering，IPO）
中介模式（intermediary model）
内部企业家（intrapreneur）
合法性（legitimacy）
机会分析（opportunity analysis）

专门工作组（skunkworks）
小型企业（small business）
社会资本（social capital）
社会企业家精神（social entrepreneurship）
订阅模式（subscription model）
交易费用模式（transaction fee model）

学习目标总结

现在你已经完成了第7章的学习，你应该能够：

1. 能够阐述人们想成为企业家的原因，以及需要具备什么样的素质。

人们之所以成为企业家是出于对潜在利润、挑战的追求，以及过程中他们所期望得到（通常会得到）的满足感，有时也因为他们在传统的职业发展道路上遇到了障碍。成功企业家都是创新者，并且都精通管理、商业和交流。虽然没有某一种"企业家性格"，但是某些特征有助于人们成为企业家：投入和果断，领导才能，热衷于机遇，对风险、不明确性以及不确定性的承受力，创造力、自立及适应能力并且追求卓越。

2. 能够就如何评估创业机会进行总结。

你应该时刻留意新创意，密切关注当前企业环境以及其他可能预示着机遇的迹象。特许经营提供了一种有趣的机遇，而企业家也在不断挖掘互联网的潜力（在企业家从互联网时代中得到了不少深刻教训后）。反复试验和充分准备在其中发挥着重要作用。结合你的个人兴趣和倾向，在创新性和风险性的基础上评估商业理念。这有助于你做出明智的决策。还要通过机会分析以及详尽的商业计划书来对各种想法进行仔细评估。

3. 能够确定导致成功与失败的常见原因。

新企业本身就有风险。经济环境对企业成败发挥着重要作用，企业家应该预见并充分准备好适应不断变化的经济条件。你如何处理各种常见的管理上的挑战也关系着企业的成败，同样，计划的有效性以及调动非财务资源（包括那些可以提供帮助的人）的能力对企业的成败也有影响。

4. 可以参与讨论在管理上所遇到的常见挑战。

造成新企业失败的原因常常可以追溯到那些管理者所面临的且必须管理好的常见挑战。你可能并不喜欢创业过程，生存是艰难的，包括开始起步和抵挡竞争对手等。发展带来新的挑战，包括难以进行委任、资金滥用、财务控制不当，以及许多企业家无法安排好继任事宜。当需要注入新资金时，首次公开募股是个不错的选择，但这也是一个需要仔细考虑的重要而艰难的决定。

5. 能够就如何增加成功的概率进行阐述说明，包括如何写出一份出色的商业计划书。

商业计划书可以促使你全面考虑你的想法并确定其可行性，也可以通过商业计划说服（或不能说服）其他人参与。它描述了整项风险投资及其未来，进行了财务预测，包括对市场营销、制造和其他企业职能的规划。同时还写明了该风险投资所涉及的人才、对机会的全面评估（包括对顾客和竞争对手的分析）、环境（包括有关法规和经济问题）、风险（包括未来的风险以及你的应对策略）。成功的企业家懂得如何发展社会资本，而社会资本可以提高企业的合法性，并有助于建立一个包括顾客、人才、合伙人和董事会在内的人际网络。

6. 可以描述大公司的管理者是如何培养企业家精神的。

内部企业家在现有公司内开发新的产品或服务，使公司得到创新带来的收益。为了促进内部企业家精神，各组织利用专门工作组（即专门开发新产品的特定项目组），并允许地下工作组（即不同于正式分配的工作，而是员工开发他们自主选择项目的非正式工作）。无论哪种途径企业都应该谨慎地选择投资项目，拥有正在进行的项目投资组合，并合理地安排资金。最后一个真正的企业家导向型企业应当鼓励独立行动、创新、冒险、先发制人和争强好胜的行为。

问题讨论

1. 用 1—10 的等级划分，你认为你个人对成为一个独立企业家的兴趣如何？为什么？
2. 你如何评价你成为成功企业家的能力？你的优点和缺点各有哪些？你将如何提高你的能力？
3. 许多企业家在 21 岁后才学到他们最重要的技能。这会如何影响你的观点和计划？
4. 识别并讨论分别属于企业家战略矩阵四个不同象限的新企业。
5. 通过"头脑风暴"列出一些新企业的创意。这些创意从何而来？哪些最具可行性？哪些最不可行？为什么？
6. 列出一些最近在你周围新建的企业。它们能够生存的概率有多大？为什么？你会给这些业主或管理人员提些什么建议来确保他们的成功？
7. 假设你正在写一篇文章，探讨成为企业家究竟是什么样的，此时你希望和谁进行交谈？你会问些什么问题？
8. 采访两位企业家，问一些你最感兴趣的问题。和同学们交流你的发现，看看每个人采访的结果有什么不同？有哪些共同之处？
9. 阅读表 7.1 "有关企业家的几大迷思"。你有哪些错误认识？现在还有吗？为什么？采访两位企业家，将每个误区设计成一个是非判断题来让他们回答并进行阐述。他们如何回答？你的结论是什么？
10. 与你的同学一起组成小型的专门工作组。你们的任务是找出一项能对你们学校有积极意义的创新活动，并简要列出实施该创意的行动计划。
11. 列出一个近期失败的企业。它失败的原因是什么？如果事先采取哪些措施它就不会失败？
12. 你对特许经营是否有兴趣？你最感兴趣和最不感兴趣的特许经营是什么？为什么？
13. 本章定义了一些会带来商业机遇的外部环境变化（科技新发现、生活方式和品味的变化等）。列出外部环境中近期发生的重要变化，或当前的趋势及其可能提供的商业机遇。
14. 选择一个你所熟悉的网络公司，并通过"头脑风暴"列出一些可以改善公司服务和商业运作模式的想法。若是创建一个全新的网络公司呢？会有哪些可能性？
15. 找出一些鼓舞人心的社会企业家实例，并讲给你的同学听。
16. 通过"头脑风暴"列出一些社会企业家的创意。你认为将会遇到什么挑战？你将如何继续？

实践练习

7.1 与一位企业家共享晚餐

目标
1. 了解企业家做些什么，他是如何开始的，又是怎样成功的。
2. 深入采访一位优秀的企业家，了解他的事业和经历。
3. 感受一下你是否觉得企业家生涯是值得的。

说明
1. 在你所在的领域选定一位你想要采访的企业家。
2. 联系你所选中的企业家并预约见面时间。一定要解释清楚你为什么要做这次采访，并实际估算你所需要的时间。

3. 确定哪些问题你需要得到具体的答案,哪些问题你只是想了解这方面的大致情况(参考下面建议的采访问题,但受时间限制不能一一问完)。将开放式问题和具体的问题结合起来,这将使你的采访重点突出,而又能给预料之外的评论和见解留有空间。开放式问题包括他是如何起步的,后来发生了什么等;而具体的问题包括他的目标是什么,他是否一定要找合伙人等。

4. 进行采访。如果你和你的采访对象都不会介意的话,可以在采访中使用小型的录音机,这对你之后的工作将大有帮助。还要记住,如果你是个"感兴趣的听众",你的收获可能更大。

5. 评价你所了解到的信息。将搜集到的各式信息写下来,这将对你以后的工作大有裨益。记录的时候越细致越好。先草草记下他的原话,这比记下"一个非常上进的人"这样的陈述要更加有用。此外,一定要对你没发现的问题做好记录。

6. 写一封感谢信。这不仅仅是一个礼貌问题,还可以帮你在企业家心中留下较好的印象,以便今后做进一步的采访。

采访建议

用于搜集信息的问题

能谈谈您进行首次创业之前的情况吗?

- 您的父母、亲戚或好朋友具有企业家素质吗?为什么这么说?
- 您有其他的行为榜样吗?
- 您的教育/从军经历如何?现在看来,它们是否对您有所帮助?具体表现在哪些方面?
- 您原来的工作经历如何?有帮助吗?有没有特别有价值或是相关的经历?
- 您有没有具体的销售或市场营销经历?这对您创立公司有什么重要影响?

您是如何起步的?

- 您是如何发现机遇的?它是如何出现的?
- 您的目标是什么?您的生活方式或其他个人条件是怎样的?您是如何将它们统一起来的?
- 从成功的关键因素这一角度来看,您如何评价机遇?竞争?市场?
- 您是否曾找过或有过合伙人?您做了什么样的计划?您筹集到了哪种资金?
- 您创业时是否曾经做过商务计划书之类的东西?能谈谈吗?
- 从初具想法到企业创办的第一天一共用了多长时间?您每天为此工作多长时间?
- 您总共投入了多少资金?多久之后才开始出现正向现金流和达到使收支平衡的销售量?如果当时没有筹集到足够的资金,您是否有其他的自救措施(例如易货、借贷等)?谈谈您创业初期所面临的压力和危机吧。
- 您曾得到哪些外界的支持?您有经验丰富的顾问吗?律师?会计师?税收专家?专利专家?您是如何建立起这些人际网络的?这花了您多长时间?
- 您当时的家庭状况如何?
- 您认为自己的优势在哪里?弱点呢?
- 您认为您公司的优势是什么?弱点又在哪里?
- 您最成功的时刻是什么时候?最糟糕的呢?
- 您希望有合伙人还是自己单干?为什么?

一旦您开始起步……

- 当您的事业开始迅速发展的时候,您所要跨越的最大鸿沟和最难解决的问题是什么?

- 当您在寻找像合伙人、顾问或管理者这样的关键人才时，您是否要求他具有某种独特的个人品质或态度以便与您合拍，并且您也认为这些是成功的重要因素？您是如何找到他们的？
- 有没有一些个人品质是您在选择合伙人和顾问时所极力避免的？
- 事情逐渐变得更容易预测还是更难了？
- 现在您在生意上花费的时间比早期时是更多、一样，还是更少了？
- 您现在是否感觉自己更像是一个管理者而不是一个企业家？
- 关于将来，您是计划停止事业并收获之前的成果，保持现状，还是继续扩展？
- 您是否想过要退休？能解释一下吗？
- 您的目标有改变过吗？您是否实现了目标？

用于结尾的问题（选择一个即可）

- 您认为最有价值的资产——让您成功的东西是什么？
- 如果有机会重新来过，您是否还会走同样的路？
- 回头展望，您认为能让您的公司从开始一直走到今天最关键的观念、技能、态度和专业知识是什么？未来五年内将需要什么？这些东西在多大程度上是可以学到的？
- 有些人说，作为一个企业家面临着很大的压力，您的经历是怎样的？同其他"热门"工作相比，比如大公司的首脑和大型律师事务所、咨询机构或会计事务所的合伙人等，您有什么看法？
- 作为一个企业家，您认为能给您带来个人成就感和满足感的东西是什么？您的回报、风险和代价是什么？
- 什么样的人应该尝试做一个企业家？能谈谈这方面的意见吗？
- 对一个有抱负的企业家，您有什么建议？您能给出您所学到的三条最重要的教训吗？我应该怎么做才能以最小的代价学到这些？

资料来源：J. A. Timmons, *New Venture Creation*, 3rd ed. 1994. Copyright © 1994 The McGraw-Hill Companies, Inc. Reprinted with permission.

7.2　开办新企业

目标

1. 使你了解独自创办新企业的复杂性。
2. 提供新企业决策的亲身实践经验。

说明

1. 指导老师将全班分成几个小组，各小组分别从以下行业中选择一个，并探讨其创业问题：
    a. 海鲜三明治店
    b. 日间护理服务
    c. 书店
    d. 加油站
    e. 其他
2. 每一组要收集必要的资料来完成下面的"新企业创办工作表"。以下机构或组织或许会有所帮助：
    a. 小型企业管理局
    b. 当地县/市管理机构
    c. 当地商会
    d. 当地小型企业发展公司
    e. 国家商业部
    f. 农民家庭管理局

g. 当地房地产经纪人
h. 当地同行业或类似行业中的商人
i. 银行与储蓄贷款机构
3. 每1组以组为单位向班级同学展示成果。

新企业创办工作表

1. 产品
   我们将满足哪些客户需求？ _____
   如何使我们的产品具有独特性？ _____
2. 顾客
   谁是我们的顾客？ _____
   他们的特征是什么？ _____
   他们在哪里生活/工作/娱乐？ _____
   他们的购物习惯如何？ _____
   他们的需求是什么？ _____
3. 竞争
   和谁竞争？ _____
   在哪里竞争？ _____
   他们的优势和劣势分别是什么？ _____
   他们将如何应对我们？ _____
4. 供应商
   我们的供应商是谁？ _____
   他们在哪里？ _____
   他们的业务活动有哪些？ _____
   我们能期望与其建立什么样的关系？ _____
5. 选址
   我们的顾客、竞争对手或供应商在哪里？ _____
   选址成本如何？ _____
   选址的法律限制有哪些？ _____
6. 实体设施与设备
   租用、自有还是重新装修设施？ _____
   租借/租赁还是购置设备？ _____
   如何进行日常维护？ _____
7. 人力资源
   可得性？ _____
   培训？ _____
   成本？ _____
8. 法律及政策环境
   执照、许可或认证制度？ _____
   政府机构？ _____
   责任？ _____
9. 文化及社会环境
   文化问题？ _____
   社会问题？ _____

10. 国际环境
    国际问题?＿＿＿＿＿＿＿＿＿＿＿＿＿＿＿＿＿＿＿＿＿＿＿＿＿＿＿＿＿＿＿
11. 其他

 综合案例

有灵魂的鞋子——两个朋友共同实现梦想

蕾妮·艾伯特利（Renee Albertelli）和理查德·罗德里格斯（Richard Rodriguez）自从在大学相识后就共同拥有一个梦想：创办他们自己的公司。他们共同选修了商业和市场营销的课程，之后进入成熟企业并开始了他们的职业生涯，以便获得如何把创意变为商业现实的经验。但是随着他们不断取得事业上的进步，他们发现公司已经不能提供他们想要追求的挑战。他们决定要为自己工作，也同时发现了这样一个机遇。

因为艾伯特利曾在一家电信公司做市场营销，她周游了世界上的一些发展中地区，包括非洲、亚洲和南美洲。她逐渐意识到这些地区的女性想要并且需要寻找新的方法来谋生，从而支持家庭生计和教育。另一方面，罗德里格斯曾在一家大型美国服装公司的财务室工作，这家服装公司在全国范围内都有自己的商店。

在艾伯特利周游期间，她遇见了这样一群女工，她们擅长手工制作凉鞋并且技艺精湛。她们亲手准备皮革，设计自己的鞋样，然后用简单的工具将每一双凉鞋缝合起来。艾伯特利发现这些鞋子的成品非常漂亮，女工们想要自己经营事业的渴望也给艾伯特利留下了深刻的印象。她认为如果她们可以生产足够在美国销售的凉鞋（即使是少量的），她们将成为一支出色的团队。

艾伯特利旅行回来后联系了罗德里格斯，两人见面后制订了一个商业计划书。他们对这个产品和事业都充满信心，女工们想要联合起来经营自己的事业并在美国建立美国手工产品的市场，他们相信自己可以基于这一小组艺术家的渴望和手艺建立起一番事业。他们知道，如果他们能与这群女工以及她们的产品合作成功，那么更多的合作者会随之而来。他们寄希望于美国消费者会爱上手工凉鞋这一想法并购买他们的产品。

艾伯特利和罗德里格斯冒着巨大的风险，他们决定将自己的退休储蓄基金投资给第一批凉鞋的生产。他们制订了一个计划来获取更多的财务支持，以便运输和推广产品。他们又制订了一个市场营销计划，该计划不仅基于凉鞋的美观舒适，还涉及制鞋女工的生活，从而让消费者觉得与制造者之间建立起了联系。他们将公司命名为"Shoes with Soul"——有灵魂的鞋子。这两位企业家不需要担心制造厂选址问题，因为这些鞋将继续像以前一样在村子里制造。

艾伯特利和罗德里格斯与在村子里开始了制鞋项目的女工密切合作。当他们有了足够的样品时，他们开始四处走访现有的商店。他们也考虑了在某些商场租赁摊位，并且调查了在体育和文化活动场所设立展台的情况。尽管他们认识到了网站的重要性，但他们还是决定直到能为消费者提供一个更完整的商品链时，再开始在网上卖鞋。

起初，只有小型精品店的店主对这些鞋感兴趣。后来一家当地的电视新闻节目听说了这家企业，并决定对艾伯特利和罗德里格斯以及那些制鞋女工进行报道，随后事情便好转起来，"Shoes with Soul"开始迅速发展。罗德里格斯和艾伯特利为鞋子的受欢迎度感到兴奋，但他们应该如何完成订单，扩大产品线，并以合理的速度增长发展呢？

问题：

1. 描述蕾妮·艾伯特利和理查德·罗德里格斯具有的个性特征，这些特征有助于引导他们度过创业初期的困境。

2. 罗德里格斯和艾伯特利决定把他们的市场营销工作集中在做鞋的女工身上。你认为这是一个明智的决定吗？为什么？

3. 哪些管理上的挑战可能会导致"Shoes with Soul"面临困境？

4. 描述可以使罗德里格斯和艾伯特利避开这些困境并指导他们的新企业成功的几个步骤。

综合案例

富士康还能为苹果公司供货吗？

苹果公司以其极具吸引力和广受赞扬的电子设备而闻名，包括 iPhone 和 iTouch 便携设备、iPod 和 iTunes 音乐设备、iMac 和 iPad 计算机设备。然而，苹果公司实际上并不制造任何产品，而只是提供想法、设计设备，然后宣传产品并提升品牌形象。为了把设备的各部分零件最终组合在一起，苹果公司依赖于一系列的承包商。

其中一个承包商就是电子设备公司富士康，它是一家台资企业。富士康在中国大陆设有诸多工厂，将制造专业知识与低成本的劳动力结合在一起，从而赢得制造电脑和诸如母板之类的关键元件的订单。近年来，消费者逐渐减少了笔记本电脑的购买量，而追求比如 iPad 平板电脑和智能手机之类的更小设备，富士康也因此获利。笔者在写此文时，富士康还是 iPad 的唯一制造公司，也是制造 iPhone 的两家公司之一。富士康的工人还制造索尼第 3 代游戏机、任天堂游戏机、戴尔以及惠普计算机，还有诺基亚手机。仅仅在中国本土，富士康就有员工近 100 万人，是世界上最大的雇主之一。大部分工人住在工厂的员工宿舍，在公司的食堂吃饭，在工厂内的书店以及体育馆休息娱乐。

近期，富士康遇到了一系列令人悲痛的问题。2010 年，由于富士康公司在深圳的一家工厂中有几个员工自杀的事件曝光，全球的媒体都聚焦到了富士康公司。人们纷纷议论是否富士康的工作环境真的那么可怕，以至于逼得员工自杀。苹果公司派了几位高管以及自杀预防专家到工厂进行调查。尽管苹果公司对合同双方的行为规范都有具体标准，而且他们在一年内检查了超过 100 家工厂来确保承诺得以履行，但是他们还是没能在自杀事件曝光前发现富士康存在任何问题。

2011 年，中国成都的一家富士康工厂中发生了爆炸，并造成 3 死 15 伤。富士康再一次因为惨痛事件而成为新闻焦点。初步调查显示，这次爆炸是由于制造业中一个基本安全问题引起：由于通风不良，一间金属抛光车间的空气中积聚了过多灰尘，正是这些灰尘引发了爆炸。如果这样的问题出现在美国，监管部门会因该工厂违背安全要求，迅速将该工厂关闭。

迫于被媒体曝光的尴尬处境以及来自像苹果公司这样的重要客户的压力，富士康开始着手提升工作条件。在深圳工厂，富士康引进了工作顾问，加强对管理者以及员工咨询热线客服人员的培训，并且启动了一个振奋士气的叫作"关心-关爱"的项目，用来资助员工短途旅游。在成都以及其他地方的工厂，公司都采取了措施以改善通风设备。除了这些改变外，富士康还开始加薪。在深圳，工人的工资比以前的两倍还要多。

自从富士康采取多种措施来提高员工们的士气后，员工的流动率开始下降，自杀事件也似乎不再出现。不幸的是，这一系列悲剧事件对公司产生的影响是难以衡量的。更高的员工工资成本使得利润下降，公司股票价格也下跌很多。所以公司目前正在寻找成本更低的厂址。公司已经在中国的内陆城市开设工厂，这些地区的工资水平要比深圳低1/3。公司也在斯洛伐克、土耳其和巴西等地进行调研。除了节约资金，中国新增的工厂还有助于提升员工的士气，因为这样员工就可以离他们的家乡或者家庭更近了；大多数在深圳工厂的员工是来自远离深圳的内陆城市，他们都很想念家乡。

问题：

1. 你能看出富士康有哪些威胁、机遇、优势和劣势？面对这些，在战略上它是如何调整的？

2. 如果富士康管理者雇用你为他们提供建议来改进伦理决策和企业社会责任，你会提哪些建议？为什么？

3. 对于富士康这样以中国为基地做对外贸易，并以像美国这样的发达国家为客户的公司，在管理方面，它们面临着什么样的挑战？在这种情况下，它们需要怎样的管理技巧？

资料来源：T. Culpan, Z. Lifei, and B. Einhorn, "Foxconn: How to Beat the High Cost of Happy Workers," *Bloomberg Businessweek*, May 5, 2011, http://www.businessweek.com; D. Nystedt, "Apple: Foxconn 'Saved Lives' with Suicide Prevention Efforts," *PC World*, February 15, 2011, http://www.pcworld.com; J. Bussey, "Measuring the Human Cost of an iPad Made in China," *The Wall Street Journal*, June 3, 2011, http://online.wsj.com; "Apple Report Details Response to Foxconn Suicides," *eWeek*, February 15, 2011, Business & Company Resource Center, http://galenet.galegroup.com; and J. Dalrymple, "Apple Reports on Foxconn, Supplier Workplace Standards," *CNET News*, February 14, 2011, http://news.cnet.com.

附录 C 企业家相关信息

如果你对创办或管理一家小型企业感兴趣，那么你可以从以下很多资源中获得有用信息。

公开信息

第一步是在图书馆和网络上进行完全搜索，寻找相关信息。你会找到大量的公开信息、数据库和其他有关行业、市场、竞争者和人事的信息。当你对你的想法进行搜索时，就会发现一些这类信息。下面列出了一些有助于创办企业的其他信息。

指南和公司信息

在《商业周刊》《福布斯》《公司》《经济学家》《快速公司》和《财富》等刊物和其网站上有许多有价值的信息，还有下面这些网站：

- Hoovers.com
- ProQuest.com
- Investext.com
- RDS Bizsuite.com

指南和公司信息

有用的网站

- 企业世界（Entreworld）(http://www.entreworld.org)——尤因·马里恩·考夫曼基金会（Ewing Marion Kauffman）名下的考夫曼企业领导中心的网站。
- 《快公司》(*Fast Company*)（http://www.fastcompany.com）。
- 安永公司（Ernst & Young）（http://www.ey.com）。
- 环球访问公司（Global Access），订阅制网站上的 SEC 文件（http://www.primark.com）。
- 《公司》杂志（*Inc. magazine*）（http://www.inc.com）。
- 企业家网站和杂志（Entrepreneur.com and magazine）（http://www.entrepreneur.com）。
- 埃德加数据库（EDGAR database）（http://www.sec.gov）——比如托马斯搜索（ThomsonResearch）（http://www.thomsonfinancial.com）之类的订阅源，也提供了其他文件归档的图像。
- 风险经济学（Venture Economics）（http://www.ventureeconomics.com）。

经计算机索引的期刊文章

- Factiva with Dow Jones, Reuters, *The Wall Street Journal*
- EBSCOhost
- FirstSearch
- Ethnic News Watch
- LEXIS/NEXIS
- *The New York Times*
- InfoTrac from Gale Group

- ABI/Inform and other ProQuest databases
- RDS Business Reference Suite
- *The Wall Street Journal*

统计数据

- Stat-USA（http：//www.stat-usa.gov）——美国有关经济、交易以及商业数据和市场调研的政府订阅源。
- 美国人口统计局（U.S. Census Bureau）(http：//www.census.gov）——统计数据的来源包括：

——美国统计摘要（Statistical Abstract of the United States）

——美国调查员（American FactFinder）——人口数据

——经济项目（Economic programs）(http：//www.census.gov/econ/www/index.html）——部门数据

——县市商业模式

——邮政编码商业模式

- 奈特里德公司 CRB 商品年鉴（Knight Ridder... CRB Commodity Year Book）
- 美国制造业（Manufacturing USA）、美国服务业（Service Industries USA），以及盖尔集团（Gale Group）的其他部门编绘
- 经济统计简报室（Economic Statistics Briefing Room）(http：//www.whitehouse.gov/fsbr/esbr.html）
- 美国联邦储备公报（Federal Reserve Bulletin）
- 当代商业纵览（Survey of Current Business）
- 美国联邦政府统计信息（FedStats）(http：//www.fedstats.gov/）
- 环球视野（Global Insight），原名为 DRI-WEFA
- 国际金融统计数字（International Financial Statistics）——国际货币基金会（International Monetary Fund）
- 世界发展指标（World Development Indicators）——世界银行（World Bank）
- 彭博数据库（Bloomberg Database）

消费者支出

- 新策略出版物（New Strategist Publications）

项目与预测

- 学位论文数据库（ProQuest）
- 信息技术发展趋势（InfoTech Trends）
- 特殊问题和索引期刊指南（Guide to Special Issues and Indexes to Periodicals）《特殊问题灰房名录》(*Grey House Directory of Special Issues*）
- RDS 业务参考（RDS Business Reference Suite）
- 价值线投资调查（Value Line Investment Survey）

市场研究

- 生活方式市场分析师（LifeStyle Market Analyst）
- 市场调查（MarketResearch.com）
- 斯卡伯勒研究（Scarborough Research）
- 西蒙斯市场调研局（Simmons Market Research Bureau）

消费者消费信息

- 新策略出版物（New Strategist Publications）
- 消费者支出调查（Consumer Expenditure Survey）
- 欧睿信息咨询公司（Euromonitor）

其他来源

- 华尔街手稿（Wall Street Transcript）
- 来自世界分析报告（Investext）和美国权威投资资讯和服务机构（Multex）等经纪公司的报告
- 公司年报和公司网站

其他情报

企业家需要知道的所有信息并不都能一一在图书馆里找到，因为有时需要的是非常具体、有针对性的即时信息。这些信息通常从行业专家、供应商等人那里可以得到。下面总结了一些可利用的情报来源。

贸易协会 贸易协会，尤其是其出版物的编辑以及信息主管，都是信息的大好来源。贸易展览和会议是发现竞争者最新活动的主要地方。

员工 离开竞争者公司的员工可以提供关于竞争者的信息，特别是那些心怀不满而离开的员工。此外，企业还可以从竞争对手处挖走员工。但是这种情况下的道德考虑也是十分重要的。一个行业中有经验的人员数目是有限的，竞争对手必须要能够证明你是为了有意获得特定商业秘密才可以在法律上质疑你的雇用。

咨询公司 咨询公司通常做行业分析，并将信息公开。而且在一些行业，如计算机或软件行业中，竞争对手使用相同的设计顾问，而这些顾问也可以成为信息的来源。

市场研究企业 像前面在公共信息中列出的那样，做市场研究的企业可以成为情报来源。

关键顾客、制造商、供应商、分销商和采购者 这些群体通常是信息的首要来源。

公开文件 联邦文件、州文件和地方文件比如证券交易委员会（SEC）文件、专利与商标局文件、《信息自由法案》文件等，都包含着数量惊人的信息。有些公司专业处理这类咨询。

逆向工程 逆向工程可以用来确定生产成本，甚至有时可以确定制造方法。逆向工程的一个范例就是位于科罗拉多州博尔德的先进能源技术公司（Advanced Energy Technology, Inc.）。该公司亲身尝试了这种策略。在宣布开发了一种新型专利产品之后没多久，公司就接到了 50 笔订单，这其中有一半来自想要窥探一二的竞争对手。

人际网络 本章所提到的人际网络都可以成为新企业创意和策略的来源。

其他 分类广告、买家指南、工会、房地产代理、法院、当地记者等也可以提供一些线索。美国政府正在进行新一轮更广泛的宣传，以便让小型企业主更多地使用政府资源并能更容易地理解这些资源的使用。2009年美国小型企业管理局推出了一个社区论坛,这是第一个由政府出资的专为小型企业主在Business.gov商业门户网站上创建的在线社区。这个论坛结合了讨论区、博客和资源文章。SBA和其他共同赞助这个网站的21家联邦机构的目标在于,致力于与公众对话,发挥公共、私营部门专业知识的作用,并帮助政府更好地服务企业家们。

资料来源:J. A. Timmons and S. Spinelli, *New Venture Creation*, 7th ed. (Burr Ridge, IL: McGraw-Hill/Irwin, 2007), pp. 103-4; K. Klein, "Government Resources for Entrepreneurs," *Business Week*, March 3, 2009.

第三部分
组织：构建动态化组织

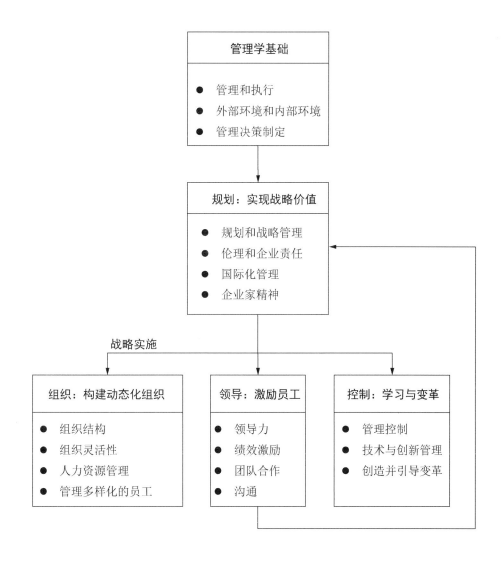

第8章
组织结构

"可以拿走我所有的资产——但只要留下我的团队,五年内我就将重新拿回一切。"

——阿尔弗雷德·P. 斯隆

学习目标

通过学习第8章,你应该能够达到以下要求:

1. 能够解释差异化和一体化是如何对一个组织的结构产生影响的。
2. 可以总结企业中的权力运作机制。
3. 能够明确董事会及首席执行官的作用。
4. 可以解释管理跨度是如何影响结构和管理效率的。
5. 能够解释如何有效授权。
6. 可以区分集权组织和分权组织。
7. 能够总结组织结构化的方法。
8. 可以明确矩阵型组织带来的特殊挑战。
9. 能够描述重要的一体化机制。

本章概要

组织的基础
  差异化
  一体化
纵向结构
  组织中的职权
  层级水平
  管理跨度
  授权
  分权
横向结构
  职能型组织

事业部型组织
矩阵型组织
网状组织
组织一体化
  标准化协调
  计划协调
  相互调整协调
  协调与沟通
前瞻

开篇案例

思科系统公司是如何清理组织结构的

思科系统（Cisco Systems）公司发现自己的处境很有讽刺意味。这个位于硅谷的公司在成立之初就将自身定位为全球领先的路由和交换系统的硬件供应商，这些硬件的作用是将所有计算机连接到互联网和有线网络中。当时的思科在硬件、人才以及企业间的协调前所未有地好。但经过多年的快速扩张，思科已成为一个日益复杂的组织，以至于身处其中的员工必须努力迅速行动才能发现和抓住新的商业机会。

尽管思科仍然是其主要产品领域的市场领导者，但其市场份额却已经开始下滑。在其73000名员工中有一大批人成长受挫，一些关键性岗位的高管正陆续离开思科到别处就职。显然，开发最新的网络技术并不能保证公司员工可以足够好地协调彼此的工作，以确保公司在竞争中保持领先。

思科首席执行官约翰·钱伯斯（John Chambers）最近宣布了一种可能的解决方案：一种在公司内部组织权责的新方式。公司拟专注于信息技术的五大领域：路由与交换、协作、视频、数据中心虚拟化和云技术（即把这些工具上传到云端服务器）以及"业务转型架构"（旨在提高业务效率的技术）。对于上述每一个IT领域，公司将运行一个由自己的工程技术人员组成的独立业务部门。这样一来，员工将专注于自己特定领域的技术。至于销售与服务，公司按地理位置划分为三个责任区域：（1）美洲；（2）亚洲；（3）欧洲、非洲和中东。此举让公司员工更贴近目标客户，客户也将清楚地知道应该联系哪位员工。

这些决定在某些方面颠覆了思科的领导层在几年前制定的结构决策。在那时，公司的重点是向新领域拓展，以便公司能够迅速成长；思科内部员工委员会的成员来自公司各个职能部门——如工程技术部门和销售部门等。这些委员会可以动用公司的一切资源来向新领域扩张，以此取代单个管理者仅仅在自己的领域里分配资源、制定决策。这种结构设置为公司的发展提供了一个额外的路径，通过这种路径人们可寻求权力和资源以推行其主张。当时的考虑主要是，这将使得公司更加灵活；但在实践中，它却往往造成管理者对其想法的优先级感到担忧和困惑。现在的改革没有完全取消委员会，但大大减少了委员会的数量，现在仅剩的三个委员会分别专注于不同的客户群：服务提供商、企业及新兴国家。因此，管理者大都回到传统的命令-控制结构，这些管理者主要关注自己的小组。

对于思科的CEO约翰·钱伯斯来说，重组公司是有道理的，因为公司的基本战略是健全的，而管理者也需要一个能使他们更有效地投身这一战略的系统。钱伯斯断言，通过更加清晰地专注于有针对性的业务领域，管理人员可以更快地做出决策，对决策的结果更加负责，并抓住摆在思科面前的宝贵机遇。

- 首席执行官约翰·钱伯斯认为将员工分配到各部门、事业部和委员会的方式将对公司快速而有效地把握机遇产生影响。在你学习这一章时，请注意组织结构可供选择的方式，并思考思科公司的管理层是否做出了正确的选择来实现利润的持续增长。

虽然思科系统公司曾是世界上最大的计算机网络设备制造商，投资者却因其市场份额持续下滑而紧张不安，这极大地打击了员工的士气，也让其股价下挫。公司该如何应对这种情况呢？公

司对其内外部资源进行重新组织以解决问题（如解决市场份额下降）的方式，很可能是决定其策略能否成功的最重要的因素。像其他许多公司一样，思科正努力确保其策略与组织结构相协调。

本章主要关注组织的纵向结构和横向结构。我们首先讨论差异化和一体化的基本原则。之后，我们将讨论纵向结构，其中包括权力、层级、授权和分权的问题。然后我们将继续讲述横向结构，包括职能、事业部和矩阵形式等。最后，我们将阐述组织结构一体化的方法：通过标准化协调、计划协调、相互调整协调。

在第 9 章中，我们将从不同的角度继续组织结构的话题，并重点关注组织的灵活性和响应能力，即其改变自己的形式以适应战略、技术和环境等方面挑战的能力。

8.1　组织的基础

让我们从简单的开始。我们常常通过看一个公司的**组织结构图**（organization chart）来了解其结构。组织结构图描绘了公司的岗位安排。这个结构图提供了一个汇报结构（谁向谁报告）以及需要由不同个体实施的各类活动。大多数公司都有正式的组织结构图，并以此向员工传递这些信息。

图 8.1 展现了传统的组织结构图，它以一种非常简单的方式来传达各类信息：

1. 方框代表不同的工作。
2. 方框的标题显示各业务单元所从事的工作。
3. 实线表示了汇报及职权角度的上下级联系。
4. 管理层数由图中的水平排列层数表示。所有排列在一起并向同一人汇报的个人或业务单元都处于同一级别。

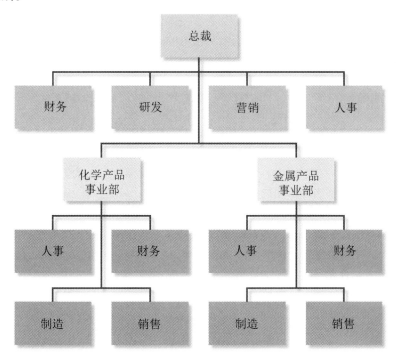

图 8.1　传统的组织架构

虽然组织结构图展现了一些重要的结构特点，但是另外一些和结构相关的不太明显的问题也同样不可忽视。设计组织结构的两个基本概念是**差异化**（differentiation）**和一体化**（integration）。差异化意味着，组织由许多不同的业务单元组成，这些业务单元采用不同的技能和工作方法来完成不同类型的任务。一体化意味着将这些差异化的单元重新组合在一起，从而所有的工作都被整合并实现最后的结果。

> 围绕组织架构的两个基本概念——差异化和一体化。

8.1.1 差异化

有若干相关概念都是基于结构差异化的理念。例如，差异化是通过**劳动分工**（division of labor）和工作的**专业化**（specialization）形成的。劳动分工意味着组织的工作被细分成更小的工作任务，组织内部不同个人及业务单元执行不同的任务。专业化是指不同的人或群体通常执行较大任务的特定部分。当然，这两个概念是密切相关的。行政助理和会计师专注于执行不同的工作；同样，市场营销、财务和人力资源工作也被划分给不同的部门。组织必须执行很多的工作，这使得专业化和劳动分工成为必须。否则，组织整体工作的复杂性对任何个人来说都将太过繁重。

当一个组织有许多子单元，且各类专家的思维方式又有很大差别时，差异化程度相对较高。哈佛大学教授劳伦斯（Lawrence）和劳什（Lorsch）发现，处于复杂的动态环境中的组织（如他们所研究的塑料企业）会形成一种差异化程度较高的策略，以应对复杂的挑战；而在简单、稳定环境中的公司（如集装箱公司）差异化程度则相对较低；处于中间环境的公司（如食品公司）的差异化程度则处于中间位置。

8.1.2 一体化

因为组织结构有所差异，管理者必须同时考虑一体化的问题。组织中所有的具体任务不可能被完全独立地执行。因为不同的业务单元是大型组织的一部分，他们之间一定存在着某种程度的沟通与合作。一体化及其相关概念——**协调**（coordination），指连接组织的各个部分、以实现组织整体使命为目的的程序。

> 因为组织结构有所差异，管理者必须同时考虑一体化问题。

一体化是通过加强合作与协调的结构机制实现的，任何不同业务单元的工作都具有一体化的功能。记住，你所在的公司差异化程度越高，就越需要不同业务单元之间的一体化。劳伦斯和劳什发现，如果高度差异化的企业同时具备高层次的一体化就会取得成功。而处于复杂的环境和高度差异化的状态，却没有适当一体化的公司就很容易失败。此外，专注于一体化可能会减缓创新，至少在一段时间内会如此。一项针对那些经历过兼并收购的信息技术公司的产出进行的研究发现，更具结构一体化的企业在被收购后推出的新产品会更少；然而，一体化对那些有经验目标的公司产品的推出影响甚微。

 管理实践

同属一个行业的不同公司也可能会采取完全不同的方法实现差异化和一体化。下面以两个成功的视频游戏开发商为例：Harmonix 音乐系统和 Valve 软件公司。

以"吉他英雄"和"摇滚乐队"两款游戏闻名的 Harmonix 公司成长迅速。在 Harmonix 新雇用了数百名员工之后，管理层意识到需要更广泛的专业化。由于该公司同时开发几个项目，针对每个项目都有一个专门的部门，而这些部门共享工程部门和音频部门的服务。每个项目部都有两个领导，一个负责游戏的创造性构想，另一个管理进度和预算。此外，Harmonix 发现更多的员工带来了更多样化的经验和做法，这让沟通变得更加困难。因此，该公司通过制定正式的标准生产方法提高整体协调性。

相比之下，Valve 软件公司的一体化并不像 Harmonix 公司的那样正式，前者开发的游戏包括"半条命""传送门"和"军团要塞"。Valve 公司的结构主要是基于注重合作和适应性的组织文化。Harmonix 分配给其开发者的"创意"和"生产"在 Valve 公司是没有区别的，Valve 的每位员工都是团队成员并要专注于游戏中需要注意的每一个方面。Valve 公司的任务是雇用可以信任的员工做出正确的决策。在一个项目工作的团队成员频繁地测试项目并开会讨论，任何生产决策都要在测试结果和小组成员意见的基础上进行。

- 判断哪家公司的差异化程度更高。

这些概念将贯穿本章始末。首先，我们讨论组织结构内的纵向差异化。这个概念包括组织中的职权、董事会、首席执行官、层级水平以及有关授权和分权的问题。接下来，我们讨论组织结构中的横向差异化，探索创建职能型、事业部型、矩阵型组织的部门化问题。最后，我们讨论结构一体化的相关问题，包括协调、组织的任务、相互依存和边界跨度等。

8.2 纵向结构

要了解报告关系、职权、责任等问题，我们需要从一个公司结构的纵向维度开始。

8.2.1 组织中的职权

在最基本的层面上，每一个组织的运作都依赖于职权——制定决策、发布命令的合法权力。例如，老板有权命令下属。

传统而言，权力是基于职位而非个人的。因此，一个特定部门副总裁的职位拥有对整个部门的决策权，无论有多少人在那个位置上来来去去，也无论现在是谁在那个位置上。

在私营企业中，所有者拥有终极职权。在规模最小、结构最简单的公司中，所有者也扮演经理的角色。有时企业所有者也会雇用另一个人来管理企业及其员工。所有者授予经理某些监督公司运营的职权，但经理向所有者负责，即向所有者汇报工作，并由所有者做出决策，此时所有者依然拥有终极权力。

> "没有智慧的权力就像一把没有刀刃的重斧，与其说能用来刨光，不如说只带来瘀伤。"
>
> ——安妮·布拉德斯特里特（Anne Bradstreet）

正式职权是组织运行的主要手段。老板给较低岗位级别的员工下达的命令通常会得到执行。正是由于这样的事日复一日地发生，整个组织才得以向前迈进，实现目标。然而，组织中的权力并不总是依附于职位。具有特别的专业知识、经验或个人素质的人可能有相当的非正式权力——例如，富有信心的员工可以提供有价值的信息，或同那些拥有高职位的人一起工作。高效的管理者都知道非正式权力是可以帮助或阻碍他们实现组织目标的一个重要因素，我们将在下一节和第 12 章更深入地讨论非正式权力。现在，我们将从董事会开始，自上而下地讨论组织中的正式职权结构。

董事会 在公司中，所有者是股东。但是，因为有众多的股东，而这些人普遍缺乏及时的信息，他们很少有人直接参与企业管理。股东选出董事会来监督组织。由主席领导的董事会按照公司章程和条例规定做出影响组织的重大决策。董事会执行至少三类主要职责：（1）选择、评估、奖励首席执行官，并在必要的时候进行更换；（2）决定公司的战略方向，并检查财务状况；（3）确保公司有道德感、有社会责任感、依照法律运营。

董事会的成员通常包括一些高层管理人员，称为内部董事。外部董事会成员往往是其他公司的高管。最近几年的趋势是减少内部董事的数量、增加外部董事的数量。今天，大多数公司是外部董事占多数。由独立、强大的外部董事构成的董事会更有可能提供不同的信息和观点，以防公司出现大的失误。成功的董事往往是那些在决定公司战略时表现活跃的批判性参与者。即便如此，在身陷丑闻和诉讼之后，许多董事已经将重点转向服从性的议题，如审计、财务报告及反对歧视的法律。这些问题都非常重要，但主要与法律和监管专家打交道的董事常常无法为管理提供必要的战略方向。

一个小企业的所有者和管理者对于执行董事的专业知识要求，并不亚于一家大企业。为了获得专业知识带来的利益，而又不减弱或丧失对企业的日常控制，小企业的领导人可能会求助能对其目标与表现负责的顾问。有的企业主设立一个顾问委员会，可能由非竞争关系的企业主、退休高管担任经纪人或者会计师。其他企业主则专门聘请了业务顾问或教练，他们定期举行会议，讨论迈向目标的进度。所有者甚至可能需要一个在自己相对薄弱的领域拥有更多技能或经验的合伙人。基于自己的经验，业务发展教练杰克·特斯特（Jack Tester）提倡这种努力。他的经验便是，当知道有人正对他监督并即将问责于他时，他会更加努力工作。

首席执行官 首席执行官由董事会授权行使权力，它位于组织金字塔的顶端。对于组织的业绩，CEO 个人向董事会和所有者负责。

在一些企业中，一人可同时兼任 CEO、董事会主席和总裁三个职务。然而，更常见的是，一个人拥有这三个职务中的两个，一般为 CEO 兼任董事会主席或 CEO 兼任总裁。当 CEO 兼任总裁时，主席可能只是名誉上的，其职能不过是主持会议。在其他情况下，主席可能是 CEO，而总裁是二把手。

近年来的趋势是 CEO 和董事会主席这两个职位的分离。有时这种变化关系到公司治理的改善，当 CEO 并不是主导性十分强的人物时，董事会监督起来会更容易。在其他情况下，董事会采取行动削弱不受欢迎的 CEO 的权力，或者致力于安排继任者以取代那个不受欢迎的 CEO。

高层管理团队 如今，越来越多的 CEO 与高层管理团队中的其他主要成员分享权力。高层管理团队通常由 CEO、总裁、首席运营官、首席财务官和其他高管组成。许多公司的 CEO，如壳牌集团（Shell）、霍尼韦尔（Honeywell）和默克公司（Merck），定期与高层管理团队会面，集体制定决策。

8.2.2 层级水平

在第 1 章中，我们讨论了组织金字塔的三个等级，它们通常被称为**层级**。首席执行官占据第一层级的位置，是高层管理人员的高级成员。高层管理人员还包括董事会主席和副主席，他们是对整个组织负责的战略管理者。

这个顶级管理层的主要职责是公司治理，这个词描述该公司高级管理人员和董事会对公司的监督。近年来，由于公司丑闻和极其丰厚的高管薪酬，公众对公司治理的信任已经大幅降低。正如我们在第 5 章中提到的，美国国会已经通过《萨班斯-奥克斯利法案》来回应这一现象，法案中要求证券交易委员会实行更严格的公司治理规则。例如，公司的 CEO 和 CFO（首席财务官）现在必须亲自证明公司财务报表的准确性。

组织的第二层级是中层管理人员。在这个层级上，管理者主要负责管理工厂或部门。组织的最低层级由基层管理人员和工人组成。它包括办公室经理、销售经理、监事及其他一线经理，还有直接向他们汇报工作的员工。这个层级也被称为组织的操作层。

职权结构像胶水一样把这些层级的人员黏在一起。一般来说（但并非总是如此），在更高层级的人有权做出决策，并告诉下面层级的员工做什么。例如，中层管理人员给一线主管发号施令，一线主管则直接领导操作工人。

在过去的几十年中，美国企业中的大趋势一直是减少层级数量。美国通用电气原来有 29 个层级，而现在只有极少数几个层级，其层级结构基本上是扁平的。今天，多数高管认为，较少的层级会创建一个更加高效、行动迅速和经济的组织。这也适用于很多大型企业的**下属单位（子单元）**。一项对一家金融服务公司的 234 家分部的研究发现，层级更少的分部往往比拥有更多层级的分部工作效率更高。

这种趋势和上述研究似乎暗示层级结构是一件坏事，但企业家乔尔·斯波斯基（Joel Spolsky）称，一个完全平坦的结构也不一定理想。当斯波斯基和迈克尔·普赖尔（Michael Pryor）开创 Fog Creek 软件公司时，他们决定授权每位员工直接向两个老板报告工作。系统正常运营了几年，直到公司规模增长到 17 名全职员工时便不能维持了。这样规模的公司，已不再是一个幸福的小家庭；员工很担心，他们发现很难接近合作伙伴并与其开展三方会议。所以斯波斯基和普赖尔把两名员工任命为编程团队的领导人。员工发现这样一来更容易和领队交流，斯波斯基也由此得出结论，"中层管理人员"这个层级会帮助公司运行得更加平稳。

> **提示**
>
> 横向层级更少的结构可以节约时间和金钱。
>
> 为什么不能消除所有中间层，以便最大程度地节省时间和金钱呢？

8.2.3 管理跨度

管理者的下属员工数量是一项重要的组织结构特征。直接向管理者或主管汇报的下属人数被称为**管理跨度**。管理跨度的差异给一个组织的形态带来直接影响。假设组织大小恒定，较小、较窄的跨度会使组织庞杂，有很多的报告层次；而较大的跨度会使得组织扁平，报告层次较少。管理跨度不能过小，也不能过大。最优的管理跨度可以达到效率最大化，因为它可以缩小到足以确保管理者维持对下属的控制，但又没有小到出现过度控制以及只监管少数下属的经理数量过多的情况。

下属人数多少最佳？拿破仑·波拿巴（Napoleon Bonaparte）的说法是 5 个。有些经理今天仍然认为 5 个很好。但这是相对的，在日本的一家银行里，几百个分行经理向同一个老板汇报工作。

实际上，最佳的管理跨度取决于若干因素。在下列情况下，管理跨度应该更大：（1）工作界定清晰而明确；（2）下属都训练有素并能获得相关信息；（3）经理业务能力很强并愿意帮助他人；（4）工作相似、有可比较的业绩衡量标准；（5）下属喜欢自主权，不希望被监督控制。如果情况恰好相反，那么较小的管理跨度可能会更合适。

8.2.4 授权

我们已经了解到，组织的职权分散于多个层级和多种管理跨度中，因而授权问题就变得极为重要。**授权**（delegation）是将权力和责任分配给一个较低层级的下属。下属经常需要向他或她的老板报告任务的完成情况。授权可以说是最基本的管理特征，因为它使得工作经由他人得以完成。因此，授权在所有层级都是非常重要的。这个过程可发生在任何类型的组织中的任何两个个体之间。

> 授权可以说是最基本的管理特征，因为使得工作经由他人得以完成。

有些管理者很乐意授权给下属，有些则不然。思考如下案例中两类办公室经理的区别，以及他们对同一个任务给出的不同分配方法。这两个都是授权的例子吗？

 管理实践

经理 A："致电尼塔尼办公设备公司（Nittany Office Equipment）的汤姆·伯顿尼（Tom Burton），让他给你一份个人计算机升级的价格报表。我想将内存升级到 8G，处理器换成四核的，还需要至少一个 1.5TB 的硬盘。让他们给你演示一下 Windows7 操作系统和 Microsoft Office 365。我还想为整个小组建一个局域网。邀请科克伦（Cochran）和雪诺（Snow）参加展示会，并让他们现场试用一下。再让他们总结一下自己认为还有什么需要、新系统还有什么潜在的应用。然后，给我准备一份关于给整个部门电脑升级的成本和规格的报告。哦，对了，一定要问清楚有关服务费用的信息。"

经理 B："我想为我们的个人电脑系统做些什么。我已经接到了一些投诉，说目前系统的速度太慢，无法运行新软件，还不能上网。你能评估一下我们的选择方案，并给我一份相关措施的建议书吗？我们的预算是每人 2000 美元左右，但我想最好比这个价格低。你可以直接和一些经理谈一谈，看他们需要什么，但我们需要把这件事尽快做完。"

责任、职权和职责　当授权有效时，记住职权、责任和职责概念之间的重要区别是非常有帮助的。**责任**（responsibility）意味着，一个人被分配了一份他或她应当执行的工作。当分派工作责任时，管理者还应该授予下属足够的职权以把工作做好。**职责**（accountability）则是指，该人有能力和权力做出决策、发号施令、汲取资源，并做出其他任何履行责任所必需的事情。具有讽刺意味的是，一般情况下人们更多的是肩负责任，而非拥有职权，他们必须通过非正式的影响策略而不是纯粹依靠职权来开展工作。关于非正式职权及其使用将在第 12 章详述。

管理者一旦授权，下属就对结果的实现负有责任。职责意味着管理者有权要求下属执行工作，并在下属没有完成领受的任务时采取补救措施。下属必须向上级汇报其工作的进度和质量。

不过，最终的责任，即对上级的职责，还是由授权的管理者来负担。经理不仅要为自己的行动负责，也要为自己下属的行动负责。管理者不应该将授权作为逃避责任的手段。然而，在许多情况下，管理者往往拒绝对下属的行为负责。管理者经常"推卸责任"或采取回避行动，以确保他们不为错误承担责任。然而，在理想的情况下，授予员工做出决策和采取行动的权力，会增强员工的责任感。

授权的优点　授权具有一些重要的优点，尤其当它被有效地实现时。有效的授权充分利用了管理者及其下属的精力和能力。它可以让管理者完成远远超过他们个人能力的任务。相反，缺乏授权，或进行无效的授权，会大幅降低管理者的产出能力。管理者还可以通过把自己的职责授予他人来节省自己最宝贵的资产——时间。然后，管理者可以将精力自由地投入更为重要、更高层次的活动中，如规划、设定目标及监督执行情况等。

对一位新的一线监管者授权领导责任，可以为组织发展管理人才。但是，许多新的监管者会发现这个过程很具有挑战性，充满了压力，甚至是超负荷的——可能因为他们没有提前做好准备。因此，他们必须从工作中不断学习（图8.2展示了领导力的主要来源）。

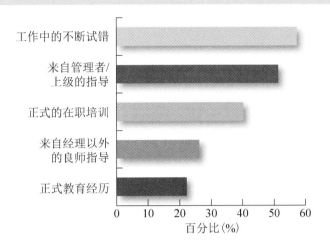

图8.2　领导能力的主要来源

授权的另一个重要优点是，有助于培养高效的下属。再看一下两个办公室经理对同一个任务给出的不同分配方法，你能很容易地辨别出哪一种是更容易授权下属并帮助他们发展的方法（你可能很快就会决定为哪位经理效劳）。授权本质上是给下属一个更重要的工作，下属则获得一个机会来发展新的技能，并证明其负担额外责任和晋升的潜力。从本质上讲，下属获得了一个将会在未来得到回报的、形式重要的在职培训。此外，有证据表明，至少对于某些员工而言，授权有助于他们获得一种成为组织中重要成员、有用成员的感觉，因此，这些员工往往会更好地承担责任，更好地完成自己的任务，并从事更多的创新活动。

> **提示**
>
> 有效授权提高了下属能力及其为客户或同事所提供服务的质量。
>
> 在什么情况下授权可能会适得其反？

通过授权，组织也能获得回报。让管理人员将更多的时间投入重要的管理职能中，同时由低级别员工执行分配的任务，意味着工作变得更有效率、成本更低。此外，随着下属在自己工作中的发展和成长，他们对组织做出贡献的能力也随之增强。

管理者应该如何进行授权？　为了实现我们刚才所讨论的优点，授权必须恰当。如图8.3所示，有效的授权需经过若干步骤。

授权过程的第一步，确定目标，要求管理者对其想要的结果有清醒的认识。然后，管理者应该选择一个能够执行此任务的人。如果你找到一个在承担额外责任的体验中能够提升自己

图8.3　有效授权的步骤

（流程图：明确主要的目标 → 选择承担任务的人 → 就建议的方案征求下属的意见 → 授予下属响应的权力时间和资源（人、资金、设备）以完成任务 → 制定任务完成进度中的各个节点和要求 → 在整个执行过程中定期讨论进展情况）

技能的人，授权将变得尤其有益。

受领任务的人也应受领职权、时间和资源，以使任务能被成功地执行。所需的资源通常涉及人员、资金和设备，但往往也涉及指导任务分配的关键信息。（"仔细审查每项成本，因为即使我们是低价投标人，我们也将收到账单"。）在整个授权过程中，管理者和下属必须一起工作并围绕项目进行相互交流。经理应该从一开始就了解下属的想法，并定期举行会议和审查会议环节，询问进展或遇到的困难。因此，即使由下属执行分配工作，管理者也能实时明晰其进度。这些检查也为鼓励和奖励员工提供了一个重要的机会。

有些任务，如规范下属行为或进行业绩评估，是不应当进行授权的。不过管理者犯的错误通常是因为他们授权过少而非过多。想了解如何更有效地进行授权的管理者应该记住这样一个区别：如果不授权，你就仅仅是在做事；而授权越多，就越能真正地对组织进行建设和管理。

8.2.5 分权

责任和职权的授予使得决策行为分散化。在一个**集权组织**（centralized organization）中，通常由高层做出重要决定。在**分权组织**（decentralized organization）中，更多的决定是在基层做出。在理想的情况下，决策应该由受影响最直接、对问题最了解的层级制定。在商业环境瞬息万变、必须快速而有效地做出决策的情况下，这是特别重要的。权衡这些条件，当部门有不同的优先级或相互冲突的目标时，集权组织可能是有价值的，因为此时需要高层管理人员的调和。例如，当研究人员模拟组织寻找新的思路时，他们发现在较低层面开展新思路探索时，分权组织的表现最差，因为想法只有在对特定部门有益时才会被通过。

> 责任和职权的授予使得决策行为分散化。

有时，组织会改变它们的集权程度，这取决于他们所面临的不同挑战。艰难时期往往由高级管理人员来负责管理，而在利润快速增长的时候，决策则会被推向指挥链的底层。集权程度的变化也可能源于对某个机会的回应。当迪士尼的董事长罗伯特·伊格尔（Robert Iger）选择里奇·罗斯（Rich Ross）领导迪士尼制片厂（Walt Disney Studios）的时候，伊格尔相信如果与电视、主题公园、服装及其他产品组合来共同打造品牌，迪士尼电影可以赚得更多。罗斯的战略是制定并执行一个广泛的目标：发行那些能给自己带来许可订单或品牌延伸（例如，一个主题公园的乘坐项目）的电影。在漫威（Marvel）、皮克斯（Pixar）、梦工厂（DreamWorks）及迪士尼影业（Walt Disney Pictures）等工作室努力实现这一目标的前提下，罗斯便会授予其负责人广泛的行动自由。他也确保了在工作室和迪士尼的其他部门的员工都关注于将项目向前推进，以便工作部门之间可以相互辅助。在罗斯领导的前两年里，迪士尼公司的利润增长非常大。在这个例子中，迪士尼工作室走向了更高程度的分权。最近的研究表明，在这个方向上的变化往往比走向日益集权化更加顺利；该研究显示，变得日益集权化的团队在追求更有效的收益时往往失败，更遑论一个集权化的组织。

今天，大多数美国高管了解了把决策权力推到行动点的优势。因为，直接涉及问题和机遇的层级掌握着最相关的信息，并能最好地预见决定产生的后果。高管也注意到分权的做法可以让员工及时采取行动。

 管理实践

在困难时刻，人们倾向于寻求对他们所处情境拥有更强的控制力。如果你是一名高级管理人员,通常情况下,集权结构似乎是最安全的状态。然而,即使是在最近的严重衰退中,强生公司(Johnson & Johnson)的高管仍然坚持分权的做法。

强生公司因邦迪创可贴和善品人工甜味剂等品牌而闻名,它在57个国家经营250个业务单位。除了著名的消费品品牌,它也生产所有同医疗保健相关的医疗设备和药品。该公司拥有如此多的分布于众多地理区域的产品线,以至于其位于美国新泽西州总部的高管很难做出正确的决策。因此,在消费品、医疗设备及诊断、药品这三大部门中,部门经理负责运营特定产品和地区的业务单元。

这种安排不仅推动了更贴近客户的决策,也有助于强生公司培养大量的管理人才。管理者可以在服务一个小的细分市场时提高自己的能力,并在他们学习的同时承担额外的责任。该公司的首席执行官和首席财务官都曾在强生公司的各项业务工作中培养了自己广泛的技能,奠基了自己的职业生涯。同样,领导制药部门的谢莉·麦科伊(Sheri McCoy)也在设备和诊断部门中担任过各种职位。这种经历是很难在一个更小或更集权的公司中得到的,所以,强生公司将其组织结构当作竞争优势的来源之一。

- 为什么分权是强生公司的一个竞争优势?

据环境系统设计公司(Environmental Systems Design,ESD)的总裁拉吉·古普塔(Raj Gupta)所言,工程设计公司的分权是对增长的必要回应。当公司刚刚起步时,传统的"命令与控制"的管理方式能有效地工作,但如今,240名工程和设计专业员工要为在商业、交通、住宅、制造、能源及其他项目上工作的不同客户进行设计,就不可能由高层的少数几个人指示解决方案。事

> **提示**
>
> 分权往往会提高决策制定的速度。
>
> 什么让集中决策的制定更缓慢?

实上,由于其雇员具有多样化的专业知识,这种方式甚至是不可取的。因此,ESD设定了工作室结构,不同的工作室服务特定的客户,工作室能够自己做出决策来满足特定的要求,而不是像可持续设计和电气工程项目那样将员工划分到不同的职能部门。

8.3 横向结构

截至目前,我们主要讨论了组织的纵向结构。职权、管理跨度、授权和分权的问题是重要的,因为它们给出了一个如何把处于不同层级的管理者和员工联系起来的想法。然而,由于各个要素需要同时工作,脱离横向差异化来讨论纵向差异化未免显得有点武断。

由于组织的任务变得日益复杂,组织不可避免地必须被细分,也就是说分成更小的单位或部门,各部门各自为政。首先我们可以从直线部门(也叫作生产部门)和支持部门的区分中认识到这一点。**直线部门**(line departments)是那些对公司的主要业务负责的部门。直线部门直接处理该公司的主要商品或服务,它们负责制造、销售或为顾客提供服务。例如,在通用汽车公司,直线部门包括产品设计、制造、装配、分销及类似的部门。部门经理在组织中通常有较大的权力。他们担负制定重大经营决策的最终责任。他们也要对自己所做决策的最终结果负责。

支持部门(staff departments)是支持直线部门,并为其提供专门或专业技能的业务单元,包括研究、法律、会计、公共关系、人力资源等部门。这些专门单元往往都有自己的副总裁,其中一些部门被赋予很大的权力,如会计或财务部门有权批准和监控预算。

在传统的组织结构中,直线部门和支持部门之间可能会出现冲突。其中一个原因是,许多支

持部门的职业路径和成功都依赖于成为特定职能领域的专家,而直线部门的成功更多地依赖于对组织所处行业的了解。因此,直线管理者可能更迫切于寻求新的产品和客户,而支持部门的管理者更倾向于扼杀这些想法,他们重点考虑要求和流程。直线部门的管理者为了追求经济增长似乎更愿意承担风险,而支持部门的管理者似乎更侧重于确保公司远离风险。但在今天的组织中,支持部门往往不如从前那般注重监测和控制,而是倾向于成为一个专注于战略支持和专家建议的新角色。例如,人力资源管理者们将他们的重点从单纯的创建符合法律的企业章程拓展到帮助企业规划、招聘、发展及留下能给组织带来长期竞争优势的员工。这种类型的战略思想的转变,不仅使支持管理者对公司更有价值,还可以减少直线部门与支持部门之间的冲突。

由于组织被划分成不同的单位,因此会出现不同的部门分类和组合的方式。**部门化**(departmentalization)的三个基本形式是:职能型、事业部型和矩阵型。我们将对其分别阐述,并重点对它们之间的异同点展开讨论。

8.3.1 职能型组织

在**职能型组织**(functional organization)中,工作(和部门)是根据企业职能及其所需的技能进行划分的,如生产、市场营销、人力资源、研究和开发、金融、会计等。图8.4描述了一个基本的职能型组织的结构图。

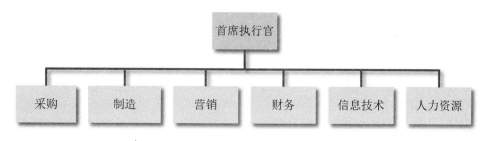

图 8.4 职能型组织

职能型部门结构在大型和小型组织中都很常见。大公司可以围绕几个不同职能展开组织,包括在其产业中独有的职能组。例如,经营着位于美国36个州的240家影院拥有2200多张荧幕的卡麦克电影院(Carmike Cinema),就设立了财务、特许权、电影、娱乐和数字影院等各个部门的副总裁以及负责影院业务的总经理等职位。

> **提示**
>
> 将相似的功能组织在一起,往往可以节约资源。
>
> 为什么一家公司可能会将其信息技术(IT)部门集中起来?

对于一个组织而言,传统职能的部门化有许多潜在的优点:

1. 可以实现规模经济。当拥有类似技能的人被分在一起时,就可以更有效地购买设备,还可以在大量采购中获得折扣。
2. 更有效地监测环境。每个职能群体在其自身发展领域的联系更加紧密,因此可以使磨合变得更加容易。
3. 更好地保持业绩标准。具有类似培训和兴趣的人,可能更容易形成对工作绩效的共同关切。
4. 人们有更多的机会进行专门培训并获得深入的技能发展。
5. 技术专家可以脱离管理工作。
6. 制定决策和沟通渠道很简便,易于理解。

然而,这种职能型结构也有缺点。人们可能更关心自己的职能而非站在整个公司角度去考虑他们所肩负的责任,他们对自己职能任务的注意力可能会使其失去对产品整体质量和客户满意度的关心。管理者获得了职能方面的专业知识,但却没能获得公司其他部门的知识,因此他们成为了专家,而不是通才。在不同职能之间,若发生冲突,缺乏沟通和协调的情况就可能会被凸显出来。总之,职能差异化可能存在,但职能一体化也许并不理想。

其结果是,职能型结构在相对简单、稳定的环境中是最合适的。如果该组织变得支离破碎(或解体),它就可能很难开发或推出新的产品并将其推向市场以快速响应客户需求的变化。特别是当公司规模不断壮大和商业环境发生变化时,企业需要更有效地对各个工作区域进行整合,使它们能够更加灵活及更加迅速响应。这种情况下,选择其他形式的部门化可能更为合适。

> 职能型结构在相对简单、稳定的环境中可能是最合适的。

阿斯利康制药公司(AstraZeneca)便是一个特别注重一体化的公司。研发并在市场推出一种新药是一个复杂的过程,特别是对于一个业务范围遍及全球的公司来说。所以,阿斯利康把不同职能和不同地区的员工放在一个产品团队中。例如,当公司着手开发一种叫 Crestor 的抗胆固醇药物的许可时,便成立了一个全球性的产品团队,这个团队包括在药物开发及市场营销等领域进行监督的技术研究专家和商业领袖。团队成员之间的沟通,不仅帮助药物通过其在各个国家的临床试验,还使得负责向医生和患者传播信息的营销人员能在研发的早期就开始了解药物特性。

对整体质量、客户服务、创新和速度方面的要求使得职能型结构的缺点在一些企业中清晰地暴露出来。职能型组织的高度差异化对部门之间的沟通协调造成了障碍;而跨职能的协调对总质量、客户服务、创新和速度来说却是至关重要的。职能型组织并不会消失,部分原因是组织始终需要职能型专家,但是职能型管理人员将会更少地决策。跨职能的团队会变得更加重要,这些团队对产品、流程或客户负有综合性的责任。

8.3.2 事业部型组织

围绕职能型结构缺点的讨论把我们引向了**事业部型组织**(divisional organization)。随着组织的发展及日益多样化,人们发现职能型部门很难对多种多样的产品、客户及地域进行管理。在这种情况下,企业可能重组所有职能然后将其分组到单独的事业部中,并在各个事业部中对相关职能进行复制。在图 8.5 的公司事业部型组织结构中,部门 A 有其自身的运营、营销、财务部门,部门 B 也有自己的运营、营销、财务部门。在这种结构中,独立的部门可以作为单独的业务或财务中心自主开展工作并完成公司的整体目标。表 8.1 给出了同一个任务在职能型结构和事业部型结构中分别是如何被组织安排的例子。

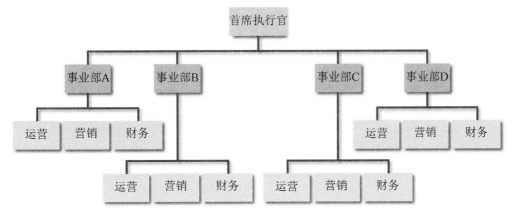

图 8.5 事业部型组织

表 8.1　职能型组织和事业部型组织的例子

职能型组织	事业部型组织
杂志出版商的编辑、销售、生产、网页设计及执行部门，依照其职能对所有杂志进行处理	杂志出版商对每一种杂志都设有专门的独立的部门，每个团队都有编辑、销售、生产、网页设计和执行团队
连锁电影院的促销、电影、影院经营，以及财务等部门，负责所有电影院	连锁电影院在每个国家地区设立一个单独的部门，这个部门负责履行该区域内的所有职能
制造商的工程、生产、采购、分配及销售部门负责处理所有的产品	制造商为每一种产品组织员工来处理其工程、生产、采购和销售工作
一个人力资源管理部门为整个跨国公司提供服务，并向公司领导汇报	跨国公司在每个国家的办公室都有一个人力资源部门，并向负责该国的副总裁汇报

资料来源：George Strauss and Leonard R. Sayles, *Strauss and Sayles's Behavioral Strategies for Managers*, ⓒ 1980, p. 221. Reprinted by permission of Prentice Hall, Inc., Englewood Cliffs, New Jersey.

公司可以采用多种方式围绕产品、客户或地域等不同维度设立事业部型结构。下面的章节将会对每一种设立方式进行详细介绍。

产品型事业部　在产品型组织中，给一个特定产品服务的所有职能都由一名管理者来组织安排。在产品型组织中，由负责特定产品职能的管理者向产品管理者报告。强生公司就采取这种形式。强生公司拥有超过 250 个独立的事业部，其中许多都是对特定的产品线负责。例如，强生下属的 Cordis 公司设有负责开发和销售用于治疗血管疾病产品的事业部，而 McNeil-PPC 公司的事业部则负责生产李施德林和 Plax 漱口水等产品。

以产品划分部门的方式拥有许多优点：

1. 处理信息需求更容易。因为人们在一个产品上紧密合作且不必担心其他产品，所以需要更少量的信息。

2. 员工可以全身心投入特定的产品线中。他们会更清晰地认识到自己的工作是如何融入更广泛的计划中去的。

3. 工作职责明确。当职能部门发生错误时，职能经理可以推卸责任（"其他的部门搞砸了，所以我们很难做好自己的工作"）。在产品型结构中，管理者更加独立和负责，因为他们通常具备执行工作任务所需的资源。此外，可以通过对比不同部门的利润和其他措施来确定其运营状况。

4. 人们得到更广泛的培训。总经理可以培养多种技能，并学会借助结果来判断一切。许多高层管理人员在产品结构中学习到了关键的早期经验。

由于产品型结构比职能型结构更加灵活，它最适合需要迅速适应变化的不稳定环境。但是，产品型结构也有缺点。它使得跨产品线和跨事业部的协调工作变得十分困难。除此之外，尽管管理者努力成为通才，但他们仍然无法达到职能性结构中职能专家那样的程度。

进一步讲，职能在为产品线和事业部服务时并没有没有被集中到总部。这种重复的劳动是昂贵的。此外，在这种结构中，制定决策是分散的，因此高层管理人员可能会失去对事业部某些决策的控制权。如前所述，对于这种结构，为了使它有效，对围绕授权和分权的所有问题进行正确的管理是必不可少的。

客户和地域型事业部 一些公司针对不同的客户群体或不同的地域来建立分部。辉瑞公司（Pfizer）最近针对三种不同位置的客户群体进行了部门调整：初级护理、专业护理和新兴市场。这家制药公司希望这种调整后的结构将会使公司更能满足各个群体的医生和病人的需求。同样，医院可围绕儿童、成人、精神疾病，以及其他紧急情况来组织服务。银行贷款部门通常有独立的工作组来分别处理消费者和企业需求。

与客户不同，事业部可以围绕地域创建。例如，西尔斯公司（Sears）在创建地域型事业部方面属于一个先驱。地理区别包括街区、州、地区和国家。梅西集团（Macy's Group）的前身为美国联合百货公司，拥有为美国特定州或地区服务的地理分部：东梅西百货、佛罗里达州梅西百货、中西部梅西百货、北部梅西百货、西北梅西百货、南梅西百货、西梅西百货及 Macys.com 的网上购物服务。最近雅芳（Avon）集团也根据地理位置（和经济）将其原有事业部重组为两个主要的业务单元。发达市场部主要为北美和西欧的客户提供服务，而发展中市场部为拉丁美洲、中欧、东欧及亚太地区的客户提供服务。

> **提示**
>
> 根据客户和地域分区往往可以为客户提供更快的服务。
>
> 假设你所在的跨国公司向高中、大学和企业销售科研设备。你会选择设置一个客户部门还是一个地域部门呢？为什么？

按产品、客户和地域来部门化的主要优点是专注于客户的需求，并有能力提供更快、更好的服务。但同样，在许多客户群体和地域进行重复活动的代价是非常高昂的。

管理实践

挪威船级社（Det Norske Veritas，DNV）是一家提供风险管理服务的机构，通过建立客户部门改善公司的战略决策。起初，该公司的管理层认为，任何跨部门合作都将提高销售和利润，但第一次尝试却以失败告终。管理层试图将两个业务部门的工作整合在一起：咨询部门及检查食品公司产品链的部门。当时的想法是，合并部门可以帮助食品公司降低其供应链中存在的风险。然而，部门成员间客户信息的分享非常缓慢，但同时花费在联合项目上的时间却削弱了他们自己部门的工作（这是他们测评绩效的指标），并陷入冲突中，造成项目延误和成本超支。

由于对这些早期的结果很令人失望，挪威船级社的高管开始对他们的决策进行评估，并意识到他们虽然组成了一个合作项目，却没有将市场机会放在首要位置，明确其对每个部门利益的影响，并对员工的团结协作给予奖励。为了改善未来的决策，他们将公司重组为服务于特定市场的业务单元。各业务单元可以利用其市场知识调查哪里的协作对服务市场需求是有意义的。由于整个单元都将受益，因此公司现在更容易对协作进行奖励。服务海运业务单元的一个成功经验是，管理者认定这个业务单元的信息技术专家可与风险管理部门协作以帮助航运企业处理它们计算机系统失灵的风险。这次，客户和员工表现得都很热情。

- 挪威船级社从设立客户部门的过程中获得了哪些经验教训？

8.3.3 矩阵型组织

矩阵型组织是一种职能型和事业部型相互叠加的混合型组织形式。管理者和员工个人需向职能经理和事业部经理两个上级汇报。因此，矩阵式组织具有双重而非单一的命令系统。例如，在图8.6中，每个项目经理选择具有不同职能的员工来组建项目组。这些项目成员需要同时向项目经理和他们的职能经理汇报。

> 矩阵型组织具有双重而非单一的命令系统。

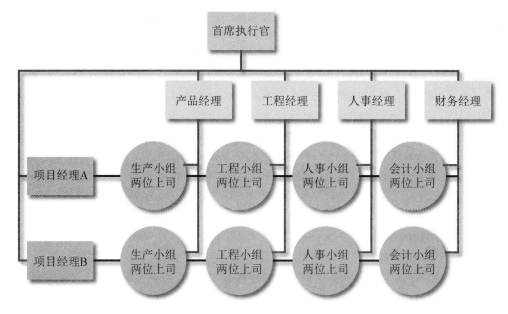

图 8.6 矩阵型组织结构

作为美国和英国最顶级的杂志出版商，时代股份有限公司（Time Inc.）便是一个很好的矩阵型组织结构型公司的例子。时代股份有限公司旗下主要的杂志包括《时代》《体育画报》和《人民》，负责杂志印刷的生产经理需要向每个杂志的出版商和编辑报告，还要向负责生产的企业高层主管报告。在企业层面，时代公司确保公司的生产活动作为一个整体通过大量采购纸张和批量印刷，实现了巨大的规模经济。与此同时，每个杂志的生产经理需要确保不同杂志的不同需求和时间表得到满足。类似的矩阵型安排也被诸如传播和财务等其他关键管理人员所采用。通过这种方式，公司试图同时获得事业部型组织和职能型组织两种组织结构具有的好处。

矩阵型组织结构起源于航空航天产业，最早于 1959 年在天合汽车集团兴起，然后被引入美国航空航天局（National Aeronantics and Space Administration, NASA）。现在，部分医院和医疗保健机构、企业组织、政府实验室、金融机构和跨国公司中也有它的身影。其他已使用过矩阵型组织结构的公司或正在使用的公司包括 IBM、波音公司（Boeing）、施乐公司（Xerox）、康典（Wellpoint）、德州仪器（Texas Instruments）、柏克德（Bechtel）和道康宁（Dow Corning）等。

矩阵型结构的优点和缺点 像其他组织结构的一样，矩阵型结构也有长处和短处。表 8.2 对使用矩阵型组织结构的优点进行了总结。其主要的潜在优势是较高程度的灵活性和适应性。

表 8.2 还总结了矩阵型结构的潜在缺点。许多缺点源于矩阵型结构固有地违反**统一指挥原则**，统一指挥原则规定一个人应该只有一个上级。如果没有采取预防措施，同时向两个上级汇报容易造成混乱和困难的人际关系。

矩阵型结构的生存技能 如果矩阵型组织结构中的关键管理人员学习了矩阵型组织结构中所需的行为技巧，问题将在很大程度上被避免。矩阵型组织中的协作价值尤为显著。例如，在图 8.5 所示的那种组织结构中，项目组成员可能不会被永久地分配给项目经理。一旦该项目完成，他们将返回到其职能岗位。为了使这样的项目团体有效地开展工作，传统命令和控制的管理风格可能并不合适。传统方式可能会使分组成员服从，但不能让他们全心投入，这将使项目目标更难实现。此外，矩阵型组织从职能群体中抽取成员并利用他们的专业知识，这就需要他们贡献出全部的力量。在协作的过程中，如果管理者和参与者对他们正在做的工作都有主人翁意识，就会促成更好的想法、参与效果及对项目和结果的全力投入。

表 8.2　矩阵式设计的优点和缺点

优　　点
• 为公司的目标和战略联合各级员工和所有职能
• 使更多信息能够被跨职能分享
• 培养交流，这对于分组间需要相互依赖的复杂任务尤其有价值
• 通过汇集有关客户需求和组织能力的信息，可以更好地对客户进行响应
• 跨职能部门的工作能激发创造性的想法
• 引发员工对整个组织，而不是对某个职能或部门的忠诚

缺　　点
• 责任和竞争优先级不清晰
• 违反统一指挥原则
• 职责难以界定，需要对受其他矩阵成员控制下的结果负责
• 员工必须应付双重报告，可能会带来冲突或形成压力
• 需要额外的时间进行会议和其他交流来协调工作
• 需要广泛的合作，但却不易进行奖励

资料来源：E. Krell, "Managing the Matrix," *HR Magazine*, April 2011, pp. 69–71; R. Lash, "Cracking the Matrix Code," *Canadian HR Reporter*, March 28, 2011, pp. 16, 18; and M. North and C. Coors, "Avoiding Death by Dotted Line," *Healthcare Financial Management*, January 2010, pp. 120–121.

这些技能根据在图 8.7 所示的四人钻石矩阵中所从事的工作的不同而发生变化。

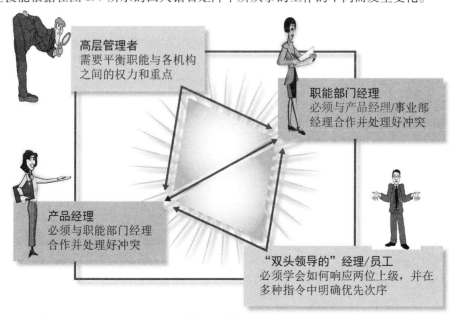

图 8.7　钻石矩阵

负责矩阵型组织结构的高层管理者必须学会平衡职能和产品两个方向上的权力和重点。产品或部门经理和职能经理必须学会有建设性地协作和管理他们的冲突。最后，处于钻石结构底部，拥有两个老板的管理者或雇员必须学习如何对两位上司负责。这意味着优先考虑多种需求，有时甚至是调和冲突的命令。有些人在这种模棱两可、相互冲突的情况下表现不佳。这有时甚至意味着职业生涯的结束。另外一些人则学会要积极主动、同两个上级进行有效地沟通，排除困难，并富有建设性地管理这些工作关系。

今天的矩阵型结构 在20世纪80年代后期，矩阵型结构的受欢迎程度开始减弱，当时许多企业都难以实施这种形式。但最近，它又被重新启用，原因包括来自于生产成本和快速将产品推向市场的压力，以及在全球商业战略下各业务单元间更好地进行跨职能合作的需求。许多由矩阵型结构所带来的挑战在国际范围内显得尤为严重，主要是因为这涉及距离和本地市场的差异。

> **提示**
> 矩阵型结构能加速决策制定并削减开支。
> 矩阵型结构是如何加速决策制定的？

管理今天矩阵组织的关键不是其形式结构的本身，而是意识到矩阵型结构是一个过程。管理者因面对复杂的挑战而恰当地采用矩阵型组织结构，却没能有效执行的，往往会发现他们没能改变矩阵结构中员工和管理的关系并使其变得高效。仅仅通过改变其结构对创建一个灵活的组织来说是不够的。要创造一个让信息在整个组织中自由流动的环境，管理者还必须注重塑造人们在其组织中的行为规范、价值观和态度。我们将在本书的下一章和本书的第四部分重点讲述如何领导和管理员工。

> 管理当今矩阵型组织的关键是意识到矩阵型结构是一个过程。

正如我们在本章开头看到的，思科公司试图利用员工网络来提高组织结构的灵活性。阅读下一页"管理实践"获取更多相关细节，并评估你是否能把已经了解的横向结构原则付诸实践。

8.3.4 网状组织

到目前为止，我们一直在讨论的结构都是传统分层的组织，在这样的组织结构内公司的全部业务都能得到实现。相比之下，**网状组织**是一个独立的、只具备单一功能的，为生产一种商品或服务展开合作的企业集合。正如图8.8所示，网状组织描述的不是单个的职能型组织，而是许多公司之间的关系网。网状组织是在设计者、供应商、制造商、分销商和客户之间的灵活安排，这样的组织中每个企业能够追求自己独特的竞争力，还同其他网络成员一起进行卓有成效的合作。网络成员常常通过电子设备进行交流和信息共享，以便能够快速响应客户需求。实际上，组织的正常边界正变得日益模糊，组织内部的管理者同组织外部的成员密切合作。网络作为一个整体，可同时表现出职能型结构的技术专门化、产品型结构的市场响应能力、矩阵型结构的平衡性和灵活性。

在网状组织中，一种非常灵活的形式便是**动态网络**，也称为模块化公司或虚拟公司。它是由成员之间临时安排形成，可以组合和重新组合以适应不断变化的竞争环境。网络成员通过签订写明预期结果（市场机制）的合同而非层级和权力组织到一起。那些表现不佳的企业，将被剔除和更换。

> **提示**
> 网状结构可以降低成本、提高质量、改善服务、提升速度、促进可持续性发展和创新。
> 在网状组织中你会采用哪些功能来提高可持续发展？

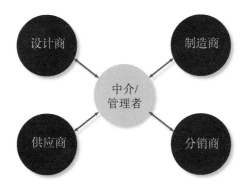

图 8.8　网状组织

资料来源:Raymond E. Miles and Charles C. Snow, "Organizations:New Conlepts for New Forms," in *California Management Review* vol.28, no. 3(Spring 1986), pp. 62—73. Copyright 1986 by the Regents of the University of California, Reprinced by permisnion of University of California Press.

 管理实践

思科系统的前后对比

为了更好地理解思科首席执行官约翰·钱伯斯是如何简化思科管理结构的，让我们来仔细看看公司早期对内部理事会的应用。

2009年，思科希望将创新扩展到新产品领域，因此成立了一个由工作组、董事会和理事会组成的系统。这个临时团队引发了一些新思路；该团队由2—10名员工组成，围绕特定项目工作，并向思科其中的一个内部董事会汇报（最初思科总共有47个内部董事会）。每个董事会约有14名成员，包括两名副总裁或高级副总裁。它向一个由来自整个公司的经理组成的理事会汇报。最初公司内有12个这样的理事会，每个理事会平均拥有成员14人，其中包括两名高级副总裁或执行副总裁。董事会和理事会囊括来自公司每个职能范围的代表，包括销售部门、工程部门、法律部门、信息技术部门和生产制造部门等。这种跨职能的方法，旨在让集团从一开始就看到每个新产品的概念对每个职能部门的影响，让集团可以快速评估所有问题，并向前迈进。

从一开始，行业分析师便对这种董事会结构持怀疑态度；一个管理顾问也认为这种设置很"混乱"。不过，约翰·钱伯斯坚持认为通过使用思科自己的协作硬件，这个新的组织理念会促进创新，并且可以让员工的前进速度快于传统结构化组织中的部门。随后，思科开拓了30个新市场，约翰·钱伯斯将公司的成功部分归因于这个理事会结构。例如，他说理事会和董事会为电力公司提供了一个拥有专业知识的员工网络，帮助其开发智能电网所需的安全硬件，使电力公司早在欧洲电力客户刚刚开始有此需求时就掌握了这个专业化知识。致力于体育和娱乐的理事会也赢得并成功履行了为洋基队位于纽约的在建球场铺设线路的项目合同——此项目获得了来自思科数个业务领域的资源。

但参与董事会和理事会是非常耗时的，在一段时间里，一些管理者同时在数十个团队任职。一位名叫基思·古德温的经理对这种压力深有感触，他必须牺牲一半用来拜访客户的时间在委员会任职。在早期，约翰·钱伯斯通过增多在理事会和董事会服务的行政人员人数以及将任务数量限制在四至五个等手段来解决这一问题。然而，约翰·钱伯斯仍然表示，他们至少要投入30%的时间从事这些委员会的工作。

此外，这些委员会的决策与活动同部门经理对自身部门预算和员工时间安排的职权相冲突。随着这种董事会结构的实施，公司也损失了一些关键的管理人员。风险投资家罗伯特·阿克曼据此指出，在复杂的官僚机构面前受挫时，思科有"很多有才华的人想用头撞墙"。

在一个案例中，惠普公司宣布他们将为所销售的交换器提供保修服务，包括免费升级和技术支持；而思科却花了1年多的时间才推出保修服务，因为这种变化需要几个委员会的批准。即便是约翰·钱伯斯也不得不承认，思科错过了一些关键行业的发展机会。针对思科的董事会结构的批评者说，这应部分归咎于被繁文缛节思想纠缠的思科管理者们。在一份和员工有关的备忘录中，约翰·钱伯斯描述了同思科员工的谈话，他认识到员工们渴望通过简单的方法来做好自己的工作并为客户服务。

思科改变董事会和理事会的应用旨在给高管以下级别的管理者更大的权力来决定其特定分部及所属部门的工作。新结构是一个部门化结构，包括工程活动的产品部门以及地理区划的销售和服务。思科工程团队将被分为五个被思科选定为目标市场的信息技术团队：路由和交换、协作、视频、数据中心虚拟化和云计算以及业务转型架构。此外，高级副总裁将带领一个小组，这个小组将调查新涌现的思路，并将其应用于整个工程单位。其称为全球现场运营的销售单位，将为美洲地区（包括美国、加拿大和拉丁美洲）、亚洲地区（包括日本和中国）和包括欧洲、中东和非洲在内的第三地区服务。在每个地区，不同的团队将致力于为大型企业、公共部门组织、商业组织、小企业、服务供应商和思科合作伙伴服务。思科将依照不同的服务类别将其服务团队划分为多个不同的群体。

- 理事会和董事会的使用是如何影响思科部门经理的责任、职权和职责的？
- 在其最近的变革中，思科采用了哪种类型的横向结构？这对思科的目标来说是最佳选择吗？为什么？

这样的安排在电子、玩具和服装等行业很常见，上述行业都以较快的节奏生产和销售时尚产品。动态网络也适合许多大部分工作可以由专家独立完成的公司。例如，菲利普·珀丽公司（Philip Rosedale）建立了一个名为LoveMachine的虚拟公司，来实现与之同名的软件工具的商业化：这是一个在线通信系统，允许用户互相发送简讯。其同微博服务的主要区别是：该系统是完全透明的，系统中的每个人都能看到消息。因此，公司可以本着"公开认同能鼓舞士气"的思想，使用LoveMachine发布每个人都能看到的表扬讯息，并以此来提高员工认同度。对于这样一个透明的应用程序，珀丽和他的合伙人决定建立一个完全透明的公司。他们推出网上公告板，并公布了LoveMachine所有任务的列表。自由职业者陈述他们将怎样完成工作、期待怎样的报酬并以此来投标列表中的某项任务。如需协调合作，自由职业者可在该公司的聊天室或通过E-mail和Skype在线交流。珀丽开创了这个对计划任务进行虚拟部署的项目，它在提供优惠价格和快速周转方面非常成功，公司的支持任务已经扩展到了招聘合同和支付处理任务等工作。其中的一个固定合作者是一位住在比利时的美国人，其他承包商位于印度、俄罗斯和澳大利亚。然而，珀丽承认，她有时很怀恋面对面工作团队的那种感情，所以她在旧金山设立了一个工作坊，如果本地工作者愿意的话就可以加入。

成功的网络结构可提供灵活性、创新、面对威胁和机会时的快速反应，并降低成本和风险。但是，要使这样的组织成功运营，必须注意以下事项：

- 企业必须选择合适的专业方向。企业的商品或服务必须有市场需求，并且其质量要比其他公司更好。

- 企业选择的合作者必须是其领域中的优秀者，以便能够实现优势互补。
- 企业必须确保参与合作的各方都充分了解合作伙伴关系的战略目标。
- 每一方都必须能够相信其他各方的战略信息，即使业务增长迅速而需求量大的时候也相信各个合作者也能提供优质的产品。

网状结构中管理者的角色从指挥者和控制人变得更像是经纪人。经纪人/经理充当几个重要的边界角色来帮助实现网络的整合和协调：

- 设计师的角色。经纪人扮演网络架构师的角色，负责构建一个运用不同专业知识专注于生产特定商品或服务的公司或群体组合。
- 过程工程师角色。经纪人扮演一个网络运营商的角色，他在布局资源和关系的流动时占据主动地位，使得每个人都适用于相同的目标、标准和支付等。
- 培育角色。经纪人扮演一个网络开发者的角色，他培育并加强网络（如团队建设）以确保各方关系的健康互利。

8.4 组织一体化

在本章开头，我们已说过组织是围绕差异化和一体化进行结构化的。到目前为止，我们的讨论集中在差异化上面，即不同的工作和任务如何构成组织，以及它们如何在组织结构图中找到合适的位置。但是，随着公司结构的分化，就需要对一体化和协调予以关注，它们将促使公司的各个部分一起工作。通常情况下，组织差异化程度越大，就越难以一体化。由于专业化和劳动分工，不同群体的管理者和员工向不同的方向发展。根据员工所属部门（职能型部门、事业部、一线部门和支持部门等）的不同，他们将以针对特定工作单元的方式进行思考和行动。总之，在不同职能、事业部和业务单位工作的员工容易忽略彼此。当发生这种情况时，管理者很难将所有各方的活动整合成一个整体。

> 通常情况下，组织差异化程度越高就越难以一体化。
> "最终，组织只不过是一个把员工的能力汇集在一起来创造价值的东西。"
> ——路易斯·郭士纳（Louis V. Gerstner Jr.），《谁说大象不能跳舞？》

管理人员可以采取多种方法来确保相互依存的单位和个人可以共同工作以实现同一个目标。在某些情况下，管理者可能会看到员工需要紧密合作以实现共同的目标，所以他们建立互信，给员工提供相同的技能培训，并奖励团队合作。在其他情况下，组织可能更依赖于拥有独特天赋和思想的个人，所以他们设置灵活的工作安排并奖励个人成就，来激发每一个人的最大潜力，同时鼓励员工分享知识并建立对彼此贡献的尊重。然而，在一般情况下，协调方法包括标准化、计划和相互调整。

8.4.1 标准化协调

当组织通过建立不会随着时间推移而改变的例行程序和标准作业程序来协调活动时，我们就说工作已经被标准化了。**标准化**通过规范员工的行为和限制员工行动来实现各个业务单元的一体化。人们往往知道如何行动以及如何进行互动，因为标准作业程序已经明确了他们应该做些什么。例如，管理者可以规定公司使用哪种品牌的计算机。此举将简化采购和计算机培训过程——每个人都将处于同一平台——使得组织内部不同部门间的相互沟通更加简单。

为了提高组织的协调性，可能还需要依靠**规范化**，即利用规则和法规来管理组织中员工的互动行为。例如，制定出相关的着装和礼仪政策，有助于消除大量的不确定工作。但标准化和规范化的一个重要假设是相关规则和程序应适用于大多数（如果不是全部）情况。因此，这些方法最适合相对稳定不变的环境。在某些情况下，当工作环境需要较高的灵活性时，通过标准化方式来进行协调可能就不是非常有效。很多人都有过这样的经历，往往伴随着反应迟缓的官僚主义的规则和程序让我们无法及时采取行动以解决问题。在此情况下，我们常常将这些规则和条例视为"繁文缛节"。

8.4.2 计划协调

如果展示那些为表明应该一体化工作而制定出的确切规则和程序有困难，那么组织可能会通过给相互依存的单位建立目标和计划表来提供更高的自由度。**计划协调**不需要像标准化协调那样高的稳定性和程序化。相互依存的单位都可自由修改和调整自己的行为，只要他们能够满足与他人合作所需的期限和目标。

例如，在编写这本教材时，我们（作者）和包括编辑、营销人员、制作组、支持人员在内的出版团队坐在一起商榷发行这本书的计划，这大约用了两年的时间。该发行计划包括日期，以及相应的具体哪些部分需要被完成并转交给组织内部其他方的"可交付成果"。该计划在子单元的组成上具有相当的灵活性，同时还有整体的计划以确保我们能够一起有效地工作。

8.4.3 相互调整协调

具有讽刺意味的是，最简单灵活的协调方法可能就是让相互依存的各方彼此交流。**相互调整的协调**涉及通过反馈和讨论来共同找出如何处理问题的方法，并制定各方都认可的解决方案。这在现今的团队中都很受欢迎，部分原因在于他们允许较为灵活的协调，团队可以在相互调整的原则下运营。

但作为一种协调方法，相互调整的灵活性并非毫无成本的。散列出每个问题都需要时间，并且这可能不是最有利的方法。试想一下，即使最基本的任务，如果子单元必须讨论每一种情形，那么将要花多少时间！如果问题是新的并且不能按照相关规则、程序或计划提前组建项目组，相互调整可能会非常有效。尤其是在规则和程序不适用的危机时期，相互调整可能是最有效的协调方法。

> 尤其是在危机时期，相互调整可能是最有效的协调方法。

8.4.4 协调与沟通

当今的环境往往是复杂的、动态的，因此也是不确定的。大量的信息流从外部环境流向组织，然后流回环境。为了应对这种情况，组织必须获得、处理及回应这些信息。这个过程对于企业如何进行组织有着直接的影响。为了有效地发挥作用，组织需要开发信息处理的结构。

管理实践

为了通过相互调整促进协调，一些服务于特定机构的图书馆都关闭了传统的填满图书的房间，并将图书管理员安排到那些对他们的研究能力有需求的团队中。

例如，在美国约翰·霍普金斯大学（Johns Hopkins University），韦尔奇医学图书馆（Welch Medical Library）从印刷期刊和参考书转换到一个完全数字化的系统。这将图书馆管理员解放到任何需要的地方。韦尔奇的图书馆管理员现在被称为"信息专家"，他们被分配到以前经常寻求帮助的部门，所到的部门让他们可以很容易地认识医生和其他工作人员。图书馆科学家大卫·舒马克指出，这种类型的安排在医疗环境中变得越来越普遍，馆员有时参与治疗，并配备了电脑，以便在任何时候遇到诊断疑问都可以立即查找到相关的研究文献。

美国西图集团（CH2M HILL）作为一家工程设计、施工和项目管理公司，也已经着手将图书馆管理员纳入项目团队中。图书馆管理员艾米·马乌莱被分配到一个研究可再生能源应用等新技术的工程师团队中，当他们了解到潜在的新应用时，艾米·马乌莱立即对这些新的信息进行管理，并据此寻找一些额外的文献资源。她和团队一起工作的时间越长，就越了解技术，也就可以更多地贡献自己的想法。作为一名嵌入式馆员，艾米·马乌莱成为一个题材专家和一个功能专家，这提高了她对组织的价值。

- 组织还能通过哪些方式提高图书馆服务的一体化程度？

为了满足这种高度不确定的、大量信息的需求，管理者通常可以采用如图8.9所示的两个策略。首先，管理层可以采取行动以减少对信息的需求；其次，可以提高处理信息的能力。

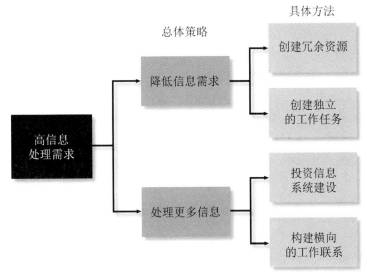

图8.9　管理高级信息处理的需要

选择1：减少对信息的需求　管理人员可以通过两种方式减少对信息的需求：(a) 创建冗余资源；(b) 建立独立的工作任务。冗余资源即额外的资源，组织可以在紧要关头依靠它们，以便在措手不及的情况下仍可以进行调整。例如，库存便是一种冗余资源，它可以在需要时提供额外的储备。有了额外的储备，组织就不需要太多有关销售需求、交货时间等方面的信息。员工也可以是另一种类型的冗余资源。例如，许多公司采用兼职或临时员工的方式辅助他们的专职人员。通过这种方式，它们不需要准确预测销售高峰，而可以靠补充工作人员来处理不寻常情况。

像冗余资源一样，建立独立的工作任务也可以让组织减少对某些信息的需求。建立独立的任务是指从职能型组织转变为产品或项目型组织，并给各个单元提供完成自己任务所需要的资源。

这样信息处理的问题就减少了，因为每个单元都有其特有的一套专长，而不必像职能专长那样在若干不同的产品团队之间分享他们的专业知识。信息在团队内流通，而不是在一系列复杂的相互依存的群体之间进行。

选择2：提高信息处理能力　组织可能采取增强其信息处理能力的办法，而非采取减少信息需求的办法。这种方式可以通过投资信息系统来实现，这通常意味着使用或扩大计算机系统。但是，提高组织的信息处理能力还意味着我们第1章中提到的知识管理，即利用组织中的人力资本的经验和知识来提高协作性和有效性。做到这一点的方法之一是通过创建单位之间的横向关系来促进协调。这种水平关系十分有效，因为它能增强一体化的程度，劳伦斯和劳什也认为这是管理复杂环境所必需的。当不确定性增加时，可以使用以下从最简单到最复杂的横向处理方法：

> **提示**
>
> 跨单位的协调，可以使问题得到有效解决。
>
> 为什么更加完善的信息更有助于完善解决方案？

1. 直接联系（相互调整）遇到相同问题的管理者。例如，在一所大学，一位宿舍管理员可能会召集会议来解决相邻房间的两个长期争斗的学生之间的分歧。
2. 联络人负责促进两个部门之间的交流。美国校园中兄弟会的代表就是兄弟会和与它有联系的委员会、校方以及当地社区的联络人。
3. 专责小组代表或团体代表，暂时聚集在一起解决一个共同的问题。例如，学生、教师和管理员可能组成一个专责小组，来负责为校园的时事研讨会带来杰出的演讲者。
4. 多部门参加的永久性决策团体。部门首脑组成一个执行委员会定期开会做出影响工程或文科大学的决定。
5. 有共同任务要执行的产品、程序或项目经理带领的跨学科团体。在一所大学的工商管理专业，教师管理员可能领导一个由多个学科教授负责执行的教育课程。
6. 由双重关系组成的矩阵型组织，这种组织中一些管理者需要向两个上级报告。例如，导师可能要向他们各自学科的部门负责人报告，同时也要向负责本科或研究生课程的领导报告。

其中的一些方法将在第14章中进一步讨论。在第14章我们将研究管理团队及团队间的关系。

8.5　前瞻

组织结构图、差异化、一体化、职权、分权、协调等都传达了组织结构的基本信息。然而，这些信息仅仅是冰山一角。真正的组织更像是一个动态的画面；更加灵活、更具创新，甚至虚拟的组织形式也在不断涌现。如今，组织的许多基本特征和曾经的传统形式相去甚远。通过使用电子工具共享信息，可能使组织结构形式比20世纪的管理者们所设想的变化速度要快得多，更加网络化、更具灵活性和全球性。

没有哪个组织仅仅是一组静态的工作关系。因为组织是由人组成的，而人与人之间会产生社交联系。网络中的个人能跨越部门的界限与他人交往。各种友谊团体或派系联合起来形成联盟，组织成员共同支持某一问题，并努力确保他们的观点能够决定决策的最终结果。

因此，正式组织结构并没有对公司如何真正运作的每一件事情都展开描述。即使你知道部门和权力之间的关系，你仍然有很多事情需要了解。工作是如何被完成的？谁影响谁？如何影响？哪些管理者是最有权力的？高层领导是否有效力？哪些群体最高效？哪些群体效率最低？整个组织中沟通模式的性质是什么？围绕这些问题的讨论将贯穿本书的剩余部分。

现在，你已经熟悉了本章所讨论的基本组织概念。在第9章中，我们将讨论在设计现代组织的过程中管理者们经常会遇到的挑战。当你阅读下面的"管理实践"时，思考本章的组织概念将如何帮助你评估思科系统所面临的挑战，同时也要注意到个人关系和其他人为因素在何处开始发挥作用。

 管理实践

评估思科公司的一体化方法

几年前，当思科系统公司创建其董事会和理事会结构的时候，那种结构重组并不是传统部门结构或分区结构的替代品。相反，它是在保持公司原有差异及其优点的基础上对其现有结构的一种补充，并能以此实现更高的集成度。公司有一个业务单元层和一个向理事会汇报的独立董事会层，二者共同向由思科内部16名高层管理人员组成的运营委员会汇报。第二层级必须同常规业务竞争以取得公司各种职能团体的资源。

人们认为这种类型的结构将使组织扁平化，以鼓励信息共享和协作，思科系统公司也因此避免了在大型企业中司空见惯的故意拖延现象。这种结构被认为可以以"无领导小组"的灵活性取代刚性的层次结构，该结构可被用于捕捉在其他结构中难以存留的想法。然而，它也对高级管理者的工作提出了新的要求。除了要对职能或部门划分负责外，高级管理者还需要指导团体推进新想法的审批和实施。这些高级管理者需要花费他们超过30%的时间在这些额外的责任上。一些高级管理人员，包括关键业务单位的负责人，因此离开了公司。熟识这些离职高管的人说，他们因为要从自己的业务单元的运营中分散注意力，而不断受挫。一位行业分析师最近指出，"思科公司的员工要不断去参加会议"。公司内外的其他人纷纷质疑，在这种结构下的思科公司是否明确了各个董事会和理事会的负责人。

正如我们所看到的，思科终止了它大多数的理事会，并重组了业务部门，以简化管理、明确责任和加速决策。这些变化要求思科公司寻求差异化和整合之间的平衡。约翰·钱伯斯在宣布这次结构重组时指出，他采取行动的原因是"简化我们执行战略的方法的时候到了"。在这种情况下的简化意味着去除相互重叠的董事会和理事会，设立专注于客户群或产品类型的部门，让管理者的时间专注于传统层次的指挥和控制活动。思科公司还设置了一个营运办公室主席职位，并聘请加里·摩尔负责工程、市场营销、运营和服务，包括新结构的实施。

正如思科公司没有完全摒弃理事会和董事会存在时的层级和部门一样，当它重新聚焦于差异化的时候也没有完全放弃理事会。它保留了三个理事会：(1)服务供应商理事会，由一个负责销售的高级副总裁和一个负责工程的高级副总裁领导；(2)企业理事会，由一个负责销售的高级副总裁和一个同为首席技术官的高级副总裁领导；(3)新兴市场国家理事会，由全球化总监和思科公司亚太及日本区总裁领导。

约翰·钱伯斯在向员工宣布这个变革的时候说道，结构重组能"助力我们的团队，整合我们的主要职能，并让我们的员工把重点放在鼓舞人心和重要的工作上"。如果他是正确的，那么，当你今天阅读思科公司的案例时，你也正在阅读一个重新成为硅谷最伟大公司的故事。

- 当思科公司将理事会和董事会移出并重组组织结构时，这个变化是如何影响它所依赖的协调类型的？
- 设立理事会和董事会是如何影响思科公司的信息处理能力的？思科公司在消除了大部分董事会和理事会后将如何加强沟通？

关键术语

职责（accountability）
职权（authority）
经纪人（broker）
集权组织（centralized organization）
协调（coordination）
相互调整性协调（coordination by mutual adjustment）
计划协调（coordination by plan）
公司治理（corporate governance）
分权组织（decentralized organization）
授权（delegation）
部门化（departmentalization）
差异化（differentiation）
劳动分工（division of labor）
部门型组织（divisional organization）
动态网络（dynamic network）

规范化（formalization）
职能型组织（functional organization）
层级结构（hierarchy）
一体化（integration）
直线部门（line departments）
矩阵型组织（matrix organization）
网状组织（network organization）
组织结构图（organization chart）
责任（responsibility）
管理跨度（span of control）
专业化（specialization）
支持部门（staff departments）
标准化（standardization）
子单元（subunits）
统一指挥原则（unity-of-command principle）

学习目标总结

现在你已经完成了第8章的学习，你应能达到以下要求：

1. 能够解释差异化和一体化是如何对一个组织的结构产生影响的。

差异化意味着组织中存在着多个部分。专业化意味着在整个组织内不同的人和业务单元执行不同的任务。分配任务给不同的人或团体的这一过程通常被称为劳动分工。但是，组织中的专门任务不能全部被独立执行。通过协调各项任务之间的联系才能实现组织的整体目标。有许多不同的专门任务和工作单元的组织是高度差异化的，组织的差异化程度越高，就越需要一体化或协调。

2. 总结企业中的职权运作机制。

职权是进行决策并告诉其他人该做什么的一项合法权利。权力的行使贯穿整个组织层级，比如老板就有权力向下属发号施令。通过日复一日地行使权力，组织就朝着实现其目标的方向发展。企业主或股东具有最终的权力。

3. 能够明确董事会及首席执行官的作用。

董事会向股东汇报。董事会控制或对管理层提出建议，并考虑公司的合法性及其他利益，以保护股东的权利。行政总裁向董事会汇报，并对组织的绩效负责。

4. 可以解释管理跨度是如何影响结构和管理效率的。

管理跨度是直接向管理者汇报的人数。窄跨度形成垂直型组织，而宽跨度则造就扁平化组织。没有适合各种情况的单一管理跨度，最佳跨度由工作性质、下属、经理以及组织特点共同决定。

5. 能够解释如何有效授权。

授权是分配任务和职责，授权对经理、下属和组织来说有许多潜在的优势。然而，要使授权有效，就必须对其过程进行认真管理。管理者应该确定目标、选择合适的人、征求意见、提供资源、进行进度检查，并定期讨论进展。

6. 可以区分集权组织和分权组织。

在集权组织中，最重要的决定由高层管理者做出。在分权组织中，许多决策在较低的层级中做出。

7. 能够总结组织结构化的方法。

组织能够基于职能、部门（产品、客户或地理）、矩阵和网络等角度来进行结构化。每种形式都有其优点和缺点。

8. 可以明确矩阵型组织带来的特殊挑战。

矩阵式结构是一个复杂的结构，具有双重权力结构。管理良好的矩阵式结构能使企业适应变化。但它也会造成混乱及人际交往困难。矩阵结构中所有职位的人员——高管、产品及职能经历，以及双重主管员工——都必须获得独特的生存技能。

9. 能够描述重要的一体化机制。

管理者可以通过标准化、制订计划和相互调整来协调相互依存的单位。标准化发生在日常工作和标准作业程序落实到位时，并通常伴随着规范化规则。计划的协调更加灵活，它允许工作任务以更为自由的方式完成，并可确保相互依赖的工作单元专注于完成计划和共同目标。相互调整涉及相关的各个成员之间以适应对方需求为目标的反馈和讨论。这是一种最灵活、最简单的管理方式，但它非常耗时。

问题讨论

1. 基于本章前面对思科公司的描述，举出一些组织差异化的例子。换句话说，有哪些特殊任务必须执行，思科公司又是如何进行劳动分工的？此外，思科是如何对这些不同业务单元的工作进行整合的？根据你在本章所学到的知识，你认为思科公司的组织结构有效吗？为什么？

2. 处于 CEO 的位置上的优势和劣势是什么？

3. 你是否想成为董事会的一员？为什么？如果由你担任董事会成员，你会选择什么样的组织形式？作为董事会成员，你觉得什么样的活动你最有可能积极参与？

4. 采访一位董事会成员，并从他/她的角度对其观点进行讨论。

5. 挑选一份你曾经从事的工作，并从管理跨度、授权、责任、职权和职责等方面对其进行描述。

6. 为什么你会认为管理者很难分权？可以做些什么来克服这些困难？

7. 考虑你曾工作过的某个组织，画出它的组织结构图，并用本章学会的术语来描述它。你喜欢在那里工作吗？为什么？

8. 你更愿意在职能型还是部门型组织工作？为什么？

9. 如果你了解到一个公司的结构是矩阵型的，你会有多大兴趣在那里工作？为你的答案做出解释。你将如何准备，以便在矩阵型组织结构中有效地开展工作？

10. 利用"头脑风暴"讨论整合相互依赖的工作单元的方法。讨论每种方法的利弊及其可能需要开展的活动。

实践练习

8.1 商学院组织结构图

目标
1. 明确组织结构的决定因素。
2. 洞悉组织的运作机制。
3. 理清组织内部的工作关系。

说明
1. 画出你所在商学院的组织结构图，确保结构图涵盖了学校的所有员工，确定指挥链和管理层级，标注出不同的管理跨度。是否有需要考虑的咨询小组、任务小组或委员会？
2. 回顾本章有关组织结构的内容，找出你们学校组织中的强项和弱项。整合你认为会提高学校整体质量的改变，为学校重新绘制一个组织结构图，并将相关的修改建议及其理由以表格形式展示出来。

问题讨论
1. 你所在的商学的组织结构是否合理？为什么？
2. 学校的结构设计是以什么样的方式来满足学生、教师、职员、管理人员，以及企业团体需求的？

8.2 设计一个提供咨询服务的由学生运营的组织

目标
1. 体会组织整体对于团体和个人行为的重要性。
2. 从熟悉领域着手，尝试进行组织设计。

背景
你所在学校的产业咨询委员会已决定赞助一个由学生管理的组织，这个组织为你所在社区的非营利组织提供业务咨询服务。理事会已捐出 20000 美元作为启动资金，并同意提供办公空间、电脑设备以及所需的其他材料。理事会希望在运作 1 年后，该组织能建立其自己的资金收入来源。

任务 1 学院院长希望你为这个新组织开发几个备选设计方案。你的任务是找出建立这样一个组织需要注意的几个主要的设计维度和因素，并描述在每个因素中必须解决的问题。例如，你可以提供一个组织图以便对可能涉及的结构性问题进行描述。在设计付诸实施前，你还需要考虑：（1）在社区中可以使用你的帮助的团体；（2）它们所面临的问题。但要记住，你的任务是建立提供服务的组织，而非深入了解所提供服务的类型。

你和你的团队的任务是集思广益地讨论要处理的结构维度，并制定可与全班共享的 1—2 页的结构大纲。你们有 1 小时的时间来设计大纲。之后选择两个团队成员来展示你们的设计。假设你们都将参与到新的组织中，确定你们在组织中的具体位置。

任务 2 经过"头脑风暴"后，由小组发言人来展示小组设计或首选设计，并回答听众的提问。

任务 3 教师将对设计方案进行点评，并讨论该组织要想成功运营所需要的其他因素。

资料来源：A. B. （Rami）Shani and James B. Lau, *Behavior in Organizations*: *An Experimental Approach* 1E, 2005, p. 369. Copyright 2005 The McGraw-Hill Companies, Inc. Reprinted with permission.

8.3 分权：优点和缺点

目标
探究分权的原因及利弊。

说明

下方的分权工作表中包含了一些对分权的观察。当你对每一种说法进行评论时，举例说明为什么这种说法是重要的，并指出这些说法所提到的情况或条件中存在的相关优势和问题。

分权工作表

管理者应实施的分权程度受到很多因素的影响。显然，任何增加管理者工作量的事情都会创造分权的压力，因为一个人只能完成有限的工作。在管理的多个方面，分权既有优点又有缺点。

1. 产品种类的多样性越强，分权的程度就越高。

2. 组织规模越大，越需要分权。

3. 组织环境变化越迅速，越需要分权。

4. 分权的本质是适当、及时的控制。

5. 管理者应该对那些需要花费大量时间，但对他们的权力和控制侵蚀最小的决策授权。

6. 分权涉及授权，因此，权力下放要遵循委派的原则。（在开展讨论前先列出委派的原则。）

资料来源：R. R. McGrath Jr., *Exercises in Management Fundamentals* (Englewood Cliffs, NJ: Prentice Hall, 1985), pp. 59-60. Reprinted by permission of Prentice Hall, Inc.

 综合案例

士丹利美林投资集团

士丹利美林投资集团（Stanley Lynch Investment Group）是一家大型投资公司，总部设在纽约。该公司有12个主要的投资基金，每只基金都由分析师组成的部门独立运营。与金融市场及业务分析知识一道，士丹利美林投资集团的竞争优势还来源于其先进可靠的计算机系统。因此，一个高效的信息技术（information technology，IT）部门是战略必需品，首席信息官（chief infomation officer，CIO）在公司运营中占据关键地位。

当公司聘请 J. T. 昆德拉作为技术经理时，他得知士丹利证券的IT部门有68名雇员，其中大部分雇员专门为一个特定基金提供服务。为基金团队服务的IT员工作为一个独特的群体，他们每个人都由一名管理者带领，这些管理者大多同时管理数名员工（其中5名员工向昆德拉汇报）。

昆德拉还了解到，每个组都设置了自己的计算机系统来存储有关项目的信息。这种安排的问题很快就变得显而易见。由于昆德拉试图指导其工作组的工作，他会寻找一些项目文件。有时候，没有人知道在哪里可以找到这些文件。而最终却可能发现它们实际上被存储在一个毫不起眼的地方，比如某人的闪存盘上。其他时候，昆德拉会很快得到3种不同的反应，并从3个不同的人手中得到3个不同版本的文件。而且，当他对其他小组的项目或另一个部门使用的软件程序感兴趣时，几乎不可能获取相关信息。他没有权力要求其他组的雇员放下手头的工作来为他提供相关信息。

昆德拉认为，如果所有授权的人都能很容易地获得已经完成的工作和可用的软件，整个IT部门可以更好地为公司服务。一个合理的方法就是在线存储这些信息。根据公司以往的经验，他认为，汇总信息最简单的方法便是设立一个称为"维基"（wiki）的共享网络项目——在线文档通过用户的相互协作来创建，这些用户可以根据他们的知识和需要来查看或上传信息。而由于他只管理少量的IT工作者，随之而来的挑战将是：如何让每个人都为此出力。

昆德拉开始与他的5名下属一起以一致的格式建立了"维基"以提供基本的信息。然后，他会见了两个直接向CIO汇报的更高级别经理，向他们展示了"维基"，并解释道，快速获取信息能提高IT组的工作质量和效率。他建议，经理可以要求所有的IT员工把自己的文档放在"维基"上，他甚至说服他们，应该对这种行为进行绩效考核。最后这一招特别重要，因为在一家投资公司，因满足绩效目标所得的奖金是雇员报酬的重要组成部分。

IT员工很快就理解到"维基"能帮助他们更好地执行工作。他们查看维基时，可以看到非常有帮助的原始信息。员工接纳"维基"的速度十分迅速，没过多久，IT员工便把它看作最重要的软件系统之一。

问题
- 在士丹利美林的组织结构中找出一个差异化和一个一体化的例子。
- 士丹利证券IT部门的职权在采用"维基"的过程中扮演了一个什么样的角色？
- 描述IT部门是如何通过协作实现更大程度的一体化的。

第 9 章
组织灵活性

> "变化,持续的变化,不可避免的变化,是当今占主导地位的社会现实。当你不再考虑世界时,明智的决定就无法做出。但世界却依旧变化。"
>
> ——艾萨克·阿西莫夫(Isaac Asimov)

学习目标

通过学习第 9 章,你应该能够达到以下要求:

1. 知道为什么组织响应非常关键。
2. 描述有机式组织结构的特性。
3. 识别能提高组织响应能力的策略和动态组织概念。
4. 解释企业如何做到既大又小。
5. 总结企业应该如何组织以满足客户的需求。
6. 识别企业围绕不同技术类型的组织方式。

本章概要

积极响应的组织
战略和组织的敏捷性
  组织核心能力
  战略联盟
  学习型组织
  高参与度组织
组织规模和灵活性
  大企业的案例
  小企业的案例
  做"大"和做"小"

客户和响应组织
  客户关系管理
  全面质量管理和六西格玛
  ISO 9001
  重组
技术和组织的敏捷性
  技术配置的类型
  柔性制造组织
  组织速度:基于时间的竞争
关于组织灵活性的结语

开篇案例

皮克斯如何在一个不断变化的行业中兴旺发展

还记得你最近一次冲着最喜欢的制片公司去电影院看电影吗？或者说你会因此去电影院吗？如果你的回答是肯定的，那么你知道米高梅出品的环球电影吗？

很少有人定期去影院看电影并且关心制片方是谁。在今天，电影票和录像制品的销量下滑，因为人们更愿意寻找免费的网上娱乐。在这种环境下，很难出现有特色而且盈利的电影制作者。然而，皮克斯公司却能够反其道而行。该公司推出的前11个故事片赢得了40余项奥斯卡奖和超过60亿美元的盈利。诸如《玩具总动员》《汽车总动员》《怪兽公司》和《飞屋环游记》等作品在观众的心中都和皮克斯的名字始终联系着，而且每一部新的皮克斯作品的发行都受到观众的期待。

在苹果公司的前首席执行官史蒂夫·乔布斯收购皮克斯的时代，在这样一个科技革命的环境中取得巨大的成功是很难的。在爱德·卡特莫尔的领导时期，皮克斯还是一个计算机硬件公司，它最显著的成就是皮克斯图像计算机的研发。这个业务作为卢卡斯影业（Lucasfilms）的一个分支，为其提供计算机图像。它为各种不同的应用提供了顶级的视觉成像，包括医疗诊断的磁共振成像（核磁共振成像）。

事实证明，商业客户对高级视觉成像不是很感兴趣，于是乔布斯试图将这项创新视频技术应用于制作视频。皮克斯有一个由约翰·拉塞特领导的动画部门，其作用是展示公司的硬件功能。这个组被授权进行制作一些动画短片的尝试，然后利用这些样片去赢得一些电视公司的广告项目，其中包括李施德林和救生员果糖等品牌。广告的收入为动画部提供了资金，让他们能够去进一步发展自己的能力，而且他们也确实做到了这点，提高了自己的能力。公司的动画短片《铁皮玩具》(Tin Toy) 在1988年获得了奥斯卡最佳动画片奖，为作为电影制作方的皮克斯公司赢得了信誉。

在这一基础之上，1995年皮克斯发行了首部故事片《玩具总动员》。这是第一部完整的数字动画电影，它带给观众惊喜的同时也让投资者获得了全球3.5亿美元的票房收入。为了能一直给影迷带来快乐，皮克斯并没有停留在第一次的成功上。虽然皮克斯分别于1999年和2010年发行了《玩具总动员2》和《玩具总动员3》，但是它仍然攻克了很多技术和市场营销上的障碍（这些障碍或许也成为其发展的动力），这些困难会让许多普通的电影制片厂望而却步。皮克斯的团队想出了如何在《怪兽公司》中使皮毛看起来更加真实，在《海底总动员》中使水看起来更加灵动，在《料理鼠王》中使老鼠充满魅力，如何让一个关于古怪老鳏夫的电影《飞屋环游记》吸引所有家庭成员的办法。

电影爱好者和管理专家都试图了解是什么使皮克斯脱颖而出。他们得出的一个结论是：皮克斯授权给那些具有创造性的工作人员，让他们自由决策，并期望他们能从每一个新项目中收获新的东西，为下一个项目设立更高的标准。迪士尼公司于2006年从乔布斯手中收购了皮克斯，而今天的皮克斯已经从电影行业的新人发展成这个行业的佼佼者。在这一过程中它所面临的挑战是保持现有的工作模式并做好迎接新模式的准备。

- 得益于一个在创新方面有很强的能力和很大需求的组织，皮克斯保持经济增长而且处于创新的地位。在阅读本章时，考虑这种对创业初期公司有效的组织对发展成熟的公司是不是同样有效。

像皮克斯一样，今天成功的公司不能止步不前，它们不能依赖以往的成就。如果他们这样做，当面对竞争对手的新产品、客户喜好的变化或者环境中其他因素变化时，会变得脆弱被动。相反，它们就该利用当前的成功继续为未来建立竞争优势，不断寻求新的方法来保持灵活、创新、高效和响应它们的客户。要实现这个目标，最重要的做法之一是确保他们的组织结构和系统保持适应性和灵活性，为管理者和组织不断地面对复杂且多变的挑战做好准备。

在第 8 章中我们描述了组织的正式结构。企业和其他组织是复杂的，它们使用正式结构的元素（包括等级层次、劳动力的分工和协调性等）来管理复杂性。然而，对正式结构的关注可能会使人们错误地认为组织是静态的结构，会无法适应当今风云变幻的环境。但事实上，组织是复杂的系统，其中有很多人在同一时间做很多不同的事情。

> 组织行为不会从图表中蹦出来，它表现在过程、系统和关系中。

因此，组织的任务延伸到本章中所描述的问题：设计流程、信息流动和技术。当这些都经过精心设计时，组织将是灵活和敏捷的，足以在任何一个变化的世界中获得成功。这种组织通常被称为"二元的"。和一些人具有两只手都可以写字的天赋一样，一个二元的组织同时擅长开发（高效、迅速地满足当前所在领域的需求）和探索（寻找和识别新方法来满足未来的需求）。在本章中，我们将学习组织人力、信息的方法，以及那些使企业既擅长开发又擅长探索的工作。

9.1　积极响应的组织

正式的结构是用来控制人、决策和行动的。但是，在当今瞬息万变的商业环境中，响应迅速、高敏捷性、以及能够适应不断变化的需求对于一个公司的生存比以往任何时候都更重要。

在马克斯·韦伯（Max Weber）对官僚主义的概念进行描述的多年之后，两位英国学者伯恩斯（Burns）和斯托克（Stalker）描述了他们所谓的**机械式组织**（mechanistic organization）。他们描述的普通机械结构类似于韦伯的官僚机制。但他们继续提出，在现代公司，机械结构并不是唯一的选择。**有机化结构**（organic structure）和机械式组织形成了鲜明的对比，它的条条框框较少，更强调灵活性。有机化结构的描述如下：

> **提示**
>
> 速度是一个公司赖以生存的关键。
>
> 缺乏速度会如何导致一个公司的失败？

1. 从业人员具有更广泛的职责，在必要时也可以发生改变。
2. 通过建议和信息进行沟通，而不是通过命令和指示。
3. 决策和影响变得更加分散和非正式。
4. 专业知识受到高度重视。
5. 从业人员更加依赖于判断而不是规则。
6. 恪守组织目标的承诺比服从权威更加重要。
7. 员工更加依赖彼此且其联系也更加非正式和私人化。

图 9.1 将组织的正式结构和更有机化的非正式结构进行对比，这集中体现在组织结构图中。精明的管理者深知组织成员间的相互联系，他们围绕成员间的关系网进行构造以提高灵敏性。有机组织中的员工更像是队友而不是听命于老板的下属，从而打破了传统的官僚主义模式。

有机化结构和网络的思想是本章中所介绍的新组织形式的基础。一个公司的有机化越强，它应对竞争需求和市场现状的反应速度越快。先进公司的管理者重视快速的行动能力，它们想快速地满足顾客的需求和应对其他外部压力，想采取行动来纠正过去的错误，也为不确定的未来做好准备，希望能够应对威胁和机遇。组织为达成目标所采用的组织结构的特殊形式和程度取决于组织的战略、规模、客户及技术,我们将依次分析这些因素。

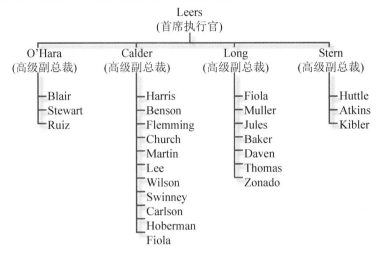

图 9.1（a） 组织层级结构图

资料来源:Reprinted by permission of *Harvard Business Review*. Adapted from "Information Networks: The Company Behind the Chart," by D. Krackhardt and J. R. Hanson, July-August 1993, pp. 104-111. Copyright 1993 by the Harvard Business School Publishing Corporation; all rights reserved.

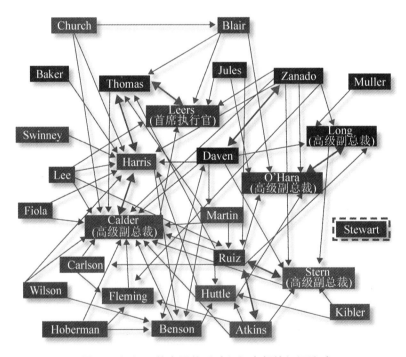

图 9.1（b） 信息网络反映组织内部的知识流动

资料来源:Reprinted by permission of *Harvard Business Review*. Adapted from "Information Networks: The Company Behind the Chart," by D. Krackhardt and J. R. Hanson, July-August 1993, pp. 104-111. Copyright 1993 by the Harvard Business School Publishing Corporation; all rights reserved.

9.2 战略和组织的敏捷性

某些策略及其包含的结构、过程和关系，似乎特别适合提高一个组织快速有效应对挑战的能力。它们能反映出管理者的决心——充分利用员工和资产来使公司更加灵活和具有竞争力的决心。这些策略和结构主要基于该公司的核心能力、战略联盟、学习能力和促使组织中所有人实现其目标的能力。

9.2.1 组织核心能力

近期，一个很重要的关于战略和组织的不同观点就是核心竞争力的概念。你在第 4 章学到，核心竞争力是一种能力（包括知识、专长或技能），它是公司能在生产和提供各种产品与服务中取得领先的基础。它让公司依靠其核心优势和专业知识而不是仅仅依靠公司生产的产品来竞争。例如，Barnes & Noble 公司的核心竞争力是书籍推销。核心竞争力将价值赋予客户，使公司的产品不同于而且优于竞争对手，并可用于创造新产品。核心能力是竞争力的根基，而产品是果实。

> **提示**
>
> 核心竞争力可以成为质量和创新的来源。
>
> 你所在的学校是否有核心竞争力？如果有，它是什么？

思考一下，为什么核心竞争力和产品的关系就如同树根和果实的关系。

成功发展一个世界级的核心竞争力意味着为未来赢得了更多的机遇，如果没有做到这一点则意味着止步于很多市场之外。因此一项被众人熟知的、开发完善的核心能力可以增强公司的响应能力和竞争力。从战略上来说，这意味着公司在为其产品赢得市场份额之前，首先应该致力于强化卓越的领导能力。从组织层面上来说，这意味着公司应该被看作一个能力的组合，而不只是一个特定业务的组合。公司应该争取核心能力的领导地位，而不只是产品的领导地位。

想要通过核心能力加强公司竞争优势的管理者，需要关注以下几个相关的问题：
- 识别现有的核心能力；
- 获取或建立对于未来发展很重要的核心能力；
- 保持在能力方面的投资，以保证公司处于世界一流的水平并且领先于竞争对手；
- 扩展能力，寻找未来市场的新应用机会。

记住，仅仅是有发展能力的资源对于一个组织来说是不够的；这些资源必须被利用以提高组织的竞争优势。这意味着管理者必须做三件事。首先，他们必须积累正确的资源（如人才）。公司要明确自身需要什么资源，然后获取和开发有用资源，消除没有价值的资源。接下来，按照能提高组织能力的方式整合资源，如研发新产品或为客户解决问题。这些组合可能涉及跨部门和跨组织的知识共享与合作。最后，管理者需要充分开发利用他们的资源，识别将公司的资源价值输送给客户的机会。例如，提供新产品或制造出比竞争对手更好的产品，然后通过协调、部署员工和资源来应对这些机会。

 管理实践

在辉瑞公司，乔丹·科恩通过将员工从各种与公司能力无关的活动中解放出来以帮助该制药企业建立起自己的核心能力。当一些公司开展将核心能力以外的业务外包的战略时，乔丹·科恩把这一战略决策应用于员工个人层次上，创建了一个名为 pfizerWorks 的系统。

当瑞辉公司鼓励员工自己寻找办法来提高工作效率时，科恩想到了这个主意。科恩发现，那些受过良好训练的员工花费大量的时间来做文书类的工作，例如创建表格、整理数据和抄录会议笔记等。如果他们能更加专心地投入分析类和战略类的工作中，则他们的工作会更高效。

所以科恩花了六个月时间招募他的同事去尝试一个新的系统：当他们有非核心的工作时，他们可以点击电脑桌面上的 pfizerWorks 图标，将这些工作外包。一个小时之内，由瑞辉训练的承包人就会联系雇佣者来讨论任务细节，并做出成本估算。如果员工接受了安排，承包人就会去执行工作，然后员工对承包人的工作进行评价。

这次尝试是成功的，该系统在科恩的领导下向公司推广开来。第 1 年，它就节约了瑞辉公司在低附加值工作方面约 7 万个小时的时间，这些工作被更加经济性地外包给他人。

- 你认为瑞辉公司的核心能力是什么？pfizerWorks 是如何帮助瑞辉公司提高竞争力的？

9.2.2 战略联盟

正如我们在第 8 章讨论的那样，现代组织和其他组织间存在各种各样的联系。这些联系比起与传统利益相关者（例如供应商与客户）间的关系更加复杂。今天，即便是激烈的竞争对手，也会携手合作来达成其战略目标。例如，联邦快递已经在美国邮政服务站点设立了快递箱。纽约时报公司（New York Times Company）和美国巨兽公司（Monster Worldwide）结盟，19 个报纸的招聘广告中将携有 Monster.com 品牌。这种战略使这些报社（包括纽约时报和波士顿环球报）有更高的网络曝光率，同时也使巨兽公司在当地就业市场有更高的知名度，这些就业市场传统上都是被当地报纸所控制。这些例子中，战略联盟让参与者能够以更快的速度和更低的花销来应对客户需求和环境威胁，这是孤军奋战的企业所无法企及的。

战略联盟（strategic alliance）是为追求共同目标而建立的一种正式的合作关系。在战略联盟中，每个组织分享行政权力，形成社会联系，并接受共同所有权。这样的联盟让企业的边界模糊化。它存在于公司、竞争对手、政府和大学间。这种合作往往跨越国家和文化的界限。公司形成战略联盟来开发新技术、开拓新市场和降低生产成本。联盟不仅可以使公司发展更快和更高效，而且在今天这样复杂和多变的环境中，有时也是汇集运营所需要的各类专家的唯一可行方式。公司不用为每一个新产品雇佣懂得技术和市场的专家，而是和已经拥有这些专家的公司结成联盟。

管理实践

航空公司为了保障自身的航线，它们之间会存在激烈的竞争关系，但事实上，它们会形成同盟来提高客户服务质量。星空联盟的航空公司成员会共享地面设施，如行李认领、客户休息室、售票处及登机柜台等。在旅游高峰时期还会共享登机通道。所有这些共享活动都是为方便旅客出行，特别是对于那些航班衔接紧密和需要多次转机的旅客。当航班晚点时，星空联盟员工（属于星空航空成员的航空公司员工）会相互转告并要求他们尽可能地等待中转旅客。尽管联盟致力于确保不让旅客丢失行李，但是如果真有人丢失行李，旅客会收到一个星空联盟的寝具包。星空联盟的航空公司成员还会一起联合买广告，一起采购大批量燃料以降低成本。未来，星空联盟还打算一起采购咖啡和晕机袋。

虽然联盟旨在提供统一的地面服务，但是它也鼓励每个航空公司保持自己在空中的独特性，例如特色餐饮和特色服务等。

- 星空联盟帮助航空公司实现的共同目标是什么？

管理者通常会花大量时间检查潜在的合作伙伴的财务状况。但为了让联盟运转起来，合作伙伴们也必须考量对方的专业知识领域和在联盟机构中的激励因素。一个关于产品研发的对比研究发现，当合作伙伴各自在适度不同的研究领域中具有专长时，会产生出最大量的创新。如果合作伙伴之间的差异很多，那么他们通过股权的关系来建立联盟，从而最大程度地共享想法和创新。对于相似点较多的合作伙伴而言，通过签订合同来共同开展研究能产生出更多的创新。

> **提示**
>
> 联盟可以提高反应速度、增强创新能力和降低成本。
>
> 一个联盟如何增强创新能力？

管理者必须培养和发展合作联盟中的人际关系。亚洲的公司似乎最善于处理非财务的关系，也就是"人"这一方面的关系，欧洲公司次之，最差的是美国公司。因此，美国公司需要格外注意联盟中关于人的一方面。表 9.1 给出了一些此方面的建议。事实上，这些做法不仅适用于战略联盟，还适用于其他任何类型的关系。

表 9.1　如何把"我的"变成"我们的"

最好的联盟是满足下列标准的真正伙伴关系：
1. 个人能力：双方都增加自己的价值，他们的动机是积极的（追求机会）而不是消极的（掩盖缺陷）。
2. 重要性：双方想要建立联盟关系，因为它能帮助他们达到长期战略目标。
3. 相互依存：合作伙伴需要彼此；彼此能互相帮助实现目标。
4. 投资：合作伙伴为联盟投入资金和其他资源。
5. 信息：合作伙伴坦诚地交流相关目标、技术数据、问题和环境的变化。
6. 一体化：合作伙伴分享并改进经营方式，他们互相指导和学习。
7. 制度化：具有正式的、责任明确的合作关系。
8. 正直：双方都值得信赖并享有良好的信誉。

资料来源：Reprinted by permission of Harvard Business Review. Adapted from "Collaborative Advantage: The Art of Alliances," by R. M. Kanter, July–August 1994, pp. 96-108. Copyright © 1994 by the Harvard Business School Publishing Corporation; all rights reserved.

9.2.3　学习型组织

要想反应灵敏，企业需要持续的变革和学习新的行动方式。一些专家表示，唯一能保持持续领先的方法是具备比竞争对手更快的学习能力。这产生了一个已被大多数管理者所知的新术语——学习型组织。**学习型组织**是一个擅长创造、获取和传输知识的组织。这种组织能够修正自己的行为来反映新的知识和洞察力。

谷歌、丰田和艾迪伊欧就是学习型组织的典型例子。这些组织善于解决问题和尝试新方法，从自己的经验中学习及向其他组织学习，并能快速高效地传播知识。

企业如何才能成为真正的学习型组织？以下是一些重要的因素：

1. 它们的员工必须养成严谨思考、注重细节的习惯。根据数据和证据而不是猜测和假设来做出决策。

2. 它们不断寻求新知识以及运用新知识的方法，寻求更广的视野和更多的机会，而不是解决眼前问题的权宜之计。组织重视和奖励员工将知识和技能扩展到有利于组织的其他领域。

3. 它们认真地反省成功与失败，从中汲取经验和教训。
4. 学习型组织的准则在于，它们能识别和应用其他公司里先进的商业思路。
5. 它们通过报告、信息系统、非正式讨论、实地考察、教育和培训等来交流经营理念。新员工可以和老员工一起工作，并得到他们的指导。

> 比竞争对手学习得更快的能力是唯一的可持续优势。

这些因素重点在于两方面的学习。一是开发，或者说是不断地学习新的方式以使公司在它自己的主要领域保持高效的运作。这种学习思想在本章的剩余部分会有所体现。二是探索，或者说发现公司可能擅长的新领域。第 17 章会从技术与创新方面对学习做进一步的介绍。

9.2.4 高参与度组织

参与型管理作为一个创造竞争优势的途径越来越受到欢迎，尤其是在面对全球竞争的高科技公司中。它的目的是通过员工和管理者一起为实现组织目标工作来激发高度的忠诚和参与度。

在高参与度组织内，管理层要确保公司全体员工已经对公司的奋斗目标达成共识。领导者努力让公司的高层管理团队及基层员工都参与进来。学习小组、任务分队及其他类型的方式都可以被用来鼓励员工参与到组织决策的过程中来。对于高参与度组织，还有一个基本要求，就是可以不断地让参与者获得反馈，这可以使他们了解同竞争对手相比他们做得如何，以及他们完成战略议程的有效程度。

从结构上讲，这通常意味着即使是普通员工也可以与客户或供应商有直接的联系，从而获得反馈信息并对产品的交付或服务水平负有一定责任。高参与度组织的组织形式是围绕顾客、产品或服务的扁平、分权的组织结构。当外界环境迅速变化、工作充满创造性、任务复杂而需要合作，以及企业在创新和速度上需要有较大突破时，员工参与显得尤其重要。换句话说，当公司需要更灵敏地反应时，员工参与是一个很重要的影响因素。

9.3 组织规模和灵活性

> **提示**
> 大规模往往导致规模经济。通用汽车的大规模是如何影响其竞争能力的？

组织最重要的特点之一（也是其应对环境变化的响应能力的最主要影响因素之一）就是它的规模大小。大型组织通常具有更少的有机化和更多的官僚化。例如，联合利华拥有许多消费品牌，包括赫尔曼、本杰瑞、立顿、凡士林、多芬和速瘦等，其在全球范围内拥有 20 多万名员工。在许多国家，联合利华的公司运营分为三个独立的业务线：食物、个人护理用品，以及冰激凌与冷冻食品等，它们都有自己的供应链和营销预算。

在大型组织中，工作会变得更加专业化。更多不同类型的专家组被创建，因为大型组织可以用较低比例的费用添加一个新的专业领域。大量专业领域带来的复杂性使组织更难掌控。因此，在以往的管理中管理者会设定更多的等级来防止控制范围过大化。为应对复杂性，大公司往往会变得更加官僚化，并引进了规则、程序及文书工作。因此，大规模带来更大的复杂性，而复杂性带来更高的控制需求。作为回应，组织采用官僚化的控制策略。传统的观点认为，官僚化提高了效率但是降低了公司的创新能力。所以大公司是否更适应竞争需求呢？下面我们来看一看。

9.3.1 大企业的案例

第二次世界大战后,由于国外有限的竞争和似乎永无休止的经济增长,企业规模越大越有好处。为了满足顾客大量的产品需求,美国工业欣然采取了高产量和低成本的生产方式。IBM、通用汽车公司和西尔斯公司都是在这段时期得以发展壮大的。

战略管理领域的带头人艾尔弗雷德·钱德勒(Alfred Chandler)认为,大规模公司是整个20世纪发展的主要推动力。大规模能创造出规模经济,即单位生产成本更低。大规模还能创造出一些特殊的优势,例如更低的运营成本、更强的购买力,以及更容易获取资本。同样,美国最大的公司之一沃尔玛拥有强大的购买力,因而能够大批量采购商品并以低于其他竞争者的价格出售商品。规模化也能制造出范围经济,生产某种产品用到的原材料和工序也能用于生产相关产品。利用这一优势,资本充足的公司可能更适合在全球市场上与大型跨国公司进行竞争。

9.3.2 小企业的案例

将你的部分事业放到小企业中是一个很好的机会。小企业是由小企业管理办公室定义的员工数小于500人的独立企业。在美国,大约一半的工人在为小企业工作(见图9.2)。

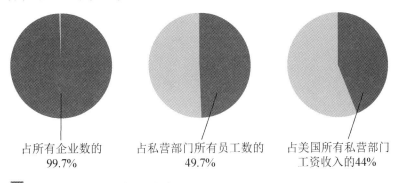

图 9.2 小企业在美国经济中的角色

但是,在规模大且复杂的公司内,处理与顾客间以及公司内部各部门间的关系都是很困难的,可能导致官僚体制的蔓延。过去,太多的辉煌容易滋生自满,其导致的惰性会阻碍公司革新的步伐。在专家眼里,这正是被虎视眈眈的竞争者超越的原因。当顾客对高品质产品和服务出色的定制产品有了更多样化的需求时,大规模公司便开始犯难了。有资料显示,当企业的规模变大,市场份额增多时,消费者就开始认为它的产品质量变低了。另外,一旦一个公司已经占据了很大的市场份额,未来的增长会变得很复杂,因为赢得更多的客户需要更昂贵的努力或一种新方式。当沃尔玛的增长开始放缓时,该公司开始尝试经营价格实惠但时尚流行的服装。但尖端时尚领域并不是沃尔玛的专长,因此其最初的努力以失败告终。

> **提示**
> 小规模可以提高速度。
> 一名销售人员可以了解客户遇到的新困难。
> 为什么一个小公司能更快应对这些信息呢?

大公司也更难协调与控制。虽然大规模通过分摊固定的成本提高了效率,但也带来了阻碍效率的管理难度。联合利华不仅在每个提供服务的国家需要设立三个组织分别销售不同的产品系列,而且直到最近,改变了拥有两个负责运营的CEO的情况,这是几十年前公司兼并的产物。笨重的结构阻碍了联合利华的效率和灵活性,使其在市场竞争中更加艰难。为了描述这种类型的问题,一个新词开始进入到企业词典中——规模不经济，或者说规模过大的代价。"小即是美"已经成为企业经营者们的流行用语。

小公司可以迅速采取行动，针对目标市场提供优质的商品和服务，更充分地激发员工的参与热情。灵活的小公司往往以其机动性战胜大的官僚机构。它们引进新的、更好的产品以抢占市场份额。取胜的关键在于灵活性和响应能力，这是小公司潜在的独特优势。一个典型的例子是KoboldWatch，由创始人迈克尔·地灵（Michael Kobold）和三名员工组成。这个小公司生产销售高端机械腕表，每只标价几千美元。地灵利用网上及来自名流的口碑做广告，这些名流包括前总统克林顿、演员基弗·萨瑟兰和詹姆斯·甘多菲尼。当销量大增时，地灵请求另外两个钟表商在需要时帮忙制造手表。他限制公司每年只生产2500只手表。这不仅是为了保持公司的精益，也为了保持品牌的声望。

管理实践

为了在发展中保持灵活性，Dur-A-Flex发展成为一个学习型组织。该公司最初的主要业务是商业和工业地板的安装，但它逐渐扩展到生产地板系统和其他相关产品。经过10年的快速发展，公司已经形成僵硬的组织结构，分成三班制操作的独立制造系统。因此，保持各部门和各班次的生产质量与速度就显得困难重重。

在首席执行官鲍勃·史密斯的领导下，Dur-A-Flex公司开始了一个称为"精益"的变革计划（在本章稍后会有所描述），学习和改进每一个流程。在进行"精益"计划时，公司引进了一种促进学习的氛围。公司按照"精益"计划的方法和理念对每一名员工进行培训，并创立了名为Dur-A-Flex的大学项目，主要在午休时间授课。

精益理念的倡导者比尔·格雷德（Bill Greider）说过，"一旦我们的重点转向学习，一切都会发生改变"。随着员工在课堂上的互动，部门间的隔阂逐渐消失。员工被鼓励去学习Dur-A-Flex公司的方方面面，从学习资金的流动到地板的安装方法。员工们也可以教授或者报名参加有趣的选修课，例如啤酒的制作等。首席执行官史密斯说，学习方法不仅有助于员工削减成本并提高销售业绩，而且可以增强他们的热情和对他们进行授权。

- 关注学习是如何使Dur-A-Flex变得更像一家小企业的？

9.3.3 做"大"和做"小"

小企业因为冲劲和速度而魅力无穷。但在做买卖时，规模越大就意味着竞争优势越大。现在我们面临的挑战是，能否既大又小从而充分利用各种规模的长处呢？

> 挑战在于怎样才能既大又小，充分利用各种规模的长处。

Intuit从一个软件创业企业发展为销售财务软件的知名企业的过程中，该企业从通用电气公司招纳了一名CEO史蒂夫·班尼特（Steve Bennett）。他把该公司的创业活力和大公司的技能整合到了一起。管理者们有很多想法，但是需要增强辨别和执行最优想法的技巧。班尼特帮助公司重新评估其战略，以找到新的增长领域。Intuit热销的产品，例如QuickBooks已经占据了大部分财务软件市场。所以公司不需要过多地关注已有产品的竞争对手，而是把战略重心放到未开发的市场中。这就是为什么Intuit公司已经开始开发新的领域，例如网上银行和管理医疗保健费用的软件。

从另一个角度来看，星巴克和亚马逊等公司是非常大的公司，但是它们努力关注细小的工作并与员工和顾客保持亲密的关系。它们都被认为是世界上管理最好的公司。为了避免增长和规模带来的问题,它们分散决策权,围绕小型、适应性强、以团队为基础的工作单元进行组织。

> "当我来到 Intuit 时……,我只改动了行动准则中的一个词,即把'快速思考,快速行动'改成了'理智思考,理智行动'。因为快速地做一些蠢事是不会有任何收获的。"
> ——史蒂夫·班尼特,Intuit 公司 CEO

裁员 当一个大公司试图恢复小公司的响应能力时,它就会面临缩减规模的困境。**裁员**(downsizing)是有计划地缩减工作或职位。常见的缩减方法包括撤销部门、管理层级或整个工作单元。另一种流行趋势是雇用更廉价的兼职和临时工来替代正式员工。

意识到裁员会使员工失业、恐惧,甚至无法支付生活开支,管理者一般只会在面临某些压力时才会选择裁员。传统上,企业只会在需求下降而且下降趋势似乎短期不会反弹时裁员。裁员可以避免给多余的生产或运输人员报酬,同时也可以降低成本使企业保持有利可图,或至少能继续生存,直到情况好转。然而,近年来,全球竞争迫使企业即使在销售强劲时也要削减成本。技术进步使企业能够用更少的人力完成同样的生产。因此,近几十年来,许多公司利用裁员来提高效率,这种趋势改变了被淘汰职位的类型。应对市场需求放缓的裁员对于制造企业的操作型职位影响最大,而以提高效率为目标的裁员则关注于消除管理层和官僚结构,所以这类裁员的目标往往是"白领"的中层管理人员。

最近的经济衰退迫使裁员普遍地出现在各个行业中,而不仅仅在制造企业中。例如,2009年微软面临严重的销量下滑,这在一定程度上是由罕见的笔记本电脑销量下滑所导致的。微软公司宣布,作为历史上首次裁员,它将不得不裁掉大约5000名员工(大约公司5%的劳动力)。公司开始裁掉1400名员工,几个月后又宣布另有3000名工人将失去工作,由此公司裁员计划接近尾声。在给员工的备忘录中,CEO 史蒂夫·鲍尔默承认这种做法的风险性:"我们的成功一直来自我们员工的天分、勤奋和奉献。"实际上,裁员是冒着失去公司成功源泉的风险。

如果操作适当的话,通过裁去效率低下的部门,将资源集中于增加客户价值而不是浪费在内部运营中,裁员的确可以增强公司的灵活性及其响应能力。在这种情况下裁员可以被称为**规模优化**,使公司达到效率最高的状态。但是,即使在最好的情况下,裁员也可能给组织和员工造成创伤。如何做才能高效地裁员,使规模精简发挥效用?

首先,公司应该避免过度(周期性)雇用人员以减少进行大规模裁员或多次裁员的需要。除此之外,企业也必须避免常见的错误,例如缓慢、小规模、经常性地裁员;实施自愿提前退休计划,诱使最好的员工离开;解雇过多的员工导致公司无法正常运转。相反,公司可以采取一些积极的措施来缓解缩减规模的负面影响并增加其有效性:

- 将裁员作为最后的手段,只有当其他通过创新或改变程序来提高业绩的方法不奏效时使用。
- 通过仔细地分析和战略性思考选择将要撤销的职位。
- 训练人们适应新的环境。
- 确定和保护人才。
- 给予那些失去了工作的员工特别的关注并尽可能地提供一些帮助。
- 经常和员工沟通在处理过程中出现的问题,向员工征集改进的方法以增加运营效率。
- 探讨组织如何在未来更有效地运转,强调光明的未来和在其实现过程中员工的新角色。

本章前面提到过的高参与度组织的管理策略在这里也能起到一定的作用。一般而言,在高参与度的组织中,裁员带来的消极影响更大,但是如果在裁员后仍然能够保持高参与度的话,那么结果也不会太糟。

有趣的是，裁员影响到的不仅是丢掉工作的人，那些没有被裁掉工作的人会表现出所谓的幸存者综合征。他们在更重的工作负荷下挣扎，猜想下一个会轮到谁离开，试图找到能够留下的方法，失去对公司的认同和对老板的信任，成为眼界狭隘、自私和逃避风险的人。因此，裁员过后士气和效率通常都会下降。

在后面有关人力资源管理、领导、激励、沟通和管理变革等章节中你将对这些理念有更多的了解。你还可以参考我们在第1章中关于如何在裁员经常发生的时期成功管理自己的职业生涯所做的讨论。下面的"管理实践"给出了一个迄今为止不需要裁员而享有既"大"又"小"优势的公司案例。

 管理实践

皮克斯如何保持不断的学习

《玩具总动员》在舆论和经济上的成功，向世界展现了皮克斯绝好的技术和才能。但是要想使用这些资源来继续赢得观众的喝彩，公司还需要以一定的方式运作并使之成为一块创新的沃土。

为了实现这一目标，公司的做法之一是注重合作与才能而不拘泥于层级。来自各个阶层的员工都要将自己在一部电影中所做的工作置于其他相关人员的审查之下。例如，皮克斯的电影导演们为了做得更好，按要求互相审查、互相挑战。每隔两三个月，导演们就要将他们的电影提交给皮克斯的其他电影制片人和高级创意人员来进行审查。听到对自己工作的批评意见虽然有些痛苦，但是大部分导演会采用这些反馈意见，从而使他们的作品更加优秀。他们懂得，只要是学习的一部分，即使是犯错也是有价值的。在《玩具总动员3》的导演李·昂克里奇的世界里，"我们知道搞砸是成事的重要组成部分，容易把事情搞糟的人是做好一些事情的重要人员，这就是为什么我们的目标是尽可能快地把事情搞砸"。在皮克斯公司，这样的幽默和笑声使交流充满生机，这证明了员工们十分享受在谈话中平等地交换意见，而不仅仅是一味听从领导的所谓智慧。

同样，在每天工作结束时，动画师不管完成了多少作品都要在电脑上进行保存，以便同事和导演能够审查。每天早上，动画团队都要开会查看和讨论工作进程。作为团队成员，在观看屏幕投影时，所有人都可以自由地发表看法。此外，每发布一部电影后，该电影的负责团队都要进行一个叫作"事后调查"的程序。他们按要求完成一份调查表，指出在这部电影制作过程中最愿意重复做的5件事和最不想做的5件事。

公司的团队结构加强了这种学习。一个传统的电影制作组织需要一个工作室，雇用一些自由职业者，花费数月或一年的时间创作一部电影，然后继续下一个任务，地点很可能是另一个公司。但是在皮克斯，创造电影的艺术家和工程师都是永久雇佣的。当完成一部作品后，他们进行回顾审查并从中学习，将他们的知识拓展到皮克斯的下一支电影制作团队。全职员工的身份也有助于他们迎接每天接受同行检阅的挑战。这样的反馈对于短期团队中的成员来说可能有些难以接受。但是因为团队成员知道他们会在项目中一次又一次合作，所以他们学会了彼此信任和尊重对方的意见。此外，来自整个团队的反馈也是导演所看重的。例如，奥斯卡奖得主布拉德·伯德回忆道，当处于其他工作室工作时，他看到导演忽视了他人的意见，所以"人们感觉他们不能投入工作，因此生产率下降"。

皮克斯的建筑结构也暗示了其致力于通过合作来学习。大多数的员工都工作在位于旧金山东部加利福尼亚的艾默里维尔的皮克斯园区的主楼中。在这从事不同工作的员工都有独立的办公区域。主楼中间是一个巨大的中央大厅，里面设有会议室、洗手间和自助餐厅，公司明显希望员工在这里进行交流,例如,美术部门员工会偶然碰到来自动画制作和剧本编辑部的人等。制片人达拉·安德森说,"去洗手间或者去喝杯咖啡"可能是她一天中"最丰富的部分"。

但是在被好莱坞巨头迪士尼收购之后,皮克斯又是如何保持这种文化的呢?答案就是,即使一路上在不断犯错,高层领导也都坚定地学习并改变着。迪士尼收购了皮克斯后,约翰·雷斯特成为迪士尼和皮克斯两个动画工作室的首席创意总监,计算机奇才爱德·卡特莫尔就任两个工作室的总裁。所以在被迪士尼收购后,凭着一股驱使其从一个硬件制造商演变成一个广告创造者,再到一个杰出的电影工作室的动力和无惧的精神,皮克斯保持了它的价值观。皮克斯仍保留在艾默里维尔市,在这里它可以随心所欲抱着"让我们试一试"的硅谷态度去做事,远离当今好莱坞的谨小慎微。位置的选择是基于当时的经验,在收购皮克斯前,迪士尼曾资助早期的皮克斯项目。当迪士尼接触到第一部《玩具总动员》的早期想法时,其决策者对这种前卫的角色表示怀疑和不适。但皮克斯团队依然坚持自己的想法,而消费者表示,皮克斯的理念及电影中所表现出的乐观的情绪很合自己心意。这也许就是为什么当迪士尼需要裁员时却没有计划裁减皮克斯具有高反应能力和灵活性的组织的原因。

- 什么是皮克斯的核心能力?皮克斯是如何投资培养这些能力的?
- 从哪些方面可以看出皮克斯既"大"又"小"?迪士尼的裁员对皮克斯有何影响?

9.4 客户和响应组织

到目前为止,我们已经讨论了企业的战略和规模是如何影响其敏捷性、适应性和结构的。但最后,构建一个灵敏、响应迅速的组织关键在于满足和超越顾客预期的能力。企业必须吸引顾客来购买它的产品或服务。顾客持续的惠顾和支持是企业持久的竞争力和成功的根本驱动力。

> **提示**
> 如今,顾客需要新的、高质量的、快速、低成本的优质服务。
> 为什么刻板的官僚机构难以同时满足这些要求?

第2章中提到过一个组织的环境是由许多不同的部分组成——政府、供应商及竞争对手等。近年来,也许没有任何一个环境因素对组织的影响力大过对客户的关注。肯尼奇·奥梅博士(Dr. Kenichi Ohmae)指出,任何营业单位必须考虑三个关键参与者:公司本身、竞争对手和客户。这些被肯尼奇·奥梅博士称为

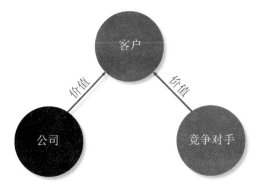

图9.3 战略三角

资料来源:K. Ohmae et al., *The Mind of the Strategist*: *The Art of Japanese Business*, 1982, p. 92. Copyright 1982 The McGraw-Hill Companies, Inc. Reprinted with permission.

战略三角的组成部分，如图 9.3 所示。管理者需要平衡战略三角，成功的组织会利用自己的优势，通过比竞争对手更好地满足客户的需求来创造价值。在本节中，我们将深入讨论组织如何保持和扩大在客户方面的竞争优势。

9.4.1 客户关系管理

客户关系管理（customer relationship management，CRM）是一个多方面的过程，它通过一系列信息技术的使用来与顾客进行双向交流，以便公司更好地了解他们的需求和购买方式。使用特殊技术手段可以开展 CRM。例如，利用手机应用去定位消费者的位置，或者利用社交网络来了解他们的聊天主题，但和这些相比，更重要的是如何利用这些信息去制造消费者需要的产品。在有效进行 CRM 的企业中，它会帮助组织了解和预测当前和潜在的客户需求。这样一来，通过客户管理使客户的长远价值最大化就成为经营策略的一部分。

> **管理实践**

位于旧金山的 Salesforce 是开发 CRM 软件的行业领军公司之一。该公司最近计划和丰田汽车公司进行合作，为购买丰田新电动汽车和插电式混合动力车的客户提供一个私人的社交网络。这个网络称为"丰田之友"，将车主、丰田、经销商和他们的汽车联系在一起。驾驶员在这个网络内互相联系，讨论关于丰田、经销商或者关于他们的汽车的问题。客户可以通过"丰田之友"发短消息给其他的车主，而且可以和当地经销商进行联系。使用远程信息处理技术，司机可以在网络上接收远程诊断信息，例如电池的使用状况或者轮胎气压方面的问题。车主还可以在走向停车场的途中远程控制汽车发动引擎和预热车座。

"丰田之友"按计划首先在日本推出，1 年后开始全球范围内推广。只要是在网络覆盖的范围内，丰田客户都可以通过智能手机或电脑等无线移动设备进行访问。丰田预计客户会有兴趣进行一些信息查询，例如最近的充电站在哪里，或者汽车电池是否需要充电等。客户还可以从网站中查找丰田公司提供的维修方法。

- 丰田公司是如何利用"丰田之友"催生的信息来预测和满足客户需要的？

正如书中探讨的那样，顾客想要的是高质量的产品和服务、更实惠的价格、更具创新性的产品和更快的速度。传统思维将这些基本的顾客需求视为一系列潜在的权衡。例如，顾客想要高质量，还是以低价格体现出的低成本。但是在今天，世界级的企业十分清楚"权衡"心态已经不再适用。客户想要的是全部，而且他们发现有的组织可以满足他们的全部要求。

> 世界级的企业十分清楚"权衡"的心态已经不再适用。

但如果所有企业都尽力追求满足客户，那如何实现竞争优势呢？世界级的企业十分清楚，几乎所有的优势只是暂时的，因为竞争对手会努力赶上。简单地说，公司必须依靠持续改进来获得和保持竞争优势（虽然明显这不容易做到）。这一概念（日语中称之为经营方式改进，即持续改进）正是日本经营理念中不可或缺的一部分。

在客户关系领域，持续改进包括为了联系客户而不断改变，即使在没有等到顾客迈出第一步的情况下。康卡斯特有线电视、戴尔等公司都采用了 Salesforce.com 研发的云服务应用程序，它可以让公司发现那些在 Facebook、Twitter 或其他社交网站上发表问题的客户。客服代理可以定位有关产品的信息，然后提供帮助，这可能会挽回一位客户。Chase Paymentech 公司使用一个叫作"温室"（Greenhouse）的协同软件，邀请客户加入有关新产品的讨论。客户可以发表评论或者进行投票，这不仅可以使公司发现具有潜力的构想，而且也提高了客户忠诚度。

当企业把重点放在应对客户需求时，它们很快发现传统意义上的顾客已经扩展到了"内部顾客"。"顾客"这个词现在指的是下一道程序或下一步要进行的工作。这强调了相关职能部门间的相互依赖，意味着组织中的所有职能（不仅是销售人员）都不得不与顾客满意度密切联系在一起。员工工作的任何接收者，无论是同事、老板、下属还是外部组织都应被看作顾客。

> "我们的业务的确是关于技术方面的，但它同样涉及运营和客户关系领域。"
> ——马歇尔·戴尔

迈克尔·波特是价值链概念的推广者，他提出了一个更深层次的方法来理解企业如何增加产品的客户价值。**价值链**（value chain）是从原材料到产品或服务的交付过程中的一系列活动，每一步都创造了附加值。图 9.4 介绍了一个普通的价值链。价值链中的每个步骤都在增加产品或服务的价值：

- 研发活动关注产品创新和新产品的开发；
- 采购物流对原材料进行接收和储存并将其配发到各生产部门；
- 生产把原材料转换成最终产品；
- 出货物流进行产品的储存与分配；
- 营销对客户需求进行识别并使顾客消费产品；
- 客户服务为顾客提供售后服务，例如售后维护等。

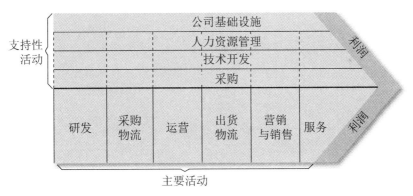

图 9.4　基本价值链模型

资料来源：M. Porter, *Competitive Advantage: Creating and Sustaining Superior Performance* (New York: Free Press, 1985).

当创造的总价值（顾客愿意支付的总额）超过了提供该产品或服务的成本时，企业就产生了利润。

管理者可以通过密切关注企业的价值链（不仅是价值链中的每一步，而且要关注每个环节的相互联系）来建立竞争优势和增加顾客价值。例如，他们可以效仿沃尔玛实现规模经济，以降低材料和操作成本，或者像亚马逊一样开发新型营销渠道来增加顾客价值。他们还可以构建一个结构或系统将价值链中各部分创新地联系起来。

利用组织价值链最有效的方法之一是使价值链中的各个元素紧密合作，以增加客户价值并建立竞争优势。例如，可以和供应商建立长期良好关系，以鼓励在产品新技术研发方面的投资，尽量加快产品研发和周转的速度。耐克公司就以此来选择供应商，并称其为"战略伙伴"，和他们分享经营计划和策略来加强合作。销售人员甚至可以在生产工序之前与生产人员沟通，共同开发出能够得到顾客好评的产品。客服管理人员可以不断向生产人员反映产品的缺陷并且和供应商与生产人员共同努力来完善产品。当管理人员实现了这种类型的合作时，组织的灵活性和响应能力会显著增强。

9.4.2 全面质量管理和六西格玛

通常情况下，为了增强响应能力，管理者必须要确保产品拥有始终如一的高质量。达到这一目标的系统性方式包括全面质量管理和六西格玛。

> **提示**
>
> 高质量需要组织层面的投入和承诺。
>
> 当组织的高层不关注质量时会导致什么后果？

全面质量管理（total quality management，TQM）是一种要求每一个人都致力于不断改善自身工作的管理方法。商场上，企业的成功取决于高质量的产品。如同第 1 章及贯穿全书所描述的那样，TQM 是一种提高产品质量并进而提高客户满意度的综合办法。它的特点是具有强烈的客户导向（内部和外部），而且已成为组织工作的主要内容。TQM 将管理者的注意力重新定位于调动各部门来改善各方面的业务。持续改进需要一个能够促使集体问题解决、实现信息共享及跨职能部门合作的一体化机制。因此，分隔职能和工序的高墙被推倒，组织以更富有团队精神的方式运作起来。

威廉·爱德华兹·戴明是质量管理运动的创始人之一。开始的时候，他的做法被大部分美国公司所无视，但却受到想摆脱第二次世界大战后粗制滥造恶名的日本企业的极大青睐。日本汽车制造业的质量保证是戴明的工作成果之一，这也已经被许多美国和世界各地的其他公司所采用。戴明提出的"14 点"方针强调整体分析的管理方式。这一方式需要对生产流程有细致入微的了解，即原材料、机器和人之间的直接互动，这些决定了生产力、质量和竞争优势：

1. 创建恒久不变的宗旨——致力于长期的改进，而不是短期获利。
2. 采用新的理念——不容忍任何延误和错误。
3. 停止对质量检验的依赖——将质量贯穿在整个生产流程当中。
4. 不要仅仅将标价当作盈利的手段——建立长期的合作关系。
5. 在每一个阶段，都要持续不断地改进生产和服务。
6. 进行岗位培训和再培训，不断更新方法和思想。
7. 建立领导力，为员工工作的有效性提供所需要的资源。
8. 消除恐惧，员工必须相信上报问题或寻求帮助是安全的。
9. 打破部门之间的壁垒，促进团队合作。
10. 杜绝口号、标语和独断的目标，提供方法而不是空话。
11. 杜绝与持续改进背道而驰的数字定额。
12. 清除自满的障碍，提倡自主性和自发性。
13. 建立一个充满活力的教育和再培训方案——员工是资产，而不是商品。
14. 采取行动来完成转型，创建一个能够提高质量的结构。

统计工具是全面质量管理最重要的工具之一，它可以成功地对产品缺陷原因进行分析，这种方法称为**六西格玛质量管理**（six sigma quality）。西格玛是希腊字母，用来指定进程中估计的标准偏差或波动。（"西格玛水平"越高，波动越小。）分析得出产品的缺陷可能包括任何导致顾客不满的因素，例如延迟交付、运送错误或糟糕的客户服务及产品本身的缺陷。当缺陷被识别后，管理者要果断、全面地消除其根源，并把它降低到最低可行水平。在六西格玛中，产品或工序的无缺陷比例是99.99966%，即每100万个产品或工序中少于3.4个瑕疵或错误。要想达到这个目标通常需要管理者从根本上调整内部流程以及与供应商和客户的关系。例如，管理者可能需要集合组织中的各个部门来组建一支团队以进行工序改进，防止缺陷产生。在摩托罗拉公司里，六西格玛得到了进一步发展，而通用电气公司践行六西格玛的成功使这一技巧得以推广。两家企业都将其效率和品质的提高归功于六西格玛。今天，许多公司都把能够提高质量的六西格玛和一种称为精益生产的能够提高效率的方法相结合，这在本章后面会进行介绍。这种混合的结果，通常被称为**精益六西格玛**（lean six sigma），有助于同时保证组织的响应力和敏捷度，功能十分强大。在第16章中，我们将更详细地讨论六西格玛。

> 在六西格玛中，产品或工序的无缺陷比例是99.99966%。

全面质量管理需要一个彻底的、广泛的和综合的组织方法。为鼓励美国公司提高全面质量，取得卓越成就，美国"波多里奇国家质量奖"于1987年被设立。该奖项以美国前商务部部长命名，每年授予那些在7个方面达到指定标准的企业和非营利组织，这些标准包括：（1）领导力；（2）战略规划；（3）以客户和市场为中心；（4）测量、分析和知识管理；（5）以员工为中心；（6）过程管理；（7）经营业绩。最近的获奖者包括雀巢普瑞纳宠物食品公司和K&N餐厅。同其他经营宠物食品的竞争对手相比，普瑞纳的客户满意度更高，并在工人安全和员工流动方面表现杰出。K&N是得克萨斯州的一家餐馆运营企业，那里的管理者每人都手持一台电脑，以获取每日业务信息及顾客评价或投诉，以便能快速修正问题。

9.4.3 ISO 9001

一个公司可以提高其对顾客的响应能力，同时可以通过满足外界组织所设立的受到广泛认可的标准并获得相关认证，向顾客显示它这一能力。例如，国际标准化组织（即全球知名的ISO）对零部件、材料、产品和组织流程都设定各种各样的严格标准，每一个标准都有一个精确的数值。在管理体系中，ISO标准包括ISO 14000环境管理系列标准和ISO 27001信息安全标准。

在质量领域ISO 9000系列质量体系尤为重要，它定义了良好的质量管理规范。**ISO 9001**中阐明了建立一个能够确保这些规范的质量管理体系的要求。为了生产者和消费者的利益，此标准使得任何类型或规模的组织都要通过遵循下面8项原则来提高其总质量：

1. 以客户为中心——了解和解决顾客的需求和期望。
2. 领导能力——创建愿景和目标、建立信任并为员工提供资源和灵感来实现目标。
3. 全员参与——建立一种环境，使得员工在这个环境中了解他们的贡献、参与问题的解决并获取和分享知识。
4. 流程方法——定义每个流程需要顺利执行的任务并将职责分配清楚。
5. 系统化管理——把过程汇集到高效系统中，使其有效开展工作。
6. 持续改善——教会员工学会识别可以改进的领域，对做出改进的员工进行奖励。
7. 基于事实的决策方法——收集准确的绩效数据，与员工共享这些数据并使用这些数据做出决策。
8. 互惠互利的供应商关系——以合作的方式与供应商进行交易。

起初，由于海外客户的原因，尤其是欧盟的客户对ISO9001的认可，美国公司才对ISO 9001

产生了兴趣。符合 ISO 9001 质量标准的公司可以申请官方认证。一些国家和公司在做生意时要求对方具备官方认证，以作为对其合格的认可。现在，美国的一些客户也有同样的要求。因此，获得 ISO 9001 认证的公司数量持续增长，世界各地成千上万的制造业和服务业的公司都通过了 ISO 认证。例如，总部设在加州阿利塔的万里化工公司（Miles Chemical），将 ISO 9001 认证作为计划如何为客户提供服务的一种方式。这家由 27 名员工组成的公司为制造业的客户调配化学产品，而在进入认证过程之前，它的操作很不正规，没有标准化的流程来及时为客户提供其所需的产品。通过满足 ISO 9001 标准的要求，万里化工公司提高了服务质量，降低了库存成本，极大地提高了客户满意度。

质量认证不是质量工作的终结，而是一个开端。ISO 9001 标准不是定义如何完美地运作，而是建立规范使组织不断完善——假设企业继续遵循这些规范。

9.4.4 重组

> **提示**
>
> 高效的企业重组可以大幅削减成本。
>
> 企业重组可以带来哪些驱动企业成功的因素？

除了进行全面质量管理和围绕客户需求进行组织外，企业也接受了重组的概念（第 1 章中有所介绍）。重组的主要思想是彻底改革关键的组织系统和流程，并要回答这样一个问题："如果你是顾客，你希望我们如何经营？"这个问题的答案为企业应如何经营提供了一个愿景及为实现这个愿景企业该采取怎样的决策和行动。像产品开发、订单执行、客户服务、库存管理、记账和生产这些过程都需要重新设计，就像在刚起步的全新企业中一样。

例如，宝洁公司采用重组的方法使自己的产品更具竞争力。该公司了解到，购买宝洁产品的普通家庭比购买自有品牌或低价品牌商品的家庭每年需多支付 725 美元。宝洁公司意识到这一高得离谱的数字是一个警告，过高的价格可能将公司推向破产。其他一些数据也表明，宝洁公司需要改革。彗星（Comet）、清洁大师（Mr. Clean）和象牙（Ivory）等著名品牌的市场份额已持续下降了 25 年。宝洁每天对约 80 个品牌的价格做出 55 次调整，账单有误的现象也很常见。它的工厂效率低下，业务开销在业内最高。显然，宝洁不得不降价，而要做到这一点，它就得削减成本。

对此，宝洁公司进行了重组。公司几乎瓦解并重建了导致其高成本的每一个活动。它重新设计了产品开发、制造、分销、定价和营销等方式。重组是一个耗时又昂贵的困难过程。但是重组之后，价格变动会减少，工厂运行也更为高效，库存量下降，销售额和利润上升。现在宝洁品牌的价格已接近商店自有品牌的价格。宝洁可能再一次重塑了自己作为行业佼佼者的形象，并为自己创造了一个其他公司都难以匹敌的长期竞争优势。

宝洁所进行的重组工作需要的不止是来自上层的管理指令、正式组织架构的变化、新技术的引入或者是一个良好的沟通战略变化。要使重组充分有效并取得成功，往往需要对企业各个部门一起工作的方式进行根本性变革。各部门需要把对方看作共同努力的合作伙伴，而不是某一个部门或单位的成员。组织的各个阶层所组成的团队在重组中发挥着作用，有关问题和可能的解决方案的信息需要在团队中得到充分共享。企业还可能需要对客户和其他利益相关者进行拜访，以发挥他们在重组过程中的作用。通常，几个团队会同时开展工作。通过这种方式，组织内部和外部可以获得的所有信息能够用来解决一个问题，而由此形成的解决方案将被更广泛地接受和更快地付诸实施。

> 重组往往需要对企业各个部门一起工作的方式进行根本性变革。

如你所见，重组并不是做一些零散的组织变革。它是彻底的整顿，以革命性的方式让客户和组织获得尽可能大的利益。

9.5 技术和组织的敏捷性

到目前为止，我们已经讨论过战略、规模和客户对组织设计和灵活性的影响。我们现在介绍影响组织结构和响应能力的一个更关键的因素——技术。

从广义上讲，**技术**可以被看作把资源（投入）转换为产品（输出）的方法、流程、系统和技能。有关技术和创新的相关问题我们将在第 17 章中做更充分的讨论，在本章中，我们重点讨论技术对组织设计的一些重要影响。

> "信息技术与商业正不可分割地交织在一起，我认为任何人都无法对其中一个大谈特谈而忽略另一个。"
>
> ——比尔·盖茨

9.5.1 技术配置的类型

琼·伍德沃德（Joan Woodward）的研究奠定了理解技术和结构的基础。伍德沃德认为，有三项基本技术可以描述工作是如何完成的，它们分别是小批量、大批量和连续作业技术。这三个技术在描述服务和制造技术时同样有用。每项技术在产量和货物或服务的种类方面各有不同。每项技术对管理者如何组织和塑造工作有不同的影响。

小批量技术 当商品或服务以**小批量**提供时，这样的公司被称为工作坊。工作坊的一个相当典型的例子就是位于宾夕法尼亚州威廉波特的 PMF 工业公司，一个生产用于医疗和其他用途的不锈钢组件的小型定制金属加工公司。举个更常见的例子，在服务行业中，餐厅或医务室提供各种各样小批量、定制的服务，所以也属于工作坊的范畴。

在小批量的组织中，结构往往是非常有机化的。这里往往没有大量的规则和正式程序，决策的制定往往是分散的。它们强调的是人与人之间的相互协调。

大批量技术 随着产量的增加，产品种类往往会减少。比工作坊产量高、产品多样性低的公司可以被称为认为具有**大批量**或大批量生产技术。大批量技术的例子包括通用汽车、福特和克莱斯勒的自动装配业务。在服务行业中，麦当劳和汉堡王就是很好的例子。它们的生产运行更加规范，所有的客户收到类似的（即使不是相同）的产品。在体力操作的工作中，越来越多的机器替代了人力，人力只是用来操作机器的。

在大批量的技术企业中，结构更趋于机械化。这类企业中往往有更多的规则和正式的程序，决策更加集中，管理跨度也较宽。在阶级权威更为突出的公司，沟通也更加正式。

连续作业技术 处于大批量生产一端的公司，采用的是无停止和重新启动的连续作业技术。例如，多米诺糖业公司（Domino Sugar）和壳牌化学公司（Shell Chemical）就是使用连续作业技术来生产数量非常有限的产品。人们完全从工作本身脱离，工作完全由机器和/或计算机完成。在某些情况下，人通过控制计算机来控制机器运行。

具有讽刺意味的是，采用连续作业技术可以降低对监测和监督的需求，因而使组织能够恢复到更加有机的形式。在规章制度较少的公司，沟通更趋于非正式化。

9.5.2 柔性制造组织

虽然数量和多样性的问题往往被看作一个技术意义上的权衡，但今天的企业正试图同时生产高产量、高多样性的产品,这被称为**大规模定制**。越来越多的汽车、服装、计算机等产品按照每个客户的喜好、规格和预算来制造。虽然这在几年前似乎只是一种幻想,但现在大规模定制在龙头企业中变得日益普遍。你可以购买为自己量身定做的衣服、混合了你喜欢的维生素和矿物质的营养品、刻录了你亲自挑选的曲目的 CD 或者由教授挑选出重点章节的教材等。

> 虽然大规模定制在几年前似乎只是一个幻想,但现在已经变得日益普遍。

提示

今天的技术使企业可以以低成本进行定制生产。

举一个你想要按你的个人喜好定制一个商品的例子。你找到要定制的版本了吗?如果还没有,你总会找到的。

企业如何组织才能以如此低的成本实现这种类型的客户定制?如表 9.2 所示,企业是围绕相对独立的经营单元所组成的动态网络来组织的。每个单元执行一个特定的工序或任务——称为一个模块,例如制作组件、执行信用核查或执行一个特定的焊接方法。有些模块可以由外部供应商或卖主来完成。

不同的模块协同作用以制成产品或提供服务。各个模块如何以及何时相互链接是由每个顾客的独特要求所决定的。管理者的责任是使模块的链接更容易、成本更低,完成任务后再重新组合各模块以满足下一个客户的需求。大规模定制的最终目标是永不停歇地扩展公司能够满足客户的方法。互联网使得顾客可以很容易地在网上选择自己的产品偏好,使公司能够直接把订单递交给制造车间。

表 9.2 大规模定制的主要特点

产品	高多样性与客户定制
产品设计	合作设计,从客户那里得到大量投入 产品开发周期短 持续创新
操作和流程	流程灵活 业务流程重组 使用模块 持续改进 减少设置和转换时间 压缩生产提前期 配送、材料处理、配件处理的三准时 按订单生产 周期更短 使用信息技术
质量管理	由客户满意度来衡量质量 将出现瑕疵品看作能力问题
组织结构	相对自主的运作单元形成动态网络 学习型关系 价值链整合 团队结构

（续表）

产品	高多样性与客户定制
员工管理	员工授权 重视知识、信息和员工能力的多样性 新产品团队 职位描述宽泛
重点	以低成本生产高质量的定制化产品

资料来源：Reprinted with permission of APICS—The Educational Society for Resource Management, Production and Inventory Management 41, no. 1, 2000, pp. 56–65.

使得大规模定制成为可能的一项技术进步是**计算机集成制造系统**（computer-integrated manufacturing，CIM），它集合了众多计算机生产技术。CIM 的两个例子是计算机辅助设计和计算机辅助制造，它们使计算机处理技术达到了极致。杂志印刷业已经采用了 CIM，出版商计算机上的编辑和广告内容通过印刷厂的印刷和装订网络直接连接在一起，对同一本杂志为不同的用户定制不同版本。

这些系统可以同时大量地生产多品种的产品。它们还可以更好地控制和预测生产过程、减少浪费、加快生产周期并提高质量。但管理者不能仅仅通过投资更优的技术来摆脱竞争的困扰。他们还必须确保组织具备必要的战略、人力和精心设计的计划以将新技术整合到组织内。

柔性工厂 顾名思义，**柔性工厂**（flexible factories）提供了更多的生产选择和更多样化的产品。它主要在三方面不同于传统的工厂：批量大小、流程和生产计划。

首先，传统的工厂是进行长期生产，大量生产标准化的产品；柔性工厂生产周期更短，生产的产品种类更多。其次，传统工厂将零部件从生产线上的一个位置移动到另一个位置；柔性工厂以工作单元或工作小组的形式围绕产品进行组织，使员工工作紧密结合，部件的移动距离较短，延误缩短或没有延误。最后，传统的工厂使用中心式调度，这种方式耗时、不准确、适应变化缓慢；柔性工厂使用本地或分散式调度，由工作车间的工作人员做出决策。

精益生产 另一种组织方式是同时实现有效和高效生产的**精益生产**。它通过消除生产过程中不必要的步骤并做出持续的改善，力求实现最高的生产效率、最好的质量和最低的成本。出现不合格品是不可接受的，员工、日常管理费用和库存被认为是浪费。在精益生产中，被更多强调的是质量、速度和柔性，而不是成本、效率和层级。如果员工发现一个问题，他有权停止操作和发出求助信号来从根源纠正问题，从而改进流程并避免未来出现问题。在管理良好的精益生产过程中，公司可以用一半或更少的人力、空间、工具、时间和综合成本来开发、生产和分销产品。

> **提示**
> 精益生产追求高质量、快速度、可持续性及低成本。
> 经常与精益生产结合的质量改进方法是什么？

> 在精益生产中，被更多强调的是质量、速度和柔性，而不是成本、效率和层级。

丰田通过对精益理念的尝试和教学广受赞许。许多制造企业都试图采取类似的精益生产方法，但丰田和其他公司已经把精益方法应用到非制造流程中。例如，丰田的产品开发也采用了精益原则。这一应用过程从明确客户的价值需要开始，使员工不用在客户不关心的事情上浪费时间和金钱。在设计过程的早期，团队从各个部门汇集专家找出潜在的问题，并努力想出尽可能多的解决方案，以避免在后期对设计进行修改。管理者利用过去的产品开发经验来预测人员需求，为供应商工作的员工和技术人员只有在需要的时候才会被分配到项目中。为了进一步提高效率和质量，公司在任何可能的情况下采用标准的部件、程序和技能；采用详尽的检查表能够帮助工程师确保他们所采取的是最佳做法。有了这些方法，丰田一直能够比竞争对手更快、更持续地开发出优质产品。类似的方法也被用来改善服务，例如医院经营。巴尔的摩的圣阿格尼丝医院（St. Agnes Hospital）就使用了精益原则，在提高安全性的同时降低成本和患者的等待时间。威斯康星州的泰德康医疗体系（ThedaCare health system）在使用了精益方法后的 1 年内节省了 300 多万美元。

为了使精益方法更有成效，必须满足以下条件：

- 员工受过广泛而不是专门的培训；
- 一线工人间的沟通是非正式、横向的；
- 设备是通用的；
- 以团队或小组为单位组织工作，同一小组生产类似的产品；
- 同供应商的关系是长期且合作的；
- 产品开发是通过跨职能团队同时完成的，而非先后进行。

近年来，许多公司都试图通过削减日常管理费用、裁减操作工人、削减管理层级和提高固定设备利用效率来使公司变得更精简。但是，如果精益生产的举动仅仅是苛刻地、无计划地削减成本，其结果将是一片混乱，造成员工过度劳累和士气低落。

管理实践

实现精益化使得每一名员工在组织中都更有价值，因为在精益流程中，每位员工的工作都是必要的。由于公司已将多余的人员裁掉，因此即使当需求减少时，公司也没有什么可削减的了。在广泛开展精益生产后遭遇第一轮经济衰退时，生产者会进行裁员，但同过去相比，其裁减的人数要远远低于没有进行简化的公司。

位于美国南卡罗来纳州斯帕坦堡的派克汉尼芬公司（Parker Hannifin Corporation）就是一个典型的例子。该公司生产各种塑料零件。精益运营和高科技制造系统使公司只需少数技术员工来操作生产。例如，在喷雾罐封条的生产过程中，只需 5 个人操作高速运转的机器，每个人都负责不同的步骤。如果需求下降，可以分为 2 个工人在第 1 天工作，另外 3 个工人在第 2 天工作，或者每个人 1 周只工作几天。解雇这 5 个人中任何一个都不容易，因为这样就要训练接班人来操作那台机器。同样，雷管的塑料管生产每班次只需要 2 名员工，而 10 年前这需要 8 名员工。这样一来，就算公司的订单不足两个班次，要削减的员工也更少。

同时派克的生产和订单量的联系更密切，因此，闲置在仓库的产品也更少。这也意味着员工人数和需求大小更加匹配。

- 在精益组织中裁员的后果是什么？

9.5.3 组织速度：基于时间的竞争

由于世界各地的企业已经投入大量的精力来提高产品质量，高质量是目前顶尖企业都已达到的标准。竞争将质量推动到如此高的高度，以至于高质量的产品已经不足以使一个企业出类拔萃。现在时间成为区分市场领先者和追随者的关键竞争优势。

今天的企业必须了解客户的需求并尽可能迅速地满足这些需求。**基于时间的竞争**（time-based competition，TBC）指的是一种旨在减少交付商品或服务的总时间的策略。TBC 有几大关键组织元素：物流、准时制生产（just-in-time，JIT）和并行工程。JIT 生产系统减少了产品的生产时间。物流加快了运送产品到客户的速度。两者都是使产品在最短的时间内送达客户所必需的步骤。在当今的世界，速度是至关重要的。

物流　资源流入组织（入站）和产品从组织进入到顾客手中的过程（出站）被称为物流。如我们第 2 章中所讨论的供应链，一个组织的物流往往是形成其反应性和竞争优势中的关键因素。

物流是指大量零件、原材料和产品通过卡车、火车、飞机和轮船从世界的一个地方被运往另外一个地方。由于配送过程中的重复和低效所导致的成本比制造产品本身还要高，而运送放缓会引起缺货进而使消费者选择其他替代品。无线射频识别（radio frequency identification，RFID）标签的应用帮助一些企业提高了物流效率和速度。当制造商在产品上贴上 RFID 标签后，自动读写器可以轻易地在分销系统中追踪每个产品，包括每个商店销售哪些商品。百思买在 RFID 标签上取得了巨大的成功。使用这一系统的商店员工能更有效地追踪哪些产品需要进货以及产品所处的位置，促进销售额的增长。相比之下，沃尔玛则试图通过让供应商使用 RFID 标签来保持它在配送方面显著的领导地位。但许多供应商发现，在当前的发展阶段，它们无法在满足沃尔玛最低价格的要求的同时负担起这个新系统。

在某些行业，产品是易腐烂的，因而快速物流必不可少。比如说，荷兰花荷（Flora-Holland）——一个位于荷兰的鲜花拍卖市场，从 8000 名供应商手里获得鲜花并将它们存储在一个巨大的仓库中以备拍卖和运送。在每个运送鲜花的货车上使用 RFID 标签，该公司就可以在数小时内处理 60000 多笔交易。每当一托盘鲜花出库后，RFID 芯片就会将其在分销系统中的位置信息和鲜花新鲜度的数据反馈回来。

> 时间成为区分市场领先者和追随者的关键竞争优势。

准时制生产（JIT）　TBC 的另一个元素涉及 JIT。JIT 要求以小批量生产零件，并只在必要的时间或"恰好准时地"将零件传递到下一道工序。客户订单生成工厂的订单，引发生产过程。直到有需求时供应中心才开始生产下一批产品。即使是外部供应商也只准时供应必要的原材料。准时制是一种企业哲学，旨在消除运行过程中的浪费和提高原材料的流动效率。通过这种方式可以消除过量库存和降低成本。JIT 的终极目标是以更高水平的质量和服务来更好地服务客户。戴尔作为有效进行准时制生产的案例，只在收到消费者订单后才开始以消费者定制的规格生产电脑。相比之下，传统的生产方式库存成本巨大、生产运行不确定，容易造成大量浪费、缺少定制能力且交货期漫长。

> "大的已经不能打败小的，现在是快的打败慢的。"
> ——鲁伯特·默多克

JIT 包含以下关键的生产和组织概念：

消除浪费。消除生产过程中的一切浪费，包括浪费时间、人员、机械设备、空间和材料等。

最好的质量。即使是生产批量不多时也要保证完美品质，并且只按需求的数量确定需要生产的产品。

缩短生产周期。更迅速地完成整个生产过程，减少设备的设置时间，短距离进行零件传输（缩短设备间的距离），消除所有的延误。这样做的目的是减少用于生产配件的时间。对于大部分的制造商而言，用于加工零部件的时间大约只占到总工作时间的 5%。准时制生产的目的是消除剩余的 95%，也就是说将花在零件以外的时间减少到零。

员工参与。在准时制生产中，员工参与是成功的核心。工人们负责生产决策，经理和主管是指导。管理高层承诺绝不会由于生产效率的提高而裁员。

增值生产。只做能增加最终产品价值的事情（行动、工作等），而不做去任何不会增加价值的事情。例如，检查并不能增加制成品的价值，所以争取第一次就正确地生产产品，避免不必要的检查。

发现问题并防止复发。暴露问题或故障保护是准时制生产的关键部分。为了防止问题的发生，必须知道问题爆发的原因并采取行动。因此，在准时制中，人们尝试采取措施找出链条中的薄弱环节，迫使问题浮出水面，从而采取防范措施。

当企业见识了 JIT 的优点后，它们也发现 JIT 不止可以应用于工厂。例如，在信息技术领域，BMC 软件使用 JIT 原理缩短提前期来完成订单。商店使用 JIT 的类似原理来使货物的存储花费最小化。例如，专业服装销售商试图在完成货物验收的同一天将货物转移到柜台。30 家销售家具和家居饰品的连锁店安排每天都进行家具运送，这样它们就可以腾出储存的空间用于销售；当一件家具被卖出后商店立即在同一天将空缺补上。

> **提示**
> 基于时间的竞争促进了所有组织流程的速度。
> 试举例什么情况下速度对图书出版商十分重要。

然而，JIT 也有它的限制。当运输费用多于储存费用时，JIT 并不是最有效率的选择。而且如果供应商无法完成订单，整个系统就会崩溃。JIT 要求和供应商保持紧密的联系，所以找到替代供应商是很困难的。例如，当日本发生了地震或海啸而导致部分生产受到破坏时，美国的日本汽车经销商和制造商就面临着这样的困境。因此，在现在的汽车制造产业，供应商不再那么重视 JIT 中紧密的买卖双方关系。江森自控（Johnson Controls）的汽车体验组过去安排一个工厂服务一个客户，以保证准时将产品交付到客户的组装厂。但是现在，该公司在墨西哥莱尔马的工厂为许多客户设计了标准的汽车座椅；机器在组装座椅时，可以在道奇、福特、克莱斯勒等客户间不停转换。

并行工程 准时制生产是 TBC 的重要组成部分，但是传统上准时制生产只关注于缩短一个职能部门的时间，即制造部门。基于时间的竞争致力于提高所有部门的速度，包括产品开发、制造、物流和客服服务等。如果你的生产制造很快，但是客户收到产品或者解决某一个问题却要花费几周的时间，也不会给客户留下好印象。

许多公司都将并行（有时也被称为同步）工程作为基于时间的竞争战略的基石。并行工程作为全面质量管理的重要组成部分，与传统的开发过程有很大的不同。在传统的开发过程中，任务按顺序被分配给不同的职能部门。当研发部门完成了它在项目中的任务时，工作被整个移交给工程部，而当工程部完成了它的任务后，又移交给制造部，以此类推。这个过程是非常低效的，并且要花很长时间来纠正错误。

相比之下，并行工程在整个过程中结合了包括客户和供应商的各个部门的问题和观点。这种以团队为基础方法的结果是更高质量的产品，能够高效地制造和满足顾客的需求。在汽车行业，计算机辅助设计和计算机辅助制造等工具支持并行工程。这些工具使工程师们能够为产品贡献不同的元素，并观察他们的想法会如何影响整体设计和制造过程。随着现代 CAD 系统的发展，汽车工程师可以将性能要求输入电子表格中，系统将自动识别能够满足成本和制造要求的设计式样。这项技术已经帮助汽车制造商极大地缩短了产品开发时间。在计算机技术领域，一些企业将这一想法进行进一步发挥。这些企业把它们的产品设计编成代码并向公众开放，以便在任何时候，任何人都可以开发适用于该产品的新想法，然后由企业决定为其有市场潜力的想法授权许可。

有些管理者抵制并行工程的理念。为什么要"允许"生产部门掺和营销、产品规划、设计以及研发部门的工作呢？答案是，因为在早期产品概念阶段所做出的决策决定了大部分制造阶段的成本和质量。并且生产部门有了上一代产品的经验和直接的客户反馈，可以提供一些关于产品的建议。此外，其他部门必须提前知道生产部门能做什么和不能做什么。最后，如果生产部门从一开始就是整个生产过程的一部分，它就是一个完全的、真正的合作伙伴，并将更加坚定地执行它所帮助做出的决策。

9.6 关于组织灵活性的结语

正如我们在前面的章节中所指出的，任何组织的方法都有其长处和局限性。即使是本章节谈到的创新前沿的结构和体系，如果它们是一成不变的，而非保持柔性，其优势很可能昙花一现。聪明的管理者和竞争对手就会很快追赶上。今天的优势是明天的"筹码"——如果一个组织想成为一个大玩家，这是它需要满足的最低要求。

要保持或获得竞争优势，管理者需要牢记本章开篇所讲的一个原则：成功的组织（包括组织中成功的管理者）不会一成不变。他们不会遵循死板的模式，他们所保持的结构、系统、组织设计和人际关系能够察觉和适应环境变化，并且能够快速、高效地做出回应。成功的管理者专注于不断超越客户的期望、不断提高质量并设计有利的系统和结构以实现这些目标。

本章所强调的敏捷性、质量、柔性、学习和精简可能会是你的管理生涯中的常客。在理想的情况下，在你所在的企业中也会如此。但在你所面对的竞争者中也许同样适用。当杰克·韦尔奇（Jack Welch）还是 GE 公司总裁时，他将自己的目标定位为"创造无边界组织"，即与环境没有任何有意义的障碍的组织。在这样的组织中，结构、技术、系统和所面临的外部挑战与机遇都是完全一致的。许多具有前瞻性思维的管理者已经接受了这个目标。

 管理实践

皮克斯是如何一次又一次创造品质的

皮克斯因制作受到各年龄层观众喜爱的动画而众所周知。自 2001 年奥斯卡设立最佳动画奖开始，皮克斯的每一部作品都获得了该奖项的提名。对于该公司的品质，无论是从关键氛围、人气、票房还是从电脑动画中的技术领导方面来评价，都存在着过人之处。

皮克斯的作品屡次榜上有名、佳绩连连，它的成功可部分归功于追求卓越的生产过程。电影故事的创意来源于皮克斯公司具有创造性的员工们。他们有时会前往公司总部北边的小屋子里进行静修来完善这些想法。导演和美工们将这些想法绘制到数以万计的数字绘制板上，将其转换为故事卷轴，即可以投影观看的图像集，并由员工提供对白。（传统方法是从一个故事想法到一个故事脚本，但是数字绘制板和故事卷轴的使用让创作团队可以立即解决各种问题，正确地获取一部电影中的所有要素。）艺术部门的员工研究各个细节来填充每个场景，布景人员准备背景，建模人员构建每个角色的形象，构图人员绘制整体形式和动作，演员在摄影棚录制他们的台词。接着，动画设计师使用复杂的计算机程序赋予故事生机，灯光部门增加效果以显示每个场景是怎样打灯的，视觉信息以帧来呈现（每秒 24 帧），然后由混频器添加音乐、声音和音效。

整个过程大概需要 4 年的时间，并且是难以置信的艰苦。一直到电影上映时都有问题不断地被提出、确定和纠正，而且有些问题可能会看似微不足道。在暴雨中，每一个雨滴都要进行计算机程序核算；在动物身上，每一缕毛皮都经过代码编写。海洋场景的描绘要符合波浪的物理知识，灯光设计必须考虑光在皮肤和塑料上反射的不同效果。为何要如此费心？因为虽然我们对细节的关注可能不易察觉，但这就是为什么观看皮克斯电影是一种享受的原因所在。例如，在《汽车总动员2》中，有一个两艘船被扔进海里的场景；一个皮克斯员工花费了3个月的时间使溅起的泡沫看起来恰到好处。首席创意总监约翰·拉赛特（John Lasseter）解释说，溅起的水花至关重要，因为船体相对于电影主角的大小对故事而言十分重要。

尽管当皮克斯的团队从一部电影的创作又转向另一部，正如我们在前面部分所了解的，他们仍不断地寻找可以改进的地方。引用皮克斯总裁埃德·卡特莫尔（Ed Catmull）的话，"成功里隐藏着问题"。他不希望皮克斯依赖于观众和很多家庭对上一部电影的喜爱，而是希望皮克斯探索出使下一部电影更好的方式。这样做的结果之一就是在每部电影完成之后，皮克斯会升级软件，使其更强大、更有效地执行下一个项目。另一个结果是，公司会给有新想法的人才一个机会。一个典型的例子是，在2000年皮克斯聘请了导演布拉德·伯德，他执导了一部叫作《钢铁巨人》的电影，赢得了口碑却输掉了票房。伯德以为，鉴于他惨淡的票房纪录，皮克斯高层肯定会对他严加管控，但相反，皮克斯给了他广泛的自由，借此他导演了两部获奖影片：《超人特攻队》和《料理鼠王》。

皮克斯不挠不屈地追求品质的精神将皮克斯打造成为一个宝贵的、受观众喜爱的工作室，但同时也为自己带来了挑战。皮克斯不断取得成功，随之而来的是成长及越来越多的电影需求。早期，皮克斯大约每2年制作一部电影，这使团队员工能够以团队的形式来工作和学习。而现在，皮克斯每年要制作2—3部电影，使之前的模式难以为继。每天都有4部或更多的电影处于制作的某一阶段。当参与项目早期阶段的员工完成他们的工作时，他们必须转移到下一个项目，而与此同时，在原来那个项目的队员正在奋力工作。这意味着，每个团队只有部分队员有时间从某个时间发生在某个项目上的问题中汲取教训。此外，不同的团队使用的是不同的软件，而有时软件升级也需要新的硬件。快节奏的压力使得公司开始分为独立的小组并各自执行不同的创作过程。

早年的皮克斯具备高度的反应能力和灵活性。而皮克斯公司未来所面临的挑战是：当成功将皮克斯拓展成一个大企业时，它该如何保持它的魔力？

- 根据上面的描述，你认为皮克斯能通过采用六西格玛或ISO 9001等质量工序而从中获益吗？为什么？
- 皮克斯因为质量而非速度和效率而闻名。什么技术和组织灵敏性原则可以帮助皮克斯在扩大规模的同时保持质量和灵敏性？

关键术语

计算机集成制造系统（computer-integrated manufacturing，CIM）
并行工程（concurrent engineering）
连续作业（continuous process）
客户关系管理（customer relationship management，CRM）
裁员（downsizing）
范围经济（economies of scope）
柔性工厂（flexible factories）

高参与度组织（high-involvement organization）
ISO 9001
准时制（just-in-time，JIT）
大批量（large batch）
精益生产（lean manufacturing）
学习型组织（learning organization）
物流（logistics）
大规模定制（mass customization）
机械式组织（mechanistic organization）

有机化结构（organic structure）
规模优化（rightsizing）
六西格玛质量管理（six sigma quality）
小批量（small batch）
战略联盟（strategic alliance）
幸存者综合征（survivor's syndrome）

技术（technology）
基于时间的竞争（time-based competition, TBC）
全面质量管理（total quality management, TQM）
价值链（value chain）

学习目标总结

现在你已经学习完第9章，你应该能够达到以下要求：

1. 能够知道为什么组织响应非常关键。

企业通过正式结构来实现内部控制。但是想要在现今社会生存，企业需要的不仅仅是控制，还有反应能力。它们必须快速行动，并适应快速变化的市场需求。

2. 可以描述有机组织结构的特性。

有机结构注重灵活性。有机结构是分散的、非正式的，并依赖于具有广泛职责人员的判断力和专业技能。有机结构不是一个单一的形式结构，而是本章讨论的所有新型组织的基础概念。

3. 能够识别可以提高组织响应能力的策略和动态组织概念。

新式及新兴的组织概念和形式包括：核心能力、战略联盟、学习型组织和高参与度组织等。

4. 可以解释企业如何既大又小。

从以往历史经验来看，相较于小公司，大公司更具有优势。而如今小公司因动作迅速、能够快速响应顾客的需求并能服务小的细分市场而更具优势。当今理想的公司结合了这两者的优势，创建了许多小的、灵活的单元，同时又利用规模和能力的优势提升了公司的价值。

5. 能够总结企业应该如何组织以满足客户的需求。

许多公司已经采用了持续改进、全面质量管理和六西格玛（经常结合精益生产）等原则，以响应客户的需求。鲍得里奇标准和ISO 9001标准帮助企业组织以满足更高的质量标准。除此之外，重组工作致力于彻底检修流程，为顾客提供世界一流的服务。

6. 可以识别企业围绕不同技术类型的组织方式。

当企业的生产从小批量转变为大批量及连续生产时，企业倾向于采用从有机化结构转变为机械式结构，然后又回到有机化结构的组织方式。为了实现柔性制造，企业通过计算机集成制造和精益生产进行大规模定制。为了围绕基于时间的竞争进行组织，企业强调其物流、准时制生产和并行工程。

问题讨论

1. 结合当今企业急需变革、灵活性和反应能力的现状，谈谈你所知道的实例。

2. 描述你曾经接触过的没有灵活响应顾客需求的大型官僚组织。同时也描述有良好响应能力的实例。你认为造成响应组织和非响应组织差别的原因是什么？

3. 鉴于大企业和小企业的潜在优势，你会将你所处的学院或者大学描述为"大的"、"小的"还是"大中有小"呢？为什么？是什么导致了你的感觉差异？

4. 什么是核心竞争力？你认为丰田、沃尔玛及苹果公司的核心竞争力是什么？开展集体讨论，试找出这些能力还能够适用于哪些创造性的新产品和市场中。

5. 如果你要自己做生意，你的核心竞争力是什么？你现在有什么样的能力？你需要发展什么样的能力？描述一下你在网络组织中会担任什么角色，以及你希望你的网络拥有哪些其他公司的能力和角色？

6. 在互联网上搜索"战略联盟"，找出三个最近形成的联盟。对于每一个联盟，确定这些公司的其他产品总体上是竞争的还是互补的。每个联盟的目标是什么？是什么促使它们结盟？讨论你是否认为战略联盟是一种实现企业目标的有效方式。

7. 在下列组织中，你分别需要什么技能来实现有效工作？（1）学习型组织；（2）高参与度组织。将答案列成详细的清单。你喜欢在这样的环境中工作吗？为什么？你该准备些什么来适应这样的环境？

实践练习

9.1 机械式与有机化结构

目标
1. 在一个特定的组织结构中工作时，想一想自己的喜好。
2. 将本章内容作为一个范例来考察组织的各个方面。

说明
1. 完成以下的机械式与有机化工作表。
2. 4—6人为一组，分享工作表中的数据。讨论你这样回答的原因，并分析是什么因素促使你的导师选择这一现存类型的结构。

机械式与有机化工作表

1. 在以下两个组织结构中，选出一个你的偏好指数：

机械式结构　　 1 2 3 4 5 6 7 8 9 10　　有机化结构

2. 根据你对本章所学的组织形式的理解，选出每一项所合适的指数：

A. 任务角色定义

严格　　　　 1 2 3 4 5 6 7 8 9 10　　灵活

B. 交流

单一　　　　 1 2 3 4 5 6 7 8 9 10　　多向

C. 决策制定

集中　　　　 1 2 3 4 5 6 7 8 9 10　　分散

D. 环境敏感度

封闭　　　　 1 2 3 4 5 6 7 8 9 10　　开放

资料来源：John Newstrom and Keith Davis, *Organizational Behavior: Human Behavior at Work*, 1993, p. 358. Copyright 1993 The McGraw-Hill Companies, Inc. Reprinted with permission.

9.2 伍迪制造公司

目标
应用所学的个人、团体、组织层次的结构和灵活性的概念来设计伍迪制造公司。

任务一（个人任务）：
a. 阅读下面关于伍迪制造公司的案例研究。

b. 仔细复习本章，选择你觉得最能指导你为伍迪先生进行组织设计的设计定位。

c. 写下你关于改进管理结构、支付系统及个人和团体的工作分配的想法。

任务二（小组任务）：

a. 和你的小组一起开发一个可以让伍迪先生实现他的愿景的策略计划。

b. 准备一个 5 分钟的展示，在进行小组展示前，将你们小组计划书的打印稿递交到伍迪先生的会议室。

设计一个新家具公司

伍迪先生经营着一家小型家具公司，专门制造高质量的酒吧高脚凳，现在他的产品需求大幅度增加。他现在有 75 万美元的长期订单。因此，伍迪先生决定扩大公司规模并积极扩展市场。他宣扬的公司使命是"制造世界一流的产品，以质量、可靠性、性能和盈利能力在全球市场上占据竞争优势"。他想创造一种将"自豪、拥有、就业保障和信任"作为生活态度的企业文化。他刚刚完成了一轮面试，并聘请了 32 名具有以下技能的新工人：

4 名熟练工匠；

10 名具有木工经验的人员；

12 名没有任何木工经验或其他技能的人员；

1 名护士；

1 位教师；

1 名簿记员；

3 名具有非制造业管理经验的人员。

伍迪先生（在你们的帮助下）亟须决定如何设计他的新组织。新设计的组织包括管理结构、支付系统、个人或小组的任务分配。酒吧高脚凳的生产过程有 15 个步骤：

1. 挑选木材；
2. 切割木材；
3. 去除缺陷；
4. 将木材刨成标准规格；
5. 切割出榫头；
6. 凳面黏合组装；
7. 准备凳腿和底座；
8. 凳腿、底座与凳面连结起来；
9. 用砂纸打磨；
10. 染色；
11. 涂上清漆；
12. 再次用砂纸打磨；
13. 重新上清漆；
14. 打包；
15. 交付给客户。

伍迪先生目前生产 3 种类型的酒吧凳（基座式、四条腿分布式和四条腿的嵌入式）。这三种类型的酒吧凳在制造难度上没有差异。主要的成本变化与木头缺陷和交付延迟有关。伍迪先生必须决定如何组织公司来保持高质量和利润。

伍迪先生考虑过几个选择。他可以让一部分人为所有类型的酒吧凳完成第 1 个步骤；或者让一个人执行一种类型酒吧凳的几个步骤；或者让一支团队来完成一种或几种酒吧凳的几个步骤组合。他想知道他的组织方式是否会影响质量或成本。他也意识到，尽管从长远来看，对所有类型酒吧凳的需求大致相等,但有些时候,某一种类型的酒吧凳的需求量会比其他几种更大。由于想有效地部署员工,伍迪先生请了一名工作设计的专家来帮助他建立一个最优的组织。

资料来源:A. B. (Rami) Shani and James B. Lau, *Behavior in Organizations*: *An Experimental Approach* 1E, 2005, p. 370. Copyright 2005 The McGraw-Hill Companies, Inc.

综合案例

DIY 是一家全国连锁商店,供应各种用于家庭设施修理和维护的工具。购物者在 DIY 可以买到油漆和漆刷、螺丝刀和木材、钳子、电缆、铁锹和灌木等。除了销售种类繁多,DIY 与众不同的是它的营业员。公司雇用喜欢自己动手的人和退休的贸易业务员,将他们分配到能够发挥各自技能的部门,对其进行新产品和新方法的培训,并支付略高于其他零售商店的薪水。该公司还提供情况说明书、技巧列表和建筑创意。以上的种种措施使得 DIY 成为能使顾客得到想法和建议的商店,他们得到的不仅仅是项目所需要的材料,而是使项目成功的所有元素。

然而,在过去的几十年里,消费者发现了另外一种获取建议的方式:许多人更倾向于舒服地坐在电脑前,在网上做些研究工作。如果消费者可以通过使用搜索引擎或在线聊天社区就能找出最好的方法来修理漏水的马桶或让一个小卧室看起来明亮又通风,他们为什么还要长途跋涉到店里去问?答案是,正如 DIY 管理层所担心的,他们不会自找麻烦。如果这是真的,这一趋势将置 DIY 的竞争优势于危险的境地,零售商就需要与时俱进了。

DIY 的解决方案是去消费者去的地方——网络。管理层决定让在线专家辅助店内的专家,使员工像在实体店一样在网上分享信息。公司的宣传部门负责为此举制订了一个计划。

该部门员工习惯于将公司的交流看作起源于总部,于是他们最开始想到的最有效的方法是雇用一个写手团队,在总部的办公室工作,写一些关于新产品和维修技巧的博客。但是当他们把这个计划提交给管理层时,一位副董事长提出了一个问题:公司的销售人员就是我们的知识基地,为什么还要引进新人?为什么不想出一个方法来利用公司已有的人才资源呢?

公司宣传部门的员工回去继续改进计划。一些销售员工很可能已经在使用互联网并且知道如何写博客、如何参与社交网络。也许他们中的一些人已经具有了帮助别人的能力和写作技巧。因此,该部门考虑找出这类员工,邀请他们参加在总部的工作。但当小组讨论这个想法时,他们意识到它存在一个缺陷。如果员工离开了商店,他们将看不到、不能销售,也观察不到客户对产品的反应。他们将会失去实际操作和与客户面对面的经历,不能实时更新他们的知识,也失去与顾客的接触机会。同时,消费者会很快发现,在线与他们交流的并不是真正 DIY 的营业员,而是呼叫中心员工或职业沟通者。

于是,团队想出了一个不同寻常的方案。公司挑选出那些精通互联网的销售人员,但是并不把他们从实体店中除去,而是让他们在实体店工作 3 天,在办公室工作 2 天。公司将他们的工作时间表彼此错开,这样公司的在线社区 1 周 7 天内都保持活跃。公司高管对这个计划满腔热情。

DIY 联系了所有开设了区域办事处的城市商店经理。商店经理推荐那些他们认为能从事在线服务的员工,招聘团队对候选人进行面试,最终挑选了 24 位从事过在线服务工作的员工。其中,有的有代表性的员工在 DIY 工作了 8 年了,并且提交了一份优秀的书写样本。与此同时,公司建立了一个"与我们一起做"的网页,在这里,用户可以提交问题和阅读技巧、分享想法并可以找到 DIY 实体商店的新产品信息链接。

经过为期 3 天的培训项目,营业员开始在线对话。几个月后,他们和站点的访问者已经进行了数千次对话。当这一计划获得意想不到的效果时，这些销售员工也成为DIY其他员工的重要知识来源。在商店里、总部或者是区域办事处，如果有人想要了解某产品或项目的信息，他们经常在"与我们一起做"的页面上搜索。

问题
- DIY在进军网络时，是如何围绕核心能力进行组织的？
- DIY是一个大型全国连锁商店。它的规模大小对企业敏捷性有何影响？
- DIY是如何提高自身灵活性以应对网络的重要影响的？

第 10 章
人力资源管理

"你能获取资金并建立高楼,但你需要员工才能开展业务。"
——托马斯·沃森,IBM 公司创始人

学习目标

通过学习第 10 章,你应该能够达到以下要求:
1. 能够探讨企业应如何利用人力资源管理来获取竞争优势。
2. 说明公司为什么要从内部和外部两个方面去招募新员工。
3. 明晰选拔新员工的各种方法。
4. 评估员工的培训与发展支出的重要性。
5. 阐述应该由谁来负责评估员工的绩效。
6. 描述奖酬体系的基本方面。
7. 总结工会和劳动法规对人力资源管理的影响。

本章概要

人力资源管理战略
　　人力资源规划进程
建立组织
　　招聘
　　选拔
　　裁员
员工发展
　　培训与发展
绩效评估
　　绩效评估的内容是什么?
　　应该由谁来负责绩效评估?
　　如何向员工反馈绩效评估信息?

设计奖酬体系
　　薪酬决策
　　激励制度与浮动薪酬
　　高管薪酬与股票期权
　　员工福利
　　薪酬与福利所涉及的法律问题
　　健康与安全
劳资关系
　　劳动法规
　　工会
　　劳资谈判
　　未来何去何从?

开篇案例

谷歌如何在竞争激烈的就业市场中赢得最优秀的员工

年复一年,我们一次又一次得知美国的学校没能培养出足够多的工程师和软件开发人员来满足相关领域企业的高技术人才需要。但是谷歌,这家因其流行的搜索引擎而广为人知的著名软件公司,却在1周内收到了75000份求职申请,以至于它的人才选拔被称为百里挑一。

那么,谷歌是如何在激烈竞争中赢得人才青睐的呢?从这家公司对待其24000名员工的方式来看,答案显而易见。谷歌不仅一直给员工很高的薪酬待遇,甚至在近1年中,当许多公司裁员、缩减开支的时候,它反而为每名员工提供10%的加薪。此外,考虑到员工所从事的都是一般人无法从事的高要求工作,谷歌除了提供高薪酬,还试图通过提供少有的额外福利待遇,如健身设施、免费洗衣以及公司自助餐厅中的免费食物供应等服务,以使工作场所更加舒适。同时,为了满足员工灵活工作的需要,谷歌实施了工作现场带孩子、工作任务共享、远程办公等灵活性的举措。总之,所有这些实际行动为谷歌赢得了口碑。在《财富》杂志所评选的"全球100个最佳雇主"中,谷歌始终名列榜单最前列。

然而,谷歌赢得人才青睐的一个更重要的原因,可能是因为人们加入谷歌这样一个影响深远的大公司所能获得的兴奋感与满足感。随着它的名字——谷歌——成为网络搜索的代名词,谷歌公司也被广泛视为一个很好很理想的任职公司。这不仅因为谷歌软件开发背后所体现的先进思维理念,也因为正是谷歌才使得互联网变为一个如此强大有用的工具。谷歌最新的合资项目,如开发Gmail和Google Docs、收购YouTube和Android手机操作系统等,都增加了就业机会、工作范围并提高了为谷歌工作的重要性。在最近一项针对年轻专业人士的调查中,谷歌毫无疑问成为他们心中的最佳雇主。展开此项调查的优兴咨询公司(Universum)还指出,年轻的专业人士像消费者一样,倾向于去那些能够吸引他们的公司工作。

由于谷歌对求职者的强大吸引力,它的应聘者众多。所以,它对其应聘者也是精挑细选、优中选优。只有对计算机技术"发烧"且极具天赋、有着卓越才华的申请者才有可能成为谷歌的一员。为了能够留住这些优秀的员工,谷歌还不惜专门打造出能够不断激发员工创造性、帮助他们不断成长的工作环境。员工也因此非常重视公司每年为他们所提供的20小时培训课程(小时工每年10小时的培训课程)。

2008年,金融危机几乎全方位地席卷了每一个行业,谷歌也因此放缓了员工招聘工作进程。然而不久之前,谷歌再次建立起它的员工队伍。截至2011年,社交网络竞争渐趋白热化(其中谷歌希望赶超另一个更加强大的竞争对手)。与此同时,移动计算工具大规模普及,这些都促使谷歌在Android业务上招募大量人才去参与竞争。谷歌对外界宣称,它正进行公司历史上最大规模的招聘活动,超过6300名新员工将被甄选录用。当然,面对种种挑战,谷歌应继续突显自己的最佳雇主地位,以此来吸引更多的人才。

- 每周都会有成千上万的求职申请涌向谷歌,这对于谷歌来说既是一个很好的机遇又是一个巨大的挑战。它必须弄清楚这些申请者中哪些人可以被录用,如何甄选出最优秀的申请者,以及如何尽可能地满足他们的需要使其尽可能长久地留在谷歌。当你读完这一章时,请思考人力资源的战略性应用对谷歌的成功起到了怎样的关键性作用。

本章开篇引用的IBM公司创始人托马斯·沃森(Thomas Watson)的名言,充分总结了人力资源对所有组织的重要性。为招募到最出色的人才，谷歌将充满激情的挑战与让人无法抗拒的丰厚薪酬相结合，这种做法令谷歌同许多普通公司区分开来。人力资源管理（human resources management，HRM），历史上曾被称为人事管理，即通过组织内的正式体系去管理员工。出于这个原因，它成为组织生活与管理生活的基本方面之一。你与心仪公司的第一次正式互动，可能便关系到其人力资源职能的某些方面。并且作为一个管理者，你的整个职业生涯也将成为所在组织人力资源管理工作的一部分，并受其影响。

本章从阐述人力资源管理开始，因为它涉及战略管理的相关内容。这一章我们也将进一步对人力资源管理的基本要素，即人员配备、培训、绩效评估、奖酬制度以及劳资关系进行讨论。此外，我们还将对影响人力资源管理各个方面的法律法规展开探讨。在第11章，我们将基于本章的学习内容，就员工多元化管理问题展开重点阐述与讨论。

10.1 人力资源管理战略

随着近年来，越来越多的企业试图通过人才去获取竞争优势，人力资源管理体现出的重要战略作用也得到广泛的肯定。通过回顾第4章"计划和战略管理"的内容，我们可以得知，当企业拥有或能开发有价值的、稀缺的、独特的乃至有组织的资源时，企业便可以创造竞争优势。我们可以用同样的标准去阐述、分析人力资源所产生的战略影响：

1. 创造价值。人们可以通过自身努力来降低成本或向客户提供独特服务、产品，抑或将二种方法结合起来使用，从而去创造、提升价值。以康宁和施乐为代表的公司便通过精心设计授权程序、全面质量管理方案，以及持续进步机制去开发、提升员工的潜在价值。

2. 稀缺性。当你集聚的人才拥有竞争对手欠缺甚至难以企及的技能、知识和能力时，你便获得了竞争优势。许多顶级公司投入大量资金与资源去聘请和培训最优秀和最聪明的员工，以获取超越竞争对手的优势。陶氏化学就曾为了阻止GE公司"挖走"自己的工程师而将其诉诸法庭。这一案例说明，一些公司已经清醒地认识到公司内某些员工具有相当大的价值与稀缺性。

3. 难以复制。当员工的能力与创造的贡献无法被他人复制时，他们便成为竞争优势的来源。迪士尼、西南航空，以及全食超市皆因创造出以员工为本、通过团队协作最大限度激发员工潜能的独特文化而闻名全球，大获成功，但是很少有公司能够成功复制它们。

> 当员工的技能、知识与能力并不是其所有竞争对手都能同样拥有时，他们便成为竞争优势的来源。

4. 组织性。当员工可以在新任务下达后的短时间内，迅速组合、集体协作地开展新工作时，竞争优势也同样会在他们的身上显现。团队协作与合作共赢是确保员工有组织工作的两个基本方法。望远镜公司（Spyglass，一个软件公司）和美国电话电报公司就是都通过投资信息技术，以帮助实现对现有项目上的员工进行任务分配和任务跟踪。

以上四个准则不仅突出体现了人才的重要性，也展现了人力资源管理和战略管理之间的紧密性。在越来越多的公司中，人力资源专家们通过参加战略会议去明确关键问题：他们分析数据并提出如何通过新的方式获得人才、培训人才和挽留人才，进而帮助公司达成目标。越来越多的证据显示，这种方式为公司带来了积极的业务成果。举例来说，根据德勤（Deloitte & Touche）的调查研究，在股票市场中，对人力资源实践能够有效利用的公司具有更高的估值。全球经济市场的趋势使得这一点更加重要，全球竞争日趋激烈。不断提高的教育水平和技术可获得性在世界范围内也越来越常见。在此背景下，创新（有用的新思路从组织人员的集中创造力中爆发出来）已经成为获得并保持竞争力的关键。因为员工的技能、知识和能力是公司可利用的最有特色并且可再生的资源,因此对他们的战略性管理也进入有史以来最重要的阶段。越来越多的企业认识到它们的成功取决于员工们的知识和技能。**人力资本**(或更广泛地说是智力资本)这个术语如今经常被用于描述一种有关员工能力及知识储备的战略价值。

随着越来越多的高管们懂得他们的员工是公司最珍贵的资源,人力资源经理们在促进企业的战略规划中扮演着更加重要的角色。这意味着人力资源专家们要接受挑战去了解他们公司的业务,并且一线管理人员也要接受挑战去挑选和激励最优秀的人才。作为企业战略的贡献者,人力资源经理们同样面临着巨大的道德挑战。当他们只是一个专门的工作人员时,他们可以只专注于一个方面,比如,雇佣决策中的法律规定是怎样的。但是,战略决策要求他们尽可能地为企业业务的成功做出针对人员安置、培训和其他人力资源相关事宜的决定。例如,作为高层管理团队中的一员,人力资源经理们可能面临着在需要大幅度缩减劳动力的同时仍然通过丰厚的薪酬或奖金保留高层管理人员,否则他们可能无法积极地调查和质疑同事的腐败行为。这类困境是复杂且具有挑战性的。然而,从长远来看,当人力资源领导者们大力提倡至少包含战略、道德、法律和财务这四点价值时,企业将会保持良好运作。

 管理实践

严峻的经济形势不仅会带来激动人心的人力资源机遇,也会带来严峻的人力资源挑战。善于经营的企业一定会抓住机遇,主动迎接挑战。

一家名为 PriceSpective 的咨询公司已经为经济增速放缓做好了准备。该公司的 4 个合伙人每个月都会与高层管理人员举行会谈,商讨他们当前的人员编制水平是否可以满足未来需求。每当销售水平低时,PriceSpective 就会暂时冻结人员招聘计划。因为这些做法只是属于既有规划进程中的一部分,所以员工们都对此毫不担心;他们深知管理层的上述举动只不过是为了保持企业的高效运转。同时,即使客户并未签约参加新的服务计划,PriceSpective 也会不断寻找、联系未来员工。例如,当制药企业向公司寻求专业服务时,它需要很多具有博士学位的员工,如果没有准备,这种要求是很难被迅速满足的。当然,如果招聘计划被冻结,公司管理者便会在面试过程中谨慎地向申请者解释公司的现状与未来计划。

其他一些公司也能在经济衰退期间获得大量才华横溢的人才。最近的经济衰退将许多消费者从昂贵的零售商店赶向了 Family Dollar 百货。所以相较于平常时期,该公司反而能不断开设分店,收到更多较高水平的职位申请。该公司还需要为其信息技术部门寻求专家,在电路城(Circuit City)倒闭后,它们就从那里直接聘请了大量富有经验的 IT 员工。类似 Family Dollar 百货这样的公司,都有一支对工作充满渴望的员工队伍,只要公司能够留住并不断激励这些员工,他们不仅可以促进销售,提高效率,还可以帮助公司获取超越竞争对手的竞争优势。

- 当经济繁荣时,你认为公司会如何调整它们的人力资源战略?

有效地管理人力资源来保持竞争优势可能是企业的人力资源功能中最重要的一部分。但是在日常事务中,人力资源经理们也有许多关于其员工和其整个人事部门的考虑。这些考虑包括吸引人才;保持一支不仅训练有素、干劲十足并且忠诚的员工队伍;管理多样性;建立有效的薪酬体系;管理裁员;控制医疗保健和养老成本。平衡这些问题并不容易,并且由于企业自身的特定情况不同,最好的解决方法也各不相同。同样面临着业务削减的困境,一家钢铁生产商可能需要人力资源活动以协助裁员;而另一家半导体公司可能需要更多的员工去生产足够的微型芯片,以便满足电子市场的消费需求。不同的人力资源管理活动的重点取决于这家公司是想要继续发展、平稳衰退还是原地踏步。不同的企业需求将决定人力资源计划的具体实施。

人力资源规划进程

"在正确的时间提供适宜数量的合适人选。"这听上去挺简单,但是若想满足一个组织的人员配备要求,就必须有一个以组织整体规划为基础并具有战略性目标的人力资源规划方案去作为支撑。

人力资源规划进程分三个阶段:计划、实施和评估。首先,人力资源经理需要清楚包括组织未来发展方向、未来计划从事业务,以及未来发展预期等在内的组织整体业务规划方案,以确保招聘的人才数量与人才类型是适合的。很少有什么事情比因为对未来需求把握不当而解聘刚刚入职的大学毕业生更伤员工士气了。其次,组织需要执行一些具体的人力资源活动,如招聘、培训以及解聘。在这个阶段,公司的计划将得以实施。最后,对人力资源活动进行评估,以确定它们是否对组织整体业务规划发挥了应有的作用。图10.1展示了人力资源规划进程的组成架构。在这一章,我们将重点聚焦人力资源的规划与实施。而图10.1列出的许多其他要素将在后续章节中展开讨论。

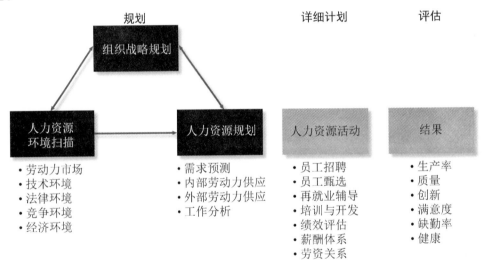

图 10.1 人力资源规划进程概览

需求预测 人力资源规划中最困难的部分可能就是进行需求预测,通俗地说,就是确定需要多少人,需要什么样的人。人才需求预测必须以组织的整体规划方案为基础。例如,通用汽车计划于2010年12月向美国市场投放新车型雪佛兰伏特(Chevy Volt),基于此,通用汽车就必须确定需要多少名工程师和设计师参与其中,才能确保如此复杂的产品可以按时下线。此外,产品经理们还得甄选出一家制造工厂,并确定需要多少名工人参与其中,2011年生产10000辆的生产要求以及来年生产45000辆的产能指标才可以被顺利完成。这还远没有结束,公司还得预测出提供相关支持服务的人员数量,这些支持服务包括营销计划制订、工资福利管理、客户咨询,以及媒体信息披露等方面。同样,公司销售现有产品时,也得根据销售现状和未来增长预期去确定足以满足未来市场所需要的工厂产能,以及销售队伍、支持服务队伍等配套力量的建设规模。具体实施过程中,公司需要计算运营、销售、分销、客服等各项工作所需的工作时长。所需员工类型也同样依靠这些评估和预测的数据来进行确定。

劳动力供给预测 随着需求预测工作的完成,管理者们必须开始考虑下一阶段的工作——劳动力供给预测,也就是预测组织届时能够实际获得的雇员数量和类型。在对劳动力供给进行分析时,组织既需要对现有员工的数量和质量进行评估,也需要对外部劳动力的供给水平进行合理估算。评估内部供给时,公司一般根据自己在员工的周转、提升、停职以及调动等方面的经验。其中,如果一个组织内部拥有计算机化的人力资源管理信息系统,则进行供给预测时就会方便许多。

对于外部供给,组织必须对劳动力的发展趋势有清晰的把握。正如我们在第6章中所探讨的,在全球范围内,绝大多数的高技能、高薪酬工作产生于发达工业国家的城市里,在这些地方,许多公司都在为寻求足够的、高水平的劳动力资源而展开激烈竞争。但与此同时,许多低技术含量、常规性的工作正被他们外包给拥有庞大人口资源且愿意接受低工资的发展中国家。

在美国,人口发展趋势导致具有合适技能和教育水平的员工短缺。在以农业、矿业和流水线制造等为代表的传统劳动密集型行业,向高技术、高金融乃至提供定制产品和定制服务的大方向转型时,对员工的技能培训和教育要求往往更高,甚至超过现有教育系统所能提供的水平。一些工作被转移到海外的原因也正是在那里符合要求的高素质员工始终供不应求。我们在第2章中所探讨的一些人口趋势甚至可能会加剧这种情况的恶化。例如,即将到来的"婴儿潮一代"的员工退休热潮将会使现有的市场失去大批受过良好教育、训练有素的劳动力。而且现今在诸多数学、科学、工程学研究生院中,只有不到一半的美国本土的学生能够获得研究生学位。(许多公司不得不聘请在美国工作的移民来填补就业需求的缺口。)

为了解决这种员工技能短缺问题,经理们开始在组织内部大幅提升用于辅导和培训的预算经费。例如,在佛罗里达州坦帕市经营50家麦当劳商店的Caspers公司,就为非英语母语的员工报名参加了英语强化班。员工选择参与培训不仅可以为客户提供更好的服务,而且对未来晋升更高岗位、承担更大责任也很有帮助。类似的案例还发生在得克萨斯州的贝城,拜耳公司在当地的一家工厂因为无法找到足够的员工去操作复杂的化学处理设备,而专门建立了一个实习项目以解决问题。其中一个培训现有员工的方法便是再培训和返聘曾经被裁的员工。

问题的另一个解决方案就是通过从其他国家招聘工人来增加劳动力供给。但现有的各种法律法规却对合法移民劳工的供应进行了限制。例如,美国政府每年向包括工程师和科学家在内的65000名受过大学教育、从事高技术、高要求工作的人才颁发H-1B项目签证,这些人被允许在美国短期工作。但是诸如微软、甲骨文、英特尔等高科技公司都对H-1B项目的签证数量过少、无法满足高科技人才的需求而抱怨不休。一些公司甚至不得不每年很早就开始积极争抢人才,以避免每年签证配额被使用完毕后无法再引进人才。移民工作者对执行低成本战略的公司来说也很有吸引力,因为美国强盛的劳动力市场需求使得美国的工人坚持要求高薪水。

管理实践

卫生保健行业正快速发展——在一些地区,企业和组织甚至来不及招聘、培训员工。与此同时,制造业却正在萎缩。随着企业销售业绩不断下滑,企业规模不断缩小甚至完全倒闭,下岗员工几乎看不到任何就业前景。最近,一些公司和非营利组织已经开始合作,通过对下岗的制造业工人进行再培训,帮助其进入卫生保健领域,以此平衡行业需求。

纽约中央制造商协会联手北部地区健康教育中心和锡拉丘兹大学(Syracuse University)对失业工人进行了评估和再培训,帮助其进入卫生保健领域。首先,他们会对申请人进行能力倾向测试,确定他们拥有什么技能。例如,人际交往能力,具体包括团队精神或图形理解能力。那些已经在某些领域显示出一定能力水平的人可以获取相关技能证书。一个由北方地区健康教育中心主办的网站将员工的获奖信息与证书信息直接张贴出来，诸如医院或疗养院等感兴趣的雇主可以由此找到潜在求职者；网站也会将求职者有申请的相关工作信息展示出来。这项被称为"工作之钥"的评估项目的主任，汤姆·海德里克（Tom Hadlick）说道："我们正在关注那些没有学位或没有许可证的人群。"护理助理、制药技术人员和医护人员就属于此类工种。这种合作机制不仅解决了失业人群的就业问题，也满足了行业发展的人员需求。

- 你认为一个制造商协会参与上述项目的原因是什么？

另外，之前对员工队伍多元化的预测已经成为现实，如今可用的候选人才类型已被极大地丰富。商业世界已不再是白人男性的专属领域。事实上，夫妻双方都工作的职业家庭已成为常态。少数民族、妇女、移民、老人和残疾人，以及其他团体等已经使得多样化管理成为现代管理者所必须掌握的基本技能。考虑到"新型员工队伍"管理的重要性，在第11章中，我们将全部致力于这个话题的探讨。

> 之前对员工队伍多元化的预测已经成为现实，可用的候选人才已被极大地丰富。

平衡供需 一旦管理者对各种类型员工的供求状况有了清晰了解，他们就可以开始寻找方法去平衡供需。在某些情况下，组织会发现它们需要比当下更多的员工（即劳动力短缺）。当遇到这种情况时，组织可以雇用新员工、提升现有员工到新岗位上或者外包一些工作给承包商。而在另一种情况下，组织可能会发现它们现在不需要那么多的员工（即劳动力过剩）。如果此种情况能够被提早发现，那么组织就可以通过自然流失（正常的员工离职）来减少过剩的劳动力数量。此外，如果组织还面临其他状况，裁员或者分流一部分员工去其他地区工作也是它们可能的选择。

当管理者的确需要聘请人才时，所在组织的薪酬政策往往就是他们可以使用的招聘工具之一。特别是大公司，他们经常花费大量时间来收集各种相关工作的薪酬信息，以确保他们的薪酬制度是公平且富有竞争力的。关于薪酬问题，我们将在本章后面的内容中展开讨论。

岗位分析 尽管从组织层面来说，供给与需求的分析、预测是相对比较"宏观"的活动，但人力资源规划中也存在"微观"的一面，即岗位分析。完成岗位分析工作需要做两件事。首先，通过岗位分析，人力资源经理可以了解这个岗位自身的具体情况，包括基本任务、职责以及执行工作所需肩负的责任。这些信息我们一般统称为岗位描述。例如，会计经理的岗位描述内容可能就包括负责财务月报、财务季报和财务年报，缴费并出具账单，准备预算，确保公司的运转遵守法律和法规，同一线经理就金融与财务问题展开密切合作，以及监督会计部门的工作人员等。

其次，岗位分析从知识、技术、能力及其他特性等方面描述了胜任这个岗位所需要具备的资质。这就是我们通常所说的任职资格。还是以刚才的会计经理一职为例，此职位的任职要求一般为：具有会计学或商科专业的学士学位，掌握会计电脑系统知识，有管理经验，具备良好的沟通技能。

岗位分析提供了几乎所有人力资源活动所需要的信息。它对包括招聘、培训、选拔、评估和奖酬体系在内的人力资源活动的开展起到了重要的协助作用。岗位分析有时也能从法律层面上保护组织陷入劳资纠纷。例如，当某员工声称自己被不公正解雇时，岗位分析中对任职资格的详细说明往往能让他的抗议变得苍白无力。最后，因为岗位分析阐明了有效工作的真正要求，员工对组织的贡献度往往也能因此而提高。

> 岗位分析提供了几乎所有人力资源活动所需要的信息。

10.2 建立组织

在人力资源规划工作完成之后，管理者便可以专注于员工的编制与配备工作。员工的编制与配备工作主要由三个相关活动组成：招聘（recruitment）、选拔（selection）和岗位说明（outplacement）。

10.2.1 招聘

招聘就是通过增加人才储备以完成工作岗位所需的人才选拔工作。招聘工作可以分为组织内部招聘（考虑现有员工的提升与转岗需要）和组织外部招聘。每一种方法都各有利弊。

内部招聘 内部招聘的优点在于雇主很了解自己的员工，员工也非常熟悉组织。不熟悉组织的外部求职者很可能在进入组织工作之后才发现他们根本不喜欢在此工作。并且，组织内部晋升机会的存在可以鼓励员工们和组织"同呼吸，共命运"，更加努力地工作，去争取成功。而外部招聘可能会挫伤已有员工的工作积极性。基于此原因，以西尔斯（Sears）和礼来（Eli Lilly）为代表的许多公司和组织更倾向于内部招聘。

但内部招聘也有一些缺点。如果现有员工缺乏某种技术或能力，内部招聘所能提供的选择空间就会非常狭隘，因此最终的选择决策也会有很大的限制性。同样，如果一家公司试图通过引进外部人才来完成公司性质的转变或者经营目标的转型，内部招聘政策对此则会产生很大的抑制与阻碍作用。戴尔就是通过聘请能够更好地满足转型需要的外部经理外部人，从而实现了公司从快速发展的企业家型组织向稳健经营的成熟型组织的转变。

许多主要依赖内部招聘的公司通常使用工作公示系统。工作公示系统一般是指在公告栏或公司内网中发布招聘岗位信息的机制。德州仪器就是利用这一系统实现内部招聘的。当工作岗位招聘信息（含工作岗位职责、所需最低技能与经验要求）发布后，符合要求且感兴趣的员工只需填写一张岗位申请表，便可完成申请。

> **提示**
>
> 招聘常常能为组织带来创新思维。
>
> 组织通常是如何识别员工是否具有创新思维的？

外部招聘 外部招聘可以为公司带来"新鲜血液"，激发创新。最常用的外部招聘方式包括互联网招聘、公司网站宣传、内部员工推荐，以及报纸广告和高校校园招聘。

最新调查表明，在诸多外部招聘方式中，雇主们对于现有内部员工的推荐和网络求职这两种方式最为看重。有些公司为了鼓励员工积极推荐人才，甚至直接提供现金奖励。事实上，调查结果显示，内部员工的口头推荐已成为填补大多数招聘岗位空缺的主要渠道。不仅因为这种方式成本相对低廉，而且关键员工们也往往知道到底什么样的人更适合公司。类似凯业必达网（CareerBuilder）和巨兽网（Monster）所使用的求职公告网站被企业们广泛采用，因为在那里，它们可以轻而易举地获取到大量求职者信息以供选择。然而，面对特殊岗位的招聘要求，求职公告网站上铺天盖地的却大多不达标的信息线索逼迫越来越多的公司选择将目光放在诸如领英（LinkedIn）等专业求职网站上，或者直接让猎头公司去寻找适合的候选者。许多公司有招聘需要时，会在公司网站上发布职位空缺信息并接受申请。当公司欠缺的是重要管理岗位上的人才时，往往就无须对外公开大规模招聘和选拔，它们可以委托专业聘用机构或猎头公司，由它们去缩小搜索范围，联系符合要求的相关高级人才。校园招聘可以帮助企业寻找到拥有最新培训和创新理念的求职者。但是，那些主要依靠校园招聘和员工推荐的公司们也必须格外小心，因为它们必须确保在招聘过程中没有产生诸如只招女性或只招聘白人等对求职者有歧视的行为和问题。

大多数公司在现实中往往是根据工作岗位或公司情况的不同,将内部招聘同外部招聘结合起来使用。例如,当现有工作岗位人选需要调整、更换时,多数公司采用内部招聘的方法;而对正处于全速扩张中或有新技能需要的公司来说,外部招聘则是它们的常用选择。

管理实践

沃尔玛正在寻找一种选拔方法,来挖掘具有领导潜能的员工,进而将其安排到门店管理岗位任职。为了实现这一目的,最终沃尔玛将目标人群锁定在了具有军队履历的候选人身上。因为军人不仅接受过政府的广泛培训,还拥有在"压力下的表现"的证明。加之美国军队本身就是一个种族和族裔多元化的群体,这直接帮助沃尔玛完成了其构建多元化劳动力队伍以适应多元化市场的目标。沃尔玛具体通过招聘会上查找初级军官、联系军人协会、借助职业军人介绍所等方法来完成招募程序。沃尔玛还承诺会为他们提供一个为期90天的零售业务培训计划,并提供成为一名成功的门店经理的指导。

毕业于美国西点军校的米歇尔·特里就是通过沃尔玛的军人招募计划而成功竞聘的。作为一名后勤排长,她在美国军队服役期间管理着80名士兵,负责了价值超过1000万美元的装备,以及一座为3500人提供装备的仓库。特里希望能找到一家可以将其经验付诸实践的公司,并能给予她一个推进自己事业的机会。最终,她找到了沃尔玛。仅仅被沃尔玛正式聘任6个月后,她就得到了晋升,负责管理密苏里州的一个超级卖场。

- 在管理人才的选拔上,沃尔玛的军人招募程序相较于内部招聘程序有什么优势吗?它可以替代内部招聘程序吗?请说明理由。

10.2.2 选拔

选拔是以招聘为基础的,是指从符合招聘条件的候选人中挑选出最终受聘者的决定过程。这些决定往往是非常重要的,但很不幸的是,粗心与傲慢经常使得最终决定变得非常草率与武断。这一节将介绍几种选拔方法,这些方法在你随后的职业生涯中可能很快就会被用到。

申请表和简历 申请表和简历为未来雇主提供了所需的基本信息。求职者在申请表和简历中所反映的背景、经历往往是雇主首先浏览并进行初步筛选的依据。申请表和简历通常都包含求职者姓名、教育背景、籍贯、工作经验、资格证书等相关信息。外观设计、文字准确性有时也会对求职者的申请产生影响。例如,如果申请表和简历中出现了拼写错误,这个申请者往往就会被直接淘汰(在准备我们自己的申请表和简历时要切记此点)。并且,虽然申请表和简历提供了许多重要信息,但是这些还不足以让雇主们立即决定最终聘用谁。

面试 最受青睐的选拔方式莫过于面试,而且为了能够挑选出最合适的候选者,几乎每一家公司都会针对性地采用不同类型的面试方式。但是,面试官们必须非常慎重地选择提问内容和提问形式。正如本章后面所提到的,联邦法律不允许雇主在面试中出现基于性别、种族等标准的歧视行为;根据保护规定,面试中区分候选者的问题很有可能会被视为歧视的证据。

在一个非结构化的(或非指导性的)面试过程中,面试官会对不同候选者提出不同的问题。面试官也可能会试探候选者,即就候选者的某个回答进行相关问题的追问,以求对候选者能够有更进一步的了解。

在**结构化面试**过程中，面试官会对每一位候选者提相同的问题。结构化面试具体分为两种基本类型。第一种类型我们通称为情景面试，侧重于情景模拟。主营珠宝的连锁集团扎列公司（Zale Corporation）便经常使用该方法筛选优秀的销售人员。下面是该方法的一个示例："一位顾客走进商店准备取回先前送来维修的手表，但是手表还没有从修理店送回来，这位顾客随即表示非常不满。面对此种情况，你会如何处理？"有的候选者可能认为这已经超出了他（或她）独自处理问题的能力范围，因此回答道："我会将这位顾客引见到我上司那里以寻求解决方案。"结构化面试的第二种类型一般称为行为描述面试，旨在了解候选者在过去的实际工作情形。例如，普兰特莫兰公司（Plante & Moran）的比尔·布福在挑选会计时，就会询问候选者过去是如何同那些很难相处的人一起工作的；艺皇公司（Art King）认为候选者处理压力的方式会让他们暴露出"思想的马脚"，因此"曾经是如何处理压力的"是他们的必提问题。行为式提问基于真实事件的发生，因此面试官经常可以从候选者们的表现中收集到有用的信息。

上述的这些面试方法都各有利弊，所以，许多面试官会在同一场面试中使用不同的面试方法。非结构化面试可以帮助建立面试中的融洽关系，展现出候选者个性，但也因此使得面试官无法搜集到候选者个人能力的详细信息。结构化面试往往是基于候选者过往相关岗位的工作经历去进行评估、分析，因此工作绩效的预测结果相对更加可靠。整个结构化面试过程中也基本不会出现偏见与成见的问题。并且，因为结构化面试中所有候选者都回答相同问题，结合这种面试方法便可以使面试官在不同候选者之间，针对他们的回答与反应去做直接比较。

> 许多面试官会在同一场面试中使用不同的面试方法。

资料审核 简历、申请表以及对申请人的面试都是建立在诚实守信这一前提之上的。为了能够做出正确的挑选决定，面试官们不得不对每一位候选者的言词表示相信。不幸的是，总会有候选者可能就偏偏隐藏了会造成潜在危险的犯罪背景或者夸大了自己的学历。美国麻省理工学院招生办公室主任在工作近30年后被迫辞职，这一事件引起了社会的广泛关注，原因就是学校得知她涉嫌提供了虚假的教育背景信息。尽管她已经证明了自己完全可以胜任招生办主任这一职务，但是她却再也无法宣称自己具有该职位所需的诚信水平。覆水难收，信誉也一样，一旦失去，再难取得。

正是因为这些模糊的道德灰色地带越来越多地出现，雇主一般都得通过其他方法来对候选者的申请信息进行补充、检查，包括资料审核。事实上几乎所有组织都会联系候选者的推荐人或者候选者的前雇主和受教育机构。尽管资料审核有一定的作用，但是相关资料信息的获取却也越来越难。许多人因为前雇主说了一些不利于自己的话而不惜花费昂贵的诉讼费将其告上法庭，最终结果往往也是个人胜诉，这种结果让很多前雇主不得不顾虑重重。不过，人力资源专家仍然鼓励未来的雇主们去进行资料审核。原因之一就是资料审核的确可以偶尔举起红旗：过去的雇主通常只是验证工作日期、工作职称，有时会涉及薪酬水平，但是一旦询问起是否可以雇用候选人时，他们往往也会建议谨慎选择。资料审核还可以某个在雇员造成伤害的情况下对雇主提供一定的保护。资料审核可以表明，公司在做出雇用该员工的决策时是审慎的。

背景审核 为了能够获得更好的审核结果，背景审核已成为许多公司招聘工作的标准流程之一。有些州法院已经规定，如果因为公司自身没有做好背景审核工作而造成疏忽雇佣的情况，公司需承担相应的过失责任。审核的项目一般包括社会安全记录、就业经历、教育经历以及犯罪记录。由于某些工作岗位的特殊性，在确定聘用员工后，一些相关的项目也可以被审核，如机动车驾驶记录（从事驾驶工作）和信用记录（与钱相关的工作）（如图10.2所示）。

网络作为审核工具的出现使得基础性的背景审核工作变得更加快捷、简单。最近一项针对招聘经理的调查访问结果显示，大约有一半的招聘经理使用社交网络去了解应聘者，其中 Facebook 和领英是他们使用最频繁的社交网络；为了更好地了解应聘者，有些雇主甚至会主动询问候选者的社交网络账号以及密码。许多公司都因在线寻找到关于候选者的一些不良信息而最终拒签。互联网用户应该谨记，任何携带有自身名字的在线信息都会对潜在雇主的决定产生影响，甚至影响到未来几年的发展道路。

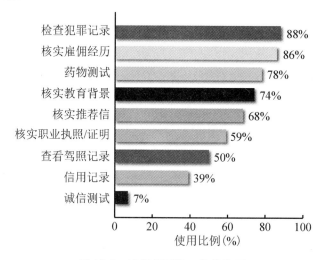

图 10.2　雇佣前甄选工具的使用

注：这些工具是《财富》1000强公司的21位代表表示为其公司所长期使用的工具。
资料来源：*Top Security Threats and Management Issues Facing Corporate America*, Pinkerton Consulting and Investigations Inc., 2003.

个性测试　针对候选者进行个性测试的方法曾经风靡职场，也曾被弃之不用，但是最近的调查结果显示，个性测试似乎又开始流行起来。个性测试可能会被认为具有歧视性或者会影响工作绩效评估的准确性（因为候选者可能会通过猜测正确答案或第一次测试失败后采取重复测试等手段在测试中作弊），所有这些因素和担忧都阻碍了个性测试的发展与推广。然而，个性测试的结果可以同过去工作绩效的数据关联起来，进而寻找到性格和工作绩效的对应关系。更高的工作满意度与更好的工作绩效同一些个性特征是有关联的，这一点已得到证明，尤其当组织将具有相似积极特质的一群人组合在一起时，工作满意度与绩效结果会显著提升。

包括社交能力、适应能力和个人精力在内，一些个性测试的测试内容已经广为流传。"你喜欢与人交往吗？""你是否享受努力工作的感觉呢？"就是最典型的两个问题。这些个性测试旨在帮助选择出候选者所倾向的工作环境，或者看看他（或她）是否可以在指定的工作岗位上积极、高效地开展工作。例如，如果现有的工作岗位需要同他人积极合作，那么一名喜欢独自决定、独立工作的候选人可能就不太适合这个岗位，另一名候选人或许会更加适合一些。今天，许多个性测试都已不再采用传统的纸笔形式，在线个性测试成为现今最普遍的选择。这些在线测试可以根据候选者前述问题的答案来决定后续提问的内容，所以说，每一份在线测试都是为候选者量身打造的。

药物测试　药物测试如今已成为常用的人才筛选方法。自1988年《工作场所无毒品法案》颁布以来，联邦承包商、国防部承包商以及交通部下属机构的业务申请者和雇员在从事相关工作之前，必须首先通过非法药物的相关测试。同时，为了避免可能对残疾人造成歧视，通常是在他们符合相关条件要求并获得工作之后，才对其进行药物测试。根据联邦政府的统计，大约1/4的全职员工在招聘之时就进行了药物测试，另外还约有1/3的员工是在工作之后被随机抽选去参加药物测试的。

较之以前，美国有越来越多的州合法化了大麻在医疗领域的使用，所以对于雇主来说，药物测试已经变得越来越复杂。那些经常解雇无法通过药物测试的员工的公司，现今因为大麻在医疗领域的使用，非常担心自己的行为会被认为是歧视残疾人，并因此承担法律责任。但许多工作岗位对于从业人员的要求仍然非常严格，无论你是合法地还是非法地使用药物并受药物影响，都是不被允许的。但正因大麻在医疗领域的使用时间还太短，各界认识尚未统一，加之州与州之间的法律间隙，所以截至目前，大多数州所颁布的相关法律都是不包含员工就业保护规定的，因此雇主们可以在法律的灰色地带再游走一段时间。

认知能力测试 认知能力测试是最古老的选拔方式之一。测试范围覆盖了智力水平测试的方方面面，包含语言理解能力（词汇、阅读）和数字能力（数学计算）。大约20%的美国公司在人才选拔过程中会采用认知能力测试的方法。图10.3展示了认知能力测试问题的一些相关范例。

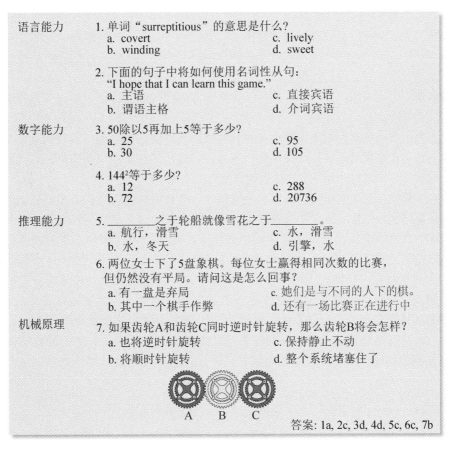

图10.3 认知能力测量表示例

资料来源：G. Bohlander, S. Snell, and A. Sherman, Managing Human Resources, 12th ed. Copyright © 2001. South-Western, a part of Cengage Learning, Inc. Reproduced by Permission. www.cengage.com/permissions.

绩效测试 所谓绩效测试，就是让候选者去完成一项示范工作。许多公司在人员招聘过程中会采用这一方法，尤其当招聘岗位为行政助理和文员时，绩效测试更是广为采用。其中使用范围最广的绩效测试方式是打字测试。但不要因此局限了绩效测试的使用范围。包括管理岗位在内的几乎每一个岗位选拔都会有绩效测试项目。专门针对管理人员进行绩效测试的评估中心更是赫赫有名。

评估中心起源于第二次世界大战。通常，评估中心由10—12名候选者组成，在那里他们会面临各种各样的情景训练和模拟练习项目；其中一些项目会要求团队合作，其他的由个人单独完成。每个项目都会设立包括领导能力、决策技巧、沟通能力在内的多个关键考核指标。评估者一般都是由负责组织内部相关岗位的经理担任，每一名候选者在每一项目上的表现都会被他们观察和记录下来。最先采用这一考核方式的公司是美国电话电报公司。随后，包括联邦调查局和西尔斯公司在内的一批大型公司和组织机构都开始使用或正在使用这一方法。

诚信测试 为了评估候选者是否诚信，雇主往往会要求其参加相关测试，即诚信测试。诚信测试的方式一般分两种，一种是利用测谎仪检测，另一种为笔试。测谎仪，或称谎言探测仪，对于大多数职业来说是禁止使用的。而通过笔试进行诚信测试则是最近一段时间常用的方式。常见问题诸如，你曾经想过要偷窃吗？你认为别人会偷窃吗？（"有多大比例的人会从雇主那里窃取超过1美元的东西？"）尽管包括佩雷斯鞋业（Payless ShoeSource）在内的一些公司说，随着诚信测试的引入，公司失窃率明显下降，但是有关诚信测试准确性到底如何的争论，至今仍然存在。

信度与效度 无论采用何种方法挑选员工，测试的信度与效度是必须加以考虑和强调的两个关键性指标。

信度就是同一方法反复测试或进行相关替代性测试所得到的结果的一致性程度。例如，如果三个不同的面试官在面试结束后，对同一候选者的能力得出了各不相同的结论，那么我们就会对这次或多次面试的可信度以及面试程序是否符合规范提出质疑。

效度不同于信度，它用于评测选拔测试的可靠性。最常见的效度指标类型是**预测效度**，是指测试的预测结果同实际工作绩效之间的关联程度。为什么最近许多雇主的现有雇佣政策和雇佣要求被不断批评？其中一个原因就是选拔测试的效度不断受到质疑（另外还有伦理和公共政策问题）。当失业率高，而求职申请充斥着招聘部门的邮箱和柜台时，一些公司的员工选拔标准居然是基于申请者的失业状况。所以就有批评者质疑经济衰退时期的高失业率现象同公司的不作为高度相关。一般而言，只有采集到足够数量的员工工作绩效样本，将之同测试绩效数据相比较，方能获得可靠的效度与结论。例如，如果能够在认知能力测试中获得高分则预示着会有好的工作绩效，那么较之分数较低者，高分候选者获得青睐的可能性更大。当然，没有任何一项测试能够完美地预测出候选者未来的实际工作绩效。管理者通常在做出最终选择前，也会考虑其他相关指标。

> 效度往往是从测试绩效和实际工作绩效的比较中获得的。

内容效度是效度的另一种指标类型，主要通过对包括工作知识、工作技能、工作能力等有代表性的内容进行测试，比较其能真正测出符合工作要求的内容的程度。内容效度测试最有名的例子就是针对行政助理岗位的打字测试，因为打字几乎是行政助理为了完成工作任务时刻都要去做的事情。但是，为了完善内容效度，除了打字，接听电话、复印、传真文件和前台接待等内容也需要被测试。相较于预测效度，内容效度往往更主观（统计数据更少），但这丝毫不影响它的重要性，尤其当你在法庭上为某个雇佣决定进行辩护时，更是如此。当你读到下面的管理案例时，不妨考虑一下谷歌的人才选拔方法是否符合上述标准。

 **管理实践**

谷歌是如何招聘员工的

谷歌从一个雇员只有几百人的小公司成长为数万人的巨无霸公司,这为许多公司的发展树立了榜样。使用谷歌之类的搜索软件背后的创意就是,如果有一个高效的方式将海量的线上数据进行分类,你将可以借此找到所需的最佳信息。绝大多数时候,谷歌都能及时推送和提供与搜索内容高度相关的链接,从而获得大批忠实用户。此外,谷歌的人力资源战略旨在将公司定位为最具吸引力的工作场所,因而当它需要人才时,总会收到如洪水般的应聘申请。谷歌在综合考虑公司严格、创新的企业文化之后,从应聘者中挑选出最佳人选。

当如此多的人已经爱上了谷歌的产品时,谷歌也已上榜最佳雇主名单,此时仍然宣扬谷歌作为最佳工作场所的美誉似乎显得毫无必要。但是,在如今电脑编程及线上营销专家急缺的劳动力市场中,谷歌想要持续保持对最佳雇员的吸引力,就必须进行招募。谷歌现在已经将它的招募范围扩大到大学校园,并为暑期实习生提供优厚的待遇。它还定期举办开放日,并安排公司员工到各地开展与公司招募项目相关的技术专题演讲。谷歌拓展项目的负责人尤兰达·曼戈里尼表示,这些活动会帮助参与者"想象自己在谷歌工作"。谷歌为此还做出过其他努力,例如使用包括YouTube视频、博客,以及微博在内的交流方式为人们提供信息使其了解为谷歌工作是什么样子的。谷歌工程及研究副总裁艾伦·尤斯塔斯就曾提供一个诱人的职位并坦言:"我们将尽可能多地雇用睿智、极具创新精神的人来应对一些计算机科学领域中最艰难的挑战。"对于这样一个富有创意、产品涵盖范围广泛(包括机器人汽车、语音搜索以及适用于个人计算机的在线操作系统)的公司来说,这绝不是吹嘘自夸。随着谷歌招聘需求的日益增加,公司正在使用其在搜索技术领域的专长,从它的履历数据库中甄别出具有潜力的应聘者,查明他们正在干什么,并从中确定他们是否契合公司现时的需求。

尽管享有最佳雇主的美誉,谷歌在其发展早期也曾因采用苛刻,以及有时较为古怪的方式来做聘用决定而闻名。为了保证雇佣决定充分反映公司的协作精神,职位应聘者通常需要从多个视角接受多人面试。许多时候,谷歌的应聘者们在收到工作邀请前,可能要接受十几个到二十个人的面试。通过那些过程,面试者可以汇总关于应聘者的大量信息,并由此做出群体决策,以避免因为某一位管理者青睐与自己相似的应聘者而做出错误决策的情况发生。为了选出具有创造力的人才,面试者往往提出旨在刺激创造性思考的问题。例如,一个臭名昭著的问题就是问为什么下水道井盖是圆的。其他一些问题则可能是相对复杂的并且往往要求进行定量分析。

但是,随着谷歌的发展壮大,其管理层发现其雇佣程序有点古怪而且流程过于缓慢。在某些情况下,公司花费太长的时间商讨是否发出工作邀请(需要花费差不多10天时间),而等到工作邀请最终发出时许多应聘者已经在其他地方工作了。许多人将其选择天才的内在动力视为纯粹的精英主义;据称谷歌是这样的一个公司:如果你的大学平均分数低于3.7,那么你就可以打消在这里工作的念头了(公司坚持这并非事实)。而今,谷歌正在取消面试过程中的问题解决谜题。新的筛选方式是基于申请者的现有成就。在谷歌,一个能向面试官展示其现有成就的应聘者往往是引人注目的,例如已经做出一个可以在线上销售的软件应用。谷歌也正在限制应聘者数量,要求每个竞选职位的应聘者数量不得超过5位,并且正在加速其决策进程以免好的应聘者因此而流失。

尽管已做出上述这些改变,但谷歌仍执着于选择领域内最专业人选的核心价值观。虽然今天谷歌雇佣的选择方式有所改变,但其选择标准在本质上仍然是相同的:酷爱技术,热爱公司,富有创造力,并且主动提升自己、使自己的能力远超出岗位的基本要求。

- 谷歌将如何通过内部招聘来补充此处描述的招聘活动？它将带来哪些优势？
- 讨论你对谷歌人才选拔方式的信度和效度的感想。

10.2.3 裁员

不幸的是，人力资源管理的工作范畴绝不仅仅局限于员工招聘。随着组织的发展变化、市场的波动震荡，对于员工的招聘需求也时有起伏。另外，一些员工的工作表现无法满足岗位要求，面临失业也是不足为奇的。因此，基于以上原因，管理者有时不得不非常为难地对自己的员工"痛下杀手"。

解雇　随着美国工业开始大规模"转型重塑"，兼并重组、多元化经营、竞争加剧等现象层出不穷，许多组织都不得不因此开始"瘦身转型"——大批的管理人员与其他员工被解雇。正如第9章中曾经提到过的，对任何员工的解雇行为都是残忍、艰难的，尤其当一家公司开始大规模裁员时，组织赖以生存的根基往往也会被动摇。被解雇的员工在接下来的生活中通常会遇到非常多的困难——缺乏自信、丧失再就业的信心甚至难以摆脱失业带来的耻辱感。有些时候，雇主也会通过为失业员工在他处另寻工作这种再就业的方式帮助他们走出困境。但我们不要天真地以为裁员的负面作用只会在被裁撤员工身上发生，对于留职员工来说，困惑、迷茫、失去安全感等"不良反应"远超过公司留职所能给予他们的微薄安慰。在许多方面，管理者对待裁撤员工的方式与态度会很大程度地影响留职员工的工作积极性与满意度。一个经过深思熟虑并做到妥善处理的裁员过程，会让留职员工的紧张情绪大为舒缓，帮助他们适应新的工作环境。

> 管理者对待裁撤员工的方式与态度会很大程度地影响留职员工的工作积极性与满意度。

拥有高效绩效评估系统的组织，这时往往就体现出优势了，因为留职员工一般不会认为裁员决定是武断的。除此之外，公司在进行裁员时如果能够更加谨慎、人性化一些，例如，多补偿几个月工资作为遣散费、帮助找到下家等，都会让留职员工更加安心工作。公司也应尽量避免零星裁员这种经常裁撤少量员工的方式，因为这会对公司产生很大的负面影响。

终止合同　人们有时遭到解雇是因为糟糕的工作绩效或者其他一些原因。那么，雇主是否应该享有解雇员工的权利呢？1884年美国田纳西州的一家地方法院对此做出了第一起判决："无论是基于正当理由、没有理由还是道德上的错误理由，雇主可以随时根据自己的意愿解雇员工。"这一允许雇主随意解雇员工的原则被称之为**雇佣自由意志原则**或合同自由终止原则，甚至美国最高法院于1908年的一起判决也再次支持了这一原则。蕴含其中的逻辑就是如果员工可以随时辞职，那么雇主也就可以随时裁员。

自20世纪70年代起，美国大多数州都打破了这一原则的"束缚"，给出了一些例外。在公共政策不断出现例外的情况下（例如，专门制定了一些保护公众免受伤害的政策法规），规定员工是不能够因为一些特殊行为而被解雇的，包括拒绝违反法律法规、参加陪审团以及检举、揭发公司的违法行为等。现实中，如果一名工人因举报公司违反了环境保护的相关法律法规而被解雇，法院就会因此判决公司的解雇行为是不公正的，因为那名工人捍卫了公众的利益。工会通过签订集体合同限制雇主随意解雇员工的权力，是造成该原则出现例外的另一个重要原因。

为了避免可能因解雇员工而陷入"陷阱"，通过建立渐进的、积极的约束机制来降低风险是雇主们的不二选择。所谓渐进，即管理者通过约束机制形成对员工行为的逐步规范。例如，一名员工无故旷工，第一次会收到口头警告；第二次会收到书面警告；第三次会被给予忠告，并转为试用工；第四次则对其进行停工反省处理，让其明白这是挽回的"最后机会"。如果该员工仍然无动于衷，即使是仲裁官也会站在公司这一边，同意将其辞退，因为他们相信公司已经做了最大的努力去帮助他（或她）。

终止面谈 终止面谈即管理者同员工就解雇的相关事项进行最终的面议协商，对于双方来说，其压力都很大。大多数专家都认为，直接上司是负责同员工进行这项谈话的最佳人选。然而，如果希望对会谈增添一些预防保护措施，诸如人力资源部经理等第三方在场，由其负责提供引导或记录会议，效果一般会好一些。参加终止面谈的人，一般都不会有好心情，甚至有时会引发法律纠纷，为此，责任经理必须做好充分的准备工作，具体包括：了解事实真相，对相关规章文件了然于心，明确员工辞退的原因等。在面谈过程中，出于道德与常识的原因，责任经理的态度应该是诚恳、有礼貌的，应以陈述事实为主，避免争论。表10.1提供了进行终止面谈的其他相关指导方针。

表 10.1 解约建议

应做	不应做
• 对大批裁员应尽可能事先通知 • 在私人办公室里同员工坐下来进行一对一的谈话 • 谈话时间不超过 15 分钟 • 对解聘员工的遣散福利提供书面解释 • 提供公司总部以外的再就业帮助安排 • 确保员工是从经理而不是同事那里听到他（或她）遭解聘的消息 • 适当情况下，对员工所做的贡献表示感谢	• 宣布解雇时不给员工留有余地，会谈开始的第一句就是"你被解雇了" • 在谈话过程中，不预留争辩时间 • 不要对员工解雇发表个人评论；保持整个谈话过程的职业性 • 不要催促被解雇员工立即离岗，除非涉及安全问题 • 不要在特殊或重要的日期解雇员工，例如工作 25 周年纪念日或其母亲的祭日 • 不要在员工休假期间或刚刚休完假期时解雇他们

资料来源：S. Alexander, "Firms Get Plenty of Practice at Layoffs, but They Often Bungle the Firing Process," *Wall Street Journal*, 1991. Reproduced with permission of Dow Jones & Company, Inc. via Copyright Clearance Center.

法律问题与就业机会均等 政府对就业市场的许多决定与实践都通过立法的形式被确立下来。它对管理者的日常工作以及组织人力资源功能的设计架构都会有直接的影响。其中，绝大多数法律旨在保护求职者与员工的权利，避免其遭受就业歧视或性骚扰，以及建立、规范适用于不同类别员工的工资标准与工作时间。例如，1938年的《公平劳动标准法案》(Fair Labor Standards Act, FLSA) 就明确规定创建两个员工类别：豁免员工与非豁免员工。如果员工具有相当大的自由，可以自主决定如何开展工作，或者当其工作要求其独立判断时，通常这些员工是无法享受加班工资的。管理者们就通常属于此类人。非豁免员工通常是指按小时支付工资的员工，在这种情况下，如果其1星期的工作时间超过40个小时，公司便要支付加班费。作为一名管理者，你必须要明确所招募员工的工作类型（是豁免员工或非豁免员工）。

1964年的《民权法案》(Civil Rights) 明确禁止在招聘或雇用过程中出现涉及种族、性别、肤色、国籍以及宗教信仰等类别的歧视行为。《民权法案》的第7条还特别强调禁止在诸如招聘、雇用、解雇、晋升、赔偿和提供培训等方面出现歧视性行为。1990年通过的《美国残疾人法案》(Americans with Disabilities) 则明确规定了禁止对残疾人就业有歧视性行为，其中酗酒康复患者、药物滥用者、癌症早期患者，以及艾滋病毒携带者也都适用此法案。1991年美国对《民权法案》进行了修订，进一步加强了其中的保护措施，并允许对违反规定的组织机构提出惩罚性赔偿。

公司如果未能遵守相关法律规定，则不仅可能因这种不公正的行为面临指控，进而需要承担高额的诉讼费，而且在某些情况下，甚至还可能会面临民事或刑事处罚。例如，沃尔玛最近就被员工告上法庭。据员工们描述，在卡车司机职位的选拔过程中，沃尔玛存在对非洲裔美国人的歧视行为（对非洲裔美国人实行更加严格的选拔标准）。为此，沃尔玛不得不支付1750万美元以求和解。另一个案例发生于联合太平洋铁路公司（Union Pacific Railroad）。尽管一名女性候选人的工作经验超过其他男性候选人，但却无法竞聘上应聘岗位（系统物料领班），因此她以性别歧视为由将公司告上法庭，并最终获得75000美元的赔偿。此外，诺德斯特龙公司（Nordstrom）也被迫赔偿292500美元给佛罗里达分公司的工人们，原因就是当地分公司的经理经常因种族原因骚扰工人。

雇主们被起诉的一个常见原因就是**负面效应**——往往一个看似中性的招聘行为，会被《民权法案》所保护的团体们"挖掘"出负面影响，并迅速将其放大数倍。例如，有相同数量且符合要求的男女候选人同时申请一个岗位，但如果最终选拔测试结果中女性候选人录取数量远低于男性的话，最终结果往往就会受到质疑，并因此产生负面效应。

由于这些问题极其重要，许多公司都已通过建立相关程序来确保没有违反那些旨在保护劳工和机会均等的法律规定。例如，为了确保公司员工的收入是平等有效的，许多公司会经常检查、比较可能影响员工收入的相关指标数据，包括种族、性别、工龄和其他类别指标。尽管工作规范等书面文件有助于确保工作场所中的日常行为规范是公平、合法、有效的，但公司仍需书面文件证明其真正遵守并执行了这些程序和规范。从这个层面上来看，聪明且有效的管理活动不仅有助于激发员工的工作积极性，还能经常间接性地发挥法律保护作用。例如很多时候，由于误解所导致的诉讼案件也会因管理者规范、细致的指导、评价而被化解于无形。同时，书面文件在评估过程中所发挥出的公平、客观作用也不可忽视。

其他一些重要的涉及人力资源的相关法律法规对企业的招聘行为也有一定的影响。例如，为了节省成本，企业经常会招聘一些成本相对较低的年轻员工去替代工作多年的老员工。为此，1967年颁布的《反就业年龄歧视法案》（Age Discrimination in Employment Act）（及其1978年和1986年的修正案），就特别强调禁止对40岁以上（含40岁）的就业人群有歧视行为。此外，1989年颁布的《劳工调适及再培训通报法案》（Worker Adjustment），即我们通常所知的《裁员通知法案》或《工厂关闭法案》，就要求雇主必须在关闭工厂或大规模裁员的前60天，将有关事项以书面形式告知相关员工。表10.2对重要的相关法律法规进行了汇总和说明。

表10.2 美国平等就业法律汇总

法案	主要条款	实施和补偿
《公平劳动标准法案》（Fair Labor Standards Act）（1938）	创建豁免（固定薪资）和非豁免（小时制）两种员工类别；修正加班和其他条款；设置最低工资标准；设置童工条款	由劳动部负责执行；雇主直接赔偿员工损失；民事处罚与刑事处罚两种处罚方式均可选择采用
《同酬法案》（Equal Pay Act）（1963）	当技能、努力程度、责任和工作条件在实质上类似时，禁止在薪酬待遇上出现性别歧视	处10000美元罚款，监禁6个月，或两罪并罚；由平等就业机会委员会（Equal Employment Opportunity Commission，EEOC）负责执行；因私自行动造成双倍伤害的，处3年工资的罚款，进行清算性赔偿，给予员工复职或晋升待遇

（续表）

法案	主要条款	实施和补偿
《民权法案》第7条 (Title Ⅶ of Civil Rights Act) (1964)	禁止因为员工的种族、性别、肤色、宗教和民族不同，在招聘、薪酬、工作条件、晋升、纪律或解聘问题上有任何歧视行为	平等就业机会委员会负责执行；私自行动、延迟支付、提前支付、复职、恢复资历、养老福利、律师费用以及各种相关费用
《行政命令11246与11375》 (Executive Orders 11246 and 11375) (1965)	要求在联邦契约中添加机会均等条款；禁止联邦雇主因种族、肤色、宗教、性别或民族起源问题产生就业歧视行为	建立联邦合约计划办事处（Office of Federal Contract Compliance Programs, OFCCP），由其负责调查违规行为；有权终止违反者的联邦合同
《反就业年龄歧视法案》 (Age Discrimination in Employment Act) (1967)	禁止对年龄超过40岁的人进行就业歧视；禁止强制退休	平等就业机会委员会负责执行；私自行动，包括复职、提前支付、延迟支付、恢复资历、养老福利；故意违规行为需双倍支付拖欠工资；支付律师费用和各种相关费用
《职业康复法案》 (Vocational Rehabilitation Act) (1973)	要求所有联邦雇主对残疾人采取积极行动；将残疾人定义为因身体或智力受到伤害，导致行动受限的人	联邦雇主在进行合理协调后，必须考虑雇用一些满足岗位要求的残疾人，并为之提供便利条件
《美国残疾人法案》 (Americans With Disabilities Act) (1990)	将《职业康复法案》中的积极行动范围扩大至私人雇主；要求对工作场所进行改造以便于残疾人工作；禁止歧视残疾人	平等就业机会委员会负责执行；因违反第7条的相关补偿措施
《民权法案》 (Civil Rights Act) (1991)	《民权法案》第7条要求：可对区别对待造成的影响、业务需要以及工作相关性进行诉讼；举证责任转移到雇主方；允许惩罚性赔偿和陪审团听审	惩罚性赔偿仅限于基于性别、宗教和残疾的故意歧视行为
《家庭和医疗假期法案》 (Family and Medical Leave Act) (1991)	因病或家庭需要——直系亲属或家庭成员生病，可以享受12周的无薪假期	补偿损失工资以及其他费用，复职

10.3　员工发展

> **提示**
> 培训可以提高员工素质。你将如何对销售人员参加培训后的改进进行量化？

当今的竞争环境决定了管理者与员工都需要不断地提升自己的技能与绩效。这种提升不仅可以提高个人效能，也可以提高组织的整体效能。它不仅可以使员工们在现有岗位上发挥出更好的工作绩效，还能让他们很好地适应新岗位、承担新责任。它有利于组织作为一个整体去面对未来挑战，并能够将新技术、新方法转化为自身优势加以利用。而针对员工的培训与发展活动则是提升员工与组织效能的必经途径。其他提升活动包括绩效评估、给予有效反馈指导等，有助于激励员工以使其达到最佳工作效能。下面我们将逐一讨论这些活动。

培训与发展

美国企业每年在员工正式培训上的相关投资支出总计超过 1250 亿美元。组织自身对员工培训所产生的相关花费占据了其中的最大份额。其余支出则一般用于外部培训，例如，支付培训公司费用，帮助报销员工学费等。

诸如通用电气、宝洁等《财富》500 强公司每年用于员工培训上的投资支出十分惊人。例如，IBM 公司每年的培训支出有时会超过哈佛大学的年度运营经费。但是，越来越激烈的竞争压力迫使公司们开始考虑什么样的培训方法对它们最直接、最有效。这也意味着传统的教学培训方式正逐步让位于计算机式的远程培训方式。

但美国培训与发展协会（American Society for Training and Development）认为，相较于庞大的工资支出总额，组织机构花费在员工培训上的相关支出仍然太少。这种对培训投入不足的批评暴露了一些实际问题，值得人们去重视。因为在现今的美国社会，工作要求越来越高的受教育水平，但美国工人们的实际受教育水平却无法跟上。更加重要的是，公司需要确保那些从裁员潮中幸存下来的员工能够引导公司度过艰难的时期。

培训程序概述　尽管我们在此笼统地使用了"培训"一词，但在实际操作过程中，培训同发展有时也是有区别的。培训一般指教育并指导水平较低的员工，告诉其胜任当前工作岗位的方法；而发展则意味着教育并拓展管理人员或专业员工的相关技能，使其不仅能够胜任当前岗位，更可以满足未来需要。

培训的第一阶段往往是从需求评估开始的。管理者需要对工作岗位、工作人员，以及部门需求进行分析、评估，以明确培训的必要性和需要什么样的培训。岗位分析与绩效测评就是常用的有效方法。

第二阶段的内容主要为培训方案设计，即根据需求评估结果，设立培训目标与培训内容。例如，休闲设备有限公司（Recreational Equipment Inc.，REI）希望销售人员能够学会区分客户类型与目的，明白哪些客户是只想找到目标商品并直接付款的，哪些是需要花些时间向其介绍产品优点和替代品特点的。

第三阶段则主要涉及培训方法的确定，以及明确是在岗培训还是脱产培训。常见的培训方法包括讲座、角色扮演、业务模拟、行为范例（观看视频和模仿观察内容）、会议、技能训练（在一个模拟的工作环境中进行训练）以及当学徒工等。具体的执行方法必须紧密结合第二阶段所设目标。在 REI 公司，为了帮助销售人员识别客户需求、应对各种人际环境，其主要采用的培训方法就是角色扮演和补充视频演示。家得宝公司（The Home Depot）强调对销售员的指导培训，而对收银员则强调规范工作,因此对其主要采用计算机培训的方式。正如图10.4所显示的,公司通过电子方式（如在线视频、游戏和测验）开展培训的趋势正不断上升。基于计算机培训的方法不仅容易、方便而且成本更低,只要员工可以接触到计算机,就可以随时展开培训。此外,公司还可以根据参训员工的个人情况,为其量身定制培训内容。一个精心设计的计算机培训项目可以让参训员工高度参与学习。最近的一项调查研究显示,交互式视频游戏的学习效果往往比其他指令式的学习培训方式好很多。另一个流行的培训方法就是工作轮岗,主要培训对象为管理人员与低级别员工,通过将其分配到组织上的不同工作岗位,帮助其扩大工作经验、提升技能。事实上,聪明的管理者反而会经常请求分配到不同的工作岗位上去,以不断挑战自我,拓展自身技能。

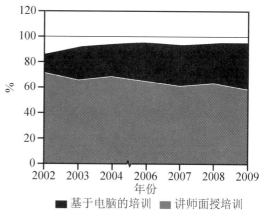

图 10.4 培训时间分配

资料来源: L. Patel. "2010 State of the Industry: Continued Dedication to Workplace Learning," *T+D*, November 2010, pp. 48—53.

最后,第四阶段便是对培训结果的有效性进行评估。具体措施包括员工反馈（调查）、学习成果（测试）、工作行为改进和业绩结果比较（如培训计划之后,销售量增加或缺陷率降低等情况）。

培训类型 公司投资员工培训的目的,在于提升员工绩效水平、提高组织的生产率。提升技能水平、计算机技术或沟通技巧的培训已经十分常见,其中有些已成为许多组织的标准培训课程。定向培训通常被用于帮助新员工熟悉新岗位、新单位或新组织。定向培训如果能做得好,会有很多的好处,包括降低员工离职率、提升士气、提高生产率以及降低招聘和培训成本等。

团队培训 团队培训在组织重组以促进员工间的合作水平时显得更为重要。团队培训主要负责指导员工如何更好地合作以及促进他们的互动。通用磨坊（General Mills）完成对品食乐公司（Pillsbury）的收购后,就通过一项名叫"品牌冠军"的团队培训项目将两家公司的员工联系起来,并将各自的知识体系整合起来,促使包括销售、研发岗位在内的双方员工去分享各自独有的知识与技能。其中的大部分培训时间里,参训员工都是通过品牌分析、目标客户与市场信息开发等团队项目进行练习、磨合。

多样化培训 多样化培训注重的是培养员工对多样化问题的认识,以及提升员工与其他岗位员工协同工作的能力。由于该话题十分重要,因此在第11章中我们会专门针对多样化管理去进行分析、探讨。

面对愈发激烈的竞争环境,加之分散、精简组织构架的趋势也越发明显,这就对管理者的责任与要求提出了新的挑战。并且随着管理者地位的提升,管理者所拥有的激励他人的管理能力往往比他们的技能更加重要。基于以上原因,管理培训项目也已成为一种被广泛使用的开发工具。它们通常被用于提升管理者的人际交往技能,诸如帮助管理者更加科学有效地分配任务,提升下属的工作积极性,以及通过沟通、激励员工实现组织目标。由上级领导直接担任培训教练通常是最直接也最有效的管理培训方法。有时包括管理者自己也会被要求参与到针对所有员工的培训计划之中,包括工作轮岗、参加研讨会等专门用来提升监督能力的相关课程,以及为日后晋升所准备的培训工作等。

> **管理实践**

NetApp 是一家坐落于美国加州森尼维尔市的数据管理公司，如今正采用一种极具吸引力的方法进行管理培训。该公司聘请 BTS 集团开发出了一款模仿 NetApp 现实商业行为的仿真游戏。NetApp 首先在一次高级管理人员的战略会议上使用了 BTS 的仿真游戏。这些高级管理人员对此充满热情，并针对其中的问题提出了创造性的解决思路。公司邀请中层管理者玩这款游戏，并将其作为培训高管的一种方式。若想玩好游戏，明晰其中的战略思想是至关重要的，而战略思想也正是高管这个职位所必须具备的。

在仿真游戏中，管理者们被分成 5 个团队，每个团队都汇集了来自不同职能部门的管理者。每个团队被告知要经营一家正处于高增长状态、名为 Pet-a-Toaster 的公司 3 年，并在期间同其他团队展开竞争。在仿真游戏中，公司 1 年的活动被压缩进 1 天的训练计划中。每个团队都会得到一本写着 Pet-a-Toaster 公司详尽信息（实际是 NetApp 公司自身面临的市场条件）的小册子。每个团队根据所分配到的资源，选择可能的团队战略，并面对、处理游戏中所发生的所有事件（如一个来自某个大客户的要求）。BTS 的仿真软件会对其中的所有行为进行分析并提供反馈。

在游戏的最后阶段，BTS 会对每个小组的总销售额、营业利润以及团队进行的资源投资决策进行汇总报告。如今，NetApp 的中层管理者对公司的运行决策有了更深的认识，并因此高度尊重他们的领导。

- 在此案例中，仿真游戏相较于其他培训方法（例如，讲座、案例研究、基于计算机的培训等），有哪些优势？

10.4 绩效评估

作为一名管理者，**绩效考核**（performance appraisal，PA）（评估员工的工作表现）往往是你最重要的工作职责之一。绩效评估做得好，可以帮助员工提高工作绩效、薪酬待遇、获得晋升机会，促进管理者与员工之间的沟通，提升员工与组织的工作效能。但若做得不好，负面影响就会很快显现出来，矛盾被不断激发，工作积极性降低，工作绩效下降，甚至使组织面临法律纠纷。

> "太上，不知有之；其次，亲而誉之；其次，畏之；其次，侮之。信不足焉，有不信焉。悠兮其贵言。功成事遂，百姓皆谓：'我自然'。"
>
> ——老子

绩效评估的作用体现在两个方面。首先，绩效评估服务于组织的行政管理。它为管理者决定员工薪酬、晋升以及解雇提供了必要信息，可以帮助员工更好地理解、接受相关决策，如有必要，甚至可以作为材料在法庭上使用。其次，绩效评估可以帮助明确发展目的，这一点的重要性丝毫不亚于前者。在评估过程中所收集到的信息，可以被用来识别、规定员工在培训、学习、经验提升乃至其他方面所需的额外改进要求。此外，如果管理者可以基于绩效评估结果对员工进行反馈、指导，那么对员工日常工作表现的提高、晋升，以及在未来承担更多的责任都很有益处。

10.4.1 绩效评估的内容是什么？

绩效评估的具体内容分为三个基本类别：品质、行为与结果。品质评估涉及对员工工作绩效特征的主观评价,具体是依照主动性、领导力和态度三方面内容对员工进行打分评价。通常,管理者使用数值评分表对员工所表现出的相关特征进行评分。例如,当评价员工"态度"时,测量维度往往对应的是从1(非常消极的态度)到5(非常积极的态度)的数值。作为一种常见的特征评价工具,它不仅易于使用,而且方便对比衡量(对所有员工的评价标准都是相同的)。但品质评估在实际操作中却往往不是最有效的绩效评估方法。因为评价结论往往是模糊的或高度主观的,例如,"员工的工作态度真的有那么坏吗?还是他(或她)只是害羞?"因此,品质评估经常会导致个人偏见或无法采集到有效反馈。

行为评估虽然仍有主观成分,但更多地侧重于实际观察到的绩效评估结果。更确切地说,行为评估就是为了补充解决品质评估中的问题而专门设立的。为了确保各方面人员都能明白这些评估等级所代表的真正含义,这些评估等级更加注重具体的、明确的行为规范。相较于品质评估,行为评估的结果也往往更加清晰,因此提供有效反馈的效果也会好很多。图10.5就是一个用于绩效评估的行为锚定等级量表(Behaviorally Anchored Rating Scale,BARS)。

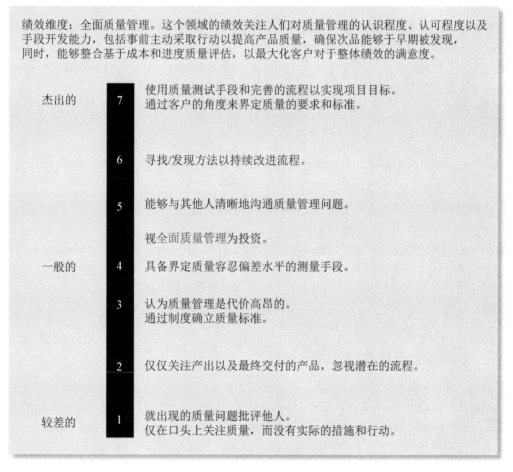

图10.5 使用BARS评估质量的范例

资料来源:Landy,Jacobs,and Associates. Used with Permission.

另一个常见的行为评估方法是关键事件法。在具体操作过程中,管理者通过观察员工、记录他们的每一个重要行为,进而分析出他们的工作绩效水平(例如,"华妮塔今天的演讲给客户留下了非常好的印象""乔的报告迟交了")。可能有人会说，这种方式不仅主观、费时，而且会让员工感觉自己所做的每一件事情都在被监视、记录。但它的优势也是真实存在的，即帮助管理者从日常工作中发现优秀员工。

结果评估往往更加客观，它专注于诸如销售量（针对销售人员）、单位产量（针对一线员工）、利润（针对管理者）等生产数据。其中一种结果评估方法被称为**目标管理**（management by objectives，MBO），即下属和上司就未来绩效目标达成共识，随后制订相关计划来确定时间框架，并明确目标是否被实现的具体标准。其目的就是达成一组明确、清晰、可实现的目标。例如，针对销售人员的目标可能是"下一年度的销售业绩增长25%"，而计算机程序员的目标则是"在接下来的6个月时间里完成两个项目"。

目标管理有几个重要的优点。首先，它避免了品质评估和行为评估可能产生的偏见、测量困难等问题。最终结果审查时，员工只有完成或未完成指定目标两种结果，所有的评估结果都基于其实际工作绩效。其次，因为目标是员工与管理者在开始之初协商达成的，员工往往会更致力于结果的完成，从而减少了误解的产生。再次，因为员工是负责完成目标的直接责任人，管理者可以通过目标管理的方式给予员工授权，促使其转变行为方式，以获得最终期望的结果。但目标管理也一样存在着缺点。比如，不切实际的目标设定会对员工和经理的工作积极性形成打击。过于僵化的目标设定方式会使员工没有足够的灵活性去应对环境变化。此外，目标管理也往往会因太关注短期成就而牺牲掉长远利益。

> 管理者可以通过目标管理的方式给予员工授权，促使其转变行为方式，以获得最终期望的结果。

上述所有绩效评估体系的正确实施都非易事，且组织需要注意其缺点。在选择合适的评估方法时，下列指导原则或许可以发挥作用：
1. 岗位分析是绩效考核标准制定的基础。
2. 绩效考核标准应能被员工清晰地理解。
3. 对员工的绩效评估应仅限于与员工工作表现相关的具体行为，而非对其整体进行全面评估。
4. 审慎制订绩效评估的相关文件。
5. 尽量不要局限于一种评估方法的使用（将会在下一节内容中进行探讨）。
6. 设定正规的评估程序。
7. 评估过程中时刻注意相关法律事项。

10.4.2 应该由谁来负责绩效评估？

就像可以用多种方法收集绩效评估信息一样，提供绩效评估信息的来源也可以有很多个。管理者与监督者往往因为处在观察员工绩效水平的最佳位置而成为评估信息的传统来源。然而，许多公司开始流行向员工同事和团队成员寻求绩效评估信息。他们往往因观察角度不同，进而提出许多别有价值的评估信息。尤其在评估员工领导潜力与人际交往能力时，他们的评价往往十分有用。

下属也已成为一种越来越流行的评估来源。像施乐、IBM等公司都已通过下属评估的方式来给上司们反馈员工对其的看法。通常这些评估信息都是秘密告知经理的，不会向其他上司透露。即使如此，往往被下属评估的管理者在最开始都会感到不开心，但他们所获得的反馈通常是非常有用的，可以帮助他们更好、更显著地改善自己的管理风格。因为这种评估方式给予了下属超越上司的权力，所以一般只能适用于制定导向目标，而不可用于员工薪酬制定与晋升决定的做出。

内部与外部客户也可以成为绩效评估信息的来源之一，对诸如福特、本田等注重全面质量管理的公司来说尤其如此。公司通常会利用外部客户会来评价餐厅员工的服务，而组织内部任何依赖其他员工的产出成果的人都可以成为内部客户去参与绩效评估。最后，让员工自己去评估自己的工作绩效往往也不失为一个好方法。虽然员工的自我评估结果会有夸大的可能性，但是自我评估对帮助员工更好、更积极地参与绩效评估进程会有很好的作用，并且对于员工来说，这是其建立未来目标的起点。

因为绩效评估的每个信息来源都会有些局限性，而且每个人的观察视角也不相同，因此包括壳牌、伊士曼柯达（Eastman Kodak）在内的许多公司在进行绩效评估时都会采用多种方法，以尽量覆盖到每个信息来源。使用包括下属、同事、上级等每一级别相关员工在内的多个信息来源，对员工绩效进行全方位评估的过程被称为 **360 度评估**（360-degree appraisal）。通常在获得管理者同意，并了解个人评估信息是保密的情况下，被评估员工可以选择被谁评价；最后的评估信息表单往往也是进行匿名处理过的，例如，最终的评估结果可能是被整理合并过的。

360 度评估具有许多优势。它可以使管理者更加全面地了解员工的长处与缺点，并且经常能捕捉到其他评估方法的遗漏信息。例如，一名员工可能同其上司的关系不好，但却被同事与下属高度评价。该方法在促进绩效改善方面效果显著，因为员工通常会非常积极地主动改善、提升自己的评级。许多国家都已引用 360 度评估的方法以改进管理绩效，但是文化差异对最终效果的好坏也会有影响。通过使用吉尔特·霍夫斯塔德提出的文化研究方法（见第 6 章），研究人员发现，在强调个人主义、权力间隔较低的文化环境中，使用 360 度评估的效果往往是最好的。而 360 度评估的缺点也很明显，员工在评价自己的同事时往往不愿较真苛刻，经常会达成默契，最终形成一致性结论。此外，在对类似财务指标、性能测量等客观目标的实现程度进行考核评估时，360 度评估的效果往往不佳。它一般适用于员工的发展评估，至于为包括晋升等行政决策提供基本信息则不是它的强项，类似目标管理等其他评估方法在此时往往会更加合适。

10.4.3 如何向员工反馈绩效评估信息？

绩效评估只有在与员工持续互动、共同前行时才能发挥出最大效用，而不能仅仅被视为一年一次自上而下的正式考核评比。就如同运动队教练不可能直到赛季结束才对整个团队进行评估改进一样。事实上，他们在整个赛季中都与团队成员一起合作，同队员融为一体，时刻帮助改进队员与团队。同样，在高效的组织运行机制中，非正式评估与反馈也会不断发生。管理者们会定期讨论组织的目标，也会经常根据这个目标去创立一个可以被大家理解的绩效评估标准。他们会去努力创建一个同员工一起工作、共同奋斗的氛围；在日常工作中他们会同员工不断沟通，适当地给予他们表扬或指导，共同评估现今的工作进度。当管理者与员工的沟通是开放、自由的，且员工感觉管理是公平、有效的时候，最终的评估结果往往不会令人意外。

> 当被要求给所在公司的绩效评估系统评定等级时，大多数人力资源高管都会选择 C 或更低等级。对于问题的原因，他们往往都会说道，"所在公司的管理者需要学习如何给予员工清晰的目标和更具建设性的反馈——尤其是改进的建议"。

无论是对于管理者还是下属，给予绩效反馈都不是一件轻松的事情。绩效评估目标在某些程度上会产生冲突。成长与发展都需要理解与支持。然而，管理者却又必须是客观公正、能做艰难决定的人。员工想知道他们到底做得如何，但对最后的评估反馈却又往往心感不安。最终，组织的需要（做出人力资源决策）同员工的需要（维持个人积极形象）之间可能会发生冲突。这些冲突经常会使得绩效评估会谈很难开展，因此，管理者在准备、进行相关会谈时，一定要深思熟虑、谨言慎行。

世界上没有开展绩效会谈的"最佳"办法。一般来说，当绩效会谈的事项是具体的、有建设性的（涉及清晰的目标、行为，明显意在帮助员工而非简单批评）时候，评估反馈的结果往往是最好的。管理者的着眼点可以不再局限于评估绩效等级，而是为了帮助员工提升，真正积极有效的绩效评估便需考虑这一点。此外，当管理者给予员工一个机会来讨论他（或她）的绩效表现，允许其提出回应、意见时，绩效会谈的结果往往会更有意义、更加令人满意。

同绩效表现欠佳的员工进行绩效会谈就属于最困难的情形之一。当员工的绩效表现低于可接受标准时，下述的绩效评估面谈模式是不错的选择：

1. 总结员工的具体表现。描述其行为或因其行为产生的后果（如销售额下降、旷工等）。避免直接说其态度恶劣，而是通过相关描述进行暗示。
2. 具体说明对其的期望与相关标准。
3. 确定造成低绩效表现的原因；同时了解员工本人的想法。
4. 同其讨论问题的解决办法，使其在改进过程中担任重要角色。
5. 同其就某个解决方案达成一致。作为上级，你也要投入解决方案中去。不仅提出问题，还要提供支持。
6. 就改进时间表同员工达成共识。
7. 记录会议，形成文件。

后续跟进会谈有时也是必要的。对普通员工进行绩效反馈可以遵循以下5点原则：

1. 具体总结员工的绩效表现。
2. 向其解释为什么他（或她）的工作对于组织是非常重要的。
3. 对员工所做的工作表示感谢。
4. 提出相关问题，如需要改进的地方。
5. 对员工未来会取得优秀的成绩表现出足够的信心。

> "杰出的领导会想尽办法提升员工的自信心。如若员工对自己充满自信，你会惊讶于他们的无所不能。"
>
> ——山姆·沃尔顿（Sam Walton）

10.5 设计奖酬体系

奖酬体系是人力资源管理活动中另一个不可忽视的重要组成部分。其中的大部分内容都将围绕货币奖励展开讨论，例如，工资与额外福利（我们会在第13章讨论其他激励工具）。传统上，人们一直将工资的多少作为货币奖励众寡的首要考虑方面，然而近几年福利的好坏也越来越受到关注。相比于过去几十年，目前福利在总薪酬中的比重已经大幅提升。福利支出目前大约占据了雇主总薪酬支出的30%。过去20年中，福利支出在大部分时候都比奖金与工资增长得快，其主要推动原因在于医疗费用的不断快速上涨。因此，即便现在福利对员工的重要性不断提升，雇主们却仍在尽一切努力去减少福利支出费用。并且因为福利支出影响的复杂性，管理者对于福利支出的关注也与日俱增。许多新的福利类别已经被应用，税法也对各种额外福利支出，诸如医疗保险和退休金计划等影响巨大。

> **提示**
>
> 如今的公司都在寻找降低福利成本的新方法。
>
> 你从雇主那里获得了什么样的福利待遇？你是否考虑过这些福利的成本呢？

> 福利支出目前大约占据了雇主总薪酬支出的30%。

10.5.1 薪酬决策

奖酬体系可以为吸引、激励以及留住员工等战略目标的实现提供重要帮助。支付给员工的薪酬数额受许多复杂因素的影响。除了法律规定的劳动报酬标准，一些基础性的决策内容也应在选择合适的薪酬体系时被考虑进去。图10.6显示了一些影响薪酬构成的因素。

图 10.6　影响工资组合的因素

资料来源：G. Bohlander, S. Snell, and A. Sherman, *Managing Human Resources*, 12th ed. Copyright © 2001. Sonth-Westem, a part of Cengage Learning, Inc. Reproduced by Permission. www.cengage.com/permissions.

在设计有效的薪酬计划时，有三种类型的决策是至关重要的，它们分别是薪酬水平（pay level）、薪酬结构（pay structure）和个人薪酬（individual pay）。

薪酬水平是指公司确定选取的是高薪水平、平均薪酬水平，还是低薪水平。薪酬对于任何组织来说都是一项主要成本。所以从短期财务基础来看，低薪酬或许是合理的。但支付高薪酬的雇主——在地区内提供最高薪酬待遇的公司，能够确保吸引更多的求职者。在低失业率或激烈竞争的时期，企业若作为地区薪酬待遇的"领跑者"，将会获得很大的优势。

薪酬结构决策决定了组织内不同岗位的价值。价值相近的工作岗位通常会被划分进同一组别。薪酬等级的设立，便是为了规定每一工作岗位组的薪酬待遇区间（明确上下限标准）。图10.7展示了一个假想的薪酬结构。

最后，对应着所在工作岗位组中的薪酬标准，个人薪酬关注的是每个人的薪酬水平。同一组中的员工薪酬之所以会产生差异，原因有两个方面：一方面，从事相同岗位的员工资历有所区别，有些员工可能资历较老；另一方面，某些员工的绩效表现更好，值得拥有更高的薪酬水平。随着越来越多的员工开始通过Salary.com和PayScale.com等网络资源去查看、比较相似岗位的平均薪酬标准，员工对自身薪酬待遇的高低一目了然。因此，对于雇主来说，想将员工薪酬水平设置得低于行业平均水平（例如，选择一个整体偏低的工资标准），已经变得越来越困难，更遑论继续维持低标准了。

不同于组织中的其他决策类型，薪酬决策，尤其是员工个人的薪酬水平，往往都是保密的。这种做法对组织有益吗？令人意外的是，似乎没有任何证据可以表明这一行为的作用，尽管它几乎影响到了每一个私人个体（员工）。组织采取密薪制的动机可能有以下几点：避免冲突、保护个人隐私、减少员工因收入低于岗位平均工资水平而引发离职的可能性。然而，如果薪酬决策是保

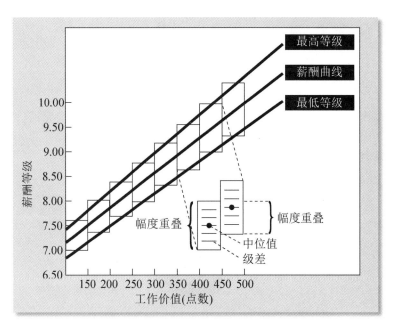

图 10.7　薪酬结构

资料来源：Arthur Shernan, George Bohlander, and Scott Snell, Managing Human Resources, 11E, Copyriqht 1998 South-Western, a Part of Cengage Learning, Inc. Reproduced by permission.www. cengage, com/permissions.

密的，员工可能会担心他（或她）遭受了不公平待遇；并可能会因不清楚绩效同薪酬之间的关系，缺乏工作动力。同时，从经济层面上进行分析，当信息不可得时，劳动力市场的效率往往也较低，这直接降低了组织依靠最佳工资率赢得最好员工的能力。考虑到密薪制可能的利弊，你还认为采取密薪制是明智的吗？它符合道德要求吗？问问自己——难道你不想知道你同事赚多少钱吗？

10.5.2　激励制度与浮动薪酬

许多激励制度设立的初衷，是为了鼓励和激励员工提高工作效率。（参见第13章对绩效奖励的进一步探讨。）个人激励计划就是最常见的激励计划类型。个人激励系统由一系列同员工工作绩效相比较的客观标准所组成。员工薪酬也是由员工绩效的好坏所决定的。个人激励计划最初被频繁地用于销售工作，例如，当销售员的销售业绩超过预定指标时，就会收到额外奖励。

> **提示**
>
> 激励可以帮助提高组织绩效的所有方面。
>
> 思考商店员工的活动。一名沃尔玛员工可以做什么去完成季度利润指标，并赢取奖金？

另一个被广泛使用的个人激励工具就是管理奖金。如果个人激励计划设计得好，就会取得很好的激励效果。包括沃尔玛在内的一些公司甚至准备在非管理层中试行个人激励计划。沃尔玛希望能用奖金去激励小时工，使其每个季度都能完成销售指标、利润指标以及库存指标，从而提高员工的工作满意度，减少人员流动。

现今，几种被广泛利用的激励计划都是以小组绩效为基础的。隐含在此类计划背后的理念，是为了让员工能在某种程度上参与进来，甚至以主人翁的心态来看待公司的整体效率。收入分成计划旨在通过奖励提升员工的工作效率或者降低员工直接控制领域的成本。例如，平时生产线的损耗比例是5%，如果公司希望降低这一数字，就有可能同员工分享节省下来的成本。

通常，利润分享计划的面向对象为实施部门或组织整体（尽管仍然会有一些针对单位绩效的激励措施）。在大多数公司，利润分享计划都是基于一定的计算公式，并对每位员工的年度任务进行分配，当公司整体盈利超过预期利润指标后，便启动利润分享程序。该计划有一个缺点，即无法对个人绩效实施奖励。但也恰恰因为这一点，它将员工利益同公司利益捆绑在一起，不断激励员工为提升公司盈利而努力。

管理实践

Sprint公司的首席执行官丹·赫西（Dan Hesse）希望所有的公司员工都能够清楚什么事情是最重要的，以及他们应该关注什么。作为一家无线服务提供商，他制定了一个"三管齐下"战略：(1) 提高客户体验；(2) 加强品牌；(3) 增加现金流，提升利润。人力资源部经理为此会同其他部门经理一起工作，确保每个人的目标都同这一战略保持一致，因为员工薪酬中的相当一部分都将同其目标完成度相挂钩。另外，每个人年度奖金的多少也会因经验和水平的差异而不同。对于刚入门的新员工，奖金为个人总薪酬的5%，而对于高管，奖金比例就会上升到50%或者更多。

为使薪酬激励政策公平开展，管理层人员将不再用颇具主观色彩的5分制评定表去衡量员工是否合格。相反，管理者会依据员工是否达到与公司战略相关的三个目标而对其评分。当员工得分显示，他尚未完成相关任务指标时，负责经理就应主动前去指导，告诉他如何在下一次做得更好。同时，是否对其所有管理员工都进行了指导培训也将纳入经理自身的绩效考核范畴。

- 你认为为什么应对高级员工提供更大份额的奖金？这同公司正准备提供的薪酬激励计划有什么具体联系吗？

当公司想依据绩效决定薪酬，但客观的绩效评估体系却又不适合公司现状时，绩效工资系统往往是不错的选择。在该系统中，员工薪酬和奖金的增加与否，完全取决于老板对他们的绩效评价。在美国明尼苏达州的罗切斯特市（Rochester），学校主管的奖金发放程序就是绩效工资系统运用的一个典型案例。学校董事会首先将主管的工作内容划分出几个预定的评估范畴，例如，促进董事会同学校员工之间的团队合作、支持董事会开发一个战略计划等。最近1年，该主管在4分的评估量表中平均得分3分，所以董事会将最高奖金的3/4作为绩效奖金奖励给他。

10.5.3 高管薪酬与股票期权

近年来，对高管薪酬和股票期权的质疑声不断，尤其是首席执行官们，更是成为主要争议对象。其中一个原因就是高管薪酬与员工平均薪酬之间的差距已大幅扩大。在20世纪80年代，首席执行官们的薪酬不到员工平均薪酬水平的40倍。但在接下来的10年里，二者之间的差距扩大到了140倍，现今的差距甚至达到了500倍。相较于其他国家，没有哪个国家的薪酬差距堪比美国。例如，首席执行官们在大型英国企业所领的平均薪酬约为英国工人平均薪酬的130倍；而在澳大利亚，这一差距约为50倍；在日本，尽管高管们的薪酬细节是不公开的，但其上升速度也是相对缓慢的，目的就是避免公司"顶部"同"底部"之间出现"裂痕"，影响到员工士气和团队合作。

除了巨大的薪酬差距，诸如首席执行官等高管的薪酬规模和增长速度也招致股东和公众的强烈批评。现今，顶级的首席执行官1年收入高达数千万美元，即便公司经营状况不好，甚至公司在最近的金融危机中寻求政府救助，也丝毫不影响他们的收入。不过，巨额收入已不再稀奇。最近1年，在标准普尔（Standard & Poor）的上市公司中，首席执行官们的平均薪酬为450万美元，但是中间收入者却只有250万美元，原因就在于个别公司的首席执行官的高薪酬推高了平均值。同样，如果我们只测算标准普尔500指数中那些最大公司的首席执行官薪酬，平均值就会高达900万美元，因为他们往往会比大多数首席执行官挣得都多。

即使有上述考虑，无论1年是挣900万美元还是250万美元，都是一笔很大的金额，何况高管收入还在不断增长。虽然薪酬和奖金上涨速度适中，但高管收入中增长最快的却并非二者，而是来源于股票和股票期权，即授予持有者以规定价格购买股票的权利。例如，某公司股票价格为每股8美元，公司奖励管理者可以按照当前价格购买一定数量的公司股票。如果公司股票价格上涨，假设涨至每股10美元，在指定持股时期过后（通常为3年或更长时间），管理者就可以行使期权。他（或她）可以依照当时购买价（每股8美元）买入股票，并以每股10美元的市场价进行抛售，赚取中间差价。（当然，如果股票价格从未高过每股8美元，那么期权将一文不值。）对于许多高层管理者而言，大量的股票期权成为额外收益的主要来源。因此对股票期权增加审查程序，就是防止在公司股票价格上涨前夕，有人因内幕消息提前买入大量股票，或因不道德交易行为使其增值，从而实现巨额收益。这样的做法严重违背了股票期权设立的初衷，即通过股票期权实现对高管的激励，从而进一步提高公司的业绩。

股票期权的设立目的就是将公司管理层利益同公司所有者——股东的利益联系起来。理想的假设是，持有股票期权的管理层会更加专注于带领公司走向成功，进而导致公司股价上扬。若公司管理层始终持有公司股票，那么他们的财富也会随着公司业绩的增长而不断增长，从而激励他们更加努力工作，周而复始，形成良性循环。但许多批评者认为，过度使用股票期权去奖励管理层，会使他们只专注于短期内去推高股价，牺牲的却是公司的长期竞争力。另一部分人认为，有利可图的期权交易会引发投机和违规行为，这点正如第2章中所提到的那样。最近，股市的暴跌则反映出另一个问题：很多股票期权实际上毫无价值，所以它们不能对员工发挥奖励作用。虽然它能带给员工全新的商业意识，激励他们为公司创造价值，但很少有人能够阻止全球性的经济低迷。在未来，员工很有可能因担心接受股票期权的风险，而选择替代性的低风险支付形式。

一般来说，公司发行股票期权是不会发生任何费用的。这也就是股票期权会被认为是具有吸引力的激励工具的另一个原因所在，公司有时甚至会向非管理人员发行股票期权。然而，因为公司丑闻和过度使用期权的新闻不断曝光，从2004年开始，规则开始发生改变：股票期权也开始被设置为公司费用的一种。这就意味着，薪酬委员会在对公司高管进行股权激励时，应更加注重股票期权是否会使其更关注公司未来的发展。

10.5.4 员工福利

类似于薪酬体系，规章制度也是员工福利计划的基础。员工福利由两部分组成，一部分是法律强制规定的，一部分是雇主自主选择的。

法律强制规定的福利内容分三种类型：工人补偿（workers' compensation）、社会保险（social security），以及失业保险（unemployment insurance）。工人补偿是指当员工遭受工伤或疾病时，对其提供经济支持。社会保险是依照1935年推出的《社会保障法案》(Social Security Act) 而建立，旨在对退休员工提供经济支持，在后来的修正案中，残疾员工也被纳入适用对象范围。资金由雇主、员工和个体工作者三方面提供。失业保险的面向人群是因不可控原因失去工作的人。较少解雇员工的公司对应支付的失业保险金也较少。这就在一定程度上促使公司尽可能将解聘率保持在最低水平。

> 快速增长的医疗费用使得医疗保健项目占据了雇主福利支出中相当大的部分。

另外，还有大量的福利待遇是不对雇主进行强制要求的。最常见的是养老金计划和医疗保险。但即使是这两项福利也正发生着重大变化。几十年来，大多数美国人退休前享受的医疗保险计划都是由雇主提供的。但是，随着该计划成本迅速上升（支出远高于其他福利项目），许多雇主开始放弃支付员工的医疗保险，或者只提供非常有限的支持。2010 年，面对不断增加的未保险人数和居高不下的医疗支出，联邦政府通过了《可支付医疗法案》。该法案规定，从 2014 年开始雇主（小型企业除外）必须为其员工提供医疗保险或通过支付其他费用抵消掉员工个人购买保险时享受到的政府补贴。随着最终期限临近，许多组织都为是否继续对员工提供医疗保险而犹豫不决。在一项调查中，受访者被邀请去比较购买保险的成本与支付其他费用的成本，其中大约 30% 的管理人员都表示，他们会终止员工的医疗保险福利。然而，大多数经济学家和公共政策分析师通过调查研究都预测，这种终止医疗保险的转变将非常小，因为雇主在进行转变时会考虑到许多其他因素，而不仅仅是比较费用支出和保险支出的成本。上述关于保留医疗保险的预测之所以会被提出，其中的关键原因在于，员工十分重视医疗健康保险。这就会使雇主认为，医疗保险是吸引、保留员工的必要手段，当然，这对员工保持健康、高效地工作也是很有好处的。

与此同时，退休福利被转移出养老保证金项目。尽管之前每个月向员工支付养老保证金已成常态，但现在几乎没有哪家公司愿意向新员工支付养老保证金。取而代之的是，个人退休金账户或 401(k) 计划在许多公司被雇主或员工视为投资项目。当他们退休后，他（或她）将获得自己账户之中的所有累计金额存款。

因为福利类型的多种多样，加之员工的偏好和需求也有很大不同，公司通常都会设计**弹性福利计划（或灵活的福利计划）**供员工自主选择。员工会被授予一定的信用额度，在额度范围内，可以根据个人需要去选择、消费福利项目。最终员工将组合出一套适合自己的个性化福利"套餐"——诸如医疗和牙科保险、家庭成员福利、人寿保险等。

10.5.5 薪酬与福利所涉及的法律问题

许多法律会对员工的薪酬和福利产生影响。我们先前提到的《公平劳动标准法案》中，就对豁免和非豁免员工的最低工资、最高工作时数以及童工标准做出了规定。目前由平等就业机会委员会负责执行的 1963 年推出的《同酬法案》，就禁止因性别原因对从事相同工作的员工实行区别待遇。所谓相同工作，即技能要求相同、努力程度相同、担负责任相同，以及工作条件相同的工作。当然，法律对一些特殊情况也有另外规定，如由于资历体系、绩效系统、基于数量或质量的生产激励系统，以及除性别外的其他因素（如市场需求），相同岗位工人的薪酬待遇也可以有所差别。尽管同工同酬可能听上去像是常识，但仍有许多雇主对该规定置之不理。在他们眼中，"养家糊口"的顶梁柱——男人，理应比女人获得更高的薪酬待遇。往往他们会对相同工作做出不同称谓标注（如高级助理和办公室经理），进而将员工的薪酬待遇进行区分。

如果在同一家公司里，女性员工同男性员工的薪酬待遇存在差异往往也会引起争议。**比较价值**（comparable worth）理念就认为，即便岗位不同，但创造价值相同，无论员工性别，最终所获报酬也应相同。不同于同工同酬，比较价值强调同酬不一定同工。例如，护士（以女性为主）与熟练的手工艺者（以男性为主）相比较，他们创造的工作价值是差不多的，但前者的薪酬待遇就远低于后者。根据《同酬法案》，这种行为是不构成薪酬歧视的，因为他们的工作内容不相同。但根据比较价值理念，结论就会恰恰相反了，因为二者的工作价值是相同的。截至目前，还没有一部联邦法律将"比较价值"收录进去，最高法院也没有相关裁决可以参考。然而，包括爱荷华州、明尼苏达州、华盛顿在内的一些美国地区，都在涉及公共部门雇员管理的相关法律中添加了"比较价值"。

还有一些法律主要针对福利施加影响。1978年推出的《孕妇歧视法案》(Pregnancy Discrimination Act) 规定，怀孕妇女等同于非行为能力人，有资格享受与其他非行为能力人相同的福利待遇。1974年颁布的《雇员退休收入保障法案》(Employee Retirement Income Security Act) 就对私人养老金的管理进行了严格规范，规定应确保享有或应享有退休福利待遇的人可以获得自己的养老金，即使因原所在公司破产或其他原因无法履行养老金支付义务的，其养老需要也应得到保障。

10.5.6　健康与安全

1970年颁布的《职业安全与健康法案》(Occupational Safety and Health Act) 规定雇主必须保证工作场所安全，且必须对工作场所发生的伤害事故、死亡事故进行记录，并接受现场检查。全球不断发生的大规模工业事故与核电站灾难，不断引发人们对工作场所安全的重视与反思。

煤炭开采是受益于安全法案的众多行业之一。根据美国劳工统计局统计，采煤工是5个最危险的工种之一。几乎每一个矿工都有朋友或家属因矿难而遇害、致残或患上黑肺病。"我们的区别只是死得快一点还是慢一点"，一位矿工说道。在美国，最近的一场悲剧发生于2010年4月，梅西能源公司（Massey Energy Company）的上大支流煤矿发生爆炸，29名工人不幸遇难。事后一项独立调查发现，事故其实是可以避免的，但悲剧最终酿成了，其原因就在于管理层忽视了煤矿安全标准，而监管机构也没能履行职责。值得庆幸的是，因为矿山安全与健康管理部门的监管，现今的煤矿已经变得安全多了。20世纪60年代，每年因矿难遇害的工人高达数百人。从20世纪80年代中期开始，每年的遇难人数开始下降至100人以下。而在过去的10年中，即使是发生梅西矿难的那一年，每年的遇难人数也没有超过50人。

另一个安全隐忧就是年轻工人的安全，在面对健康或安全问题时，年轻工人可能会缺乏说出问题的信心。最近的一项研究发现，许多青少年员工在危险的工作场所工作，或使用联邦法律禁止青少年操作的设备。例如，在杂货店，几乎有一半的青少年员工都表示，他们曾经从事过法律禁止的工作事项（如操作箱式破碎机和面团搅拌机等）。

10.6　劳资关系

劳资关系(labor relations)是员工与管理者之间的关系体系。工会招募会员，收取会费，确保员工在工资、工作条件以及其他问题上能够得到公平对待。当工人们开始组织起来，就工资、工时或者工作条件的改善同管理层进行谈判时，通常会包含两个步骤：工会和集体谈判。这些步骤起源于20世纪30年代的美国，对工人权利的保障起到了重要作用。

10.6.1　劳动法规

试想一下，如果失业率为25%，我们的生活会是什么样子？也许你会说"太可怕"了。1935年的立法者也这样认为。因此，组织起来的工人很好地达到了他们的目的，立法者最终通过了《国家劳动关系法案》(National Labor Relations Act)。

《国家劳动关系法案》（又称《瓦格纳法案》(Wagner Act)，以法案发起人名字命名）开辟了工会组织迅速发展的新纪元：（1）宣布了工会组织合法；（2）指明了5种不公平的劳动实践行为；（3）创建了国家劳资关系委员会（National Labor Relations Board，NLRB）。在法案出台前，雇主可以随意解雇加入工会的员工，联邦军队也会经常镇压罢工活动。今天，NLRB 负责实施工会选举，倾听工人对不公平劳动行为的抱怨，以及对违规雇主实施禁令。《瓦格纳法案》极大地帮助了工会的发展，使得工人可以利用法律和法庭将大家组织起来，为争取更好的工资、工时和工作条件进行集体谈判。现今在工作场所，许多我们认为理所应当的规定（包括最低工资、健康福利、产假、1 周工作 35 小时，以及员工保护等），很大程度上都是工会多年集体谈判的结果。

1935 年，公共政策开始倾向于劳工组织，但在随后的 25 年，却又逐渐朝向了另一方（管理者）。《劳动—管理关系法案》(Labor-Management Relations Act)，另称《塔夫脱—哈特莱法案》(Taft-Hartley Act) (1947)，保护了雇主言论自由的权利；定义了工会宣称的不公平劳动行为；并允许工人收回执照，即允许工人拒绝选择工会作为他们的代表。

最终，《劳动管理报告和信息披露法案》(Labor-Management Reporting and Disclosure Act)，又称《兰德勒姆—格里芬法案》(Landrum-Griffin Act) (1959)，将公共政策定位于劳工组织和管理者之间。法案对工会成员的一系列权利进行了声明、保护，控制了工会会费增加速度，要求工会发布报告。《兰德勒姆—格里芬法案》的颁布，就是旨在遏制工会领导滥用权力，以及消除工会腐败。

10.6.2　工会

员工如何参与工会？员工可以通过工会组织者或当地的工会代表，了解到参加工会的好处。工会代表通过向员工分发授权卡，让员工自主选择是否想举行选举，并选出能够代表自身利益的工会。如果有超过 30% 的员工在授权卡上签字，那么 NLRB 就将进行一场确认选举。对管理者来说，在这一阶段，他们也有几个选择：承认未经选举的工会；同意选举结果；通过质疑签署授权卡的数量而抵制选举结果。

如果选举获得了授权，NLRB 的代表就会组织无记名投票。通过简单多数的投票方法决定获胜者。对工会选举漠不关心、不参加选举投票的员工，实际上支持了工会活动。如果工会赢得了选举，它就会被认为是集体谈判的代表。

在选举前的造势活动中，管理层和工会都会竭尽全力争取选票。但这些造势活动往往并没有什么实际意义，因为在 NLRB 的代表出现之前，大多数员工就已经确定了投票意向。如果工会赢得选举，管理层同工会就会依据法律要求，本着诚信的原则展开谈判，最终达成集体协议或集体合同。

员工为什么会将选票投给工会？图 10.8 就说明了其中的四个关键因素。首先也是最重要的经济因素，尤其对于低收入者而言，工会总是会试图提高其成员的平均工资水平；其次，工作不满会促使员工寻求工会帮助，而恶劣的监管措施、偏袒、缺乏沟通、感知不公平、专制的纪律规定和解聘等都会引发员工对工作的不满；再次，在选举之前，员工往往就相信工会将给他们带来预期利益；最后，工会的形象决定了对工作不满的员工是否会向工会寻求帮助，而有关工会腐败和欺诈的头条新闻会使员工失去对工会的信任。

10.6.3　劳资谈判

在美国，管理层与工会会定期举行谈判（通常每 3 年一次），就薪酬待遇、福利待遇、工作时间和工作条件等事项展开协商。在此过程中可能会出现两种类型的纠纷。一种是在协议达成之前，员工为了迫使最终协议条款倾向于自身利益，而组织集体罢工。这种行为被称为经济罢工，也是法律所允许的。然而，现今将罢工作为讨价还价的工具的可能性越来越小，尽管有时员工也会将其作为最后的手段。罢工者参与罢工活动是无偿的，因此很少有员工愿意承担这种不必要的麻烦。此外，管理者有可能在罢工期间，用合法的招聘手段将罢工员工替换掉，以抵消一部分罢工影响。

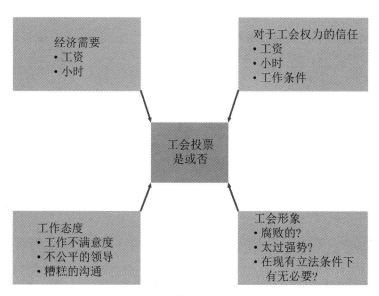

图 10.8　工会投票行为的决定因素

最后，和管理者一样，员工们也意识到了公司当今所面临的越来越激烈的竞争环境，所以如果员工能得到公平对待，他们会十分乐意与管理者达成协议。

协议达成后，管理层同工会有时会在对协议条款的解释上产生分歧。一般这时，他们会通过仲裁解决争端。**仲裁**通常是由双方共同选定的一个中立第三方来解决争端。在协议生效期间，美国公司采用仲裁的方法可以避免"野猫式罢工"（工人擅自违反合同离开工作岗位）或没有计划的停工出现。

集体谈判协议包含什么内容？在**工会小组**中，有一则工会安全条款，要求工人必须在规定时间内加入工会。而**自由工作权**（right-to-work），则是通过立法限制，不允许工会小组制定的条款生效，即工人有参与工作但不参加工会的权利。美国南部有许多州都对自由工作权做出了保护规定。协议中对工资水平的多少进行了详细说明，包括加班补贴和带薪假期。个人权利通常是指员工可以因个人资历在加薪、工作招标和裁员问题上享受照顾。

申诉程序是所有协议的共同特征。在协议谈判和依法管理过程中，员工可以利用工会，通过申诉程序发表自己的意见。被提交仲裁的员工解聘案件中，大约一半案件的最终结论都是推翻管理层的原有决定，恢复员工职位。工会有公平行使代表权的法律义务，即他们必须代表所有工人去进行谈判，确保工人的权利不受侵害。

10.6.4　未来何去何从？

近年来，工会会员在美国劳动力中的比重已下降至12%左右，远低于第二次世界大战结束后33%的峰值水平。大幅提高的自动化水平削减了许多制造业岗位，而那些岗位恰恰就是曾经的工会"据点"。今天，许多在办公室工作的白领人士都对加入工会毫无兴趣，并且他们往往也更难组织起来。此外，越来越激烈的全球竞争环境使得公司管理层对满足工会要求缺乏动力。这就造成，加入工会对于许多员工而言并没有什么明显好处，对于掌握熟练技术而不再期望"终老"于一家公司的年轻员工尤其如此。有人会为工会的明显削弱而欢欣鼓舞，但也有人希望工会能最终"重现辉煌"。工会可能会在未来发挥出不同的作用，同管理层增进合作并减少对抗就是其中的一条。工会正在"适应"不断变化的劳动力结构，他们现在更关注女性、年长的员工、政府雇员以及在家工作的人。低效工作规则的废除、利润分享机制的引入、不裁员保证的做出，都被视为向构建完全不同的、长期合作的关系迈进了一大步。

> 近年来，工会会员在美国劳动力中的比重已下降至12%左右。

当公司开始认识到它们能否成功取决于员工的才智和能力时，工会和管理层的利益就有可能走向融合，这一点十分明确。不同于一方利用另一方，工会和管理层可以在开发、重视、让员工参与等问题上找到共同合作的基础。尤其在知识型企业，力量的天平正向员工不断倾斜。无论员工是否加入了工会，他们都拥有自己的人力资本，而非从属于公司。且这些员工可以自由地（在一些限制条件下）决定是否离开组织，并使他们的人力资本伴随着他们的离开而一起离开。如果管理水平不够，公司就会处于特别弱势的地位。为了拥有强大的竞争能力，组织正不断寻找用以获取、保留、吸引他们最宝贵资源——人力资源的方法。下文的案例就对谷歌现今为什么重视这一关键问题，及其应对手段展开了探究和说明。本章对该过程和实践的概述展现了人员有效管理的基础。在第11章中，我们会就一个特别重要的人际问题进行讨论：如何管理多样化的员工。

 管理实践

谷歌为日趋激烈的劳动市场竞争做准备

谷歌的招募和选拔做法是其成为令人激动的工作场所的秘诀，帮助其实现了雇用计算机领域最优秀人才的目标。但是这一人力资源战略被高科技领域的后起之秀们对人才的渴望所动摇。谷歌现在面临建立品牌知名度的风险。在本章之初，我们提到，年轻的人才们将谷歌视为理想的雇主。是的，当时他们是从前150家高科技公司中挑出谷歌，而现在他们也可以将其他公司的名字添加到这份名单中，例如在替补名单中排名最靠前的另一家高科技公司——Facebook。

谷歌如今依然受到那些拥有丰富经验的高技术人才的爱慕与追捧，但是他们当中的许多人也被一些新兴热门公司——例如Facebook、Twitter、领英（LinkedIn）以及高朋（Groupon）等提供的机会所吸引。因此，即使谷歌正试图招募数千名新员工加入自己的行列，同时它也必须考虑如何防止现有的员工流失。事实上，那并不容易。最近的一份数据表明，Facebook公司有200名员工（相当于Facebook员工总数的10%）都是前谷歌雇员。

防止员工流失的一种方法是确保他们感到自己的努力得到了很好的补偿。谷歌已经增加了薪酬方面的预算，即使这意味着和销售额相比，公司利润增长将更加缓慢。谷歌认为这是一笔必要的投资；因为它很难在快速发展的高科技产业向新的领域扩张，除非它拥有一些思路开阔的创意天才。此外，初创公司在上市之前通常采取给员工发股票以替代部分现金的薪酬方式，当一个初创公司取得成功并且股价飙升时这种薪酬方式无疑是非常有利可图的。在谷歌工作让人感觉就像是一场无风险的赌注，而不像在那些新兴热门公司，时刻充满着机会。

但人员流失并不仅仅和钱有关。技术工作者们流向新兴热门公司的一个重要原因是，他们想要在较小的商务环境中成为创造令人兴奋的新事物的一员。谷歌前雇员曾向记者表示，他们怀疑一个超过20000名雇员的大企业如何能像他们所喜爱的那些初创公司一样敏捷。有些人抱怨谷歌太官僚主义。成长能够改变一家公司。谷歌开创之初，在创始人主持的周会上工程师们可以直接将自己的项目展示给领导者。然而，随着公司的成长，展示者的名单越排越长，以至于创始人们对此失去了兴趣，而将技术评估限制在一个有限的圈子内。

在谷歌无法（或者说不愿意）将自己分而化之的情况下，它正试图利用其强项，用它自有的方式使其成为一家员工友好型的公司。一个备受关注的努力就是其"氧气项目",利用谷歌的专业数据库研究和分析如何改善对员工的管理。"氧气项目"从管理者绩效评估、员工满意度调查以及最佳管理者提名那里搜集数据。通过对他们的用词进行分析和评级,以确定与卓越团队表现及员工满意度相应的管理方式。在分析了超过100个变量之后,"氧气项目"制作出一份关于留住员工和成功管理团队的管理行为名单。培训活动整合了如何改进个人行为的课程,对行为的反馈也被包含在培训课程和绩效评估之中。

这里有8个行为,按照其重要性大小依次列出。这些行为对于正学习如何管理的学生而言可能有点令人震惊:(1)有效地训练指导;(2)充分授权团队成员;(3)表达对团队成员的兴趣;(4)结果导向;(5)有效沟通——包括成为一个好的聆听者;(6)支持员工的职业发展;(7)建立一个清晰的愿景和战略;(8)用关键的专业技术指导团队。这听起来显而易见,但这些数据却能帮助谷歌的经理人思考如何重新定义自己的角色。在一个重视技术知识的企业文化中,谷歌的领导者倾向于假设经理人的技术知识至少和其他团队成员一样有深度,这样他们才能将经理人视为专家。调查数据显示,技术知识的确很重要,但是它对团队绩效以及员工满意度的影响却很小。数据还表明有一些技能可能对经理人提升的帮助最大,即指导、授权和沟通。

谷歌有了数据、标准和针对指导技巧的培训活动之后,它便可以开始帮助经理人进行自我改进,并且测量他们付出的努力所产生的影响。没过多久,公司发现,3/4业绩糟糕的经理人的效率获得了巨幅提高。例如,为一个被认为是固执的、傲慢的、过于政治化的经理人工作的员工们经常感到不安,从而想要为别人工作。这个经理被拒绝晋升的理由是其他员工难以和他共事。根据新的领导力数据,谷歌对这个经理进行了个人培训,以使其在关键方面得到提高。6个月以后,员工调查反映他有了明显改进;1年之后,他表现得更好(并且获得晋升)。谷歌能够迅速地跟进这类经理人的改进,因为公司每年进行4次行为绩效考核,而不是仅仅等待年终考核。

- 评价谷歌业绩评估方式的有效性。你认为它是否有助于公司留住优秀员工?为什么?
- 谷歌怎样通过评估它的奖酬体系帮助公司去吸引并留住员工?

关键术语

负面效应(adverse impact)
仲裁(arbitration)
评估中心(assessment center)
弹性福利计划(cafeteria benefit programs)
比较价值(comparable worth)
发展(development)
多样化培训(diversity training)
雇佣自由意志原则(employment-at-will)
人力资本(human capital)
人力资源管理(human resources management,HRM)
岗位分析(job analysis)
劳资关系(labor relations)

目标管理(management by objectives,MBO)
需求评估(needs assessment)
定向培训(orientation training)
再就业(outplacement)
绩效评估(performance appraisal,PA)
招聘(recruitment)
信度(reliability)
自由工作权(right-to-work)
选拔(selection)
结构化面试(structured interview)
360度评估(360-degree appraisal)
团队培训(team training)
终止面谈(termination interview)

培训（training）

效度（validity）

工会小组（union shop）

学习目标总结

完成第 10 章的学习后，你应该能够达到以下要求：

1. 能够探讨企业是如何利用人力资源管理来获取竞争优势的。

一家公司要想取得成功，就必须将其人力资源融入公司战略之中。为了确保公司在战略实施过程中可以拥有适宜数量与合适类型的员工，制订出有效的计划是十分必要的。很显然，招聘最能干的人是一个非常复杂的过程。在成本、质量、服务等方面竞争的公司，理应通过人员招聘、培训、评估和奖酬体系去不断激发、提高员工行为绩效，以促进公司战略的实施，保证公司战略能够被不断推进。

2. 可以说明公司为什么要从内部和外部两个方面去招募新员工。

一些公司偏向于从内部招聘，因为老员工往往更熟悉组织政策和价值观。而在其他情况下，一些公司则倾向于从外部招聘，如通过员工推荐、招聘网站、报纸广告、校园招聘等方法去发现具有新观点和新视角的人才。当组织不断发展或现有员工无法掌握所需技术时，进行外部招聘就显得十分必要。

3. 能够明晰选拔新员工的各种方法。

有无数的选拔方法可供选择。其中面试和背景审核是最常见的方法。性格测试和认知能力测试是衡量一个人的工作能力和工作潜力的通用方法。其他选拔方法包括评估中心和诚信测试。背景审核和征信调查用于核实候选者所提供信息的准确性。无论使用哪种方法，都应能证明其是有信度（不同时间和不同面试情况下结果一致）和有效度的（能准确预测工作绩效）。此外，选拔方法必须遵守《机会平等法案》，确保公司在招聘过程中不存在任何歧视行为。

4. 可以评估员工培训与发展支出的重要性。

人不能只靠一组技能工作和生活一辈子。在现今这个充满变化、竞争激烈的世界里，旧技能很快就会过时，新技能转而成为成功的必要条件。提升或更新个人技能需要大量持续的培训，并配套设计可量化的短期目标和方法以帮助实现最终目的。公司们都很清楚，要想获取竞争优势就得有好的服务质量，而服务质量的好坏就取决于你在行业之中能否拥有最优秀、应变能力最强的员工。

5. 能够阐述应该由谁来负责评估员工的绩效。

许多公司在进行绩效评估时会选取多个信息来源，因为不同的人往往会从不同的侧面去看待员工表现。通常，员工的绩效评估工作是由上级负责进行的，但同事和团队成员往往会因为处于更好的"观察位置"而了解到许多上级无从知晓的方面。所以今天，甚至被评员工的下属也经常会被要求提供相关信息，以帮助从不同方面对员工进行全面评估。特别是在重视质量的企业中，内部与外部客户往往也会成为评估信息的来源。此外，员工还应进行自我评估，目的就是让他们参与到评估过程中来，反思自己的表现。

6. 可以描述出奖酬制度的基本方面。

奖酬体系包括薪酬和福利两方面。薪酬体系有三个基本组成部分：薪酬水平、薪酬结构和个人薪酬。为了获取竞争优势，高管们可能会决定给员工支付更高的薪酬，但这个决定必须权衡成本控制的需要（薪酬水平的确定通常要在对战略问题的相关方面进行考虑后做出）。要想实现内部公平（员工所获得的薪酬与公司内部其他同事的工资水平基本相当），管理者必须关注、考虑薪酬结构，确保工资差异是基于知识、努力、责任、工作条件、资历等条件所产生的。个人薪酬的多少往往是基于员工的绩效表现或个人贡献来确定的。在这种情况下，确保男女员工同工同酬就很重要了。当然，管理层肯定希望以比较价值（同等贡献，同等待遇）的多寡作为决定员工薪酬的标准。同时，《职业安全与健康法案》要求确保员工的工作环境是安全且健康的。

7. 能够总结工会和劳动法规对人力资源管理的影响。

劳资关系涉及工人与管理层之间的相互作用。这种关系在工会机制下得以运行。工会将员工的需求汇总起来，以集体的形式去表达观点，以便他们的需求和期望能够被管理层所知。工会与管理层就一系列相关问题进行协商、谈判，如工资、工时、工作条件、工作安全、卫生保健等。工会可以使用的一个重要工具就是通过集体谈判建立申诉程序。该机制为那些因管理层的不当行为而导致利益受损的员工提供了一种寻求赔偿的途径。也正因这种方式，工会确保了所有员工的权利都得到保护。相关劳动法律法规也在不断完善劳资双方（员工和管理层）的权利保护措施，以使他们之间的关系更加富有成效、更加和谐。

问题讨论

1. 在下一个 10 年中，劳动力的变化将对人力资源管理实践活动产生怎样的影响？
2. 说明人力资源管理实践活动中的主要规章制度。
3. 岗位分析的定义是什么？为什么说岗位分析与本章讨论的人力资源管理的 6 个关键活动（计划、人事、培训、绩效评估、薪酬体系以及劳资关系）都有关联？
4. 招聘员工有哪些方法？为什么其中一些优于其他方法？具体表现在哪些方面？
5. 什么是"测试"？列举雇主进行测试的一些例子。
6. 绩效评估的目的是什么？为什么会有这么多的评估方法？
7. 在进行绩效评估时，应记住哪些关键点？
8. 你是如何定义"有效的奖酬体系"这一概念的？福利在其中发挥着什么样的作用？
9. 工人为什么加入工会？对于希望保持无工会状态的组织来说，这意味着什么？
10. 探讨集体谈判对于雇主和员工来说，都有哪些优势和劣势？

实践练习

10.1 "合法"面试

目标

1. 能够了解有关就业的法律法规的复杂性。
2. 能够在面试过程中识别出可能会导致就业歧视的行为。

说明

1. 独立完成课本中有关面试与就业歧视内容的复习工作。
2. 以小组为单位，集体完成"合法"面试工作表。
3. 在上课时，由小组发言人总结陈述本组观点。

"合法"面试工作表

就业面试是人员招聘选拔过程中最关键的步骤之一。在其进行过程中，企业有时会产生针对求职者的歧视行为。以下是面试官在面试过程中常问的问题。请你通过勾选"合法"或"非法"，对每一个面试问题的合法性进行识别和确认，并请做出简要说明。

面试问题	合法性	说明
1. 你能给我们提供一张照片以便存档吗?	合法	非法
2. 你曾经使用过其他名字吗?（婚前姓名或化名）	合法	非法
3. 你结婚前的姓名是什么?	合法	非法
4. 你妻子的婚前姓名是什么?	合法	非法
5. 你母亲的婚前姓名是什么?	合法	非法
6. 你现今的居住地址是什么?	合法	非法
7. 你之前的居住地址是什么?	合法	非法
8. 你的社保号码是多少?	合法	非法
9. 你的出生地在哪?	合法	非法
10. 你父母的出生地在哪?	合法	非法
11. 你的国籍是什么?	合法	非法
12. 你是移民者吗?	合法	非法
13. 你说哪种语言?	合法	非法
14. 你的宗教信仰是什么?你加入宗教组织了吗?	合法	非法
15. 你的种族名称是什么?	合法	非法
16. 你有哪些家人?	合法	非法
17. 你需要供养的孩子的年龄是多大?	合法	非法
18. 你的婚姻状况是什么?	合法	非法
19. 你有多大年龄?	合法	非法
20. 你有能证明年龄的证件吗（出生证明或洗礼记录）?	合法	非法
21. 如你遇到紧急情况,我们应联系谁?	合法	非法
22. 你的身高和体重各是多少?	合法	非法
23. 你曾被逮捕过吗?	合法	非法
24. 你有自己的车吗?	合法	非法
25. 你有自己的房子吗?	合法	非法
26. 你有任何信用账户吗?	合法	非法
27. 你被扣过薪水吗?	合法	非法
28. 你属于哪个组织?	合法	非法
29. 周六和周日你可以加班吗?	合法	非法
30. 你有某一方面的残疾吗?	合法	非法

10.2 薪酬增加

目标
1. 进一步理解薪酬管理。
2. 检查绩效标准的各个方面：绩效标准权重、绩效评估以及奖酬。

说明
1. 以小组为单位，集体完成"薪酬增加工作表"。
2. 在上课时，由小组发言人总结陈述本组观点。

薪酬增加工作表

阿普丽尔·内珀是装配团队的新主管。现在是她决定下属薪酬增加幅度的时候了。她可以在30000美元的预算额度内决定7个下属的具体分配数额。其他团队曾因分配问题，引发员工的强烈不满。所以有人建议内珀采用可量化的、可权衡的、可以用数字计算的客观评估标准去进行分配。在分配决定做出后，内珀必须能够证明她的决定是公正且合理的。内珀所采用的所有评估标准都被总结在下表中：

| 雇员 | 工龄 | 产出评级 | 缺勤率 | 监管评级 | | | 个人状况 |
				技能	积极性	态度	
大卫·布鲁斯	15年	0.58	0.5%	好	差	差	临近退休，妻子刚刚离世，存在适应问题
埃里克·卡特琳尼	12年	0.86	2.0	卓越	好	卓越	去夜校完成其文学学士学位
李蔡	7年	0.80	3.5	好	卓越	卓越	法定失聪
玛丽莉·米勒	1年	0.50	10.0	差	差	差	3个孩子的单亲妈妈
维克多·穆里尼奥	3年	0.62	2.5	差	一般	好	有6个家属，不太会说英语
德瑞克·汤普森	11年	0.64	8.0	卓越	一般	一般	妻子非常富有，存在个人问题
莎拉·威克斯	8年	0.76	7.0	好	差	差	女权主义者,想要组建一个联盟

*产出水平由产出率减去失误和质量问题来确定。

 综合案例

无敌系统公司

无敌系统公司的17000名雇员设计并制作航天及国防设备，如火箭、宇宙飞船推进系统和导弹推进系统等。除了尖端工程，这家公司也因其极具前沿的人力资源管理而闻名。无敌系统公司对人力资源数据分析的重视程度和火箭轨迹分析一样，为此聘请了一批计量专家。

几年前，这家公司雇用了一个统计学家和一个人力资源规划师加入数据分析与搜集团队，以寻找能够预测人力资源需求的因素。这个团队从寻找改进招聘的方式开始做起，他们从公司关注过的应聘者和实际被选中的应聘者资料中搜集数据，然后通过回归分析来确认哪些渠道来源的应聘者最容易被雇用，以及哪些渠道来源的员工被雇用后业绩很好。通过对分析结果的使用，无敌系统公司的招聘变得更加有效率。通过关注顶级员工最高产的渠道来源，公司节省了大量的时间和金钱，而在此之前它所采取的招募渠道则收效甚微。

接下来，人力资源团队将其工作重心放在劳动力规划上面。该团队对于无敌系统公司的每一个部门的数据进行搜集并据此对其员工构成做出描述，例如职位类别、工作年限和劳动力预测等。它通过回归分析来预测雇员将来离开公司的可能性。公司综合考虑分析结果和销售预测之后，可以更加准确地预测每个部门需要招募的新员工数量。

也有其他公司做过类似的人力资源规划，但是无敌系统公司的分析规模是不同寻常的。一方面，无敌系统公司的分析是集中在单个员工层面的。因此，其分析结果不仅可以反映人员流动率的上升与否，同时还能借此预测哪些员工极有可能离开。这一层面的分析对无敌系统公司而言是极其重要的，因为不像其他组织那样，许多员工都做相同类型的工作，当有人离开时，其他人可以替代他。无敌系统公司的员工通常都是高度专业化、高度技能型的。如果一个拥有数年开发大口径弹药工作经验的工程师突然离开，可能没有人能替代他，因为在团队中可能找不出一个人具有和他一样的知识水平和技术水平。

无敌系统公司人力资源规划的另一个与众不同的特性便是规划师在进行回归分析时所考虑到的因素的多样性。例如，公司曾通过回归分析判断人员流动是否和雇员报酬有关，甚至考虑是否受不同月份或者年份的影响。如果分析表明一个因素在过去很重要，规划师就会在预测中予以考虑。存在这样一种情况，即规划者发现，当公司宣布将逐步废除为退休员工购买医疗保险福利的决定之后那个部门的退休人员就明显上升。更多经验丰富的员工也在此项决定生效前离开。因此，当公司准备在另一个部门逐步取消类似福利时，规划师们就知道他们可能需要开展招募活动以为退休的增加做准备。

无敌系统公司供规划使用的许多数据对于其他类型的人力资源决策而言可能不太合适。例如，公司曾发现雇员的年龄以及婚姻状况和他们是否会离开公司有关。在未婚雇员和新招聘员工（往往更年轻）中人员流动率更高。因此，公司计划在那些年轻人及未婚雇员比率较高的部门投入更多力量进行员工招募，或提高这些部门的指导、培训力度。然而，它并没有在这些因素基础上做出诸如雇佣和提升的招聘决策。

问题
- 除了已被确定的因素外，还有哪些因素应该被无敌系统公司纳入人力资源规划的考虑范围？
- 无敌系统公司的数据分析引出了哪些法律问题？公司应该如何处理这些问题？
- 除了人力资源规划和招募的运用之外，无敌系统公司的数据分析应该如何应用以改善其公司的培训计划？

第 11 章
管理多样化的员工

"万众一心"

学习目标

通过学习第 11 章,你应该能够达到以下要求:

1. 能够描述劳动力结构变化是如何使得差异化成为组织管理中的一个核心问题的。
2. 可以辨析管理多样化与平权行动的区别。
3. 能够明白为使组织获得竞争优势,管理多样化可以有哪些有效的实行途径。
4. 可以理解多样化员工将会给公司带来怎样的管理挑战。
5. 能够准确定义整体、多元和多元文化组织。
6. 可以列出管理者及其组织培养多样化的步骤。

本章概要

多样化:简要的历史回顾	多元文化组织
现今的多样化	组织培养多样化劳动力的途径
劳动力的规模	高层管理者的领导与承诺
未来的员工	组织评估
劳动力的年龄	吸引员工
管理多样化与平权行动	员工培训
多样化和包容性所带来的竞争优势	员工留任
多样化和包容性所遇到的挑战	

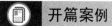 开篇案例

百事公司的多样化员工

百事公司(PepsiCo)是一家为消费者广为熟知的公司,旗下广受欢迎的品牌包括百事可乐、激浪、纯果乐、Aquafina 瓶装水、桂格、奇多、立体脆玉米片等。通过在全球销售这些或其他品牌的产品,总部设在纽约的百事公司一年销售收入超过 600 亿美元。

如此大的销售规模,自然需要成千上万的员工参与其中。毫无疑问,这些员工之间必然存在复杂的背景、不同的个性,以及丰富的文化。通过其中的一些典型案例,我们对百事公司的多元

化员工队伍"一探究竟"。

首选，让我们来看一看公司的高层管理人员。百事公司的董事长兼首席执行官卢英德，出生时恰逢印度的婴儿潮。本科期间，她主修化学、物理、数学三门课程，获数理化专业（本科）学位，后又于耶鲁大学获得管理学硕士学位。经过一段时间的管理咨询工作后，她加入百事公司致力于公司全球化战略的制定和实施。在成功领导了几项重大收购案后，她开始执掌公司首席执行官的帅印。同时，在百事公司，这一重要职务也是首次由女性担任。

在美国的主要大公司中，女高管仍属于小众群体。卢英德是其中的杰出代表，但是她绝不是百事公司唯一的女高管。在百事公司，30%的公司高管都为女性。其中，莫拉·艾贝恩·史密斯——百事公司总法律顾问（首席律师）就是另一位杰出代表。史密斯本科在瓦萨尔学院主修经济学，后在迈阿密大学获法学学位。她的首份工作是在迈阿密的一家律师事务所任职，后任职于通用电气公司。史密斯之所以能够有如此成就，和她在大学中曾获得颇具声望的罗氏奖学金（Rhodes scholarship）这一巨大优势密不可分。这一优势帮助她开启了成功之门——获得法律学校的全额奖学金，并随后获得了一份非常棒的工作机会。毕竟在她开始职业生涯的20世纪70年代，许多女性都想投身法律事业，但现实却将她们阻隔在外。

要论营销领域的创新者，非弗兰克·库珀三世莫属。现如今，很多公司都在通过多种吸引消费者在线积极参与品牌建设的方法，努力建立自己的品牌忠诚度。例如，通过在网络游戏中使用与品牌相关的应用程序，让消费者选出合适的新口味。作为百事公司的高级副总裁兼首席消费者参与官，库珀就负责牵头组织该方面的营销活动。百事公司采用在线工具，主要因为它相对简单并且可以低成本地"直达"特定目标群体。首先，库珀的部门会识别出重要的消费群体，然后构建相应程序分析该群体的兴趣激发点。例如，像库珀领导创建的在线社区——"我们来激发你"，就是为那些常常因战胜日常困难的故事而感动从而充满"正能量"的非洲裔美国妇女"量身打造"的。当然，除了对应用新的科技十分在行以外，这位美国黑人商业领袖还拥有包括哈佛大学法学学位在内的出色的教育背景。

在远离公司总部的芝加哥，百事公司的一个重要机构部门——百事全球营养品部门坐落其中，旨在通过减少盐和糖的含有量提升百事食品和饮料的健康卫生水平。该集团的首席执行官兼首席科学家，是对糖尿病颇有研究的内科医师马哈茂德·汉。汉出生于巴基斯坦，成长于英格兰，在美国研究营养学和农业。在接受百事公司的邀约之前，汉还是一名美国明尼苏达州明尼阿波利斯市（Minneapolis）的医生兼医学教授，他在北美武田制药（Takeda Pharmaceuticals North America）负责一种名为吡格列酮（Actos）的专门治疗糖尿病的药物研究和开发工作。汉承认将快餐公司和健康食品联系起来，这可能听上去像一个矛盾，但他就是为了帮助人们获得更好的选择。同百事公司一样，汉从全球的高度去思考问题：例如，一位中年美国人的渴望与选择必然不同于十几岁的印度女孩（追求美味又营养的套餐）。百事公司希望能够最终做到"二者兼得"，其多样化的劳动力将会为此提供出数量惊人的人才梯队去帮助完成这件事情。

● 上述对百事公司员工的描述，涉及人的各种特征——包括年龄、性别、出生地、工作、兴趣、教育背景、生活经历，以及取得的成就等。当你阅读本章时，请思考一个问题：如何才能组建起一个多样化组织，并对其向着一个共同的目标加以领导？当然这是很有挑战性的事情，但同时，它也是机会的来源。

在第10章，我们对在工作中保持机会平等、待遇公平的法律要求进行了描述。在本章，我们会讨论为什么积极开发、管理多样化劳动力已不仅成为一个法律或道义上的责任，更是成为一个基本的业务需求。百事公司的高管们指出，在（劳动力）多样性上的良好记录是公司成功的关键因素之一。无法有效管理不同肤色、文化、年龄、能力和背景的员工，甚至无法同其一起工作，将会是管理者在职场中的一个严重缺陷。更为严重的是，如果组织不重视管理多样性的问题，那么将会造成组织面临法律挑战的同时，大幅削弱组织在海内外的竞争力。

在美国，少数民族和少数族裔的人口增长速度远高于白人等非少数族裔人口，并且，女性已在劳动力市场中占据了相当大的份额。美国工人、消费者和市场已经高度多样化，甚至每一天都在发生着不停的变化。此外，回想我们在第 6 章的讨论内容，企业也正在日益全球化。管理者要想在全球竞争中获得成功，就得对文化差异有更好的认识，甚至更加敏感。在前面，我们也讨论过创造力和创新对于组织成功的重要性，它们需要各行各业、持不同视角和观点的人，在享受相同赞美的氛围中进行孕育。很少有哪个国家或社会同美国一样，有着如此广泛的人才库，这源于移民的传统和来自不同种族、族裔的多样化人口。然而，想让来自不同背景的人在一起有效工作，可不是一件容易的事。因此，管理多样化员工是美国企业面临的最大的挑战和机遇之一。

管理多样化首先包括一些基本活动，如对不同背景、信念、能力和文化的人进行招聘、培训、晋升和激发工作潜力等。但这并不意味着，只需要对招聘进来的女性和少数族裔员工进行平等对待，鼓励其成功就能解决问题。管理多样化要求能够理解、深入评估员工差异，并因此建立起更加有效和盈利的组织。

本章阐明了在高效管理多样化劳动力过程中多样化的意义、管理技巧以及组织流程。我们还将探索社会、人口变化、经济以及就业转移，对美国劳动力的改变带来了怎样的影响。

11.1 多样化：简要的历史回顾

管理多样化早已不是一个全新的管理课题。自 19 世纪末到 20 世纪早期，移民美国的人群大多来自意大利、波兰、爱尔兰和俄罗斯。这些群体成员一般会被认为是外来人，因为他们大多不说英语，有着不同的风俗和工作风格。他们挣扎着，甚至经常不惜诉诸暴力，只为能够获得钢铁、煤炭、汽车制造、保险和金融等行业的认可。在 19 世纪，如果白人新教所主导的保险公司雇用了爱尔兰人、意大利人、天主教徒或犹太人，将会被认为是卑鄙的商业行为。20 世纪 40 年代后期，在某些领域甚至还要更晚，大学还经常歧视移民、天主教徒和犹太人，并严格限制他们的数量，即使每个人都符合了其他的入学条件。因为这种歧视，这些群体的就业前景也会变得更加悲观。直至 20 世纪 60 年代，通过不断斗争，各白人族裔和宗教组织才彻底接受了他们。

妇女为了能够谋得工作，始终在不懈抗争，但在某些方面，她们往往更加艰难。当 1848 年塞尼卡瀑布城（Seneca Falls）发生妇女权利运动时，大多数行业仍然禁止妇女参与，学院和职业技术学校则对她们完全关闭。一旦结婚，妇女就会失去投票权和所有财产权利。在 20 世纪上半叶，当妇女开始被允许参加职业技术学校时，她们仍然遭受严重的人数配额限制。甚至当时还有一个普遍且持久的假设：某些工作只能由男性完成，而其他工作只能由女性完成。即便到了 20 世纪 70 年代，也就是不到 40 年前，报纸分类广告仍然按照性别进行分开排版，通过标注"急招男性"和"急招女性"进行区分。如果女性想要获得银行贷款，就得有一名男性联保人，并且，已婚女性是无法用自己的名字签发信用卡的。只有当 1964 年《民权法案》（见第 10 章）和其他法律开始颁布实施后，这种性别歧视才逐渐开始消除。正如我们看到的，女性在最高层的公司生活中仍然是被忽视的，并且像在支付等其他领域，区别对待仍然存在。但是，现今的大多数工作，甚至曾经被视为男性专有领地的工作——如派遣至军事前线单位或行政高官等，都已经向女性开放，甚至被越来越多的女性所占据。

在追求平等的过程中，美国非白人少数族裔经历了最困难和最痛苦的抗争。在南北战争结束后的 100 多年里，严重的种族隔离实际上仍然存在于美国社会之中。尤其是在南方，黑人的投票权往往会被恶意禁止，种族歧视遍布美国的教育、就业和住房，而这已成为一个严重的日常现实问题。年复一年困难而又勇敢的抗议和斗争开始逐渐改变美国法律，打破掉阻碍社会平等的"篱笆"。由一群黑人和白人共同组成的全国有色人种协进会（National Association for the Advancement of Colored People，NAACP），开始通过美国的法院系统和宪法，不断为非洲裔美国人和其他有色人种争取平等权利。随着"布朗诉教育委员会"一案被全体通过，最高法院于 1954 年裁决宣布种族隔离违反了宪法，这个我们会在第 18 章讨论其他法律的时候提到，其中就包括 1964 年颁布的《民权法案》。美国种族隔离的严重后果至今仍然存在，争取平等的抗争还远远没有完成。许多我们现今认为理所当然的平等权利——包括机会均等和在住房上的公平待遇、非法宗教限制、种族和性别歧视，只能在不断的民权运动中不断推动和改善。

今天，美国几乎一半的劳动力都是女性，14%的美国工人认为自己是西班牙裔或拉丁裔，11%的人是黑人。全球移民中的 2/3 迁到了美国。在美国的企业中，1/3 由女性所掌控，并雇用了大约 20%的美国工人。

美国传统的多样化形象一直是兼容并包。美国被认为是世界的"大熔炉"，民族和种族差异都会在美国被混合消融。在日常生活中，许多民族和大多数种族都保留了自己的身份特征，只是他们没有在工作中表现出来。员工为了维持日常工作并获得成功，经常会在工作中放弃大部分的种族和文化差异。许多欧洲人来到美国，会起一个美国化的名字，不断提高自己的英语水平，并尽可能地争取融入主流社会。

> 美国传统的多样化形象一直是兼容并包。

现今的移民者乐于成为整体的一份子，但他们却不再愿意通过牺牲自己的文化身份去获得成功。还好现在也不需要这样做了！公司开始认识到它们应该更加包容，并且他们往往还能因此获得商业回报。管理者也意识到他们的客户已变得越来越多样化，保持员工的多样化，就可以在市场上获得一个重要的竞争优势。

11.2 现今的多样化

今天，多样化所涵盖的内容远不止肤色和性别这么简单。它是一个广泛的术语，专门用来指代各种各样的差异（见图 11.1）。这些差异除了性别、种族、民族和国籍以外，还包括宗教信仰、年龄、残疾状况、服役情况、性取向、经济地位、教育水平和生活方式。

尽管不同的群体成员（白人男性、在大萧条时期出生的一代人、同性恋者、伊拉克战争退伍军人、西班牙人、亚洲人、妇女、黑人等）在他们的群体内部会有许多共同的价值观、态度和看法，但在每个群体内部也存在着多样性。每个群体都是由具备独特性格、教育背景和生活经历的个人所组成。其中可能会有更多差异存在，比方说，三个分别来自泰国、日本和韩国的亚洲人，他们之间的差别可能就比一个白人、一个非洲裔美国人和一个在芝加哥出生的亚洲人要大。并不是所有的白人男性都会有相同的个性或职业目标，抑或价值观和行为就一定是相似的。

因此，管理多样化似乎本身看上去就是矛盾的。即敏锐"捕捉"员工整体共通之处的同时，还要能够将每一位员工作为个体去管理。管理多样化不仅意味着容忍或包容各种各样的差异，还得支持、培育和利用这些差异，并将之转化为组织的优势。例如，边界书店（Borders Books）就试图根据社区的人口结构对应匹配店面中的运营员工。据公司高层管理者所说，他们因此取得了更

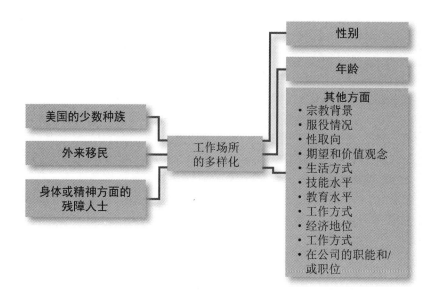

图 11.1　多元化工作场所的组成要素

好的销售量。美国企业面临的不是是否选择多元化员工的问题，而是若想要生存，就得比竞争对手更早、更好地学会管理多样化的劳动力。

正如图 11.2 所示，已有相当多的人力资源高管表示，所在公司需要或计划扩展多元化培训项目。虽然许多公司制定多元化程序的初衷是为了禁止歧视，但现在开始更多着眼于借助这一重要途径开拓自己在国内和全球的客户基础。事实上，根据波士顿咨询公司合伙人 J. 霍华德与其同事对 1780 名人力资源总监和负责培训的主管进行调查访问的结果，由于不断加速发展的全球化，2/3 的公司都表示已经扩大了多样化项目。另一项来自科思/费里国际有限公司（Kom/Ferry International）的独立调查显示，针对"在今天的商业环境中，至少掌握两种语言对于成功至关重要"这个话题，欧洲大约 85% 的招聘者、亚洲大约 88% 的招聘者、拉丁美洲大约 95% 的招聘者，都选择了"强烈同意"或"部分同意"。

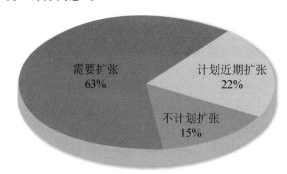

图 11.2　美国公司多样化扩张情况

11.2.1　劳动力的规模

在大部分历史进程中，美国的劳动力都处于过剩状态。但是，它正在发生改变。美国和其他发达国家较低的出生率导致劳动力供给减少。2006—2016 年这 10 年间，劳动力增速预计将会显著放缓，原因就在于这段时间婴儿潮出生的那一代人都将退休了。

> "人类的多样性使得包容超越了美德，使其成为生存的必需。"
>
> ——勒内·杜博斯

企业可能会将一些工作外包给那些位于出生率高、劳动力供应更充足的发展中国家的工厂和企业。但是在美国，他们却不得不在更少的、更加多元化的劳动力候选人中去进行争夺与选择。公司得了解这些新员工——并必须为满足他们的需求做好准备。

11.2.2 未来的员工

直至最近，美国本土出生的白人男性仍然在美国劳动力大军中占据主导地位，甚至企业们也在不断迎合他们的需要。然而，尽管他们占据了工人队伍中的绝大部分——大约80%的美国工人为白人，其中超过一半的人为男性——白人男性所占的份额却在不断下降。虽然预计白人男性工人的数量仍将不断增长，但相较于女性、亚裔、黑人以及西班牙裔的工人数量，他们的增长速度还是慢了许多。劳动力结构的重大变化同美国人口的发展趋势是相互匹配的。最近，美国人口普查局宣布，如今大约1/3的美国居民为少数民族或少数族裔成员，这在这个国家的历史上还是第一次，具有独特的里程碑意义。其中西班牙裔是最大的和增长最快的少数族裔，非洲裔紧随其后。在加利福尼亚州、夏威夷州、新墨西哥州、得克萨斯州和哥伦比亚特区，这些少数族裔加上亚裔、印第安人以及太平洋岛民，共同组成了一个"主流民族"。这些人口趋势不仅影响到了劳动力队伍的构成，也使得客户更加多元化，这些是市场经理们必须注意到的。

性别问题 越来越多的女性"走出家门"，已成为美国劳动力市场最重要的一大发展。20世纪60年代和70年代的社会变化和经济压力的增大，使得妇女奔赴职场并开始重新定位自己的角色。下面是统计出的一些数据：

- 女性约占劳动力总数的47%。
- 从20世纪70年代到20世纪90年代，女性在总劳动力中的比重不断上升，甚至在男性劳动力比率不断下降的今天，仍然保持稳定。
- 将近60%的已婚家庭都是双收入家庭。
- 双收入家庭中，1/4的已婚妇女比丈夫收入高。

如何平衡工作与家庭责任，如何赡养双方家庭，对于许多女人，以及其"另一半"来说，都是一个巨大的挑战。虽然男性在现今社会中的角色已经发生改变，但女性却仍然承担起了大部分的家庭责任，包括家政事务、看护儿童、照顾年迈的父母。然而，一些公司却依旧希望他们的员工，尤其是管理层，能够为了工作、公司和自己的职业生涯，去尽可能地牺牲个人生活，去尽可能地工作。这些要求不仅会使女性在工作中身处不利地位，同时也可能会导致公司失去宝贵的人才。公司如果能给予员工机会，帮助其平衡工作与家庭，往往能够更好地招募和留住自己的女性员工。这些公司往往都会提供家庭福利，诸如办公室育儿、对年迈老人的居家照顾和灵活的工作时间安排等，并且它们还在利用新技术，允许更多的工作在家完成。不过，这是个复杂的决策过程，需要衡量员工的灵活性，考虑同组织的生产需要是否冲突等问题。甚至每个员工的贡献大小和动机都需要在灵活安排时尽可能地满足目标要求。米歇尔·科尔曼·梅斯是必能宝公司（Pitney Bowes）的高级副总裁兼法律总顾问。她就允许一位律师员工每晚5点钟离开公司，晚上利用笔记本电脑，在最后期限前完成剩余工作。与此同时，梅耶尔却拒绝了另一位员工"灵活"上班的请求，因为他的岗位需要他在场每天处理来自其他部门的大量请求。梅斯在向自己的员工宣布工作日程安排决定时，就提到"(我)可能永远都无法做到完全平等，但我会尽量公平"。

作为重要的薪酬差距原因——对工作灵活调度的渴望，仍然存在于男性与女性员工之间。全职工作的女性员工平均只能拿到相同岗位男性员工薪酬的80%（试想我们在第10章中，对平等支付和价值比较的讨论）。然而，与20世纪70年代相比，这个差距已经不断缩小了。在1979年，女性员工的收入只有相同岗位男员工的63%。不过，最近一项研究却发现，受过大学教育的男、女员工，在工作10年之后，收入差距反而在不断拉大。有些不同的解释认为，这是因为女性倾向于选择那些收入相对较低、工作时间更少、可以投入时间抚养孩子的工作。但即使研究人员控制了这些以及其他已知的变量，仍有1/4的工资差距是无法解释的。其中的一名研究者，凯瑟琳·希尔就猜测："部分的工资差别源自雇主对员工未来选择的假设。年轻女性在有了孩子之后就会选择离职，因此，雇主往往不会去提拔女性员工。"

另一个问题是女性员工在高层岗位所占比例非常少。作为一位女性或少数民族成员，往往在晋升过程中会遇到一个"玻璃天花板"。这个"玻璃天花板"就像一个看不见的屏障，使得妇女和少数族裔很难超越企业中的特定层级。例如，《财富》500强中的首席执行官仅有12名女性，仅仅占到12/500！纵览这些公司的董事会成员，白人女性仅占13%，少数族裔女性更是只有3%。不过，任用女性高管正开始作为一个趋势在许多公司出现。除了钟彬娴掌舵雅芳，艾琳·罗森菲尔德领导卡夫食品，现在任职公司高管的女性还包括在阿彻丹尼尔斯米德兰的帕特·沃尔茨和施乐公司的厄休拉·伯恩斯等。表11.1对顶级女性高管及其任职公司和职位进行了汇总。

表11.1 最成功的女高管们

排名	姓名	公司	职位
1	卢英德 (Indra Nooyi)	百事可乐 (PepsiCo)	董事长兼首席执行官
2	艾琳·罗森菲尔德 (Irene Rosenfield)	卡夫食品 (Kraft Foods)	董事长兼首席执行官
3	帕特丽夏·沃尔茨 (Patricia Woertz)	阿彻丹尼尔斯米德兰 (Archer Daniels Midland)	董事长、总裁兼首席执行官
4	安杰拉·布拉莉 (Angela Braly)	维朋公司 (WellPoint)	董事长、总裁兼首席执行官
5	钟彬娴 (Andrea Jung)	雅芳 (Avon Products)	董事长兼首席执行官
6	奥普拉·温弗瑞 (Oprah Winfrey)	哈珀娱乐集团 (Harpo and OWN)	董事长
7	柯爱伦 (Ellen Kullman)	杜邦 (Dupont)	董事长兼首席执行官
8	罗睿兰 (Ginni Rometty)	国际商用机器公司 (IBM)	高级副总裁， 负责集团行政、销售、市场和战略业务
9	厄休拉·伯恩斯 (Ursula Burns)	施乐 (Xerox)	董事长兼首席执行官

（续表）

排名	姓名	公司	职位
10	卡罗尔·巴茨 (Carol Bartz)	雅虎 (Yahoo)	总裁兼首席执行官
11	萨弗拉·卡兹 (Safra Catz)	甲骨文 (Oracle)	联席总裁
12	谢琳·麦考伊 (Sherilyn McCoy)	强生 (Johnson & Johnson)	制药集团全球主席
13	梅勒妮·海丽 (Melanie Healey)	宝洁 (Procter & Gamble)	北美地区集团总裁
14	安·利弗莫尔 (Ann Livermore)	惠普 (Hewlett-Packard)	惠普企业业务执行副总裁
15	安妮·斯威尼 (Anne Sweeney)	迪士尼 (Walt Disney)	迪士尼媒体网络联席主席； 迪士尼-ABC 电视集团总裁
16	谢丽尔·桑德伯格 (Sheryl Sandberg)	脸谱 (Facebook)	首席运营官
17	卡尔·梅罗维茨 (Carl Meyrowitz)	TJX 公司 (TJX Cos)	总裁兼首席执行官
18	朱迪·麦克格拉思 (Judy McGrath)	维亚康姆 (Viacom)	MTV 网络董事长兼 首席执行官
19	芭芭拉·德瑟 (Barbara Desoer)	美国银行 (Bank of America)	房屋贷款部总裁
20	查伦·贝格利 (Charlene Begley)	通用电气 (General Electric)	通用电气家庭和商业解决 方案部总裁兼首席执行官； 通用电气高级副总裁
21	阿比盖尔·约翰逊 (Abigail Johnson)	富达 (Fidelity)	富达副董事长兼董事；富达人事、 车间、机构服务事务总裁
22	苏姗·艾维 (Susan Ivey)	雷诺美国公司 (Reynolds American)	董事长，总裁兼首席执行官
23	苏姗·钱伯斯 (Susan Chambers)	沃尔玛 (Walmart Stores)	全球人事部执行副总裁
24	萨莉·克劳切克 (Sallie Krawcheck)	美国银行 (Bank of America)	全球财富和投资管理部总裁
25	简·菲尔茨 (Jan Fields)	麦当劳 (McDonald's)	麦当劳美国地区总裁

资料来源："50 Most Powerful Women in Business," from Fortune Magazine, October 18, 2010. Copyright 2010 Time Inc. Used under license.

同时，一些公司也在为帮助女性打破"玻璃天花板"而进行努力。埃森哲每月都会为其女性员工斥资举行交流活动，并配套提供灵活的工作时间和兼职安排。这些努力可能同之前的一份调查结果有关，有79%的女性受访者表示，她们可以预见自己未来会任职一个高级管理岗位；与之相比，她们之中只有66%的人在职业生涯刚开始时有那样的感觉。表11.2是国家女性管理者协会评选出的对女性员工来讲的最佳公司。

表11.2　十大女性高管所在公司

雅培 （Abbott）	毕马威会计事务所 （KPMG）
美国运通 （American Express）	卡夫食品 （Kraft Foods）
美国银行 （Bank of America）	万豪国际 （Marriott International）
通用磨坊 （General Mills）	宝洁 （Procter & Gamble）
国际商用机器公司 （IBM）	保德信金融集团 （Prudential Financial）

资料来源：B. Spence, "Top Companies: 2011 NAFE Top Ten," National Association for Female Executives, http://www.nafe.com. Copyright 2011 by National Association for Female Executives. Reproduced with permission of NAFE via Copyright Clearance Center.

 管理实践

坐落于丹佛市的美国西图公司（CH2M Hill），主营业务为管理工程项目建设，其主要工程远在伦敦、阿布扎比、巴拿马运河。即便如此，有些工程在公司看上去好像仍是不可能的：如何让女性在一个男性主导的行业中进入最高领导层。美国西图公司招聘了大量的有才华的女工程师，但她们似乎从未能够晋升到很高的职位。

公司为此下定决心，寻找解决方法。但调查后发现，尽管正式的政策是公平的，但无论男性还是女性工程师最终都倾向给予男性更多的机会。男性工程师往往更加积极地寻求有更大责任的职位。女性工程师则更加专注于积累经验和目标的完成，她们普遍认为如果工作努力就一定会获得奖金。但她们却往往无需刻意的"关怀"，因为她们的男性经理现在已经非常注重礼貌问题。

为了揭露和解决这些风格差异问题，美国西图公司建立了一个女性网络，开始举办为期2天的年度会议，目的就是鼓励女性管理者更加自信地掌控她们的职业生涯。会议包括谈判训练和同导师见面的机会。最终，年度会议的覆盖范围扩大到了男性管理者，实现了"两条腿走路"。

随着女性管理者职业生涯战略规划能力的不断加强，美国西图公司专门出台了一项政策：所有高级管理岗位在进行候选人选拔时，选拔范围必须开放且至少涵盖1名女性。自从这些变化发生以后，女性在公司高层职位中的比例已经增长到了30%。

- 在打破"玻璃天花板"的过程中，美国西图公司的决策只是单纯地为了改变女性员工的工作行为吗？还是出于公司运营的考虑？或者二者皆有？

随着女性在职场中承担更多的业务，掌控权力越来越大，相关问题也开始逐渐地"浮出水面"，引起关注。**性骚扰**（sexual harassment）就是其中的一个严重问题，它指被要求发生无法接受的性行为，并将其设为是否雇佣的条件。性骚扰具体分为两种：一种是交换条件的性骚扰，一般是指将"同意或拒绝性行为作为影响雇佣决定的基础性因素"；另一种是带有敌对色彩的性骚扰，这种行为通常"带有不正当目的，会对工作产生不合理影响，并因此创建出充满敌意的、令人不愉快的工作环境"。这种行为会在工作中引发敌意，使得工作环境中持久、普遍地充斥着色情、猥亵或暗示的言论，甚至诋毁、辱骂与笑话也"随处可见"。无论是上述类别中的哪种行为，骚扰者和受害者是哪种性别，都违反了1964年《民权法案》第7条。在联邦政府最近1年收到的投诉中，超过15%的投诉来自男性。如果平等就业机会委员会收到对某位员工性骚扰的指控，该委员会可能会启动调查程序，如若证据确凿，可能就会申请仲裁、寻求和解或提起诉讼（可能会引发巨额罚款）。这些对公司来说，都会带来负面影响，甚至可能损害公司未来在人才竞争中的招募能力。

如今，因敌对工作环境而发生性骚扰的问题已经十分突出，甚至超过了条件交换式的性骚扰问题。但是，因为它可能涉及更多的主观行为标准，这使得管理者必须确保所有员工都知道什么行为是合适的、什么行为是不合适的，让他们了解到涉及性骚扰问题的严重后果。对于管理者而言，维持适当的工作环境都会带来一笔额外的负担。事实上，即使管理者自己并不涉及性骚扰，但如果没能阻止问题发生，或在收到合法投诉后无所作为，他们仍然可能会被追究法律责任，甚至一旦提起诉讼，连公司都难逃干系。管理者也很清楚，不仅上述问题很重要，其解决标准也同样适用于同性骚扰以及与性别无关的其他情况，最典型的莫过于种族歧视和种族诋毁。青少年员工就是一个特别脆弱的人群，因为他们没有经验，往往会首先接受底层工作，并且常常会在遇到问题后，感到犹豫或不好意思说出口。联邦平等就业机会委员会为此决定优先关注青少年员工，并在网站上推出了一项名为"青年工作"的关注页面（http：//www.youth.eeoc.gov）。美国国家餐饮协会和国家零售联合会也为青少年免受骚扰加大了保护力度。

管理者可以帮助公司禁止性骚扰，甚至在诉讼提出后可以回避惩罚性赔偿的方法之一，就是确保组织在该问题上有一个有效且全面的政策措施。表11.3就展现了该政策的基本内容。诸如雅芳、康宁、米高梅等公司都已经发现，为多样化的员工团队提供一个强有力的承诺保障，可以减少性骚扰问题的发生。

表11.3　有效防止性骚扰的基本政策内容

1. 制定一个全面的、有效的、面向所有成员的性骚扰防止政策，并告知所有新老员工。强调性骚扰在任何情况下都是不被容忍的。当政策公开并获得高层管理者的支持时，最终效果往往都会非常好。
2. 培训部经理通过举办培训课程向员工解释《民权法案》第7条，明确每个人在提供没有性骚扰的宽松自由的工作环境中的角色与作用，并就指控发生后，会启动适当的调查程序进行说明。
3. 建立一个正式的投诉程序，员工可以自由讨论问题，且不必担心被报复。投诉程序中应该详细说明指控发生后的调查方式和解决方式。
4. 当有员工投诉性骚扰时，应立即采取行动，进行广泛客观的沟通、调查，并就敏感问题注意采取合适的方式。
5. 如果调查表明对员工的指控成立，应立即对违规者进行处罚。对于特别严重的行为，应加大处罚力度，甚至直接开除。无论下次违规的是管理者还是小时工，在面对相似指控时，都应采取相同一致的纪律和处罚规定。
6. 跟进所有的案件，确保都能得到一个满意的解决方案。

资料来源：G. Bohlander and S. Snell, *Managing Human Resources*, 15th ed. Copyright © 2010. South-Western, a part of Cengage Learning, Inc. Reproduced by permission. www.cengage.com/permissions.

在继续讨论之前，需要强调一点，即性别问题和工作性质的改变并不仅仅适用于女性。在某些方面，女性地位的改变反而给了男性重新定义角色、期望和生活方式的机会。有些男性认为，生活比事业的成功更为重要，他们为了能够更好地陪伴家人，宁愿缩减自己的工作时间、减少工作任务。员工的价值观开始向个人时间、生活质量、自我实现和家庭等方面倾斜。今天的工作者——无论是男性还是女性——都在努力寻求事业与家庭之间的平衡。

此外，越来越多的雇主在面对男同性恋、女同性恋、双性恋，甚至变性者员工时，开始考虑性别问题。这些员工可能也会关注与之相关的工作问题，比如避免骚扰、从同性或家庭伴侣处获取利益，或者只是希望不要公开涉相关员工的姓名等。如何去对待经历过变性的员工不仅对于社会认知是崭新的问题，对于法律也是一样。几年前，一名同性恋者会被自动地认定为单身，但在今天，有些州的法律就允许他们结婚或注册成为家庭伴侣，甚至可以一起收养孩子。美国军方也对之前的政策——"禁止同性恋者服役"进行了修改，在1993年实行了"不要问，不要说"的政策，2011年又逐步"打开"同性恋者公开服役的"大门"。法律、政策和社会规范都在不断变化，因此，雇主在此情势下，必须特别留意，需要明白什么是必须的，以及员工、客户和其他利益相关者会在公司政策和实践活动中受到怎样的影响。

少数民族和移民　除了性别问题之外，多样化之所以能够变得如此重要且广泛，同劳动力大军中不断增长的少数民族和移民数量是密不可分的。请思考如下事实：

- 在美国，超过1/4的工作岗位由黑人、亚裔和拉美丁裔工人占据。
- 在美国，亚裔和拉美裔的劳动力数量增长最快，紧随其后的是非洲裔美国人。
- 3/10的大学入学者为有色人种。
- 在加利福尼亚州，预计到2020年，大部分初级工人都将为拉美裔美国人。
- 在加利福尼亚州、得克萨斯州和佛里里达州，对大多数人来说，英语已成为第二语言。
- 美国普通劳动力中，超过15%的人都出生于海外。其中大约一半的人为拉美裔，22%为亚裔。
- 越是年轻的美国人中，有色人种越多。
- 今天，每40个美国人中会有1个人认为自己是混血儿，预计到2050年，这个数字可能会升至1/5。

这些数字表明，少数族裔的固有含义可能很快就会过时。特别是在城市地区，白人男性已不占优势，管理多样化不仅仅只意味着消除歧视，更意味着在劳动力市场上，所有技能都可以被有效利用起来。如若组织不充分利用少数族裔和移民的技术、能力，不仅潜在人才储备会受到严重限制，甚至对少数族裔市场的理解和把握都会因此受到严重影响，而这些市场恰恰正处于高速发展时期。随着少数族裔人口比例的不断扩大，他们的购买力水平也在不断上升。如果你去经商，你很可能会同少数族裔开办的公司打交道，因为那些由亚裔、非洲裔、拉美裔企业家创办的公司，其增长速度往往高于所有在美国新成立公司的综合增长速度。例如，在高科技公司云集的美国硅谷，其中超过一半的企业都是由移民创立的，并且在美国，最近1年的专利申请中，1/4都是由移民作为发明人或联合发明人申请的。

在许多拥有大量亚裔、拉美裔、非洲裔美国人的城市地区，银行正有意增加管理人员与出纳员的多样化水平，这一方面是为了更好地契合那些人口混居的社区的需要，另一方面也可以吸引更多的业务。如果没有，客户很容易注意到这点并转移到该地区的其他银行，原因就在于他们觉得在那里更受欢迎，更舒适。这种员工的多样化和因此产生的员工协作，不仅会提升客户的服务质量，还能帮助银行维持竞争力。例如，当出纳员接洽到不会说英语的新移民时，他可以立即向同事寻求帮助。掌握多种语言的员工也由此身处一个更有利的位置，因为他们可以帮助解决客户的特殊问题。来自国外的转移收入就是一个典型例子。

即便如此，仍有证据表明令人不安的就业歧视和收入歧视依旧存在。黑人和拉美裔工人的失业率仍比白人要高，黑人男性的失业率甚至是白人的两倍。黑人和拉美裔工人的收入始终落后于白人工人。最近的统计数据表明，非洲裔美国工人的平均收入只占白人工人平均收入的77%，拉美裔工人则只占70%。非洲裔和拉美裔美国人也很少能够进入管理层和专业岗位。这种现象会使问题一直都存在，它会导致那些少数族裔年轻人在成长的道路上缺乏那些进入职场顶层的榜样和导师的指导。

这种差异甚至可能存在于相似的工作岗位上。因为也有大量证据表明，至少有相当一部分的就业和收入差异是因为歧视造成的。例如，最近通过设计虚拟简历，专家们对波士顿和芝加哥报纸的招聘广告结果进行了调查分析。每份简历会分别采用拉吉莎、贾马尔等非洲裔美国人的名字，和艾米丽、格雷格等白人姓名，建立两份版本。最终采用白人姓名的简历获得的回复数量要比采用非洲裔姓名的相同简历高出50%。尽管文凭相同，但对不同种族群体的无意识假设却常常很难克服。

可喜的是，现在已经取得了显著进步。正如你从表11.4中所看到的，许多才华横溢的少数族裔成员已成为负责运营的公司高管，并且广泛分布于许多行业。其中，大获成功的个人和群体也不在少数。亚裔美国人的平均收入和失业率情况实际比白人员工还要好。

表 11.4　高管的肤色：选择的实例

姓名	公司	职务
乔斯·玛利亚·阿拉朋 （Jose Maria Alapont）	辉门公司 （Federal Mogul）	首席执行官
布鲁诺·阿尔梅达 （Bruno Almeida）	美国媒体咨询公司 （U. S. Media Consulting）	首席执行官 兼共同创始人
J. 里基·阿里奥拉 （J. Ricky Arriola）	Inktel Direct 公司 （Inktel Direct）	总裁兼首席执行官
厄休拉·M. 伯恩斯 （Ursula M. Burns）	施乐公司 （Xerox Corporation）	董事长兼首席执行官
陈纳德 （Kenneth I. Chenault）	美国运通 （American Express）	董事长兼首席执行官
约翰·艾彻韦斯特 （John Echeveste）	VPE 公关公司 （VPE Public Relations）	首席执行官 兼共同创始人
劳尔·J. 费尔南德斯 （Raul J. Fernandez）	目标视频公司 （ObjectVideo）	董事长兼首席执行官
肯尼思·C. 弗雷泽 （Kenneth C. Frazier）	默克公司 （Merck & Co.）	首席执行官

（续表）

姓名	公司	职务
卡洛斯·戈恩 （Carlos Ghosn）	法国雷诺和日本日产 （Renault of France and Nissan of Japan）	总裁兼首席执行官
谢家华 （Tony Hsieh）	美捷步 （Zappos）	首席执行官
托尼·希门尼斯 （Tony Jimenez）	微技术 （MicroTech）	首席执行官
钟彬娴 （Andrea Jung）	雅芳公司 （Avon Products）	董事长兼首席执行官
山塔努·纳拉延 （Shantanu Narayen）	Adobe 系统 （Adobe Systems）	总裁兼首席执行官
罗德尼·奥尼尔 （Rodney O'Neal）	德尔福集团 （Delphi Corporation）	总裁兼首席执行官
克拉伦斯·奥蒂斯 （Clarence Otis Jr.）	达登饭店集团 （Darden Restaurants）	总裁兼首席执行官
安东尼奥·M. 佩雷斯 （Antonio M. Perez）	伊士曼柯达公司 （Eastman Kodak Co.）	首席执行官
威廉·佩雷斯 （William Perez）	威廉箭牌有限公司 （William Wrigley Jr. Co.）	首席执行官
朱利安·波拉斯 （Julian Porras）	Omnicam 镜头媒体集团 （Omnicam Media Group）	首席执行官
罗纳德·A. 威廉姆斯 （Ronald A. Williams）	安泰公司 （Aetna Inc.）	董事长兼首席执行官

资料来源：DLB Group Worldwide, "DLB Group Worldwide Announces the Top Hispanic CEOs Worldwide," *Hispanic PR Blog*, December 22, 2010, http://www.hispanicprblog.com; "African American CEO's of Fortune 500 Companies," *BlackEntrepreneurProfile.com*, http://blackentrepreneurprofile.com, June 21, 2011; and "List of Asian Americans," *Wikipedia*, http://en.wikipedia.org, June 21, 2011.

此外，几乎所有大型组织现在都会有致力于增加少数族裔表现机会的政策和项目——包括用于奖励管理者提高业务多样化的奖酬系统。诸如联邦快递、施乐、摩根士丹利、壳牌、太阳微系统公司等大公司都在公司内部专门设立致力于协助组织管理者吸引、留任、提拔少数族裔和女性高管的负责官员。许多组织也通过提供实习机会和 MBA 课程努力确保能够持续聘用充足的少数族裔候选人。例如，邓白氏（Dun and Bradstreet）就作为赞助商，专门为少数族裔的 MBA 学生提供了暑期实习项目。洛克希德·马丁公司（Lockheed Martin）就同美国管理协会的运营企业达成一致，向高中生和大学生提供一份为期两周的带薪实习项目。这些实习项目可以帮助学生和企业互相了解彼此，甚至在理想情况下，可以变成学生的全职就业机会。表 11.5 就根据 DiversityInc.com

的调查结果，显示出了最富多样化的十大公司。在所有这些公司中，无论是开发、雇佣，还是留任少数族裔高管，这些都是管理者管理越来越多样化的劳动力需要掌握的核心能力。加之客户数量不断增加和客户背景的不断丰富，这些更成为必需的能力要求。

表 11.5　多样化招聘做得最好和保持得最好的十大公司

1. 普华永道（Pricewaterhouse Coopers）	6. 强生（Johnson & Johnson）
2. 安永（Ernst & Young）	7. 美国银行（Bank of America）
3. 美国电话电报公司（AT&T）	8. 诺华制药集团（Novartis Pharmaceuticals Corp.）
4. 凯撒医疗机构（Kaiser Permanente）	9. 宝洁（Procter & Gamble）
5. 索迪斯集团（Sodexo）	10. 万豪国际（Marriott International）

资料来源：B. Frankel, "The DiversityInc Top 10 Companies for Recruitment and Retention," *DiversityInc*, March 4, 2011, http://www.diversityinc.com.

智力和身体残疾的人　在美国，其实最大的少数族裔失业群体是残疾人。它涉及各个种族背景、文化和年龄层段。随着工人平均年龄和体重的不断增加，残疾人占总人口的比例正不断增加。根据美国政府的统计数字，残疾人占工作适龄人口总量的10%。其中许多人并没有发挥出劳动力作用（意味着他们既没有工作也没有找工作）。另外，还有超过600万正在工作的残疾人。2009年的残疾人失业率为14.5%，远高于普通人9.3%的失业率。如果他们能够拥有更高水平的教育，他们就很有可能获得工作，甚至可能比普通人更容易获得兼职工作，因为他们很难找到全职工作。

第10章中提到的《美国残疾人法案》，对什么是残疾做出了具体定义：有身体或心理障碍，以致一个或多个主要生命活动受到限制。这些身体和心理障碍包括骨科、视觉、语音和听力障碍；脑瘫、癫痫、多发性硬化症；艾滋病毒感染；癌症、心脏病、糖尿病；精神发育迟滞、心理疾病；特殊学习障碍、药物成瘾和酗酒等。

随着新的辅助技术不断出现，企业在履行《美国残疾人法案》的规定时，往往更加简单。同时，残疾人的工作效率也可以因此而提升。很多时候，州政府对于工人需要的特殊装备或其他住宿设施都会给予帮助解决。由此，公司们往往也会享受到意料之外的附加福利。一家坐落于威斯康星州，名为盲人民族工业（National Industries for the Blind，NIB）的公司，其旗下的品牌——Skilcraft就是一个典型例子。公司75%的员工都有视力障碍。因为仓库挑拣员很难阅读纸质指令，公司安装了语音技术系统来通过耳机向员工传达指令。这项技术直接提升了整个操作流程的生产效率，并且操作精度也随之提升。同时，通过使用耳机，视障和正常员工挑拣和发货的速度都有所提高。

对于大多数企业来说，无论是身体残疾还是心理残疾者，他们都代表了一个未知但卓有成效的劳动力市场。越来越多的雇主发现，身有残疾的员工比其他员工更加可靠，旷工时间更少，甚至流失率也更低。如果你雇用了身有残疾的员工，公司还能额外享受税收抵免政策。此外，一旦你雇用和支持那些身有残疾的员工，外部利益相关者和其他员工也会感受到一个信号——你对建立包容性的组织文化非常感兴趣。

教育水平　美国经济还主要是工业经济的时候，许多岗位对员工的要求还只是体力好、耐力好、掌握贸易技巧，对于大学学历和专业背景并不是很强调。但在今天的服务和技术经济中，越来越多的岗位开始要求大学学历，甚至研究生学历或专业学位。如果你想要了解未来有多少劳动力，大致了解一下如今大学的申请人数就知道了。从20世纪70年代开始，拥有大学学历的劳动力比例始终都处于稳步增长的状态，获得学士学位的工人数量甚至已经翻了一番。与此同时，持高中以下文凭的劳动力比例从 1970 年的 2/5 下降到了今天的 1/10，其中对获得科学学位和技术学位的劳动力需求尤为旺盛。雇主往往会在海外大力搜索科学家和计算机专业人才，可惜受签证限制，始终供不应求。但在当前劳动力市场的另一端，却仍有 28% 的海外出生的工人没有完成高中学业。

11.2.3　劳动力的年龄

出生于婴儿潮的那一代人（1946—1964 年出生的人）正在慢慢变老。今天，几乎 2/5 的员工年龄在 45 岁以上，并且随着老员工数量不断膨胀，年轻员工数量增长乏力，美国劳动力的中位数年龄正不断上升。在以护理、制造业为代表的诸多行业中，因为裁员和劳动力急速老化，整个行业正面临着专业人才"青黄不接"的局面。其他行业在不远的将来也会很快处于类似困境。正因为如此，美国劳工统计局预计，未来普通工人将会供不应求。

除此之外，在 45 岁至 74 岁的老员工中，有 70% 的人向前美国退休人员协会（American Association of Retired Person，AARP）的研究人员表示：他们打算在退休之后继续工作。退休老员工一般不会拒绝雇主的返聘邀请。对雇主来说，老员工们长期积累的丰富经验是他们无法割舍的，况且他们愿意进行不符合传统的轮班，工作习惯也很值得信赖，整个工作团队甚至可以因此受到积极影响。

> 每当一位年轻工人成为劳动力时，两个婴儿潮时代出生的人却开始退休了。

为了防止人才大量流失，雇主们需要采取一些策略以便能够留住和吸引那些拥有技能、知识渊博的老员工。阶段性退休计划便在此背景下诞生，该计划意在通过减少老员工的每周工作时间进而留住他们。在北卡罗来纳大学系统的 16 所校园里，几乎有 1/3 的退休教师接受了阶段性退休计划，并且这一概念对于其他许多公共和私人组织也颇具吸引力。随着年龄的增长，老员工们的视力、听力和行动能力往往也会衰退，帮助他们适应、解决这些问题，也是留住老员工的一个重要策略。这一意义重大的趋势"拐点"之所以能够出现，还得源自最近几十年的实践活动。以前当老员工想要离职时，出于节省开销的考虑，公司往往会同意其请求，并去寻找更为廉价的替代人员。表 11.6 展现了如今那些富有创造性的公司是如何重新思考退休政策的，并通过设法吸引和留用 55 岁以上的老员工来解决技能丰富的劳动力短缺的问题。发挥老员工的经验不仅可以节省周转资金，还能减少培训成本。

表 11.6　五种更加充分发挥老员工作用的方法

更加充分发挥老员工作用的方法	方法被认为是非常或适度有效的比例（%）	已经实施该方法的企业的比例（%）
针对老员工的福利组合	68	18
可以接续提供福利的兼职工作安排	64	30
就如何发挥老员工作用对管理者进行培训	60	25
增加老员工兼职工作的可能性（不考虑福利）	55	36
对老员工进行技能培训	55	44

资料来源："American Business and Older Employees：A Survey of Findings," Copyright ⓒ 2002 AARP.

与此同时，要想得到为数不多的青年才俊，公司也需要"下一番苦功"去吸引那些对就业市场了如指掌，要求得到他们钟情的工作条件，并期望得到所需赞美的求职者。对代沟问题颇有研究的 Rainmaker Thinking 公司创始人布鲁斯·塔尔根，就对今天的青年员工（Y 世代）总结道：他们不仅需要"高保养"还具有"高性能"，他们通过互联网，学会了处理海量信息。这一代人中的许多人都因父母的悉心照料而对生活充满要求，所以雇主们得精心设计工作安排，以能够对他们保持"刺激"，具体包括团队合作、保证合理的工作时间以允许其在外活动、提供大量的积极反馈等。要想"接近"这些年轻员工，雇主们还得在这些年轻人出现的地方——网上更新自己的招聘策略。Intermedia 公司是一家通过运营计算机中心而为小公司发布大型网页和提供电子邮件软件的公司。他们表示：领英等社交网站可以帮助公司找到优秀的信息技术工人。在政府部门中，中央情报局和国家安全局就在 Facebook 上建立了自己的专属页面，注册会员可以通过访问页面了解有关的职位空缺信息。

管理实践

今天的公司正在从年轻人和老员工两方面寻找其价值，并不断寻找新的方法去鼓励他们进行合作。将老员工的丰富经验同年轻人的活力和创新想法结合起来，往往就能创造出强大的生产率。Rainmaker Thinking 公司的卡洛琳·马丁就鼓励她的客户发展辅导项目。往往就是通过这样的项目，可以将重要的公司及行业知识从老员工传递至年轻人。"（老员工）是拥有丰富经验、产品知识甚至发展历史的巨大金矿，我们得将他们'挖掘出来'。"在最近的一次经济会议上她做出上述发言，并说，"知识作为力量已经过时了，只有分享知识才能发挥效用。每个人，无论年龄大小，都同时是老师和学习者"。

马丁甚至建议雇主们去主动聘请那些可以教授年轻人的老员工。她说，现在，婴儿潮的一代人正开始退休，他们其实可以开启职业生涯的"第二次春天"。她还建议"积极招收 50 岁以上的老员工"，"这些老员工都是很棒的。很难有 X 世代和 Y 世代的人能够取代他们"。

- 你认为年轻人可以从老员工那里学习到什么？

11.3 管理多样化与平权行动

对于许多组织来说，推动员工多样化的最初动力只不过是社会责任和法律需要而已（请回忆第 5 章和第 10 章内容）。为了纠正过去对女性和少数族裔的偏见，企业开始引入**平权行动**——专门从过去被歧视的群体中招募、聘请合格成员。该行动不是因为喜欢这些群体成员而驱逐其他人，而是为了纠正长久以来形成的歧视性做法和排斥性偏见。从这个角度看，对这些错误做法的修正，也可以被视为一种道德、伦理和法律行为。

通过努力，加之在法律上不断完善禁止歧视的相关规定，一个强有力的影响正不断显现。几十年前，谁都不会想到如今我们的社会和组织会发生如此积极的改变。今天，移民群体实际上已经被美国社会所接受，甚至被视为骄傲的资本。女性、非洲裔、拉美裔以及其他少数族裔美国人，如今经常担任那些曾经对他们"完全关闭"的职位。

但是，正如我们所看到的，每个法律措施都只是一个零散、片面的努力，要想达到真正完全的多样化目标仍然任重而道远。就业歧视依然存在，甚至在政府立法几十年后，《平等就业机会法案》(Equal Employment Opportnnity，EEO) 和平权行动的法律措施仍然无法彻底解决女性和少数族裔的"上升通道"问题。要想超越并纠正之前的错误进而使组织实现真正的包容，就需要改变组织文化，就是一条实现多样化并直达组织目标的有效途径。

从这点看，平权行动和多样化并不相同，而是起着互补作用的。同《平等就业机会法案》和平权行动计划相比，管理多样化将差异视为一种积极价值，这便超越了法律规定的积极经营的概念范畴。并且，所有员工都是不同的。这些差异可能涵盖了我们经常讨论的人的最基本属性：种族、民族、性别和年龄，但那些诸如员工祖籍、受教育水平或生活经历等不太明显的属性同样也应属于差异范畴。所有这些因素都增加了管理者可以利用的人才和观点的丰富性。从广义上讲，要想实现管理多样化，就得改变组织系统、组织结构，通过实践去消除一切可能会阻止人们发挥潜能的障碍。这就意味着所有人都将被视为单个存在的个体——平等但不相同——每个人都有着不同的需求，且成功的路径并不一样。这就对管理者提出了很高的要求，需要他们能够识别、挖掘出每位员工的独特性，并将其不同的观点和看法变成组织竞争优势的来源之一。简而言之，管理多样化不仅仅只是让组织中少数族裔和女性员工的数量有所增加。它是一种环境的创造，在其中，无论出身何处，每一位员工都能够互相倾听，在一起更好地工作，组织作为一个整体会因此变得更加有效。在看到管理多样化对融合员工和提升公司有如此大的帮助后，许多公司都开始将多样化和包容性建立为未来发展目标。

> 平权行动和多样化并不相同，而是起着互补作用的。

11.3.1 多样化和包容性所带来的竞争优势

今天许多企业都在从一个更加实际和商业的视角倡导多样化和包容性。多样化越来越成为构建企业竞争优势的强大工具。各种研究都表明，组织高层的多样化程度越高，往往公司财务表现也会越好。还有证据表明，这一关联源自于投资者更加偏好存在包容性政策的企业组织，由高层管控多样化的公司反而不受欢迎。并且，多样化并不妨碍公司效能的提升，在某些情况下，它可能还会增强公司优势——尤其是当组织清晰地知道如何去利用它时。

> 各种研究都表明，组织高层的多样化程度越高，公司的财务表现往往也会越好。

管理多样化劳动力队伍会给公司带来许多优势，但挑战和困难也是显而易见的。在本节的学习过程中，我们会对其中的一些内容进行探讨。

吸引和留住积极员工的能力 面对不断变化的人口结构和愈加复杂的商业需求，多样化的作用日益凸显。如果公司在为多样化员工提供机会方面有着很好的声誉，那么不仅会因此在劳动力市场中拥有竞争优势，甚至还会被许多优秀的候选者主动追捧。此外，一旦员工相信，差异不仅是可以被公司容忍的，甚至还是被重视的，那么他们就会变得更加忠诚、更富有效率、更加积极主动。

差异化市场的美好前景 随着美国劳动力结构的不断变化，客户群体也相应地随之改变。为此，诸如雅芳、保诚保险（Prudential）、柯达、玩具反斗城等公司都开始了多样化建设。女性和少数族裔愿意为重视多样化的公司工作，自然这样的组织也会成为他们消费的优先选择。

随着越来越多的亚裔、非洲裔、拉美裔美国人和

> **提示**
>
> 多样化可以帮助组织在新市场中取得成功。
>
> 无论是在新兴市场还是不同的市场领域，拥有多样化员工团队的玩具反斗城始终能够保证最佳的服务质量，其秘诀是什么？

女性开始成为中产阶级,他们也逐渐成为消费的主力军。当然,每个年龄层都有一套自己的价值观和经验体系,所以搭配组合员工团队,可以帮助公司更好地接触不同年龄段的客户。并且多元化的员工团队可以帮助公司更好地了解多元化市场中消费者的消费习惯和消费偏好。这些信息可以帮助公司依据消费者需求去更好地设计产品,并进行市场推广。此外,至少对于某些产品和服务而言,多元文化背景的销售团队有助于将其出售给多样化的群体。员工队伍的多样化也有助于公司更好地理解其他风俗习惯、文化和市场需求,这会使得公司在全球经济中获得竞争优势。

利用创造力和创新能力去解决问题 工作团队的多样性能够促进创造力和创新,这是因为来自不同背景的人对相同的问题会有不同的想法。多样化团队在解决问题时往往具有更加丰富的经验基础;当被有效管理时,他们总是能提出比同质化团队更多的选项和解决方案。此外,多样化团队更容易摆脱传统方法的限制。多样性的存在也可以帮助减少"群体思维"(见第3章)。

> **提示**
>
> 多样化可以增加组织的创新性。
>
> 在你这一代,什么类型的创新最具有优势?对长辈们来说,当时最具优势的创新又是什么?

> **提示**
>
> 多元化的员工队伍可以提升响应速度。
>
> 为什么想要获得创意的客户往往可能从一家能包容不同风格的公司获得更快的响应速度?

现在,许多律师事务所都将多样化的团队合作视为一种常规方法,复杂案件中经常需要这种不受限制的思维,一组背景相同并且想法类似的律师,在创新性上会比更具差异化的一组表现差。此外,在陪审团审理时,律师团给陪审团成员留下的印象会帮助或严重地伤害到委托人;在不同律师参与的前提下,多样化的陪审员们更有可能接受一个明显多样化的团队。律师团队差异化的重要性不断增加,这已经导致如今越来越多的律师事务所同其他少数族裔的事务所结盟,以便于他们可以在案件中合作。

增强组织的灵活性 多样化的员工可以增强组织的灵活度,因为管理多样性的成功需要可以包容不同风格和不同解决问题路径的合作文化。较少的限制性规章、规程以及标准化较低的操作方法使得组织更加灵活,这样可以更快地对环境变化做出响应(见第2章和第9章)。例如,摩根大通公司(J. P. Morgan)将多样化视为战略建设的一个必要部分,正如一位天才所言:"我们只有创建并鼓励多元文化的融合,才能取得成功,而这种文化的融合,要求每个人的观点都有其价值,并且所有员工都可以展现出他们最好的一面。"

管理实践

宝洁公司认为员工的多元化是竞争优势的来源之一。在一家全球化公司,招聘多样化会使得公司获得最大范围的人才库,帮助了解所有客户群体的需求。尊重多样性,也是对创新的最大保证,因为它可以让人们更加自信地去利用自己的技术、分享自己的想法。

针对多样化付出的承诺反映在企业项目上。宝洁公司建立了7个"亲和组织",其中包括非洲裔美国领导网络,拉美裔领导团队和残疾人组织。通过参加这些志愿组织,员工可以提出所关注的问题,寻找导师,享受相互支持。此外,公司还建立了一个被称为"粘土街"的训练计划,就是通过给员工发送离线练习,使其在不同团队都能有效工作。

宝洁致力于多样化管理,这在对待公司人才上也有所反映。对一个美国大公司来说,一个11人的董事会是异常复杂的,其中就包括了5位女性和1位杰出的黑人男性——美国运通首席执行官陈纳德。宝洁在全球80个国家拥有135000名员工,其中就包括琳达·克莱门特·霍姆斯,这位直接向公司CEO汇报、负责多元化管理的总监。琳达·克莱门特·霍姆斯是一位从信息技术部起步并在宝洁工作了 27 年的"老兵"。在宝洁，还有一位优秀的黑人女性，她叫莫妮克·皮蔻，现负责领导英国地区的供应业务。她在宝洁的职业生涯开始于 1989 年，最初在堪萨斯州和路易斯安那州的制造和流程管理部门工作，随后被调往俄亥俄州总部和瑞士日内瓦负责供应管理。

- 宝洁将这些管理人员招进公司，打破了过去由白人、男性和来自辛辛那提市的管理者们主导公司的现状，那么，到底宝洁从中得到了什么样的好处和收益呢？

11.3.2 多样化和包容性所遇到的挑战

我们之前对法律保证的平等机会，以及由多样化和包容性所带来的日益显著的企业优势进行了探讨。然而，每年仍会有成千上万起因歧视和公平待遇问题而引发的诉讼，甚至其中一些诉讼案件涉及那些规模最大、最受尊敬的公司。即使在雇佣和支付环节没有明显的歧视行为，想把管理多样化做好也是很困难的。少数族裔员工和女性员工往往会在入职之后发现：因为组织文化和环境，他们没有机会去任职最好的工作岗位。即使是全球最具商誉的管理者也会发现：想让来自不同文化背景的人为了一个共同目标去奋斗，是一件看起来容易、做起来难的事情。

想要成为一名成功的多样化组织管理者，我们必须发现且克服很多挑战，包括主观臆断、较低的凝聚力、沟通问题、不信任、紧张，以及墨守成规。

主观臆断 对于我们大多数人来说，从一个全新角度观察世界是很困难的，因为我们的假设和观点显得太过平常和相似。例如，异性恋者通常都会把他们恋人的照片放在电脑桌面上，甚至是习惯性地做出这样的决定，而上述情况也许在全国数以百万计的工作场所中重复出现。但对于同性恋者来说，情况却恰恰相反，因为这样做的话可能会引来相当多的麻烦，如果这些同性恋者可以完全感受到这些不便的话。另一个主观臆断的问题出现在男人与女人之间。例如，很多人想当然地认为女人应该承担抚养孩子的任务，即便在与工作发生冲突的前提下。最近，研究者们在一些内容类似的简历的姓名处，一部分写上男性名字，另一部分写上女性名字，并且这些名字有一半可能暗示雇主他们身为父母。这些资历相当的简历投递到雇主那里后发现，如果应聘者是女性名字，那么这些编造出来的应聘者通常不会得到面试机会。因为简历的内容大体相同，这项研究的结果能够表明人们会主观地对母亲做出那些并不适用于父亲或没有子女的女性的判断。

> "在《财富》500 强公司的 CEO 中，身高达到 6 英尺或更高的 CEO，占比达到 58%……对我们中间的大多数人来说，其实大家完全没有意识到，身体素质对于领导力是多么重要。"
>
> ——马尔科姆·格拉德韦尔

在那些明显存在上述问题却不采取积极措施使人们感到受欢迎和受重视的组织里，管理者可能很难发现富有激情的共同使命感。

较低的凝聚力 多样化可能会引起凝聚力缺乏。凝聚力是指群体结合的紧密程度和组织成员以相似化或意见一致的方式认知、理解及采取行动的程度。由于在语言、文化和经验上的不同，多样化群体一般比单一化群体的凝聚力小。不信任、沟通困难、紧张的关系和态度上的差异经常是减少凝聚力从而降低生产效率的原因。这也可以作为那些感到店里自己种族人数被来自其他民族或种族员工超过的业务员，营业额更高的一个解释。在一个多样化组织里，管理者所面临的挑战，是通过构建共同的目标和价值观，以形成组织凝聚力。组织凝聚力将在后面的第 14 章详细讨论。

> 如果存在凝聚力低和沟通不畅的问题，加强团队协作训练是一个不错的选择；此外，还可以让相似类型的员工聚集在一起，互相寻找问题，寻求解决方案。挖掘员工组织资源已成为一种趋势，旨在挖掘女性团体或少数族裔团体潜力的开发项目的应用在团体中更是不断增长。

沟通问题 也许沟通问题是多样化的负面效应中最常见的问题。困难包括误解、曲解、低效率和缓慢。当群体的成员不能流利地讲同一种语言或为解释而花费更多的时间时，沟通速度就丧失殆尽了。有时，多样化会造成沟通的减少，如男性白人管理者在向女性或少数民族群体反馈信息时会感到不适应，因为他们害怕会受到批评。其结果可能会是很多雇员就如何提高绩效感到无所适从。具有不同员工群体的组织所占比例如图11.3所示。

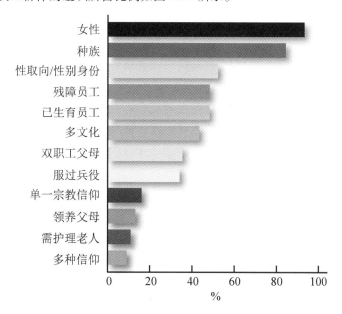

图11.3 具有不同员工群体的组织所占比例

多样化还增加了误差和误解。团队成员可能会认为他们在用相似的方式理解问题，然而事实上却并非如此，或者因为他们各自不同的思考方法而无法达成一致意见。例如，在管理者没有采取积极措施鼓励和同意成员畅所欲言时，一些成员就不敢在会议上发言，这给管理者造成一种已经达成一致意见的假象。我们将会在第15章继续讨论其他沟通问题以及如何避免这些问题的出现。

不信任和紧张 人们更愿意与他们类似的人沟通。这是一种正常也易理解的倾向，但这一倾向经常导致由于缺少接触和不熟悉所带来的不信任和误解，人们甚至害怕接触那些不一样的人。例如，如果女性和少数组织成员经常被排除在诸如白人男性员工聚餐或娱乐活动时，他们也许会感觉被其他同事孤立了。同样的，紧张感也经常在年龄差距较大的人群中出现，例如，同样的文身在一个年龄段的人看来，会被认为是毫无品味的；但在另一个年龄段的人看来却可能是人体艺术。诸如此类的误解会引起紧张甚至是怨恨，使得问题的解决变得更加困难。

墨守成规 我们看待世界的方式是基于我们的经验和背景的。我们的兴趣、价值观和文化就像一个过滤器，它曲解、阻碍、挑选我们的所见所闻。我们只看到和听到我们想看到和听到的东西。群体成员通常不能正确评价与他们"不同的"同事，不能准确地感知和评价这些人的贡献、能力和动机。这种刻板印象通常是负面的或有优越感的。女性可能会被固执地认为不会致力于自己的事业，老员工被固定地认为对新的技术会有抵触，少数族裔会被自然地看轻或认为其能力不足。但是甚至所谓的"积极的墨守成规"也可能是一种负担。例如，大家对亚洲人擅长数学的印象，可能最终导致认为每一个亚洲人都很擅长数学的错误观点。许多女性和少数族群工作者并不喜欢自己被固定地认为需要特殊的帮助或支持，而是更加希望自己被当作一名个体来看待。

墨守成规的代价可能是昂贵的，因为它可以扼杀雇员的抱负，并使他们难以充分发挥自己的才能。当人们想表现得更好时，他们就更有可能表现得更好，这种观点是得到研究支持的。在一项研究中，一些研究生据说被要求"预测"新的研究生招生考试的结果，半数以上的实验对象被告知男性考生在考试中具有更大的优势，尽管所有实验对象均被告知参加考试的考生得到了相同的分数，但被试的女性实验对象仍然感觉自己比男性实验对象表现得差，并降低了自己对未来的预期。在另一项研究中，在男性和亚洲人普遍擅长数学这一固有观点下，亚裔美国女性在回答了关于她们的亚洲血统或性别问题之后，进行了数学考试，结果表明，被问到种族背景时她们会在测试中表现得比被问到性别问题时更好。在合作的环境下，管理者总是希望他们的员工尽自己最大的努力；而压抑个人抱负与雄心的墨守成规也可能会降低组织成功的可能性。

除非管理者注意到他们自己和其他员工存在的固有模式，否则这种一成不变的模式将会直接影响其对待组织内成员的方式。被认为是缺乏动力或感情用事的员工得到的工作压力较小（或许重要性较低）的职位。这样的工作安排会使一些员工变得沮丧，这将会导致较低的忠诚度、较高的辞职率以及技能不能充分利用的情况。

未来的挑战　由于上述以及更多的原因，多样化管理并不容易。美国组织现在仍有种族和机会不平等的问题，管理者们也难免会受到偏见、墨守成规、缺乏经验以及紧张的影响，这使得沟通、团队合作以及领导在多样化工作环境中变得更加具有挑战性。管理者必须认真对待这些问题，他们需要学习多样化的技能和策略，以便他们和他们的组织能够在不断加速的多文化商业环境中取得成功。

面对挑战，一个建设性的解决方法就是被马丁·戴维森（Martin Davidson）称为"差异利用"（leveraging difference）的方法。这种方法并不将多样化带来的挑战看作一个需要被容忍或解决的问题，而是一种可以被组织利用的资源，但有时即便这样做了，多样化管理仍然是一个难题。若想使用差异利用这种办法，首先，必须承认每一名个体的加入都能给组织带来不同的东西。除了表面差异（例如性别与种族）外，我们为组织带来了思考和解决问题的不同方式、各自的优势以及价值观等。想要利用这些差异（如表11.7所示），我们就必须首先正视这些差异。组织中的个体需努力地发现它们，同时在有困惑的时候及时发问，并认真听取回答。接下来，我们不仅需要通过组织的招聘和识别程序审视差异，同时还要考虑组织个体对于坚持自身特点以及吸收新观点来形成自身想法的意愿。这种努力通过整体组织活动（包括创新学习、团队合作以及与客户的互动）提供了利用差异所需要的信息。本章余下的内容将会进一步讨论如何面对并利用多样化所带来的挑战，并最终使组织获得成功。

表11.7　超越平权行动：关键实践利用员工的差异

	关键的个人实践活动	关键的组织实践活动
现场观察	• 采取一个能够涉及无处不在的差异的立场 • 注意冲突的要点 • 观察到沉默	• 注意团体之间的张力 • 减少保密的氛围

(续表)

	关键的个人实践活动	关键的组织实践活动
理解	• 搜集关于差异的信息来源 • 建立获得数据的技能 　-倾听 　-提问 　-学习和分享自己的故事 • 接纳那些在你身边或社交圈中的另类	• 通过调查和其他数据采集获得信息 • 创建并将包容性结构制度化
评价	• 处理差异时,减少不必要的慎重 • 愿意在冲突之中坚持下来,并能容忍伴随而来的不适 • 将数据整合进你的世界观	• 奖励并保持员工的责任感,鼓励其积极参与存在差异的活动 • 招聘和培养那些可以增加组织多样性的人才

资料来源:M. N. Davidson, *The End of Diversity as We Know It:Why Diversity Efforts Fail and How Leveraging Difference Can Succeed* (San Francisco:Berrett-Kohler Press,2011).

11.4 多元文化组织

若想使收益最大化,同时使多样化工作环境的成本最小化,或许管理者首先需要检视本组织内对于人或文化的普遍假设。表11.8列举了一些可能存在的基本假设。基于这些假设,我们可以将组织划分为三种类型,并描绘出它们对于管理者的意义。

表11.8　多样化假设和对管理的影响

	共性和误导性假设		共性更低和更适当的假设
同质性	熔炉假设:我们都是相同的	异质性	文化多元化设想:我们不是所有都相同;在社会中的群体有着不同的文化
相似性	相似假设:"他们"都像我	相似点与相异点	他们不和我一样:很多人的文化不同于我;大多数人同我相比,在文化上,都存在着异同点
本位主义	唯一方式假设:我们的方式是唯一的方式;我们不承认任何其他的生活方式或工作方式	平等性	我们的方法不是唯一的方式:不同的文化有不同的方式,但都可以达到相同的工作目标和生活目标
优越感	唯一最好方式假设:我们的方式是最好的方法;其他所有的方式都劣于我们的方式	文化的权变性	我们的方式只是可能的一种方式:有许多但同样好的方式可以达到相同目标;最好的方式取决于人们的文化背景

资料来源:"Diversity Assumptions and Their Implications for Management" by Nancy J. Adler, *Handbook of Organization*, 1996. Reprinted courtesy of Marcel Dekker Inc., New York.

一些组织的文化是**单一整体的**（monolithic），这种类型的组织很少需要整合内部文化，换言之，它们很少雇用女性、少数族群，或与本组织大多数成员不同的群体。例如，在招聘中这些组织可能会更倾向于相同大学的毕业生，更有甚者，甚至只招收学校橄榄球队队员。从被雇用群体角度来讲，这些组织是高度同质化的。在单一文化组织中，如果有与众不同的群体，他们通常不会得到重用，少数群体必须适应并接受多数群体的特点，以便在组织中存活下去。这一事实，加上少量的与其他成员不同的个体，使得底层部门冲突不断，歧视与偏见盛行，信息的完整度几乎荡然无存，少数群体成员对组织的认同感不强。

由于新一代员工的出现，加之民权运动以及妇女运动的影响，大多数美国公司在20世纪60年代至70年代完成了从单一组织向复式组织（pluralistic organization）的转变。**复式组织**拥有差异化更加明显的员工，这些差异逐步包括到不同性别、种族和文化背景。这些组织在面对多样化管理时，通常采取平权行动的方式：他们积极地尝试雇用不同类型的员工，并保证他们不会因与众不同而被歧视。复式组织通常较单一文化组织更具完整性，但同后者一样，复式组织会控制少数群体在组织内部处于一个稳定的水平上。

受惠于更加完整的文化体系、平权行动以及培训项目，复式组织中对于少数群体的非正式沟通网络也给予适当的理解，相较单一文化组织减少了很多歧视与偏见。不断增多的机会使得少数群体对于组织产生了更强的认同感。通常，在复式文化组织中，由于多数群体对少数群体的厌恶，加之妇女和少数群体数量不断增加，复式组织会产生比单一整体组织更多的冲突。

但复式组织在文化整体方面做得仍有不足。与之相反，在多元文化组织中，多样化不仅大量存在而且还受到重视。这些组织在正式或非正式的情况下都充分整合了性别、种族和少数群体成员。但在这样的组织中，管理者们不是仅仅注意这些诸如性别或种族等浅层的差异，而更多地将注意力放在如何让这些由多样化带来的知识与经历，在组织设定策略和目标时发挥更多的作用上。组织成员之间少有偏见、歧视以及冲突，是多元文化组织的一个显著特征。这样的氛围能够营造一个协作的环境，而在这个环境中，所有成员将最大化地发掘自身潜力，并将多样化的优势完全显现。当你读到下面的"管理实践：百事的多样化策略"案例时，请思考一下百事可乐公司是属于复式文化组织还是属于多元文化组织。

 管理实践

百事的多样化策略

在本章的开始，我们介绍过百事公司的首席执行官，这家美国公司的最高领导者——卢英德出生于印度，是一个受过良好教育，精通商业并且拥有崇高理想的印度教女教徒。她的理想中包括对百事可乐公司员工多样性的评估和培养。卢英德曾说过："有女性的组织能够提高你们创造纪录的能力"，并且她想要百事可乐的员工成为其多元化用户市场的代表。

这些声明背后的含义在于多样化是一个企业的优势而非一种法规或者社会障碍，它与企业战略紧密相连。的确，在百事可乐，进行多样化管理就是为了实现公司目标，这一点被卢英德总结为一句口号——"目标性绩效"。那种绩效包括达到财务目标以提高公司的价值，但同时也会以一种对社会和环境而言可持续的方式去展开，从而使得公司实现长期繁荣。关于实现这个关于目标性绩效的"目标"方面，包括卢英德所认为的三类可持续性：人的可持续发展（提供更多的有益健康的食物选择）、环境的可持续性（更高效地利用资源），以及人才的可持续性（为百事服务的群体创造就业机会，并让所有员工都能够在他们的职业生涯中有所发展）。

因为百事可乐服务于各类群体，人才的可持续性促进了员工的多元化。百事可乐从其服务的所有群体中展开招募工作，帮助公司认识不同群体的文化偏好，及其对营养的需求，并宣传它的产品是如何满足这些品位和需求的。在卢英德的讲话中，本地招募是其目标的一部分："我们认真对待我们寻找创新的方式以利用更少的能源、水和包装，在经营所在地进行本地化招募，创造为当地需求而设计的产品，以及同当地制造商和供应商很好地合作。"无论是百事决定选择一家非洲裔美资机构，来制作百事在非洲裔美国妇女群体中建立品牌忠诚度的"我们充满灵感"的社交网页，还是在印度为当地青少年开发补充铁元素和B族维生素的Lehar Iron Chusti咸辣味的饼干，都是很好的例子。在印度，饮食中缺铁元素（和素食）是普遍现象。

人才的可持续性也需要促进职业发展，保证百事可乐多元化员工中的所有成员都看到他们拥有晋升的机会。这是百事可乐反映给它位于各个层级的客户群体的直观印象，并且当员工的事业停滞不前时，他们往往会坚定地留在公司而非离开。特别是在经济快速发展的发展中国家，人才的可持续性也是确保公司在这些市场中成长的时候，能够找到足够的销售、制造、财务和其他人才的一种方式。

卢英德说过："我身上的任何一点都可以体现出百事公司的多样性和包容性。"卢英德作为一个广受尊敬而又成功的首席执行官，并不是她本身使多元化受到重视，相反，她的任命很可能是因为公司享誉久远的包容性。百事可乐是第一家指派一名女性加入公司董事会及第一家任命非洲裔美国人作为其副总裁的大型公司。早在20世纪40年代，它就是第一家将特许经营权授予有色人种的大型公司（软饮料公司销售特许装瓶权来分销他们的饮料）。通过早期的一步步实践，今天百事可乐的美国高管中已经有超过20%的有色人种，并且1/3的高管是女性。全球范围内，百事可乐超过30%的高管是有色人种。

- 百事可乐重视多元化的承诺是怎样为其带来竞争优势的？
- 你是否会将百事可乐描述成一个文化多元化的组织？为什么？

11.5 组织培养多样化劳动力的途径

组织文化多元化以及充分利用多样化员工的计划应包括以下几个方面：（1）确定高层管理者的领导和承诺；（2）评价组织完成目标的进展；（3）吸引员工；（4）发展员工；（5）留住员工。一项最近的研究考察了近百家公司30年的工作绩效，研究者发现，在将实现多样化目标责任分配到某些个人或群体的组织中，女性和黑人雇员的工资有显著增长。多样化的改变出现于指导并构建多文化网络架构的公司中，但正式的多元化培训项目只能在很有限的程度上促进多样化的实现，除非组织还运用其他手段。因此，要实现真正的多元化需要充分的准备以及整个组织的努力，尤其需要管理者对其中的每一个要素，都要像在应对其他方面挑战时一样认真。这类管理者通常会主动寻求提升多样化管理技巧的方法、理解以及实践本领，使得每一个背景不同的组织成员都可以在实现组织目标最大化时尽其所能。

11.5.1 高层管理者的领导与承诺

获得高层管理者的领导与承诺，对于多样化计划的成功是至关重要的，否则组织内的其他人员就不会为之付出努力。将这个承诺传递给所有员工和外界的一个途径，是将组织多样化的态度融入公司的宗旨、战略计划和目标之中。经理人员的报酬可以直接与多样化目标完成情况相联系。

必须分配给多样化工作足够的资金以确保其成功。另外，高层管理者可以通过参与多样化项目来树立榜样，同时要求其他管理人员也来参加。

正如前面内容提到的，一些组织建立了办公室或委员会，来协调整个公司的多样化工作并向高层管理者提供反馈信息。霍尼韦尔公司设有一位"差异评价主任"，雅芳公司设有一位"多文化计划和设计主任"；其他公司则更愿意将多样化管理纳入管理人员的平权行动或均等就业项目中。

管理多样化的工作不能只由高层管理者或多样化主任来单独完成。许多公司依靠少数派顾问小组或任务小组监管组织的政策、行为和态度，评价他们对组织内部多样化群体的影响，向高层管理人员提供反馈信息和建议。

例如，在公平生活保证协会，企业员工小组定期与首席执行官会见，讨论与妇女、非洲裔美国人和西班牙人相关的问题，并提出改进意见。在霍尼韦尔公司，残疾人雇员组成协会讨论他们自身的需要，提出并通过了超出联邦政府关于残疾人待遇的可行性计划。

> "多样化：一起独立思考的艺术。"
>
> ——马尔科姆·福布斯

正如你所看到的，改革中的公司现在不是向经理询问他们认为少数员工人群需要什么，而是让员工自己提出他们的需要。

11.5.2　组织评估

管理多样性的下一步是建立一个能够持续地对组织劳动力、文化、政策以及招聘、晋升、福利待遇和补偿等领域进行评估的机制。作为评估的一部分，管理者可以评估他们是否对劳动力大军的多样化候选人具有吸引力，他们当前的劳动力组成是否能够解决客户的需要。而目标就是确定是否有问题或机会，并对需要改进的地方提供建议。在安泰，一个衡量指标是会讲多种语言的员工比例；公司提高这个数据的方法之一，是为有兴趣的员工提供中午时分的语言课程。

当进攻性成为企业文化中有价值的一部分，多数女性和亚洲人就处在一个弱势的地位。进攻性文化的价值确实客观存在，但它对不完全接受这种观念的员工不起作用。经理就可以决定该企业的价值观是否需要改变，以便使其他风格的互动都可以得到接受。经理也可以改变自己的行为以反映这一变化，例如，通过呼吁所有人在会议上发表自己的想法，而不是让更为自信的员工进行主宰。企业价值观和行为准则应该根据其必要性和对多元化员工队伍的影响来确定，并审慎评估其重要性。

11.5.3　吸引员工

通过有效的招聘方式，满足员工的工作和家庭需要，并提供可选择的工作安排，是企业吸引多元化、高素质的员工的手段。

招聘　企业的形象可以成为一个强大的招聘工具。在招聘和晋升各类员工中有良好声誉的企业拥有良好的竞争优势。施乐前瞻性地印发了一篇文章给少数族裔雇员，指出该公司是非洲裔美国人工作最好的地方之一。《职业女性》杂志指出惠普公司确保女性员工能够获得相同的晋升到高职的机会。许多雇主正在实施政策，以吸引更多的女性，确保女性人才资源得到充分利用，以避免失去他们最有能力的女员工。

许多少数民族员工、残疾人士和经济窘迫的人都被隔离在就业机会之外。公司可以将就业机会的信息传递给劳动力市场，或者他们可以输送劳动力到相应的工作岗位上。康涅狄格州斯坦福的 Polycast Technology 公司与一家私人货车公司签订了合同，将纽约布朗克斯的工人输送到斯坦福工作。戴斯酒店招募亚特兰大无家可归的工人，并将他们安置在距离工作地点不远的汽车旅馆内。汉堡王快餐店已经招聘和雇用了很多移民。

管理实践

多元化已经植入宾夕法尼亚州 Caesar Rivise 律师事务所的血统之中。事务所的创始人亚伯拉罕·凯撒是一个擅长于知识产权（如专利和商标权）案件的律师。回溯到 1926 年，凯撒甚至不能在当地律师事务所找到工作，因为他是犹太人。因此他就创办了自己的公司，他的合伙人查尔斯·瑞威斯在 1927 年加入。这两名代理律师就此一同奋斗并撰写了一本关于专利权的重要参考书籍，由此也建立了他们专利权领域专家的声誉。

知道了凯撒的早期经历，这个公司进行多元化招聘就不足为奇了。斯坦利·科恩作为事务所现任合伙人之一，在 20 世纪 60 年代进入公司的时候就注意到了这一点。在那时，他回忆到，他的秘书是一个非洲裔美国人。另一个在那个年代进入 Caesar Rivise 的雇员名叫柏妮丝·米姆。虽然米姆作为优等生从南宾夕法尼亚州高中毕业，但是其他同学都找到了工作而米姆却没有找到工作，因为她是黑人，而雇主大都规定"不要犹太人和黑人"。然而，凯撒雇用她作为一名法务助理，她始终忠于公司，并最终担任公司人力资源经理一职。

今天，Caesar Rivise 通过在德雷克赛尔大学的厄尔迈克法学院赞助多元化奖学金，建立起其对招聘多元化的长期承诺。公司为考核合格的少数族裔学生提供学费和积累工作经验的机会。和德雷克赛尔大学的合作是一个适合公司发展的好战略，因为这所大学重视技术和科学——这些背景对他们将来为那些出现技术麻烦的企业客户服务是非常重要的。例如，科恩就已取得了德雷克赛尔大学的化学工程学位。

- Caesar Rivise 的形象通过怎样的方式形成了公司强大的招募工具？

满足工作和家庭的需要 更多求职者把家庭的需要放在首位。企业针对工作和家庭的相关政策，目前已经是最重要的招聘工具之一。

提供儿童托管看护的企业，他们的员工更少更换工作和缺勤，并具有更高的士气。除了提供儿童托管，现在很多公司还协助照顾老人，为员工提供时间照顾生病的家人，安排照顾孩子的假期，并针对个别家庭需要提供了多种方便。一些公司关注双职工夫妇的需求，限制一方工作的搬迁调动或为其配偶在搬迁地提供求职援助。

供选择的工作安排 管理者适应多元化需求的另一种方式是提供灵活的工作时间表和工作安排。对工程技术人才的硬性需求鼓励制造型企业努力去满足那些需要承担家庭责任员工的需要。销售设计软件公司欧特克（Autodesk）通过灵活的工作时间表来吸引和留住女性员工。在飞思卡尔半导体公司（Frescale Semilowluctor），关注的重点在于满足目标绩效，而不是按照时间表工作。部门经理艾米·厄施说，这种做法已经使她既能够兼顾家庭责任，同时又能够晋升以获得更大权力的职位，并获得研究生学位。

其他创造性的工作安排，包括压缩每周工作时间（例如，每周 4 天，每天工作 10 小时）和工作共享，即两个兼职工人共享同一个全职工作。另一种满足在职妈妈和残疾雇员需求的方式是远程办公（在家工作）或电子通勤（在家工作并通过计算机转播到主要的工作站点）。这种方法要想得到广泛应用还需要很长时间，但已经尝试过的企业都反馈得出良好的效果。

11.5.4 员工培训

正如在第 10 章中所介绍的，员工可以朝多样化方向发展。传统上，大多数管理培训都基于不成文的假设："管理"意味着管理同质的，且经常是白人男子和全职员工。但是性别、种族、文化、年龄、教育和其他的差异带来了额外的复杂性。多元化培训课程试图识别和减少隐藏的偏见并发展所需要的技能，以有效管理多元化的劳动力。

大部分美国公司采用各种多元化培训。典型的多元化培训由两部分组成：意识培养和技能培训。

意识培养 意识培养旨在增加对多元化的意义和重要性的认识。它的目标不是教会员工某种具体的技能，而是使他们意识到他们对别人的假设以及这些假设对他们的行为、决策和判断的影响。例如，男性员工被要求向女经理进行报告时，第一次都会感到尴尬。意识的培养，可以提前揭示这个担忧并帮助管理者解决它。

为了培养这种意识，培训者教会这些员工熟悉这些误区、陈规、文化差异和抑制所有员工贡献全部力量的组织障碍。他们更好地了解企业文化、成功的要素以及影响晋升机会和职业选择的方法。

在大多数公司里，成功的"规则"是不明确的、非书面的，甚至在一些情况下是与书面政策不一致的。在女性、少数民族、移民和年轻员工之间存在的一个共同问题是，他们不知道许多对于主流人群显而易见的非官方规则。例如，企业往往有非正式网络和权力结构，女性和少数群体员工对于这些并不了解。因此，当他们需要得到批准时，或者当他们希望建立支援和联盟时，这些员工不太可能知道去哪里实现这些愿望。对于管理者来说，尊重多样性意味着帮助他们了解这些不成文的"规矩"或文化，并且在必要的时候，改变规则以使员工和企业受益。这还需要邀请"局外人"，并让他们获取信息并与主管人员建立不错的关系。

技能培训 仅仅提出问题却不给参与者实践所学所需工具的多元化培训，可能会给参与者留下训练不太有用或没有价值的感觉。出于这个原因，许多企业将技能培训作为多元化项目的一部分。技能培训的目的是让所有员工和管理者在多元化环境中形成有效处理彼此之间，以及与客户之间关系的技能。传授的内容主要是人际交往技能，如积极倾听、指导并给予反馈。理想的情况下，传授的技能是在对企业的评估基础上打造的，所以培训内容可以根据管理人员已经确定的具体业务自行定制。例如，如果太多的女性和少数族裔员工相信他们没有得到足够的有效反馈，设计的技能培训方案就可能包括解决这个问题。同样，灵活调度的培训可以帮助管理者满足公司的需求，同时可满足员工利用闲暇时间提高学历，参与社区项目，或照顾年迈父母的需求。若培训有具体的、可衡量的业务指标也可增加培训的有用性，使管理人员能够评估它是否有效。

实践练习、录像带、DVD 光盘和软件通常被用于培训项目，以帮助揭露陈规，并鼓励员工对恐惧、偏见和困难展开讨论。此外，练习最好能够与员工在工作场所可能遇到的实际问题联系在一起。例如，医院的员工在多元化培训方案中可能要练习如何处理只愿意接受白人医生治疗的白人患者，或者只愿意接受男性医生治疗的男性患者的问题。美国广播公司的培训、高级培训资源和美国培训资源中也包含这些培训内容。表 11.9 提供了一套有效的多元化培训的指导方针。

表 11.9 多元化培训指导

1. 广泛多元化战略中的岗位培训。培训是管理多元化的一个重要元素，但是，就其本身而言则很有可能会失败。文化变革意味着转变引导组织行为的潜在假设和系统环境。培训项目必须对其他专注于文化变革的举措进行有效补充并与之保持内部一致。

(续表)

2. 做一项彻底的需求分析。不要过早地展开培训。就任何培训项目而言，迫切地渴望"做出什么事情来"往往会适得其反，除非你对多元化的具体内容首先予以关注并进行评估。关注组织内部以确定具体内容是雇员关注的首要问题。

3. 区别教育与培训。教育帮助建立意识和理解力，但并不传授有用的技巧。培训涵盖一些能够提高特定领域技巧的活动，如辅导、进行绩效评估、适应不同的沟通风格。教育和培训都很重要，但是它们并不相同。

4. 使用多方参与的设计流程。参考团队中多数人的意见，以保证项目的内容和基调适合参与其中的每一个人。外部顾问一般能够提供全新的视角并且具有一定的公信力。而内部顾问则对公司有更具体的了解，对本地事物较为敏感，并且和公司成员间保持着长期联系。设计流程需要在两方视角及多方资源中寻找平衡。

5. 在展示之前对培训进行全面的测试。考虑到对多元化事务的敏感度，甚至动态性因素，团队可以采用多元化委员会和利益团体试用培训项目。并且划定足够长的反馈时间，以让这些团体找出敏感性的内容并改善培训项目。

6. 将多元化项目整合进核心培训课程。一次性培训项目不会产生持续的影响。应当将此部分内容混入其他培训课程，例如绩效评估培训、辅导培训等。

资料来源：*Training*：*The Human Side of Business*. 1993. Copyright 1993. The Lakewood Media Group.

11.5.5 员工留任

鉴于合格的和有经验员工的替换成本已经愈加高昂，且越来越困难，留住优秀员工因此变得十分重要。从全美国范围来看，员工流动率不断上升，公司每月的员工更换率始终大于1%，在零售和服务行业这一比例甚至更高。大量类似于下述的政策和策略，都可以用来提升员工的忠诚度，特别是针对那些非同一般的优秀人才。

> **提示**
>
> 留住合格的员工，可以提升劳动力素质。
>
> 你老板看重"你是谁"和"你贡献了什么"吗？你为什么会有这种感觉？

支持团体 公司可以帮助形成"少数网络"和其他支持团体，以促进信息交流和社会支持。支持团体有时也被称为"亲和团体"，因为它们会向团体成员提供情感支持和事业支持等多数传统的非正式团体不涵盖的服务内容，甚至还可以帮助多样化的员工共同理解工作规范和企业文化。

在苹果公司总部（加利福尼亚州库比蒂诺市），支持团体包括一个犹太文化团体、一个（女）同性恋团体、一个非洲裔美国人团体和一个妇女工程师团体。雅芳除了鼓励非洲裔、拉美裔、亚裔美国人组织起来，还积极给予他们官方认可，甚至安排一位高级经理专门为此提供建议。这些团体不仅在帮助新员工适应公司方面效果显著，还能针对团体所关心的管理问题向公司直接提供反馈。

 管理实践

达登饭店集团在其位于佛罗里达州奥兰多市的总部启动了名为"员工网络"的支援团队，今天，那里有五个类似的团队：家庭联合会——旨在和家庭一起为员工提供支持；女性联合会；亚裔美国人联合会；非洲裔美国人联合会；西班牙裔联合会。每个联合会都会发起数场全公司范围的社交活动，它们还提供教育活动，和高管一起工作以发展师徒关系并分享一些服务团队对餐饮的见解。参与人员大多服务于达登的各类连锁餐厅，其中包括红龙虾饭店和橄榄园饭店。

达登的雇员联合会并不仅仅帮助雇员，他们还必须为实现商业目标而努力。每个联合会都准备了一个为期3年的商业计划并详细介绍它们将如何支持达登的成长。例如，家庭联合会发起了一个"带小孩上班日"，在那一天，小孩们组成一个"焦点团队"为儿童菜单提供建议。西班牙联合会则举办活动并建立全体员工范围内的内联网，西班牙裔员工和其他员工都能够通过这些活动和内联网学习西班牙人的文化，并且由此启发出更好锁定该部分客户的商业创意。

在达登总部的员工中，有将近40%参加了至少一个联合会，这些联合会对任何有参与意向的员工开放。鉴于这些团体在奥兰多市所取得的成功，公司将这种联合会文化延展至其餐厅员工。达登还针对一些多元化的问题对其管理者展开培训，例如怎样激发一个存在较大年龄跨度的团队成员的积极性。假设它的餐厅雇用一些中学学历的半退休老人，管理者就需要这次机会来检验他们关于老年团体的假定，并且弄清如何跨越可能出现的代沟。

● 达登支援团的哪些特性使它们能有效地留任员工？

导师 许多人都因妇女和少数裔族员工不能突破公司的晋升高点（玻璃天花板）而困惑不已。很多企业都实施了正式的指导方案，来向这些群体提供接触高层管理人员和访问企业政治信息的非正式网络的机会。导师是那些能够帮助高潜力的人才晋升到高层管理人员并融入企业规范和价值观中的高级别管理人员。

在加拿大的安永会计师事务所，导师计划是员工培训的一个重要组成部分。事实上，税务和咨询公司已经建立了若干指导方案，旨在满足特殊员工群体的需要，包括妇女、少数族裔和移民员工。导师与员工一起工作，帮助他们提高相关工作经验，增强工作技能水平，以及增加与高层领导接触的机会。安永会计师事务所认为，这些培训不仅可以作为一种增加员工贡献的方式，而且也可以作为一种建立未来领袖人才梯队的方式。安永通过这样一种相关但又特殊的方式来发现高潜力员工，并加以推荐。推荐人积极地参与员工培训活动，这是推荐与导师计划的唯一区别。最后，在安永会计师事务所的反向辅导程序这一不寻常的导师计划中，妇女和少数民族员工可以就有关公司的各种问题咨询领导。

职业发展与晋升 因为遭遇升职瓶颈，许多有才华的女性和少数族裔员工都离开企业以寻找更好的就业机会。对此，德勤会计师事务所和霍尼韦尔公司已经建立团队来评估妇女、少数族裔、残疾员工的职业发展，并制定一套通过级别来晋升员工的方法。一个极为重要的步骤是要确保有价值的员工有机会出现在一线岗位。特别是女性员工往往被调到清闲岗位，如人力资源部，而很少有机会向雇主展现她们的才能。通过职业发展计划，企业可以让员工广泛接触和积累一线工作经验来使她们获得高级的管理职位。

系统和解 管理者可以通过承认文化和宗教节日、认可不同的着装习惯和饮食需要，以及满足残障人士的需求来支持多元化。一个典型的残疾情况就是艾滋病。根据有关部门规定，企业必须按照其他残疾患者的需求来满足艾滋病患者的需求。企业应允许甚至鼓励他们继续工作，如有必要，可灵活调整工作安排。此外，腿脚不便的人的膳宿问题可能会变得越来越重要，因为在未来，劳动力年龄的中位数将持续上升。此外，美国工人平均体重的增加也会增加对此问题的担忧。不仅是众所周知的健康疾病，如心脏疾病、关节问题、糖尿病等与体重增加有关的疾病，一项研究还表明，肥胖的工人（身体质量指数在40以上）产生更多的工伤索赔和伤病缺勤。这种模式表明，未来的管理者比过去更关心各种体形工人的留任问题，通过提供安全的工作场所及激励健康生活方式的福利（可能通过公司赞助的健身计划）等方式，从而确保他们能继续留任。

问责制 正如我们在本节开始所提到的，由管理者亲自负责、招聘和发展多元化的员工队伍是确保多元化尝试取得成功的最有效途径之一。企业必须确保他们的绩效考核和奖励制度能加强员工对有效的多元化管理的重视。在百事，向CEO报告的各个经理需负责不同组别的员工发展，例如，妇女、拉丁美洲裔或同性恋员工。负责该组的行政人员必须确定领导方式，了解小组成员的担忧，确定需要支持帮助的地方，并找出解决这些问题的方案。

几十年来，因为不断加大的来自监管和承担社会责任的压力，美国企业都在努力"整合"员工。全球化、人口的不断变化及不断扩大的民族市场，已经使管理多样化的劳动力变成了一个根本问题。百事可乐公司的经理们认识到，为了在未来的日子里保持竞争力，他们将不得不把管理多样性作为战略重点去吸引、发展、保持和应用那些顶尖人才。

管理实践

百事的多元化项目

百事可乐实现管理多样化的目标是建立在人才可持续发展的管理理念上的。百事可乐通过一个可持续的人才库，从公司运营的所有团体中吸收人力资源，然后，为其提供发展机会以留住人才，并且给他们为公司全力贡献的机会。公司为此设立了目标，以保证他们在这些领域均能达标。这个项目被百事可乐的首席人力官领导，由三个人力资源团队支撑：人员配置团队、薪酬团队、多元化与包容性团队。这种努力为公司赢得了广泛的国际认可，例如，在美国它被《职业母亲》(Working Mother)和DiversityInc评为女性和少数族裔的顶级工作场所，被《福布斯》(Forbes)和《时代周刊》(Times)分别评为提升土耳其和英国妇女地位的顶级工作场所。

招募工作包括发展和向外界宣传公司对多样性的注重。百事可乐运用它在品牌营销领域的技巧将其自己营销成一个伟大的雇主。在最近的活动中，百事可乐还展示了员工在公司工作状态的简短视频。此外，百事可乐的主页上提供了对其人才可持续发展承诺的全面描述。百事可乐还参与了针对弱势群体的活动。例如，公司的一位合伙人对位于多伦多的一个职位进行招聘时，对身体有残疾但富有经验的人才公平对待。

对于推动组织最顶层多样化的生涯发展而言，公司并未实行配额。恰恰相反，百事确定了300个职位以为管理者提供后备力量，并且随后要求，一旦其中有任何职位开放，其候选人中必须包含妇女和少数族裔。这样做的目的是通过安排多样化的群体进入这些充满机会的职位以便为顶级职位提供多样化的人才储备。经验表明，除了这种有意识的努力，雇员自身会倾向于选择某些职能（例如，更多的女职员选择人力资源、金融和其他支撑类岗位），所以顶级职位的候选人并不一定代表公司的全体客户。不仅如此，公司设立了一个旨在保证基于可量化成就进行奖励的绩效管理系统，因此，任何一个有才能的人都有平等的机会取得成功。

在美国，百事可乐还建立了名为多样化和包容性网络的亲和团队。这些团队包括专门为非洲裔美国人、拉丁裔/西班牙裔、亚裔、本土美国人、女性员工、同性恋（男同性恋、女同性恋）/双性恋/变性人和残疾人组建的团队。白人男性群体也并未被忽视，公司也建立了一个白人男性的咨询团队。亲和团队引入了导师制，将雇员介绍给有影响力的同事并发起领导会议制，这一制度为员工提供了和公司高管会面的机会。

伴随着这些努力，百事可乐发现并非每一个管理者都懂得如何有效进行多样化管理，也并非每个人都懂得如何参与一个推崇多样化的企业文化。百事可乐为所有员工提供了包容性的培训，并且测试培训对员工的影响。在这次培训开始以后，少数族裔员工和女性员工的人员流动降低了，而那些表示"百事可乐的管理理念体现了多样化和包容性"的员工的比例自2002年以来上升了16%。

在这次活动的背后是对多元化目标的最高承诺。上至首席高管，下至普通员工，百事可乐所有的管理都致力于多元化，这一方面体现了管理者贤明的一面，另一方面也是为了达到绩效考核的目标。首席执行官卢英德表示，她有一半的年终奖是基于其达到了人才可持续化的目标而获得的。为了挣得那些奖金，她（和公司的首席多元化官一起）担任了一个全球多元化和包容化治理委员会的联席主席。委员会定期举行会议以确保公司如其官方网站上所言，"提高多元化和包容性能力并为百事可乐建立可持续和差异化的竞争优势"。在百事可乐划定的四个地理区域中，每一个地理区域都有一个关注它们所服务的这块区域中相关问题的多样化和包容性委员会。例如，在百事可乐印度公司出现的问题就是因当地普遍持有一种假设，即女性员工绝不可能是那些需要经常进行商务旅行的职位的合适人选。因此，公司专门要求在招聘名单中必须有女性候选人的名字，并且还在招聘门户网站上发布专门针对女性求职者的招聘公告。高管还收到教育工作者、政客、客户和其他来自于外部多元化咨询委员会成员的建议。

- 如果百事可乐强调多元化的项目仅仅作为一个人力资源管理项目，而非由高层管理者倡议或采用的战略的一部分，它还会有影响力吗？
- 除了此处所描述的种种尝试，百事可乐还可以通过什么方式来培养多元化劳动力？

关键术语

平权行动（affirmative action）
管理多样化（managing diversity）
导师（mentors）
整体组织（monolithic organization）

多元文化组织（multicultural organization）
多元组织（pluralistic organization）
性骚扰（sexual harassment）

学习目标总结

现在你已经完成了第11章的学习，你应该能够达到以下要求：

1. 能够描述美国劳动力结构变化是如何使得差异化成为组织管理中的一个核心问题的。

劳动力年龄越来越大，种族、民族越来越多元化，女性比例越来越高。虽然工人的绝对数量在不断增加，但职位需求数量的增长还是超过了工人数量的增长。此外，现在的职位经常需要员工比普通工人提供更高的技能要求；因此，我们看到了技能差距的不断扩大。为了保持竞争力，企业可以不再依赖于白人男性组成劳动力核心的传统方法。现在的管理者必须广泛地利用可以发现的各种人才。随着劳动力市场的变化，企业招聘、发展、激励和留任多元化的员工队伍将拥有更多竞争优势。

2. 可以辨析管理多样化与平权行动的区别。

平权行动旨在纠正过去美国企业排斥妇女和少数民族的错误做法。但是，尽管平权行动取得了成效，它也无法消除阻碍个人充分发挥潜能的所有障碍。管理多样性不仅是雇用不同的员工，还包括支持、培养和使用员工的差异优势。

3. 能够明白为使组织获得竞争优势，管理多样化具有哪些有效的实行途径。

管理多样化是一个基本问题。如果管理者进行多样化管理初见成效，他们将更容易吸引、留用和激励优秀员工。他们将能够开发美国，甚至全球的多元化消费市场。他们将有一个更有创意、更具创新性、能更好地解决问题的员工队伍。此外，他们可能还会增加企业的灵活性和适应环境变化的能力。

4. 可以理解多样化员工将会给公司带来怎样的管理挑战。

管理者在创建多元化员工队伍时面临了多方面的挑战，包括小组的凝聚力下降、沟通问题、互不信任和紧张，以及墨守成规。我们可以通过培训和有效的管理手段将这些挑战变成优势。

5. 能够准确定义整体、多元和多元文化组织。

这些类别都基于企业现行的关于人和文化的假设。单一整体组织的结构集成度低，所以它们的员工是同质的。多元化的企业有一个相对多元化的员工群，并尝试引入不同类型的员工（例如，平权行动和避免歧视）。多元化企业不仅具有，而且重视多元文化，它们充分整合各种族和民族的男性和女性，以及具有不同类型专业知识的人群。冲突在多元化企业中容易频发。

6. 可以列出管理者及其组织培养多样化的步骤。

要取得成功，企业管理多样化必须要有高层管理者的支持和承诺。企业首先要全面评估他们的文化、政策和实践经历，以及他们的劳动力队伍和客户的人口统计特征。只有在完成这个诊断后，企业才能启动旨在吸引、发展、激励和留用多元化员工队伍的计划。

问题讨论

1. 从国家劳动力结构变化中，你是否看到了一些机遇？
2. 社会中的偏见有减少吗？我们组织内部呢？为什么减少了？或者为什么没有呢？
3. 你能发现平权行动和管理多样化的区别吗？
4. 管理者如何克服多样化进程中出现的不信任、紧张、墨守成规和沟通等问题？
5. 组织怎样才能既满足不同群体的需要（如工作和家庭问题），又对特殊群体没有表现出明显的偏袒？
6. 多样化是如何增加公司竞争力的？多样化最终真能带来重大变化吗？又是如何带来的呢？

实践练习

11.1 差异

目标

1. 提高对"差异"的认识。
2. 对"差异"的含义能够有更好的理解。

说明

1. 独立完成"差异工作表"。
2. 在小组内部，互相比较工作表，并准备问题讨论的答案。
3. 上课时，小组发言人对小组结论进行总结陈述。

问题讨论

1. 你是否曾对存在"差异"的同学感到惊奇？

2. 你是如何定义"差异"的?
3. 怎样才能充分发挥出这个练习的作用?

"差异"工作表

回想你最近遇到的存在"差异"的情形,并回答下列问题:
1. 描述你最近遇到的存在"差异"的情形。
2. 你有何感觉?
3. 面对"差异",你如何应对?(即在经历过"差异"后,你的行为有何改变?)
4. 当时其他人有何反应?你认为他们会有什么感觉?
5. 最后的结果如何?
6. 事情过后,你的行为可能会因此在未来有所不同吗?它在哪方面改变了你?

11.2 性别角色

第一部分

你的指导老师会基于性别,将你们所有人分成男性组和女性组。每组就下面的陈述进行头脑风暴式的讨论,并列出讨论结果。其中,所有成员的答案无需相同。现在,请将你的答案填入下列表中。

女性组请完成如下问题:
- 所有的男人都是＿＿＿＿＿＿＿＿＿＿＿＿＿＿＿＿＿＿＿＿＿＿＿＿
- 男人心目中的女人是＿＿＿＿＿＿＿＿＿＿＿＿＿＿＿＿＿＿＿＿＿

男性组请完成如下问题:
- 所有的女人都是＿＿＿＿＿＿＿＿＿＿＿＿＿＿＿＿＿＿＿＿＿＿＿＿
- 女人心目中的男人是＿＿＿＿＿＿＿＿＿＿＿＿＿＿＿＿＿＿＿＿＿

第二部分

当所有的答案填写完成后,你所在的小组会组织你们参加一场角色扮演游戏,你们会在游戏中进行性别切换(女性扮演男性,男性扮演女性),并完成如下场景:
- 两个朋友(相同性别)在回到学校后,今年第一次遇到。
- 一个人在聚会中寻找异性调情。(现实中的女性扮演男性,并在聚会中寻找女性调情;现实中的男性扮演女性,并在聚会中寻找男性调情。)

问题

1. 在角色扮演过程中,关于哪方面的演绎是准确的、扭曲的,或不准确的?
2. 你对扮演异性有什么感觉?看完异性的扮演,你有什么评价?
3. 这些角色的扮演都是基于什么印象或经验的呢?

第三部分

现在,你的小组要把头脑风暴得出的结论条目写在黑板上来进行讨论。记住,这些条目是小组共同努力的结果,它是大家反应的综合,而绝非单纯的任何个人看法。

请从个人和专业的角度,从积极和消极两方面,对罗列出的问题进行分析。总结出一份用来消除、减少,甚至反驳成见的新答案清单。

问题

1. 这些小组存在怎样的相似点、模式,以及发展趋势?
2. 当你扮演异性时,你会想到什么?
3. 当这些想法被付诸实践,或发生在工作场合时,那将意味着什么?

4. 你将如何去消除这些因成见所带来的负面影响？你能为消除成见做些什么？（请与你的小组成员或班级同学展开头脑风暴式的大讨论。）

资料来源：本练习改编自以下文献：S. F. Fritz, W. Brown, J. Lunde, and E. Banset, *Interpersonal Skills for Leadership* (Englewood Cliffs, NJ：Prentice Hall, 1999); A. B. Shani and J. B. Lau, *Behavior in Organizations：An Experiential Approach*, 6th ed. (New York：Irwin, 1996)。

11.3 "他工作"和"她工作"

说明

1. 完成"他工作"和"她工作"工作表。在合适的地方，写出你认为可能产生的反应。在完成每一道题时都不要花费太多时间去思考。尽可能快速地答题，让答案能够反映出你的第一印象或想法。

2. 将你的答案同班级其他同学或其他参与者的答案进行比较。你会发现认识和讨论这些最常见的"老套"问题也很有意思。

"他工作"和"她工作"工作表

他的办公桌上放着家庭照片：他是一个稳重的、富有家庭责任感的男人。
他的书桌非常凌乱：_____
他正和同事谈话：_____
他不在座位上：_____
他不在办公室：_____

她的办公桌上放着家庭照片：在她眼中，家庭比事业更重要。
她的书桌非常凌乱：_____
她正和同事谈话：_____
她不在座位上：_____
她不在办公室：_____

他的办公桌上放着家庭照片：他是一个稳重的、富有家庭责任感的男人。
他正同老板一起共进午餐：_____
老板批评了他：_____
他受到了不公正的待遇：_____
他结婚了：_____
他去出差了：_____
他找到了一份更好的工作：_____

她的办公桌上放着家庭照片：在她眼中，家庭比事业更重要。
她正同老板一起共进午餐：_____
老板批评了她：_____
她受到了不公正的待遇：_____
她结婚了：_____
她去出差了：_____
她找到了一份更好的工作：_____

资料来源：F. Luthans, *Organizational Behavior*. 1989. Copyright © 1989 The McGraw-Hill Companies. Reproduced with permission.

综合案例

新鲜食品超市的新探索

新鲜食品超市公司（Fresh Foods Supermarket）是一家20年前在美国东南部成立的连锁杂货店。现在却正开始向美国其他地区进行大幅扩张。公司首先沿着东海岸开设新门店，逐渐向马里兰州和华盛顿"渗透"，随后"途经"纽约和新泽西州，"进抵"康涅狄格州和马萨诸塞州。当新英格兰北部州市"近在咫尺"时，公司高管却将目光投向了西南地区，那里不断增长的人口数量是吸引他们的最重要原因。

薇薇安·诺贝尔原先是在亚特兰大地区经营业绩最好的一家门店的经理，现在被公司指派去亚利桑那州的凤凰城，公司要求她在当地新开一家门店。她已经决定接受这项工作，但同时，她也深知这将是一个挑战。作为一名非洲裔美国女性，在职业生涯中她曾经遇到过一些偏见，但她从未因此气馁，去接受所谓的"升职天花板"和任何其他障碍。她明白她将要工作的地方是多元文化交融、碰撞的地区，在那里，她需要招聘和管理一支多样化的劳动力队伍。幸好，诺贝尔获得了公司高层的支持，他们希望这家新门店在员工构成和产品挑选上能够融入当地社会。所以她希望招聘拉美裔美国人和美国本土居民，同时当地许多退休的老员工也是重要的招聘来源。诺贝尔会根据他们的意见，有选择地确定一些能够进入门店销售的食物（产品），包括很流行的当地品牌，以保证客户在门店内可以买到他们需要的和想要的东西。

除此之外，诺贝尔希望通过提供超越普通超市标准的服务，吸引更多的当地客户。例如，考虑到老年人或残疾人购物不便，她专门为他们"量身打造"出免费的送货上门服务。她还要求门店中必须有足够多的员工掌握双语，这样才能保证为那些英语不流利或不会说英语的客户进行服务时，服务质量不会"打折扣"。诺贝尔相信她是各种标准的先行者，她将带领新鲜食品超市步入一个全新的境界。"这里的天空总是很蓝，"在谈到对新家的感受时，她说道，"这里无论是对我还是对天空，都是没有'玻璃天花板'的"。

问题
- 薇薇安·诺贝尔在招聘和发展她的新员工时，可以采取哪些步骤？
- 还有什么其他方法可以帮助薇薇安的公司更好地融入社区吗？
- 在新市场的成功开发过程中，怎样做才能使得公司作为一个整体从中受益呢？

第三部分　综合案例

美　捷　步

当世纪之交来临的时候，一家总部坐落于拉斯维加斯、名为美捷步（Zappos）的互联网零售商却在为生存而苦苦挣扎。这家公司想要成为顾客心中鞋类在线销售的目标场所，可惜消费者却对在线购买鞋子持怀疑态度。公司不得不聘请了一位名叫谢家华的咨询师，希望他能够帮助美捷步"起死回生"。

谢家华是第一代台湾裔美国人，获得计算机科学学位，几家初创企业都在他的帮助下获得了成功。面对美捷步的颓势，谢家华并没有被吓到，反而设定了一个宏伟的目标——要让美捷步成为最大的鞋类在线零售商。如何实现这一目标呢？不同于专注价格战或增加消费选择的通常做法，谢家华将主要精力都投入到了让员工开心的公司文化升级改造上。他相信，快乐工作的员工一定可以提供超凡的服务水平。当顾客从网站上精心挑选鞋子时，他们一定希望整个购买流程都是令人满意的，无论是鞋品风格还是快速支付，抑或简单的退货政策都应包含在其中。

在他的建议下，公司销售额很快开始飙升。随后，谢家华被任命为公司首席执行官，而这距离他开始为美捷步提供咨询服务不过一年的时间。更令人惊讶的是，他的年薪仅为36000美元。但这种安排丝毫没有影响到谢家华，对于他来说，去努力创建一家伟大的公司比挣钱要重要得多。况且，当他把他前一个公司LinkExchange卖给微软时，他就获得了2.65亿美元。

下面列出的10个核心价值观是美捷步企业文化的基石：
1. 将"哇哦"（诉说具有冲击力的情感和充满正能量的故事）通过服务传递出来。
2. 鼓励和推动变革。
3. 能够创造出乐趣，想出一些不可思议的事情。
4. 具有冒险精神和创造力，要豁达。
5. 追求成长，并不断学习。
6. 建立开放、诚实的沟通关系。
7. 建立一个积极的团队和家庭文化。（"家庭"是指美捷布的同事）
8. 用最少的资源做最多的事。
9. 充满激情并无比坚定。
10. 要谦虚。

这些看上去非常规的价值观是公司必不可少的招聘标准，并且潜在申请者可以在公司职业生涯的网站上按照指导去阅读这些价值观内容（用一些异想天开的词语来描述），只有当你认同并渴望将"自己完全融入美捷步大家庭"时，你才可以完成申请。事实上，在申请过程结束时，如果你觉得自己仍无法认同公司价值观，在退出时员工会被给予3000美元的"补偿金"，而你如果是因为价值观不当而被开除的话则另当别论了。根据谢家华的想法，如若招聘的员工能够认同这些核心价值观，真正的友谊往往就很容易形成，甚至，它可以因此建立起一个让员工创造性思考的环境。

领导美捷步人力资源部门的是霍莉·蒂兰妮，一位来自盐湖城的本土美国人。在她的领导下，部门会确保每位求职者在求职和选拔过程中可以体验、参与到这些非传统的、有趣的文化中来。在申请过程中，通过一个在线应用会邀请申请者提交"视频求职信"，并在一个房间里像电视谈话节目一样对候选人进行面试，提问的问题类似于"你的视频的主题曲是什么？"，等等。公司在评估候选人时不仅会考虑申请人的工作经历，午餐时是如何互动的也会在考察内容中出现，甚至你在往返酒店途中的表现也会被作为考察因素，由司机观察、记录下来。一旦你真的入职了，你可能会发现公司"很有趣，甚至还有点古怪"，在一年一度的"秃顶&蓝色节"上，你可能会看到谢家华和另一位负责人的头发是蓝色的，或者直接是秃顶。对客户"哇哦"的承诺也直接影响到了工作关系：每月会给予有良好行为的员工50美元的奖金，许多员工都在努力争取，并翘首期盼，看看每次都是谁有了新的"异常"举动。

如今，美捷步的绩效评估开始关注价值创造。针对员工的考核不仅限于任务完成情况，创造核心价值的多少也将被作为关键考核指标。管理者希望能够量化员工在工作中创造的价值大小，并且，得分偏低的员工会被要求接受关于相关方面价值观的培训。此外，除了正式的评估程序，员工在接下来的工作中也会定期收到相关任务的完成反馈情况，例如同客户交谈时间的百分比。

蒂兰妮也承认，公司价值观倡导的喧闹、勤劳、不断变化的工作环境并不一定适合所有人。同时，员工的收入也不一定高，那些在呼叫中心工作的员工尤为如此。但是对于接受、分享公司价值观的员工来说，在美捷步工作是一件很令人兴奋的事情。此外，只要你能"坐上天鹅绒宝座"，你就可以享受利润分红、午睡室、职业生涯指导老师的贴心辅导等大量奖励和福利措施。

在谢家华的帮助下，美捷步通过这种人力资源管理方式，成功地将销售额提升到数十亿美元，并最终被亚马逊收购。亚马逊在同谢家华签署协议时，承诺保证美捷步将继续按照其独特文化方式独立运营。

不幸的是，尽管2008年爆发的金融危机并没有阻止美捷步销量的上升，但持续的经济下滑使得美捷步不得不解雇一些员工，作为赔偿，公司只得尽可能慷慨地给予一些遣散费。即便如此，美捷步也没有像许多其他企业那样，把其位于肯塔基州的呼叫中心外包，因为那里的员工是公司文化的一部分。他们是直面客户的一线"部队"，在经过专业培训后，他们会向客户传递出"哇哦"——例如，鼓励客户尝试不同尺寸的鞋码（无须支付物流费用）。公司现今面临的挑战是如何尽可能地留住"家庭成员"，公司需要让员工明白，即使困难重重，美捷步始终都是最好的工作选择。

问题

- 在你看来，美捷步是一家"快速反应"的组织吗？你认为美捷步最近的裁员行为会对其反应能力产生怎样的影响？
- 在公司加强核心价值观的过程中，人力资源管理发挥出了怎样的作用？
- 美捷步的人力资源政策对员工价值多样化有支持作用吗？有多大作用？你认为美捷步在多样化问题上还需加强什么？

资料来源：H. Blodget, "Zappos CEO Tony Hsieh Making ＄36,000 a Year Working for Amazon," *Yahoo Finance*, September 10, 2010, http：//finance.yahoo.com; Zappos, Jobs webpage, http：//about.zappos.com/jobs/, accessed July 29, 2011; K. Gurchiek, "Delivering HR at Zappos," *HR Magazine*, June 2011, http：//www.shrm.org; J. M. O'Brien, "Zappos Knows How to Kick It," Fortune, January 22, 2009, http：//money.cnn.com; and R. Pyrillis, "The Reviews Are In," *Workforce Management*, May 1, 2011, Business & Company Resource Center, http：//galenet.galegroup.com.

第四部分 激励员工

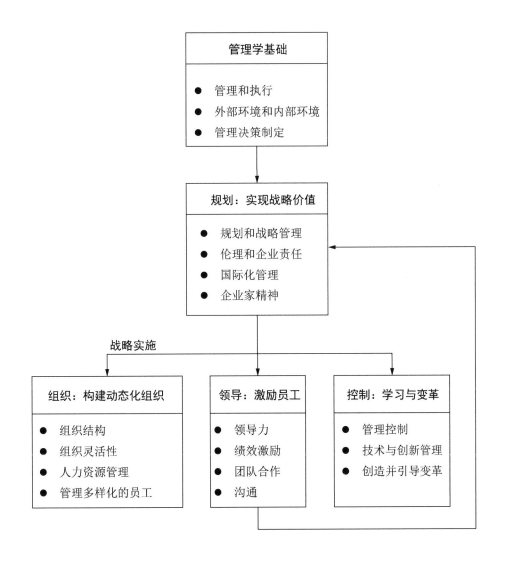

第12章
领导力

每个士兵都有能力胜任指挥一职。

——凯撒大帝

学习目标

通过学习第12章,你应该能够达到以下要求:

1. 能够探讨作为领导者意味着什么。
2. 能够总结出员工及组织对领导者有怎样的要求。
3. 能够解释一个好的愿景将如何帮助你成为一名更好的领导者。
4. 能够识别组织中权力的来源。
5. 能够列出高效领导者的个人特性与技能。
6. 能够描述可以使你成为更好的领导者的行为,并确定哪些情境需要这些领导行为。
7. 能够区分魅力型领导者与变革型领导者。
8. 能够描述成为组织领导者的机遇类型。
9. 能够讨论如何进一步发展你的领导才能。

本章概要

我们想要从领导者那里得到什么?	当代领导观
愿景	魅力型领导
领导与管理	变革型领导
领导与追随	真实型领导
权力与领导力	领导者的机遇
权力的来源	关于勇气
理解领导力的传统方式	开发领导者技能
领导者特性	我应该如何开始?
领导者行为	关键点是什么?
领导力情境理论	

开篇案例

霍华德·舒尔茨是如何带领星巴克获得最初成功的

虽然霍华德·舒尔茨因其对星巴克咖啡公司的领导而闻名于世,然而事实上,在舒尔茨之前,就已经存在一家叫星巴克的咖啡店了。第一家星巴克是一家坐落于美国西雅图的咖啡店,由杰拉德·鲍德温、戈登·波克和杰夫·西格尔在20世纪70年代创办的。

舒尔茨领导咖啡连锁店的旅程开始于纽约的布鲁克林。舒尔茨生长在布鲁克林的一个工人家庭,除了耳濡目染父亲的勤奋工作,他自己也在艰辛地做一系列繁重的工作。舒尔茨10岁开始送报,之后又转向其他工作,如为毛皮商拉伸毛皮及在一家服装公司用蒸汽处理纱线。由此,舒尔茨开始有了努力工作出人头地的动力。

后来,舒尔茨获得了北密歇根大学的橄榄球奖学金(他打四分卫)。毕业后回到纽约,他先后在施乐公司、咖啡机制造商Hammarplast从事销售工作。有一次Hammarplast公司安排舒尔茨去西雅图出差,在那里他遇见了当时的客户之———星巴克。他说服了星巴克的老板聘请他担任市场总监,但由于他的野心与热情同西雅图悠闲懒散的文化格格不入,导致他花费了整整1年的时间来建立信任的关系。后来,作为星巴克的雇员,舒尔茨去意大利出差。在那里,他感受到了意大利咖啡厅的欢乐和社区氛围,顾客可以在其中尽情享受。回到美国,他试图说服星巴克的老板们建立一个类似的公司机构,但是他们对卖咖啡豆以外的做法丝毫没有兴趣,无奈之下,舒尔茨开始了自己创业。1985年,他开了一家名为天天的咖啡店。随着生意的逐步兴隆,舒尔茨开了更多的分店,而且他还开始计划买下星巴克的店面和焙烧设备,以星巴克的品牌进行运营。

从一开始,舒尔茨的眼界就没有仅仅局限于卖咖啡,而是旨在打造非凡的产品和社区体验。星巴克公司购买和烘焙的咖啡豆都是自己的。为了能够让顾客观赏到精确且有品质的咖啡制作过程,公司以此为宗旨进行了专业的咖啡师培训和餐馆布置。而且星巴克十分注重细节,从烘焙咖啡的香气到音乐的融合声,无不精心打造,目的只有一个:打造一个舒适的社区聚集场所。

这一愿景拓展了舒尔茨对公司运营的理解。自第一家咖啡店开始运营,舒尔茨就清楚地意识到员工对他的信任以及与员工共同创造更具价值事物的可能性。回想他的父亲辛苦工作却得不到尊重,舒尔茨决心要经营一家尊重每一位员工的公司。自公司成立早期起,星巴克就开始为每周工作20小时以上的员工提供医疗保险,这种做法在当时的食品服务行业中是异常慷慨的。即使在经济困难时,舒尔茨也从未动摇过对员工的这个承诺。

霍华德·舒尔茨为他的公司注入了一个引人注目的愿景和一系列价值观念,这引导着公司如何对待顾客和员工。一些人也会说他巨大的动力和激情是领导者的标志。当你阅读这一章时,请对比舒尔茨的领导模式和各种推荐的成功领导实例。

舒尔茨在管理实践中也践行了他对员工们的承诺。他把办公室建在星巴克烘焙工厂,在每天工作结束时,他会到工厂走访员工,并感谢他们的付出。这一努力的背后是希望员工能看到一个"领导风格",即他"从来没有认为自己高于任何人"或"从不多要求别人做我自己不愿意做的"。

舒尔茨的愿景和策略给企业带来了巨大的增长。1987年他的公司还仅有11家分店,到了2000年便已在13个国家拥有了2600家分店。在那个阶段,舒尔茨从全职经营公司退居至董事长一职。观察者们一致同意舒尔茨是一位极其出色的领导者。他当时甚至还不知道自己的领导技巧将经得起很多年的考验。

当人们谈论到领导力的话题时总是兴奋不已。他们想知道是什么造就了像霍华德·舒尔茨那样杰出的领导。不同行业的管理者都对这个话题感兴趣。他们相信，这个问题的答案将有助于改进组织绩效和获取个人事业的成功。他们希望获得这样的技能，以便从普通的管理者转变为真正的领导。

幸运的是领导技能可以学习，许多像家得宝和联合太平洋之类的大型组织积极地吸收退休军官，因为他们相信军事训练和经验使得这些人适合担任领导者。当然并不是只有参军的人才能学得了领导技巧。有人说过，"尽管看起来大多数人都具有管理技能，但只有少数人能够在实践中运用这些技能。管理技能可以被任何人学习并传授，而且它从来不拒绝任何人"。

什么是领导艺术？首先，领导者能够影响他人，帮助他人达成目标。下属越多，其影响力越大。获得的成功越多，其领导力也就越显著。但是我们不能仅仅局限于纸面上的定义，必须得让虔诚的下属与学生们在看到领导践行实践时，感受到激情与兴趣，让其了解组织的领导者究竟要做什么，如何去学习才能变成一个真正的杰出领导者。

杰出的领导者能够将良好的战略资产与有效的人际关系结合起来，形成并实施足以产生良好效果和可持续竞争优势的战略。他们会创办企业、建立组织文化、赢得竞争，甚至改变重大事件的进程。他们是战略家，绝不会错失他人忽视的任何良机，但"他们同样对细节异常关注——所有细微的、基础性的、可能会促成或破坏宏伟计划的细节都在其观察之中。"

12.1 我们想要从领导者那里得到什么？

一般人想从他们的领导者那里得到什么？概括地说，他们想要得到有助于自己达成目标的帮助。这些目标不仅仅包括升职和加薪，促进个人发展，清除障碍以提升工作水准，寻求受尊重的、公平的与合乎道德规范的待遇都属于支持范畴。只有当员工的主动性不断地被挖掘出来、良好的判断力开始形成、员工自身不断获得成长、开始成为更好的贡献者时，领导者的作用才算是有了最好的发挥。人们需要称职合适的管理——这些你都会在本章或是本书的其他章节中读到（如图12.1所示）。

> 在采访过程中，跨国企业的首席执行官们和政府首脑们都表示，创造力与正直是未来5年中最重要的领导素质（如图12.1所示）。来自北美的首席执行官们更将正直放在了领导素质中的第一位。

组织需要什么？组织需要各个层级都有人能够担任领导者。组织内的所有领导者需要能够满足员工们的需要，并且帮助创造和执行战略方向。因此，组织正式任命的领导者们需要努力实现组织的目标，而非他们的个人目标。近期在智利就发生了一件引人瞩目的事件，成为这种领导力的绝佳例证。由于矿场塌陷，圣何塞铜矿的矿工们被困在地下800多米处长达17天之久。在被困期间，他们的领头人路易斯·乌尔苏亚利用他强大的内心和超过30年的丰富经验，帮助每一位矿工在17天内保持冷静并遵守纪律直到被找到。在等待救援的几周中，他们始终这样坚持着。乌尔苏亚制定规章秩序以形成规则观念，尽可能让食物保存的时间更长，并消除弥漫在受惊队员之中的消极情绪。为了培养团队观念，他将矿工们分成3个组；并且为了提高团体和自我激励意识，他让每个人都有做决定的投票权。当救援队员准备一次一个地救起矿工们的时候，乌尔苏亚选择了去做最后一个被救援的人。

人们想要什么和组织想要什么，这两个问题被著名学者和咨询师詹姆斯·库泽斯和巴里·波斯纳准确地合并成五个关键行为。即，最好的领导者应当做到：

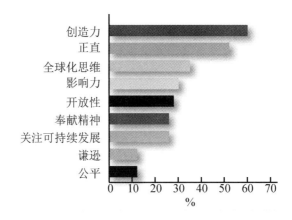

图 12.1　关于跨国企业首席执行官对于最主要的领导素质访谈统计

1. 挑战现状。他们挑战传统的信条和惯例，并做出建设性的改变。
2. 共启愿景。他们凝聚人们的价值观并激励他们去关注一项重要任务。
3. 使众人行。他们给人们提供信息渠道，并为人们创造条件去发挥自己的全部潜力。
4. 以身作则。他们并非只告诉人们该做什么——他们自身就是自我信念的践行者。
5. 激励人心。他们感谢人们的付出，提供奖励，并使用各种方法去积极地激励人们。

你将在本章和接下来的章节中读到上述的领导艺术以及其他方面。我们讨论的主题不仅仅可以帮助你成为一名更好的领导者，更可以为你提供衡量基准，帮助你评定领导者的管理能力及其公平性。

12.2　愿景

科尔摩根公司（Kollmorgen）的前任主席罗伯特·L. 斯威格特（Robert L. Swiggett）曾说过："领导者的工作就是创造愿景。"几年前，还没有管理者提及愿景这个词。但在今天，预见未来并让更多的人了解它是成为一名杰出领导者的基本素质。企业家马克·莱斯利（Mark Leslie）坚信："没有愿景，就没有企业。"MIS 的主管乔·内文（Joe Nevin）把领导者定义为"企业蓝图的描绘者和成功道路的设计者"。不止企业界人士这么说，学术研究也表明：清晰的愿景以及对愿景的传达可以为初创企业带来更高的投资增长。

愿景是对组织未来可能达到和令人满意的前景的设想，它反映出领导者对组织未来的信心。一个领导者可以创造这样一个愿景，它可以涵盖对高绩效的渴望、公司或商业策略的本质，甚至是值得建造的工作场所的类型。最好的愿景是理想的也是独特的。理想化的愿景所传达的，是某个优秀的标准和对积极价值观的明确选择。愿景的独特性则是表明其与众不同，并为此感到自豪。愿景所选择的语言是很重要的，它们应该是现实主义和乐观主义的结合，是行动的指南，并且应足以体现实现愿景的决心和信心。

愿景可大可小，既存在于最高领导层也存在于组织的每个层次。但以下几点很关键：（1）对于有效的领导来说，愿景必不可少；（2）个人或团队可以为任何工作、部门或组织设想愿景；（3）很多人，包括一些无法发展成强势领导的管理者，都没有明确的愿景——相反，他们只是专注于执行或整日忙于日常琐事。

换句话说，领导者必须明确他们需要什么，并且让他人了解这一点。领导者必须清楚地、经常性地说明自己所设想的愿景。整个组织的其他人员也应该能够理解并且清楚地阐述整个愿景。但这仅仅是个开始,在领导及其下属把愿景变成现实之前,愿景只不过是一座空中楼阁而已。

乔治·巴克利(George Buckley)就是一个能够清楚表达并塑造清晰愿景的领导者,他是3M公司(一家以透明胶带、便利贴和砂纸而闻名于世的创新型制造商)的首席执行官。当最近经济疲软,其他制造商纷纷削减研发支出时,巴克利却仍然想恪守3M的创新理念。为此,他把研发支出与收入挂钩(研发支出虽然在下降,但却慢于收入的下降速度),要求研发人员集中精力去降低产品的生产成本,并努力说服他们相信自己的努力是值得的。当研究人员认为他们所做的事情对激发智慧拥有重大意义,并以此作为自己的研发动力时,巴克利的愿景便成功实现了。例如,当巴克利问3M研磨剂生意的领导,其在管道运输领域有什么创新时,这个部门的领导者是这么评论研磨剂的:"它可不如以为的那么性感。"巴克利反问道:"为什么不呢?我就认为研磨剂很性感。研磨剂为什么不能是性感的呢?"最终,当研究人员看到他们的创新有助于公司拓展服务市场时,他们对巴克利的愿景也越发认可与热衷了。

> **提示**
>
> 如果你没有设立你想要达成的愿景,你就很难在未来完成它。
>
> 你是否必须成为高层管理者才能设立愿景呢?

一个比喻有利于加强对愿景这个重要概念的理解。如果你面前的盒盖上有图案,你将很容易把图拼出来。如果没有图案或愿景,你就会缺少目标,并极易遭受挫折与失败。这就是愿景的全部意义所在:让你的前进方向变得清晰明白。

> **提示**
>
> 想象世界充满着清新空气、清澈用水以及充裕食物。在全球许多企业中,心怀愿景的管理者们都在努力将这个幻想变为现实。
>
> 你对美好的未来有什么样的愿景?

不是任何愿景都是有效的。由于种种原因,愿景可能会是不适宜的,甚至有可能失败。首先,一个不适宜的愿景有可能只是反映了领导者的个人需求。这样的愿景可能会是不道德的,或者因为没有被市场或必须将其付诸实施的人所接受而遭受失败。其次(与第一点相关),一个不适宜的愿景有可能会忽视利益相关者的需求。再次,领导者必须适应外部环境的变化。尽管有效的领导者面对挫折仍然充满自信,拥有坚韧的毅力,然而有时受现实所迫,企业必须对愿景做出改变。你将在随后的章节中了解到更多关于变化以及如何应对变化的方法。

愿景从何而来?领导者应能及时发现出现的新机遇,并发展出相匹配的能力或世界观,而不能过分地安于现状。你也可以在对未来有深刻见解的人际网中进行挖掘和开发。有些愿景是偶然的,某些公司可能会在无意中得到一个机会,领导者也会因他的远见而颇受好评。还有一些领导者和公司会尝试许多新举措,在试验与错误中,偶然获得成功。如果公司能够从这些成功中学习成长,距离"愿景"的出现往往也就不远了。

管理实践

当一场强劲的龙卷风席卷堪萨斯州的格林斯堡时,当地的行政长官史蒂夫·休伊特(Steve Hewitt)就急需一个愿景。暴风雨过后,休伊特发现龙卷风摧毁了自己及小镇1400名居民中大部分人的房屋。同样被摧毁的还有格林斯堡的医院、消防局、中小学校、水塔和商业区。休伊特立即联系工作人员,并开始评估受损范围与程度。他为家人寻找了一处安全的地方以暂时栖身,之后便把所有精力投入到了救援和恢复工作上。

首先,休伊特不得不处理手头上的紧急事件。他一边监督小镇的工作人员和志愿者分发帐篷,一边亲自指导搜索和救援,以及随后的清理工作。随着这些行动有条不紊地展开,休伊特必须开始对未来做出决定。尽管放弃小镇的做法可以得到理解，休伊特却依旧选择了重建。从这一悲剧中，他抓住了一个机遇。

休伊特设想将小镇塑造成一个节能和可持续发展的典型。为了大幅降低能耗，他说服市议会通过了一项决议，所有新建的市政建筑必须满足严格的能源与环境规划署领导（Leadership in Energy and Environment Design，LEED）白金认证的"绿色"建筑要求。休伊特通过电台广播和在紧急检查点发放传单来宣传他的愿景，并积极鼓励市民去实现这一美好愿景。他向社区居民宣传、教育重建家园时达到LEED标准的实践价值，并说服许多房主和商店老板去遵循这一标准。他计划用风力发电厂为小镇提供电力。除了对当地人的鼓舞，他的这些努力也得到了公众的广泛关注，并因此获赠很多东西，其中就包括一个环保型操场。

- 你认为是什么使得休伊特的愿景能够感染格林斯堡的人们？

12.3　领导与管理

有效的管理者并不一定是真正的领导者。很多经理、主管甚至高层管理人员虽然可以出色地履行自己的职责，但都不是杰出的领导者，但是这些职位为成为领导者提供了机会。有效领导的能力会把杰出的管理者同普通管理者区别开来。

鉴于管理者必须处理组织中正在进行的、错综复杂的日常事件，真正的领导者就应能够精心筹划重大变革。在制订计划和编制日常预算的同时，还应为公司设定目标（设想一个愿景）。管理者需要调整的组织架构，配置合适的人才，并且监督其日常工作；而领导者除了必须完成上述工作以外，还需要激励员工去实现这个愿景。杰出的领导者能够使员工专注于为帮助组织达到理想的未来而不断奋斗，并激励员工克服艰难困苦，全力实现目标。

不幸的是，好的领导者是非常稀有的。管理者往往醉心于可以为他们赢得赞赏和回报的活动，例如提高公司的股票价格，而不是进行艰难的道德抉择或开展长期投资。一些新的管理者知道"快速成功"将帮助他们树立领导的威信，为此推行他们所钟爱的计划，却恰恰忽视了这些计划会对他们所领导的员工造成消极影响。这种方法很容易适得其反，因为员工们不相信这种类型的管理者，对领导团队为取得长远成功所做出的承诺往往也嗤之以鼻。相反，成功的领导者通过带领团队共同致力于共享愿景并取得团队成功，反而会赢得团队的信任与支持。

弄清以下几点很重要。首先，管理和领导力都十分重要。强调领导力的必要性并非要贬低管理和管理者的重要性。但是领导过程显著区别于基本的管理过程。此外，并不能说因为两者的过程不同，就意味着它们需要不同的人才。同一个人既可以是有效的管理者，又可以是有效的领导者，或者二者都没有做到。

有一些人反对将管理与领导力区别看待。他们坚持认为，对于维持企业运转的管理者和管理流程来说，这种区别是虚伪的，是一种贬低。另一种区分方法是将领导分为监督型领导力和战略型领导力。**监督型领导力**（supervisory leadership）是指为日常活动提供指导、支持和纠正式反馈的行为。**战略型领导力**（strategic leadership）专门为组织提供目标与意图，包括为组织预期、设想出积极的未来，并与他人合作将这样的未来变为现实。例如，印度的商业领导们将他们的最高责任定义为提供商业战略投入（你在本书的第一部分学习到的），"保护"组织文化（见第2章的介绍），以及成为员工的行为榜样（员工是本书第四部分的焦点）。

领导与追随

组织的成败不仅仅取决于领导者们如何领导，还在于员工如何表现。正如管理者往往不一定是好的领导者一样，员工也并不总是好的下属。一位研究领导力的学者就表示："下属虽然是被分配给高管们的，但高管们必须能够赢得下属。"确实，好的下属可以造就好的领导。

作为一名管理者，你应该扮演领导者和追随者两种角色。就像你领导的下属向你汇报一样，你也要向你的上级进行汇报。你既会是一些团队和委员会的成员，同时也可能领导其他人。由于领导者的角色充满了魅力，因此，它成为许多人垂涎觊觎的目标。而作为追随者必须谨慎且适当地履行职责。尽管许多领导都是这样认为的，但好的追随者并不仅仅意味着服从命令。有效的追随者应该拥有独立思考的能力，并同时能积极致力于实现组织的目标。曾领导艾维斯租车公司（Avis）走出低谷的传奇人物罗伯特·汤森（Robert Townsend）说道："员工最重要的品质就是乐意说出实情。"

> 什么是失败的追随者行为？答案就是：导致领导滥权的冷漠、被动、愤世嫉俗和不参与。

有效的追随者掌握着对组织有用的技能，他们的绩效成绩也高于规定要求。有效的员工可能无法获得荣耀，但他们知道自己对组织的贡献是有价值的。而且当做出贡献时，他们也在通过学习自己的领导者来为自己将来担任领导角色做好准备。

有效的追随者同那些不发挥作用的追随者之间的区别就在于他们对组织、某个人或某个目标（某个想法或某个产品）满怀热情与忠诚，而不仅是专注于他们自己或自己的利益。

12.4 权力与领导力

有效领导力的核心是权力——即影响他人的能力。在组织中，这一影响通常是指排除各种障碍完成任务或达到目标的能力。

  管理实践

管理者有时会惊奇地发现，由于权力较小的员工渴望得到他们的支持，他们权力的影响力已经远远超出了他们的工作职责范围。在这种情况下，一个简单的行为，如与员工眼神交流，都可以作为一种奖励，激励员工。

当琳达·帕克·赫德森（Linda Parker Hudson）成为国防承包商——通用动力（General Dynamics）的部门负责人时，她就发现了这种权力。在她工作的第一个星期，她的围巾系了个独特的结。第二天，她发现有超过 12 名女员工以同样的方法系着围巾。赫德森承认这种体验与其说是奉承，其实更是一种预警；并不是每个人都喜欢这种程度的监视。但她也认识到，这种影响也有助于她塑造组织文化。

当赫德森后来成为另一家国防承包商——BAE 系统公司的美国部门负责人时，她告诉向她汇报的经理们，她习惯于在闲暇时间发邮件，并且她希望得到快速的回复。曾经她在凌晨 3 点的时候有了一个新想法，并且立刻将其发送了出去。令赫德森惊讶的是，已经睡觉的经理们将黑莓手机摆在手边，并立即给她进行了回复。说是"快速"，她并不是真指"立即"，但她的员工都渴望做到任何他们认为是她想要的。赫德森花了数月的时间去说服他们，她真的期望他们在晚上能够睡一个好觉。

- 在你看来，为什么像琳达·帕克·赫德森这样的管理者会拥有如此大的力量，去影响她组织里的人呢？

权力的来源

对权力的最早解释之一是由弗伦奇（French）和雷文（Raven）提出的，这也是目前应用最广泛的理论解释。他们认为，领导者在组织中的权力有 5 种重要的潜在来源（如图 12.2 所示）。

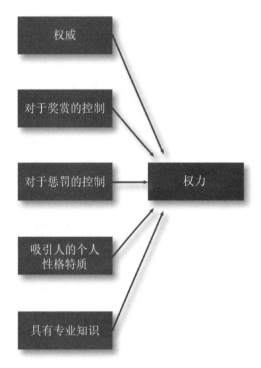

图 12.2 权力的来源

资料来源：改编自 J. R. French and B. Raven, "The Bass of Social Power" in *Studies in Social Power*, ed. D. Cartwright (Ann Arbor, MI：Institute for Social Research, 1959)。

合法性权力 拥有合法性权力的领导者有权告诉下属该做什么；员工也有义务去遵从这些正当命令。比如，当一个管理者命令其下属去消除一个安全隐患时，该下属就应消除这一隐患，因为他不得不服从上级的权威。相反地，当员工对生产线管理人员不拥有权威时，该员工就对管理人员没有合法性权力。你可以猜想到，相较之同级人员、老板以及组织内外的其他人，管理者对他们的直接下属拥有更多的合法性权力。

奖赏权力 具有奖赏权力的领导者可以影响别人，因为他控制着有价值的奖赏。为了得到这些奖赏，人们遵从领导者的意愿。例如，管理者努力工作以便达到绩效目标，继而获得正面的工作评价以及老板给予的大幅加薪。此外，如果公司的政策是每个人的薪水增加量相同，那么领导者的奖赏权力就会下降，因为他无法给予员工更高的加薪幅度。

强制权力 具有强制权力的领导者掌控惩罚措施。人们为了避免惩罚而不得不遵从。例如，管理者采取缺勤政策，对违规的员工进行处罚。如果工会条例限制他惩罚员工的能力，那么管理者将具有较少的强制权力。通常，基层管理者拥有比中层和高层管理者更少的合法性权力、强制权力和奖赏权力。

感召权力 具有感召权力的领导者拥有吸引他人的个性特点。人们往往会因为钦佩、个人喜好、渴望认可，以及期望像该领导者一样，而选择服从。例如，年轻的、雄心勃勃的管理者仿效成功的、有魅力的高管的工作习惯和个人风格。而不称职、不受欢迎和不受尊重的领导者几乎没有什么感召权力。

专长权力 具有专长权力的领导者拥有某种专长或知识。人们因为信任、能够学习或者可以从中获益而选择服从。例如，销售经理会给销售人员在如何促成交易方面提供一些建议。销售人员会因此调整他们的销售技巧，因为他们尊重经理的专长。然而，这位经理可能在其他领域（如财务）就缺乏专长权力，因此，他的销售人员可能就不会重视他提出的涉及财务事项的建议。

有权告诉别人做什么的人，能够奖励、惩罚别人的人，被别人喜欢和钦佩的人，以及具有某项别人可以学习专长的人，都是组织中有权力的人。这些所有的权力来源都具有潜在的重要性。虽然可以假设那些具有高度合法性权力、控制主要奖励和惩罚的人是最有权力的老板，但也千万不能低估很多"个人"权力的来源，例如专长权力和感召权力。

12.5 理解领导力的传统方式

研究领导力的三种传统理论包括：特性理论、行为理论和情境理论。

12.5.1 领导者特性

特性理论是最古老的领导力观点。它关注领导者个人，并试图确定伟大领导者所共有的个人特征（特性）。是什么使得温斯顿·丘吉尔（Winston Churchill）、亚历山大大帝（Alexander the Great）、甘地（Gandhi）和马丁·路德·金（Martin Luther King）与众不同？特性理论假定存在着领导者人格，并且假定领导者是天生的，而不是后天形成的。

1904—1948 年，研究者们做过一百多项领导特性的研究。在这个阶段末期，管理学者认为成功的领导者并不需要独有的特性来成就。虽然对特性的研究热情减少了，但是人们有关特性的研究却仍在继续。直到 20 世纪 70 年代中期，一种更为均衡的观点出现了：虽然没有哪一种特性能够保证领导者成功，但是某些性格特点还是有潜在作用的。现今的观点认为，某些性格特点（其中许多并非是天生的，而是能够通过后天培养的）可以将杰出的领导者从人群中凸显出来。

1. 动力。动力指能够反映高水平努力的一系列个性特点。动力包括强烈的成功欲望、对进步的不断追求、抱负、精力、韧性（面对困难的坚韧度）及主动性。在一些国家，高层管理者的成功欲望同组织的增长率之间呈现出高度的相关性。但是如果领导者只关注个人成就而不给予充分授权的话，成功的欲望就会成为一个障碍。通过分析成功的欲望，人们可以进而对创业型公司的成长性进行预测，但这对于更大、更具官僚气息的公司部门领导者则往往毫无作用。

2. 领导者动机。伟大的领导者不仅有动力，还有欲望。就这一点而言，动机有助于外向性人才的发展——外向性不只与领导力的凸显有关，也同领导力效果相关。同样重要的是他们对权力有着强烈需求。他们喜欢领导别人，而不是被人领导。强烈的权力需求促使人们试图去影响他人，并在领导过程中获得利益和满足。当权力需求符合道德和社会的构建方式，且不对他人造成伤害时，领导者们将激发出更多的信任、尊重和对其理想的认同。

3. 正直。正直即言行一致。诚实可信是招人喜爱的性格特征，对于领导者而言，这是格外重要的，因为这些特点能激发别人对你的信任。

一家律师事务所的资深合伙人告诉他的律师们信任的重要性。当一个年轻的、有野心的律师问他如何获得信任时，他回答说："试着让自己变得值得信赖。"

4. 自信。自信从很多角度来说，都是至关重要的。领导者的角色是具有挑战性的，而挫折是在所难免的。自信能让领导者克服困难，在不确定的情况下敢于做出决策，并且能够将自信逐渐地传染给其他人。当然你并不希望过分地自信，已经有不止一个领导者因为骄傲和自大而垮台。

5. 业务知识。一个有效的领导者对他们的行业、公司和技术问题了解颇多。领导者必须拥有足够的智慧才有能力解读大量的信息。高学历在职业生涯中是很有用的，但终究不如拥有与组织事务相关的专长。

最后，有一种个人技能可能是最重要的：感知别人的需要和目标并据此调整领导方式的能力。有效的领导者不能仅依赖于一种领导风格，而应具备在不同情境下采用不同风格的能力。这种品质是领导力情境理论的基础，我们随后将讨论这一理论。当你读到下面"管理实践：舒尔茨是如何将星巴克拉离失败边缘的？"的时候，想想霍华德·舒尔茨是使用什么样的特性和技巧来领导星巴克员工。

 管理实践

舒尔茨是如何将星巴克拉离失败边缘的？

21世纪初，排队等候购买星巴克浓缩咖啡和拿铁咖啡的顾客几乎遍布大街小巷，大多数观察家都认为星巴克是一个巨大的成功案例。霍华德·舒尔茨被誉为极富远见的领导者，他教会了美国人用全新的方式享受咖啡。

在21世纪的第一个十年接近尾声时，舒尔茨开始看到了一些麻烦的征兆。零售商成功的关键指标——同店销售额，曾经以每年5%的速度逐年增长，但在2008年的上半年放缓至1%，甚至开始下跌。有时，某些商店的销售额甚至不足以支付店员的工资。到了下半年问题继续恶化，彼时的经济衰退令人恐惧，将星巴克的拿铁咖啡视为不必要的浪费已成为消费者的陈词滥调。

更令舒尔茨不安的是，公司的发展已经完全偏离了他最初的愿景。当他视察商店时，再也看不到他曾试图创造的那种观赏体验的氛围。相反，咖啡师被挡在新式自动浓缩咖啡机后，这种机器虽然提高了效率，但再也找不到人机交互的灵魂。另外，运输和储存咖啡的新方法虽然提高了工作效率，但空气中却再也不会弥漫出现磨咖啡的诱人香味。尽管早餐三明治为公司带来了利润，却让门店咖啡的香味被烧焦的奶酪味所取代。

舒尔茨非常痛苦，就好像"那种自我成长"已经奄奄一息，或"渐渐变成我不喜欢的"，并且这都是他自己的错，因为他起初并没有注意到这一点。正如舒尔茨所解释的，公司已变得过于关注利润和股价，以至于忽略了推动这些数字上涨的最初的使命。持续的成功发展使得管理部门开始将成功视为必然。舒尔茨得出结论，除非让他了解到公司全面的内部信息，否则根本无法扭转形势。他说服董事会解雇了首席执行官吉姆·唐纳德（Jim Donald），并让他重回领导岗位。他承诺要带领公司实现逆转。舒尔茨后来写道，他的目标是让人们"重新爱上星巴克"，让星巴克"重拾我们所做之事的精髓：激发人文精神"。

凭借他曾领导星巴克开创历史的公信力，舒尔茨做出了艰难甚至极端的决定。为了重新聚焦于核心使命，星巴克将关闭数百个门店，但留下来的员工仍将持续享有广受欢迎的如医疗保险之类的福利。为了同时向全美的消费者和员工展示星巴克的愿景，公司将全美的星巴克商店关闭了一个下午，重新培训员工倒咖啡的艺术。尽管股东因为收入的损失而大声怒吼，但舒尔茨立场坚定，必须提醒员工时刻不忘公司的核心使命。此外，浓缩咖啡机也被换成了更小的型号，使得员工能够回到店里磨咖啡，以重新释放那美妙的芳香。

舒尔茨追求创新，即便这意味着要犯错。他先将难闻的三明治从菜单中移除，但当改良的三明治不会在加热后影响店内咖啡的香味时，他便又将三明治加进了菜单。他曾推出了一款在加利福尼亚州被称为 Sorbetto 的甜饮料，但当它的推广效果不佳时又立即将其从菜单中移除。

舒尔茨还决定重新灌输公司的愿景。他召集 10000 个门店的经理和雇员们参加 2008 年 10 月召开的领导人会议。尽管它将花费数百万美元，并且此时投资者对公司的未来前景越来越不抱有幻想，舒尔茨依然坚持认为有必要重塑员工的信念和承诺。此外，他选择了一个遭受重创的城市，即刚经过卡特里娜飓风如今正在重建的新奥尔良，作为他遭受重创的公司新的聚集地点。星巴克的员工将他们一半的时间用于讨论如何改善公司，一半时间用于参与到重建这个城市的项目中。当舒尔茨在他们面前讲话的时候，他表现得非常谦逊，向他们寻求帮助来使公司由此走向辉煌。

所有的这些决定——是由这样一个人做出的，他独自承担了错误的责任，并承认他需要帮助来解决这些问题——让星巴克走向复兴。自从做出扭转局势的努力，星巴克各门店的客流量开始恢复，客户满意度上升（上升到创纪录的水平），收入和股票价格也实现了增长。舒尔茨将这次领导公司复兴的成功归因于他有"对（公司）存在的核心原因持100%的信念"。星巴克的首席财务官特洛伊·阿尔斯特（Troy Alstead）说，舒尔茨的领导与承诺拯救了公司，"在他回来当 CEO 之前，很多人质疑'我们完了吗？'，但在舒尔茨回来后，这再也不是一个问题了"。

- 霍华德·舒尔茨领导星巴克复兴的权力来源有哪些？
- 在这篇文章中，你看到了工作中的哪些领导者行为和特性？

12.5.2 领导者行为

针对领导力的行为研究法试图找出优秀领导者的所行所想。领导者的注意力应该集中在把工作做好或者愉悦下属上吗？他们决策时应该独裁还是民主？在行为理论中，领导者的实际行动比他的性格特征更为重要。

三种类型的领导者行为受到了特别的重视：任务绩效行为、群体维系行为，以及员工的决策参与度。

任务绩效 领导者要求把工作做好。任务绩效行为是指领导者努力确保工作单元或组织完成目标。这一维度大多是指关注生产、指示性领导、初始结构，以及严密监督。它主要包括对工作速度、工作质量和准确性、产量，以及制度遵守的关注。这种类型的领导者行为改善了领导者、团队以及整个组织的工作绩效。

群体维系 在展示**群体维系**行为时，领导者采取行动以确保群体成员满意，帮助其发展并保持默契的工作关系，维护群体稳定。这一维度有时被称为关心员工型领导者、支持型领导者和体贴型领导者。它主要包括对员工的感受和舒适度加以关注，欣赏员工，并帮助其缓解压力。这种类型的领导者行为对下属的满意度、积极性以及领导效率都具有很显著的积极影响。

> **提示**
> 任务绩效行为关注工作目标的实现。
> 哪些可以体现管理者对任务绩效的关心？

绩效导向和维系导向的领导方式分别意味着怎样的具体行为呢？为了回答这个问题，假设你要从以下两个方面来评价你的老板。如果你们公司正在进行领导力研究，你将被要求填写一份类似于表 12.1 的问卷。第一组问题所表述的行为代表绩效导向型领导力，第二组问题代表的是维系导向型领导力。

表 12.1　任务绩效和群体维系领导力评估问卷

绩效导向型领导力
1. 你的上级是否对遵守规章制度要求严格？
2. 上级给你的指令具体到何种程度？
3. 你的上级对于工作量的要求严格吗？
4. 你的上级是否要求你在规定时间内完成工作？
5. 你的上级会试图让你挑战自己的工作极限吗？
6. 当你的工作做得不充分时，你的上级是否会关注你的工作方法？
7. 你的上级要求你报告工作进度吗？
8. 你的上级为完成目标制订的月度计划精确到何种程度？

维系导向型领导力
1. 你能和你的上级自由地谈论工作吗？
2. 你的上级总体上支持你吗？
3. 你的上级关心你的个人问题吗？
4. 你认为你的上级信任你吗？
5. 你的上级会对你出色的工作表现表示认可吗？
6. 当你所管辖范围的工作场所出现问题时，你的上级会征求你的处理意见吗？
7. 你的上级关心你的长期利益，如升职或加薪吗？
8. 你的上级对你公正吗？

资料来源：J. Misumi and M. Peterson, "The Performance-Maintenance (PM) Theory of Leadership: Review of a Japanese Research Program," *Administrative Science Quarterly* 30, no. 2 (June 1985). Reprinted with permission of Sage Publications, Inc.

领导—成员交换理论（Leader-member exchange，LMX）强调领导者行为的重要性不仅是面向整个群体的，同时也是针对个人的。初始构想的中心，已经被扩大了，主要在于历史性地考虑群体维系的领导者行为。根据 LMX 理论（并已得到研究证实），诸如信任、公开交流、相互尊重和相互忠心之类的群体维系行为是建立令人满意以及可能更高产的关系的基础。

但是，要切记潜在的跨文化差异。维系行为在任何地方都很重要，但在不同文化中的具体行为可能有所不同。例如，在美国，群体维系行为包括人们面对面地接触；而在日本，笔头备忘录比面对面给出命令要更合适一些，这样可以避免产生分歧时发生冲突，并保留彼此的面子。

决策参与度　领导者应该怎样做决策？更确切地说，领导者应该赋予他的下属多大的决策参与度？作为领导者行为的一个维度，决策参与度的边界是完全专制和绝对民主。**专制型领导者**自己做决定，然后告知员工。**民主型领导者**往往会征求其他人的意见。民主型领导者采取和员工会谈、讨论等形式从员工处获得信息、观点以及偏好，利用共识或大多数人的投票结果做出最终选择。

领导者行为的影响 领导者的行为如何影响员工的态度和绩效？大多数研究往往专注于从决策风格是专制还是民主、领导者行为是决策导向还是维系导向两个维度来分析领导者行为对员工产生的影响。

(1) **决策风格**。对专制和民主风格进行比较的经典研究表明，民主的手段收到的反馈最为积极，而专制的手段对绩效的提高多少还是有点帮助。在**自由放任**（Laissez-faire）风格中，领导者基本上不做任何决定，这会导致更消极的态度和更低的绩效。这些结果看上去符合逻辑，并且也许代表了管理者对这些决策方式产生的一般影响的普遍看法。

民主的风格虽然很受欢迎，却并不总是最合适的。当速度变得至关重要或者人们要求领导者的决断时，民主决策就显得太慢了。是使用独裁还是民主的手段进行决策取决于领导者与下属的性格以及当时的情形。因此，情境领导风格可能是比较合适的，本章后续部分将对其展开讨论。

(2) **绩效和维系行为**。绩效行为和维系行为是领导方式中相互独立的两个维度。换句话说，领导者的行为方式可能只注重其中一点，或二者兼顾，也有可能二者皆无。研究表明，同时采用这两种领导者行为是最理想的组合。

> 领导者的行为方式可能只注重维系行为或绩效中的一点，或二者兼顾，也有可能二者皆无。

美国俄亥俄州立大学的一组研究人员对国际收割机公司（International Harvester）的一个卡车制造工厂中，领导者行为对员工产生的影响展开了调查。总的来说，注重维系行为（研究者称之为体贴）的管理者所带团队中抱怨较少，人员流动也较少。相较而言，注重任务绩效行为（研究者称之为初始结构）的管理者所带团队中抱怨和人员流动则更多。

当同时考虑绩效和维系领导者行为时，结果就更加复杂了。但是有一个结论是很明确的：当一个领导者注重绩效导向时，他/她也必须同时保留维系导向的领导者行为。否则，他将面临较高的员工流动率和较多抱怨。

几乎在美国俄亥俄州对领导者行为展开研究的同时，密歇根大学也从相同维度就领导者行为对群体工作绩效的影响进行了研究。后者得出的研究结论是，最高效的管理者采取的往往是他们所称的任务导向行为：计划、日程安排、协调、提供资源和确定绩效目标。较为高效的管理者往往展示出更多的关系导向行为：表现出对员工的信任和信心、友好、体贴、感激下属和让员工知情等。如你所见，此处所提到的领导者行为的这些维度实质上就是前文所讲的任务绩效维度和群体维系维度。

自俄亥俄州和密歇根大学的研究结果公布以来，人们认识到理想的领导者通常是兼顾绩效导向和维系导向的。采用这种风格的最负盛名的领导力培训模式是布莱克和穆顿的领导力网格（Leadership Grid®）。在领导力网格训练中，从绩效导向行为（称作关心生产）和维系导向行为（称作关心人）两个维度对管理者进行评分。他们的分数被标注在图 12.3 中的网格里。两个维度的最高分均为 9 分。

如图 12.3 所示，联合分数可能落在网格中的任何一点。没有得到（9，9）分的管理者——例如那些重视人而忽视生产的管理者——就应该接受培训学习如何成为（9，9）分的领导者。

长期以来，网格培训受到了美国工商业管理者们的青睐。但是，随后人们便对其进行批评，认为它过度信奉一种简单的、只有一个最优风格的领导方式，却忽视了（9，9）分型领导方式并非放诸四海而皆准的可能性。例如，如果员工都能充分地了解他们的工作（因而不需要指导），这样即使（1，1）分的领导风格也是合适的。同时，他们可能对工作和同事有足够的热情，以至于老板是否关心他们并不重要。然而，如果管理者不确定选择什么样的行为方式组合最合适，那么

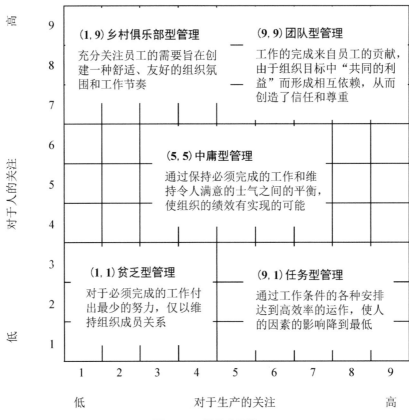

图 12.3 领导力网格

资料来源：The Leadership Grid® figure Drom Leaclership Dilemmas——Grid Solution, p. 29, by Robert R. Blake and Anne Adams McCanse. Copyright © 1991, by Robert R. Blake and the Estate of Jane S. Mouton. Used with Permission, All Rights reserved.

同时采取任务绩效行为和群体维系行为可能是最好的方法。

事实上，有效的领导方式涵盖的领域相当广阔。在现代商业领域，那些懂得采取多样化领导方式的公司将比只信奉"一个最优方案"的公司更具竞争优势。

12.5.3 领导力情境理论

根据**领导力情境理论**（situational approach to leadership）倡导者的说法，普适性的特性与行为并不存在。他们认为领导行为的有效性随情境不同而发生变化。领导者首先要审时度势，而后再决定从哪儿着手。换言之，先观察后领导。

一位医院的护士长这样描述她的领导方式：

我的领导方式是混合型的。通常我会尽量让每个人都参与进来。但是在患者正面临死亡的紧急情况下，我自然就变得专制了："你做这个；你做那个；你，出去；你最好安静点儿；你，去找曼斯菲尔德医生。"同事们告诉我只有那时他们才见识到专制的我。在这种紧急情况下，你没有时间去投票、进行一大堆讨论，或相互叫嚷。这个时候必须有人发号施令。

我记得有一次，有个人说："等等，我想干这个。"他想做人工呼吸以使患者恢复意识。但我知道他后面的那人做得更好，所以我说："不，让他来。"这个人后来跟我说，我在全体同事和医生面前如此大声叫嚷深深地伤害了他，就像他干得不够好似的。我便对他解释说："当时只能如此。生死悬于一线，我不可能温情地跟你磨磨叨叨。我当时使你难堪是因为你没有能给患者带来最好帮助的能力，而患者那时一点呼吸都没有了。"

这个护士长凭自己的直觉掌握了情境领导方法。她知道通过下属参与来做决策的潜在益处，但也知道在某些情况下她必须专制，独自做出决定。

第一种情境领导模型由坦纳鲍姆（Tannenbaum）与施密特（Schmidt）于1958年提出。在他们发表于《哈佛商业评论》的经典文章中，两位作者描述了管理者力量的形成模式，包括管理者个人的价值观、爱好、安全感和对下属的信任。下属的力量包括他们的知识与经验、承担决策责任的意愿、对任务或问题的兴趣，以及对组织目标的理解与接受程度。情境的力量包括：组织倡导的领导风格、形成业务单元的群体工作效度、问题本身和解决问题所需信息的类型及留给领导者做决策的时间。

> 在决定如何领导之前，管理者应该考虑三个因素：管理者力量、下属力量和情境力量。

思考这些力量中哪些组合采用专制方式最合适，哪些组合采用民主参与方式更合适。通过这个练习，你将建立起一套领导力情境理论。

尽管坦纳鲍姆与施密特的文章已经出版了半个多世纪，但他们的大部分论点至今依然有效。从那时起，其他情境模型也陆续出现。此处我们将关注四种模型：弗鲁姆决策模型、菲德勒权变模型、赫赛—布兰查德情境理论、途径—目标理论。

弗鲁姆领导力模型 该模型源于坦纳鲍姆与施密特的传统理论。**弗鲁姆模型**（Vroom model）强调领导力的参与性维度，即领导者应如何决策。这个模型在确定最佳领导风格前，采用基础情境评估方法评估当前情境。

表12.2 展示了用来分析问题的情境因素。每一个因素都是以领导者所面临问题的一个重要属性为基础，并且用高或低对其进行评估。

表 12.2　问题分析的情境因素

1. 决策的意义：决策对项目或组织成功的意义
2. 认同的重要性：团队成员对该决策认同的重要性
3. 领导的专业性：你在这个问题上的知识储备或专业性
4. 认同的可能性：当你单独做决策时，你的团队成员认同决策的可能性
5. 目标的群体支持：团队在问题的紧要关头支持组织目标的程度
6. 群体专业性：团队成员在这个问题上的知识储备或专业性
7. 团队素质：团队成员一起解决问题的能力

资料来源：Reprinted from *Organizational Dynamics*, Vol. 28, No. 4, Victor H. Vroom, "Leadership and the Decision-Making Process," pp. 82-94. Copyright © 2000 with permission from Elsevier.

图12.4 中展示的弗鲁姆模型像一个漏斗。你每次回答一个问题，确定它们是高还是低，有时你还需要按照适当的路径跳过某些问题。最后，你将到达14个终点中的一个。对于每一个终点，模型都指出了在5种决策风格中，哪一个最为合适。一般情况下几种不同的决策风格可能都有效，但模型推荐的领导风格通常耗时最少。

时间驱动的模型 →

说明：这个矩阵采用漏斗式原理。你可以带着一个决策问题从左边开始。每一列的标题表示的情境因素在这个问题中可能存在，也可能不存在。通过对每个情境因素选择高(H)或低(L)进而向右推进，直至得到推荐的结果。

	决策的意义	认同的重要性	领导的专业性	认同的可能性	群体的支持	群体的专业性	团队素质	
问题的陈述	H	H	H	H	-	-	-	决定
	H	H	H	L	H	H	H	授权
	H	H	H	L	H	H	L	协商(群体)
	H	H	H	L	H	L	-	协商(群体)
	H	H	H	L	L	-	-	协商(群体)
	H	H	L	H	H	H	H	协助
	H	H	L	H	H	H	L	协商(个体)
	H	H	L	H	H	L	-	协商(个体)
	H	H	L	H	L	-	-	协商(个体)
	H	H	L	L	H	H	H	协助
	H	H	L	L	H	H	L	协商(群体)
	H	H	L	L	H	L	-	协商(群体)
	H	H	L	L	L	-	-	协商(群体)
	H	L	H	-	-	-	-	决定
	H	L	L	-	H	H	H	协助
	H	L	L	-	H	H	L	协商(个体)
	H	L	L	-	H	L	-	协商(个体)
	H	L	L	-	L	-	-	协商(个体)
	L	H	-	H	-	-	-	决定
	L	H	-	L	-	-	H	授权
	L	H	-	L	-	-	L	协助
	L	L	-	-	-		-	决定

图 12.4　弗鲁姆领导力模型

资料来源：*Organizational Dynamics*, Vol. 28, No. 4, Victor H. Vroom "Leadership and the Decision-Making Process," pp. 82—94. Copyright © 2000 with permission from Elsevier.

表 12.3 界定了五种领导决策风格。这五种风格分别表示不同的参与程度，并非只是绝对独裁或完全民主。

表 12.3　弗鲁姆领导决策风格

决定	你一个人做决策，并告知或“推销”给团队；你可以运用你的专长，从团队或其他地方搜集你认为与问题相关的信息
单独协商	你将问题一一展示给每位团队成员，寻求他们的建议，然后做出决策
群体协商	在会议中向群体成员展示相关问题，寻求他们的建议，然后做出决策

	（续表）
协助	你在会议中向群体成员展示相关问题；然后作为协助者明确要解决的问题及决策边界；你的目标是促成群体成员对决策达成共识；最重要的是，你要注意确保你的想法不因你的位置而动摇
授权	你允许群体在规定范围内做决策；群体确定问题并对其进行分析，形成可供选择的问题解决程序，并确定出一个或多个可供选择的解决方案；除非被明确要求，否则你在群体协商中能扮演任何形式的直接角色；你的角色是重要的幕后人物，为群体提供必需的资源和鼓励

资料来源：*Organizational Dynamics*, Vol. 28, No. 4, Victor H. Vroom, "Leadership and the Decision-Making Process," pp. 82-94. Copyright © 2000 with permission from Elsevier.

当然并不是每次管理决策都需要进行这种复杂的分析。但是多次使用该模型后，它就不会那么复杂了。而且，在做重大决策时，该模型能确保管理者考虑了所有重要的情境因素，并提醒你使用最合适的领导方式。

菲德勒权变模型 依据菲德勒领导有效性权变模型（Fiedler's contingency model of leadership effectiveness），有效性取决于两个因素：领导者个人风格和情境赋予领导者的权力、控制力及其对情境产生影响的程度。图12.5阐述了权变模型。图形的上半部分展示的是情境分析，下半部分则是对相应情境下最适合的风格的描述。在图形的上半部分，有三个问题可用于对当前情境进行分析：

1. 上下级关系是好还是差？（领导者被其组织成员接受和支持的程度如何？）
2. 任务结构明确与否？（组织成员对目标及如何完成目标的了解程度如何？）
3. 领导者职位权力强还是弱（是高还是低）？（领导者拥有奖惩权的程度如何？）

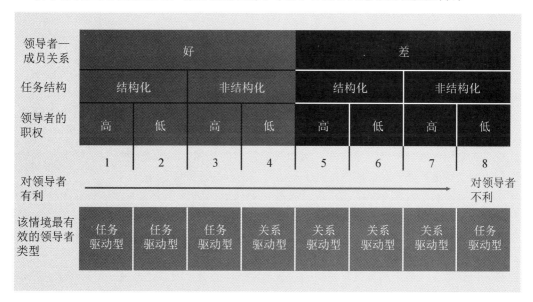

图12.5 菲德勒关于任务驱动型领导者和关系驱动型领导者在何种环境下更为有效的分析

资料来源：Dennis Organ and Thomas Bateman, *Organizational Behavior*, 4th ed. McGraw-Hill, 1990© 1990 by The McGraw-Hill Companies, Inc. Reprinced with Permission.

这三个连续的问题形成了一个决策树（从图12.5的上部到底部），可将某一种情境归结为8

类中的某一类。类别号越低,情境越有利于领导者;反之亦然。菲德勒起初将这个变量称为"情境有利程度",但是现在称之为"情境控制"。情境 1 是最有利的,代表上下级关系好,任务结构明确,职位权力强。最不利的是情境 8,代表领导者的情境控制非常低,上下级关系差,任务缺乏结构性,领导者权力弱。

不同的情境需要不同的领导力风格。菲德勒采用了一种叫作最不喜欢的同事(least preferred coworker, LPC)的工具,即领导者对最不喜欢的下属的态度,通过该工具进行评估以测评领导风格。这被认为是衡量领导者对人的态度的更为一般化的指标。如果领导能挑出一个他最不喜欢的人,但对他的态度并不是完全消极的,他的 LPC 指标就能得高分。而相较于其他人,对最不喜欢的同事的态度更加消极的领导者,他的 LPC 指标的得分将很低。

基于 LPC 分数分布,菲德勒认为存在两种领导力风格。**任务驱动型领导力**(task-motivated leadership)将完成任务放在第一位,该型领导多为 LPC 得分低的领导者;**关系驱动型领导力**(relationship motivated leadership)则强调保持良好的人际关系,更可能来自 LPC 得分高的领导者。这两种领导力风格分别对应于任务绩效型和群体维系型领导行为。

图 12.5 的下半部分列明了适用于不同情境下的最优风格。对于情境 1、2、3 和 8 而言,任务驱动型领导力更有效,而关系驱动型领导力则更适宜于情境 4—7。

研究结果并不总是支持菲德勒的理论。如果仅将情境分为高、中、低三个层次,而非 8 种具体情境控制层次,其理论将更好地被研究所证实。该理论在学术界饱受诟病。在其他的一些质疑中,最大的争议在于其假定领导者的风格是固定不变的,并且必须依照风格将其分配到与之相适应的环境中。然而,该模型在时间的考验下依然屹立不倒,并且备受关注。最重要的是,它是最早提出并一直强调在情境与领导者的风格之间寻找切合点的重要性的理论。

赫塞—布兰查德情境理论 赫赛(Hersey)和布兰查德(Blanchard)开发了一个新的情境模型。他们认为在确定任务绩效行为与群体维系行为哪个更重要之前,还应考虑另一个重要因素。起初被称为领导力生命周期理论的**赫赛—布兰查德情境理论**(Hersey and Blanchard's situational theory)强调下属的成熟度并视其为关键的情境因素。**工作成熟度**(job maturity)是指下属掌握的与正在进行的任务相关的技能与技术性知识的水平。**心理成熟度**(psychological maturity)则主要指下属的自信和自尊。高成熟度的下属有自信并且有能力把工作做好。

该理论提出下属越成熟,领导者越不需要采取任务绩效行为,但对维系行为的需求则更加复杂——对成熟度低或成熟度高的下属都不重要,而对中等成熟度的下属尤为重要。对低成熟度的下属,应重点采用绩效导向型领导方式;对中等成熟度的下属,绩效型领导对其影响不重要而群体维系行为则变得更重要;对高成熟度的下属而言,两者都不重要。

关于情境理论的学术研究并不多,但该模型在管理培训研讨会中却非常流行。无论其科学性如何,赫赛—布兰查德模型为人们提供了一种暗示,即因人而异非常重要。此外,该模型还蕴含了其他含义:对员工而言,当其工作变化或在特定工作中表现得更加成熟时,领导风格也要相应改变。

途径—目标理论 最全面且最有用的领导有效性情境模型可能就是**途径—目标理论**(Path-goal theory)了。由罗伯特·豪斯(Robert House)提出的途径—目标理论得名于领导如何影响下属对工作目标和实现途径的理解。

途径—目标理论的关键情境因素是:(1)下属的个性特征;(2)下属为达到工作目标必须面对的环境压力和要求。这些因素共同决定了最合适领导行为的选择。

以下是 4 种相关的领导者行为:

1. 指示型领导,任务绩效导向行为的一种形式。

2. 支持型领导，群体维系导向行为的一种形式。
3. 参与型领导，或决策风格。
4. 成就导向型领导，或以激励员工为导向的行为，如设置挑战性的目标，并对出色的行为予以奖励。

图 12.6 对这些环境因素和领导行为方式进行了合并和展示。如你所见，由下属个性和工作环境所确定的适当的领导方式将带来较高的绩效。

图 12.6　路径—目标框架图

这一理论还详细说明了哪些下属个性和环境特征是重要的。有 3 种关键的下属个性。其中，权力主义是指个人对权威的敬重、钦佩和服从的程度。控制点是指个人认为环境对其自身行为响应的程度。拥有内部控制点的人认为他们所遇到的一切是他们自己造成的；而具有外部控制点的人则认为这一切只不过是运气或命运而已。最后，能力是指人们对职责范围内自身胜任力的信心。

途径—目标理论指出，这些个人特性决定着最适宜领导风格的选择。例如，这一理论最后提出以下几条建议：

- 指示性领导风格更适用于高度权力主义的员工，因为这样的人尊重权威。
- 参与型领导风格对具有内部控制点的人更合适，因为这些人更愿意通过努力改变自己的生活。
- 指示性领导风格更适合综合能力较低的下属。指示型风格能够帮助他们了解什么事情必须去做。

合适的领导风格还取决于三种重要的环境因素：人员的任务配置、组织内部正规的权力体系以及主要工作群体：

- 如果任务结构性强，不宜采用指示型领导风格。
- 如果任务和权力或规则体系令人不满，指示型领导风格会带来更多的不满。
- 如果任务或权力体系令人不满，支持型领导风格比较适宜，因为它能在十分不利的情况下，为人提供一种令人满意的积极来源。
- 如果主要工作群体为其成员提供社会支持，那么支持型领导风格的作用就被弱化了。

途径—目标理论提供了非常多的建议。总的来说，该理论建议领导者的职能应包括：（1）为员工提供辅导并指明方向，让他们在这种途径下更加轻松地完成工作目标；（2）减少阻碍目标实现的障碍；（3）通过给实现绩效目标的员工加薪来提高实现个人满意的机会。如何把这些事情做到最好取决于你的员工和工作环境。

先分析，再据此调整你的领导方式。

领导力替代　有时领导者没有必要去领导，或者环境限制了他们有效领导的能力。这种情境下，领导者可能毫无存在的必要，或者几乎没有什么影响力。领导力替代能够给员工带来领导者本该提供的相同影响。

某些下属、任务和组织因素可以代替任务绩效领导行为和群体维系领导行为。例如，如果员工之间已经形成了一个紧密结合的群体，他们具有专业化的定位，工作本身就很让人满意，或者领导与下属之间的物理距离非常遥远，那么群体维系行为就并不怎么重要，其影响也很小。因此，密切关注其职业行为、享受工作并能够独立工作的内科医生就并不需要医院行政部门的支持。

如果员工拥有丰富的经验和很强的能力，直接由任务本身或计算机对其行为进行反馈，或者规则与步骤是严格不变的，任务绩效式领导就不怎么重要并且也不会带来太大的积极影响。设如这些因素都切实存在，领导者就不必告诉人们应该做什么或者他们的表现如何。

领导力替代的概念不仅指出了领导者的尝试将在何时产生影响，还为如何提高管理效率提供了有用的和具有可操作性的指示。如果管理者能够将工作环境发展到领导力替代发生作用的程度，他就可以花费更少的时间去尝试直接影响员工。这样，领导者就可以分配更多的时间在处理其他重要的事情上。

研究表明，领导力替代可能是比绩效更好的认可度与满意度指标。领导力替代是很有用的，但你不能因此就认为你已经履行了你的领导职责。而作为下属，设想一下：如果你没有得到好的领导，并且不存在领导力替代，那就创造你自己的领导力"替代"，即自我领导。主动激励，领导自己，进行积极的改变并领导其他人。

12.6 当代领导观

至此，你已经学习完理解领导力的主要的经典方法，这些方法至今依然适用。现在我们将讨论一些颠覆我们对领导力的理解的新进展。

12.6.1 魅力型领导

同许多伟大的领导一样，罗纳德·里根（Ronald Reagan）和巴拉克·奥巴马（Barack Obama）都具有非凡的人格魅力。而托马斯·沃森（Thomas Watson）、艾尔弗雷德·斯隆（Alfred Sloan）、史蒂夫·乔布斯（Steve Jobs）和理查德·布兰森（Richard Branson）都是企业界魅力型领导者的典范。

魅力是一个相当难以捉摸的概念，它容易被发现但却很难被定义。什么是魅力？如何打造魅力？有一句话是这么说的："魅力会对下属产生情感冲击，它远远超出一般的尊重、喜爱、钦佩和信任……有魅力的人是一个偶像化的英雄，是救星弥赛亚，是救世主耶稣。"从这一引述中我们可以看出，许多人，尤其是北美人，都非常看重领导者的个人魅力。但是一些人并不喜欢"魅力"（charisma）一词，因为它可以同样被解读为人们盲目追随的邪恶领袖所具有的负面魅力。不管怎么说，具有正确的价值观，并利用个人魅力来达成正当目的的魅力型领导者常常被人们视为道德榜样。

魅力型领导者（charismatic leaders）有很强的支配力且异常自信，坚信自身信念是富有道义的。他们努力为下属建立一种竞争、成功的氛围，向下属传达自己对他们的高期望值，并帮助他们树立信心。基本上，魅力型领导者通常能够满足别人的需求。

魅力型领导者通常能够清晰地表达自己的理想，并愿意为此做出牺牲。马丁·路德·金的梦想是世界变得更好，约翰·F. 肯尼迪想把人类送上月球。换句话说，这些领导者都有一个引人注目的愿景。魅力型领导者还有能力激起兴奋感和冒险意识。他们都是能言善辩的演讲者，具有高超的语言技巧，而这种技巧能够帮助他们传达愿景并鼓舞追随者。沃尔特·迪士尼能用讲故事的方式迷倒众人，他拥有巨大的创造性天赋，并把高品位、甘冒风险和富于创新的强有力的价值观逐渐灌输到他的组织中去。

拥有这些品质或是能做到这些事情的领导者能激起下属的信任、信心、认可、服从、情感投入、喜爱、钦佩及更高的工作绩效。例如，最近的一项针对消防员的研究发现，他们与富有正能量的魅力型指挥官合作时要开心得多。拥有魅力不仅可以帮助CEO鼓舞他们组织里的员工，而且能够对包括顾客和投资者在内的外部利益相关者产生积极的影响。在各种各样的群体、组织与管理层中，在印度、新加坡、荷兰、中国、日本和加拿大等众多国家中，魅力型领导者带来积极效果的证据比比皆是。

事实证明，领袖魅力也可以提高公司的财务业绩，特别是在不确定的条件下，也就是在风险大的环境中，或当人们面对环境变化不知如何是好的时候。不确定性意味着充满压力，但它能让组织更容易接受魅力型领导者的观点和行动。顺带一提，如果组织绩效在某个人的领导下得到提高，那个人就会因为高绩效水平而被看作魅力型领导的。

12.6.2　变革型领导

魅力同样促成变革型领导的产生。**变革型领导者**（transformational leaders）使人们为了更大的团体利益而牺牲个人利益。他们建立起令人兴奋而且富有活力的组织。在惠普，制造兴奋点的能力是选择管理者的一条明确标准。在英国，维珍集团的理查德·布兰森就是一位变革型领导者，他建立起了一个全球性的商业帝国。

变革型领导方式突破了更为传统的交易型领导方式。**交易型领导者**（transactional leaders）将管理视为一系列的商业交易，他们运用其合法权利、报酬和强制力来发布命令，并通过提供服务来获得报酬。与变革型领导方式不同，交易型领导方式是平心静气的，它并不让人兴奋，也没有变革，没有授权，也不会鼓舞人们专注于群体或组织利益。然而，相对于集体主义者而言，交易型领导方式对个人主义者更为合适（见第6章）。

制造兴奋点　变革型领导者一般采用多种方法来制造兴奋点。首先，正如前面所讲，他们富于领袖魅力。其次，他们给予下属个性化的关注。变革型领导者把挑战性的工作托付给值得托付的人、开放沟通渠道、为下属的发展提供一对一的指导。他们对待员工的方式会因人而异。

最后，变革型领导者是启发者。他们能激起下属对问题和潜在解决方案的认识。他们明确有力地表达组织的机遇与威胁、强项与弱项。他们能引发设想并创造洞察力。这样一来，便可以完全由下属来发现问题，随之找出高质量的解决办法并负责实施。

技能与战略　变革型领导者至少具有四种技能或战略要素。第一，变革型领导者怀有愿景——一个吸引人的目标、一项日程或是一个方向。第二，有效传达他们的愿景；他们运用语言、行为或象征手法赋予最终目标一个引人注目的形象。第三，变革型领导者凭借自己始终如一的、可靠的和坚持不懈的个性在员工心中建立信任。他们对自己定位清晰，选定方向后就一直坚持下去，以此凸显自己的真诚。第四，他们具有积极的自我关切意识。他们不会自认为很重要或洋洋自得；相反，他们往往能够扬长避短，培养并不断开发自己的才能，而且知道如何从失败中汲取教训。他们力求成功，而非仅仅为了避免失败。

工商界、军事界和政治界都存在诸多变革型领导者的例子。工商界变革型领导者的典范包括亨利·福特（福特汽车公司的创始人）、赫伯·凯勒尔（西南航空公司的前首席执行官）、杰夫·贝索斯（亚马逊网站的创始人）、戴维·尼尔曼（捷蓝航空公司的开创者）及李·艾柯卡（20世纪80年代带领克莱斯勒走出泥潭）。至少对于中小型公司而言，拥有变革型领导风格的首席执行官预示着公司将创造不俗的成绩。

和对领袖魅力的研究一道，对变革型领导的研究及其对下属的满意度和绩效的积极影响已经被广泛证实。这样的例子遍及世界多个国家，包括埃及、德国、中国、英国和日本。韩国公司的一项研究发现，变革型领导方式预示着较高的员工积极性，进而意味着较强的创造力。在变革型领导下，员工更加视工作为一种内在动力（详见第13章），并且更加强烈地致力于完成工作目标。高层管理者对重要的组织目标有着更明确的一致性意见，进而带来更高的组织绩效。

管理实践

凯西·萨维特（Kathy Savitt）就是一位善用变革型领导技能和策略的管理者典范，她是Lockerz公司的创始人兼首席执行官。公司经营着一家电子商务网站，它利用社交网站来吸引青少年在网上购物。访问该网站的年轻人，只需通过点击商品的图片和查看各种促销内容，便可以帮助自己和朋友们赚取可以兑换折扣商品的点数。公司形成一种为年轻人群服务的萨维特式热情。

萨维特的愿景不仅是让公司成长为一个网络推手，同时还要成为一家为雇员服务的公司。她的愿景是，公司员工互相尊重，对创新无所畏惧。在招聘过程中，萨维特对新员工的要求是不仅要聪明，还要能够用心倾听，尊重他人，甚至可以嘲笑自己。她理想中的工作场所是为了解决问题和挫折并专注于解决方案而设立的，她还表示克服失败是需要勇气的。

通过引进有天分并且有奉献精神的人，萨维特表示有信心建立一种全新的企业文化，而非她过去所在公司的那种愤世嫉俗的企业文化。例如，她曾见识过像在玩"我是木头人"游戏的会议，一旦某个员工试图回答一个问题或提供一个想法，其他人的批评就会堆叠而来。萨维特认为她可以通过传达勇敢、创新和重视结果的价值观来避免这种情况出现。

- 什么样的行为能够帮助萨维特建立起员工对她和她的愿景的信心？

变革型领导者　重要的是，变革型领导力并非董事长和首席执行官的专属领地。在军队里，接受变革型领导技能培训的领导者对下属的个人发展有积极的影响。他们作为间接领导者同样很成功：由变革型领导者的下属带领的新兵往往具有更好的表现。但是不要忘了，最好的领导者是那些能够同时具备变革型和交易型行为的领导。

通过与密歇根大学商学院的合作，福特汽车公司的数千名中层管理者接受了一个致力于激发变革型领导方式的项目培训。培训内容包括分析不断变化的商业环境、公司策略及个人对变革必要性的反思与讨论。参与者对各自的领导风格进行评估，然后制订一项具体的变革措施并计划在结束培训后付诸实践——这项可能因此给公司带来所亟须的可持久性差异的变革。

> **提示**
>
> 变革型领导方式有利于员工，也有利于公司运营。
>
> 为什么员工个人发展的提升对于公司而言是有利的？

在之后的六个月时间里，管理者们在工作中实施变革。几乎一半的动力源自组织或工作单元的转型变革；其余的变革则是相对微小的、纵向的或更加个人化的。管理者带来的是微小的还是转型的变革，取决于他们对这项培训的态度、他们的自尊水平以及在工作中从其他人那里获得的支持量。因此有些管理者对本次培训并无多大兴趣。但仍有近乎半数的人接受了这次培训，开始在定位上进行更多的转型，并且已着手公司重大的转型变革。

第五级领导（level 5 leadership）是一个为高管所共知的术语，常常被一些人认为是终极领导风格。第五级领导是极度强烈的职业意志（决心）与谦逊个性的结合，旨在建立长期繁荣。因此，第五级领导者时时关注着组织的长期利益，并且言行谦逊，关注组织而非他（她）们自己。这类领导的典范包括思科公司的首席执行官约翰·钱伯斯和 IBM 的前首席执行官路易斯·郭士纳。通过将 IBM 的战略重心从计算机硬件业务转移到商业解决方案，郭士纳使原本业绩平平的 IBM 公司逐步好转，他本人也因此饱受赞扬。退休后，郭士纳在回忆录中详细描述了当时在公司发生的一些细节，但很少提到自己。尽管第五级领导被视为让组织转型变强的一种方式，但它也需要领导者展示出交易型与变革型相结合的风格。

12.6.3　真实型领导

一般来说，**真实型领导**（authentic leadership）被认为是源于古希腊哲学的"做真实的自己"。在自己的领导下，需努力做到诚实、真诚、可靠、正直和可信赖，以塑造自己真实的形象。真正的变革型领导关心公共利益（团体的、组织的或者群体的），而非自己的私利。他们愿意为他人牺牲自身利益，并且值得信赖。他们道德成熟；人们认为具有道德理性的领导者一般会带来更多的转型。重要的是，道德领导力由一个组织层级向下一个层级流动——作为一个领导者，你的一举一动所带来的影响都是相当深远的。

伪变革型领导者（pseudotransformational leaders）则恰恰相反。他们说得好听，却往往忽略下属的真正需求，优先考虑自己的利益（包括权力、威望、财富和名声等）。

12.6.4　领导者的机遇

关于领导者的一个常见观点是将他们看作单独行动的超级英雄，他们往往在危难时刻冲出来拯救大局。但是在当今这种经营环境复杂的时代，领导者不能也不需要单独行动。有效的领导必须渗透到整个组织，而非停留在高层的一两个超级明星那里。领导者的工作就是在整个公司传播领导能力。让人们为自己的绩效负责，创造一个让每个人都明白需要做什么并把它做好的环境，为员工指明方向，清除障碍助其成功，给予他们应有的嘉奖，在人群中培养英雄。

因而，当下对领导者的要求是，少一些对有效资源管理的关注，多一些对人力资源及智力资本开发的关注。

这个观点揭示出目前各种各样的非传统领导角色已经变得极其重要。**服务型领导者**（servant-leader）这个词最初是由罗伯特·格林利夫（Robert Greenleaf）提出的，他是一位退休的美国电话电报公司高管。他认为"领导"与"服务"相互对立的看法实际上是一个悖论；服务型领导者与员工之间的关系更像是为顾客服务。对一个同时领导和服务他人的人而言，在强化组织的同时，服务型领导风格还是一种满足自身需求并增强个人成长的方式。例如，当 Action Fast Print 公司的创始人戴维·沃尔夫凯勒（David Wolfskehl）不再对员工的工作指手画脚，转而帮助他们解决问题时，公司生产率猛增了 30%。

许多其他类型的非传统角色为领导者提供了机遇。**桥梁型领导者**（bridge leaders）大都已经离开自己的文化很长一段时间。他们在其他的文化环境中生活、学习、旅行或工作。然后他们回到家乡并成为领导者，凭借他们更为宽广的个人储备充当着他们自己文化间及介于不同文化中相互冲突的价值体系之间的桥梁。

工作通常是以团队为基础的（见第 14 章），**共享型领导**（shared leadership）也通常产生于在特定时期，领导者的角色随着团队面临的问题所需要的关键知识、技能的变化进行轮换。当任务是相互依赖和复杂的并需要创造力时，共享型领导就显得尤为重要。从事这类工作的高绩效团队往往比绩效不佳的团队表现出更多的共享型领导风格。在咨询团队里，领导者角色的共享性越高，客户对团队绩效的评价就越高。当然，垂直领导者的角色依旧重要——正式领导者依然进行团队规划，管理团队外部事务，为任务指明方向，强调共享型领导方式的重要性，并从事本章所介绍的交易型和变革型活动。但与此同时，V字形的雁行模式让群体能力得到加强：领头雁周期性地飞回队伍最后，而另一只大雁会飞上前成为新的领头雁。

鼓励并授权所有员工以充分发挥他们的潜力、实现成长是一种重要的管理方式，管理者能够借此加强组织力量。

横向型领导（laleral leadership）方式不涉及分层的上级下级关系，而是邀请同级的同事一起解决问题。你自己无法提供一个方案以解决所有问题，但是你可以建立一个群体合作的工作机制。如果你能让员工通过合作来改善现有的工作方法，便能帮助组织源源不断地创新。换句话说，这并不是让你来提供问题解决方案；而是通过创造更好的沟通机制来寻求解决方案。在本书中你可以学到相应的战略和技巧，包括决策、组织结构、团队、沟通和变革等多个方面内容的章节。

 管理实践

在罗伯特·查普曼（Robert Chapman）30岁生日之前，父亲突然去世，他就此接手家族企业——Barry-Wehmiller公司（简称B-W公司）的总裁一职。在查普曼领导初期，B-W公司在包装设备及相关服务的销售收入快速增长，但随后就因为市场需求干涸而暴跌。

查普曼对此做出迅速反应并召集管理团队评估问题所在。团队认为早期的增长是"无规律的"，并不是朝着最有可能取得长期成功的方向发展。该团队将公司愿景定义为平衡且可持续的增长。查普曼说，从那时起，该公司就从未偏离"用纪律和激情来实现我们的愿景"这一轨道。

B-W公司员工的激情来自"以人为本的领导方式"的承诺。在查普曼领导下的B-W公司，管理者必须关心职工，给他们权力做出重要决定，并阐明他们的贡献能如何有助于实现公司的愿景。在企业结构方面，这体现在组织的授权团队上，该团队积极培养领导者并应用如精益生产（见第9章）等管理方法，雇员借此能为改善业务操作做出贡献。

查普曼认为公司确实可以通过影响员工来改变世界。不断地鼓励员工为公司的愿景做出贡献，让他们认识到自身努力的重要性；而奖励机制让员工感受到自己是受赏识的。这样一来，就形成了查普曼所说的"鼓舞人心的环境"。哦，对了，公司的利润也开始增长了。

- 查普曼的领导方式从哪些角度对横向领导进行了阐释？

12.6.5 关于勇气

要想成为一名好的领导者，你需要有勇气来为你的团队创造一个伟大的愿景，确定你的盟友、对手及中立者并对其进行管理；接着实施你的愿景，这通常需要与反对力量抗争。但这并不意味着你会因为疏远太多的人而自毁事业；这确实意味着要冒一定的风险，但本质上是为了公司的利益，以创造出建设性的变革。

> 当你有一个超越自我的目标时，你就无所畏惧了，因为你敢于去想。
> ——南希·贝瑞，Enterprise Solutions to Poverty 的创始人与主席

例如，艾伦·穆拉利（Alan Mulally）在2006年离开波音公司转而接管福特汽车公司时需要勇气，因为当时由于一系列的决策失误，福特已是一家亏损企业。福特的许多管理人员对他们的新首席执行官穆拉利表示怀疑，因为他并非来自汽车行业。尽管如此，穆拉利依然义无反顾地做出

了在当时颇具争议的两个决定：他大量举债，并决定公司将继续前行并缩减现有品牌及车型，同时留下相同档次车型中做得最好的。他还坚持认为，无论多么险恶，福特的高管都应该看清楚现实。他开始每周召开例会，会上每个经理必须对他或她的团队的进展进行评分。在第一次例会上，所有的经理都说他们的情况良好，而穆拉利言辞激烈地指出在公司预计将有170亿美元的亏损时，他怎么也不相信没有一个人有问题。在那之后，报告变得更加真实，穆拉利对此也颇为称赞。这些高管们不再争相粉饰太平，而是开始为公司的利益展开合作，分享各自的解决之道。几年后再看，穆拉利当时的勇敢举动非常明智：当其他汽车制造商依靠政府贷款来渡过金融危机时，福特公司的借贷确保了公司的正常经营。短短几年，福特公司便创造出新的利润纪录。

具体而言，你需要采取以下勇敢行动来实现你的愿景：（1）正确地看待问题，并直面它们，不要找借口或心怀不切实际的空想；（2）直言不讳地提出你的想法；（3）即使受到抵制、批评、谩骂或挫折都依然坚持不懈。勇敢包括陈述哪怕是很严酷的事实，并公开说明你将做什么以及你希望别人怎么做。这意味着真诚地向对方摊牌：这是我想从你那里得到的……你想从我这里得到什么？

12.7 开发领导者技能

像对待其他事情一样，你必须努力致力于开发你的领导才能。出色的音乐家和运动员并不是仅靠天赋异禀而成就伟大的。他们也要为之付出无数的练习、学习甚至是牺牲。来自不同领域的领导者们，当他们被问及如何成为出色领导时，提出了以下心得：
- "我从我所敬重的老板那里观察到了方法与技巧。"
- "通过冒险和尝试，并从错误中学习。"
- "阅读我所钦佩的领导者的传记，从而理解他们是如何思考的。"
- "大量的练习。"
- "犯错误后，换种方法再试。"
- "有目的地与他人合作，共同实现目标。"
- "将自己放在一个担任某项为他人所依赖的、需要负责的职位。"

12.7.1 我应该如何开始？

你应该如何开发自己的领导才能？你不一定非要等到坐上管理岗位，甚至不一定非要等到接受完教育。你可以通过正直诚实的表现、从错误中学习和成为你所在领域的专家来建立自己的公信力。你应该寻找然后抓住可以帮助你所在团队的机会，并为此付诸行动。即使在你成为主管之前，你依然可以试着去影响其他人，比如，在团队中要学会认真倾听，并分享你所掌握的信息，使整个团队的消息更加灵通。最后，通过接触其他人并为他们提供帮助而非仅仅请求帮助，来建立起个人关系网。

当你在寻找下一份工作时，向雇主寻求一个有助于开发你的领导天赋的职位。理想情况下，领导力发展与能够让你的所学付诸实践的机遇息息相关，所以多去寻求带领项目或小组的机会，哪怕时间很短。在强生、惠普和通用电气之类的公司，领导力发展就做得非常出色。

更具体地说，以下是一些你应该寻求的具体发展经验：
- 任命方面：开发一项全新的业务；挽救或扭转一项濒临失败的业务；主动承担项目或任务的责任；接受跨国任命。
- 他人方面：充分展示积极的角色模式；多与人交往；同不同背景的人一起工作。

- 困难方面：战胜失败的念头以及处理失败的交易；直面他人的绩效问题；打破职业惯例。
- 其他事项：正规地进修；从事挑战性工作的经验；对他人进行监督；工作之外的丰富经历。

12.7.2 关键点是什么？

最有效的发展经验有三个组成部分：评估、挑战与支持。评估让你了解你所处的位置、你的优势、你当前的绩效水平和领导效果，以及你的首要发展需求。你可以想想你过去所得到的反馈、你以往的成功和失败经历、人们对你的想法和行动如何反应、你的个人目标是什么和你应该实施什么战略来取得进展。你可以从同事、老板、家人、朋友、客户以及其他了解你和你工作方式的人那里寻求答案。你收集到的信息将有助于弄清你需要学习、改善或改变的地方。

最有效的发展经验能够提供延伸个人能力的挑战。我们都按照习惯的、安逸的方式进行思考和行动。这是很自然的，且或许是足以生存的。但你可能已经听人说过走出你的安乐窝有多么重要，即你需要新的技能去处理各种令人迷惑或是模棱两可的情况，抑或是你根本宁愿不处理的情况。有时挑战是由于缺乏经验；有时它需要你改变旧的习惯。这可能会让你感到不安，但这也正是出色管理者的学习方法。请记住，有些人懒得去学习或拒绝学习。一定要时刻思考你一路走来得到的经验，并在以后进行反思、内省以及和他人讨论。

支持就是别人告诉你，你为学习和成长所付出的努力都是有价值的。没有支持，具有挑战性的发展经验可能会让你觉得难以抵挡。有了支持，抗争、继续前行、向学习敞开大门以及真正从经验中学习都会变得简单许多。你可能会收到别人的许多非正式支持，但更多的是来自组织模式的正式支持，还包括从培训、建设性的反馈意见、与他人交谈中学习而获得的支持。

领导力的发展会带来什么样的自我提升？通过这样的经历，你可以培养更多的自我意识和自信心，对组织系统更开阔的理解和创造性的思维，在复杂的社会系统中更有效工作的能力，以及从经验中学习的能力。

 管理实践

舒尔茨希望将星巴克引领向怎样的未来

星巴克首席执行官霍华德·舒尔茨已经从他重新掌舵的经历中吸取了诸多教训。其中之一便是，变革型领导绝非一次性的事件。虽然舒尔茨坚持星巴克必须始终坚持核心价值观和使命的建设，但他也看到了当今社会对持续创新的需求。

2009年2月，星巴克VIA速溶咖啡的推出就是一个典型的例子。对星巴克而言，速溶咖啡似乎是一个不可思议的产品。这主要有两个原因：第一个是星巴克已经建立起了高端品牌的声誉，但相对而言，大多数速溶咖啡的声誉是极坏的。让这个想法成功的技术根本不存在。第二个问题是星巴克的使命是销售一种与众不同的体验，而速溶咖啡通常是超市中的一种日常采购品。最终，细胞生物学家唐·瓦伦西亚（Don Valencia）化解了这一技术障碍，他引领了高品质水溶性咖啡粉的发展，这种咖啡粉泡出的咖啡要更加浓郁一些。通过数次的试验和失败，星巴克公司发现可以通过在其门店提供品尝试验来消除大众的怀疑，进而解决了为顾客提供体验这一难题。当星巴克正式推出VIA时，每个市场上的销售量都超出了预期。

此外，公司在国际市场上的成长并不只是得益于出色的销售业绩，还包括审视新兴市场，并看看它们提供了怎样的机遇。在舒尔茨看来，星巴克绝不仅是一个买咖啡的地方，更是提供归属感的地方，而这一感受，正是世界各地人们所渴望的。星巴克现在在中国的门店有数百个，并将印度视为其下一个全球扩张的增长点。科威特也是星巴克全球布局的重要地点，这一地区的文化特别重视咖啡的饮用。另外，欧洲是 VIA 品牌的一个潜在市场，因为许多国家的习俗是将茶壶放在炉子上煮热水来泡茶——或许将来可以用它来泡速溶咖啡。

舒尔茨学到的另一点是，最高效的领导者不仅要聪明还必须为人谦逊，他意识到公司的其他管理人员和员工也有一些好的想法。例如，当 VIA 速溶咖啡配方准备妥当时，舒尔茨渴望立即在全国范围内推广这一他认为必将广受欢迎的产品；但其他高管力主先在两个城市进行试点，以规避可能存在的失败风险。在过去，按照舒尔茨的风格，他一定会坚持自己的想法，但这一次他注意到了大家的担忧，并同意在两个城市进行试点。事实证明，公司还有很多需要学习的地方：在芝加哥和西雅图发放的免费样品被消费者揣进口袋和皮包，并很快被遗忘在那里。于是，星巴克修订其营销计划，让店内员工准备 VIA 并放在星巴克烘焙咖啡的盲试品尝试验里。这一改进后的产品上市计划是成功的，第一年该产品的销售额为 1.35 亿美元，尽管价格较高，但仍旧占领了 10% 以上的速溶咖啡市场份额。

正如首席财务官特洛伊·阿尔斯特所言，舒尔茨对领导风格的改革成了"在过去的两三年内带来了超出以往的争吵、挑战和辩论"。舒尔茨同意他已成为一个更好的领袖："领导力意味着有勇气去谈论那些在过去我们不大会触及的事情，因为我的想法不可能始终正确。"

在写这篇文章时，星巴克繁荣依旧，舒尔茨也对未来充满了热情。然而，今日舒尔茨的谨慎源于其带领公司渡过危机的经历。他最近在接受《金融时报》记者采访时说："我们又重回增长，但我要说这次的增长方式并非以之前那种略显鲁莽的方式。"

- 霍华德·舒尔茨（Howard Schultz）在多大程度上符合对变革型领导者的描述？
- 即便已成为一名行政总裁，舒尔茨如何继续发展他的领导技能？

关键术语

真实型领导（authentic leadership）
专制型领导（autocratic leadership）
行为理论（behavioral approach）
桥梁型领导者（bridge leaders）
魅力型领导者（charismatic leader）
民主型领导（democratic leadership）
菲德勒领导有效性的权变模型（Fiedler's contingency model of leadership effectiveness）
群体维系行为（group maintenance behaviors）
赫赛—布兰查德情境理论（Hersey and Blanchard's situational theory）
工作成熟度（job maturity）
自由放任（laissez-faire）
横向型领导（lateral leadership）
领导—成员交换理论（leader-member exchange theory，LMX）
第五级领导（level 5 leadership）

决策参与度（participation in decision making）
途径—目标理论（path-goal theory）
权力（power）
伪变革型领导者（pseudotransformational leaders）
心理成熟度（psychological maturity）
关系导向型领导（relationship-motivated leadership）
服务型领导（servant-leader）
共享型领导（shared leadership）
情境理论（situational approach）
战略型领导（strategic leadership）
领导力替代（substitutes for leadership）
监督型领导（supervisory leadership）
任务驱动型领导（task-motivated leadership）
任务绩效行为（task performance behaviors）
特性理论（trait approach）

交易型领导者（transactional leaders）　　　　愿景（vision）
变革型领导者（transformational leader）　　　弗鲁姆模型（Vroom model）

学习目标小结

现在你已经学习完第 12 章，你应该能够达到以下要求：

1. 能够探讨作为领导者意味着什么。

领导者是影响他人以助其实现目标的人。领导者要应对变化、确定方向、激发人们去克服阻碍并且推动组织奔向理想的未来。

2. 能够总结出员工及组织对领导者有怎样的要求。

人们需要帮助以实现个人目标，组织需要各个层级的领导者。出色的领导者往往能够挑战现状、共启愿景、使众人行、以身作则和激励人心。

3. 能够解释一个好的愿景将如何帮助你成长为一名更好的领导者。

杰出的领导者都有愿景。愿景是一种非同寻常并且可能超乎想象的精神意象。愿景提供了领导者眼中组织的前进方向，并鼓舞他人一起去实现它。

4. 能够识别组织中权力的来源。

拥有权力并适当地运用权力是有效领导的必备条件。组织中各个层级的管理者都有五种潜在的权力来源。合法权力是指公司赋予的指挥他人的权力。奖赏权力是对组织中受人重视的奖赏的支配权。强制权力是对组织中其他人想要避免的惩罚的处置权。感召权力由吸引别人的个性特点构成，以使人们把领导者的言行当成榜样并寻求他们的认可。专长权力是因可以使组织中其他人获利的专长或知识而获得的影响他人的力量。

5. 能够列出高效领导者的个人特性与技能。

重要的领导者特性包括动力、领导动机、正直、自信和业务知识。而最重要的技能可能是准确地感知情境并相应地改变行为的能力。

6. 能够描述可以使你成为更好的领导者的行为，并确定哪些情境需要这些领导行为。

重要的领导者行为包括任务绩效行为、群体维系行为和决策参与度。根据弗鲁姆模型，领导风格应该包括个人决策、向追随者咨询、促进或者授权，采用何种风格取决于决策的重大性和追随者认可的重要性。菲德勒权变模型认为，当领导者与成员关系良好并且任务结构较好、或任务结构低但领导者的职位权力也较低、或领导者与成员关系不好但任务结构和领导者的职位权力都很低时，任务导向型领导者会更成功。在其他的情境下，关系导向型领导者表现更好。赫赛—布兰查德情境理论认为在追随者工作和心理成熟度都很高的时候，任务绩效行为变得不再重要。途径—目标理论可以评估下属、领导者和环境的特征，然后表明指示型、支持型、参与型或成就导向型领导行为的适当性。

7. 能够区分魅力型领导者与变革型领导者。

拥有魅力便是具有很强的支配力和自信，坚信自身信念道德正义性，建立一种富于能力和成功的氛围、向下属传达自己对他们的高度期望，并帮助他们树立信心。魅力是变革型领导的一个组成部分。变革型领导者通过使员工顾全大局来让愿景变为现实。他们通过以下几方面做到这一点：领袖魅力、对下属个性化的关注、智力激发、形成和传达他们的愿景、建立信任和积极的自我关注。

8. 能够描述成为组织领导者的机遇类型。

可以成为领导者的机会有很多。做一个接受他人报告的经理只是传统意义上的领导者之一。你也可以抓住或创造机会，去做一个服务型领导者、桥梁型领导者、共享型领导者或横向型领导者。服务型领导者在强固组织的同时为他人的需求进行服务。桥梁型领导者利用其他文化的经验去架起不同系统之间的桥梁。共享型领导是指当你的技能与某一特定情况最为相关时，由你来承担领导的角色。横向型领导是指鼓舞大家协同工作并一起解决问题。

9. 能够讨论如何更好地发展你的领导才能。

要想发展领导能力，不仅可以通过对有效领导的理解，还要寻求更有挑战性的发展经历。这样重要的生活经历来自接受挑战性的工作、同他人一起工作、克服艰辛和失败、正规的进修和其他活动。构成一个好的发展经历的最重要的因素是要有评估、挑战和支持。

问题讨论

1. 你想从领导者身上得到什么？
2. 有效管理和有效领导有区别吗？解释你的观点并且学习他人的观点。
3. 找出一位你认为是高效的领导者。此人拥有什么特性和技能使他/她成为高效的领导者？
4. 你认为大多数管理者能成为变革型领导者吗？为什么？
5. 用你自己的话定义勇气。勇气在领导中扮演着什么角色？举例说明你认为有勇气的领导行为。
6. 你认为男性和女性的领导风格有什么不同吗？为什么？男性和女性所喜欢的领导风格有什么不一样吗？你的依据是什么？
7. 谁是你心中的英雄？是什么使他们成为英雄？你能从他们身上学到什么？
8. 在阅读本章的基础上，对自身领导力做出评价。你的长处和短处是什么？
9. 找出你已有的、可能加强你领导能力的发展经历。你从这些经历中学到了什么？再确定一些你需要获得的发展经历，你将如何寻求这些经历？给出具体的回答。
10. 想一想你所面对的、可能涉及他人的一些决策。用弗鲁姆模型确定应该采用何种方法进行决策。
11. 想一想你做过的一份工作。思考一下老板是如何管理你的。你如何描述作为领导者的他/她？你希望看到哪些领导力替代？
12. 想一想你曾经领导或从属的组织。在组织中，出色的变革型领导者能够实现什么？
13. 列举一些你认为是真实型的和非真实型的杰出领导者，并进行讨论。
14. 列举一些你认为是服务型领导者的领导者，并进行讨论。
15. 找出一些你所遇到的，能够展示共享型领导和横向型领导的机遇。

实践练习

12.1 权力与影响

目的
探索权力与影响的本质，以及你对不同类型的权力与影响的态度。

说明
阅读说明并完成 A、B、C 三个部分。

权力与影响工作表

A. 权力

许多名人都曾对权力与胜利进行过表述（譬如 P. T. 巴纳姆、毛泽东、里奥·迪罗谢、洛德·阿顿、文斯·隆巴尔迪)。下表列出了其中的一些表述。如果你完全不同意某一表述,则在 1 上画圈。依此类推,表明你对每一种表述的看法。

	完全不同意	不同意	中立	同意	完全同意
胜利就是一切	1	2	3	4	5
好人永远吃亏	1	2	3	4	5
赢家只有一个	1	2	3	4	5
每分钟都有傻瓜诞生	1	2	3	4	5
不能完全相信任何人	1	2	3	4	5
枪杆子里面出政权	1	2	3	4	5
追求权力者贪婪不可信	1	2	3	4	5
权力导致腐败,绝对的权力带来绝对的腐败	1	2	3	4	5
付出多少就得到多少	1	2	3	4	5

B. 影响

过去的一周左右你已接触了许多人。你受到了一些积极的影响,同时也存在一些消极的影响。试回忆最近与雇主、同龄人、老师、父母以及其他可能对你产生影响的人的相处经历。然后想一下他们的做法是如何影响你的?为什么会影响到你?

1. 在下表中列出在上一周影响到你的所有人的名字,并对应于他们运用的权力类型。如果同一个人运用了多个权力基础,他/她的名字可以重复出现。同时指出其影响是积极的(+)还是消极的(-)。

姓名及"+"或"-"
权力基础_____
合法权力_____
奖赏权力_____
强制权力_____
感召权力_____
专长权力_____

2. 检查完清单后,核实下列问题(在对应位置画√)。

	是	否
a. 有人在好多个权力基础下得到"+"吗?		
b. 有人在多个权力基础下得到"-"吗?		

(续表)

	是	否
c. 你是否发现大多数得到"+"的人落在同一权力基础上？		
d. 你是否发现大多数得到"-"的人落在同一权力基础上？		

3. 根据最后两个问题的答案，列出你认为积极的（+）和消极的（-）权利基础。

+	-

当你试图影响别人的时候，你个人是否倾向于使用列在"+"下面的那些权力基础？你真的行使过这些权力吗？

C. 权力与影响

从 B 部分的表格中，找出一个对你最有积极影响的人（人物 1），再找出一个对你最有消极影响的人（人物 2）。他们极有可能是那些名字出现最多的人。

如下表，在你认为最符合人物 1 对该陈述的反应的地方填上"1"。在你认为最符合人物 2 对该陈述的反应的地方填上"2"，以此类推。

	完全不同意	不同意	中立	同意	完全同意
胜利就是一切					
好人永远吃亏					
赢家只有一个					
每分钟都有傻瓜诞生					
不能完全相信任何人					
枪杆子里面出政权					
追求权力者贪婪不可信					
权力导致腐败；绝对的权力带来绝对的腐败					
付出多少就得到多少					

现在对比 A、C 部分的答案，你更像人物 1 还是人物 2？你更倾向于他所使用的权力类型吗？你使用最多的是何种权力？最少的又是哪一种？什么时候会让你觉得最有权力？什么时候权力最小？将这些回答与 B-3 部分进行比较会得出什么结论？

资料来源：Laurence R. Jauch, Arthur G. Bedeian, Sally A. Coltin, and William F. Glueck, *The Managerial Experience: Cases, Exercises, and Readings*, 5th ed. Copyriqht © 1989. South-Western, a part of Cengage Learning, Inc. Reproduced by permission. www.cengage.com/permissions.

12.2 领导风格评估

目的
1. 测试你的个人领导风格。
2. 学习领导过程的本质。
3. 找到改进你领导风格的途径。

说明
1. 独立完成领导风格调查表并打分。
2. 进行小组交流,计算小组平均分,并就相关问题进行讨论。
3. 下次上课时,由小组发言人陈述调查及讨论结果。

问题讨论
1. 你的经验或者缺乏经验通过什么方式影响你对调查表的回答?
2. 学生的得分和其对调查表项目的回答在哪些方面相符?在哪些方面不符?
3. 你认为学生对领导力的态度不同的原因是什么?
4. 学生应如何建设性地利用调查结果?

领导风格调查

这项调查从多个角度对领导行为进行描述。为测试出你的领导风格,假设你是一个工作小组的领导者,并根据你可能的反应(或你认为可能的反应)来回答每个陈述。

	总是	经常	偶尔	很少	从不
1. 我允许团队成员自由选择工作方式	5	4	3	2	1
2. 在重大决策上,我从不与员工商量	5	4	3	2	1
3. 我允许成员自主决策	5	4	3	2	1
4. 我不会尝试与员工交往	5	4	3	2	1
5. 我允许成员以他们认为合适的方法来完成自己的工作	5	4	3	2	1
6. 我认为自己是团队的发言人	5	4	3	2	1
7. 我热情、友好、平易近人	5	4	3	2	1
8. 我确信员工理解并遵循所有规章制度	5	4	3	2	1
9. 我非常真切地关心员工的福利	5	4	3	2	1
10. 我认为做什么和如何做都应该由我决定	5	4	3	2	1
11. 我会向员工下放权力	5	4	3	2	1
12. 我会督促员工完成生产指标	5	4	3	2	1
13. 我相信员工在参与决策时的判断力	5	4	3	2	1
14. 我将特定的工作分配给特定的人	5	4	3	2	1
15. 我会让员工确立自己的工作节奏	5	4	3	2	1

(续表)

	总是	经常	偶尔	很少	从不
16. 我并不觉得有必要向员工解释自己的决策	5	4	3	2	1
17. 我会试着让每个成员都感受到他们的贡献是重要的	5	4	3	2	1
18. 我会建立工作进度表	5	4	3	2	1
19. 我鼓励员工参与工作目标的设定	5	4	3	2	1
20. 我以行动及结果为导向	5	4	3	2	1
21. 我会让成员参与决策	5	4	3	2	1
22. 我会列出必要的变革并密切监视成员行动	5	4	3	2	1
23. 我会帮助团队在重要变革上达成一致	5	4	3	2	1
24. 我会密切监控以确保符合标准	5	4	3	2	1
25. 我会持续不断地改进工作	5	4	3	2	1
26. 我会将问题消灭在萌芽状态	5	4	3	2	1
27. 我会在作出决策前与团队进行协商	5	4	3	2	1

综合案例

基特、杰克逊、古德瑞和波伊尔的律师事务所

戴维·基特和内特·杰克逊在美国加利福尼亚州的萨克拉门托附近开设了一个小型综合法律工作室。他们一毕业就去了地区检察院，在创业之前已经在那里待了5年。起初只是小规模的合伙企业（仅有2个律师和1个律师助理），现已成长为一个拥有超过27名、来自3个不同小镇的员工的事务所。目前，成员包括18名律师（其中3个已成为合伙人）、3名律师助理和6名秘书。

在公司成立之初，这些合伙人就觉得他们的整体运营正逐步失控。现在公司的待处理案件数量、员工以及客户数量、差旅需求和设备管理需求都已经远远超出创始合伙人的预料。

基特召开了一次合伙人会议来商讨此事。在会议前，他们先搜集了所有员工对当前紧急问题及其解决方案的意见。会议形成一项正式决定，创建一个新的执行总经理的席位。他们随后便撰写了一份工作描述和招聘公告。

工作描述中的重点和主要职责包括：
- 管理日常办公人员和日常运作（包括电话、会议、文字处理、邮件、账单、工资、一般的日常开支及设备维护）。
- 改善客户关系（更迅速地处理案件和接待客户）。
- 开发客户。
- 加强与当地社区的联系。

- 管理年度预算并制定相关激励措施。
- 保持每年10%的销售增长，同时维持或提高当前的利润率水平。

总经理需给合伙人提供一个年度行动纲要，以及具体的行动计划以便于改进和修改。

他们成立了一个遴选委员会，2个月后他们将这个新职位授予了布拉德·霍思尔（Brad Howser），他曾在保险行业做了很久的行政管理，为了寻求最后一次的职业转变并回到自己位于加利福尼亚州的老家，他申请了这一职位。霍思尔明确承诺他愿意为这个工作奋斗5年，之后很可能选择退休。

霍思尔刚开始工作的几个月是安静和平淡的，他开始慢慢了解员工，观察日常运作，回顾并分析各类客户和律师的历史数据以及财务报表等。

大约在上任的第6个月，霍思尔在员工面前变得更加直言不讳和独断，并建立了一些新的操作规则和程序。他开始改变常规的工作时间。公司以前的工作安排比较灵活，允许员工在完成定额工作的情况下随意选择自己工作的起止时间。霍思尔不太满意这个"懒散的时间表"，改为要求所有办公室人员每天从早上9点工作到下午5点。几位员工对此感到不满并向霍思尔抱怨，他实事求是地告诉他们："这是新规定，每个人都要遵守。无法或是不愿遵守的人就请另谋高就吧。"在这个公司待了好几年的行政助理西尔维娅·布朗森（Sylvia Bronson）对这种变化尤其不满意。她与霍思尔进行了一次私人会面，并向他说明了她需要照顾孩子，以及遵守新规定的困难性。霍思尔似乎没有用心去听，并告诉布朗森："助理基本上是一毛钱一打，而且随时随地都能找到一个新的来。"结果那天布朗森哭着离开了办公室。

霍思尔对客户接受公司提供服务后的平均付款（应收账款）时间感到不满意。经过仔细观察，他发现30%的客户在30天之内支付账单，60%的客户在30—60天内支付，而剩余10%的客户拖延付款时间多达120天。霍思尔给所有未清发票已经超过30天的客户写了一封信。信中措辞强烈地要求客户立即全额付款，并暗示可能对于那些没有及时做出回应的客户采取法律手段。很快公司收到了一小部分"迟到"的付款，然而绝大多数的回复是愤怒的客户的信件和电话，这其中还包括一些公司刚成立时就招揽到的老客户。

为了扩大客户基础，霍思尔拿到了一份广告和促销预算。有一个律师助理建议应该仔细计划这些支出，并且公司有几个律师非常了解当地市场，他们或许可以提供一些见解和想法。霍思尔略微思考了一下，还是决定自己一个人做，理由是大多数律师对营销知之甚少，甚至一无所知。

为了"使所有的人形成一个团队"，霍思尔决定每周召开员工会议。这些强制性的、长达1小时的会议都是由霍思尔主持的。他给大家展示一系列的幻灯片和小册子，并进行关于"一些在保险行业被证明是成功的管理技术"的演讲。这些会议通常超过了原先设定的时间限制，而且几乎从未完成所有的议程项目。

霍思尔花了一些时间"加强社区关系"。他对于许多当地团体非常慷慨，如历史社团、花园俱乐部、休闲体育项目、初中和高中乐队和其他的一些项目。在不到6个月的时间里，他签署的支票和授权的捐款总额就超过25000美元。他对这一切非常满意，并且确信这样的善意之举会在将来得到丰厚回报。

至于预算部分，霍思尔仔细审查每一个条目来寻找增加收入和减少开支的途径。他增加了律师每月可计费时间的预期基准和配额，这直接影响了他们的利润分红和奖金计划。在成本方面，他明显地降低了律师们的年度旅行、吃饭和娱乐预算。他认为这些活动都是无聊而又不必要的。霍思尔决定把每个办公室里两个全职行政助理中的一个改为没有福利的兼职。他认为现在的工作量没有理由不能按照这个模式来完成。霍思尔在结束初次财务审核后便展开行动，在每个办公室张贴关于使用复印机、电话和耗材的告示。

霍思尔完成任期的第1年后，按要求向合伙人提交了一份总结报告，包括他对每个部门现状的分析及其行动计划。合伙人们起初对霍思尔的工作方式以及他做出的一些改变印象非常深刻。这些看起来似乎都很有道理，并与职位描述中的主要职责相符。但与此同时，"办公室谣言和小道消息"也急剧"升温"。公司士气也明显下降，而在此之前一直都是士气如虹。饮水机旁和走廊上成为心怀不满的雇员们最常去的议论场所。

而市场情况是，纵使合伙人们并不指望立即看到新客户涌入，他们更不希望看到他们现有的客户基础萎缩。许多个人和企业客户都把业务转移到了别处，他们依旧因为曾经收到的那封催款信而愤愤不平。

合伙人们约见霍思尔来讨论当前形势。霍思尔敦促他们"稳坐不动，渡过难关"。他坦言自己曾有过类似经历，并且从长远来看，公司毫无疑问将实现所有的目标。霍思尔指出，人们通常不接受改变。合伙人们那天晚些时候聚到一起喝酒时，内心怀着巨大的疑虑面面相觑。他们应该按照霍思尔的建议静观事态渡过难关吗？他们新设这个职位并招聘霍思尔做得正确吗？一系列看起来明智、合逻辑并且顺利的事件是怎么铸就出今天的危机呢？

问题：
- 你同意霍思尔"稳坐不动，渡过难关"的建议吗？合伙人们是否应该立即采取一些行动？如果是，具体需要采取哪些措施？
- 假设执行总经理的职位设置是一个不错的决定。你会任命具有什么样领导风格的人？
- 考虑一下你自身的领导风格，你会寻找什么样的职位和环境？哪些又是你应该避开的？为什么？

第 13 章
绩效激励

管理者可能犯下的最严重错误就是不表扬自己的员工。

——约翰·阿什克罗夫特

最好的奖励就是完成工作。

——拉尔夫·瓦尔多·艾默生

学习目标

通过学习第 13 章,你应该能达到以下要求:

1. 能够识别激励员工的不同类型的管理者行为。
2. 可以列出为员工设定激励性目标的原则。
3. 能够总结出如何有效地奖励高绩效的员工。
4. 可以描述影响员工积极性的关键因素。
5. 能够讨论员工的个体需求对其行为的影响方式。
6. 可以描述提供激励性工作的方法。
7. 能够概括员工如何评价公平以及如何实现公平。
8. 可以识别员工满意的原因和结果。

本章概要

绩效激励
设定目标
　目标激励
　延展性目标
　目标设定的局限
　设定自己的目标
强化绩效
　奖惩管理
　错误管理
　提供反馈

与绩效有关的理念
　努力程度与绩效之间的关系
　绩效与结果之间的关系
　对激励的影响
　期望理论对管理的启示
理解人的需求
　马斯洛的需求层次理论
　奥尔德弗的 ERG 需求理论
　麦克利兰的需求理论
　需求理论:国际视角

设计激励性的工作	实现公平
工作轮换、扩大化和丰富化	评估公平
赫兹伯格的双因素理论	恢复公平
哈克曼和奥尔德姆的工作设计模型	程序正义
授权	工作满意度
	工作生活的质量
	心理契约

 开篇案例

什么使财捷集团成为最佳雇主?

成千上万的家庭和小企业主都知道财捷集团（Intuit）是一家开发了著名的资金管理软件QuickBooks、Quicken和TurboTax的公司。但财捷集团并非仅仅如此，它还是一个最佳的工作地点。财捷集团高居《福布斯》杂志评选的最著名软件公司榜单前列，并长期雄踞《福布斯》百佳雇主榜单，另外对于IT业内人士而言，财捷集团也是《计算机世界》杂志评选的百佳IT雇主之一。

财捷集团出现在这些榜单上的一个原因是它提供了慷慨的医疗保险和退休机制，报销员工的健身支出，并提供两周的带薪产假（收养子女也包括在内）、房屋贷款补贴及照顾员工家属的服务。

不过，不是所有人都认为慷慨的福利是员工们最关心的。在本章你将了解到，员工还关注工作条件以及他们同管理者及同事间的人际关系。在这些地方，财捷集团同样表现卓越。例如，财捷集团通过制订方案来让管理者和同事能够轻松地通过赞誉及奖金来表达对员工工作成就的认可，公司还对工作时间进行了灵活的安排，允许员工在家里完成一些工作。需要说明的是，公司珍惜拥有各种各样才能的人，并建立了9人工作网络，使不同的员工可以从中获得支持、指导和友谊。此外，为了履行公司的社会责任，公司每年为员工从事的义务服务支付32小时的工资。

由于关心员工，财捷集团最近被国防部授予了"雇主支持自由奖"，该奖表彰那些为参军的员工保留工作岗位的公司。财捷集团的公司战略和发展主管蒂姆·格莱斯基（Tim Graczewski）之所以选择财捷是因为它给予被征调执行任务的预备役员工全额补贴。格莱斯基自己也从这项政策中获利：作为美国海军预备役部队的一名中尉，他曾在阿富汗服役，从事经济方面的工作。财捷集团招聘部门主管克里斯·盖里（Chris Galy）说，财捷集团的员工都为格莱斯基能够利用其商业才能为国家服务感到兴奋和骄傲。在过去的15年里，有超过150名财捷员工被军队征召执行任务，公司也注意到成立一个与军队相关的网络小组的需要，这个小组一经成立很快就有了160名成员。

- 财捷集团在为员工提供慷慨的福利方面表现卓越。在阅读本章的过程中，思考这是否足够激励员工全身心地工作以完成公司的目标和优先事项。如果不能，管理者还需要付出哪些努力？

本章要讨论一个古老的问题：管理者如何激励员工努力工作并最大程度地提升工作绩效？财捷集团证明，将员工视为对公司有价值的贡献者是激励员工的关键因素。

一家公司的销售经理对于这个问题有不同的处理方法。每个月，销售量最低的员工必须牵着一只山羊回家过周末。这个经理希望带着山羊回家过周末的员工会感到尴尬，并会在下一个月里努力提高销售量。这一招的确很有创意,但是如果真的这么做,他将会失败。因为他也许能够成功地激励一小部分员工提高销售量,但同时一些优秀的员工也可能因受到"刺激"而选择离开公司。

13.1 绩效激励

对于管理者而言,理解员工工作的动机绝非易事。预测他们对于公司新推出的生产计划的反应更是难上加难。幸运的是,对于激励的了解足够为提升员工表现和工作绩效提供具有实践意义并行之有效的管理技巧。

激励(motivation)是指鼓舞、引领和维持员工工作积极性的力量。除了无意识的条件反射行为(如眨眼睛)与管理无关之外,其他所有行为都需要激励。一个被高度激励的员工会为了完成绩效目标而努力工作,如果再加上足够的能力、对工作的足够了解、拥有必要的资源,这样一个员工会有非常高的生产率。

要想有效地激励员工,管理者必须清楚他们在哪些方面的行为能够激励员工。尽管高效率的员工看起来好像可以完成看似无限数量的事情,但最重要的激励目标可以被分为五种基本类型。管理者需要激励员工让他们进入公司、留在公司,并按时上班。在这些方面,管理者应该抵制现今流行的"忠诚已死"观点,而要接受挑战并创建一种吸引和鼓舞员工、使员工致力于公司业务的环境。

当然,公司还希望员工积极表现——一旦员工来工作,他们就应该努力工作实现高产出和高品质。最后,管理者还希望员工展现良好的公民素养。组织中的好"公民"是指那些有责任感、满意度高的员工,他们业绩突出并做一些超出职责外的有助于提升公司形象的事情。公民素养的重要性可能不如工作表现,但这些行为最终有助于公司顺畅运行,并减轻管理者的负担(如图13.1所示)。

■ 敬业型员工(有承诺,有愿景)
■ 热情型员工(有承诺,无愿景)
■ 背弃型员工(无承诺,有愿景)
■ 疏离型员工(无承诺,无愿景)

图 13.1 关于员工愿景与承诺的调查

最近,一家人力资源咨询公司开展的一项调查发现超过一半的员工明白他们要做什么(愿景)和想做什么(承诺)。这比3年前同样的一项调查结果高出了5个百分点,那时更多的员工缺乏责任感。

有许多种不同的方法可以帮助管理者激励员工从事此类建设性工作,其中最有效的一些方法将会在接下来的章节——介绍。我们首先介绍影响员工激励的最基础流程。这些流程(在目标设定理论(goal-setting theory)、绩效强化理论(reinforcement theory)和期望理论(expectancy theory)中都有所描述)能够为管理者提供一些基本的或者有力的行动建议。接下来,我们讨论员工想要或者需要从工作中得到些什么,了解不同个体间的区别以及员工的需求是如何导致一些强有力的对策的——如设计激励性的工作并鼓舞员工竭尽全力工作。最后，我们讨论员工对工作所持有的关于公平的最重要的理念，以及工作满意度的潜在含义。

13.2 设定目标

设定工作目标对于激发员工积极性极为有效。事实上，它可能是最重要、最合理和最有效的激励方式。因此，我们首先对其展开讨论。

目标设定理论指出清晰的目标能够鼓舞和引领员工在工作时的思考和行为。管理者应牢记目标是有用的这一原则，为员工设定或与员工一同设定目标。例如，一家卫星电视台可能将目标设定为增加新订阅用户数、增加现有用户订阅付费频道的数量或者及时对客户问询做出回应。对于员工能够控制自己的绩效的工作岗位，目标设定都非常有用。你可以将工作量和工作质量设为目标，还可以设定行为目标，例如团队合作等。实际上，对于任何重要的事情，你都可以为之设定目标。

> **提示**
>
> 你可以为成本、质量、速度、服务、创新、可持续性及其他任何重要事项设定目标。
>
> 作为学生，你曾经设定过什么目标？如果没有设定过，那就从为这门课程设定目标开始。

13.2.1 目标激励

有意义的目标是最有效的目标，反映人类"更高"价值追求的高尚目标会起到额外的激励作用。强生公司（Johnson & Johnson）追求利润，但它同时还关注人类健康；本杰瑞公司（Ben & Jerry's）在生产优质冰淇淋的同时还承担了社会责任；美国著名的清洁和维修服务公司服务大师（ServiceMaster）和福来鸡餐厅（Chick-fil-A）通过它们的承诺吸引员工；亨斯迈化学公司（Huntsman Chemical）的目标是还清公司债务，并且也明确提出要减轻人类痛苦——它赞助癌症研究以及多家慈善机构。有意义的目标还可能与竞争者有关；超过竞争者可以唤起员工的市场竞争意识和好胜心。这种目标不仅涉及公司所倡导的价值观及其追求的崇高目标，还涉及更加个人化的领导力。与交易型领导者的拥护者不同，变革型领导者的拥护者们将他们的工作看得更为重要，视其与个人目标高度一致（回顾第 12 章）。

更具体地说，人们对于以能够对工作绩效产生激励的方法进行目标管理知之甚多。目标应该易于员工接受。这意味着，与其他事情一样，目标制定不能与员工的个人价值观相冲突，这样人们才有内在的动力去完成目标。允许员工参与工作目标的制定——而非由上级直接为其制定目标——是制定一个员工愿意接受并努力践行的目标的有效方式。

可以接受的、激励最大化的目标通常是具有挑战性，同时又是可以完成的。换句话说，目标应当被制定得足够高以鼓励更高的工作绩效，但又不能太高以至于员工根本无法完成。一家跨国公司的咨询顾问团队为其制订了超过 40 个质量改进计划，而该公司宣布预计要到改进项目实施后的第 4 年才会看到显著的质量改进。这样的目标显然是不够的。

理想的目标不仅是告诫员工要改进绩效、努力工作、提高效率或减少客户等待服务的时间。还应将目标具体化，让员工清楚怎么做、何时做才能达到目标。在美国密苏里州堪萨斯城为奥拉西福特公司（Olathe Ford）提供服务的快车道轮胎和汽车中心（Quick Lane Tire & Auto Center）的每一位维修顾问都有一个业务收入的月度指标，还要每天接受销售反馈以了解哪一类产品需要加以重视。此外，顾客一旦选择推迟维修服务，这时就要做红色或黄色的标记。服务中心的接待处对此有具体的工作目标，即 7 天内电话通知标有红色标记的客户，90 天内邮件通知标有黄色标记的客户。这些载有截止日期的以及可衡量的绩效目标是具体和可量化的，员工受此激励并努力完成这些目标。微软公司用一个缩略词 SMART 来表示设计激励性目标的要求：具体（specific）、可量化（measurable）、可完成（achievable）、结果导向（results-based）和时间限制（time-specific）。

13.2.2 延展性目标

现在的一些公司会设定**延展性目标**（stretch goals）——即某些人从未想过的要求特别高的目标。延展性目标有两类：垂直延展性目标和水平延展性目标。垂直延展性目标要与当前活动（包括生产率和财务业绩）保持一致；而水平延展性目标涉及员工专业技能的发展，例如尝试和学习处理新的、困难的问题。尽管延展性目标看似难以完成，但实际上它们通常是可被实现的。

延展性目标可以让公司远离平庸、取得卓越成就。不过如果有人抱有良好的信念却没有完成目标，不要惩罚他——要记住这些目标有多么难以实现！请基于员工当前绩效的横向和纵向比较情况及其所取得的进展对员工进行评估。

13.2.3 目标设定的局限

目标设定是一种特别有效的管理工具。但即使是特定的、富有挑战性的、可完成的目标，在某些条件下，其效果可能会更好。例如，如果人们缺乏相关能力和知识，最好是要求他们尽最大努力或者设定一个学习目标而不是设定一个达到具体的绩效等级的目标。当员工在一个团队中工作，且对团队绩效而言合作是非常必要时，个人绩效目标可能会是无效的。个人目标会引起竞争并减少合作。如果合作非常重要，就需要制定针对团队的整体绩效目标。

目标会滋生操纵和不道德的行为。例如，人们有时会精明地设定一些简单的目标，同时让老板相信完成这些目标是有困难的。或者他们可能会仅仅为了得到奖励才完成目标，而非脚踏实地工作。在前面提到的快车道轮胎和汽车中心的例子中，基于销售收入的目标是具体和可量化的，但是对于员工的奖励则是看库存和利润，而非客户及其车辆。类似地，在大型律师事务所，很普遍的做法是律师们详细记录他们的工作时间（例如，每年 2000 小时），并通过记录单来领取奖励。这套系统会造成工作低效，以及沉闷、没有动力的工作环境——这对于每一个因关心客户或热爱法律而选择从事这一职业的律师来说都是不公平的。此外，那些无法完成目标的员工比那些尽力工作但没有具体绩效目标的员工更容易去参与不道德的行为。不管其中是否会涉及物质利益，这些情况都是可能的，尤其是当员工差一点就可以完成目标时，这种情况更可能发生。

还有其他一些常见的例子，如财务报告。一些公司高管熟练地掌握了"盈余管理"的艺术——可以刚好满足华尔街分析师们的收入预期或者只比预期高一点点。然后，媒体鼓吹、投资者奖赏达到预期的公司。公司高管们有时通过篡改数字，或者"走后门"促使分析师调低收入预期的方法来使自己能够更轻易地完成目标。金融市场希望提高短期的、季度绩效，但公司想要成功的话，长期的生存能力更加重要。

一个很重要的问题是，如果公司的绩效目标是多维的，就不应设定单独的生产率目标。例如，如果获取知识和能力很重要，你也可以设定一个具体且有挑战性的目标，如"找出 10 种方法来发展本公司产品终端用户的关系"。生产率目标可能会提升生产率，但可能会使员工忽略了其他方面，比如学习、研发新的项目、开发与工作问题相关的创造性解决方案。一个管理者如果希望激发员工创造性，可以在为个人或头脑风暴团队设定生产率目标的同时设定创造力目标。

13.2.4 设定自己的目标

设定自己的目标也是一种自我管理的有效工具。为自己设定目标；不要总是尝试或者希望做到最好。设定自己的目标有三项基本要素：一个长期的鼓舞人心的愿景、一个中期的符合自身情况的目标和一个可以立即着手的短期目标。所以如果你要从事商业活动，就要搞清楚你想在 5 年内成为什么样的商人，能够创造机会并教会你如何成为那种商人，以及帮助你向拟定方向努力所需的具体功课和求职活动。在工作中，运用 SMART 或者其他目标设定工具来帮助自己设定目标。

13.3 强化绩效

目标是一种通用的激励方式，本节将介绍强化绩效的过程。心理学家爱德华·桑代克（Edward Thorndike）1911 年提出了**效果率**（law of effect）：行为如果伴随着满意的结果，在类似情境中这种行为很可能重复出现。这种强大的行为规律奠定了无数调查的积极影响，谓之激励行为的强化剂。组织行为矫正（organizational behavior modification，OB mod）即试图通过系统化地管理工作条件和员工行为结果去影响员工行为并提升绩效。

四种主要的行为结果会鼓励或者阻碍员工行为（如图 13.2 所示）：

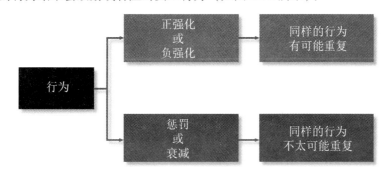

图 13.2　行为的结果

1. 正强化——应用一个正向结果来提高员工产生这种结果的行为重复出现的可能性。正强化的例子包括赞赏、推荐信、良好的绩效评价和加薪。

2. 负强化——消除或阻止一个不良的结果。例如，一个管理者因员工（一个学校因学生）的表现有进步而取消他的留职（留校）查看。

3. 惩罚——管理令人嫌恶的结果。例如批评或向员工怒吼、分配无吸引力的任务以及直接解雇。负强化可以包括惩罚威胁，并且当员工表现良好的时候不执行处罚。惩罚则是将令人嫌恶的结果付诸实际。当管理者认为有必要或者他认为别人希望他这么做时，就会实行处罚，而且在这一过程中管理者通常会审视自己的行为是否符合公司政策和流程。

4. 衰减——撤回或未能提供强化结果。在这种情况下，激励的效果会降低，被激励的行为也会消退或消除。管理者无意中可能会熄灭员工工作的热情，比如对于出色完成工作不急于赞扬、忘记对员工的帮忙表示感谢，设定员工不可能完成的绩效目标。衰减还可以用于终止一些不好的行为。在会议期间，管理者可能会无视长篇大论的观察结果，或者不回复一些无关紧要的电子邮件，以希望通过缺少反馈来阻止员工继续。

所述的前两种结果——正强化和负强化——对于接收的人来说是正面的，员工能够获得一些东西或者避免一些负面的东西。因此，经历了这些结果的人会被激励以致强化。后两种结果——惩罚和衰减——对于接收的人来说是负面的。激励重复行为会导致负面结果的减少。

管理者应当仔细比对员工实际认为的合意或不合意的结果。一名监督者有一次错误地"惩罚"了一名偷懒的员工，罚他在钓鱼季中停止钓鱼三天，结果这名员工反而很开心。

13.3.1 奖惩管理

你已经了解了变革型领导的正向效应，但如何奖励表现优异的员工也非常重要。不幸的是，有时公司和管理者会强化错误的行为。例如，薪酬计划（包括股票期权）旨在强化公司高管增加公司价值的行为，但同样也会强化高管操纵股票价格以短期获利的行为，尽管这样会损害公司的长期利益。类似地，对缺勤超过一定时限的员工进行惩罚的做法实际上也可能鼓励员工缺勤。员工可能会用光所有时限内的缺勤次数，然后直到再缺勤一次就要被处罚的时候才回来正常上班。有时，员工会被管理层和多任务的正面绩效评价所激励——例如，在打电话时写电子邮件或者在开会时收发短信。这种行为可能会视为有效率的，而且能向管理者表明自己很忙、很有价值；但是多任务实际上降低了大脑的工作效率，并会导致错误的发生。对大脑活动的扫描可以发现大脑不能同时集中注意力在两个任务上；大脑需要时间在多任务之间转换。因此，当管理者表扬多任务工作者的辛勤努力时，可能无意中强化了无效率和不深入思考问题的行为。

为了有效地运用强化理论，管理者必须要识别他们要强化什么样的行为，不鼓励什么样的行为（如表13.1所示）。奖励系统要与公司战略相配套，根据公司的战略目标定义员工绩效。奖励那些在重要方面——比如学习对于加强核心竞争力和创造价值非常重要的新技能——提升自己的员工。

表 13.1　世界上最伟大的管理原则

"有利可图的事情就会有人干"，一位作者将之称为世界上最伟大的管理原则。在这一原则下，迈克尔·勒伯夫（Michael LeBoeuf）提出了有效激励高绩效的具体方法。公司以及管理者应当遵循以下十项要求：

1. 运筹帷幄，不要亡羊补牢。
2. 主动承担风险，不要躲避风险。
3. 发挥创造性，不要盲从。
4. 行事果断，不要瞻前顾后。
5. 聪明合理地工作，不要盲目低效地工作。
6. 简化问题，不要纷繁复杂。
7. 低调做事，不要眼高手低。
8. 注重工作质量，不要仓促工作。
9. 培养员工忠诚，不要人员频繁流动。
10. 相互合作，不要相互对立。

资料来源：*The Greatest Management Principle in the World* by Michael LeBoeuf. Copyright © 1985 by Michael LeBoeuf. Reprinted with permission.

管理者在运用强化的过程中要保持创造性。在美国斯普林特（Sprint）电信公司，许多员工一整天都坐在电脑前，公司通过提供健身设施强化健康行为，员工可利用午休时间在公司锻炼。对于12家麦当劳餐厅的老板史蒂文而言，一项基本挑战是如何激励低工资的员工在遇到困难时继续工作，他采取的方法是为员工提供他们可以负担得起的日托和交通。面临塔可钟（Taco Bell）的激烈竞争，史蒂文总结说他无法承担过高的工资，但他努力帮助当地教堂开展一项日托项目，而且他会在周六午休时到警方拍卖会购买低价但可靠的汽车，然后以成本价卖给员工。

创造性的管理者会使用非物质奖励，包括专业知识的挑战、更大的责任、自主性、认可、浮动收益和更大的决策权。在发挥和应用创造性时，这些针对表现优秀员工的奖励能够在缺少工资和职务提升的情况下持续激励员工。作为一家提供服务帮助企业践行社会责任的公司，布朗弗林（Brown Flynn）的员工会获得实际奖励，比如利润分成和一些创意的奖励（比如珠宝和购物狂欢），但是一些无形的奖励可能是最重要的。员工们认为布朗弗林可以提供挑战和奖励、相互尊重、努力工作的认可和锻炼领导力的机会。一名史蒂文所管理的麦当劳餐厅的员工说，相比于一家赚得更多的公司所有制餐厅，她更愿意为史蒂文工作，因为他对待员工的方式是"不光为自己考虑，还为大家考虑"。

13.3.2 错误管理

管理者如何处理员工的错误对于激励有很大影响。当员工违反法律、道德准则、生产安全规范或人际关系准则时，或者当员工旷工或者偷懒时，惩罚是合适的。但有时管理者也会在不恰当的时候惩罚员工，比如当糟糕的绩效并非这名员工的责任时或者管理者将沮丧的情绪发泄到错误的员工身上时。

管理者过度或不当地使用惩罚会在工作场所中造成一种恐惧的氛围。恐惧会使员工在短期内工作专注，但有时也会在长期造成问题。恐惧还会使员工将注意力都放在自己身上，而不是群体和公司上。伊利诺伊大学的名誉校长 B. 约瑟夫·怀特（B. Joseph White）曾为一位高新技术企业家提供咨询，这位企业家在听取了一位管理人员的汇报后，直接不讲理地批评道："这是我这辈子听到的最愚蠢的想法。我对你太失望了。"据怀特说，这位很有才干的管理人员备受打击，以至于对她自己的能力再也无法感到充分的自信。为了避免这种伤害，管理者应该好好考虑如何处理错误。

每个人都会犯错误，管理者可以通过讨论和了解员工等建设性的方式处理错误。不要惩罚，而要称赞那些传达坏消息给老板的人。把失败仅仅作为一个失败，而不要惩罚那些付出真诚努力的失败。如果你是一个领导者，和你的员工谈谈你的失败经历，告诉他们你是如何从失败中吸取教训的。给员工第二次甚至第三次机会（唐纳德·特朗普（Donald Trump）宣称只给第二次机会，而不是第三次）。鼓励员工尝试新鲜事物，如果尝试失败了，也请不要惩罚他们。

13.3.3 提供反馈

大多数管理者没有提供足够的有效反馈，而且大多数没有收到或寻求足够的反馈。作为一名管理者，你应该充分考虑造成糟糕绩效的所有潜在原因，当员工寻求反馈或希望讨论绩效问题的时候应该保持充分的注意，并根据第 10 章中的指导要求给予反馈。

提供反馈有多种方式。客户有时候会直接给予反馈；你也可以要求客户反馈并转达给员工。你可以向员工提供影响工作的数据统计。一个制造企业（无论是否拥有高新技术）都可以将生产团队的联系方式或网址印在产品上，以便客户能直接联系到生产团队。第 11 章中讨论的绩效评价应当定期进行。一个老板应给予更多定期的、不间断的反馈——这有助于立即纠正问题、及时为优秀的工作提供强化，以及避免在正式评价时发生意外。

> **提示**
>
> 确保你所奖励的是正确而非错误的事。尽管它听起来理所当然，你会很惊讶地发现这个原则经常被违背。
>
> 从你老板那里获得反馈的益处是什么？

对于自身而言，尽量不要害怕收到反馈；实际上，你应该积极寻求反馈。但是无论你是否寻求反馈，当你得到反馈时，千万不要忽视它。试着避免负面情绪，如生气、伤心、防卫或离职。想一想，我能够得到我想要的反馈；我需要了解我的绩效和行为；了解我需要了解的情况能够帮助我创造新的机会；了解反馈比不了解更符合我的利益；在这件事上采取主动会给我的职业生涯带来更多的权力和影响。

财捷集团在强化方面的改进

尽管财捷集团是一个备受尊敬的雇主，但它并非在激励员工方面一直都表现出色。管理层一直寻求并奖励表现优异的员工，但这一过程中包含了许多尝试和错误。

大约10年前，财捷集团试图通过对优异的表现运用正强化的方法来简化管理者激励员工的方式。公司设立了一个在线项目，项目中管理者通过给予员工指定金额现金的奖励来表示对员工的认可。收到这个奖励的员工可以在网上目录中选择自己心仪的商品，各商品都对应不同的标价。所以如果一个员工被授予250美元的奖励，可以将之兑换为一个标价为250美元的电子产品。

不过这种做法产生了一些问题。其中之一就是，这些奖项并未给员工留下深刻印象。目录中的许多奖励的价格明显是虚高的（例如，一件目录中250美元的奖励，员工们可能在商店里发现价格更低的同类物品）。而且，这些商品有些是过时的，或是送货时间过晚、损坏甚至缺少必要配件（比如电池和电线），所以员工还要为这个免费的商品另外付钱。于是，员工们要求管理者给予他们购物券作为奖励。这个项目持续进行，却没有任何发展；与此同时，只有一半的美国员工收到此项目的奖励——这说明也许一大批表现出色的员工并没有因为该项目得到任何强化。此外，最大的问题是这个项目从来没能在美国之外实行。

财捷集团希望继续开展一些项目以鼓励管理人员进行正强化，但它也希望从错误中得到经验。公司决定咨询Globoforce，一家全球化的专业激励项目提供商。Globoforce实行了一个相似，但拥有更多选项和更好服务的网上项目。项目的重心在于发放相对低成本（平均120美元）但更频繁的奖励（仍然依据优良表现评定）。大部分的奖励采取礼品券的形式，允许员工自行决定购买商品，而且礼品券也便于快速发放。例如，一个员工选择亚马逊的礼品券，就可以通过邮件接收礼品券并在亚马逊上消费。此外，这些小礼品并不是每个人最看重的，认可系统还提供一项将奖励转为慈善捐款的选择，这很快就在员工中流行开来。

财捷集团将其新的认可系统称之为"聚光灯"（Spotlight），以强调系统的目的在于注重员工的优异表现和好的想法。"聚光灯"系统实施的2年里，超过90%的员工收获了至少一个奖项。员工和他们的上级都发现这个系统很容易使用。员工对于得到反馈、自己的努力得到赞赏感到很开心。例如，在人力资源部员工珍妮弗·莱帕德（Jennifer Lepird）加班加点连续工作1周时间以完成公司交给她的"将新员工的工资记录添加到财捷系统中"的任务之后，团队管理者授予了她一项价值几百美元的奖项。比物质奖励更激励她的是"别人看到并认可了她的努力"。

吉姆·格雷尼尔（Jim Grenier）是财捷集团人力资源副总监，对这一新方法的成功印象深刻。他发现通过发放较小的奖项，公司形成了一个便于认可员工表现的系统，总能给员工带来惊喜。那些意料之外和范围广泛的认可比那些为少数特权准备的大奖更能够起到激励的效果。

- 财捷集团这一项目所遵循的激励原则是什么？
- "聚光灯"项目是如何改进反馈的？

13.4 与绩效有关的概念

强化理论叙述了工作环境中的因素影响员工行为的过程；与之不同，期望理论则考虑员工的认知过程。根据**期望理论**，员工的工作努力程度导致了不同的绩效水平，而不同的绩效水平又对员工个体产生了一种或多种结果。图13.3反映了这一过程。通过考察这三个因素之间的关系，我们可以发现两个重要的概念：期望（expectancy），它反映了努力程度与绩效之间的关系；期望概率（instrumentality），它反映了绩效与结果之间的关系。

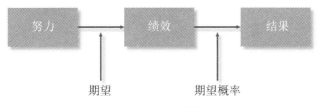

图 13.3　期望理论的基本概念

13.4.1　努力程度与绩效之间的关系

第一个概念——**期望**，是人们认为的通过自身努力实现绩效目标的可能性。期望可能很高（最高为100%），正如一个学生自信通过努力学习可以在期末考试得到很高的分数。期望也可能很低（最低为0），就像一个单恋者确信他的梦中情人永远不会接受他的追求。

在其他条件相同的情况下，高期望会比低期望产生更大的激励。在之前的例子中，那个学生在学习上会比那个单恋者追求梦中情人更努力，即使他们都希望实现自己的目标。

即使处于同一个情形下，期望也因人而异。例如，一个销售经理发起了一项竞争活动，销量最多的销售人员将获得一次免费的夏威夷旅游。在这个案例中，少部分过往销量表现最出色的销售人员会比那些过去销量一般或低于平均水准的人员受到更多激励，因为前者有更高的期望——即对于赢得这次免费旅游机会的强大信心。

13.4.2　绩效与结果之间的关系

销售竞争的例子说明了绩效是如何给人带来某种结果或后果的。实际上，绩效经常会导致多种结果。例如，最好的销售业绩会导致（1）竞争胜利；（2）免费的夏威夷旅行；（3）成就感；（4）老板的认可；（5）在公司中的声誉；（6）其他销售人员的怨恨。

但是绩效导致这些后果的可能性有多大呢？赢得竞争会招致怨恨吗？真的会提高声誉吗？

这些问题引出了期望理论中的第二个关键概念：期望概率。**期望概率**是对于绩效可能导致的结果的可能性的认识。类似于期望，期望概率可以很高（最高为100%），也可以很低（接近0%）。你可能很有自信地认为，如果你工作做得很好就能获得升职；你也可能会感觉，无论你工作做得多好，升职都不可能轮到你。

而且，每种结果还有自己的效价（valence）。**效价**是一个人所追求结果的主观价值。效价可能是正的，比如免费的夏威夷之旅；也可能是负的，比如其他销售人员的怨恨。

13.4.3　对激励的影响

要产生很高的激励效果，期望、期望概率和所有结果的效价之和也必须很高。如果以下任何一种情形发生，那么员工就不会被高度激励：

1. 员工认为他或她不可能表现得足够好来获得公司提供给优异者的正结果（高效价和高期望概率，低期望）。
2. 员工认为他或她能够很好地完成工作，也非常确定由此会导致的结果（比如升职或调动）。

不过，他不想要这些结果或者希望得到其他结果，负结果超过正结果（高期望和高期望概率，低效价）。

3. 员工认为他或她能够很好地完成工作，也想要多种重要的结果（良好的绩效评价、加薪和升职）。但是他相信无论他或她的表现多么出色，都不会出现这些结果（高期望和正效价，低期望概率）。

13.4.4 期望理论对管理的启示

期望理论帮助管理者将注意力集中在影响激励的关键要素上。期望理论有三项重要启示：

1. 提高期望。提供有利于提高绩效的工作环境，设定现实的、可完成的绩效目标。提供培训、支持、所需资源和鼓励，使员工有自信能够达到期望的绩效水平。回顾第 12 章中的内容，魅力型领导者擅长于提升下属的自信心。

2. 确定正效价。理解员工希望从工作中得到什么。想一想他们的工作能给他们提供什么、不能提供什么以及有可能提供什么。考虑为何不同的员工会赋予工作结果不同的效价。明白需求理论（将在下一节讨论）对于激励和识别重要结果的启示。

3. 使绩效期望概率指向正结果。确保高绩效能够带来对员工的认可和赞誉、良好的绩效评价、加薪以及其他正结果。同时，确保努力工作和出色完成工作会带来尽可能少的负结果。要认识到通常不仅老板可以控制奖惩，其他人也可以，如同事、直属上司、客户以及其他人可以通过道贺、协助和社会惩罚机制等方式提供奖励。

公司也可以设立正式的奖励机制。位于美国俄勒冈州罗斯堡的乌姆普夸银行（Umpqua Bank）在公司内网上建立了一个名为"Brag Box"的链接。员工们可以登录 Brag Box 发表关于同事出色工作的评论。银行主管奖励的副总裁桑迪·亨特（Sandy Hunt）会定期查看 Brag Box，并会通知收到表扬员工所在的部门经理，这样部门经理就可以进一步强化赞誉。此外，每个团队设有一个"认可基金"，任何一个团队都可以动用其中资金来认可团队成员的优异表现。

管理实践

雷博机械（Rable Machine）是位于美国俄亥俄州曼斯菲尔德的一家拥有72名员工的机械修理厂，该公司通过给予所有员工公司股权的方式将员工的努力与商业价值挂钩。当老板瑞克·鲁普（Rick Rupp）决定退休时，他创立了一个员工股权计划（employee stock ownership plan，ESOP）。通过参与 ESOP，雷博的所有员工都成为公司的所有者，所以公司的利润越多，员工们直接到手的奖励也就越多。除了拥有股权，员工还可以通过节约成本的方式来获得补贴和雷博机械的收益分红。

将公司绩效与员工的钱袋子直接挂钩的方法造就了一种特有的公司文化：员工们积极通过变革来保持公司在高度竞争市场中的竞争力。管理者愿意投资以提高设备效率，车间一线员工也乐于学习最新的数控机械设备和自动化生产线。当管理者想要购买新的机器设备时，会随时向车间一线员工咨询，这样可以确保员工能够平稳过渡到新的工作方式。

用雷博首席执行官斯科特·卡特（Scott Carter）的话说，管理一家员工所有的公司最重要的是保证员工了解公司运营状况的全部信息。

- 为什么充分的信息交流在激励员工所有制公司的员工时如此必要？

13.5 理解人的需求

到目前为止，我们主要关注的是激励的流程。管理者如果合理地应用目标设定、强化和期望理论，可以在工作环境创造关键的激励要素。但是，激励也会受到员工个人特点的影响。第二种类型的激励理论——内容理论（content theories）说明了人们需要得到满足的需求种类。不同类型的需求驱动激励人们去完成不同的目标。员工需求得到满足或者得不到满足的程度和方式会影响他或她在工作中的行为。

最重要的需求理论有马斯洛（Maslow）的需求层次理论、奥尔德弗（Alderfer）的 ERG 理论和麦克利兰（McClelland）的需求理论。

13.5.1 马斯洛的需求层次理论

亚伯拉罕·马斯洛（Abraham Maslow）总结了人类五种层次的需求，如图 13.4 所示。**马斯洛的需求层次理论**（Maslow's need hierarchy）对这 5 种需求进行了层次的划分，按照需求层次逐级递升，分别是：

1. 生理需求（食物、水、空气、性欲和住所）。
2. 安全需求（免遭威胁和贫乏）。
3. 社交需求（友情、亲情、爱情和归属感）。
4. 尊重需求（独立、成就、自由、地位、认可和自尊）。
5. 自我实现需求（自我实现、发挥全部潜能）。

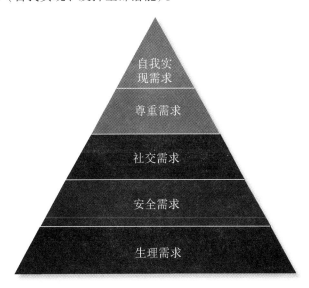

图 13.4　马斯洛的需求层次

资料来源：D. Organ and T. Bateman, *Organizational Behavior*, 4th ed., 1991. Copyright 1991 The McGraw-Hill Companies, Inc. Reprinted with permission.

根据马斯洛的理论，人们的五种需求是逐层递升的。在如今的工作场所中，生理需求和安全需求已能很好地得到满足，这使得社交需求、尊重需求和自我实现需求显得更为重要。不过，安全问题在制造、采矿及其他工作环境中仍然非常重要。而且，在 2001 年"9·11"恐怖袭击之后的数个月内，人们依然感到恐惧、逃避和愤怒——尤其是妇女、儿童以及与事件相关人士。为了处理这些安全问题，管理者们可以展示公司在提高工作安全保障和避免员工遭遇危险方面的工作计划，比如第 3 章中讨论的危机管理方案。

> 安全问题在制造、采矿及其他工作环境中仍然非常重要。

一旦某类需求被满足后，它就不再是一个有效的激励因素了。例如，工会跟资方会争取更高的工资、福利、安全标准和工作保障，这类讨价还价与马斯洛的较低层次需求的满足直接相关。只有这些需求被合理地予以满足，高层次的需求——社交、尊重和自我实现需求才会受到较多的关注。

然而，马斯洛的需求层次理论还只是一个简单的、并非完全精确的人类动机理论。例如，5 种需求层次的次序并不是对所有人完全固定。但马斯洛做出了三个重要贡献：其一，他区分了需求类别，这可以帮助管理者进行有效的正向激励；其二，五种需求层次可以分为两级，其中只有低一级的需求被满足，高一级的需求才变得重要；其三，马斯洛提醒了管理者要重视员工个人发展和自我实现。

自我实现需求是马斯洛需求层次理论中最广为人知的概念。根据马斯洛的理论，普通人仅仅自我实现了 10%，换句话说，大多数人在生活和工作中还有大部分的潜力没有被激发。其含义是明显的：管理者应当创建一个提供培训、资源、自治、责任和富有挑战性的工作环境。这种环境可以为人们提供创造性地发挥个人才能并激发个人潜力的机会。

因此，不应仅仅将员工视为需要控制的人力成本，而应将其视为一项有待开发的资产。许多公司开始着手开展一些项目，向员工传授个人发展的经验。联邦快递（Federal Express）的一名员工说："能在这里工作实在是太好了。联邦快递……给予了我自信和自尊，让我充分发挥了自己的潜能。"个别管理者还会推动员工成长。皮特·沃姆斯蒂克（Pete Wamsteeker）在一家饲料公司工作时，第一任主管常常会邀请他一起讨论职业生涯规划，而当沃姆斯蒂克成为嘉吉动物营养公司（Cargill Animal Nutrition）的总经理后，他也同样这么做。在沃姆斯蒂克刚刚担任总经理的时候，他就开始了解员工，这种做法使得他能够确保每个员工都尽心尽力地完成工作。

公司能够从挖掘人力资源中获益，员工同样能够从中获益，因为他们在工作中有机会获得更高层次的需求。在金宝汤公司（Campbell Soup Company），管理者因培养他们的员工而获得奖励。金宝汤公司美国健康团队的商业主管丽莎·沃克（Lisa Walker）迎接了这个挑战，她帮助一个员工提高其合作能力，使他成为一名有晋升潜力的团队成员。沃克的这个员工对此非常感谢，因为她的指导给予了他获得更多的成就、更高的职位和自尊的机会。

13.5.2 奥尔德弗的 ERG 需求理论

奥尔德弗的 ERG 需求理论（Alderfer' ERG theory）比马斯洛需求层次理论更为先进。马斯洛的理论具有一般性，而奥尔德弗的理论则主要针对于理解人们在工作时的需求。

奥尔德弗的 ERG 理论提出了三种需求：生存需求、相互关系需求和发展需求。生存需求与人们的基本的物质生存需要有关。相互关系需求是指保持人际关系的需求，可以通过相互分享想法和感情来满足。发展需求是指充分发挥个人才能并发展新的技能。

你认为奥尔德弗理论和马斯洛理论有何相似之处？粗略地说，生存需求涵盖了生理需求和安全需求，相互关系需求与社交需求和尊重需求相似，而发展需求与自我实现需求相符。

ERG 理论认为，不同的需求可能被同时满足。因此，尽管马斯洛认为只有当其他低一级需求被满足之后，自我实现需求才变得重要，奥尔德弗却主张在后工业化社会，人们，尤其是工作人士的生存需求、相互关系需求和发展需求可以被同时满足。

> Yarde 金属公司在其位于康涅狄格州索辛顿的总部设置了"午休室",里面配有睡椅、枕头、柔光照明和闹钟。研究表明有午睡习惯的员工要比其他人更健康,同时也意味着这些员工会有更低的缺勤率和医疗保险成本。你认为设置午休室对于公司而言是否值得?

戴安·休梅克-克莱格（Diane Schumaker-Krieg）在描述自己在金融服务业的巨大成功时提到了动机,思考哪种需求理论能够更好地解释这种动机。休梅克-克莱格在 1987 年 10 月时说,她"被恐惧所驱动",当时正值股票市场崩盘,她在里德资本管理公司（Dillon Read）工作。在当时,金融服务业的失业率很高,工作岗位十分稀缺;而刚离婚的她还要全力供养儿子。由于下决心照顾儿子,休梅克-克莱格在离职之后撰写了一份商业计划书。她劝说里德公司为这份商业计划书进行为期 1 年的投资,接着她开始创业,之后转手瑞士信贷集团（Credit Suisse）,在数年时间里就为她的雇主带来了 1.5 亿美元的收益。在那段时间里,休梅克-克莱格再婚了,还赚到了足够的养老金,但她仍然继续工作,于是有了现在的富国银行集团（Wells Fargo）。她认为现在的动力就是享受自己的成就、商业人脉和继续创新的机会。显而易见,在职业生涯初期,休梅克-克莱格的需求主要是低层次的,但她的成功动力是按照马斯洛需求层次理论所说的一步一步递进的吗?

对于美国的管理者,马斯洛的理论比奥尔德弗的理论更为著名,不过 ERG 理论拥有更多的科学基础。这两种理论在提醒管理者运用强化物或者奖励来激励员工方面都具备实践价值。无论管理者是更倾向于马斯洛理论还是更倾向于奥尔德弗理论,他或她都能够通过满足员工的需求,尤其是通过为员工提供自我实现和发展的机会来激励员工。

13.5.3 麦克利兰的需求理论

戴维·麦克利兰（David McClelland）也定义了人的基本需求。根据麦克利兰的需求理论,对于管理者来说,人最重要的需求是成就、亲和及权力。不同人有不同的需求。当你读到这些需求的时候,想一想你自己——哪个需求对你最重要?哪个最不重要?

> "找到正确的方式来认可（员工的成就）的过程就是你了解员工以及他们的愿望和需求的过程。"
> ——埃利卡·安德森（Erika Anderson）,公司发展顾问

成就需求的特点是对成就的强烈意愿和对成功与实现目标的追求。大多数美国的管理者和企业家有很高的的成就需求,也非常希望能够在员工中看到这种需求。

亲和需求反映了一种强烈的被别人喜欢的渴望。有很高亲和需求的人主要注重于同他人相处,反而可能较少关心提高绩效水平。

权力需求是影响或控制他人的渴望。这种需求如果表现为对他人进行侵略性的操纵和剥削,就会成为负面因素——称为个人化权力。对于个人化权力需求很高的人,拥有权力的目的仅仅是追求自己的目标。但是,权力需求也可以成为致力于对公司和社会的建设性改进的正面因素——称为社会化权力。

低的关系需求和由中到高的权力需求常常和高水平与低水平管理者的管理成果息息相关。关系需求对于领导成果不必要的一个原因是:关系需求高的人很难做出一些艰难但必要的决定,这些决定一般会让一些人不开心。

13.5.4 需求理论：国际视角

需求理论如何应用到国外？美国的管理者最关心成就、尊重和自我实现，但希腊和日本的管理者却更多被安全需求激励，在瑞典、挪威和丹麦社交需求最为重要。"做好自己的事情"（Doing your own thing）这句 20 世纪 60 年代的习语描述了美国的一种自我实现文化，但很难被翻译为汉语。"成就"（achievement）同样也很难被翻译为其他大多数语言。法国、日本的研究者们几乎不可能会考虑到麦克利兰的成就动机理论，因为这些国家的人们更注重集体利益而不是个人利益。

显然，成就、发展和自我实现对于美国、加拿大和英国而言非常重要，但这些需求不具普适性。每个管理者必须牢记不同需求的重要性因国家而异，不同国家的人可能会被不同需求所激励。一项研究发现，许多国家的员工愿意投身于那些有强大领导力、工作/生活平衡，且有良好声誉和发展机会的公司。不过其他一些研究发现不同国家之间有很大差异。加拿大的员工会被有竞争力的工资、工作/生活平衡和进步的机会吸引；德国的员工会被独立吸引；日本的员工则会被高质量的合作伙伴吸引；荷兰的员工会被合作的工作环境吸引；美国的员工会被有竞争力的医疗保障吸引。总而言之，没有单一的激励措施是最佳的，因而管理者可以根据员工的不同采取不同的措施。

13.6 设计激励性的工作

下面是一个公司提供了奖励但并未起到激励效果的例子。玫琳凯·艾施（Mary Kay Ash）以前的一位老板曾给她一个比目鱼钓鱼灯作为销售奖励，但她却并不钓鱼。幸运的是，她后来有机会围绕内在和外在激励理论来设计她自己的公司——玫琳凯化妆品公司（Mary Kay Cosmetics）。**外在奖励**（extrinsic rewards）来自老板、公司或其他人；**内在奖励**（intrinsic reward）则是来自工作本身。一个有意思的项目、一个有趣的研究课题、一份已完成的销售任务、完美解决一个难题都能给予人们成就感。这是内在奖励进行激励的本质。

内在奖励对于激发潜在的创造力极其重要。一个挑战性的难题、一个创新的机会和一份令人兴奋的工作都可以提供内在激励，激励人们全身心地投入到任务中去。因此，如果管理者允许员工有追求任务的自由，就会最大程度地激发员工的兴趣。反之，则会出现常规的、习惯性的行为压抑创造力的情形。一项对制造厂的研究发现，当工作具有挑战性并且管理者不会严密管控员工的工作行为时，员工会发明更多的专利、提出更多新的有用的建议且更具创造性。

相反，一些公司及其管理者却创造一种压抑创新和工作激情的环境。一个经典的例子就是高度专业化的生产流水线上的无聊的工作；每个工人一直负责做同一种令人厌烦的工作，然后传送到下一个工人手中。这种专业化，或者说"机械化"的工作设计方式是 20 世纪的主流。但是，过于简单和重复的工作会导致员工不满、旷工和失误。

尤其是在一些依赖高度激励的知识型员工的行业，为保证优秀员工不流失，需要允许他们自行设计工作，让他们的工作变得有趣。可以通过以下几种方式进行设计以提高工作的内在激励水平。

> **提示**
>
> 内在奖励和创造性的自由是创新的关键。
>
> 为什么当一份工作具有内在奖励时员工会更加具有创新性？

13.6.1 工作轮换、扩大化和丰富化

通过**工作轮换**，一直从事某一项常规工作的员工可以轮换到另一项工作上。例如在餐厅工作流水线上，一名员工不一定要一直每天分发面包，可以先分发面包，再分发沙拉，以及蔬菜或甜

点。工作轮换的目的在于通过不同时间做不同工作来缓和员工的疲倦感。

然而，正如你可能猜测的，一个人可能只是从一份无聊的工作跳到了另一份无聊的工作。但只要做得正确，工作轮换就能让所有人因所获取的信息和头脑中的职业兴趣而获益。在汤姆森公司（Thomson）（一家国际出版公司），新入职的信息技术员工可以参与工作轮换计划，这有助于他们了解不同的业务单位，并确定最适合自己才能和兴趣的地方。哈拉娱乐公司（Harrah's Entertainment）针对信息技术员工也采用了工作轮换，这给予了他们广泛的业务知识，在提高自己对公司创造价值的同时，也打开了职业发展的机会。

工作扩大化与工作轮换类似，都是给员工不同的工作来做。不过，工作轮换是在一段时间从事一份工作，在另一段时间从事另一份工作；工作扩大化则是员工在同一时间内承担多项工作。因此，如果生产线上的员工要做两项以上的工作，他或她的工作就被扩大了。在一家金融服务公司的工作扩大化研究中，扩大后的工作带来了更高的工作满意度、更高的错误识别，并改善了客户服务。

在工作扩大化中，员工对所承担的额外工作有同样的责任，而当工作被丰富化的时候，会带来更深层次的变革。**工作丰富化**是指通过增加更高水平的责任来重组或重新设计工作。当决策权下放或分散管理时，工作丰富化不仅为员工提供了更多的工作，还提供了更高水平的工作。第一种工作丰富化的方式是赫兹伯格的双因素理论，此后还有哈克曼和奥尔德姆模型。

13.6.2 赫兹伯格的双因素理论

弗雷德里克．赫兹伯格（Frederick Herzberg）的**双因素理论**（two-factor theory）区分了影响人们工作的两大类因素。第一类是**保健因素**（hygiene factors），即工作场所的特征，包括公司政策、工作条件、薪酬、同事、监督等。在这些因素上，如果管理不善，员工们就工作得不开心；如果管理得当，员工满意度则会得到提升。不过，不管这些因素有多好，都不能真正让员工感到满意或者被激励认真工作。

根据赫兹伯格的理论，带来真正的工作满意度和有效激励的关键在于第二类因素：**激励因素**（motivators）。激励因素描述的是工作本身，即人们在工作中做的事。激励因素是工作自身的性质，如实际的工作职责、获得个人发展和荣誉的机会，以及工作提供的成就感。当这些因素存在时，大多数人就会认为这份工作是既令人满意又具激励性的。

许多学者质疑赫兹伯格的理论，因此我们不会深入介绍赫兹伯格原始理论的诸多细节。不过，赫兹伯格是工作设计领域的先锋人物，在美国经理人之间享有盛誉。此外，即便他的理论经不住科学检验，他仍做出了一些非常重要的贡献。首先，赫兹伯格的理论强调了不同外在奖励（保健因素）和内在奖励（激励因素）之间的区别；其次，它提醒管理者不要仅仅用外在奖励的方式，而更要用内在奖励的方式激励员工；最后，它为之后的理论，如哈克曼和奥尔德姆模型奠定了基础。后来的模型更精确地解释了管理者应如何丰富员工的工作。

13.6.3 哈克曼和奥尔德姆的工作设计模型

基于赫兹伯格的工作，哈克曼和奥尔德姆提出了一个更完善的工作设计模型。图13.5解释了他们的模型。你可以发现，设计良好的工作会带来高度的激励、高质量的绩效、高满意度以及低缺勤率和低失误率。当人们经历三个关键的心理状态时（见图的中间列），就会带来这些结果。

1. 他们相信他们所做的工作是有意义的，因为他们的工作对于其他人而言很重要。
2. 他们对工作结果负有个人责任。
3. 他们知道他们工作做得有多好。

这些心理状态发生于人们有丰富的工作内容时——即工作具有以下五个核心维度时：

1. **技能的多样性**——不同的工作需要不同的技能和能力。当医院的清洁员被赋予了一些进行工作的自由时，员工自己就会通过额外的努力增加工作技能的多样性，比如和病人交流，找出减轻护士工作负担的办法等。通过增加工作的技能多样性，员工的工作满意度会有所提高。

2. **任务的一致性**——负责完成一项整体工作的可辨别任务。在国家农场保险公司（State Farm Insurance），经纪人是独立的承包商，他们各自对外出售和提供国家农场保险公司的产品和服务，并经营和投资自己的生意。因此，经纪人的流失率和工作效率分别低于和高于行业平均水平。

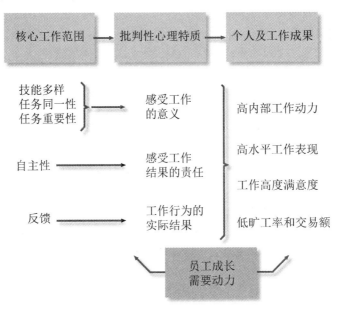

图 13.5　哈克曼和奥尔德姆的工作丰富化模型

资料来源：J. Richard Hackman, Greg R. Oldham, Robert Janson, and Kenneth Purdy, "A New Strategy for Job Enrichment," in *California Management Review*. vol. 17, no. 4 (Summer 1975), pp. 57-71. Copyright © 1975 by the Regents of the University of California. Reprinted by permission of University of California Press.

3. **任务的重要性**——工作对于他人生活的重要和正面影响。一项对救生员的研究发现，当救生员被告知他们的工作可以救死扶伤时，工作绩效就会大幅度提升。研究中的救生员，如果仅仅被告知他们的工作可以更加丰富，那么工作绩效就没有任何改进。类似地，一位政府雇员激励方面的专家詹姆斯·派瑞（James Perry）说，政府雇员通常有强烈的为公众利益（包括公众福利和公共资源的利用）服务的信念。

4. **自主性**——独立自由地进行决策。在一家研究型医院，一名部门主管告诉她的下属只要在预算范围内并且合法，他们就可以没有统一标准，完全自主地进行任何类型的研究。结果整个部门的绩效在一年内提高了6倍。

5. **反馈性**——有关工作绩效的信息。许多公司会通过公告栏或者公布电子数据的方式反映员工的工作绩效、被否决的次数以及其他数据。在全食超市（Whole Foods Market），有数个团队负责招聘员工，规划商品布局。团队领导会获取每月的工资和预算信息，如果团队开支低于预算，每个人都可以分享节约下来的那部分预算。这种实践反馈激励团队谨慎招聘员工和努力工作。

> 最近一项针对27000人的调查发现，工作满意度普遍较高的职业包括神职人员、消防员、理疗师、作家和特殊教育教师；工作满意度低的职业包括工人（建筑业除外）、服装销售人员、手工包装人员、食品加工人员和屋顶工人。你能发现满意度高的工作具有更多的哈克曼和奥尔德姆工作设计的特征吗？

最有效的工作丰富化方式是可以同时提升所有五个核心维度。

一个人对成长的需求强度能够决定工作丰富化项目的有效程度。**成长需求强度**（growth need strength）是一个人对自身和心理发展的需要程度。对于成长需求强度高的人，工作丰富化会更加成功。不过，有一小部分人对工作丰富化有抵触。

13.6.4 授权

如今我们经常听说管理者们在讨论给员工"授权"（empowerment）的问题。个人也许会，也许不会感到被授权，群体可以建立一个授权的"文化"来影响员工的绩效。**授权**是与员工分享权力，并由此提升他们对自身工作能力的信心、增强他们作为公司有影响力的贡献者的信念的过程。不幸的是，授权并不总是名副其实。其中一个问题是，管理者发出的信号是矛盾的，他们常常会说"你自己看着办——按照我们告诉你的方式"。不过当授权被正确使用时，可以极具激励性。

授权会导致员工观念的转变——从觉得没什么权力到对自己的个人能力非常自信。授权使得员工的工作更加主动，即使遇到困难和障碍也有更大的毅力去实现他们目标和领导者的愿景。具体来说，授权鼓励了员工以下几种观念。一是他们意识到工作的意义：他们的工作符合自己的价值观；二是他们感到自己有足够的能力胜任工作；三是他们有自主决策的意识，可以选择任务、方法和工作的步骤；四是他们对于重要的战略、管理和运营决策或工作结果产生了影响。

以下是员工们感觉没有被授权时的情形：
- 我对于招聘直接下属没有发言权。我甚至没能与应聘者交流。
- 我被他们当成"蘑菇"——他们仅仅给了养料，却一直让我们处于黑暗中。
- 在一个紧急项目中，我极其努力、夜以继日地工作，但最后我的上司却拿走了全部功劳。
- 不管是好还是坏，我的建议从没有被征求过，甚至会被无视。
- 在我不知情或未参与的情况下，项目就被重新分配了。

与之相对，以下为员工们感觉到被授权时的事例：
- 我能自行拍板做出重大的财务决策。当我签发一张面额很大的支票时不会被质疑。
- 我收到了一份写有"削减出差"的备忘录，但在说明了我出差的必要性之后，得到了允许。
- 在我5岁时，我的爸爸说，"你将来会成为一位杰出技工"。他播下了种子，现在我是一名工程师。
- 总裁没有问任何问题就支持了我的想法。
- 所有的财务数据都与我分享。

为了鼓励授权，管理层需要创造一种环境，所有员工都能感觉到他们对于绩效标准和经营效果承担了相应的责任。一个授权的工作环境为员工提供出色完成工作所必需的信息，包括如何使用这些信息，如何做好他们工作的知识，工作中的决策权，以及他们做出贡献后应得的奖励。由于只有少部分员工需要被指导、监督和协调，这样一个环境可以降低成本，可以因员工被激发出更高的工作绩效而提升工作质量和服务，还可以因一线员工被授予创新的机会且能够在发现问题后迅速找到解决方案而快速反应。

给予员工以清晰的战略导向，但同时又给灵活性和可控风险留有足够的空间非常重要。例如，美国西南航空公司的战略原则是"以相比自驾出行有竞争力的票价满足顾客的短途旅行需求"，这一原则帮助员工牢记战略目标并自己做出提供服务、路线选择、机舱设计、票务程序和定价等复杂决策。更具体的行动包括在各个层级上提高签字权；减少规定数量和批准程序；分配非常规的工作；允许独立判断、提高灵活性和创造性；更广泛地定义工作，把工作看作项目而不是任务；为公司内部的员工提供更多的资源使用机会。

授权并不意味着允许员工决定一些微不足道的事情，比如用什么颜色装饰餐厅。真正的授权是允许员工在他们真正关心的事情上发挥作用，比如质量和生产率。成功运用授权的公司包括位于俄亥俄州代顿的洛德公司（Lord，生产飞机发动机支架）和赫曼米勒公司（Herman Miller，位于密歇根的家具生产商）。

> **提示**
>
> 工作丰富化和授权的作用不会一蹴而就；人们也许会抵触新的方法并会犯很多错误。但是，一切运行良好的话，不可否认它们有实现良好结果的潜力。
>
> 列出两种保证授权运行良好的手段。

当授权出现一些问题时，至少在短期内，你不应感到惊讶。在现实发生任何改变（包括变得更好）时，问题常常会出现。要记住，授权带来了责任，员工们在起初不一定会喜欢承担责任。员工在开始的时候还会犯错误，直到他们获得充分的培训。由于更加需要培训，成本也会相应增加。而且，因为员工被要求具有新技能和做出更大的贡献，他们也会要求更高的工资。但是如果他们接受了良好的培训并被真正地授权，他们理应获得更高的工资——他们和公司都将从中受益。

13.7 实现公平

最后，激励中最重要的问题是：员工是如何看待他们对公司的贡献，以及他们从公司得到了什么。理想的情况是，员工将其与雇主的关系视为一种平衡的、互惠互利的交换关系。随着员工在工作中不断了解他们的劳动带来的结果，他们会评估公司是否公平地对待了他们。

公平理论（equity theory）是理解员工如何解读他们的贡献和产出的切入点。公平理论认为当人们评估他们是否被公平对待时，会考虑两个关键因素：产出和投入。与期望理论一样，公平理论里的产出指的是人们在工作中的获得，包括认可、薪水、福利、满意度、安全、工作安排和惩罚等。投入是指人们对于公司的贡献：努力、时间、能力、绩效、加班、良好的素质等。人们会有一个普遍的预期，即他们的所得应当能够反映他们的付出，或者说与他们的付出成比例；换言之，公平的工作（广义上指人们如何看待他们的贡献）带来公平的薪酬（或其他产出）。

但产出和投入的对比并非全部，人们还会注意别人的产出和投入。比如，在发工资的时候，从高管往下的大多数人都会想知道谁的工资最高。正如接下来要阐述的，他们关心投入产出比，如果必要的话会尝试恢复公平，并从他们认为的被公平对待的程度中获得或多或少的工作满意度。

13.7.1 评估公平

公平理论认为人们会和其他人对比产出和投入的比率，对比的对象为同学、合作者、老板或者行业平均工资标准。简单来说，人们会对比他们自己的产出/投入与别人的产出/投入。如果该比率是相等的，那么人们会认为他们之间的关系是平等的或公平的。公平使得人们对自身的待遇感到满意。但是，如果一个人认为他的产出和投入的比率低于其他人，就会感觉遭受了不公平的待遇。不公平会造成不满并导致试图恢复关系平衡的努力。

> 不公平和负面的感受会在各种场合发生。

作为一个学生，也许你会遇到以下情况。你熬了一个通宵然后考了 C 的成绩，与此同时，另一个同学只学习了几个小时，晚上出去玩了一圈回来好好地睡了一觉，结果还考了 B。你觉得你的投入（花费的学习时间）比另一个同学多得多，但得到的回报却少得多，很显然，你感到很不公平。在商业中，类似的情况在加薪的过程中也会发生。一个经理名校出身，每周工作 60 个小时，她坚信自己会成为公司高管。当她眼里能力不够的主要竞争对手（"她周末从来都不在办公室，她所做的就是阿谀奉承上级领导"）获得比她更多的加薪或者升职时，她体会到了强烈的不公平感。不公平感也许是激励出现问题的主要原因，比如职业棒球大联盟的一支球队由于队员薪水差异过大，结果在比赛中负多胜少。

对于知名首席执行官的高额薪水，许多人都会感觉不公。一项分析显示，一般公司首席执行官的薪水是普通员工的 5.4 倍，在销售额 2.5 亿—10 亿美元的公司为 12.5 倍，在销售额 10 亿—25 亿美元的公司为 33.2 倍，在销售额超过 25 亿美元的公司为 91.8 倍。大公司的首席执行官能够做出超过普通员工 90 倍的贡献——这可能吗？对于首席执行官高薪的一个流行的观点是，支付给首席执行官的薪水与公司绩效密切相关，实际上，当公司表现差的时候，首席执行官的薪水会非常低。例如，最近卡夫食品公司的首席执行官艾琳·罗森菲尔德（Irene Rosenfeld）发现她的薪水下降了 27%，"仅有" 1930 万美元，而柯达公司首席执行官安东尼奥·佩雷斯（Antonio Perez）发现他的薪水被大幅削减了 66% 到 570 万美元。是否促进薪水公平最近在美国逐渐成为公共议题，因为《多德-弗兰克华尔街改革和消费者保护法案》（the Dodd-Frank Wall Street Reform and Consumer Protection Act）要求披露更多有关绩效工资支付的细节。

评估公平很难做到客观，通常都是主观看法或感受。在上述例子中，获得更高加薪的人也许会觉得理所应当，即使她承认自己的工作时间不够长，但她可能相信是因为自己才华卓越无须付出过多的时间；那个得了更高分的学生也许认为这是公平的结果，因为：（1）她坚持上每一节课，而其他学生则没有做到；（2）她很聪明（不仅仅是时间和努力，能力和经验也是投入）。

13.7.2 恢复公平

那些觉得遭受了不公平对待并因此觉得不满意的人会试图恢复公平。他们有多种选择来改变投入产出比率或者重新评估所处情形，以达到最终的公平。

前文所述的公平交易等式说明了一个人恢复公平的各种选项。如果人们觉得遭受了不公平对待，可以通过付出较少努力，降低工作水平或辞职的方式来减少投入。（"好吧，既然我好好工作的结局是这样的，那我干嘛还努力工作（或者赖在这儿）呢。"）或者，他们也可以试图提高自己的回报。（"我的老板（或老师）会了解这些情况，我应该得到更多；肯定有办法让我得到更多。"）从积极的一面来看，员工也许会付出额外的努力以确保自己处于一个公平的环境中。每年年初的几个月，许多会计人员会面临如洪水般的相关年报和纳税的工作。在一家位于美国新泽西州奥拉德尔，名为 Gramkow, Carnevale & Seifert 的会计师事务所，肯尼斯·本考（Kenneth Benkow）每周工作 6 天，在集中纳税那段时间里还常常通宵加班。他说："激励我努力工作的是，当我环顾四周，办公室里的其他人都和我一样努力或者更努力地工作。如果你不加油干的话，会感到内疚。"

其他恢复公平的方式集中于改变其他人的投入产出比。一个人可以减少其他人获得的回报。例如，一名员工可能会消极怠工给他的公司或老板制造麻烦。同时，一个人也可以改变自己的投入或产出。（"那次升职并不像他想象的一样重大。工资没有提高多少，但事情却麻烦得难以想象。") 还有一种可能是增加别人的投入, 尤其是通过改变观念。("我想得越多, 我越觉得这些是他应得的。他一整年都在工作, 他很有能力, 他应该得到休息。")

因此, 一个人可以通过多种方式在行为或思想上改变投入和产出以恢复公平。

管理实践

管理者们希望员工能够按时工作, 但一些管理者也从缺勤或迟到的员工处听到过一些很荒唐的理由。迈克尔·帕莫 (Michael Palmer) 是洛杉矶 K 酒店销售营销公司 (K Hotels Sales & Marketing) 的老板, 他告诉一位记者, 有一天他接到一名员工的电话要求请一天假, 理由是她刚和男友分手很伤心, 帕莫批准了她的请假。但第二天, 这名员工希望再请一天假——这样她就能让新男友来抚慰她的悲伤。在俄亥俄州哥伦布韦的阿科斯股份有限公司 (Arcos Inc), 米奇·麦克里欧德 (Mitch McLeod) 接到了一名软件工程师的电话, 说他因为车钥匙被猫藏起来所以要迟到了。这只是这名工程师五花八门的请假理由中的一个。

为什么员工常常找借口而不是主动承担责任？一个明显的原因是员工希望免于处罚。伦理资源中心 (Ethics Resource Center, ERC) 的帕特里夏·哈恩德 (Patricia Harned) 认为, 一些员工发明各种借口是为了获取他们认为自己应得的一些好处, 例如更自由的休假时间。一项 ERC 开展的调查发现大约 15% 的员工认为装病请病假很正常, 许多人认为这是公平的, 因为员工们应该有更多的休假时间。

管理者需要一个公平的方式来处理这些理由。在 K 酒店销售营销公司, 帕莫为了鼓励员工按时上班, 采取了一种幽默的方式, 即在白板上展示请假者的各种请假理由。最终他和那位有了新男友的员工一致认为, 后者并不适合在这里工作, 所以她选择了离职。在阿科斯, 那位经常迟到的工程师是位业务骨干, 所以麦克里欧德通过推迟他的上班时间解决了这个问题。

- 当员工们希望在公司规定之外享有更多的自由时间时, 出现了什么样的公平问题？帕莫和麦克里欧德在处理这个问题时公平吗？

13.7.3 程序正义

管理者所做出的决定不可避免地会对一些人更有利, 正所谓"几家欢喜几家愁"。不过, 管理者希望抹平这些伤口, 就是说, 他们仍然想采取行动减轻他们所喜欢的、尊敬的、想要激励的那些人的不满意感, 而这其中的关键是让人们相信管理者坚持了**程序正义** (procedural justice) ——即运用公平公正的程序进行决策, 并帮助人们了解决策过程已尽可能公平。当人们感受到程序正义时, 他们更有可能支持决策者及其所做出的决策。例如, 在裁员之后的一年, 管理者坚持程序正义 (采用员工参与决策的形式) 时, 人们仍然可以预测留下来的员工对公司的承诺、对工作的满意和对管理层的信任。

如果程序是公平的, 即使人们认为他们的回报是不公平、不公正的, 他们仍然会觉得正义已经得到实现。你可以通过程序正义的方式增强人们的信心, 比如公开和透明化决策过程, 提前公布决策标准, 确保做决定的人选是最合适的 (即拥有充分信息和被信任的人), 给予人们参与决策的机会, 设置投诉程序以便人们安全地质疑决策并得到满意的答复。

在美国一家电梯制造厂的一天中, 一群咨询顾问不期而至。于是流言四起, 员工们认为工厂要关停或者一些人要被解雇。3 个月后, 管理层公布了一项包含一种新的、基于团队的生产方式的新计划。该计划实施以后，管理层未能对为何要进行这项改革给予充分的回答，员工们抵制这项计划并产生了冲突，因此这家曾经著名的工厂失去了员工的信任。这导致了产品成本大幅上升，质量大幅下滑。

管理层为此进行了一项员工调查，但员工对于调查结果能否带来任何正面的变化感到怀疑，他们担心如果真实地表达了自己的意思会激怒管理层。然而，管理层回应道："我们做错了，我们没有遵循正确的决策程序，把事情搞砸了。"他们开始与员工们共享重要的商业信息，提供决策选项供员工选择，告知员工们如果不改革，公司可能面临的可怕局面。员工意识到这种困境，并开始将这个经营问题看作管理层和他们共同面对的，但是他们很担心一部分人会丢掉工作。虽然管理层保留在公司处境变糟的情况下解雇员工的权力，却做出了一些承诺：改革不会裁员，并为员工提供岗位轮换培训，直到情况境况好转不会新招员工，员工有机会成为质量顾问，定期分享销售和成本信息。

虽然这是个坏消息，但人们能够理解并与管理层共患难。这是重建信任和承诺以及实现绩效平稳改进的开始。

13.8 工作满意度

如果员工得到了公平的回报或者公司采用了公平的程序，员工们会感到满意。一个满意的员工不一定比一个不满意的员工生产率高，有时人们会因为工作轻松而对自己的工作感到开心。不过对于工作不满会在人群间传染，造成整个工作场所出现下列情况：（1）失误增多；（2）旷工增多；（3）员工行为素质下降；（4）抱怨和诉讼增多；（5）罢工；（6）偷窃、怠工和破坏公物；（7）心理和身体健康水平下降（指更高的工作压力、保险成本和更多的诉讼）；（8）更多的工伤；（9）客户服务质量下降；（10）生产率和盈利下降。所有这些不满产生的后果，不管是直接还是间接的，都加重了公司的成本负担。可悲的是，美国的一项入户调查发现：大部分人都对自己的工作感到不满，尤其是 25 岁及以下的年轻员工。

> **提示**
>
> 一个工作满意度高的员工并不一定会在所有的绩效维度上都表现良好。但是，当公司的员工都有很高的工作满意度时，这个公司在很多方面都会运转良好。
>
> 在一个专注于降低成本的公司，员工满意度重要吗？为什么？

工作满意度对于如房产中介、理发师和股票经纪人的服务行业关系导向型员工极其重要。客户通常会信任（或者不信任）某个特定的服务提供者。对自己工作满意的服务提供者几乎不会退出这个行业，且有更高的可能性提供令人愉悦的客户体验。

13.8.1 工作生活的质量

工作生活质量项目（quality of work life programs，QWL）旨在为员工创造一个提升福利和满意度的工作环境。QWL 的总体目标是满足员工的全部需求。在第一线国民银行（First Horizon National），员工的需求明显得到了满足，该公司提供灵活的一揽子福利，包括医疗和牙科保险、带薪休假、学费补助、儿童保育和金融产品折扣以及子女收养方面的补偿。第一线国民银行的这些福利还覆盖到远程办公和兼职的员工。网络顾问布伦达·丰（Brenda Fung）说："这家公司对我非常慷慨，我从没想过要离职。"

工作生活质量包括八个方面的内容：
1. 充足和公平的薪酬。

2. 安全健康的工作环境。
3. 能够发展员工能力的工作。
4. 个人发展的机会及保障。
5. 一个自我认可、不受歧视、有集体凝聚力和向上流动性的公司环境。
6. 法制化、隐私权、异议权和正当程序。
7. 对个人空间和家庭需求损害最低的工作任务。
8. 有社会责任感的组织行为。

> 威尼（Vinnie）是纽约一家投资银行的员工，在谈到为何拒绝薪酬多30%的新工作而选择留在现公司时说道："员工的忠诚存在于公司愿意为员工着想的基础上。"

不同公司对于工作生活质量的态度是截然不同的。批评者认为如果公司不把薪酬直接与绩效挂钩，工作生活质量项目不一定能够激发员工更加努力的工作。工作生活质量的倡导者则声称，它可以提升公司的有效性和生产率。其中所应用的生产率这一概念比每个员工的工作产出量要宽泛得多。它还包括失误、缺勤、事故、失窃、怠工、创造性、创新以及工作质量。

总的来说，员工的满意度和福利对于员工和雇主而言都非常有益，包括更好的工作态度、更加健康的工作行为和更好的业绩，以及最终的商业结果。在一个管理良好的工作环境中，双赢的局面是完全可以达成的。

13.8.2 心理契约

员工与雇主之间的关系一般由书面合同来约定。但在员工眼中，还存在着一个**心理契约**（psychological contract）——员工对自己欠雇主多少、雇主又欠他们多少的一系列盘算。无论这个契约是否被遵守，无论双方是否互相信任，它对于员工工作满意度和积极性以及公司有效性都有着重要意义。

从历史观点来说，许多公司里的雇佣关系是稳定和可预测的。当今社会，兼并、失业以及其他突发事件已经打破了"老规矩"。正如麦格劳-希尔公司（McGraw-Hill）的管理人员所言，"旧事物要为新事物让道"。使用传统管理方式的公司所推崇的"老规矩"是指要求员工忠诚，而雇主为其提供保障。然而，今天的合同大致是这样的：如果人们留在公司，做好自己加上别人（被裁员）的工作，再做一些额外的事，如参加任务小组等，那么公司会努力（如果可以的话）提供一份工作给你，给你布置公司需要的任务，多多少少付给你工资（定期会小幅上涨）。这种不那么令人满意的安排的可能结果是：无法激励员工，公司惨淡经营。

但对于员工和雇主而言，还有另一种可行的更好的协议。理想情况下，你的雇主会持续提供技能培训并改善工作环境；你在其中可以发挥你的才干，并在有其他工作机会时选择留下。表13.2所示的好事达保险公司（Allstate）员工就职合同就是一个展示这种现代心理契约的例子。你可以为一个提供如下协议的公司工作：如果你能有我们所需的技能，并将其应用于帮助公司成功，且工作行为符合我们的价值标准，我们会为你提供有挑战性的工作环境，支持你的发展，为你的贡献提供丰厚和公平的报酬。这类"合约"更可能会促成一个互惠互利、高效的和成功的组织。

试着思考商业导师莱姆·查兰（Ram Charan）在给下述挫败的人力资源经理提供建议时是如何假设这一新的心理契约的。这名经理向查兰请教如何处理让他和下属感到沮丧的公文旅行的问题。查兰鼓励他将这种情形转化为一种学习、创造和领导的需求。查兰说这个经理应该调查一下其他部门经理对人力资源部门有何需求，以便他的员工可以真正地服务商业需求、帮助解决商业问题。查兰还鼓励这个经理了解其员工的职业规划和兴趣，以便可以专注于通过任务安排和下放决策权力来发挥员工各自的所长。如果这个人力资源经理接受了查兰的指导，他和他的员工会发现，相比以前他们把自己定义为一个静态的行政机构，现在他们的工作中会有更多有趣的挑战。

表 13.2　好事达保险就职合同

你期望好事达做到：
1. 提供有意义和有挑战性的工作；
2. 建设鼓励公开和建设性交流的环境；
3. 认可你的贡献；
4. 基于你的表现提供有竞争力的薪水和奖励；
5. 通过定期反馈对你的工作提供建议；
6. 通过教育和工作任务创造学习机会；
7. 支持你确定职业目标；
8. 提供给你顺利完成任务所必须的信息和资源；
9. 推进建立兼容并蓄且公正的环境；
10. 在人际交往中培养相互尊重；
11. 创造推动工作和个人生活平衡的工作环境。

好事达期望你做到：
1. 以能够显著提升公司在竞争中保持领先能力的水平工作；
2. 承担对商业目标而言重要的任务；
3. 持续提升工作所需的技能；
4. 愿意听取并积极回应反馈；
5. 为完成公司目标付出最大的努力；
6. 与同事和客户交往中不持有偏见；
7. 行为符合好事达的道德标准；
8. 对公司的每一项客户交易承担个人责任，并增进他们的信任度；
9. 持续改进解决客户需求的流程。

资料来源：Courtesy of Allstate Insurance Company.

最后，思考这些激励方法是如何在财捷集团得到应用的。阅读下述管理案例，思考：传统稳定的雇佣关系是否能够，或者说是否应该成为一种惯例？

 管理实践

财捷集团是如何激励创新的？

在如软件研发的高科技产业，如果公司的员工不能持续创新，公司很快就会被淘汰。所以，激励员工创新是财捷集团的核心战略。

财捷集团激励创新的一个方式是和工程师们交流其工作的价值。公司并不是和他们谈论程序任务和项目，而是指出他们正在帮助人们支付账单、获得最大限度的退税、理解自己的财务资源，以提高经营利润。财捷集团甚至帮助客户变得更加环保——快账财务软件（QuickBooks）就是第一款用来计算公司碳足迹的软件程序。财捷集团鼓励员工深度了解客户的具体需求以开发用户体验更好的软件产品。例如，在一个名为"跟我回家"的实践中，员工可能会到客户的家里和工作场所实地考察，然后将观察意见和想法带回公司；财捷集团的实验室会尝试尽快研发出新产品并和试用的客户相互交流反馈。

激励员工创新并非一句空话。财捷集团允许员工每周有4小时的"松散时间"来思考可能会对公司有益的想法。这项政策催生了一个有效的合作机制：头脑风暴；此项目在网上收集和分享工程师们的想法，使得每个人都可以基于别人的想法继续思考。值得一提的是，当头脑风暴的创始人发现了一个改进公司思想交流分享机制的机会时，他们才刚加入财捷几个月。事实证明，头脑风暴在财捷集团的工程师中间极为流行，因此公司决定将其作为一个新产品对外出售。

公司还举办过名为"点子聚会"（idea jams）或"代码聚会"（code jams）的活动。在这些持续一整天的活动里，数以百计的员工们集中在一起分享并改进彼此的想法，并将之反映给管理层。最可行的想法会赢得奖励；更好的是，如果管理者和客户欣赏，这个想法会得到具体实施。这种参与"点子聚会"活动的体验是带有激励性的：员工们集中在一个挤满人的房间里，热烈地讨论如何运用他们的专业知识来推进公司的发展。

总的来说，如公司发言人朱莉·米勒（Julie Miller）所言，这些努力的目的都在于使财捷集团保持一种像"初创公司"一样的工作环境，即员工拥有那些常常出现在小公司或新公司的合作精神和创新意识，并受其驱动进行创造活动。财捷集团创始人斯科特·库克（Scott Cook）确信，对于员工而言，提出想法并付诸实践进行研发，然后看到自己的成果对人们有所帮助——这一过程是有效的激励措施。他告诉一个采访者，当员工们致力于自己的想法时，他们不仅白天黑夜地干活，甚至周末也会工作，因为他们真的想做成这些事情。他还补充说，"他们爱自己的工作，他们很快乐，""这会带来更好的结果"。

这种激励方式已经使财捷集团成为一家杰出的公司，在《福布斯》最新发布的世界最受尊敬公司排行榜上，财捷集团因其创新能力和优质产品在软件公司中排名第2位。财捷集团现在研发出的新产品数量是过去的5倍。库克认为这其中的关键是引导员工创新的热情，使其专注于满足客户需求。这种方式可以帮助公司在未来继续保持领先地位。

- 财捷集团是如何使工程师的工作变得具有激励性的？有什么其他的工作设计方式能鼓励出更多的创新？
- 你认为财捷集团的激励方式中对提升工作满意度贡献最大的因素是什么？为什么？

关键术语

奥尔德弗的 ERG 理论（Alderfer's ERG theory）
授权（empowerment）
公平理论（equity theory）
期望（expectancy）
期望理论（expectancy theory）
衰减（extinction）
外在奖励（extrinsic reward）
目标设定理论（goal-setting theory）
成长需求强度（growth need strength）
保健因素（hygiene factors）
期望概率（instrumentality）

内在奖励（intrinsic reward）
工作扩大化（job enlargement）
工作丰富化（job enrichment）
工作轮换（轮岗）（job rotation）
效果率（law of effect）
马斯洛的需求层次（Maslow's need hierarchy）
激励（motivation）
激励因素（motivators）
负强化（negative reinforcement）
组织行为矫正（organizational behavior modification，OB mod）

结果（outcome）
正强化（positive reinforcement）
程序正义（procedural justice）
心理契约（psychological contract）
惩罚（punishment）
工作生活质量项目（quality of work life programs，QWL）

强化（reinforcers）
延展性目标（stretch goals）
双因素理论（two-factor theory）
效价（目标价值）（valence）

学习目标总结

现在你已经学习完第 13 章的，你应该能够达到以下要求：

1. 能够识别激励员工的不同类型的管理者行为。

所有重要的工作行为都是被激发的。管理者需要激励员工加入和忠诚于公司，保持高出勤率、高工作绩效和公民意识。

2. 可以列出为员工设定激励性目标的原则。

目标设定是一种有效的激励手段。具体而言，设置可量化、有挑战性但可达到的目标能够激励员工更加努力、创造出更高的绩效。目标既适用于团队，也适用于个人。应注意避免所设定的目标仅仅与绩效指标的某一种维度有关。管理者还要注意目标可能带来的负面影响。

3. 能够总结出如何有效地奖励高绩效的员工。

公司的行为修正项目可通过为员工的不同行为提供不同结果来影响员工的行为。大部分此类项目采用正强化作为结果，但也有一些重要结果是负强化，例如惩罚甚至开除。必须注意的是：要对适当的行为而非不适当的行为进行强化。创新型的管理者会为令人满意的绩效提供多种多样的奖励；他们也明白如何"处理错误"并提供有效的反馈。

4. 可以描述影响员工积极性的关键因素。

期望理论描述了三种有关工作的重要概念。激励是以下三个因素作用的结果（1）期望，即努力程度与绩效的关系；（2）期望概率，即绩效与最终结果的关系；（3）与绩效结果相关的效价。此外，人们还关注公平和公正。

5. 能够讨论员工的个体需求对其行为的影响方式。

根据马斯洛的理论，有五种重要的需求层次，即生理需求、安全需求、社交需求、尊重需求和自我实现需求。奥尔德弗的 ERG 理论更关注工作内容，它描述了三种类别的需求，即生存需求、相互关系需求和发展需求。麦克利兰则认为人们有不同的需求，包括成就、归属及权力需求。正因为员工们有各种各样的需求，这些理论建议管理者通过不同形式的奖励来激励员工。

6. 可以描述提供激励性工作的方法。

通过改进工作设计来创造内在奖励是一种满足员工需求、激励员工的方式。工作的丰富化包含技能多样性、任务完整性、工作重要性、自治和反馈等内容。授权是目前创建激励性工作的最新发展，包括意义感、胜任感、自我决策的影响力。这些来自一个可以为员工提供必要的信息、知识、权力和奖励的环境。

7. 能够概括员工如何评价公平以及如何实现公平。

公平理论认为员工会和别人比较投入和产出。感受到公平（公正）会令人满意；感受到不公平（不公正）会令人沮丧，并会使得员工通过改变自身的行为或看法来恢复公平。根据公平理论，除了产出的公平性以外，程序正义也会给员工带来公平。

8. 可以识别员工满意的原因和结果。

具有满意度的员工对于公司而言有很多益处，包括降低缺勤率和跳槽率、减少员工抱怨、起诉甚至罢工的行为、降低健康保险的成本及提高工作质量。一种提高工作满意度的通用方法是推行工作生活质量项目。工作生活质量寻求提供健康安全的环境、良好的个人发展空间、积极的社交环境、公平对待，及其他对工作生活的改进。公司通过上述及其他福利来换取员工对公司的贡献，以此形成心理契约。随着时间的推移，员工对心理契约的遵守程度，以及公司变革的公平程度会影响员工的工作满意度和积极性。

问题讨论

1. 想一想某个人曾经在工作中犯下的严重错误。他的老板是如何解决的？解决的效果如何？
2. 为什么管理者给员工授权是如此之难？对此，你是如何认为的？
3. 想一想你现在的工作或者过去的工作。你如何描述心理契约？它是如何影响你的工作态度和工作行为的？
4. 如果一名著名的经理人或者体育明星要发表一个充满热情的激励性演讲，试图劝说别人更加努力地工作，你认为效果如何？为什么？
5. 举几个你曾经想在工作中表现出色却没做成的例子。它们对你有何影响？对你激励别人有何启发？
6. 讨论为别人设定目标和为自己设定目标有何相同点和不同点。什么情况下目标设定是成功的？什么情况下是失败的？
7. 举出四个例子说明人们对错误行为的无意强化和对正确行为的惩罚或阻碍。
8. 用麦克利兰的三种需求来评估自己。你将哪种需求排在第一位？哪种需求排在最后一位？如果你是一位管理者，这对你有何启示？
9. 说出你曾经做过的一份工作，采用哈克曼和奥尔德姆的五个核心工作维度来评价它，并描述你所感到的被授权的程度。全班同学选择一项工作并讨论如何使其变得更具激励性和更好地授权。
10. 运用期望理论分析你做过的或即将要做的个人决策，比如选择主修课程、职业规划或者寻找面试机会。
11. 描述你曾经遭受过不公正待遇的经历并解释原因。你是如何回应这种不公正的？你当时还可能有其他什么选择？
12. 举例说明不公平的结果是如何降低工作激励的。然后讨论程序正义或公平程序怎样才能帮助克服负效应。
13. 本章最后描述的心理契约对你的职业生涯有何启示？对此你将如何做出准备？
14. 运用本章关于目标设定的知识，为你自己设定几个目标。

实践练习

13.1 自我评估

在下列选项中圈出最符合你自身情况的选项

	同意		不置可否		不同意
1. 我已经列出了我想要完成的短期和长期目标	1	2	3	4	5
2. 当设定自我目标时，我会考虑自身的能力和限制条件	1	2	3	4	5
3. 我设定的目标是实际的和可达到的	1	2	3	4	5
4. 我的目标是基于自身意愿而非父母、朋友和其他重要的人的意愿设定的	1	2	3	4	5
5. 当我没有完成一项目标时，我会重新再来	1	2	3	4	5
6. 我的目标是基于个人价值观的	1	2	3	4	5
7. 我会积极完成手头的任务	1	2	3	4	5
8. 我通常会检查目标的完成进度	1	2	3	4	5
9. 当设定目标时，我追求过程而非结果	1	2	3	4	5
10. 我拥有朋友、家人及同事的信任，他们支持我的目标	1	2	3	4	5
11. 我运用 SMART 来设定目标	1	2	3	4	5
12. 我会将目标按重要程度排序，在特定时间专注于最重要和最有价值的目标	1	2	3	4	5
13. 当完成目标时或完成了重要的一步时，我会奖励自己	1	2	3	4	5
14. 我会定期重新审视我的目标，添加或修正一些目标	1	2	3	4	5

统计你的得分。如果你总分达到或超过42分，你需要增强设定目标的能力。

资料来源：Suzanne C. de Janasz, Karen O'Dowd, and Beth Z. Schneider, *Interpersonal Skills in Organizations*, McGraw-Hill, 2002, p. 211. Copyright 2002 The McGraw-Hill Companies, Inc. Reprinted with permission.

13.2 个人目标设定

1. 在空白处，针对下面这些分类目标进行头脑风暴。尽可能多地写下你的愿望，包括短期、中期和长期目标。

学业，智力
健康，健美
社交：家庭，朋友，重要人物，社区
职业，工作
财务
其他

2. 在你列出的目标中，从每个分类中挑出最重要的2个短期目标（6-12个月），写在下面空格处。
   a. _____
   b. _____
   c. _____
   d. _____
   e. _____

f. _____
g. _____
h. _____
i. _____
j. _____
k. _____
l. _____

3. 从列出的 12 个目标中，选出当前最重要的 3 个目标——即你决定接下来几个月内要完成的 3 个目标。根据以下指导，为每个目标写下目标陈述：
- 以"要……"开头。
- 目标陈述要具体。
- 尽可能量化目标
- 每个目标应实际、可完成、可控。
- 每个目标应该符合你的意愿，而不是父母、室友或其他对你重要的人的意愿。

a. _____

b. _____

c. _____

4. 在另一张纸上，为每一个目标列出行动计划。对于每一个行动计划：
- 列出你完成目标的步骤。
- 步骤中包含截止日期和负责人的姓名。
- 将完成目标的过程可视化，并逆向作业，在完成目标的过程中将每一个必需的步骤具体化。
- 识别每一个可能的障碍，解决这些障碍并将之列入你的行动计划之中。

识别你完成目标需要的资源，并逐步将获取必要信息纳入你的计划之中。

5. 在日历上记下你完成每一个步骤的时间。
6. 坚持每天或每周记录你迈向目标的每一步。

资料来源：Suzanne C. de Janasz, Karen O'Dowd, and Beth Z. Schneider, *Interpersonal Skills in Organizations*, McGraw-Hill, 2002, p. 211. Copyright 2002 The McGraw-Hill Companies, Inc. Reprinted with permission.

13.3 学生期望从工作中得到什么？

目标

1. 描述个体在工作期望上的差异。
2. 说明个体在需求和工作动力上的差异。
3. 检验并比较外在奖励和内在奖励。

说明

1. 独立完成"我期望从工作中得到什么"的调查。
2. 在小组中，比较和分析调查结果的差异，准备讨论题的回答。
3. 在讨论之后，由小组代表阐释观点。

讨论题

1. 你在哪一项上得分最高？哪一项上得分最低？为什么？

2. 在哪些项目上面学生们的差异最大？哪些项目上的差异最小？这说明了什么？
3. 哪些工作奖励是外在的？哪些是内在的？
4. 对外在奖励和内在奖励的回答哪个差异更大？
5. 你认为蓝领工人的回答在哪些方面会与大学生们不同？

根据你想从工作中得到什么，在下表中圈出对应的重要级别：

	非常重要	重要	一般	不重要	非常不重要
1. 升职机会	5	4	3	2	1
2. 合理的公司政策	5	4	3	2	1
3. 权力	5	4	3	2	1
4. 工作的自主度和自由度	5	4	3	2	1
5. 具有挑战性的工作	5	4	3	2	1
6. 公司声誉	5	4	3	2	1
7. 额外福利	5	4	3	2	1
8. 地理位置	5	4	3	2	1
9. 友好的同事	5	4	3	2	1
10. 良好的监管	5	4	3	2	1
11. 工作稳定性	5	4	3	2	1
12. 薪酬	5	4	3	2	1
13. 自我成长的机会	5	4	3	2	1
14. 良好的办公室环境和工作氛围	5	4	3	2	1
15. 绩效反馈	5	4	3	2	1
16. 光鲜的头衔	5	4	3	2	1
17. 因工作优异得到认可	5	4	3	2	1
18. 责任	5	4	3	2	1
19. 成就感	5	4	3	2	1
20. 培训项目	5	4	3	2	1
21. 工作类型	5	4	3	2	1
22. 与他人一起工作	5	4	3	2	1

综合案例

大野牛度假村（Big Bison Resorts）：发现员工真正想要的

弗兰克·舒曼（Frank Schuman）是大野牛度假村人力资源部的副总监，当他去总裁办公室的时候，在门外听到了笑声。当他进入办公室时，他看到首席执行官——詹尼特·布里格斯（Janette

Briggs）坐在办公椅上和另两位总监兴高采烈地聊天。

"喔，弗兰克，太好了！"当詹尼特看到他时叫了起来，"我刚才正跟皮德（Pedro）和马莱斯（Marlys）聊我在电视乐土（TV land）的大冒险。"在过去两周里，詹尼特暂时抛离公司事务去参加了一个很火的电视真人秀节目《乔装的执行官》（Executive in Disguise），这个节目在当地一家连锁水上乐园拍摄。

"怎么样？"弗兰克问道，"我刚刚在门外就听到笑声，看来那一定很好玩。"

"的确有意思，"詹尼特说道，"不过主要是让人大开眼界。在将所有的时间花在我们的厨房以及打扫客房和游泳池之后，我发现我现在能以一种全新的视角来看待我们的员工和他们的工作。"

"这就是你叫我来的原因吗？我原本以为你是要审阅从下个月开始施行的'员工计划'，我们打算从下个月开始评选。直到我看见他们……"他向办公室里的另外两个人打了招呼，这两个人分别是运营总监皮德·古提来兹（Pedro Gutierrez）和财务总监马莱斯·希根博沙（Marlys Higgenbotham），"反正我猜他们俩不是来竞争第一期的每月最佳员工的。"

"当然不是，现在有个问题。在我和一线员工一起工作以后，我很怀疑评选每月最佳员工的必要性，"詹尼特答道。弗兰克想了想没说话，每月最佳员工其实就是詹尼特的主意，所以他将大部分的时间和精力投入到了这个计划中来。每个月，各分部的经理提名一个表现最好的员工参评，获得每月最佳员工不仅仅是荣誉，还会得到停车位以及照片被悬挂在其办公地点的走廊里的奖励。现在他必须承认，詹尼特所说的正是他所怀疑的——评选每月最佳员工是否真的会促进员工绩效或减少失误。詹尼特继续说道："坐下来吧，弗兰克，听听我过去两周的见闻。"于是弗兰克坐到了马莱斯的旁边。

詹尼特对弗兰克说道："我刚对马莱斯和皮德说了在我们的厨房中工作是怎样的感觉。那里的工作节奏和工作量都难以想象，而且团队合作也非常出色。我对此很震惊，相信你也会的。我知道如何做一个烤芝士三明治，而这些人却不只是烹饪。他们一边忙碌，一边进行计划和控制：需要多少沙拉？需要多少煎饼？我们怎样才能做到充分利用材料？在整个生产线上没有管理者，他们都像经理那样思考如何才能满足顾客和控制成本。老实说，我们的经理们可以从他们的团队合作和质量控制上汲取经验。"

"那听起来就像我们有许许多多每月最佳员工"，弗兰克满怀希望地说道。也许这个项目不会被冻结，这样他所在团队的努力就不会白白浪费。

"不不不！"马莱斯插嘴道，"首席执行官的意思是，我们尝试了许多项目来提高生产率。如你所知，我们去年还在发奖金的时候，经济形势就已经恶化了。我们不能在公司市场占有率下降的时候还支付过多的成本。但我们需要做些什么；因为我们这一带的商业竞争在不断加剧，其他酒店和度假村开始从我们这里挖人。问题是，我们如何保证我们的员工认真工作并且不跳槽？我们原来想员工可能是需要认可，但詹尼特说她现在对此表示怀疑。"

"的确如此，"詹尼特说道，"这也是我叫你来的原因。我们需要人力资源方面的专业知识。员工想要什么？我以前认为是工资、奖励之类的东西，而你与我意见一致。不过说真的，弗兰克，真的是这样吗？过去两周和我一起工作的那些人，他们是各自领域的专家；他们想尽办法让我们的顾客开心，并对工作很有成就感。我们需要探讨如何把工作本身变得更好，不需要所谓的每月最佳员工也能让员工们主动用心工作。"

"好的，"弗兰克答道，"既然你这么说，我需要扪心自问，也许我们不想做的那些事才是决定能否把工作变得更好的关键。"

当詹尼特和马莱斯疑惑地看着弗兰克时，皮德开口说道："说得好，弗兰克。你是说我们不应该把他们的工作变得更好？我从大野牛度假村的基层一路做起，我还能记得那些基层工作并不尽如人意。"

"我的意思是,"弗兰克答道,"我们需要在做决定前认真听取意见。"

问题

1. 案例中讨论的大野牛度假村的每月最佳员工项目属于哪种强化行为?大野牛度假村应如何更有效率地运用强化理论?

2. 大野牛度假村怎样能够听取员工的建议设计更加具有激励性的工作?这样的努力会对公司整体绩效有何影响?

3. 大野牛度假村的员工怎样才能认识到每月最佳员工的公平性?对比他们的反应和你对这个项目提升员工表现的期望。

4. 想一想你以前做过的工作或者现在从事的工作。如果你有权做决策,你如何提高员工的工作积极性?

第 14 章
团队合作

没有人能够用口哨奏出交响乐,要奏出交响乐需要一支管弦乐队。

——哈尔福德·E. 路考克

学习目标

通过学习第 14 章,你应该能够达到以下要求:

1. 能够参与讨论团队如何才能帮助提高公司绩效。
2. 可以区分新型团队环境与传统工作群体的不同。
3. 能够就工作群体如何转变为工作团队进行概括。
4. 可以解释工作群体有时会遭遇失败的原因。
5. 能够就如何建设一支有效率的团队进行阐述。
6. 可以列出处理团队间关系的不同方法。
7. 能够识别冲突管理的不同方式。

本章概要

团队的贡献	成员贡献
新型团队环境	规范
团队类型	角色
自我管理团队	凝聚力
群体如何转变为真正的团队	建立凝聚力和高绩效规范
群体过程	管理横向关系
时间推移	对外管理
发展序列:从群体到团队	横向角色关系
为什么群体有时会失败	冲突管理
建设高效团队	冲突类型
绩效专注点	做一个调停人
激励团队合作	电子化和虚拟冲突

开篇案例

丰田特色的团队合作

对于装配安全专家蒂姆·特纳（Tim Turner）而言，在丰田汽车位于肯塔基州乔治城的装配工厂工作并不仅仅是一份工作，因为他深深地以为丰田公司工作而自豪。几年前，当汽车销量因经济低迷而出现萎缩时，丰田尽了最大的努力来避免裁员，特纳也决心帮助公司来留住尽可能多的员工。他邀请同事们撰写他们在丰田乔治城工厂的工作经历，然后由他出版成册，取名为《一个团队：丰田团队成员们的故事》，他将该书所有的收益都捐给了乔治城工厂的慈善基金，用以帮助那些有需要的员工。（其他一些员工通过回收易拉罐和水瓶为基金募款。）

特纳的书记录了员工之间发生的一系列互帮互助的事迹，比如员工自发组织起来帮助一位不幸患上肾病的同事。书中还记录了另外一个故事，香农·康德（Shannon Conder）讲述了丰田公司对印第安纳州普林斯顿工厂员工的关怀。当时，距该工厂关闭还有将近一年的时间，普林斯顿工厂将不再用于生产皮卡，丰田决定通过设备改造在那里生产其他车型。公司安排一些员工接受培训，同时还计划采取措施改造装配车间，使其更加安全高效，而其他一些员工，包括康德，则被派遣到乔治城工厂工作。"好极了！"是康德对她在乔治城11个月的工作生活的评价。在印第安纳的装配工厂停产改造期间，丰田通过削减管理人员工资和员工福利，来支付这些停业培训的生产工人的工资。

为丰田工作有什么特别之处吗？许多人会提到丰田在降低成本的同时专注于持续提升产品质量的独特管理方式，即丰田生产系统（Toyota Production System，TPS）。TPS整合了准时生产方式（just-in-time，JIT）和自动化（jidoka）两种理念，其中，JIT是指只在需要时生产需要的产品以节约成本，后者指的是赋予自动化设备更多人的智慧从而保证产品质量。当一个机器操作员发现了问题，他就被授权并且被期望立即中止机器运行，以便问题能够被及时检测、了解和解决。TPS的这两大要素都要求公司认真培训并合理配置技术工人，以提高其工作效率，以及监测和纠正质量问题的意愿和能力。只有当员工全身心投入工作、知行合一时，TPS才能够发挥作用。

TPS的目的在于促使员工认真思考如何才能让丰田在工作效率和顾客满意度两方面获得持续改进。如此，每个人都在为同一个目标而奋斗。员工如此全身心地投入工作，也就难怪丰田将其称之为"团队成员"了。并且，一些人还在不断地努力奋斗，以保证自己身处一个不断取得骄人业绩的团队。

- 丰田向其员工许下了一个坚定的承诺，将决策权下放到他们手中，并希望员工有一个高水平的持续改进的承诺。当你在阅读本章时，请思考这些举措是否足以保证丰田的"团队成员"们实现真正高效的团队合作。

有时团队机制很奏效，有时则不一定。本章的目标就是帮助确保你的管理和工作团队获得成功。在丰田，员工授权机制就是公司成功实行团队合作机制并取得卓越成绩的方式之一。

团队正在改变公司经营的一些方式。现在，几乎所有公司都采用了团队机制去生产产品和服务、管理项目、进行决策以及运营公司。对你而言，这其中还蕴含着至关重要的两点：一是你将成为团队一员，甚至可能成为团队的管理者；二是在团队中工作以及管理团队的能力，对于你的雇主和你的职业生涯而言都是非常有价值的。幸运的是，侧重于团队训练的课程作业能够提高学生的团队合作知识和技能。

14.1 团队的贡献

> **提示**
>
> 管理良好的团队是实现所有期望目标的强大力量。
>
> 你认为是什么使得团队力量远大于一群单独的个体？

基于团队方式来开展工作，会产生意想不到的收获。如果被合理运用，团队能够成为组织架构中极其有效率的一部分。如三星电机（Semco）、全食超市（Whole Foods）和科尔摩根（Kollmorgen，制造印刷电路和光电设备）等类似公司，它们的组织结构完全由团队组成。3M 公司的许多突破性的产品创新都得益于团队合作的运用，团队就像大公司中的小型创业企业。

团队还能提高生产率、改进产品质量并降低成本。位于美国密歇根州巴特克里市从事心理健康服务的 Summit Pointe 公司，就通过采用基于团队的组织架构和企业文化而节约了上百万美元成本，同时照顾病患的服务水平也得到了提升。霍尼韦尔公司（Honeywell）的团队因缩短生产时间和准时运送超过 99% 的订单，为公司节约了 1100 多万美元。通过在波音 777 大型客机项目上采用工程师团队，波音公司创造了历史上获得商业飞机适航证最快的纪录。用波音公司管理层的话来说，没有跨职能团队的建立，波音公司就不可能这么快地研制出 777 客机，相反还会付出相当高昂的研发成本。在位于美国阿拉巴马州迪凯特市的纽柯钢铁厂（Nucor），工厂总经理赞扬了团队合作在提高生产效率和安全性能方面所做出的贡献。

团队还能加速并有力地推动革新。3M 和其他许多公司利用团队来加速新产品的研发。贷款机构将住房抵押贷款的审核时间由几周缩短到几小时，人寿保险公司将新保险产品的推出时间由 6 周缩短到 1 天。荷兰的毕马威会计事务所是一个由 12 个合伙人组成的战略组织，由 100 个专业人员组成了 14 个工作团队。毕马威通过研究未来趋势引领战略和文化变革，定义核心竞争力，处理组织挑战。通用磨坊公司利用团队来进行产品包装方面的决策。大 G 谷物（Big G cereals）、优诺酸奶（Yoplait yogurt）和绿巨人蔬菜（Green Giant vegetables）等事业部的团队将品牌设计、工程、生产、研发和其他相关部门的员工集中在一起，研究如何在包装上减少浪费、节约成本、传达更明确的营销信息，探讨如何提高与供应商之间的工作效率。

团队还为团队成员带来很多好处。团队是一种非常有效的学习机制。团队成员通过参与团队合作能够更好地了解公司和自身，并获取新的技能和明晰绩效策略。团队能够满足成员重要的个人需求，如归属感和尊严感。而且团队成员能够随团队一起获得单凭个人可能难以获得的回报。

团队成员之间可以互相反馈、互相学习、互相监督、共同进步和发展。一个市场代表可以从新产品研发团队的同事那里学习金融建模，而一个金融专家则可以从中学习到消费者营销。在团队中交流经验、提升解决问题的能力，是对具体工作技能或专业知识的一种重要补充，并且这些工作技能还能够转移至新岗位。

管理实践

位于美国犹他州圣乔治的韦尔斯乳制品厂（The Wells's Dairy）拥有超过 90 名员工，生产蓝兔宝宝牌冰淇淋、冰冻果子露和酸奶冰淇淋。许多员工都对工厂 3 条生产线的运行和维护非常熟悉。在每条生产线上，都有一位主管负责生产线的生产进程，另一位则负责保养与维护。每位主管手下的员工都相当于一支团队，他们在团队精神的鼓舞下致力于实现一系列目标。

工厂希望每条生产线上的员工都能保证，他们的工作区域是符合安全、保质、按时交货和成本方面要求的。员工还被授权并被期望在发现产品的质量和安全出现问题时，立即停止生产。一个成绩表反映了每个团队的工作表现。完成目标是团队自豪感的来源。

为了强化团队精神，工厂每个季度都会开展一次成本节约竞赛。节约成本最多的团队会赢得奖励，当然，还有成就感和荣誉感。

- 在这个例子中，你认为团队对于工作有着什么样的贡献？

14.2 新型团队环境

群体（group）和**团队**（team）两个词通常可以相互替换。

团队一词成了现代经理人的陈词滥调；当他们谈论团队的时候，很多人会怀疑其实根本没有真正的团队合作。

因此，区分群体和团队就变得很有用。一个工作群体是在同一个地方工作或承担同一项任务，但并不一定具有共同的绩效提升目标的工作人员的集合。一个真正的团队是由一群（通常人数不多）角色互补、相互信任、有共同目标、互相负责的人所组成。

长期以来，许多公司都采用群体作为其组织形式，但现在的工作场所已经变得截然不同。团队以不同的模式存在着，并且发挥了比以往大得多的成效。表14.1强调了传统的工作环境与今天真正的团队工作的一些不同。理想的情况下，团队成员更敬业，他们接受过更好的培训，合作能力更强，他们的文化是边工作边学习。

表14.1 新型团队环境

传统环境	团队环境
经理人决策并制订工作计划。	经理人和团队成员共同决策并制订工作计划。
工作是狭义的，只需要较少的技能和知识。	工作需要更多的技能和知识。
岗位交叉培训被视为是无效的。	岗位交叉培训是常规内容。
大部分的信息仅有管理层掌握。	大部分的信息在各个层级上共享。
培训主要针对非管理人员，主要内容是技术技巧。	培训针对所有层级，要求持续开展人际关系、管理和技术技能等方面的培训。
承担风险的行为不被鼓励且会被处罚。	审慎地冒险是被鼓励和支持的。
人们单独工作。	人们共同工作。
完全基于个人表现确定奖励。	综合考虑个人表现和团队贡献后，再确定奖励。
经理人决定哪种方法是"最好的"。	每个人都致力于持续改进方法和流程。

资料来源：*Leading Teams* by J. Zenger and Associates. Reprinted by permission.

14.2.1 团队类型

你的公司可能有上百个群体和团队，但它们其实可以被分为几种基本类型。**工作团队**的工作范围涉及制造、组装、销售和提供服务。工作团队通常是被明确定位的，它是公司正式架构中的一部分，由全职的、稳定的成员组成。工作团队就是公司中大多数人所理解的团队。

项目和发展团队（project and development teams）从事长期项目，项目期一般为几年。它们有具体的任务，比如研发新产品，团队成员通常必须具备专业的知识和判断力。这些团队通常是为了一次性产品而组建，一般会在项目完成之后解散。然后，根据新项目的需要组建一个新团队。

平行团队（parallel teams）一般是临时组建，并独立于公司的常规工作框架。团队成员通常来自不同的业务单元或从事着不同的工作，他们所从事的是公司标准之外的非常规工作。他们负责针对具体问题提出指导性的解决方案。不过，他们通常没有执行权。平行团队的例子包括组建特别小组、质量或安全团队来研究特定问题。每当巴尔的摩的布拉德福德银行（Bradford Bank）启动一项新业务时，它就会从各个部门抽调员工，组建一个团队以帮助客户更好地适应新业务。例如，当布拉德福德银行从美国银行那里吸收到存款，一个由管理、存款服务和信息技术部门员工组成的团队就会展开研究，以确保布拉德福德银行能够向其新客户提供类似的服务。

管理团队（management teams）负责协调和引导下属部门并整合下属部门之间的工作。管理团队是根据层级化的组织架构建立起来的，并负责整个部门的经营业绩。负责不同下属部门的经理人组成了一个团队，而位于公司顶层的高层管理团队则负责确定公司的战略方向并管控公司的整体业绩。

跨国团队（transnational teams）是多国成员组成的工作群体，业务范围涵盖多个国家。跨国团队同其他类型团队之间的区别不仅在于跨文化的属性，同时还表现为地理上的分散以及心理上的距离，并且跨国团队所从事的，是对公司有很大影响并高度复杂的项目。

跨国团队一般是**虚拟团队**（virtual teams），更多的是采用电子通信方式而非面对面地进行交流，当然其他类型的团队也可以进行虚拟运作。虚拟团队面临着许多艰辛挑战：建立信任与凝聚力、团队认同，以及克服团队成员之间的疏离感。表14.2列出了可以供经理人采用以提高虚拟团队效率的办法。

表14.2 高效的虚拟团队领导者的实践

虚拟团队领导者的领导力实践	虚拟团队领导者该如何做？
通过运用通信技术来建立和维持信任	• 专注于信息通信的规范 • 随着团队的发展，重新审视和调整通信规范（"虚拟聚会"） • 运用团队虚拟空间明确展示团队进步 • 即使分布于世界各地，依然"同甘共苦"
确保团队中的差异性得到理解、欣赏和利用	• 在虚拟工作空间中建立团队成员的专业目录和技能矩阵 • 在团队中建立虚拟小组以组合有差异的团队成员，并使其轮转
管理虚拟工作群体和团队会议	• 将虚拟会议（每次）的启动作为团队建设时间 • 在会议中——通过"签到"保证每个人都参与到会议中来 • 在会议最后——确保会议记录和未来的工作计划已上传到团队数据库
利用技术监控团队	• 在团队虚拟空间中通过平衡计分卡将团队进展明确地展现出来
提升团队及其成员的可见性	• 经常性向一个虚拟常务委员会（包括团队成员的本地上级）报告
保证成员能够从虚拟团队中受益	• 虚拟的颁奖典礼 • 在每次虚拟会议开始的时候进行个人展示 • 确保每个成员"新分配"的上级知道成员的贡献

资料来源：*Academy of Management Perspectives*, A. Malhotra, A. Majchrzak, and B. Rosen, "Leading Virtual Teams," February 2007, pp. 60–70. Copyright 2007. Reproduced with permission of Academy of Management via Copyright Clearance Center.

14.2.2 自我管理团队

如今存在许多不同类型的工作团队,并被贴以不同的标签。传统工作群体无须承担管理责任。一线的管理人员负责计划、组织、招聘、指导和监控这些工作群体,而其他群体则负责辅助工作,如质量控制和维护等。

但是目前的趋势是倾向于给予团队更多的自治空间,从而使员工被培训并能够应付所在生产单元的全部或大部分工作,他们没有直接领导,而且他们在一线领导之前进行决策。自我管理团队(self-managed teams)常见于制造型企业。人们常常抵触自我管理团队,其中一部分原因是他们不想承担这么大的责任而且转变的过程也非常困难。此外,人们常常不喜欢给队友或同事做绩效评估或者解雇别人,并且冲突管理的不足可能会成为自我管理团队的一个重要问题。不过,和采用传统管理方式的团队相比,自我管理团队往往表现出更高的生产效率、更低的成本、更好的客户服务、更棒的产品质量,以及更好的安全记录,并且团队成员也更满意。

自治工作群体或自我管理团队掌握一项完整任务的决策和执行——获得原材料、负责生产、质量控制、维护和运输。他们对整个产品或全部生产流程完全负责。自我设计团队不仅具备自我管理团队的所有职能,还更进一步地掌握着整个团队的组建,决定着雇用谁、解雇谁、团队将执行什么任务。

当团队实现真正的自我管理时,成本将大幅降低,效率、质量以及客户满意度也将获得提高。总的来说,至少在北美洲国家,自治团队被认为改进了公司的财务并提高了整体绩效。

这样的结论激励了美国的跨国公司在其国外机构中使用自我管理团队。例如,固特异轮胎公司(Goodyear Tire & Rubber)在欧洲、拉美和亚洲,莎莉集团(Sara Lee)在波多黎各和墨西哥,德州仪器(Texas Instruments)在马来西亚纷纷开始使用自我管理团队。这些公司了解到(其他尚未采用的公司也应当注意)不同的文化可能对自我管理团队产生不同的反馈,应该根据不同的文化价值观进行个性化定制。

14.3 群体如何转变为真正的团队

作为一名管理人员,你一定会希望你的工作群体能够成长为一支高效的团队。为了实现这一目标,你需要明白如何使群体转变为真正的团队,以及可能会造成这一转变过程失败的原因。群体转变为真正的团队需要经历基本的群体过程、时间推移和团队发展等活动。

14.3.1 群体过程

假设你是一位新组建工作群体(也就是一群人)的领导人,在你试图将你所在的群体转变为一支具有高效执行力的团队的过程中,你将遇到什么困难?如果群体想要成功转变,就必须经历一系列阶段,其中就包括以下这些大类:

1. 形成阶段——群体成员试图制定基本的行为守则。
2. 调整阶段——矛盾和冲突产生,人们争相谋取更多的权力和地位。
3. 规范阶段——群体成员确立共同的目标、规范和更紧密的关系。
4. 执行阶段——工作群体将所有精力都投入到完成任务中去。

群体遭遇衰退的窘境,临时群体面临延期或终止。当群体因完成任务而终止,或因任务失败以及战略转型而解散后,新的群体就会形成,循环往复。

虚拟团队也会经历这样的群体发展阶段。在形成阶段，人们对未来充满乐观："我相信我们会成为一支伟大的团队，成功地并肩合作。我们都明白项目的重要性，并会认真地完成。"乐观主义紧接着会在调整阶段变成现实主义："没有人愿意担当领导角色。我们并没有将项目放在正确的优先级之上。"到规范阶段时，整个项目周期差不多已经走完了一半，在这一阶段人们再次专注起来，并再次承诺："你必须为公司目标设置一个具体的时间安排。"执行阶段是行将结束的最后一个阶段，在这一阶段团队成员会表现出很强的纪律性以保证在截止日期前完成任务。

> 在调整阶段，乐观主义将会变为现实主义。

许多团队通过做拓展训练来学习团队构建技巧。例如经典的"信任背摔"，人们蒙住眼睛向后摔倒并相信他的队友会接住他。信任是求不来的，只有通过努力才能赢得。

14.3.2 时间推移

时间推移是群体发展中的一个关键因素。群体会经历一些关键时期，尤其是在他们汲取发展经验的时候。第一个重要时期是形成阶段，在这一阶段制定规则和确定角色，并由此对未来阶段产生深远的影响。第二个关键阶段是从开始到截止日期（例如，要完成一个项目或做演讲）之间的时间点。在这段时间，群体将有足够的经历来理解它的工作，它开始意识到时间开始紧张、必须抓紧时间了。当然如果需要改变的话，尚有足够的时间。

在最初，群体需要树立适合的规范、角色和其他影响极小的决定要素。在第二个阶段（中间时点），群体需要更新或开拓与外部的联系。

> 群体可以利用来自外部环境中的新信息来更正它执行任务的方式并确保其满足消费者和客户的需要。

如果不这样做的话，群体有可能会从一开始就走上歧路，并且群体成员可能永远不会改正他们的错误行为。

14.3.3 发展序列：从群体到团队

作为一名经理人或群体成员，你也许期望群体致力于上述所有过程。但是，此举并不一定会让群体取得成功，他们并非总是致力于那些能够将其转变为高效团队的发展环节。

图14.1所描述的是一个有价值的发展序列。图中展示了通过扩大参与的方式将传统的听命于上级模式的群体领导力转变为真正的团队领导力。

对这一模型中某些观点的理解是很有必要的。群体不一定需要按照上述步骤逐步前进，他们可能会一直停留在听命于上级的阶段或者变得更具有参与性，但从不将其转变为真正的团队。因此，在这些维度上取得进步，就必须成为群体领导者和群体成员的一个下意识目标，所有人都必须努力以实现这些目标。你的团队将能够通过从事表中所列的各项活动来实现这些目标，从而成为一支真正的团队。

14.3.4 为什么群体有时会失败

顺利地经历上述过程以最终形成一个运行良好并创造优异绩效的团队并不一定是团队建设所必需的。有些群体从未尝试过转变为团队。对群体的管理者和成员而言，这样的群体是令人沮丧的，他们可能会觉得建设团队就是在浪费时间，弊大于利。

建设一支高效团队并非易事。团队常常仅是管理层用来描述一群人的一个用词而已。"团队"

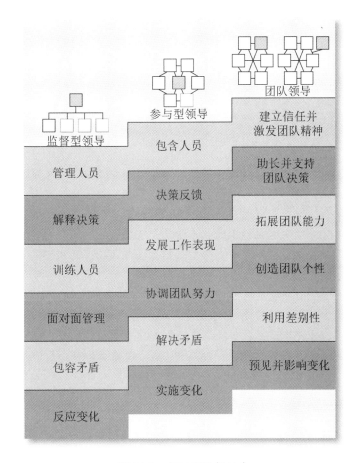

图 14.1　加强团队领导力

资料来源：*Leading Teams* by J. Zenger and Associates. Reprinted by permission.

通常在没有培训或支持系统的情况下就被组建。例如，无论管理者还是群体成员都需要新的技能来为群体工作。这些技巧包括学习外交的艺术、正面处理复杂的"人际关系"，在鼓励自主和奖励团队创新之间、在允许团队独立和失去对团队控制之间寻找平衡。

> 在传统环境下，放弃一些控制权对于管理者来说是非常困难的，但是他们必须意识到，他们将通过创造更强大高效的团队在长期运转中获得对团队的控制。

正如我们在第 13 章中所讨论的，团队需要获得授权。当团队不被允许独立做出重要决策时（管理层不信任团队，不赋予他们重要的职责），团队的作用将大打折扣。如果团队的每一项创新都需要获得许可，他们会回到从前去做一些安全的、传统的决策。

授权会提升团队绩效，即使对虚拟团队而言。对虚拟团队授权包括全方位的技术培训以及来自管理层的强有力的技术支持。一些虚拟团队设有定期的面对面互动，这样对绩效提升也颇有助益；授权对于那些不经常会面的虚拟团队尤其有帮助。

当你阅读"管理案例：麻烦出现时，丰田求助于团队"时，考虑一下丰田在团队管理方式上，是否会取得成功。失败表现为不理解或者不知道做什么以使团队取得成功。要想获得成功，人们必须有清晰的思路并采取合适的方法。这些问题将在本章后续部分进行阐述。

> **管理实践**
>
> **麻烦出现时，丰田求助于团队**
>
> 丰田公司常常将其员工称为"团队成员"，因此公司专门成立了许多特色团队来解决特定问题。这里有两个例子，分别是丰田使用团队确保原材料供应，以及通过使用团队解决美国工厂安全问题。这两个例子展示了如何选择正确的人，并组建高效团队，以便能够对突发事件做出快速的反应。
>
> 在第一个例子中，当中国将禁止出口17种稀土矿的报道出现时，丰田的问题也随之而来。其中的一些矿物，如钕和镝，是生产混合动力汽车的重要原料。由于中国是世界上最大的稀土供应国，一道出口禁令就将从根本上中断混合动力汽车的生产。即使在该禁令的传闻出现以前，稀土价格也已因为供不应求而一直飞涨。丰田对此情形的反应是成立一个任务小组，以寻找其他的稀土供应渠道。这个任务小组提出了不少应对方案，例如，与越南、马来西亚以及美国建立合作关系，以获得稀土供应。此外，丰田也已开始进行不需要稀土的替代产品的开发，不仅因为稀土非常昂贵，还因为稀土开采会对环境造成很大破坏。
>
> 第二个例子更加广为人知，是关于其利用团队回应消费者投诉他们的丰田汽车会无故加速，甚至有时会引发碰撞的。即使丰田召回了上百万辆汽车进行检修，丰田美国销售事业部还是迅速成立了一支团队来评估每位消费者的投诉。这支团队名为快速市场分析反应小组（Swift Market Analysis Response Teams，SMART），由这一领域的工程师和研发人员组成。SMART开通了一条24小时的消费者投诉热线，并对汽车进行全面的检查。SMART与北美的丰田经销商合作检修那里的丰田汽车。
>
> 在经销商环节，SMART不仅为消费者检查车辆，还与他们进行交流，试图更多地了解消费者的用车习惯以及消费者所关注的问题。车辆检查可以告诉丰田是什么导致了那些让消费者担忧的事故会发生，而聆听消费者的建议则能够为其提供消费者驾驶情况方面的信息，这都将会影响丰田汽车的设计以及测试。例如，当他们了解到由经销商或者消费者自己放置在车内的地毯滑动时，有些汽车的油门会被卡住。丰田转而在生产环节就预装车内地毯，这样也便于他们检测油门踏板的性能。
>
> - 基于以上描述，你认为针对稀土事件的任务小组属于哪种团队？SMART属于哪种团队？
> - SMART在发展为高效团队的过程中可能会遇到哪些挑战？

14.4 建设高效团队

刚才描述了关于形成高效工作团队构建模块的种种考虑。但是高效对团队而言究竟意味着什么呢？以下三个标准可以对团队效率进行定义。

1. 团队的生产量达到或超过既定的产量和质量标准；团队的产品被公司内外所有使用团队产品或服务的消费者接受。在洛克希德·马丁公司（Lockheed Martin），克拉伦斯·凯利约翰逊的工作团队要在143天之内设计、建造并试飞美国第一架战术战斗机XP80。一支由得克萨斯大学安德森癌症研究中心的医生、护士和官员组成的团队，设立了改善病人护理的目标，认为可通过改革帮助实现目标，并劝导中心的内科医生接受这一改革。结果，这个中心的绩效超过了团队原先设定的目标，提升了病人来医院诊治的数量。

2. 团队成员得到基于个人需求的满足感。约翰逊给他的洛克希德团队以充分的创新和发挥才能的自由。团队成员充满了激情，并在工作中寻找到了自豪感和满足感。

3. 团队成员承诺将再次共同工作；也就是说，群体不会因为一个项目的完成就宣告瓦解。回首往事，成员会为曾经并肩奋斗而感到高兴。换句话说，高效的团队会保持生命力并可能在未来不断取得成功。

团队可能会利用团队建设活动或聘请外部教练等方式改善质量。团队建设通常包括增进成员间关系的活动。不管这些活动是简单的小组讨论还是带有身体挑战的周末聚会，团队建设活动都应该遵循一个原则，就是团队成员应该在积极活动中明白一些道理，并将其用于工作实践中。团队培训则应聚焦于如何实现团队的整体运营。例如，当达拉斯烹饪合作协会的培训人员开办团队建设训练营时，他们给每支团队分配了一个挑战性的烹饪任务，比如准备一份有四道菜的正餐或者在没有酸辣酱和木瓜等配料的情况下做出一道菜。他们观察团队成员如何互动并给出反馈，指出谁比较善于倾听，谁受到忽视，以及任务是如何分配的。团队教练为团队指明了关于关注点在哪、如何设置目标、如何改进交流和决策等问题。理想情况下，教练会帮助团队发展，使其具备自我指导的能力。

 管理实践

经过数年对于团队绩效阻碍因素的研究，理查德·哈克曼（Richard Hackman）已经确定出影响团队效率的普遍障碍。其中一个很简单，以至于看起来似乎非常明显：团队需要合理地定义自身的成员结构。不过，许多团队没有建立或通过交流得出合理的界限，也许是因为将一些人排除在外不太合适。当团队问题暴露出来的时候，一家金融服务公司的首席执行官认定公司首席财务官无法和高管团队的其他成员进行高效合作，于是首席执行官要求首席财务官不去参加那些"无聊乏味"的团队会议，仅保持他们之间一对一的交流。没有了首席财务官，高管团队也重新开始了高效工作。

另一个障碍是人们常常过多地关注团队和谐，认定当团队成员对于参与团队工作感到满意时，这个团队是高效的。实际上，正如哈克曼所言，效率第一——当团队工作高效时，成员们会感到满意。在一项有关交响乐团的研究中，对于满意度的衡量就是乐师们在演奏结束后的感觉。

哈克曼经常碰到的第三个错误是认为团队成员可以一起工作特别长的时间。根据这一假设，在团队成员一直不变的情况下，团队便会失去创新能力。但是，除了研发团队需要每隔几年就加入新成员外，哈克曼发现一个更普遍的问题是团队缺乏持续性：团队成员还没有真正了解彼此就已经不在一起工作了。例如，飞机飞行员如果以前合作过，再次合作时就会表现得更好。

- 克服哈克曼所描述的这些障碍会对团队满足团队效率的标准有什么帮助？

14.4.1 绩效专注点

成为有效团队的关键要素是致力于共同的目标。最好的团队是那些承担着重要挑战并能达到共同理解、热衷他们目标的团队。没有这些理解与承诺，一个群体将不过是聚在一起的一堆人而已。

最好的团队还会努力达成关于他们如何共同完成目标的共识。他们在一些具体细节上，如任务和角色如何分配、如何决策等，认真讨论并达成一致意见。团队还会建立检验其绩效策略的规范，并在适当的时候对绩效策略进行调整。例如，工作团队会至少标准化一部分工作流程，但环境变化的时候，他们也将尝试一些新的做法。有一个清晰、强大和激励性的目标，加上有效的绩效策略，人们会形成一股强大的合力来做一些非同寻常的事情。

团队的一般目标应该被细化为一些具体的、可量化的绩效指标。在第13章中我们已经学过绩效指标对个人表现的激励机制。绩效可以被定义为综合性的终端产品而非个人产品的累加。团队绩效指标能够帮助定义和区分团队产品，鼓励团队内部的交流，激励团队成员，提供进展反馈，展示团队的胜利，并确保团队注意力集中于结果之上。拥有一定难度的目标和激励措施的团队通常会达到最高绩效水平。

> **提示**
>
> 接受内部和外部消费者反馈的团队应能够明确他们要实现的目标的本质。一个团队应该有多少目标呢？

最佳的团队评估系统会通报最高管理层有关团队绩效水平的信息，帮助团队了解并测算自己的进度。理想情况下，团队应在设计自己的测评体系中发挥领导作用，这也是团队是否被充分授权的一个重要反映。就像人一样，团队也需要就其绩效能够有所反馈。

团队有责任让其消费者满意，并可能被给予或者需要寻求绩效反馈。要想做得更好，团队就应该能够在任何可能的情况下直接与那些最终决定是否购买他们产品和服务的外部消费者进行交流互动。外部消费者一般会为团队提供最真实、最重要、最有效的绩效反馈。

14.4.2 激励团队合作

有时，当个人处于工作群体中时，他（或她）可能工作便没有那么努力，工作效率也很低。当人们认为他的贡献无足轻重，总会有其他人来做这些工作，他们的懈怠不会被发现，或者他会因努力工作而成为孤独的倒霉蛋时，这种情况就为**社会性懈怠**（social loafing）的发生培育的土壤。也许你会在你的学生团队中发现这种社会性懈怠。与之相反，在有的情况下当个人在群体中工作时，他们会工作得更加努力。这种**社会促进效应**（social facilitation effect）之所以会发生，是因为个体通常受到更多的激励，他关心别人如何看，并且希望保持正面的个人形象。

当群体成员之间能够相互理解、互相观察、交流并且有清晰的绩效目标时，工作任务对于他们而言就是有意义的，他们相信自身的努力很重要，别人也不会搭便车，群体中有合作的文化氛围时，社会促进效应就能得到保持，而社会性懈怠则可以避免。因此，在理想情况下，每个人努力工作，为团队做出切实的贡献，成员间相互负责。对彼此负责而非仅向"老板"负责，是良好的团队合作的关键要素。这种责任会激励成员之间互相信任并坚守承诺。相信你的团队伙伴（你的团队伙伴也相信你）也许是推动团队绩效提升的终极动力。

团队的良好表现还来源于将团队任务设计得具有激励性。有关创建激励性任务的技巧在第13章工作丰富化部分已经进行了讨论。激励性的任务体现在它能让团队成员掌握的各类技能得到使用，并提供任务的多样性、认同度、重要性、自主性和绩效反馈。

最终，可以通过将奖励与团队绩效挂钩，进而激励团队合作。此外，将个人奖项与团队奖项结合起来，也能够减少社会性懈怠并提高团队绩效。如果团队绩效能够被有效地量化，团队奖项将可以据此发放。

从依照个人绩效进行奖励，过渡到依照团队绩效和相互协作进行奖励，并不是一件容易的事。而且，除非团队成员之间真正做到了相互依赖、精诚合作，以实现团队目标为目的，否则按照团队绩效进行奖励也许并不合适。基于团队绩效的奖项常常与固定工资和个人绩效奖项相结合。在纽柯钢铁公司，团队成员依据每周已装船提单的钢铁吨数来赚取奖金。为保证产品的高质量，任何劣质产品都会从总的已装船提单中扣减，而且一旦劣质产品到达消费者手中，就将按3倍进行扣减。平均而言，团队奖金的数额相当于团队成员基本工资的1.7—1.8倍。之所以存在这种激励作用，就是为了提升生产效率，纽柯的团队因此被给予了充分授权，并且公司还积极地同员工分享绩效数据。

如果团队绩效很难被有效量化，那么可以根据能够反映良好团队合作的行为、活动和流程进行奖励。团队中的个人能够受到基于其在团队合作过程的参与、合作、领导，以及其他对团队的贡献进行有差别的奖励。

如果对团队成员进行差别化的奖励，这样的决策最好不要仅仅由老板做出。这些奖励应当由团队内部通过同等级或不同等级之间的评选来决定。为什么？因为只有在团队中，团队成员才能更好地被观察、了解并合理地分配奖励。最后，一个公司中团队越多，团队导向就越趋于完整，收益分配和其他公司层面的财务激励才能得到更有效地分配。

14.4.3 成员贡献

团队成员应该通过严格筛选并接受培训，这样他们才能成为高效的团队贡献者。团队经常以此为基础自主招聘新成员。米勒康胜酿造公司（MillerCoors Brewing Company）和伊士曼化学公司（Eastman Chemical）的团队成员选拔就是基于应聘者在一个充分授权的环境中对团队成功的贡献程度的测试结果而做出的。在德州仪器公司（Texas Instruments），人力资源部门首先筛选申请者，然后由团队成员对应聘者进行面试并决定是否录用（如图14.2所示）。

总的来说，团队所需要的技能包括技术性或职能性的专业知识、问题解决能力和决策技巧，以及处理人际关系的技能。一些经理人和团队错误地过分强调了某些能力，特别是技术性或职能性的技能，而对其他技能不够重视。最近的一项研究发现，当群体成员传递悲伤情绪时，会在分析工作和复杂决策上做得更好；而如果群体成员相互传递乐观情绪，则会在创造性工作上表现得更好。因此，对团队成功而言，学会适当地分享情绪是一项重要的技能。为了最大程度地提升团队绩效，选拔和培训具有以上三种能力的成员，对团队来说就至关重要。

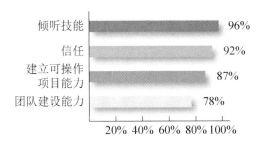

图 14.2 团体绩效中重要能力调查分析

就像对职责范围内的专业知识的要求一样，团队还需要其成员具有人际交往的能力，尤其是倾听和建立信任的能力。

14.4.4 规范

规范（norms）是关于人们就应当如何思考以及如何行动所达成的共识。例如，一些人不喜欢与他人分享信息和知识，而团队则试图建立一种知识分享的规范，因为这样能提高团队绩效。当团队成员之间一起思考和讨论他们的任务（职责、装备和资源）以及如何相互反馈和配合时，团队会表现地更好。站在公司的角度，规范可能是积极的也可能是消极的。在某些团队，每个人都很认真地工作；而在另一些团队，成员不服从管理，能不工作就不工作。一些群体形成了主动承担风险的规范，另一些则趋于保守。一个规范可能会引致员工对公司赞赏有加或针锋相对。团队成员可能会会表现出对糟糕的安全环境、毒品和酗酒、员工偷窃等事情的关注，也可能他们会对此麻木不仁（甚至容忍这些行为）。健康意识是在一些公司的高管之间形成的规范，而抽烟则是烟草公司的规范。一些群体有不信任别人和自我封闭的规范，不过你也许会猜到，互信以及对冲突开放讨论的规范对群体绩效更有帮助。

一位教授讲述了他在两家公司的咨询经历，他们管理团队的规范就截然不同。在联邦速递公司，一位年轻的经理人打断了教授的讲话，宣称公司高层最近的一项决策与教授关于公司计划的观点相左。他在挑战最高管理层并为其决定进行辩护。一场激烈的辩论就此发生，一小时之后，大家都去吃午饭，但在他们脸上看不到一丝怒气。而在另一家公司，这位教授与公司高层座谈时，希望他们描述一下公司的文化时，结果一片沉默。他又问了一遍，还是沉默。然后一些人给了他眼神，意思说："笨蛋，你难道没看到我们不能说出心中所想吗？应该让我们以不记名的方式进行书面回答。"正如你所见，规范非常重要，并由此可能产生出截然不同的群体。

14.4.5 角色

角色（roles）是针对不同人的行为期望而分别设定的。相比之下，规范适用于所有团队成员，而不同的角色则针对在规范框架下的不同成员。

两种重要的角色必须要设定。**任务专家**（task specialist）的角色由那些具备特殊工作技能的人担当。这些员工保证团队不断完成目标。**团队维持专家**（team maintenance specialist）发展并维护团队内部的和谐。他们鼓舞士气、提供支持、创造幽默、安抚情绪，并且一般对成员的个人幸福非常关注。

注意这些角色同第12章中介绍的重要任务绩效和团队维系领导行为之间的相似性。正如第12章中所说，在不同的时间、不同的情况下，这些角色比其他人更重要。不过这些行为不能仅由一两个领导来做；任何一个团队成员都应能够随时承担这些角色。这两种角色都能被不同人承担以确保团队的有效运作。

更进一步地，团队领导者应该扮演什么角色呢？一般而言，上级领导比团队领导更擅长联系、观察、劝解和授权。联系包括有更好的社会和政治意识，更关心团队成员并擅长信任构建。观察是指从管理层、同事和专家那里获取信息，并对问题进行系统地调查。劝解不仅意味着影响团队成员，还得为团队寻求外部支持。授权包括权力下放、灵活的团队决策和团队指导。团队领导还应当做一些实际工作以完成团队目标而不是仅仅在旁边指导。

最后，回顾第12章中关于团队领导力重要性的内容——群体成员轮流或共同承担领导角色。

自主管理团队向一个管理代表汇报，这个管理代表有时被称为教练。在真正的自我管理团队中，教练并非真正意义上的团队成员。之所以会如此，原因就在于自主管理团队理应自己做出决策，管理代表的权力很可能会抑制团队的开放与自主。教练的角色，是帮助团队了解其在公司中的地位，并充当着团队中的重要资源。教练可以将信息、资源和洞察力提供给那些没有能力独立获取这些东西的成员。并且教练应作为团队在公司中的支持者。

14.4.6 凝聚力

凝聚力（cohesiveness）是一个团队中最重要特性之一。凝聚力是指团队对其成员的吸引程度、留住成员的激励程度以及团队成员间的影响程度。总的来说，凝聚力就是为了表示团队有多紧密。

凝聚力的重要性　凝聚力之所以重要有两个主要原因。第一个原因是，凝聚力有利于提高成员满意度。在一个具有凝聚力的团队里，成员之间互相交流、和谐相处，每个人都以成为团队一员而感到高兴。即使他们的工作并不称心或者公司环境很压抑，但人们还是能从团队伙伴那里获得满足感。

第二个原因是，凝聚力对于团队绩效有重要影响。最近的一项关于团队建设的研究表明，质量和产量方面的绩效进步主要发生在最具凝聚力的单位，与之相反，那些内部冲突不断的团队则不会有什么绩效进步。体育爱好者会经常看到这方面的新闻。当一支队伍取胜后，队员们讨论的是队伍如何团结，相处得如何融洽，相互配合得有多好。但比赛失利常常会被归咎于内讧和离心离德。总的说来，凝聚力对绩效有明显的正向效应。

不过这种解释是相当简化的。凝聚力和团队绩效的正向关系也有例外。团结紧密的工作群体常常会分裂公司，例如破坏生产线、集体辞职或者强制实施低效规范。强大的凝聚力在什么时候会带来好的绩效？何时会造成不良的绩效？最终的结果往往取决于具体的任务以及其团队规范是高效还是低效的。

> **提示**
>
> 在实现既定目标方面，团结的工作群体比不团结的工作群体表现得更好；作为一名管理者，你需要确保你的团队的目标代表着好的商业结果。
>
> 如果一名团队领导者建立一个团结的团队但却没有设定一个正确的目标，会造成什么后果？

任务　如果任务是做出决策或者解决一个难题，凝聚力会导致不良的绩效。当一个工作群体是如此团结以至于大家都不会反对其他人的意见并成为规范时，就会出现群体思维（groupthink，在第 3 章中已做讨论）。一个充满凝聚力的团队想要做出好的决定，就应当建立一个富有建设性的分歧规范。这种类型的辩论对董事会层面的团队都具有重要意义。在顶层管理团队中，此举能够有效地提升公司的财务绩效。

不过，凝聚力也会对绩效产生正向效应，尤其在团队任务是生产有形产品时。在日常工作中，当决策不是工作群体的首要职责时，凝聚力可以提升绩效。不过，这还要取决于团队的绩效规范。

绩效规范　在确保成员按照群体的要求工作方面，一些工作群体表现得比另一些好。团结的群体比不团结的群体在规范执行方面更有效率。不过，下一个问题是，他们的规范是高绩效还是低绩效的？

如图 14.3 所示，最高的绩效发生在团结且具有高绩效规范的团队。但如果一个高度团结的群体中存在一个低绩效规范，那么它就会表现为最低绩效。不过在工作群体来看，他们已经完成自己的目标。从公司角度来看，具有高绩效规范的不团结群体也可能是有效的。不过，如果他们能够更团结一些，他们会有更高的生产率。具有低绩效规范的不团结群体的绩效表现会很差，但他们不会比团结的同时有低效规范的团队更差。

14.4.7　建立凝聚力和高绩效规范

如图 14.3 所示，管理人员应该建立有凝聚力和高绩效规范的团队。以下行动将有助于建设这样的团队：

1. 招聘具有相似态度、价值观和背景的员工。相似的人更有可能在一起相处。但是，当团队的任务需要多样化的工作技能和人员投入时，不要这么做。举例来说，一个同质化的委员会会做出一些糟糕的决策，因为它缺乏不同的信心和观点，可能会陷入群体思维。最近的研究已经显示，多样化的教育背景和文化背景对群体更有益。

2. 维持较高的准入和社会化标准。难以进入的团队和公司拥有更高的声誉。经历过艰难的面试、选拔和培训过程的员工会为他们的成功加入而感到自豪，并更有归属感。

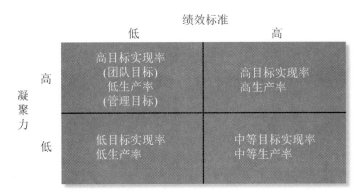

图 14.3　凝聚力、绩效标准与群体绩效

3. 保持较小的团队规模（但要保证足够完成工作）。群体越大，成员会觉得自己越不重要。较小的团队能让成员觉得自己为团队做出了更大的贡献。

4. 帮助团队取得成功，并公开展示团队的成功。在最后一章（第18章）你会阅读有关授权的内容；你既可以对团队授权，也可以对个人授权。做一个路径—目标式的团队领导会促进团队成功；胜利的经历让团队成员的关系更加紧密。此后，如果你向高层领导汇报你们所取得的成功，成员们会笃信自己是这个团队中重要的和享受盛誉的一员。步入高效轨道的团队能够保持高效；那些不常进入螺旋式下降状态的团队，随着时间的推移，问题会不断累积。

5. 做一名积极参与的领导。参与决策会使团队成员更积极地并肩协作并力争完成团队目标。太多的来自上司的专制决策会让团队成员疏远管理层。

6. 瞄准一个来自团队外部的挑战。与其他团队进行竞争会促使团队成员更紧密地结合在一起并击败敌人（正如在一场大型比赛之前学校会组织战前动员一样）。一些最伟大的商业和科技团队会专注于赢得竞争。但是，不要让自己成为外部威胁。如果团队成员不喜欢作为老板的你，他们会更具凝聚力——但他们的绩效规范是针对你，而非协助你。

7. 对团队绩效的奖励。从一个较大的角度上来讲，团队就像个人一样，也会受到各种奖项的激励。确保高绩效的团队能够赢得他们应得的奖项，而那些表现差的团队得到较少的奖项。这些在前面已经提到过。记住除了物质奖励，精神奖励也能极大地推动团队认真工作。认可并赞赏团队的成就，这个团队将会变得更具凝聚力，而且会更加努力地工作以赢得更多奖项。团队的绩效目标会定得更高，公司将会从更高的团队激励和团队效率中获益，而且团队成员的个人利益也能因此而更好地被满足。理想情况下，作为一名高绩效团队的成员，受到公司上上下下的认可，也是一种荣誉。

> 一些最伟大的商业和科技团队会专注于赢得竞争。

但是要记住，强大的凝聚力对"一致性"的鼓励可能会使团队功能紊乱。对于问题解决和决策制定而言，团队应该建立规范以促进开放、建设性的团队氛围，就事论事，而非因个人恩怨提出不同意见。

14.5　管理横向关系

团队不可能在真空中工作；他们还依赖于其他团队。例如，在米勒康胜酿酒公司，主要的团队职责包括与其他团队和政策群体进行协调。在德州仪器，团队职责往往是与其他团队联合以消除生产过程中的瓶颈问题，实施新的生产流程，同时还会和供应商一同处理质量问题。因此，团队的一些非常重要的工作就是处理与团队外部人员之间的关系。

14.5.1 对外管理

团队中的一些重要角色会负责连接团队及其外部环境——即其他位于公司内部或外部的人或群体。一个特殊的跨越团队边界的角色是**看门人**（gatekeeper），负责同步了解科技和其他领域的最新信息，并将其中的一些重大发展告知团队。对群体有用的信息还包括有关资源、趋势和政策支持等来自于公司或行业的信息。

团队的策略决定着团队内外部事物关注者的组合以及这个组合随时间变化的方式。一般的团队策略包括告知、展示和探索。**告知**（informing）策略是指在团队做出决策后，及时向外界告知团队的最新动向。**展示**（parading）是指团队的策略既要注重团队的内部建设又要确保外部可见。**探索**（probing）是指专注于外部关系。这个策略要求团队成员要经常和外部人员交流互动，以此判断消费者、客户和高层的需求，并在采取行动前试验方案的可行性。

内外部战略重点的平衡和内外部角色的平衡取决于团队对来自外部的信息、支持和资源的需求程度。当团队对外依赖性很强时，探索是最好的策略。透明团队处于一个中间的位置，而告知型团队则很可能失败，他们同其所依赖的外部群体太过疏远了。

告知或展示策略可能对那些较少依赖外部群体的团队更有效，例如那些在稳定的外部环境下执行常规任务的团队。不过，对于大多数重要团队未来的绩效表现而言，如特别小组、新产品研发团队以及在快速变化的经营环境中致力于解决非结构性问题的决策团队，负责处理外部事务的角色将是至关重要的。

14.5.2 横向角色关系

管理与其他群体和团队的关系意味着参与到一个动态的相互妥协的过程以确保整个管理系统运转良好。对许多管理者而言，这个过程常常像一场混战。为了便于理解这一过程并使它更有效率，我们可以辨别并检视不同类型的横向角色关系，并从中选择一种策略来建立建设性的关系。

不同的团队，就像不同的人，都有特定角色。当每个团队担当自己的角色时，会产生出不同模式的工作关系：

1. 工作流程关系发生于原材料从一个群体流向另一个时。一个群体通常从另一个单元那里接手工作，处理之后送往生产流程中的下一个单元。你的群体在生产流程中处于一些群体之后、一些群体之前。

2. 服务关系存在于顶层管理中，它们往往需要集中组织活动为数量较大的其他单位提供服务。一个普遍的例子是技术服务、图书馆和文秘。这些单位必须支持其他人以助其完成目标。

3. 咨询关系往往在团队遇到难题，需要专业部门提供集中的资源时产生。例如，人力资源部门或法律部门的人员常常为工作团队提供咨询。

4. 审计关系往往源自团队作为独立方对其他团队的业务方式和绩效进行评估。如财务审计人员检查账本，技术审计人员对工作的方法和技术质量进行评估。

5. 稳定关系包括事前审计。换句话说，团队有时需要在采取行动（例如，进行大宗采购）前获得其他人的认可。

6. 联络关系主要指连接团队的中间人。管理人员经常会作为两个组织单元之间的冲突调停人。公关人员、销售经理、采购经理以及担任其他外部性岗位的人都会承担公司与外部沟通的联络角色。

通过评价与其他单元之间的每一种工作联系（例如，我们从哪接手工作？处理完之后传送到哪？我们能自行处理哪些决策？哪些要经过上级批准？），团队可以更好地了解与谁联系、何时联系、何地联系、为何联系，以及如何联系。工作系统内部协调能力的提升，会使许多问题得以避免，防患于未然，最终提升整体绩效。

14.5.3 冲突管理

公司上下错综复杂的依赖关系为群体以及团队冲突提供了肥沃的土壤。当然，其中一些冲突对公司的发展是有建设意义的，我们在第 3 章已做讨论。一般而言，冲突对创造力的促进产生于理念冲突而非个性冲突。相反，在一个非营利组织，团队成员在会议中努力维持和谐的关系，但是他们那些悬而未决的异议会在办公室之外蔓延为各种无礼的言论。

> 在对调查做出回应时，一些高级管理人员声称他们要花费 18% 的时间去解决员工之间的冲突，平均下来相当于在每周 5 天的工作日里要拿出整整 1 天的时间来解决冲突。

许多因素对破坏性的冲突有很大的潜在影响，例如为数众多且形形色色的联系人、职责以及职权范围的模棱两可、目标的差异、群体之间对稀缺资源的竞争、不同单元成员之间不同的立场、长期考虑与短期考虑之间的矛盾，等等。紧张和焦虑可能发生在那些成员组成多元化的团队，这些成员可能来自公司的不同部门，或者成员之间个性截然不同。组成上和功能上的差异会导致以下问题，包括关系紧张、不合作以及凝聚力低。变革型领导力（回顾第 13 章的内容）可以减少这些问题，帮助发掘多元化团队潜在的有利因素。

实际上，随着时间的发展和交流的增多，多元化群体之间会更趋向于合作，而且比同质化群体表现得更为高效。例如，在一个工厂里面，生产工人和维修部门常常发生冲突，因为生产工人发现维修部门的预防性检修常常打断他们的正常工作，而当机器真正坏了的时候，维修部门往往又来得太迟。通用电缆公司（General Cable Corporation）通过在生产工作团队中安排维修工人的方式缓和了这一冲突并提高了生产效率。因为，日常相处让他们的关系得到培养，生产工人发现维修工人随时准备好来帮助他们解决机器故障，而维修工人也因与生产团队的目标一致而表现得更好。

14.5.4 冲突类型

团队不可避免地会面临许多冲突并需要决定如何对其进行管理。冲突管理的目的在于将冲突转化为生产力——就是说，要让冲突方相信他们从冲突中收获颇丰而非蒙受损失。当出现以下两种情况时，人们会相信他们能从冲突中受益：(1) 新的解决方案得以实施，问题也得到根本解决；(2) 人们之间的工作关系得到强化并且相信在未来他们能够开展更有效率的合作。

处理冲突有多种方式。你有你的方式，别人有别人的方式。不同的处理方式可能与各自国家的文化氛围有关。例如，相较于个人利益，中国人更关心集体利益，更倾向于向上级汇报，而美国管理人员则更多地选择自己解决矛盾。不过，除了文化之外，每个团队或个人都有一系列选择来处理冲突。图 14.4 列出了这些个性化的处理冲突方式，并根据自身利益的满足程度（自信维度）和他人利益的满足程度（合作维度）进行分类。

例如，一个常见的冲突处理方式就是**回避**（avoidance）。在这种情形下，人们不会做出任何动作以满足自身利益或他人利益。他们要么不为所动地忽略这个问题，要么将其一笔带过，要么淡化分歧。这当然不会解决问题或者消除误会。在一家大型零售企业，市场部的员工已经无法继续忍受信息技术部门的安全团队对他们工作的限制，市场部门希望能和客户进行更多的交流，但信

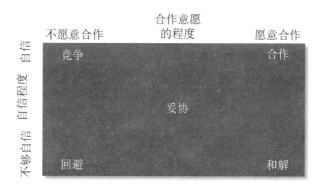

图 14.4 冲突管理策略

资料来源：K. Thomas,"Conflict and Conflict management." In Handbook of Industrial and Organizatioal Psychology, ed. M. D. Dunn. Copyright ⓒ 1976. Reprinced by permission of the author.

息技术安全团队则以保护公司数据不被黑客袭击为名进行阻止。为了避免这个冲突，市场部的工作群体背着公司的信息技术安全团队建立了一个网站。

和解（accommodation）意味着为了冲突方的利益开展合作，而非过分强调自身利益。**折中**（compromise）是指适度考虑双方的共同利益，既不太合作，也不太强硬。这种方式会产生令双方满意的结果，但并非最优解决方案。**竞争**（competing）是一种高度竞争的反应，人们只关注自身利益，而不愿意了解别人的关注点。最终，**合作**（collaboration）既强调合作又突出双方利益。合作的目标是最大化双方的满意度。在前面提到的零售企业的例子中，一家名为 Solutionary 的咨询公司在对公司网络进行例行检查时发现了市场部门私自建立的网站。仅仅使用一些基本的技术，咨询顾问就能进入公司的网络并修改信息，如商场价格等。意识到这对外面的黑客而言异常简单，咨询顾问将信息技术安全部门和市场部门的人集中在一起制订出一个解决方案，既能满足市场目标，又能保护公司的数据安全。

所以设想一下，你和你的朋友想一起去看电影，但你想看的电影和朋友想看的不同。如果他坚持让你去看他选的电影，他表现出的就是一种竞争的姿态。如果你更想看另一部电影但还是同意了，这种情况就属于和解。如果其中一个提出看另一部电影，虽然你们都不大感兴趣但都能接受，这就叫折中。如果你们意识到你们并非了解所有选择，那么经过一番研究之后，发现了另一部电影，而且你们都非常热衷，那么你们就是在合作。

在不同时间采取不同的方式是十分必要的。例如，在降低成本或处理其他稀缺资源时，竞争是必要的。当人们面临时间压力、需要达成一个临时解决方案或寻求合作失败时，折中是有效的方式。当意识到自己错了或为了最小化损失时，人们应当选择和解。甚至当冲突很稀松平常或者解决这个冲突是其他人的责任时，回避可能是最合适的。

> 所以现在设想一下，你和你的朋友想一起去看电影，但你想看的电影和朋友想看的不同。

不过，当冲突关系到很重要的问题时，当双方的关切都是正当且重要时，当需要一个创造性的解决方案时，当解决方案的承诺对执行非常重要时，合作是最理想的解决方式。合作可以通过一定的方式实现，例如交换双方意见、表达双方关切，以及不让个人利益干扰问题解决以避免目标错置。一个重要的技巧是谋求**共同价值观**（superordinate goals）——更高层次的公司目标，每个人都为之努力，并将其摆在超越个人或组织私利的位置上。设置团队奖励能够实现群体的"组织认同感"，此举可以减少团队成员之间的分歧并提高绩效。在充分考虑各方理念和利益的基础上，合作为冲突双方提供了达成互惠互利解决方案、维护并强化工作关系的有效途径。

14.5.5 做一个调停人

管理者往往花费大量的时间来处理其他员工之间的冲突。你可能曾经做过调停人，一个帮助解决冲突的"第三方"。如果做得好，第三方干预可以改善工作关系，帮助冲突双方提升他们的冲突管理、沟通和问题解决能力。

对这方面的一些洞见来自对人力资源经理及其处理冲突的研究。人力资源经理会遇到各种可能的冲突：从小懊恼到嫉妒，甚至斗殴等各种人际关系问题；包括工会问题、工作安排、加班和病假在内的各种操作问题；从吸毒、盗窃到工作时睡觉等纪律的问题；性骚扰和种族偏见；薪酬和晋升问题——甚至部门之间或者公司高层之间的策略纷争与不和。

在研究中，人力资源经理能够成功地处理大部分冲突。这些经理人在处理冲突时主要遵循四个步骤。首先，通过对冲突双方及其他相关方的面谈来展开调查，以收集更多的信息。当与冲突双方交流时，他们探求双方的观点和立场，并尽可能地保持中立。讨论采取问题导向式，而非针对个人。然后他们与冲突双方的上司们一起决定如何解决冲突。在准备做出决定时，不应过早地责备任何人；此时他们应当继续努力探索解决方案。他们采取行动以对决定及其形成原因做出解释，并建议或培训冲突双方以避免未来再次发生冲突。然后他们继续跟踪以确保每个人都能理解解决方案，记录冲突及其解决方案，通过回访冲突双方及其老板来监控解决结果。总的来说，人力资源部门的目标就是充分了解情况以便对冲突有一个准确的把握，积极主动地解决冲突，尽力保证客观、中立、不偏不倚，并根据实际情况灵活应变。

管理实践

在 IBM 的管理生涯中，莎伦·努恩斯（Sharon Nunes）参加过许多不同的团队。现在是公司副总裁的努恩斯，已经从她多年的工作经验中发展出一套管理团队成员间冲突的模式。

首先，努恩斯将不同的观点视为创造性思考的来源和动力。她曾经见过一些因管理者喜欢招聘来自同一个商学院的员工，使得整个工作群体的创新性被压抑的例子。尽管管理者和员工们经常相互对话、交流经验，但是这个工作群体从未取得任何突破性的进展，因为所有成员的理念都是相似的，从来没有人对它们提出挑战。努恩斯总结说她更倾向于招聘那些能够发表不同见解和经验的员工。

不过，努恩斯意识到，不同的观点仅仅在团队成员为同一个目标而努力的时候才会有所帮助。彼时人们不去计较个人得失，只关注团队的发展。努恩斯发现她和其他团队成员必须优雅地接受那些对自己观点的挑战。例如，努恩斯曾经领导一个团队去开创新的健康保险业务，她发现团队成员有一些不同但非常坚决的主张，而且成员之间风格迥异。努恩斯意识到有时需要将她因理工科背景而带来的逻辑性的、事实导向的思维方式放在一边，以便自己能够更好地倾听和劝导他人，并保持对团队目标的专注。

- 努恩斯是如何以团队领导人的身份担当调停人角色的呢？

这里有另外一些关于更有效的冲突管理方式的建议。其中包括不允许破坏性冲突的形成和发展或者假设它会自行解决。在冲突升级之前及时寻求解决措施。通过尝试多种方式对冲突加以解决,如果一种方法不行,就试另一种。同时还要记住先前的关于程序正义的讨论(见第 13 章)。即使冲突双方对你的决定都不满意,但公平、真诚和开明的处理方式仍然是有好处的。像关心自己的目标一样去关心别人的目标有助于确保合作顺利进行。还要记住,当遇到复杂冲突时,你可以请人力资源专家帮忙。

14.5.6 电子化和虚拟冲突

当团队处于地缘性分离状态时,这通常是虚拟团队所描述的情形,团队成员之间往往会产生更多的冲突并且信任度偏低。因此,冲突管理影响虚拟团队的成功与否。最近的研究发现,避免(冲突)会降低团队绩效;调解(冲突)——向其他人让步以保持团队和谐而非努力协商出一个综合解决方案——对于团队绩效没有影响;(在冲突中)协作会提高团队绩效。研究者还有两个令人惊讶的发现:(在冲突中)妥协会降低团队绩效,而(在冲突中)竞争则会提高团队绩效。妥协会伤害团队是因为,妥协一般是打折的、折中的、次优的解决方案。竞争是有用的,因为虚拟团队是临时性,承担着很多时间上的压力,因此如果虚拟团队中有几个表现强势的人,对具体提高团队效率是颇有助益的。

> 两个令人惊讶的发现:(在冲突中)妥协会降低团队绩效,而(在冲突中)竞争则会提高团队绩效。

当人们在 B2B 的电子商务中遇到问题(如货物延迟)时,他们会倾向于表现得更具竞争性和防御性,而非合作。

技术问题和反复出现的问题考验人们的耐心。除非人们更多地采取合作或展现合作的姿态,否则冲突会不断升级。尝试去预防冲突,例如,确保在联系别人前你的信息管理系统运行正常的。监控并减少或者尽可能快地消除问题。当问题发生时,展示出你的合作的意愿,并如实付出行动。即使是技术问题,也需要良好的社会管理才能。

思考一下当"管理案例:丰田重构其团队合作方式"中描述的公司声誉和底线面临危机时,丰田需要什么样的管理才能。

 管理实践

丰田重构其团队合作方式

近几十年来,丰田汽车公司凭借其对质量坚持不懈的追求得以在美国市场上站稳脚跟。丰田的生产系统在推动所有员工不断进取上享有盛誉。不过,丰田得以奠定成功的声誉在 2010 年遭遇危机,彼时美国的新闻媒体开始报道丰田汽车存在意外加速的问题。在连续数月的时间里,以质量第一著称的丰田召回了上百万辆汽车。

问题出在哪里?具有讽刺意味的是,尽管丰田的管理层将公司员工称为"团队成员",但是一个主要的问题是丰田的管理层没有给予公司不同部门间充分合作的授权。为了维持一个几十年前就建立的公司架构,丰田按照业务类型将公司分为不同的部门,如工程、制造和采购。在北美,每一个业务部门的经理要向位于日本丰田总部的职能经理汇报。如果一个地方出现了问题,只有当日本总部将信息反馈回来之后,信息才能被其他部门共享。

这种安排的一个后果是加剧了不同职能部门之间的冲突。销售、工程、财务等部门的员工有不同的工作目标,衡量成功的方式也不同。如果不同的部门被集中起来解决同一个问题或者为同一个客户服务时，他们只好抛开他们的不同来为团队目标努力。但是，当员工被分隔在不同的部门中，权力斗争会愈演愈烈。一些观察家们认为这就是丰田北美公司所发生的事情。这一结果是由对消费者投诉拖沓的、混乱的回应造成的。许多人很震惊地发现，当问题发生时，丰田美国公司竟然没有一位经理有权召回这些汽车。

一位丰田的前工程师根据他的经验向《华尔街日报》道出了丰田出现问题的另一个原因：工程师团队太过于追求改进设计。由于标准很高、时间又很紧，在这样的情况下，团队合作发挥了作用。工程师会互相帮助，这样会帮助团队创造好的业绩，如对发动机进行改进使汽车能够在沙漠环境下运转几个月。不过，这样的成功需要不懈的努力，这会使工程师因过于劳累而错误频发。而且，这位工程师还回忆道，改进主要集中于那些消费者能够注意到的设计，但对于影响汽车安全的设计改进不多。其他人认为丰田近几年持续改进的努力主要集中在加快生产速度和节约成本方面，而不是生产更好的汽车。

幸运的是，丰田已将不断学习、持续改进的精神融入企业的血液中。在这个案例中，管理层认为公司需要改变的不仅是其产品还有其命令传达的方式，这样可以推动相互合作，使得每一个人都为了质量这一共同的目标而努力。丰田汽车北美工程和制造中心（Toyota Motor Engineering and Manufacturing North America，TEMA）的管理正在将各种各样的职能逐步整合到团队中去。

在日本，公司会派遣1000名工程师到质量小组中指导质量检查，找出绩效问题的潜在来源。公司还会安排20名员工建立和维护一个全世界汽车修理和客户投诉的数据库；这个团队负责分析数据，找出问题产生的趋势。它还要求工程师团队相互支持、交叉检查其他团队的汽车设计。这些额外的检查延长了设计流程，但是有希望阻止问题的发生。这种防患于未然的方式要比亡羊补牢的成本低得多。

- 在建设高效团队的过程中，丰田在绩效专注点和激励团队合作方面还存在哪些不足？
- 丰田提升质量的努力会如何降低不同部门成员之间冲突所带来的不利影响？

关键术语

和解（accommodation）
自治工作群体（autonomous work groups）
回避（avoidance）
凝聚力（cohesiveness）
合作（collaboration）
竞争（competing）
折中（compromise）
看门人（gatekeeper）
告知（informing）
管理团队（management teams）
调停人（mediator）
规范（norms）
展示（parading）
平行团队（parallel teams）
探索（probing）

项目和发展团队（project and development teams）
质量小组（quality circles）
角色（roles）
自我设计团队（self-designing teams）
自我管理团队（self-managed teams）
社会促进效应（social facilitation effect）
社会性懈怠（social loafing）
共同价值观（superordinate goals）
任务专家（task specialist）
团队（team）
团队维持专家（team maintenance specialist）
传统工作群体（traditional work groups）
跨国团队（transnational teams）
虚拟团队（virtual teams）

工作团队（work teams）

学习目标小结

现在你已经学习完第 14 章，你应该能够达到以下要求：

1. 能够参与讨论团队如何才能帮助提高公司绩效。

团队是公司组织架构的重要组成部分，也是提升公司生产率、产品质量、成本节约、生产速度和创新能力的重要力量。他们具有让公司和团队成员收益的巨大潜力。

2. 可以区分新型团队环境与传统工作群体的不同。

与传统的、被严格监管的工作群体相比，今天的团队拥有更多的自治权，通常表现为自主管理。与过去相比，团队以各种形式被加以利用完成更多的目的。一般来说，团队的类型包括工作团队、项目和发展团队、平行团队、管理团队、跨国团队和虚拟团队。工作团队的范围从传统的工作群体到拥有高度自治权的自我设计团队，不一而足。

3. 能够就工作群体如何转变为工作团队进行概括。

工作群体经历了许多重要的发展阶段，主要包括形成阶段、调整阶段、规范阶段和执行阶段。对于一个要转变为团队的群体而言，它需要由过去的服从上级领导转变为更多的参与决策并最终适应团队领导模式。一个真正的团队是成员间相互补充相互促进的团队；是成员为了共同的宗旨和绩效目标而不懈努力的团队；还是成员间相互负责的团队。

4. 可以解释工作群体有时会遭遇失败的原因。

团队并非总能运行良好。有时公司会低估采用团队方式处理问题的难度。团队需要通过培训、授权和妥善的过渡才能使其正常工作。群体在转变为高效团队的过程中可能会遭遇失败，除非管理人员和团队成员拥有同样的信念，了解建立高效团队的方式并正确地加以实施。

5. 能够就如何建设一个有效率的团队进行阐述。

建立一个高效团队的关键是树立一个共同宗旨，并将这个宗旨细化为可量化的团队目标，设计团队任务使团队得到内在激励，设计团队绩效评估体系并设立团队奖励。

形成关于团队如何执行任务的共识。确保每个人都明白必须努力工作并通过实际行动为团队做贡献。在团队成员间树立相互负责和相互信任的团队文化。定期检查团队策略以确保与时俱进。

为确保团队成员能够全身心地为团队做贡献，应当严格地挑选和培训成员，并检查团队所有的重要角色是否都有人担任。通过多种步骤来建立团队凝聚力和高绩效规范。

而且不要仅局限于内部管理，团队同外部的关系也需要管理。

6. 可以列出处理团队间关系的不同方法。

确定一些重要角色，如看门人、信息传递、展示和调查的人选。明确你与团队外部之间横向关系的类型，这能够帮助协调贯穿于整个工作系统中的团队成员的努力。

7. 能够识别冲突管理的不同方式。

处理好横向关系可以避免一些冲突。不过，冲突来源于频繁的接触、有歧义的言辞、目标差异、对稀缺资源的竞争以及立场和时间范围的差异。基于此，可以采用五种不同的方式来处理冲突：回避、和解、折中、竞争和合作。共同的价值观让更高层次的公司目标成为关注点，此举对合作关系的建立颇有帮助。管理与另一方之间的冲突的技巧包括扮演一个调停人以及管理虚拟冲突。

问题讨论

1. 你认为人们为什么会抵触团队工作的理念？你会如何处理他们的抵触？
2. 假设你有一份工作，请回顾表 14.1 中关于传统型和新型团队环境的内容。你认为哪种环境是对你的工作的最佳描述？请从表中提到的不同维度来对你的工作进行评价。
3. 利用图 14.1 评价你在问题 2 中的工作。你的工作环境属于领导力的哪个"阶段"？
4. 从你之前的工作中找出一些曾经做过的事情，分析如果当初不那么做，是否会让你们的群体工作更接近于表 14.1 所描述的"团队领导力"。
5. 专家说团队是一种手段，而非目的。你如何理解这句话？你认为那些仅因为团队一度流行或者听起来不错而建立团队的公司会出现什么状况？如何避免这个问题？
6. 选择一个你熟悉的运动团队。评价其有效性并讨论哪些因素对此做出了贡献。
7. 类似问题 6，请对一个你曾经参与过的学生群体的有效性进行评估。可以通过改变些什么以使它更有效吗？
8. 要使团队变得高效，考虑团队中有哪些角色必须有人担当。哪些角色是你的强项？哪些是你的弱项？你怎样做才能成为一名更好的团队成员？
9. 举一个有关个人虚拟冲突的例子，讨论这个冲突是如何处理的，处理得是好还是坏。
10. 你自己最常用的解决冲突的方法是什么？最不常用的呢？你能做些什么来扩充你的冲突解决方法并成为一名高效的冲突管理者？
11. 举一个真实的例子以阐明共同价值观是如何帮助解决冲突的。找出一些现存的冲突并提出一些关于如何利用共同价值观来帮助解决冲突的具体办法。
12. 你是否曾经成为过"自我管理"群体中的一员？自我管理群体有何优势及劣势？为什么许多管理者拒绝这种提议？为什么一些人希望成为这些团体中的一员，而另一些人却不愿意？
13. 自我管理团队的运营在不同的文化环境中会有怎样的不同？文化单一的和不同文化交织的自我管理团队分别有什么优势和劣势？这给你带来了哪些启示？

实践练习

14.1 囚徒困境：组间竞争

引言

1. 指导者首先介绍练习内容并将所有人分为红组和蓝组（每组不超过 8 人），而且不允许任何形式的跨组交流，不论是语言交流、肢体交流还是眼神交流，只有当指导者允许时方可。给每个小组一定时间来学习囚徒困境博弈计分表。
2. （3 分钟）第一轮。每支队伍有 3 分钟的时间做出团队决策。并在规定时间内，写下你们的决定。
3. （2 分钟）宣读第一轮中每支队伍的选择，将相应得分记录在计分表上。
4. （4—5 分钟）第二轮的规则同第一轮一致。
5. （6 分钟）第三轮是特殊的轮次，在这一轮所有的分数为双倍。每支队伍选派一名代表坐在房间的中央，在所有代表协商 3 分钟之后，让他们回到自己的队伍。然后和先前一样，每支队伍都有 3 分钟的时间来做决定。需要提醒他们的是，双倍分数仅限于本轮。
6. （8—10 分钟）第四、五、六轮的规则和前三轮一致。
7. （6 分钟）第七轮也是一个特殊的轮次，这一轮按照初始分数的平方结算分数（如初始分数是 4，最终分数是 16），同时负分将被保留（如初始分数-3，最终得分是-9）。团队代表再次会面 3 分钟；然后团队整体会面 3 分钟。最后在指导者的指令下，两队写下他们的选择并由指导者宣布。

8. （6 分钟）第八轮的规则同第七轮一致。

9. （10—20 分钟）宣布两队总分，并计算两队总分的和，然后与最大的正负结果（+108 或 -108 分）进行对比。

囚徒困境博弈计分表

引言：

在连续 10 个轮次中，红队只能在 A 或 B 中做选择，蓝队只能在 X 或 Y 中做选择。根据以下计分表，每队在每轮所得的分数由两队做出的选择共同决定。

得分表：

AX——两队各得 3 分。

AY——红队扣 6 分（即得-6 分），蓝队得 6 分。

BX——红队得 6 分，蓝队扣 6 分。

BY——两队均扣 3 分。

计分表

轮次	时间（分钟）	选择		累计得分	
		红队	蓝队	红队	蓝队
1	3				
2	3				
3*	3（代表），3（队伍）				
4	3				
5	3				
6*	3（代表），3（队伍）				
7**	3（代表），3（队伍）				
8**	3（代表），3（队伍）				

*本轮得分按双倍计算。

**本轮得分取初始分数的平方（保留负号）。

资料来源：Dorothy Hai, "Prisoner's Dilemma," in *Organizational Behavior: Experiences and Cases*, 1E. Copyright © 1986. South-Western, a part of Cengage Learning, Inc. Reproduced with permission. www.cengage.com/permissions.

14.2 练习：旅行支票诈骗团伙

引言

1. （3 分钟）每组选一个观察员。观察员在小组解决问题的过程中保持沉默，并将小组的活动记录在观察员报告纸上。

2. （15 分钟）小组成员阅读并解决以下问题。

3. （2 分钟）当小组有了一个所有成员都赞成的解决方案后，需要将解决方案写在纸上交给指导者。

4. （5分钟）观察员简要概括小组解决问题的过程。
5. （25分钟）小组讨论以下问题：
   a. 小组是否在解决问题之前就已规划好解决问题的程序？如果是，解决程序是什么？
   b. 缺乏合适的问题解决程序是否阻碍了问题的解决？请做出解释。
   c. 在练习过程中，谁是小组的领导者？他们是如何做的？对他们的领导能力进行评价。
   d. 在练习过程中，小组采取了哪种沟通模式？谁参与得最多？谁又参与得最少？描述小组成员的行为。
   e. 小组最终有没有解决问题？组内有多少成员自己发现了正确答案？
   f. 利用小组来解决问题是不是比个人单独解决要好？解释你的答案。

米奇（绰号 The DIP）的案例

米奇（绰号 The Dip）是一个职业扒手和伪造的案犯，喜欢在洛杉矶国际机场最繁忙的时候作案。他挑那些即将登机飞往东海岸的看起来事业有成的人下手，这样在失主挂失以前米奇就会有5个小时的时间来刷这些偷来的信用卡。

一天早上，米奇从一个旅行者手中抢到了一个鼓鼓囊囊的钱包并迅速离开机场检查自己的战利品。令米奇惊讶的是，钱包里没有信用卡，只有500美元的支票，经过20分钟的练习，米奇已经能逼真地模仿失主的签名。然后他来到一家所有服装打75折的大型商场，他用其中300美元的支票支付了一件价格为225美元的衣服，在之前为他服务的导购员去吃午饭后，他又用剩下的200美元支票买了另一件价格为150美元的衣服。之后，米奇交换了两件衣服上的标签，并用那件225美元衣服的发票，把150美元的衣服拿到服务台要求退款，负责退款的职员收回了衣服并给了米奇11张20美元的钞票，然后米奇将钱塞进钱包后便销声匿迹了。

当商场提取旅行者的支票时，却被告知支票是伪造的。假设商场通常以2倍于批发价的价格销售服装，并将销售额的10%作为日常管理费用，那么因为米奇的不法行为，商场遭受了多少的现金损失？

练习：旅行支票诈骗团伙观察员报告

1. 在小组成员读完这个案例之后，大家的第一反应是什么？（列出每一个群体成员的反应。）
2. 确定小组成员在这个练习中所扮演的角色，举例说明。
3. 在练习中，小组成员间是否发生过冲突？请对冲突的性质和小组成员的行为做出解释。
4. 小组的决策是如何做出的？请给出具体案例。
5. 小组可以通过哪些方式改进他们解决问题的能力？

资料来源：Peter P. Dawson, *Fundamentals of Organizational Behavior*. Copyright © 1985 Pearson Education, Inc. Reprinted by permission of Pearson Education, Inc., Upper Saddle River, NJ.

综合案例

总承包商——洛基·盖格农

洛基·盖格农是一位50岁的木匠、工人和工匠。30多年以来，他几乎做过房屋建筑的每一项工作。盖格农正在不断变老，他也一直在忍受背部的疼痛。他热爱建筑生意，而且意识到现在是时候用脑子而不是身体来工作了。盖格农想成为一个总承包商。

一些总承包商有自己工作设备、工具和员工。其他一些则仅仅是拿到项目然后转包出去。

盖格农打算做一些与众不同的事情。他想成立一个商人团队，大家同意共同工作每年建成8—15栋房子。同时，每个人在共同工作之余可以继续作为独立的承包商承接项目。

在当地建筑行业工作了30多年的好处就是，盖格农有一大批不同的朋友和熟人。盖格农很喜欢和当地的管道及供暖承包商、屋顶工、安装隔音设备的人、土地测量员等喝酒聊天。他想利用这些人脉优势。盖格农对当地承包商的基本了解是他们技术很好，但都是单干，沟通技巧欠佳。当这些工人组成的团队最终成立时，你会发现这种模式真的很棒。

房屋建筑的工序是有讲究的。例如，安装隔音设备的工人只能等"粗糙的"电力、管道和供暖设备安装好以后才能开始工作。如果那些承包商有一个落下了进度或者没有完成自己的任务，那么整个工程都会被打断。一些外在的因素诸如天气、材料以及与其他项目相重叠的施工计划和截止时间都会对按时完工造成挑战。盖格农希望协调所有这些因素，让房屋建筑变得更有效率。

在盖格农看来，承包商之间也非常缺乏合作精神。许多承包商看起来一点都不为下一道工序的人考虑。例如，一个负责房屋框架的承包商应当清楚壁炉、灶台和烟囱的具体位置并应当给接下来负责安装的承包商预留足够的空间。但盖格农发现，房屋设计者的一个典型反应是："那不是我的工作，所以请不要和我说这些。"独立的承包商同样声名狼藉，他们经常留下大量垃圾给其他人（总承包商或下一个承包商）来清理。

盖格农想改变这一切。改变的途径是将这些承包商整合在一个为了同一个工程共同工作的团队中。如果做得好的话，盖格农认为这将是一个双赢的情形。

洛基·盖格农明白成功的机会是确实存在的，他也明白成功的关键是强大的组织和沟通能力。盖格农感到所有的难题在等待解决，他所需要做的就是帮助建立一个正确的团队、组织架构和工作流程以实现良好的结果。

过去几个月以来，盖格农列了一个名单，并且单独面见了几个他认为是当地最好的、并且有潜力和意愿的工匠组成一个团队并建立他所预想的工作关系。最初的几场会面已经为建立整体的框架划定了一些要努力的细节。盖格农从当地社区大学聘请了一个著名的商业学教授来担任团队的顾问和协调人。

问题

- 什么类型的团队最适合这种情况？用书中的概念来支持你的回答。
- 你认为这个团队会遇到什么难题？有什么好的解决办法？
- 激励这些个人像团队一样合作和沟通的关键是什么？

第 15 章
沟通

沟通的一个最大问题就是产生的错觉。

——萧伯纳

学习目标

通过学习第15章，你应该能够达到以下要求：

1. 能够探讨双向沟通的重要优势。
2. 可以识别出沟通问题，并加以避免。
3. 可以清晰地复述各种沟通渠道的利用时机与使用方式。
4. 能够总结出成为更好的信息"发送者"与"接受者"的方法与路径。
5. 能够阐述下行沟通、上行沟通以及横向沟通间存在的问题，并加以改进。
6. 面对公司内的交际网，可以总结出和谐共处的方法。
7. 能够阐述无边界组织及其优势。

本章概要

人际沟通	非语言技巧
单向与双向沟通	提高接收者技巧
沟通陷阱	组织沟通
混合信号和曲解	下行沟通
口头与书面渠道	上行沟通
电子媒介	横向沟通
媒介丰富度	非正式沟通
提高沟通技巧	无界限沟通
提高发送者技巧	

开篇案例

金爵曼（Zingerman）让所有的员工都清楚企业的愿景

金爵曼社区企业起源于美国密歇根州安娜堡市（密歇根大学主校区所在地）的金爵曼熟食店。尽管熟食店的名字叫金爵曼，但实际上没有哪个人的名字被称之为金爵曼。作为金爵曼的联合创始人——阿里·威兹维格（Ari Weinzweig）和保罗·萨吉诺（Paul Saginaw）只是想经营一家传统的犹太熟食店。他们想为自己的熟食店起一个朗朗上口的犹太名字，但他们自己的名字却并不符合（萨吉诺这个名字的含义在密歇根州通常会与当地一个美国土著部落联系在一起）。后来他们决定采用"格林伯格熟食店"（Greenberg's Deli），但最后他们了解到这个名字已经被同州另一家熟食店注册了。于是在开业前一周，经过短暂的头脑风暴，他们决定采用金爵曼这个名字，做出这个决定的部分原因，就是因为它以Z开头，很容易在电话簿中找到。

自1982年开始营业，因其一流的产品品质，金爵曼熟食店迅速走红。随着金爵曼熟食店的生意越发红火，业内人士纷纷猜测威兹维格和萨吉诺下一步很可能会依循最常见的商业扩展模式，即通过出售特许经营权将金爵曼的影响力迅速扩展到周边地区乃至整个美国。然而，两位创始人却决定将金爵曼熟食店打造成为安娜堡市市民生活的重要组成部分，而没有选择去扩张全国连锁店，因而他们的成长来源主要是经营新业务，以及更好的服务社区。也正是这一准则，为金爵曼社区企业的日后发展奠定了基础。伴随着新需求的不断出现，公司业务也不断丰富和拓展。现如今，金爵曼主要有9项业务：熟食店、一家面包店、一家酒席承办店、一家可制作奶酪和意式冰淇淋的乳制品店、一家咖啡店、一家糖果制造批发厂、一家邮购服务公司、一家叫金爵曼客栈的餐厅，以及一家专门教授金爵曼成功管理心得的培训机构。所有这些业务均由一家控股公司——舞动三明治公司（Dancing Sandwich Enterprises）所有，由威兹维格与萨吉诺聘请的一个或多个管理合伙人领导。尽管这些业务各自独立运营，但它们有着相同的价值观并且相互依赖。例如，熟食店、餐厅及酒席承办店的一些特色产品就来源于面包店、乳品厂及咖啡厅。

虽然金爵曼以坚持使用当地种植及制造的上等原材料而闻名，但威兹维格认为企业的成功更加得益于与员工的交流。实现良好的沟通在某种程度上是一个人的义务，它能确保员工接收到领导所传递的信息。例如，当新员工入职时，会有一位公司创始人在第一天为新员工引领方向，从而使创始人的理念能够清晰地传达给员工。并且萨吉诺也已经意识到，当公司逐步成长为拥有成百上千名员工的企业时，他必须主动地去与外界联系。他习惯思考自己在白天可能会遇到些什么人，并计划着如果和他们相遇应该说些什么。此外，威兹维格和萨吉诺还为员工沟通开发了两项重要的工具：一份愿景声明和公开式管理。这两个工具都包含有信息共享，员工可以从中清晰地掌握企业的发展方向以及所获业绩。

每当金爵曼的领导推出一项新业务时，他们会先撰写一份他们关于该业务的愿景声明。用具体的描述性语言来帮每个人在脑海中构想未来业务的景象，包括那些将使其与众不同的东西。将愿景以书面的形式表达出来能使其更易于与员工分享，这样员工可以随时通过参考它来提醒他们自己及他们的组织应该朝哪个方向前进。当愿景的作者传达出的理念能够激励员工高兴地工作并且将之实现时，他们就成功了。

公开式管理（本章随后会提到）是一种涉及共享公司运行信息细节和培训员工以使其了解他们的工作与公司业绩之间联系的实践。它保持一种理念，即当员工对自身工作效果有一个清晰的认识时，他们就会积极地在效果较差时做出改善或在效果好时继续保持优秀。由于金爵曼是一家私营企业，所以它不需要公开财务数据。很多私营企业都注重保护这些信息——视其为一个竞争优势。然而对于金爵曼来讲，更大的优势则来源于在重要问题方面与员工保持充分的沟通。

- 当你阅读这一章时，请思考公司的价值及其业绩信息对员工有多重要。试着找出几种方式使金爵曼的管理者可以就这些信息与员工沟通，从而使员工理解并关心这些信息。

由于金爵曼的创始人十分清楚，有效的沟通是工作绩效和管理效力的基本组成部分。它是管理者执行本书中所描述职能的主要手段，这些职能包括集体决策、共享愿景、协调组织结构内个人与集体的关系、聘用和激励员工以及领导团队。在这些及其他领域，管理者必须能够明确且令人信服地分享自己的想法，并且能够有效地倾听。在本章中，我们提出了一些重要的沟通概念及一些提高效率的实用指导。我们还谈论了在人际间的及组织层面的沟通问题。

15.1 人际沟通

沟通是指信息和意图通过对共同符号的应用从一方传递到另一方的过程。图 15.1 展示了描述一个人如何与另一个人沟通的一般模型。

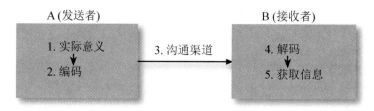

图 15.1　单向沟通模型

发送者通过传递信息给接收者（信息所传递的对象）来开始这个过程。信息的发送者有一个想要沟通的意图，并将意图编码成符号（针对传递的信息所选择的语言）。然后信息发送者通过某种渠道（如口头的或书面的媒介）传递或发送给接收者。

信息接收者对所接收到的信息进行解码（例如阅读）并尝试解释发送者的意图。信息接收者可以通过对发送者的信息进行编码来向发送者提供一个反馈。

沟通过程经常会被系统里的噪声或者干扰所阻滞。噪声可以是任何干扰准确沟通的东西：电话铃音、走神或仅仅是身体疲劳或精神压力等。

图 15.1 中的模型不仅仅是一个沟通过程的理论处理，它还指出了打破沟通的几种关键方式。模型中的每个阶段都有可能会出错。一个对潜在问题具有警觉性的管理者能够小心翼翼地实行各个步骤来确保更加有效的沟通。该模型还有助于解释下一小节将讨论的话题：单向与双向沟通的区别、沟通陷阱、曲解及多种多样的沟通渠道。

15.1.1 单向与双向沟通

在**单向沟通**（one-way communication）中，信息沿着单一的方向传递——从发送者到接收者，没有反馈回路。例如一位管理者将一封电子邮件发给下属而不要求他们做出回应；一名雇员给信息技术部门打电话并留言请求对她的电脑进行维修；一位主管批评一位产线工人的失误，大发雷霆后扬长而去。

当接收者 B 对发送者 A 做出反应（B 就成为发送者，而 A 就成为接收者）时，**双向沟通**（two-way communication）就产生了。在上面描述的单向沟通情形中，如果管理者发送完电子邮件后又追加询问是否有什么问题，信息技术部回复了某员工的电话并询问电脑问题的详细情况，主管镇定下来并倾听生产工人对于产生失误的解释，那么单向沟通就变成了双向沟通。

真正的双向沟通意味着不仅接受者需要提供反馈而且发送者也要善于接收反馈信息。在这些建设性的交流中，信息被双方共享，而不仅仅是从一方传递到另一方。

因为对于发送者而言，单向沟通更为快捷、简便，所以单向沟通更加普遍。一名忙碌的主管会发现匆忙发出一封电子邮件比与下属讨论一个烦人的问题要容易很多。而且，他还不需要处理疑问或面对一些意见不合的人的挑战。

双向沟通比单向沟通更困难也更花费时间。然而，双向沟通比单向沟通更准确，发生错误及产生问题的概率都较小。当接收者有机会提问、表达顾虑及提出建议或意见时，他们就能更准确地理解内容以及他们应怎样来处理这些信息。团队内有效地共享信息是业绩增长的一个主要推动因素。

让我们来思考一下下面发生在迪克·尼克尔森（Dick Nicholson）身上的事。当他还是公司的一名销售经理时，他参加了公司为销售部门准备的招待会。在尼克尔森听力范围之外，他的公司董事长向副总裁询问为什么这名特殊的员工（一名长期表现不佳的员工）仍然可以成为公司的一名销售人员。这名副总裁后来告诉尼克尔森他所理解的董事长的意思：董事长想要给这名员工升职。如果沟通仅限于单向的话，尼克尔森就可能会直接执行董事长表面上的命令，但是相反，他后来找到董事长并征求一个解释。当董事长解释说他对这种工作能力非常低的销售员工仍在公司工作的现象觉得非常奇怪时，尼尔克森长舒了一口气。

15.1.2 沟通陷阱

正如我们从亲身经历中了解到的那样，发送者要表达的信息并不总是被接收者理解。如果你认为你所说的和人们所听到的是完全一样的，那你就会活在一种错觉中。错误可能发生在沟通过程的每个阶段。在编码阶段，词语可能会被误用，小数点可能会点错，事实可能会遗漏或使用了含糊不清的词语。在传输阶段，一份备忘录可能会在杂乱无章的桌上遗失，屏幕上的字可能太小而使得坐在后排的人看不清楚，或者由于语言是通过模棱两可的词语表述出来的而造成语义不清。

> **提示**
>
> 不要指望没有经过全面有效的沟通就能传递信息。
>
> 作为一名员工你是如何通过与高管的双向沟通来传递结果？

当接受者没有认真听，或者由于阅读的速度过快而忽略了一个要点时就会产生解码问题。当然，接收者也可能曲解信息：例如一名读者从一份不是十分清楚的文章中得到错误的结论，倾听者会过于从个人角度来领会老板的整体陈述，或者采用一个错误的方式来理解一个斜视。

> 当乔治·弗兰克斯（George Franks）开始一个新工作时，他的老板似乎看起来总是很忙以致没有时间与他交谈。一名导师就建议弗兰克斯养成一个询问他的老板"需要我帮忙吗？"的习惯。但他的老板将这些反复的询问理解为自己无法胜任自己的工作，他感觉受到了冒犯，于是把没有人愿意做的项目都交给他，通过这种方式来回敬他。

一般来说，人们的感知和过滤过程会产生曲解。**感知**（perception）是指人们接收和阐释信息的过程。正如你所知道的，这些过程并非是完全客观的。它们是主观的，因为人们自利的动机及对发送者与信息的态度都会造成理解上的偏颇。人们通常都会假设别人理解了自己的观点，并自然而然地投入更多的精力到自己的观点中而不是他人的观点中。但感知差异普遍存在于分享共识的过程中。为了改善这一情形，人们要谨记别人的观点也是合理的，并将它整合到自己对问题的理解中，这是十分有帮助的。一般而言，采纳别人的观点是合作的基础。你采纳别人观点的能力（例如真正理解顾客或者供应商观点的能力）能使你获得更高的工作业绩。

过滤（filtering）是指人们保留、忽略或扭曲信息的过程。信息发送者就会做过滤这个过程。例如，发送者会说那些他们认为老板想听的话或者毫无根据的奉承而不是诚实的批评。接收者同样也会过滤信息，他们可能忽视一条重要的信息或只是注意到了信息的某些方面而忽略了其他方面。

一名杂志社经理喜欢用问题的形式来给她的记者下属分配任务（"你想要做 X 项目还是 Y 项目？"或"我正打算将你安排到 X 项目上，有问题吗？"）。这名经理被她的男老板批评了，她的老板认为她并没有向她的下属明确传达她的意图。另一个案例中，一家零售业的老板告诉她的一个门店经理说："记账员需要帮助。你可以考虑帮助她吗？"经理说可以但实际却并没有去帮助记账员。尽管老板以为经理的意思是他立刻就去帮助记账员，但是经理说他理解的意思是他考虑一下是否会去帮助记账员。最后他决定他有更重要的事情要去做。

> 过滤与主观感知渗透于动态沟通的一个非常有趣的方面：男人和女人会在沟通风格上存在何种差异。

由于这种过滤与感知上的差异，你不能假定别人的意思是你所认为的意思或者别人理解了你想要表达的意思。管理者需要擅长相互理解和根据他们的交流对象来调整他们的沟通风格与感知。人们的过滤与主观感知的倾向是无效沟通的根源，因而需要更多的有效沟通实践，这些都会在本章的余下部分讨论。

15.1.3　混合信号与曲解

前面的讨论中都暗含了一个共同的主线，那就是人们的感知可能会破坏试图进行的沟通。人们并不会关注周边发生的每一件事。而人们会在无意间发出可能会破坏他们试图传递信息的混合信号。不同的人关注不同的事情，而且对同一件事不同的人也会有不同的看法。所有这些都会给沟通带来困难。

如果沟通在不同的文化背景的人之间进行，这些问题就会被放大。沟通破裂经常会在不同国别之间的商业交往中发生。第 6 章已向你介绍了这些文化问题的重要性。

下面的例子强调了复杂信号与曲解的处理。一家银行的 CEO 意识到要提高竞争力就必须精简机构，而且留下的员工必须致力于客户服务，获得更多的授权，从而真正赢得顾客的忠诚。他知道雇员对接下来的改组会有疑虑，因此他决定做出承诺，他会尽力保住这些剩下员工的职位。

这位 CEO 通过他的承诺向员工传达了什么信号呢？一个积极的信号是他非常关心他的员工。但他也示意他会照顾这些员工，这就破坏了他想给员工更多责任和授权的目标。员工们想让管理部门来承担他们需要面对的市场责任——在他们本应学会新的经营之道时却让公司替他们来处理那些问题。在他原本打算让员工们意识到银行的未来取决于他们的努力时，CEO 无意间保证了他们对安稳的保守需求。然而，这位 CEO 的确避开了一个企业在宣布裁员或外包的时候常见的陷阱，即忽视信息的情感意义。有时管理者过于关注企业变革的理论，以至于忽视了裁员的人力成本。当员工听到一则忽略了他们感受的信息后，他们普遍会觉得这则信息意味着管理者并不关心他们的感受。

设想一下，有多少问题可以避免，交流如何可以变得更有效——如果人们花时间去（1）确保接收者注意到他所发送的信息；（2）考虑到另一方的参照标准并努力在记住那个观点的条件下传递信息；（3）在接收与发送的方面采取具体措施，努力将感知错误与不合理的信号最小化；（4）发送一致的信息。你应当努力预测人们会对你所发送信息的理解，并考虑人们可能会产生怎样的曲解。说出你所想要表达的以及你不想要表达的是非常有帮助的。每一次你说"我说的不是 X，我说的是 Y"时，你都消除了一种可能会发生的曲解。

15.1.4　口头与书面渠道

沟通可以通过多种渠道进行（图 15.1 所示模型中的第三步），包括口头渠道、书面渠道及电子渠道。每一种渠道都有各自的优点与缺点。

口头沟通包括面对面的讨论、电话交谈以及正式陈述和演讲。优点是可以有问有答，反馈及时、直接，接收者可以感知发送者的真挚情感（或缺乏感情），口头沟通更具说服力而且有时甚至比书面沟通成本更低。然而，口头沟通也会有缺点：它会导致自发的、考虑不充分的表述（及懊悔），而且也没有永久性的记录（除非刻意地去记录它）。

书面沟通包括电子邮件、备忘录、信件、报告、电脑文件及其他书面文件。使用书面信息的优点是信息可以多次修正，它是一份可以保存的永久性记录，这些信息即使经过多人转手仍旧保持不变，而且接收者可以有更长的时间来分析信息。它的缺点是：发送者不能控制何时、何地或者信息是否被阅读到了；发送者不能收到及时的反馈信息；接收者可能并不能完全理解信息；书面信息的内容往往更长，因为需要包括回答问题所需的足够信息。

当你决定是采用口头还是书面沟通时，你应当权衡利弊再做出决定。有时也可以同时采用上述两种渠道，比如会议结束后发一个确认的备忘录或在你打电话给某人之前写一封信给他。

15.1.5 电子媒介

在其他沟通媒介中，电子媒介可以为个人提供多方沟通的机会：可以同时进行多个会话。在网络决策室中，软件可以使人们同时共享一些文件并且允许人们交流观点及共同合作。其他的电子沟通方式包括电话会议，通过这种方法，不同地点的人们可以在参与群体讨论时通过电话线实现交流，甚至还可以从电视屏幕上看到对方（电视会议）。你也许对电子邮件、即时信息、短消息与博客等电子媒介非常熟悉。

电子邮件是职场沟通的一项基本的工具；即时通讯相比之下在商业环境中的应用较少，但它的使用量正在不断增长。一些企业通过博客实现与外界环境的沟通——例如，通过共享产品功能或企业社会责任的相关信息来与外界沟通。博客同样也可以促进组织内部的沟通。

一个项目团队可以拥有一个博客，队长会在上面实时更新相关的演示文稿与电子表格。当团队成员需要项目的相关信息时，在博客网站上搜索是一个很容易找到它的方式。他们也可以针对博客上的条目来发表自己的想法和意见。同样地，博客也可以用来鼓励趣味相投的员工们在某个产品、职能或客户方面进行协作。

Web 2.0 是一系列基于互联网的应用，它鼓励用户自己提供内容并进行协作。一些使用最广泛的 Web 2.0 应用是社交网络、播客（podcasts）、聚合内容（really simple syndication，RSS）（十分简单的信息整合，在此用户可以订阅新闻、博客及他们所选择的其他信息）及维基百科（由众多作家或用户投稿形成的在线出版物）。脸谱网、YouTube 与维基百科的用户已经将他们的使用经验带到工作中并将在线协作应用到了业务需求中。与第一代互联网应用不同，在信息技术部评估并进行购买时，Web 2.0 并不趋向于被正式引进到组织中。相反，员工们只是简单地开始使用这个工具来满足其中一些具体的需求。

> 现在的用户比以前花在各种各样的沟通方式上的时间更多，尤其是电子邮件、移动电话及社交网络。值得注意的是，尽管高负荷的工作经常被归咎于电子邮件，但只有 **28%** 的技术用户认为电子邮件是信息过载的最大推动者。

优点 电子沟通方式的优点众多且引人注目。在公司内部，这些优点包括可以共享更多的信息而且可以更快速、高效地将日常工作信息传递给广大地域中的众多员工。与业务相关的维基如 Socialtext 可以让项目团队在一个论坛上发表自己的想法，并让他人来对其进行完善。Socialtext 允许项目负责人根据用户的知晓及参与的需求来授予用户访问权。网络隧道用维基来进行产品开发。维基为公司节省了"无数的纸张、邮资、会议、差旅预算、电话会议及协调所需要的时间。"

电子沟通的一些应用扩大了人际网络。例如，领英提供了连接到一个联营公司网络的链接，而脸谱网提供了与成千上万顾客进行业务交流的机会。

电子沟通能够节省用于差旅、影印及邮寄的时间和费用。当一次卡车事故造成的一场火灾导致在旧金山地区的主要高速公路路线关闭时，瓦莱丽·威廉姆森（Valerie Williamson）通过在 Second Life（一个网络虚拟世界）中的公司虚拟办公室里会见她的同事布莱恩·弗里德兰德（Brian Friedlander），避免受到这次交通混乱的影响。威廉姆森与弗里德兰德于在线会议室中用他们的化身（自身的动画形象）来主持真实生活中的公司（即电子羊公司，Electric Sheep Company）的会议。Second Life 的参与者可以通过他们的化身来完成类似的商业交流活动，例如提供演示文稿讲解、播放流媒体音频和视频，以及提出问题。

> **提示**
>
> 设想一下如果你不用电子沟通的方式你会损失多少时间，设想一下如果你的公司及其员工都寻求并采用最具成本效益的沟通方式会节约多少资金和自然资源。
>
> 你会（在工作或私人交往中）采用哪种形式的电子沟通？

包括波音在内的一些公司使用允许匿名发表意见的头脑风暴软件，并认为它可以增加内部讨论的真实性。一些研究证明：决策支持系统与面对面的会议相比，数据共享更多，批评性的争论更多，决策质量更高。另一部分人则担心匿名信会引起部分参与者的粗心、粗鲁或不明智的陈述，因而他们要求公开身份或限制对社交网络技术的访问权。然而，越来越多的企业将领英、Twitter 及脸谱网这样的服务软件看作保持与上千万软件用户联系的必要纽带——尤其是其中年轻一代的同事与顾客，比起语音信箱及电子邮件，他们更可能会去查阅 Twitter 及网络状态。

缺点 电子沟通的缺点包括难以解决一些需要更强扩展性的面对面交流的复杂问题，以及不能识别交流者在想的或表达的那些微妙的、非语言的或隐含的线索。在网上谈判中，甚至在它开始之前，比起面对面的谈判，磋商者更加不信任另一方。谈判过后（相比面对面的谈判者），人们通常对他们的谈判结果并不满意，即使其结果的经济性是等效的。

虽然企业高度依赖计算机辅助的方式来进行群体决策，但面对面的群体讨论通常花费的时间更少，决策质量更高，并且成员满意度更高。电子邮件最适合用来发布那些不需要交换大量复杂信息的例行消息。它不太适合传递机密信息、解决冲突或进行谈判。有报道称有的公司通过电子邮件和短信的方式解雇员工。这些没有人情味的沟通不仅会伤害到员工的感情，且会很容易导致一名失落的员工将消息传播开来，而且这种传播通常会很容易造成滚雪球效应，使每个相关人员都感到不安。像电子邮件一样，即时信息这类沟通工具可以帮助人们更高效地进行合作，但它们也可能会泄露敏感信息。

公司担心泄密及传播负面报道，因此可能会要求员工在博客或社交网络中发布信息或者在使用一种微博服务（例如 Twitter）时遵循一些具体的准则。针对这个问题，IBM 公司邀请员工为使用这类社交媒介起草专门的行为准则。员工的意见会由公司的人力资源部、市场部、财务部、公关部及法律部门的成员审核通过后变成公司的一项政策。当 IBM 的员工使用社交媒体时，要遵守公司规定的行业操守，认清自己的身份，保持恭敬的态度，并且只能代表他们自己（而不是说代表公司），以及避免泄露公司秘密或是诽谤竞争对手这类行为。该公司也得出结论：与让员工远离社交网络或无法对员工进行适当行为培训相比，利用这一政策来引导员工的风险更低。

电子沟通会产生两大后果：一个是负面、恶劣的信息的扩散，另一个是信息的曲解。人们会侮辱他人、发泄失意的情绪、向老板告发自己的同事以及违背协议的现象。非语言线索的缺失会导致"玩笑式"的评论被当真，从而产生怨恨和后悔。人们会在不带情感色彩的信息中看到负面的意思，而且在电子沟通时更可能会说谎并且觉得这是理所当然的。与此同时，一些机密的信息（包括人们私生活的细节及无礼的、令人窘迫的评论）会由于电子漏洞而被公众所知的事情也并不少见。

关于电子沟通的其他缺点人们也有必要了解一下。不同的人或者不同的工作单位，会忠实于选择不同的媒介作为沟通渠道。例如，很多Y世代的员工与顾客（生于1980年及以后）倾向于忽略语音邮箱并很少检查电子邮件，因为他们认为这些信息通常都会是垃圾邮件。另一个缺点就是电子信息有时会被那些本不应该看到的人所看到。小心你的即时信息，确保你不会意外错发给他人，并且这些即时信息不会在某个演示文稿展示中突然出现。对于删除电子信息而言，无论是电子邮件、即时信息还是手机短消息都不能彻底删除它们，它们会被保存在另一个地方。收件人可能在原发件人不知道的情况下发给另一个人。很多公司都通过软件来监视电子邮件和即时信息。他们可能把这些信息在法庭上作为起诉个人或公司的证据。在工作中从公司提供的设备上发出的信息属于私有财产，但这些信息属于系统的拥有者，而不是发送者。

下面是电子邮件的"金科玉律"：不要按"发送"，除非对于你的信息出现在报纸头版并被你母亲或是竞争对手看到你都能感到释然。在发送前请一位同事来读一下非例行性的电子邮件，这并不是一件坏事。

管理电子负载 电子沟通媒体如今看来是必不可少的，人们很难想象没有它们人们会怎样工作。但同时人们会被巨大的信息量所压倒。

幸运的是，一些经验法则可以帮助你进行电子沟通。对于信息过载的问题，真正的挑战在于从常规信息中分离出真正重要的信息。高效的管理者会把时间花在思考更大的经营对策问题上，不会使自己陷入处理那些貌似紧急而不重要的琐事中去。这里关键的是要从战略的角度去思考你的目标，把时间优先花在最重要的事情上。当然，说起来容易做起来难，但它确实很关键并且也很有帮助。大多数通信软件都有可以提供类似帮助的工具。

当然，管理也发挥着重要的作用。通常员工会不断地检查邮件，因为他们认为（也许是正确的）这是他们的上司期望他们做的。管理者可以通过限制和告知员工他们应在什么期限内给出及时的回复来帮助员工。

这里有几个更具体的建议：使用电子邮件时，当你只需点击"回复"时不要点击"回复所有"。按照主题、优先级或发件人来分门别类地创立文件夹，标记那些需要后续跟进的邮件，以此做到有条不紊。无须回复抄送的邮件，因为它仅供信息参考。

有一些公司也认识到过度使用电子媒体的缺点。在美国Cellular公司内，一名执行副总裁采取了星期五全体禁用电子邮件的方式。经过一定的抵制后，员工意识到他们通过电话及面谈彼此间建立了更深的工作关系。在PBD的全球执行服务中，星期五不使用电子邮件已经成为新的（或旧的）交流习惯，并影响到了这周的其他日子。虽然，在PBD的电子邮件量下降了75%，但它将其转化成了更高的效率。

虚拟办公室 基于管理应侧重于人们做什么而不是在哪里做的哲学，虚拟办公室是一种流动办公室，在这里人们可以在任何地方（他们的家里、汽车里、机场或顾客的办公室）开展工作，只要他们拥有同顾客及同事交流的工具。

至少从短期看来，虚拟办公室的效果是显著的。节省了房租和设备费用就是一个明显的优势。在加利福尼亚州默塞德，加州保诚不动产经纪人在个人网站上或通过电子邮件的方式相互共享信息，通过互联网保持行业内部以及与客户的联系。无论是在开会或是拜访一位客户抑或是在家里工作，员工都可以在虚拟办公室中找到他们所需的公司信息。聘用与留住人才就会变得更容易，因为虚拟办公室的日程安排灵活，并且将留住那些希望调度的员工（如妻子在另外一个城市从事了一个新的工作）成为可能。

但从长远来看，虚拟办公室会对工作效率和员工士气产生什么样的影响呢？我们可能会面临失去太多人文关怀和那些只会发生在两个人真实邂逅之后的真诚相遇的风险。一些人非常厌恶被强制在家工作。一些人深更半夜发送传真、电子邮件及语音邮件，他人却不得不接收它们。一些人不分昼夜地工作，但还是觉得他们工作得不够多。长时间不停地使用这些技术工具工作会使人们筋疲力尽。而且有些企业已经认识到在办公室的直接监督对于保证工作质量是非常必要的，尤其是在员工缺乏经验及需要指导的时候。虚拟办公室需要人们做出改变，并且带来了技术上的挑战，因此虽然它被大肆宣传并且也是十分有用的，但它并不能取代真正的办公室和面对面的工作。

15.1.6 媒介丰富度

有些沟通渠道比其他渠道传递的信息量更多。媒介传递信息的数量被称之为**媒介丰富度**（media richness）。媒介传递给接收者的信息或线索越多，媒介就越"丰富"。最丰富的媒介往往是人性化的而不是技术化的，它可以提供更快的反馈，包含大量描述性语言并能发送不同类型的线索。因此，面谈是最丰富的媒介，因为它除了语言外还提供多种线索：语气、面部表情、肢体语言及其他非语言信号。而且面谈所使用的语言比诸如备忘录所使用的语言更具描述性。除此之外，面谈还给接收者提供更多的提交反馈及向发送者提问的机会，从而将单向沟通变为双向沟通。

电话的媒介丰富度要低于面谈，电子邮件次之，最差的是备忘录。一般而言，你应该通过比较丰富的媒介发送那些难理解的和独特的信息，用备忘录这类丰富度低的媒介发送一些简单的和日常的信息，同时用多种媒介发送那些你认为非常重要而且想要确保对方能够关注并能够理解的信息。你也应该考虑一些因素，比如你的信息接收者更倾向于哪种媒介，你所在的组织更倾向于哪种沟通风格，以及沟通的成本。表 15.1 提供了一些基于信息和听众的关于选择渠道方面的情景范例。针对每一种情形选择一种渠道，然后将你的答案与表 15.2 对比一下。

表 15.1　你会采用什么沟通渠道？

情景 1：一个中等规模的公司想宣布一项新员工福利计划。
情境 2：一名管理者想和 10 名员工确认开会时间。
情境 3：在一个中等规模的保险公司内激发来自不同部门的员工投身于同一个项目团队的热情。
情境 4：处于分散地域的工程师希望能够相互交流设计思想。
情境 5：向分布在各地的 1000 名员工清晰地描述一个新版语音系统的细节性内容。

资料来源：Communicating for *Managerial Effectiveness* by Phillip G. Clampitt. Copyright © 1991. Reproduced with permission of Sage Publications, Inc. via Copyright Clearance Center.

表 15.2　针对表 15.1 中的情景所建议的媒介选择

处境	差的选择	好的选择
1	备忘录	小组会议
原因：备忘录不能提供必要的可以解释那些模糊信息的反馈。而且，员工可能存在文化素养问题。小组会议中会允许做一下口头解释，之后参加者可以就复杂材料中的任何内容进行提问。		
2	电话	语音信箱或电子邮件

（续表）

原因：对于一个像这样的简单信息，当丰富度低的媒介可以做到时，不必动用丰富度高的媒介。

| 3 | 电子邮件、语音信箱 | 面谈、电话 |

原因：在需要做说服工作时，发送者必须根据接收者的反对意见迅速地对信息做出调整。这是电子邮件和语音信箱所不具备的特点。面谈可以使发送者有最大的灵活度。电话是次优的选择。

| 4 | 电话会议 | 传真、计算机会议 |

原因：电话会议很容易过于强调工程师们的地位及性格的差异，从而影响大家自由地交流思想。传真或计算机会议可以保证想法的质量成为交流的中心，并且这些媒介仍能实现快速反馈。

| 5 | 简报 | 录像带 |

原因：如果员工们已经相信了新系统的优点，那么你就可以用发简报的方式。但录像带可以用图像传递需要演示的信息，还能帮助人们掌握操作过程。

 管理实践

拉希米·辛哈（Rashmi Sinha）说明了忙碌的管理者是如何利用将面谈与电子沟通相结合的方式来保持联系并且跨时区处理工作事宜的。辛哈和她的丈夫乔恩·鲍特尔（Jon Boutelle）及她的哥哥阿米特·兰詹（Amit Ranjan）成立了一家名为 SlideShare 的公司，该公司主要经营一个使客户可以共享演示文稿的网站。这家公司位于旧金山（辛哈和鲍特尔所住的地方），它有30名员工分布在旧金山及印度的德里（兰詹局住的地方）。两地有12个小时的时差，因此该公司的工作时间基本上是全天候的。

当辛哈上午9：30到办公室时，她检查她的电子邮件并找出任何可能出现的问题。如果可能，她会立即处理每个问题，避免之后需要重读或重新考虑这些信息。辛哈将她的语音信箱授权给她的业务经理进行管理，如果有任何重要的信息业务代表都会让她知道。虽然她不会在办公室电话上核查信息，但她确实将自己的手机号码公布给了主要联系人并保持手机开通。

每周旧金山的员工都会与辛哈和鲍特尔一起召开几次"站立会议"，在会议上每一位与会者用几分钟来讲述他们所做的成就、他们当天的计划以及他们需要从他人那里寻求到什么资源。下午，辛哈主要忙于与客户、广告商及其他人进行面谈。在会谈间隙，辛哈会根据项目管理工具 Pivotal Tracker 的更新状态来实时跟进员工工作进度。每一支团队都列有一份任务清单，当员工完成任务并通过批准后，他们便能更新进度并对所有人公开。

晚上9：00左右，辛哈检查德里的员工（主要是工程师）。德里的员工都聚在会议室内，辛哈通过 Skype 网络电话服务同他们会话。她也非常重视每天通过电话或 Skype 与兰詹的会话。有了 Skype 后，辛哈喜欢上使用网络摄像头，这样与会者就可以相互看到对方并可以做出很好的情感交流。当然，即使拥有摄像头，网络会议的媒介丰富度仍然没有面谈高，因而辛哈每年会安排一次去德里的行程。鲍特尔因为有工程学背景，去德里就更频繁了。

- 辛哈是如何应用电子沟通的优势并最大限度地降低其劣势的影响的呢？

15.2 提高沟通技巧

雇主们对大学毕业生们缺乏沟通技巧的现象感到非常失望。展现出良好的沟通能力会使应聘者更具吸引力，而且可以使他（她）在众人中脱颖而出。从发送者和接收者两个角度，你可以有很多措施来提高你的沟通技巧。

15.2.1 提高发送者技巧

首先要认识到，诚实、率直及坦率的谈话非常重要但却是很少见的。首席执行官们通常被教导在传递信息时要针对不同的听众（投资团体、员工或董事会）各有侧重。直白地说出信息是不太可能的。信息围绕的重点可能不同，但绝对要一致。发言者要使听众能够明白自己的观点、原因及意图。

除了这一基本点外，发送者还可以从劝说性陈述、书写、语言使用及传递非语言信息等方面来提高他们的沟通技巧。表15.3给出了一些有关正式陈述的技巧，下面的讨论主要围绕提高说服技巧的其他关键因素展开。

表15.3 十种为你的陈述增添力量的方式

"所有杰出的演讲家起初都是不擅长讲话的人。"拉尔夫·沃尔多·艾默生

1. 在你报告的内容方面花上足够的时间。演讲者很容易分心于幻灯片或演讲技巧，而忽略了演讲的内容。熟练掌握演讲内容，你就可以如会话般地讲述它，并不需要刻意尝试记住内容。如果你相信你所说的并且拥有这些材料你就会传达出热情，而且会觉得更轻松。

2. 清晰地理解你所陈述的目的。用一句话回答这个问题："我想让观众从以下陈述中相信什么？"写下你的目标会帮助你专注于概要。你陈述中的其他任何东西，报告的结构、语言及视觉效果都是为你的目标服务的。

3. 告诉观众你陈述的目的是什么。常言道："告诉他们你将要讲什么，告诉他们，然后告诉他们你已经说了些什么。"提前将报告的概要展示给观众，帮助他们理解你即将演讲的内容。

4. 提供意义而不仅仅是数据。如今的信息是可以广泛获取的，大量的数据是不会给人留下深刻印象的。人们注意力的广度是有限度的，他们都希望陈述者能够说清楚这些数据的意义。

5. 练习、练习、再练习。要想在陈述中表现得游刃有余需要不断排练。练习用不同的方式来阐述你的观点。最重要的是，不要死记硬背你要陈述的内容。

6. 谨记：陈述比起演讲更像是一次交谈。让你的语调更加交谈化且专业化。如果观众感觉你在和他们交流而不是在大发议论，他们会更投入。依靠幻灯片或一份大纲来唤醒你的记忆。

7. 谨记：眼神交流具有惊人的力量。注视观众中的某一个人。尝试在房间中进行一系列一对一的沟通。这些会使你镇定并有助于你与观众之间进行交流。

8. 接受缺陷。如果你忘了接下来要说什么，简单地暂停一下，看看自己的笔记，然后继续下去。不要"中断讲话"、急忙道歉、咯咯傻笑或露出窘迫的神情。记住观众不像你一样熟知你的材料，很多错误他们都不会注意到。

（续表）

9. 做好回答棘手问题的准备。试着预测你可能会被提问到的最尖锐的问题。事先准备好答案。如果你没有一个答案，承认这个事实，然后承诺随后再对它进行了解。

10. 准备一个 Q&A（问答大会）后的清晰总结。只要有可能，在 Q&A 环节后进行一个简短的陈述。在 Q&A 环节开始时可以这样说："我们将留下 10 分钟来回答问题，然后再说几条总结评论。"这样可以防止你的陈述平淡地收尾。另外，如果你收到敌对或难以回答的问题，你还有机会做最后的总结。

资料来源：Lynn Hamilton, class handout (with permission).

陈述与说服技巧 在你的整个职业生涯中，你需要就各种问题发表你的看法。你要向他人传递信息、发表观点或提出建议。通常来说，你的目标是将你的想法"兜售"给其他人。也就是说，你的挑战将是说服他人接受你的建议。作为一名领导者，你会发现最艰巨的挑战在于人们不想做一些他们必须要做的事情时。领导者必须要有足够的说服力使人们"就范"。

在陈述观点及说服他人的过程中，你的态度十分重要。说服并不像很多人所想的那样：仅仅是兜售一个想法或使别人从你的角度来看问题。不要总是设想采用"顺我者昌，逆我者亡"的做法，用一锤子买卖来实现强制销售并且毫不妥协。将说服看成一个相互学习及共同协商解决方案的过程更具有建设性。当演讲者面对听众能够打开心扉、相互沟通、展示热情，并且表现出他们除了是说话者同时也是倾听者时，我们就认为这样的有说服力的演讲者是十分真诚的。作为一名演讲者，你可以通过观察和应用当你身处令你十分舒服的人群中时的肢体语言，考虑如何直接融入到你的听众中去，找出使你关心你的话题的原因，关注非语言线索，以及专注倾听听众的评价和疑问等方式来训练这种真诚性。

最强大而有说服力的信息是简单而富含信息量的，也会附带一些故事和趣闻，还能够传递愉悦的信息。若你将信息表示为简单的、出人意料的、具体的、可靠的并包含情感内容的故事时，人们更容易记住并相信它。例如，诺德斯特龙（Nordstrom）通过延承以往的故事来鼓励员工。在这些故事里员工们给顾客提供额外的服务，比如顾客购物时，可以帮助顾客发动汽车抑或是帮顾客熨衬衫使顾客能够穿着它去参加会议。鲁巴尔·贾因（Rubal Jain）在印度本土的快递服务公司 Safexpress 向顾客叙述他们如何将 69000 本最新版本的《哈利·波特》在出版的第一时间准时送到印度全国各地的书店——这是一个远比准点到达的快递数据更生动的案例，鲁巴尔·贾因从而得到了客户的青睐。要想变得可靠，任何交流者都需要做到言行一致。

写作技巧 高效的写作不仅仅是正确的应用拼写、标点符号及语法（虽然它们有助于写作）。好的写作首先要求清晰的和逻辑性强的思考。写作本身对思考过程很有帮助，因为你必须考虑你实际想说什么，以及它们背后的逻辑关系如何。

若你希望人们认为你的电子邮件和报告是通俗易懂的和兴趣盎然的，那就要力争做到清晰、结构合理、可读性强且简短。被电子邮件在内的各类文件所包围的读者更喜欢阅读简短的作品。为帮助信息接收者处理庞大的信息流，你可以在邮件中写好详细的主题，将主要观点放在信息的开头，并将信息的每段限定在 5 行之内，而且还要避免讽刺或刻薄的幽默（可能会引起误解，尤其是当读者匆忙浏览信息时）。尽量多用字典和辞典，而且要避免使用华丽的辞藻。

你的第一稿很少会是十全十美的。如果有时间就修订一下。多考虑一下读者的感受。浏览整篇信件、备忘录或报告并删掉不需要的词、句和段落。尽量使用明确、具体的而非抽象的词语。与其说"一段天气不佳的日子来临了"，倒不如说"这星期每天都下雨"。

语言 用词的选择可能促进也可能妨碍沟通的效果。例如，术语是速记法的一种形式，在沟通双方都非常了解相关术语的时候，它可以提高沟通的效率。但如果接收者不熟悉术语就会产生误解。因而，来自不同职能部门或学科领域的人们在沟通中经常由于语言障碍而误解对方。正如写作一样，简单明了会有所帮助。

> "君子有九思：视思明，听思聪，色思温，貌思恭，言思忠，事思敬，疑思问，忿思难，见得思义。"
>
> ——孔子

因此，无论是说还是写，你都应该根据接收者的文化及技术背景来调整自己的语言。当你接收信息时，不要以为你理解的信息就是说话人的意图。思科的首席执行官约翰·钱伯斯的专业背景是商业，但他向公司的工程部管理者请教术语。他说："他们做得非常好。"同时，钱伯斯表达出对他们的工作发自内心的兴趣，这表示了他对员工的尊敬并获得了更多的信赖。无论何时当钱伯斯与工程师一起旅游或视察他们的情况时，他都要求他们教自己一个题目，然后他就会倾听。

用词的选择在不同文化中有不同的含义。日本人用简单的"hai"（是）来表示他们听明白了你所说的意思，但并不意味着他们同意你的观点。亚洲商人很少直接说"不"，而用一些含蓄的或间接的方式来表达他们的反对意见。在一个全球化的团队中，如果成员由于语言、文化及地理障碍而产生沟通困难，那么这个团队通常就会失败。异质性起初会损害团队的运作，但当他们摸索出互动沟通的方式时，他们就会形成共识，团队就会良好地运作起来。

当你在海外做生意时，尽量学一些当地的语言和习俗。这一点美国人做得没有其他国家的人好，多数美国人认为在外国做生意不一定要学习外语，而且大多数的美国公司不会把他们的员工送到外国去学习当地的语言。但是派雇员到外地学习外语的公司比没有这样做的竞争对手更具优势。努力学习当地的语言有助于营造业务发展的和谐氛围，帮助应对文化冲击，并且尤其有助于你融入到另一个文化中去。你将会了解更多的关于人们在生活和商业交往中是如何思考、感受及行动的信息。

> 派雇员到外地学习外语的公司比没有这样做的竞争对手更具优势。

当然，对于那些即使只是在本地范围内经营的组织而言，管理者与员工在交流时要考虑听众的感受，再遣词造句，同样也可以从中获益。如果想了解写作技巧对于金爵曼领导者的重要性，请阅读下文的"管理案例：金爵曼的领导者是如何创造并传递愿景的"。

 管理实践

金爵曼的领导者是如何创造并传递愿景的

回想公司从1982年位于安娜堡的一家熟食店逐步成长为如今拥有上千名员工并集合了9家广受称赞并有很强社区意识的企业，阿里·威兹维格说道："可以说如果没有愿景，我们不会有今天的成就。"对于威兹维格而言，愿景意味着展开了"一幅未来特定时间段成就的蓝图"，将这幅蓝图转换成员工可以理解的语言，并就愿景进行沟通，经理与员工就可以弄清楚应该如何实现它。

在早期，联合创始人威兹维格和保罗·萨吉诺就意识到他们必须就公司的发展做出相应决策（比如允许其他地方开设加盟店），而且他们也意识到他们是建立在一定价值观基础之上的。在此基础上，他们为公司提出了一个愿景。他们体会到了有了愿景以后企业发展方向的明确性，因而他们开始规定公司无论何时若考虑增加一项新的业务，领导者都必须为这项业务创立一个愿景。

威兹维格发现一个伟大的愿景可能会出现在领导者遵循一些准备、撰写、修改以及分享愿景的步骤中。准备阶段包括选择主题（即适用于整个组织或一个特定单位的愿景），选定一个时间框架（未来5—10年内的某一时点），并通过罗列积极的成就或资源来建立一个积极的前景。威兹维格建议：书写一份愿景应从一份快速的用时不超过30分钟的草稿开始。一张关键点的列表或一个故事都可以，只要"草稿"两字出现在文件的上面，用以提醒作者这只是愿景的开始就可以。威兹维格鼓励个人风格，比如愿景书写人与业务相关的个人价值观和激情。但这一步完成后，威兹维格建议把草稿先搁置几天。

接下来是修订过程。好的作家认为大多数的作品经过首批读者的阅读后再加上专家的建议后一定会有所改进。在这一阶段，威兹维格建议可以增加丰富的具体细节，包括提供一些估量成功的数据。此外，作者应该考虑愿景是否能够激励那些读到或听到它的人。经过四轮修订后，威兹维格说，是时候与信任且受人尊敬的评论家共享愿景了，那些具有丰富经验和专业知识的人会帮他们提供建设性的而非破坏性的意见。此时，重要的是关注对愿景本身的描述而非界定各行动步骤，这是一个不同的过程。最后，当充分考虑到评论家的建议后，愿景就可以与他人共享了。

所有的修改都应该帮助作者塑造一个读者或听众能够刻画的并愿意将之付诸行动的愿景。例如，当金爵曼旅馆决定通过在它的停车场开设每周一次的农贸市场来更好地供应当地食品并服务社区时，公司领导人就此书写了一份包括以下陈述的愿景：

> 这是一年中最长的一天，太阳正处于其发热和发光的顶峰期。人群正在街边旅馆的停车场游逛，对当地丰富的特产种类感到十分惊奇和兴奋：从各个品种丰富的西红柿到手工肥皂及手工艺制品，再到草药和各类植物，还有金爵曼旗下的其他产品——有来自乳品厂的奶酪与来自面包店的面包，还有活力四射的路演演员使小贩。顾客们脸上洋溢着兴奋的表情……

西城农贸市场继续为我们的顾客提供最好的产品，并通过提供一个教育中心和一个本地音乐角来对社区的发展起催化剂作用。

应用这些方法，威兹维格、萨吉诺及每个业务的管理合伙人最近完成了一份公司层面的愿景规划，构想公司在2020年的前景。2020年公司愿景中描述了金爵曼的业绩从12个业务增长到18个业务，并很可能再发展一个新式餐厅、一个啤酒厂、一个当地农场，以及一家根据顾客自身的能力来按比例支付的餐厅。根据创始人的最初设想，2020年公司愿景中没有规划开设加盟店，而是会以更多方式来服务当地社区。这不仅仅是利他主义；这是一种信念，即每个企业的独特之处都是其价值观的重要组成部分。只要其中一个想法被授权经销，它就会失去这种独特性。此外，2020年公司愿景描述了公司是由完全忠诚、高度参与及快乐幸福的员工来运作的。这份愿景就像金爵曼的耐嚼黑面包或奶油三明治一样让人难以抵挡其中的诱惑。

- 威兹维格书写愿景的过程如何有助于管理者传递信息和热情？
- 什么样的写作和陈述的实践使农贸市场的例子具有所述的效果？

15.2.2　非语言技巧

正如你所了解的，人们会发送及解释信号，而不是局限于口语和书面的形式。非语言信息可以支撑或损害所陈述的信息。通常非语言线索可以产生比其他信号更加巨大的影响。在员工的眼里，经理的行动比他们所说的更具有说服力。项目经理史蒂夫·贝利（Steve Bailey）在他参加一次陈述技巧专题研讨会之前已经做过多次报告，在那次研讨会上，一个服务商就指出他在陈述时，会有一个握紧然后松开手掌的动作习惯。这个行为会分散注意力并削弱他的权威。当贝利戒掉这些动作时，他发现他的观众越来越倾向于被他的报告所说服。

在交谈中，除非你想要传递负面的信息，否则你就应该给出传递热情、尊重、关心、平等，以及倾听意愿的非语言信号。负面的非语言信号常表现出冷漠、不敬、缺乏兴趣及优越感。下面的建议可以帮你传递积极的非语言信号。

首先，合理使用时间。避免让员工等你。留出足够的时间与他们会面并经常同他们沟通以表现出你对他们关心的问题十分感兴趣。其次，你的办公室布置要适合开放式交流。一个避免员工产生距离感的座位安排有益于为他们营造一个温馨、合作的氛围（相比之下，如果你坐在办公桌的后面，下属坐在你的前面，这样就会造成不易亲近和命令式的氛围）。最后，留心你的肢体语言。研究表明，面部表情和声调在两个人的沟通中占了90%。几种非语言的身体信号传递了对他人的积极的态度：保持一个与这个人接近的位置、经常使用手势、保持眼神交流、微笑、摆出一种开放式的身体姿势（比如直接面对对方、手不抱胸；身体向前微倾以示对对方说的话感兴趣）。

沉默是一种有趣的非语言信号。据说美国人每天用在交谈上的时间是日本人的两倍。北美人喜欢用谈话来打破沉默。日本人则常常会将这种沉默维持下去，他们认为这样可以更好地了解他人。日本人相信关系较好的两个人能够很好地互相理解。如果必须通过交谈才能沟通就意味着双方互相了解得还不够。

不同国家的非语言信号　以下是美国人在其他国家可能会犯的非语言信号的错误。点头在保加利亚表示否定。美国人经常用拇指与食指作圆圈表示"OK"，而这个动作在巴西、新加坡、俄罗斯和巴拉圭是一种粗俗的举动。在佛教文化中，人的头部是神圣的，因此你不能触碰他们的头部。在穆斯林文化中，不要用左手触摸或吃饭，因为他们认为左手不干净。在印度尼西亚、泰国及叙利亚，将脚踝交叉叠放在膝盖上是粗鲁的。在德国或瑞士，不要用自己的手指向自己，因为它意味着你在侮辱他人。

你同样需要正确理解他人的非语言信号。中国人通过挠耳朵和脸颊来表示高兴。希腊人在受到他人的夸奖时会用嘴吹气。洪都拉斯人会把手指放在眼睛下面来表示不相信或谨慎。日本人会通过从牙缝中吸气然后发出嘶嘶声来表示窘迫或反对。越南人用低头且眼睛注视地面的方式来表示尊敬。与美国人相比，俄罗斯人会较少使用面部表情，斯堪的纳维亚人较少使用手势，而地中海和拉丁文化中的人则更多地运用手势和身体接触。巴西人比美国人更喜欢插话，阿拉伯人讲话声音很大，亚洲人尊重沉默。

不要生搬硬套这些例子，而是要记住不同文化背景的人具有不同的沟通风格，这将十分有助于准确地沟通。

15.2.3　提高接收者技巧

一旦你能够有效地发送口头、书面及非语言信息，你在成为一个全能沟通者的路上就已经成功了一半。然而，你还必须培养接收信息的能力。接收者需要具备良好的倾听、阅读和观察技巧。

倾听　在今天高强度的工作环境中，管理者需要有卓越的倾听技巧。虽然一般人都会认为良好的倾听技巧是简单的并且是天生的，但事实上它很困难，而且并不普遍。在大学暑假期间，作为联合电气公司（Union Electric Company）的客户服务代表，这个工作锻炼了凯瑟琳·库格林（Catherine Coughlin）的倾听技巧。无论一个人打电话的原因是为了商谈一个未支付的账单、一次电力中断或者仅仅想找一个人聊天，库格林都从"你得去尊重每个人和他们的故事"出发，然后决定应如何回应。在之后的几十年里，库格林凭借这些经验在西南贝尔电话公司（Southwestern Bell Telephone）及其后的公司中成就了一个成功的事业。她如今成为美国电话电报公司（AT&T）的一名总经理并且一直保持着认真聆听的好习惯。

一种被称为反射（reflection）的基本技巧可以帮助管理者进行有效的倾听。**反射**是指一个人陈述他认为别人所说内容的过程。这种技巧更侧重于听而不是说。当沟通双方都积极参与反射时，他们就会进入对方的思考框架，而非经过倾听之后再从自己的角度出发做出回应。其结果是形成一种更准确的双向沟通。

> "当你讲话时，你永远学不了任何东西。"
> ——美国电话电报公司凯瑟琳·库格林

除了应用反射之外，你还可以通过练习表 15.4 所描述的技巧来提高你的倾听能力。这对于管理者而言风险很高，因为倾听的失败不仅会使管理者错失好主意，甚至还会导致员工流失。

表 15.4　有效倾听的十大关键要素

1. 寻找到兴趣点。即使你肯定这次谈话会很枯燥，问一下自己："发言者说的对我有什么用？"
2. 评判内容，而不是讲演。不要太关注发言者的性格、特殊习惯、声音或衣着等；相反，试着去了解发言者知道的信息。
3. 沉着。直到完全理解发言者所说的信息后再进行评价，而不要立即被表面言语所打动。
4. 领会要点。不要太拘泥于所有的事实和细节，要把注意力放在中心思想上。
5. 灵活应变。准备多种记录方法并根据发言者的风格选择最适合的方法。不要做太多笔记或强行将一个没有条理的发言者所说的每一件事都整理到一个正式的提纲里。
6. 不要分神。关上门，关上收音机，与正在讲话的人坐近一点或让他大一点声。不要眺望窗外或盯着桌上的材料。
7. 训练自己的思维。有些人会知难而退。因此，要乐于接受积极的思维挑战。
8. 保持思维开放。很多人听到涉及他们信念的字句时会过于感情用事，例如工会、津贴、进口、共和党或民主党，以及大买卖等。不要让情绪影响到你对问题的理解。
9. 利用思维速度的优势。多数人说话的速度是每分钟 125 个字，而我们绝大部分人的思维速度通常是讲话速度的 4 倍，要利用好这一事实。将省下的多思考 400 多字的时间用来思考发言者所说的内容，而不是用在想别的事情上。
10. 努力去听。投入一定精力，不要假装你在注意听，要表现出对它有兴趣，好的倾听是一项艰苦的工作，但这些投入是值得的。

资料来源：Ralph G. Nichols, "Listening Is a 10-Part Skill," *Nation's Business* 45 (July 1957), pp. 56–60. Cited in R. C. Huseman, C. M. Logue, and D. L. Freshley, eds., *Readings in Interpersonal and Organizational Communication* (Boston: Allyn & Bacon, 1977).

沟通始于人与人的接触。待在办公室里、紧闭大门以及在办公桌上吃饭，这些有时在完成紧急工作的时候可能是必要的，但这样做就无法了解最新消息。你最好能在大厅里走走，找人聊聊天，与不同领域的人一块吃午饭；经常在公开场合喝喝咖啡，甚至也可以把你的办公桌搬到工人工作的场地去。

当一名管理者肯花时间来真正地倾听并了解员工时，那些员工就会认为"她关心我"或"他让我感觉我很重要"抑或是"她很看重我的想法和贡献"。这样信任就建立起来了。相比日常工作，倾听他人的意见及向他人学习对于创新显得更为重要。成功的变革与创新产生于大量的人与人的接触。

阅读 文盲在美国是一个很大的问题。即使你所在的组织并不存在文盲问题，阅读错误也时常发生且代价巨大。作为一名接收者，从你个人利益的角度出发，你应该尽早阅读备忘录和电子邮件，不要等到来不及回复前再阅读。你可以快速浏览大多数阅读材料，但要仔细地阅读那些重要的信息、文件和信函。记得将重点记录下来以作为将来参考之用。你可以考虑学习一些课程来提高阅读速度和理解技巧。最后，不要将自己的阅读限定在具体的工作技巧和技术知识的范围内，你也可以阅读一些你当前关注范围之外的材料。

> 你永远不会知道一个能对你的工作有所帮助的创意会在你读一篇小说、人物自传、体育故事或一篇有关其他企业或行业文章的某个瞬间迸发出来。

观察 有效的沟通者还能够观察和理解非语言沟通的信号。正如约吉·贝拉（Yogi Berra）所说："通过观察你可以发现很多东西。"例如，通过观察非语言线索，演讲者可以确认她的演讲效果如何，并且可以根据需要对演讲方式加以调整。有些公司培训他们的销售人员，使其能够理解潜在顾客的非语言信号。人们同样可以通过对非语言信号的解码来判断发送者是否真诚。说谎者通常缺乏眼神交流，他们的小动作会比平常更多或更少，而且微笑也会要么太多要么太少。在语言方面，他们会比真诚的发送者提供更少的细节。

有效观察的一个至关重要的来源是亲自拜访一些人、工厂及其他地点，从而可以获得第一手的观察资料。很多公司高层管理人员过于依赖现场报告，他们往往不会通过实地考察去获得一手的实际资料。报告并不能完全取代实际考察。经常进行实地考察和细心地观察有助于管理者加强对公司现状、未来前景，以及如何充分发挥公司能力的看法的把握。

当然，你必须准确理解观察到的东西。一位同科威特高级官员谈生意的加拿大人对将会谈安排在一间开放的办公室中并时常被打断而感到震惊。他觉得这名科威特官员之所以没有一个大的私人办公室和秘书是因为他的级别太低且无心促成这笔交易，因此他失去了对这笔交易的兴趣。这名加拿大人所见属实，但他的认知偏差，以及对文化差异的缺乏了解导致了他对现实的曲解。

日本人尤其善于分辨声音和手势的细微差别，西方人在这方面相比日本人则望尘莫及。当一个人在亚洲或其他国家做生意时，当地向导的作用是无价的，他们不仅可以做翻译，而且还可以在会议上解码各种隐晦的暗示和非语言信号，告诉你关键人物是谁，以及决策是如何制定出来的。

15.3 组织沟通

具备良好的沟通技巧是成为一名优秀的管理者和团队领导者的前提。但组织上下也要对沟通进行管理。因为整个组织内部每时每刻都有大量的信息在流通。信息流深刻地影响着人们及部门的工作。当一个团队的成功取决于发现新信息的时候，那些从各种来路独立挖掘信息的人将有助于团队的成功。对于评估信息和制定决策，身处高效团队中的人会与团队成员（一个丰富的沟通网络）开展广泛的沟通。最富有成效的团队往往会在集中式网络与连接度高的网络间来回变换。这些沟通模式主要包括组织内的下行沟通、上行沟通、横向沟通及非正式沟通。

15.3.1 下行沟通

下行沟通（downward communication）是指信息流从组织高层向底层的流动。比如，经理给秘书布置一项任务，监管者向下属发出通知，总裁对他的管理团队发表讲话，这些都属于下行沟通。提供相关信息的下行沟通可以增强员工对公司、观点及决策的认同感。

人们必须接收他们需要的信息来完成他们的工作，建立和保持对组织的忠诚。但他们通常会缺乏足够的信息。第一个问题就是信息过载：人们正处于海量信息的狂轰滥炸下，因此无法吸纳所有的信息。其中很多信息并不重要，但其庞大的数量使混杂其中的重要信息"丢失"了。

第二个问题就是管理者与员工间缺乏坦诚。管理者可能会认为"没有消息就是好消息"，或者"我没有时间来告诉他们每一件他们想知道的事"，抑或"不管怎么说，都与他们无关"。即使共享信息是有利的，有些管理者仍会选择保留这些信息。

第三个问题就是过滤，这在本章前面的讨论中已经做过介绍。当信息从一个人传递到另一个人那里时，其中一部分被过滤掉了。当信息在多人之间传递，每一次传递都有可能会引起信息的进一步损失。同时传递的信息也会因为人们加入自己的语言或解释而失真。

信息过滤给组织带来了严重的问题。因为信息是通过组织的多个层级向下流通的，很多信息在这个过程中都丢失了。图15.2中的数据表明，当信息到达所要传递的对象时，接收者可能只会得到很少的有用信息。下行沟通所经过的层级越少，信息丢失或失真的情况就会越少。扁平化组织具有了在各层级传递的时候信息失真较少的优势。

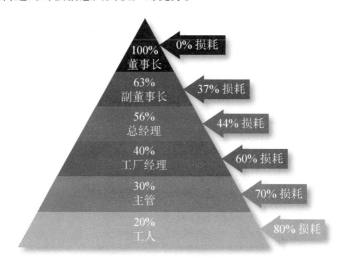

图15.2　下行沟通中的信息损耗

指导　一些最重要的下行沟通通常发生在管理者对下属的工作绩效给予反馈的时候。我们在前面已经谈论过关于及时提供反馈及积极强化的重要性。认真讨论关于绩效不佳及需要改进之处也是非常重要的。

指导是指旨在帮助他人在工作中提高效率并发挥其最大潜能的对话。使用恰当的指导可以优化管理和提高绩效。当人们的工作绩效不佳或呈现出亟须改变的征兆，指导通常是帮助其改变和取得成功的最佳途径。不仅表现不好的人需要指导，正如最优秀的运动员所知道的那样，任何本身很优秀但渴望卓越的人也需要指导。有些高级管理者的指导者可能来自外界，这些来自组织之外的指导者可能并不完全了解你的工作背景。因此，不要机械地采用这些建议。最好的方法是将指导作为参考，帮助理清你的想法的潜在影响，并借鉴以往的经验。

诸如可口可乐这样的公司都把指导作为高级管理人员培训过程的一个必要组成部分。处理恰当时，指导会成为为共同解决问题而努力的人之间的真正对话。因此，指导并不仅仅只是指出工作中出现的问题、斥责对方或给出建议。好的指导需要：对事、人和情景都有真正的了解；由双方共同构思出要做什么；能够鼓励被指导者进行改进。好的指导会提出很多问题、认真倾听、提供建议且还鼓励他人独立思考。有效的指导需要诚实、冷静及支持，这些特性都要求指导者有强烈的帮助他人的意愿。终极的和最持久的帮助别人的形式是帮他人理清思绪并解决他们的问题。

困难时刻的下行沟通 合理的下行沟通在公司困难时就显得尤为重要。在公司面临被兼并或收购的时候，员工们非常担心这些变化会对他们产生什么不利的影响。无论是从理想主义还是从道义的角度出发，公司高层都应该尽早就这些变化与员工进行沟通。

但是有些人反对这种做法，认为将重组的信息通知给员工会引起他们过早的离职。于是，管理高层经常隐瞒信息，从而进一步引发谣言和焦虑。

> 公司总裁们及其他高层管理者们身边充斥着律师和投资银行家之类的人，这些人只是请来使得交易发生却不能让交易真正地发挥作用。

然而，你必须增加而不是减少与那些受交易影响的人的沟通。

在一项涉及《财富》500强中的两大公司的合并中，两家企业的员工收到的信息差别很大。两家工厂的员工都从首席执行官的公开信那里得知了合并的信息。但是在那之后，一家企业的员工仍旧得不到任何有关合并的信息，而另一家企业则将公司所发生的一切都通知给了员工，这家企业的高层管理人员将有关解雇、调动、升迁、降职及工资、职责与福利的变动信息都通知给了员工。

你认为这两家企业在同处困难时期时，哪个企业表现得更好？两家企业都面临着同样的问题，合并降低了员工对公司的满意度和忠诚度，并且还增加了对公司的负面看法，即公司不可信、不诚实且不关心员工。在那个员工几乎得不到任何信息的公司里，上述这些问题持续了很长一段时间。而在那个员工能够得到全面信息的公司里，员工情况比较稳定且态度也在朝着正常水平改善。全面的沟通不仅可以帮助员工渡过焦虑阶段，还能通过对员工表达关心使其具有象征意义。若失去有效的沟通，员工对兼并的负面回应可能会损害公司的战略与发展。

> **提示**
>
> 管理层就成本、质量、可持续性及其他数据与员工交流得越多，员工就会越关心绩效并寻找改进的新方法。
>
> 对于想通过公开式管理来进行激励的员工而言，除了销售和利润数据，他们还需要哪些信息？

公开式管理 公司主管们通常为使用简报、会议、录像及其他下行沟通工具而自豪。通常情况下公司传递的信息包括公司运动会、员工生日，以及新的复印机等。但是下面要介绍一个更加颠覆传统的管理哲学。公开式管理是指与组织内所有层次的员工共享以前只有管理层才可以看到的重要信息的管理实践。这些共享的信息包括财务目标、利润表、预算、销售额、预测及有关公司绩效与前景方面的其他数据资料。这些实践与传统的闭合式管理有本质的区别。在闭合式管理下，员工可能不清楚公司的经营状况如何，可能不相信管理层告诉他们的信息，还可能不相信他们的个人表现对公司来说是否有意义。

公开式管理是颇具争议的一种管理方式，因为很多管理者更倾向于独享一些重要信息。与员工共享战略计划及财务信息可能会导致信息泄露给竞争对手或引起员工对报酬的不满。但那些同员工共享信息的公司却称这样做可以激发员工的工作动力并提高生产效率。劳拉·奥特曼（Laura Ortmann）是密苏里州柯克伍德姜湾沙龙养生馆的合伙人之一，她说同行的其他人对她致力于公开式管理感到很奇怪。但沙龙的发型师、按摩师及指甲修剪师对张贴在休息室的公司销售信息十分感兴趣。当财务结果低于一定水平时，员工就会了解到沙龙肯定会进行削减支出，因而他们会寻找各种创造性的方式来增加收入，并降低支出。

科学管理之父弗里德里克·泰勒（Frederick Taylor）在20世纪早期就认为向所有员工公开信息是非常"白痴的"。但后来杰克·斯塔克（Jack Stack）在一家濒临倒闭的企业——春田再造公司（Springfield ReManufacturing Corporation）进行了公开信息的尝试。结果如何呢？员工被高度调动起来并了解了公司的运营细节。类似地，Hillcorp能源公司高层管理者每月将280余名员工集合在一起共享关于公司业绩的数据信息并认真倾听员工的意见。Hillcorp的一名副总裁格雷格·拉里克（Greg Lalicker）解释说，当员工了解他们的工作是如何影响利润时，他们就会"团结一心，而不是相互竞争"。

15.3.2　上行沟通

上行沟通（upward communication）是指信息从较低的管理层流向较高管理层的沟通过程。充分的上行沟通对公司来说是十分重要的，主要体现在以下几个方面。首先，管理者可以认识到公司的现状。管理层可以更准确地了解下属的工作、成绩、问题、计划、态度及想法。其次，员工可以从与上级沟通的机会中有所收获。员工可以减轻一点挫败感，增强参与企业的意识并提高士气。最后，有效的上行沟通辅以可以良好倾听的下行沟通就可以形成一个双向沟通。

> "很多人相信如果你的工作做得很好并有所成就那你的老板肯定会知道这些，但事实往往并非如此。"
> ——杰弗里·普费弗（Jeffrey Pfeffer），斯坦福大学组织行为学教授

上行沟通普遍存在的问题与下行沟通十分类似。管理者同他们的下属一样被各种信息所包围，因而可能会忽略或遗失掉从下面传上来的信息。而且，一些员工并不总在他们的上司面前畅所欲言，换句话说，上行沟通与下行沟通一样存在着过滤现象。员工常常报喜不报忧，因为他们：（1）想表现出自己有能力；（2）不信任上司，并且害怕因为做错而遭到惩罚；（3）担心上司会惩罚传信人，即使问题并不是那个人的错；（4）认为不让上司为这些问题所困扰是为上司好。

由于这样或那样的原因，管理者可能了解不到重要的问题。正如一位领导力专家指出的那样，"如果下行沟通的信息说你是一名完美的领导者，那就回信要求他给出一份更加坦白的评价"。

管理上行沟通　要想从下属那里获取有用的信息就要求管理者推动并鼓励上行沟通。例如，管理者可以采取门户开放政策并鼓励员工充分利用这一政策，可以同员工一起吃午饭或喝咖啡、通过调查的方式询问或者召开公开的大堂会议。他们可以向员工寻求建议，对工厂做非正式访问，真正考虑员工的建议并进行反馈，将员工的建议和工作所激发的新想法和实践进行汇集、整理和发布。

一些管理者实行走动式管理（management by wandering around，MBWA）的管理方法。这一名词是由联合航空公司（United Airlines）的埃德·卡尔森（Ed Carlson）提出的，它是指跨出办公室，四处走走，经常与员工进行非正式交谈。塞库拉保险公司（Secura Insurance）位于威斯康星州的阿普尔顿，它的首席执行官约翰·贝克瓦斯基（John Bykowski）养成了一个步行穿过公司大楼并与员工交谈并倾听他们的习惯。在《南佛罗里达太阳哨兵报》（South Florida Sun-Sentinel）的办公室里，最近刚退休的编辑马克尔（Maucker）因喜欢在员工的办公室和隔间里、平易近人且为人坦率而闻名，因此编辑部的员工十分信任他所说的每句话。

有效的上行沟通应该得到强化而不是受到处罚。试图向经理反映问题的员工不应该一直受到冷落。一项被公布的门户开放政策就必须实现真正的开放。同时员工也必须相信他们的管理者并认识到管理者不会因为他们传达的是负面信息而耿耿于怀。要使员工诚实上报信息，经理就必须认真地倾听，而不要因为员工的诚实而惩罚他们，并且要言而有信。

15.3.3 横向沟通

很多信息都需要在同层次人群间进行共享。这样的**横向沟通**（horizontal communication）可能发生在同一工作团队中也可能在不同部门之间。例如，一名采购代理同一名产品工程师讨论一个问题及一个由部门领导组成的工作组开会讨论一个特定的问题。与包括潜在投资者在内的公司外部人员进行沟通是横向沟通的另一个重要类型。

> 今天的办公室员工主要从事四种模式的工作：专注的工作（专心于一项任务，它可能包括思考、书写及表达）、协作（和他人合作来产生并评价一些想法）、学习（接受新的知识），及社交（培养关系）。具有高绩效的公司员工会投入更多的时间用于横向沟通，包括多花16%的时间用于社交（如图15.3所示）。

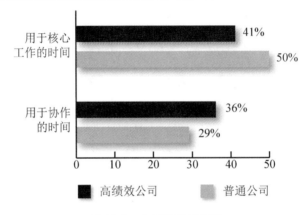

图 15.3 公司的时间分配

横向沟通有几项重要的功能。首先，它允许信息共享、协作和部门间解决问题。其次，它有助于冲突解决。最后，通过与同龄人之间的交流，为员工提供社会及情感支撑。所有的这些都有助于提高士气和效率。例如，Rich Products 公司的金融信贷与账户结算部的副总经理强调员工要加强与其他部门（尤其是销售部和客户服务部）的协作。这一横向协作有助于冷冻甜品部能够确保其盈利，并把坏账降到最低限度。为了促进员工间的沟通，信贷部申明他们的角色是与其他部门员工接触，并了解更多关于其他部门的信息。

管理横向沟通　横向沟通的必要性与第 8 章所讨论的整合的必要性十分类似。尤其是在复杂的环境中，一个单位的决策会影响到其他单位，因而信息必须在横向进行共享。摩托罗拉就是一个很好的横向沟通的例子，摩托罗拉每年举行一次年会来分享公司各职能部门和事业部之间的最佳学习案例。美国航空和宇宙航行局将不同学科的科学家安排在一起。惠普公司通过应用公用数据库来使不同的产品团队间分享他们的信息和观点。

应用材料公司（Applied Materials）是一家位于加利福尼亚州圣克拉拉的半导体制造公司，它采用了一种先进的方式来管理横向沟通。为了提高信息技术部门的能力与效率，公司外包了其日常工作，削减了信息技术部门员工，并将信息技术部门余下的员工集中于支持策略上。因而公司要求信息技术部门的员工能够相互协作（并与客户协作）来研发和实施创新项目。为了改进这种协作，应用材料公司曾组织了一次针对信息技术员工的调查从而确定了目前的沟通模式。调查结果显示大约一半的员工实际上成为沟通枢纽，他们的很多同事都会征询他们的意见和问题。那些处于高度人际网络中的员工并不一定都是经理，而是来自各个层次并受到别人信任和尊重的人。公司将 12 名拥有广泛人际网络的信息技术部门员工组成了一个小组并请他们就影响公司内部协作的条件提出见解。这个团队找到了影响沟通的障碍，应用材料公司利用这些信息来为更好的沟通提供指导。后续的调查显示，有更多的员工已经高度融入到人际网络当中。

 管理实践

在一支聚在一起来产生和分析想法的团队中，有时候大家很容易迎合领导的意见，即使出现不同的意见也会促成一个很好的决策。因此皇家加勒比游轮（Royal Caribbean Cruises）的董事长兼首席执行官理查德·D.费恩（Richard D. Fain）认识到管理横向沟通有时需要挑起一个友好的争论。

费恩从他的一个导师杰伊·普利兹克（Jay Pritzker）那里学习到了争论的价值。杰伊·普利兹克是凯悦酒店集团（Hyatt Hotels）的创始人，也是费恩公司董事会的一员。费恩回忆道，作为一名董事，普利兹克简直就是魔鬼的代言人，"他会大声地反对我提出的所有意见并用一种高度质疑的语气来诘难我"。他会一直坚持，直到另一名董事会成员站会到他这一边，他才会承认费恩一直都是对的。但他的质疑会帮助董事们充分考虑这个主意。

当费恩召集公司领导来决定公司可能进行项目的次序时，他会应用挑起正面冲突的方法。他集合了两个来自不同的部门并代表公司不同轴线的领导队伍，然后他安排这两支团队进行辩论，每支团队要么支持要么反对一个观点。每支团队都有两个月的时间来准备。由于他们的努力，每支团队都讲述了准备充分的论据。双方提出的观点阐明了一些之前并不了解的情况。所讨论计划中的缺陷暴露无遗。辩论的结果是与会者对这项计划进行了彻底的评估——这是一个与费恩所预料的完全不同的结果。

- 费恩的想法是如何应用上行沟通的？

15.3.4 非正式沟通

组织沟通可以按正式程度来区分。正式沟通是指官方的、组织规定的信息传递过程。这种沟通可以是上行、下行或者是横向的，并且通常是为执行某项任务而预先安排且必不可少的。

非正式沟通（informal communication）是非官方的。例如，人们之间的八卦，员工对上司的抱怨，一起讨论自己喜爱的球队，工作团队的老成员告诉新人怎样做事等。

交际藤（grapevine）是指非正式沟通的社交网络。该网络可以为员工提供信息，帮助人们解决问题，指导他们如何顺利地完成工作。管理者应该建立一个员工愿意且有能力参与的良好社交网络。然而，当网络中一些毫无根据或者虚假的流言蜚语不断扩散并对公司运营产生不良影响时，交际藤就会具有破坏性。

这对你个人来说意味着什么？不要让自己掺和到这些流言蜚语中。一些令人难堪的事件会变得众人皆知，而电子邮件可以在名誉诽谤或者侵犯隐私的诉讼中成为呈堂证供。但同时也不要排斥交际藤。倾听，并且学会在一番审度之后再选择是否相信你所听到的东西。谁是信息的产生源头？他（她）的可信度多大？传言是否言之有理？它与其他你所知道或听到的事实是否相符？让自己获取更多的信息。记住不要无风起浪。

管理非正式沟通 任何事情都可能成为谣言的源头，包括人员的离职、晋升、薪资水平，工作安全及重大失误等。谣言会破坏员工对公司以及员工彼此之间的忠诚和信任。但交际藤不可能被根除。因此，管理者需要经营交际藤。

管理交际藤的方法有几种。第一，如果管理者听说了一则可能变得失控的传闻，他应该去找其中所涉及的关键人物谈话，从而弄清事实真相并了解他们的看法。绝不能容许恶意谣言的存在。

第二，对引发谣言的源头加以防范。相关的建议包括：对重要却未得到充分说明的事情做出解释；通过已有事实来消除不稳定因素；努力建立开放的沟通渠道及信任关系。这些做法在企业的不稳定时期显得尤为重要，例如在公司合并、企业裁员或者销售业绩的下滑等时期，这是因为谣言常随着焦虑的不断增长而扩散。例如，当出版黄页目录的 R. H. Donnelley 公司广告收入降低时，管理层会努力确保员工听到的所有关于公司的消息都直接来自公司管理层，而非外界的新闻，Donnelley 同样也鼓励管理者定期拜访销售人员并回应他们的问题。

第三，将谣言扼杀在摇篮中。过于荒谬的谣言可以不予理会；公开确认谣言中所涉及的一些事实；对其进行公开评论（不予评论会被视作对谣言的默认），若有可依据的事实可以粉碎谣言，就将谣言粉碎（不要进行错误的否定）；确保与该问题有关的沟通是一致的；找一个处于合适位置且拥有相关知识的发言人；如果有需要的话，召开一个全体员工大会。

15.3.5　无界限沟通

当今很多企业管理者和管理学者都认为，全方位的信息自由共享对于组织而言是势在必行的。当杰克·韦尔奇（Jack Welch）还是通用电气的首席执行官时，提出了**无界限沟通**这一概念。无界限组织是指一个信息在组织内部流动不存在障碍的组织。在无界限组织内部，想法、信息、决策和执行可以自由流动到组织中最有需要的地方，而不是用界限将公司员工、工作岗位、工作进程及工作场所进行层层分隔。这种自由流动并不意味着随意的、不设限制的沟通及信息过载。它意味着有价值的信息会根据需要更快速、更便捷地流动，从而使组织发挥出整体大于部分的协同效应。

通用电气首席学习官将组织比喻为一幢有三类边界的房子，三类边界包括地板和天花板、分隔房间的墙壁，以及房屋的外墙。在组织中，这三类边界分别对应于不同的组织层级、不同的单位和部门，以及组织与其外部的利益相关者（如供应商和客户等）。通用电气还有第四堵墙：分隔国内事务和全球性事务的国际界限。

通用电气著名的群策群力工作计划是由一系列的会议组成，与会商业成员跨越多个等级，会议以其打破纵向界限的极其坦率而激烈的争论而闻名。有超过成千上万的通用电气员工参与其中，每周都会有几千名通用电气员工参加这一计划。这一计划同样包括其客户和供应商，打破了公司的外围边界。通用电气也为非营利组织传授这一知识，通用电气同样成功地将这一计划扩展到社区领域，如 CommonBond 社区（一个经济适用房供应商）。一名通用电气的员工开设了一门群策群力课程，CommonBond 员工从中学习到如何改进流程及横向沟通。

通用电气还使用大量的其他手段来打破边界限制，并不断向其竞争者以及其他行业的企业看齐，学习全世界范围内的最佳实践。通用电气将不同的业务功能模块放在一起，例如工程和制造。它在不同单位之间实现了服务共享。有时它还会告知顾客关于公司的实际地图位置。

无边界组织有意识地进行跨界对话，将人们之间的障碍转化为渗透膜。就像通用电气的员工所说的那样，来自不同部门的员工需要学会"如何张开嘴"。同时，他们还必须学会"如何迈开腿"。也就是说，对话是必要的，但必须要辅之以必要的行动。如果你想了解金爵曼的领导是如何在各类业务中促进这类沟通与行动的，请阅读下面的"管理案例：金爵曼对员工的开放式管理"。

 **管理实践**

金爵曼对员工的开放式管理

金爵曼的领导者们通过鼓舞人心的远大愿景,为员工指出需要努力前进的方向。为了让员工看到他们是否仍在追求公司愿景的途中,金爵曼的管理者采用了另一种沟通方式:开放式管理。

开放式管理是公司共享计划和目标的延伸。它为员工提供包括成本费用、营业利润、营业收入及红利等方面的信息。同时,为了让这些信息能够真正对员工产生作用和影响,开放式管理的内容也包括了开展员工培训以使其能够理解信息,与员工进行深入对话,以及鼓励员工提出问题和改进的想法。正如威兹维格最近接受采访时所说,当我们的员工在学习如何通过资本管理等诸多方面来经营公司时,"我们的员工能够切切实实地参与到公司经营中去"。

在金爵曼,每一项业务都有一块白色书写板,记录着公司销售额、成本费用、债务及其他财务数据方面的信息。在每周例会中,各部门会聚在一起,讨论前一周的业绩表现,同时对下一周的业绩进行预测。每一位员工负责其所在小组的运营报告中的一项内容。一年以来,每一位员工一直跟踪自己所负责的财务信息。比如,金爵曼熟食店的经理艾扎克范德·布鲁克(Izaak Vander Broek),最近负责报告因熟食店失误而造成的成本损失。当范德·布鲁克及其他员工看到因自己负责的模块而影响到整个小组的绩效表现时,他们便会更加关注它们并努力寻找改进的方法。财务绩效不再仅仅只是几行数字,而是由一些可控因素产生的结果。

如果员工越来越深入地参与到公司的经营中,那么公司必须为越来越多的上行沟通而做好充足准备,而金爵曼已然准备就绪。正如威兹维格所说,管理者"可能并不喜欢低层的员工会去挑战高层的员工,但这是必然趋势"。他认为这些挑战如今为公司带来了积极的影响,但几年前,当金爵曼引进开放式管理时,威兹维格与萨吉诺却有些举棋不定,他们不确定员工是否会参加这种每周一次的全体大会进行成果检验。然而,员工的参与度恰恰是开放式管理卓有成效的关键因素,这是因为员工一旦参与到决策中,他们便自然会去看一下自己的想法会不会有用。所以,尽管在开放式管理中,参加这种会议全凭员工自愿,但也需要管理者鼓励员工参加。例如,将员工参与此类会议的出席情况记录在案,作为一项衡量工作绩效的指标,给予参与者适当的激励。

密歇根州小企业联合会(Small Business Association of Michigan)负责沟通的副总裁迈克尔·罗杰斯(Michael Rogers)认为在互联网的信息时代,开放式管理极具时代意义。如今越来越多的员工在社交网站上共享信息,因而他们习惯于"开放和爽直"。罗杰斯说:"如果一家企业没有任何秘密,坦率地分享他们的经营状况,那么员工就更可能接受公司的使命而绝非只是简单地等着领工资。"

在一个经营9种不同业务的公司内部,仅仅有上行和下行沟通渠道是不够的。公司还要促进各类业务之间的横向沟通,确保他们都遵循统一的规章制度,并为实现公司的整体愿景而共同努力。为确保各类业务的横向沟通正常进行,金爵曼每隔一周就将所有的业务伙伴(各类业务的带头人)召集起来,分享获得的业绩信息、解决出现的问题、制订未来的计划。只有在各类相关业务负责人提出想法并达成一致之后,才能做出整个公司的经营决策。

这种层次的下行、上行及横向沟通需要付出巨大的努力。不管怎样,金爵曼的努力获得了回报。身处一个低工资水平、高员工流动率的行业中,金爵曼一直保持着稳健的增长和较高的员工忠诚度。

- 大部分饮食服务类岗位并不需要高等教育的背景。在这类行业中进行开放式管理,你觉得会遇到哪些挑战?
- 你认为金爵曼的沟通方式会如何帮助它迎接经济不景气的挑战,比如近期的经济衰退?

关键术语

无边界组织(boundaryless organization)
指导(coaching)
沟通(communication)
下行沟通(downward communication)
过滤(filtering)
交际藤(grapevine)
横向沟通(horizontal communication)
媒介丰富度(media richness)

单向沟通(one-way communication)
开放式管理(open-book management)
感知(perception)
反射(reflection)
双向沟通(two-way communication)
上行沟通(upward communication)
虚拟办公室(virtual office)

学习目标小结

现在你已经学习完第 15 章,你应该能够达到以下要求:

1. 能够探讨双向沟通的重要优势。

单向沟通是由发送者向接收者发送信息,没有信息反馈的回路。在双向沟通中,因为发送者与接收者既接收信息又对信息做出反应,因而每一个人既是信息的发送者也是信息的接收者。单向沟通较双向沟通而言更快速、更简单,但也更不准确,双向沟通较单向沟通而言更缓慢、更复杂,但也更准确,因而双向沟通可以产生更好的效果。

2. 可以识别出沟通问题,并加以避免。

沟通的过程包括发送者将信息传递给接收者。沟通问题可能发生在沟通的所有阶段:编码、传输、解码及解读。沟通过程中的"噪音"会加大沟通的复杂性,加剧信息失真,并且可能使得反馈的信息是无效或具有误导性的。对信息的主观认知和过滤会加大出错的可能性。

3. 可以清晰地复述各种沟通渠道的利用时机与使用方式。

沟通是通过口头、书面或电子渠道进行的。在选择沟通渠道前应对其优势与劣势加以分析。电子媒介对个人之间及组织之间的沟通产生了巨大的影响,并使虚拟办公室成为可能。电子媒介的主要优势体现在速度快、成本低及效率高等方面,但同样有比较明显的缺陷,包括信息过载。当你决定使用哪种沟通渠道及应如何进行有效、高效沟通时,媒介丰富度及沟通渠道可以传递的信息类型都是你必须要考虑的因素。

4. 能够总结出成为更好的信息"发送者"与"接收者"的方法路径。

练习写作,对自己的作品严格要求并不断修正。将自己训练成为演说家。慎重而熟悉地使用语言,努力克服不同文化的语言差异。留意自己发出的非语言信号,包括别人感知到的你利用时间的方式。了解常见的倾听坏习惯,并努力去克服它们。广泛地阅读,用心参与、亲身观察,细心解释。

5. 能够阐述下行沟通、上行沟通以及横向沟通间存在的问题,并加以改进。

积极地掌握全方位的沟通。多一点双向沟通,少一点单向沟通。让别人了解信息。下行沟通的实用办法包括指导、困难时期的特殊沟通和开放式管理等。同时你应该帮助和鼓励员工进行上行沟通。此外，还有很多加强横向沟通的方法值得关注。

6. 面对公司内的交际网，可以总结出共处的方法。

非正式沟通在提高组织效率及士气方面毫不逊色于正式沟通。管理者必须明白交际藤不可能被消除，应该加以积极地管理。许多管理正式沟通的建议同样适用于管理交际藤。而且，管理者可以采取措施来防范和扼杀谣言。

7. 能够阐述无边界组织及其优势。

边界——物理上或心理上的——存在于不同的组织层次、部门及组织与外界利益相关者之间。理想的无边界组织是指没有信息传递障碍的组织。想法、信息、决策及行动流向最需要它们的地方。信息应该是能够自由获得的，在这样的情况下，组织才能发挥出整体功能大于部分功能之和的协同效应。

问题讨论

1. 设想一下你正面临一个错误传达问题的情境。你认为是什么引发了这个问题？你认为应该怎样做能更好地解决问题？
2. 你是否在应当向某个人传递信息或观点的时候却没有传递？为什么？那样的做法正确吗？理由是什么？你因已经（或没有）传递负面的或难做的信息而自鸣得意的原因是什么？你因此而懊恼的原因又是什么？
3. 回忆一下你所听到的或参与的讨论。谈谈单向沟通与双向沟通的区别。怎样才能让两个单向沟通变成一个真正的双向沟通？
4. 通过电子媒介与你们班的同学分享你的一些经验和教训。
5. 举出几个你所收到的（或发送的）"混合信号"的例子。在同他人交往的过程中怎样才能降低误解与曲解的可能性？
6. 什么情况才会使你对别人说"你没有在听我说"？
7. 你认为开放式管理怎么样？如果由你来经营自己的公司，你觉得这种管理方式如何？
8. 讨论一下你所听到的谣言，它们是关于什么内容的？它们是如何产生的？它们的准确性如何？人们对它的反应如何？你可以从中获得什么启发？
9. 参阅"虚拟办公室"这一节。你认为虚拟办公对工作满意度和工作绩效有什么影响？如果你是一名经理，你会怎样使效益最大化、缺陷最小化？如果你在这样的环境中工作，你会怎样进行自我管理，以避免在达到绩效最大化时筋疲力尽？
10. 你是否经历过或看过由于人们不能很好地使用一种共同语言而出错的情况？你是怎样或将会怎样同和你使用不同语言的人进行交往？
11. 你曾经试图指导过一个人吗？你在哪些方面做得好？犯过什么错误？怎样才能成为一名更好的指导者？
12. 有人曾经指导过你吗？他们在哪些方面做得比较好？出过什么错？作为一名被指导者，你是如何表现和回应的？作为被指导者，怎样才算是成功的？
13. 思考一下企业是如何同华尔街及媒体沟通的，而电视上的分析师是如何同观众沟通的？本章中的哪些概念可以应用？你怎样才能成为这些信息的聪明的"消费者"？

实践练习

15.1 非语言沟通

目的
增强对非语言信息的敏感度。

说明
以下是一份非语言沟通方法的列表。选择一天试着跟踪观察这些非语言沟通方式。在当天结束时，回忆你同三个人以某种方式沟通的情形。记下你对他们的非语言沟通方式的反应。区分出那些对你的行为影响最大的沟通方式及对你影响最小的沟通方式。

非语言沟通工作表

沟通媒介	表达的信息是什么？	你是如何回应的？	对你的行为影响最大和最小的方式分别是什么？
他们握手的方式			
他们的坐姿			
他们的面部表情			
他们的形象			
他们的语调			
他们的笑容			
他们的眼神			
他们的自信度			
他们行走的方式			
他们的站姿			
他们离你的距离			
他们的气味			
他们使用的符号和手势			
他们声音的大小			

资料来源：引自 Laurence R. Jauch, Arthur G. Bedian, Sally A. Coltin, and William F. Glueck, *The Managerial Experience: Cases, Exercises, and Readings*, 5th ed. Copyright © 1989. South-Western, a part of Cengage Learning, Inc. Reproduced by permission. www.cengage.com/permissions。

15.2 倾听技能调查

目的
1. 衡量你的倾听技能。
2. 深入理解那些决定良好倾听习惯的因素。
3. 阐述如何才能成为一名优秀的倾听者。

说明
1. 单独完成倾听技能调查。
2. 在小组内，比较得分情况，讨论调查项目并为回答下面的问题讨论进行准备。
3. 全班再次集合后，小组发言人报告小组的调查情况。

问题讨论

1. 学生对问卷上题项的同意与反对情况如何？
2. 你认为是什么导致了这些差异？
3. 调查结果应怎样应用到实践中去？

倾听技能调查

为了衡量你的倾听技能，请圈出你对每个项目的赞同程度，完成调查表。

	非常同意	同意	中立	反对	非常反对
1. 我通常会很耐心地听讲，保证对方已经把话讲完再做出回应	5	4	3	2	1
2. 当我在倾听时，我不会乱画或摆弄纸张及其他可能会分散我注意力的东西	5	4	3	2	1
3. 我会尽力理解说话者的观点	5	4	3	2	1
4. 我不会用争论和批评来引起说话人的敌意	5	4	3	2	1
5. 在倾听时，我会关注说话人的情绪	5	4	3	2	1
6. 说话者令人讨厌的特殊习惯会分散我的注意力	5	4	3	2	1
7. 别人说话时，我会仔细注意其面部表情和其他肢体语言	5	4	3	2	1
8. 在别人正试图说些什么的时候，我从不插话	5	4	3	2	1
9. 在谈话过程中，一段时间的沉默会令我感到尴尬	5	4	3	2	1
10. 我希望人们仅把事实告诉我，然后让我自己做决定	5	4	3	2	1
11. 当说话人把话说完时，我会对他（她）的感受做出回应	5	4	3	2	1
12. 直到他人把话说完时，我才会对他的话做出评价	5	4	3	2	1
13. 当别人还在说话时，我会构思自己的回答	5	4	3	2	1

(续表)

	非常同意	同意	中立	反对	非常反对
14. 当我没有倾听时,我从不假装正在倾听	5	4	3	2	1
15. 即使表达得很糟糕,我也会关注其表达的内容	5	4	3	2	1
16. 我通过点头、微笑及其他肢体语言来鼓励发言人继续说下去	5	4	3	2	1
17. 有时在别人还未讲时,我就能够预测到他会说什么	5	4	3	2	1
18. 即使发言人的话令我很恼怒,我也会控制住脾气	5	4	3	2	1
19. 我会与发言人保持较好的眼神交流	5	4	3	2	1
20. 我会尽力关注发言人所传达的信息,而不是其表达方式	5	4	3	2	1
21. 如果对某人所表述的内容产生困惑时,我会在询问得足够清楚之后才做出回应	5	4	3	2	1

15.3 积极的倾听

这项练习包含了多个三人组。每个三人组从 1 到 3 进行编号。所有三人组中编号为 1 的为正方(话题见后面的练习),所有编号为 2 的为反方,编号为 3 的为观察者。在讨论话题给出后,持相反观点的双方有 1 分钟时间来整理他们的思路,然后经过 5—7 分钟的讨论,双方要就这个话题达成一致。

观察员在这里可以用表格的形式来记录正反双方的主动或缺乏主动倾听的一些语言或行为的例子。当讨论结束后,持赞同意见一方的成员分享一下他们在倾听过程中表现出色的地方及需要改进之处。同样,持反对意见一方的成员也需如此。最后,观察员分享他们的观察与看法,通过实例以增强反馈。

如果需要做下一轮的练习,可以转换一下角色,有可能的话,让每个人都体验一下发言人和观察员的角色。

第一轮:
选题:_____
附注:_____
第二轮:
选题:_____
附注:_____

倾听反馈表

积极倾听的表现	正方	反方
1. 要求把问题解释清楚		
2. 对反方观点的理解		
3. 对非语言线索(如身体姿势、语调等)做出回应		
4. 为得到一个令双方都满意的解决方案所做的努力		

(续表)

消极沟通的表现		
5. 在他人讲话结束前打断他		
6. 采取防御的姿态		
7. 企图控制谈话		
8. 忽略非语言线索		

可选择的话题：
1. 枪支管制
2. 死刑
3. 将种族列为大学录取标准
4. 监狱改革
5. 美国介入外国的战争
6. 大麻合法化
7. 强制性武装部队草案
8. 跨种族收养
9. 婚前及婚外性行为
10. 在学校做祈祷
11. 工作种类的不同
12. 互联网色情

问题
1. 你达成了一个双方都赞同的解决方案吗？是什么帮助你达成的？
2. 在这一过程中，什么因素会阻碍你达成这一目标？
3. 你对为你所持观点"辩护"的感觉如何？它是如何影响到你的主动倾听能力的？
4. 如果你所在方持有的观点与你的价值观或信念正好相反，在经过讨论后你是否会有与之前不同的看法？
5. 你可以采取哪些措施来提高你主动倾听朋友、同事，尤其是那些与你的观点相左的人的能力？

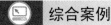

综合案例

最佳信托银行

最佳信托银行（Best Trust Bank）吸引了很多家庭和企业的存款，这主要是建立在其较高的知名度及良好的信誉基础之上的。通过这种方式，最佳信托银行已经成长为世界顶级的25家银行之一。它拥有73000名员工，这些员工分布在47个不同的国家。

保罗·维斯基（Paul Wysinsky）是其中的一名员工，他于20世纪70年代找到了一份银行出纳员的入门级的工作。因为保罗开发出一套客户满意度的追踪记录系统，以及他自身高效的工作能力和良好的团队协作能力，逐渐升职为柜员主管、部门经理直至营运经理。他利用晚上学习商务课程并获得硕士学位，不断晋升到中层管理职位。20年后，公司提升他为人力资源部的副总裁，负责休斯敦分行的人才招聘与雇用。保罗非常渴望了解公司新部门，由于他出色地履行自己的职责，因而当公司人力资源总部执行副总裁的职位空缺时，保罗被推选上任，执掌公司的整个人力资源部门。

在保罗的晋升过程中，他的工作沟通的性质也发生了巨大的变化。当他还是一名出纳时，他喜欢在休息时与同事聊聊天，彼此的陪伴让每一天都过得很开心。他的上司经常来检查，保证每个人各司其职。而他最喜欢的工作职责就是同客户打招呼，认真地聆听客户的倾诉，努力寻找出最佳信托银行可能满足的潜在客户需求。当客户对一个问题感到不满意时，他就会变得紧张，但随着经验的积累，他非常善于专注地倾听，并帮助客户找到最佳的解决方案。他恭敬的语调总能让客户紧张的情绪放松下来。

如今，保罗是一名执行副总裁，他很少与客户直接交流，而且他的沟通方式更结构化和正式化。虽然他很注重吸引、激励及留住所有岗位的员工，但他也清楚他不可能与分布在众多国家的73000名员工一一对话。事实上，他甚至不能与人力资源部门的所有员工一一交谈，最佳信托银行的人力资源部有超过800名员工，每个分行均有几名人力资源部的员工。

因此，保罗会寻找各种方式来进行沟通交流。每周他都会与所有制定策略的部门及职能主管召开会议。会议的议程主要是检查公司人力资源管理中的相关问题，比如领导力的发展、接班人计划、多样化管理及员工满意度等。保罗每一次都准备得十分充分，因为他每周至少要与每个直属下属碰一次面。在这些一对一的会议上，两人会一起检查由该经理所负责事务的进展情况。保罗通过这些会议来了解这名经理可能会面临的问题和挑战，从而提供相应的指导和鼓励。此外，保罗也会想方设法同人力资源部以外部门的员工进行交流。例如，他出席了公司为800名表现优异的员工召开的年度表彰大会，在那里尽可能地与更多的员工交谈。他会问一些开放性的问题，比如："最佳信托银行有哪些地方令你满意？我们有哪些方面可以做得更好？"

与员工进行一对一的交谈可以避免一个主要问题：来自很多中层管理者的杂乱信息。看起来，最佳信托银行似乎很擅长挖掘具有很强分析能力和客户服务能力的员工，但实际上，其中很多员工不擅长在邮件或报告中表达自己的观点和总结工作进度。保罗的时间很紧张，如果他得到一份建议书，只要最前面几行的内容让他无法理解时，他就会把它交给自己的一个下属来负责跟进。保罗猜测如此一来，他可能会错过一些好的想法和一些真正的问题。杂乱无章、充斥着术语的报告与陈述在最佳信托银行已成为一种常态，而保罗思考着要推行一项新的训练计划来培训员工的写作技能。

保罗利用各种渠道来宣传银行的政策、福利及其他倡议等。他在大型活动诸如员工表彰大会上发言，在遍布世界各地的分行演讲。一年内他会录制四次视频用来放在公司内网上。涉及的话题从对人力资源的工作总结到与银行重要领导的访谈。在内联网上，保罗定期组织集体会议。通过视频会议的形式，允许员工提出问题和想法，而保罗及其他管理者会在视频上立即做出回应。

职位的晋升并不是导致保罗在工作中沟通方式发生变化的唯一原因。另一个原因是技术的发展。当保罗还是一名出纳时，互联网还只存在于概念中，网上数据传输主要由电脑专家完成。如今，互联网已成为一个基本工具。从好的方面来说，对于保罗而言，它有助于提高传递信息的效率，能与远距离的同事保持联系。但是，保罗也有一整套与互联网相关的政策，比如是否允许员工访问社交网站，如何密切地监控博客及其他发布的与公司相关的公众信息。当保罗想到这些的时候，他意识到他的沟通技巧几乎跟不上工作中沟通需求增长的步伐。

问题
1. 从保罗成为一名出纳后，他沟通中的媒介丰富度是如何改变的？
2. 这个例子描述了哪些发送者和接收者的技能？哪些需要改进？提供一个提升技能的建议。
3. 保罗会如何在银行中普及这种上行沟通方式和沟通文化呢？

支持案例

当灾难来临时的领导和激励：麦格纳内外饰系统

麦格纳内外饰系统公司（Magna Exteriors and Interiors Corporation）的名字抓住了汽车零部件产品组合的特点，给每一辆汽车或卡车塑造一个独特的外观。麦格纳的一些外饰产品主要包括外饰系统、车顶系统、车体外板及前后端饰带镶条；内饰产品则主要包括内饰系统、座椅系统及仓储管理系统。如今汽车制造企业并不生产全部的零部件，零部件由像麦格纳这样的供应商生产。供应商按生产计划将零部件运送到汽车公司，汽车公司只需负责设计和组装。

麦格纳内外饰系统是麦格纳国际公司（Magna International）的一部分，它自称为"全球最多样化的汽车零部件供应商"。麦格纳拥有269个制造业务，在位于北美、南美、欧洲及亚洲的26个国家设立了销售和工程中心，满足了超过20多个客户企业的需求，它们包括通用、福特、克莱斯勒、丰田、哈雷戴维森、福莱纳和大众等。这些客户销售完全不同的汽车，麦格纳生产并运输这些大型零部件的成本高昂，因而麦格纳不仅要在商务关系上更要在地理位置上与客户联系密切。

在最近3月份一个星期三的晚上，满足这些需求就突然成为在密歇根州豪厄尔市麦格纳工厂的一个难题。一条装配线发生了一起火灾，这条装配线主要生产内饰系统，例如后窗盘系统、门板系统及仪表的外饰系统。幸运的是，近百名下午下班的工人安全地逃过一劫。

豪厄尔的工厂约有450名员工。它的客户包括通用、福特、克莱斯勒、日产及马自达的组装厂。由于预测到零部件的短缺，一些麦格纳的客户在火灾发生当天立即延缓生产计划并取消了轮班。麦格纳的管理者认识到他们需要争分夺秒，否则公司就会失去重要的客户，员工也会面临失业。罗伯特·布朗利（Robert Brownlee）是麦格纳内外饰系统北美区的总裁，他决定霍威尔工厂必须在两天内重新正常运营。要实现这一目标，就需要尽全力。

当消防队员仍在努力扑灭大火时，布朗利通过电话与他的高层管理人员进行协商，弄清楚首先应该做什么。由于他们尚无法评估灾害的损失程度，他们不得不做好最坏的准备，那就是整幢建筑都受到破坏。他们联系了四家生产类似产品的麦格纳工厂，如果需要的话，他们可以用平板卡车将霍威尔工厂的模具装船运送过去。当夜，布朗利就指示四家工厂提高产量并增加库存，以防霍威尔工厂的客户需要它们提供产品。

下一步，管理者开始组建一支灾后重建小队，包括电工、管道工、匠工、机械专家、工具修理工及信息技术专家。这个团队与一名建筑工程师在豪厄尔聚集，等待进入受损建筑内的许可。在星期四的晚上，也就是火灾发生后的24小时后，消防部门允许这支团队进入工厂。这名建筑工程师发现大火只发生在工厂的一部分区域。工厂内大约30%也就是1/4的生产区域被严重损害，无法修复。还有1/4的生产区域基本未受到火灾破坏。

布朗利下达了两天恢复生产的目标。时间很紧迫，周五早晨，工人们从瓦砾中拖出受损的工具并将它移到12英里外的布赖顿。他们将工具清理了一下并在那里的麦格纳仓库设立了一个临时生产线。在豪厄尔工厂，这支重建团队临时修建起一面墙，将没有受损的设备封锁起来，然后再修复屋顶。由于暖气及供电系统遭到损坏，因此他们带来了十几台柴油发电机来供热和照明。在屋顶修缮完毕之前，他们在3月份密歇根寒冷的天气下，穿着雪地服来清理残骸及受损的产品，夜以继日地工作。

第二天清晨，当受损最小的区域通电后，灯光也亮起来了，大家的情绪开始高涨起来。工人们依旧不停地进行修缮、清理及给工具安装电线等工作。星期六的晚上，工人们已经能够重新启动一些设备并做测试运行。不幸的是，他们的每一次尝试都会出现问题。管理者争分夺秒地进行着工厂重建和机器重启的计划。布朗利认为这对于管理者来说责任太过重大。于是他将所有的管理者都召集起来，让每个人负责一条生产线的重新启动，并指导他们可以为每一项其他的重建工作指任一名下属来负责。

工人们仍在继续努力重新启动生产线，每个客户派出代表监督其进程。麦格纳将每天的最新进展通知给客户，当每一条流水线重新运营时，作为质量控制的一部分客户代表会离开。到了星期天，豪厄尔工厂已经可以开始进行限量生产。6天后，消防部门宣布大火已被扑灭，豪厄尔工厂可以运营大约80%的生产能力，余下的产能由布赖顿的临时生产线解决。

在给媒体的一份公开声明中，麦格纳公开感谢"麦格纳豪厄尔工厂那些尽一切努力满足客户需求的员工，麦格纳小组办公室员工及前来支持的众多其他部门员工"、公司的承包商及客户、社区消防员以及火灾发生后为麦格纳提供帮助的所有人。

问题

1. 作为一名领导者，罗伯特·布朗利提供了什么样的愿景？他是如何将工作绩效与群体维系行为联系在一起的？这样的方式在火灾后合不合适？为什么？
2. 你认为在火灾发生后，什么最能激发麦格纳管理者和员工的工作热情？为什么？
3. 管理层建立了一支跨职能的重建团队，但没有证据显示这是一支自我管理的团队。你认为一支可自我管理的团队会更有效率吗？为什么？

资料来源：D. Sedgwick, "Five-Alarm Planning," *Crain's Detroit Business*, April 18, 2011, Business & Company Resource Center, http：//galenet.galegroup.com; Magna International, "About Magna Exteriors and Interiors," http：//www.magna.com; T. Van Alphen, "Magna Plant Resumes Full Deliveries after Fire," *Toronto Star*, March 10, 2011, http：//www.thestar.com; and Magna International, "Magna Atreum Howell Plant Back in Business Six Days after Fire," news release, March 9, 2011, http：//www.magna.com.

第五部分
控制：学习与变革

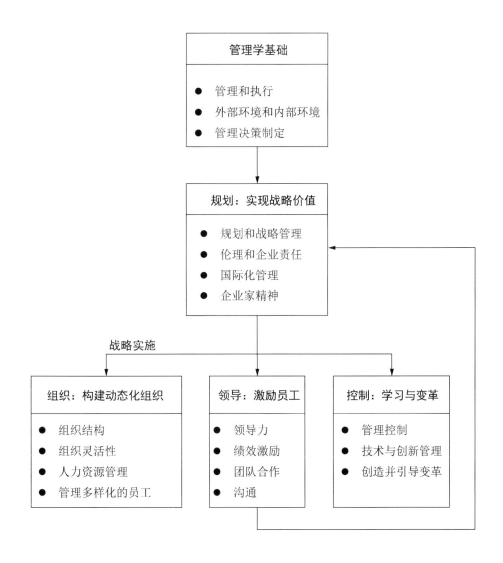

第 16 章
管理控制

当前，与过去任何时候相比，公司都再也不能仅仅依靠传统的控制方法（层级、系统、预算等诸如此类）来把员工凝聚起来。黏合剂正逐渐成为一种意识形态。

——柯林斯与波拉斯

任何情况下都要自己做好判断，没有其他准则。

——《诺德斯特龙员工手册》

学习目标

通过学习第 16 章，你应该能够达到以下要求：

1. 能够解释为什么公司要建立对员工的控制系统。
2. 能够总结出应该如何设计一套基本的官僚控制系统。
3. 可以描述使用预算作为一种控制方式的目的。
4. 能够明确财务报表与财务比率控制的基本类型。
5. 能够罗列实施有效控制系统的程序。
6. 能够识别组织使用市场控制机制的不同方法。
7. 能够讨论在一个授权赋能的组织结构内如何实行派系控制。

本章概要

官僚控制体系	官僚控制的弊端
控制流程	设计有效的控制系统
官僚控制方法	其他控制：市场和派系
管理审计	市场控制
预算控制	派系控制：授权赋能与文化的作用
财务控制	

开篇案例

控制使西南航空始终保持盈利

西南航空是一家总部设立在美国达拉斯的航空公司，在 40 多年前成立之初，它仅有 3 架波音 737 客机，来回飞行在得克萨斯州的休斯敦、达拉斯以及圣安东尼奥之间。如今，它每天执行的航班架次超过 3400 次，服务的通航城市超过 70 个。在美国国内乘客的数量上，西南航空是美国最大的航空公司（在飞行里程上，居美国第五位）。并且，当其他航空公司遭受亏损甚至破产时，西南航空仍实现了连续38年的持续盈利。即使是在最近的经济衰退期，虽有几个季度的亏损，但每年整体依旧盈利，且绩效超过美国航空、达美航空以及大陆航空。

西南航空之所以能获得成功，关键就在于它的使命：致力于最好的客户服务，让客户感受到温馨、友好、个人自豪感以及企业精神。西南航空虽然被称为"折扣"航空，主推低价机票，然而，其他航空公司同样可以这样做。西南航空之所以与众不同，就在于它努力让飞行变得有趣。整个公司都弥漫着奇思妙想的感觉。比如在飞行过程中，乘务员会突然唱首歌；或者给穿梭于得克萨斯州的奥斯汀与加利福尼亚州的圣何塞这两座高科技堡垒之间的航班起个绰号——"书呆子鸟"。更实际的是，西南航空通过关注那些对乘客而言最重要的事情，从而使得旅行变得更加有趣，例如不收取行李检查费和改签费用等。

提供优质服务的成功，在乘客的评论里也是显而易见的。在扎格特（Zagat）对航空公司的调查中，西南航空最近因其行李政策、性价比最高、登机体验最佳（针对美国的航班）、顾客准点估计最佳以及顶级的网站体验而排名第一。《聪明的旅行》（*Smarter Travel*）的读者推选西南航空作为他们最喜爱的美国航空公司，并称其为拥有最友善的空乘及机组人员的航班。此外，美国消费者的满意指数也始终给予了西南航空在同行业中的最高分。

当然，乐趣与友好都不能支付账单。当西南航空向它的员工逐步灌输独特的企业文化时，它的管理者也必须考虑如何保持较高的收入和更低的成本，从而使客运量产生合理的利润。在收入方面，他们必须收集旅客购买行为的信息，尤其是因涨价或降价所带来的销量的变化。在某些情况下，旅客宁愿支付更多的钱来选择西南航空，可能是为了获得常客里程优惠、享受友好的服务或者避免高昂的行李处理费。在成本方面，西南航空的管理者对增加航线和航班持谨慎态度，因为当涉及购买飞机及雇佣员工时，增加运力是非常昂贵的。他们也必须监控燃料成本并探寻未来消费的最低可能价格。在做了这些努力而成本还是上升时，公司飞行员的良好声誉使它能够适当提高价格，而那些不太受顾客欢迎的竞争者则往往很难采用这一方式。

严格的控制与稳定的盈利能力不再仅仅是过去成功的依据。它们也定位于公司未来的成长。当西南航空公司的管理者发现，出行量下降使其现有的航线服务不可能产生更多的增长时，他们可以转向利用可观的库存现金来收购AirTran航空公司。购买AirTran航空公司（共14亿美元，包括6.7亿美元的现金和公司股票）给西南航空提供了重要的新航线，包括交通枢纽亚特兰大机场的使用权，以及其最先几个服务于墨西哥和加勒比海的国际航线。

- 通过提供优质服务，实行低成本及谨慎的资本扩张，西南航空目前已经成为航空服务业的领头羊。当你阅读这一章内容时，请思考那些控制措施与过程，它们可以帮助公司管理这些时而矛盾的成功驱动因素。

> **提示**
>
> 控制是实现任何管理目标的必要条件。
>
> 若缺乏控制会发生什么？

西南航空的合理控制措施帮助航空公司书写了一段企业的成功史。另一个基于控制成功的案例就是早期的戴尔公司，戴尔之所以能够获得市场份额，就在于它充分给予用户个性化的同时，还能通过快速系统，迅速将台式电脑和笔记本送到消费者与商业用户手中。但最近，戴尔停滞不前。比起戴尔的定制化服务，消费者对折扣店的低价更感兴趣。通过外包客户服务环节来节省开支的做法，引发了客户对质量低下问题的普遍投诉。接着，联邦政府宣布它正在调查戴尔报告体系中的财务违规行为。当戴尔表示将重述收入时，纳斯达克（NASDAQ）差点将其从上市公司清单中除名。一家曾经非常成功的企业为何会发生如此之多的问题？而西南航空又是如何在充满竞争对手且还遭受众多变量影响的行业中取得成功的呢？这些例子反映了事物的双面性：控制是规范组织成员行为的一种手段或机制。让人们按照自己的行为方式行事，他们可能会采取对自己有利的方式，而这种做法可能会对组织整体造成损害。即使是出于好意的人们，可能也不清楚他们是否在朝最重要的活动进行努力。因此，控制是一种基本的强制措施，能够保持组织的凝聚力并使其朝着正确的方向前进。

控制被定义为引导个体向实现组织目标的方向发展的过程。它是指管理者确保活动按计划进行的有效性。尽管一些管理者不想承认（如表 16.1 所示），但控制问题（缺乏控制或控制错误）经常会对组织造成不可挽回的损失。无效的控制会造成员工盗窃甚至误入歧途等很多问题。当 Research in Motion 公司用于升级电脑服务器的"非关键系统程序"测试失败，并引起整个北美地区黑莓公司（BlackBerry）设备上的电子邮件服务崩溃几个小时时，公司便因此处于一个十分尴尬的境地。仅员工浪费时间一项就让美国的雇主每年损失数十亿美元！

表 16.1　公司失控的一些征兆

宽松的高层管理——高层管理者不强调或不重视对控制的需求，抑或他们树立了一个坏榜样
缺乏政策——公司没有对预期做出明文规定
缺乏协定的标准——组织成员不清楚他们的工作目标和工作要求
"迁怒于信使"的管理——员工会感觉如果他们报告坏的消息，他们的职业生涯就会存在风险
缺乏定期的检查——管理者不能定期及时地进行绩效评估
不良的信息系统——关键数据不能被及时、方便地测量和报告
企业文化里缺乏职业道德——组织成员没有兑现其诚实的承诺

控制曾被称为管理的孪生子之一，而另一个是计划。一些控制手段是必要的，因为一旦管理者决定制订计划和战略，他们就必须确保计划可以被执行。他们必须确保其他人正在做需要做的事而不是做那些不恰当的事。如果计划没有被合理地执行，管理就必须采取相应的措施去纠正问题。这一过程就是管理的基本控制功能。为了确保创造力、提高质量及降低成本，管理者必须找到各种有效控制组织活动的方法。

毫不奇怪，有效的计划会促进控制，而有效的控制也会反过来促进计划。计划展示了未来的框架，从这一点上看，它为控制提供了一个蓝图。控制系统反过来调节资源的配给与利用，而且这样做可以促进下阶段计划的进行。在今天这样复杂的组织环境中，这两种功能在组织的各个部门里已变得越来越重要，但与此同时，它们的执行也变得越来越困难。如今，管理者必须对人员、存货、质量和成本进行控制，而这些不只是他们职责中的一部分。

根据美国加利福尼亚大学的威廉大内（William Ouchi）所言，管理者可以通过三种方式实现对组织的控制：官僚控制（bureaucratic control）、市场控制（market control），以及派系控制（clan control）。**官僚控制**就是运用规则、法规和权威来规范人们的行为。具体通过预算、统计报告及绩效评估等，对行为和行为结果进行规范。**市场控制**是利用价格机制去规范组织活动，把它们视作经济交易。业务部门都被视作利润中心，并通过这样的机制，同其他中心交易资源（服务或产品）。盈亏情况是考核这些部门经理业绩的基础。**派系控制**与前两种控制不同，它不认为组织利益与个人利益存在分歧。相反，派系控制是基于这样的思想：员工们和公司可以共享价值观、期望与目标，并在此基础上行动。当组织成员拥有同样的价值观、目标，并相互信任时，正式的控制可能就不那么必要了。派系控制建立的很多基础都源自第 12 章（领导力）和第 14 章（群体和团队）所提及的人际关系过程（例如，群体规范和凝聚力）。

表 16.2 总结了官僚控制、市场控制及派系控制的主要特征。我们将这一框架作为本章讨论的基础。

表 16.2 控制的特征

控制系统	特点和要求
官僚控制	利用正规的章程、标准、等级及合法的强制手段；当任务明确且员工独立时最有效
市场控制	利用价格、竞争、利润中心和交换关系；当存在可以确认的有形产品且可以在各方之间建立市场时最有效
派系控制	包括文化、价值观、信仰、期望和信任；当员工有权做决定，且不标榜所谓最好的工作方法时最有效

资料来源：W. G. Ouchi, "A Conceptual Framework for the Design of Organizational Control Mechanisms," *Management Science* 25（1979），pp. 833-848；W. G. Ouchi, "Markets, Bureaucracies, and Clans," *Administrative Science Quarterly* 25（1980），pp. 129-141；and R. D. Robey and C. A. Sales, *Designing Organizations*（Burr Ridge, IL: Richard D. Irwin, 1994）.

16.1 官僚控制体系

官僚（或正式）控制系统是用来衡量计划的执行情况，并且如果必要可以采取更正措施来确保人们的表现能够实现管理者的目标。控制系统对计划执行结果中的重要变量或矛盾进行检查和修正。

16.1.1 控制流程

如图 16.1 所示，一个典型的控制系统需要有四个主要步骤：

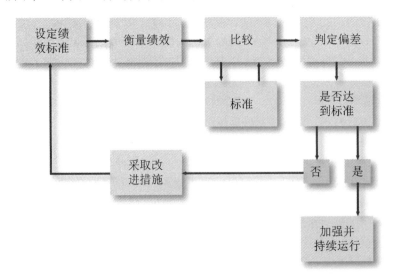

图 16.1　控制流程

1. 设定绩效标准。
2. 衡量绩效。
3. 将绩效与标准进行比较并找出差异。
4. 采取更正行动并促进成功。

步骤一：设定绩效标准　每个组织都有自己的目标，包括盈利能力、创新及顾客和员工满意度等。标准是为了实现某一既定目标所期望达到的绩效水平。标准是用来确立期望的绩效水平、激励绩效并作为对实际绩效进行考察评价的依据。可以为任何活动——财务活动、经营活动、遵纪守法以及慈善活动等设定标准。

我们已经在本章的其他部分讨论了绩效标准的设定。例如，设定员工的激励目标要围绕具体的观念和可衡量的绩效标准来进行。这样的标准应具有挑战性，并相对于过去的绩效水平有所提高。通常，绩效标准来源于工作职责与要求，比如市场份额增长 10%、成本降低 20%、24 小时内对顾客的抱怨做出回应等。但绩效标准并不仅仅适用于单个人，它们经常可以反映个人和系统业绩的综合情况。美国明尼苏达州布卢明顿的健康中心（HealthPartners）作为非营利性组织，经营了几家诊所和一家医院并提供健康保险计划，雄心勃勃地为病人护理设立了标准。为了实现降低糖尿病并发症 30% 的目标，健康中心测试了现存的惯例与结果，并为测试及治疗制定了一份标准协议，其中包括能对任何异常结果做出立即答复。为了鼓励医生遵从协议，健康中心为遵从者提供金钱奖励。在大约 10 年的时间里，健康中心已经达成并超过其改善糖尿病护理的目标。一个当地的眼科医生说，可以很容易区别哪些糖尿病患者接受了健康中心的项目，因为他们很少会出现因糖尿病引发的视网膜损害等病症。健康中心同样有治疗心血管、忧郁症及改善肥胖者及烟民健康状况的相似计划。

绩效标准的设定可以着眼于数量、质量、时间耗费和成本。例如，生产活动包括产量（数量）、次品率（质量）、成品的按时交货（时间耗费）、原材料及劳动力的成本。绩效的很多重要方面，比如客户服务，可以用同样的标准来衡量——充足的货源、供货的及时性、服务的质量和发货的速度等。

> **提示**
> 　所有关键的时间都必须设定标准。
> 　举一个可持续性标准的例子。

有时，质量标准需要达到或超越政府机构设置的标准。最近，美国食品和药物管理局（the U. S. Food and Drug Administration）提出放宽对标为"巧克力"食品的限制标准，允许使用除可可油外的植物油。如果这项制度生效，像 Whoppers 公司生产的麦芽牛奶糖，及 PayDay 公司生产的 Chocolatey Avalanche，就可以将"巧克力"放进它们的名字中。一些真正的巧克力爱好者都吓坏了，但作为纽约烹饪教育研究所烘焙项目负责人的尼克·马吉瑞（Nick Malgieri）说："没有人会强迫一家一流的巧克力制造商添加植物油到巧克力中。"对于那些追寻优质产品名誉的公司来说，产品配方的标准将同之前一样的严格，而巧克力爱好者们也会时刻保持警惕。

有一点要注意：设定绩效目标和绩效标准的缺点是，它们可能不被控制系统的其他因素所支持。系统的每部分都是十分重要且相互关联的。否则系统会面临失衡的危险。

步骤二：衡量绩效　控制过程的第二步是衡量绩效水平。比如，管理者可以考察产品的数量、缺席的天数、档案记录、抽样分布及取得的盈利。绩效评估的数据通常有三个来源：书面报告、口头报告和个人观察。

书面报告　包括计算机打印出的资料和公开的报告。由于计算机的数据收集和分析能力，及其越来越低的成本，无论是大公司还是小公司都可以大量收集用于绩效考核的数据。

口头报告　的一个常见例子是：一名销售人员在每天工作结束时，向其直接管理者汇报当天的工作完成情况、所遇问题及客户的反应。管理者可以通过问一些问题来获得更多的信息或澄清误解。如有必要，还可以在讨论过程中提出尝试性的纠正措施。

个人观察 包括亲临活动现场，并观察正在发生的事情。管理者可以直接观察工作方法、员工的非语言信号和一般的生产运行情况。个人观察可以获得第一手的详细资料，但也存在一些缺点。它不能提供准确的、定量的数据；信息通常具有一般性和主观性。而且员工可能将个人观察曲解为不信任或对他们缺乏信心。尽管如此，很多管理者仍然相信通过个人观察获得第一手资料的价值。在前面的章节中我们知道，个人接触可以增加领导力的可见性，并增强上行沟通。在提供有用的绩效信息方面，它也是对书面和口头沟通的补充。

无论使用什么绩效指标，信息都必须及时提供给管理者。例如，像通用食品（General Foods）这样的消费品公司，会首先仔细追踪新产品在局部市场的销售情况，因而它们可以在产品向全国推出之前做出必要的调整。无效的信息对管理者几乎或根本没有用。

步骤三：将绩效与标准进行对比 控制的第三步是将绩效与标准进行比较。在这一过程中，管理者对绩效进行评估。对于一部分活动而言，与标准存在相对较小的偏离是可以接受的，但对另一部分而言，即使是微小的偏离，后果可能也是非常严重的。在许多生产流程中，任何方向的偏离（例如，钻孔过小或过大）都是不可接受的。在其他情况下，一个方向的偏离，比如销售或顾客满意度处于目标水平以下，将被视为一个问题，但另一种情况的偏离，即超越销售目标或客户的期望，则是一名员工取得好于预期结果的标志。因此，执行监督职责的管理者必须仔细分析和评估结果。

管理的**例外原则**（principle of exception）指出，通过关注同期望结果或标准不同的情况，或存在重大偏离的情况，可以进一步加强控制。换句话说，在将绩效与标准进行比较时，管理者需要将注意力转向例外情况，例如，流水线上生产的次品零件，或从客户那里得到的令人苦恼的，或对服务不满意的反馈。总部位于美国亚特兰大的美国安全协会（US Security Associates）利用信息技术来收集那些身穿制服的警卫的绩效信息，并派监督员调查与绩效标准存在的任何差异，例如一名警卫没有准时赶到客户所在位置。

在例外原则下，人们只需要对例外情况进行更正。这一原则在控制中十分重要。管理者不关心那些与标准相同或相似的情况。如果采取这一原则，管理者就可以节省很多时间和精力。

> 如果管理者可以应用例外原则，他们就可以节省大量的时间和精力。

管理实践

MFA 会计与咨询公司为了确保公司可以根据每一位客户的需求和喜好来提供科学合理的服务，专门采用了一个正式的控制过程。马萨诸塞州的 Tewskbury 公司采用了美国陆军"行动前评估，行动后总结"的做法来总结它的经验，并将其用于应对未来的挑战。

在 MFA，当员工准备处理一项任务时，会首先通知前一年与该客户有过接触的每一位员工，以及那些处理过客户类似作业的员工们，召集他们开一个简短的会议。在行动前的检查中，参与者们会交流相关经验及该客户的相关信息，例如可能会产生的问题、过去让客户高兴的做法，或现存的、可供处理常见问题的工具。会议所带来的信息将有助于团队建立起任务目标。

作业期间，团队成员会定期会面以评估过程，并根据他们所掌握的客户信息，明确一些必要的调整。在项目完成后的一两天内，团队成员会再次会面，对结果进行评估，并将结果与目标进行对比。参与者识别出那些成功的行动以供未来借鉴，并找出那些下次要规避的错误。除了关注是否帮助客户实现了目标，他们自己也记录从服务客户的过程中所学到的东西，这些数据将会变成为该客户下次服务前所需检查的重要信息。因为他们所学到的教训，将会成为未来行动之前需要讨论的话题，MFA 的员工会积极地更正错误并改进方法。

- 在控制过程中，MFA 该如何利用例外原则？

步骤四：采取更正行动并促进成功　　控制过程的最后一步是对发现的重大偏离采取适当的行动。这一步骤在于对运营情况进行必要的调整后，可以确保达到计划的效果——如果管理者认为有可能的话，还可以继续超越计划。当发现重大偏差时，管理者通常应立即采取强有力的行动。

> "在复杂的企业中，有些错误和问题是不可避免的……我们不应当期望创建组织的首脑是完美的，但我们可以期望他们快速发现并纠正错误。"
> ——罗莎贝丝·莫斯·坎特，哈佛商学院教授

还有一种方法，更正行动不是由上级实施的，而是由操作者在出现问题的时候自行实施的。在计算机控制的生产技术中，两种基本的控制类型是可行的：专家控制（specialist control）和操作者控制（operator control）。在专家控制的模式下，计算机数码控制（computer-numerical-contiol, CNC）机器的操作者在发生故障的时候必须向工程专家报告。在这种传统劳动分工中，要由专家采取更正行动。在操作者控制的模式下，发生故障时，技能和经验丰富的操作者可以实施更正行动，自行解决问题。第二种模式不仅因控制偏差更接近他们的本职工作从而变得更有效率，而且也更让人满意，因为操作者可以通过从事一份更加充实的工作而受益。在制造条形码扫描器的迈思肯系统公司（Microscan System）中，每一位员工都必须对自己的工作质量负责，从而确保公司实现高效运营。工程师负责预防和纠正产品及工序设计中所出现的问题，而生产工人则负责预防和纠正他们在执行过程中的缺陷。

当更正行动需要解决系统问题时，比如工作流程的重大延误，通常团队的方案是最有效的。如果一项更正行动是基于共同的努力并考虑了不同的观点，那么它就更有可能获得大部分组织成员的接受。正如我们在第 14 章所讨论的那样，团队通常会通过多样化的资源、想法和观点来解决问题。精明的团队成员通常可以使管理者免于执行那些不能从根本上解决问题的简单方案。他们更可能会考虑所有方案对组织其他部分的影响，从而避免之后可能产生的新问题。而且，他们可能会想到管理者们没有考虑到的方案。因此，最终被采纳的更正行动很可能会更有效。此外，让员工一起来完善更正行动还有一个重要的附加好处——它可以帮助管理者建立并增强整个组织范围的高标准文化。

更正行动的选择取决于问题的性质。更正行动可能会涉及市场战略的转变（如果问题是销售预期过低）、一个纪律处分、一种检测零部件生产精确度的新方式，抑或一道工序或系统的重要调整。有时，管理者会意识到，如果他们调整自己的想法，就可能获得更好的结果。百胜餐饮集团（Yum Brands）旗下包括肯德基（KFC）、塔可钟（Taco Bell）、必胜客（Pizza Hut）和凯斯米（Long John Silver's）等特许经营餐馆，百胜会定期组织调查，以了解员工是否对他们的工作有十分强烈的奉献感。这些数据会同管理者共享，以帮助他们衡量作为领导者和激励者的表现。乔纳森·麦克丹尼尔（Jonathan McDaniel）是一名休斯敦市肯德基门店的经理，他曾获悉他的员工对他们的工作时间不满意。他开始提前询问他们是不是每个月都想拥有特别的休假，这一信息可以帮助他创建更好的排班表，并解决好可能会给员工造成的不满。

16.1.2 官僚控制方法

官僚控制的三种方法是前馈控制（feedforward control）、同期控制（concurrent control）和反馈控制（feedback control）。**前馈控制**发生在经营开始之前，包括设定政策、程序和规则以确保活动按计划合理进行。例如对原材料的检查、对原材料的合理选择，以及培训员工。**同期控制**发生在计划执行过程中。它包括指导、监督和协调修正。**反馈控制**指发生偏差后，与可接受的标准进行比较，并利用先前结果的相关信息，集中对已经发生的偏差进行修正。

前馈控制 前馈控制（有时称为预备控制）是以未来为导向的；它的目标是在差错发生前阻止它。管理者可以通过提前限定活动来进行控制，而不是等到结果出来之后再将其与目标进行比较。例如，公司的政策规定了决策制定的范围。公司可能会要求管理者在做出决策时必须要有明确的道德观念和法律意识。在差错发生之前，通过正式的规则和程序也可以对人们的行为进行约束。例如，法律专家会建议公司建立禁止泄露专有信息的政策，或让员工明白当其在博客、Twitter或脸谱网等社交网站发布消息时，自己并不代表公司。人力资源政策规定了在工作中何种形式的身体艺术展示是可以被接受的，这可以避免个别员工出现冒犯同事的纹身或出现与公司形象不协调的穿着等棘手问题。

近来，越来越多的管理者开始关注职场恋爱的组织问题，而且一部分人已经找出一个前馈控制的解决方案。尽管寻找到爱情是件非常美好的事情，但恋情如果发生在一名高管和下属之间，就会产生利益冲突或控诉性骚扰的问题。其他员工可能会误解这一关系——公司鼓励把私人关系作为提升的一个路径。另外，恋情的跌宕起伏也会蔓延到职场，并影响每个人的情绪和积极性。避免在组织中发生此类问题的控制方法包括适当的行为训练（包括如何避免性骚扰），甚至要求管理人员同他们心仪的对象签订"恋爱合约"，在这份合约中表示他们的关系是自愿及愉悦的。合约的副本会放入公司的员工个人档案中，以防受伤的那名员工指责公司从一开始就纵容这种事情。

同期控制 同期控制发生在计划的执行过程中，它是控制系统的核心。对生产而言，所有的努力都是为了在规定的时间内保质保量地生产出正确的产品。在机场，行李必须在航班起飞之前运到正确的飞机上。在工厂，原材料必须在合适的时间送到合适的地点，生产过程中的故障必须马上排除。在管理者监督员工确保他们的工作效率并避免失误的时候，同期控制同样有效。

信息技术的进步让同期控制变得更为有力。计算机系统使管理者能够迅速获得公司任何一个角落的数据信息。例如，管理者可以根据连续的业绩数据流即时更新预算。在生产设备上，监控系统实时追踪机器的运行错误、运行速度及其他指标，使管理者能够及时修正小的生产问题，避免出现大的故障。商店收银台的销售点终端机将数据发送回零售商总部，从而可以了解每个分店的销售情况。

詹姆斯·斯金纳（James Skinner）是麦当劳（McDonald）的首席执行官，他认为关注餐厅正在发生的事情是非常重要的。麦咖啡的优质咖啡饮品、早餐墨西哥卷及 McGriddle 汉堡等新菜单项目的推出迎合了顾客食物消费的价值观。斯金纳和他的员工每月检查所有门店的销售情况来，从而评估全球连锁门店中哪些食品和饮品销量好，并做出相应的调整。对这些细节进行实时监测的举措，使麦当劳即使在最近经济不景气时期也依旧保持增长。

反馈控制 反馈控制是指收集绩效数据并进行分析整理，将得到的结果返回给某些人（或某些事物），以便进行更正的控制行为。管理者对具体行为的监测，实质上属于同期控制。但当他们指出这些不当行为并对其进行修正时，他们实际上就是在运用反馈作为其控制手段。

时间是反馈控制的一个重要方面。绩效和反馈之间的时滞可能很长，比如当把实际发生的费用与季度预算，而非周预算或月预算进行比较时，或把绩效的某些方面与上一年的规划进行比较时，一旦反馈信息不及时，管理者便不能迅速地识别和消除问题，从而避免更严重的后果。

有些反馈过程是基于实时（同期）控制的，比如流水线上一个计算机控制的机器人。这样的装置带有传感器，可以持续监测各类装置是否在正确的位置执行其功能。如果不是，一个内置的控制装置就会立即修正它。

在其他的情形下，反馈过程需要更多的时间。赫兹公司（Hertz）所应用的反馈包括客户对公司服务的评价及所租出汽车的质量。表扬或批评的模式可以帮助公司加强或调整某些特定设备的运行或企业的运营。如果一名顾客对某些事情不满意，赫兹公司就想尽快知道以便及时修正这个问题。在过去，收集并分析顾客的反馈及网上评论要花 3 个星期左右的时间。而现在，数据流入公司的同时，分析软件就已经开始收集并统计数据，并同时形成日报发给当地的管理者。拥有了这些信息，管理者就有望在 24 小时内回应任何问题。做出这些调整后，赫兹的顾客满意度正不断提高。

管理实践

家庭医疗协会（Family Practice Associates，FPA）发现，从建立及使用绩效标准的过程中收到的反馈是改善服务的一个先决条件。没有这些反馈，美国特拉华州威尔明顿市的"5 医生医疗服务"项目甚至不知道其需要做出多大的改善，更不用说如何做出改变了。

几年前，FPA 的医生决定申请美国品质保证委员会（National Committee for Quality Assurance，NCQA）的一项关于糖尿病人护理质量的奖项。为此，他们将必须提交那些他们所提供护理服务的数据总结。当医生编制数据时，他们震惊地发现测试结果的数据竟然过时了。由于在 900 多名糖尿病患者中，有数百名患者失约，没有收到随访电话，也没有与专家预约。即使是在 FPA 申请品质奖前，它也本该对患者的病况进行跟进，以便能够为患者提供他们急需的护理服务。

一旦办公人员开始与患者取得沟通，医生就可以开始收集数据了。每个月医生们都会依据 NCQA 质量标准或其他质量评估措施对自己取得的质量方面的进展开会讨论。通过这些过程，它们变得更具条理，也使其赢得了 NCQA 奖，并出乎意料地赢得了医疗补助奖金———一项 10000 美元奖金用于激励其提供优质的护理服务。在受到认可与支持后，FPA 还在进行持续改善，他们将患者健康情况从纸质记录转变为电子记录。电子系统可以使 FPA 快速生成报告来确认其他可改善的领域。

- 通过前馈控制可以如何对这些质量改进方面的努力进行补充？

六西格玛的作用 我们在第 9 章首次提到六西格玛，它是目前最重要的质量控制工具之一。它是一款强有力的反馈控制应用。六西格玛的设计旨在减少组织所有工序的缺陷，不仅仅是产品缺陷而是任何可能导致顾客不满的事情，如服务不到位、延迟交货及由高成本及低效率所导致的高价格。这套系统是由摩托罗拉公司（Motorola）于 20 世纪 80 年代后期所开发的，当时，他们正持续受到那些在国际市场上以低成本生产高质量产品的外国企业的打击。此后，这项技术被广泛应用，并为许多企业所改善，比如通用电气公司、联合信号公司（Allied Signal）、福特公司（Ford）和施乐公司（Xerox）等。

> **提示**
> 六西格玛旨在实现无缺陷生产的目标。
> 实现六西格玛质量标准会对公司的成本产生怎样的影响？

西格玛是一个在统计学用来表示某一统计过程的标准差或方差的希腊字母。它揭示了统计过程中误差出现的频率。西格玛的值越小，就表明变量的变异水平或误差水平越低；反之亦然。如表 16.3 所示，每百万次机会中超过 300000 次差错的二西格玛水平控制过程并非是一个很好的控制过程。而一个每百万次机会中少于 66807 次差错的三西格玛水平控制过程，其精确度则大约为 93%。许多组织都是基于这一水平进行管理，直到我们考虑它的含义（例如，每处理 100 件航空行李就会有 7 件丢失）。之前这听起来并不是很糟糕，但这样的误差给组织所带来的额外成本却是巨大的。正如在表 16.3 中所看到的那样，即使其无缺陷率略高于 99% 或每百万次机会中的差错小于 6210，这样的准确度水平也通常是不被接受的——在统计学上相当于每天遗弃大约 50 个新生儿。

表 16.3 西格玛水平与每百万零件中缺陷数（defects per million opportunities，DPMO）之间的关系

西格玛水平	每百万零件缺陷数	四西格玛水平足够好吗
2σ	308537	
3σ	66807	
4σ	6210	· 思考一下四西格玛水平的一些日常例子…… · 每小时丢失 20000 件邮包 · 每天有 15 分钟的饮用水是不安全的 · 每周发生 5000 次外科手术事故 · 每年开出 200000 个错误的处方 · 每月停电 7 小时
5σ	233	
6σ	3.4	

资料来源：Tom Rancour and Mike McCracken, "Applying 6 Sigma Methods for Breakthrough Safety Performance," *Professional Safety* 45, no. 10 (October 2000), pp. 29–32. Reprinted with permission.

六西格玛水平是指每百万次机会仅产生少于 3.4 次差错的过程，这意味着它的经营维持在 99.99966% 的准确度。六西格玛水平的公司不仅意味着产品或服务接近零缺陷率，实质上也意味着更低的生产成本与更短的周转时间，以及更高的顾客满意度。这套方法不仅适用于工厂，会计师同样也已采用六西格玛来提高客户风险审计的质量。

六西格玛方法建立在对各业务流程进行多次数据分析的基础之上，旨在提高客户满意度。例如，某一业务流程可能是组装一件产品或将产品送到客户手上。对于给定的流程，工作开始于明确产出及流经各个工序的信息，然后对各个阶段的绩效进行测量。有许多工具可以用来分析结果。其中可能包括寻找所有导致问题产生的根本原因。假定一些客户对公司的客户服务并不满意。反复地问"为什么"就可能发现顾客的不满意是由于电话没有得到回应，而这可能是因为后台服务人员没有时间完成电话呼叫量、部门人手不足以及冻结招聘和削减预算等造成的。任何方案都必须列出预算限额，要么通过增加预算，要么找到方法来使原部门满足客户要求。问题经过分析后，流程改进方案被确定下来并开始执行，并开始再次对改进后新的流程进行评估。这个周期持续进行，直到实现期望的质量水平。通过这种方式，六西格玛流程就可以对组织的经营进行持续的改进。

六西格玛也由于并不总是改进业务结果而受到了许多指责。六西格玛并不总能改善结果是因为：它主要关注如何消除流程中的缺陷，而不考虑这个流程是否最适合公司。例如，在 3M 公司，

通过六西格玛提高效率被指责使创新观念流动放缓。在家得宝公司，六西格玛推动了诸如顾客结账及店铺内商品摆放流程的改进，但一部分人认为，这样做会拉远员工与顾客的距离。有一种方法可以使管理者充分利用六西格玛的优势并将其缺点最小化，即为公司成熟的产品与创新领域产品设定不同的目标与控制流程。

16.1.3　管理审计

多年来，**管理审计**（management audits）一直作为对组织内部各类系统的效能与效率进行评估的手段，评估内容涵盖从社会责任计划到会计控制的方方面面。管理审计可以是外部的，也可以是内部的。管理者可以对其他公司进行外部审计（external audit），对自己公司则进行内部审计（internal audits）。两种审计都可以使用一些相同的工具和方法。

外部审计　当一个组织对另一个组织进行评价时就是外部审计。比如，注册会计师事务所就是一个典型的外部审计主体，它对组织进行财务审计（会计审计在后面讨论）。一家公司出于对战略决策目的的考虑会对竞争对手及其他公司进行外部审计分析。这类分析包括：（1）调查其他公司，寻找并购的可能性；（2）对主要供应商的信誉进行评估；（3）发现竞争对手的优势与劣势，以保持或增强自身的竞争优势。公开信息通常是这类评估的信息来源。

当他们发现一些危害企业及企业声誉的法律及道德沦丧行为时，外部审计常常为其提供一些重要的反馈控制手段。当然，外部审计也可以作为前馈控制手段，因为它可以防患于未然。如果一个公司收集到足够的关于潜在收购目标的准确信息，就更可能找到最合适的公司并避免不合理并购的出现。

内部审计　一个企业可能会指派一个团队来开展内部审计，以评价：（1）公司为其自身发展做了什么；（2）为客户或其他产品和服务的接受者提供了什么。公司可以对多个因素进行评估，包括财务稳定性、生产效率、销售效果、人力资源开发、盈利增长、能源利用、公共关系、社会责任及其他组织效果等指标。审计涉及公司的过去、现在和未来，包括组织需要准备面对的任何风险。最近的一项调查显示，有高等审计委员会的公司股票价格比那些内部审计员等级较低的公司增长得更快。很有可能是高等级的审计委员会在发现和消除对组织不利影响的方面做得更好。

为了进行管理审计，审计员需要设计一系列的期望条件并对每个条件赋予一定的权重。管理审计通常会指出一些不良现象，比如从事了不必要的工作、重复工作、不良的存货控制、机器设备使用不经济、造成不必要费用的程序及资源浪费等。在第一资本金融公司（Capital One Financial Corporation），由人力资源部门对设备使用情况进行审计。在过去几个月的时间里，员工穿梭于总部的每个角落，来观察哪些办公桌处于使用状态。通过审计发现每天至少有 4/10 的办公桌处于闲置状态，而另外的 3/10 每天则至少有一段时间处于闲置状态。员工可能会离开一段时间去开会、拜访客户或按照灵活的时刻表工作等。人力资源部的员工为公司制订了一项计划，使公司 1/3 的空间运作得更具效率。如今，大部分员工都将他们的办公用品放在手推车内，当他们需要桌子办公时，他们就将其拿到相应的地方去。这项改变每年为公司节省了 300 万美元。

16.1.4　预算控制

预算控制（budgetary control）是最为广泛认可、采用最多的管理控制方法之一。它结合了前馈、同期和反馈控制，具体采用哪种控制方法依据具体的控制对象而定。预算控制是将实际和计划相比较，确认计划的完成情况或找出差距并进行弥补。预算控制通常被称为**预算**（budgeting）。

预算控制需考虑的基本方面　在私营企业，预算控制始于对销售额和期望收入进行估算。表 16.4 首行显示的是 1 年中前 3 个月的期望销售额（销售预算），接下来是几项估算费用。最后一行显示的是从该月的销售预算中减去预算支出而获得的估算利润。与每月预算情况紧邻的纵列空格处填充实际的完成额，以便于将预期与实际情况进行比较。

表 16.4 销售—费用预算　　　　　　　　　　　　　　　　　　　　　　（单位：美元）

	1月		2月		3月	
	预计	实际	预计	实际	预计	实际
销售额	1200000		1350000		1400000	
费用						
管理费用	310000		310000		310000	
销售费用	242000		275000		288000	
生产费用	327000		430500		456800	
研发费用	118400		118400		115000	
办公费用	90000		91200		91500	
广告费用	32500		27000		25800	
预计毛利	80100		97900		112900	

虽然关于预算的讨论主要集中于企业现金流的流入与流出，但预算信息并不局限于财务。整个企业和每个部门都可以创建它们自己的活动预算，如果合适的话，可以用除本国货币以外的其他货币单位作为计量单位。例如，很多组织用产品预算来预测生产和运输的实体产品数量，用技能水平或对工作时间的需求来对劳动力进行预算。

预算的一个主要考虑因素是预算期的长度。所有的预算都适用于某一特定时间区间。很多预算的长度是1个月、1个季度、半年或1年。时间长度的选择主要取决于预算的主要目的。时间长度的选择应包括企业的一个正常完整的生产周期。例如，产量和销售的预算应考虑季节性变动。预算期通常和其他控制手段（如管理报告、资产负债表等）保持一致。此外，在选择预算期长度时，应考虑做出合理预期的时间范围。

预算控制过程应经过几个阶段。期望值的确立应从制订公司计划和估计销售额开始，直到预算通过并公布为止。下一个预算执行阶段就是确定计划的完成情况，将实际值和预算值进行比较。与其他控制一样，在预算控制的最后阶段，应合理回应增强成功与修正问题的几种组合。

尽管实际运作各不相同，但通常都是高层管理者作为预算的总协调人，制定并使用预算。通常由首席财务官（CFO）承担这些责任。他/她应该更多地专注于解决利益冲突、提供必要的调整方法及对预算过程进行行政监督等，而非过多地关注一些细节。

预算的类型　预算的类型有很多种。以下是一些较为常见的类型：
- 销售预算。通常销售预算数据包括按月、按地区和按产品进行的预测。
- 生产预算。生产预算通常以实物数量进行计量。制定这个预算需要的信息包括机器的型号和生产能力、生产的经济数量和材料的可得性。
- 成本预算。生产成本预算主要应用于组织内发生费用但不产生收入的领域，如人力资源部门及其他支持部门。生产成本预算有时包含在生产预算中。生产成本可能是固定的，不受非常规活动的影响（如租金），也可能是可变的，随着常规经营活动的变化而变化（如原材料）。

- 现金预算。现金预算对任何企业而言都是至关重要的。应该在完成所有其他预算之后制定现金预算。现金预算展示期望的现金收入和支出、可获得的营运资金数量、可能需要的外部融资数量及可获得现金的时间和数量。
- 资本预算。资本预算主要用于固定资产如厂房及设备的花费。由于它们的长期性及对组织生产率的重要性，这样的花费通常会将其视为投资，而不会作为常规费用。
- 主预算。主预算包括企业的所有主要活动。它将所有的预算及活动结合在一起，可以被看作"预算的预算"。

传统而言，预算的实施通常是自上而下的，是高层管理者在预算过程之初为整个企业设定的具体目标。在当前更为复杂的组织环境下，预算过程更可能会自下而上实行，高层管理者设定总体的方向，而实际上是由中下层管理者制定预算并将它们提交以获得批准。当预算经过合并整理后，高层管理者就可以判断预算的目标是否与组织的目标一致。然后，预算或者会被通过，或者被退回进行改进。

企业必须对财务记录进行定期检查以确保其合理性及正确性。会计审计是对会计报告和报表进行确认，它是控制过程的重要环节。会计审计是由外部公共会计事务所做出的。会计报告的准确性、真实性，及其与会计工会准则（generally accepted accounting practices，GAAP）的一致性，为建立合理的总体控制目标奠定了可靠的基础。

作业成本法 传统的作业成本法可能已经不适用于今天的经济环境，因为它是以过时的严格组织层次划分为基础的。不再将组织看作由人力资源、采购及维护等职能部门组成的官僚"机器"。惠普和通用电气等公司都已经开始采用作业成本法（activity-based costing，ABC）将成本分配到各个业务过程中去。

作业成本法始于一项假设，即公司是由以满足客户需求为目的而从事许多不同但相关的活动的人员组合。作业成本法系统就是为了对这些活动流进行确认，并将成本匹配到特定业务中去而设计的。其基本步骤如图16.2所示。作业成本法的具体操作是：首先，要求员工将每天的活动进行分解，以定义他们的基本活动。例如，美国德纳公司（Dana Corporation）质量控制部门的雇员从事的活动包括从处理销售订单、部件来源到要求工艺变更和解决问题等。这些作业构成了作业成本法的基础。其次，管理者对传统会计方式下的总费用（固定成本、物资供应、工资、额外福利等）会按照每项活动所花费的时间进行分解。在德纳公司，客户服务部的员工将25%的时间花费在处理销售订单上，而只有3%的时间花费在部件的预定上。因而，成本中有25%（144846美元）计入订单成本，有3%（15390美元）计入部件预定成本。由图16.2可以看出，用传统的方法和作业成本法都会得到相同的成本总额。然而，因为作业成本法是根据业务活动过程分配成本，它更直观准确地表现了成本在产品和服务中的分布情况。

高度的准确性可以为管理者提供一个更形象的关于企业资源实际分配情况的描述。它可以突出哪些是浪费性的活动，或哪些活动产生的费用高于其带来的收益。然后，管理者可以采取相应措施来改正问题。例如，德纳公司主要的支出在于订单处理，那么相关管理者就会试着寻找降低这项成本的方法，为其他项目释放资源。通过提供这样的信息，作业成本法已经成为一种非常有用且旨在监督企业业务流程的方法。

16.1.5 财务控制

除了预算表，企业通常还会采用其他报表以对财务状况进行控制。两个有助于对公司整体绩效进行控制的财务报表分别是资产负债表（balance sheet）和利润表（profit and loss statement）。

图 16.2　德纳公司是如何发现其真实成本的

资料来源：Courtesy Dand Corporation.

> **提示**
>
> 基于活动的成本计量法可以突出超支情况。
>
> 若一项活动成本最高且超支了，你会怎样做？

资产负债表　资产负债表反映的是企业在某一时点的财务结构。该报表主要划分为三块：（1）资产（assets）；（2）负债（liabilities）；（3）所有者权益（stockholder's equity）。**资产**是公司拥有的各类物品的价值。**负债**是公司的债务数量。**所有者权益**是所有者的公司总资产扣除负债后的剩余权益。三者间的关系如下：

资产＝负债＋股东权益

表 16.5 是一张资产负债样表。在该报告年度，公司以优先抵押的方式借入长期债务，购置了更多的机器设备，扩大了厂房，因而公司处于增长状态。增发的股票帮助公司进行财务扩张。同时，应收账款增加，营运资金减少。此外，还可以看到，总资产（3053367 美元）＝总债务（677204 美元+618600 美元）+股东权益（700000 美元+981943 美元+75620 美元）。

表 16.5　比较资产负债表　　　　　　　　　　　　　　　　　　　　　　（单位：美元）

比较资产负债表（截至 12 月 31 日的财务年度）		
	今年	去年
资产		
流动资产：		
现金	161870	119200
美国国库券	250400	30760
应收账款	825595	458762
存货		

（续表）

比较资产负债表（截至12月31日的财务年度）		
在产品和产成品	429250	770800
	今年	去年
原材料和物料	251340	231010
流动资产总额	1918455	1610532
其他资产：		
土地	157570	155250
建筑物	740135	91784
机器设备	172688	63673
办公家具	132494	57110
其他资产折旧前总额	1202887	367817
减：累计折旧和摊销	67975	63786
其他资产总额	1134912	304031
资产总额	3053367	1914563
负债和股东权益		
流动负债：		
应付账款	287564	441685
员工工资和预扣税	44055	49580
应付佣金和各种应付款	83260	41362
联邦所得税	176340	50770
长期负债中本年应付	85985	38624
流动负债总额	667204	622021
长期负债：		
利率9%、期限15年的贷款，2002—2015年每年应付	210000	225000
利率5%的第一抵押贷款	408600	
利率9%的应付本票		275000
长期负债总额	618600	500000
股东权益：		
普通股：面值1美元，发行100万股 流通股去年发行49.2万股 流通股今年发行70万股	700000	492000
资本公积	981943	248836
盈余公积	75620	51706
股东权益总额	1757563	792542

(续表)

比较资产负债表(截至12月31日的财务年度)		
负债和股东权益总额	3053367	1914563

在长期内,对资产负债表项目进行总结可以揭示一些重要的发展趋势,有助于管理者进一步了解公司的整体运营情况,并在响应领域做出必要的调整。例如,在某些时点,公司可能会谨慎决定放缓扩张计划。

利润表 利润表是列示公司各项经营收入和支出的财务报表。表16.6展示的是两个相邻会计年度的比较利润表。在表16.6中,企业的经营收入有所增长,相关费用也随之增长,但费用增长低于收入增长,因此净收入上升。一些管理者会草拟出一份利润表作为业绩目标,然后将运营情况与这些目标和标准进行比较。根据这种比较报表,管理者可以找出问题并及时更正。

表16.6 比较利润表

比较利润表(截至6月30日的财务年度)			
	本年(美元)	上年(美元)	增或减(美元)
收入:			
销售净额	253218	257636	4418*
投资股利收入	480	430	50
其他	1741	1773	32
收入总额	255439	259839	4400*
减:			
销售成本	180481	178866	1615
销售及管理费用	39218	34019	5199
利息费用	2483	2604	121*
其他	1941	1139	802
费用总额	224123	216628	7495
税前收入	31316	43211	11895
税收准备	3300	9500	6200
净收入	28016	33711	5695*

*表示减少量。

损益控制是整个企业以及进行多元化经营的公司及其各独立部门最常用的手段。然而,如果控制是由部门进行的,比如在部门经理对本部门收入和费用拥有控制权的分权组织,每个部门都要使用利润表。每个部门的产出是单独衡量的,成本(包括管理费用)也由这个部门承担。预期净收益是衡量部门绩效的标准。

财务比率 检查企业整体绩效的一个有效方法是利用关键财务比率。这些比率可以说明公司运营的优势与劣势。关键比率主要根据资产负债表和利润表的有关项目进行计算。我们将简单介绍三种类型的财务比率:流动性比率、杠杆比率和盈利能力比率。

（1）**流动性比率**　流动性比率（liquidity ratios）是衡量公司短期偿债能力的比率。最常用的流动性比率是流动资产对流动负债的比率，称为**流动比率**（current ratio）或速动比率。这个比率表明企业用于偿还流动负债的流动资产的充足程度。一些分析家认为此比率的最低标准是 2:1。例如，回头看表 16.5，其流动性比率为 2.86（1918455 美元/667204 美元），公司流动资产的比率超出了标准偿债水平。

（2）**杠杆比率**　杠杆比率（leverage ratios）衡量的是企业债权人和股东提供的资金的相对数量。一个重要的比率是**债务—权益比率**（debt-equity ratio），它体现公司履行长期债务的能力。若这一比率低于 1.5，就认为企业没有过度负债。在表 16.5 中，债务—权益比率仅为 0.35（618600 美元/1757563 美元）。该公司的扩张几乎完全是靠发行股票实现的，而不是依赖于重大长期债务。

（3）**盈利能力比率**　盈利能力比率（profitability ratios）衡量的是企业管理者获得销售收入和投资收入的能力。例如，**投资回报率**（return on investment，ROI）是利润与资本的比率，也就是资本（权益加上长期债务）的回报率。这个比率可以使管理者与股东评估该公司与其他投资相比所得回报如何。如果表 16.5 中报告年度公司的净收入是 300000 美元，它的资本回报率就是 12.6%（300000 美元 /（1757563 美元+618600 美元）），通常而言，这是一个十分合理的回报率。

财务比率的使用　尽管财务比率提供了反映年度经营成果的绩效标准和经营指标，但过度地依赖财务比率也存在负面效应。首先，因为这些比率通常是基于某一时间范围的（月度、季度或年度），它容易造成**管理近视**（management myopia）——管理者以牺牲长期利益为代价而过分关注短期的收入与利润。采用长期（如 3—6 年）绩效目标的控制系统可以减少管理近视，让管理者将注意力集中于未来。

财务比率的另一个负面效应是，它将其他重要因素都放在了次要的地位。研发、管理开发、人力资源管理和其他重要因素可能没有得到足够的关注。因此，财务比率的应用应有其他的控制手段作为补充。企业可以通过市场份额、获得专利权的数量、新产品的销售、人力资源的开发和其他绩效指标对管理者进行考核。

16.1.6　官僚控制的弊端

到现在为止，你已从力学角度对控制进行了学习。但企业并非一台精密的机器，它是由人组成的。控制体系被用于对人的行为进行限制，并让其未来行为更具可预测性，但人并不是机器，不会像机器一样自动地按照控制系统设计者所期望的那样运行。实际上，控制系统可能会导致行为失调。一个不考虑人们会如何对其做出反应的控制系统是不会见效的。为了有效控制员工行为，管理者应注意三种控制的潜在反应：机械的官僚行为（bureaucratic behavior）、策略性行为（tactical behavior）和抵制行为（resistance）。

> 一个不考虑人们会如何对其做出反应的控制系统是不会见效的。

机械的官僚行为　人们经常会采取那些按照控制系统的标准衡量时对自己有利的行为方式。这种倾向是有用的，因为它使人们按照管理者要求的标准进行活动。但这会导致员工只做系统要求的、机械的、缺乏灵活性的官僚行为。例如，在之前对六西格玛的讨论中，我们注意到控制过程中对效率的重视要超过创新。在 3M 公司广泛地应用六西格玛后，它不再追求使销售额中至少有 1/3 来自最新推出的产品这一目标。乔治·巴克利（George Buckley）接手首席执行官一职时，仅有 1/4 的销售额来自新产品。于是巴克利开始减少对效率控制的广泛运用。他向一位记者解释道："发明实质上是一个无序的过程。"当然，对于 3M 公司来说，它同样面临着效率和创造性的双重控制挑战。

当控制体系激励员工按照规定去行动以避免麻烦时，机械的官僚行为就发生了。不幸的是，这种系统通常会导致糟糕的客户服务，使整个组织行动迟缓（见第10章关于官僚的讨论）。通用汽车公司因拥有一个笨拙的官僚体系而臭名昭著，经常会被指责对客户喜好的改变反应迟钝。例如，几年前，通用汽车公司让工程师设计一款新的悍马运动型多用途汽车，而公司内部的很多人都怀疑这种车不会被制造出来。事实证明，他们的悲观主义是正确的，通用汽车最终让悍马团队停工。但公司正试图做出改变。通用汽车选择了具备生产与人力资源教育背景的玛丽·博拉（Mary Barra）作为汽车开发事务部的新领导，她因鼓励畅所欲言和雷厉风行而闻名。她很快地取消了挡在她和高级工程师之间的管理层，并积极地支持那些想要根据顾客要求做出改变的设计人员。

我们可能都曾是机械的官僚行为的受害者。请仔细反思这则名为医院里的"噩梦"的经典故事：

> 半夜，一位眼睛痛的患者来到医院的急诊室。在服务台上，他被划分到非急诊之列并让他去医院的眼科。麻烦的是，眼科诊所要到第二天早晨才营业。当他到达诊所时，护士让他出示诊断介绍信，但急诊室的医生忘记给他开介绍信，他不得不返回急诊室，等另一名医生来接待他。然后，医生又让他到眼科诊所就诊，并到社会保障机构办理医疗缴费相关手续。最后，第三名医生检查了他的眼睛，发现了一小块金属，医生将金属取了出来——这个过程只花了30秒钟。

当然，类似于这样的故事使官僚控制名声极差。有些管理者甚至因为它潜在的负面含义而不使用"官僚控制"这个词。但问题实际上不存在于控制系统本身。当系统不再被看作帮助企业运营的工具而被当作指导机械行为的规定时，问题才会出现。

策略性行为 当员工采取以"击败系统"为目的的策略时，控制系统是无效的。最普遍的策略行为是操纵信息或报告虚假数据。人们可能会编造出两种无效的数据：关于做了什么和能做什么。对过去进行虚假报告的做法不太常见，因为与对可能发生的事情进行错误预测相比，对已发生的事实进行扭曲更容易被发现。当然，管理者有时可能会通过改变会计系统来"粉饰"数字。人们也可能会有意地将错误信息录入信息管理系统来掩盖他们的错误或糟糕的绩效。最近，奥兰多桑福德国际机场（Orlando Sanford International Airport）的几名海关检查人员透露道，管理者要求他们在没有对旅客进行询问的情况下将他们归入"普通"那类数据，从而加快旅客处理速度。据检查人员透露，在繁忙时段，当系统对甄选的旅客进行标记时，管理者会要求对相关信息进行猜测，比如种族和停留时间，而不是通过询问旅客来搜集相关信息。他们为这种做法的辩解是，时间压力使他们最多用一分钟来检查每一位乘客以保证队伍的行进速度，这样才能保证公众对他们的工作满意。

更普遍的做法是，人们会伪造他们对未来的预测或要求。当被要求给出预算时，员工通常会提交比实际需要金额更多的预算。另一种情况是，他们相信较低的预算会帮助他们获得预算或获得项目批准，所以他们有时会提交违背事实的、过低的预算。预算的确定过程就像一场下属和管理者之间的拔河，下属尽量获得宽松的预算，而管理者则尽量将宽松余地降到最小。相似的策略性行为在以下情况下也会出现：当管理者制定的业绩标准过低时，员工将很容易达到业绩目标；销售人员故意低估预计销售额，以便他们的业绩更加好看；当工时定额研究分析师在制定工作速度标准时，工人便故意放慢工作节奏等。在这些或其他案例中，员工只关心他们自己的绩效统计数字，而非部门或公司的整体绩效。

对控制的抵制 人们通常会对控制系统进行强烈的抵制，这有几个原因。首先，综合的控制系统能够提高绩效数据的准确性，让员工对自己的行为更加负责。一旦控制系统出现错误，将会威胁到员工的职业保障和地位，降低员工的自主性。

其次，控制系统会改变员工的专长和权力结构。例如，管理信息系统能以更快的速度制定出成本、采购和生产决策，而过去这些都是由管理者来进行的。人们害怕会因此失去自己的专业技能、权力和决策权。

再次，控制系统能够改变组织的社会结构。它们可以产生竞争并瓦解社交团体和友谊。它结束了过去那种融洽的合作关系，让员工之间展开竞争。但由于人们的社交需求非常强烈，因而人们会对降低他们社交需求满意度的控制系统进行抵制。

最后，控制系统可能被看作对隐私权的侵犯，进而导致被诉讼和士气低落。

16.1.7　设计有效的控制系统

有效的控制系统会将潜在的利益最大化并将不良行为最小化。为达到这一目标，管理者必须设计这样的控制系统：(1) 建立有效的绩效标准；(2) 给员工提供充分的信息；(3) 确保员工能够接受；(4) 确保开放式交流；(5) 使用多种不同的方法。

建立有效的绩效标准　一个有效的控制系统必须建立在有效、准确的绩效标准之上。我们已经讨论过，最有效的标准应该是可量化的和客观的，而非主观的。此外，衡量方法应该是不容易被破坏和伪造的。而且，系统还必须涵盖所有影响绩效的重要方面。例如，仅仅关注销量而没有注重利润率，这个公司可能很快就会停业。正如你在前面所学到的，不可衡量的行为容易被忽视。提供培训以及其他人力资源计划的绩效标准通常会强调受训者的满意度。但与此相反的是，美国费城的执照与检查局（Department of Licenses and Inspections）证实通过培训可以提高员工的绩效。该部门曾因其门前排起的长队及粗鲁的员工而臭名昭著，因此它开始转向费城的丽思卡尔顿酒店（Philadelphia Ritz-Carlton Hotel）（以其卓越的客户服务闻名于世）寻求帮助。酒店的区域总经理首先为费城执照与检查局的40名员工提供了关于如何改善他们服务技巧方面的培训。作为岗位培训绩效测量的一部分，该部门检查了许可证申请的等待时间，他们发现培训后的等待时间已经从82分钟降到14分钟。该部门通过额外的员工培训及互相参加对方的管理会议来维持与丽思卡尔顿酒店的合作关系。

但管理还必须防止另一个问题的发生：过度的考核会出现控制过度和引起员工的抵制。为使控制保持在可接受范围内，在制定"满意的"绩效标准时，管理者必须关注几个关键领域，或者确定几个简单的优先事项。采购部门可能需要按以下顺序来实现其目标：质量、实用性、成本、库存水平。最后，管理者可据此设定容忍空间。例如，在财务预算方面设定最优水平、期望水平和最低水平。

制造商花费了数十亿美元在实验、测量及设备检查上，并在相关软件和服务上投入数百万美元来帮助他们检测其产品是否符合质量标准。对质量控制进行投资的首要目标是提高生产率并减少浪费（如图16.3所示）。

很多公司只设置成本预算。这使管理者在进行成本控制的时候，忽视了利润的增长。在艾默生电气公司，利润和增长率是关键的衡量标准。如果出现一个可以扩大市场份额的意外机会，管理者可以花费必要的成本去抓住机会。所以在艾默生公司，"不在预算范围内"这样的话不太可能像其他大部分公司那样束缚住其管理者。

这一原则也适用于其他非财务绩效考核。在很多客户服务中心，控制的重点在于关注每一名客服处理每一通电话所花费的平均时间，从而实现效率最大化。但客服中心的业务目标还应该包括其他衡量标准，如交叉销售产品或提高顾客满意度及争取回头客等。卡尔森休闲旅游服务公司

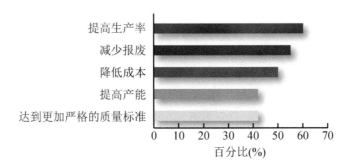

图 16.3 对质量控制进行投资的动机

（Carlson Leisure Travel Services）便是越来越多地利用新技术来分析每一通电话内容（而不仅仅是持续时间）的企业之一。公司通过该技术捕捉由客服中心卖出的产品或服务的数量。

商业顾问迈克尔·哈默（Michael Hammer）说："要避免衡量绩效的7宗罪。"它们分别为：

1. 虚荣心——采取一些会使管理者和企业看上去不错的指标。例如，一个公司可能会从产品是否在企业承诺的最后期限送达来衡量订单的履行情况，而非采用更严厉并更有意义的客户要求收到产品的时间来衡量。

2. 本位主义——将衡量标准限定在职能或部门职责内，而非组织的整体目标。若一家公司的运输部只衡量运输成本这一绩效，它就不会产生考虑运输可靠性（在指定的时期内运到）的动机，而这会对公司的门店或分销中心的绩效产生影响。

3. 自我陶醉——从员工、管理者或公司的角度而非客户的角度出发来衡量绩效。例如，一家计算机系统制造商对每个元件的准时出货时间进行测量，如果有 90% 的系统元件准时送达顾客手中，那么就是 90% 的准时交付率。但从客户的角度出发，这个系统一点也不准时，因为只有在客户需要的所有元件全部到货后才能使用这一系统。

4. 懒惰——没有花费精力来分析什么是需要衡量的重要指标。一家电力公司假设，顾客更关心的是安装速度，然而实际上，顾客真正担心的是安装计划的可靠性。

5. 琐碎——只衡量影响业务绩效的一个指标。例如，服装制造商假设它们应只考虑制造成本，而非在顾客需要它们的时候将商品准确送达商店的总成本。

6. 空洞——未能考虑这些标准对现实世界中人们的行为和公司绩效产生的影响。一家快餐店的目标是减少浪费，但令人十分惊讶的是，当快餐店管理者指示其员工等顾客点餐后再烹饪所需食物时，快餐店的运营速度却开始放缓。

7. 轻率——为绩效不佳找借口而非重视绩效标准。在某些企业中，员工将更多的精力用来相互指责而非解决问题。

据哈默所说，对这些"罪行"的基本改正方法就是仔细地选择那些能够着眼于整个业务流程的标准，如产品研发或订单履行，以及明确哪些做法可以优化流程。接下来，管理者应该将绩效与标准进行精确、准确而真实地比较，让员工对他们的成果负责，并对成功进行奖励。

提供充足的信息　管理层必须将控制系统的重要性和特点传达给员工。然后员工必须收到对自己绩效的反馈。反馈可以激励员工并提供信息，从而使他们能够根据绩效标准调整自己存在的偏差。允许员工自发地修正自己的行为可以鼓励自我控制并减少外部监督。在第15章中描述的公开式管理就是对这种控制原理的有力应用。

信息的获取应该尽可能容易，特别是当员工必须迅速或频繁地做出决策时。例如，一家拥有运输车队的国有食品公司就面临着一个难题。公司希望司机每晚浏览一下客户的销售记录，早上再将从总部传来的新报价加进去，然后再开始一天的工作——这是不可能完成的要求。为了解决这一控制问题，公司在1000多辆运输卡车上安装了个人电脑。如今，司机可以用电脑与总部进行日常沟通。每天晚上，司机将各个商店的商品信息发送到总部；每天早上，总部将价格信息发送给司机，并给出配货建议。

一般来说，设计控制系统的管理者应从以下几方面对信息系统进行评估：
1. 它是否为员工做决策时提供了所需的相关数据？
2. 它是否为整个组织的决策者提供了足够的信息？
3. 它是否向每个部门提供了充足的组织内部其他相关部门运行情况的信息？

管理实践

丽思卡尔顿酒店为维持其良好的声誉和确保员工可以了解其工作贡献而设定了一系列绩效考核措施。这些措施都是在公司取得成功的关键因素基础上制定的：它的传奇性、员工敬业度、顾客参与度、卓越的产品服务、社区投入及财务业绩等。财务业绩被看作实现其他目标的结果。对于每一个成功因素，跨职能团队都应设立目标，使其尽可能像电梯门上的擦痕或某些岗位员工满意度的百分比一样详细。该团队包含一线员工，从而在控制过程的早期，员工便能感觉到他们的付出是有用的。

在每个地方，每个转变的开始，所有的员工都会聚在一起开会，就活动的内容、可能出现的问题及丽思卡尔顿酒店的经营理念展开讨论。在每个经营区域，他们都会将最近的绩效同公司的目标进行对比。这些会谈有助于巩固关键绩效因素并帮助员工认识到他们工作的重要性。

每个业务单元都要关注三项重点工作，每位员工都通过自己的努力来提升客户满意度、员工及财务业绩。员工认识到他们的任务在于为每位顾客提供一段特别的经历。乔安妮·汉娜（Joanne Hanna）经过一系列令人疲惫的航班延误并错过了几个会议后到达丽思卡尔顿酒店办理入住手续，一名酒店员工为她提包并倾听她令人沮丧的经历。他建议她去温泉疗养中心做一下按摩，在他了解到她没有时间去泡温泉或做按摩后，他将香薰蜡烛放在了她的房间，并将此信息录入到丽思卡尔顿酒店的数据库。如今，汉娜每次的丽思卡尔顿之行都会在入住的房间发现一根香薰蜡烛，提醒这里有一位员工十分了解她的感受。

- 丽思卡尔顿酒店是如何确保员工有足够的信息来满足质量标准的？

保证员工能够接受 如果员工接受了控制系统，他们就不大可能对其进行抵制或出现不良行为。他们更可能接受的是包含有用的绩效标准但又不过度控制的系统。员工只有在相信标准是可达到时，他们才更可能接受控制系统。

控制系统应该强调正面行为而不应仅关注于控制负面行为。在一些公司，管理者得出的结论是：关注员工工作的时间会对员工产生消极影响，如拖延、旷工和超时等。员工在办公桌或工作岗位上未必就高效和专心，而且如果员工认为奖励只与表面工作而不是所取得的成绩挂钩，他们可能就会变得愤愤不平。百思买（Best Buy）公司尝试采用"只注重结果的工作环境"（results-only work environment，ROWE）的理念，只要员工确保实现绩效目标，就可以灵活安排自己的工作和活动时间。这种做法的成功之处在于它降低了员工的流失率，同时也表明这类控制体系更能被员工接受。美国白宫办公室人事管理局最近宣布该部门将通过对400名政府工作人员进行ROWE测试来复制百思买的成功（德勤会计师事务所参与了其中的评估工作）。

建立合理标准的最佳方法是让员工参与标准的制定，这样的控制系统更容易为员工所接受。正如我们在第4章所讲的那样，员工参与决策可以得到他们的理解与合作，进而做出更好的决策。允许员工参与和他们工作直接相关的控制系统的决策有助于克服他们的抵触情绪并促使他们接受控制系统。此外，一线员工更可能知道哪些标准是最重要且实用的，并且在这些问题上他们可以对管理者的判断提出意见。最终，如果标准是在与员工合作的基础上建立起来的，当与标准发生偏离时，管理者在解决问题方面可以更容易地获得员工的配合。

保持开放或交流 当与标准产生偏差时，让员工觉得偏差能够被公布是很重要的，因为这样可以让问题得到解决。如果员工觉得他们的管理者想要听到的仅仅是好消息，或更糟的是，如果他们害怕因报道坏的消息而受到报复，即使这并不是他们的错误，那么任何控制都不太可能产生效力。问题可能未能得到报告，或更糟糕，从而使问题进一步恶化，以致需要花更大的代价或使问题更难解决。但如果管理者创造了一个开放真诚的环境，使身处其中的员工即使分享负面的信息也会感觉舒服，并且会因及时这样做得到赞赏，那么控制系统就更可能有效地运作。

然而，管理者有时可能会惩戒那些没有达到重要指标的员工。在这样的例子中，一种被称为渐进式惩戒（progressive discipline）的方式通常是最有效的。这个方法建立了清晰的标准，但对未达到这些标准的处理却是渐进或逐步的过程。例如，当员工的销售业绩首次低于预期时，高管可能会进行口头咨询或指导。如果问题继续存在，下一步可能就是书面惩戒。这种合理并经过考虑的控制方式意在向所有员工说明：管理者对改善他们的绩效而非惩罚他们更感兴趣。

> "我已经认识到，错误和成功一样都是一位好老师。"
> ——杰克·韦尔奇，通用电气前CEO

使用多种不同的方式 使用多种控制方式是必需的。例如，银行需要对风险进行控制从而使它们不会因为借款人违约而损失太多的资金，同样还有包括旨在提高账户金额与吸引客户的销售预算在内的利润控制。美国西南航空公司就采取多种控制方式，下面的案例对其做了详细的介绍。

 管理实践

西南航空公司的绩效措施

在财务上，美国西南航空公司成功的关键源于保持尽可能简单的经营策略。与大多数美国其他航空公司不同，西南航空公司没有建立一个中心辐射式的航线体系来连接几个主要的机场。相反，它开始提供点对点的机场服务，并且随着通航城市的增加，它也在持续不断地搭建点对点的航线。它只运营一种机型——波音737。公司倾向于避免运营较为拥挤的东北部地区的航线，这有助于它实现高于平均水平的准点率。

在西南航空公司实施其低成本策略时，它需要合理的绩效评估来了解一些关键成本。首先，在一条航线产生收益之前，它需要飞机来试飞那些旅客想去的旅游路线。因而，一个关键的衡量因素就是坐席容量。在西南航空公司的大部分历史中，公司主要通过采购飞机来不断增加其坐席容量从而实现稳定增长。只有在经济危机最为严重的2009年，西南航空公司才停止购买飞机来增加它的营运能力；那一年，公司只采购了足够数量的飞机以取代那些退役的飞机。如果需求突然上升，西南航空公司在短期内仍有一定的调整空间，比如，它可以抽调现有那些不太繁忙的夜晚或周末时段的飞机来增加航班数。

就运营成本而言，一个关键指标是燃料成本，这也是西南航空公司的第二大支出。不断上涨的油价可以用来解释可观的利润与亏损之间的差别。航空公司试图通过对冲基金或购买能够锁定未来油价的各类金融证券来管控燃油成本。西南航空公司多年来一直保持盈利是因为它巧妙地在市场价格较高的时期锁定了较有利的价格。正是由于这些交易，西南航空公司经过几年的经营后，比其他竞争者在燃料成本方面花费得更少。西南航空公司同样也在探寻更具效率的飞行以管理燃油成本。它通过给机翼安装翼梢小翼来使飞机更符合空气动力学，从而降低每人英里的燃油量。与此同时，西南航空公司正在测试使用轻型材料制造的飞机。

在收入方面，西南航空公司十分关注"收益"，它衡量的是收入总额除以飞行里程数的数额。例如，2009年经济不景气时期，6月份的收益从前一年的每英里收益16.02美分降至15.27美分。公司通过降价来应对经济放缓，这也在更低的收益水平上得到体现。最近，油价飙升使美国的航空公司不得不涨价，而西南航空公司涨价的速度比其他大多数航空公司都要快，这是一项只要乘客不选择搭乘其他航空公司的航班就能改善收益的调整策略。

同其他业务一样，西南航空公司同样要定期对外公布它的季度和年度利润及每股收益情况。例如，最近经济的复苏让旅游业回暖，西南航空公司公布其季度利润上升了13个百分点。西南航空公司实现利润1.31亿美元，这代表每股收益为18美分，高于前一年的每股收益16美分。尽管某些季度的盈利出现下滑，但至今为止，通过涨价来抵消燃油价格上涨压力带来了收入的增长，同时也并没有赶走生意。西南航空公司2011年年报显示，其每可用座位英里的客运收入至少增长了11%。

除了这些金融措施，乘客的态度让西南航空公司在收取可盈利价格的同时维持顾客的忠诚度成为可能。西南航空公司在美国的旅行者中很受欢迎。为了维持这种态势，西南航空公司需要测量其顾客满意度方面的绩效。西南航空公司可能在准点率这一方面存在问题。2010年前，西南航空公司一直是行业的领导者，但根据美国运输部（the U.S. Transportation Department）的数据，这一年它降到了第8位。尽管它的绩效仅从82.1%降到81%，但其中的主要原因是其竞争者在准点率方面做出了改进。另一个原因是现役的飞机载客更满了。对这方面的测量标准主要是载客率，它是指飞机满载的比例。西南航空公司的载客率从一年前的77.2%上升到最近的82.3%。飞机更满载的结果也可以体现在另一个绩效测试中：西南航空公司曾以飞机在机场门口等泊时间仅需20分钟而闻名，但现在时间却延长到了30分钟。

西南航空公司收购AirTran公司的举措将会使所有的这些控制手段变得更为复杂。AirTran收购案将客容量较小的波音717加入到美国西南航空只有737的机群中，因而，西南航空需要聘用并培训具备更多技能的机械师。对两种不同机型的飞行员进行调度也会更加复杂。因接收AirTran的航线所增添的一些机场中包括了几个十分拥挤的机场，如纽约的拉瓜迪亚机场和亚特兰大的三角洲中心机场。这会使本就在努力扭转准点率和等泊时间绩效下滑局面的西南航空公司继续面临客户服务方面的问题。

- 上述案例描述了哪些控制措施？辨别它们属于前馈、同期还是反馈控制。
- 根据上述案例，美国西南航空可能会如何提高控制的有效性？

前面我们已经学到，控制系统通常应包括财务和非财务的绩效目标，以及有关整合方面的前馈、同期和反馈控制。在最近的几年时间里，越来越多的公司已经将管理者的目标融入**平衡积分卡**（balanced scorecard）中，它由四套绩效措施组合而成：（1）财务；（2）客户满意度；（3）业务流程（品质和效率）；（4）学习和成长。其目标通常是拓宽管理层的眼界，以免其仅关注短期财务结果，从而使公司更可能在长期内取得成功。例如，Hyde Park Electronics公司采用加入按时交货率、员工满意度及营销活动对销售的影响等指标的平衡记分卡时，它便已经使用了一系列财务控制方法。在平衡记分卡的管理模式下，公司的利润水平创造了公司的历史纪录。平衡记分卡同样适用于非营利性组织。远洋万茂法律服务公司（Ocean-Monmouth Legal Services）专为美国新泽西州的贫穷人群提供法律咨询服务，它采用平衡记分卡来追踪战略、经营、财务与客户满意度目标的执行情况。该组织的执行董事哈罗德·E. 克雷希（Harold E. Creacy）相信这种方法会有助于解决不断增长的成本和紧缺的资源等常常困扰非营利性组织的问题。

有效控制同样需要管理者与企业采用许多其他的技术手段和优秀的管理实践。例如，薪酬体系会给予那些达到指标的人以奖励，并让那些没有达到指标的人承担相应的后果。同时，为了让员工能够接受，管理者也应该借助于我们前面章节所谈到的其他沟通手段和激励工具，如劝说和正面强化等。

16.2　其他控制：市场和派系

尽管控制的概念一直是组织的核心要素，但其背后的原则和理念正在发生着变化。在过去，控制几乎完全侧重于官僚（和市场）机制。一代代的管理者们被教导着认为他们可以通过调整员工工作方式或工作内容来使产量最大化——通过使用标准化的生产流程、规则、条例和密切监督等方法。例如，为了提高装配线的产量，管理者过去常常试图寻找"最佳方式"来处理工作，然后监督员工的行为，以确保他们严格按照标准的生产流程进行生产。总之，他们通过把简单的任务细分和简化来进行控制，这是我们在第 1 章所提到的科学管理的过程。

尽管正式的官僚控制体系可能在组织中是最常见的（也是在管理学教科书中讲得最多的），但它们却并不总是最有效的。市场控制和派系控制虽然并不非常强势，但它们可能都是较为灵活的绩效调节方法。

16.2.1　市场控制

与官僚控制不同，市场控制涉及使用经济力量（及与之伴随的价格机制）来规范员工的行为。这个系统的作用机理是：假如某个人、某个部门或某个业务单位对其他人有价值，就可以通过协商的价格进行交易。当这些交易的市场体系建立起来后，就会产生两个效果：
- 价格成为产品或服务的价值指示器。
- 价格竞争会对生产率和绩效的控制产生影响。

市场控制的基本原理可以在公司层级、业务单元（或部门）层级和个人层级发挥作用。图 16.4 展示了将市场控制运用到组织管理中的几种方法。

> **提示**
>
> 市场控制有助于保持低成本策略。
>
> 如果你是公司技术支持部门的主管。市场控制可能会通过什么渠道对你的成本产生影响？

公司层级的市场控制　在多元化的大公司，市场控制通常被用于调节独立的业务单元。特别是在大的集团控股公司，每个业务单元都被看作相互竞争的利润中心。高层管理人员很少对业务单元的管理者进行官僚控制，而是使用盈亏指标进行绩效评估。当不同业务单元的决策和权力分散时，市场控制可以确保业务单元的绩效与公司的整体目标保持一致。

这种市场控制机制的运用受到那些坚持认为经济手段不足以完整地反映组织价值的人的批评。在多元化公司中，由于市场控制制，公司会被频繁地买卖，员工常常饱受痛苦。

业务单元层级的市场控制　市场控制也可以约束业务单位内部各部门和多职能间的交易。转移价格是组织用市场机制调整内部交易的一种方法。转移价格是组织内部由一个单位向另一个单

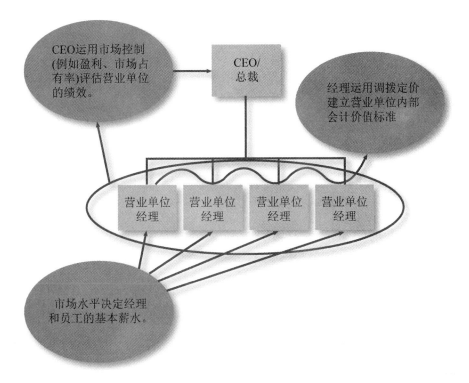

图 16.4 市场控制的范例

位提供产品或服务所收取的费用。例如，在汽车生产中，在零部件被运到下游产业进行最后装配前，这些部件可能会被确定一个转移价格。理想的转移价格应反映接收产品或服务的业务单位在外部市场应支付的价格。

随着组织越来越多地选择将产品和服务外包给外部合作商，如转移价格这样的市场控制就会为控制成本和提高质量提供天然动力。管理者始终密切地关注着市场上的价格变化以确保他们自己的成本与市场水平相符，他们努力改善服务来提高其所在部门对组织的贡献价值。考虑一下，对员工的培训和开发既可以由内部的人力资源部门来做，也可以由外部的咨询公司来做。如果人力资源部门不能以合理的价格来提供合格的培训，那么这个部门就没有继续存在的必要。类似地，潘世奇卡车租赁公司（Penske Truck Leasing Company）开始将自己的许多财务流程外包给一家名为简柏特（Genpact）的公司，不仅因为其报价更低，还因为这家专业化公司所提供的专业技能在市场上具有竞争优势。潘世奇的高级财务副总裁弗兰克·克库哲（Frank Cocuzza）说："相比于由组织内部提供相同服务，该做法每年为工作部门节省 20000000 美元。与此同时，在效仿了简柏特公司的精益管理后，公司的汽车回收率也得到了提高，并从中学到了改善经营效率的数以千计的方法。"

个人层级的市场控制 市场控制同样也可以应用于个人层级。例如，在进行招聘时，特殊技能的供需状况会对员工期望的以及组织愿意支付的工资水平产生影响。掌握特殊技能的员工或求职者能够得到更高的工资。当然，工资并不总是能反映市场价格，有时工资是在考虑内部资源的基础（可能是随意地）上确定的，但市场价格通常是员工对公司的潜在价值的最好量度。

这种以市场控制为基础的控制是非常重要的，因为它能激励员工提高自身的技能并为其提供潜在的求职机会。即便在被雇用后，以市场为基础确定工资也是一种重要的控制手段，因为一个人创造的经济价值越高，其在组织中晋升的速度就越快，职位也就越高。

大公司的董事会经常采用市场控制来管理首席执行官。但讽刺的是，首席执行官通常被认为是整个公司的绝对控制者；但事实是首席执行官要对董事会负责，董事会必须想办法确保首席执行官维护公司利益。若没有董事会的控制，首席执行官们可能会依照个人利益行事（如扩大公司规模或多元化），而不会给公司带来丰厚回报。正如最近报道的多起公司丑闻中所反映的，若无董事会控制，首席执行官们也许就会夸大公司的盈利或者隐瞒开支，从而使公司看起来更加成功，而事实却并非如此。

传统而言，除了基本工资外，董事会主要通过激励计划控制首席执行官绩效。这些一般包括一些与短期利润目标相关的奖金和分红。如今在美国的大公司中，大部分首席执行官的收入都是没有保障的，也就是说，收入随着公司业绩的变化而变化的。除了短期激励外，董事会也可以使用与公司股票价格相关联的长期激励，通常是我们在第 10 章讲过的股票期权。同时，平衡记分卡也旨在使首席执行官们关注公司在长期的健康发展。根据第 5 章所描述的《萨班斯-奥克斯利法案》要求，董事会成员必须仔细审查对公司财务绩效的控制，其中就包括监督首席执行官们的薪酬组合。

16.2.2 派系控制：授权赋能与文化的作用

如今，管理者越来越感到，仅基于官僚和市场机制的控制体系已经不足以引导员工了。这主要有以下几方面原因：

1. 员工的工作已经发生了变化。工作性质在不断演化。例如，用计算机进行工作的员工在工作中的可变性较多，他们的很多工作都是智力的，因而是无形的。正因为如此，他们在执行任务时没有了所谓的最佳方法，工作标准化或程序化也变得极其困难。此外，由于不可能对推理与解决问题这样的活动进行监督，密切监督也变得不切实际。

2. 管理的性质发生了变化。管理者的角色也在不断演化。在过去，管理者对岗位的了解往往比员工要多。而今天，更普遍的情况是员工比其他任何人都更了解自己的工作。我们将这称为从有形的工作到知识型工作的转变。当真正的专家位于组织的最底层时，层级控制便不具有可操作性。

3. 雇佣关系发生了变化。工作的社会合同正在被重新协商。过去，员工最关心的是工资、岗位安全与工作时间等类似的问题。然而，如今越来越多的员工希望能更充分地投入到工作中去，参与决策的制定过程，为特定问题提供解决方案及接受具有挑战性的工作等。他们想充分发挥自己的才能。

基于上述三个方面的原因，在组织内部，授权赋能不仅越来越流行，更是管理者进行控制时必不可少的一部分。既然执行工作没有了"最佳办法"，也没有了对员工每天的工作情况进行监督的途径，管理者必须对员工进行授权赋能，给予员工决策权并信任他们会从公司的利益出发。但这并不意味着放弃控制。相反，管理者要创建一个高标准且健全的强势企业文化，从而使员工可以对自己进行有效控制。

> "作为一名管理者，重要的不是当你在的时候会发生什么，而是当你不在的时候会发生什么。"
>
> ——肯·布兰查德（Ken Blanchard）

> **管理实践**

Netflix 公司在聘用决策方面建立了派系控制体系，注重选择那些赞同自我决策和职业素养的软件工程师（大部分专业人员会赞同）。面试官告诉应聘者：公司希望他们能够成为解决问题的人，而不是向官僚机构寻求制度和政策帮助的人。那些更喜欢固定模式的候选人可以很容易地在别处找到适合的岗位，因为软件工程人才需求旺盛。

Netflix 公司总部坐落于美国加利福尼亚州的洛斯加托斯，在那儿工作的员工可以自由工作而免受许多会在其他公司遇到的限制。他们不必遵循着装规定或穿戴员工徽章。公司会让每个员工都清楚公司的战略、绩效目标和业绩。只要员工可以达成他们的目标，他们可以随时休假。员工出差没有任何预算限制，只要一切行为都遵循公司"以使 Netflix 的利益最大化为目的而行动"的政策即可。

这种自由并不意味着 Netflix 的管理松弛。相反，在总部工作的员工都训练有素，而且能到 Netflix 工作的员工都至少有 7 年的工作经验。由于他们需要创造性地思考，因而他们需要自由工作。而且，如果一名员工的绩效仅仅达到平均水平，那么这名员工就会被要求离职。其结果就形成了一种氛围——有才能的人感到他们的成就得到了重视，且他们不必再忍受那些毫无意义的规则和毫无建树的同事。

- Netflix 用于控制员工行为的规范同具体的规则一样具有效力吗？为什么？

回想一下我们在第 2 章中关于组织文化的广泛讨论。若组织文化鼓励错误的行为，那么继续实施有效控制的做法就会受阻。但如果管理者形成并巩固一种鼓励品行端正的强势企业文化，企业中的每个人都能理解管理的价值及期望并能够依此行事，那么派系控制就会成为一个非常有效的控制工具。正如我们在本章的开头所了解的那样，派系控制包括在彼此尊重的基础上建立彼此间的关系并激励每个人对他们的行为负责。那样员工便能在一个价值指导框架中工作，且具有良好的判断能力。例如，NetApp 公司是一家专门从事数据存储与保护的信息技术公司，公司致力于员工的授权赋能，将 12 页的出差政策转变成一些简单的指导方针："我们是一家节俭的公司，但不能为了节省几块钱，搞得自己身心疲惫，要充分利用你的常识。"授权的组织关心的是能否满足顾客的需要，而不是取悦老板。错误会被看作处理变化和不确定性时不可避免的副产品，它们是学习的机会，因此错误是可以容忍的，而且团队成员要一起学习。表 16.7 提供了一套授权管理的规则。

表 16.7　授权赋能的管理控制

1. **业务在哪里，控制就在哪里**。层级管理、直接监督、检查和平衡正在迅速消失，取而代之的是自我指导型的团队。长期以来，即便是大英帝国（像它一样庞大），包括女王在内，也从没有超过 6 个层次的管理。

2. **采用"实时"控制而非事后控制**。问题必须由做实际工作的员工在问题出现时就给予解决。管理者成为协助团队解决问题的资源。

3. **重建以信任为基础的而非以不信任为基础的管理控制体系**。"高度灵活"的组织是建立在授权赋能而非监督服从的基础上的。信息应该为决策的制定提供便利，而非限制它。

4. **向建立在对等标准上的控制方向发展。**派系控制是一种有力的手段。日本人有着比我们更为同质性的文化和价值观念。在北美,我们也应建立系统的对等标准,减少对数量的控制。

5. **重建激励机制以增强责任感和团队精神。**为客户提供更多的价值和提高团队绩效这两个目标应成为评价体系的两个主要指标。

资料来源:Gerald. H. B. Ross, "Revolution in Management Control," *Management Accounting*, November 1990, pp. 23-27. Reprinted by permission.

> **提示**
>
> 派系控制促进员工达成绩效标准。
>
> 你希望对标准化工作或创造性岗位进行更多的派系控制吗?

派系控制的弹性和时间投入是把双刃剑。派系控制的发展需要很长的一段时间,并且需要更长的时间去改变它。这便可以使组织在环境或组织结构的剧烈变化中(如在高层管理者发生变动的情况下)保持相对的稳定。"管理案例:美国西南航空公司在危机中的派系控制"给我们提供了一个美国西南航空公司面对危机的案例,以解释派系控制如何发挥作用。但如果管理者试图建立一种新的文化(新的派系控制),他们就必须帮助员工抛掉旧的价值观,接受新的价值观。在本书的最后一章我们将会对这一转变过程做进一步讨论。

管理实践

美国西南航空公司在危机中的派系控制

西南航空公司的强势文化在其使命("传递一种温馨、友好、自豪及公司精神的顶级客户服务")中得以传达。你可以在公司的网站(该网站通过醒目的链接来提供帮助)上看到这一点。你也可以从美国西南航空公司对企业精神(包括努力工作、争做第一、享受欢乐、快乐工作与富于幽默等)的诠释中发现这一点。在对这些企业价值观应用和巩固的同时,企业让员工将这些价值观付诸实践。

2011年4月,美国西南航空公司的机组人员在一架波音737飞机上执行任务时,遇到了麻烦。在该航班从美国亚利桑那州的凤凰城到加利福尼亚州的萨克拉曼多的航程中,飞机上的乘客及机组人员听到一声类似枪击的声音。飞机的部分机身在34000英尺的高空脱落。飞机最终紧急降落在亚利桑那州尤马市的一个军事基地内。所幸无人受重伤,只有一名空乘人员受了轻伤。

美国西南航空公司维修与工程负责人布赖恩·赫什曼(Brian Hirshman)参加了当晚的紧急电话会议。在听了美国西南航空运营总监对此次事故的解释(在尤马的西南航空公司员工正在就机身开裂一事进行汇报)后,作为前航空机械师的赫什曼接着便向美国联邦航空管理局做了简要的汇报,随后开车到航空公司总部去参加晚上9时30分与一组西南航空公司员工的会议。在达拉斯总部参加会议期间,赫什曼第一次看到了飞机裂口的照片,足足有5英尺长,它距乘客窗口仅大约几英尺的距离。机身的裂口穿过了三条损伤抑制带(固定在机身,用来保持机体表面完整的垂直件)。

该团队在西南航空公司的应急中心审查了飞机的维修记录,证实它没有遗漏任何的安全检查或存在不当操作等问题。受损的飞机通过了所有必要的检查项目。接下来,他们通过电话联系了波音公司并了解到波音公司也没有发现明显的问题来源。一名波音公司的工程师建议对西南航空公司所有相同机龄的波音737(共79架飞机)同时进行两项测试,每项测试需花费16个小时。

超过1200个小时的检查时间给那些想在清晨乘坐西南航空公司航班飞往全国各地的旅客造成了巨大的障碍。通常，在停飞如此多的飞机之前，航空公司会等待监管机构和制造商给出相关建议。然而，事故十分严重，没有人能够确定问题所在。

赫什曼打电话给西南航空公司的首席执行官加里·凯利（Gary Kelly），指出他们还没有掌握足够的信息确保波音737系列飞机继续安全飞行，这79架飞机应当停飞，凯利对此表示同意。

测试完所有的飞机需要几天的时间。其中有5架飞机需要进一步的维修；剩余的飞机可以安全起飞。波音公司继续调查事故起因，将其范围缩小到某一代飞机，他们中的绝大多数是专为西南航空公司制造的。问题的形势暗示着问题可能出现在飞机制造过程中而非西南航空的维修保养程序中。当然，问题也可能出现在西南航空公司方面，因为该系列飞机被西南航空公司用于短途飞行，它们要经常承受起飞和降落过程中的巨大压力。

西南航空公司最初面临着一个公关困境：关于该公司的一架飞机在飞行中严重受损的相关报道。接下来它不得不帮助乘客取消或延迟3天内的航班。然而，出于尊重维修负责人把安全放在比收入更重要的地位的理念，西南航空公司缓和了乘客的担忧，并负责检查全过程，加快了维修的进度，最终让西南航空的飞机重回蓝天。

- 在这种情形下，西南航空公司的企业文化鼓励哪些行为？
- 你认为在这种情形下派系控制是否比官僚控制更具影响力？为什么？

关键术语

会计审计（accounting audits）
作业成本法（activity-based costing，ABC）
资产（assets）
平衡记分卡（balanced scorecard）
资产负债表（balance sheet）
预算（budgeting）
官僚控制（bureaucratic control）
派系控制（clan control）
同期控制（concurrent control）
控制（control）
流动比率（current ratio）
债务—权益比率（debt-equity ratio）
外部审计（external audit）

反馈控制（feedback control）
前馈控制（feedforward control）
内部审计（internal audit）
负债（liabilities）
管理审计（management audit）
管理近视（management myopia）
市场控制（market control）
例外原则（principle of exception）
利润表（profit and loss statement）
投资回报率（return on investment，ROI）
标准（standard）
股东权益（stockholders' equity）
转移价格（transfer price）

学习目标小结

现在你已经学习完第16章，你应该能够达到以下要求：

1. 能够解释为什么公司要建立对员工的控制系统。

如果不对员工进行任何约束而使其自主行动，他们就可能会以不利于组织的方式行事。控制系统旨在消除特殊的行为，引导员工的行为，使其有益于公司目标的实现。控制系统对公司资源进行引导和控制，帮助员工从公司的利益出发采取行动。

2. 能够总结出如何设计一套基本的官僚控制系统。

设计一种基本的控制体系包括四个步骤：（1）设定绩效标准；（2）衡量绩效；（3）将绩效与标准进行比较；（4）采取更正行动以消除偏差。绩效标准应是有效的，涵盖数量、质量、时间和成本等类似的内容。当与标准进行比较时，例外原则表明管理者应该对那些有重大偏差的案例予以特别的关注。之后，管理者应该采取最可能解决问题的行动。

3. 可以描述将预算作为一种控制方式的目的。

预算结合了前馈、同期和反馈控制的优点。它们被用来指导资源配置，提供资金使用的参考点，并将销售和成本的实际水平与其预期水平进行比较，提供事后反馈。近来，很多企业调整了预算过程，根据公司业务流程（如客户服务）而不是根据功能和部门对成本进行分配。通过改变预算方法，企业发现了很多减少浪费及改进业务流程的方式。

4. 能够明确财务报表与财务比率控制的基本类型。

基本的财务报表是资产负债表和利润表。资产负债表是将公司的资产价值与所有者权益和负债进行比较。利润表表明公司的收入与产生费用的比率。除了这些表，公司还应考察流动性比率（公司是否能支付它的短期负债）、杠杆比率（公司在多大程度上负债经营）和盈利能力比率（利润与投资的比率）。这些比率可以作为管理者的目标，也可以作为绩效评估的标准。

5. 能够列出实施有效控制系统的程序。

为了达到最有效的控制，管理者应当：（1）建立有效的绩效标准；（2）保证员工掌握关于他们绩效的充分信息；（3）确保员工对其可以接受；（4）维持公开沟通方式；（5）注意运用多种方法（如官僚、市场和派系控制）。

6. 能够识别组织使用市场控制机制的不同方法。

市场控制可以在公司层次、业务单位、部门层次或个人层次上使用。在公司层次，以利润指标为基础对各个业务单位进行评估。有时，盈利少的部门被卖掉，而盈利能力强的部门会得到更多的资源。在部门间可以用转移价格来模拟市场机制，对部门间的交易进行控制。在个人层次上，市场机制控制着员工的工资水平，也可用来对管理者个人进行绩效评估。

7. 能够讨论在一个授权赋能的组织结构内如何实行派系控制。

集权式的机械控制已经越来越不适用了。在今天的组织内，要找到一种"最佳方法"来开展工作及对绩效进行监督是非常困难的。为了更好地服务客户，公司必须利用员工的专业才能，并给他们以行动的自由。要在保持员工授权的同时保持对其有效的控制，公司应该：（1）组织自我指导的团队；（2）在问题出现时就采取解决的办法；（3）建立信任并相互尊敬；（4）将控制建立在由一系列规范组成的指导性框架之上；（5）建立鼓励团队合作的激励机制。

问题讨论

1. 识别出你的学校或你所在的公司在管理上应用的是哪种类型的控制。如果可以的话，采访你所在组织的一名经理或员工来了解其所采用的控制方式。如果这些控制使用不当，组织的绩效可能会产生怎样的变化？

2. 领导与控制的区别是什么？计划和控制的区别是什么？结构和控制的区别是什么？

3. 设想一下你是一家公司的销售经理并负责全国范围内医院的医疗用品的销售。现在有10名销售人员向你汇报工作。你对部门每年要实现的一定的销售业绩负责。请简要说明在控制过程中你将采取哪些步骤。

4. 在问题 3 所描述的情境中，如果销售业绩下滑到远低于预期水平，你需要采取什么行动？如果销售远超过预期销售水平，你又会采取什么行动？如果实际销售正好实现了预期目标，你需要进行有效的控制吗？（如果部门正好实现预期目标，但一些销售人员低于或高于预期目标，你的答案会不同吗？）

5. 除了销售额和开支，为一个企业识别出五个其他重要的控制衡量标准。其中至少包含一个非财务的衡量标准。

6. 官僚控制（如规则、程序和监管等）有什么优点和缺点？

7. 设想一家公司在对主管进行奖励时，不再以其实现的利润与股票价格的目标为基础，而转为依据增加的顾客满意度、员工敬业度、员工多样性和道德行为的平衡记分卡。如果可以的话，面对新的控制体系，你希望主管如何改变绩效？你希望公司的绩效有所改变吗？

8. 谷歌会为员工提供如 Gmail、谷歌日历、文档与电子表格这类谷歌所开发的应用程序作为辅助工具。描述谷歌该如何利用市场控制来决定其员工是应用这些软件程序还是其他竞争对手的软件（如 Word 和 Excel）。

9. 派系控制作为一种控制机制是如何发挥效力的？它的优势是什么？它的局限性是什么？一名管理者何时最依赖派系控制？

10. 授权赋能意味着失去控制吗？为什么？

11. 有些人利用"个人控制"的概念来描述业绩控制原则对个人职业生涯的应用。思考一下你在学校的表现和职业生涯计划，你充分应用了控制过程（图 16.1）的哪一个步骤？你是如何确保你的表现可以满足你的职业生涯与生活目标的？你如何衡量你的成功？派系控制会帮助你实现个人目标吗？

实践练习

16.1 安全计划

目标

能够掌握属于管理职能的一些具体事项，如计划、组织、控制、人事和指导等。

说明

假如你是一名生产经理，在阅读完下面的案例之后，简要描述你将采取哪些手段来解决安全问题。注意将你的答案与计划、组织、控制、人事和指导等具体的活动联系起来。

Vamp 公司的安全计划管理

如果管理者正着手某些具体事项，他们应如何处理？在处理时，他将采取何种方式？下面描述的是管理者行使管理职能的典型情况：

作为 Vamp 公司的生产经理，你非常关心金属冲件车间的安全记录。过去几年里，由于操作工人脱离岗位导致的生产事故急剧增加。其中，严重事故率从过去的 3% 增至现在的 10%。

出于对工人安全和提高公司产能以履行客户订单的考虑，你需要在接下来的 6 个月时间内，将机器停工率降到以往的水平或更低。

你召集你的生产主管，向其展示事故的上升趋势，指出形势的严峻性以及他们所肩负的安全生产责任。你要求每名主管回顾过去一年的事故报告，并作成简报交给你，同时陈述类似事故再次发生时，他们将打算采取哪些行动。此外，他们还将在每周五向你提交安全周报，与你讨论生产现状和他们所遇到的问题。

你请求工会帮助安全主管建立一个关于车间安全实践的短期项目。

既然事故是由机器操作人员带来的，你应鼓励生产主管同工人交流，了解他们对降低停机事故率的建议。

在计划的执行过程中，你应该对周报进行检查，并建立一种评估方式以帮助你确定项目的收效并找到问题的症结。如果生产主管手下的操作工人未能降低事故发生率，你应与生产主管及其关键员工就相关问题进行详细讨论。

资料来源：Theodore T. Herbert, *The New Management：Study Guide*, 4th ed., p. 41.

16.2 前馈、同期和反馈控制

目标
1. 阐述控制程序的必要性。
2. 获得一些何时使用前馈、同期和反馈控制的经验。

说明
1. 阅读本章关于前馈、同期和反馈控制的相关内容。
2. 阅读"控制问题情景"，并为解决小组中可能出现的控制问题做好准备。
3. 你的指导老师会将全班分成若干小组。每个小组就每种情况下采用的前馈、同期和反馈控制方式达成一致意见并形成工作表。小组还需要对所讨论的问题做出回应。
4. 下一次课上，小组发言人要就小组的讨论结果发表意见。

问题讨论
1. 哪种控制最易被采用？哪种不易被采用？
2. 这个练习适合小组讨论，还是适合独立完成？

控制问题情境

你的管理咨询小组受聘于 Technocron 国际公司——一家目前生产电子监视设备的快速成长型公司，它将产品出售给政府或商业用户。公司的产品有一些是直接销售，有一些是通过经销商代理出售。直接销售的利润正在急剧下降，这是由支付给销售人员的巨额费用所导致的，尤其是支付给那些不受计划和控制、经常在世界各地飞来飞去的销售人员的销售费用，这些费用高得惊人。公司与经销商之间的关系也存在隐患，因为没有标准化合同，因此与每个经销商之间都保持着完全不同的契约关系，客户的付款条件也各不相同。同时，公司利润也在不断下滑，因为绝大多数订单需要定制，几乎不可能进行大批量生产。而且，公司并未采取措施实现零件的互换，零件库存居高不下。有些原材料和部件单位采购量很小，几乎每天都要下新的订单。但有些订单由于很大，以致几乎没有足够的地方来储存采购物品。许多采购回来的部件后来发现是次品或根本不能用，进而导致生产延误。工程技术的变化则使得一大批旧的库存零件被淘汰。有些生产延误是由于设计的产品很难进行生产，装配工人抱怨说他们的更正建议常常被工程师忽视。为了节省费用，公司聘用了没有经过培训的工人并将其分配给有经验的"工作伙伴"，希望工作伙伴在工作中对他们进行培训。然而，很多新员工由于缺乏教育，以致无法理解他们的工作任务，这让他们的工作伙伴不得不完成大量本不属于他们的工作。与此同时，低工资以及缺乏对工程的考虑已经导致大规模的工厂混乱，并且工人们正准备组建工会。仅在过去一周，公司就收到 9 份投诉文件，美国公平就业委员会（the U.S. Equal Employment Opportunity Commission）已经宣布准备针对该公司的两起歧视诉讼进行调查。公司同样存在严重的现金流问题，有数笔长期借款将同时到期。但如果能够收回部分应收账款，现金流问题将得到缓解。

公司的首席执行官通过 5 个职能部门对公司进行管理，它们分别是生产部、工程部、市场部、财务部和人力资源管理与行政部。

前馈、同期和反馈控制工作表

Technocron 国际公司需要同时进行多项控制。完成下列矩阵,分别标明不同职能部门所需的控制类型:前馈控制、同期控制和反馈控制。

部门	前馈控制	同期控制	反馈控制
人力资源管理与行政部			
生产部			
工程部			
市场部			
财务部			

 综合案例

戴安娜(Diane)和鲁迪·康拉德(Rudy Conrad)在美国黄石国家公园外经营了一家小旅馆。他们的旅馆有 15 个房间,最多可容纳 40 位客人,其中有些房间是专为家庭准备的。平时,戴安娜和鲁迪会提供简单的欧式早餐,周末的时候则相对丰盛一些,这些都包含在了客人所付的房费中。每年 5—9 月是他们的旺季,但他们一直营业到感恩节,并在 4 月份春季重新开门营业。目前,他们聘用了一名厨师和两名服务员以解决周末的早餐问题,平日的早餐则由他们自行解决。他们也雇用了几名家政服务人员、一名园丁和一名前台服务员。旅馆的运营效率及员工忠诚度是康拉德一直以来引以为豪的,他将其归因于他们所实行的派系控制的管理模式。若有房客需要东西,无论是一顿有特殊要求的早餐还是一条额外的毛巾,灰熊旅馆的员工都被授权自行为他们提供。

康拉德一家正在考虑进行业务扩张。他们如今有一个机会来购买隔壁的房产,这将给他们足够的空间建造一个拥有 20 个房间的附属建筑。如今,他们的年营业额约为 300000 美元。其中运营成本为 230000 美元——包括抵押贷款、工资及维护费用等,也就是说,康拉德一家的年收入大约是 70000 美元。他们希望在没有降低服务水平的基础上进行扩张并进行改善。事实上,除了聘用更多的员工来经营更多的服务区间,他们也在考虑与当地企业合作来提供在漂流、垂钓、登山及骑马旅行等方面的指导。此外,他们还想扩展他们的餐饮服务,包括住宿高峰期的晚餐,这意味着需要重新修整小屋的餐厅区并需要雇用更多的厨师和服务员。最终,康德拉一家决定全年开放旅馆,在冬天为客人提供越野滑雪、徒步或骑摩托雪橇的机会。他们还筹划为感恩节、圣诞节和新年庆祝等活动提供户外假日套餐。康拉德一家表示,他们的员工十分热衷于他们的计划并愿意在扩张过程中同他们一起努力。鲁迪说:"这是我们梦想中的事业,现在我们只是刚刚起步!"

问题

- 讨论鲁迪和戴安娜今后应该如何利用前馈、同期和反馈控制来确保灰熊旅馆能够让其顾客满意。
- 康拉德一家在设计他们的旅店扩张计划时,哪些基本因素可能会被纳入预算予以考虑?
- 描述康拉德是如何利用市场控制来计划和实施他们的扩张计划的。

第 17 章
技术与创新管理

技术和组织之所以必要,并非在于意识形态的想象,而在于它们是塑造经济社会的决定性因素。

——约翰·肯尼思·加尔布雷思

学习目标

通过学习第 17 章,你应该能够达到以下要求:

1. 能够列出促进新技术发展的路径类型。
2. 可以描述技术的生命周期。
3. 能够知道采用何种方式管理技术可以保持竞争优势。
4. 可以就如何评价技术需求进行总结。
5. 能够辨识追求技术创新的替代方法。
6. 能够界定技术管理中的关键角色。
7. 能够描述一个创新组织的构成元素。
8. 能够列出成功的开发项目的主要特征。

本章概要

技术与创新	寻求与获取新技术
技术生命周期	内部开发
技术创新的传播	购买
竞争环境中的技术创新	外包开发
技术领先	许可
技术跟随	技术交易
评估技术需求	合作研发与合资企业
衡量现有技术	收购拥有技术的公司
评估外部技术趋势	技术与管理角色
技术决策过程中需要考虑的关键因素	组织创新
可预期的市场接受程度	释放创造力
技术可行性	消除官僚主义
经济可行性	实施开发项目
可预期的能力发展	技术、工作设计与人力资源
组织适应性	

开篇案例

BP 公司替代能源的未来

英国石油公司（British Petroleum）名字中的首字母"BP"仅暗示了它的起源。公司的前身是盎格鲁-伊朗石油公司（Anglo-Iranian Oil），是一家成立于20世纪初专门从事开采和销售在伊朗附近所勘探石油的公司。1954年伊朗将石油产业国有化，其中一家子公司就成为BP公司。它的最大股东是英国政府。在接下来的几十年里，BP公司对阿莫科石油公司（Standard Oil Amoco）和大西洋富田公司（Atlantic Richfield）等进行了战略并购，并最终成为世界上最大的能源公司之一，其在100多个国家拥有大约80000名员工。它的主要收入来源于炼油与石油销售，而另外的1/5收入来源于石油和天然气的勘探与开采。

20世纪90年代晚期，首席执行官约翰·布朗爵士（Sir John Browne）积极承担了公司的社会责任，积极推动环保事业。布朗承认，全球气候变化已成为一个严重的问题，而其中有一部分就源自BP公司的业务。布朗在1997年的一次演讲中声明："到2010年，BP的温室气体排放量相比1990年的排放量降低了10%。"几年后，BP公司宣布："公司已提前8年完成目标，尽管公司业务仍将不断扩展，但公司将继续致力于减少温室气体的排放量。"

在布朗的领导下，关注环保事业不再只是一种社会责任，同样也是一种商业策略。BP公司已经突破了企业名称所界定的业务范围，开始考虑提供石油以外的其他能源。初始投资包括建造一家太阳能制造工厂并对生物燃料（如乙醇）进行研究。近几年，随着BP公司每年在研发上的投入持续超过5.5亿美元，公司在替代能源方面的投入也迅速提升：2007年投入0.5亿美元；2008年投入0.99亿美元；2009年投入1.41亿美元。2011年公司宣布：公司计划在可再生能源方面投入20亿美元。所有的这些努力都通过公司的简称（BP）、公司的新logo（绿色向日葵）以及公司的标语（"超越石油"）得以体现。

在那些有兴趣推动和投资环保技术的公司中，有关于BP公司是否真的是一家"环保"公司的意见并不统一。较之其他石油制造商，它在替代能源方面的研发投入明显多得多。但是，BP公司的经营领域仍主要集中于石油、天然气和煤炭。即使伴随着替代能源份额的增长，BP公司预计在2030年，化石能源仍将占其总能源贡献率的64%（尽管低于埃克森石油公司80%的预期）。2010年4月，墨西哥湾石油钻井发生爆炸，造成大规模的石油泄漏，使BP公司作为一家关注环保的企业声誉扫地，并导致那些本应投入到新技术研发领域的资金变得紧张。并且，约翰·布朗爵士已于2007年从BP公司辞职，取而代之的是托尼·海沃德（Tony Hayward），他一开始就在替代能源方面表现出了较弱的积极性。尽管如此，在海沃德的领导下，公司在替代能源方面的投入仍在持续增长。最终，BP公司追求各种环保技术的决策将取决于公司能否可以从中盈利。

- 虽然太阳能、风能、生物燃料和其他替代能源发展迅速，但工厂和交通工具所用的能源大部分来自化石燃料。当你读到本章时，考虑一下，当BP公司的管理者考虑如何将新能源技术融入公司战略时，他们必须考虑哪些问题？

技术创新以其复杂性和变化的快速性而令人生畏。正如BP公司的领导者所指出的，这对于企业的竞争优势十分关键。不久前，新产品需要几年的时间去进行计划和开发，紧接着标准化和大批量生产，并通过大量的推销和促销活动推向市场。这些产品的销售生命周期长达几十年，使

专门的设备生产标准化产品，并通过规模经济降低成本。但是今天的消费者通常需要那些尚未被设计出来的产品，产品的开发就变成了一场竞赛，看哪家企业首先将自己的创新产品引入市场——其产品的生命周期通常以月来计，因为它们很快就会被其他技术上更精密的产品所替代。

> **提示**
> 创新是竞争力的关键要素。为什么创新对服务行业很重要？

今天的管理者和组织倚重于有效的技术管理，不仅在于其可以执行他们的基本任务，更重要的是，有效的技术管理确保了他们的产品或服务的持续竞争力。在市场中，技术和快速创新对成功而言十分重要，管理者技术是如何产生和发展的，必须清楚如何改变组织竞争和员工工作的方式。本章主要讨论技术如何影响组织的竞争力，以及如何使技术同组织的竞争战略相结合。随后，我们会评估组织的技术需求并探讨满足这些需求的方式。

17.1 技术与创新

在第 9 章中，我们将**技术**定义为将资源转化为产品的方法、工艺、系统和技能等。更宽泛地讲，我们可以将技术理解为商业化的科学：将科学知识系统地应用于新的产品、流程或服务。从这个意义上来讲，技术嵌入了每个产品、服务和工艺的使用，以及生产过程中。

当技术被用于创造一种新的产品、新的销售服务或一种全新的工作方式时，我们就完成了一项创新。创新不同于发明，也不同于制造全新的创意清单，它无法保证一定会给组织带来价值。在管理的范畴中，**创新**是一种可以产生价值的、任意的工作方式。创新是新事物的结合，或现有事物以新的方式结合所产生的。由此产生的创新可以是以下三种类型中的任意一个：

1. 产品创新是组织生产的一种变化输出（产品或服务）。如果 BP 公司通过对生物燃料的研究，生产出一种可以用于销售的新型燃料，那么这将是一个产品创新的案例。

2. 工艺创新是一种生产方式（生产产品或提供服务）的变革。如果 BP 公司通过对生物燃料的研究，生产出一种更高效的、从甘蔗中生产燃料的工艺，这将会成为工艺创新的一个案例。其他工艺创新的案例是第 9 章中所提到的柔性生产工艺，包括大规模定制、准时制生产以及并行工程。

3. 商业模式创新是指组织创造和传达价值方式的变革。这种改变可能会影响到公司商业模式的一些元素：它的顾客价值主张（要解决的基本问题，如环保燃料的成本变得同化石燃料大体相同）、它的盈利秘诀（成功的财务路线图）、它的核心资源（员工、技术、设施和品牌等）以及它的关键工艺。这些商业创新模式的案例包括亚马逊（图书销售）、Netflix（视频租赁）和 NetJets（商务旅行）。

这些条目涵盖了众多的创新创意，在商业中可以包含：产品供应的变化、基础的"平台"或创建产品的共同特征和工艺、组织所能解决的顾客问题、组织所服务的目标群体、组织所能提供的经验、组织在其行业中盈利的方式、工艺的效率和有效性、组织的结构、组织提供产品和服务的供应链、与客户进行现实或虚拟的互动交流、组织沟通的方式，以及组织与其产品相关联的品牌。

技术的形成、发展和淘汰有着明确且可预测的模式。决定性的力量聚集起来，可以创造出新的技术，而新技术紧接着会遵循确定的生命周期模式。理解下面这些驱动技术发展的力量及技术发展所遵循的模式，有助于对技术进行更有效的预测、监督和管理。

1. 必须产生对技术的需求。如果没有需求的驱动，技术创新就不会发生。
2. 这种需求必须在理论上是可行的，必须能够从基础科学中找到所需的知识。
3. 我们必须能够将科学知识转换成工程和经济概念的实践。如果理论上，我们做某些事是可行的,但经济上却是不切实际的,那么技术也是不可能出现的。

4. 资金、技术工人、时间、空间及技术开发所需的其他资源必须是可获得的。

5. 必须要有企业家精神,以识别并将一切必备要素汇聚到一起。

> "我认为全球市场可能需要5台电脑。"
>
> ——托马斯·沃森,IBM总裁,1943年

 管理实践

上述这些力量驱动着一家领先的航空企业——普惠公司(Pratt & Whitney)不断地进行技术开发和产品创新。在喷气发动机市场中,普惠公司在军用飞机引擎领域有着很强的竞争优势,但在商用飞机引擎的销售竞争中却处于劣势。管理层认为公司竞争优势的获得,将主要来自于为航空公司提供更高性能的引擎。

这是一个大胆的举动。设计出一款全新的引擎,同时寻找到一位客户,并将该引擎融入到客户飞机的设计中需要20年的时间。管理层从每个可能的途径筹措研发经费,在最终成功签订第一份单独的销售合同前,他们已投入了15亿美元。才华横溢的工程师们和科学家们创造了普惠公司的静洁动力(PurePower)引擎,它应用了一项齿轮传动涡扇技术。这项技术融入了三项产品创新:一个轻量但功能强大的齿轮箱、一个更大的风扇,以及一个更轻的引擎室。将这些因素综合起来可以使燃料使用效率提高16%,这大致相当于过去飞机引擎制造商经过三次技术改进才能达到的水平。同时,引擎的噪音水平也被降到过去的一半。

同时,普惠的销售团队发现他们的第一个客户——庞巴迪(Bombardier)(一家加拿大著名航空设备制造商)正在设计一款新型C系列飞机。该企业希望这款飞机能同波音737、空客A319/A320同台竞争。庞巴迪希望可以为飞机提供更强大的功能,从而使其获得100—150座级喷气式飞机市场中50%的市场份额,普惠的新引擎刚好满足这一目标的要求。

- 是什么力量推动普惠公司完成这次创新的?

17.1.1 技术生命周期

技术创新通常遵循一种相对可预测的被称为**技术生命周期**(technology life cycle)的模式(如图17.1所示)。该周期始于对需求的认知,对可能通过应用科学知识来满足该需求方法的发现。知识和创意被融合在一起并得到发展,最终形成新的技术创新。在新技术形成的早期阶段,进展可能会很慢,因为在这期间,竞争者为满足消费者需求,需要在产品设计和操作特性上不断地进行试验。这时的产品创新率通常是最高的。例如,在汽车行业发展的早期,各厂商试验了大量的机器,包括电动和蒸汽驱动的汽车,以此来决定哪种产品才是最高效的。最终,内燃式引擎作为主流设计出现了,并且产品创新的数量也趋于稳定。

一旦早期的问题得以解决,并且主流设计也出现了,技术的改善就会更多地来自使技术更佳的工艺创新。在这一阶段,组织可以通过追求工艺效率和成本竞争来获得相应的优势。以汽车行业为例,当各公司定下产品标准后,它们通过大规模生产和纵向一体化来提高劳动生产率。这些工艺创新有助于降低生产成本,并将汽车价格降至消费者的预算线内。

最终,新技术在性能和使用范围两方面都达到了上限。发展趋缓、成本上升且市场趋于饱和

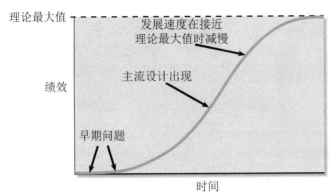

图 17.1 技术生命周期

（新的消费者很少）。某项技术在成熟期可能维持一段时间（以汽车为例），也可能会被其他性能更好或更经济的技术所取代。生命周期的演变可能历时数十年甚至几个世纪，如钢铁制造技术就是如此。音乐录制行业就是一个技术迅速演化的典型案例，它从相对原始的托马斯·爱迪生发明的乙烯基唱片，发展到录音带，到随后的数码录制的 CD，再到高度小型化但内存密集型的 MP3 播放器（如 iPod），现今却正受到潘多拉（Pandora）或 Rhapsody 等服务商的挑战，它们允许客户通过自己的手机或电脑从互联网上播放歌曲。

正如这个案例所展示的，一项技术生命周期是由许多单个产品的生命周期所组成的。这些产品中的每一个都在执行一个相似的任务（将录制的音乐传递给听众），而且每一个产品都较其前一代有所改进。技术的进步涉及许多重要的创新，通常是先出现全新的技术，随后是对其加以完善的、大量的小创新。技术的不断发展使得应用该技术所获得的收益不断增加，也使技术的应用更容易和更广泛。在这一过程中，技术的应用扩展到一些新领域。

17.1.2 技术创新的传播

如同技术生命周期，新技术为人们所接受的时间也遵循着一种 S 形模式（如图 17.2 中的虚线所示）。起初只有很少一部分人应用这项技术，随着技术在人群中获得成功并传播，应用的人群急剧增加。最终，当这项技术的市场达到饱和时，用户数量达到高峰并趋于平稳。这种模式最早于 1903 年被发现，并且为许多行业和企业的众多新技术及构思所证明。

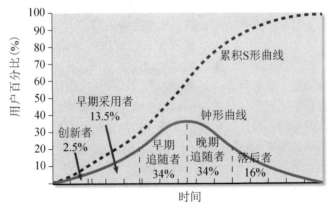

图 17.2 技术传播模式及用户类别

新技术的采用者分为五类（如图 17.2 中的实线所示）。对于那些想要为一项新技术或生产创新寻求市场的管理者而言，每一组都代表着不同的机遇与挑战。

第一类是创新者，约占采用者的 2.5%。典型的创新者是喜好冒险的，并愿意为此承担风险。一旦新技术或新产品（设想或试验）得到了他们的认可，他们愿意付高价去推动新技术或新产品的出现，并且在新技术或新产品出现后仍会一直支持它。产品的创新者和产品的接受者是无法保证成功的。例如，产品可能对一般市场而言仍然十分昂贵。但是如果这类创新者都对之缺乏热情，便通常意味着新技术存在严重缺陷，需要更进一步的改进。

随后 13.5% 的采用者是早期采用者。这一类别的人对该项技术的成功很关键，因为他们中间有受人尊重的思想领导者。早期采用者通常是那些别人希望其成为领导、能够出主意或掌握现代技术信息的人或组织。创新者和早期采用者在新产品推出阶段是极其重要的，而且营销经理通常会向这部分人群大力推广产品，使之产生浓厚的热情。

接下来的 34% 是早期追随者。这部分接受者更审慎，并且在决定使用新技术时考虑的时间更长。通常，他们是社会或行业中的重要成员，但一般不是领导者。技术或新产品拓展到这一群体中需要一段时间，但这一群体一旦使用它们，技术或产品的使用就会开始扩散并逐步成为主流。

再后续的 34% 代表着晚期追随者。这一组成员对技术变革总持怀疑态度，并且对于接触创新总是极为小心。他们之所以会采用新技术，通常是出于经济上的必要性或者不断增加的社会压力。

最后的 16% 是落后者。他们常常是孤立且高度保守的，对于创新和变革总是持极度怀疑的态度。

一项创新的传播速度主要取决于五种属性。如果一项创新具备以下特点，那么它的传播速度将会十分迅速：

- 相较之前的技术有很大的优势。
- 同现有的系统、程序、基础设施以及思维方式等兼容。
- 简单，而不是过于复杂。
- 能被轻易地尝试或测试，不需要投入很高的成本。
- 易于观察和复制。

设计产品时考虑到这些因素对于成功来说是十分重要的。

17.2 竞争环境中的技术创新

有关于技术生命周期及其传播方式的讨论，可能暗含了"技术的改变是自然的或自动发生的"这一观点。而恰恰相反，在组织中，改变既不是轻松的，也不是自然发生的（在第 18 章中我们将做充分的讨论）。有关技术和创新的决策，是非常具有战略性的，组织在推进技术和实施创新时需要系统地考虑。

大多数的公司高管会将创新作为工作的重中之重（如图 17.3 所示），但只有大约一半的高管对公司的创新投资回报感到满意。大多数公司从顾客满意度和收入的增长方面去衡量创新成功与否，而只有 1/5 的企业会追踪创新的投资回报。

在第 4 章中，我们提到公司可以用两种战略为自己在市场中定位：低成本战略和差异化战略。利用低成本的领先地位，公司可以保持优势，因为它比竞争者的成本更低。采用差异化战略，优势来自其独特的产品或服务，而顾客也愿意为此支付额外的费用。技术创新可以支持两种策略中的任何一个：既可以被用来率先设计低成本的产品，以及创造低成本的方法去完成所需的操作，从而获得成本优势；也能被用来开发独特的产品或服务，以此提高商品的价值，获得额外的报酬，从而实现对差异化战略的支持。

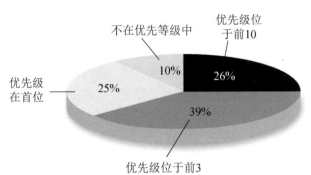

图 17.3 被调查者对于创新投入在其他战略优先级中的排序分布

> **提示**
> 创新可以改进关键的实践环节。
> 创新是如何支持低成本战略的？

在一些案例中，一项新技术可能会完全改变一个行业的竞争规则。这些案例中的技术常常会被称作破坏性技术，因为对于很多公司（甚至是行业领导者），如果它们对有效创新没有做出及时反应，那么新的公司就会出现，并取代它们的主导地位。包括柯达这样的公司，都因破坏性技术而苦苦挣扎。柯达一直在摄影市场上占据着主导地位，直至数码相机取代了电影、收音机及电视台，同时因为宽带的发展，互联网正成为一种更令人兴奋的娱乐选择。

但是鲜有行业会在一夜之间发生转变。一般来说，新技术带来的冲击信号是事先可预见的，这就为公司和人们留出了相应的时间来做出反应。例如，几乎每一个通信行业的竞争者都十分清楚蜂窝技术的价值。关键的问题通常并不是是否采用这项新技术，而是何时采用，以及如何将其与组织的实际经营以及战略融合在一起。

17.2.1 技术领先

"时间就是一切"的格言被用于许多事情，从财务投资到讲笑话。它也同样适用于新技术的开发与应用。如3M、亚马逊、耐克及默克等行业领导者通过早期开发和应用新技术，获取并保持着它们的竞争地位。然而，技术领先地位也增加了成本和风险，因而，它并不是每个组织的最佳选择（如表17.1所示）。苹果公司以其技术领先而闻名，这起源于它的 Macintosh 电脑——一款率先使用鼠标和图形界面而非输入字符串命令的电脑，并通过广受欢迎的 iPod 和 iPhone 产品不断强化其技术领先者的地位。

表 17.1 技术领先的优势和劣势

优 势	劣 势
• 先行者优势 • 较少或没有竞争 • 更高的效率 • 更高的边际利润 • 可持续优势 • 创新的声誉 • 构建行业进入壁垒 • 占据最佳的市场位置 • 学习的机会	• 更高的风险 • 技术开发的成本 • 开发市场和客户培训的成本 • 基础设施的成本 • 学习及改进缺陷的成本 • 来自已有产品冲击的可能性

技术领先的优势　吸引创新者和技术领先者的是潜在的高收益和先行者优势。最先向市场推出新技术，可以为企业带来显著的竞争优势。较之竞争者，如果领先技术可以提高一个组织的效率，那么它就实现了成本优势。组织可以用这种优势来获得较其对手更大的利润，或通过提供一个较低的价格来吸引更多的消费者。类似地，如果一家公司率先向市场推出一项新技术，它可能会制定一个较高的价格，因为没有其他竞争者。较高的价格和可观的利润可以用来支付新技术的开发成本。

技术领先者的一时优势可以被转化为持续的优势。领先的持续性取决于竞争对手效仿这种技术的能力，以及组织构建领先地位速度的能力是否足以超越竞争对手。技术领先者可以通过多种方式实现上述目标。作为一个创新者的声誉可以创造一种持续的竞争优势，甚至可以惠及公司的其他产品。例如，3M 的创新及质量上的声誉可以使得诸如胶带这样标准化的产品都产生了差异化，从而可以使其设定一个较高的价格。竞争者可能会复制它的产品，但它的声誉是复制不了的。专利和其他制度壁垒同样可以用来限制竞争者，并维持自身的领导地位。那些大型的制药公司在研发上的投入力度很大；它们依靠在仿制药物被许可之前的几年时间内，销售新药物以获得相应的利润。例如，抗血小板药物波立维（Plavix）雄踞世界畅销药第二位的宝座，其专利保护期到 2011 年。在 2011 年和接下来的几年里，公司 1/5 的当前药物的专利保护即将到期，因而它同时面临研发新药的巨大挑战。

先行者也可以通过占据最佳的市场位置来领先于竞争者。如果它能对回头客建立较高的转换成本（回顾第 2 章），这些市场位置就难以被竞争对手所获取。微软公司通过它的 Windows 和 Vista 操作系统主导着软件市场，这是因为随操作系统一起打包的还有大量的软件。尽管其他的企业也能制作出更先进的软件，但由于它们的产品并没有同 Windows 和 Vista 系统相捆绑，因而他们的产品就不具有很大的吸引力。

技术领先还可以提供意义重大的学习优势。当竞争者可以复制或采用一项新技术时，技术领先者可以通过持续地学习，做出一些不易模仿的小改进而使公司持续领先。很多日本制造商通过应用一些小的、渐进的改进措施（回顾第 9 章）来不断提升产品的质量和工艺。由于所有的这些小改进都不易被竞争对手所模仿，因而，将它们集中起来就可以产生一个显著的优势。

技术领先的劣势　然而，第一个开发或采用一项新技术的公司并不总是立即获得优势和高收益的。在这些潜力存在的同时，技术领先者却要先行承担那些跟随者所不用承担的高成本与风险。成为领先者，成本可能会比跟随者更高（这也非常好地解释了前沿技术为什么常常会被称为"流血的边缘"）。这些成本包括对新技术不熟悉的顾客进行培训、建设支持技术的基础设施、开发补充产品从而充分挖掘技术的全部潜力。例如，在 20 世纪 70 年代，第一台个人电脑被开发后，很多电脑公司都进入了这个市场，结果它们几乎都失败了，这通常是因为它们欠缺能够吸引和服务顾客的财务、市场和销售等方面所必需的能力。同样，对于很多新产品而言，法律许可也是必须的。例如，研发一款新型药物包含了实验和获得相关机构美国食品（FDA）的认证许可，这个过程大概需要 10 年甚至更长的时间，而成本需要 6000 万美元到 10 亿美元，甚至更高。在那之后，直至竞争对手进入低成本的复制期，新药品的开发者可以享受专利保护期内的获利期。跟随者虽不能享受作为市场领先者的利益，但一旦原专利到期，它们就能以极低的成本去复制该药品。这种策略同样也能获得十分丰厚的利润。

成为市场先驱同样也要承担其他风险。如果原材料和设备是新的或规格独特，就不太可能以合理的成本迅速供应。或者技术可能尚不完善，并存在很多亟待解决的问题。另外，不稳定的市场会使得对新技术的需求具有不确定性。最后，新技术可能会对已有结构或企业带来不利的冲击。

它可能会侵占现存的产品市场或让已有投资失去用处。

17.2.2 技术跟随

并不是所有的组织都准备成为技术的领先者，领先给各个组织所带来的利益也不尽相同。在决定是否成为技术领先者或跟随者方面，管理者会考虑公司的竞争策略、技术应用所带来的收益及组织自身的特点。

> **提示**
>
> 跟随技术领先者可以节省开发成本。
>
> 成为技术跟随者是如何有助于降低成本的？

有趣的是，技术跟随也可以支持低成本和差异化战略。如果跟随者学习领先者的经验，它就可以避免技术领先的高成本和风险，从而可以确定一个低成本的定位。仿制药品制造商就是跟随战略的典型实例。跟随战略同样可以支持差异化。通过向领先者学习，跟随者可以将产品或配送体系进行调整，从而更紧密地贴近客户需求。微软正是因为建立了一个在这种追随类型之上的成功公司而得以闻名。公司的产品包括音乐播放器、视频游戏机、电子表格与文档处理软件及网页浏览器等。这些产品与服务都是在技术领先者铺平道路后，微软才推出的。同样，脸谱网只是在如 Friendster 和 MySpace 这样的服务花费大量的资本引进这一概念之后，才开始主导社交网络这一领域的。如谷歌这样的新竞争者不断进入市场，它们希望通过提供较脸谱网更好的服务抢走一部分用户。但是，一旦行业领导者建立了广泛的客户忠诚度，这种追随战略就非常具有挑战性。

管理者在决定何时采用新技术时主要考虑新技术的潜在利益和组织自身的技术熟练程度。正如前面所讨论的，技术不会以最终状态出现；相反，它们会随着时间的推移而发展（如图17.4所示）。这种发展最终会使技术易于应用并适用于多种战略。例如，高速带宽通信网络的发展，使得越来越多的公司与外国供应商保持工作交流。同时，更多的补充产品与技术可能会被开发与引入，并使主要技术的应用性更强。例如，个人电脑与磁盘驱动器、打印机、电子邮件及其他软件的结合，使其转变为一种必需的商业工具。

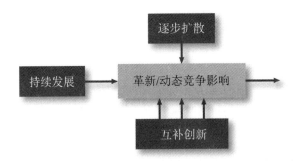

图 17.4　技术竞争影响的动态力量

伴随着新技术的逐渐普及，这些补充产品和技术形成了一种不同于这种新技术本身的竞争力。当使用新技术的收益大于成本和风险时，组织采用该技术的时机就是合适的。这一时点对各个组织是不同的，一些组织受益于领导者角色或早期采用者，而其他组织则受益于跟随者角色，这在很大程度上取决于各个组织自身的特征与战略。

17.3 评估技术需求

健康护理服务是美国经济中最大的产业,这方面的支出不断飙升,如此庞大的费用让投资者和患者感到十分惊愕。美国健康护理服务支出如此庞大的一个重要原因是,该行业在接受可以改进日常运营效率这一类型的技术方面要慢于其他行业。根据兰德公司(RAND Corporation)的研究,如果美国健康护理行业可以在信息技术方面进行更好的投资,美国每年将因此节省 1620 亿美元。例如,只有不到 1/5 的医院在配置药物方面使用完整的条码系统,这一系统可以有效降低成本并减少医疗事故。

在如今竞争日益激烈的环境中,没有正确地评估组织的技术需求会对组织的效率产生根本性的伤害。评估组织的技术需求包括衡量现有技术和评估可以影响行业的外部趋势这两方面内容。

17.3.1 衡量现有技术

在组织制定开发和利用技术创新的战略之前,它们必须对现有的技术基础有一个清晰的认识。**技术审计**(technology audit)有助于弄清组织所依赖的关键技术。新技术最重要的衡量标准是它的竞争价值。一种评估竞争价值的方法就是把它分为萌芽、加速、关键和基础四个阶段:

- 萌芽技术是指那些正处于开发中并因此尚未被证实的技术。然而,它们可能在未来会使竞争规则发生巨大的改变。虽然管理者想要对新型技术进行监控,但他们却不太可能会在新技术完全开发出来之前进行投资。
- 加速技术还需充分证明它们的全部价值,但已具备通过提供重要优势而改变竞争规则的潜力。例如,当第一次安装时,电脑辅助制造(见第 9 章)就是一种加速技术。当时,其全部潜能尚未被广泛实现,但有效应用它的公司却获得了显著的电脑运行速度和成本优势。由于加速技术可以提供竞争优势,因而,管理者们都想对其进行开发和投资。
- 关键技术是已被证实有效的,但仍能提供战略优势的技术,因为并不是所有人都在使用它们。因为这些技术的了解和普及都受到了限制,因而,它们可以继续提供先行者的优势。例如,英特尔的一个功能十分强大的专有处理芯片对该组织而言是一项关键技术。但最终,这项关键技术的替代品还是会出现。但在那之前,这项关键技术会给组织管理者带来显著的竞争优势,并使新进入者更难对组织产生威胁。
- 基础技术是行业内的普通技术,每个组织都必须使用它们才可以正常经营。因而,它们提供的竞争优势是有限的。但管理者必须保持对其投资,以确保组织在该技术上拥有持续竞争力。

一项技术可以很快地经历上述阶段。例如,20 世纪 70 年代晚期,电子文档处理被视为一种新兴的技术。但到了 20 世纪 80 年代早期,它被当作一种加速技术。虽然它可以保证其优势,但该技术的成本与容量使得它只能在有限的项目上应用。随着持续的改进,功能强大的电脑芯片出现,电子文档处理技术迅速成为一种关键技术。它的成本下降了,应用范围也拓宽了,而且它提高生产率的能力也得到了证实。到了 20 世纪 80 年代晚期,它已在大多数应用中被当作一种基础技术。文档处理技术现在应用的范围如此之广,以至于几乎每个办公室都将其看作一种日常事务。

17.3.2 评估外部技术趋势

同其他计划一样,有关技术的决策必须在内部能力(优势与劣势)与外部机遇和威胁之间寻求平衡。管理者可以通过以下几种方式来更好地理解技术在一个行业内正在发生怎样的变化。

标杆管理 正如在第 4 章中所提到的,标杆管理(benchmarking)是将本组织的实践与技术同其他公司相比较的过程。应对组织竞争对手标杆技术的能力依行业的不同而不同。然而，竞争者当然不愿意将它们的秘密与人分享，因而关于标杆管理的信息交易并不常见，而且被证明是具有极高价值的。例如，哈利-戴维森公司的总裁在参观了本田公司的工厂，并见证了哈利制造技术的缺点，认识到可提高的巨大潜力后，哈利-戴维森公司制造高品质摩托车的声誉才得以恢复。

把其他国家的潜在对手作为标杆同样也很重要。公司可能会发现一些易于进口，并能给企业带来显著优势的关键技术或加速技术。同样，海外公司可能更愿意共享信息，前提是它们并非直接的竞争对手，或它们希望通过交换信息，实现利益均沾。

> **提示**
>
> 标杆管理可以降低成本、提高效率、改进质量、维持技术的持续性，并改善客户服务。
>
> 标杆管理作为技术创意的来源有哪些局限性？

扫描 标杆关注的是当前做的事情，而扫描（scanning）则关注可以做什么及正在研发什么。换句话说，标杆管理考察关键的和可能的一些加速技术，而扫描则发掘加速技术和萌芽技术——也就是那些正在被引进和仍处于开发阶段的技术。

扫描一般有很多方法，其中很多与标杆管理中使用的方法相同。然而，扫描更加着重于识别和监督行业中新技术的来源。它也可能要求经理人员阅读更多的高科技杂志，并参与各种研讨会。而扫描的程度则主要取决于一个组织的运营在多大程度上需要高精尖技术。

17.4 技术决策过程中需要考虑的关键因素

一旦管理者对在技术方面所处的地位进行了深入分析，他们就可以决定如何在未来开发或利用潜在的技术创新。管理者必须在他们的决策中平衡很多相关联的因素，如技术支持组织战略需求的潜在可能，以及组织成功利用技术的技能与能力。组织的竞争性战略、员工处理新技术的技术能力、技术与公司运营的适应性、公司应对采用新技术所带来的风险和不确定性的能力，所有这些都应当同推动新技术开发的各种因素结合起来考虑。这一过程并不总是意味着对技术的开发无所作为，而是通常要求改变组织的能力和战略，以满足技术的需要，其中包括雇用新的员工、培训已有员工、改变内部政策与程序及更改战略等。下面会讨论这些注意事项。

17.4.1 可预期的市场接受程度

在制定一项技术创新战略时，首先需要考虑的是市场潜力。在很多情况下，创新是由对新产品和服务的外部需求所激发的。例如，用非英语语言共享信息的互联网用户在迅速增长（如图17.5 所示）。这一趋势伴随着经济全球化，推动了对网页能以不同语言进行搜索这一能力需求的增加。企业正在进行不同的软件创新以满足这一需求。谷歌能将搜索请求翻译为 12 种语言，并将网页搜索结果转换成搜索者的语言呈现出来。雅虎问答能将请求发送给以用户语言为母语的人，它将对请求的回复编入索引，从而使用户在未来能以该语言搜索到这些回复。

在评估市场接受度方面，高管们需要做出两项决定：
1. 在短期内，新技术应该得到迅速的、有价值的应用。
2. 在长期内，技术必须能够满足市场需求。

例如，零售商总是在他们的上架产品中搜寻那些可以在恰当的时间、以较低的价格便能获得的、满足他们需要的产品。因而，无线射频识别技术（radio frequency identification，RFID）作为追踪库存的新技术，一经推介便引起了他们的兴趣。正如我们在第 9 章中对物流的讨论，零售商使用贴在商品托盘上的 RFID 标签，有效地追踪了商品从仓库到店铺的位置变化。他们不仅可以节约成本，还可以满足提供实时数据的测量需求。通过这个追踪记录，RFID 标签的制造者就可以将额

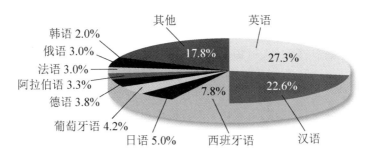

图 17.5　互联网中使用的主要语种

外的收益出售给已有的和新的顾客。沃尔玛已经开始将 RFID 标签贴在单个产品上，因而，商店员工可以通过扫描仪准确地了解库存状况。医院开始将 RFID 标签贴到设备、日常用品甚至患者的腕带上，从而使他们可以保证充足的物资供应，并确保有效地传递适当服务。当艺术收藏家运输珍贵物件时，他们也常常会贴上 RFID 标签，将其作为众多安保措施的一种。

管理实践

达米恩·舒伯特（Damion Schubert）凭借十年的电脑游戏设计经验判断：如果一款游戏要受到市场的好评就要规避几个重要的陷阱。舒伯特作为 BioWare 游戏公司的首席战斗游戏设计师（他的作品包括《星球大战之旧共和国武士》）指出，作品的第一个错误就是创新过多。他指出将每个新的创意融入到一款游戏中的努力，将不可避免地模糊该游戏的真正兴奋点，而且这项工作或许也不可能做得好。相反，设计师必须考虑那些在一定期限内能够很好地完成的任务，然后才是选择用户最可能喜欢的创新。

舒伯特了解到一个正在设计多人游戏的团队，他们认为如果可以允许玩家将其他玩家的房子点着火会相当有趣。尽管这项创新满足了设计者可以尝试新创意的愿望，但这可能不是一个玩家真正想要的创意。相反，舒伯特说，设计者需要询问游戏玩家，他们认为什么可以使游戏变得更好玩儿。

同样，舒伯特指出，游戏设计者常常会将功能与效益相混淆。他们可能会算出游戏中有多少场比赛、有多少角色或任务。然后，他们会想办法增加更多的比赛、角色或任务。但是在大多数最好的游戏中，这种特征的数量是受限的，因为一款游戏要想具有真正的高品质，每一个选择都应是有趣、详细和精心准备的。因而，比起堆积新的特性，深入地测试每个创新就显得尤为重要。舒伯特坚持认为，玩家不仅仅希望设计者"向他们展示新的创意"，更重要的是"向他们展示如何才能使游戏变得更好玩儿"。

- 在线零售商该如何运用舒伯特的理念去思考市场接受度的问题？

17.4.2　技术可行性

除了市场接受问题，管理者还必须考虑技术创新的可行性。愿景可能在很长一段时间内无法实现。技术难题很可能构成进步的障碍。例如，安保专家多年来一直希望能有一种人脸识别系统；如果一台计算机可以将一张人脸同一个人的正确身份进行正确的匹配，这会预防很多盗窃身份证、密码和其他不可靠的安保系统的事件发生。但最近国家调查委员会的研究发现，脸部识别技术不可能改进到零差错的程度。对于今天的电脑系统来讲，有些技术障碍太过复杂。但在可以预见的将来，从一张含有其他细节的图片上所提取的面部特征，足以抵消因一个人的姿势或面部表情所带来的差异，也足以消解因光线水平或时间（因为人们的面相会随年龄而变化）所造成的差异。提高这些领域中某一个性能往往会降低另一个性能。甚至测试这些系统也很困难：比如，即使光线适当，检测的结果也会随着条件的不同而不同。最近在美式橄榄球"超级碗"比赛，人脸识别技术作为识别人群中恐怖分子的手段得到了检测，但测试结果令人十分失望。

> "我没有失败，我只是发现了10000种无效的方法而已。"
>
> ——托马斯·爱迪生

其他行业同样面临着技术障碍。例如，在石油开采领域，技术障碍阻碍了在海洋最深处进行开采和发掘。在制药行业，科学家和医师正不懈努力，以寻找像癌症和艾滋病这类疾病的病因和疗法。汽车制造商努力开发电动汽车，但受限于无法设计出可以为美国人所喜欢的长途旅行供能的电池。通用汽车大规模推介的电池充一次电可以支撑40英里，这与丰田正在试验中的、专为城市驾驶所设计的车辆的行驶里程相同。所有这些潜在有价值的创新都被现有技术的研究限制所放缓。

17.4.3　经济可行性

和技术可行性紧密相连的是经济可行性。公司除了关心是否能够"赢得"技术创新外，总裁们还必须考虑是否有较好的财务支持去实施它。例如，生产以氢气电池为动力的汽车在技术上几乎是可行的，但它的成本仍然太高。此外，即使那些成本都降到可接受的水平，缺乏社会整体基础设施（比如缺乏氢气充气站）的支持仍将构成经济可行性的障碍。然而，如果组织可以为一个高价的新技术寻得合适的市场，它们就常常能将这项技术改进到其应用费用更能被支付得起的程度。例如，3D打印机不仅可以读取设计图纸，并能通过对塑料施加光的或化学的作用而将其塑成所希望的形状，把图纸转换成实际的物体。起初这种打印机需要10万美元，今天这款机器的售价为15000美元，它被设计者用于对零部件全面投入生产之前的检测中。在这项技术方面的投资非常有价值，因为它可以降低用于制造仍处于研发中的模型的费用。3D打印机的价格在几年内有望降到2000美元，如果公司最终能研发出低于1000美元的简化版本的话，3D打印机就会开始出现在人们的家中了。如果你的玩具或家用电器损坏的是塑料零部件，那么你就可以上网搜索相关设计图纸，并将其替换件立即"打印"出来。

未来主义色彩不那么浓厚的创新同样需要对经济可行性和成本进行一个仔细评估。新技术常常代表着一个昂贵且长期的资源利用。在一个组织内部对它们进行有效的整合需要大量的时间。一旦某一组织致力于某项技术创新，研究方向的变化会变得极其困难且代价极高。由于这些原因，一个谨慎且客观的技术成本与效益分析，就显得尤为重要。当然，创新所获的收益也会相当可观。快餐店可以采用一套称作Hyperactive Bob的机器人系统。这套系统可以扫描停车场所停的车辆数；对每天的数据信息、烹饪时间、订购模式等进行编译；接着将指令传达给员工，通知他们开始烹饪多少量的某种食物。员工在他们接受或完成任务时，通过触摸一个屏幕来表明已接受或完成相关任务。这套由Hyperactive技术公司研发的系统，需要5000美元来完成安装，每年还需要3000美元的软件许可费用，但它每年却减少了成千上万美元的食物浪费，并在更大程度上减少了员工流动率——因为机器人Bob替代了那个大喊大叫又让人焦虑的主管。

经济可行性的问题将我们带回到之前有关应用时间的讨论中。早期应用者可能会拥有先行者优势,但是这种战略与成本挂钩。一项特定技术创新的开发成本可能会相当高,在制药、化工和软件行业中便是如此。专利和版权常常有助于组织弥补在技术创新上的投资成本。如果没有这层保护,那么在研发方面的投资就会变得不太合理。

管理实践

从纸质的医疗记录向电子系统的转换,已被广泛地认可为一种节约成本的重大技术改进。当条件允许时,在推荐的普通药物上也能实现节约:把记录存入集中的数据库,而不是分散存于各处;避免误读手写的订单或错抓处方药(同患者已经服用的其他药物互相影响)。其中的障碍之一就是如何为这次转换买单。

米德兰纪念医院(Midland Memorial Hospital)的管理者想采用电子医疗记录。护士将大量的时间浪费在寻找各类表格、辨识潦草的手稿、重复填写各种表格等事务上。但创建一个计算机系统是十分昂贵的,一个拥有所有功能的系统将会花费2000万美元甚至更多。米德兰在美国退伍军人健康管理局(the Veterans Health Administration)找到了解决办法。当退伍军人健康管理局进行设施的电子化改造时,它将自己软件的源代码放入公共区域,从而使其他程序也能够使用它,如此他们为客户新增了独特的功能。应用这套新的系统后,米德兰已经降低了患者感染率和死亡率,减少了用药错误的发生次数,同时处理掉了积压已久的订单。

医生也面临着相似的挑战。到目前为止,实现了医疗记录电子化的医院不足1/5。很多医院碍于医疗记录电子化的高昂费用,以及雇员中鲜有电脑专家,始终没有做出改变。联邦政府通过对安装和使用电子记录系统的医院给予4万美元的奖励来帮助解决经济障碍。同样,在纽约,初级护理信息项目开发了相关软件,并帮助1000多名医生掌握了该软件的操作。该项目的首席负责人认为医生们会做出改变,但前提是他们要有足够的财务和技术支持。

- 由于不具备经济上的可行性,一家医院延迟采用电子医疗记录系统会为其带来什么样的优势及后果?

不幸的是,盗版乃至假的专利药品、软件及其他产品的爆炸性增长,为经济可行性增加了障碍。全球化为那些通过低成本造假,及海外盗版的组织创造了一个全球市场,这些组织不用支付研发费用就可以获得这些额外收益。此外,技术的发展已使得免费复制软件更为简单。辉瑞集团的壮阳药伟哥、惠普的喷墨打印机、英特尔的电脑芯片、通用汽车设计、寇驰手提包、耐克飞人鞋及无数的音乐和电影唱片——所有的这些甚至更多的产品都被伪造或被非法复制及买卖。每年,由这些侵犯知识产权的非法活动所导致的全球销售损失估计超过5000亿美元。对此,一些企业也会自行采取行动。汽车零部件制造商奔德士(Bendix)成立了一支团队,专门负责知识产权的保护。他们改变产品包装,从而使其很难被仿制;举行交易展览会,将其产品同仿制品进行对比展览,以教育顾客。其他公司,诸如辉瑞,则利用包装上的射频标签准确地追踪整个分配过程中产品的动向。所有这些措施都是为了帮助组织及国家维持它们创新的经济可行性。

> **提示**
>
> 创新需要满足经济可行性。如果说一项创新令人十分地兴奋但却无法实现盈利,那么追求这项创新将会面临怎样的风险?

17.4.4 可预期的能力发展

在本书中我们反复强调，组织应该将其战略建立在其核心竞争力的基础上。这个建议同样也适用于技术和创新战略。通常我们可以将技术创新看作无形（或无言）的知识和能力所形成的企业核心竞争力。默克和英特尔的例子表明，研发方面的核心竞争力会带来新的技术创新。甚至在这些案例中，研发能力也并不总是与市场机会完美匹配。像默克这样的制药公司就发现，许多新的战胜疾病的最佳机会都在生物技术领域，而这些公司却在化学制药领域研发专门的技术。这些企业常常通过收购新兴生物技术公司，或与新兴生物技术公司创办合资企业，进而增加新的竞争力。

一个公司可能不是技术导向型的，但它仍需要对变化中的技术保持足够的关注，因为它有时需要新的竞争力以在市场竞争中继续生存下去。例如，当亚马逊公司在20世纪90年代变脸为电子零售商时，传统的"砖块+灰泥"的实体书店都必须快速地去适应变化。为了重获市场竞争力，它们不得不加强自身在信息技术方面的能力，但这通常并不是一件简单的事情。

从上面可知，当一项技术具有广阔的市场应用前景时，管理者必须拥有（或发展）能够实现其技术战略所必须的内在能力。若没有实现创新所必须的能力，即使是前景广阔的技术创新也可能会带来灾难性的后果。

17.4.5 组织适应性

最后要解决的问题是：在决定技术创新时，必须与组织文化、管理者利益及股东期望相适应。如3M、谷歌这样的公司被认为是"技术推进型"的创新者，它们常常会拥有前瞻性和机会主义的文化。在这些被称为"探索者"（prospector）的公司中，高管们会将相当大的优先权力用来照顾那些运用技术的专业人士，并且决策者对未来拥有大胆的愿景。通常情况下，总会有技术支持者出现，他们具有明显的竞争攻击性和先行的技术战略。在很多情况下，高管们会更多地考虑不采取行动所产生的机会成本，而不是潜在的失败可能。

相反，如克罗格（Kroger）和西夫韦（Safeway）这类的防御型公司对创新则倾向于采取更谨慎的态度。这些公司倾向于在稳定的环境中经营。因此，它们的战略集中于进一步深入拓展其应用现有技术的能力，而非改变现有技术。战略决策更多的是依据对现有行业环境的分析和经验。在美国，超市在几十年间通过强调远距离、低成本和分散销售来充分竞争。这种策略帮助这些企业扛住了来自沃尔玛的低成本压力，但当美国本土的连锁超市试图扩展到世界其他地区时，这种策略所产生的效果却并不是非常好。

复合分析型公司，如微软，虽然需要保持技术上的竞争力，却倾向于在对新领域做出回应之前，让其他公司先展现出新领域中稳健的需求。微软的Xbox游戏机、办公软件及Zune音乐播放器等所有的产品都包含了创新元素，但这些开创性的产品概念均由其他公司率先提出。正如我们前面所提到的，这种类型的公司往往倾向于采用一种早期的追随者战略，进而占据市场的主导地位。相比于技术创新，它们更多的是从市场和制造两方面体现自身的优势。

每个公司都有不同的应对新技术的能力。正如先前所讨论的，早期采用者的特征并不同于后期采用者。早期的新技术采用者往往拥有很大的规模、很强的获利能力，并且非常专业。因而，他们可以很经济地化解掉早期采用新技术的风险，并从自身的优势中获利更多。另外，早期采用者的员工受教育程度更高，具有更强的理解抽象概念的能力，能够更加有效地应对不确定性，具有很强的解决问题的能力。因而，早期采用者可以更有效地应对一项不成熟的技术所带来的困难和不确定性。

当引进新技术时，公司需要考虑的另一个因素是新技术对员工所造成的影响。新技术常常带来工作流程及其他变化，这些变化直接影响了组织的工作环境。若组织并没有认可和实施创新，这些变化很可能会造成员工的焦虑甚至抵抗，从而使技术的整合更加困难。如果管理者能够事先就新技术问题与员工进行很好的沟通，向员工说明引进新技术的目的，并对员工进行必要的培训，那么新技术与组织已有流程的整合就会变得更容易。员工的合作态度通常是决定引进新技术的困难程度与成本的主要因素。我们会在第18章中详细讨论对变化的管理问题。

表17.2简要地概括了我们所讨论的五个主要因素：市场接受性、技术可行性、经济可行性、可预见的能力发展和组织适应性。所有这些因素共同影响公司所做出的关于技术创新方面的决策。哪怕是仅仅缺少其中的一项，也会否定一个看上去很有前景的项目。例如，当你阅读"管理案例：BP押注支持替代能源的发展趋势"时，思考一下BP公司采用替代能源技术的案例中是如何运用这些因素的。

表17.2 分析技术创新的决策

考虑的因素	案例
市场接受性——评估对技术的外部需求（长/短期）	移动电话、MP3、个人数字助理（personal digital assistants，PDAs）、高清电视
技术可行性——评价影响进步的技术障碍	深海石油探测、PC微处理器的大小
经济可行性——考虑成本并预测利润	太阳能、汽车燃料电池、导弹防御系统
能力发展——考虑现有能力是否足够	医院中的信息技术、照相机的数码技术
组织适应性——考虑与文化和管理系统是否相适应	关注创新的钢铁公司

 管理实践

BP公司押注支持替代能源的发展趋势

为什么BP公司在参与替代能源方面的研究领先于世界其他大型石油公司呢？其中一个原因就是其前首席执行官约翰·布朗爵士至少自20世纪90年代起便一直关注着气候变化。布朗参与了一个非营利性的环保组织——美国环保基金组织（Environmental Defense Fund）用以帮助BP公司寻找减少温室气体排放的方法。BP公司做出的承诺——"要成为环境友好型企业"——是对化石燃料（煤、石油和天然气）的替代能源进行投资的一种自然动力。

但替代能源并非只是布朗的得意项目；在首席执行官托尼·海沃德的领导下，替代能源的投资仍在继续，甚至投资规模在不断增长。显然，BP公司的高管们相信利用这些技术会有一个稳定的业务收益。

随着能源需求与日俱增，化石燃料正在耗尽，能源消耗者明白他们需要开发另外的替代能源。目前，燃烧煤、石油或天然气供电的成本要低于风能或太阳能供电。然而，随着化石燃料价格的持续上涨，以及生产替代能源的技术的不断发展，这种局面将会发生改变。行业分析师预测：截至2030年，世界化石燃料的消耗将减少2%。2001—2008年，源自风力涡轮机和生物燃料功能的供电需求以每年30%的速度迅猛增长。在将来，对太阳能、风能和生物燃料供能需求的增长速度，有望超过对化石燃料能源的需求。然而，到目前为止，这些替代能源项目的盈利状况都不是很好。

一些主要的大型石油公司以不同的方式回应利润挑战，它们的回应方式大多都很温和。荷兰皇家壳牌石油公司（Royal Dutch Shell）放弃了先前进入太阳能和风能方面业务的努力，但它继续维持了在生物燃料方面的投资。尽管埃克森美孚石油公司（Exxon Mobil）已经在很大程度上停止了替代能源方面的研究，但它却与一家研究新生代藻类生物燃料的企业建立了伙伴关系。雪佛龙公司（Chevron）的业务涵盖了太阳能开发，康菲公司（ConocoPhillips）投资于为交通运输行业提供生物燃料的基础设施。相比之下，BP公司在替代能源方面的投入就显得尤为广泛，涵盖了生物燃料、风能、太阳能、氢燃料供能和碳元素的捕获与储存技术（用于减少化石燃料对环境造成的伤害）。一位分析师估计：2009年，BP公司支出资本总额——用于收购或升级工厂及设备等实物资产的资金——中的3%都被直接投向了替代能源领域。

作为最大的石油公司之一，BP公司是唯一报告替代能源相关收入信息的公司：79400万美元，这相当于其2009年营业总收入的0.33%。尽管只是一个很小的比例，但BP公司仍计划着在未来几十年内，实现替代能源项目对收入总额贡献率的快速增长。它预测截至2030年，以生物燃料为首的替代能源资源对公司发展的贡献将超过任何一种化石燃料。公司还做出预测：到2030年，替代能源将超过公司混合能源供应的1/3。伴随着对未来的设想，BP公司积极投资于替代能源技术研究。平均而言，BP公司大约1/4的研发预算用于替代能源项目，其中约70%会用于包括生物燃料研究在内的生物科学研究。

为了得出这些结论，BP公司不仅需要监测技术环境，同样还要关注政治问题。同其他的石油企业一样，BP公司的预测师认为，一些政府，尤其是在欧洲，将通过对碳使用征税的方式来应对气候变化，这将导致油价或煤价更高。因此，他们预计清洁的天然气资源需求会上升，低碳技术的发展也会使其他能源更受欢迎。政府也在为替代能源提供相应的激励，如建立太阳能农场和种植玉米等植物来生产乙醇。然而，这些政策容易受到一些突发变故的影响。因而，当企业利润依赖于政府行为时，企业就必须谨慎地行事与预测。另一个挑战是：在一些工资水平较低的国家，如中国，某些替代能源技术会优先获得迅速发展，BP公司在中国的这个领域可能会面临激烈的竞争。

- 替代能源处于技术生命周期的哪个阶段？BP公司是这类技术的哪种类型的接受者？
- 考虑到技术决策的几个关键因素，你如何看待BP公司参与替代能源研究的决策？

17.5 寻求与获取新技术

开发新技术可能会变成在诸如诺贝尔实验室这样的研发实验室里工作的科学家和产品研发人员的愿景。然而，现实中，新技术也有其他不同的来源，包括供应商、制造商、用户、其他行业、大学、政府和海外公司。虽然每种创新的来源都应被开发利用，但每个行业的多数新技术一般都有特定的来源。例如，由于大多数农业经营的资源有限，农业中的革新大多来自制造商、供应商和政府的延伸服务。粮种生产商开发和销售新的、优良杂交品种；化工生产商改进杀虫剂和除草剂；设备制造商设计改进农机设备。拥有政府赠与土地的大学开发新的农业技术，推广商拓展它们的应用。

然而，在很多行业中，新技术的主要来源是使用这一技术的组织。例如，超过3/4的科学创新是科学设备的使用者实现的。他们对设备加以改进，然后将改进工艺许可或出售给制造商或供货商。

基本上可以认为，获得新技术的问题就是一个**制造或购买决策**（make-or-buy decision）。换句话说，组织是应自行开发还是从外界获取它？然而，抉择却并不像看起来那样简单，因为有很多可供选择的方案，并且每个方案都有其优缺点。我们将在随后的部分对一些最常见的方案进行探讨。

17.5.1 内部开发

企业自行研发一种新技术具有保有技术排他性的潜在优点。这种方式提供了超越竞争者的重要优势。内部开发的缺点是：通常在很长的一段时间内，它都需要额外的员工和资金支持。即使开发成功，在产生实际效益前，也还需要相当长的时间。公司管理者必须仔细权衡专利技术所能带来的潜在利益和研发所需要的成本。英特尔通过运营包括在美国俄勒冈州、以色列、印度和中国的几个研发实验室来平衡所面临的风险与收益。分属不同实验室的工程师们提出他们所处理项目的突破性创意，离岸实验室可以规避技术进口的法律限制，同时也可以节省在美国招聘人才的相应成本。

17.5.2 购买

很多产品和工艺技术都可以通过公开购买获得。例如，一家需要专业信息处理设备的银行就并不需要自行开发这项技术。它可以直接从制造商或供应商那里采购。在大多数情况下，这种方式是获取新技术最简单、最容易且性价比最高的方式。然而，在这种情况下，技术本身并不会提供竞争优势。

> **提示**
>
> 相比于内部开发，采购可能更快捷也更经济。
>
> 这种获取技术方式的主要缺陷是什么？

17.5.3 外包开发

如果一种技术是市场上没有的，而且公司没有能力和时间去进行内部研发，它可能会选择以签订合同的方式将技术开发外包。潜在的承包商包括其他公司、独立的研究实验室、大学和政府机构。外包合同通常涉及有关项目协定的一系列目标和时间表，以及随着项目中每个部分的测试和完成而兑现的报酬。

17.5.4 许可

一些特定技术很难作为产品的一部分进行购买，因此，可以采取许可收费的形式。为使父母能对孩子所接触到的电视内容进行限制，美国政府要求电视制造商许可家庭安装 V 芯片（每台电视机要支付 1 美元的版税）。研发电子游戏的公司常常会对技术进行许可，许可的范围包括游戏所设定活动背后的物理建模软件。一款特定游戏的插图、人物和音乐都可能是独特的，但现实世界中的物理原理却能应用于今天大部分复杂游戏活动的设计。因而，每款游戏在编程方面没有优势，许可经营会更具经济性。

17.5.5 技术交易

技术交易是另一种获得新技术的方法。斯科茨曼制冰系统公司（Scotsman Ice Systems）的代理人研究了其他制造商的信息技术应用。无论其他公司是否与斯科茨曼同属一个行业，它们的实践经历都为斯科茨曼提供了只有从费用昂贵的试验与错误总结中才能得出的教训。相似地，贝茨维尔棺材公司（Batesville Casket Company）的生产运营总监玛丽·乔·卡特莱特（Mary Jo Cartwright）在访问了约翰迪尔农用设备工厂时，注意到一种叫作视觉化管理屏幕的技术，这种技术展示了如何将信息传递给产品工人。虽然这项技术在那时对贝茨维尔没有太大价值，但当公司随后越来越多地涉及定制服务时，公司便引入了视觉化管理屏幕，用其为工人提供详细且容易理解的汇编指令。

有时，甚至互为竞争对手的公司也会进行技术交易。当然不是所有的行业都共享技术，但由于单独开发新技术的成本很高，技术交易正变得越来越普遍。

17.5.6 合作研发与合资企业

合作研发是指为联合开发特定的新技术而设计的安排。典型的情况是每个进入合作关系的成员都拥有成功开发新技术所需的不同技术或资源。一个有效的联合方式是建立创业公司。合资企业在很多方面与合作研究类似，但它们的绩效可能会更好，其结果是组建全新的公司。但正如我们在第9章中讨论战略联盟时所描述的那样，有时甚至强有力的竞争对手之间也会达成项目合作。大型肉食制造商泰森食品（Tyson Foods）同美国一家大型石油公司——康菲（Conoco Phillips）的联合，就是一个典型的战略联盟案例，这两家公司联合开发一种供内燃机使用的再生燃料，其原料包括牛肉、猪肉及肉类加工过程中丢弃的肉类脂肪。这个联盟将泰森的蛋白质化学应用知识同康菲的提炼技术知识顺利结合了起来。

> 有时，甚至强有力的竞争对手间也会达成项目合作。

17.5.7 收购拥有技术的公司

如果公司没有所需的技术，但希望获取技术的所有权，它可以选择收购拥有该项技术的公司。这一交易可以通过很多形式实现，从收购整个公司到只获取足以获得技术的少数股份。例如，摩托罗拉公司购买了全球定位（Global Locate）公司的股份，该公司开发了全球快速定位系统技术。顾客对手机及其他移动设备上的 GPS 应用越来越感兴趣。最近，一个称为博通（Broadcom）的半导体供应商收购了全球定位公司。这一举动意味着博通可以供应具有 GPS 导航特点的半导体，而无须许可或依赖任何一家外部供应商。

如果管理者对下述基本问题有所思考，那么在这些替代方案中进行选择就简单了：

1. 就竞争优势而言，保持技术所有权重要（和可能）吗？
2. 是否能获得用于内部开发的时间、技能和资源？
3. 在公司外部，可以获得现成的技术吗？

如图17.6 所示，对以上问题的回答便能指导管理者选择最佳的技术获得方式。

如果首选的决策是收购一家公司，公司的管理者需要采取额外的措施以确保收购在一个较长的时期内是富有意义的。例如，他们试图确保关键的员工会留在公司而非离开，以免其可能带走公司所必需的技术知识。同样，对于任何大型投资，公司管理者都必须仔细地评估收购所产生的财务效益是否能使收购价格变得合理。

17.6 技术与管理角色

在组织中，技术在传统上是由主管研发的副总负责，他们直接负责企业和部门的研发实验室。他们的工作通常是以职能为导向的。但越来越多的公司开始设置**首席信息官**（chief information officer，CIO）一职，他们通常也会被称为**首席技术官**（chief technology officer，CTO）。CIO 是董事会的高级职位，负有综合责任。CIO 协调各业务单位的技术工作；向最高管理层提供技术支持；确定

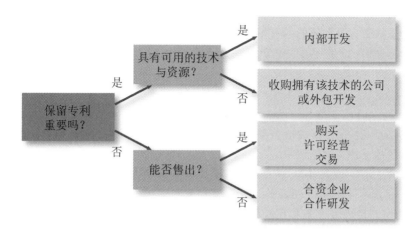

图 17.6　获得技术的方式

技术可以支撑企业战略的路径；监督新技术的开发；评估如收购、创建新企业、战略联盟等重大战略举措的技术意义。他们也管理着企业的信息技术部门。

在因持续学习而重视灵活性的组织中，以首席创新官著称的 CTO 岗位有时意味着变化。CTO 不仅要确保技术的发展与公司的战略保持一致，同样也要确保创意和知识在研发部门和其他员工之间、研究人员与公司管理层之间自由流动。

失去了 CIO 的综合角色，组织里的不同部门就会轻易地采用不同的技术工具和标准，从而造成更高的设备费用和维修费用，并在组织内的不同部门间形成更大的沟通障碍。同时，由于组织内的技术人员常常具备非常专业的技能，管理者如果不具备这样的专业技能，就可能很难有效地监督他们。一名 CIO 可以帮助管理者确保技术人员的工作内容符合组织的战略目标。

CTO 也扮演着一个重要的边际角色：他们的工作直接与外界组织接触。例如，他们同进行基础研究的大学合作，以保持技术开发优势；与主管机构合作，以确保公司符合法律并认清发展趋势，从而影响管理进程。

其他人在开发新技术的过程中也起到了重要的作用。回顾第 7 章，正是采用未经检验技术的企业家发明了新产品或发现了新的生产方法。企业家带来了改变整个行业竞争结构的新可能性。例如，乔布斯在他的车库内开创了苹果公司，同时促进了个人电脑的普及和数年后 MP3 音乐播放器的问世。

> "成本管理永远不会过时。成本管理永远不会消失。如果你不能管理你的成本，那么你就没有资格管理其他方面。对于一名 CTO 而言，仅仅具有战略眼光是不够的。"
> ——卡尔·瓦克斯，CIO，Celanese 公司

获得和开发新技术的关键角色是技术创新者、产品支持者和管理层支持者。**技术创新者**（technical innovator）开发了新技术或者拥有安装和应用新技术所需的关键技能。他们拥有必备的技术技能，但可能缺少管理技能来将这种想法在组织中推广，并使之被组织接受。这就需要**产品支持者**（product champion）的介入。要有人推动才能把新技术引入组织。产品支持者（常常要冒着失去职位和声望的风险）在组织中推广创意，寻求支持与接受。产品支持者可能会是某个高层经理，但事实往往不是。如果产品支持者缺乏独立变革的权力和财力，他就必须说服那些拥有资源的人来支持创新。换句话说，产品支持者必须得到资助。

资助来自于**管理层支持者**（executive champion），他们拥有支持项目的声望、权威和财力，并保护产品创新的支持者。没有他们的支持与保护，产品支持者和新技术就无法成功。得不到创新所需的资源，得不到保护，产品支持者就无法继续推动改变。

> **管理实践**
>
> 在军事文化层面，主管层支持者需要为创新铺平道路。它的典型案例是将太阳能技术引入正在伊拉克和阿富汗战斗的美国军队中。
>
> 虽然技术的发展使得美国军队的实力空前强大，但它也使得高科技装备的能源需求与日俱增。补给线除了供应食品和医疗用品外，还负荷电池和便携式发电机。当供应运输这些物品时，他们面临着路边炸弹的威胁。尤其危险的是燃料的运输，在阿富汗，30%的燃料被用于驱动发电机。
>
> 自2001年以来，美国军方一直都在进行替代能源的试探索，但这些都需要一名倡导者。2006年，理查德·齐尔默（Richard Zilmer）少将时任海军陆战队的第一远征队指挥官，向上层请求将可再生能源装备到前沿基地，但他的这个请求无疾而终。
>
> 两年后，当海军也做出同样的请求时，海军部长雷·马伯斯（Ray Mabus）设定了一个目标：至2020年，海军的能源至少有一半来自非化石燃料（海军陆战队是美国海军的一部分）。海军陆战队远征军能源办公室也正在探寻，如何将海军的能源创新应用到现役海军中。在领导者对创新的推动下，科学家们开始投入研发工作，并在几个月内研制出一种小型的太阳能和电池能源发电机，并通过悍马汽车来运输。他们同样也为海军陆战队研发出一种小型太阳能电池板，这种电池板便于携带，且可以为设备充电。这是一项令人轻松且受人欢迎的创造：海军陆战队如今所需携带的电池最重为20磅。最重要的是，它可以减少对直升机飞行员和卡车司机将电池和燃料远距离运至部队的需求，进而，可以在一定程度上减少伤亡。
>
> - 在此情形下，成为一名产品支持者将会面临怎样的挑战？

17.7 组织创新

成功的创新是由很多好的创意组成的。波士顿咨询公司（Boston Consulting Group）的研究显示，如若缺乏好的创意，就几乎不可能实现可盈利的创新。更多的时候，创意之所以未产生财务回报，是因为组织就没有打算去创新。这种企业文化是规避风险型的，项目陷入困境，工作得不到协调，管理层也不能为公司资金的流动指明方向。相比之下，如图17.7所示，当积极的价值观发挥作用、组织将内部和外部知识有效地整合起来、激励员工自我解决问题并不断试验时，创新就有可能繁荣起来。

在第9章中，我们引入了一个"学习型组织"的概念——十分擅长寻求和发现解决问题的新方式，在组织内部所有成员间分享新知识的企业。这种学习型组织尤其适合开发应用型创新。创新可能是一种"双撇子"，或能同时做好两件事。创新或者是探索已有的能力（例如，提高生产速度或生产质量，或是开发新的知识），寻求开发新产品或服务。这两种创新过程都是必要的。创新的学习型组织利用它们已有的力量来改善运营，并提升最低水平线。它们同时在学习调动员工的创造力和相关能力去开发新产品和工艺，从而保持公司的长期竞争力。在这一章中，我们将讨论

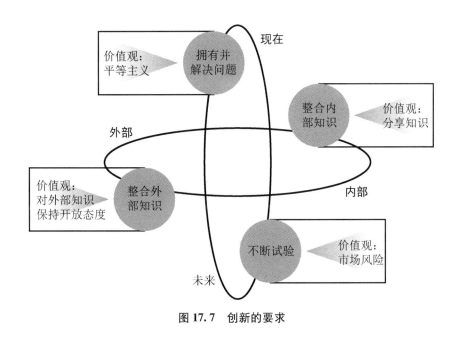

图 17.7 创新的要求

一些管理者进行组织创新的手段。

17.7.1 释放创造力

3M 有很强的内部企业家倾向，公司大约 1/3 的收入来自新产品。如 3M、默克和惠普都有开发新技术和新产品的优良传统。是什么使这些创新者脱颖而出？这些公司的共性是拥有鼓励创新的组织文化。

3M 的神话可以追溯到 20 世纪 20 年代早期的发明家弗朗西斯·G. 欧凯（Francis G. Okie）。欧凯梦想用砂纸代替剃须刀刮胡子。这一创意的目标在于降低擦伤的风险，避免使用锐器。虽然这个创意失败了，但他并没有因此而气馁，他被鼓励着去尝试其他创意，其中就包括 3M 起初轰动一时的成功产品：防水砂纸。允许失败的文化对于培养创新所必须的创造性思维及冒险精神至关重要。

正如表面上看起来的那样奇怪，庆祝失败对于创新过程也是极为重要的。失败是学习、发展、成功的本质。在具有创新氛围的公司里，每时每刻都涌现着创意，许多人也同时尝试许多新创意。大多数的创意会失败，但那些通过重重考验，为数不多的"好点子"才会脱颖而出，从而使公司成为创新之星。麦迪逊·芒特（Madison Mount）主导了 IDEO 的食品与饮料客户的设计工作，他说过，"如果我没有承担风险，我会觉得不舒服，因为我没在学习"。这种来自管理者的态度，可以塑造一支团队的创造性思维。

3M 使用表 17.3 中的简单规则来培养创新。这些规则可以被其他公司所模仿。但 3M 的优势是从一开始就遵守这些规则并将这些规则深深地融入企业文化中。这种文化的分享贯穿了故事的始终。有一个这样的传说：3M 的工程师被解雇，因为不肯停止被他的上司认为是浪费资源的研究。尽管被解雇了，但他仍像平时一样上班和完成任务，以表明其创新的价值。这名工程师最终升职去负责一个新的事业部，用以制造和营销其创新产品。

表 17.3　3M 公司的创新文化法则

- **设定创新目标**。根据公司规定，年销售额的 25%—30% 必须来自五年内推出的新产品。

- **研发投入**。3M 公司用于研发方面的投入相当于美国公司平均水平的两倍；其中一个研发目的就是将引入新产品的时间缩短一半。

- **鼓励企业家精神**。员工被鼓励去试验新的创意，并且员工有机会去管理他们的产品，就像运作自己的公司一样。3M 公司允许员工用 15% 的时间去从事与公司当前项目无关，但个人感兴趣的研究。

- **支持，不要阻挠**。事业部要保持较小的规模并在很大程度上允许其独立运营，而且可以不断获得相关信息和技术资源。那些拥有好创意的研发员工会被奖励 5 万美元，用以将他们的灵感开发成新产品。

- **关注消费者**。3M 对质量的定义是去证明产品是按顾客的需求而非某些专断的标准生产的。

- **容忍失败**。3M 的员工都知道如果他们的创意失败了，他们仍然会被激励着去从事其他方面的创新。管理层知道员工会犯一些错误，也知道有害的批评会扼杀创造性。

资料来源：Company reports；R. Mitchell，"Masters of Innovation：How 3M Keeps Its New Products Coming，" *BusinessWeek*，April 10，1989，pp. 58-63；T. Katauskas，"Follow-Through：3M's Formula for Success，" R&D，November 1990；and T. J. Martin，"Ten Commandments for Managing Creative People，" *Fortune*，January 16，1995，pp. 135-136.

> "失败是拨开迷雾、走向成功的最佳路径。"
> ——迭戈·罗德里格斯与莱恩·雅各比，IDEO 创新设计公司

17.7.2　消除官僚主义

官僚主义是创新的敌人。虽然官僚主义对于保持秩序和提升效率是十分有用的，但它也会直接阻碍创新。开发全新的技术，需要动态且灵活的（自然的）结构，这种结构不会束缚思想和行动。然而，对于日常经营来说，这样的结构可能是杂乱无章且具有破坏性的。因而，虽然 3M 因为它的创新文化而受到业界的羡慕，但在过去的十年内，一直伴随它的是低效率、无法预测的利润及表现不佳的股价。2001 年，公司推行的一种效率驱动策略虽然迎合了投资者，并提高了利润，但突破性的创新却因此大大减少。

> **提示**
>
> 清除官僚主义会鼓励创新。举出一种可以"清除官僚主义"的方式。

为了平衡创新和其他业务目标，企业常常特别设立的临时项目结构，它们与组织的其他部分区分开来，并被允许在不同的规则下运作。这些单位有许多名字，包括"地下工作"（见第 7 章）、"温室"和"保留地"。

为了培养一种重视创新的文化，软件制造商财捷公司设立了一种称作创新实验室的项目。谷歌采用了一项使之闻名的政策，企业允许员工将他们 10% 的时间用于产生和开发新创意的非结构化活动。他们可以选择一项个人觉得会有激情的创意，或将他们的时间用于学习新的技术。财捷公司同样支持"创意拥堵"——为员工的创意留下几天的时间，以组建团队来开发这种创意。创意拥堵是一种每 3 个月发生一次且为期 1 天的活动。员工同样可以使用头脑风暴工作组软件，这有助于在创意拥堵及他们的非结构化时间内，分享他们的创意并就该创意招募团队成员。评审团队和导师要确保创意是切实可行的和可以成功的。财捷公司会为那些获胜的创意提供现金奖励。但真正激励公司员工贡献出 QuickBooks Online 移动版本这项创新的，

是由创新实验室和创意碰撞所带来的激情。

鼓励协作的和去官僚主义的管理体系可以推动创新。在 Chaparral 和 Nucor 这样的钢铁公司，员工在跨职能团队中工作，这样才能解决问题，并产生创新方案。这种扁平化的结构有助于创造一个鼓励协作和创新的环境。团队重视解决现阶段的事物和问题，同时也关注未来的挑战和机遇。此外，团队和外部的合作伙伴，可以把知识带进组织，并将其与现有的创意和信息整合，从而实现创新。并且团队能始终获得支持，这些支持来自平等、信息共享、对外部思想保持开放以及积极冒险的价值观。其目的就是摧毁职能与部门间的传统界线，创造一个更具合作性、官僚色彩更少的"学习型实验室"。

17.7.3 实施开发项目

开发项目是对技术和创新进行管理的一个有力工具。开发项目是指集中力量，通过技术进步来创造新产品或新工艺。例如，当 MTV 推出针对美国不同亚裔市场的频道时，公司就将开发项目嵌入进了重视创新的文化中。

开发项目最典型的特征是在共同理念基础上的特殊跨职能团队。同多数跨职能团队一样，它们的成功取决于如何使所有人一起工作，并去追求共同的愿景。在开发项目中，团队必须经常与供应商、客户交流，这使得任务的复杂性被加剧。由于紧迫性和战略重要性，大多数开发项目是在紧张的时间和紧缩的预算压力下进行的，因而对公司的创新能力是一种实时检验。

管理者应该认识到开发项目有很多好处。它们不但对创造新产品和新工艺有帮助，而且经常能培养出对未来发展有好处的技能和知识。换句话说，公司从开发项目中得到的能力常常可以被转化为竞争优势。例如，当福特实施了一个设计空调压缩机的开发项目以便超过其日本的竞争对手时，管理者也发现他们已经为未来的一些可采用的新工艺奠定了基础。他们在集成设计和制造方面的新能力帮助福特在其他产品开发中降低了成本，并在时间上处于领先地位。因而组织学习已经成为评价项目成功与否的重要标准。

为了使开发项目发挥最大的作用，它们应该建立在核心能力基础上（回顾第 4 章和第 9 章），应该有一个关于必须实现什么及为什么实现的指导性愿景（第 12 章）；应该有一支承担任务的团队（第 12 章和第 14 章）；应该灌输一种持续改进的理念（第 9 章）；应该使所有的组成单元产生整体和协调的努力（第 8 章和第 9 章）。

17.7.4 技术、工作设计与人力资源

采用一种新技术通常要求公司的工作设计方式也发生改变。任务被重新定义的方式常常符合人们对技术操作效率最大化的需要。但由于忽视人的因素，所以企业经常无法实现总生产率的最大化。任务中的社会关系因素和人的因素可能受到损害，从而降低总体生产率。

用于重新设计工作的**社会技术系统**（sociotechnical systems）尤其关注这个问题。这种重新设计任务的方法在一定程度上同时优化了工作的社会效率与技术效率。从 1949 年对引进新的采煤技术的研究开始，工作设计的社会技术系统方法集中于小型自我管理的工作群体。后来发现这样的工作安排只有在官僚作风受限的环境中才能有效地运作。如今的"去除"官僚主义、倾斜的扁平化组织、工作团队及向员工授权赋能等趋势是指导工作设计的社会技术逻辑的合理延伸。同时，信息时代的技术（人们在所有组织层面都拥有获得大量信息的途径）使得产生官僚主义更加弱化的组织成为可能。

关于如何应用一项新技术，管理者面临着几个选择。技术可以用来限制工人的任务和责任，以及培养技能型的劳动者，从而将工人转变成为技术的服务者。另外，管理者可以选择和培养工

人去掌握技术，用技术取得更大的成就来改善他们的生活质量。当技术被有效地管理时，它就能激励员工，因为它提升了组织的竞争力。

然而，当管理者就如何设计工作和管理雇员做出决策时，他们也需考虑能弥补新技术引进的其他人力资源系统。例如，表17.4指出了如何改变报酬体系以便促进先进制造技术的应用。在这种现代体系中，应用群体激励、薪金与基于技能的报酬体系，有助于强化知识性工作所需要的集体努力（回想一下跨职能团队的应用）、专业化、授权和灵活性。如果一个公司的报酬体系不能适应新技术，它就不能给变革所必须的行为带来回报。更糟糕的是，已有的报酬体系实际上加强了那些与实行新技术相抵触的传统行为。

表 17.4 传统和先进制造企业的报酬实践体系

报酬的实践类型	传统工厂	一体化的制造企业
业绩部分	关注个人激励，主要体现在劳动分工、划分阶段及职能的不同	大量使用群体激励来鼓励团队合作、协作及共同解决问题
岗位部分	采用小时工资，假设员工的贡献不同是通过岗位分类来体现的，绩效在很大程度上是由生产系统决定的	使用薪金，假设员工的贡献对产出的影响很大，不区分雇佣阶层
个人部分	用工龄工资体现经验的价值，用经验来替代在一个稳定环境中的知识和技能，奖励忠诚以减少系统内的不确定性	用基于技能的工资来奖励持续的学习，以及在一个动态环境中灵活性的提高所带来的增值

资料来源：S. A. Snell and J. W. Dean Jr., "Strategic Compensation for Integrated Manufacturing: The Moderating Effects of Jobs and Organizational Inertia," *Academy of Management Journal* 37 (1994), pp. 1109–1140.

总体而言，这些思想为管理中与技术和创新相关的战略和组织问题提供了一系列指导。这些问题与公司只是简单地自动执行一个作业，还是如BP公司在下面的案例中一样完全进入一个新的高科技业务领域有关。

在第18章中，我们将集中讨论组织如何重塑自身以适应动态的市场。管理变革和组织学习是成为世界顶级组织的中心要素。

 管理实践

BP公司的创新工具和战术

"BP"，正如公司多年的宣传所言，它意味着"超越石油"。虽然BP公司在石油行业并没有落后，但公司已经在很多方面跨过了石油领域，并朝着几个不同的技术方向努力。

在BP公司早期的努力中，首席执行官约翰·布朗爵士宣布BP公司将投资1亿美元用于太阳能行业。虽然这只是公司总收入的一小部分，但它却足够BP公司兴建世界最大的现代太阳能制造工厂。截至2002年，BP公司已占据世界太阳能市场18%的份额。

2005年BP公司成立了一个新的部门，该部门以公司的口号"超越石油"命名。超越石油部有一个80亿美元的10年期预算，主要用于经营生物燃料、风能、太阳能、氢能源及碳捕获和存储。其中很多业务是与那些精于每种类型的能源生产或污染控制的企业来合作经营的。

在首席执行官托尼·海沃德的领导下，BP公司继续它的替代能源的扩张，以实现公司的目标：推动实现一个安全、持续及廉价的能源供应。在海沃德领导下的几年时间内，超越石油部不断增加在生物科学、碳捕获和储存、太阳能及风能方面的研发投入。

其中，最大的行动是通过合资实现对生物燃料进行精炼、融合、开辟市场及分销（如，BP公司在巴西与英国的收购计划）。最近，BP公司进行了其迄今为止最大的替代能源投资项目，收购了CANA公司，该公司主要在巴西经营先进的乙醇制造工厂，这些工厂可以将甘蔗转化为汽车燃料。BP公司选择巴西工厂的原因是巴西的气候和地理对于BP公司目前对甘蔗的需求量迅速增长的情况十分有利。公司计划将工厂的规模进一步扩大，届时它将生产相当于8000桶石油价值的燃料，同时其成本也将很具竞争优势。

此外，BP公司同样也在其他新技术领域不断加强投入。BP公司的风力发电厂主宰着美国的风力发电业务，而且它拥有1700多名员工来生产可以产生太阳能的设备。BP公司同样收购了氢能源业务即国际氢能源公司（Hydrogen Energy International），并同阿拉伯联合酋长国的一家氢能源企业开展合作。

- 为了进入替代能源领域，BP公司采用了哪些寻求和获取新技术的手段？你认为BP为什么不对所有的新技术进行内部开发？
- 你认为BP公司对包含能源效率与替代能源新技术的投入会如何影响其工作设计的方式？

关键术语

首席信息官（chief information officer，CIO）
开发项目（development project）
管理层支持者（executive champion）
创新（innovation）
制造或购买决策（make-or-buy decision）
产品支持者（product champion）

社会技术系统（sociotechnical systems）
技术创新者（technical innovator）
技术（technology）
技术审计（technology audit）
技术生命周期（technology life cycle）

学习目标小结

现在你已经学习完第17章，你应该能够达到以下要求：

1. 能够列出促进新技术发展的路径类型。

促进新技术出现的力量包括：(1) 对技术的需求；(2) 必不可少的科学知识；(3) 知识的技术转化能力；(4) 进行开发所需的资本资源；(5) 推动各部分团结在一起的企业家眼光和精神。

2. 可以描述技术生命周期。

新技术具有一个可预见的生命周期。首先，一个关于如何满足市场需求的创意逐步发展成为一些产品的创新。早期的进步是缓慢的，它随着竞争者的产品设计实验而发展。最终，当市场接受这项技术时，一个主流设计出现了，并且通过工艺创新而不断得到完善。当技术开始接近其潜在性能的理论极限而且市场开始达到饱和时，其发展就会变得缓慢，技术也变得成熟了。此时，技术可能会保持稳定，也可能被其他新技术所取代。

3. 能够知道采用何种方式使管理技术可以保持竞争优势。

新技术的采用者可根据采用时间分为：创新者、早期采用者、早期多数者、后期多数者和落后者。技术领先有很多先行者优势，但也面临着显著的不利因素。对于技术跟随者而言也同样面临着优势与劣势。有助于提高效率的技术可以支持低成本战略，而有助于制造差异化的产品或独一无二的产品可以支持差异化战略。采取何种技术战略取决于该项技术满足组织竞争需要的程度，以及如果选择技术领先战略，公司在应对可能出现的风险和不确定性领导问题的能力，这主要表现在技术、资源和投入方面。

4. 可以就如何评价技术需求进行总结。

评价企业对技术的需求要从确定的基准开始，或比较竞争对手与非竞争对手的技术使用情况。基准的确定应当以全球为基础进行，即应了解技术在全世界范围内的使用情况。技术扫描有助于区分新兴技术和那些仍在发展中的技术，以预计它们最终对竞争的影响。

5. 能够辨识追求技术创新的替代方法。

新技术是可以获取或开发的。可供选择的方案包括内部开发、购买、承包、许可交易、合作研究和合资企业，以及收购。方案的选择取决于技术的可获得性、技能、资源和时间的可获得性及保持技术所有权的重要性。

6. 能够界定管理技术中的关键角色。

人在管理技术中扮演着许多不同的角色。例如，首席信息官对技术创新负有完全的责任。另外，企业家是那些认识到技术的竞争潜力并发现利用机会的新途径的人。技术创新者具有开发、安装和操作技术所需的关键技能。产品支持者是宣传新思想以获取整个组织支持的人。管理层支持者是用地位和资源去支持计划实施的人。

7. 能够描述一个创新组织的构成元素。

组织创新包括发挥雇员的创造性，引导他们为满足市场的实时需求而努力。公司可以通过创建一种重视内部创业的文化来发挥创造力；接受甚至是庆祝失败作为创新的一种标志；通过设定目标、奖励及传播创新员工的故事等方式来提升创造力。组织结构应该平衡控制现有工序的官僚机构与允许产生创新的灵活性。开发项目为旨在创新的跨职能团队提供了一个机会。工作设计应该综合考虑社会关系和工作的技术效率，从而使工作在员工的能力范围内，并对他们进行赋权授能使其能够协作而创新地工作。

8. 能够列出成功开发项目的主要特征。

为了使开发项目取得最大的收益，它们应当：（1）拥有核心竞争力；（2）关于必须要实现的目标及为什么具有指导性的愿景；（3）有一支负责的团队；（4）灌输持续改进的理念；（5）所有团队和单位进行综合和协调的工作。

问题讨论

1. 弗朗西斯·培根（Francis Bacon）有一句格言："智者创造的机会比他发现的机会多得多。"对于技术和创新，这意味着什么？对于竞争优势，它又意味着什么？

2. 你能举出技术创新的例子吗？是什么力量使这些技术背后的科学商品化？是技术存在于市场需求之前，还是市场需求存在于技术之前？

3. 托马斯·爱迪生曾说过，大多数创新是10%的灵感加90%的汗水，这与你所知道的技术生命周期吻合吗？

4. 一个公司为什么要选择跟随而不是领导技术创新战略？当创新快速出现，技术领先的潜在优势更大还是采取跟随战略的潜在优势更大？

5. 如果你从事杂货店生意，你将以谁为技术创新的基准？是业内的公司还是业外的公司？为什么？

6. 你是如何看待管理层支持者、首席信息官和产品支持者共同工作的？这些角色可以由一个人担当吗？为什么？

实践练习

17.1 创新计划

目的

1. 给日趋沉闷的公司掀起一次可以带来创新观念的头脑风暴。
2. 探讨一个优秀创新计划的构成要素。

说明

1. 阅读以下马森公司的情况说明。
2. 以个人或小组的形式提出一个可以鼓励马森公司的创新计划,并就人事、报酬、组织结构、工作设计及适用的组织行为等方面进行讨论。
3. 与小组成员或全班同学分享你提出的计划。

马森公司的情况说明

马森公司主要从事个人装饰品的设计、开发与制造。1950—1980 年,它一直都是业内推出新产品的领先者并从中获利丰厚。在此期间,它的研发部门的专业人员数量从 20 人增加到了 150 人。然而,自 1980 年以来,公司一直依赖过去的成功,而未能推出有重大创新意义的新产品。高层管理者希望可以重建马森公司在业内技术先驱者的声誉。

问题讨论

1. 这些计划中存在哪些共同要素?
2. 这些计划是如何很好地追踪创新过程的?
3. 这些计划包括了实现创新所需的各种要求?
4. 各个计划都有哪些优点和缺点?
5. 一个有效的计划应该有哪些内容?

资料来源:Judith R. Gordon, *A Diagnostic Approach to Organizational Behavior*. Copyright 1983 Pearson Education, Inc. Reprinted by permission of Pearson Education, Inc., Upper Saddle River, NJ.

17.2 为未来而创新

目的

展望未来

说明

选择一个搭档。一起开发一种 2025 年会流行的创新性产品或服务。当你在开发你的产品或服务时,回答下列问题:

1. 什么趋势使你相信这项产品或服务会成功?
2. 现有的哪些技术、服务或产品会由于你的创意而被取代?

把你的创意展示给全班,并让大家对其进行讨论。

综合案例

Worldwide 游戏王国

电动游戏玩家通常在 Worldwide Games 平台上花钱来获得乐趣，Worldwide Games 专门开发与销售游戏机、便携式游戏设备及在公司硬件或个人电脑上安装的游戏软件。游戏爱好者们总是在寻求更强烈、逼真或更复杂的游戏体验，因而满足玩家的需求成为 Worldwide Games 进行持续创新的驱动力。公司已针对屏幕分辨率、处理器速度、新型控制器、创造性的故事情节等方面进行了主要及次要的发展改进。它的控制台部分主要关注硬件技术，它的在线业务部分主要关注提供具有高度吸引力的新游戏软件，通常包括世界各地的用户通过互联网在游戏中合作或竞争的精心制作的故事情节。在这两方面的持续创新使其基本上保持与那些不断寻找最好创意的竞争对手不相上下。

近几年，两个相关领域的技术对于 Worldwide Games 和它的竞争对手的发展是十分重要的：社交网络和互联网宽带可以为那些精心制作的在线游戏传播音频和视频。Worldwide Games 的控制台通过邀请其最新产品的买家加入它的 Players Network 的方式来应用这项技术。那些加入 Players Network 的人可以利用这个控制台进行互联网的连接及在互联网的任何地方与其他玩家一起玩游戏。每个玩家可以通过各自的控制器、控制台与电视显示屏上看到所有参与的玩家的行动。另外，Worldwide Games 的在线业务部分不断突破目前个人电脑的处理能力所支持的在线游戏的极限。对于目前最流行的程序，付费玩家可以创建他们自己的角色或化身，从而在游戏中扮演一个角色。虽然玩家的个人数据是保密的，但玩家可以利用化身的名字来查看其他玩家的游戏记录并通过在游戏中邀请其他玩家的化身来加入他们的队列。

因为这两种游戏都必须包含一些相同的部分（控制台和电脑）使玩家可以注册及可以付费或加入 Players Network，所以 Worldwide Games 得到的不仅仅是来自消费者的消费，还有他们的个人信息。当黑客第一次闯入 Players Network 的数据库时，该系统面临着一次真正的风险，同时 Worldwide Games 在线用户的注册记录也会面临风险。

一旦公司检测到 Players Network 遭到入侵，它就会立即关闭这个网络。当公司的网络安全人员意识到他们不能在一两天内立即阻止这种入侵时，Worldwide Games 宣布黑客已经获得上千万的玩家姓名，并很可能还包括他们的信用卡账号。在问题被修复前，他们只能通过从磁盘加载到主机的方式而非互联网连接的方式来玩游戏。

当公司检查原来的安全漏洞时，它发现 Worldwide Games 在线用户数据库也遭到了黑客的攻击。公司立即宣布黑客攻击的范围，包括了一些信用卡账号信息已经被窃取的事实。Worldwide Games 立即停止了该网络服务，直至安全漏洞修复为止。

修复这个漏洞需要花费大约 1 个月的时间，包括将防火墙和加密等添加到已有的安保措施之上。后来，公司又重新创建了两个网络并向消费者致歉，同时为消费者提供了 1 个月的付费服务的免费使用权。回头客不得不在他们可以重新玩游戏前下载升级过的安全软件。在整个事件中，公司在检查、升级系统和销售损失方面共付出了几亿美元的代价。

当公司经营逐步步入正轨时，Worldwide Games 通过设定一名专门监管安全的主管以把未来网络遭遇入侵的风险降至最低。公司宣布已经聘请了一名首席信息安全官。这名首席信息安全官对公司的首席信息官负责，首席信息官对首席改革官负责，而首席变革官向首席执行官负责。

问题

- Worldwide Games 是技术领导者还是技术跟随者？Worldwide Games 处于这个地位会承担什么风险及获得什么收益？
- 如果没有让它的首席信息官直接向首席执行官报告，Worldwide Games 可能会错失什么机会？
- 是什么使创新对 Worldwide Games 十分重要？在黑客攻击事件之后，官僚机构会怎样妨碍创新呢？Worldwide Games 应该如何执行"消除官僚主义"的政策？

附录 D　新经济中的经营管理

任何一家公司的业务都是通过特定的过程将投入转化为产出的。将这些产出（产品）有效地推向市场将确保公司的生存与发展。一个公司在将其从投入转化为产出的过程中使用的方法、系统及智力框架都体现出公司经营的特征。一个公司通过这些经营管理来维持转换程序的正常运营。经营管理正是对这一过程进行分析和执行。

许多不同的因素都会对公司的运作和管理产生影响。公司的规模越大，这些可变因素就会越多。无论公司是大还是小、是多元化还是专注于核心业务、是网络化组织还是高度结构化且集权的组织，有效的经营管理对公司的成功都有不小的助益。不管公司销售的是有形的产品（商品）还是无形的产品（服务），上面的说法都是正确的，因为在这两种情况中消费者的需求得到了满足。

变革的影响

今天，我们常常看到一些经营管理正处于变革中的说法。实际上，经营管理总是在变化的，因为这个世界在不停地变化。变革可能是以一种新产品的形式出现（设想在中世纪早期第一批商人把香料带往欧洲时的情形），或者是一种新的分销渠道（联邦快递彻底改变了我们对文件快递的认识），或者是劳动力市场的变化（第二次世界大战时男性出去打仗，妇女承担了很多工厂的工作），或者是新技术的出现（黑火药改变了 14 世纪欧洲的所有战争法则）。

这个时代的特征就是变化的速度越来越快，这也迫使个人去尽快适应这些变化，并且要求人们能够很容易地改变他们的心理状态、个人习惯和优先选择。的确，适者生存的法则不仅适用于物质世界，也同样适用于精神世界。在当今的世界里，经营管理者只有使自己成为最能适应变化的人，才能很好地行使职能。

经营管理的内容

一名合格的经营管理者意味着什么？意味着他能够对内部各部门的需要及时做出回应，以确保转变过程在各个阶段顺利地进行。我们可以这样认为，在转变过程中，"顾客"就是那些从上一个阶段接受成果的部门。例如，在一家印刷公司里，印刷机的操作者就是印刷的上一阶段的顾客。而且经营管理者应具备这样的意识，即确保每一个阶段提供的"产品"恰好符合下一个阶段工序的要求。

经营管理也意味着在更大的范围内满足多方的要求。例如，投资者可能想知道一种新产品在市场上的反响到底怎么样，或者一种新的制造工艺是否如承诺的一样好。社区可能想要清楚公司生产过程中产生的废品是否会对生活的质量产生影响。政府可能想要查看公司在法律范围内各种经营活动的账目。因此，经营管理者绝不是孤立存在的，而是时刻与各方发生交互作用的。

在过去的年代里，世界上存在着许多完全不同的社会和文化形态，它们彼此之间存在很大差异，但与今天的情况相比，它们同样还存在很多的相似性。在特定社区里的购买者往往需要同一种产品。每个人都对这些产品有所了解，而且对质量都有着同样的要求。但是社会的不同阶层都对产品有不同的理解（例如，富人阶层的特权就是可以定制某一质量层次的产品）。因为有些商品是量身定做的，用户定制已经再普通不过；除此之外，没有其他做生意的方式了。

随着19世纪工业时代的降临，这种情况发生了改变。突然之间，"顾客"不再是一小群可以辨别的个人，而是很难识别的不断扩大的群体。任何一个人只要有钱，就可以购买到以前一小群人凭借特权才能得到的东西。随着工业化的深入开展，大规模生产出现，生产适用于所有购买者产品的方式大行其道，因为没有其他可以更节约成本的做生意的方式了。

在这种背景下，现代公司成长起来了，营销也产生了。在当今的数字时代，我们都在见证着一种似乎很矛盾的现象：大规模定制。这对今天的管理者有什么样的启示呢？

如果一种产品是静态的或者只有很少的变化，那么经营管理者只需要关注产品本身（及其成本）。这也是传统经营管理的方向。我们已经有了生产不同型号的同一种产品的能力，而且能够利用越来越多的信息，今天我们关注的焦点已经转移到了顾客对产品的体验上，即顾客希望从卖家那里得到怎样的服务。顾客们会评估这种产品是否含有满足他们想要的特征和质量，以及是否以最实惠的价格买到了高品质的商品。有这种意识的经营管理正是如今商业环境下公司成败的关键。

但今天的顾客就真的完全不同吗？是，也不是：尽管世界发生了变化，但人们仍是原来的人们。人类依然从事着相同的活动：他们创造着社区；他们抚养着下一代；他们进行交易；他们供养自己。在这一过程中，他们学习、奋斗和娱乐着。而且今天的管理者也是需要通过转化机制不停地把投入变为产出的。大部分关于人类行为的传统观念现在仍是适用的。

然而，为了解释某一种行为，我们可能需要使用一系列的"透镜"（伽利略的透镜和托勒密的完全不同，因此他对宇宙的解释也完全不同）。一名管理者可能会从产品规范、成本限制、顾客满意度或其他方面来看待这一过程。对"透镜"的选择表明了一种特定的世界观和其所重视的，对于企业也同样如此。

有时候，选择并没有对与错之分，只有结果。在过去能够用来充分解释某一个现象的"透镜"现在也许不再适用了。然而，"透镜"所反映的内容将构成决策的指南，因此，透镜的选择有着深远的影响。

新的展望

有时，一些特定的观点和导向会在某一阶段突然产生，并使人们的认知和优先选择发生变化。爱德华·戴明（Edwards Deming）提出的全面质量管理理论就是这样的例子，它如今已经成为了很多管理者的坚定信念。日本人欣然接受了戴明的理论原则，并采取了一种令人羡慕的并且是可以模仿的方式让顾客满意（参见第9章中有关戴明的内容）。直到这种理论在以顾客为导向的运作中取得了令人满意的成就，它才引起了西方国家的注意。

对于我们中的大部分人而言，只能够通过查看最终产品来判断其质量（这种产品达到了制造的规范吗？）。在文章《禅与摩托车维修艺术》中，罗勃特·波西格（Robert Pirsig）以这样的观点提到了质量问题："某一类型的机械师和技工对于他们的工作往往很有耐心，非常关注和细心，他们从与工作的和谐中达到了内心的平和而绝非做作。"这里面包含了很强的东方思维特征，这种表述表明了质量（好或坏）并不是最终产品的品质，而是来自个人与他所关注的东西之间的一种内在联系。

为了获得好的质量，必须知道什么是好的，并且具有对于实现这一目标而言合适的思维方式。这与日语中 kaizen 一词有关，意指一种持续改进的意愿和渴望。从20世纪80年代开始，日本人的商业实践就已成为西方人研究和效仿的对象，研究和效仿的内容涉及从特定程序（例如 kanban，一种即时存货管理的基本方法）到一般管理哲学（kaizen，日本总体战略的组成部分）的方方面面。今天，对于任何一个地方的管理者而言，不了解这些概念都是严重的失误。

同样，那些使员工参与生产过程的公司开始逐渐理解：每一个与产品接触过的员工对该产品的成功都是至关重要的。在下面几页的内容中，我们会认识到这一看法有多么重要。

公司组织

有很多方式可以构建一个公司，而现在的一些公司利用经济中的一些趋势形成了它们今天的形式：兼并或收购、多样化经营、连锁等。尽管如此，在大部分公司组织中仍有一定的可以确定的职能。职能的履行正是管理者的关注所在。让我们来考虑一下这些共同职能是如何支持经营管理系统的。

战略规划 在最高的层次上，从最宽泛的视角来看，指引公司前进方向的是战略或长期计划。企业的高层经理在生产过程中提供了公司的发展方向，定义和实践着公司的使命。对这一职能的管理需要回答如下问题：我们处于哪一个行业中？我们应该或将来会处在哪个行业中？谁是我们的顾客？我们能够或者应该怎样服务于他们？我们想要专注于核心业务还是多元化？回答这些问题有助于确定公司的目标，通过公司管理层的引导，给出公司业务的发展方向。

正如我们在前面所说的，这个世界总是处于变化中。好的战略规划能够预测到变化并且为之做出计划。优秀的规划者也会对可能带来成功的因素抱有信心。在20世纪90年代，当许多公司的管理层提出专注于核心业务的口号时，通用公司总裁杰克·韦尔奇成功地建立了涉及广泛业务的集团企业，发现了在这种结构中能够工作得很好的人才，并有效地协调了公司的众多部门间的职能。

营销 所有的公司都具有营销职能，它是最接近顾客的部分。营销的工作就是确定顾客的需求（潜在的或明显的）并将其反馈给公司，因此，营销对于支持营运管理系统来说是很重要的。营运经理必须重申在营销过程中所得到的信息，并且要求在生产过程中得到反馈。为了支持营销工作，公司会用广告向顾客明确地展示公司所提供产品的吸引力。销售也是营销功能的一部分，销售人员是那些在特定的市场内进行销售行动的人。这是第一线，在这里有关顾客需求和愿望的信息都会引起公司的注意。

在销售圈子中流传的一个故事是关于ABC公司（一家鞋子制造商）的销售人员到世界上一个偏僻的地方去评估市场。他回来后向老板报告说："这里没什么市场，因为他们都不穿鞋子。"而竞争对手XYZ公司也有销售人员出于同样的目的去了同样的地方，他的报告是："这是个极大的市场！他们还没有鞋子！"对某个环境的营销反应可能会使公司进入新的领域。

研究与工程 假设营销工作已经辨别出了一种新的需求或者潜在市场。参加设计和制造的人们的工作是开发和完善产品及制造工艺。他们设计、开发并在整个阶段测试产品，直到产品投放市场为止。他们与顾客相互交流，使后者也参与到产品投放市场之前的性能测试中。他们也参与经营管理，因为产品性能和制造工艺是经营管理系统的职责。即使一件产品还处于筹划阶段，它的设计仍可以在消费者反馈、制造工序（即当前计划可行的是什么），或者原材料和劳动力价格等因素的基础上进行修改。

作为研究人员和开发者，公司的这部分人在未来是与产品联系最多的人。他们的一个作用就是鉴别和执行现在并没有采用的解决方案。设计师工作的最后结果将影响（零件、设备、原料等的）采购、存货管理、车间的运转（设备也许需要重新放置）、必要的生产能力（最大生产率）以及人力资源（工人技术的需求以及劳务花费）等。

人力资源 让我们来讨论下一个职能——人力资源。公司是由人组成的。他们建立起文化、生产产品并使之流通。人力资源的职能就是寻找、吸引和保留拥有经营管理系统所需要的技能、个性和能力的人。有效的人力资源管理直接影响整个生产流程。如果没有考虑到人的组成因素，如教育程度、职业道德、生活习性，以及劳动力市场的期望等，任何公司想要在合适的地理区域内建立工厂的愿望都是愚蠢的。

俗话说，没有不合适的员工，只有不合适的职位。员工的有效利用将为营运经理们提供创新和生产率提高的宝贵资源，因为员工实际上与产品相联系（在服务性行业则是与顾客相联系）。质量出于他们之手。值得着重强调的是，对于任何一个员工来说，沟通能力都是一项宝贵的品质：能清楚地分辨出工作中的经验（what's right）与教训（what's wrong），并且了解如何改善工作。未表达的不满情绪是一种潜在的威胁；未提出的想法代表失去了潜在的可能性。

采购 原料就像人类所吸收的养分一样重要。采购的重要作用就是选择能够支持公司定位和愿景的材料。理想状态下，它是经营管理系统专业知识的来源，提供生产过程所用的多种原材料和系统的信息。任何一个运营部门的成绩最终都取决于采购所提供的货物和服务。原材料能够生产出产品设计者想要的结果吗？它们能够按照设想的生产过程加工吗？能够达到所要求的质量吗？

合适原料的经济且有效的供给可能为公司节省大笔花费。一名采购经理曾说："销售部门要做成50万美元的新生意才能产生我们通过更换供应商节省下来的那部分资金。"

物流 从整个过程来看，运输原材料的物流这也许有也许没有意义，根据在过程中的不同位置，它可能会有不同的名字。在原料到达时被称为"存货管理"，在转换过程中被称为"进程"，在将产品运送给顾客的途中被称为"配送"。从原料供应商到顾客，这一流程的协调性会影响整个过程。如果在恰当的时间生产配件的原料还没有准备好，那么设备和机器就会闲置（收益流失）。向顾客交货的延迟意味着获得支付款项的延迟，这将会给公司的现金流动带来很大的冲击。

财务 这项职能将我们带入财务领域。这个职能是连接公司管理者和财务领域的实体（银行、投资公司和股东）的纽带。这些实体都与公司的成败利益相关，而且可以在任何时候帮助、建立或提供支持，或者取消这些支持。财务必须准确地解释公司的业绩以获得金融机构最大的成本支持。为此，公司要充分利用财务部门。财务部门不仅是跟踪成本的途径，也为管理者提供了关于他们决策的成本等有用的信息。例如，这些成本监控信息有助于管理者将实际成本与标准成本进行比较，也有助于推测出引进新设备和技术的成本问题。

财务职能的另一方面就是对企业信用的清晰把握。公司支付能力的任何减弱都会有损它的竞争地位。财务还要监督供应商的信用。如果供应商无法提供他们承诺的东西，经营管理系统会马上有所反应。金融机构观察这些决策的影响，并根据决策者的智慧给予评级和相应的支持。

团队运作 将上述职能割裂开来的结果是多种多样的，但必须要清楚一点：经营管理系统只是公司内运行的系统之一。最理想的情况是，经营管理职能与其他职能相配合，以防出现割裂或缺乏沟通的情况。沟通当然是双向的，经营管理要注意其他职能的工作，其他职能也要满足经营管理系统的需要和期望。

满足客户期望是公司的原动力，做得好与不好既取决于每个部分的工作情况，也取决于共同合作的结果。忽略任何部分都会影响整体最佳水平的表现。

在新经济时代为未来做准备

除了要意识到公司现在如何运作之外，优秀的管理者还要考虑未来会发生什么，最可能发生什么和什么是可能的，无论是针对公司还是对自己而言。换句话说，有效的管理者是有远见的。这意味着他要了解顾客需求的变化或潜在变化及公司资源（技术、劳动力和财务支持）的变化。

好的管理者必须懂得倾听，关注所有的事实，然后从其中选出最有用的。管理者必须经常问："如果……怎么办？"

有了良好的远见和合理的好奇心，管理者就可以更准确地处理影响经营管理系统的因素。其目标是培养能准确预测可能后果的能力。让我们思考在被称为"**新经济时代**"的今天的一些挑战。

全球化 公司的活动范围是由目前的通信和运输方式所决定的。公司的活动范围在不断地扩大，无论是购买原材料还是销售产品，今天的运作范围都已经扩大到了整个世界。这个环境为经营管理系统提供了一系列新的可能性。

外包的可能性一直都是存在的。也就是说，是我们自己制造产品的一个特定的零部件，还是让其他制造商按我们的规格制造？今天，管理者可以把工作外包给本地或者是世界上任何可以满足需要的工厂。这需要大量的信息和明智的决策，包括决定哪一部分可以外包。

在别处生产的成功取决于"别处"的特点。在20世纪，总部设在北部各州的美国公司有时会将一些制造业务转移到南部去，因为那里的劳动力成本更低。尽管对预期需要进行一些调整，但相比太平洋和拉丁美洲的生产调整的幅度较小。原因很简单：每种文化下人们都有自己做事的方法。明智的管理者不会期望其他文化中的人会按美国工人的方式行事，这种情况既可能是优势也可能是劣势。那些能够在制定离岸制造决策时准确预测潜在问题的人会占很大的优势。

全球是个大市场。全球销售需要产品设计符合全世界文化的不同品味。一家从印度获得美容配方的小型护肤品生产商几年前开始在美国销售它的产品。报告指出它必须对其产品做出调整，因为美国人不喜欢有特别味道的产品，即使它对皮肤有益。雀巢咖啡在全球销售，但在巴西销售的速溶咖啡与美国销售的味道不同，也就是说，产品必须要满足不同文化的品味。

在过去几十年里，运营管理系统可以很容易使这些变化快速增加。数字化技术可以使企业针对各种情况灵活地生产，这为产品多样化提供了巨大的潜力。

环境 今天，管理者面临的另一个挑战是环境，其中包括整个世界和企业经营所在地的环境。早些时候，制造过程的负面影响都仅作用于周边环境。随着人口密度和消费的激增，特别是在西方国家，这种情况不复存在。在地球上，一个地方发生的事情对其他地方都会有影响。管理者的挑战是要在不损害当今运作的情况下关注未来，而制定这种决策不是一个简单的事。

不幸的是，环境责任过去多在道德范畴提及。虽然这个角度是有效的，而且是我们保护地球的原因，但这并不能帮助管理者处理好决策所需的信息，也不能确定做决策所需信息的数量。另外，顾客经常是自相矛盾的，例如，他们要求生产再生纸，而购买时却选择较白的、不能循环利用的纸。

当然，在过去的几十年中，对制造过程（废物处理和控制）所造成的恶劣影响进行环保处理取得了极大的进步。但做这样的决策却并不简单。举一个超市出口的简单例子：你会用纸袋还是塑料袋来装你的杂货？环保型消费者必须从两个都不想要的选择中做出决策：纸（即使是可循环再生的）是用树木来生产的，而塑料使用的烃类并不容易回收。经营管理者面临的决策就显得更复杂。

更进一步，即使管理者没有意识到社会责任，其他人也会要求他们履行社会责任。公司并不是社会中的孤岛，其决策会影响很多人：物业所有者、投资者、大众和未来的成年人。今天可以确定的是，如果公司不自我约束，就会受到别人的约束，这些约束来自政府或社区组织。

因此，经营管理者的选择就只有两个：要么做出反抗，要么承担起领导角色，对过程可能造成的潜在负面影响要很清楚，并提出相应的处理方式。长期来看，如果我们是为明天而不是今天管理自己的经济活动的话，环境责任是不可推卸的。

知识和信息 新经济时代的一个特点体现在改革过程中，其主要的投入是智力资本：知识、研究、信息和设计。对于建构实体单元（physical units）来说，智力资本的投入比物质投入更有价值。当知识成为主要原材料时，投放第一个产品也许意味着要花费上百万美元，但接下来的成本就会少很多。

产品本身也不同，而且需要很大的努力才会使人们使用新经济产品。例如，人们对从使用个人电脑转换到苹果电脑会产生抵触情绪，反之亦然。因此，顾客不太可能会被广告动摇，而更可能受关于该产品和技术的知识增加的影响。成功的公司将是那些用自己的特定产品增加了顾客基础知识和技能的公司。

随着信息爆炸继续影响今天的消费者和员工，获得知识变得更为重要。正如我们随后讨论的，今天的消费者不会被几个信息来源锁住，而是在事实、数字和机会的海洋中遨游。

今天的员工也不像以前那样。现在的员工会根据其个人需求或期望在某一公司的某一职位工作，其原因有两个：（1）感受到个人满足或成长的可能性；（2）对公司内的人际关系感到满意。这些因素的权衡因人而异，但每个人都会很好地考虑这两个原因。因此，今天的管理者必须为员工提供持续的职业发展，在公司中承担更多责任的机会，以及令人满意的工作场所。今天的员工不希望受到监督，但是渴望在成功的道路上得到指导。不必说，管理者自身也必须要有知识并持续成长，以增加自身作为导师的价值。

技术　技术给我们带来的挑战是后面几页我们将讨论的内容。技术一直存在，也一直保持中立。新技术就犹如一把双刃剑，既可能有益，也可能有害。当面对挑战时，我们会把技术创新看作要应对、要预测和要计划的，并可能带来潜在发展和成长的东西。

技术存在于发展的不同阶段，也就是说，有些已经可以为经营管理系统所用，有些则会在5—10年后才会有成本效益，而有些则还处于萌芽期。任何有远见的管理者对会对上述情况有所认识。技术公司（销售最新技术产品的公司，如手机）必须关注两个前沿的技术。它们必须关注市场上的相似产品，不断评价它们自身产品的缺陷。它们也必须关注能为之所用的技术，就像非技术公司一样。

在发展过程中，技术往往会转移到用户手中。以钟表为例，在历史上的某个时期，一个社区只有市镇广场上有一口钟。后来有钱人会购买被称作"老爷钟"的大家伙。到20世纪中叶，大多数成人佩戴手表，因而手表常常作为毕业礼物。如今，大人孩子都有很多钟表，从腕上到家里、办公室或车里。我们可以追溯其他技术的轨迹，如引擎和计算机（在过去的几十年内从大型机发展到便携式个人电脑）。

技术向使用者的转移并不顺利。一个可能的障碍是公司采用的技术降低了使用过程中人为因素的影响。我们经常会在小公司内看到这种情况。当地复印店引进最先进的设备，可以提供双面复印、打孔和个性化晚会请柬制作等各项服务。但最终产品还是部分取决于操作者的个人技能、经验和为顾客提供充分服务的员工。

大型工业设备也是如此。历史上的早期时候，例如，操作多层印刷机的工人在新一代设备出现之前会有30年的时间去熟悉设备的运作。而今天的员工刚勉强熟悉了当前的软件，就有更新的或截然不同的新版本软件面世。这些"进步"归根结底为无效率提供了"肥沃土壤"，因为技术只能按照人类能够进行有效使用的速度进步。

有了这些知识，任何有效的经营管理者都将采取某类正式的技术管理手段，即一些预测未来，为新技术的影响做好准备的方法。当展望新技术（或处于萌芽期的技术）的潜力时，一些最佳的人才特征包括：

1. 洞察力（信息和观点）。
2. 想象力（从现有方案中创造新方案的能力）。

洞察力是最容易获得的。事实上，信息和观点可以在许多时候从咨询公司那里购买。但一个人必须靠自己去培养想象力。

互联网

互联网给我们带来了想象力上的巨大挑战。网络中充满着机遇与陷阱。下列讨论一些从成功或不成功使用互联网的案例中获得的值得关注的经验。当本书印刷时，也许很多情况都已改变。

开发互联网运作有多种途径。一家常规的"**砖块+灰泥**"的实体公司可以自己建立网络，也可以与网络公司合作让其代为处理网络业务问题。例如，20世纪90年代末当美国最大的三个零售商决定转向**电子零售**时，他们采用了不同的战略：JC Penney 和西尔斯（Sears）都建立了自己的网络业务，而凯马特（Kmart）则将网络业务外包给 bluelight.com。最后，企业也可以选择只在互联网上销售所有产品，这样的公司被称作 pure-play operations（在金融管理中，pure-play 指经营单项业务的企业），亚马逊公司就是其中一个代表型的例子。

管理者还要考虑如何将网络活动与现有运营进行无缝整合。整合不好的系统会在企业内部制造麻烦。例如，玩具反斗城在网络上经营后的第一个圣诞节期间，它不得不拒绝顾客，因为它无法完成网上下的订单数量。为了解决这个问题，玩具反斗城与亚马逊建立联盟，亚马逊负责管理网站和处理网络订单，玩具反斗城处理配送和存货。这两家公司都具有另一家所需的在网络上销售玩具的特长。

除了网络销售，零售商尽可能地在多个平台利用新技术来获得在零售网站进行网上购物的好处。例如，购物楼层的电子屏幕使购物信息电子化，为消费者做出决策提供相关信息。水晶艺廊（Lamps Plus）为顾客提供高分辨率的图像供他们放大和进行其他操作以便对织物纹理和不同颜色的样品及产品进行360度视角评估。Pacific Sunwear 允许它的顾客通过条目、颜色及价格搜索并显示男孩或女孩的服装。其他网站，像 eBags 和亚马逊提供线上指导或顾客评论来帮助购买者进行决策。

许多零售商，如 Nordstrom、Eddie Bauer 和 Radio Shack 正在加强通过商场、经销商和邮购商建立起来的品牌形象和熟悉度，这些是那些只做网购业务的公司所不具备的。

不久之前，只有网上拍卖商 eBay 和一些为其他公司建立电子商店的公司是盈利的。不过，单做网购业务的公司也可以成功。200家上市网络公司约有1/4在网络衰退中生存下来，并在标准会计原则下也是盈利的。最赚钱的是网络旅游业、软件和财务服务。为什么？因为它们只销售信息产品，不需要储存和送货。但即使是曾经长期亏损的亚马逊最后也盈利了，尽管只要有人在网上买一本书，公司就得从出版商那里购买一本。同时，单做网购业务的公司一旦逐步收回最初的开办费用，就不需要随着销售增加而投入更多的资本了。例如，不需要为争取顾客建更多的商铺。

当然，只有技术技巧和大胆的企业创意还是不够的。顾客仍然需要速度、便利、优质和完善的服务。从这个意义上说，网络与传统的商店和邮购没有什么区别。顾客最后总是会支持那些能提供最好的产品体验的公司，无论它是在网上，还是在实体店铺。

公司共鸣

公司可以通过记录使用者在网络上的浏览习惯来获得销售和营销数据。例如，你在亚马逊上买了一件产品，在未来的访问中，网站会向你推荐你可能感兴趣的类似产品。很多零售商都认同这种**数据挖掘能力**会成为未来运营的突破口。也就是说，从在线顾客那儿搜集和利用信息的能力将对营销决策的成功至关重要。

此外，一个公司的网页会使顾客或简单或困难地获取与购买有关的信息。正如有些公司认识到的，仅仅将产品形象漂亮地印出来并将它们放到网页上是不够的，因为每种媒介都有其自身的特性。

公司网页设计会对整个公司产生影响。例如，如果顾客在网站上可以确认产品有货，就增加了实现销售的可能性。如果顾客可以知道送货的时间和方式，就更能促进销售。这种情况下，前端和后端的运作和配送依然是成功的关键。

数据山 采购活动受益于网络，因为通过网络可以获得透明实用的信息，并能够毫不费力地对问题做出反应。今天，采购经理已经不必等待销售代理的拜访了。事实上，在网络的影响下，生产者、分销者、批发商和零售商之间的传统关系正在重新组合。在 B2B 的世界里，消费者要达成交易，以前会遇到很多障碍：供应商的距离太远、调查时间有限和中介掌握了大部分信息资源。Ariba 是一个销售工业用品的网络市场。采购只需要在网上发布一个合同，就会收到供应商的一大批投标便会作为回应。从某种程度上来说，网络公司正成为生产者与购买者之间的新中介。

采购经理可以去 Ariba 网上购买工业用品，在 National Transportation Exchange 上寻找送货卡车，从 Chemdex 寻找生化材料，在 IMX Exchange 上寻找抵押经济人获得贷款，而这只是开始。

网络也变成了雇主和员工之间的媒介。人力资源部可以借助多种基于网络的工具来寻找职位候选人。不仅有 Monster.com 这样的三大工作中介巨头，也有局限于小范围兴趣群体的特殊网络。寻找工作者和潜在雇主可以根据地理偏好、薪金范围和技能类别获得对方的信息。

受益于获得天气、交通和即时新闻等信息的简易性，物流、调度和配送工作也逐渐融入到网络中。从联邦快递网站上可以下载货运跟踪信息。美国邮政服务处的网站上提供在线邮政编码。这些因素影响了公司及时送货和从供应商获得可用材料的能力，从而最终影响了经营管理系统。

改变信息模式 为了减少打印成本并使文化传播更广，许多公司正在使信息数字化。有时，信息在网络上发出。这样在不同地方的人就可以看到同样的信息。但是数字化信息也是有一些障碍的。并不是所有人都有同样的阅读和打印信息的硬件和软件。此外，可能会产生所有员工处于同一屋檐下工作时不会发生的沟通失误。

在考虑如何利用这些网络时，公司必须考虑上述问题，因为这一决策会影响到公司所有的职能单位。在网上公布一定的信息通常不会带来问题。例如，在网络上提供公司地址、电话号码及运作时间等信息就比让员工用电话解答的经济性要强。例如，许多在印刷时代要通过寄出年报来解决的咨询问题，可能通过网络来解决会更经济有效。

然而，提供其他信息就不像上述例子那样简单了。根据公司的运作模式是 B2B 还是 B2C，购买者会需要产品信息、支付条款、特别优惠、退货政策、订单状态、送货费、改变现在订单的可能性、追踪信息及订单状态等。

提供和管理其中的一条信息，比如订单修改就要影响至少三个部门：会计、配送和营销。每一个提供信息的部门都要清楚信息公布的结果，同时要有处理变化的机制。协调也成为一个问题。例如，在货物发出前，不要在信用卡账号内划款。无论是卖给另一家公司还是消费者，在线运作都需要新的网络。尽管如此，各家公司还是在这一萌芽技术上不断前行，因为它们意识到，这样做的潜在优势会大于暂时的困难。

知识产权

我们已经知道了新经济下产品的本质是知识、设计和工程，而非拼命制造。让我们看一下网络如何影响到某个环境工程公司的运营。这个公司的业务可能包括改善能源工厂运作的解决方案。涉及这类工业设备规划活动的公司要遵守政府法规。实施某个工程项目时，例如，建造一个新的发电站，需要提交许多资料以证明公司已经遵守了各项法规，并对可能给社区带来的全部影响进行了计划安排。例如，也许需要通知住在工厂周围一定范围内的住户。从公司的主页下载通知，然后监督其过程，这仅是可以通过网络进行管理的众多业务之一。

公司必须以特定的形式提供给不同群体一些新的相关信息，这会导致新的信息需求的产生。例如，从联邦快递网站上下载货运信息，证明它确实已经发送了需要的印刷品或CD-ROM副本；也可以在网页上准备一些只读形式的合规性文件，并允许感兴趣的人打印。

在美国准备建造工厂的时候，所有联邦、州政府和当地的法规企业都要遵守。公司必须提供其发电站会对交通、文化资源、学校、水供应、生态和空气质量产生怎样影响的信息，而且也必须分布工厂如何处理建设和运作中产生的危险物质的计划。

要处理上述海量信息并做出回应，没有对数据的计算机管理几乎是不可能的。

陷阱

那些电子商务方面的成功者和失败者的经历是怎样的？我们又可以从中学到什么？我们已经提到过玩具反斗城不能处理网络订单的问题。除了丢掉了生意，玩具反斗城和其他的一些零售商如 Macys.com 和 CDNow 也受到了美国联邦贸易委员会的调查和罚款，原因是他们对订单的履约情况不好。美国联邦贸易委员会规定，如果零售商不能按时供货，必须通知顾客并给予他们取消订单的权力。这些公司的管理层能够预见到不能完成订单的问题吗？如果可以，那他们应该怎样做？

信息保密是一个问题。最近盖洛普公司的调查发现，66%的美国人希望新法律能够保护高新技术革命下的个人隐私。当亚马逊网站根据搜集的信息开始对不同顾客收取不同价格后，也遇到了麻烦。玩具反斗城因为允许市场调查者从网页上获得顾客信息而被起诉。零售商的回应是他们雇用了一家市场调查企业帮助分析顾客资料，以改善顾客在网上的购物体验。虽然网页都有保密条款，但还是有大量的数据可以获得。美国联邦贸易委员会和国会正准备通过法律法规来保护消费者。

消费者对网络的熟悉程度也是一个问题。尽管网络购物发展迅速，但媒体报道表明很多消费者从不网购，或只是偶尔网购，抑或只是购买特定产品。同目录购物这种消费方式一样，当消费者逐渐熟悉网络购物，而网络零售商进一步改进配送和订单履行时，这一网络产业就会逐渐走向成熟。

一些消费者担心他们在线输入的信用卡资料会泄露，因此对网络购物抱有迟疑的态度。实际上，当店员在交易过程中记录信用卡数据时，就已经构成了对信用卡资料的不当使用。尽管只是感觉而不是真正的问题，但感觉是人的行为动机，这就阻碍了一些人涉足网络购物。

这些因素促成了新商业模式的形成，因为公司要抓住所有可能带来潜在收益的变量。

新的需求和愿望

消费者本身也在变化，因为满足潜在需求或愿望已成为可能。我们提到过大规模定制。下面还有一些具体的例子说明产品特性的多样化。

建立流水作业线或安置生产设备是制造成本的一部分。以汽车的颜色选择来说，亨利·福特曾经说过："他们可以买到想要的任何颜色，只要是黑的。"对制造工艺加以改进从而使产品特性多样化的成本是非常昂贵的。在数字时代，随着灵活制造成为可能，制造商可以生产多种口味的瓶装水，可以根据不同的体型生产牛仔服，可以满足顾客对汽车颜色的任何喜好。Levi Strauss 和 Brooks 现在提供定制服务，可以根据任何体型制作衣服。芭比娃娃的小主人们可以自行选择芭比的头发、皮肤颜色、服装及个性。数字技术提高了制造能力，而网络扩展了这一需求。

其结果是顾客对定制和个性化的要求提升到新的水平。以前的消费者会购买基本上（或大概）能符合其要求的产品。现在他们渐渐意识到，有时他们可以得到完全符合其要求的产品。因此购物体验也在发生变化。

人类特征的价值

对于传统经营管理而言，这些变化意味着什么？变化可能是好的，也可能是坏的，关键是怎样去适应这些变化。没有理由认为技术变革会比其他变革更具威胁。传统的人的特征因素，如愿景、洞察、警觉、想象、勇气、沉稳、坚持、灵活、声誉等仍在起作用。

如今的管理者必须清醒地意识到趋势、风俗习惯、可能性和基本原则的变化。他们必须具有（或培养）预见可能性的眼光和创造解决方案的想象力。他们必须具有迈向新方向的勇气，并对新方向所提出的调整要求保持警觉。一名高效的管理者在需要做出调整时必须足够灵活，而在面对误解和错误时必须保持足够的冷静。管理者要对选定的道路坚持下去，同时对环境的方方面面保持敏感性。任何挑战的成功机会都会随商业声誉的提升而增加。

最后，还需要一些运气。一些人会说，"运气会来找你"；而另一部分人则认为"运气是由你来创造的"。大多数人认为这两者都是对的。

关键术语

实体（砖块+灰泥）（bricks and mortar）　　　新经济（new economy）
数据挖掘（data mining）　　　　　　　　　　单业务公司（pure-play）
电子商务（e-tailing）　　　　　　　　　　　　360 度视角（360-degree view）

问题讨论

1. 什么是"大规模定制"？如何使产品既能大规模生产，又能保持差异性以满足具体市场部门的需求？大规模定制是如何影响产品管理的？
2. 为什么日本企业采用戴明的"全面质量管理"理论要远早于戴明的哲学在美国成为关键管理思想？如何将它与经营管理联系起来？
3. 新经济是如何改变经营管理的？结果是什么成为经营管理过程中最主要的投入？
4. 企业在决定采用新技术时，需要考虑哪些问题？新技术如何影响经营管理决策？
5. 20 世纪末为什么许多网络公司的寿命都很短？为什么亚马逊和玩具反斗城会结成同盟？哪个公司受益会更多一些？请解释一下。
6. 互联网会如何改善一个公司的经营管理？
7. 消费者能够通过互联网的使用立刻满足其购物需求，这对经营管理意味着什么？电子商务改变了企业的经营方式吗？请对其进行解释。

第 18 章
创造并引导变革

> 世界厌恶变革，但它却是唯一能带来进步的事情。
> 我的兴趣在于未来，因为我将在那里度过我的余生。
>
> ——查尔斯·凯特琳

学习目标

通过学习第 18 章，你应该能够达到以下要求：

1. 能够讨论什么可以造就世界级水平。
2. 可以描述如何有效地管理和引导变革。
3. 能够列举为创造成功的未来所需的策略。

本章概要

跻身世界级	争取合作的具体方法
可持续的美好未来	协调多种变革
"或"的迷信	领导变革
"和"的才能	塑造未来
组织发展	高瞻远瞩
追求卓越	创造未来
管理变革	塑造你自己的未来
激励员工进行变革	学习和领导
管理抵触的一般模型	

 开篇案例

普罗诺弗斯特医生如何使医院对患者而言更安全

在美国的很多医院中，很多病人本可以不用死去。如皮特·普罗诺弗斯特医生（Dr. Peter Pronovost）所认为的那样，这个问题既显而易见又骇人听闻。在过去的 10 年内，每年大约有 10 万起死亡是由医疗事故和日益松懈的安全措施引起的，这些数字令人十分不安。在美国，死亡的主要原因之一是与医疗保健相关的感染，即在医院、疗养院或者其他保健机构等受到的感染。作为约翰·霍普金斯大学（Johns Hopkins University School）医学院的麻醉科和重症监护医学的教授及学校优质医护服务创新中心的领导，普罗诺弗斯特医生认为：这些事实的严峻性比数字本身更大。事实的背后是患者及家属的真正的痛苦。几年前，普罗诺弗斯特医生就亲眼目睹了一位被带入医院接受烧伤治疗的儿童由于医疗失误而死亡。他决心阻止这样的惨剧继续在更多的患者身上发生。

普罗诺弗斯特医生决定找出为了使医院变得更安全必须要做出改变的地方。然而他所了解到的情况却出奇的简单。很多感染的发生是因为医疗机构工作的医护人员没有采取简单的预防措施，而这些预防措施会阻止感染扩散的发生。医院要做出改善需要的不是新技术，而仅仅需要改变医护人员的行为习惯。

在普罗诺弗斯特医生的努力下，约翰·霍普金斯大学与密歇根州健康与医院协会（Michigan Health and Hospital Association）携手合作，试图在降低重症监护病房（intensive care units，ICUs）的感染率方面做出改善。这次行动被称为"密歇根楔石"ICU项目，它将以一种被称为导管血流感染的特定传染病作为目标。为了给患者输入药物和医用液体，医生会把中央导管插入患者的颈部、胸腔或腹股沟。治疗患有导管血流感染的患者总共需要的花费约为18000美元，这些钱会被用于支付患者的治疗费用，而此类治疗有时也会失败：每年有成千上万的患者死于这类感染。然而，如果提供医疗服务的人员能够保持双手和导管清洁，那么发生感染的概率就会很小。鉴于此，美国疾病控制与预防中心已经出台了相关的预防指导准则，但是这些指导准则有120页之长，这或许可以解释为什么会有如此多的重症监护病房似乎并没有遵守这些准则。

"密歇根楔石"项目在密歇根州做出了一系列的改变，这些做法曾使普罗诺弗斯特医生在约翰霍普金斯大学将感染率从每1000天出现19例（美国最严重的一次）降至接近于0。这个项目把疾病控制与预防中心关于如何将导管插入重症监护患者体内的长篇指导准则归纳为了只有5个步骤的简单清单：

1. 用肥皂和水或者酒精清洁剂洗手。
2. 穿着无菌服（包括口罩、手套及头罩），用无菌布遮盖患者。
3. 插入导管前，用杀菌肥皂给患者皮肤消毒。
4. 避免将导管插入腹股沟部位，因为那里的感染率更高。
5. 导管用毕及时拔除。

此外，参与这个项目的重症监护病房会测量感染率，因而他们可以清楚地看到医护人员按照该清单操作前后感染率的变化。

在这个重点项目实施的头一年半时间内，密歇根州医院将感染率从66%降至接近于0。感染率的减少意味着将挽救超过1500人的生命和节省了2亿美元的医疗成本，并意味着该项目每投入1美元将节省200美元。改变医护人员的行为方式确实可以拯救很多生命。

● 像"密歇根楔石"项目所引发的变革并不容易产生，它不会自发形成，常常需要管理者克服许多困难。当你学习本章时，考虑一下为什么进行变革的能力既具有挑战性却又十分必要。

变化不断发生但却难以捉摸。你所具有的竞争优势取决于特定时段里的特定情况，但情况也会发生变化。经济环境发生变化，竞争对手随时会出现，市场不断出现又消失。企业所面临的挑战不仅仅是生产创新的产品，而且还要在创新文化与构建一种可持续产业之间取得平衡。对于个人而言，他们应对变化的能力与他们的工作表现、他们获得的奖励及他们的职业成功密切相关。

但仅仅应对变化是不够的。管理者和他们的企业需要创造变革，不断改进自己以达到世界一流水平并获取未来的竞争优势。根据皮特·普罗诺弗斯特医生在约翰·霍普金斯大学的工作经历，他把医院里的某些变革看作事关生死的大事。而在其他的情形下，改变是企业自身对环境因素进行的必需的回应。

18.1 跻身世界级

> **提示**
> 这是一个雄心壮志：你的每个竞争目标都要力争成为世界一流的。
>
> 实现质量或可持续性方面的"世界级"目标意味着什么？

今天的管理者希望，或者说应该希望它们的企业拥有世界级水平。跻身世界级水平企业需要引进最好和最新的知识和观念，并在任何方面都要能保证高水准的运营。因而，成为世界级水平不仅仅意味着改进。它意味着要在你的行业内成为最出色的。对有些人而言，追求世界级的卓越是一个夸大的、不切实际的和不必要的目标。但在现今竞争激烈的商业环境下，要想维持生存并获得成功，它是一个非常关键的目标。

世界级的公司创造着高品质的产品，并能长期获得高额的利润。它们勇于抛弃那些成为其发展桎梏的过时方法、体系和传统观念，敢于引进更有效、更具竞争力的组织战略、结构、工作流程及人力资源的管理方式。这些使得它们能在全球范围的竞争中赢得胜利。

18.1.1 可持续的美好未来

两位斯坦福大学的教授詹姆士·科林斯（James Collins）和杰里·波勒斯（Jerry Porras）研究了18家在半个世纪甚至更长的时间里取得并保持巨大成就的企业。这些企业包括索尼、美国运通、摩托罗拉、万豪国际、强生、迪士尼、3M、惠普、花旗和沃尔玛。在过去这些年里，这些公司都受到广泛的称赞，并被认为是各个行业的领导者，对世界产生了重要影响。虽然每家公司都经历了周期性的衰落，而这在它们漫长的发展史中是在所难免的，但这些企业都经受住了时间的考验。它们保持了长期出色的表现，而不仅仅只是昙花一现。

研究者试图找出这些经久不衰的大公司的本质特征。这些公司都有着很强的核心价值观并对其深信不疑，而且它们一直在表达这些价值观并将其变成现实。它们是受目标驱动的，不仅仅是增量改善或普通的业务目标，而是延伸目标（回顾第13章）。它们不断变革并凭借其适应性、实验、试错过程以及企业家思维方式和迅速行动而不断进步。它们关注的焦点不在于击败竞争对手，而主要在于超越自身。它们不断询问自己："我们应如何改进自身，让明天做得更好？"

但无论采取什么行动和变革，其核心价值观始终稳固不变。表18.1列出了几家"基业长青"的公司的核心价值观。请注意这些价值观并非完全相同。事实上，始终保证成功的普适的价值观体系根本不存在。相反，（成功的）关键在于每个公司都有自己的核心价值观并能深刻地领会它们和遵循它们——年复一年地持续下去。

表 18.1　基业长青公司的核心意识形态

3M	创新——"不要扼杀任何新产品的创意" 绝对正直诚实 尊重个人能动性与个人发展 对诚实的错误要宽容 产品质量与可靠性 "我们真正的任务是解决问题"

(续表)

索尼	从那些服务于普通大众的科技发展、应用和技术创新中体验纯粹的快乐 提升日本民族文化及其国家地位 成为开拓者——不盲从他人，做他人认为不可能的事 尊重并鼓励每个个体的能力与创造力
沃尔玛	"我们的目的是为顾客提供价值"——通过更低的价格与更多的选择来使他们的生活更美好，其他的一切都是次要的 逆流而上，打破传统 同雇员建立伙伴关系 充满激情、投入、热情地工作 节俭 永不满足，追求更高的目标
沃尔特·迪士尼	杜绝玩世不恭 密切注意连贯性与细节问题 凭借创造力、梦想与想象力不断进步 极力掌控并保持迪士尼的"魔力"形象 "把欢乐带给大家"，并歌颂、培育和传播"健康向上的美式价值观"

资料来源：*Built to Last* by James C. Collins and Jerry I. Porras, Copyright © 1997 by James C. Collins and Jerry I. Porras. Reprinted by permission of the authors, HarperCollins Publishers, Inc. and Random House Group Limited.

18.1.2 "或"的迷信

很多公司和个人都深受"或的迷信"的困扰。它是指那种非 A 即 B，只可以二选一的想法。《基业长青》的作者列举了很多常见的例子。例如，你认为不是选择变革就是选择稳定、不是保守就是大胆、不是拥有控制权和一致性就是拥有创造性的自由、不是短期内有出色的表现就是投资于长远计划、不是按部就班就是勇抓机遇、不是为股东谋福利就是为大众服务、不是求真务实就是理想主义。这些观念认为追求的目标只能有一个，而不能同时"另有他图"，这其实往往是毫无意义的，而且很受局限，完全没有必要如此。

18.1.3 "和"的才能

与"或"的迷信相对应，"和"的**才能**——用更学术的语言表达，即**组织的双元性**，是指同时追求多个目标的能力。它的发展是通过组织内的很多个体的行动实现的。我们在本书的前面已经讨论过以下行为的重要性：为顾客提供多种竞争价值；履行所有的管理职能；在精明务实的商业逻辑和伦理道德观念之间取得协调；领导和授权等。作者科林斯和波勒斯还有他们的建议，包括：

- 超越利润之上的目的与实际中的利润追求并存；
- 相对稳定的核心价值观与有力的变革和运动并存；
- 对待核心价值观的保守主义与大胆的企业行为并存；
- 清晰的愿景及方向与探索试验并存；
- 延伸目标与不断的进步并存；

- 基于价值观的控制与运作上的自由并存；
- 长远的考虑及投资与取得短期成果的需要并存；
- 对前景的设想和展望与日常的具体管理并存。

这些内容的学习贯穿了管理学的始终，而且不应忽视任何一个问题——无论是思想上还是实践中。只有持续、有效地管理变革，才能达到这些要求。

18.1.4 组织发展

根据本书的描述，企业是如何变成多面精通并向其他好的方向发展的？本章讨论了几种可以造就积极变革的常规方法。我们在这里开始讲述"组织发展"这一涵盖面很广的概念。

组织发展（organization development，OD）是指广泛而系统地运用行为科学知识来发展、改进和巩固那些可以提升企业效益的战略、结构和过程。在这门课中，你已经掌握了提升企业效率的行为科学、战略、结构以及过程的相关知识。企业发展定义中的"广泛"意味着企业发展不是在技术或运营等狭窄的层面进行改进，而是实现企业、单位或人的变革的一个更为宽泛的手段。定义中的"行为科学"意味着企业发展并非直接与企业的经济、财务和技术方面相关，虽然它们可能会从组织员工的行为转变中获益。而定义中的其他关键部分（发展、改进和巩固）指的是从长远的角度和为了实现更好的效果，所做出的实际改变的过程。

组织发展有两个特征需要注意。第一，它旨在提高组织的效率，提高组织在与顾客、股东、政府、员工及其他利益相关者打交道的能力，这将会提高产品质量、收益率与工作生活的质量。第二，组织发展还有一个非常重要的价值取向：除了绩效和竞争优势外，还会注重员工潜能的开发、发展及参与等。

许多具体的组织发展技术都包含在这一理念范畴之内。其基本类型是战略干预，包括帮助企业进行并购、变更战略、发展盟友；技术结构干预涉及组织结构与设计、员工参与和工作设计；人力资源管理的干预措施包括：吸引优秀人才、设立目标、评估与绩效奖励；人工流程干预包括冲突解决、团队培训、沟通与领导等。正如你所看到的那样，你所了解到的这些论题都是在你的管理课程中所学到的。你也可以在本章后续部分了解到更多有关创造变革过程的内容。

18.1.5 追求卓越

一项研究主要是针对成立时间超过10年的160多家企业所实行的200多种管理方法进行调查的，调查总结出了一些可以产生可持续、卓越绩效的具体管理方法。作者将其归纳为四个关键因素：

1. 战略——重视顾客，不断根据市场的变化做出调整，并将其清晰地传达给员工。
2. 执行——在一线工作并拥有决策权的优秀员工可以高质量地完成工作并降低成本。
3. 文化——可以激励并授权员工进行创新，并适当地奖励员工（心理及经济上）。这需要强势的价值观、挑战的欲望及为员工提供一个良好的工作环境。
4. 结构——使员工在组织中更容易投入工作，且同事间容易相处。其以企业内部合作，及信息与知识的交流为特点。

成为世界级水平并不仅仅只适用于私营企业。人们担心全球化的负面因素会影响到当地社区，如工厂倒闭及人们因海外员工而失业等。但地方社区是可以有选择的，虽然并不容易做到，但确实可行。地方社区可以努力成为一个世界级的思想、制造或贸易中心。美国波士顿经常会有主导全球市场的新创意和新技术；南卡罗来纳州的 Spartanville-Greenville 是一个世界级的制造中心，它拥有来自18个国家的80多家跨国公司；佛罗里达州的迈阿密连接着拉丁与盎格鲁文化。创造世界级地方社区的关键是需要高瞻远瞩的领导、适合企业发展的环境、员工培训上的投入、企业间的合作以及商界同当地政府的合作。

人是成功变革中的关键因素。对一个拥有宏伟目标的组织，或即便只是想生存下去的企业而言，其成员必须关心它的命运，并清楚自己的使命。但是领导权通常只集中于少数几个高层管理者手中。变革的压力仅落在了少数人肩上，能深切地关注并做出创新贡献的人太有限了。实际上，企业的全体成员都应该同心协力、更加积极主动地去关心并推动整个企业的发展。他们应该与整个企业保持一致，而不能仅考虑同所在部门或比较亲近的同事保持一致。

18.2 管理变革

共同领导对于大多数变革的成功是十分关键的——员工不能仅仅是变革的支持者，也应是执行者。

在新成立的和很小型的企业中，这种面对变革的共有责任十分常见。但它往往会随着企业的发展和时间的推移而逐渐丧失。在大型的传统公司中，这些品质非常罕见。企业需要不停地去重新点燃个人创造力和责任感，这是对组织全体成员行为的彻底变革。它的首要任务是充分激励人们不断改变以应对新的业务挑战。

18.2.1 激励员工进行变革

员工的变革需要激励。但他们通常会抵制变革。一些员工会比其他员工更抵制变革，但管理者常常会低估他们将要遇到的抵抗。

在企业各个层次的员工，从新人到高层管理人员都会抵制变革。当美国 Foremost 乳业公司要求员工变更目标（而非要求他们尽可能快地制造美国奶酪时，他们不得不将每块产品的重量准确地定位于 640 磅），但只有在管理者不断检查的时候员工才会遵循这一规定，当管理者的注意力转向他处时，员工又恢复了以往强调速度的、更为熟悉的生产模式。在 IBM 的高管了解到他们的低层管理者陷入了困境，因为他们不得不为获得上级的批准而花费大量的时间和精力时，首席执行官彭明盛授权低层管理者无须取得预先批准就可支出 5000 美元。这是一个大胆的举动，因为考虑到该措施将涉及 3 万名管理者。然而，这些底层管理者却对这种授权并不适应，在新计划实施的第一年，彭明盛委托给他们 1.5 亿美元的支出额，他们仅花掉了 10 万美元。换句话说，虽然这种改变会使他们的工作更轻松，但他们并不愿意改变自己旧有的工作方式，如图 18.1 所示。

许多人会甘于平凡而不愿去追求卓越。他们抵制追求卓越的想法。当他们的上司对你说"我们必须成为世界级水平"时，他们会有类似于下面的反应：

- "那些所谓的世界级表现的统计数字都是荒谬的！我不会相信这些，这些都是不可能的！那可能会出现在其他行业、其他公司……但绝不是我们公司……"
- "当然有些公司可能已经达到了这些数字的水平，但不要着急……我们一切都很正常。今年的销售额增长了 5%，成本下降了 2%，我们已经开始抄近路了……"
- "我们不可能像那些大型跨国公司一样达到世界级水平，我们没有资金，也没有它们那样优秀的职员……"
- "我们不需要全球扩张。我们当地的一位竞争者几年前曾经这样试过，最终还是一败涂地。"
- "这根本不是一个公平的竞技场……其他人享有不公正的优势……"

根据 Ken Blanchard 公司对人力资源领导者的调查显示，管理变革最艰难的挑战在于让所有人

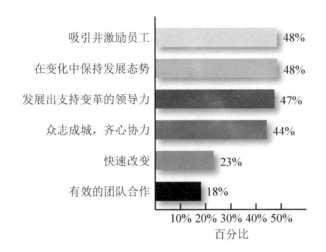

图 18.1　管理变革时面临的挑战

都参与到变革中来，从而使得所有员工都关注它，并为了使之成功而努力工作。

如果管理者想要说服这些人，并成功地实施积极变革的话，他必须要了解人们为什么要抵制变革。图 18.2 表明了这种抵触情绪的常见原因。其中一些是大多数变革都会遇到的普遍原因；其他一些则是针对某些特定变革的具体原因。

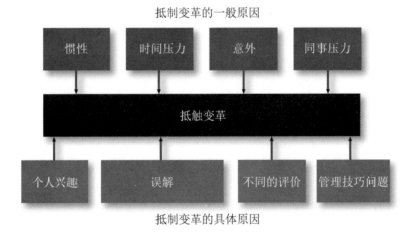

图 18.2　抵制变革的原因

抵制变革的一般原因　有几种原因是无论变革的具体内容是什么都会存在的：

1. **惯性**　通常人们不会希望打破现状。旧的做事方法会更让人舒服而且比较容易，因而大家不愿去打破现状，尝试新方式。例如，住惯了原来的公寓或房子，就不想搬到别处去。

2. **时机**　人们对变革的抵触之情往往是由于不利的时机所造成的。或许你真打算搬家，但你想这个星期就搬吗？就算找到合适的地方，你恐怕也不会这么仓促吧！如果管理者和雇员的工作一向都很忙、压力很大或劳资关系很紧张，那这就绝不是引入新举措的好时机。如果可能的话，管理者应尽量在大家能接受的时刻引入变革。

3. **突然性**　影响时机和接受力的一个关键因素是突然性。如果变革很突然、超乎预料，或很剧烈，抵制就会发生——几乎是条件反射。假设你所在的大学突然宣布从下学期开始增收学费，至少你会希望学校能够给你留下足够的时间来准备接受这种变化。管理者或其他发起一场变革的人通常会忽视别人，不会就这些事给予过多考虑，但变革的领导者需要为他人留下足够的时间来接受这种变化。

4. 来自同事的压力 有时工作团队会十分抵制新的创意。即使个别人并不十分反对管理层的建议，他所在的团队也会抱作一团来反对它。尤其是如果一个团队的凝聚力较强，且有反管理倾向时（回顾第 14 章），那么来自同事的压力就能让其成员反对，哪怕这种变革是合理的。当然，来自同事的压力也可以成为一种积极的推动力。变革领导者邀请团队成员并倾听他们的创意，可能会发现来自同事的压力会成为一种变革成功背后的驱动力。

抵制变革的具体原因 其他造成抵触情绪的原因来自变革的具体内容，包括：

1. 个人利益 较之公司利益，大多数人会将个人利益置于更重要的位置。如果他们认为变革会使他们失去一些有价值的东西，自然会反对它。人们害怕失去什么呢？如果管理层考虑关闭一家工厂，那员工最害怕的就是丢掉工作。

一项合并、重组或技术变革都可能会引起类似的恐惧。如果新的管理方式与现状不符，那么它就会引发公司内一些其他可能的顾虑，包括在一个自己熟悉的工作上失去竞争力；工作的难度更高或耗时更长；担心企业的未来。

2. 误解 有时就算管理层的改革建议会使每个人都受益，人们也可能会因没有完全领会这些建议而反对它。人们可能没有看到变革是如何与企业战略保持一致的，或者只是因为没有看到变革比现有方式存在的优越之处。一家公司准备实施弹性工作时间制，却遭到了反对，在这种体制下员工对自己的工作时间有一定的选择决定权。这种体系对员工十分有利，但工人中却在谣传以后上司很可能要他们什么时候工作就什么时候工作，且很可能是晚上和周末。于是工会要求取消弹性工作时间计划。总经理完全没有预料到，被员工这一反应弄得措手不及，最终只好同意了工会取消弹性工作时间的要求。

3. 不同的评价结果 雇员所掌握的信息同管理层所掌握的信息是不同的，而且通常要少于管理层所掌握的。就算是在高层管理者内部也会存在这样的差异。这种差异的存在导致人们对变革的建议有不同的评价和看法。有些人很了解这一变革的利大于弊，而其他人或许只看见了它的弊而看不到利之所在，如果管理者只是按照工作程序宣布了改革措施，而没有向员工解释其必要性，这种情况就很可能会出现。管理者想要提高效率，而工人们却把它作为另一种独裁形式，信息不对称的管理体制着实让那些变革执行者头疼不已。

4. 管理策略 管理层可能想推动变革，但却没有得到员工的响应；或者无法提供足够的资源、知识或领导去推动变革取得成功。有时特别公开和广为称颂的变革反倒会使员工非常抵制和反对。管理者之前可能会因自身或某项变革而失信，于是他们便发现下次在推行一项变革时，因自己的可信度受损，而招致员工的极力抵制。

但有一点需要引起重视的是，员工的评价会比管理者的评价更准确。他们可能会更清楚某一项变革行不通，即使管理者并不这样认为。在这种情况下，员工的抵制对企业而言反而是一件好事。因而，尽管管理层一贯认为下属的抵触是对自己的一项挑战，需要克服，但或许这正表明改革方案还需要更深入、更开放的审查。

18.2.2 管理抵触的一般模型

图 18.3 说明了激发人们变革通常需要三个基本阶段：解冻、实施变革和再次冻结。

解冻 在解冻阶段，管理层意识到现今的管理方法已不能适应公司的发展，必须以全新的做法打破现有的模式（解冻）。人们必须认识到过去的一些思维方式、感知方式以及行为方式已经过

```
解冻              行动              再次冻结
(打破旧有的   →  (实施变革)  →   (巩固并支持
 工作思路)                         新方法)
```

图 18.3　激励人们变革

时了。解决这一问题通常直接又有效的方法就是通过与竞争对手业绩进行比较，向人们展示原有模式的负面影响。正如我们在第 15 章中所讨论的那样，管理层可以向员工提供有关成本、质量、利润的统计数据。有时员工只需要了解变革的理由。在之前 Foremost 乳业公司的案例中，由于强大的竞争对手使其无法成功实施一种高效工作和低价销售奶酪的战略。管理层决定销售盈利水平更高的定制产品，如 640 磅重的奶酪块，客户可以以较小的尺寸对其进行重新包装。在 Foremost 管理者们将这一策略向员工不断解释后，员工理解了新的要求，并开始按要求工作。

当管理者就一个问题与员工进行沟通时，他们需要注意的是：不要引起员工的防御倾向。在解冻阶段，当管理者直接、完全地指责他们时，可能会激起员工的防御倾向。同样地，为了减少员工的恐惧，而对其进行真实信息的轰炸只会增加他们的抵制。当一个问题看起来很严重时，人们常常会认为它毫无希望并不敢去面对它。要么改变，要么死亡，记者阿兰·多伊奇曼正是应用这种模式来解释为什么心脏病患者即使是在医生告知他们不好好照料自己就会死亡的情况下，他们依旧不能遵循相关的饮食和锻炼计划。多伊奇曼在企业中看到了正在上演的类似模式，即主管通过威胁员工辞职和公司破产来激励员工采用新的工作方法。在这些困难的情形下，领导者通过一个充满希望的消息和参与协作就可以高效地解冻消极行为，从而一起实现成功的变革。

认识到业绩鸿沟的存在将对解冻很有帮助，它是重大变革的推动者。**业绩鸿沟**（performance gap）是指实际业绩同应达到的或可能达到的业绩之间的差距。作为变革的推动力，业绩鸿沟不仅可以作用于整个企业，而且也能作用于不同的部门、团队和个人。

这一差距反映了较差的业绩，例如销售额、利润、股价以及其他指标的下滑。这种情况会引起管理者的注意，他们会采取变革措施来纠正这种状况。但业绩鸿沟还存在着另一种很重要的表现形式。这种形式出现于公司业绩已经很好，但仍有可能做得更好的时候。因而，这种差距是实际业绩和可能达到的业绩之间的差距。当业绩良好时，就可以也应该实行重要的变革。

在变革管理领域，员工之所以会被激发着去推动变革，大多是因为发现问题的紧迫感同识别机遇的兴奋感结合起来了。而且，管理者就一个业绩鸿沟进行沟通时应该牢记：员工不仅仅关注市场份额和销售收入。员工真正想知道的是如何实施变革才能对他们的团队、顾客、公司、社区以及他们自身产生积极的影响。例如，一家金融服务公司在推动员工执行一项巩固公司竞争地位的变革时，遇到了阻力。只有当实施变革的领导者谈论变革将如何帮助员工减少错误、使团队减少重复工作、让工作变得更有趣，以及帮助企业充分实现它的使命——"可以提供住得起的住房"时，员工才会真正参与进来。

行动　下一步，就是转变到实施变革，首先要建立起有关公司发展方向的愿景。你已经在"领导力"一章（第 12 章）中学习了愿景问题。愿景可以通过战略、结构、文化以及个人的变化来实现。我们整本书都在讨论战略思想。结构的变革涉及向事业部型、矩阵式或其他适当形式的转变（见第 8 章和第 9 章）。文化的变革（第 2 章）要通过有效的领导（第 12—15 章）才能制度化。当公司接纳新成员时（第 10 章和第 11 章），或领导人的未来愿景被整个组织成员所接受时，每个人都会因此发生转变。

力场分析（force-field analysis）是一种有助于管理转变过程的方法，它包括分析在某一情形下促进及阻碍改变的力量。管理者在这一概念的指导下对反方向的作用力进行调查。它可以消除限制性力量从而帮助人们进行解冻，并增加了驱动因素，从而推动并激励人们前进。

著名的社会心理学家库尔特·勒温（Kurt Lewin）发展了力场分析（及解冻/转变/再次解冻模型）的咨询方式。勒温推理：虽然驱动因素可能会更容易受到影响，但转变它们很可能会增加企业内的反作用力（紧张与/或矛盾），并增加限制性力量。因而，为了进行变革，移除限制性力量是非常关键的。

> **提示**
> 实现积极前景创新的一个有用的技巧就是设想实际绩效与可能实现的绩效之间的差别。

再次冻结 再次冻结是指对支撑变革的新行为进行强化。再次冻结涉及建立支持该变革的控制体系（第16章），必要时需要采取更正措施，以及强化变革日程中所支持的行为和表现（第13章）。管理应对所有顺应趋势的转变给予不断的支持和奖励。

然而，在今天的企业中，作为变革中的第三步——再次冻结并不总是正确的，如果它产生的结果同原来的行为一样呆板，那它就不是最佳的选择。理想的新文化是一种持续变革的文化。如果再次冻结可以把那些集中于企业业绩和反映核心价值观的行为永久固定下来，那么它就是合适的。但再次冻结切不可产生新的、刚性的、在企业环境持续变化时失去效力的东西。应该再次冻结的是那些能增进企业持续适应能力、灵活性，能加强试验和结果评价，以及能促进企业持续发展的行为——换句话说，要锁定关键的价值观、能力和战略使命，但没必要锁定那些具体的管理方法和步骤。

18.2.3　争取合作的具体方法

你可以命令员工去变革，但是使用其他办法才是长期成功的关键。获得真正的支持比"推动"向前要好。具体来说，如何才能推动员工进行变革？

在变革过程中管理者可以有多种办法对人们施加影响，但大多数管理者都低估了这些方法的作用。表18.2列出了几条应对他人抵触情绪、争取合作的有效途径。

表 18.2　应对抵触变革情绪的方法

方法	一般的应用情境	优点	缺点
教育与沟通	缺乏信息或信息与分析不准确	人们一旦被说服，就往往会推动实施变革	如果涉及的人过多，就会花费很长时间
参加与投入	变革发起者所需的信息不完整，并且其他人拥有强大的反对力量	参加到变革计划中的人会热衷于它的实施，他们所掌握的相关信息都将被包括到计划之中	如果参与者设计了一项不合适的变革方案，可能会花费很长的时间
简易化并提供支持	人们因调整问题而反对	这是处理调节问题最有效的方法	可能会花费时间和金钱，甚至仍然会失败
谈判和奖励	有些个人或团体可能会因变革而利益受损，与此同时，该团体拥有强大的反抗力量	有时，这是一个避免强烈抵触且相对容易的办法	如果该手段提醒了他人只有通过谈判他们才会顺从，代价将会变得更高

(续表)

方法	一般的应用情境	优点	缺点
操纵和拉拢	当其他的策略都无效或太过昂贵的时候	这是一种相对迅速而又节约的解决方式	如果人们意识到自己被操纵,就会为未来埋下隐患
显性的或隐性的强制	速度至关重要,且变革的发起人具有相当大的权力	可以迅速瓦解任何形式的抵抗	如果它激起了人们对于变革发起人的愤怒,就会面临很大的风险

资料来源: Reprinted by permission of the *Harvard Business Review*. An exhibit from "Choosing Strategies for Change" by John P. Kotter and Leonard A. Schlesinger (March-April 1979). Copyright © 1979 by the Harvard Business School Publishing Corporation; all rights reserved.

教育和沟通 管理层应该在变革发生之前对员工进行教育。在这里,需要传达的不仅仅是变革的性质,还包括其逻辑。这一过程可能包括逐个的讨论、向各小组的演示、报告和备忘。如第15章所述,有效的沟通需要反馈和对话。它可以为管理层提供一个为变革解释原因的环境,并有可能进一步完善变革。

参与和投入 受到变革影响的人们应该参与到变革计划的制订与执行的过程中去。对主要的、牵涉整个公司的变化,过程参与需要从高层扩展到公司的基层。如果他们的建议可行,管理层就应予以采纳。

正如你在第3章中所学到的,那些参与决策的员工可以更充分地理解它,并且更投入。人们的理解和投入是变革得以成功实施的重要因素。同时,积极的参与也为教育与交流提供了极好的机会。

促进与支持 管理层应当尽可能地为雇员参与变革提供便利条件,并且对他们的努力提供支持。促进包括提供培训,提供在新环境下实施具体变革、开展工作所需的其他资源。这一阶段通常包括分权和授权——赋予人们决策权及改进工作所需的变通权。

提供支持要求耐心地听取问题,在业绩暂时性滑坡、变革刚开始不尽完善时应表示理解。并在困难时期尽量站在雇员一边,表现出应有的谅解。

谈判和奖励 在必要及适当的时刻,管理层可以给予切实的激励以换取对变革的合作。或许只有更高的工资率才能让工作的优化措施得以接受,或者只有在管理者同意在其他方面做出让步(如考虑放假)时,一项工作规则的改变才能被接受。即便在高层管理者中间,也许只有在那些对自己更具重要意义的议题上获得支持后,一方才会同意另一方的改革方案。为了巩固变革的方向,像奖金、工资或薪金、认可、工作分配、额外津贴等奖励都可以被考察甚至进行调整。

当人们彼此信任时,变革就比较容易实施。将变革的好处展示给人们看时,变革会得到更进一步的支持。当一家制药公司试图改进供应链管理方法时,负责供应链的副总裁为了设定一个积极的基调,通过电话会议让参与者在会上分享他们在供应链中成功发挥某一作用的经历。虽然这些参与者起初都抱有怀疑的态度,但将精力向变革做出转向前,他们都获得了热情与承诺。公司也测量出了改进的具体数据:比产品计划交货时间提前了20天,并为公司节省了超过25万美元。参与者不仅将自己视为有效的问题解决者,并且只要有一个激动人心的改进措施出现,他们就可以发起一次会议。

操纵和拉拢 有时,管理者们利用微妙、更隐蔽的技巧来实施变革。操纵的一种表现形式是拉拢,包括为反对者在变革过程中安排一个对他有吸引力的角色。反对团体的领导人通常会成为拉拢的对象。例如,管理层可能会邀请工会领袖作为某一执行委员会的成员,或者让某一外部组织的重要成员加入公司董事会。一旦这个人参与了变革,他(或她)或许就不会那么反对所加入团体(或组织)的行动。

显性或隐性的强制 有些管理者对反对者使用惩罚措施或以惩罚相威胁。在这种方式下,管理者利用强制力使人们遵循其意愿。例如,一个管理者为了让下属对变革采取合作的态度,可能会以失业、拒绝让其升职或一项不好的工作调动相威胁。甚至有时你只需发号施令即可。

每种应对抵触情绪的方式都存在优缺点,并且同本书所提到的其他情境管理方法一样,每种都有不同的适用范围。回顾表18.2,它总结了这些应对变革抵触情绪不同方法的优缺点,及其适用情境。正如表中所示,不管什么环境下,管理者都不能只用其中的一两种。高效的变革管理者对不同的管理方法十分清楚,并可以因地制宜地使用。

在整个过程中,变革的领导者们应该稳中求发展。回想那些"基业长青"的公司,它们都有不容忽视的重要核心特征。在变革、混乱和不确定中,员工需要找到一个安全的支点。让企业的价值观和使命恒定且十分明显,便可以经常发挥其稳定作用。另外,战略原则是变革中的重要基点。让核心人物经常露面,不断执行关键的工作和项目,向人们宣布组织中哪些部分是恒定不变的,也有助于进一步保持稳定性。这种支点可以减轻焦虑,并帮助减少抵触情绪。当你读到下面的案例时,思考一下皮特·普罗诺弗斯特医生是如何将这些方法应用到"密歇根楔石"项目中的。

 管理实践

普罗诺弗斯特医生是如何试行变革的

让一个医疗团队的成员遵循一个简单的清单就可以预防极具危险性的传染病,并能拯救生命(并且是节约而不是花费金钱),这听起来似乎是组织可采用的最简单的变革。毕竟,在医院,有谁会反对拯救生命?但到处都出现了抵制这场变革的声音,其中一些对"密歇根楔石"重症监护病房项目的抵制则显得尤为棘手。

普罗诺弗斯特医生了解到,在变革过程中,准备一份简易的五步骤程序清单,将其用于预防同导管血流感染相关的传染病,这是变革进程中容易执行的部分。困难的部分在于他所引进的清单改变了机构内的文化。

当然,医院十分重视预防和拯救生命。因而,当普罗诺弗斯特医生首先在约翰·霍普金斯大学,随后在密歇根重症监护病房推行他的变革时,每个人都同意使用这种检查表。本来期望团队成员可以在忘记步骤或是操作错误时能够相互提醒,但在执行过程中,人们却遗忘了步骤。

医院中的团队有很强的等级制度,医生在最顶层,紧接着注册护士,最后才是其他地位较低与权力较少的员工。这种等级制度保留了一种文化,在这种文化中患者与他人都信任护理人员的专业知识和技能,尤其是他们的医生。在降低感染率的变革案例中,这种等级文化始终阻碍着项目进展,因为底层员工不敢强制执行检查表。为了能够变革成功,人们必须改变同上级沟通时的态度。每个人都应感到自己有权为患者的安全提醒医生。

由于医院具有十分复杂的组织结构,因而改变这种文化会十分棘手。通常一个医院的护士和药剂师是医院的员工,因而他们会直接服从于医院的政策、奖金、培训及其他形式的发展与控制。相比之下,在医院工作的医生则常常是自雇代理人,他们与医院只存在合同关系。医院想让这种关系保持良性,因为一位病人到哪家医院(就诊)往往取决于医生。而且,对医生的培训常常是强调技术技能,而非类似团队合作与沟通这样的管理技能,因而他们可能不会将结果的成功归因于对整个团队的授权。

在这种背景下,当护士和其他员工见到医生不遵循检查表的步骤时,不愿讲出来就显得合情合理了。他们不仅可能会因此被医生批评并受到冷落,甚至不会得到医院的支持,因为这可能会破坏备受重视的医生同医院间的关系。

普罗诺弗斯特医生和"密歇根楔石"项目为了解决这一文化问题,采取了一种确保重症监护病房的每位员工都可以看到相关数据的方法。测量感染率,并将其公布给医生和员工,以向他们展示改进的迫切需求。对感染率的持续追踪显示,在使用检查表后,患者的安全状况会得到多少改善。令人惊讶的是,医院没有例行收集这样的数据,因而实施这样一项变革就使得医院及其员工很难忘记、否认或忽视这个问题。

此外,普罗诺弗斯特医生通过强调为保护患者的安全而畅所欲言的重要性,从而正面解决了这一文化问题。作为一名医生,他会敦促他的同事接受这样一种观念:任何人,不管他受过怎样的训练,经验如何丰富,他总是会犯错误的。他反复敦促护士及其他医院员工站出来为医院的患者大胆提醒医生。

努力终于得到了回报。在参与"密歇根楔石"项目的医院中,变革前导管血流感染率中间值的比率大约为3/1000。18个月后,大多数医院报告说没有任何感染病例。

"密歇根楔石"项目启动后的3年,重症监护病房一直保持着这项变革措施。文化变革、程序清单以及结果测量,使密歇根重症监护病房的血液感染率降至接近于零。普罗诺弗斯特医生认为这项变革不仅仅是对一个州的医院安全问题进行三年期的改进,他还把它视为一种全新的思维模式:这些感染曾一度被认为是不可避免的,但"如今我们知道了,它们普遍是可以预防的。我们重新设定了基准"。

- 在管理抵触变革的方法中(见表18.2),"密歇根楔石"项目与哪种方法最相关?
- 根据给出的信息,判断普罗诺弗斯特医生为了引导变革,是如何执行相关必要活动的?

18.2.4 协调多种变革

在企业变革成功的道路上,没有所谓"高招"或一针见血的方法。一针见血极少能赢得挑战性的目标。通常有太多的事情需要同时关注,任何单一的、微小的变化都将被盛行的主流文化吸收并消失。**全面组织变革**(total organization change)涉及在多个单位和多个层次上引入并维持多种政策、方针和程序。这种变革将影响到企业内部每一个成员的思维方式和行为模式,能够增强企业文化,增加成功概率,并能经受住时间的检验。

在一次哈佛商学院的会议调查中,人们发现每一个参加会议的公司平均都有五项主要变革方案在同时进行着。其中最常见的变革方案就是你在这门课中所学到的:持续改进、质量管理、基于时间的竞争、学习型组织的建立、以团队为基础的组织、网络组织、核心竞争力以及战略联盟。问题是这些努力往往同时进行,但彼此之间却缺乏协调。最终,变革陷入困境,员工失去方向。这使得参与者感到困惑、沮丧、士气低落并缺乏动力。

由于公司不停地采纳变革计划,因此,很多人都抱怨公司"一月一变"式的变革,即他们认为公司很多变革的努力都只不过是要跟上最新的流行风潮,或者纯粹是在赶时髦。这些时髦的改革进行得越多,人们就越愤世嫉俗,组织就越难把他们调动起来,促使改革取得成功。

在此,一个非常重要的问题是:变革的努力是否真的值得?以下是在着手一个变革项目之前管理者要问自己的一些具体问题:

- 有证据显示，这种方式真的可以产生一个好的结果吗？
- 这种管理方法与你的公司战略和优先目标相关吗？
- 你可以评估成本及潜在收益吗？
- 它真的能让人们通过自己的工作提升价值吗？
- 它能帮我们将重心更好地放在顾客及他们重视的东西上吗？
- 你能根据第 3 章所阐述的内容检查决策的制定过程，审视公司所面临的现状，并考虑你所采取的方法是否合适吗？

管理层也需要"连点成线"，即将各种各样的努力整合成一个人们可以看见、理解并支持的连贯的画面。需要理解每一项改革计划及目的所在，能识别各项计划的相同之处和不同之处，能舍弃那些同优先目标并不相符的，或不能显示明确结果的计划。更重要的是，你必须向每一位相关人员传达各项计划的共同主题：他们共同的基本原理、目标和方法。你要告诉大家各个不同部分是怎样适应宏观战略图景的，这些变革将如何使公司及员工受益。就这些受益情况，你必须详细地、诚实地，并经常性地向大家做出解释。

18.2.5 领导变革

成功的变革需要管理者积极地引导。图 18.4 总结了领导变革的基本活动。

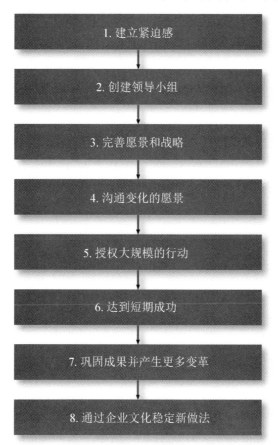

图 18.4　领导变革

资料来源：Reprinted by permission of Harvard Business School Press. Exhibit from *Leading Change* by John P. Kotter, 1996. Copyright 1996 by the Harvard Business School Publishing Corporation; all rights reserved.

领导公司变革最有效的开端就是营造一种紧迫感。为此，管理者需要仔细审视市场上及竞争领域的现状与压力，认清其中的危机与机遇，并坦然、诚实地面对它们。从这种意义出发，紧迫感是基于事实的一种决心，而非仅仅是基于恐惧的忙碌。紧迫性是变革的一个重要的组成部分，这在某种程度上是因为许多大型企业骄傲自满。

图 18.5 列出了骄傲自满的一些一般原因。为了防止骄傲自满并营造紧迫感，管理者可以坦言企业同竞争对手相比的劣势，并利用数据支持自己的论断。其他一些技巧包括制定业务延伸目标；让员工直接接触那些不满意的客户和股东；让所有的员工了解不利的消息，而非仅是那些"乐观的言辞"；取消额外津贴；提醒每一个人注意公司所面对的但尚未被抓住的未来机遇等。

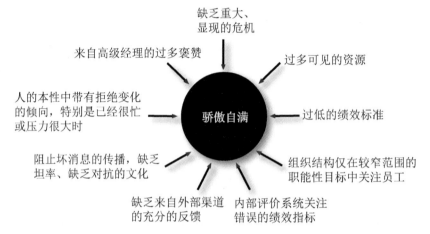

图 18.5　骄傲自满的原因

资料来源：Reprinted by permission of Harvard Business School Press. Exhibit from *Leading Change* by John P. Kotter, 1996. Copyright 1996 by the Harvard Business School Publishing Corporation; all rights reserved.

最后，紧迫感也可由那些迫在眉睫、引发变革的商业原因所产生。生存、竞争以及在市场中获胜都是迫在眉睫的；它们为变革指明了方向，提供了动力。变革不再只是一种习惯、一种奢侈或是一件好事，而变成了一种企业的必需品。

建立指导联盟是指组织一个小组并赋予它领导变革的足够权力。变革的努力常常会因没有形成一个强有力的联盟而失败。在重大的企业变革中，各高层管理部门应首先团结一致。但随着时间的推移，这种集权必须逐渐扩散到企业的各个层次。中层管理和基层管理同样非常关键。位于各个层次的群体是各种变革努力的黏合剂，传达变革的媒介，实践新行为的途径。

制定愿景和战略。正如我们在本章前面所讨论的那样，愿景和战略可以引导变革的方向。这一过程涉及变革实施之后所要达到的理想的、预期的状态。由于在重大的企业变革中，普遍存在疑惑，因而必须尽可能明确地制定出未来愿景，并向每个人说明。这种景象或愿景将成为一个目标或一种指导准则，它可以澄清期望、打破谣言并调动人们的力量。对未来的勾勒还应该说明转变将如何发生、为什么要实施变革，以及这一变革将对人们产生怎样的影响等。一个引人注目的愿景力量是变革最重要的方面之一，它不应被低估或没有得到充分利用。

沟通变革愿景要求运用一切可能的渠道和机会，对愿景及实现愿景所需的新行为进行讨论和强化。据说那些有志变革成功的领导者因为沟通愿景不畅，会严重削弱成功的机会。然而，在传递更多信息的同时，不要忘记沟通是双向的。当史蒂夫·舒马赫（Steve Schumacher）被聘为一位部门顾问时，他面临着部门要改善质量、生产率及顾客服务相关绩效水平不断下滑的问题。他首先召开了会议。会议上员工会描述他们所认为的根本问题所在。他传达给他们的信息十分简单，公司很在乎他们的想法，除非他们表达出来，否则公司将不会进行变革。舒马赫和他的团队将所有问题列为一张表，并将其与每一位员工共享。这样以后，他才会要求志愿者积极参与计划方案的制订。咨询团队有很多志愿者，这些员工不仅愿意进行变革，而且十分乐意参与到这项计划的执行过程，并十分渴望了解公司未来的发展走向及他们应怎样才能对公司的愿景有所贡献。不久之后，由于团队的努力，绩效措施开始全面实施。

广泛的授权意味着排除掉通向成功道路的阻碍，包括那些不能提供支持、只是束缚性的体制和结构。**鼓励冒险和试验**，就像第 13 章中所讨论的那样，要向人们提供信息、知识、权力以及奖励，以使他们更有力量。

取得短期胜利，而不要等待愿景的完全实现。你需要结果。当小的成功积累后，你就将从孤立的创新者转变成整个业务不可或缺的部分。计划并取得一些小的胜利，向每个人表明正在取得的进展。要注意识别并奖励那些使成功成为可能的人，公开他们，让大家都注意到这些通知，并把这种积极的影响渗透到整个企业。

不断巩固成果并确保可以产生更多的变革。在前一阶段成果获得良好可信度的基础上，不断加以调整以实现对愿景的支持。聘请、提拔并培养那些有助于实现这一愿景的人。通过新项目及支持变革的力量使组织与你为变革所做的努力重新焕发活力。

> "变革是一个动词。"
> ——迪兰西街基金会（Delancey Street Foundation）创始人，
> 希尔伯特博士（MimiSilbert）

最后，将新方法融入文化中。展示积极的成果，表明新的行为方式和改进成果之间的因果关联，不断寻找新的变革力量和领导者。还需要不断吸引更多的人才与你一起担负变革的责任。

18.3 塑造未来

大多数变革都是反应性的。但先发制人确实是一个更好的选择。**反应性变革**（reactive change）是指在问题出现后，面对压力去采取行动。这也意味着去做一名追随者。**积极的改变**（proactive change）是指预测不确定的未来，并为此做好准备。它意味着去成为一名领导者，并创造你想要的未来。

在通往成功的道路上，有司机、乘客，也有绊脚石。换句话说：在通往成功的道路上，谁将成为挡风玻璃？谁又会成为一只飞虫？不必多说，当然是成为一名司机最好了。那么怎样才能成为一名司机呢？要高瞻远瞩，不断学习，抓住优势并创造未来。

18.3.1 高瞻远瞩

如果你只考虑现在或只是在未来的不确定性中挣扎，那你的未来就只能是那不断翻滚的骰子。如果可以高瞻远瞩，那么情况就会好很多，为自己的未来设计一个日程表，并用自己的一切努力来追求它。所以，关注并展望未来吧。

20 世纪前，生活中没有抗生素、汽车、飞机、拖拉机及空调。设想一下，这种发明组合是如何改变人类生活的。在刚刚过去的几十年里，我们见证了个人电脑、互联网、手机以及人类基因组绘图的发明与传播。这些创新至今仍对我们的学习、交流以及疾病治疗发挥着重要的影响。

21 世纪所发生的变化将如同戏剧一样吗？有些人认为某些领域的潜在创新与发展是难以预料

的，如信息技术、生物科学技术、农业、水资源供应以及清洁能源技术等。未来学家理查德·沃森（Richard Watson）将手机看作21世纪最有可能改变我们生活方式的设备。他预测在未来社会，现金支付将会很少，消费者通过手机信号发送消息即可完成支付。未来学家辛西娅·瓦格纳（Cynthia Wagner）认为职业机会产生于研究人员脑海中知识日益增长的过程。瓦格纳猜测未来这些知识将有助于生物工程师开发微电极，借此瘫痪患者的脑信号将被转换为语言和行动，并且电脑科学家也会将这些知识应用于人工智能的开发。随着技术的变革及其他趋势的发展，最近发生了包括（很有可能是暂时的）抵制全球化、商业不信任的日益加剧、政府扮演着越来越重要的角色、自然资源的不断消耗以及全球消费模式的转变等在内的诸多现象。作家肖沙娜·朱伯夫（Shoshana Zuboff）和吉姆·马克西姆（Jim Maxim）认为，目前社会存在着广阔的新兴市场，需要创建新类型的企业，并且新的商业模式也尚未出现。所有这一切都将为那些可以创造未来的人提供一个绝佳的机会。

18.3.2 创造未来

公司为了迎接充满不确定性的未来，可以摆出不同的战略姿态。**适应者**（adapters）认为现有的行业结构及其未来发展趋势是固定的。它们所能选择的只是在哪个领域进行竞争。在比较容易预期的环境中，大多数公司都采取这种姿态，它们通过标准战略分析来选择在给定的环境中如何竞争。相比之下，**重塑者**（shapers）却努力改变行业结构，自己来设计未来竞争的图景。

最近10年间，研究人员经过研究发现：《财富》所评出的1000强公司中，有17家公司的股东回报率每年以至少35%的速度高速增长。它们是如何做到的呢？它们重新塑造了这一行业。哈雷（Harley-Davidson）销售的不仅是摩托车，同时还有一丝乡情，并借此翻了一身。安进（Amgen）打破了生物技术行业的规则，它的关注点不是顾客需要什么，而是更先进的科学。星巴克采购了一种商品，并将其在时尚店内销售。二手车零售商车美仕（CarMax）和其他公司也重塑了汽车行业。

你需要创造优势。真正的挑战不是保持你在现有竞争领域的位置，而是要创造新的竞争领域、改造你的行业并规划一个他人尚未预见的未来。创造优势优于追赶。那样的结构调整只能给你带来缓冲的时间，却不能让你在同行中领先，也不能让你达到世界级水平。创造新市场或转换行业——这些可能才是积极改变的最终形式。

图18.6说明了开拓新市场会带来巨大的机遇。其中，显性需求是指顾客已经发觉并希望得到满足的需求，隐形需求是指顾客还未体验到的需求。已占有顾客群是指目前已购买了公司产品或服务的顾客，未占有顾客群是指未涉足的市场。

在图18.6中，正常的业务都集中于左下角的象限内。而那些重塑游戏规则的领导者总是试图在其他三个未涉足的象限中创造新的机遇。例如，作为快速发展的发展中国家，印度、中国与巴西都面临着人口结构中的中产阶级危机。一部分人就认为问题的对策应与地球现有的自然资源紧密联系起来。另一部分人则看到了尚未被开发的需求——通过制造更环保节能的材料，服务新客户，并引导顾客进行一种可持续的生活方式。

其他企业希望通过开发和探索尖端技术来满足隐性需求。纳米是百万分之一米，即人类头发宽度的十万分之一，或者10个氢原子排成一行的长度，也是纳米技术这一新兴技术的基本单元。由于纳米这类规模的物质通常表现得十分与众不同——高速电子通过环形电路的速度更快、导热性能更佳，并能提供更好的品质（如更高的强度、持久性或反应性），因此纳米技术十分重要。大大小小的公司都开始奔向基于纳米产品的市场。当前的应用包括美容产品、防臭袜子上的纳米银（它有抗菌效果）；具备纳米特征的半导体；在涂料、油漆、防晒霜及其他产品化学物质的生产时，可将纳米粒子作为催化剂。正在研发的应用，包括高性能可充电电池，它可用于储存氢气和高能

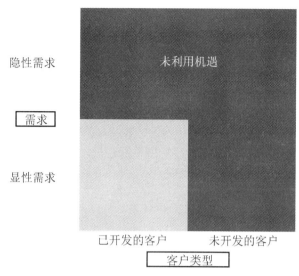

图 18.6 巨大的机遇

资料来源：Reprinted by permission of Harvard Business School Press. Exhibit from *Competing for the Future* by Gary Hamel and C. K. Prahalad, 1994. Copyright 1994 by the Harvard Business School Publishing Corporation; all rights reserved.

气体；而"纳米生物芯片"可在几分钟之内检测出患者是否患有癌症；一种被称为石墨烯的纳米技术材料只有一个原子的厚度，但它可用于生产电脑触摸屏。

纳米技术是最有希望的"朝阳产业"，这会言过其实吗？据统计，使用纳米材料生产的产品所实现的销售额到 2015 年可达到 1 万亿美元甚至更多，另外一部分人说 260 亿美元会是一个更现实的数字。无论如何，这项技术的发展给人留下了十分深刻的印象。在过去的几十年里，应用纳米技术生产产品的销售额增长了 7—10 倍。然而，有人担心这项技术没有经过测试，且可能会存在风险。由于它的颗粒很小，因而它们可以通过大部分过滤器，它们如原子层次般的反应能力，会引起难以预见的化学和生物后果。问题的核心在于我们缺乏有关这些物质的经验，再加上它们的属性不同于同种物质，但规模却更大。我们都清楚纳米铝遇空气会发生爆炸，但纳米碳的导电性能不是更强吗？它听起来似乎并不危险，但我们并不清楚这些物质一旦进入人体的肺部或皮肤将会对人的健康产生怎样的影响。因而，这个行业的挑战在于应用这项新技术，与此同时要保护员工和顾客免遭那些未知的可能存在的风险。谁可以更好地应对这一挑战？正如你在本书中所看过的，技术变革是变革蓝图的一个核心部分，而且新进入者与已有的那些知名公司常常会产生竞争。

鉴于所有的因素，你和你的企业应如何选择？
- 是仅仅保持原有的优势，还是去创造新的优势？
- 是锁定旧市场，还是创造新市场？
- 是选择走最熟悉的路，还是选择机遇最大的那条路？
- 是成为一名循规蹈矩者，还是开路先锋？
- 是优先考虑短期财务利润，还是优先考虑创造真正的、长期的影响？
- 是只做那些看起来能做到的事，还是要做困难但值得的事？
- 是改变现有的东西，还是创造从未有过的东西？

- 是沉浸于过去，还是展望未来？

18.3.3 塑造你自己的未来

如果你是一名企业领导者，而你的企业以传统的方式运作着，那你的主要目标就是发起一场革命，在它变成现代恐龙前，重塑企业。革命的目标是什么？这正是你在这门课中所学的内容。

但是，或许你不想领导一场革命。或许你只想拥有成功的事业和美好的生活。即便如此，你仍然需要应对不断加剧的竞争及日新月异的经济环境。创造你所需要的未来，需要设定较高的个人标准。不要满足于中等水平，无论对你还是你的老板，不要以为"好"就足够了。你需要考虑的不仅是实现预期，而是超越它；不仅要不受明显限制的影响，还要挣脱不重要的、随意的或设想因素的影响；要抓住机会，而不是它们白白流失。

最成功的个体掌管着自身的发展，就像企业家掌管着自己的企业一样。下面是一些来自事业管理方面优秀作家的建议：有意识地、积极地管理你自己的事业。发展并持续开发一些能适应市场的技能。有时，有关职业方面的选择会取决于个人的成长、发展和学习机会。要寻找那些对你来说有挑战性的工作，寻找允许下属发展的老板。找到能提供训练、试验和创新机遇的环境。而且要充分认识你自己：评估你的优势及劣势，找出你真正的兴趣，找出你的道德标准。如果这些问题你都还没有考虑过，也没有采取相应的行动，那就从现在开始吧。

虽然美国劳动统计局并没有发现足够的证据可以支持一个人们惯常的说法——员工一生会有7个职业，你可以期望常常更换工作。根据一项针对1万名美国员工的调查结果（见图18.7）显示，年龄在18岁到42岁之间的员工，平均每人从事过10.8种工作。独立调查显示，很少有员工会为同一个老板工作几十年。此外，要让自己成为你所在的企业不可或缺的一部分。快乐、充满热情地投入工作并专心致志地做好它，但不要盲目地忠诚于某一家公司。如果必要，要准备好离开。把你的工作当作一个证明和提高你才能的机会，而不是长期、舒适的小环境。如果有适合自己技能和脾性的工作，就继续向前走吧。

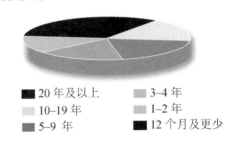

图 18.7　美国成年人在同一家企业工作时间的分布

这指出了保持你的选择权的重要性。现代的很多职业生涯的规划是离开大企业转而去做企业家，成为"后公司时代"自己的老板。在这样的职业生涯中，每个人都拥有自由的选择权。他们可以灵活而又迅速地对需求和机遇做出反应。组建新的企业、做顾问、接受临时性的工作，为一家企业做一个项目，然后再转到另一家企业、合伙及做专门的中介，所有的这些都可能成就成功的事业。这种自主的模式可以帮助人们在工作和家庭生活间找到平衡，因为在这种情况下，人们对自己的工作内容和时间安排有更大的自主权。

这听起来像是理想世界，但它同样也有缺点。这种独立使人心惊胆战，使未来不可预知。它孤立出一部分"马路战士"，他们的工作总往来于汽车、机场之间，这扰乱了他们正常的社交和家庭生活。要想正确地认识并控制所有的事情，还需要进行有效的自我管理。

如果你可以学会适应，那么处理起不确定性和改变就会变得容易很多。为了更好地适应，试着想象这个世界十分复杂，但充满各种各样的机会；期待变革，尽管变革十分困难，但要清楚它是一件十分有趣并蕴含丰富的潜在奖励的事情。同样，保持一种使命感，为自己的时间设定优先级，当面对不确定性或需要进行变革时灵活应对，积极地面对变革而非消极地等待变革降临到你身上。

  管理实践

杰奎琳·F.伍兹（Jacqueline F. Woods）是一名积极的自我未来塑造者，在20世纪60年代，当她还在俄亥俄州穆斯静冈大学学习心理及沟通艺术时，女性从事管理职业还是十分罕见的。毕业时，她开始在当地的一家电话公司俄亥俄贝尔公司（Ohio Bell）担任一名客服培训导师。之后，她嫁给杰克·伍兹，伍兹希望她能辞职并专心成为一名家庭主妇。

然而，这时发生了第一个重要变化。军队征召杰克去越南服役，杰奎琳·伍兹突然成了家里唯一的顶梁柱。由于她对工作的投入，她升任政府事务主管一职，并且她还积极参与到俄亥俄贝尔的管理培训项目。当她的丈夫服役归来并被雇主调往费城时，她也收到了宾夕法尼亚贝尔的邀请，请她继续从事她所钟爱的政府事务。

下一个巨大的变化来自政府。在一个反垄断的诉讼中，美国电话电报公司的贝尔系统（Bell System）被限制成为一家区域公司。这项改变为伍兹开辟了一个新的视野。在管制垄断中，科学家与工程师掌握着最好的机会，但如今在一个全新的、竞争激烈的市场环境中，就需要伍兹这样能发挥团队技能的人。她通过自己的努力逐步晋升至俄亥俄贝尔通讯总裁一职，负责向企业销售设备。

后来，公司提出让伍兹担任Ameritch Services的首席财务官。她担心自身缺乏财务教育背景，但公司高管指出为了快速步入高层岗位的轨道，她需要掌握一些财务技能。伍兹担任了首席财务官一职，并报名在周末学习财务知识。几年后，当俄亥俄州美国电话电报公司需要一名财务总监时，伍兹就已经一切准备就绪了。

即使是后来退休了，她依然在塑造着自己的未来。她成为基金会的董事，积极参与各类社区项目，如改善当地学校条件、在伊利湖安装风力发电机等。

- 伍兹的生活发生了什么要求她灵活应对的事件？她是如何展现灵活性的？

18.3.4　学习和领导

持续学习是实现可持续竞争优势的一个关键路径。企业中的员工（包括作为个体的你）应当如图18.8所描述的那样持续探索、发现和行动。通过这个方法，你可以了解到什么是有效的、什么是无效的，并相应地进行调整和改进。持续学习这一哲学有助于你的公司实现低成本、高品质、优质服务、卓越创新、良好的可持续性及更快的发展速度——同样在个体层次上，有助于你的成长与发展。

> **提示**
>
> 　　持续的学习有助于为企业实现高难度目标提供一个基本的竞争优势。
>
> 　　持续学习的三个基本阶段是什么？

要活到老，学到老。终生学习需要不时地冒一冒风险，走出你的"温暖小窝"；诚实地评价成功与失败背后的原因，主动询问并倾听别人的意见与见解；开放思想，接受新观念。

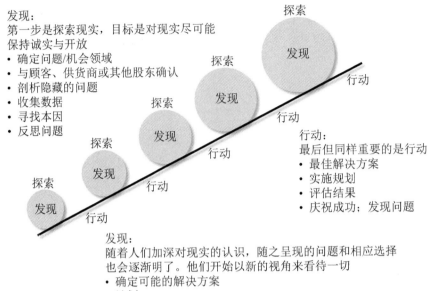

图 18.8 学习循环：探索、发现与行动

资料来源：*Leaning into the Future*：*Changing the Way People Change Organizations* by George Binney and Collin Williams；published by Nicholas Brealey Publishing Ltd.，1997. Reprinted by permission.

如图 18.9 所示，通过一个职业，一个人可以"栖息"并获得成长。结构图中的描述表明你不仅应该做这些事情，还要把它们做好。你的第一份工作可能并不承担管理责任，但它会需要你成为一名个体贡献者，并有可能成为团队的一份子。第三级是所必需的管理能力，而第四级则主要从能力管理中区分真正的领导力。第五级代表了一种领导风格，你可以在第 12 章中简要地阅读一下，它将坚强的意志与决心同个人谦逊的品质相结合。如图 18.9 所示，第五级管理代表着一个成就的高峰：它是一名领导者为把公司从好转向卓越所做的最终贡献。你可能会问自己：我现在是第几级（我毕业后的层级是什么）？我的目标是第几级？对于这一点，我所了解到的什么将有助于我取得进步？我需要加强哪方面的学习使自己未来的发展更长远？

一名领导者（可能包括你）应该能够创造一种环境，在这个环境中，"人们愿意学习并进行变革，因而企业可以踏上适应并创新和激励不同个体开始不断学习与领导的集体旅程"。学习型领导者可以自由交换知识；致力于自身及他人的持续学习；致力于对自身行为的反省；抵制那些可能会抑制自身学习的行为；将他们的时间用于同事身上，当他们认真倾听时，会暂停自己的想法；建立一个广阔视角，认识到组织是一个人际关系的集成系统。

Leaning into the Future 一书被评为当年欧洲最佳管理学著作，其书名就是"领导"与"学习"两词的结合。表面上这两个概念完全不同，但它们如果实现互补，那将非常有力并实现协同效应。

一个成功的未来源自对世界的适应和对未来的塑造；响应别人的看法，并清楚自己想要改变什么；识别你需要对自己做出哪些改变时，并鼓励他人也做出改变；认清现实，并满怀热情地追求愿景；学习并领导。

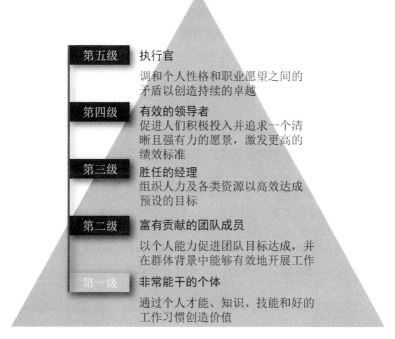

图 18.9 五级层次结构图

资料来源：*From Good to Great*. Copyright © 2001 by Jim Collins. Reprinted from Jim Collins.

下面是另一个反映本章重要概念的案例。为了你自己，也为了你的企业，更灵活一些！当你阅读案例时，思考皮特·普罗弗斯特医生为了提升住院病人的安全性，是如何努力灵活应变的。

 管理实践

在将变革推广至更多医院的过程中，普罗弗斯特医生所遇到的挑战

当"密歇根楔石"重点监护病房项目证明了应用五项程序检查表几乎可以消除同导管血流感染相关的传染病时，普罗弗斯特医生和其他人都十分渴望可以借此改进其他地区的患者安全状况。普罗弗斯特医生在患者安全方面的努力得到了美国联邦政府的支持，并推动了美国医疗保健的改进。政府支持在全国范围内以自愿的方式推广五项程序检查表，以此来支持卫生部将同导管相关的血流感染率 3 年内降低 75% 的目标。普罗弗斯特医生和他在霍普金斯质量与安全研究小组的同事们一起加入了国家卫生部门与医院协会，以此将这项变革推广到各州的所有医院。

随着越来越多的医院参与到变革中来，普罗弗斯特医生看到了一个抵制变革的相似模式。文化冲突是其核心：员工是如此在意医院的等级制度，以至于当普罗弗斯特医生告诉护士们应该指出医生的错误时，他们会放生大笑。他坚信，人非圣贤，每个人都会偶尔犯错。普罗弗斯特医生直言不讳地表达了这个问题——比如提出了一个反问："你能想象其他任何行业（除了卫生保健行业）容忍对以证据为基础的标准的违反吗？并因这种违反每年杀死了 31000 人！"根据一个知名机构医生的观点，那些反对普罗弗斯特医生的"傲慢"的说法令人难以忽视。

除了医院文化问题，普罗弗斯特医生也看到了医院程序方面的问题。很多医院并没有定期地收集并公布那些与患者安全相关的绩效数据。一家医院可能会同意它的重症监护病房会在未来使用检查表，但医院并没有开始测量传染率。医生和员工并没有意识到传染率过高，或接收到可以证实检查表对预防疾病和拯救生命有益的反馈。

一些改进程序的建议有助于安全意识强烈的员工逐步克服变革的文化障碍。如若医院内的护士不能通过提醒医生指导准则使之执行安全规程，普罗诺弗斯特医生建议让护士携带传呼机，当她们遇到一个安全隐患时，可以用之呼叫医院主管。有些医院也创建了品质改造的网站，员工可以在网站上匿名报告一些问题。一个显著的成功案例是在田纳西州患者安全中心的协调努力下对一个组织进行变革。该中心通过组织分享员工工作经验的网络会议以及那些关注改进患者安全状况的护士、医生和医院高官们设立安全团队的方式，从而形成了一种团队文化。

在普罗诺弗斯特医生迫使医生、医院管理者及员工进行测量和报告降低传染率的进程中，他认为是公共政策在推动并强化变革。普罗诺弗斯特医生希望更多的州可以要求它们的医院收集并报道它们同导管相关的血流感染数据，因而患者、医疗护理拥护者及其他对此感兴趣的人可以辨别出哪些机构的表现欠佳，并因此迫使它们进行变革。根据他最近的统计显示，28个州要求它们的医院收集同导管相关的血流感染数据，14个州要求医院公布数据。普罗诺弗斯特医生同样建议，如果一些医院没有达到相应的标准，并预防这些很容易避免的感染，那么这些医院就要面临罚款或其他制裁措施。对一个州层次的制裁会给医院施加很大的压力，否则会缺乏一个惩罚体系，因为医院也不愿得罪为他们输送患者的医生。

没有了这样的惩罚，安全工作的推广就变得十分缓慢。大约44个州的700家医院及哥伦比亚特区的医院开始参与或同意参与。在某些州，不到1/5的医院签约同意。即使是在同意使用检查表的医院中，很多医院在定期记录方面的工作推进（变革工作的一部分）也是十分缓慢的，并且其他医院也只想达到平均水平，而非将感染率降至接近0。

尽管面临这些挑战，但在全国范围内的推广所取得的一些进步还是值得称赞的。联邦政府机构卫生保健研究与质量局最近对参与医院进行了绩效评估。经过12—15个月的努力，这些医院已经将与导管相关的血液感染率从每千日导管使用引起的感染率的35%降至1.17%。相比在密歇根州的试点研究情况，这是一个很小的进步，但它也朝着每千日感染率不到1%的终极目标迈进了一大步。在田纳西州，田纳西患者安全中心正在推行团队工作方法，变革工作取得了巨大成功，以致田纳西医院协会将零感染率作为其3年期目标。

- 基于所给出的信息，普罗诺弗斯特医生为医院描绘的未来愿景是什么？
- 你会将普罗诺弗斯特医生放在5级层次的哪个层次？为什么？

关键术语

适应者（adapters）
力场分析（force-field analysis）
"和"的才能（genius of the and）
转变（moving）
组织发展（organization development，OD）
组织灵活性（organizational ambidexterity）
绩效鸿沟（performance gap）

积极的改变（proactive change）
反应性变革（reactive change）
再次冻结（refreezing）
重塑者（shapers）
全面组织变革（total organization change）
"或"的迷信（tyranny of the or）
解冻（unfreezing）

学习目标小结

现在你已经学习完第 18 章,你应该能够达到以下要求:

1. 能够讨论什么可以造就世界级水平。

你应该朝着世界级水平不断努力,这意味着采用最好、最先进的知识和思想,以便运用任何地方的最高标准。除了其他事情,经得起考验的成功来源于强有力的核心价值观,坚持不懈地追求这些价值观,不断地持续改进,反复试验,并争取每天都有新的进展。重要的是不要陷入"或"的迷信,即在实现一个重要目标的同时必须放弃另一个的观点。而"和"的高明之处在于多个重要目标可以同时并协同实现。

2. 可以描述如何有效地管理并引导变革。

当企业从现有状态转变到预期的未来状态,且没有给企业或成员带来额外损失时,该企业就实现了有效的变革管理。人们会因各种原因抵制变革,包括惰性、不利的时机、突然性、同事的压力、私人利益、误解、对变革的不对称信息(和评估)以及管理策略等。

激励人们进行变革需要经历解冻、转变、再次冷冻的过程,并要注意只有那些适当的行为才可被"冷冻",而非那些不适当的行为。激励人们进行变革的更具体的技巧包括教育和沟通、参与和投入、便利和支持、谈判和奖励、操纵和拉拢以及强制。每种方法都有其优缺点和适用范围,也可以同时使用多种方法。协调贯穿组织中正在发生的多种变革是非常重要的。

有效的变革需要积极的领导,包括营造危机感、组建指导联盟、制定愿景和战略、沟通变革图景、广泛地授权、取得短期胜利、巩固成果、引入更多变革、在文化中锁定新方法。

3. 能够列举为创造成功未来所需的策略

为不确定的未来做好准备需要一种先发制人的方式。想你可以通过以下一些途径前瞻性地塑造未来:成为塑造者而非顺应者,创造新的竞争优势,积极地管理你的事业和个人发展,以及成为一名积极的领导者和终生学习者。

问题讨论

1. 为什么有些人会反对达到世界级水平的目标?怎样才能克服这种抵触情绪?
2. 作为一名消费者,举出几个你所认为的世界级企业的具体实例。同时举出几家经营不善的企业案例。为什么有的公司可以达到世界级的水平,它们是怎样做到的呢?而其他公司为什么就做不到呢?
3. 博客和其他社交形式是如何通过社会媒介来影响变革管理的进程的?博客对你的专业和职业产生了怎样的影响?
4. 从企业和个人的角度考虑,举例并讨论案例中出现的问题及推动变革的机会。
5. 回顾应对抵制变革的解决方法。寻找一些你看到的具体案例,并分析其有效或无效的原因。
6. 选择几种你希望发生在你所熟悉的小组或企业中的具体变革类型。设想你将要实施这些变革。预计一下,你将会遇到哪些反对力量?你将如何应对这些反对?
7. 为成为一名"持续学习者",制订一个详细的计划。
8. 用自己的话来描述"创造未来"对你的意义是什么?你将如何很好地实践这一观念?再给出几条你能真正运用的具体意见。
9. 你认为 20 年后管理者的工作同今天相比在哪些方面会有所不同?你将如何为未来做准备?

实践练习

18.1 力场分析

目标
了解管理组织变革中的力场分析。

说明
阅读下面有关力场分析的描述,找出一个你所面对的组织问题并加以分析。

力场分析
正如本章所描述的那样,力场分析是一种评估组织变革的方法。变革领导者识别某一特定时间的推动力量与限制力量,评估组织的优势,并决定为了进行变革,选择哪些力量进行加强,对哪些力量进行消除。应用力场分析展示了在某一特定时刻一个组织所承受的一系列力量,它可以使人们对变革更为乐观。

示例——试图提高学生在学生管理中的参与程度。

平衡点

推动变革的力量	限制变革的力量
为学生管理活动提供更多资金支持→	←强调成绩而导致学业负担加重
更好地开展关于学生管理的宣传和公关项目→	←其他活动,如文化、社会、体育活动分散学生兴趣
学生管理的代表到各班级解释学生决策的积极影响→	←缺乏良好的公关基础
为学生管理的参加者们提供专属职业计划→	←学生们认为学生管理活动对找工作无益

力场分析工作表
1. 选择一种正在进行的企业变革,完成"问题分析"部分,并填充该模型。(10—15分钟)
2. 3—4人一组,讨论每个人在所面临问题中的推动力量及限制力量。
3. 全班讨论:(10分钟)
    a. 为什么将某一问题的处境划分为推动和限制这两种力量就会对分析有所帮助?
    b. 模型被用于个人或企业问题时,是否会有所区别?

问题分析
1. 用简短的几句话描述该问题。

———————————————————————————
———————————————————————————
———————————————————————————
———————————————————————————

2. 列出推动变革的力量:
    a. _____

    b. _____
    c. _____
    d. _____
    e. _____
    f. _____
 3. 列出限制变革的力量：
    a. _____
    b. _____
    c. _____
    d. _____
    e. _____
    f. _____
 4. 根据推动力量和限制力量对变革的影响程度，将它们分别填入下面的力场分析图中。

平衡点

推动变革的力量	限制变革的力量
→	←

资料来源：Dorothy Hai Marcic, *Organizational Behavior: Experiences and Cases*, 1E. Copyright © 1986. South-Western, a part of Cengage Learning, Inc. Reproduced by permission. www.cengage.com/permissions

18.2 网络情景

1. 独立完成以下工作，为以下三个情景设计一个社交网络策略。（10分钟）
2. 与你的搭档或小组合作找出三个情形中针对每种情形的最佳战略。每个小组都应为每种情形设计出一个最佳策略。（20分钟）
3. 每个小组都进行报告，将各自小组针对每一种情形所设计出的最佳策略与大家分享。（如果时间不足，至少应分享一个最佳策略）（每组每个策略2-3分钟）
4. 根据最后列出来的问题，组织大组或班级进行讨论。（10分钟）

情景

I. 你正在竞选学生会主席，你将采取哪些措施来确保竞选成功？
    1. _____
    2. _____
    3. _____
    4. _____
    5. _____
    6. _____

II. 你现在是某团体的一名实习生，并且非常想成为这个团体的一名永久的全职员工。你应该接近哪些人？应该怎样做才能获得这个职位？
    1. _____
    2. _____

3. _____
4. _____
5. _____
6. _____

III. 你刚到一个新的社区，而你公司的业务增长在很大程度上依赖于人员介绍。在一个完全陌生的地方你将如何与陌生人进行接触？你又将如何建立一个客户群？

1. _____
2. _____
3. _____
4. _____
5. _____
6. _____

问题

1. 这个练习的难点在哪里？
2. 在这些情境中，为了构建联系网络使用了哪些创新手段？
3. 这些观点中哪一个实施起来比较容易？哪一个相对困难？是什么使得一些策略比另一些实施起来更容易？
4. 在实际实施这些策略时需要具备哪些个人品质？
5. 那些接触陌生人时比较腼腆的人如何才能成功地运用（一些或全部的）这些策略？
6. 通过这次练习，你从自己和其他人身上学到了什么？

资料来源：Suzanne C. de Janasz, Karen O'Dowd, and Beth Z. Schneider, *Interpersonal Skills in Organizations*, McGraw-Hill/Irwin, 2002, p. 212. ⓒ 2002 The McGraw-Hill Companies. Reprinted with permission.

 综合案例

芭芭拉大世界的窗户、布料及配件——家庭顾问部

企业回顾与展望

第二次世界大战后不久，芭芭拉（Barbara）和杰里·克莱（Jerry Klein）在美国新泽西州北部的都会区经营起了一家零售店。他们的主营产品包括棉花、羊毛以及一些杰里能够从他在美国东南部工厂工作的几个老战友那里买来的布料。这些布料几乎全部被当地的一些女性顾客买去了，她们用它做衣服、窗帘、沙发套、枕头以及其他相关的一些家居用品。这家店铺也出售窗帘杆、五金、拉链、缝纫用品以及其他相关配件。

在整个20世纪50年代、60年代以及70年代，这家店铺都获得了巨大的成功。在那段时间里，店铺年销售额从15万美元增长到了250多万美元。店铺还雇用了30名员工，她们大部分是当地的家庭主妇，通常会自己缝纫和做衣服。温馨、舒适以及友好的氛围使得这家店铺深受当地及周边小镇居民的喜爱。这些年，几个竞争对手来了又离开，留下来的也都是一些非常小的店铺，对芭芭拉和杰里几乎没有威胁，他们基本垄断了当地市场并享受着垄断所带来的丰厚利润。

20世纪80年代，芭芭拉的（安逸的）世界轰然倒塌。因为在整个80年代，店铺的销售额一直持续下滑，到80年代末已经下降到不足180万美元。在这段时间，他们原有的顾客一个接一个的退休、搬家或离世。这个地区成长起来的现代女性也开始上大学，并进行职业生涯规划，而不再待在家里缝制窗帘或做衣服。同时，更多新的、多样的竞争对手竞相亮相，瓜分掉越来越多的市场份额。

那些新店铺经营的产品种类更为丰富，包括婚纱、桌布和餐巾、百叶窗窗帘以及各种各样遮阳物、棉被、毛毯，还有几种限量的家具、灯具、蜡烛以及各种搭配产品。

芭芭拉和杰里的女儿桑迪（Sandy）从小就一直在她父母的公司里做兼职。她刚从商学院毕业后，就到公司的董事会做了运营部的一名副经理。桑迪将在这里接受训练和成长，并为最终接手企业做好准备。鉴于她多年的直接工作经验，以及她新近学到的商业管理技能，公司授予桑迪一些特权并支持她变革，期望能够扭转乾坤。

一个新时代

桑迪对公司的全部库存进行了清点、评估和重新规整。她清除了那些滞销的库存，给那些周转率和盈利率高的产品更多的和更好的货架空间。为了能与其他公司进行竞争，大量新产品也被引进来，以便能更好地反映消费趋势和现代消费者的需求。

最重要的变革是增加了家庭顾问部，该部门负责识别现代职业女性购物者的购物需求和特点，桑迪开始着手给消费者带来宾至如归的感觉。销售人员在晚上和周末的时间走访上班女性的家庭，为她们提供各种商品的全色目录及布料样品，顾客可以轻易地从中选择窗帘、遮阳物、帐帘、壁布与装饰布等，并可以开出一张半数金额的支票作为保证金。销售人员还会同时为顾客进行必要的测量。最终产品交付和安装大约会在2—4周后完成，产品交付和安装完成后，顾客再支付余款。

家庭顾问部在起步阶段获得了巨大成功。经过1年的经营，销售额达到了100万美元，并在第2年就达到了150万美元。随着部门的成长，很多问题与低效现象也随之出现。合格安装员工的短缺引起下订单与安装之间的时间迟滞一度长达6—12周。在家庭访问这一边，一名顾客曾经可能会期望1—2周销售人员就会走访一次，然而等待预约的时间已经增长到平均1个月一次。更重要的是，桑迪知道还有很多其他业务需要开展。

如今桑迪面临的第一个急需解决的严峻问题是：顾客开始不耐烦和不高兴。正是由于她父母的骄傲自满，以及对市场缺乏足够的认识，使得很多实力强劲的竞争对手走上了竞争舞台，而其中的两个正在筹备创建自己的家庭购物部。

桑迪让一名销售人员芭芭拉·约翰逊（Barbara Johnson）从收到访问请求起到安装完成为止，将这一完整而准确的流程整理成文档，希望借此确定具体的低效环节及生产瓶颈。约翰逊的报告可以总结为如下几条：

- 这一过程始于在报纸上看到广告，或本店顾客所打来的电话。而目前没有任何项目在积极地招徕潜在的顾客。
- 秘书或其他任何恰巧接到电话的人会记录下相关信息（姓名、地址、电话号码及查询性质）并将这条记录放入销售人员的信箱。
- 销售人员（目前是两名全职员工和一名兼职员工）会根据请求的顺序打电话安排见面。大多数顾客都在店铺25英里的半径范围内。
- 通常，销售人员会在下午4:00在一个城镇走访，接着下午7:30到另一个城镇走访。在星期六，销售人员一般会在上午9:00开始对一个城镇进行走访，然后在12:00对另一个城镇进行走访。
- 销售人员与顾客会面时，带着商品目录与样品、订制表格及测量工具。大多数的走访都会产生订单。销售人员会带着必要的测量数据（窗户大小、沙发尺寸等）和大约金额为购买总额50%的支票离开。
- 销售人员大约每周花费1天的时间用来处理订单（计算尺码、确定最佳材料来源、寻找合适的窗帘杆，以及将所有的发票制成表等）。
- 当所有材料按照特定顺序到达商店时，销售人员会收到通知，并开始着手联系和安排一名安装工，这通常也需要与客户联系，以确定安装时间。

- 安装工负责商品的运送及安装，并收取付给店铺的余款。

约翰逊也对每位销售员工花费在工作上的时间进行了平均分解，具体如下：
- 40%的时间用于在客户家庭中进行推销。
- 30%的时间用于处理订单。
- 30%的时间用于走访过程中的往返路程。

芭芭拉的报告从安装部门的总结中得出结论："大多数的运送和安装工作都由两个独立的分包人负责，他们自部门成立以来就一直留在公司，在工作上享有不错的声誉。也有其他的一些人进来，但又走了，这或是由于他们做工不行，或是由于他们缺乏可靠性。"

"一些顾客对安装人员的着装、举止还有他们的设备心生抱怨。很多顾客都是居住在郊外居民区的妇女。送货和安装时，这些妇女常常独自在家。因而当她们看到一个从一辆破旧面包车下来、穿着破旧、胡须拉碴的年轻人走向她们的房屋时，她们会感到忧虑和恐惧。由于事先没有和店里的人说好，几名顾客甚至真的没有让安装人员进她们的房屋。"

"两名主要的安装工工作都很努力，但与订单所要求完成的工作量相比，仍然存在很大的差距。"

至于外部的很多还没有开发的市场和额外的新业务，桑迪希望员工们可以变得更加积极主动——去主动寻求订单，而不只是等着电话铃声响起，或到店里购物的顾客咨询。

桑迪认为，完全忽视当地产业市场和政府市场，是公司的一个巨大错误。例如，在产业这方面，旅馆、餐馆、银行、办公室和许多其他的企业都会定期地采购和更换家具、窗帘以及其他室内装饰品。同样，政府客户方面的市场前景也很广阔，包括学校、市级与镇级办公室，以及联邦办公楼等。桑迪同样注意到一个现象，那就是无论是店里的顾客，还是家庭里的顾客，几乎一直都是清一色的女性。

问题
- 你继承了一家企业，这家企业必须进行几项内部变革才有可能生存和繁荣下去。对每一项必须进行的变革，你会如何进行计划安排和管理？确保你能够列出计划的战略及战术两个方面。
- 本文列举并描述了许多经营方面的内容，选出其中与本案例相关的一个例子，并提供一个你认为可以应用到新的经营过程中的特定技术手段。
- 一般而言，你会采取哪些人际关系技能和管理技巧来实现成功的变革？

第五部分　支持案例

技术帮助 Dollar General 实现精打细算

越来越多想省钱的顾客会光顾那些俗称"一元店"的有着很大折扣的零售店。相对于较小的店铺，包括 Dollar General、Family Dollar 及 Dollar Tree 都会提供折扣很大的食品、衣服以及家居小物件。而像塔吉特（Target）和沃尔玛这样的折扣商则会提供更多的选择，但很多消费者会货比三家，直到发现最合理的价格。

同沃尔玛在价格上进行竞争绝不是一项容易实现的战略。当凯瑟琳·盖恩接手 Dollar General 的商店运营与管理一职后，她开始着手启动一连串的变革计划。其中很多变革旨在控制成本并提高商店的运营效率，而另一些变革则涉及改进店内员工的技术水平，使之更符合行业标准。

盖恩发现 Dollar General 在一些店铺运营活动中采用了一些技术含量十分低的管理方法。例如，当卡车交付运送的货物时，商店的员工会将盒子从卡车内一个个搬出来，并将它们囤积在店里货架上。而且无论商品在货架上放置了多长时间，同一名员工都会将它重新包装，并带进里屋储存。这种方法不仅速度慢，而且员工也非常讨厌到处拖着箱子。于是她启动了她的变革计划 EZ Store，在计划中盖恩简化了这些工作。她购买了一种被称为"rolltainers"的大型轮式箱，员工可以用它们将卡车的货物搬到里屋的销售楼层。当产品没有实现预期销售时，EZ Store 要求标低价格，低到足以将商品卖出去。EZ Store 计划通过消除很多烦人的琐事来帮助 Dollar General 的员工更愉快地工作，同样也提高了效率，使得员工有更多的时间为顾客提供服务。

在盖恩的领导下，Dollar General 也升级了它的电脑系统以使之更快地传递更好的信息。公司引入连接到库存管理系统的手持式扫描器，使得员工可以迅速并准确地发现哪些产品需要及时补充。每个店铺的内部都安装了可连接到总部的电脑（它听起来可能会令人惊奇，但直到 2009 年，总部都还是通过邮局向各店铺发送信息）。公司引入了基于计算机的培训项目以提高员工的技能，同样也安装了软件以筛选应聘者，进而找出具备相关成功素质的候选人。为了减少店铺的盗窃行为，公司安装了闭路电视系统。

管理者同样也被配备了更好的技术。Dollar General 为区域经理购买了个人电脑，该电脑配备了可监测绩效和标记不符合标准的软件。公司同样为他们配备了黑莓的手持设备，因此他们可以在旅行时与员工保持联系，并获得店铺的实时绩效信息。这项技术使 Dollar General 扩大了区域经理的控制范围，因为很少有管理者可以与如此多的店铺保持联系。反过来，更高效的管理促进了公司快速开设新店的计划（如今在 35 个州有超过 9500 家店铺）。

这些效率的改进在日益艰难的零售行业是十分必要的，因为沃尔玛和塔吉特及其他"一元店"都认识到如果商店不能保持竞争力，消费者就会投向其他竞争对手的怀抱。所有低价格的零售商都在不停地寻找方法以提高效率。而且，最近几个月，随着运输和食品等基本商品的成本上涨，这限制了零售商可以提供的价格以及提供最佳交易的数量。Dollar General 的首席执行官理查德·德雷林（Richard Dreiling）最近注意到店铺有超过 220 件产品的标价是 1 美元，价格即使只上涨 15 美分也会使一些公司的常客不高兴。由于 Dollar General 想努力维持它的盈利率，它将一直寻找改变经营管理的方法，而技术将会在其中继续扮演一个重要的角色。到目前为止，它一直是一种推动 Dollar General 实现巨大成长的战略，而此时其他零售商甚至正努力维持销量。

问题

1. 在 Dollar General 的案例中，什么类型的控制比较重要？为什么？
2. 在 Dollar General 中，凯瑟琳·盖恩引入的技术创新是什么？这些创新是如何支持公司战略的？
3. 在引入这些变革的过程中，你预期盖恩会遇到什么挑战？你建议她依循什么管理变革原则？

资料来源：Based on "Operational Improvements Benefit Employees, Customers," *MMR*, May 17, 2010, Business & Company Resource Center, http://galenet.galegroup.com; J. Jannarone, "Will Dollar General Lead Retailers into Battle?" *The Wall Street Journal*, June 6, 2011, http://online.wsj.com; A. Zimmerman, "Dollar Stores Find Splurges Drying Up," *The Wall Street Journal*, July 11, 2011, http://online.wsj.com; C. Burritt, "Dollar Stores: More Brands, More Customers," *Bloomberg Businessweek*, July 29, 2010, http://www.businessweek.com; M. Jarzemsky, "Dollar General's Earnings Gain 15%," *The Wall Street Journal*, June 1, 2011, http://online.wsj.com; *Dollar General*, "About Us," http://dollargeneral.com; and *Dollar General*, "Dollar General Announces Kathleen Guion, Division President of Store Operations and Store Development, Will Transition to Retirement," news release, July 25, 2011, http://newscenter.dollargeneral.com.

第五部分　综合案例

使用机器人的反响

通用制造的劳资关系副总裁维克托·普林斯波，坐在办公室内回顾随着工业机器人应用的增加公司预计会从中获利多少的收益表。几分钟后，他将去劳动管理会议室与代表公司当地大部分员工的工会主席拉尔夫·麦金托什会面。此次会议的目的在于非正式地为即将到来的本月稍晚些时候的正式合同洽谈开幕式交换观点和立场，而会议主要围绕电脑集成机器人系统的应用及由此对就业、员工和工作所产生的影响。

普林斯波和麦金托什两人都可以获得有关工业机器人的相似信息，这包括以下内容。与单任务的机器不同，这样的机器适用于自动化的早期，机器人可以通过编程来做一份工作，然后重新编程去做另一份工作。第一代机器人主要是通过编程来负载机器、焊接、锻造、喷漆、处理材料、检查车体等。最新一代的机器人包括视觉控制机器人，它通过电视摄像机应用激光束模式进行记录并传送给"智能"电脑，从而使机器人能够拥有近似人类的识别及测量物体尺寸的能力。计算机软件以一种"智能"或人工智能的方式解译与处理由摄像机传送的图像。

虽然目前机器人对于工人的替代程度并不是很清晰，但专家们推断，它会对就业产生深远的影响。一个不可避免的结论就是，机器人的应用必然会增加生产绩效并减少制造业的就业人数。

普林斯波走进会议室。他发现麦金托什已经在那儿了，普林斯波陈述了有关安装工业机器人的公司立场："公司需要工会和我们所有员工的支持。我们不希望被视为冷酷无情地将有血有肉的员工替代成机器人。"接着普林斯波列举了与机器人相关的主要优势：(1) 由于机器人的精确度，它提高了产品质量；(2) 由于每小时的运营成本约为支付给员工薪资福利平均水平的1/3，因而可以降低运营成本；(3) 由于机器人可以不知疲倦地工作而不需要行为支持，它可以提高生产的可靠性；(4) 因为机器人随时可以为不同的工作进行重新编程，因而有较强的制造适应性。普林斯波得出结论，这些优势会提高公司的竞争力，并使得公司得到成长，进而会扩大其对劳动力的需求。

麦金托什的反应十分直接且强烈："我们不是会捣毁机器的卢德分子（Luddites）。我们知道机器人技术就在那里，我们同样需要提高生产率。但我们不能给公司一张空白支票。我们需要保障和保护。"麦金托什接着道："我们打算借助以下的合同条款来保护我们：

1. 建立劳动管理委员会来事先协商机器人技术会对工人产生的影响，同样重要的是，我们必须有权决策是否使用机器人，以及如何使用机器人。

2. 有权事先得到安装新技术的通知。

3. 那些因此被调走的员工享有再培训的权利，包括对工厂、社区及其他公司工厂的新岗位进行再培训。

4. 通过实行1周4天工作制或其他可接受的方案来分摊工作，以此来替代那些减少的劳动力。"

麦金托什的最后一句话总结了工会的立场："我们工会相信公司正在将我们的工作让给机器人，并因而减少劳动力。"

他们的会议十分温和地结束了，但普林斯波和麦金托什每个人都清楚前路上会存在着激烈的谈判。当普林斯波回到他的办公室，对立双方的立场是十分鲜明的。在他的黄色记事本上列出了他所认为的对方的请求：(1) 必须明确用以引导谈判决策和行动的总体政策；(2) 以公司的力场决定关心每个工会所宣称的需要及关注的焦点是十分关键的；(3) 设计一个计划。

普林斯波考虑到这些挑战的同时，他悠闲地深思一个具有人工智能和视觉能力的机器人会对他的工作有所助益。但一个危险的警钟突然在脑海中响起。一个如此构造的机器人不仅仅对他的工作有所助益，甚至可能会取代他工作的这个方面，甚至包括其他重要方面。略微失望后，普林斯波又回到了他的工作。他需要帮助，却不是来自一个"智能"机器人。

实施战略变革

詹姆斯·富尔默是 Allied 产业集团的首席执行官，回顾了与弗兰克·柯蒂斯交换意见中的三条记录，柯蒂斯是财政事务主任，如今成为由 Allied 所有的一家公司的总裁。这两名高管将于几分钟后讨论最近所面临的问题。在过去的十年内，Allied 基于集团采取收购处于困境中企业的战略，积极地追求扩张目标。富尔默的政策是对每一次并购都任命一名新的首席运营官，进而推动其做出转变。富尔默回顾了他写给柯蒂斯的两条记录。

日期：2011 年 1 月 15 日

备忘录

致：弗兰克·柯蒂斯，Allied 产业集团财务事务主任

来自：詹姆斯·富尔默，Allied 产业集团董事长

主题：你被任命为 Lee Medical Supplies 的总裁

你应该知晓了最近 Allied 收购了 Lee Medical Supplies。李·约翰先生是该公司的创始人兼总裁，已经同意退休，而且我打算任命你为新的总裁来代替他的职位。我们的收购团队会在公司为你做简要介绍，但我想提醒你的是，该公司有一个经营不善的历史。作为一家医疗用品的批发商，该公司去年销售总额约 3 亿美元，而净收入却仅有 1200 万美元。你的工作就是要使公司的销售额和盈利能够与 Allied 的标准相符。你需要注意的是，当你担任总裁 18 个月后，依据我的政策要求，会对公司的进步程度以及你的绩效进行独立评估。

日期：2011 年 9 月 10 日

备忘录

致：弗兰克·柯蒂斯，Lee Medical Supplies 总裁

来自：詹姆斯·富尔默，Allied 产业集团总裁

主题：Lee Medical Supplies 所面临的严重问题

按照公司的政策，顾问团最近对 Lee Medical Supplies 进行了一次评估。在相对短的一段时间内，你已经将销售额和盈利提高到了符合 Allied 标准的水平，但贵公司绩效的其他方面却令我惶恐。我得知在过去的 18 个月内，你所在的公司的 9 名副总裁中有 3 名辞职，此外，你解雇了 4 名副总裁。由顾问团进行的一项意见调查显示，公司目前的士气低落，而且你的管理任命会被他们的下属认为是沉迷于指标和利润的无情完美主义者。并且员工报告，部门、地区与区域间目前存在着无情的竞争。他们还注意到原来由李先生所形成的重视大学生及家庭的氛围，已经完全被自相残杀的局面所取代，而且这种局面的特点是对员工的感受和需求持消极的管理态度。在你研究完来自顾问团的封闭式调查后，我们将一起开会讨论他们的发现。我尤其关心他们的最终结论，"似乎 Lee Medical Supplies 患上了一种企业绝症，而且病情正在加重"。

当富尔默准备浏览弗兰克·柯蒂斯所写的第三封信时，他仔细思考了他与顾问团的会面。当富尔默认为柯蒂斯是一名财务专家，是一位能够扭转乾坤的行家时，他的下属却认为柯蒂斯是一名独裁者，更适合成为一名新兵训练营的指挥官。

日期：2011 年 9 月 28 日

备忘录

致：詹姆斯·富尔默

来自：弗兰克·柯蒂斯

主题：Lee Medical Supplies 中所谓的严重问题

我已经收到了你于 9 月 10 日发送的备忘录，并回顾了顾问团的报告。当你任命我担任现在的职位时，我接到命令，接手了一个没有效益的企业，并使之盈利。虽然我接手的是一家你也承认多年管理不善的家族企业，但我已经这样工作了 18 个月。我发现公司的一个管理和销售团队的平均任期为 22 年。李先生握有全部人事决策权，因而只有他可以解雇员工。他忍受了十分普通的绩效水平。所有的员工都是根据基础工资发放，资历是晋升的唯一标准。每年都会着重强调增加销售收入，但却很少强调减少成本和增加利润。员工确实发现公司是一个工作的乐园，公司同家庭一样的感觉渗透进了整个公司。然而，这样的态度却伴随着平庸、无能与欠佳的绩效。

我认为应该在 5 个领域立即实施战略变革相当重要：企业结构、员工奖励与激励、管理信息系统、资源分配与管理领导风格。因此，销售领域进行重组，将其划分为不同的部门、区域与地区。那些我认为不称职或没有致力于我的目标及管理方法的管理者都会被取代。鼓励那些缺乏生产力，却又平庸的员工到别处去找工作。将人事及薪酬决策权分散给部门、区域及地区层次的单位。授权这些单位的管理者拥有这些权力，但也要承担减少成本和增加销售收入和利润的责任。每个单位都被当作一个利润中心。公司成立了一个新的部门，专门负责审查这些单位的绩效，从而改进会计和控制系统；开发了多目标管理程序，以此来设立相关标准来监测绩效，如今可以对所有员工进行绩效评估。为了鼓励更积极的行动，公司会给那些利润增长的管理者提供奖金和物质激励。一项基于可衡量的销售与利润绩效的薪酬计划取代了直接的基本工资。资源会按照绩效水平进行分配。

我自身的领导风格可能对员工而言就代表着最具伤害性的变革。内部竞争一直以来都是整个公司正式的授权政策。正是由于它，迄今为止，我们才能取得如此多的进步。然而，任何进步都不是没有代价的，我意识到员工不像以前那样高兴了。我受聘而来是为了提升企业绩效的，而不是为了确保员工在他们的工作中能够有安全和快乐感。不要使那些不能适应变革的少数员工让你相信此次变革的弊大于利。如果我认为富有攻击性与竞争性的精神是无法同以协作和家庭为导向的氛围共存的话，那么这是否就意味着我不是以人为本呢？你觉得由于过去的做法，我们应该对那些员工承担一定义务吗？坦率地讲，我得到了你的支持，竭尽所能来使公司扭转败局。在我们的会议中，如果你认为我的方法错了，请告诉我；如果真是这样，请告诉我应该如何做。

就在富尔默刚刚回顾完第三封备忘录时，他的秘书提醒他到了与柯蒂斯约定会议的时间。他意识到他还没决定好应该如何与柯蒂斯就更好地实行企业变革交换想法和意见。但有一件事情他十分清楚：他并不欣赏柯蒂斯在备忘录中表达观点的方式，但他知道他可能应该首先将情绪搁置在一边，并回应柯蒂斯所提出的问题。

资料来源：J. Champion and J. James, *Critical Incidents in Management: Decision and Policy Issues*, 6th ed. McGraw-Hill/Irwin, 1989. © 1989 The McGraw-Hill Companies.

教师反馈及课件申请表

McGraw-Hill Education, 麦格劳-希尔教育出版公司，美国著名图书出版与教育服务机构，以出版经典、高质量的理工科、经济管理、计算机、生命科学以及人文社科类高校教材享誉全球，更以丰富的网络化、数字化教学辅助资源深受高校教师的欢迎。

为了更好地服务于中国教育发展，提升教学质量，2003 年**麦格劳-希尔教师服务中心**在北京成立。在您确认将本书作为指定教材后，请您填好以下表格并经系主任签字盖章后寄回，**麦格劳-希尔教师服务中心**将免费向您提供相应教学课件或网络化课程管理资源。如果您需要订购或参阅本书的英文原版，我们也会竭诚为您服务。

书号/书名：	
所需要的教学资料：	
您的姓名：	
系：	
院/校：	
您所讲授的课程名称：	
每学期学生人数：	
您目前采用的教材：	
您准备何时用此书授课：	
您的联系地址：	
邮政编码：	
E-mail：（必填）	
您对本书的建议：	系主任签字 盖章

我们的联系方式：

经济与管理图书事业部
北京市海淀区成府路 205 号 100871
联系人：徐冰 张燕
电话：010-62767312 / 62767348
传真：010-62556201
电子邮件：em@pup.pku.edu.cn
网址：http://www.pup.cn

 Education

麦格劳-希尔教育出版公司教师服务中心
北京市海淀区清华科技园科技大厦 A 座 906 室
北京 100084
传真：010-62790292
教师服务热线：800-810-1936
教师服务信箱：instructor_cn@mcgraw-hill.com
网址：http://www.mcgraw-hill.com.cn